**Books are to be returned on or before
the last date below.**

HAN YING XUCI CIDIAN

汉英虚词词典

A Chinese-English Dictionary of Function Words

王　还　主编

华语教学出版社　北京
SINOLINGUA　BEIJING

First Edition　　1992

Second Printing　1994

Third Printing　1996

ISBN 7－80052－105－2

Copyright 1992 by Sinolingua

Published by Sinolingua

24 Baiwanzhuang Road, Beijing 100037, China

Printed by Beijing Foreign Languages Printing House

Distributed by China International

Book Trading Corporation

35 Chegongzhuang Xilu, P.O. Box 399

Beijing 100044, China

Printed in the People's Republic of China

主　编　　王　还

副主编　　田万湘

　　　　　许德楠

编　辑　　(按姓氏音序排列)

　　　　　董树人　关立勋

　　　　　郝恩美　黄文彦

　　　　　赖汉纲　孟　凯

　　　　　张　维

目 录

Contents

说　明

　　本词典主要供汉语水平较高的外国人和其他非汉族人学习汉语时使用。词的释义及用法汉英并列，故对于汉族大中学生及语文工作者也有参考价值。

　　本词典共收词条 971 条，包括副词 572 个，介词 59 个，连词 147 个，助词 47 个，叹词 43 个，组合 36 个，格式 67 个。所谓组合指"无形中"、"不得不"、"大不了"等习惯用语，多为三音节的，在句中起一个词的作用。格式多为两个互相呼应的词，中间必须嵌入其它词语或分句，如"非……非……"、"给……以……"、"似……非……"等。词条释义下的例句有 8000多，其中采自 700 多位作家的占 90% 以上。其它例句则采自一般报刊或自编。

　　由于语言总处于不断的发展变化中，但这种变化又是十分缓缦的，所以有些词语，从来源上看是主谓、述宾、述补等结构，现在虽有时起词的作用，但并未完全定型，有时仍有短语特点，作为短语处理也无非议，这类词本词典都标有☆号。

　　结构助词"的"在汉语的发展变化中则是在书写形式上未定型的。直至现在，有人在定语后用"的"，状语后用"地"，补语前用"得"；有人则在定语状语后用"的"，补语前用"得"；更有人只用一个"的"。本词典引用的例句中就有上述的不同情况，我们未加改变。

Introduction

This dictionary is intended primarily for the use of the advanced foreign and non-Han learner of Chinese. However, the definitions and usages are given both in English and Chinese and so Chinese students, teachers and linguists may also find it useful.

There are altogether 971 entries, including 572 adverbs, 59 prepositions, 147 conjunctions, 47 particles, 43 interjections, 67 structures and 36 compounds-compounds being idiomatic phrases such as 无形中, 不得不, 大不了, mostly comprising three characters and functioning grammatically as a word; while structures consist of two words which must have other words or clauses placed between and after them, such as 非...非..., 给... 以..., 似...非.... The examples listed under the entries number 8000; 90 per cent of which are quotations from the writings of more than 700 writers, the rest being taken from newspapers or periodicals and a few especially written by the compilers.

Chinese, like all other languages, is slowly, but continuously, evolving. There are many words which were once etymologically subject-predicate, verb-object, verb-complement but which now sometimes function as words as well as phrases. All such entries in this dictionary are asterisked.

The written form of the structural particle 的 has long been the subject of controversy. Some use 的 after the attributive, 地 after the adverbial and 得 in front of the complement; while oth-

ers use 的 after the attributive and adverbial; and still others use
only 的 in all cases. All such different uses can be seen in the ex-
amples quotated from writings in this dictionary.

凡　例

一　条目安排

1. 本词典按词类分编为副词、连词、介词、助词、叹词、组合、
格式七类。
2. 每类词条按音序排列。每类词条正文前有一个按音序排
列的总表。本词典采用汉语拼音方案注音,轻声不标调。
3. 采自作家作品的例句均注明作者及篇名。作者以发表时
的署名为准,如"叶绍钧""叶圣陶"同现。采自报刊的例句
注"报"或"刊"。无注的是自编例句。
4. 为方便查阅,全书有两个总索引。一个是音序索引,按所
有词条的第一个汉字的音序依次排列,注有汉语拼音及
词性,排在正文之前。另一个是笔画索引,按词条第一个
汉字笔画多少排列,同笔画的字按第一笔横(—)、竖(丨)、
撇(丿)、点(、)、折(乚 乛)先后排列,排在全书最后。

二　释义

1. 词条后注〈书〉说明此词条为文言词语进入现代汉语的书
面语。如在词条解释中叙述为"多用于书面语"则是很少

出现于口语的;"有书面语意味"则是用于口语,但仍有文言词语味道。

2. 词条后注〈口〉说明此词条纯用于口语。解释中的"多用于口语",则表示在书面语中有时也会出现。

3. 无注的其它词条,则是书面语口语中都可以运用的。

4. 词条下注"同……"表示该词条与"同"后的词条在意思和用法上大体相同,一般可互换。"同"后的词条如与本词条出现在同一字母中,则其意义与用法的叙述从略,如不在同一字母中,则要重述其意义与用法。"基本同……"或"相当于……"后面均指出两个词条不同之处。"有……的意思"只说明词义相同,用法不一定相同。

5. 有一部分词条在末尾设"辨认"一项,专供区别本词条和与本词条同形同音而不同词类的实词。

6. 有少数词条兼属虚词中两类。这些词条末尾都互注有"参看……",同义词末尾也注"参看……"。

7. 在一部分例句后为了说明问题,有些短语和句子前加×,表示此短语或句子是错误的。有些短语中的=表示左右相同,≠表示不同,如:

"很不少"可以说,因为"不少"="多";

×"很不多",因为"不多"≠"少"。

三　术语

在词条的解释中,本词典除了用与一般语法书相同的术语外,还用了一些术语,它们所代表的概念可能和一般人理解的不完全一样,需要解释如下:

1. 结构：包括主谓结构、述宾结构、介宾结构。
2. 短语：凡大于词，由几个词组成的，都叫短语（上面
   三种结构除外），包括名词性短语（名词加定语），
   形容词性短语（形容词加状语），动词性短语（动词
   加状语或补语），体词性短语（体词带定语），数量
   短语（数词加量词），描写性短语（不属上面各类但
   具描写性的），四字短语（一些四个字的习惯用语，
   以及任何临时由四个字组成的短语）。
3. 词语：词或短语。
4. 插入语：用于句首或插在句中的短语，前后有停顿
   的，在语法上往往与整句无关。
5. 复句：无论并列或主从复句都称复句，因而也有主
   句、从句、前一分句或第一分句、后一分句或第二
   分句等术语。

Guide to the Dictionary

I. Entries

1. The entries are classified into adverbs, prepositions, conjunctions, particles, interjections, compounds and structures.

2. The entries under each class are arranged alphabetically according to the *pinyin* of the first character of the entry word. An alphabetic index precedes the text of each class of words. The Chinese phonetic alphabet, *pinyin*, has been adopted to represent the

pronunciation of words. The neutral tone is unmarked.

3. After each example quoted from a book the name of the writer and the title of the work are given. The name of the writer is the name the writer used when the work was published, and so, for example, both 叶绍钧 and 叶圣陶 appear. Examples from papers and periodicals are marked （报） or （刊）. Unmarked examples have been written by the compilers.

4. For the convenience of the user, there are two general indices which follow the text. One is an alphabetic index where all the entries are arranged in alphabetic order according to the *pinyin* of the first character of the entry word. The *pinyin* and part of speech of each word are given. The other is a stroke index where all the entries are arranged according to the first stroke of the first character of the entry word in the following order: 1 一; 2 丨; 3 丿; 4 、; 5 乛 乚.

II. Definitions

1. 〈书〉 after an entry word means that the word is taken from classical Chinese but is still used in contemporary Chinese writings. The phrase 多用于书面语 in the description of an entry means that the word rarely appears in colloquial speech; 有书面语意味 means that the word is used in colloquial speech with a slight literary flavour.

2. 〈口〉 after an entry word means that the word is used in colloquial speech only; 多用于口语 means that the word may also

appear in written language.

3. All the other entries without 〈书〉or 〈口〉are used both in written language and in colloquial speech.

4. 同... means that the word is the same in meaning and usage as the word after 同 and the two are interchangeable. If the word after 同 is listed under the same *pinyin* letter its definition and usage will be omitted, otherwise they will be repeated. When 基本同... or 相当于... is used, the difference between the two words will be given. 有...的意思 means that the two words possess a similar meaning but not necessarily the same usage.

5. At the end of certain entries, 辨认 appears which describes a homonym of the entry word with the same character, usually a notional word of a different part of speech.

6. There are a few function words which belong to more than one part of speech, e. g. 既 is a conjunction as well as an adverb, 就 is an adverb as well as a preposition. At the end of such an entry a cross-reference 参看 is given for comparison. In the case of synonyms cross-references are also given.

7. After some examples a phrase or sentence may be found marked with × which indicates unacceptability. = is occasionally used in some phrases to indicate that what is on the left is the same as what is on the right, while ≠ means that the two are not the same, e. g.

很不少 is acceptable, because 不少＝多.
×很不多, because 不多≠少.

III. Terminology

Besides the terms which are found in ordinary grammar books, many terms are used in a special sense as follows:

1. 结构 constructions: There are three kinds of constructions: S-P (subject-predicate construction), V-O (verb-object construction), P-O (preposition-object construction).

2. 短语 phrases: The nominal phrase (the noun and its attributive), adjectival phrase (the adjective and its adverbial), verbal phrase (the verb and its adverbial or complement), substantive phrase (the substantive and its attributive), N-M phrase (numeral and measure word), descriptive phrase (phrase which is descriptive but is not any of the above mentioned phrases) and the four-character phrase (a set phrase of four characters or any phrase of four characters conjured up temporarily).

3. 词语 word or phrase.

4. 插入语 parenthesis: This is a phrase inserted at the head or middle of a sentence, with a pause both before and after it. Such a phrase is grammatically irrelevant to the sentence.

5. 复句 complex sentence: There are two kinds of such sentences, the subordinate complex sentence which consists of 主句 (main clause), and 从句 (subordinate clause); and coordinate complex sentence which consists of 前一分句 or 第一分句 (the former or the first clause) and 后一分句 or 第二分句 (the latter or the second clause).

音序查字表

Index of Words in Alphabetical Order

— 12 —

— 16 —

— 17 —

— 19 —

副　词

　　副词最主要的语法特点是作状语,而不能作主语、述语、定语等其它句子成分。副词经常修饰的是动词、形容词、数量词、副词等,通常不能修饰名词。

　　由于作状语的主要功能,副词一般出现于述语之前;偶尔出现于主语前,但通常并不修饰主语,而修饰全句。

　　凡意义接近某副词,但又可作主、宾语或定语的,概不是副词。如"刚"与"刚才"意义相近,但后者为时间名词。既可修饰动词也可修饰名词,而且意思不变的多为形容词。并非能作状语的均为副词,作状语也是形容词的语法功能之一。如"偶然"和"偶尔"意思相近,但"偶然"既可作定语也可作状语,所以是形容词,而"偶尔"只能作状语,不能作定语,是副词。同样,"突然"是形容词,而"忽然"是副词。

　　字形和读音相同但作状语时和作定语或述语时的意思大不一样,则算作两个同音词。如"白吃白喝","白跑一趟"的"白"是"无代价、徒然"之意,是副词;"白衣服"的"白"是指白色,是形容词。

　　有些副词有时起关联作用,往往与句子的连词互相呼应,如"就"与"要是"或"只要","才"与"只有","还"与"除了"等等。

　　以上诸点,本词典均一一作了必要的说明。

Adverbs

The main feature of an adverb is that it usually functions as an adverbial and not as the subject, predicate, or attributive of a sentence. Adverbs usually qualify verbs, adjectives, numeral-measure, or other adverbs. Adverbs generally do not qualify nouns.

Since an adverb mainly functions as an adverbial, it usually occurs in front of the verb in the predicate. Occasionally an adverb will occur at the head of a sentence. In this case the adverb does not modify the subject, but instead modifies the whole sentence.

A word which in meaning may be very close to that of an adverb but which may function as the subject, object, or attributive is not an adverb. For instance, 刚 and 刚才 are similar in meaning; however, the former is an adverb while the latter is a temporal noun. Words which modify both verbs and nouns with no change of meaning are mostly adjectives. Not every word which can function as an adverbial is necessarily an adverb. Serving as an adverbial is also one of the grammatical functions of a Chinese adjective. Thus, although 偶然 and 偶尔 are similar in meaning, 偶然, because it can serve as an adverbial or as an attributive, is an adjective; while 偶尔, since it can only serve as an adverbial, is an adverb. The same applies to 突然 and 忽然, which are very similar in meaning; the former is an adjective while latter is an adverb.

Two words may be indicated by the same character and have the same pronunciation, yet the meaning of the word when it functions as an attributive or as a predicate is very different from the meaning when it functions as an adverbial. Words such as these are homonyms; for instance, 白 in 白吃白喝 and 白跑一趟 is an adverb which means "free of charge" or "in vain, to no avail" respectively; 白 in 白衣服 is an adjective which indicates white in colour.

A number of adverbs sometime function in effect as connectors. In such cases, they frequently work in concert with the conjunction of the sentence; for example, 就 accompanies 要是 or 只要, 才 accompanies 只有, and 还 accompanies 除了.

All the above points are thoroughly explained in this dictionary.

副 词 总 表

List of Adverbs

— 3 —

— 5 —

— 8 —

挨次 āicì   (副词)

按一定的次序：

One after another, *in turn*：

1. 山岩像～腾起的海上惊涛，一浪高过一浪，层层叠竖，前呼后拥，陡直地升高上去。（方纪《桂林山水》）

    Shānyán xiàng ～ téng qǐ de hǎi shang jīngtāo, yí làng gāoguò yí làng, céngcéng diéshù, qiánhūhòuyōng, dǒuzhí de shēnggāo shangqu.

2. 再过去，便～地由深灰、浅灰，而至于只剩下一抹淡淡的青色的影子。（方纪《桂林山水》）

    Zài guò qu, biàn ～ de yóu shēnhuī, qiǎnhuī, ér zhìyú zhǐ shèngxia yì mǒ dàndàn de qīngsè de yǐngzi.

3. 几乎是抱着他们的，一个个～亲着，且喃喃着："人是苦恼的……"（芦焚《酒徒》）

    Jīhū shì bàozhe tāmen de, yí gègè ～ qīnzhe, qiě nánnánzhe: "Rén shì kǔnǎo de …"

按期 ànqī   (副词)

表示依照规定的期限，多用于正式事务；修饰多音节词语：

On schedule, *on time* (mostly applying to official regulations or business); modifies polysyllabic words or phrases：

1. 市客车装配公司四厂克服困难～生产首批客车，保证二环路通车需要。（报）

    Shì Kèchē Zhuāngpèi Gōngsī Sìchǎng kèfú kùnnan ～ shēngchǎn shǒu pī kèchē, bǎozhèng Èrhuánlù tōng chē xūyào.

2. 借图书馆的书要～归还。

    Jiè túshūguǎn de shū yào ～ guīhuán.

3. 学校定购的这批录音机将于一月中旬～提货。

    Xuéxiào dìnggòu de zhèpī lùyīnjī jiāng yú Yīyuè zhōngxún ～ tí huò.

4. 机器的使用与保养必须结合起来，因此一定要～检查机器的各部件。

    Jīqì de shǐyòng yǔ bǎoyǎng bìxū jiéhé qilai, yīncǐ yídìng yào ～ jiǎnchá jīqì de gè bùjiàn.

按时 ànshí   (副词)

按限定或预定的时间，可以是临时规定的、有关个人事件的完成时间：

On time, *on schedule*; may apply to a time limit set temporarily for private affairs：

1. 今天她在病房，手术能～完吗？（谌容《人到中年》）

    Jīntiān tā zài bìngfáng, shǒushù néng ～ wán ma?

2. 为了你不～回信给我带来的痛苦，我诅咒你！（靳凡《公开的情书》）

    Wèile nǐ bú ～ huí xìn gěi wǒ dài lái de tòngkǔ, wǒ zǔzhòu nǐ!

3. 蔡勇……把段德昌的信送给贺龙，好～发起反击。（犁夫《归雁》）

    Cài Yǒng … bǎ Duàn Déchāng de xìn sòng gěi Hè Lóng, hǎo ～ fāqǐ fǎnjī.

4. 第二天未正时刻，花花公子张立人果然～赶到了。（任光椿《戊戌喋血记》）

    Dì-èr tiān wèizhèng shíkè, huāhuāgōngzǐ Zhāng Lìrén guǒrán ～ gǎndào le.

5. 经过一年多的考验，支部大会通过我～转正。（刘爱琴《女儿的怀念》）

    Jīngguò yì nián duō de kǎoyàn, zhībù dàhuì tōngguò wǒ ～ zhuǎnzhèng.

6.　被迁单位和住户必须服从国家建设的需要，～搬迁腾地。(报)

　　Bèi qiān dānwèi hé zhùhù bìxū fúcóng guójiā jiànshè de xūyào，～ bānqiān téng dì.

暗自　ànzì　(副词)

表示不公开表露的内心活动：

To oneself, secretly；is usually used to modify verbs that describe a person's private thoughts or feelings：

1.　我与他再点点头道别，我～欢喜的走进来。(方志敏《可爱的中国》)

　　Wǒ yǔ tā zài diǎndiǎn tóu dào bié，wǒ ～ huānxǐ de zǒu jìnlai.

2.　"找我帮忙?"朱筱堂心中～好笑，觉得她有意在讽刺他。(周而复《上海的早晨》)

　　"Zhǎo wǒ bāng máng?" Zhū Xiǎotáng xīnzhōng ～ hǎoxiào，juéde tā yǒuyì zài fěngcì tā.

3.　姚进～一惊：老夏同志这会儿没有来我们车站，对情况却了解得这么清楚！(应泽民《A·P案件》)

　　Yáo Jìn ～ yì jīng：Lǎo Xià tóngzhì zhèhuìr méiyou lái wǒmen chēzhàn，duì qíngkuàng què liǎojiě de zhème qīngchu.

4.　他心中～盘算：我要利用你们，而不被你们利用……(老舍《四世同堂》)

　　Tā xīnzhōng ～ pánsuàn：Wǒ yào lìyòng nǐmen，ér bú bèi nǐmen lìyòng...

白　bái　(副词)

A 表示(行为、动作)没有取得应有的效果、达到预期的目的或得到应得的报酬：

In vain, to no purpose, for nothing；indicates that one has done something without attaining the expected aim, result or deserved reward：

1.　要是他不应承的事，你就是说破嘴，也是～费。

　　Yàoshi tā bú yìngcheng de shì，nǐ jiùshi shuōpò zuǐ，yě shì ～ fèi.

2.　同志们，我们这趟北京没～去，都有了劲啦。(浩然《金光大道》)

　　Tóngzhìmen，wǒmen zhè tàng Běijīng méi ～ qù，dōu yǒule jìnr la.

3.　"今天没有～过"他躺在地板上，自言自语着。(陶承《我的一家》)

　　"Jīntiān méiyou ～ guò" tā tǎng zài dìbǎn shang，zìyánzìyǔzhe.

4.　照你这火暴脾气，接不回云卿，我们还要～送死。(犁夫《归雁》)

　　Zhào nǐ zhè huǒbào píqi，jiē bù huí Yúnqīng，wǒmen hái yào ～ sòngsǐ.

B 表示不付代价(而得到好处)：

Indicates that one gets something free of charge, without paying：

1.　你看，自从转过年来，这溜儿女孩子们，跟男小孩一个样，都～种花儿，～打药针，也都上了学。(老舍《龙须沟》)

　　Nǐ kàn，zìcóng zhuǎn guò nián lai，zhèliùr nǚháizimen，gēn nán xiǎoháir yígeyàng，dōu ～ zhòng huār，～ dǎ yàozhēn，yě dōu shàngle xué.

2.　可恨那些官兵，～吃国家的粮饷，却不为百姓分忧。(任光椿《戊戌喋血记》)

　　Kěhèn nàxiē guānbīng，～ chī guójiā de liángxiǎng，què bù wèi bǎixìng fēn yōu.

3.　一切都交给天了，～得来的骆驼是不能放手的！(老舍《骆驼祥子》)

　　Yíqiè dōu jiāo gěi tiān le，～ dé lai de luòtuo shì bù néng fàng shǒu de !

C 表示(做坏事)不受惩罚：

Indicates that one has done something bad without being punished：

1. 怎么矿上警察开枪打死三十个工人就～打了么?（曹禺《雷雨》）
   Zěnme kuàng shang jǐngchá kāi qiāng dǎsǐ sānshí ge gōngrén jiù ～ dǎle ma?

2. 损坏国家财产，必须照价赔偿，不能让他们～砍了国家的山林。
   Sǔnhuài guójiā cáichǎn, bìxū zhào jià péicháng, bù néng ràng tāmen ～ kǎnle guójiā de shānlín.

参看"白白"。

Compare 白白 báibái.

白白 báibái （副词）

A 同"白"A，但后边可加助词"地"：

Same as 白 A (in vain, to no purpose, for nothing), but can be followed by 地：

1. 你不要怕，我就是告诉他，～地增加他的烦恼，他也是不愿意认我的。（曹禺《雷雨》）
   Nǐ búyào pà, wǒ jiùshi gàosu tā, ～ de zēngjiā tā de fánnǎo, tā yě shì bú yuànyì rèn wǒ de.

2. 淑兰要走，是情理中事，她要争取这个风雨的夜晚，～耽误一晚的时间，是难于弥补的。（王汶石《新结识的伙伴》）
   Shūlán yào zǒu, shì qínglǐ zhōng shì, tā yào zhēngqǔ zhège fēng yǔ de yèwǎn, ～ dānwu yì wǎn de shíjiān, shì nányú míbǔ de.

3. 一笔债务背在身，～给歪嘴子卖了一年命。（浩然《金光大道》）
   Yì bǐ zhàiwù bēi zài shēn, ～ gěi Wāizuǐzi màile yì nián mìng.

4. 谁舍得～把这座隧道扔掉，那都是同志们用血汗一点点凿成的呀。（奚植《钻天峰》）
   Shuí shěde ～ bǎ zhèzuò suìdào rēngdiào, nà dōu shì tóngzhìmen yòng xuèhàn yì diǎnrdiǎnr záochéng de ya.

5. 觉民只是温和地劝道:"大哥，你不该到现在还是这么激动。这样不过～苦了你自己。"（巴金《秋》）
   Juémín zhǐshì wēnhé de quàn dào."Dàgē, nǐ bù gāi dào xiànzài háishi zhème jīdòng. Zhèyàng búguò ～ kǔle nǐ zìjǐ."

B 同"白"C：

Same as 白 C (see above entry)：

难道我们能让敌人就～害死我们的同志吗?
Nándào wǒmen néng ràng dírén jiù ～ hàisǐ wǒmen de tóngzhì ma?

百般 bǎibān （副词）〈书〉

采用多种方法或手段，一般修饰双音节词语：

In a hundred and one ways, using every means；usually modifies a disyllabic word or phrase：

1. 她那做好事的行为，和她～顺从凤姐，维护封建统治的目的并不矛盾。（王朝闻《论凤姐》）
   Tā nà zuò hǎoshì de xíngwéi, hé tā ～ shùncóng Fèngjiě, wéihù fēngjiàn tǒngzhì de mùdì bìng bù máodùn.

2. 这一安排果然灵验，李芸的病不但逐渐好转，而且对住进曹花别院更是心满意足，～爱护。（端木蕻良《曹雪芹》）
   Zhè yì ānpái guǒrán língyàn, Lǐ Yún de bìng búdàn zhújiàn hǎozhuǎn, érqiě duì zhù

jìn Sǎohuāibiéyuàn gèng shì xīnmǎnyìzú, ～ àihù.

3. 李排长以为他的年纪高,深夜露水很重,怕他招受风寒,～阻止他。(杨朔《月黑夜》)

Lǐ páizhǎng yǐwéi tā de niánjì gāo, shēnyè lùshuǐ hěn zhòng, pà tā zhāoshòu fēnghán, ～ zǔzhǐ tā.

4. 七八年来,爸爸看到自己的作品被 ～挑剔,肆意污蔑,心里自然是痛苦的。(丰一吟《回忆我的父亲丰子恺》)

Qī bā nián lái, bàba kàndào zìjǐ de zuòpǐn bèi ～ tiāotì, sìyì wūmiè, xīnli zìrán shì tòngkǔ de.

5. 似这等～刁难,学堂还怎么能办下去?(任光椿《戊戌喋血记》)

Sì zhèděng ～ diāonàn, xuétáng hái zěnme néng bàn xiaqu?

倍加 bèijiā (副词)

指程度高,多修饰双音节词语:

Extra, more than usual; generally modifies a disyllabic word or phrase:

1. 苗大娘～小心地问:"上封信才打走,咋又要写?"(刘亚舟《男婚女嫁》)

Miáo dàniáng ～ xiǎoxin de wèn:" shàng fēng xìn cái dǎzǒu, zǎ yòu yào xiě?"

2. 凡此种种,都使蒋对杨～戒备。(米暂沉《杨虎城传》)

Fán cǐ zhǒngzhǒng, dōu shǐ Jiǎng duì Yáng ～ jièbèi.

3. 傅家杰～小心地搂着妻子,迎着朝阳和寒风朝前走去。(谌容《人到中年》)

Fù Jiājié ～ xiǎoxin de chānzhe qīzi, yíngzhe zhāoyáng hé hánfēng cháo qián zǒu qù.

4. 她的话,……使他觉得欣慰,也使他～感到,他们爱情的坚固牢实。(叶辛《蹉跎岁月》)

Tā de huà, … shǐ tā juéde xīnwèi, yě shǐ tā ～ gǎndào, tāmen àiqíng de jiāngù láoshi.

本 běn (副词)

同"本来",但不能用于主语前,后面不能加副词"就":

Same as 本来 (normally, one would expect that), but can never precede the subject or be followed by the adverb 就:

A 同形容词"本来",作状语,表示原先、以前,含有现在或后来已有改变的意思:

Same as adjective 本来 *but functioning as an adverbial, means "originally", implying that the situation has changed since:*

1. 这正如地上的路;其实地上～没有路,走的人多了,也便成了路。(鲁迅《故乡》)

Zhè zhèng rú dì shang de lù; qíshí dì shang ～ méi yǒu lù, zǒu de rén duō le, yě biàn chéngle lù.

2. 在鲁宁的影响下,他～准备这次回来后立刻搬到大斋舍去,同千百个青年同学热热闹闹地生活在一起。(张扬《第二次握手》)

Zài Lǔ Níng de yǐngxiǎng xià, tā ～ zhǔnbèi zhècì huílai hòu lìkè bāndào dà zhāishè qu, tóng qiān bǎi gè qīngnián tóngxué rèrènàonao de shēnghuó zài yìqǐ.

3. 他～想表个态鼓励他们几句;又考虑一下,不用吧。(刘子威《在决战的日子里》)

Tā ～ xiǎng biǎo ge tài gǔlì tāmen jǐ jù; yòu kǎolǜ yíxià, bú yòng ba.

4. "哪个大家?"瑞宣～不想得罪人,但是一遇到冠先生这路人,他就不由的话中带着刺儿。(老舍《四世同堂》)

　　"Nǎge dàjiā?" Ruìxuān ～ bù xiǎng dézuì rén, dànshì yí yùdào Guàn xiānsheng zhèlù rén, tā jiù bùyóude huà zhōng dàizhe cìr.

5. 他～打算大喊一声,宣布好消息,把大家轰动一下。可是抬头一看,……(魏金枝《越早越好》)

　　Tā ～ dǎsuàn dà hǎn yì shēng, xuānbù hǎo xiāoxi, bǎ dàjiā hōngdòng yíxià. Kěshì tái tóu yí kàn, …

B 同副词"本来":

Same as the adverb 本来:

1. 你所谈的～不是什么科学,只是号称"科学",所以办不出科学事来。(廖沫沙《科学话同科学事》)

　　Nǐ suǒ tán de ～ bú shì shénme kēxué, zhǐshì hàochēng "kēxué", suǒyǐ bàn bu chū kēxué shì lai.

2. 教育孩子～是学校和家长共同的责任,但有些家长把责任完全推给学校。

　　Jiàoyù háizi ～ shì xuéxiào hé jiāzhǎng gòngtóng de zérèn, dàn yǒu xiē jiāzhǎng bǎ zérèn wánquán tuī gěi xuéxiào.

3. 毛主席说:这一仗打得好,侧水侧敌～是兵家所忌,而我们彭老总指挥的西北野战军英勇奋战,取得了前无古人的胜利。(习仲勋《彭总在西北战场》)

　　Máo zhǔxí shuō: Zhè yí zhàng dǎ de hǎo, cè shuǐ cè dí ～ shì bīngjiā suǒ jì, ér wǒmen Péng lǎozǒng zhǐhuī de Xīběi Yězhànjūn yīngyǒng fènzhàn, qǔdéle qiánwúgǔrén de shènglì.

本来 běnlái （副词）

按道理讲应该如何(含有事实并非如此或人们的认识并非如此的意思):

Normally, one would expect that; implies that the fact or someone's understanding of it is not so:

1. 玉～是石头的一种,但它比一般石头坚硬,质地也更纯洁。(叶君健《玉》)

　　Yù ～ shì shítou de yì zhǒng, dàn tā bǐ yìbān shítou jiānyìng, zhìdì yě gèng chúnjié.

2. 要把一场戏演得维妙维肖,符合生活的真实,这～是训练有素和富有经验的演员的擅长,哪里是特务诸公的本事?(吕铮《战斗在敌人心脏里》)

　　Yào bǎ yì chǎng xì yǎn de wéimiàowéixiào, fúhé shēnghuó de zhēnshí, zhè ～ shì xùnliàn yǒusù hé fùyǒu jīngyàn de yǎnyuán de shàncháng, nǎli shì tèwù zhūgōng de běnshì?

3. 生个儿子～是喜事,可是,现在张东合家,却是一片哀愁。(石文驹《战地红缨》)

　　Shēng ge érzi ～ shì xǐshì, kěshì, xiànzài Zhāng Dōnghé jiā, què shì yípiàn āichóu.

参看"本"B。

Compare 本 běn B.

有时"本来"后加"就",表示早应知道是如此,不应迟至现在:

本来 is sometimes followed by 就 to mean "one should have known, one should not have left (sth.) until now":

4. 你～就没必要去问他! 他不会不同意。

　　Nǐ ～ jiù méi bìyào qù wèn tā! Tā bú huì bù tóngyì.

5. 这种沙地～就该种花生,以前种粮食是错误的。

   Zhèzhǒng shā dì ～ jiù gāi zhòng huāshēng, yǐqián zhòng liángshi shì cuòwù de.

"本来嘛(么、吗)"常作插入语,表示某种看法、作法显然是正确的或有道理的:

本来嘛(么、吗), usually serves as a disjunct, indicating that a certain view of sth. or a certain way of doing sth. is obviously correct or reasonable:

6. 可是,惭愧并没能完全胜过他的好奇,～吗,事情的本身是太奇……(老舍《四世同堂》)

   Kěshì, cánkuì bìng méi néng wánquán shèngguò tā de hàoqí, ～ ma, shìqing de běnshēn shì tài qí …

7. "～吗,"栾超家骄傲地把头一晃,"眼前明摆着的事实,证明我估计的分毫不差。"(曲波《林海雪原》)

   "～ ma," Luán Chāojiā jiāo·ào de bǎ tóu yí huàng, "yǎnqián míngbǎizhe de shìshí, zhèngmíng wǒ gūjì de fēn háo bú chà."

8. ～么,这也是常事,譬如有个人说,快点,灶肚里火要熄了,你给我塞一把柴吧,那么我就给他塞一把柴。(魏金枝《两个小青年》)

   ～ ma, zhè yě shì chángshì, pìrú yǒu ge rén shuō, kuài diǎnr, zàodù li huǒ yào xī le, nǐ gěi wǒ sāi yì bǎ chái ba, nàme wǒ jiù gěi tā sāi yì bǎ chái.

辨认:

Note:

以下例句中"本来"是形容词作状语,意为原先、以前,并含有后来或现在已有改变之意:

In the following examples, 本来 means "originally", implying that the situation has changed since. 本来 here is an adjective functioning as an adverbial:

1. 这地方在北京南城角,本来是京城有名的风景,我早从书上知道了。(杨朔《京城漫记》)

   Zhè dìfang zài Běijīng nánchéng jiǎo, běnlái shì jīngchéng yǒu míng de fēngjǐng, wǒ zǎo cóng shū shang zhīdao le.

2. 我本来打算,等抗战胜利了去开汽车,现在我一定要开火车。(刘真《我和小荣》)

   Wǒ běnlái dǎsuàn, děng kàng zhàn shènglìle qù kāi qìchē, xiànzài wǒ yídìng yào kāi huǒchē.

3. 本来昨天就想回来的,因为没有火车所以才等到今天。(郭沫若《革命春秋》)

   Běnlái zuótiān jiù xiǎng huí lai de, yīnwèi méi yǒu huǒchē suǒyǐ cái děngdào jīntiān.

甭 béng （副词）〈口〉

是"不用"的合音:

A contraction of 不用 (need not):

A 用于祈使句表示劝阻或禁止,同"别":

   Used in an imperative sentence to show dissuasion or prohibition, equivalent to 别:

1. "不! 你～忙,我还有话哩!"继父固执地挡住他。(柳青《创业史》)

   "Bù! nǐ ～ máng, wǒ hái yǒu huà li!" Jìfù gùzhí de dǎngzhù tā.

2. 你就～去了吧! 你不去也教爷爷好受点儿。(老舍《四世同堂》)

   Nǐ jiù ～ qù le ba! Nǐ bú qù yě jiào yéye hǎoshòu diǎnr.

"甭"也可单用：

甭 can be used independently：

　　现在要不要去吃点东西？

　　——甭啦，回家再说吧。

　　Xiànzài yào bú yào qù chī diǎn dōngxi？

　　—— Béng la，huí jiā zài shuō ba．

B 表示不需要：

　Needn·t.

1.　我后来才发现，原来这种衣料～熨就挺平的。

　　Wǒ hòulái cái fāxiàn，yuánlái zhèzhǒng yīliào ～ yùn jiù tǐng píng de．

2.　这些道理其实都～说，谁都知道！

　　Zhèxiē dàolǐ qíshí dōu ～ shuō，shuí dōu zhīdao！

C "甭想"或"甭打算"同"别想"：

　　甭想 or 甭打算 is equivalent to 别想：

　　不知不觉地，我走得这个快呀，火箭也～想赶上我这两条飞毛腿！（侯宝林《给
　　您道喜》）

　　Bùzhībùjué de，wǒ zǒu de zhège kuài ya，huǒjiàn yě ～ xiǎng gǎnshang wǒ zhè liǎng
　　tiáo fēimáotuǐ！

D "甭说"同"别说"，"甭看"同"别看"：

　　甭说 has the same meaning as 别说；甭看 has the same meaning as 别看：

1.　～说一星期，他连一天也没休息。

　　～ shuō yì xīngqī，tā lián yì tiān yě méi xiūxi．

2.　～看这桃子挺青的，其实熟了。

　　～ kàn zhè táozi tǐng qīng de，qíshí shú le．

3.　若化～看那样子，不到二十八哪。（檀林《一个女囚的自述》）

　　Ruòhuà ～ kàn nà yàngzi，bú dào èrshí bā na．

E "甭提"同"别提"：

　　甭提 is equivalent to 别提：

　　搭上棚，地上再洒点水，我告诉您，就～提多么舒服啦！（老舍《四世同堂》）

　　Dāshang péng，dì shang zài sǎ diǎn shuǐ，wǒ gàosu nín，jiù ～ tí duōme shūfu la！

比较　　bǐjiào　　（副词）

表示不很高的程度，形容词或动词前有"比较"不如没有"比较"的程度高：

Comparatively，*relatively*；indicates a comparatively low degree．An adjective or verb without 比较 expresses a higher degree than if it is preceded by 比较：

1.　她考虑得～实际，比我深，我一时间又不知该说什么了。（茹志鹃《阿舒》）

　　Tā kǎolǜ de ～ shíjì，bǐ wǒ shēn，wǒ yìshí jiān yòu bù zhī gāi shuō shénme le．

2.　成岗恳切地望着江姐："工厂里的情况，你大概已经知道了，我这里～安全。"
　　（罗广斌·杨益言《红岩》）

　　Chéng Gǎng kěnqiè de wàngzhe Jiāngjiě："Gōngchǎng li de qíngkuàng，nǐ dàgài yǐjīng
　　zhīdao le，wǒ zhèlǐ ～ ānquán．"

3.　一进门右首那幢～大一点的洋房是上海市长宁区各界人民代表会议政治协商
　　委员会的会址。（周而复《上海的早晨》）

Yǐ jìng mén yòushǒu nàzhuàng ～ dà yìdiǎnr de yángfáng shì Shànghǎishì Chángníngqū Gèjiè Rénmín Dàibiǎo Huìyì Zhèngzhì Xiéshāng Wěiyuánhuì de huìzhǐ.

4. 刘凯对吴润芳是～了解的,她是本市十大企业之一的工厂里的保卫干部。(应泽民《A·P案件》)

Liú Kǎi duì Wú Rùnfāng shì ～ liǎojiě de, tā shì běn shì shí dà qǐyè zhī yī de gōngchǎng li de bǎowèi gànbù.

"比较"在口语里有时候说成"较比",意思不变:

In spoken language, 比较 is sometimes replaced by 较比 without changing the meaning:

5. 他的小眼带出乞怜的神气,希望老师是种较比慈善的东西。(老舍《牛天赐传》)

Tā de xiǎo yǎn dài chū qǐlián de shénqi, xīwàng lǎoshī shì zhǒng jiàobǐ císhàn de dōngxi.

参看"较""较为"。

Compare 较 jiào, 较为 jiàowéi.

必 bì （副词）

同"必定":

Same as 必定 (see next entry):

A 同"必定"A:

Same as 必定 A:

1. 他断定十四阿哥雄才大略,～能大有作为。(端木蕻良《曹雪芹》)

Tā duàndìng shísì āgē xióngcáidàlüè, ～ néng dàyǒuzuòwéi.

2. 重赏之下,～有勇夫的念头,突然拥上了赵四的脑神经来。(秦瘦鸥《秋海棠》)

Zhòngshǎng zhī xià, ～ yǒu yǒngfū de niàntou, tūrán yōng shàng le Zhào Sì de nǎoshénjīng lai.

B 同"必定"B:

Same as 必定 B:

1. 有修养的作家～是生活丰富的作家。(老舍《文学修养》)

Yǒu xiūyǎng de zuòjiā ～ shì shēnghuó fēngfù de zuòjiā.

2. 他知道钱先生夜间来访,～有要紧的事。(老舍《四世同堂》)

Tā zhīdao Qián xiānsheng yèjiān lái fǎng, ～ yǒu yàojǐn de shì.

3. 空谈之类,是谈不久,也谈不出什么来的,它终～被事实的镜子照出原形,拖出尾巴而去。(鲁迅《一九三四年十二月十日给肖军的信》)

Kōngtán zhī lèi, shì tán bù jiǔ, yě tán bù chū shénme lai de, tā zhōng ～ bèi shìshí de jìngzi zhào chu yuánxíng, tuō chu wěiba ér qù.

否定形式是"不一定"或"未必",而不是"不必"。

The negative form is 不一定 or 未必 rather than 不必.

必定 bìdìng （副词）

多用于书面语:

Usually used in written language:

A 同"一定"A,表示极有把握的估计:

Same as 一定 A, means "certainly" and indicates a conjecture one is sure of:

1. 假若他的劝告被接受,那个青年就～会像仲石那样去对付敌人。(老舍《四世同堂》)

Jiǎruò tā de quàngào bèi jiēshòu, nàge qīngnián jiù ～ huì xiàng Zhòngshí nàyàng qù duìfu dírén.

2. 小顺儿以为只要祖母准他去,他～能把三叔找回来。(老舍《四世同堂》)

Xiǎoshùnr yǐwéi zhǐyào zǔmǔ zhǔn tā qù, tā ～ néng bǎ sānshū zhǎo huilai.

3. 当年毛主席和傅医生在山上散步时,～是说过不少意味深长耐人寻思的话,现在只能永远留存在青山苍松之间了。(何为《松涛》)

Dāngnián Máo zhǔxí hé Fù yīshēng zài shān shang sàn bù shí, ～ shì shuōguo bùshǎo yìwèi shēncháng nài rén xúnsī de huà, xiànzài zhǐ néng yǒngyuǎn liúcún zài qīng shān cāng sōng zhī jiān le.

B 同"一定"C,表示必然:

Same as 一定 C, means "be bound to, certainly":

1. 从此他每一进城,～来访我,非常相熟了。(鲁迅《范爱农》)

Cóngcǐ tā měi yí jìn chéng, ～ lái fǎng wǒ, fēicháng xiāngshú le.

2. 此人饭后～吸一支烟。

Cǐ rén fàn hòu ～ xī yì zhī yān.

否定形式是"未必"或"不一定"。

The negative form of 必定 is 未必 or 不一定 meaning "may not necessarily".

参看"必"。

Compare 必 bì.

毕竟 bìjìng （副词）

A 指出最关键之点:

After all, in the final analysis, when all's said and done; points out the crucial point of the matter:

1. 但想来想去,～自己的人马太少,不敢冒失。(姚雪垠《李自成》)

Dàn xiǎngláixiǎngqù, ～ zìjǐ de rénmǎ tài shǎo, bù gǎn màoshi.

2. 谜～是谜,总有一天要揭个水落石出。(郭先红《征途》)

Mí ～ shì mí, zǒng yǒu yì tiān yào jiē ge shuǐluòshíchū.

3. 可是,她又～是个副教授,是个习惯于冷静地思考、严密地观察事物的人。(张扬《第二次握手》)

Kěshì, tā yòu ～ shì ge fùjiàoshòu, shì ge xíguàn yú lěngjìng de sīkǎo, yánmì de guānchá shìwù de rén.

4. 我很想详细地知道这故事,但阿长是不知道的,因为她～不渊博。(鲁迅《从百草园到三味书屋》)

Wǒ hěn xiǎng xiángxì de zhīdao zhè gùshi, dàn Āchángshì bù zhīdao de, yīnwèi tā ～ bù yuānbó.

B 终于,最后;多用于书面语:

After all, in the end; is mainly used in written language:

1. 天～是晴和了,人们从蛰伏了三十多天的阴郁的屋子里爬出来。(叶紫《丰收》)

Tiān ～ shì qínghé le, rénmen cóng zhéfúle sānshí duō tiān de yīnyù de wūzi li pá chu-lai.

2. 可是,敌人～知道了我们的情况,追得越来越紧了。(曹丹辉《抗日前奏》)

Kěshì, dírén ～ zhīdaole wǒmen de qíngkuàng, zhuī de yuèláiyuè jǐn le.

3. 并且七爷～怎么样了,我也惦记得很,你一去就可以想法子跟他见见了。(秦瘦鸥《秋海棠》)

Bìngqiě qīyé ～ zěnmeyàng le, wǒ yě diànjì de hěn, nǐ yí qù jiù kěyǐ xiǎng fázi gēn tā jiànjian le.

参看"究竟"B。

Compare 究竟 jiūjìng B.

便 biàn (副词)〈书〉

意思用法与"就"的一部分相同;用"便"的地方都可换成"就":

Partially equivalent to 就 (see p. 181), can always be replaced by 就:

A 同"就"A,用于表示时间的词语之后,表示这时间早或短:

Same as 就 A, used after a time word or phrase to indicate that the time concerned is short or it is earlier than expected:

1. 我自从去年三月到广州去后,～决心想和文学断缘。(郭沫若《革命春秋》)

Wǒ zìcóng qùnián Sānyuè dào Guǎngzhōu qù hòu, ～ juéxīn xiǎng hé wénxué duàn·yuán.

2. 剑平在秀苇家只躲了一天,第二天的下半夜,～由吴七亲自划船把他载到内地去了。(高云览《小城春秋》)

Jiànpíng zài Xiùwěi jiā zhǐ duǒle yì tiān, dì-èr tiān de xiàbànyè, ～ yóu Wú Qī qīnzì huá chuán bǎ tā zàidào nèidì qu le.

3. 他只勉强读了三年小学,半年中学,十三岁～转入师范学校读书。(朱述新《春天里的纪念》)

Tā zhǐ miǎnqiǎng dúle sān nián xiǎoxué, bàn nián zhōngxué, shísān suì ～ zhuǎnrù shīfàn xuéxiào dú shū.

4. 他病刚好,～已上班。

Tā bìng gāng hǎo, ～ yǐ shàng bān.

5. 我吃完早饭～开始按照"计划"来执行我的出差任务了。(叶君健《出差记》)

Wǒ chīwán zǎofàn ～ kāishǐ ànzhào "jìhuà" lái zhíxíng wǒ de chū chāi rènwu le.

6. 觉新问过病后,～坐下来,同克明谈了几句请医生的话。(巴金《秋》)

Juéxīn wènguo bìng hòu, ～ zuò xialai, tóng Kèmíng tánle jǐ jù qǐng yīshēng de huà.

7. 我到了自家的房外,我的母亲早已迎着出来了,接着～飞出了八岁的侄儿宏儿。(鲁迅《故乡》)

Wǒ dàole zìjiā de fáng wài, wǒ de mǔqin zǎo yǐ yíngzhe chū lai le, jiēzhe ～ fēi chu le bā suì de zhí·ér Hóng·er.

8. 今天比赛一完,我的第一件事～是给华老师拍份电报,向她祝贺。(郑开慧《冠军》)

Jīntiān bǐsài yì wán, wǒ de dì-yī jiàn shì ～ shì gěi Huà lǎoshī pāi fèn diànbào, xiàng tā zhùhè.

B 同"就"F,用在表示因果、条件等关系的复句的后一分句里:

Same as 就 F, used in the main clause of a complex sentence involving cause and effect or condition and proposition, etc.:

1. 因为这时电话比较少,小李子坐在总机旁边,～没有多少事情可做了。(王岭群《南疆擒谍》)

— 21 —

Yīnwèi zhèshí diànhuà bǐjiào shǎo, Xiǎo Lǐzi zuò zài zǒngjī pángbiānr, ~ méi yǒu duōshǎo shìqing kě zuò le.

2. 他……没有旁人的时候，～和我说话，于是不到半日，我们便熟识了。(鲁迅《故乡》)

Tā ... méi yǒu pángrén de shíhou, ~ hé wǒ shuō huà, yúshì bú dào bàn rì, wǒmen biàn shúshi le.

3. 鲁迅是新文化运动的导师，郭沫若～是新文化运动的主将。(周恩来《我要说的话》)

Lǔ Xùn shì xīn wénhuà yùndòng de dǎoshī, Guō Mòruò ~ shì xīn wénhuà yùndòng de zhǔjiàng.

4. 希望是附丽于存在的，有存在，～有希望，有希望，～是光明。(鲁迅《记谈话》)

Xīwàng shì fùlì yú cúnzài de, yǒu cúnzài, ~ yǒu xīwàng, yǒu xīwàng, ~ shì guāngmíng.

别 bié (副词)〈口〉

A 用于祈使句，表示劝阻或禁止：

Used in an imperative sentence to indicate dissuasion or prohibition：

1. 你～这么夸他，他更要跟我耍脾气了。(曹禺《日出》)

Nǐ ~ zhème kuā tā, tā gèng yào gēn wǒ shuǎ píqi le.

2. 玉菡，～再追问我了！(张扬《第二次握手》)

Yùhàn, ~ zài zhuīwèn wǒ le!

3. ～谢了！你们参战有功嘛！(郭澄清《大刀记》)

~ xiè le! Nǐmen cānzhàn yǒu gōng ma!

4. 咱们可也～太粗心大胆，起码得有窝头和咸菜吃！(老舍《四世同堂》)

Zánmen kě yě ~ tài cūxīn dàdǎn, qǐmǎ děi yǒu wōtóu hé xiáncài chī!

5. 对待孩子～和对待成人一样，一定要给充足的时间玩儿！

Duìdài háizi ~ hé duìdài chéngrén yíyàng, yídìng yào gěi chōngzú de shíjiān wánr!

6. 违背社会发展规律的事千万～做，那是要碰壁的！(沙叶新《陈毅市长》)

Wéibèi shèhuì fāzhǎn guīlǜ de shì qiānwàn ~ zuò, nà shì yào pèng bì de!

在对话中，"别"可以单用：

In conversation, 别 can be used independently：

7. ——让开点，他要走了。

——～，～，二少爷为什么刚来就走了？(曹禺《雷雨》)

——Ràngkāi diǎnr, tā yào zǒu le.

——~, ~, Èrshàoye wèi shénme gāng lái jiù zǒu le?

B "别想"或"别打算"是一种强调说法，表示没有可能：

别想 or 别打算 is an emphatic expression indicating impossibility：

1. 学习是老老实实的事，你～打算侥幸。

Xuéxí shì lǎolaoshíshí de shì, nǐ ~ dǎsuàn jiǎoxìng.

2. ……但是敌人既然来了，就～想轻易地溜走。(应泽民《A·P案件》)

... Dànshì dírén jìrán lái le, jiù ~ xiǎng qīngyì de liūzǒu.

3. 告诉你，你能推倒武陵山，也～想动摇我们贺老总对革命的信念！(白桦《曙光》)

Gàosu nǐ, nǐ néng tuīdǎo Wǔlíngshān, yě ~ xiǎng dòngyáo wǒmen Hè lǎozǒng duì
gémìng de xìnniàn!

C 在复句第一分句中,"别说"表示稍差的条件或要求:

别说 (let alone or never mind) is used in the first clause of a complex sentence to indi-
cate a comparatively poor state of affairs or low demand:

1. 你能替我买到那本字典吗？ ~说五块钱,十块钱我也愿意出!
   Nǐ néng tì wǒ mǎidào nàběn zìdiǎn ma? ~ shuō wǔ kuài qián, shí kuài qián wǒ yě
   yuànyì chū!

2. 张川却声明宁肯在家讨饭吃也不给丁大牙办事,~说是排长,给个县太爷也不
   干。(前涉《桐柏英雄》)
   Zhāng Chuān què shēngmíng nìngkěn zài jiā tǎo fàn chī yě bù gěi Dīng Dàyá bàn shì,
   ~ shuō shì páizhǎng, gěi ge xiàntàiyé yě bú gàn.

"别看"表示不要为下述的表面现象所迷惑:

别看 indicates that one must not be misled by the superficial phenomenon introduced by
别看:

3. 你公公,~看他五十多岁了,论操持家务还差得多呢!(老舍《四世同堂》)
   Nǐ gōnggong, ~ kàn tā wǔshí duō suì le, lùn cāochí jiāwù hái chà de duō ne!

4. 你~看他们外表威风,撕破了不过一包糠!(高云览《小城春秋》)
   Nǐ ~ kàn tāmen wàibiǎo wēifēng, sīpòle búguò yì bāo kāng!

参看"不要"A、B、C。

Compare 不要 búyào A, B, C.

D "别提"用于感叹句中,强调程度高:

In an exclamatory sentence, 别提 is used to emphasize a high degree:

1. 大家听了这个大好消息,~提有多高兴了!
   Dàjiā tīngle zhège dàhǎo xiāoxi, ~ tí yǒu duō gāoxìng le!

2. 他昨天来得~提多晚了! 大部分人都走了。
   Tā zuótiān lái de ~ tí duō wǎn le! Dàbùfen rén dōu zǒu le.

E 表示揣测,常与"是"合用。句尾多有"吧",所揣测的事往往是自己所不愿意的:

别 often goes with 是 to indicate a conjecture (usually undesirable). In such a case, 吧
is generally added at the end of the sentence:

1. 您别说话,我听见好象有人在饭厅咳嗽似的。
   ~是太太吧？(曹禺《雷雨》)
   Nín bié shuō huà, wǒ tīngjian hǎoxiàng yǒu rén zài fàntīng késou shìde.
   ~shì tàitai ba?

2. ~是来兴师问罪的吧。(沙叶新《陈毅市长》)
   ~shì lái xīngshīwènzuì de ba.

F 在许多熟语或成语中表示"另、另外"的意思:

In many set phrases or idioms, 别 means 另, 另外 (other):

1. 他们似乎~有心思,我全猜不出。(鲁迅《狂人日记》)
   Tāmen sìhū ~ yǒu xīnsi, wǒ quán cāi bu chū.

2. 在学校里,他是个在尽心教功课而外~无野心的人。(老舍《四世同堂》)
   Zài xuéxiào li, tā shì ge zài jìnxīn jiāo gōngkè érwài ~ wú yěxīn de rén.

3. 她们虽然没有热带的植物那样浓郁，没有寒带的花儿那样俊秀，但她们却绰约多姿，~具风格。(叶君健《花》)

    Tāmen suīrán méi yǒu rèdài de zhíwù nàyàng nóngyù, méi yǒu hándài de huār nàyàng jùnxiù, dàn tāmen què chuòyuēduōzī, ~ jù fēnggé.

4. 而我却是十足的笨人，除了拼命的学习和劳动，~无所长啊!(杜鹏程《〈保卫延安〉重印后记》)

    Ér wǒ què shì shízú de bènrén, chúle pīnmìng de xuéxí hé láodòng, ~ wú suǒ cháng a!

并   bìng   (副词)

A 用在否定形式前，强调事实不是人们可能想象的那样：

Used before a negative form to indicate that the fact is not as one may think or expect：

1. 作品的价值~不决定于字数的多少。(老舍《青年作家应有的修养》)

    Zuòpǐn de jiàzhí ~ bù juédìng yú zìshù de duōshǎo.

2. 这种亚热带的花儿，名字~不怎么响亮，但是开出来的花朵可有点骇人。(叶君健《花》)

    Zhèzhǒng yàrèdài de huār, míngzi ~ bù zěnme xiǎngliàng, dànshì kāi chulai de huāduǒ kě yǒudiǎnr hài rén.

3. 我看着立安，艰苦的斗争~没有改变他好动活泼的性格，只是好象瘦了些，也黑了。(陶承《我的一家》)

    Wǒ kànzhe Lì·ān, jiānkǔ de dòuzhēng ~ méiyou gǎibiàn tā hàodòng huópo de xìnggé, zhǐshì hǎoxiàng shòule xiē, yě hēi le.

B 只与有限的几个单音节词连用，表示对不同的人、物同样对待，或几个人、物同时动作：

Used to modify a limited number of monosyllabic words to indicate that different persons or things are treated in the same way or that they act simultaneously：

1. 要~论鲁迅和郭沫若，我以为首先要弄明两人的时代背景和两人的经历，是多少有些不同的。(周恩来《我要说的话》)

    Yào ~ lùn Lǔ Xùn hé Guō Mòruò, wǒ yǐwéi shǒuxiān yào nòngmíng liǎng rén de shídài bèijǐng hé liǎng rén de jīnglì, shì duōshǎo yǒuxiē bù tóng de.

2. 但是，如果内容的充实，不与技巧~进，是很容易陷入徒然玩弄技巧的深坑里去的。(鲁迅《一九三五年二月四日给李桦的信》)

    Dànshì, rúguǒ nèiróng de chōngshí, bù yǔ jìqiǎo ~ jìn, shì hěn róngyì xiànrù túrán wánnòng jìqiǎo de shēn kēng lǐ qu de.

3. 各方来稿一视同仁，创作与理论~重……(唐弢《回顾》)

    Gèfāng lái gǎo yīshìtóngrén, chuàngzuò yǔ lǐlùn ~ zhòng...

4. 最忙的时候，甚至于有四五只电话的铃声同时~响。(吕铮《战斗在敌人心脏里》)

    Zuì máng de shíhou, shènzhìyú yǒu sì wǔ zhī diànhuà de língshēng tóngshí ~ xiǎng.

参看连词"并"。

Compare conjunction 并 bìng.

不   bù   (副词)

A 表示否定，修饰形容词或描写性短语，"不……"多作谓语或补语：

Modifies adjectives or descriptive phrases to make them negative. 不··· usually functions as predicate or complement：

1. 若作者的社会阅历～深，观察～够，那也是无法制造出伟大的艺术品来的。(鲁迅《第二次全国木刻联合流动展览会上的谈话》)
   Ruò zuòzhě de shèhuì yuèlì ～ shēn, guānchá ～ gòu, nà yě shì wúfǎ zhìzào chū wěidà de yìshùpǐn lai de.

2. 武丑固然～好演，文丑尤其～容易演。(邓拓《文丑与武丑》)
   Wǔchǒu gùrán ～ hǎo yǎn, wénchǒu yóuqí ～ róngyì yǎn.

3. 对美的欣赏和趣味有时也需要一定的文化环境和培养。欣赏精雕的玉器也～例外。(叶君健《玉》)
   Duì měi de xīnshǎng hé qùwèi yǒushí yě xūyào yídìng de wénhuà huánjìng hé péiyǎng. Xīnshǎng jīng diāo de yùqì yě ～ lìwài.

4. 刚想走开，可还有点儿～死心，……(端木蕻良《曹雪芹》)
   Gāng xiǎng zǒukāi, kě hái yǒudiǎnr ～ sǐxīn, …

5. 你可以说他们分得～合适，……(赵树理《三里湾》)
   Nǐ kěyǐ shuō tāmen fēn de ～ héshì, …

6. 你说我说得～对，你先说好不好？(赵树理《三里湾》)
   Nǐ shuō wǒ shuō de ～ duì, nǐ xiān shuō hǎo bu bǎo?

"不……"也可作定语：

不··· can also function as an attribute：

7. 必要的会一定要开，～必要的会一定不开，这个道理看来很清楚。(吴晗《论开会》)
   Bìyào de huì yídìng yào kāi, ～ bìyào de huì yídìng bù kāi, zhège dàolǐ kànlái hěn qīngchu.

8. 你又喝了～少的酒。(曹禺《日出》)
   Nǐ yòu hēle ～ shǎo de jiǔ.

9. 我用心地练字，为是能帮校长抄抄写写些～要紧的东西。(老舍《月牙儿》)
   Wǒ yòngxīn de liàn zì, wèi shì néng bāngzhu xiàozhǎng chāochāo xiěxiě xiē ～ yàojǐn de dōngxi.

"不……"也可作状语：

不··· also functions as an adverbial：

10. 侯锐很～情愿地想起了刚才在路口的邂逅。(刘心武《立体交叉桥》)
    Hóu Ruì hěn ～ qíngyuàn de xiǎng qǐ le gāngcái zài lùkǒu de xièhòu.

11. 她不得不回到自己的丑恶的生活圈子里，却又～甘心这样活下去。(曹禺《日出》)
    Tā bùdébù huídào zìjǐ de chǒu'è de shēnghuó quānzi li, què yòu ～ gānxīn zhèyàng huó xiaqu.

B 修饰动词，"不……"主要作谓语：

Modifies a verb and together with the verb functions as a predicate：

1)没有时间性的一般动作：

Used in general timeless statements：

1. ～调查，～研究，提起笔来"硬写"，这就是～负责任的态度。(毛泽东《反对党八

股》)

~ diàochá, ~ yánjiū, tí qǐ bǐ lai "yìng xiě", zhè jiù shì ~ fù zérèn de tàidu.

2. 倘使为大众所~懂而仍然算好,那么这文学也就决~是大众的东西了。(鲁迅《〈奔流〉编校后记》)

Tǎngshǐ wéi dàzhòng suǒ ~ dǒng ér réngrán suàn hǎo, nàme zhè wénxué yě jiù jué ~ shì dàzhòng de dōngxi le.

3. 我懂得衰亡民族之所以默无声息的缘由了。沉默呵,沉默呵!~在沉默中爆发,就在沉默中灭亡。(鲁迅《纪念刘和珍君》)

Wǒ dǒngde shuāiwáng mínzú zhī suǒyǐ mòwúshēngxī de yuányóu le. Chénmò a, chénmò a! ~ zài chénmò zhōng bàofā, jiù zài chénmò zhōng mièwáng.

2)过去的经常性的动作:

Used in habitual past actions:

4. 他一生为中国民族革命努力,~妥协,~退让,一枝"金不换",扫荡了黑暗的一切。(唐弢《记鲁迅先生》)

Tā yìshēng wèi Zhōngguó mínzú gémìng nǔlì, ~ tuǒxié, ~ tuìràng, yì zhī "jīnbú huàn", sǎodàngle hēi'àn de yíqiè.

5. 多年来,他~看报纸,~听广播,~打听政治性小道消息,也几乎~看除家具图样和菜谱以外的任何书籍。(刘心武《立体交叉桥》)

Duō nián lái, tā ~ kàn bàozhǐ, ~ tīng guǎngbò, ~ dǎtīng zhèngzhìxìng xiǎodào xiāoxi, yě jīhū ~ kàn chú jiājù túyàng hé càipǔ yǐwài de rènhé shūjí.

3)过去已完成的,但表示主观意志的:

Used in a statement concerning one's volition, even though it is of a completed past event:

6. 听到宣吴尔占,并~再往下传,……(端木蕻良《曹雪芹》)

Tīngdào xuān Wú Ěrzhàn, bìng ~ zài wǎng xià chuán, …

7. ……但他们故意~把他召进来,……

… Dàn tāmen gùyì ~ bǎ tā zhào jìnlai, …

8. 事后又决~留下尾巴。(端木蕻良《曹雪芹》)

Shì hòu yòu jué ~ liúxia wěiba.

4)否定某些只能用"不"否定的动词:

Used as a negation of certain verbs which can only be negated by 不:

9. 白杨树实在~是平凡的,我赞美白杨树!(茅盾《白杨礼赞》)

Báiyáng shù shízài ~ shì píngfán de, wǒ zànměi báiyáng shù!

10. 康熙已经~在人间了。(端木蕻良《曹雪芹》)

Kāngxī yǐjīng ~ zài rénjiān le.

11. 这条街上的茶馆,也~算少。(端木蕻良《曹雪芹》)

Zhètiáo jiē shang de cháguǎnr, yě ~ suàn shǎo.

12. 我自己这些天的痛苦,我想你~是~知道。(曹禺《雷雨》)

Wǒ zìjǐ zhèxiē tiān de tòngkǔ, wǒ xiǎng nǐ ~ shì ~ zhīdao.

13. ~赞成这么偷偷摸摸的。(老舍《女店员》)

~ zànchéng zhème tōutoumōmō de.

5)否定习惯性的、假设的,或未完成的动作:

Used as a negation of a habitual, hypothetical or uncompleted action：

14. 我要是有那么一个老爷爷，我就一年也～掉一回眼泪，一定！(老舍《女店员》)

Wǒ yàoshi yǒu nàme yí ge lǎo yéye, wǒ jiù yì nián yě ～ diào yì huí yǎnlèi, yídìng!

15. 先～告诉我妈妈，以后再说。(老舍《女店员》)

Xiān ～ gàosu wǒ māma, yǐhòu zài shuō.

16. 二次涟水战斗是非打不可的，～把敌人抵住，敌人就要长驱直入，弄得我们转不过身来。(吴强《红日》)

Èr cì Liánshuǐ zhàndòu shì fēi dǎ bù kě de, ～ bǎ dírén dǐzhù, dírén jiù yào chángqūzhírù, nòng de wǒmen zhuàn bu guò shēn lai.

17. 您要是～教给我们俩打算盘，十之八九是考不上。(老舍《女店员》)

Nín yàoshi ～ jiāo gěi wǒmen liǎ dǎ suànpan, shí zhī bā jiǔ shì kǎo bu shàng.

"不……"也可以用作定语：

"不… can also function as an attributive：

18. 要洗的衣服和～洗的衣服不要放在一起。

Yào xǐ de yīfu hé ～ xǐ de yīfu búyào fàng zài yìqǐ.

19. 把这些一时～看的书放在书架最高那一格去吧。

Bǎ zhèxiē yìshí ～ kàn de shū fàng zài shūjià zuì gāo nà yì gé qu ba.

C 修饰助动词；"不+助动词+动词"以作谓语为主：

Modifies an auxiliary verb; "不 ＋ auxiliary ＋ verb" functions mainly as a predicate：

1. 他～会想得这么简单，所以史秀英的判断有充分的根据。(吕铮《战斗在敌人心脏里》)

Tā ～ huì xiǎng de zhème jiǎndān, suǒyǐ Shǐ Xiùyīng de pànduàn yǒu chōngfèn de gēnjù.

2. 没有科学技术和文化知识的发展，就～可能实现四个现代化。(报)

Méi yǒu kēxué jìshù hé wénhuà zhīshi de fāzhǎn, jiù ～ kěnéng shíxiàn sì ge xiàndàihuà.

3. 钱老人～愿教瑞全刚一回到北平就听到家中的惨事。(老舍《四世同堂》)

Qián lǎorén ～ yuàn jiào Ruìquán gāng yì huídào Běipíng jiù tīngdào jiā zhōng de cǎn shì.

4. 你～该同他们说话，他们是受伤的病人，～可以多说话的。(葛琴《总退却》)

Nǐ ～ gāi tóng tāmen shuō huà, tāmen shì shòu shāng de bìngrén, ～ kěyǐ duō shuō huà de.

"不+助动词+动词"也可做定语或补语：

"不 ＋ auxiliary ＋ verb" can also function as an attributive or complement：

5. 这又使我发生新的敬意了，别人～肯做，或～能做的事，她却能够做成功。(鲁迅《阿长与〈山海经〉》)

Zhè yòu shǐ wǒ fāshēng xīn de jìngyì le, biérén ～ kěn zuò, huò ～ néng zuò de shì, tā què nénggòu zuò chénggōng.

6. 你把她吓得～敢哭了。

Nǐ bǎ tā xià de ～ gǎn kū le.

D 修饰其他副词：

Modifies other adverbs：

1. 他知道这还～十分像拉骆驼的，可是至少也不完全像个逃兵了。(老舍《骆驼祥子》)

   Tā zhīdao zhè hái ～ shífēn xiàng lā luòtuo de, kěshì zhìshǎo yě bù wánquán xiàng ge táobīng le.

2. 我跟着老头跨过大桥，向西南，走进一条～很长的小街。(王汶石《通红的煤》)

   Wǒ gēnzhe lǎotóur kuà guò dà qiáo, xiàng xīnán, zǒu jìn yì tiáo ～ hěn cháng de xiǎo jiē.

3. 画卷继续展开，绿荫森森的柏洞露面～太久，便来到对松山。(杨朔《泰山极顶》)

   Huàjuàn jìxù zhǎnkāi, lǜyīn sēnsēn de Bǎidòng lòu miàn ～ tài jiǔ, biàn láidào Duìsōngshān.

E 用在动词补语之间，以作谓语为主：

Used between a verb and its complement which together function as the predicate：

1. 它有极强的生命力，磨折～了，压迫～倒，也跟北方的农民相似。(茅盾《白杨礼赞》)

   Tā yǒu jí qiáng de shēngmìnglì, mózhé ～ liǎo, yāpò ～ dǎo, yě gēn běifāng de nóngmín xiāngsì.

2. 我忍～住，便放声大笑起来，十分快活。(鲁迅《狂人日记》)

   Wǒ rěn ～ zhù, biàn fàngshēng dà xiào qilai, shífēn kuàihuo.

3. 不知他进城回来没有，万一赶～回来，这寒冷的冬夜，他又将在哪里过夜？(揭祥麟《牛车少年》)

   Bù zhī tā jìn chéng huí lai méiyou, wànyī gǎn ～ huílái, zhè hánlěng de dōng yè, tā yòu jiāng zài nǎli guò yè?

也常作补语：

May also function as a complement：

4. ……直等到他大哥走得看～见了，才准备回家挨骂去。(赵树理《三里湾》)

   … zhí děngdào tā dàge zǒu de kàn ～ jiàn le, cái zhǔnbèi huí jiā āi mà qu.

5. 我的名声早被你败坏得提～得了，我找谁去？(赵树理《三里湾》)

   Wǒ de míngshēng zǎo bèi nǐ bàihuài de tí ～ de le, wǒ zhǎo shuí qu?

6. 满屋子东西，黑得看～出都是什么。(赵树理《三里湾》)

   Mǎn wūzi dōngxi, hēi de kàn ～ chū dōu shì shénme.

F "A 不 A"(A 代表动词、形容词或助词)是正反疑问句：

A 不 A (A being a verb, adjective or auxiliary) is an affirmative-negative question：

1. 道德是～是永恒的，终极的，从此不变的，万古一致的？(吴晗《说道德》)

   Dàodé shì ～ shì yǒnghéng de, zhōngjí de, cóngcǐ bú biàn de, wàngǔ yízhì de.

2. 趁着你去美国，我们想托你办点事，不知于你方便～方便？(张扬《第二次握手》)

   Chènzhe nǐ qù Měiguó, wǒmen xiǎng tuō nǐ bàn diǎnr shì, bù zhī yú nǐ fāngbiàn ～ fāngbiàn.

3. 这可都是我想出来的，你愿意～愿意，可千万别客气！(老舍《四世同堂》)

   Zhè kě dōu shì wǒ xiǎng chūlai de, nǐ yuànyì ～ yuànyì, kě qiānwàn bié kèqi!

如 A 为两个音节，第一个 A 可以只保留第一个音节：

If A is a disyllabic word, the second character of the first A may be deleted:

4. 可是你们知～知道,祖国出产的每块煤,每块钢,每根螺丝,每颗粮食……里面都含着你们的功绩?(杨朔《迎志愿军归国》)

Kěshì nǐmen zhī ～ zhīdao, zǔguó chūchǎn de měi kuài méi, měi kuài gāng, měi gēn luósī, měi kē liángshi …… lǐmiàn dōu hánzhe nǐmen de gōngjì?

5. 可是《进攻》是党内刊物,群众看不到,可～可以想法,满足群众的需要?(罗广斌、杨益言《红岩》)

Kěshì《Jìngōng》shì dǎng nèi kānwù, qúnzhòng kàn bu dào, kě ～ kěyǐ xiǎng bànfǎ, mǎnzú qúnzhòng de xūyào?

"A 不 A"可以用在复合句中:

A 不 A can be used in an embedded sentence:

6. 在瑞宣看,金三爷的话简直说～说都没大关系。(老舍《四世同堂》)

Zài Ruìxuān kàn, Jīn sānyé de huà jiǎnzhí shuō ～ shuō dōu méi dà guānxi.

7. 僧占名山该～该,固然是个问题,疗养院占好所在,那可绝对地该。(叶圣陶《游了三个湖》)

Sēng zhàn míngshān gāi ～ gāi, gùrán shì ge wèntí, liáoyǎngyuàn zhàn hǎo suǒzài, nà kě juéduì de gāi.

正反疑问句,如"A 不 A"后无其他成分,可以省略"不"后的A:

If nothing follows A 不 A when it is an independent question, the second A may be deleted.

8. 他明天回国,你知道～?

Tā míngtiān huí guó, nǐ zhīdao ～?

9. 大家都去机场送行,你去～?

Dàjiā dōu qù jīchǎng sòngxíng, nǐ qù ～?

G 用在表短时间的"几天"或"一会儿"之前,不表示否定,而强调时间短:

Used before an expression denoting a short period of time such as 几天, 一会儿 not to negate but to stress the shortness:

1. 这正是八月中旬,照旧历来讲是过了七月半～几天的一个傍晚,从区上来的几个人打东北角上的栅栏门走进村来。(丁玲《太阳照在桑乾河上》)

Zhè zhèng shì Bāyuè zhōngxún, zhào jiùlì lái jiǎng shì guòle Qīyuè bàn ～ jǐ tiān de yí ge bàngwǎn, cóng qū shang lái de jǐ ge rén dǎ dōngběi jiǎo shang de zhàlánmén zǒu jìn cūn lai.

2. 果然,～一会儿,一个新的面貌忽然出现了——工地的电灯亮了。(叶君健《第一次战役前夕》)

Guǒrán, ～ yíhuìr, yí ge xīn de miànmào hūrán chūxiànle —— gōngdì de diàndēng liàng le.

3. ～几天,老头子带着黎濯玉飞到重庆。(张扬《第二次握手》)

～ jǐtiān, lǎotóuzi dàizhe Lí Zhuóyù fēidào Chóngqìng.

H 单用,回答问题,表示认为对方的话不符合事实:

Used alone to answer a question in conversation, meaning "no":

1. "四凤这孩子很傻,不懂事,这两年叫您多操心。"

"～,她非常聪明,我也很喜欢她。"(曹禺《雷雨》)

"Sìfèng zhè háizi hěn shǎ, bù dǒng shì, zhè liǎng nián jiào nín duō cāoxīn."

~, tā fēicháng cōngming, wǒ yě hě xǐhuan tā."

2. "你又熬了个通宵?"江姐在床边侧坐下来。

   "~,睡了两个小时。"成岗倒水洗着脸说。(罗广斌、杨益言《红岩》)

   "Nǐ yòu áole ge tōngxiāo?" Jiāngjiě zài chuáng biān cè zuò xialai.

   "~, shuìle liǎng ge xiǎoshí." Chéng Gāng dào shuǐ xǐzhe liǎn shuō.

3. "你是学数学的吗?"

   "~,我是学化学的。"苏冠兰答道。(张扬《第二次握手》)

   "Nǐ shì xué shùxué de ma?"

   "~, wǒ shì xué huàxué de." Sū Guànlán dá dào.

要注意的是,如果问题是以否定形式提出的,在回答问题时,是否用"不",情况正好和英语相反:

What must be borne in mind is that if a question is in the negative, whether or not one should answer with 不 is just the reverse of the case in English:

4. 邮递员来过了吧,今天我又没信呢!

   ——~,有你好几封信呢!

   Yóudìyuán láiguole ba, jīntiān wǒ yòu méi xìn a?

   —— ~, yǒu nǐ hǎo jǐ fēng xìn ne!

5. 你真的不想考大学吗?

   —— 对了,我现在的工作很有前途,不一定要上大学。

   Nǐ zhēnde bù xiǎng kǎo dàxué ma?

   —— Duì le, wǒ xiànzài de gōngzuò hěn yǒu qiántú, bù yídìng yào shàng dàxué.

有时用于自问回答:

May be used to answer one's own question:

6. 我的眼睛难道只停留在天安门前这一块土地上吗?~,我知道,在这儿所发生的一切事情都同样发生在辽阔的中国土地上。(刘白羽《青春的闪光》)

   Wǒ de yǎnjing nándào zhǐ tíngliú zài Tiān·ānmén qián zhè yí kuài tǔdì shang ma? ~, wǒ zhīdao, zài zhèr suǒ fāshēng de yíqiè shìqing dōu tóngyàng fāshēng zài liáokuò de Zhōngguó tǔdì shang.

7. "过去的事情"真会"永远过去"吗?~,它绝不会无影无踪地倏然消逝。(张扬《第二次握手》)

   " Guòqù de shìqing" zhēn huì " yǒngyuǎn guòqù" ma? ~, tā jué bú huì wúyǐngwúzōng de shūrán xiāoshì.

也可用以纠正自己原来的想法:

May also be used to correct one's own thought or statement:

8. 你——可以去见见她。~,你应当去见见她,一定要去!(张扬《第二次握手》)

   Nǐ —— kěyǐ qù jiànjian tā. ~, nǐ yīngdāng qù jiànjian tā, yídìng yào qù!

9. 他想只有这个古老的建筑还基本上没有改变。但是,~,它也不像从前。它现在显得那样富有生气和年轻。(叶君健《天安门之夜》)

   Tā xiǎng zhǐyǒu zhège gǔlǎo de jiànzhù hái jīběnshang méiyou gǎibiàn. Dànshì, ~, tā yě bú xiàng cóngqián. Tā xiànzài xiǎnde nàyàng fùyǒu shēngqì hé niánqīng.

I 构成反问句,表示肯定:

Used to form a rhetorical question in order to affirm：

1.　几十年的老友，难道谁还～知道谁吗？（老舍《四世同堂》）
　　Jǐ shí nián de lǎoyǒu，nándào shuí hái ～ zhīdao shuí ma?

2.　她的带着感情的声音温柔地回答他："我怎么会跟你生气？我～是早已把我的心给了你?"（巴金《秋》）
　　Tā de dàizhe gǎnqíng de shēngyīn wēnróu de huídá tā："wǒ zěnme huì gēn nǐ shēng qì? wǒ ～ shì zǎo yǐ bǎ wǒ de xīn gěile nǐ?"

3.　而且我这样大年纪的人，难道还～能料理自己么？（朱自清《背影》）
　　Érqiě wǒ zhèyàng dà niánjì de rén，nándào hái ～ néng liàolǐ zìjǐ ma?

4.　那轧轧作响震动大地的机车声，比什么音乐～好听？（钟涛《北大荒踏查记》）
　　Nà yàyà zuò xiǎng zhèndòng dà dì de jīchē shēng，bǐ shénme yīnyuè ～ hǎotīng?

J　两个"不"中嵌入助动词构成双重否定，表示很有力的肯定：
An auxiliary is inserted between two 不 to form a double negative which is an emphatic affirmation：

1.　为了连年的兵灾水旱，他～得～拼命地加种了何八爷七亩田，希图有个转运。（叶紫《丰收》）
　　Wèile liánnián de bīngzāi shuǐ hàn，tā ～ dé ～ pīnmìng de jiāzhòngle Hé bāyé qī mǔ tián，xītú yǒu ge zhuǎn yùn.

2.　然而又想到如果在青山绿水间夹着一大片樱花林，那该有异样的景象罢！于是又觉得岚山是～能～一去了。（茅盾《樱花》）
　　Rán·ér yòu xiǎngdào rúguǒ zài qīngshānlùshuǐ jiān jiāzhe yí dà piàn yīnghuā lín，nà gāi yǒu yìyàng de jǐngxiàng ba! Yúshì yòu juéde lánshān shì ～ néng ～ yí qù le.

3.　但是这既是马克思的第一篇论文，……所以～可～多介绍几句。（廖沫沙《从走路和摔跤学起》）
　　Dànshì zhè jì shì Mǎkèsī de dì-yī piān lùnwén，…… suǒyǐ ～ kě ～ duō jièshào jǐ jù.

K　在"A 不 A"中，A 代表名词、动词或形容词，和"什么""不管"等连用，表示 A 是无关紧要的：
An A 不 A, in which A is a noun, verb or adjective, is used together with 什么, 不管 etc. to indicate that A is of no consequence at all：

1.　她才不管什么珍珠港～珍珠港，而只注意她将有个重孙；……（老舍《四世同堂》）
　　Tā cái bùguǎn shénme Zhēnzhūgǎng ～ Zhēnzhūgǎng，ér zhǐ zhùyì tā jiāng yǒu ge chóngsūn；……

2.　什么谢～谢，这只是我们应该做的。
　　Shénme xiè ～ xiè，zhè zhǐ shì wǒmen yīnggāi zuò de.

3.　管你称心～称心，抱上娃以后，你怨命去吧！（柳青《创业史》）
　　Guǎn nǐ chènxīn ～ chènxīn，bào shang wá yǐhòu，nǐ yuàn mìngyùn qu ba!

L　"不是…吗"或"还不是…（吗）"是常见的否定反问句，用来加强肯定。而在口语中这类反问句中的"是"往往省略：
不是…吗 or 还不是…（吗）is a very common negative rhetorical question with a strong sense of affirmation. In colloquial speech 是 in such questions is very often deleted：

1. 这～闯下大祸了吗？（端木蕻良《曹雪芹》）
   Zhè ～ chuǎng xia dà huò le ma?

2. 我～跟您说过么？一点也没什么。（曹禺《雷雨》）
   Wǒ ～ gēn nín shuōguo ma? Yìdiǎnr yě méi shénme.

3. 他是长官，骂一顿，打一场，还～就挨挨算了。（吴强《红日》）
   Tā shì zhǎngguān, mà yí dùn, dǎ yì cháng, hái ～ jiù ái·ai suàn le.

不必 bùbì （副词）

表示事理上或情理上不需要：

Need not; not have to:

1. 连三爸都答应了，别人的闲话更～害怕了。（巴金《秋》）
   Lián sānbà dōu dāying le, biérén de xiánhuà gèng ～ hàipà le.

2. ～打扰他们了，反正我回高桥取了衣服带上钱就回来。（张扬《第二次握手》）
   ～ dǎrǎo tāmen le, fǎnzhèng wǒ huí Gāoqiáo qǔle yifu dài shang qián jiù huílai.

3. "讽刺"的生命是真实；～是曾有的实事，但必须是会有的实情。（鲁迅《什么是"讽刺"?》）
   "Fěngcì" de shēngmìng shì zhēnshí; ～ shì céng yǒu de shìshí, dàn bìxū shì huì yǒu de shíqing.

4. 小文夫妇今天居然到院中来调嗓子，好象已经～再含羞带愧的作了。（老舍《四世同堂》）
   Xiǎowén fūfù jīntiān jūrán dào yuàn zhōng lái diào sǎngzi, hǎoxiàng yǐjīng ～ zài hánxiū-dàikuì de zuò le.

"不必"后面的动词可承前省略：

The verb after 不必 *can be left out when it can be discerned from the context:*

5. "要我陪你去吗？""～，我一个人可以。"
   "Yào wǒ péi nǐ qù ma?" "～, wǒ yí ge rén kěyǐ."

6. 不过我以为这种预测，实在和想到地球也许有破裂之一日，而先行自杀一样，大可以～的。（鲁迅《论"第三种人"》）
   Búguò wǒ yǐwéi zhèzhǒng yùcè, shízài hé xiǎngdào dìqiú yěxǔ yǒu pòliè zhī yí rì, ér xiānxíng zìshā yíyàng, dà kěyǐ ～de.

不曾 bùcéng （副词）

"曾经"的否定形式，相当于副词"没有"B：

The negative of 曾经, *equivalent to the adverb* 没有 B：

1. 我们谈得起劲，还～谈完，指导员回来了。（巴金《杨林同志》）
   Wǒmen tán de qǐjìn, hái ～ tánwán, zhǐdǎoyuán huí lai le.

2. 这以后，有许多日子～碰到鲁迅先生，也没有通信。（唐弢《记鲁迅先生》）
   Zhè yǐhòu, yǒu xǔduō rìzi ～ pèngdào Lǔ Xùn xiānsheng, yě méiyou tōng xìn.

3. 一切都准备好了，夜仍然那么静，好象什么事也～发生似的。（刘真《我和小荣》）
   Yíqiè dōu zhǔnbèihǎo le, yè réngrán nàme jìng, hǎoxiàng shénme shì yě ～ fāshēng shìde.

4. 他是一个粗人，～吃过夹肉面包，～做过细致的工作，也～读过书。（万迪鹤《达生篇》）

Tā shì yí ge cū rén, ～ chīguo jiā ròu miànbāo, ～ zuòguo xìzhì de gōngzuò, yě ～ dúguo shū.

不大　bùdà　（副词）

"不很, 不怎么"的意思, 表示程度不深:

Means 不很, 不怎么 (not very):

1. 这是闰土的父亲所传授的方法, 我却～能用。(鲁迅《从百草园到三味书屋》)

   Zhè shì Rùntǔ de fùqin suǒ chuánshòu de fāngfǎ, wǒ què ～ néng yòng.

2. 国王如果要他今天中午来陪客, 那事情就～好办。(郭沫若《屈原》)

   Guówáng rúguǒ yào tā jīntiān zhōngwǔ lái péi kè, nà shìqing jiù ～ hǎobàn.

3. 周士勤本来是个～爱动气的人, 也有个例外: 谁要是伤害了他的个人利益, 非动气不可! (浩然《金光大道》(二))

   Zhōu Shìqín běnlái shì ge ～ ài dòng qì de rén, yě yǒu ge lìwài: shuí yàoshi shānghàile tā de gèrén lìyì, fēi dòng qì bùkě!

4. 老实说吧, 他给你们当炊事员, 我是～放心的。(沈顺根《水下尖兵》)

   Lǎoshi shuō ba, tā gěi nǐmen dāng chuīshìyuán, wǒ shì ～ fàngxīn de.

不定　bùdìng　（副词）〈口〉

A 表示不肯定, 多与正反疑问式配合:

Indicates uncertainty and is mainly used in conjunction with an affirmative + negative interrogative form:

1. 他今天～来不来, 可是明天一定来。

   Tā jīntiān ～ lái bu lái, kěshì míngtiān yídìng lái.

2. 这本书卖得快极了, 下午再去书店就～有没有了。

   Zhè běn shū mài de kuài jíle, xiàwǔ zài qù shūdiàn jiù ～ yǒu méi yǒu le.

B 表示猜测, 多与代表人或事物的疑问代词配合:

Indicates a conjecture and often goes with interrogative pronouns denoting persons or things:

1. 快去快来, 别再出门啦, 钱家～又出了什么事! (老舍《四世同堂》)

   Kuài qù kuài lái, bié zài chū mén la, qián jiā ～ yòu chūle shénme shì!

2. 他出去散步, ～遇见了谁, 谈上了, 所以直到现在还没回来。

   Tā chūqù sàn bù, ～ yùjianle shuí, tán shang le, suǒyǐ zhí dào xiànzài hái méi huílai.

C 表示很高的程度, 多与表示数量或程度的疑问代词配合, 有时有惊叹语气:

Indicates a high degree, and often accompanies interrogative pronouns denoting quantity or degree to indicate exclamation:

1. 他们拉最破的车, 皮带～一天泄多少次气。(老舍《骆驼祥子》)

   Tāmen lā zuì pò de chē, pídài ～ yì tiān xiè duōshao cì qì.

2. 往回走时, 离鸭绿江还有多远, 我准知道你们都要从火车里探出头来。～叫的多凶呢: "到了! 到了! 那不是看见灯火了!" (杨朔《迎志愿军归国》)

   Wǎng huí zǒu shí, lí Yālùjiāng hái yǒu duō yuǎn, wǒ zhǔn zhīdào nǐmen dōu yào cóng huǒchē li tàn chu tóu. ～ jiào de duō xiōng ne: " dào le! dào le! nà bú shì kànjian dēnghuǒ le!"

3. 他很关心这件事, 最近问了我～多少次了。

Tā hěn guānxīn zhèjiàn shì, zuìjìn wènle wǒ ～ duōshao cì le.

4. 她要是知道了这个消息,～哭得怎么样呢!

Tā yàoshí zhīdaole zhège xiāoxi, ～ kū de zěnmeyàng ne!

☆**不断** bùduàn （副词）

连续不间断:

Unceasingly, continuously:

1. 文艺工作者还要～丰富和提高自己的艺术表现能力。(报)

Wényì gōngzuòzhě hái yào ～ fēngfù hé tígāo zìjǐ de yìshù biǎoxiàn nénglì.

2. 侦察员和参谋们～送来十万火急的报告,我焦灼地在窑洞里来回走动。(习仲勋《彭总在西北战场》)

Zhēncháyuán hé cānmoumen ～ sòng lái shíwànhuǒjí de bàogào, wǒ jiāozhuó de zài yáodòng li láihuí zǒudòng.

3. 然而他一开口讲起话来却充满了诙谐,使听众～地发出笑声。(何其芳《记贺龙将军》)

Rán·ér tā yì kāi kǒu jiǎng qǐ huà lai què chōngmǎnle huīxié, shǐ tīngzhòng ～ de fā chū xiàoshēng.

4. 花,和时装一样,人们对于它的口味和喜爱也在～地变动。(叶君健《花》)

Huār, hé shízhuāng yíyàng, rénmen duìyú tā de kǒuwèi hé xǐ·ài yě zài ～ de biàndòng.

☆ "不断"原是动词短语,直到现在还可以说"歌声不断"。

不断 was originally a verbal phrase and even now one can still say 歌声不断.

不妨 bùfāng （副词）

表示可以这样做,没有什么妨碍:

May as well; implies that there is no strong reason not to:

1. 哼,你有什么成竹在胸,你～讲给我听听。(郭沫若《屈原》)

Hng, nǐ yǒu shénme chéngzhú zài xiōng, nǐ ～ jiǎng gěi wǒ tīngting.

2. 我知道你是个知书达礼的人,一看就看出是个直爽人,我就～把请你来的原因现在跟你说一说。(曹禺《雷雨》)

Wǒ zhīdao nǐ shì ge zhīshūdálǐ de rén, yí kàn jiù kàn chū shì ge zhíshuǎng rén, wǒ jiù ～ bǎ qǐng nǐ lái de yuányīn xiànzài gēn nǐ shuō yi shuō.

3. 鲁迅说"至少看两遍",至多呢?他没有说,我看重要的文章～看它十多遍,认真地加以删改,然后发表。(毛泽东《反对党八股》)

Lǔ Xùn shuō "zhìshǎo kàn liǎng biàn", zhìduō ne? tā méiyou shuō, wǒ kàn zhòngyào de wénzhāng ～ kàn tā shí duō biàn, rènzhēn de jiāyǐ shāngǎi, ránhòu fābiǎo.

4. 这儿又没有别人,你也不必怕羞,这是你终身的事,你～对我明说。(巴金《秋》)

Zhèr yòu méi yǒu biérén, nǐ yě búbì pà xiū, zhè shì nǐ zhōngshēn de shì, nǐ ～ duì wǒ míng shuō.

参看"无妨"。

Compare 无妨 wúfāng.

不过 bùguò （副词）

表示往小处说,有"只是"的意思:

Only, merely:

1. 我也并没有要将小说抬进"文苑"里的意思，～想利用他的力量，来改良社会。
   （鲁迅《我怎么做起小说来》）
   Wǒ yě bìng méi yǒu yào jiāng xiǎoshuō tái jìn "wén yuàn" li de yìshi，～ xiǎng lìyòng tā de lìliang，lái gǎiliáng shèhuì.

2. 都是一样的人。我～想见一见，跟她谈谈闲话。（曹禺《雷雨》）
   Dōu shì yíyàng de rén. Wǒ ～ xiǎng jiàn yi jiàn，gēn tā tántan xiánhuà.

3. 这就是你前两天崇拜的人物，原来～如此！（老舍《四世同堂》）
   Zhè jiù shì nǐ qián liǎng tiān chóngbài de rénwù，yuánlái ～ rúcǐ!

4. 他想了想，就说："我～随便说说。要走也实在不容易。"（巴金《秋》）
   Tā xiǎng le xiǎng，jiù shuō："Wǒ ～ suíbiàn shuōshuo. Yào zǒu yě shízài bù róngyì."

5. 这时候他多么渴望见到她！虽然他跟她分别～三四个钟头。（巴金《秋》）
   Zhè shíhou tā duōme kěwàng jiàndào tā! Suīrán tā gēn tā fēnbié ～ sān sì gè zhōngtóu.

6. 淮海战役，我是师长，他也～是副师长嘛。（沙叶新《陈毅市长》）
   Huáihǎi Zhànyì，wǒ shì shīzhǎng，tā yě ～ shì fùshīzhǎng ma.

"不过"后边可以加"是"，意思不变：
不过 may be followed by 是 without affecting the meaning：

7. 你们这样拖延时候，～是想花钱收买少数不要脸的败类，暂时把我们骗在这儿。（曹禺《雷雨》）
   Nǐmen zhèyàng tuōyán shíhou，～ shì xiǎng huā qián shōumǎi shǎoshù bú yào liǎn de bàilèi，zànshí bǎ wǒmen piàn zài zhèr.

例1、2、4 也可以加"是"。
是 may be inserted in examples 1，2 and 4.

"不过"前边都可加"只"，起强调作用：
只 may precede 不过 for emphasis：

8. 我听完吃了一惊，因为从资料上还没发现这条河有过这么大的洪水，一九五四年他只～是七十个流量。（马烽《我的第一个上级》）
   Wǒ tīngwán chīle yì jīng，yīnwèi cóng zīliào shang hái méi fāxiàn zhètiáo hé yǒuguo zhème dà de hóngshuǐ，yījiǔwǔsì nián yě zhǐ ～ shì qīshí ge liúliàng.

前面所有例句都可加"只"。例8 中"只"也可省去。
In all the above examples，只 may be inserted before 不过 and in example 8 只 may be omitted.

"不过""不过是"后边如有"罢了""而已""就是了"等与之呼应，可加重往小处说的语气：
At the end of a sentence，罢了，而已 or 就是了，etc. may be used in conjunction with 不过，不过是 for emphasis：

1. 她这样说，～出于对侄女的疼爱罢了。（焦祖尧《总工程师和他的女儿》）
   Tā zhèyàng shuō，～ chuyú duì zhínǚr de téng·ài bàle.

2. 非写实的讽刺，即使能有这样的东西，也～是造谣和污蔑而已。（鲁迅《论讽刺》）
   Fēi xiěshí de fěngcì，jíshǐ néng yǒu zhèyàng de dōngxi，yě ～ shì zàoyáo hé wūmiè éryǐ.

3. 那件事他是知道的，只～不想说就是了。

Nàjiàn shì tā shì zhīdao de, zhǐ ～ bù xiǎng shuō jiù shì le.

辨认：

Note：

1. 我不过做了我应该做而且能够做到的一点事。(张扬《第二次握手》)

Wǒ búguò zuòle wǒ yīnggāi zuò érqiě nénggòu zuòdào de yìdiǎnr shì.

2. 环境是一种阻碍，何况对于古书，我不过随便翻翻，没有准备在这上面用力气。
   (唐弢《记鲁迅先生》)

Huánjìng shì yì zhǒng zǔ·ài, hékuàng duìyú gǔshū, wǒ búguò suíbiàn fānfan, méiyou
zhǔnbèi zài zhè shàngmiàn yòng lìqi.

3. 多谢你们，不过你们的意思虽好，于我却没有用。(巴金《家》)

Duō xiè nǐmen, búguò nǐmen de yìsi suī hǎo, yú wǒ què méi yǒu yòng.

4. 斗争把他炼得沉默、刚毅，不过这时，他的眼睛似乎蒙了薄薄一层泪水。(刘白
   羽《政治委员》)

Dòuzhēng bǎ tā liàn de chénmò, gāngyì, búguò zhèshí, tā de yǎnjing sìhū méngle
báobáo yì céng lèishuǐ.

例1、2中的"不过"是副词，做状语；例3、4中的"不过"是连词，连接分句，表示转折
的意思。

不过 in examples 1 and 2 is an adverb which serves as an adverbial; but in examples 3
and 4, it is a conjunction connecting two clauses and indicating a contrast.

参看连词"不过"。

Compare conjunction 不过 búguò.

不禁　　bùjīn　　(副词)　〈书〉

不由自主、情不自禁：

Can't help (doing sth.), can't refrain from：

1. 我一听这消息，心～怦怦地跳动起来。(峻青《黎明的河边》)

Wǒ yì tīng zhè xiāoxi, xīn ～ pēngpēng de tiào dòng qilai.

2. 眼面前这种寒冬月夜的情景和奇妙的寂静，真叫人触景生情，我～想起了许多
   往事。(吕铮《战斗在敌人心脏里》)

Yǎnmiànqián zhèzhǒng hándōng yuèyè de qíngjǐng hé qímiào de jìjìng, zhēn jiào rén
chùjǐngshēngqíng, wǒ ～ xiǎng qǐ le xǔduō wǎngshì.

3. 丁洁琼望着他们的背影消失在人流中，心中对这两个好旅伴～产生了留连难
   舍的感情。(张扬《第二次握手》)

Dīng Jiéqióng wàngzhe tāmen de bèiyǐng xiāoshī zài rénliú zhōng, xīnzhōng duì zhè
liǎng ge hǎo lǚbàn ～ chǎnshēngle liúlián nánshě de gǎnqíng.

☆**不料**　　bùliào　　(副词)

出乎意料，可以处于第二分句的句首：

Unexpectedly, to one's surprise；may occur at the head of the second clause：

1. 我一向只以为她满肚子是麻烦的礼节罢了，却～她还有这样伟大的神力。(鲁
   迅《阿长与〈山海经〉》)

Wǒ yíxiàng zhǐ yǐwéi tā mǎn dùzi shì máfan de lǐjié bàle, què ～ tā hái yǒu zhèyàng
wěidà de shénlì.

2. 一个女工正在台上讲话,～讲到半路,一个暗探跳上台去,把她推下来。(陶承《我的一家》)

Yí ge nǚgōng zhèng zài tái shang jiǎng huà, ～ jiǎngdào bànlù, yí ge àntàn tiào shàng tái qu, bǎ tā tuī xialai.

3. 剑平哈哈笑起来,还想说下去,却～秀苇已经别转了脸,赌气走了。(高云览《小城春秋》)

Jiànpíng hāhā xiào qilai, hái xiǎng shuō xiaqu, què ～ Xiùwěi yǐjīng bié zhuǎnle liǎn, dǔ qì zǒu le.

4. 这句话却～就叫金旺他爹听见,回去就传开了。(赵树理《小二黑结婚》)

Zhè jù huà què ～ jiù jiào Jīnwàng tā diē tīngjian, huí qu jiù chuánkāi le.

☆"不料"原是动词短语,有没想到之意,如例 3 可以解释为:"剑平不料秀苇已经……"

不料 originally was a verbal phrase meaning "didn't expect", e. g. example 3 can be understood as 剑平不料秀苇已经….

不免 bùmiǎn （副词）

不可避免地;

Inevitably:

1. 每当比较长时间收不到苏冠兰的音讯,她总～胡思乱想起来,久而久之,竟至严重影响了她的睡眠和工作。(张扬《第二次握手》)

Měi dāng bǐjiào cháng shíjiān shōu bu dào Sū Guànlán de yīnxùn, tā zǒng ～ húsīluànxiǎng qilai, jiǔ·éijiǔzhī, jìng zhì yánzhòng yǐngxiǎngle tā de shuìmián hé gōngzuò.

2. 雨势更大了,这还怎么往下表演呢?李文培～有点替场上的孩子和山坡上的观众担心。(童边《新来的小石柱》)

Yǔshì gèng dà le, zhè hái zěnme wàng xià biǎoyǎn ne? Lǐ Wénpéi ～ yǒudiǎnr tì chǎng shang de háizi hé shānpō shang de guānzhòng dān xīn.

3. 少奶奶向来不大爱说话,可是在父亲跟前,就～撒点娇。(老舍《四世同堂》)

Shàonǎinai xiànglái búdà ài shuō huà, kěshì zài fùqin gēnqián, jiù ～ sā diǎnr jiāo.

不时 bùshí （副词）

时时,有间断(而连续)地;多用于书面语;

Frequently, time and again (continuously); usually used in written language:

1. 我总感觉到张仲年仿佛～在悄悄留意着我的神情,在刺探我心里的虚实。(吕铮《战斗在敌人心脏里》)

Wǒ zǒng gǎnjuédào Zhāng Zhòngnián fǎngfú ～ zài qiāoqiāo liúyìzhe wǒ de shénqíng, zài cìtàn wǒ xīnli de xūshí.

2. 成瑶急促地抄录着文件,～地为文件上那些充满战斗热情的语句而激动。(罗广斌、杨益言《红岩》)

Chéng Yáo jícù de chāolùzhe wénjiàn, ～ de wèi wénjiàn shang nàxiē chōngmǎn zhàndòu rèqíng de yǔjù ér jīdòng.

3. 其芳同志逝世以后,我就～渴想倾吐一下悼念之情。(沙汀《〈何其芳选集〉题记》)

Qífāng tóngzhì shìshì yǐhòu, wǒ jiù ～ kěxiǎng qīngtǔ yíxià dàoniàn zhī qíng.

4.　那马在老魏身后欢欢地走着，～竖起耳朵听那炮声。(刘子威《在决战的日子里》)

　　Nà mǎ zài Lǎo Wèi shēnhòu huānhuān de zǒuzhe, ～ shù qǐ ěrduo tīng nà pàoshēng.

不要　　bùyào　　(副词)

A 用于祈使句，同"别"，没有肯定形式：

Same as 别. When used in an imperative sentence, 不要 has no affirmative form:

1.　"你～再说了，"觉新突然变了脸色求饶似地挥手道。(巴金《秋》)

　　"Nǐ ～ zài shuō le," Juéxīn tūrán biànle liǎnsè qiú ráo shìde huī shǒu dào.

2.　"你们走哪儿去，～忘记我啊!"一个熟习的清脆的声音打断了黄妈的话。(巴金《秋》)

　　"Nǐmen zǒu nǎnr qù, ～ wàngjì wǒ a!" yí ge shúxí de qīngcuì de shēngyīn dǎduànle Huángmā de huà.

3.　小宝，～哭；等你爷回来，就有白米饭吃。(茅盾《秋收》)

　　Xiǎobǎo, ～ kū; děng nǐ yé huí lai, jiù yǒu báimǐ fàn chī.

参看"勿"。

Compare 勿 wù.

B "不要想"同"别想"：

不要想 is the same as 别想：

这事非常麻烦，你～想今天就完满解决。

Zhè shì fēicháng máfan, nǐ ～ xiǎng jīntiān jiù wánmǎn jiějué.

C 在复句第一分句中，"不要说"同"别说"：

Used in the first clause of a complex sentence, 不要说 is the same as 别说：

1.　我听说这回事，确实，～说孩子们，我心里也很感动。(郑开慧《冠军》)

　　Wǒ tīngshuō zhèhuí shì, quèshí, ～ shuō háizimen, wǒ xīnli yě hěn gǎndòng.

2.　见水就害怕，～说不能学会游泳，连脸都洗不成。(廖沫沙《学游泳不要怕水》)

　　Jiàn shuǐ jiù hàipà, ～ shuō bù néng xuéhuì yóuyǒng, lián liǎn dōu xǐ bu chéng.

"不要看"同"别看"：

不要看 is the same as 别看：

3.　～看这车不大，能坐下二十人呢!

　　～ kàn zhè chē bú dà, néng zuò xia èrshí rén ne!

辨认：

Note:

"要"有时候是"必须"的意思，是助动词，其否定形式是"不要"，下列句中的"不要"都属此类：

要 sometimes means 必须 (must) and is an auxiliary verb. Its negative form is 不要. 不要 in the following examples functions as such.

1.　既不要完全否定自己，也不要完全否定科学理论，要否定的，只是自己同理论中的错误部分。(廖沫沙《科学话同科学事》)

　　Jì bú yào wánquán fǒudìng zìjǐ, yě bùyào wánquán fǒudìng kēxué lǐlùn, yào fǒudìng de, zhǐ shì zìjǐ tóng lǐlùn zhōng de cuòwù bùfen.

2.　诗须有形式，要易记，易懂，易唱，动听，但格式不要太严。(鲁迅《一九三五年九月二十日给蔡斐君的信》)

    Shī xū yǒu xíngshì, yào yì jǐ, yì dǒng, yì chàng, dòngtīng, dàn géshì bùyào tài yán.

3. 现在,冲锋陷阵容易,忍耐却更艰难,但是必须忍耐,不要着急。(杜鹏程《保卫延安》)

    Xiànzài, chōngfēngxiànzhèn róngyì, rěnnài què gèng jiānnán, dànshì bìxū rěnnài, búyáo zháojí.

不用   bùyòng   (副词)

  A 不需要:

    Need not:

1. 冰如这么说,自然是给焕之说明同事间~客气的意思。(叶圣陶《倪焕之》)

    Bīngrú zhème shuō, zìrán shì gěi Huànzhī shuōmíng tóngshì jiān ~ kèqi de yìsi.

2. 我一定收你的房钱,不教你白住,你~心里过意不去!(老舍《四世同堂》)

    Wǒ yídìng shōu nǐ de fángqián, bú jiào nǐ bái zhù, nǐ ~ xīnli guòyì bú qù!

3. 你~说了,那事我知道。(刘亚舟《男婚女嫁》)

    Nǐ ~ shuō le, nà shì wǒ zhīdao.

4. 淑良啥针线活都会。衣裳、鞋、袜子,连裁剪也~求人。(柳青《创业史》)

    Shūliáng shá zhēnxiàn huór dōu huì. Yīshang, xié, wàzi, lián cáijiǎn yě ~ qiú rén.

"都"在"不用"前后,意思不同:

When 都 precedes or follows 不用 the meaning of the sentence is altered:

5. 你和他都~去。

    Nǐ hé tā dōu ~ qù.

(两个人都可以不去。Neither has to go.)

6. 你和他~都去,去一个人就行了。

    Nǐ hé tā ~ dōu qù, qù yí ge rén jiù xíng le.

(不需要两个人去,去一个就行了。 It's not necessary for both to go, one is enough.)

有些介宾结构必在"不用"之后:

Some P-O constructions must be placed after 不用:

7. 你~把他请到这儿来谈,写封信就行了。

    Nǐ ~ bǎ tā qǐngdào zhèr lái tán, xiě fēng xìn jiù xíng le.

8. 你~替他操心了,他比你想得周到。

    Nǐ ~ tì tā cāo xīn le, tā bǐ nǐ xiǎng de zhōudào.

有些介宾结构多在"不用"之后,但也可在前:

Some P-O constructions are mainly used after 不用, but may also precede it.

9. 我看~跟他提这些事。

    Wǒ kàn ~ gēn tā tí zhèxiē shì.

    我看跟他~提这些事。

    Wǒ kàn gēn tā ~ tí zhèxiē shì.

10. ~对这种人讲客气。

    ~ duì zhèzhǒng rén jiǎng kèqi.

    对这种人~讲客气。

    Duì zhèzhǒng rén ~ jiǎng kèqi.

"不用"可以单用:

不用 can be used independently:

11. ——好,明天一早我和张茜到车站去送你。

——~了,~了! 不耽误你们的公事,也是对革命做出贡献。(沙叶新《陈毅市长》)

—Hǎo, míngtiān yì zǎo wǒ hé Zhāng Qiàn dào chēzhàn qù sòng nǐ.

—~ le, ~ le! Bù dānwu nǐmen de gōngshì, yě shì duì gémìng zuò chū gòngxiàn.

12. ——老爷,您想见一见她么?

——不,不。~。(曹禺《雷雨》)

—Lǎoye, nín xiǎng jiàn yi jiàn tā me?

—Bù, bù. ~.

B"不用想"或"不用打算"意思是没有可能:

不用想 or 不用打算 means "impossible (to do sth.)":

1. 不跟她有点关系的~打算在牛宅立住脚。(老舍《牛天赐传》)

Bù gēn tā yǒu diǎnr guānxi de ~ dǎsuàn zài Niú zhái lìzhù jiǎo.

2. 纪妈自己知道不能和老刘妈竞争,就拿切葱丝说,她一辈子也~想能切得那么细,……(老舍《牛天赐传》)

Jìmā zìjǐ zhīdao bù néng hé lǎo Liúmā jìngzhēng, jiù ná qiē cōngsī shuō, tā yíbèizi yě ~ xiǎng néng qiē de nàme xì, ……

C"不用说""不用提"等表示不言而喻:

不用说 and 不用提 mean "clearly, obviously, it goes without saying":

1. ~说,陈晓甘心乐意地负担这笔相当沉重的学费和旅费。(高云览《小城春秋》)

~ shuō, Chén Xiǎo gānxīn lèyì de fùdàn zhèbǐ xiāngdāng chénzhòng de xuéfèi hé lǚfèi.

2. ~说,他们是一定在场了,大概躲在暗中。(吕铮《战斗在敌人心脏里》)

~ shuō, tāmen shì yídìng zài chǎng le, dàgài duǒ zài àn zhōng.

3. 但是它却是伟岸,正直,朴质,严肃,也不缺乏温和,更~提它的坚强不屈与挺拔,它是树中的伟丈夫!(茅盾《白杨礼赞》)

Dànshì tā què shì wěi'àn, zhèngzhí, pǔzhì, yánsù, yě bù quēfá wēnhé, gèng ~ tí tā de jiānqiángbùqū yǔ tǐngbá, tā shì shù zhōng de wěi zhàngfu!

辨认:

Note:

动词"用"有时用于兼语式,多是否定式或反问,意思和副词"不用"差不多:

The verb 用 is sometimes used in a pivotal sentence, mostly negative or in the form of a rhetorical question, and is similar in meaning to the adverb 不用:

1. 蔡小伟和张细细后来究竟怎样了呢? 不用我讲,大家准会猜到。(程玮《注意,从这里起飞》)

Cài Xiǎowěi hé Zhāng Xìxì hòulái jiūjìng zěnyàng le na? búyòng wǒ jiǎng, dàjiā zhǔn huì cāidào.

2. 你们三个人既然都去,还用我陪着吗?

Nǐmen sān ge rén jìrán dōu qù, hái yòng wǒ péizhe ma?

不致 bùzhì (副词)

表示不会引起某种不良后果;可以修饰否定形式:

Cannot go so far, unlikely to (give rise to a certain bad result); may modify a negative construc-

tion：

1. 可是敌人还是要拼死争夺，好使自己的主力～复灭。(魏巍《谁是最可爱的人》)

   Kěshì dírén háishì yào pīnsǐ zhēngduó, hǎo shǐ zìjǐ de zhǔlì ～ fùmiè.

2. 湖滨一并排是第一至第六公园，……可是照构图的道理说，还成个整体，～流于琐碎，因而并不妨美。(叶圣陶《游了三个湖》)

   Húbīn yí bìngpái shì dì-yī zhì dì-liù gōngyuán, ……kěshì zhào gòu tú de dàolǐ shuō, hái chéng ge zhěngtǐ, ～ liúyú suǒsuì, yīn·ér bìng bù fáng měi.

3. 他考得是不好，可是～不及格吧。

   Tā kǎo de shì bù hǎo, kěshì ～ bù jí gé ba.

才 cái　(副词)

A 强调时间：

Used to stress time：

1)用在表示时间的词语之后，表示该时间晚或时间长，"才"轻读，表示时间的词语重读；可用于已然也可用于未然：

Used after a word or phrase denoting time to indicate that the time is later than expected or of long duration, with 才 pronounced in the neutral tone and the time word or phrase stressed; may apply to either a fulfilled or an unfulfilled event：

1. 电船到夜里十一点钟～在石码一个荒凉的海滩上停住。(高云览《小城春秋》)

   Diànchuán dào yè li shíyī diǎnzhōng ～ zài Shímǎ yí ge huāngliáng de hǎitān shang tíngzhù.

2. 有一年春天大旱，直到阴历五月初三～下了四指雨。(赵树理《小二黑结婚》)

   Yǒu yì nián chūntiān dà hàn, zhídào yīnlì Wǔyuè chūsān ～ xiàle sì zhǐ yǔ.

3. 早上起来，愚生先生～知道半夜里落了雨，而且还在加紧地下着。(沙汀《防空》)

   Zǎoshang qǐ lai, Yúshēng xiānsheng ～ zhīdao bànyè li luòle yǔ, érqiě hái zài jiājǐn de xiàzhe.

4. 要到七月半～放暑假。

   Yào dào Qīyuè bàn ～ fàng shǔjià.

5. 我……整整花费了十多天的功夫，～摸到了他的行动规律。(吕铮《战斗在敌人心脏里》)

   Wǒ …… zhěngzhěng huāfèile shí duō tiān de gōngfu, ～ mōdàole tā de xíngdòng guīlù.

6. 孙七在往日，要从早到晚作七八个钟头，～能作完该作的活。(老舍《四世同堂》)

   Sūn Qī zài wǎngrì, yào cóng zǎo dào wǎn zuò qī bā gè zhōngtóu, ～ néng zuòwán gāi zuò de huór.

有时含有绝不在某时间以前发生的意思：

才 sometimes implies the meaning of "not ... until" or "only then ..."：

7. 他们热烈地谈论到正午，大家都把心里话说尽了，～肯陆续散去。(草明《延安人》)

   Tāmen rèliè de tánlùndào zhèngwǔ, dàjiā dōu bǎ xīnli huà shuōjìnle, ～ kěn lùxù sàn qù.

8. 韵梅等老人把面袋看够了，～双手把它抱进厨房去。（老舍《四世同堂》）

   Yùnméi děng lǎorén bǎ miàndài kàngòu le，～ shuāng shǒu bǎ tā bào jìn chúfáng qu.

9. 小林要到下星期一～能离开北京。

   Xiǎo Lín yào dào xià Xīngqīyī ～ néng líkāi Běijīng.

以上用法与"就"A 的用法相同，但意思相反。参看"就"。

The usage above is the same as that of 就 A but with the opposite meaning. Compare 就 jiù.

参看"方才"。

Compare 方才 fāngcái.

2）用在表示时间的词语之前，表示该时间早或短，"才"轻读，时间词语重读；只用于已然：

Used before a word or phrase denoting time to indicate that the time is earlier or shorter than expected，with 才 pronounced in the neutral tone and the time word or phrase stressed；only applies to a fulfilled event：

10. 虽然分别～二十几个小时，就象二十年没见似的。（沈顺根《水下尖兵》）

    Suīrán fēnbié ～ èrshí jǐ ge xiǎoshí，jiù xiàng èrshí nián méi jiàn shìde.

11. 雨～下一分钟就停了。

    Yǔ ～ xià yì fēnzhōng jiù tíng le.

12. 今天～五号，离月底还早着呢！

    Jīntiān ～ wǔ hào，lí yuèdǐ hái zǎozhe ne!

B 强调数量：

Used to stress quantity：

1）用在数量短语之后，表示该数量大，因而也可表示结果是来之不易的，"才"轻读，数词重读；可用于已然，也可用于未然：

Used after a N-M phrase to indicate that the number is large and implying that the result is hard-earned，with 才 pronounced in the neutral tone and the numeral stressed；can apply to either a fulfilled or an unfulfilled event：

1. 出了上关，再上去十五里，～是八达岭。（任光椿《戊戌喋血记》）

   Chūle Shàngguān，zài shàng qu shíwǔ lǐ，～ shì Bādálǐng.

2. 得二十块钱～能买这么一本词典。

   Děi èrshí kuài qián ～ néng mǎi zhème yì běnr cídiǎn.

3. 大家又背起背包，向腊子口前进，走了约三十里，～到达一个小村庄……（成仿吾《长征回忆录》）

   Dàjiā yòu bēi qi bēibāo，xiàng Làzikǒu qiánjìn，zǒule yuē sānshí lǐ，～ dàodá yí gè xiǎo cūnzhuāng ...

上述用法 1）与"就"B 1）相同，但意思相反。参看"就"。

Usage 1）above is the same as that of 就 B. 1）but with the opposite meaning. Compare 就 jiù.

参看"方才"。

Compare 方才 fāngcái.

2）用在数量短语之前，表示数量小，"才"轻读，数词重读；只用于已然：

Used before a N-M phrase to indicate that the number is small，with 才 pronounced in the neutral tone and the numeral stressed; only applies to a fulfilled event:

4. 在黄土山上蜿蜒夜行,到天亮整整五个小时,～走了不到二十里路。(成仿吾《长征回忆录》)

　　Zài huángtǔ shān shang wānyán yè xíng, dào tiān liàng zhěngzhěng wǔ ge xiǎoshí, ～ zǒule bú dào èrshí lǐ lù.

5. 剑平沿着长堤～走了两步,眼睛已经冒着金花。(高云览《小城春秋》)

　　Jiànpíng yánzhe chángdī ～ zǒule liǎng bù, yǎnjing yǐjing màozhe jīnhuā.

6. ……眼下家里就剩下她跟一个～五岁的小妞儿。(王愿坚《党费》)

　　… Yǎnxià jiā li jiù shèng xia tā gēn yí ge ～ wǔ suì de xiǎoniūr.

7. 喝,两个人～弄半桶水来?(老舍《龙须沟》)

　　Hē, liǎng ge rén ～ nòng bàn tǒng shuǐ lai?

上述用法 2)和"就"B 2)相同,除了"才"只能用于已然,意思大体相同。参看"就"。

Usage 2) is the same as 就 B 2), except that 才 can only apply to a fulfilled event, although the general meaning is similar. Compare 就 jiù.

C 同"刚"A、B,表示在极短时间前完成的:

Same as 刚 (just), indicates that an event happened or an action was accomplished only a short while ago:

1. 我推托了半天,就问老头:"赶集～回来么?买了些什么物件?"(康濯《我的两家房东》)

　　Wǒ tuītuōle bàntiān, jiù wèn lǎotóur:" gǎn jí ～ huí lai ma? mǎile xiē shénme wùjiànr?"

2. 这支队伍是～集聚起来的,有将近千把人,编成两个大队。(犁夫《归雁》)

　　Zhèzhī duìwu shì ～ jíjù qilai de, yǒu jiāngjìn qiān bǎ rén, biānchéng liǎng ge dàduì.

3. 不过因为他～从阵地上下来,显得稍为疲劳些,眼里的红丝还没有退净。(魏巍《谁是最可爱的人》)

　　Búguò yīnwèi tā ～ cóng zhèndì shang xià lai, xiǎnde shāowéi pìláo xiē, yǎn li de hóng sī hái méiyou tuìjìng.

可用在复句第一分句中,表示某动作一完成即有另一动作发生:

Used in the first clause of a complex sentence to indicate that no sooner had the first action taken place than the second one happened:

4. 大刚悄悄地～一下河坡,迎面就响了一梭子机枪声,仿佛就是专瞄着他打来的。(王林《五月之夜》)

　　Dàgāng qiāoqiāo de ～ yí xià hépō, yíngmiàn jiù xiǎngle yì suōzi jīqiāng shēng, fǎngfú jiù shì zhuān miáozhe tā dǎ lai de.

5. 可是～写好上卷《风雨》,组织上就发电报催他回北京从事外事活动。(杨玉玮《献身不惜з尘泥》)

　　Kěshì ～ xiěhǎo shàng juàn《Fēng yǔ》, zǔzhishang jiù fā diànbào cuī tā huí Běijīng cóngshì wàishì huódòng.

6. 玉琴～想插嘴便给师傅止住了。(秦瘦鸥《秋海棠》)

　　Yùqín ～ xiǎng chā zuǐ biàn gěi shīfu zhǐzhù le.

D 用于复句第二分句:

Used in the second clause of a complex sentence:

1)表示第一分句是必要的条件,否则就不会有后面的结果:

Indicates that the first clause is the necessary condition, without which the proposition in the second clause would be impossible:

1. 建国近三十年的经验证明,有了按比例,～有高速度。（报）

   Jiàn guó jìn sānshí nián de jīngyàn zhèngmíng, yǒule àn bǐlì, ～ yǒu gāo sùdù.

2. 湖面宽了,游人划船～觉得舒畅,望出去心里也开朗。（叶圣陶《游了三个湖》）

   Hú miàn kuān le, yóurén huá chuán ～ juéde shūchàng, wàng chuqu xīnli yě kāilǎng.

3. 他走的飞快,我几乎是小跑～能追得上。（马烽《我的第一个上级》）

   Tā zǒu de fēi kuài, wǒ jīhū shì xiǎopǎo ～ néng zhuī de shàng.

4. 具备哪些条件～可以当个电影演员?

   Jùbèi nǎxiē tiáojiàn ～ kěyǐ dāng ge diànyǐng yǎnyuán?

第一分句有"必须""只有""非"等,更强调是唯一的条件,或要求很高的条件,别的条件不行:

If 必须, 只有 or 非, etc. is used in the first clause, it emphasizes the fact that the first clause is the only necessary condition or that the condition is very exacting:

5. 批评必须坏处说坏,好处说好,～于作者有益。（鲁迅《我怎么做起小说来》）

   Pīping bìxū huài chù shuō huài, hǎo chù shuō hǎo, ～ yú zuòzhě yǒuyì.

6. 她跟觉民一样,只有在谈到别人的不幸的时候,～受到痛苦和忧郁的袭击。（巴金《秋》）

   Tā gēn Juémín yíyàng, zhǐyǒu zài tándào biérén de búxìng de shíhou, ～ shòudào tòngkǔ de yōuyù de xíjī.

7. 唯有明白旧的,看到新的,了解过去,推断将来,我们的文学的发展～有希望。（鲁迅《上海文艺之一瞥》）

   Wéiyǒu míngbai jiù de, kàndào xīn de, liǎojiě guòqù, tuīduàn jiānglái, wǒmen de wénxué de fāzhǎn ～ yǒu xīwàng.

有时前面的条件只是一个体词,全句是单句而不是复句:

Sometimes the first part is only a substantive denoting condition so that the whole sentence is a simple sentence rather than a complex one:

8. 只有头脑简单的人,～光靠一身气力打仗哩!（杜鹏程《保卫延安》）

   Zhǐyǒu tóunǎo jiǎndān de rén, ～ guāng kào yì shēn qìlì dǎ zhàng li!

9. 只有社会主义～能救中国。

   Zhǐyǒu shèhuìzhǔyì ～ néng jiù Zhōngguó.

"只有"可以省略:

只有 may be omitted:

10. 他这一年的经历,确确实实证明,社会主义～是一条金光大道!（浩然《金光大道》）

    Tā zhè yì nián de jīnglì, quèquèshíshí zhèngmíng, shèhuìzhǔyì ～ shì yì tiáo jīn guāng dà dào!

11. 知道吗? 这些人～是真正的战士! 英雄!（吴强《红日》）

    Zhīdao ma? Zhèxiē rén ～ shì zhēnzhèng de zhànshì! Yīngxióng!

2)表示第一分句是原因,如没有这原因,决不会有后面的结果:

Indicates that the first clause is the cause, without which the outcome in the second clause could not have come about:

12.　我是在生活上遇到疑问,这～提起笔来写信的。(唐弢《回顾》)

Wǒ shì zài shēnghuó shang yùdào yíwèn, zhè ～ tí qǐ bǐ lai xiě xìn de.

13.　瑞宣知道,当初金三爷是崇拜钱诗人,～把姑娘给了孟石的。(老舍《四世同堂》)

Ruìxuān zhīdao, dāngchū Jīn sānyé shì chóngbài Qián shīrén, ～ bǎ gūniang gěi le Mèngshí de.

14.　正因为这样,他～能成为今日革命文化的班头。(周恩来《我要说的话》)

Zhèng yīnwèi zhèyàng, tā ～ néng chéngwéi jīnrì gémìng wénhuà de bāntóu.

15.　……而多数朝代的更换,都是由于农民起义的力量～能得到成功的。(毛泽东《中国革命和中国共产党》)

... Ér duōshù cháodào de gēnghuàn, dōu shì yóuyú nóngmín qǐyì de lìliang ～ néng dédào chénggōng de.

参看"方"。

Complare 方 fāng.

3)表示第一分句是目的,如没有这个目的是决不会有下面的行动的:

Indicates that the first clause is the purpose without which there would not be the action expressed in the second clause:

16.　搞革命不能怕麻烦,就是为了这些麻烦事儿,～要革命。(浩然《艳阳天》)

Gǎo gémìng bù néng pà máfan, jiù shì wèile zhèxiē máfan shìr, ～yào gémìng.

17.　他是为早日实现四个现代化～刻苦学习科学技术的。

Tā shì wèi zǎorì shíxiàn sì ge xiàndàihuà ～ kèkǔ xuéxí kēxué jìshù de.

E 用于感叹句,句尾多有"呢":

Used in an exclamatory sentence where 呢 is usually added at the end of the sentence:

1)用于否定动词或动词短语前,表示强烈的否定:

Used before a negative verb or verbal phrase to indicate strong negation:

1.　从前他～不是这样呢!(沙汀《柳永慧》)

Cóngqián tā ～ bú shì zhèyàng ne!

2.　他～懒得管您这些事呢!(曹禺《雷雨》)

Tā ～ lǎnde guǎn nín zhèxiē shì ne!

3.　海娃一步紧似一步——抗日的儿童团长,～不听你鬼子的命令呢!(华山《鸡毛信》)

Hǎiwá yí bù jǐn sì yí bù —— kàngRì de értóngtuánzhǎng, ～ bù tīng nǐ guǐzi de mìnglìng ne!

2)用于形容词或描写性短语前,表示极高的程度:

Used before an adjective or descriptive phrase to indicate a very high degree:

4.　对这么大的事情,你连脑子都不动,这～真丢人哪!(浩然《金光大道》)

Duì zhème dà de shìqing, nǐ lián nǎozi dōu bú dòng, zhè ～ zhēn diū rén na!

5.　苦人跟苦人～说得到一块儿呢!(老舍《全家福》)

Kǔrén gēn kǔrén ～ shuō de dào yíkuàir ne!

有时说成"才叫",是极口语化的说法:

Sometimes instead of 才, one says 才叫 which is a very colloquial expression：

6. 昨天晚上那场排球赛～叫精采呢！
   Zuótiān wǎnshang nàchǎng páiqiú sài ～ jiào jīngcǎi ne!

7. 你看了那出戏吗？那～叫没意思呢？
   Nǐ kànle nàchū xì ma? nà ～ jiào méi yìsi ne?

3) "才怪(呢)" 用于句尾，表示绝对不会是前面叙述的情况。"才怪(呢)" used at the end of a sentence indicates that something is precisely the reverse of what has been previously expressed：

8. 等着吧，这两个老百性能回来～怪！（杨朔《月黑夜》）
   Děngzhe ba, zhè liǎng ge lǎobǎixìng néng huílai ～ guài!

9. 你穿这么少的衣服出去，(要)不感冒～怪呢！
   Nǐ chuān zhème shǎo de yīfu chū qu, (yào) bù gǎnmào ～ guài ne!

10. 哼，这要教祖父知道了，老人要不把胡子吓掉了～怪！（老舍《四世同堂》）
    Hng, zhè yào jiào zǔfù zhīdaole, lǎorén yào bù bǎ húzi xiàdiàole ～ guài!

草草 cǎocǎo （副词）

表示行为、动作的草率或匆忙，可以带"地"：

Carelessly, hastily; indicates that one does sth. in a careless, perfunctory manner or in a hasty way. It may be followed by 地：

1. 待去时，却只是～的一看，说道"不要紧的"，开一张方，拿了一百元就走。（鲁迅《父亲的病》）
   Dài qù shí, què zhǐ shì ～ de yí kàn, shuō dào "bú yàojǐn de", kāi yì zhāng fāng, nále yìbǎi yuán jiù zǒu.

2. 她～洗了下脸，就坐下来吃饭,肚子早就饿得在叫喊了。（焦祖尧《总工程师和他的女儿》）
   Tā ～ xǐle xiàr liǎn, jiù zuò xialai chī fàn, dùzi zǎo jiù è de zài jiàohǎn le.

3. 他们俩的确是一起进的夜餐，但丁洁琼只～吃了一片面包，连黄油也懒得抹。（张扬《张二次握手》）
   Tāmen liǎ díquè shì yìqǐ jìn de yècān, dàn Dīng Jiéqióng zhǐ ～ chīle yí piànr miànbāo, lián huángyóu yě lǎnde mǒ.

曾 céng （副词）

同"曾经"；以下各例均可用"曾经"代替：

Same as 曾经 (see next entry). 曾 in all the following examples may be replaced by 曾经：

1. 读书会是三十年代青年中间相当流行的形式。工厂、学校、大商店,都～有过这组织。（唐弢《回顾》）
   Dúshūhuì shì sānshí niándài qīngnián zhōngjiān xiāngdāng liúxíng de xíngshì. Gōngchǎng, xuéxiào, dà shāngdiàn, dōu ～ yǒuguo zhè zǔzhī.

2. 杨晓冬认识"三号"首长，他姓陈，两年前他～是平原军区的司令员兼政委。（李英儒《野火春风斗古城》）
   Yáng Xiǎodōng rènshi "sān hào" shǒuzhǎng, tā xìng Chén, liǎng nián qián tā ～ shì píngyuán jūnqū de sīlìngyuán jiān zhèngwěi.

3. 一九四七年冬季的部队整训,～被中央军委誉为新式整军运动,在全军推广。

（习仲勋《彭总在西北战场》）

Yījiǔsìqī nián dōngjì de bùduì zhěngxùn, ～ bèi Zhōngyāng Jūnwěi yùwéi xīnshì zhěng jūn yùndòng, zài quán jūn tuīguǎng.

曾经 céngjīng （副词）

表示从前有过某种行为或情况：

Indicates a past occurrence：

1. 这里～是诸葛亮屯兵的所在,云南的得名,也由于此。（方纪《到金沙江去》）

   Zhèlǐ ～ shì Zhūgě Liàng tún bīng de suǒzài, Yúnnán de dé míng, yě yóuyú cǐ.

2. 他～为薪水的事情同冰如交涉;结果,二十点钟的功课作为二十四点钟算,他胜利了。（叶圣陶《倪焕之》）

   Tā ～ wèi xīnshui de shìqing tóng Bīngrú jiāoshè; jiéguǒ, èrshí diǎnzhōng de gōngkè zuòwéi èrshísì diǎnzhōng suàn, tā shènglì le.

3. ～听人说：老猎人最喜欢的地方是西山岭。（乌兰巴干《初春的山谷》）

   ～ tīng rén shuō：lǎo lièrén zuì xǐhuan de dìfang shì Xīshānlǐng.

动词后边可以带"过"或"了"：

The verb can take 过 or 了 after it：

4. 在山下岱庙里,我～抚摸过秦朝李斯小篆的残碑。（杨朔《泰山极顶》）

   Zài shān xià Dàimiào li, wǒ ～ fǔmōguo Qíncháo Lǐ Sī xiǎozhuàn de cán bēi.

5. 他在德国时～因为一篇论述发动机增压问题的论文获得了博士学位。（焦祖尧《总工程师和他的女儿》）

   Tā zài Déguó shí ～ yīnwèi yì piān lùnshù fādòngjī zēngyā wèntí de lùnwén huòdéle bóshì xuéwèi.

6. 其时他～带了一个朋友来访我,那就是冯铿女士。（鲁迅《为了忘却的记念》）

   Qíshí tā ～ dàile yí ge péngyou lái fǎng wǒ, nà jiù shì Féng Kēng nǚshì.

7. 你们～在那片土地上生活过,战斗过,经历过痛苦和欢乐。（杨朔《迎志愿军归国》）

   Nǐmen ～ zài nàpiàn tǔdì shang shēnghuóguo, zhàndòuguo, jīnglìguo tòngkǔ hé huānlè.

"曾经"的否定形式是"不曾"。

The negative form of 曾经 is 不曾.

参看"曾"。

Compare 曾 céng.

差不多 chàbuduō （副词）

表示接近某种程度、状态、数量等：

Almost, nearly：

1. 老槐树底的人～都是把地押给他才来的。（赵树理《李有才板话》）

   Lǎo huáishù dǐ de rén ～ dōu shì bǎ dì yā gěi tā cái lái de.

2. 现在凡是神怪的武侠的旧小说,不论好歹,～全已有了连环图画的本子;……（茅盾《"连环图画小说"》）

   Xiànzài fánshì shénguài de wǔxiá de jiù xiǎoshuō, búlùn hǎo dǎi, ～ quán yǐ yǒule liánhuántúhuà de běnzi; …

3. 他的左眼已经～完全失明了。

Tā de zuǒ yǎn yǐjīng ~ wánquán shīmíng le.

4. 这两个运动员~一样高。

Zhè liǎng ge yùndòngyuán ~ yíyàng gāo.

5. 到了收获季节，阖村~人人出场，所以很热闹。（绿漪《收获》）

Dàole shōuhuò jìjié, hé cūn ~ rénrén chū chǎng, suǒyǐ hěn rènao.

述语后若有数量词，"差不多"可用在述语前，也可用在述语后，都是修饰数量的：

If there is a N-M after the verb, 差不多 always modifies the N-M whether it occurs before the verb or after it：

6. ~吃了二十年的苦，才把他们带到这么大。（丁西林《一只马蜂》）

~ chīle èrshí nián de kǔ, cái bǎ tāmen dàidào zhème dà.

（吃了~二十年的苦，才把他们带到这么大。）

辨认：

Note：

在下列例句中"差不多"是形容词，意思是近似或一般的，常作述语、定语，甚至也可作状语：

In the following examples 差不多 is an adjective meaning "just about the same" or "ordinary, average" which functions as the main element of the predicate, the attributive or even adverbial：

1. 他的模样儿长得也和蜜蜂差不多。（严文井《蚯蚓和蜜蜂的故事》）

Tā de múyàngr zhǎng de yě hé mìfēng chàbuduō.

2. 洪武二年，咱这儿涨了大水，差不多的房子都被黄水冲走，泡塌，埋在黄土里。
（姚雪垠《碉堡的风波》）

Hóngwǔ èr nián, zán zhèr zhǎngle dà shuǐ, chàbuduō de fángzi dōu bèi Huángshuǐ chōngzǒu, pàotā, mái zài huángtǔ li.

3. 这两间屋子面积差不多大，大概都是十三、四平米。

Zhè liǎng jiān wūzi miànjī chàbuduō dà, dàgài dōu shì shísān, sì píngmǐ.

参看"几乎"A。

Compare 几乎 jīhū A.

差(一)点儿   chà(yī)diǎnr   （副词）

表示某一情况接近于实现而实际上并未实现，或似乎不会实现却终于实现了。

Indicates a state of affairs which was nearly realized but in fact was not, or a state of affairs which seemed impossible to realize, yet was realized in the end.

A 不希望实现的情况，它接近于实现而未实现，因之常常有庆幸的感情色彩：

Sth. undesirable nearly took place but in fact did not, and the speaker finds it a narrow escape：

1. 老太太脚底下一滑，~跌倒，幸亏抓住了儿子的手。

Lǎotàitai jiǎo dǐxia yì huá, ~ diēdǎo, xìngkuī zhuāzhule érzi de shǒu.

2. 我不小心，手一碰，一杯酒~打翻了。

Wǒ bù xiǎoxīn, shǒu yí pèng, yì bēi jiǔ ~ dǎfān le.

3. 刚才这块棋，~让他吃掉。（苏策《臭棋》）

Gāngcái zhè kuài qí, ~ ràng tā chīdiao.

述语可以用否定形式，意思不变。以上三句的述语都可变为否定的："没跌倒"，"没

1. 两天后便看见出报的传单，发起人～是三个。(鲁迅《范爱农》)

   Liǎng tiān hòu biàn kànjian chū bào de chuándān, fāqǐrén ～ shì sān ge.

2. 今天，真能够象鲁迅说的和布尔巴做的那样的父辈，～有着不少。(章仲锷《做布尔巴那样的父辈》)

   Jīntiān, zhēn nénggòu xiàng Lǔ Xùn shuō de hé Bù·ěrbā zuò de nàyàng de fùbèi, ～ yǒuzhe bùshǎo.

"诚然"有时可放在句首，后有停顿：

诚然 is sometimes put at the head of a sentence and is then followed by a pause.

3. ～，像喜儿那样悲惨的遭遇，是不可能再发生了，祥林嫂的时代已经一去不复返了。(陈荒煤《关于创造人物的几个问题》)

   ～, xiàng Xǐ·ér nàyàng bēicǎn de zāoyù, shì bù kěnéng zài fāshēng le, Xiánglínsǎo de shídài yǐjīng yíqùbúfùfǎn le.

4. ～，他的热心绝不会使他侵犯了校长或任何教员职员的职权，或分外多管闲事。(老舍《四世同堂》)

   ～, tā de rèxīn jué bú huì shǐ tā qīnfànle xiàozhǎng huò rènhé jiàoyuán zhíyuán de zhíquán, huò fènwài duō guǎn xiánshì.

"诚然"还常跟"然而""但是"等一些连词呼应，有"固然"的意思，承认某事实：

诚然 is often used in conjunction with 然而, 但是, etc. and means 固然 (no doubt, it is true) admitting the truth of a fact:

5. 可疑～可疑。然而他有契券在手里，我们没有。(叶圣陶《倪焕之》)

   Kěyí ～ kěyí. Rán·ér tā yǒu qìquàn zài shǒu li, wǒmen méi yǒu.

6. ～买卖婚姻是可恶，但主要责任在农民身上吗？(马烽《结婚现场会》)

   ～ mǎimài hūnyīn shì kěwù, dàn zhǔyào zérèn zài nóngmín shēnshang ma?

7. 他们～不免于脆弱，但不能不说是已经觉醒了的灵魂！(茅盾《自杀》)

   Tāmen ～ bùmiǎn yú cuìruò, dàn bù néng bù shuō shì yǐjīng juéxǐngle de línghún!

迟早   chízǎo   (副词)

或早或晚(但总有一天一定发生)：

(*Sth. is bound to happen*) *sooner or later*:

1. "听四舅母的口气，这个公馆～总要卖掉的。"琴惋惜地说。(巴金《秋》)

   "Tīng sìjiùmu de kǒuqì, zhège gōngguǎn ～ zǒng yào màidiào de." Qín wǎnxī de shuō.

2. 灵芝说："我怎么能跟他比？不论我爹听不听我的话，我～还不是个飞？"(赵树理《三里湾》)

   Língzhī shuō: "Wǒ zěnme néng gēn tā bǐ? Búlùn wǒ diē tīng bu tīng wǒ de huà, wǒ ～ hái bú shì ge·fēi?"

3. ……现在谈婚事，也是时候了。～总得谈，没有什么不好意思。(叶圣陶《倪焕之》)

   … Xiànzài tán hūnshì, yě shì shíhou le. ～ zǒng děi tán, méiyou shénme bù hǎoyìsi.

4. 我知道我～会遭到他们的毒手，说不定还会遭到他们对我身体的污辱。(鄂华《自由神的命运》)

   Wǒ zhīdao wǒ ～ huì zāodào tāmen de dúshǒu, shuōbudìng hái huì zāodào tāmen duì wǒ shēntǐ de wūrǔ.

重 chóng (副词)

表示同一动作再来一遍,多修饰单音节动词;"重"前可以加"再"或"又":

Again, once more; mainly modifies monosyllabic verbs. 再 or 又 may precede it:

1. 我决不让这种人生规律在我的生活中～演!(张扬《第二次握手》)

   Wǒ jué bú ràng zhèzhǒng rénshēng guīlǜ zài wǒ de shēnghuó zhōng ～ yǎn!

2. 天完全黑了,兄弟俩还没有回来,留的饭～温了三次,仍旧听不见打门的声音。(陶承《我的一家》)

   Tiān wánquán hēi le, xiōngdì liǎ hái méiyou huí lai, liú de fàn ～ wēnle sān cì, réngjiù tīng bu jiàn dǎ mén de shēngyīn.

3. 分别一年了,今天,就可以～逢,就可以见到他,而且在一起过着新的战斗生活!(罗广斌、杨益言《红岩》)

   Fēnbié yì nián le, jīntiān, jiù kěyǐ ～ féng, jiù kěyǐ jiàndào tā, érqiě zài yìqǐ guòzhe xīn de zhàndòu shēnghuó!

4. 时间虽然隔得很久了,今天来～温这些教训,看来还是有益的。(吴晗《赵括和马谡》)

   Shíjiān suīrán gé de hěn jiǔ le, jīntiān lái ～ wēn zhèxiē jiàoxùn, kànlái háishì yǒuyì de.

介宾结构多放在"重"前,因"重"和动词结合较紧:

P-O constructions usually precede 重 because 重 and the verb have a close connection:

5. 老人想把拿手的故事再～述一遍,可是一抬头,瑞宣已经不见了。(老舍《四世同堂》)

   Lǎorén xiǎng bǎ náshǒu de gùshi zài ～ shù yí biàn, kěshì yì tái tóu, Ruìxuān yǐjīng bú jiàn le.

有时"重"并不表示简单的与第一次一样的重复,而是改变方式,企图比第一次做得更好:

Sometimes 重 doesn't indicate a simple identical repetition, but indicates doing something in a different way so as to do it more satisfactorily than the first time:

6. 这墙砌得不合规格,得推倒～来。

   Zhè qiáng qì de bù hé guīgé, děi tuīdǎo ～ lái.

7. 他原来写的文章太长了,又～写了一篇,只一千字。

   Tā yuánlái xiě de wénzhāng tài cháng le, yòu ～ xiěle yì piān, zhǐ yìqiān zì.

8. "输了再～来!"连清稳笃笃地说。(曾毓秋《三月清明》)

   "Shūle zài ～ lái!" Liánqīng wěndǔdǔ de shuō.

9. 就是在祁家院子～修以后,论格局也还不及三号的款式像样。(老舍《四世同堂》)

   Jiùshì zài Qí jiā yuànzi ～ xiū yǐhòu, lùn géjú yě hái bùjí sān hào de kuǎnshì xiàngyàng.

参看"重新"。

Compare 重新 chóngxīn.

重新 chóngxīn (副词)

同"重",但多修饰双音节或多音节词语:

Same as 重 (again, once more), but usually modifies disyllabic or polysyllabic words or phrases:

1. 剑波根据新的情况,～写了他对司令部和团本部的报告。(曲波《林海雪原》)

   Jiànbō gēnjù xīn de qíngkuàng, ～ xiěle tā duì sīlìngbù hé tuán běnbù de bàogào.

2. 忽而淡淡的月色,变成了光芒的太阳,满屋子好像充满了光明,于是我含着愉快的笑意,～悄悄地沉入睡乡。(吕铮《战斗在敌人心脏里》)

   Hū·ér dàndàn de yuèsè, biànchéngle guāngmáng de tàiyáng, mǎn wūzi hǎoxiàng chōngmǎnle guāngmíng, yúshì wǒ hánzhe yúkuài de xiàoyì, ～ qiāoqiāo de chénrù shuìxiāng.

3. 剑平～看准那喷射弹火的黑口,又是一个猛劲把炸弹扔过去。(高云览《小城春秋》)

   Jiànpíng ～ kànzhǔn nà pēnshè dànhuǒ de hēi kǒu, yòu shì yí ge měngjìn bǎ zhàdàn rēng guòqu.

4. 寒气也重了,该已是后半夜了,我站起身,～紧了紧绑腿,决定要走了。(茹志鹃《三走严庄》)

   Hánqì yě zhòng le, gāi yǐ shì hòu bànyè le, wǒ zhàn qǐ shēn, ～ jǐn le jǐn bǎngtuǐ, juédìng yào zǒu le.

介宾结构可在"重新"前或后:

A P-O construction can either precede or follow 重新:

5. 田雨笑嘻嘻地坐在老人身边,把毛巾～披在裤带上,两手抓着草帽沿,扇着风。(浩然《金光大道》二)

   Tián Yǔ xiàoxīxī de zuò zài lǎorén shēnbiān, bǎ máojīn ～ yē zài kùdài shang, liǎng shǒu zhuāzhe cǎomàoyánr, shānzhe fēng.

6. 李悦和剑平留在外面厅里,他们～把火油灯点亮,把被风刮倒的东西收拾好。(高云览《小城春秋》)

   Lǐ Yuè hé Jiànpíng liú zài wàimiàn tīng li, tāmen ～ bǎ huǒyóu dēng diǎnliàng, bǎ bèi fēng guādǎo de dōngxi shōushíhǎo.

7. 约莫有半分钟,她～在坐位上坐正,车子徐徐开动了。(吕铮《战斗在敌人心脏里》)

   Yuēmo yǒu bàn fēnzhōng, tā ～ zài zuòwèi shang zuòzhèng, chēzi xúxú kāidòng le.

初   chū (副词)〈书〉

"第一次"或"刚开始"的意思;多修饰单音节动词:

Means 第一次 (for the first time) or 刚 (just), and is mainly used to modify monosyllabic verbs:

1. 我军退出延安仅仅六天,就在青化砭～战告捷,这是何等振奋人心啊!(习仲勋《彭总在西北战场》)

   Wǒ jūn tuìchū Yán·ān jǐnjǐn liù tiān, jiù zài Qīnghuàbiān ～ zhàn gàojié, zhè shì hédéng zhènfèn rénxin a!

2. 孩子～学步的第一步,在成人看来,的确是幼稚、危险,不成样子,或者简直是可笑的。(鲁迅《这个与那个》)

   Háizi ～ xué bù de dì-yī bù, zài chéngrén kànlái, díquè shì yòuzhì, wēixiǎn, bù chéng yàngzi, huòzhě jiǎnzhí shì kěxiào de.

3. 可是,太阳的～升,正如生活中的新事物一样,在它最初萌芽的瞬息,却不易被人看到。(刘白羽《日出》)

Kěshì, tàiyáng de ～ shēng, zhèng rú shēnghuó zhōng de xīn shìwù yíyàng, zài tā zuìchū méngyá de shùnxī, què bú yì bèi rén kàndào.

4. 晨雾～散,嘉陵江两岸炊烟飘浮,雄壮的川江号子,从上上下下的船队中飘来,山城渐渐被丢在船后。(罗广斌、杨益言《红岩》)

Chén wù ～ sàn, Jiālíngjiāng liǎng àn chuīyān piāofú, xióngzhuàng de chuānjiāng hàozi, cóng shàngshàngxiàxià de chuánduì zhōng piāo lái, shānchéng jiànjiàn bèi diū zài chuán hòu.

5. ～入三峡的这种感觉变幻,起初我原以为只是自己想象所致。(方纪《长江行》)

～ rù Sānxiá de zhèzhǒng gǎnjué biànhuàn, qǐchū wǒ yuán yǐwéi zhǐ shì zìjǐ xiǎngxiàng suǒ zhì.

处处　　chùchù　　(副词)

A 同"到处"A,表示各个地方有相同的事物或情况;可以修饰否定形式:

Same as 到处 (everywhere, in all places) A, indicates the existence of similar things or circumstances everywhere, and can modify a negative form:

1. 炮声隆隆,～吃紧,战争形势,至为严重。(习仲勋《彭总在西北战场》)

Pào shēng lónglóng, ～ chījǐn, zhànzhēng xíngshì, zhìwéi yánzhòng.

2. 可是在这个秘密营地里,～充满着乐观和朝气。(杨佩瑾《剑》)

Kěshì zài zhège mìmì yíngdì li, ～ chōngmǎnzhe lèguān hé zhāoqì.

3. 在生活的大海中,也～飞溅着浪花。(张扬《第二次握手》)

Zài shēnghuó de dà hǎi zhōng, yě ～ fēijiànzhe lànghuā.

4. 如果不把调查工作抓紧再抓紧,那么,时过境迁,我们就会～被动哪!(应泽民《A·P案件》)

Rúguǒ bù bǎ diàochá gōngzuò zhuājǐn zài zhuājǐn, nàme, shíguòjìngqiān, wǒmen jiù huì ～ bèidòng na!

5. 这种做法～不受欢迎。

Zhèzhǒng zuòfǎ ～ bú shòu huānyíng.

B 在各方面:

In all respects:

1. 他对我很热情,～照顾我。

Tā duì wǒ hěn rèqíng, ～ zhàogù wǒ.

2. 繁漪,当了母亲的人,～应当替孩子着想。(曹禺《雷雨》)

Fányī, dāngle mǔqin de rén, ～ yīngdāng tì háizi zhuóxiǎng.

3. 有人认为做工作～用心是指的一丝不苟的负责精神。(邓拓《多用心》)

Yǒurén rènwéi zuò gōngzuò ～ yòngxīn shì zhǐ de yìsībùgǒu de fùzé jīngshen.

从　　cóng　　(副词)

同"从来",但只修饰否定形式:

Same as 从来 (always, at all times), but modifies only negative forms:

1. 而在贺龙将军身上,这更带着这样一种特点:经过了千百次艰难困苦然而～未失掉自信和勇气的乐观。(何其芳《记贺龙将军》)

Ér zài Hè Lóng jiāngjūn shēnshang, zhè gèng dàizhe zhèyàng yì zhǒng tèdiǎn:

jīngguòle qiān bǎi cì jiānnán kùnkǔ rán·ér ～wèi shīdiào zìxìn hé yǒngqì de lèguān.

2. 他～不过问别人的婚事和恋爱问题。(张扬《第二次握手》)

Tā ～ bú guòwèn biérén de hūnshì hé liàn·ài wèití.

3. "你～没有进过学堂,我还怕你会觉得不惯。"觉新感动地说。(巴金《秋》)

"Nǐ ～ méiyǒu jìnguo xuétáng, wǒ hái pà nǐ huì juéde bú guàn." Juéxīn gǎndòng de shuō.

4. 他过去不知道,也～未听说过这间地窖,更不知道里面关得有人。(罗广斌、杨益言《红岩》)

Tā guòqù bù zhīdao, yě ～ wèi tīngshuōguo zhèjiān dìjiào, gèng bù zhīdao lǐmiàn guān dé yǒu rén.

5. 但他在我们店里,品行却比别人都好,就是～不拖欠。(鲁迅《孔乙己》)

Dàn tā zài wǒmen diàn li, pǐnxíng què bǐ biérén dōu hǎo, jiùshi ～ bù tuōqiàn.

参看介词"从"。

Compare preposition 从 cóng.

从来 cónglái (副词)

A 表示从过去到现在一直如此;含有绝对肯定或绝对否定的语气,后面常有"都""总""就"等,只用于既成事实:

Always, at all times; indicates that something has remained unchanged all the time from the past to the present. It implies a sense of emphatic affirmation or negation. 都、总 or 就, etc. often occur in conjunction with 从来, and indicate fulfilled events only:

1. 他对哥哥～是言听计从的,只这一回,他有了主张,偏偏又说不服人。(陶承《我的一家》)

Tā duì gēge ～ shì yántīngjìcóng de, zhǐ zhè yì huí, tā yǒule zhǔzhāng, piānpiān yòu shuō bu fú rén.

2. 据我自己几十年来写稿和投稿的经历来说,～都是随自己的意向,自由着笔的。(廖沫沙《〈三家村札记〉后记》)

Jù wǒ zìjǐ jǐ shí nián lái xiě gǎo hé tóu gǎo de jīnglì láishuō, ～ dōu shì suí zìjǐ de yìxiàng, zìyóu zhuóbǐ de.

3. 副主席忽然感觉大为扫兴,因为她～总是按照政策办事。(沙汀《母亲》)

Fùzhǔxí hūrán gǎnjué dà wéi sǎoxìng, yīnwèi tā ～ zǒngshì ànzhào zhèngcè bàn shì.

4. 他解决问题简单扼要,利利索索,～不拖泥带水的,讲话也不重复。(周而复《上海的早晨》)

Tā jiějué wèntí jiǎndān èyào, lìlisuōsuō, ～ bù tuōnídàishuǐ de, jiǎng huà yě bù chóngfù.

5. 白玉山呢,可完全两样,他～不愁,～没把吃穿的事摆在他心上。(周立波《暴风骤雨》)

Bái Yùshān ne, kě wánquán liǎng yàng, tā ～ bù chóu, ～ méi bǎ chī chuān de shì bǎi zài tā xīnshang.

6. 他自己害怕跟觉民辩论,他～就辩不过觉民。(巴金《秋》)

Tā zìjǐ hàipà gēn Juémín biànlùn, tā ～ jiù biàn bu guò Juémín.

7. 我～没看见过你说的那种花。

Wǒ ～ méi kànjianguo nǐ shuō de nàzhǒng huā.

参看"从"。

Compare 从 cóng.

B "从来没有……过"可表示截至目前为止以前没有过像现在所出现的情况：

从来没有…过 indicates a state or situation which had never emerged before as it has now:

1.　第二天爱农就上城来,戴着农夫常用的毡帽,那笑容是～没有见过的。(鲁迅《范爱农》)

　　Dì-èr tiān Àinóng jiù shàng chéng lai, dàizhe nóngfū cháng yòng de zhānmào, nà xiàoróng shì ～ méiyou jiànguo de.

2.　白茹看他那不自然的神情,这是她这位首长～没有过的。尤其是对她自己。(曲波《林海雪原》)

　　Bái Rú kàn tā nà bú zìrán de shénqíng, zhè shì tā zhèwèi shǒuzhǎng ～ méiyǒuguo de, yóuqí shì duì tā zìjǐ.

3.　此刻什么都清楚了,许云峰心里～没有过现在这样的高兴。(罗广斌、杨益言《红岩》)

　　Cǐkè shénme dōu qīngchu le, Xǔ Yúnfēng xīnli ～ méiyǒuguo xiànzài zhèyàng de gāoxìng.

4.　说老实话,紧张而激烈的战斗,我不知经过了多少次,可是,～没有像现在这样的激动过。(峻青《黎明的河边》)

　　Shuō lǎoshí huà, jǐnzhāng ér jīliè de zhàndòu, wǒ bù zhī jīngguòle duōshao cì, kěshì, ～ méiyou xiàng xiànzài zhèyàng de jīdòngguo.

从头 cóngtóu （副词）

从最初(开始做),后面述语如无后附成分可以带补语"起"：

(*Do sth.*) *from the beginning*; 起 can be used as its complement if the verb has no trailing modifier then:

1.　这样审问后,他们比较了一下他们的记录,而后把大家集合在一处,～考问。(老舍《四世同堂》)

　　Zhèyàng shěnwèn hòu, tāmen bǐjiàole yíxià tāmen de jìlù, érhòu bǎ dàjiā jíhé zài yíchù, ～ kǎowèn.

2.　你不用准备,把你们做过的事～说说就挺生动！(浩然《金光大道》)

　　Nǐ bú yòng zhǔnbèi, bǎ nǐmen zuòguode shì ～ shuōshuo jiù tǐng shēngdòng!

3.　于是林黛玉坐下来,～看起,越看越爱。(徐进《红楼梦》(越剧))

　　Yúshì Lín Dàiyù zuò xialai, ～kàn qǐ, yuè kàn yuè ài.

4.　诵毕又～诵起,虽途中略有停顿,但终于成诵。(郭沫若《屈原》)

　　Sòngbì yòu ～ sòng qǐ, suī túzhōng lüè yǒu tíngdùn, dàn zhōngyú chéng sòng.

5.　沈振新看了一遍,思量一下,又～看了一遍,签了字,把电报交还给姚月琴。(吴强《红日》)

　　Shěn Zhènxīn kànle yí biàn, sīliàng yíxià, yòu ～ kànle yí biàn, qiānle zì, bǎ diànbào jiāohuán gěi Yáo Yuèqín.

从新 cóngxin （副词）

同"重新"：

Same as 重新 (again, once more):

1. 遵义全城又～沸腾起来,人民在红军支援下打开牢狱,救出亲人。(成仿吾《长征回忆录》)

   Zūnyì quán chéng yòu ～ fèiténg qilai, rénmín zài Hóngjūn zhīyuán xià dǎkāi láoyù, jiù chū qīnrén.

2. 假如蓝先生在完全清醒了之后,而改变了态度,事情就该～另想一番了。(老舍《四世同堂》)

   Jiǎrú Lán xiānsheng zài wánquán qīngxǐngle zhī hòu, ér gǎibiànle tàidu, shìqing jiù gāi ～ lìng xiǎng yì fān le.

3. 杨虎城乃迎于(于右任)到武功驻地,～建立靖军总司令部。(米暂沉《杨虎城传》)

   Yáng Hǔchéng nǎi yíng Yú (Yú Yòurèn) dào Wǔgōng zhùdì, ～ jiànlì jìngjūn zǒngsīlìngbù.

4. 他似乎～感到了一个枪托的重击那样,躺着而不再爬起来了。(叶紫《山村一夜》)

   Tā sìhū ～ gǎndàole yí ge qiāngtuō de zhòngjī nàyàng, tǎngzhe ér bú zài pá qilai le.

☆从中　cóngzhōng　　(副词)

从前面提到过的事物里:

From among; refers to things previously mentioned:

1. ——我不愿意追究这些说法的真实程度,因为我～理解了撒尼人的向往自由的真实的心灵。(方纪《石林风雨》)

   —— Wǒ bú yuànyì zhuījiū zhèxiē shuōfǎ de zhēnshí chéngdù, yīnwèi wǒ ～ lǐjiěle Sāní rén de xiàngwǎng zìyóu de zhēnshí de xīnlíng.

2. 在经过我手,为他奔走的几笔金融交易中,张仲年～狠捞了一笔。(吕铮《战斗在敌人心脏里》)

   Zài jīngguò wǒ shǒu, wèi tā bēnzǒu de jǐ bǐ jīnróng jiāoyì zhōng, Zhāng Zhòngnián ～ hěn lāole yì bǐ.

3. 在这里,刘凯用心研究了多种有关排列组合的问题,……～找出了许多规律性的东西。(应泽民《A·P案件》)

   Zài zhèlǐ, Liú Kǎi yòngxīn yánjiūle duō zhǒng yǒuguān páiliè zǔhé de wèntí, ... ～ zhǎo chū le xǔduō guīlǜxìng de dōngxi.

有时前面并未提到任何事物,但后面述语总是表示人与人之间的某些活动:

Sometimes nothing has been previously mentioned, but the verb after 从中 always indicates certain activities between or among people:

4. 寿生愤然说:"那三个懂得什么呢! 还不是有人～挑拨!"(茅盾《林家铺子》)

   Shòushēng fènrán shuō: "Nà sān ge dǒngde shénme ne! hái bu shì yǒu rén ～ tiǎobō!"

5. 经过我～斡旋,纠纷终于解决了。

   Jīngguò wǒ ～ wòxuán, jiūfēn zhōngyú jiějué le.

6. 他们小伙子闹意见,你应该～解劝解劝才是! (茅盾《子夜》)

   Tāmen xiǎohuǒzi nào yìjiàn, nǐ yīnggāi ～ jiěquàn jiěquàn cái shì!

☆"从中"有时结合得不是很紧密,可以插入词语,如"从这些人中"。

从中 sometimes can have a word or phrase inserted in between, e.g. 从这些人中.

大 dà （副词）

A 表示不受约束或控制，或随心所欲；多修饰单音节动词：

Indicates that one does sth. free from restraint or control, or at will, usually modifies monosyllabic verbs：

1. 她孩子气地～笑起来，接着向我～谈那个大块头的趣事。（沙汀《柳永慧》）

   Tā háiziqì de ～ xiào qilai, jiēzhe xiàng wǒ ～ tán nàge dàkuàitóu de qùshì.

2. 海娃一面说，一面哭，越哭越伤心，索性坐到地上～哭起来。（华山《鸡毛信》）

   Hǎiwá yímiàn shuō, yímiàn kū, yuè kū yuè shāngxīn, suǒxìng zuòdào dì shang ～ kū qilai.

3. 这使人联想起凤姐～闹宁府时，那恶人先告状的嘴脸来。（王朝闻《论凤姐》）

   Zhè shǐ rén liánxiǎng qǐ Fèngjiě ～ nào Níngfǔ shí, nà èrén xiān gào zhuàng de zuǐliǎn lai.

4. 从此，他用全副精力～写社会主义祖国的新人新事。（曹禺《怀念老舍先生》）

   Cóngcǐ, tā yòng quánfù jīnglì ～ xiě shèhuìzhǔyì zǔguó de xīnrén xīnshì.

B 完全、彻底，或表示极高的程度：

Fully, thoroughly; indicates a very high degree：

1）修饰某些形容词、动词，多是单音节的：

Modifying some adjectives and verbs, mostly monosyllabic：

1. 沈振新从无线电收音机里，听到莱芜～捷的消息，从延安广播电台播送出来。（吴强《红日》）

   Shěn Zhènxīn cóng wúxiàndiàn shōuyīnjī li, tīngdào Láiwú ～ jié de xiāoxi, cóng Yán·ān Guǎngbō Diàntái bō sòng chulai.

2. 天已～亮了，东山上已映着一片紫红色的朝霞。（知侠《铁道游击队》）

   Tiān yǐ ～ liàng le, dōng shān shang yǐ yìngzhe yí piàn zǐhóngsè de zhāoxiá.

3. 为什么昨天又喝得～醉？（《侯宝林相声选》）

   Wèi shénme zuótiān yòu hē de ～ zuì?

4. 毛泽东同志重新领导，使军心～振，人心～快。（成仿吾《长征回忆录》）

   Máo Zédōng tóngzhì chóngxīn lǐngdǎo, shǐ jūnxīn ～ zhèn, rénxīn ～ kuài.

5. "～忙天，为这点小事吵个屁呀！快做活路去吧！"一个男社员在院里吆喝着。（履冰《夫妻之间》）

   "～ máng tiānr, wèi zhè diǎn xiǎo shì chǎo ge pì ya! kuài zuò huólu qu ba!" yí ge nán shèyuán zài yuàn li yāohezhe.

6. 张明贵惊慌地说："这～热天，你去喝杯茶好了。"（艾芜《夏天》）

   Zhāng Míngguì jīnghuāng de shuō: "zhè ～ rè tiānr, nǐ qù hē bēi chá hǎole."

7. 当时，全国形势正处在～转变的前夜。（曹丹辉《抗日前奏》）

   Dāngshí, quánguó xíngshì zhèng chǔ zài ～ zhuǎnbiàn de qiányè.

这个意思的"大"有时可以重叠为"大大"，后面不能是单音节词：

大 in this sense sometimes can be reduplicated and then followed by a word or phrase with more than one syllable：

8. 几年不见，这里的市容已经～改观。

   Jǐ nián bú jiàn, zhèlǐ de shìróng yǐjīng ～ gǎiguān.

9. 她的身体～不如从前了。

Tā de shēntǐ ～ bùrú cóngqián le.

2) 修饰助动词"可、可以",限于少数情况:

In a few cases, 大 is used to modify the auxiliary verbs 可, 可以:

10.　她觉得过这样的日子～可不必再往远处想了。(老舍《四世同堂》)

Tā juéde guò zhèyàng de rìzi ～ kě búbì zài wàng yuǎnchù xiǎng le.

11.　够了,够了,生活给予他太多的好意,他～可以自傲地说一声"不虚此生"了!
(叶圣陶《倪焕之》)

Gòu le, gòu le, shēnghuó jǐyǔ tā tài duō de hǎoyì, tā ～ kěyǐ zì·ào de shuō yì shēng
"bù xū cǐ shēng" le!

12.　其实呢,现在的人～可以不必看古书,即使古书里真有好东西,也可以用白话
来译出的。(鲁迅《无声的中国》)

Qíshí ne, xiànzài de rén ～ kěyǐ búbì kàn gǔshū, jíshǐ gǔshū li zhēn yǒu hǎo dōngxi,
yě kěyǐ yòng báihuà lái yì chū de.

3) 可以修饰少数的否定形式:

Can modify a few negative forms:

13.　尤氏不及时向她通风报信,贾蓉帮贾琏和她搞鬼,至少是对她的～不敬。(王朝
闻《论凤姐》)

Yóushì bù jíshí xiàng tā tōngfēngbàoxìn, Jiǎ Róng bāng Jiǎ Lián hé tā gǎo guǐ,
zhìshǎo shì duì tā de ～ bú jìng.

14.　她拿不定主意的时候,可以向桐芳商议,而这种商谈只显出亲密,与接受命令
～不相同。(老舍《四世同堂》)

Tā ná bu dìng zhǔyi de shíhou, kěyǐ xiàng Tóngfāng shāngyì, ér zhèzhǒng shāngtán
zhǐ xiǎn chū qīnmì, yǔ jiēshòu mìnglìng ～ bù xiāngtóng.

15.　对于京派正统观点,像前述对海派的针砭,我却是～不以为然的。(李筠《谈海
派》)

Duìyú Jīngpài zhèngtǒng guāndiǎn, xiàng qián shù duì Hǎipài de zhēnbiān, wǒ què
shì ～ bùyǐwéirán de.

16.　鞭炮声不绝,锣鼓声不歇,～非往年能比得过的。(端木蕻良《曹雪芹》)

Biānpào shēng bù jué, luógǔ shēng bù xiē, ～ fēi wǎngnián néng bǐ de guò de.

C 有大规模的意思:

In a big way, on a large scale:

1.　楚国的男男女女会～遭杀戮……(郭沫若《屈原》)

Chǔguó de nánnánnǚnǚ huì ～ zāo shālù ...

2.　今天我们～团圆,要坐在一起好好聊聊。(彭梅魁等《泪水沾湿的回忆》)

Jīntiān wǒmen ～ tuányuán, yào zuò zài yìqǐ hǎohāor liáoliao.

3.　文艺界人士张道藩曾以中央宣传部长身份为他们～摆宴席。(朱述新《春天里
的纪念》)

Wényìjiè rénshi Zhāng Dàofān céng yǐ zhōngyāng xuānchuán bùzhǎng shēnfèn wèi
tāmen ～ bǎi yànxí.

D 表示很高的程度;修饰由"有"构成的短语:

Used to modify phrases with 有, *indicating a very high degree:*

1.　她感到她跟高军的事儿,～有希望,差不离儿算成了。(刘亚舟《男婚女嫁》)

Tā gǎndào tā gēn Gāo Jūn de shìr, ～ yǒu xīwàng, chàbulír suàn chéng le.

2. 农业科技成果的推广工作～有潜力可挖。(报)

Nóngyè kējì chéngguǒ de tuīguǎng gōngzuò ～ yǒu qiánlì kě wā.

3. 当前我国正处在向社会主义现代化进军的新时期,相声艺术～有用武之地。 (周扬《〈侯宝林相声选〉》序)

Dāngqián wǒ guó zhèng chǔ zài xiàng shèhuìzhǔyì xiàndàihuà jìn jūn de xīn shíqí, xiàngsheng yìshù ～ yǒu yòng wǔ zhī dè.

4. 长顺很快就跑出去,好像～有立刻回家收拾收拾就出走的样子。(老舍《四世同堂》)

Chángshùn hěn kuài de jiù pǎo chuqu, hǎoxiàng ～ yǒu lìkè huí jiā shōushi shōushi jiù chūzǒu de yàngzi.

大半 dàbàn (副词)

同"大概",但一般不用于主语前:

Same as 大概 (probably, most likely), but is not generally used before the subject:

1. 前面提到过的秀才举人们,～是为了升官发财,才下苦工夫学习写作。(老舍《文学修养》)

Qiánmiàn tídàoguo de xiùcai jǔrén men, ～ shì wèile shēngguān fācái, cái xià kǔ gōngfu xuéxí xiězuò.

2. 这些人们,就使我要痛哭,但～也还是因为我那时太过于感情用事。(鲁迅《孤独者》)

Zhèxiē rénmen, jiù shǐ wǒ yào tòngkū, dàn ～ yě háishì yīnwèi wǒ nàshí tài guòyú gǎnqíngyòngshì.

3. 村里的百姓～全集拢来了。(杨朔《昨日的临汾》)

Cūn li de bǎixìng ～ quán jílǒng lai le.

4. ～还是靠了觉民的气力,他们终于把觉新扶了起来。(巴金《秋》)

～ háishì kàole Juémín de qìlì, tāmen zhōngyú bǎ Juéxīn fúle qilai.

5. 一听就知道他喝得～醉了。(犁夫《归雁》)

Yì tīng jiù zhīdao tā hē de ～ zuì le.

"大半"可以说成"大半是",而"是"往往没有实义,如例 1。

大半 may be replaced by 大半是 where 是 is usually meaningless as in example 1.

辨认:

Note:

"大半"有时是名词,是大部分的意思:

大半 sometimes is a noun which means "the greater part, more than half":

1. 这本小说很吸引人,我一下子就看了大半了。

Zhèběn xiǎoshuō hěn xīyǐn rén, wǒ yíxiàzi jiù kànle dàbàn le.

2. 那个篮球队新手占大半,小半是老手。

Nàge lánqiú duì xīnshǒu zhàn dàbàn, xiǎobàn shì lǎoshǒu.

3. 我们班的同学大半是南方人。

Wǒmen bān de tóngxué dàbàn shì nánfāng rén.

大抵 dàdǐ (副词)

意思是"大多数""一般",复指前面已提到的事物,说明那些事物中大多数是何情况：

Mostly，for the most part；refers to what has already been mentioned：

1. 文章的性质是并不一律的，～以抒情和记事为多数。(唐弢《记鲁迅先生》)
   Wénzhāng de xìngzhì shì bìng bù yílǜ de，～ yǐ shūqíng hé jì shì wéi duōshù.

2. 从来谈论西湖之胜景的，～注目于春夏两季。(钟敬文《西湖的雪景》)
   Cónglái tánlùn Xīhú zhī shèngjǐng de，～ zhùmù yú chūn xià liǎng jì.

3. 你给我的信里面所陈述的一些意见，我～表示同意。(郭沫若《答费正清博士》)
   Nǐ gěi wǒ de xìn lǐmiàn suǒ chénshù de yìxiē yìjian，wǒ ～ biǎoshì tóngyì.

4. 从前年以来，对于我个人的攻击是多极了，每一种刊物上，～总要看见"鲁迅"的名字，而作者的口吻，则粗粗一看，～好像革命文学家。(鲁迅《"硬译"与"文学的阶级性"》)
   Cóng qiánnián yǐlái，duìyú wǒ gèrén de gōngjī shì duō jíle，měi yì zhǒng kānwù shang，～ zǒng yào kànjian "Lǔ Xùn" de míngzi，ér zuòzhě de kǒuwěn，zé cūcū yí kàn，～ hǎoxiàng gémìng wénxuéjiā.

有时"大抵"并不直接处于所修饰的述语之前，而是在前一分句之前：

Sometimes 大抵 is not placed immediately before that which it modifies，but before a preceding clause：

5. 说也奇怪，～人在走顺路的时候，希望总是容易得到满足的。(郭沫若《革命春秋》)
   Shuō yě qíguài，～ rén zài zǒu shùnlù de shíhou，xīwàng zǒngshì róngyi dédao mǎnzú de.

大都　dàdū　(副词)

大部分、大多数，所指的人或事物必在"大都"前面出现；可修饰否定形式：

For the most part, mostly. The persons or things referred to by 大都 must have been mentioned previously. It can modify a negative form：

1. 我们读的～是禁书。(唐弢《回顾》)
   Wǒmen dú de ～ shì jìnshū.

2. 从前当校长充什么主任的，这时候～列名在学阀一览表里。(叶圣陶《倪焕之》)
   Cóngqián dāng xiàozhǎng chōng shénme zhǔrèn de，zhè shíhou ～ liè míng zài xuéfá yìlǎnbiǎo li.

3. 现在留存的，正如这些复信所昭示，～是学习方面的问题。(唐弢《回顾》)
   Xiànzài liúcún de，zhèng rú zhèxiē fùxìn suǒ zhāoshì，～ shì xuéxí fāngmiàn de wèntí.

4. 这位新作家，读者～还不太熟悉。
   Zhèwèi xīn zuòjiā，dúzhě ～ hái bú tài shúxī.

如所指的是受事，要提前作为主语：

When the person or thing referred to by 大都 is the recipient of the verb，it should be transferred to the front of the sentence to act as the subject topic：

5. 这些顾客，营业员～比较熟悉。(应泽民《A·P案件》)
   Zhèxiē gùkè，yíngyèyuán ～ bǐjiào shúxī.

参看"大多"。

Compare 大多 dàduō.

大多 dàduō （副词）

同"大都"：

Same as 大都：

1. 分散在小商店里的职业青年，～依靠读书会的形式集合起来。（唐弢《回顾》）
   Fēnsàn zài xiǎo shāngdiàn li de zhíyè qīngnián, ～ yīkào dúshūhuì de xíngshì jíhé qilai.

2. 客人也～是中年以上的科学家、医师、领导同志。（张扬《第二次握手》）
   Kèrén yě ～ shì zhōngnián yǐshàng de kēxuéjiā, yīshī, lǐngdǎo tóngzhì.

3. 火，本来是一种自然现象，但是火灾却～属于社会现象。（应泽民《A·P案件》）
   Huǒ, běnlái shì yì zhǒng zìrán xiànxiàng, dànshì huǒzāi què ～ shǔyú shèhuì xiànxiàng.

4. 但他们～没有实权，只是对慈禧的内外政策深为不满，支持光绪掌握政权。
   Dàn tāmen ～ méi yǒu shíquán, zhǐshì duì Cíxǐ de nèi wài zhèngcè shēnwéi bùmǎn, zhīchí Guāngxù zhǎngwò zhèngquán.

大凡 dàfán （副词）〈书〉

多用于句首，意思是大部分，接近全部；常跟"总""都"等呼应：

Generally, in most cases; mostly used at the beginning of a sentence, and often in conjunction with 总, 都, etc.：

1. ～社里的这种跑外办交涉的事，都是委托给他来办的。（西戎《宋老大进城》）
   ～ shè li de zhèzhǒng pǎowài bàn jiāoshè de shì, dōu shì wěituō gěi tā lái bàn de.

2. ～发表过若干作品的作家，倘有强烈的进取心，是不甘心停留在原来的水准上的。（报）
   ～ fābiǎoguo ruògān zuòpǐn de zuòjiā, tǎng yǒu qiángliè de jìnqǔ xīn, shì bù gānxīn tíngliú zài yuánlái de shuǐzhǔn shàng de.

3. 老张～碰到什么紧要关头上，他就会说"你看看，你看看"。（茹志鹃《静静的产院》）
   Lǎo Zhāng ～ pèngdào shénme jǐnyào guāntóu shang, tā jiù huì shuō "nǐ kànkan, nǐ kànkan".

即使所修饰的是单数，也指的是较普遍的情况：

What is modified by 大凡 may be singular but it must represent some general phenomenon：

4. ～一家糟房总是要养四五十条肥猪的。（郭沫若《我的童年》）
   ～ yì jiā zāofáng zǒngshì yào yǎng sì wǔshí tiáo féi zhū de.

大概 dàgài （副词）

表示有很大的可能性；可以用在主语前面：

Probably, most likely; indicates a great probability. It may be used before the subject of a sentence：

1. ～有十一点多了，祥子看见了人和厂那盏极明而怪孤单的灯。（老舍《骆驼祥子》）
   ～ yǒu shíyī diǎn duō le, Xiángzi kànjianle Rénhé Chǎng nàzhǎn jí míng ér guài gūdān de dēng.

2. 那棵老槐树，～经历了一百年的风雨冰霜，它根深枝茂，傲然地屹立在星光和

寒风之中。(浩然《金光大道》)

Nàkē lǎo huáishù, ～ jīnglìle yìbǎi nián de fēngyǔ bīng shuāng, tā gēnshēnzhīmào, àorán de yìlì zài xīng guāng hé hán fēng zhī zhōng.

3. 看来，你们两位不仅相识，～还有过一番奇特的交往呢！(张扬《第二次握手》)

Kànlái, nǐmen liǎng wèi bùjǐn xiāngshí, ～ hái yǒuguo yì fān qítè de jiāowǎng ne!

4. 他～不来了。

Tā ～ bù lái le.

5. 话又停了，～她的心绪激动得很厉害。(王愿坚《党费》)

Huà yòu tíng le, ～ tā de xīnxù jīdòng de hěn lìhai.

6. ～人类一开始有了较高的文明，也就开始有了象牙雕刻。(叶君健《象牙》)

～ rénlèi yì kāishǐ yǒule jiào gāo de wénmíng, yě jiù kāishǐ yǒule xiàngyá diāokè.

参看"大半""大约"B，"横是"。

Compare 大半 dàbàn, 大约 dàyuē B, 横是 héngshì.

☆**大力**　dàlì　(副词)

表示投入很多力量，一般用来修饰多音节词语：

(*Do sth.*) *energetically, vigorously.* What is modified by 大力 must consist of more than one syllable：

1. 最近一个时期，各地方剧种都在～编、演现代戏。(吴晗《谈演戏》)

Zuìjìn yí ge shíqī, gè dìfāng jùzhǒng dōu zài ～ biān, yǎn xiàndàixì.

2. 由于我们～抗旱，不仅保证了丰收，我们试验田也获得了成功。(侯宝林《种子迷》)

Yóuyú wǒmen ～ kàng hàn, bùjǐn bǎozhèngle fēngshōu, wǒmen shìyàntián yě huòdé le chénggōng.

3. 华北、东北、西北地区玉米、高粱多，可以"粗粮细吃"，～发展膨化食品。(报)

Huáběi, Dōngběi, Xīběi dìqū yùmǐ, gāoliang duō, kěyǐ "cū liáng xì chī", ～ fāzhǎn pénghuà shípǐn.

4. 要适应国民经济发展的需要，～提高教学质量，积极改革教育结构。(报)

Yào shìyìng guómín jīngjì fāzhǎn de xūyào, ～ tígāo jiàoxué zhìliàng, jījí gǎigé jiàoyù jiégòu.

☆"大力"原为名词短语，现在仍可说"出大力"。

大力 was originally a nominal phrase and even now one can still say 出大力.

大肆 dàsì　(副词)

毫无顾忌地(做坏事)，修饰多音节词语：

(*Do sth.*) *wantonly, recklessly*; used to modify polysyllabic words or phrases：

1. 他大胆地揭发了太监利用征收矿税的名义，～勒索，为非作恶的罪行。(马南邨《为李三才辩》)

Tā dàdàn de jiēfāle tàijiàn lìyòng zhēngshōu kuàng shuì de míngyì, ～ lèsuǒ, wéi fēi zuò è de zuìxíng.

2. 委 C·C 分子李浩作校长，～逮捕、开除进步分子，一时陷于暗无天日状态。(米暂沉《杨虎城传》)

Wěi C·C fènzǐ Lǐ Hào zuò xiàozhǎng, ～ dàibǔ, kāichú jìnbù fènzǐ, yìshí xiànyú ànwútiānrì zhuàngtài.

3. 在占领虎门炮台后,英军就炮轰广州城,并在城郊~抢劫烧杀,无恶不作。(小学《政治课本》)

Zài zhànlǐng Hǔmén pàotái hòu, Yīngjūn jiù pàohōng Guǎngzhōu chéng, bìng zài chéngjiāo ～ qiǎngjié shāo shā, wú'èbúzuò.

大体 dàtǐ （副词）

就多数情形或主要方面说,后面常有"上",可修饰否定形式:

On the whole, in the main, for the most part; often takes 上 after it. It can also modify a negative form:

1. 最近上海总工会主席在市政协作了报告,这些问题是~都谈了。(周而复《上海的早晨》)

Zuìjìn Shànghǎi Zǒng Gōnghuì zhǔxí zài Shì Zhèngxié zuòle bàogào, zhèxiē wèntí shì ～ dōu tán le.

2. 觉新只是唯唯地应着。他~上是赞成克明的意见的。(巴金《秋》)

Juéxīn zhǐ shì wěiwěi de yīngzhe. Tā ～ shang shì zànchéng Kèmíng de yìjian de.

3. 决策~上已经是商定好了的,只是在征求贺与叶的同意。(郭沫若《革命春秋》)

Juécè ～ shang yǐjīng shì shāngdìnghǎole de, zhǐshì zài zhēngqiú Hè yǔ Yè de tóngyì.

4. 清朝的宫殿虽然~上继承明朝的规模,不过就每一个建筑来说,尽管形式相同,本质却并不相同。(吴晗《谈北京城》)

Qīngcháo de gōngdiàn suīrán ～ shang jìchéng Míngcháo de guīmó, búguò jiù měi yí ge jiànzhù láishuō, jǐnguǎn xíngshì xiāngtóng, běnzhì què bìng bù xiāngtóng.

5. 这篇文章~上没有什么毛病。

Zhèpiān wénzhāng ～ shang méi yǒu shénme máobing.

参看"大致"。

Compare 大致 dàzhì.

大为 dàwéi （副词）

表示程度高,修饰双音节词语,必是由某事物引起的反应:

Greatly; indicates a high degree, must modify a disyllabic word or construction indicating a reaction which has arisen in response to some circumstance:

1. "我的天! 看你问的啥话?"她~吃惊我的落后。(柳青《重访马场村》)

″Wǒ de tiān! Kàn nǐ wèn de shá huà?″ tā ～ chī jīng wǒ de luòhòu.

2. 可是,张德来对他却~不满。(吴强《红日》)

Kěshì, Zhāng Délái duì tā què ～ bùmǎn.

3. 敌人料我要北渡长江,~恐慌,连忙在川黔滇三省边界大修碉堡,企图封锁围歼我军。(刘伯承《回顾长征》)

Dírén liào wǒ yào běi dù Chángjiāng, ～ kǒnghuāng, liánmáng zài Chuān Qián Diān sān shěng biānjiè dà xiū diāobǎo, qǐtú fēngsuǒ wéijiān wǒ jūn.

4. 那个女同志~开心似地笑了。(沙汀《下乡第一课》)

Nàge nǚ tóngzhì ～ kāixīn shìde xiào le.

大约 dàyuē （副词）

A 对数量、时间的大略估计:

(*Of number, time*) *about, approximately*:

1. 在下午~两点钟的时候吧,天气晴起来了。(郭沫若《革命春秋》)

Zài xiàwǔ ～ liǎng diǎnzhōng de shíhou ba, tiānqì qíng qilai le.

2. ～四五分钟，便到了我们原来的机关住地。(吕铮《战斗在敌人心脏里》)
   ～ sì wǔ fēnzhōng, biàn dàole wǒmen yuánlái de jīguān zhùdì.

3. 这年冬季的一天，从新堤开来了一支民团队伍，～一百来人。(黄新庭《喧啸的柴林》)
   Zhè nián dōngjì de yì tiān, cóng xīndī kāi lai le yì zhī míntuán duìwu, ～ yìbǎi lái rén.

4. 这里离那个小木船～只有七八米。(应泽民《A·P案件》)
   Zhèlǐ lí nàge xiǎo mùchuán ～ zhǐ yǒu qī bā mǐ.

B 同"大概"：

Same as 大概 (probably, most likely)：

1. 几房的本家～已经搬走了，所以很寂静。(鲁迅《故乡》)
   Jǐ fáng de běnjiā ～ yǐjīng bānzǒu le, suǒyǐ hěn jìjìng.

2. ～只有战场上的指战员，才能理解石油战线职工的心情。(韶华《沧海横流》)
   ～ zhǐyǒu zhànchǎng shang de zhǐzhànyuán, cái néng lǐjiě shíyóu zhànxiàn zhígōng de xīnqíng.

3. 昨晚～是忘了拉上窗帘，阳光透过落地玻璃窗直射进来，照在她的睡衣上。(张扬《第二次握手》)
   Zuó wǎn ～ shì wàngle lā shang chuānglián, yángguāng tòuguo luòdì bōli chuāng zhí shè jinlai, zhào zài tā de shuìyī shang.

4. ～初次走上工作岗位的青年学生，都有过这种心情。(马烽《我的第一个上级》)
   ～ chū cì zǒu shang gōngzuò gǎngwèi de qīngnián xuénsheng, dōu yǒuguo zhèzhǒng xīnqíng.

大致 dàzhì (副词)

同"大体"：

Same as 大体 (on the whole, in the main, for the most part)：

1. 朱总司令这次的调查～可以分为两部分。(何其芳《回忆朱总司令》)
   Zhū zǒngsīlìng zhècì de diàochá ～ kěyǐ fēnwéi liǎng bùfen.

2. 这一晚上，林家铺子里直忙到五更左右，方才～就绪。(茅盾《林家铺子》)
   Zhè yì wǎnshang, Lín jiā pùzi li zhí mángdào wǔ gēng zuǒyòu, fāngcái ～ jiùxù.

3. 张仲年不是一个夸夸其谈的人，他说到的，～上他就会这么做。(吕铮《战斗在敌人心脏里》)
   Zhāng Zhòngnián bú shì yí ge kuākuāqítán de rén, tā shuōdào de, ～ shang tā jiù huì zhème zuò.

4. 瑞宣又问了几句，把事情～的搞清楚。(老舍《四世同堂》)
   Ruìxuān yòu wènle jǐ jù, bǎ shìqing ～ de gǎoqīngchu.

单 dān (副词)

有"只"的意思，但不能限制数量，多修饰单音节词：

Only, *solely*；but cannot be used to restrict a number and mostly modifies monosyllabic words：

1. 这就说明了，～从形式上学诗，即使掌握了形式，还不一定就会作诗。(老舍《诗与快板》)

Zhè jiù shuōmíng le, ～ cóng xíngshì shang xué shī, jíshǐ zhǎngwò le xíngshì, hái bùyídìng jiù huì zuòshī.

2. 你不能～看几个先进的积极分子。发动群众,越广泛越好,打江山不怕人多。(周立波《暴风骤雨》)

Nǐ bù néng ～ kàn jǐ ge xiānjìn de jījí fènzǐ. Fādòng qúnzhòng, yuè guǎngfàn yuè hǎo, dǎ jiāngshān bú pà rén duō.

3. 但是现在看来,～是一本《不怕鬼的故事》还不够用,还得有一本《怕鬼的故事》。(廖沫沙《怕鬼的"雅谑"》)

Dànshì xiànzài kànlái, ～ shì yì běn《Bú pà guǐ de gùshi》hái bú gòu yòng, hái děi yǒu yì běn《Pà guǐ de gùshi》.

4. 如果～为饣口,什么事情不好做,何必要好些儿童陪着你作牺牲! (叶圣陶《倪焕之》)

Rúguǒ ～ wèi húkǒu, shénme shìqing bù hǎo zuò, hébì yào hǎoxiē értóng péizhe nǐ zuò xīshēng!

"单"常与"就"相配合,表示不需要别的,就足以达到某目的,或别的更不必说:
单 is often used in conjunction with 就 to indicate that something alone is sufficient for the purpose, nothing else is needed:

5. ～是这个名字,就能引人"发思古之幽情"。(方纪《到金沙江去》)

～ shì zhège míngzi, jiù néng yǐn rén "fā sī gǔ zhī yōuqíng".

6. ～凭他那管直鼻梁,就知道他有一颗公道的心。(草明《延安人》)

～ píng tā nà guǎn zhí bíliáng, jiù zhīdao tā yǒu yì kē gōngdao de xīn.

7. ～拿运输这种商品的情况来说,就有一个复杂过程。(应泽民《A·P案件》)

～ ná yùnshū zhèzhǒng shāngpǐn de qíngkuàng láishuō, jiù yǒu yí ge fùzá guòchéng.

8. ～是周围的短短的泥墙根一带,就有无限趣味。(鲁迅《从百草园到三味书屋》)

～ shì zhōuwéi de duǎnduǎn de ní qiánggēn yídài, jiù yǒu wúxiàn qùwèi.

参看"单单"。
Compare 单单 dāndān.

单单   dāndān   (副词)

A 同"单",但所修饰的中心语不受音节限制:

Same as 单 (only, solely), but what it modifies has no syllabic constraint:

1. 我倒没有见过一棵树就～为了落下的叶子死去,不在明年开花的。(巴金《秋》)

Wǒ dào méiyou jiànguo yì kē shù jiù ～ wèile luò xia de yèzi sǐqù, bú zài míngnián kāi huā de.

2. ～从东到西的两行荷花形的路灯就极目难尽! (叶君健《天安门之夜》)

～ cóng dōng dào xī de liǎng háng héhuāxíng de lùdēng jiù jímù nán jìn!

3. 她爱剑波那对明亮的眼睛,不～是美丽;而且里面蕴藏着无限的智慧和永远放不尽的光芒。(曲波《林海雪原》)

Tā ài Jiànbō nàduì míngliàng de yǎnjing, bù ～ shì měilì; érqiě lǐmiàn yùncángzhe wúxiàn de zhìhuì hé yǒngyuǎn fàng bu jìn de guāngmáng.

4. 固然不能说满腔热诚是假的,但发表意思总该有些用处,～热诚是不济事的。(叶圣陶《倪焕之》)

Gùrán bù néng shuō mǎnqiāng rèchéng shì jiǎ de, dàn fābiǎo yìsi zǒng gāi yǒu xiē yòngchu，～ rèchéng shì bú jìshì de.

B 同"独独"：

Same as 独独（see p. 82）：

1. 今天是八月节，家家讲究团圆，怎么～咱们说分家呢？（老舍《四世同堂》）
Jīntiān shì Bāyuèjié，jiājiā jiǎngjiu tuányuán，zěnme ～ zánmen shuō fēn jiā ne?
2. 大家都能坚持，～他坚持不了。
Dàjiā dōu néng jiānchí，～ tā jiānchí bu liǎo.
3. 可惜父亲并不考他全部武功，～考他一门射箭。（端木蕻良《曹雪芹》）
Kěxī fùqin bìng bù kǎo tā quánbù wǔgōng，～ kǎo tā yì mén shè jiàn.

单独 dāndú （副词）

A 同"独自"：

Same as 独自（by oneself）：

1. 现在只有大学生李涛～留在里面。（沙汀《意外》）
Xiànzài zhǐ yǒu dàxuéshēng Lǐ Tāo ～ liú zài lǐmiàn.
2. 他～回到自己那个小房间，关上门，上床去，准备安静地想一想自己在新的形势下应该怎么办。（莫应丰《将军吟》）
Tā ～ huídào zìjǐ nàge xiǎo fángjiān，guān shang mén，shàng chuáng qu，zhǔnbèi ānjìng de xiǎng yi xiǎng zìjǐ zài xīn de xíngshì xià yīnggāi zěnmebàn.
3. 这些日子来，我已跟他很熟了，但～在一起，还是第一次，所以还是有点难为情。（檀林《一个女囚的自述》）
Zhèxiē rìzi lái，wǒ yǐ gēn tā hěn shú le，dàn ～ zài yìqǐ，háishì dì-yī cì，suǒyǐ háishì yǒudiǎnr nánwéiqíng.
4. 他不敢～去见父亲，拉着姐姐陪他去。
Tā bù gǎn ～ qù jiàn fùqin，lāzhe jiějie péi tā qù.

B 表示动作、行为的对象是不包括其他人的：

Indicates that the recipient of the action refers to no one else：

1. 陶书记的爱人～悄悄告诉他，灯塔社在兴奋热烈的气氛中，还是有些令人不安的预兆在暗中蠕动。（柳青《创业史》）
Táo shūji de àiren ～ qiāoqiāo gàosu tā，Dēngtǎ Shè zài xīngfèn rèliè de qìfēn zhōng，háishì yǒuxiē lìng rén bù'ān de yùzhào zài ànzhōng rúdòng.
2. 在整个创办社的这些日子，梁三老汉只要有机会和儿子～谈几句话，他就要叮咛他：把土地和劳力的等级评公道！（柳青《创业史》）
Zài zhěnggè chuàngbàn shè de zhèxiē rìzi，Liáng Sān lǎohàn zhǐyào yǒu jīhuì hé érzi ～ tán jǐ jù huà，tā jiù yào dīngníng tā：bǎ tǔdì hé láolì de děngjí píng gōngdao!
3. 父亲身边总是有人，瞅不到一个空子能够～去见父亲。（端木蕻良《曹雪芹》）
Fùqin shēnbiān zǒngshì yǒu rén，chǒu bu dào yí ge kòngzi nénggòu ～ qù jiàn fùqin.
4. 玉琴不由立刻怔了一怔，因为他知道要是没有什么大事，师傅是从不～和哪一个学生说话的。（秦瘦鸥《秋海棠》）
Yùqín bù yóu lìkè zhèng le yi zhèng，yīnwèi tā zhīdao yàoshi méi yǒu shénme dà shì，shīfu shì cóngbù ～ hé nǎ yí gè xuésheng shuō huà de.
5. 我们想和你们两个～谈话。
Wǒmen xiǎng hé nǐmen liǎng ge ～ tán huà.

C 可用于事物,表示和别的事物分开:

When referring to things, means "separately, individually":

1. 沉默了片刻,他问我道:"前回说的那一段事,有没有~把它写成文章的意思?"(唐弢《记鲁迅先生》)

Chénmòle piànkè, tā wèn wǒ dào:"Qián huí shuō de nà yí duàn shì, yǒu méiyǒu ~ bǎ tā xiěchéng wénzhāng de yìsi?"

2. 金凤姐每年过节,都给我抽荷包,我都~留起来。(端木蕻良《曹雪芹》)

Jīnfèng jiě měi nián guò jié, dōu gěi wǒ chōu hébāo, wǒ dōu ~ liú qilai.

但　dàn　（副词）〈书〉

有"只"的意思:

Has the meaning of 只（only）:

1. 一种好像睡梦中一脚踩入空虚,从云端掉落下来,突然醒转,~觉回顾茫茫,不知身在何地的感觉。(唐弢《回顾》)

Yì zhǒng hǎoxiàng shuìmèng zhōng yì jiǎo cǎi rù kōngxū, cóng yúnduān diàoluò xialai, tūrán xǐngzhuǎn, ~ jué huígù mángmáng, bù zhī shēn zài hé dì de gǎnjué.

2. 二位公子有何见教,~讲无妨,刘某一定竭诚效力。(任光椿《戊戌喋血记》)

Èr wèi gōngzǐ yǒu hé jiànjiào, ~ jiǎng wúfáng, Liú mǒu yídìng jiéchéng xiàolì.

3. 应当提倡"不求无过,~求有功"。(报)

Yīngdāng tíchàng "bùqiúwúguò, ~ qiúyǒugōng".

"但愿""但愿得"表示未必能实现,但很希望实现的愿望:

但愿,但愿得（if only, I wish）indicates that one wishes with a strong desire for sth. although it is not likely to be realized:

4. 爸爸,天无绝人之路,~愿就在这个月里,你的病可以好起来,钱是一定不成问题的。(秦瘦鸥《秋海棠》)

Bàba, tiān wú jué rén zhī lù, ~ yuàn jiù zài zhège yuè li, nǐ de bìng kěyǐ hǎo qilai, qián shì yídìng bù chéng wèntí de.

5. 这孩子应该是幸福的,……理当如此,~愿如此!(莫应丰《将军吟》)

Zhè háizi yīnggāi shì xìngfú de, … lǐ dāng rúcǐ, ~ yuàn rúcǐ!

参看连词"但"。

Compare conjunction 但 dàn.

当众　dāngzhòng　（副词）

表示当着大家、公开地,含有不避讳他人或故意使众人皆知的意味,后面常是多音节词语:

In the presence of all, in public; sometimes implying that something is deliberately let known to all. It is usually followed by polysyllabic words or set phrases:

1. 抓两个造谣言的来!……~审问,心明眼亮!(老舍《神拳》)

Zhuā liǎng ge zào yáoyán de lai! ~ shěnwèn, xīnmíngyǎnliàng!

2. 当法官宣读了离婚的判决后,她在法庭上~就哭了。(陈祖芬《祖国高于一切》)

Dāng fǎguān xuāndúle lí hūn de pànjué hòu, tā zài fǎtíng shang ~ jiù kū le.

3. 君尼场长~表扬自己的儿媳……(赵燕翼《桑金兰错》)

Jūnní chǎngzhǎng ~ biǎoyáng zìjǐ de érxí …

4. 这位售货员同志~要笑农民同志,就不对了。(报)

Zéwèi shòuhuòyuán tóngzhì 〜 shuǎxiào nóngmín tóngzhì, jiù bú duì le.

倒 dào （副词）

A 同"反而"，表示某一种情况产生的结果与应产生的结果相反：

Same as 反而, indicates that the outcome of sth. is exactly opposite to what it should be：

1. 看见猹了，你便刺。这畜生很伶俐，〜向你奔来，反从胯下窜了。（鲁迅《故乡》）

   Kànjian chá le, nǐ biàn cì. Zhè chùsheng hěn línglì, 〜 xiàng nǐ bēn lái, fǎn cóng kuà xià cuàn le.

2. 看着老头子这股兴奋劲儿，我的心〜十分难受起来了。（峻青《傲霜篇》）

   Kànzhe lǎotóuzi zhègǔ xīngfèn jìnr, wǒ de xīn 〜 shífēn nánshòu qilai le.

3. "算了，别乱走了，"我说，"要是方向不对，〜越走越远了。"（峻青《黎明的河边》）

   "Suànle, bié luàn zǒu le," wǒ shuō, "yàoshi fāngxiàng bú duì, 〜 yuè zǒu yuè yuǎn le."

B 表示有点出乎意料：

Somewhat unexpectedly：

1. 她看去已经不止政委说的那年纪，〜像个三十开外的中年妇人了。（王愿坚《党费》）

   Tā kàn qu yǐjīng bùzhǐ zhèngwěi shuō de nà niánjì, 〜 xiàng ge sānshí kāiwài de zhōngnián fùrén le.

2. 我们都以为他可能不来了，没想到他〜是第一个到的。

   Wǒmen dōu yǐwéi tā kěnéng bù lái le, méi xiǎngdào tā 〜 shì dì-yī ge dào de.

3. 他每次考试都不错，这次考得〜不怎么样。

   Tā měicì kǎoshì dōu búcuò, zhècì kǎode 〜 bù zěnmeyàng.

4. 你这么一说，我〜想起来了，早上是有个人找你。

   Nǐ zhème yì shuō, wǒ 〜 xiǎng qilai le, zǎoshang shì yǒu ge rén zhǎo nǐ.

（含有"原来我完全忘了"之意）

5. 你〜说说这首诗怎么个好法。

   Nǐ 〜 shuōshuo zhèshǒu shī zěnme ge hǎo fǎ.

（没想到对方认为这首诗好）

6. 他在外面受了累回来，我的罪可大啦！他横挑鼻子竖挑眼，〜好像他立下汗马功劳，得由我跪接跪送才对！（老舍《龙须沟》）

   Tā zài wàimian shòule lèi huílai, wǒ de zuì kě dà la! Tā héng tiāo bízi shù tiāo yǎn, 〜 hǎoxiàng tā lì xia hànmǎgōngláo, děi yóu wǒ guì jiē guì sòng cái duì!

C 表示比想象的要好：

Indicates that sth. has turned out better than one would have imagined：

1. 媳妇……穿的虽是粗布，〜都是新的。（茹志鹃《百合花》）

   Xífu … chuān de suī shì cūbù, 〜 dōu shì xīn de.

2. 只要经济上他有少许利益，受点气他〜不介意。（茅盾《子夜》）

   Zhǐyào jīngjì shang tā yǒu shǎoxǔ lìyì, shòu diǎnr qì tā 〜 bú jièyì.

3. 淋点雨，〜凉爽。（冯德英《山菊花》）

   Lín diǎnr yǔ, 〜 liángshuǎng.

4. 虽是少油没盐，～也还有点咸菜什么的吃。(王愿坚《党费》)

   Suī shì shǎo yóu méi yán， ～ yě hái yǒu diǎnr xiáncài shénmede chī.

5. 他感到这件武器～是挺得心应手……(刘流《烈火金钢》)

   Tā gǎndào zhèjiàn wǔqì ～ shì tǐng déxīnyìngshǒu …

6. 古时候的人在燕享宾客的时候，要唱歌助酒。我觉得这个礼节～有点意思。
   (郭沫若《棠棣之花》)

   Gǔ shíhou de rén zài yànxiǎng bīnkè de shíhou， yào chàng gē zhù jiǔ. Wǒ juéde zhège
   lǐjié ～ yǒu diǎnr yìsi.

D 肯定积极的一面，重点在下面指出消极方面:

Indicates that while one acknowledges the favourable, one intends to point out the un-
favourable:

1. 老张～是有能力，可惜，岁数太大了。

   Lǎo Zhāng ～ shì yǒu nénglì， kěxī， suìshu tài dà le.

2. 今天天气～不错，就是热。

   Jīntiān tiānqì ～ búcuò， jiùshì rè.

3. 他看的书～不少，可是思考的不深。

   Tā kàn de shū ～ bù shǎo， kěshì sīkǎo de bù shēn.

4. 我～很想去，谁知人家同意不同意!

   Wǒ ～ hěn xiǎng qù， shuí zhī rénjia tóngyì bù tóngyì!

E 表示与对方所想的不一样:

Indicates that the facts are not as one may expect:

1. 要是两个人对心思，能做的话，我～乐意早点办喜事儿。(别人以为他会反对这
   两人的婚事)(浩然《金光大道》)

   Yàoshi liǎng ge rén duì xīnsi， néng zuò de huà， wǒ ～ lèyì zǎo diǎnr bàn xǐshìr.

2. 你的办法有没有风险，～在其次，要我再凑五十万，我就办不到。(茅盾《子夜》)

   Nǐ de bànfǎ yǒu méi yǒu fēngxiǎn， ～ zài qícì， yào wǒ zài còu wǔshí wàn， wǒ jiù
   bàn bu dào.

3. 你说他能力差，学得慢，这～不是问题，问题是他能不能坚持下去。

   Nǐ shuō tā nénglì chà， xué de màn， zhè ～ bú shì wèntí， wèntí shì tā néng bu néng
   jiānchí xiaqu.

F 表示不耐烦，用于催促:

Indicates the speaker's impatience and his desire to hurry somone along:

1. 你～是快去啊!

   Nǐ ～ shì kuài qù a!

2. 要还是不要，你～说句话!

   Yào háishi bú yào， nǐ ～ shuō jiù huà!

G "你倒好"表示对对方不满意，认为他做了很不该做的事:

你倒好 indicates that the speaker is dissatisfied with the other party, and thinks the per-
son has done things one ought not to do:

1. 人家工作忙得要死，你～好，这么早就放倒了。(茹志鹃《春暖时节》)

   Rénjia gōngzuò máng de yào sǐ， nǐ ～ hǎo， zhème zǎo jiù fàngdǎo le.

2. 孩子没考上学校就够难受的了，你～好，还责备起来没完。

Háizi méi kǎo shang xuéxiào jiù gòu nánshòu de le, nǐ ~ hǎo, hái zébèi qilai méi wán.

到处 dàochù （副词）

意思是各个地方，各处：

Everywhere, in all places.

A 各个地方有相同的事物或情况，可以修饰否定形式：

Indicates that the same thing or state exists everywhere, can modify a negative form：

1. 全城～有自来水，就是咱们这儿没有！（老舍《龙须沟》）
   Quán chéng ～ yǒu zìláishuǐ, jiùshì zánmen zhèr méi yǒu!

2. 从下堡村和黄堡镇的房舍里，～升起了做早饭的炊烟。（柳青《创业史》）
   Cóng Xiàpùcūn hé Huángpùzhèn de fángshè li, ～ shēng qi le zuò zǎofàn de chuīyān.

3. 门外一条狭长的小弄堂像是一条小河似的，～汪着一滩滩的水。（周而复《上海的早晨》）
   Mén wài yì tiáo xiácháng de xiǎo nòngtáng xiàng shì yì tiáo xiǎo hé shìde, ～ wāngzhe yì tāntān de shuǐ.

4. 时值冬季，～弄不到干柴。（贺学祥《青少年时期的贺龙同志》）
   Shí zhí dōngjì, ～ nòng bu dào gānchái.

5. 这个人很虚伪，～不受欢迎。
   Zhège rén hěn xūwěi, ～ bú shòu huānyíng.

"到处"常与"都"连用，意思不变；以上例句都可以加"都"，以下例句中的"都"也都可以省去：

都 may come after 到处 and before the verb without changing the meaning. In the above examples, 都 may be added and in the following examples 都 may be omitted：

6. 从明朝中叶以来，全国～都有关帝庙。（姚雪垠《李自成》）
   Cóng Míngcháo zhōngyè yǐlái, quán guó ～ dōu yǒu Guāndìmiào.

7. 在这片广阔的森林中，……～都有这样的茅路。（陈见光《遥远的金竹寨》）
   Zài zhèpiàn guǎngkuò de sēnlín zhōng, … ～ dōu yǒu zhèyàng de máolù.

8. 在这里，～都堆放着钢筋、水泥、木板、杉杆、沙石……（冉淮舟《建设者》）
   Zài zhèlǐ, ～ dōu duīfàngzhe gāngjīn, shuǐní, mùbǎn, shāgān, shāshí. . . .

9. 我看了看这几个山坡，花花打打，～都露着矿线。（李准《人比山更高》）
   Wǒ kàn le kàn zhè jǐ ge shānpō, huāhuādādā, ～ dōu lòuzhe kuàngxiàn.

如述语为"是"或"有"时，宾语可变为主语：

When the verb of a sentence is 是 or 有, the object may become the subject：

10. 南京路一带的警戒还是很森严，路旁传单、～都是。（茅盾《子夜》）
    Nánjīnglù yídài de jǐngjiè háishì hěn sēnyán, lù páng chuándān, ～ dōu shì.

11. 现在南京路上还是紧张，忽聚忽散的群众～全是。（茅盾《子夜》）
    Xiànzài Nánjīnglù shang háishì jǐnzhāng, hū jù hū sàn de qúnzhòng ～ quánshì.

12. 这一带河滩上，好看的石子儿～都有。
    Zhè yídài hétān shang, hǎokàn de shízir ～dōu yǒu.

参看"随处"。

Compare 随处 suíchù.

B 表示由施事者到各处去进行某种活动；述语前一般不加"都"，很少修饰否定形式：

Indicates that an agent goes everywhere to carry out an activity, and 都 is not usually employed before the verb. It rarely modifies a negative form：

1. 就是这个冯少怀，……大闹会场，～煽风点火。(浩然《金光大道》)

   Jiù shì zhège Féng Shàohuái, …dà nào huìchǎng, ～ shānfēngdiǎnhuǒ.

2. 无论如何，～跑着的人总比坐在家里想办法的人，有办法得多。(欧阳山《高乾大》)

   Wúlùn rúhé, ～ pǎozhe de rén zǒng bǐ zuò zài jiā li xiǎng bànfǎ de rén, yǒu bànfǎ de duō.

参看"满处"。

Compare 满处 mǎnchù.

到底   dàodǐ   (副词)

A 指出最后的情况如何：

In the end, finally, at last：

1. 一百多年来无数先烈所怀抱的宏大志愿，一定要由我们这一代人去实现，谁要阻止，～是阻止不了的。(毛泽东《论联合政府》)

   Yībǎi duō nián lái wúshù xiānliè suǒ huáibào de hóngdà zhìyuàn, yīdìng yào yóu wǒmen zhè yī dài rén qù shíxiàn, shuí yào zǔzhǐ, ～ shì zǔzhǐ bu liǎo de.

2. ～是女儿说服了娘，包起那件衣服，拿到集上去。(孙犁《白洋淀纪事》)

   ～ shì nǚ'ér shuōfúle niáng, bāoqǐ nàjiàn yīfu, nádào jí shang qu.

3. 这一次他觉得～还是他有点主张。(王统照《山雨》)

   Zhè yícì tā juéde ～ háishì tā yǒu diǎnr zhǔzhāng.

4. 严厉苛刻的考试～没难倒小梁，三门考试全都及格！(报)

   Yánlì kēkè de kǎoshì ～ méi nándǎo Xiǎoliáng, sān mén kǎoshì quán dōu jí gé!

B 表示即使不充分符合某条件某类型，还是可以认为具备这条件，属于这类型；可用于主语前：

Indicates that although something is not fully up to a given standard or does not completely fit a certain type, it may nonetheless be acceptable. 到底 may precede the subject：

1. 这话～有些厉害，那孩子一听，就更慌了。(茹志鹃《鱼圩边》)

   Zhè huà ～ yǒuxiē lìhai, nà háizi yì tīng, jiù gèng huāng le.

2. 我爸爸～差点事，一辈子混的并不怎样。(老舍《茶馆》)

   Wǒ bàba ～ chà diǎnr shì, yíbèizi hùn de bìng bù zěnyàng.

3. ～这里离城不远，离上海也只一百多里呢。(叶圣陶《倪焕之》)

   ～ zhèlǐ lí chéng bù yuǎn, lí Shànghǎi yě zhǐ yībǎi duō lǐ ne.

4. 他虽然不小了，可～是个孩子，想得不能那么周到。

   Tā suīrán bù xiǎo le, kě ～ shì ge háizi, xiǎng de bù néng nàme zhōudào.

C 用在问句(或有疑问词的非疑问句)中，表示追究，要求确定答复；可用在主语前：

Used in an interrogative sentence (or a non-interrogative sentence with an interrogative pronoun) to indicate an attempt to get a definitive answer. 到底 may precede the subject：

1. ～咱们想打痛快仗不想？(老舍《神拳》)

— 74 —

         ~ zánmen xiǎng dǎ tòngkuai zhàng bù xiǎng?

2. 咱们~要干什么? 干到几时为止? (老舍《神拳》)

      Zánme ~ yào gàn shénme? Gàn dào jǐshí wéizhǐ?

3. 今儿~为什么这么不舒服? (马烽、西戎《吕梁英雄传》)

      Jīnr ~ wèi shénme zhème bù shūfu?

4. 他们三个人停住脚步,想认真计划一下这个便桥~怎么搭法。(冉淮舟《建设者》)

      Tāmen sān ge rén tíngzhù jiǎobù, xiǎng rènzhēn jìhuà yíxià zhège biànqiáo ~ zěnme dā fǎ.

5. 他心想到街上去看一看,看儿子~在谁家。(蔡天心《初春的日子》)

      Tā xīn xiǎng dào jiē shang qù kàn yi kàn, kàn érzi ~ zài shuí jiā.

参看"究竟"A。

Compare 究竟 jiūjìng A.

的确 díquè （副词）

表示确实如此:

Indeed, really:

1. "你看,你将这条血管移了一点位置了。—— 自然,这样一移,~比较好看些,然而解剖图不是美术,实物是那么样的,我们没法改换它……"(鲁迅《藤野先生》)

      "Nǐ kàn, nǐ jiāng zhètiáo xuèguǎn yíle yìdiǎnr wèizhì le. —— Zìrán, zhèyàng yì yí, ~ bǐjiào hǎokàn xiē, rán·ér jiěpōutú bú shì měishù, shíwù shì nàmeyàng de, wǒmen méi fǎ gǎihuàn tā …"

2. 我们的工作~不简单! (老舍《女店员》)

      Wǒmen de gōngzuò ~ bù jiǎndān!

3. 老朱这个人脾气~不好。(茹志鹃《同志之间》)

      Lǎo Zhū zhège rén píqi ~ bù hǎo.

4. ……孔乙己~死了。(鲁迅《孔乙己》)

      ··· Kǒng Yǐjǐ ~ sǐ le.

5. 端午节这个日期~是富有诗意。(郭沫若《蒲剑·龙船·鲤鱼》)

      Duānwǔjié zhège rìqī ~ shì fùyǒu shīyì.

6. 她抬起头,……说:"~是这样。"(欧阳山《三家巷》)

      Tā tái qi tóu, ··· shuō, "~ shì zhèyàng."

7. 这个商店办好了,就证明妇女~可以代替男店员……(老舍《女店员》)

      Zhège shāngdiàn bànhǎole, jiù zhèngmíng fùnǚ ~ kěyǐ dàitì nán diànyuán …

"的确"往往可以说成"的确是","是"不起任何作用。如例5。例1、2、3、4、7中的"的确"后都可加"是"。例6中"是"则是动词。有时"的确"可以用于句首,后面一般有停顿,修饰全句,语势更强。

的确 may often be replaced by 的确是, where 是 is meaningless, as in example 5. In examples 1, 2, 3, 4 and 7, 是 may follow 的确. In example 6 是 is a verb. Sometimes 的确 may be used at the beginning of a sentence when it is usually followed by a pause, modifying the whole sentence so that it becomes more emphatic:

8. ~,谢惠敏除了随着大伙看电影、唱唱每个阶段的推荐歌曲,几乎没有什么业

余爱好。(刘心武《班主任》)

～, Xiè Huìmǐn chúle suízhe dàhuǒr kàn diànyǐng, chàngchang měige jiēduàn de tuījiàn gēqǔ, jīhū méi yǒu shénme yèyú àihào.

9. ～,三掌柜升任大掌柜以后,对他比过去更客气了。(知侠《铁道游击队》)

～, sānzhǎngguì shēngrèn dàzhǎngguì yǐhòu, duì tā bǐ guòqù gèng kèqi le.

顶　dǐng　(副词)

表示极高程度;常用于口语,可修饰形容词、助动词、某些动词、某些短语;不大用在具体比较中:

Very, *most*, *extremely*; is very colloquial and indicates the superlative degree. It modifies adjectives, auxiliary verbs, some main verbs and phrases, but is seldom used in actual comparison:

1. 现在谁都讲卫生,卫生是～要紧的。(鲁迅《出关》)

Xiànzài shuí dōu jiǎng wèishēng, wèishēng shì ～ yàojǐn de.

2. 他们干的也不是什么～坏的事。(叶圣陶《倪焕之》)

Tāmen gàn de yě bú shì shénme ～ huài de shì.

3. 工作组也罢,社干部也罢,社员们也罢,个个人都～认真地办社哩。(柳青《创业史》)

Gōngzuò zǔ yěbà, shè gànbù yěbà, shèyuánmen yěbà, gègè rén dōu ～ rènzhēn de bàn shè li.

4. 十五六岁的孩子正是～能吃的时候,特别应该吃得好一些。

Shíwǔ liù suì de háizi zhèng shì ～ néng chī de shíhou, tèbié yīnggāi chī de hǎo yìxiē.

5. 桔子是我～喜欢的东西。(郭沫若《屈原》)

Júzi shì wǒ ～ xǐhuan de dōngxi.

6. 他就是心太狠,又是太笨;我～恨这种又笨又心狠的人!(茅盾《子夜》)

Tā jiùshì xīn tài hěn, yòu shì tài bèn; wǒ ～ hèn zhèzhǒng yòu bèn yòu xīnhěn de rén!

7. ～伤心的是咱们这点玩艺儿,再过几年都得失传!(老舍《茶馆》)

～ shāngxīn de shì zánmen zhèdiǎnr wányìr, zài guò jǐ nián dōu děi shīchuán!

8. 茶花这东西有点特性,……～讨厌的是虫子。(杨朔《茶花赋》)

Cháhuā zhè dōngxi yǒu diǎnr tèxìng, … ～ tǎoyàn de shì chóngzi.

可修饰表示不愉快性质的否定形式:

It may modify a negative form describing something undesirable:

9. 有一些不明不白的人,时常在背后暗算我,这倒是使我～不满意的事!(郭沫若《棠棣之花》)

Yǒu yìxiē bùmíngbùbái de rén, shícháng zài bèihòu ànsuàn wǒ, zhè dào shì shǐ wǒ ～ bù mǎnyì de shì!

10. 我们学校传达室的工友～不负责任啦。(王蒙《青春万岁》)

Wǒmen xuéxiào chuándáshì de gōngyǒu ～ bú fù zérèn la.

11. 这种行为～不得人心了。

Zhèzhǒng xíngwéi ～ bù dé rénxīn le.

"顶"有时与"数"(shǔ)连用,有"以……为最……"的意思:

顶 is sometimes accompanied by 数 (shǔ), meaning 以… 为最… to indicate the topmost of a lot:

12. 好孩子,今年摘下来的～数这个大,我说过几天叫你姑父给你送去哩!(孙犁《吴召儿》)

Hǎo háizi, jīnnián zhāi xialai de ～ shǔ zhège dà, wǒ shuō guò jǐ tiān jiào nǐ gūfu gěi nǐ sòng qu li!

13. 这班学生里～数小李的物理好。

Zhèbān xuésheng li ～ shǔ Xiǎolǐ de wùlǐ hǎo.

"顶好"有时意思同"最好",表示一种比较好的作法,但不如"最好"常用:

顶好 sometimes is the same as 最好 meaning "had better, it would be best to". 最好 is much more frequently used than 顶好:

1. 近来这里很严,同志们顶好早早回栈房去。(杨朔《潼关之夜》)

Jìnlái zhèlǐ hěn yán, tóngzhì men dǐng hǎo zǎozǎor huí zhànfáng qu.

2. 屠先生叫我去,我就去!顶好长林也跟我一块儿去。(茅盾《子夜》)

Tú xiānsheng jiào wǒ qù, wǒ jiù qù! Dǐng hǎo Chánglín yě gēn wǒ yíkuàir qù.

顶多　dǐngduō　(副词)

表示最极限,常和"也""也只有""也不过"呼应,表示数量少,程度低:

At the most, at best; often used in conjunction with 也, 也只有 or 也不过 to indicate a small quantity or a low degree:

1. 我们前方的士兵同志,依然是穿着单衣的。晚间～也只有一条毛毯。(郭沫若《后方民众的责任》)

Wǒmen qiánfāng de shìbīng tóngzhì, yīrán shì chuānzhe dānyī de. Wǎnjiān ～ yě zhǐ yǒu yì tiáo máotǎn.

2. 队伍不多,～也过不了一个中队。(刘流《烈火金钢》)

Duìwu bù duō, ～ yě guò bu liǎo yí ge zhōngduì.

3. 他长得很矮,看样子～也不过十八岁。(峻青《黎明的河边》)

Tā zhǎng de hěn ǎi, kànyàngzi ～ yě búguò shíbā suì.

4. "反正总有这一天!"他沉默了一下,好像真的在计算日子,"～十年八年。"(陶承《我的一家》)

"Fǎnzhèng zǒng yǒu zhè yì tiān!" tā chénmòle yíxià, hǎoxiàng zhēnde zài jìsuàn rìzi, "～ shí nián bā nián."

5. 他～是个助手!

Tā ～ shì ge zhùshǒu!

定　dìng　(副词)〈书〉

多与单音节动词或助动词等连用,有时表示"必须":

Mostly used with monosyllabic verbs or auxiliary verbs, etc., sometimes means "must, have to, be sure to":

1. 领导上规定,在明天傍晚前,小队～要赶到总集合地,与大队会合。(茹志鹃《澄河边上》)

Lǐngdǎoshang guīdìng, zài míngtiān bàngwǎn qián, xiǎoduì ～ yào gǎndào zǒng jíhé dì, yǔ dàduì huìhé.

2. 他想～要买点东西留给阿菊。(吴强《红日》)

Tā xiǎng ～ yào mǎi diǎnr dōngxi liú gěi Ājú.

有时表示必然：

Sometimes means "most probably":

3. 杨小将军到得前方，～将大显神通，英勇上阵，杀得敌人片甲不留。(吴强《红日》)

    Yáng xiǎo jiāngjūn dàodé qiánfāng, ～ jiāng dàxiǎnshéntōng, yīngyǒng shàng zhèn, shā de dírén piànjiǎbùliú.

4. ……形式单调，千篇一律，……火车站必有钟楼，旅馆～有大玻璃窗。(报)

    … xíngshì dāndiào, qiānpiānyílù, … huǒchēzhàn bì yǒu zhōnglóu, lǚguǎn ～ yǒu dà bōli chuāng.

5. ～是黎菁同志写信告诉军长，军长告诉阿鹞，阿鹞又告诉阿本的！(吴强《红日》)

    ～ shì Lí Jīng tóngzhì xiě xìn gàosu jūnzhǎng, jūnzhǎng gàosu Āyào, Āyào yòu gàosu Āběn de!

有时表示坚定的主观愿望：

Sometimes indicates a resolute desire or wish:

6. 老婆子看见白面炊饼，倒有些愿意了，但是～要十五个。(鲁迅《奔月》)

    Lǎopózi kànjian báimiàn chuībing, dào yǒuxiē yuànyì le, dànshì ～ yào shíwǔ ge.

7. 我叫他喝米汤，他也不喝，～要回去，他说家里人还结记着哩，就走了。(孙犁《诉苦翻心》)

    Wǒ jiào tā hē mǐtāng, tā yě bù hē, ～ yào huí qu, tā shuō jiā li rén hái jiéjizhe li, jiù zǒu le.

辩认：

Note:

"定定"是目不转睛的意思，意义上与"定"无关，一般带"地"：

定定, having no connection with 定, means "with one's eyes fixed upon" and usually takes 地 after it:

1. 老头子……他放下酒壶，定定地望着我，问道："怎么，仁东有什么不好的消息吗？"(峻青《傲霜篇》)

    Lǎotóuzi … tā fàng xia jiǔhú, dìngdìng de wàngzhe wǒ, wèndào: "zěnme, Réndōng yǒu shénme bù hǎo de xiāoxi ma?"

2. 松伢子……大眼睛瞪得更圆了，他定定地望着远远的山脚，望着山下的香菇寨。(鲁之洛《山伢子历险记》)

    Sōngyázi … dà yǎnjing dèng de gèng yuán le, tā dìngdìng de wàngzhe yuǎnyuǎn de shānjiǎo, wàngzhe shān xià de Xiānggūzhài.

都 dōu (副词)

A "都"表示两个以上的人、物中的每一个；所指的人、物必在"都"前；"都"不轻读，也可重读；可修饰否定形式，也受否定词修饰：

Indicates each of two or more people or things. The people or things referred to must come before 都. 都 is never pronounced in the neutral tone and can be stressed. It can modify a negative form or be modified by a negative word:

1)反指复数的主语，可以是施事也可以是受事：

Refers to the subject of the sentence, which is plural, either agent or recipient:

1. 年轻人～喜欢走动。（茅盾《子夜》）
   Niánqīng rén ～ xǐhuan zǒudòng.

2. 叫他们睡，两个～说有事。（茹志鹃《同志之间》）
   Jiào tāmen shuì, liǎng ge ～ shuō yǒu shì.

3. 前面响着鞭子，来了一个大车队，赶车的～是女的。（茹志鹃《三走严庄》）
   Qiánmiàn xiǎngzhe biānzi, láile yí ge dàchē duì, gǎnchēde ～ shì nǚ de.

4. 整整的一天，大伙儿～是忙着准备。（刘流《烈火金钢》）
   Zhěngzhěng de yì tiān, dàhuǒr ～ shì mángzhe zhǔnbèi.

5. 几本杂志～看完了，报纸我没～看。
   Jǐ běn zázhì ～ kànwán le, bàozhǐ wǒ méi ～ kàn.

6. 一片树林～被烧光了。
   Yí piàn shùlín ～ bèi shāoguāng le.

7. 来玩儿的不～是外地人，有不少本地的。
   Lái wánr de bù ～ shì wàidì rén, yǒu bù shǎo běndì de.

主语有时省略了：
Sometimes the subject can be omitted：

8. 这里是乡镇，夜间～安歇得早。（叶圣陶《倪焕之》）
   Zhèlǐ shì xiāngzhèn, yèjiān ～ ānxiē de zǎo.

9. ～明白了，不用再说了！
   ～ míngbai le, búyòng zài shuō le!

2)反指定语、状语或介词的宾语：
   Refers to the attributes, adverbials or the object of the preposition：

10. 这里红的、白的、黑的扣子～有。
    Zhèlǐ hóng de, bái de, hēi de kòuzi ～ yǒu.

11. 天气接连的大热了近二十天，……几乎每天～有人下河洗浴。（鲁迅《水性》）
    Tiānqì jiēlián de dà rèle jìn èrshí tiān, ... jīhū měi tiān ～ yǒu rén xià hé xǐyù.

12. 他把孩子们～送到奶奶家去了。
    Tā bǎ háizimen ～ sòngdào nǎinai jiā qu le.

13. 他们对矿上和铁路上～很熟悉。（知侠《铁道游击队》）
    Tāmen duì kuàng shang hé tiělù shang ～ hěn shúxi.

参看"统统"。
Compare 统统 tǒngtǒng.

3)反指前边的周遍性词语可以用疑问代词表示：
   Refers to the preceding inclusive nouns or pronouns which may be indicated by interrogative pronouns：

14. 书店里陈列的每一本新小说，他～要翻翻。
    Shūdiàn lǐ chénliè de měi yì běn xīn xiǎoshuō, tā ～ yào fānfan.

15. 她爸爸做了一辈子小职员，……谁～不敢得罪，又是谁～看不上眼。（王蒙《青春万岁》）
    Tā bàba zuòle yíbèizi xiǎo zhíyuán, ... shuí ～ bù gǎn dézuì, yòu shì shuí ～ kàn bu shàng yǎn.

16. 她觉得什么人～有幸福……（茅盾《子夜》）

Tā juéde shénme rén ～ yǒu xìngfú...

17. 人们走到哪里～是雾气腾腾。(知侠《铁道游击队》)

Rénmen zǒudào nǎli ～ shì wùqì téngténg.

"都"常与"全"连用,意思不变,"全"在"都"前:

全 often precedes 都 without changing the meaning:

18. 葡萄全～熟了。(峻青《秋色赋》)

Pútao quán ～ shú le.

19. 一对对的眼睛里放出羡慕和佩服的光,全～集中到他身上。(叶圣陶《倪焕之》)

Yí duìduì de yǎnjing li fàng chū xiànmù hé pèifu de guāng, quán ～ jízhōngdào tā shēnshang.

20. 大家的心像是在烈火上面的水锅里,沸腾,沸腾,全～想念着同一的事。(峻青《秋色赋》)

Dàjiā de xīn xiàng shì zài lièhuǒ shàngmian de shuǐguō li, fèiténg, fèiténg, quán ～ xiǎngniànzhe tóngyī de shì.

"到处都是""满……都是"等表示一定范围内各处无不如此:

到处都是 and 满...都是 indicate that the same state is found everywhere within a certain extent:

21. 他看到,胼手胝足……的穷苦农民,到处～是,无一个不是过着泪水淹心的日子。(贺学祥《青少年时期的贺龙同志》)

Tā kàndào, piánshǒuzhīzú... de qióngkǔ nóngmín, dàochù ～ shì, wú yí ge bú shì guòzhe lèishuǐ yān xīn de rìzi.

22. 盆里的水像箭一样飞溅得满屋～是。(李准《白杨树》)

Pén li de shuǐ xiàng jiàn yíyàng fēijiàn de mǎn wū ～ shì.

参看"全"。

Compare 全 quán.

B 用在以疑问代词构成的疑问句中表示所问人、事、物是复数。疑问词如是主语、状语,"都"在疑问词前,如是宾语,"都"在动词或介词前:

Used in a question with an interrogative pronoun to indicate that the persons or things in the expected answer are presumably in the plural number. When the interrogative pronoun serves as the subject or adverbial, 都 precedes it. If the interrogative pronoun serves as the object, 都 should precede the verb or the preposition:

1. ～谁不参加考试?

～ shuí bù cānjiā kǎoshì?

2. 你～哪几个晚上去剧场演出?

Nǐ ～ nǎ jǐ ge wǎnshang qù jùchǎng yǎnchū?

3. 暑假他～准备做什么?

Shǔjià tā ～ zhǔnbèi zuò shénme?

4. 他们～把什么东西存在咱们家?

Tāmen ～ bǎ shénme dōngxi cún zài zánmen jiā?

5. 书～被什么人借走了?

Shū ～ bèi shénme rén jièzǒu le?

C "甚至"的意思,有时与"连"呼应,轻读:

Means "even", sometimes used in conjunction with 连 and pronounced in the neutral tone:

1. 哈！这么大事儿你～不知道？（管桦《将军河》）
   Hā! Zhème dà shìr nǐ ～ bù zhīdào?

2. 小妞子～看呆了。（老舍《四世同堂》）
   Xiǎoniūzi ～ kàndāi le.

3. "哼!"乌头先生气忿到连耳轮～发紫了。（鲁迅《理水》）
   "Hng!" Wūtóu xiānsheng qìfèndào lián ěrlún ～ fāzǐ le.

4. 战士们个个紧握着武器，连呼吸～停止了，光等着开枪。（刘流《烈火金钢》）
   Zhànshìmen gègè jǐnwòzhe wǔqì, lián hūxī ～ tíngzhǐ le, guāng děngzhe kāi qiāng.

5. 我在她们这样殷勤的招待下，连肚子饿～忘了。（傅泽《小姐妹们》）
   Wǒ zài tāmen zhèyàng yīnqín de zhāodài xià, lián dùzi è ～ wàng le.

D "已经"的意思，表示说话人认为时间晚、时间长或数量多；可以与"已经"连用；轻读：

Already; indicates that the speaker thinks the time is late or of long duration, or that the amount is large; can be used together with 已经. 都 is here pronounced in the neutral tone:

1. 那天，～下午三点了，收发把我从被窝里拖出来，叫我给将军——我们的政委送一份急件。（王愿坚《普通劳动者》）
   Nà tiān, ～ xiàwǔ sān diǎn le, shōufā bǎ wǒ cóng bèiwō li tuō chulai, jiào wǒ gěi jiāngjūn —— wǒmen de zhèngwěi sòng yí fèn jíjiàn.

2. 这时候鸡～快叫了……（赵树理《罗汉钱》）
   Zhè shíhou jī ～ kuài jiào le . . .

3. 孩子～已经七岁了。（马烽《太阳刚刚出山》）
   Háizi ～ yǐjīng qī suì le.

4. 母亲又想起她的儿子，～二十五了。（刘向阳《母亲和儿子》）
   Mǔqin yòu xiǎng qǐ tā de érzi, ～ èrshí wǔ le.

5. 别的组～集合起来出发了，我们的向导老不来。（孙犁《吴召儿》）
   Biéde zǔ ～ jíhé qilai chūfā le, wǒmen de xiàngdǎo lǎo bù lái.

6. 他走了～二十年了，没有一点音信。
   Tā zǒule ～ èrshí nián le, méi yǒu yìdiǎnr yīnxìn.

7. ～春天了，还这么冷。
   ～ chūntiān le, hái zhème lěng.

8. 我～给他写了三封信了，他一个字也没回。
   Wǒ ～ gěi tā xiěle sān fēng xìn le, tā yí ge zì yě méi huí.

仅仅说明事实的"已经"是不能用"都"代替的，如下列各句：

When 已经 is used merely to indicate a pure fact, not the speaker's attitude, it cannot be replaced by 都, e.g.：

1. 他告诉我，电报已经发了。
   Tā gàosu wǒ, diànbào yǐjīng fā le.

2. 凡是已经退休的人可以不参加这个会。
   Fánshì yǐjīng tuìxiū de rén kěyǐ bù cānjiā zhège huì.

独　dú　（副词）

多用在单音节动词前，有书面语意味：

Mostly used before a monosyllabic verb, with a literary flavour：

A 有"单"的意思：

　　Similar to 单（only，solely）：

1. 所谓突变者，是说 A 要变 B，几个条件已经完备，而～缺其一的时候，这一个条件一出现，于是就变成了 B。（鲁迅《上海文艺之一瞥》）

　　Suǒwèi tūbiàn zhě, shì shuō A yào biàn B, jǐ ge tiáojiàn yǐjīng wánbèi, ér ～ quē qí yī de shíhou, zhè yí ge tiáojiàn yì chūxiàn, yúshì jiù biànchéngle B.

2. ～有这一件小事，却总是浮在我眼前……（鲁迅《一件小事》）

　　～ yǒu zhè yí jiàn xiǎo shì, què zǒngshì fú zài wǒ yǎn qián …

B 有"独自"的意思：

　　Alone，by oneself，own：

1. 魏国……常常想～霸三晋。（郭沫若《棠棣之花》）

　　Wèiguó … chángcháng xiǎng ～ bà sān Jìn.

2. 这位客人来了将近半小时，～占一席，并没吃多少东西，就只看报纸。（茅盾《子夜》）

　　Zhèwèi kèren láile jiāngjìn bàn xiǎoshí, ～ zhàn yì xí, bìng méi chī duōshao dōngxi, jiù zhǐ kàn bàozhǐ.

3. 这里镇上的孩子应当骄傲，他们有～有的幸福。（叶圣陶《倪焕之》）

　　Zhèlǐ zhèn shang de háizi yīngdāng jiāo'ào, tāmen yǒu ～ yǒu de xìngfú.

4. 我爱热闹，也爱冷静；爱群居，也爱～处。（朱自清《荷塘月色》）

　　Wǒ ài rènao, yě ài lěngjìng; ài qúnjū, yě ài ～ chǔ.

5. 他一直～住一间屋子……（叶圣陶《倪焕之》）

　　Tā yìzhí ～ zhù yì jiān wūzi …

独独　dúdú　（副词）

在一般人、物中指出个别的，并说明其与众不同之处；如这人、物为句中主语，"独独"可用于主语或谓语前；如为介词的宾语，"独独"用于介词述语前；如为述语的宾语，则用于述语前：

Indicates that, and explains how, a particular person or thing is different from a general class. If this person or thing is the subject of a sentence, 独独 can occur before either the subject or predicate; if it is the object of a preposition, before the P-O or the verb; if it is the object of the verb, before the verb：

1. 所有的铺子都是早上八点半开门，～这家书店九点才开门。

　　Suǒyǒu de pùzi dōu shì zǎoshang bā diǎn bàn kāi mén, ～ zhèjiā shūdiàn jiǔ diǎn cái kāi mén.

2. 他生活各方面非常简朴，～对喝茶非常讲究。

　　Tā shēnghuó gè fāngmiàn fēicháng jiǎnpǔ, ～ duì hē chá fēicháng jiǎngjiu.

3. 阅览室报纸很不少，～找不到《光明日报》。

　　Yuèlǎnshì bàozhǐ hěn bù shǎo, ～ zhǎo bu dào 《Guāngmíng Rìbào》.

4. 广东举人多得很，为什么康有为～那么有名呢……（鲁迅《趋时和复古》）

　　Guǎngdōng jǔrén duō de hěn, wèi shénme Kāng Yǒuwéi ～ nàme yǒu míng ne …

5. 他查了一下"犯人",～不见芳林嫂。(知侠《铁道游击队》)

   Tā chále yíxià "fànrén", ～ bú jiàn Fānglín sǎo.

6. 韩常新对一切人都是……亲热而随便。～对赵慧文,却是一种礼貌的"公事公办"的态度。(王蒙《组织部新来的青年人》)

   Hán Chángxīn duì yíqiè rén dōu shì ... qīnrè ér suíbiàn. ～ duì Zhào Huìwén, què shì yì zhǒng lǐmào de "gōngshìgōngbàn" de tàidu.

   参看"单单""偏偏"C、"惟独"。

   Compare 单单 dāndān, 偏偏 piānpiān C, 惟独 wéidú.

独自 dúzì （副词）

表示只一个人:

Alone, by oneself:

1. 在苍苍茫茫的夜色中,高增福～在黑糊糊的麦地里灰色的小径上回家。(柳青《创业史》)

   Zài cāngcāngmángmáng de yèsè zhōng, Gāo Zēngfú ～ zài hēihūhū de màidì li huīsè de xiǎo jìng shang huí jiā.

2. 炒茶房里有一个人～操练摇转炒茶机。(苏笳晨《姐妹》)

   Chǎo chá fáng li yǒu yí ge rén ～ cāoliàn yáozhuàn chǎochájī.

3. 梁三老汉～思量着这事,也顾不得听外村庄稼人议论什么了。(柳青《创业史》)

   Liáng Sān lǎohàn ～ sīliàngzhe zhè shì, yě gù bù de tīng wàicūn zhuāngjiarén yìlùn shénme le.

4. 我想着,想着,忍不住～笑了起来。(巴金《忆简旧》)

   Wǒ xiǎngzhe, xiǎngzhe, rěn bu zhù ～ xiàole qilai.

5. 他很想～去喝洒,喝得人事不知,他也许能痛快一些,不能再受这个折磨!(老舍《骆驼祥子》)

   Tā hěn xiǎng ～ qù hē jiǔ, hē de rénshìbùzhī, tā yěxǔ néng tòngkuai yìxiē, bù néng zài shòu zhège zhémo!

有时,在"独自"后再加"一人"或"一个人"稍加强调;"独自"也可用在"一个人"后面,以下例子均可以掉转过来:

Sometimes 一人 or 一个人 is added to 独自 for a slight emphasis. 独自 may also be preceded by 一个人. In all the following examples, 独自 and 一个人 can be inverted:

6. 吴荪甫～一人在那里踱方步。(茅盾《子夜》)

   Wú Sūnfǔ ～ yì rén zài nàli duó fāngbù.

7. 他……点着一锅旱烟……香喷喷地吸着,～一个人笑眯眯地说:"这好地场嘛!又雅静,又宽敞……"(柳青《创业史》)

   Tā ... diǎnzháo yì guō hànyān ... xiāngpēnpēn de xīzhe, ～ yí ge rén xiàomīmī de shuō: "Zhè hǎo dìchǎng ma! Yòu yǎjìng, yòu kuānchang..."

8. 他～一人住在机关宿舍里,床底下丢满了酒瓶。(古华《给你一朵玉兰花》)

   Tā ～ yì rén zhù zài jīguān sùshè li, chuáng dǐxia diūmǎnle jiǔpíng.

   参看"单独"A。

   Compare 单独 dāndú A.

断 duàn （副词）〈书〉

"断"表示绝对、必然;常修饰少数动词、助动词的否定形式或表示否定意义的肯定

形式,常见的有"断无""断不能""断难"等:

Absolutely, *decidedly*; often modifies the negative forms, or some of the affirmative forms with a negative sense, of a few verbs and auxiliary verbs. 断无, 断不能 or 断难, etc. are among the frequently used expressions:

1. 懂某一国文,最好是译某一国文学,这主张是～无错误的。(鲁迅《论重译》)
   Dǒng mǒu yì guó wén, zuìhǎo shì yì mǒu yì guó wénxué, zhè zhǔzhāng shì ～ wú cuòwù de.

2. 譬如牢监,的确是给了人一块地,不过它有限制,只能在这圈子里行立坐卧,～不能跑出设定了的铁栅外面去。(鲁迅《门外文谈》)
   Pìrú láojiān, díquè shì gěile rén yí kuài dì, búguò tā yǒu xiànzhì, zhǐ néng zài zhè quānzi li xínglìzuòwò, ～ bù néng pǎo chū shèdìngle de tiězhà wàimian qu.

3. 贵方的意见我们～难同意!(报)
   Guìfāng de yìjian wǒmen ～ nán tóngyì!

参看"断断"。

Compare 断断 duànduàn.

断断　　duànduàn　　(副词)〈书〉

同"断",语气更强,运用更自由:

Same as 断 (absolutely, decidedly) but more emphatic and can be used more freely:

1. 现在还要主张宣传这样的常识(指游泳常识)看起来好像发疯……但事实却证明着～不如此。(鲁迅《水性》)
   Xiànzài hái yào zhǔzhāng xuānchuán zhèyàng de chángshí (zhǐ yóuyǒng chángshí) kàn qilai hǎoxiàng fā fēng ... dàn shìshí què zhèngmíngzhe ～ bù rúcǐ.

2. 然而这样的艺术,在现在的社会里,是～没有的。(鲁迅《一八艺社习作展览会小引》)
   Rán·ér zhèyàng de yìshù, zài xiànzài de shèhuì li, shì ～ méi yǒu de.

3. 徒见消耗,无法补充……德、意的储蓄也～不够消耗。(郭沫若《世界大战的归趋》)
   Tú jiàn xiāohào, wú fǎ bǔchōng ... Dé, Yì de chǔxù yě ～ bú gòu xiāohào.

参看"断乎"。

Compare 断乎 duànhū.

断乎　　duànhū　　(副词)〈书〉

同"断断",有时可说"断断乎":

Same as 断断 (absolutely, decidedly) and may sometimes be replaced by 断断乎:

1. 突然记起了这件大事的冯云卿就觉得女儿要求的一百元～没有法子应许她了。(茅盾《子夜》)
   Tūrán jì qǐ le zhèjiàn dà shì de Féng Yúnqīng jiù juéde nǚ·ér yāoqiú de yìbǎi yuán ～ méi yǒu fázi yìngxǔ tā le.

2. 实绩具在,说它"雅"固然是不可的,但指为"俗"却又～不能。(鲁迅《全国木刻联合展览会专辑》序)
   Shí jì jù zài, shuō tā "yǎ" gùrán shì bù kě de, dàn zhǐwéi "sú" què yòu ～ bù néng.

3. 除掉动员大众外,高级的学术研究和技能学习,是断断乎不可缺少的。(郭沫若《文化人当前的任务》)

Chúdiào dòngyuán dàzhòng wài, gāojí de xuéshù yánjiū hé jīnéng xuéxí, shì duànduànhū bù kě quēshǎo de.

顿时 dùnshí （副词）〈书〉

同"立刻"，但只用于已然；一般不能修饰简单的动词，动词常有后附成分，或修饰短语、主谓结构；可以修饰否定形式：

Same as 立刻 (immediately, at once) but only applies to fulfilled events. It does not modify a simple verb, but modifies a verb with its own trailing element, or a phrase or S-P construction. It may modify a negative form：

1. 郭松～跳起来，刚才想睡的满身困倦全都消失了。(慕湘《满山红》)

   Guō Sōng ～ tiào qilai, gāngcái xiǎng shuì de mǎnshēn kùnjuàn quán dōu xiāoshī le.

2. 这时，西小港的河面上，～热闹起来了。(柯蓝《鱼鹰》)

   Zhèshí, Xīxiǎogǎng de hémiàn shang, ～ rènao qilai le.

3. 就是这几个电话，使小何的情绪～来了一个一百八十度的大转弯。(茹志鹃《新当选的团支书》)

   Jiù shì zhè jǐ ge diànhuà, shǐ Xiǎohé de qíngxù ～ láile yí ge yìbǎi bāshí dù de dà zhuǎnwān.

4. 是否需要改变设计，～出现了完全对立的两种意见。(报)

   Shì fǒu xūyào gǎibiàn shèjì, ～ chūxiànle wánquán duìlì de liǎng zhǒng yìjian.

5. 王怀当一把脸一变道："这是什么？这是什么？"(马烽、西戎《吕梁英雄传》)

   Wáng Huáidāng ～ bǎ liǎn yí biàn dào: "Zhè shì shénme? Zhè shì shénme?"

6. 黎子站起身，揭开锅盖，～热气冲上棚顶。(茹志鹃《三走严庄》)

   Lízǐ zhàn qǐ shēn, jiēkāi guōgài, ～ rèqì chōng shàng péng dǐng.

7. 敌人不知哪里来的枪响，～惊慌失措。(茹志鹃《三走严庄》)

   Dírén bù zhī nǎli lái de qiāng xiǎng, ～ jīnghuāngshīcuò.

8. 父亲一发脾气，他～不敢笑了。

   Fùqin yì fā píqi, tā ～ bù gǎn xiào le.

多 duō （副词）

A 在感叹句中同"多么"，但不能加"地"：

Same as 多么 (how, what) in an exclamatory sentence, but cannot be followed by 地：

1. 成畦成垄的白菜和萝卜，秧嫩叶肥，～喜爱人的新绿啊！(柳杞《长辈吴松明》)

   Chéng qí chéng lǒng de báicài hé luóbo, yāng nèn yè féi, ～ xǐ'ài rén de xīn lǜ a.

2. 野外是一片迷迷蒙蒙的灰蓝色，"啊！～讨厌的天气！"(王汶石《新结识的伙伴》)

   Yěwài shì yí piàn mímíméngméng de huīlánsè, "À! ～ tǎoyàn de tiānqì!"

3. 他这么个壮壮实实的男子汉大丈夫，不出去做事赚钱，反在家里给老婆孩子烧饭，洗衣裳，～古怪。(茹志鹃《黎明前的日子》)

   Tā zhème ge zhuàngzhuàngshíshí de nánzǐhàn dàzhàngfu, bù chū qu zuò shì zhuàn qián, fǎn zài jiā li gěi lǎopo háizi shāo fàn, xǐ yīshang, ～ gǔguài.

4. 天啊，在这个大森林里，冰雪铺地，前不见屯，后不见村，～可怕呀！(张麟《雪天》)

   Tiān a, zài zhège dà sēnlín li, bīngxuě pū dì, qián bú jiàn tún, hòu bú jiàn cūn, ～ kěpà ya!

5. 高中毕业生拜在你的门下当徒弟,～光彩呀。(浩然《夏青苗求师》)

    Gāozhōng bìyèshēng bài zài nǐ de ménxià dāng túdì, ～ guāngcǎi ya.

B 在疑问句中问程度:

Indicates an inquiry about degree in an interrogative sentence:

1. 你在这里? 来得～久了? (鲁迅《孤独者》)

    Nǐ zài zhèlǐ? Lái de ～ jiǔ le?

2. 伊屠知牙师,你长的这样魁梧! ～大年纪了? (郭沫若《蔡文姬》)

    Yītúzhīyáshī, nǐ zhǎng de zhèyàng kuíwú! ～ dà niánjì le?

3. 到抽水站还有～远?

    Dào chōushuǐzhàn hái yǒu ～ yuǎn?

辨认:

Note:

作为形容词的"多",常用在动词前,仍保留形容词"多"的意思,是形容词作状语,不是副词"多":

多 (many, much) as an adjective often precedes a verb, but still keeps its original meaning as an adjective. In this case the adjective 多 is used as an adverbial rather than the adverb 多:

1. 我刚来,要多听听,多看看,熟悉一下情况。

    Wǒ gāng lái, yào duō tīngting, duō kànkan, shúxī yíxià qíngkuàng.

2. 这种树长得快,多种一些吧。

    Zhèzhǒng shù zhǎng de kuài, duō zhòng yìxiē ba.

多半   duōbàn   (副词)

同"大概",但一般不用于主语前:

Same as 大概 (probably, most likely), but generally is not used before the subject:

1. 我刚才由那儿过,听见打铃的声儿,～是已经开了课。(老舍《四世同堂》)

    Wǒ gāngcái yóu nàr guò, tīngjian dǎ líng de shēngr, ～ shì yǐjing kāile kè.

2. 珊裳体会这意思～是不走了,也算安下心来⋯⋯(陈学昭《工作着是美丽的》)

    Shānshāng tǐhuì zhè yìsi ～ shì bù zǒu le, yě suàn ān xià xīn lai. . .

3. 任裕升:"你说那卖艺女人,可真是大年夜里火烧教堂的女犯?"

    侯少棠:"嗯。我虽没亲眼见,听那意思～是⋯⋯"(冯骥才《神灯》)

    Rén Yùshēng: "Nǐ shuō nà mài yì nǚrén, kě zhēn shì dànián yè lǐ huǒ shāo jiàotáng de nǚ fàn?"

    Hóu Shàotáng: "Ǹg. Wǒ shuī méi qīnyǎn jiàn, tīng nà yìsi ～ shì. . ."

"多半"可说成"多半是","是"往往没有实义,如例 1、2;例 3 中的"是"则是述语,有实义。

多半 may be replaced by 多半是 where 是 is meaningless as in examples 1 and 2. But 是 in example 3, where it is the main verb, is different.

辨认:

Note:

"多半"有时是名词,是大部分的意思:

多半 is sometimes a noun meaning "the greater part":

1. 现在的四川人,在清朝以前的土著是很少的,多半都是外省去的移民。(郭沫若

《我的童年》)

Xiànzài de Sìchuān rén, zài Qīngcháo yǐqián de tǔzhù shì hěn shǎo de, duōbàn dōu shì wàishěng qù de yímín.

2. 他们和她们三、五结伴,提着、挑着或背着一些包裹,里面多半是一些替换衣服……(陈学昭《工作着是美丽的》)

Tāmen hé tāmen sān, wǔ jiébàn, tízhe, tiāozhe huò bēizhe yìxiē bāoguǒ, lǐmiàn duōbàn shì yìxiē tìhuan yīfu...

多方   duōfāng   (副词)〈书〉

"多方"表示多方面不遗余力的,修饰双音节或多音节词语:

In every way, spare no effort in doing sth. ; is used to modify a disyllabic or polysyllabic word or phrase:

1. 现经~查明,李信意欲煽起民变。(姚雪垠《李自成》)

Xiàn jīng ~ chámíng, Lǐ Xìn yì yù shān qǐ mínbiàn.

2. 他……随即被移解到日本宪兵队,此后便不知下落。~营救,终属徒然,连人也见不到。(唐弢《悼木斋》)

Tā ... suíjí bèi yíjièdào Rìběn xiànbīngduì, cǐhòu biàn bù zhī xiàluò. ~ yíngjiù, zhōng shǔ túrán, lián rén yě jiàn bú dào.

3. 经过大夫~努力抢救,她康复了。(报)

Jīngguò dàifu ~ nǔlì qiǎngjiù, tā kāngfù le.

4. 老吴~觅求,终于得到了秘方。(刊)

Lǎo Wú ~ mìqiú, zhōngyú dédàole mìfāng.

☆**多亏**   duōkuī   (副词)

同"幸亏";表示幸而得到帮助或具备某种有利条件才避免了不利的后果;"多亏"多用在第一分句中:

Same as 幸亏 (thanks to, luckily); indicates that owing to somebody's help or some favourable condition, an unfavourable result is avoided. 多亏 is usually used in the first clause:

1. ~母亲会勤俭持家,这点收入才将将使我们不至沦为乞丐。(老舍《正红旗下》)

~ mǔqin huì qínjiǎnchíjiā, zhèdiǎnr shōurù cái jiāngjiāng shǐ wǒmen búzhì lúnwéi qǐgài.

2. 银幕上没意思,~出现了马,才算又吸引住毛呼。(冯苓植《想飞的孩子》)

Yínmù shang méi yìsi, ~ chūxiànle mǎ, cái suàn yòu xīyǐnzhù Máohū.

3. 穷说,穷说,整天就说不够,~嘴是肉的,不然早就叫你说烂了。(西戎《宋老大进城》)

Qióng shuō, qióng shuō, zhěng tiān jiù shuō bu gòu, ~ zuǐ shì ròu de, bù rán zǎo jiù jiào nǐ shuōlàn le.

4. 他~跑得快,总算没让坏人抓住。

Tā ~ pǎo de kuài, zǒngsuàn méi ràng huàirén zhuāzhu.

☆"多亏"原为动词,现在有时还可以说:"这事真多亏了他,不然就糟了。"

多亏 was originally a verb, even now one still can say: 这事多亏了他,不然就糟了。

多么   duōme   (副词)

表示强烈的程度,用于感叹句;修饰谓语或补语时可带"地",可修饰表示赞美或嫌恶的否定形式：

How，*what*；is used in an exclamatory sentence indicating a high degree. When 多么 is used to modify a predicate or complement，it can take 地 after it. It can modify a negative form denoting admiration or dislike：

1. ～彪壮的大黑马呀！（柳青《创业史》）

   ～ biāozhuàng de dà hēi mǎ ya!

2. 你看老汉的注意力～集中吧，连院里来了人都没听见。（柳青《创业史》）

   Nǐ kàn lǎohàn de zhùyìlì ～ jízhōng ba, lián yuàn li láile rén dōu méi tīngjian.

3. 就说沙漠吧，缺水，干燥点儿，可也～的宁静！（林斤澜《阳台》）

   Jiù shuō shāmò ba, quē shuǐ, gānzào diǎnr, kě yě ～ de níngjìng!

4. 我～喜欢我们在镰仓度过的四个清晨……（巴金《从镰仓带回的照片》）

   Wǒ ～ xǐhuan wǒmen zài Liáncāng dùguò de sì ge qīngchén...

5. 我～想扑上去抱一抱这位老大爷。（茹志鹃《三走严庄》）

   Wǒ ～ xiǎng pū shangqu bào yi bào zhèwèi lǎodàye.

6. 第一天出车，就碰上一阵小雨，这～叫人心烦！（于敏《老杜和助手》）

   Dì-yī tiān chū chē, jiù pèng shang yí zhèn xiǎo yǔ, zhè ～ jiào rén xīnfán!

7. ～面熟的人哪……（浩然《金水河》）

   ～ miànshú de rén na ...

8. 你这个铁锚的名字～有意思啊……（柳杞《战争奇观》）

   Nǐ zhège Tiěmáo de míngzi ～ yǒu yìsi a ...

9. 你这几句话说得～地不近人情！

   Nǐ zhè jǐ jù huà shuō de ～ de bújìnrénqíng!

10. 一个人带大三个孩子，～不容易啊！

   Yí ge rén dàidà sān ge háizi, ～ bù róngyì a!

参看"多"A.

Compare 多 duō A.

多少   duōshǎo   （副词）

"多少"表示或多或少，偏重于表示少量；后面常有"有点""有些"等与之呼应：

More or less (but with the stress on less)；is most frequently used in conjunction with 有点，有些 or the like：

1. 这时候他～有点踌躇了。（巴金《家》）

   Zhè shíhou tā ～ yǒudiǎn chóuchú le.

2. 就是一只狗、一只猫、一只耗子，～也能叫他有点安慰。（林汉达《东周列国故事新编》）

   Jiùshi yì zhī gǒu, yì zhī māo, yì zhī hàozi, ～ yě néng jiào tā yǒu diǎnr ānwèi.

3. 今天特意弄了只鸡，托我送来，实在拿不出手，～总是一点心意。（杨朔《三千里江山》）

   Jīntiān tèyì nòngle zhī jī, tuō wǒ sòng lai, shízài ná bu chū shǒu, ～ zǒng shì yìdiǎn xīnyì.

4. 有人说："哈！你弄颠倒了，乱说一顿。"但是，同志，你别着急，我讲的～有点道理。（毛泽东《整顿党的作风》）

   Yǒu rén shuō: "Hā! Nǐ nòng diāndǎo le, luàn shuō yí dùn." Dànshì, tóngzhì, nǐ bié zháo jí, wǒ jiǎng de ～ yǒu diǎnr dàoli.

5. 她虽然没说什么,但心里～有些不痛快。

　Tā suīrán méi shuō shénme, dàn xīnli ～ yǒuxiē bú tòngkuai.

6. 弧偃说:"从前公子在患难中,我～也许有点用处,……"(林汉达《东周列国故事新编》)

　Hú Yǎn shuō :"Cóngqián gōngzǐ zài huànnàn zhōng, wǒ ～ yěxǔ yǒudiǎnr yòngchu, ..."

而后 érhòu 　(副词)〈书〉

同"然后",表示时间上在后面的:

Same as 然后 (then, afterwards):

1. 必须敌情、地形、人民等条件,都利于我,不利于敌,确有把握～动手。(毛泽东《中国革命战争的战略问题》)

　Bìxū díqíng, dìxíng, rénmín děng tiáojiàn, dōu lìyú wǒ, bú lìyú dí, què yǒu bǎwò ～ dòng shǒu.

2. 大槐树下两张最快活的脸,在一块儿笑了好几分钟,～依依不舍的分开……(老舍《四世同堂》)

　Dà huáishù xià liǎng zhāng zuì kuàihuó de liǎn, zài yíkuàir xiàole hǎo jǐ fēnzhōng, ～ yīyībùshě de fēnkāi. . .

3. 彩霞在院子里忙乱了一阵,～匆忙地走进屋子里。(刊)

　Cǎixiá zài yuànzi li mángluàne yízhèn, ～ cōngmáng de zǒu jìn wūzi li.

4. 他也不知道他是先坐下～睡着,还是先睡着～坐下的。大概他是先睡着～坐下的,因为他的疲乏已经能使他立着睡去的。(老舍《骆驼祥子》)

　Tā yě bù zhīdao tā shì xiān zuò xia ～ shuìzháo, háishi xiān shuìzháo ～ zuò xia de. Dàgài tā shì xiān shuìzháo ～ zuò xia de, yīnwèi tā de pífá yǐjīng néng shǐ tā lìzhe shuí qù de.

凡 fán 　(副词)

表示无例外,所有的;总括体词或体词短语,有书面语意味,后面常有"都""就"等词呼应;不能用于处在宾语位置的体词或体词短语前:

Every , *all* , *without exception* ; applies to nouns or nominal phrases, with a literary flavour, is often used in conjunction with 都 or 就, and cannot apply to nouns or nominal phrases used as objects :

1. ～他不开玩笑的时候,就是说明事态严重了。(海默《我的引路人》)

　～ tā bù kāi wánxiào de shíhou, jiù shi shuōmíng shìtài yánzhòng le.

2. ～适于继续做实验工作的人要尽量归队……(报)

　～ shìyú jìxù zuò shíyàn gōngzuò de rén yào jǐnliàng guī duì. . .

3. ～能丰富人民精神世界,促进人民乐观向上,陶冶情操,满足美感欣赏需要,有益于身心健康的东西(歌舞),都应该肯定、赞同和提倡。(报)

　～ néng fēngfù rénmín jīngshén shìjiè, cùjìn rénmín lèguān xiàng shàng, táoyě qíngcāo, mǎnzú měigǎn xīnshǎng xūyào, yǒuyì yú shēnxīn jiànkāng de dōngxi (gēwǔ), dōu yīnggāi kěndìng, zàntóng hé tíchàng.

4. ～古书所述与甲骨文有矛盾的,便不可靠。(郭沫若《论古代社会》)

　～ gǔshū suǒ shù yǔ jiǎgǔwén yǒu máodùn de, biàn bù kěkào.

5.　他们有什么罪孽呢，就因为常常和我往来，并不说我坏。～如此的，现在就要被
称为"鲁迅党"或"语丝派"……（鲁迅《答有恒先生》）

Tāmen yǒu shénme zuìniè ne, jiù yīnwèi chángcháng hé wǒ wǎnglái, bìng bù shuō wǒ
huài. ～ rúcǐ de, xiànzài jiù yào bèi chēngwéi "Lǔ Xùn dǎng" huò "Yǔsī pài"...

参看"凡是"。

Compare 凡是 fánshì.

凡是　　fánshì　　（副词）

同"凡"，但较"凡"口语化：

Same as 凡 (without exception, all, every), but more colloquial:

1.　～好的作品无论怎样焚烧摧残，是不能够使它完全绝迹的。（郭沫若《题画记》）

　　～ hǎo de zuòpǐn wúlùn zěnyàng fénshāo cuīcán, shì bù nénggòu shǐ tā wánquán juéjì
de.

2.　～被他认为配不上这间漂亮新房的东西，都被扔到废物堆里。（郑伯琛《寓言二
则》）

　　～ bèi tā rènwéi pèi bu shàng zhèjiān piàoliang xīn fáng de dōngxi, dōu bèi rēngdào
fèiwù duī li.

3.　～想要做的事情，她一定要做到。（浩然《金光大道》）

　　～ xiǎng yào zuò de shìqing, tā yídìng yào zuòdào.

4.　你说～一口仁义道德的人，都是些伪君子，真是一点也不错。（郭沫若《屈原》）

　　Nǐ shuō ～ yì kǒu rényìdàodé de rén, dōu shì xiē wěijūnzǐ, zhēn shì yìdiǎnr yě bú
cuò.

5.　全村的人们，～能够劳动的全都参加了这场战斗。（峻青《傲霜篇》）

　　Quán cūn de rénmen, ～ nénggòu láodòng de quán dōu cānjiāle zhèchǎng zhàndòu.

6.　～进山砍柴的、采药的、打猎的，都喜欢到这杉皮屋子面前的小坪里坐一坐
……（鲁之洛《山伢子历险记》）

　　～ jìn shān kǎn chái de, cǎi yào de, dǎ liè de, dōu xǐhuan dào zhè shānpí wūzi
miànqián de xiǎo píng li zuò yi zuò ...

有时先列举若干例子，再用"凡是……"总括一下，表示列举不尽的事物都在"凡是"
总括的大类的范围内：

Sometimes the speaker cites some instances first and then sums up with the structure 凡
是…, indicating that similar things which have not been enumerated are included:

7.　《义勇军进行曲》啦，《大刀进行曲》啦……，～想得起来的，几乎唱了一个过儿。
（魏巍《东方》）

　　《Yìyǒngjūn Jìnxíngqǔ》 la, 《Dàdāo Jìnxíngqǔ》 la ..., ～ xiǎng de qǐlái de, jīhū
chàngle yí ge guòr.

8.　……水筲、扁担、铁锨、大镐……～有用的家伙都拿出来了。（刘流《烈火金钢》）

　　... shuǐ shāo, biǎndan, tiěxiān, dàgǎo ... ～ yǒuyòng de jiāhuo dōu ná chulai le.

反　　fǎn　　（副词）

同"反而"：

Same as 反而 (see p. 92):

1.　"我是虫豸，好么?"小 D 说。

这谦逊～使阿 Q 更加愤怒起来。（鲁迅《阿 Q 正传》）

″Wǒ shì chóngzhì, hǎo me?″ Xiǎo D shuō.

Zhè qiānxùn ～ shǐ Ā Q gèngjiā fènnù qilai.

2. 有一个十一、二岁的少年,项带银圈,手捏一柄钢叉,向一匹猹尽力刺去,那猹却将身一扭,～从他的胯下逃走了。(鲁迅《故乡》)

Yǒu yí ge shíyī、èr suì de shàonián, xiàng dài yín quānr, shǒu niē yì bǐng gāngchā, xiàng yì pǐ chá jìnlì cì qù, nà chá què jiāng shēn yì niǔ, ～ cóng tā de kuà xià táozǒu le.

3. 那么严重警戒,～引起人心恐慌。(茅盾《子夜》)

Nàme yánzhòng jǐngjiè, ～ yǐnqǐ rén xīn kǒnghuāng.

4. 昨天他还是享福的有钱人,今天却成了穷光蛋,而且～亏空了几万!(茅盾《子夜》)

Zuótiān tā hái shì xiǎng fú de yǒu qián rén, jīntiān què chéngle qióngguāngdàn, érqiě ～ kuīkongle jǐ wàn!

5. 孔居任分辩说,不是他不救,是救不了别人,～要一同遭殃。(冯德英《山菊花》)

Kǒng Jūrèn fēnbiàn shuō, bú shì tā bú jiù, shì jiù bu liǎo biérén, ～ yào yìtóng zāoyāng.

辨认:

Note:

形容词"反"有时用在动词前作状语,表示方向相背,与"正"相对:

Sometimes the adjective 反, used adverbially before a verb, means ″in reverse, inside out (opposite to 正)″:

1. 他在屋里踱着步,习惯地把两只手反剪在背后。(吴强《红日》)

Tā zài wū li duózhe bù, xíguàn de bǎ liǎng zhī shǒu fǎn jiǎn zài bèihòu.

2. 没等到刘源张明白是怎么回事,他的双手已被人反铐上了。(石钢《献身"TQC"的人》)

Méi děngdào Liú Yuánzhāng míngbai shì zěnme huí shì, tā de shuāngshǒu yǐ bèi rén fǎn kào shang le.

3. 赶大车的反穿着皮袄。

Gǎndàchēde fǎn chuānzhe pí′ǎo.

动词"反"也有时放在动词前作状语,表示回过来,转过来:

Sometimes the verb 反, used adverbially before a verb, means ″turn over, turn around″:

1. 史更新的刺刀弯了,不能反刺,只能招架,无法还手。(刘流《烈火金钢》)

Shǐ Gēngxīn de cìdāo wān le, bù néng fǎn cì, zhǐ néng zhāojià, wúfǎ huán shǒu.

2. 乐二叔说:"你怎么在这儿站着哇?"高大泉没法儿回答二叔,反过来问:"你怎么这么晚才回来呀?"(浩然《金光大道》)

Lè èrshū shuō:″Nǐ zěnme zài zhèr zhànzhe wa?″ Gāo Dàquán méi fǎr huídá èrshū, fǎn guolai wèn:″Nǐ zěnme zhème wǎn cái huí lai ya?″

这些都不是副词"反"。

None of the instances of 反 in the above five examples is the adverb 反.

反倒 fǎndào (副词)

同"反而",比"反而"口语化:

Same as 反而 (see next entry), but more colloquial:

1. 你这一去,事情不成功,～受了一肚子的气!(茅盾《子夜》)

   Nǐ zhè yí qù, shìqing bù chénggōng, ～ shòule yídùzi de qì!

2. 大局的紊乱如彼,而今天公债～回涨,这是他猜不透的一个谜。(茅盾《子夜》)

   Dàjú de wěnluàn rú bǐ, ér jīntiān gōngzhài ～ huízhǎng, zhè shì tā cāi bu tòu de yí ge mí.

3. 晚间的冷气削着他的脸,他不觉得冷,～痛快。(老舍《骆驼祥子》)

   Wǎnjiān de lěng qì xiāozhe tā de liǎn, tā bù juéde lěng, ～ tòngkuai.

4. 几千年来,他们生活在这块土地上,耕种在这块地上,却吃不到亲手耕种的粮食,～挨饿受气,变成地主的奴隶。(杨朔《"阅微草堂"的真面目》)

   Jǐ qiān nián lái, tāmen shēnghuó zài zhèkuài tǔdì shang, gēngzhòng zài zhèkuài dì shang, què chī bu dào qīnshǒu gēngzhòng de liángshi, ～ ái è shòu qì, biànchéng dìzhǔ de núlì.

5. 我想一个教书的人,自己的子女～失学,真是叫人难过。(林斤澜《台湾姑娘》)

   Wǒ xiǎng yí ge jiāo shū de rén, zìjǐ de zǐnǚ ～ shī xué, zhēn shì jiào rén nánguò.

反而 fǎn·ér (副词)

表示某一情况导致出与这情况应导致的相反的结果,而这一应有而实际不曾产生的结果往往在前面由"不但没有"等引出:

Indicates that a situation has brought about a result contrary to expectations; the unrealized result is often introduced by 不但没有 etc. :

1. 今年春天的旱象,并不比哪一年轻多少,但是,这个山村里,不仅没有什么"饿殍载道",却～获得了堪算少有的丰收。(峻青《壮志录》)

   Jīnnián chūntiān de hànxiàng, bìng bù bǐ nǎ yì nián qīng duōshǎo, dànshì, zhège shāncūn li, bùjǐn méi yǒu shénme "èpiǎozàidào", què ～ huòdéle kān suàn shǎo yǒu de fēngshōu.

2. 小凤儿唱歌,不但没耽误活儿,～是做得更多更快。(茹志鹃《高高的白杨树》)

   Xiǎofèngr chàng gēr, búdàn méi dānwu huór, ～ shì zuò de gèng duō gèng kuài.

3. 这一枪不但没有打着狗熊,～把它惹火啦。(李迪《玉米挂包了》)

   Zhè yì qiāng búdàn méiyou dǎzháo gǒuxióng, ～ bǎ tā rěhuǒ la.

4. 哗啦哗啦的水声听起来不再心旷神怡,～有点恐怖了。(侯金镜《漫游五台山》)

   Huālāhuālā de shuǐ shēng tīng qǐlai bú zài xīnkuàngshényí, ～ yǒudiǎnr kǒngbù le.

5. 他有残疾,行动不大方便,你应该照拂他,为什么～欺侮他?(郭沫若《屈原》)

   Tā yǒu cánji, xíngdòng búdà fāngbiàn, nǐ yīnggāi zhàofú tā, wèi shénme ～ qiwǔ tā?

不曾产生的结果有时不在句中叙述:

The unrealized, expected effect is sometimes not presented in the sentence:

6. 他自然并非不知道这个外号,有时听到了～很得意,我梅佐贤就是"酸梅汤"。(周而复《上海的早晨》)

   Tā zìrán bìngfēi bù zhīdao zhège wàihào, yǒushí tīngdàole ～ hěn déyì, wǒ Méi Zuǒxián jiù shì "suānméitāng".

7. 幸而有各式各样的人,假如世界上全是文学家,……那倒～无聊得很了。(鲁迅《读书杂谈》)

   Xìng·ér yǒu gèshìgèyàng de rén, jiǎrú shìjiè shang quán shì wénxuéjiā, ... nà dào ～ wúliáo de hěn le.

有时在对比之下,原来是有缺点、不正常的状况(因产生了好结果)竟成为可取的:

Indicates, by contrast, that something originally defective has actually turned out to be preferable (because it has brought about a good result):

8.　专教学生读死书,～不如放任一点,让他们随随便便玩玩的好。(叶圣陶《倪焕之》)

　　Zhuān jiāo xuésheng dú sǐ shū,　～ bùrú fàngrèn yìdiǎnr, ràng tāmen suísuibiànbiàn wánrwanr de hǎo.

(意思是:"……不如放任一点,让他们随随便便玩玩～好"。)

9.　穿得太多感觉燥热,～是少穿点好。

　　Chuān de tài duō gǎnjué zàorè,　～ shì shǎo chuān diǎnr hǎo.

(意思是:"……不如少穿点～好")

参看"倒"A、"反""反倒"。

Compare 倒 dào A, 反 fǎn, 反倒 fǎndào.

反正　　fǎnzhèng　　(副词)

A 表示在任何条件下,结论不变,有时和"无论""不管"等呼应,可以处于主语前:

Indicates that whatever condition, the conclusion remains unchanged. Sometimes 反正 is used in conjunction with 无论, 不管, etc. and can precede the subject:

1.　在一块儿也好,不在一块儿也好,～我得拼命地学文化!(老舍《女店员》)

　　Zài yíkuàr yěhǎo, bú zài yíkuàr yěhǎo,　～ wǒ děi pīnmìng de xué wénhuà!

2.　不论在哪儿吧,～我睁开眼看不见一个亲人,够我受的!(老舍《全家福》)

　　Búlùn zài nǎr ba,　～ wǒ zhēngkāi yǎn kàn bu jiàn yí ge qīnrén, gòu wǒ shòu de!

3.　不管你们谁先讲,～都要讲一讲。(柳青《创业史》)

　　Bùguǎn nǐmen shuí xiān jiǎng,　～ dōu yào jiǎng yi jiǎng.

4.　我们公司自己先想想办法,～无论如何也不能让施工受到影响。(冉淮舟《建设者》)

　　Wǒmen gōngsī zìjǐ xiān xiǎngxiang bànfǎ,　～ wúlùn rúhé yě bù néng ràng shī gōng shòudào yǐngxiǎng.

B 强调某一情况的确实性,或表示坚定决心:

Used to emphasize the truth of a fact or one's resolute determination:

1.　四亩地卖给何老大,算下来也不知道找了多少钱,～只能打药账。(李准《不能走那条路》)

　　Sìmǔdì mài gěi Hélǎodà, suàn xialai yě bù zhīdao zhǎole duōshao qián,　～ zhǐ néng dǎ yào zhàng.

2.　你看不起蹬三轮的是不是?～蹬三轮的不偷不抢,比你强得多!(老舍《龙须沟》)

　　Nǐ kàn bu qǐ dēng sānlúnr de shì bu shì?　～ dēng sānlúnr de bù tōu bù qiǎng, bǐ nǐ qiáng de duō!

3.　守贵老头听得不耐烦了,就翻着眼皮道:"你说到天边,～我不跟他们打交道。"

　　Shǒuguì lǎotóu tīng de bú nàifán le, jiù fānzhe yǎnpí dào :"Nǐ shuōdào tiānbiānr,　～ wǒ bù gēn tāmen dǎ jiāodào."

4.　在这封信里,我不想多描写风景,～这些地方离你都不远,你将来都有机会去玩的。(冰心《从"到此一游"说起》)

Zài zhèfēng xìn li，wǒ bù xiǎng duō miáoxiě fēngjǐng，～ zhèxiē dìfang lí nǐ dōu bù yuǎn，nǐ jiānglái dōu yǒu jīhuì qù wánr de.

5. 去不去由你，～我通知到了。(慕湘《满山红》)

Qù bu qù yóu nǐ，～ wǒ tōngzhī dào le.

6. "你说得上来哪是河鱼，哪是海鱼吗？"
　 "……那，～都是水里的！"(老舍《女店员》)

"Nǐshuō de shànglái nǎ shì héyú，nǎ shì hǎiyú ma？"

"... nà，～ dōu shì shuǐ li de！"

C 引出很有把握的判断，然后加以阐述：

Used to introduce a judgment, of which one is very sure; is followed by a further explanation：

1. ～打不起来，要真打的话，早到城外头去了。(老舍《茶馆》)

～ dǎ bu qǐlái，yào zhēn dǎ de huà，zǎo dào chéng wàitou qu le.

2. ～犯了大罪，要不，怎么会问斩呀？(老舍《茶馆》)

～ fànle dà zuì，yàobù，zěnme huì wènzhǎn ya？

3. ～什么好的都吃过，什么好的都穿过，这一辈子总算没白活！(老舍《神拳》)

～ shénme hǎo de dōu chīguo，shénme hǎo de dōu chuānguo，zhè yíbèizi zǒngsuàn méi bái huó！

参看"横竖"。

Compare 横竖 héngshù.

方   fāng   (副词)〈书〉

A 同"刚"A，表示不久前发生或达到：

Same as 刚 A (just, only just), indicates that something has just taken place：

1. 敌人的国际孤立的因素也～在变化发展之中，还没有达到完全的孤立。(毛泽东《论持久战》)

Dírén de guójì gūlì de yīnsù yě ～ zài biànhuà fāzhǎn zhī zhōng，hái méiyou dádào wánquán de gūlì.

2. (子兰)脚～立定，复返身拥抱婵娟……(郭沫若《屈原》)

(Zǐlán) Jiǎo ～ lìdìng，fù fǎn shēn yōngbào Chánjuān . . .

3. 当稽康被杀时，其子～十岁……(鲁迅《魏晋风度及文章与药及酒之关系》)

Dāng Jī Kāng bèi shā shí，qí zǐ ～ shí suì . . .

4. 她年～三岁的女儿正在出麻疹。(郝赫《明亮的眼睛》)

Tā nián ～ sān suì de nǚ·ér zhèngzài chū mázhěn.

B 用在复句的第二分句里，同"才"D1)、D2)，表示前一分句是条件或原因：

Same as 才 D 1)，D 2) (see p. 44)；used in the second clause of a complex sentence to indicate that the first clause is the condition or the cause：

1. 一切参加战争的人们，必须脱出寻常习惯，而习惯于战争，～能取得战争的胜利。(毛泽东《论持久战》)

Yíqiè cānjiā zhànzhēng de rénmen，bìxū tuōchū xúncháng xíguàn，ér xíguàn yú zhànzhēng，～ néng qǔdé zhànzhēng de shènglì.

2. 臣从长安赶赴华阴途中，不幸失足落马，……恐需一月～能治愈。(郭沫若《蔡文姬》)

Chén cóng Cháng'ān gǎn fù Huáyīn túzhōng, búxìng shīzú luò mǎ, ... kǒng xū yí
yuè~ néng zhìyù.

3. 工程须三年～可完工。(刊)

   Gōngchéng xū sān nián ～ kě wán gōng.

4. 张郃催马向前,一枪刺去,却是一个草人;张郃～知中计。(刊)

   Zhāng Hé cuī mǎ xiàng qián, yì qiāng cì qù, què shì yí ge cǎorén; Zhāng Hé ～ zhī
   zhòng jì.

方才　fāngcái　(副词)

同"才"A 1)、B 1),表示时间晚、数量大等,用得较少:

Same as 才 A 1), B 1); indicates that the speaker thinks the action is late or the amount
is large; not frequently used:

1. 我就邀他同坐,但他似乎略略踌躇之后,～坐下来。(鲁迅《在酒楼上》)

   Wǒ jiù yāo tā tóng zuò, dàn tā sìhū lüèlüè chóuchú zhī hòu, ～ zuò xialai.

2. 周仲伟站在月台上哈哈笑着遥送他们八个,直到望不见了,他～回进屋子去,
   仍旧哈哈地笑。(茅盾《子夜》)

   Zhōu Zhòngwěi zhàn zài yuètái shang hāhā xiàozhe yáo sòng tāmen bā ge, zhídào
   wàng bu jiàn le, tā ～ huí jìn wūzi qu, réngjiù hāhā de xiào.

3. 说着,他头一个把箩底倒空,敲打几下,又细心检查一遍,～埋头重选。(曾秋
   《三月清明》)

   Shuōzhe, tā tóu yí gè bǎ luódǐ dàokōng, qiāodǎ jǐ xià, yòu xìxīn jiǎnchá yí biàn, ～
   mái tóu chóng xuǎn.

4. 我们查了四五本大词典,～找到那个字。

   Wǒmen chále sì wǔ běn dà cídiǎn, ～ zhǎodào nàge zì.

辨认:

Note:

"方才"有时同"刚才",是时间名词:

方才 sometimes is the same as 刚才 (just now) which is a temporal noun:

1. 纳尔苏坐在帐篷里饮着茶,琢磨方才出的这档子事儿。(端木蕻良《曹雪芹》)

   Nà'ěrsū zuò zài zhàngpeng li yǐnzhe chá, zuómo fāngcái chū de zhè dàngzi shìr.

2. 马厅长先把方才在督军署里会谈的经过,一起告诉了侯校长。(秦瘦鸥《秋海
   棠》)

   Mǎ tīngzhǎng xiān bǎ fāngcái zài dūjūnshǔ li huìtán de jīngguò, yìqǐ gàosule Hóu
   xiàozhǎng.

仿佛　fǎngfú　(副词)

A 同"好像"A,表示说话人或当事人不十分有把握的了解或感觉:

Same as 好像 A (seem; as if), indicates that the speaker or person concerned is not
sure of sth.:

1. 他……壮健的躯体里～蕴蓄着一股野气。(叶圣陶《倪焕之》)

   Tā ... zhuàngjiàn de qūtǐ li ～ yùnxùzhe yì gǔ yěqì.

2. 大家的怒气～忽然找到了出路。(老舍《骆驼祥子》)

   Dàjiā de nùqì ～ hūrán zhǎodàole chūlù.

3. 这几个孩子,几乎是我看着他们长大的,几个月不见,～又长了一大截!(冰心

《感谢我们的语文老师》）

Zhè jǐ ge háizi, jīhū shì wǒ kànzhe tāmen zhǎngdà de, jǐ ge yuè bú jiàn, ~ yòu zhǎngle yí dà jiér!

4. 在这一点上，~年纪愈老便愈见糟糕。（郭沫若《屈原》）

Zài zhè yì diǎn shang, ~ niánjì yù lǎo biàn yù jiàn zāogāo.

5. 这天傍晚，枣庄的烟雾显得更大，天黑得～比别处早些。（知侠《铁道游击队》）

Zhè tiāo bàngwǎn, Zǎozhuāng de yānwù xiǎnde gèng dà, tiān hēide ~ bǐ biéchù zǎo xiē.

6. 现在～一切都晚了。（知侠《铁道游击队》）

Xiànzài ~ yíqiè dōu wǎn le.

以上例句在"仿佛"所修饰的结构或短语之后都可以加"似的"与"仿佛"呼应。

In all the examples above, 似的 can occur after the construction or phrase modified by 仿佛.

B 同"好像"B，表示有某种相似之处或成为明喻：

Same as 好像 B (be like), indicates certain resemblance or forms a simile：

1. 他看见一地月光，～满铺了无缝的白纱……（鲁迅《肥皂》）

Tā kànjian yí dì yuèguāng, ~ mǎn pūle wú fèng de báishā...

2. 郭松细心地察看着地图，他～看见了那些崇山峻岭。（慕湘《晋阳秋》）

Guō Sōng xìxīn de chákànzhe dìtú, tā ~ kànjiànle nàxiē chóngshānjùnlǐng.

3. 下午的阳光把梧桐的阴影印在柏油路上，～是一张整齐的图案画。（周而复《上海的早晨》）

Xiàwǔ de yángguāng bǎ wútóng de yīnyǐng yìn zài bǎiyóulù shang, ~ shì yì zhāng zhěngqí de tú·ànhuà.

4. 它们（金达莱花）开得这么早，就～一夜之间相互约齐了突然开放似的……（魏巍《东方》）

Tāmen (jīndálái huā) kāide zhèmen zǎo, jiù ~ yí yè zhī jiān xiānghù yuēqíle tūrán kāifàng shìde...

5. 两个人带着惊喜和讯问的神情，互相打量着对方，～不认识了似的，辨认着模样的变化。（管桦《将军河》）

Liǎng ge rén dàizhe jīngxǐ hé xùnwèn de shénqíng, hùxiāng dǎliangzhe duìfāng, ~ bú rènshile shìde, biànrènzhe múyàng de biànhuà.

以上例句在"仿佛"所修饰的短语或结构之后都可加"似的"或"一样"与"仿佛"呼应，或把"似的"改为"一样"。

In all the examples above 似的 or 一样 can follow the phrase or construction modified by 仿佛. And 似的 in the above examples can be replaced by 一样.

但"仿佛……"如作状语，"似的"或"一样"不可少：

When 仿佛 ... is used adverbially, 似的 or 一样 is obligatory：

6. 卫老婆子～卸了一层重担似的嘘了一口气……（鲁迅《祝福》）

Wèi lǎopózi ~ xièle yì céng zhòngdàn shìde xūle yì kǒu qì...

7. 他～失去了亲人一样痛哭起来。

Tā ~ shīqùle qīnrén yíyàng tòngkū qilai.

辨认：

Note：

他们两个年岁相仿佛，大概都是二十二、三岁吧。

Tāmen liǎng ge niánsuì xiāng fǎngfú, dàgài dōu shì èrshí èr, sān suì ba.

上面例句中的"仿佛"是动词，意思是差不多。

仿佛 in the above example is a verb meaning "be similar".

飞速 fēisù （副词）〈书〉

表示非常快：

At full speed：

1. 看来这是一头庞大无比的动物，……用不可思议的迅猛的动作，一下将马撕成两半，然后带着自己的猎物～地逃走了。（童恩正《追踪恐龙的人》）

   Kànlái zhè shì yì tóu pángdà wúbǐ de dòngwù, ... yòng bùkěsīyì de xùnměng de dòngzuò, yíxià jiāng mǎ sīchéng liǎng bàn, ránhòu dàizhe zìjǐ de lièwù ～ de táozǒu le.

2. 宁静的松河上，白帆点点，大小船只～集中。（刊）

   Níngjìng de Sōnghé shang, bái fān diǎndiǎn, dà xiǎo chuánzhī ～ jízhōng.

3. 部队在夜雾笼罩之下～接近敌人，拂晓之前进入阵地。（刊）

   Bùduì zài yè wù lǒngzhào zhī xià ～ jiējìn dírén, fúxiǎo zhī qián jìnrù zhèndì.

4. 梭子在～旋转。

   Suōzi zài ～ xuánzhuǎn.

5. 只见那领导同志的大手正紧握着铅笔，在～地写着什么。（王愿坚《路标》）

   Zhǐ jiàn nà lǐngdǎo tóngzhì de dà shǒu zhèng jǐn wòzhe qiānbǐ, zài ～ de xiězhe shénme.

非 fēi （副词）

A "非……"与"不"呼应表示必须或必然；"非……不可"常作谓语，有时可做定语：

非 ... used in conjunction with 不 means "must, have to"; 非... 不可 is often used as a predicate, or sometimes an attributive：

1. 他觉得至少～要办一下那个"玩忽公务"的电报局长不可。（茅盾《子夜》）

   Tā juéde zhìshǎo ～ yào bàn yíxià nàge "wánhū gōngwù" de diànbào júzhǎng bùkě.

2. 小姐，今天的账是～还不可的，他们说闹到天亮也得还！（曹禺《日出》）

   Xiǎojie, jīntiān de zhàng shì ～ huán bùkě de, tāmen shuō nàodào tiān liàng yě děi huán!

3. 咱们跟她们赛吧，咬咬牙，～比她们强不可。（王蒙《青春万岁》）

   Zánmen gēn tāmen sài ba, yǎoyǎo yá, ～ bǐ tāmen qiáng bùkě.

4. 要办好这件事，～他不可。

   Yào bànhǎo zhèjiàn shì, ～ tā bùkě.

5. 做衣服也并不是～办不可的事。（李陀《雪花静静地飘》）

   Zuò yīfu yě bìng bú shì ～ bàn bùkě de shì.

"非……不行"和"非……不可"差不多：

非…不行 is similar to 非…不可：

6. 最近听见朋友讲：年轻一代的人要读鲁迅的作品恐怕～有注解不行了。（郭沫若《庄子与鲁迅》）

Zuìjìn tīngjian péngyou jiǎng: Niánqīng yí dài de rén yào dú Lǔ Xùn de zuòpǐn kǒngpà~ yǒu zhùjiě bùxíng le.

7. 看，对这号人～顶顶不行吧！(方之《在泉边》)

Kàn, duì zhèhào rén ～ dǐngdǐng bùxíng ba!

8. 入社这事咱不强迫，出社也是这样，咱也不能强迫人家～在里边不行。(李准《冰化雪消》)

Rù shè zhè shì zán bù qiǎngpò, chū shè yě shì zhèyàng, zán yě bù néng qiǎngpò rénjia ～ zài lǐbianr bùxíng.

有时在极口语化句子中"不可""不行"等可省略：

In very colloquial speech 不可 or 不行, etc. can sometimes be omitted:

9. 穿着单衣服跑出去，～得感冒！(报)

Chuānzhe dān yīfu pǎo chuqu, ～ děi gǎnmào!

10. 罗吉说："我爱走这条路！"周炳说："我～不让你走这条路！"罗吉说："我～走……"周炳说："我～不让……"。(欧阳山《苦斗》)

Luó Jí shuō: "Wǒ ài zǒu zhètiáo lù!" Zhōu Bǐng shuō: "Wǒ ～ bú ràng nǐ zǒu zhètiáo lù!" Luó Jí shuō: "Wǒ ～ zǒu . . ." Zhōu Bǐng shuō: "Wǒ ～ bú ràng. . .".

11. 老大爷越说越高兴，打开饭柜，捧出两大捧花生，～要让我尝尝。(张志民《老朱和房东》)

Lǎodàye yuè shuō yuè gāoxìng, dǎkāi fànguì, pěng chu liǎng dà pěng huāshēng, ～ yào ràng wǒ chángchang.

12. ～问问她，她是在哪里看到的。(陈登科《风雷》)

～ wènwen tā, tā shì zài nǎli kàndào de.

13. 一九六五年九月，铁路文工团招生，几个同学～拉我一块去报考。(侯跃文《父亲"熏"我学相声》)

Yījiǔliùwǔ nián Jiǔyuè, Tiělù Wéngōngtuán zhāo shēng, jǐ ge tóngxué ～ lā wǒ yíkuàir qù bàokǎo.

B"非……"表示条件：

B 非. . . indicates a condition:

1)表示必要的条件，后面用"才"引出结果：

Indicates the necessary condition and 才 is used in the second clause to introduce the result:

1. 小东西(蜜蜂)们……～要我老头子演一出深山取宝给你们看，才肯跟我回家来！(端木蕻良《蜜》)

Xiǎodōngxi (mìfēng) men . . . ～ yào wǒ lǎotóuzi yǎn yì chū shēnshān qǔ bǎo gěi nǐmen kàn, cái kěn gēn wǒ huí jiā lái!

2. 你～亲自去请他，他才来。

Nǐ ～ qīnzì qù qǐng tā, tā cái lái.

2)有"如果不……"或"如果没……"的意思，后面是否定性的结果或结论：

Means 如果不. . . or 如果没. . . and is followed by a negative result or conclusion:

3. 我先前吃过干荔枝、罐头荔枝……并且由这些推想过新鲜的荔枝，这回吃过了，和我所猜想的不同，～到广东来吃就永远不会知道。(鲁迅《读书杂谈》)

Wǒ xiānqián chīguo gān lìzhī, guàntou lìzhī . . . bìngqiě yóu zhèxiē tuīxiǎngguo xīnxian de lìzhī, zhèhuí chīguo le, hé wǒ suǒ cāixiǎng de bù tóng, ~ dào Guǎngdōng lái chī jiù yǒngyuǎn bú huì zhīdào.

4. ～有第一手资料，不能得出正确结论。

   ~ yǒu dì-yìshǒu zīliào, bù néng dé chū zhèngquè jiélùn.

5. 看起来～推倒明朝江山，来一个改朝换代,吏治是不会清明的。(姚雪垠《李自成》)

   Kàn qilai ~ tuīdǎo Míngcháo jiāngshān, lái yí ge gǎicháohuàndài, lìzhì shì bú huì qīngmíng de.

6. 他身后随着一大群孩子,笑着嚷着,他～大声说话人们听不见。(端木蕻良《蜜》)

   Tā shēnhòu suízhe yí dà qún háizi, xiàozhe rǎngzhe, tā ~ dàshēng shuōhuà rénmen tīng bu jiàn.

7. 密司徐! 有一点小事情奉托,～你不办! (茅盾《子夜》)

   Mìsi Xú! Yǒu yìdiǎn xiǎo shìqing fèngtuō, ~ nǐ bú bàn!

8. 买鱼的时候,～最新鲜的不要。

   Mǎi yú de shíhou, ~ zuì xīnxiānde bú yào.

非常   fēicháng   (副词)

表示非一般的、极端的程度;可修饰形容词、描写性短语、助动词以及一些有高低程度的动词:

Exceptionally, *extremely*; modifies adjectives, descriptive phrases, auxiliary verbs and gradable verbs:

1. 屠维岳……那态度～大方,～坦白,同时又～镇静。(茅盾《子夜》)

   Tú Wéiyuè . . . nà tàidu ~ dàfang, ~ tǎnbái, tóngshí yòu ~ zhènjìng.

2. 斜射的阳光只照在这小店屋的屋顶上,屋里～暗。(叶圣陶《倪焕之》)

   Xié shè de yángguāng zhǐ zhào zài zhè xiǎodiànwū de wū dǐng shang, wū li ~ àn.

3. 小伙子像机关枪连发一样,～干脆地一阵讲完了。(柳青《创业史》)

   Xiǎohuǒzi xiàng Jīguānqiāng liánfā yíyàng, ~ gāncuì de yí zhèn jiǎngwán le.

4. 生活经历磨炼得他～能适应不同的环境。

   Shēnghuó jīnglì móliàn de tā ~ néng shìyìng bù tóng de huánjìng.

5. 杨国华两手捧着水碗,～同意老汉的观点。(柳青《创业史》)

   Yáng Guóhuá liǎng shǒu pěngzhe shuǐwǎn, ~ tóngyì lǎohàn de guāndiǎn.

6. 关尹～高兴,～感谢,又～惋惜……(鲁迅《出关》)

   Guān Yǐn ~ gāoxìng, ~ gǎnxiè, yòu ~ wǎnxī . . .

7. 有义很实在地有一说一,许多外村庄稼人都～有兴趣,点着头。(柳青《创业史》)

   Yǒuyì hěn shízài de yǒu yī shuō yī, xǔduō wàicūn zhuāngjiarén dōu ~ yǒu xìngqù, diǎnzhe tóu.

有时后面带"地"或"之",并不影响意思:

Sometimes a 地 or 之 follows it without affecting the meaning:

8. 他～地想他的女儿。

   Tā ~ de xiǎng tā de nǚ.ér.

9. 这里风景～之美,又～之安静。

Zhèlǐ fēngjǐng ～ zhī měi, yòu ～ zhī ānjìng.

"非常"也可以重叠:

非常 can be reduplicated:

10. 我实在是～～累了,一步也走不动了。

　　Wǒ shízài shì ～～ lèi le, yí bù yě zǒu bu dòng le.

"非常"不能受否定词修饰,但可以修饰某些否定形式。许多助动词的否定形式都能受"非常"修饰:

非常 cannot be modified by any negative word, but can modify certain negative forms. Some of the auxiliaries, when negated, can be modified by 非常:

11. 她～不愿意放弃她的工作。

　　Tā ～ bú yuànyì fàngqì tā de gōngzuò.

12. 作为一个妇女,她可算～不会料理家务的了。

　　Zuòwéi yí ge fùnǚ, tā kě suàn ～ bú huì liàolǐ jiāwù de le.

13. 他极为谨慎,～不敢得罪人。

　　Tā jíwéi jǐnshèn, ～ bù gǎn dézuì rén.

能用"非常"修饰的有高低程度的动词,其中表示愉快性质的,成为否定形式后,仍可受"非常"修饰:

Of the gradable verbs, those which are of a pleasant nature, when negated, can still be modified by 非常:

14. 我～不同意你的看法。

　　Wǒ ～ bù tóngyì nǐ de kànfǎ.

15. 他还是老样子,～不爱说话。

　　Tā hái shì lǎo yàngzi, ～ bú ài shuō huà.

16. 我说他好,就好在～不善于吹吹拍拍。

　　Wǒ shuō tā hǎo, jiù hǎo zài ～ bú shànyú chuīchuī pāipāi.

表示不如意性质的形容词否定式及否定的描写性短语多可受"非常"修饰:

Negative adjectives and descriptive phrases of an undesirable nature can usually be modified by 非常:

17. 这个小孩儿～不听话。

　　Zhège xiǎoháir ～ bù tīng huà.

18. 那本书～没意思。

　　Nàběn shū ～ méi yìsi.

19. 今天他心里～不痛快。

　　Jīntiān tā xīnli ～ bú tòngkuai.

20. 这里～不安静,没法看书。

　　Zhèlǐ ～ bù ānjìng, méi fǎ kàn shū.

分别 fēnbié (副词)

A 表示两个以上人、物彼此分开,各自或先后作同一样事情:

Respectively, *separately*; indicates the persons or things are separated from each other, and each of them does the same thing respectively:

1. 二人～下场。(郭沫若《棠棣之花》)

　　Èr rén ～ xià chǎng.

2. 几所院校～进行的同一科研课题,可以组成协作组。(报)

　　Jǐ suǒ yuàn xiào ～ jìnxíng de tóng yī kēyán kètí, kěyǐ zǔchéng xiézuòzǔ.

3. 浩浩荡荡的队伍,很有组织地分散开,～奔向指向的地点。(冉淮舟《建设者》)

　　Hàohàodàngdàng de duìwu, hěn yǒu zǔzhī de fēnsànkāi, ～ bēnxiàng zhǐxiàng de dìdiǎn.

4. ……联合国大会和伊斯兰国家外长会议并曾～通过有关决议……(报)

　　… Liánhéguó Dàhuì hé Yīsīlán Guójiā Wàizhǎng Huìyì bìng céng ～ tōngguò yǒuguān juéyì …

参看"分头"。

Compare 分头 fēntóu.

B 表示用不同办法或态度:

Differently; indicates that things are dealt with in different ways:

1. 这两个问题性质不同,必须～对待。

　　Zhè liǎng ge wèntí xìngzhì bù tóng, bìxū ～ duìdài.

2. 对三个罪犯～判处五年、十年、十五年徒刑。

　　Duì sān ge zuìfàn ～ pànchǔ wǔ nián, shí nián, shíwǔ nián túxíng.

分明　fēnmíng　(副词)

A 同"明明"A,在一分句中强调事实的真实性,而另一分句必指出似乎与事实相对立的情况:

Same as 明明 A, used in a clause of a complex sentence to affirm the truth of a fact, where the other clause must introduce a statement seemingly contrary to the fact:

1. 那本书～就在书架上,可他却视而不见。

　　Nà běn shū ～ jiù zài shūjià shang, kě tā què shì ér bú jiàn.

2. 这件事～是你惹出来的,你怎么矢口否认呢!

　　Zhèjiàn shì ～ shì nǐ rě chulai de, nǐ zěnme shǐkǒu fǒurèn ne!

B 表示特别清楚、明显:

Extra clearly; evidently:

1. 驼背老人……大声然而～是温和地说:"房子没修好,我嫌帐篷闷得慌!"(李树喜《空屋主》)

　　Tuó bèi lǎorén … dàshēng rán·ér ～ shì wēnhé de shuō: "Fángzi méi xiūhǎo, wǒ xián zhàngpeng mēn de huang!"

2. 他的态度终于恭敬起来了,～的叫道:"老爷!……"(鲁迅《故乡》)

　　Tā de tàidu zhōngyú gōngjìng qilai le, ～ de jiào dào: "Lǎoye!..."

3. 惯在上海生活了的女性,早已～地自觉着……自己所具的光荣,同时也明白着这种光荣中所含的危险。(鲁迅《上海的少女》)

　　Guàn zài Shànghǎi shēnghuóle de nǚxìng, zǎo yǐ ～ de zìjuézhe … zìjǐ suǒ jù de guāngróng, tóngshí yě míngbaizhe zhèzhǒng guāngróng zhōng suǒ hán de wēixiǎn.

4. 那前边不～是阿月吗?(李树喜《空屋主》)

　　Nà qiánbianr bú ～ shì Āyuè ma?

分头　fēntóu　(副词)

同"分别"A,但主语必须是指人的词语:

Same as 分别 A (separately), but its subject must be a word or phrase denoting persons:

1. 女生干部将～到那几个……女生家去，对她们和她们的家长讲清楚……（刘心武《班主任》）

    Nǚshēng gànbù jiāng ～ dào nà jǐ ge ... nǚshēng jiā qu, duì tāmen hé tāmen de jiāzhǎng jiǎng qīngchu ...

2. 抓紧时间，给大伙念叨一遍，把角色派下去，好～背台词。（浩然《金光大道》）

    Zhuājǐn shíjiān, gěi dàhuǒ niàndao yí biàn, bǎ juésè pài xiaqu, hǎo ～ bèi táicí.

3. 决定以后，由所长、副所长～执行。（刊）

    Juédìng yǐhòu, yóu suǒzhǎng, fùsuǒzhǎng ～ zhíxíng.

4. 时间紧迫，大家立即～行动起来……（赛时礼《战争奇观》）

    Shíjiān jǐnpò, dàjiā lìjí ～ xíngdòng qilai...

分外　fènwài　（副词）

同"格外"，表示异乎寻常，多修饰形容词和表心理状态的动词：

Same as 格外 (particularly, exceptionally); usually modifies adjectives and verbs indicating mental activities:

1. 我的心～地寂寞。（鲁迅《希望》）

    Wǒ de xīn ～ de jìmò.

2. 这一年的清明，～寒冷；杨柳才吐出半粒米大的新芽。（鲁迅《药》）

    Zhè yì nián de qīngmíng, ～ hánlěng; yángliǔ cái tǔ chū bàn lì mǐ dà de xīn yá.

3. 两位书记……也为这第一步成功～高兴。（曲波《山呼海啸》）

    Liǎng wèi shūji ... yě wèi zhè dì-yī bù chénggōng ～ gāoxìng.

4. 明亮的太阳光，从玻璃窗上斜射进来。这座独立小屋，显得～清爽。（峭石《脉搏》）

    Míngliàng de tàiyángguāng, cóng bōli chuāng shang xié shè jinlai. Zhèzuò dúlì xiǎo wū, xiǎnde ～ qīngshuǎng.

5. 她的影子倒映在清澈透明的溪水里，……显得～俊美。（吴强《红日》）

    Tā de yǐngzi dào yìng zài qīngchè tòumíng de xīshuǐ li, ... xiǎnde ～ jùnměi.

6. 春节时，他～想家。

    Chūnjié shí, tā ～ xiǎngjiā.

7. 一个人留在屋里的时候，他感到～地孤单。（知侠《铁道游击队》）

    Yí ge rén liú zài wū li de shíhou, tā gǎndào ～ de gūdān.

修饰单音节词时，常是两个结构形成对称格式：

When 分外 is used to modify a monosyllabic word, it generally forms a symmetrical structure consisting of two contrasting constructions:

8. 他的脸～红，他的眼睛～明。（曲波《山呼海啸》）

    Tā de liǎn ～ hóng, tā de yǎnjing ～ míng.

复　fù　（副词）〈书〉

表示重复，"又"或"再"的意思：

Similar to 又 or 再, indicates a repetition:

1. 南后～将左手高举，一挥，歌舞乐三者一齐停止。（郭沫若《屈原》）

    Nán hòu ～ jiāng zuǒshǒu gāo jǔ, yì huī, gē wǔ yuè sānzhě yìqí tíngzhǐ.

2. 我们的将士常和敌人争夺山头，每一个山头，得而～失，失而～得的要进出四五次。（郭沫若《后方民众的责任》）

Wǒmen de jiàngshì cháng hé dírén zhēngduó shāntóu, měi yí ge shāntóu, dé·ér~shī, shī·ér~dé de yào jìn chū sì wǔ cì.

3. 小憩后～入市参观古迹。(郭沫若《苏联游记》)

Xiǎo qì hòu ~ rù shì cānguān gǔjì.

4. 我的气喘……要～发否,现在不可知。(鲁迅《致王冶秋》)

Wǒ de qìchuǎn ... yào ~ fā fǒu, xiànzài bù kě zhī.

该 gāi (副词)

A 表示估计、猜测,多轻读;后面必有"了"("啦"等):

Most likely, probably, must be; indicates an estimation, conjecture. It is usually pronounced in the neutral tone and must be used in conjunction with 了 or 啦, etc.:

1. 你们赶了这么多路,～饿了吧……(黎先耀《甘露如饴》)

Nǐmen gǎnle zhème duō lù, ~ èle ba

2. 往年,这个季节,妙峰山上的香客早～络绎不绝了。(海默《我的引路人》)

Wǎngnián, zhège jìjié, Miàofēngshān shang de xiāngkè zǎo ~ luòyìbùjué le.

3. 快走吧! 晚了,爸爸～着急啦! (胡景芳《苦牛》)

Kuài zǒu ba! Wǎnle, bàba ~ zháo jí la!

可修饰否定形式,后面可有别的语气助词:

Can modify a negative form, while other particles may be used instead of 了:

4. 你不让他去,他～不高兴了。

Nǐ bú ràng tā qù, tā ~ bù gāoxìng le.

5. ～不是因为过于高兴,便失却本性吧? (郭沫若《屈原》)

~ bú shì yīnwèi guòyú gāoxìng, biàn shīquè běnxìng ba?

6. 咦,～不是走错了门了吧? (王愿坚《普通劳动者》)

Yí, ~ bú shì zǒucuòle ménr le ba?

7. 徐桂青一下连饭都不吃了,失声地说:"～不会中电嘛!"(艾芜《雨》)

Xú Guìqīng yíxiàr lián fàn dōu bù chī le, shīshēng de shuō: "~ bú huì zhòng diàn ma!"

B 表示设想,用于感叹句,常与"多""多么"等副词搭配使用:

Used in an exclamatory sentence usually in conjunction with 多 or 多么, indicates a hypothetical situation:

1. 我想到李白、杜甫在那遥远的年代,以一叶扁舟,搏浪急进,那～是多么雄伟的搏斗,……(刘白羽《长江三日》)

Wǒ xiǎngdào Lǐ Bái, Dù Fǔ zài nà yáoyuǎn de niándài, yǐ yí yè piānzhōu, bó làng jí jìn, nà ~ shì duōme xióngwěi de bódòu, ...

2. 要能坐飞机去,～多快呵!

Yào néng zuò fēijī qù, ~ duō kuài a!

3. 他要巩固他们的互助组,完成增产计划～是多么吃力呀! (柳青《创业史》)

Tā yào gǒnggù tāmen de hùzhùzǔ, wánchéng zēngchǎn jìhuà ~ shì duōme chīlì ya!

辨认:

Note:

副词"该"不受否定词修饰,助动词"该"则可受否定副词"不"修饰,下面例句中的"该"为助动词:

The adverb 该 cannot be modified by a negative word, but the auxiliary verb 该 can be modified by the negative word 不, as 该 in the following example:

    这件事你不该瞒我。

    Zhèjiàn shì nǐ bù gāi mán wǒ.

改天   gǎitiān   (副词)〈口〉

有"以后较近的某一天"的意思;往往与"再"连用:

Some other day, another day; is often used together with 再:

1.   咱们～再畅谈。(老舍《四世同堂》)

    Zánmen ～ zài chàngtán.

2.   不要走,这太对不起了!～来玩儿呀!(老舍《四世同堂》)

    Búyào zǒu, zhè tài duì bu qǐ le! ～ lái wánr ya!

3.   ～再说,忙什么?(老舍《四世同堂》)

    ～ zài shuō, máng shénme?

4.   咱们～再吃。(侯宝林《菜单子》)

    Zánmen ～ zài chī.

"改天"有时还可以说"改日":

改天 can sometimes be replaced by 改日:

5.   徐处长那儿,我改日再来面谢……(罗广斌、杨益言《红岩》)

    Xú chùzhǎng nàr, wǒ gǎirì zài lái miànxiè ...

"改天"有时可单用,但必须在上文明确指出谓语之后:

When the preceding context makes the meaning very clear, 改天 can be used independently:

6.   "咱们一同去看看默翁去,好不好?"

    "～吧!"(老舍《四世同堂》)

    "Zánmen yìtóng qù kànkan Mò wēng qu, hǎo bu hǎo?"

    " ～ ba!"

盖   gài   (副词)〈书〉

用于解释和说明,有"也许"或"因为"的意思,或作为发语词:

Used to explain or illustrate sth., meaning 也许 (probably) or 因为 (because), or used as a starting word at the beginning of a sentence:

1.   他仔细一想,终于省悟过来,其原因～在自己的赤膊。(鲁迅《阿Q正传》)

    Tā zǐxì yì xiǎng, zhōngyú xǐngwù guolai, qí yuányīn ～ zài zìjǐ de chìbó.

2.   家母等仍居北京,～年事已高,习于安居……(鲁迅《致李秉中》)

    Jiāmǔ děng réng jū Běijīng, ～ niánshì yǐ gāo, xíyú ān jū...

3.   ～中国软弱的大地主资产阶级的代表们,没有后台老板是一件小事也做不成的,何况如此惊天动地的大事?(毛泽东《为皖南事变发表的命令和谈话》)

    ～ Zhōngguó ruǎnruò de dà dìzhǔ zīchǎn jiējí de dàibiǎomen, méi yǒu hòutái lǎobǎn shì yí jiàn xiǎo shì yě zuò bu chéng de, hékuàng rúcǐ jīngtiāndòngdì de dà shì?

概   gài   (副词)〈书〉

A 一律、一概:

Without exception:

1.   道光前,宫中修理钟表,～由欧洲司铎或修士任之。(方豪《红楼梦新考》)

Dàoguāng qián, gōng zhōng xiūlǐ zhōngbiǎo, ～ yóu Ōuzhōu sīduó huò xiūshì rèn zhī.

2. 凡朝贺等典礼,～免参预……(蔡东藩《慈禧太后演义》)

Fán cháohè děng diǎnlǐ, ～ miǎn cānyù...

3. 钱物当面点清,持出之后本所～不负责。(刊)

Qiánwù dāngmiàn diǎnqīng, chí chū zhī hòu běn suǒ ～ bú fù zé.

B 大概、大略:

In broad outline, generally:

1. 六朝时代,由于社会不安定,思想混乱,……只看当时儒释道三家的争论,便可～见。(茅盾《"诗论"管窥》)

Liù Cháo shídài, yóuyú shèhuì bù āndìng, sīxiǎng hùnluàn, ... zhǐ kàn dāngshí Rú Shì Dào sān jiā de zhēnglùn, biàn kě ～ jiàn.

2. 他向代表们～述了经济形势。

Tā xiàng dàibiǎomen ～ shùle jīngjì xíngshì.

甘 gān (副词)〈书〉

表示甘愿;只修饰单音节动词:

Willingly, of one's own accord; is only used to modify monosyllabic verbs:

1. 愿有远见的老一辈多分出些时间和精力,～做培养新苗的泥土,在新的生命里获得永生!(报)

Yuàn yǒu yuǎnjiàn de lǎo yí bèi duō fēn chū xiē shíjiān hé jīnglì, ～ zuò péiyǎng xīnmiáo de nítǔ, zài xīn de shēngmìng li huòdé yǒngshēng!

2. ～洒热血为科学。(报)

～ sǎ rèxuè wèi kēxué.

3. 这位老兄心痒难忍,～冒风险,找副鱼竿,又顶着星星跑了。(孙幼军《湖畔奇人》)

Zhèwèi lǎoxiōng xīn yǎng nán rěn, ～ mào fēngxiǎn, zhǎo fù yúgān, yòu dǐngzhe xīngxing pǎo le.

"甘于""不甘""自甘"则修饰双音节、多音节词语:

甘于, 不甘 and 自甘 are used to modify disyllabic or polysyllabic words or phrases:

4. 倘～于放弃版税,则出版是容易的。(鲁迅《致台静农》)

Tǎng ～ yú fàngqì bǎnshuì, zé chūbǎn shì róngyì de.

5. 华罗庚不～安居北京,主动请战。(理由《高山与平原》)

Huà Luógēng bù ～ ān jū Běijīng, zhǔdòng qǐng zhàn.

6. 对于我们这一代人来说,我们首先应该做一个不～落后于时代的人。(靳凡《公开的情书》)

Duìyú wǒmen zhè yí dài rén láishuō, wǒmen shǒuxiān yīnggāi zuò yí ge bù ～ luòhòu yú shídài de rén.

7. 这样一个聪明伶俐、有学问、有才干的新夫人,怎么能自～淡泊,久受这山村生活的辛苦呢?(郭沫若《牧羊哀话》)

Zhèyàng yí ge cōngming línglì, yǒu xuéwèn, yǒu cáigàn de xīn fūren, zěnme néng zì ～ dànbó, jiǔ shòu zhè shāncūn shēnghuó de xīnkǔ ne?

干脆 gāncuì (副词)

表示作出决断，采取一种断然措施或极端的行为：

Simply, *just*; indicates a decision to adopt resolute measures：

1. 自从小妞子一死呵，(他)今儿个……不回来，明儿个喝醉了，～不好好干啦。(老舍《龙须沟》)

   Zìcóng Xiǎoniūzi yì sǐ a, (tā) jīnrge ... bù huí lai, míngrge hēzuì le, ～ bù hǎohāor gàn la.

2. 那还不如分个彻底——～离了婚算拉倒！(赵树理《三里湾》)

   Nà hái bùrú fēn ge chèdǐ —— ～ líle hūn suàn lādǎo !

3. 因此十几家贫农一商量，就～把地放在一块种，牲口放在一块喂。(李准《冰化雪消》)

   Yīncǐ shí jǐ jiā pínnóng yì shāngliang, jiù ～ bǎ dì fàng zài yíkuàir zhòng, shēngkou fàng zài yíkuàir wèi.

4. 叫我看，～把他舅叫来，趁早把他分出去。(李准《白杨树》)

   Jiào wǒ kàn, ～ bǎ tā jiù jiào lai, chènzǎo bǎ tā fēn chuqu.

有时"干脆"用于主语前，用于主语或述语前意义没有什么区别：

干脆 sometimes precedes the subject but does not affect the meaning：

5. 轻轻地一推门，门插着，于是又转到他住屋的墙外，这回听到了说话的声音，可是一句也听不清楚。嗳，～，我进院去。(刘流《烈火金钢》)

   Qīngqīng de yì tuī mén, mén chāzhe, yúshì yòu zhuǎn dào tā zhùwū de qiáng wài, zhè huí tīngdào le shuōhuà de shēngyīn, kěshì yíjù yě tīng bu qīngchǔ. Ài, ～, wǒ jìn yuàn qù.

6. ～我们找一个大些的村子公开住下来，他们一定会来找我们。(慕湘《满山红》)

   ～ wǒmen zhǎo yí ge dà xiē de cūnzi gōngkāi zhù xialai, tāmen yídìng huì lái zhǎo wǒmen.

辨认：

Note：

形容词"干脆"意思是直截了当，不转弯抹角；可以作状语，可带"地"，也可重叠：

The adjective 干脆 means "simple, straightforward". It can serve as an adverbial too. In such a case, 干脆 may be reduplicated or followed by the 地 nor.

1. 那就立刻去！……吴荪甫干干脆脆地说。(茅盾《子夜》)

   Nà jiù lìkè qù!... Wú Sūnfǔ gāngāncuìcuì de shuō.

2. 现在我干干脆脆一句话问你："我的条款，你答应不答应?"(茅盾《子夜》)

   Xiànzài wǒ gāngāncuìcuì yí jù huà wèn nǐ, "Wǒ de tiáokuǎn, nǐ dāying bù dāying?"

3. 李春的行为引起了全班同学的诧异、气愤，以至轻视。有人干脆地说，"哼，装起病来了。"(王蒙《青春万岁》)

   Lǐ Chūn de xíngwéi yǐnqǐle quán bān tóngxué de chàyì, qìfèn, yǐzhì qīngshì. Yǒu rén gāncuì de shuō, "hng, zhuāng qǐ bìng lai le."

参看"索性"。

Compare 索性 suǒxìng.

赶紧　gǎnjǐn　(副词)

A 同"赶快"B：

　Same as 赶快 B (see next entry)：

1. 阿金～迎上去,对他讲了一连串的洋话。(鲁迅《阿金》)

   Ājīn ～ yíng shangqu, duì tā jiǎngle yìliánchuànr de yánghuà.

2. 村人看见赵七爷到村,都～吃完饭,聚在七斤家饭桌的周围。(鲁迅《风波》)

   Cūnrén kànjian Zhào qīyé dào cūn, dōu ～ chīwán fàn, jù zài Qījīn jiā fànzhuō de zhōuwéi.

3. 我～下去带队伍。(孙犁《吴召儿》)

   Wǒ ～ xià qu dài duìwu.

4. 陈万利～叫人泡了好茶。(欧阳山《三家巷》)

   Chén Wànlì ～ jiào rén pàole hǎo chá.

5. 何大妈～跑回去一看,原来是饭烧焦了。(茹志鹃《如愿》)

   Hé dàmā ～ pǎo huiqu yí kàn, yuánlái shì fàn shāojiāo le.

6. 高大泉～答应,说:"进来吧。"(浩然《金光大道》)

   Gāo Dàquán ～ dāying, shuō: "Jìn lai ba."

B 同"赶快"A:

Same as 赶快 A:

1. ～去上班!(老舍《全家福》)

   ～ qù shàng bān!

2. 请你～走吧。(报)

   Qǐng nǐ ～ zǒu ba.

赶快   gǎnkuài   (副词)

A 用在祈使句中表示说话人劝说或命令别人加速或及早行动:

Used in an imperative sentence to indicate that the speaker urges or orders sb. to hurry up with sth. or to do sth. as soon as possible:

1. 先生,～去写告白,贴出去……(老舍《神拳》)

   Xiānsheng, ～ qù xiě gàobái, tiē chuqu ...

2. 朱暮堂眉一皱,马上果断地说:"～把他送回去!"(周而复《上海的早晨》)

   Zhū Mùtáng méi yí zhòu, mǎshàng guǒduàn de shuō: "～ bǎ tā sòng huiqu!"

3. 到我家去,烧水做饭还方便,吃了喝了,把你这伤好好地包扎包扎,你就～去追队伍。(刘流《烈火金钢》)

   Dào wǒ jiā qu, shāo shuǐ zuò fàn hái fāngbiàn, chīle hēle, bǎ nǐ zhè shāng hǎohāor de bāozā bāozā, nǐ jiù ～ qù zhuī duìwu.

4. 黑老蔡派人送信来,叫张金龙带着人～回区上去。(孔厥、袁静《新儿女英雄传》)

   Hēilǎocài pài rén sòng xìn lai, jiào Zhāng Jīnlóng dàizhe rén ～ huí qū shang qu.

B "赶快"用于客观叙述中,说明施事者加速行动:

Used in narration to indicate that the agent is trying to speed up his action:

1. 他们三个人～转身想溜,可是已经迟了。(茅盾《子夜》)

   Tāmen sān ge rén ～ zhuǎn shēn xiǎng liū, kěshì yǐjīng chí le.

2. 为了～解救闯王……,她不得不带着箭伤……同强大的敌人周旋。(姚雪垠《李自成》)

   Wèile ～ jiějiù Chuǎngwáng ..., tā bùdébù dàizhe jiàn shāng ... tóng qiángdà de dírén zhōuxuán.

3. 他们知道,只有～向森林逃跑,才有可能躲过这突然飞来的灾祸!(陈见尧《遥远的金竹寨》)

Tāmen zhīdao, zhǐyǒu ～ xiàng sēnlín táopǎo, cái yǒu kěnéng duǒ guò zhè tūrán fēi lai lai de zāihuò!

4. 我如果不～走就赶不上火车了。

Wǒ rúguǒ bù ～ zǒu jiù gǎn bu shàng huǒchē le.

参看"赶紧""赶忙"。

Compare 赶紧 gǎnjǐn, 赶忙 gǎnmáng.

赶忙   gǎnmáng   (副词)

同"赶快"B,但不能用于祈使句中,也不能用于未然:

Same as 赶快 B, but cannot occur in an imperative sentence, nor apply to any unfulfilled event:

1. ……他～到邻居家收购啤酒瓶,两毛五一个。(张天民《荒岛》)

    ... Tā ～ dào línjū jiā shōugòu píjiǔ píng, liǎng máo wǔ yí gè.

2. 姑娘看他俩吃完,……打算给他们添饭,他们～认真地拒绝,……(张天民《荒岛》)

    Gūniang kàn tā liǎ chīwán, ... dǎsuàn gěi tāmen tiān fàn, tāmen ～ rènzhēn de jùjué, ...

参看"急忙""连忙"。

Compare 急忙 jímáng, 连忙 liánmáng.

赶明儿   gǎnmíngr   (副词)〈口〉

有以后的意思:

Later on, in the future:

1. ～我给王主席递个请求书。(草明《姑娘的心声》)

    ～ wǒ gěi Wáng zhǔxí dì ge qǐngqiúshū.

2. ～你爸爸挣来钱,你们可别伸手跟他要呵!(老舍《四世同堂》)

    ～ nǐ bàba zhèng lai qián, nǐmen kě bié shēn shǒu gēn tā yào a!

3. ～你找人的时候,先问一声再拉门!(老舍《骆驼祥子》)

    ～ nǐ zhǎo rén de shíhou, xiān wèn yì shēng zài lā mén!

4. 成得臣对楚王说:"重耳说话简直没边儿,～准是个忘恩负义的家伙,还不如趁早杀了他吧!"(林汉达《东周列国故事新编》)

    Chéng Déchén duì Chǔwáng shuō: "Chóng·ěr shuō huà jiǎnzhí méi biānr, ～ zhǔn shì ge wàng·ēnfùyì de jiāhuo, hái bùrú chènzhǎo shāle tā ba!"

敢情   gǎnqíng   (副词)〈口〉

A 同"原来",表示发现原来不知道的事实:

Same as 原来, indicates that a fact which was unknown has been discovered:

1. 我看看他什么样儿!……哟!～就是那个陈掌柜的!(老舍《女店员》)

    Wǒ kànkan tā shénme yàngr! ... Yō! ～ jiù shì nàge Chén zhǎngguìde!

2. 他以为自己是铁作的,可是～他也会病。(老舍《骆驼祥子》)

    Tā yǐwéi zìjǐ shì tiě zuò de, kěshì ～ tā yě huì bìng.

3. "唉,～这样。"母亲笑着叹了口气。(刘向阳《母亲和儿子》)

    "Ài, ～ zhèyàng." Mǔqin xiàozhe tànle kǒu qì.

B 表示当然,自然:

Of course:

1. "……我的车卖给了左先生,你要来的话,得赁一辆来;好不好?"
   "那～好!"祥子立了起来。(老舍《骆驼祥子》)

   " ... wǒ de chē mài gěi le Zuǒ xiānsheng, nǐ yào lái dehuà, děi lìn yí liàng lai; hǎo bu hǎo?"

   "Nà ～ hǎo!" Xiángzi lìle qilai.

2. 凌华说:"……一会儿我就给家里打电话……"小元说:"你个大干部子女,～有电话。"(苏祥新《热血》)

   Línghuá shuō:" ... Yíhuìr wǒ jiù gěi jiā li dǎ diànhuà. . . " Xiǎoyuán shuō:"Nǐ ge dà gànbù zǐnǚ, ～ yǒu diànhuà. "

刚   gāng   (副词)

A 表示动作发生或情况出现在不久前,因之必是已然的;可以修饰否定形式:

Just; indicates that an action took place or a situation emerged only a short while ago, so what it refers to must be fulfilled. It can modify a negative form:

1. 三哥!我～到上海的时候,只觉得很胆小;见人,走路,都有一种说不出的畏怯。
   (茅盾《子夜》)

   Sāngē! Wǒ ～ dào Shànghǎi de shíhou, zhǐ juéde hěn dǎnxiǎo; jiàn rén, zǒu lù, dōu yǒu yì zhǒng shuō bu chū de wèiqiè.

2. 彦生～由部队上转业回来。(李准《摸鱼》)

   Yànshēng ～ yóu bùduì shang zhuǎn yè huilai.

3. 第三个虽然年轻,脸色苍白,很象是～患过重病的样子。(魏巍《东方》)

   Dì-sān ge suīrán niánqīng, liǎnsè cāngbái, hěn xiàng shì ～ huànguo zhòngbìng de yàngzi.

4. 他满脸都是尘土,就象～打砖窑里钻出来的一样。(刘流《烈火金钢》)

   Tā mǎn liǎn dōu shì chéntǔ, jiù xiàng ～ dǎ zhuānyáo li zuān chulai de yíyàng.

5. 孩子～不哭了,大概就要睡着了。

   Háizi ～ bù kū le, dàgài jiù yào shuìzháo le.

参看"方"。

Compare 方 fāng.

B 用在复句的前一分句中,后一分句常有"就"等副词,表示另一动作紧跟前一动作的完成:

Used in the first clause of a complex sentence, with the adverb 就 etc. often occuring in the second clause, to indicate that no sooner had sth. happened than sth. else took place:

1. 老定～跨进他家门,他就迎上来说:"咦!老哥,我昨天就预备去找你,……"(李准《不能走那条路》)

   Lǎodìng ～ kuà jìn tā jiā mén, tā jiù yíng shanglai shuō:" Yí! Lǎogē, wǒ zuótiān jiù yùbèi qù zhǎo nǐ . . . "

2. 他～把使者派出,有……几百父老代表来到营外,要求见他。(姚雪垠《李自成》)

   Tā ～ bǎ shǐzhě pài chū, yǒu . . . jǐ bǎi fùlǎo dàibiǎo láidào yíng wài, yāoqiú jiàn tā.

3. ～收拾完，只听院里一阵杂乱的脚步声。(马烽、西戎《吕梁英雄传》)

    ～ shōushiwán, zhǐ tīng yuàn li yí zhèn záluàn de jiǎobù shēng.

4. 大忙季节，民校上课的时间短，月亮～从东边的丛林背后露出它那金黄的圆脸，就散学了。(浩然《金光大道》)

    Dàmáng jìjié, mínxiào shàng kè de shíjiān duǎn, yuèliang ～ cóng dōngbianr de cónglín bèihòu lòu chū tā nà jīnhuáng de yuán liǎn, jiù sàn xué le.

5. 他～合上眼，猛然"叭、叭"两声尖脆的枪响，震得山鸣谷应。(鲁之洛《山伢子历险记》)

    Tā ～ héshang yǎn, měngrán ″bā, bā″ liǎng shēng jiāncuì de qiāng xiǎng, zhèn de shān míng gǔ yìng.

参看"才"C。

Compare 才 cái C.

C 表示没有多余，勉强达到某种程度：

    Barely, *only*, *just*; indicates that sth. is barely enough to serve the purpose or only just up to a certain degree：

1. 站在他旁边的是个青年，看上去不过二十～出点头。(周而复《上海的早晨》)

    Zhàn zài tā pángbiānr de shì ge qīngnián, kàn shangqu búguò èrshí ～ chū diǎnr tóur.

2. "二林，听你嫂子说，你正搞着对象，是不是呀？"高二林低着头，害羞地说："～有那么一点意思。……"(浩然《金光大道》)

    ″Èrlín, tīng nǐ sǎozi shuō, nǐ zhèng gǎozhe duìxiàng, shì bu shì ya?″ Gāo Èrlín dīzhe tóu, hài xiū de shuō: ″～ yǒu nàme yìdiǎn yìsi. . .″

3. 他……虽然～交四十岁，两鬓却已经染上白霜。(浩然《金光大道》)

    Tā . . . suīrán ～ jiāo sìshí suì, liǎng bìn què yǐjīng rǎnshang bái shuāng.

4. 他们四个都是～够民兵的年龄。(刘流《烈火金钢》)

    Tāmen sì ge dōu shì ～ gòu mínbīng de niánlíng.

参看"刚刚"。

Compare 刚刚 gānggāng.

刚刚   gānggāng   (副词)

    A 同"刚"A：

    Same as 刚 A (see above entry)：

1. ～受过批评的魏奋不说话。(柳青《创业史》)

    ～ shòuguo pīpíng de Wèi Fèn bù shuō huà.

2. 这汇单是他在北京工作的妹妹和妹夫寄给他治病的钱，他～收到。(峻青《瑞雪图》)

    Zhè huìdān shì tā zài Běijīng gōngzuò de mèimei hé mèifu jì gěi tā zhì bìng de qián, tā ～ shōudào.

3. ～从地洞里出来的人们，爽快得头晕如醉。(刘流《烈火金钢》)

    ～ cóng dìdòng li chū lai de rénmen, shuǎngkuài de tóuyūn rú zuì.

4. 一九五〇年，学校生活～开始正常，人们瞻望和平幸福的明天，喘出一口气。(王蒙《青春万岁》)

    Yījiǔwǔlíng nián, xuéxiào shēnghuó ～ kāishǐ zhèngcháng, rénmen zhānwàng hépíng xìngfú de míngtiān, chuǎn chū yì kǒu qì.

B 同"刚"B：

Same as 刚 B：

1. ～把老太爷放在一张……沙发榻上，打电话去请医生的吴少奶奶也回来了。（茅盾《子夜》）

    ～ bǎ lǎotàiyé fàng zài yì zhāng ... shāfàtà shang, dǎ diànhuà qù qǐng yīshēng de Wú shàonǎinai yě huí lai le.

2. ～吃过晚饭，支部书记王金生的妹妹王玉梅便到……小学校里来上课。（赵树理《三里湾》）

    ～ chīguo wǎnfàn, zhībù shūjì Wáng Jīnshēng de mèimei Wáng Yùméi biàn dào ... xiǎoxuéxiào li lái shàngkè.

3. 我觉得～睡着，就给一个轰隆隆的声音惊醒了。（茹志鹃《阿舒》）

    Wǒ juéde ～ shuìzháo, jiù gěi yí ge hōnglōnglōng de shēngyīn jīngxǐng le.

C 同"刚"C：

Same as 刚 C：

1. 我看他也就～能看懂英语报纸。

    Wǒ kàn tā yě jiù ～ néng kàndǒng Yīngyǔ bàozhǐ.

2. 谢团长看看面前这个二十岁～出头的小伙子：精悍结实的身材，象岩杉树一般稳重。（陈见尧《遥远的金竹寨》）

    Xiè tuánzhǎng kànkan miànqián zhège èrshí suì ～ chū tóur de xiǎohuǒzi: jīnghàn jiēshi de shēncái, xiàng Yánshānshù yìbān wěnzhòng.

刚好   gānghǎo   （副词）

同"正好"A、B，表示恰巧或合适，用得较少：

Happen to, it so happened that, just, exactly; same as 正好 A & B, but is not as frequently used:

1. 从那庙门走过时，陈铭枢含着一枝雪茄～从左侧的大门中走出。（郭沫若《北伐途次》）

    Cóng nà miào mén zǒuguò shí, Chén Míngshū hánzhe yì zhī xuějiā ～ cóng zuǒcè de dàmén zhōng zǒu chū.

2. 我走到那主脑部的东厢去，～走到东门口，遇着×××从车里走出。（郭沫若《北伐途次》）

    Wǒ zǒudào nà zhǔnǎobù de dōngxiāng qu, ～ zǒudào dōng ménkǒu, yùzhao ××× cóng chē li zǒu chū.

3. 这件衣服～合适。（报）

    Zhèjiàn yīfu ～ héshì.

4. 现在～八点，大家也恰巧到齐了。

    Xiànzài ～ bā diǎn, dàjiā yě qiàqiǎo dàoqí le.

格外   géwài   （副词）

表示异乎寻常，和"非常"相当，但更近书面语；修饰形容词、描写性短语、某些表示心理活动的动词：

Exceptionally, extraordinarily; similar to 非常 but more literary, modifies adjectives, descriptive phrases and certain verbs indicating mental activities:

1. 月还没有落，……而一离赵庄，月光又显得～的皎洁。（鲁迅《社戏》）

Yuè hái méiyou luò, . . . ér yì lí Zhàozhuāng, yuèguāng yòu xiǎnde ～ de jiǎojié.

2. 教室里只剩下郑波一个，哄笑过去了，教室里显得～安静。(王蒙《青春万岁》)

Jiàoshì lǐ zhǐ shèngxia Zhèng Bō yí ge, hōngxiào guò qu le, jiàoshì lǐ xiǎnde ～ ānjìng.

3. 他那张紫红色的脸膛非常庄严，那双火热的眼睛～明亮。(浩然《金光大道》)

Tā nàzhāng zǐhóngsè de liǎntáng fēicháng zhuāngyán, nàshuāng huǒrè de yǎnjing ～ míngliàng.

4. 阿Q奔入春米场，……因为这话是未庄的乡下人从来不用，专是见过官府的阔人用的，所以～怕，而印象也～深。(鲁迅《阿Q正传》)

Ā Q bēnrù chōngmǐchǎng, . . . yīnwèi zhè huà shì Wèizhuāng de xiāngxià rén cónglái bú yòng, zhuān shì jiànguo guānfǔ de kuòrén yòng de, suǒyǐ ～ pà, ér yìnxiàng yě ～ shēn.

5. 于是，敌人在搜查、清乡的时候，对三十五岁以上的妇女，就～注意了。(茹志鹃《关大妈》)

Yúshì, dírén zài sōuchá, qīngxiāng de shíhou, duì sānshí wǔ suì yǐshàng de fùnǚ, jiù ～ zhùyì le.

6. 因为他完全出于公心，所以说起话来～理直气壮。

Yīnwèi tā wánquán chūyú gōngxīn, suǒyǐ shuō qǐ huà lai ～ lǐzhíqìzhuàng.

可修饰表示不愉快性质的否定形式：

格外 can modify a negative form of an unpleasant nature:

7. 不知为什么，他这几天～不高兴。

Bù zhī wèi shénme, tā zhè jǐ tiān ～ bù gāoxìng.

8. 这孩子～不懂事。

Zhè háizi ～ bù dǒng shì.

参看"分外"。

Compare 分外 fènwài.

各 gè （副词）

表示一个总体中每个个体作同样的事，或处于同样的状况中：

Respectively; indicates that each individual of an entire group does the same thing respectively, or is in the same state:

1. 冰如、树伯回去，～有一个佣人提一盏纸灯笼照着。(叶圣陶《倪焕之》)

Bīngrú, Shùbó huí qu, ～ yǒu yí ge yōngren tí yì zhǎn zhǐ dēnglong zhàozhe.

2. 当此战友临别，我们～出一点钱钞，割上几斤大肉，沽来几瓶酒……(吴强《红日》)

Dāng cǐ zhànyǒu línbié, wǒmen ～ chū yìdiǎnr qiánchāo, gēshang jǐ jīn dàròu, gū lái jǐ píng jiǔ . . .

3. 国无论大小，都～有长处和短处。(毛泽东《中共八大开幕词》)

Guó wúlùn dà xiǎo, dōu ～ yǒu chángchù hé duǎnchù.

有时述语前后用两个"各"，前者为副词，后者为代词，有"自己"的意思：

Sometimes 各 occurs both before and after the verb; the first 各 is an adverb and second a pronoun meaning "one's own":

4. 同样是儿童，～有各的个性；一概而论就不对了。(叶圣陶《倪焕之》)

Tóngyàng shì értóng，～ yǒu gè de gèxìng；yígài·érlùn jiù bú duì le.

5. 他们～走各的，谁要快些就快些，慢些就慢些。（吴强《红日》）
   Tāmen ～ zǒu gè de, shuí yào kuài xiē jiù kuài xiē, màn xiē jiù màn xiē.

根本 gēnběn （副词）

有"全然""彻底"的意思，常修饰否定形式，语气很强烈：

At all, absolutely；usually modifies a negative form, conveying a strong feeling：

1. 他……高傲地望着天空，故意显得十分不可亲近,好象他～不认识白占魁是哪个村的人。（柳青《创业史》）
   Tā ... gāo·ào de wàngzhe tiānkōng, gùyì xiǎnde shífēn bù kě qīnjìn, hǎoxiàng tā ～ bú rènshi Bái Zhànkuí shì nǎge cūn de rén.

2. 他们～不谈这码事儿。（管桦《将军河》）
   Tāmen ～ bù tán zhèmǎ shìr.

3. 也许他～没有来找老朱，倒躺在什么地方睡觉呢！（茹志鹃《同志之间》）
   Yěxǔ tā ～ méiyou lái zhǎo Lǎo Zhū, dào tǎng zài shénme dìfang shuì jiào ne!

4. 她～对任何球类活动都没有兴趣。（刘心武《班主任》）
   Tā ～ duì rènhé qiúlèi huódòng dōu méi yǒu xìngqù.

5. 散会以后，梁三老汉情绪更加高涨了,～不觉得疲倦。（柳青《创业史》）
   Sàn huì yǐhòu, Liáng Sān lǎohàn qíngxù gèngjiā gāozhǎng le, ～ bù juéde píjuàn.

参看"压根儿"。

Compare 压根儿 yàgēnr.

"根本"后可以加"就"，不影响意思，以上例句中都可以加"就"。

根本 can be followed by 就 without changing the meaning. In all the above examples 就 can follow 根本.

"根本"可以修饰表示排除、取消或贬义动词的肯定形式：

根本 may modify a verb in the affirmative with a sense of elimination or termination and may also modify a verb indicating something undesirable：

6. 我～怀疑他的诚意。
   Wǒ ～ huáiyí tā de chéngyì.

7. 我～就讨厌这种伪君子。
   Wǒ ～ jiù tǎoyàn zhèzhǒng wěijūnzi.

8. 他们为～解决石油来源问题,成功地栽培了一种石油树。（报）
   Tāmen wèi ～ jiějué shíyóu láiyuán wèntí, chénggōng de zāipéile yì zhǒng shíyóushù.

更 gèng （副词）

用于比较，表示程度又深一层，数量进一步增加或减少；修饰形容词、描写性短语、助动词以及某些动词：

Even more, more；is used for making a comparison and can modify adjectives, descriptive phrases, auxiliary verbs and certain other verbs：

1. 她一手提着竹篮……一手拉着一支比她～长的竹竿。（鲁迅《祝福》）
   Tā yì shǒu tízhe zhúlán ... yì shǒu lāzhe yì zhī bǐ tā ～ cháng de zhúgān.

2. 风刮得～凶猛了。（茅盾《子夜》）
   Fēng guāde ～ xiōngměng le.

3. 我想挽回这个僵局,结果却～糟。（茹志鹃《阿舒》）

Wǒ xiǎng wǎnhuí zhège jiāngjú, jiéguǒ què ～ zāo.

4. 革命当然有破坏,然而～需要建设。(鲁迅《对左翼作家联盟的意见》)

Gémìng dāngrán yǒu pòhuài, rán·ér ～ xūyào jiànshè.

5. 他的酒量原来并不高明,但少许的酒意～能增加欢快……(叶圣陶《倪焕之》)

Tā de jiǔliàng yuánlái bìng bù gāomíng, dàn shǎoxǔ de jiǔyì ～ néng zēngjiā huānkuài...

6. 天快黑了,本来就很僻静的小路上,行人～少了。

Tiān kuài hēi le, běnlái jiù hěn pìjìng de xiǎo lù shang, xíngrén ～ shǎo le.

7. 她这临时诌起来的谎话居然合适,她心里～有把握了。(茅盾《子夜》)

Tā zhè línshí zhōu qilai de huǎnghuà jūrán héshì, tā xīnli ～ yǒu bǎwò le.

8. 在这里,我亲眼看见一个年轻人参加了这使生活～有意义的比赛。(茹志鹃《阿舒》)

Zài zhèlǐ, wǒ qīnyǎn kànjian yí ge niánqīng rén cānjiāle zhè shǐ shēnghuó ～ yǒu yìyì de bǐsài.

9. 这 "十·一" 前夕的街道,难道比电影院不～吸引人?(王蒙《青春万岁》)

Zhè "Shí·Yī" qiánxī de jiēdào, nándào bǐ diànyǐngyuàn bú ～ xīyǐn rén?

可以修饰表示不愉快性质的否定形式:

May also modify a negative form of an unpleasant nature:

10. 我年纪大了,本来就不好的记性就～不好了。

Wǒ niánjì dà le, běnlái jiù bù hǎo de jìxing jiù ～ bù hǎo le.

11. 这样解释比那样解释不～清楚。

Zhèyàng jiěshì bǐ nàyàng jiěshì ～ bù qīngchu.

有时"更"后面加"是",随之以表示极高程度的成语或比喻:

Sometimes 更 plus 是 precedes a metaphorical idiom or metaphor indicating a very high degree:

12. 通往山巅雅典女神庙的林荫小道上,……游客络绎不绝。在那临近卫城的台阶处,～是摩肩接踵,拥挤得很。(报)

Tōngwǎng shāndiān Yǎdiǎn Nǔshénmiào de línyīn xiǎo dào shang, ... yóukè luòyìbùjué. Zài nà línjìn Wèichéng de táijiē chù, ～ shì mójiānjiēzhǒng, yōngjǐ de hěn.

13. 松伢子平时走路本是两脚生风……这下子脚杆子特别加了劲,就～是飞一般啦。(鲁之海《松伢子历险记》)

Sōngyázi píngshí zǒu lù běn shì liǎng jiǎo shēng fēng ... zhè xiàzi jiǎogǎnzi tèbié jiāle jìnr, jiù ～ shì fēi yìbān la.

参看"更加"。

Compare 更加 gèngjiā.

更加 gèngjiā (副词)

同"更",但常修饰多音节词语,不如"更"口语化:

Same as 更 (even more, more), but not as colloquial, usually modifies a polysyllabic word or phrase:

1. 学习不是容易的事情,使用～不容易。(毛泽东《中国革命战争的战略问题》)

Xuéxí bú shì róngyì de shìqing, shǐyòng ～ bù róngyì.

2. 大门外的呼噪这时～凶猛。(茅盾《子夜》)

    Dàmén wài de hūzào zhè shí ～ xiōngměng.

3. 她向来是这样,对计划,总是三审六查,特别对自己最满意的计划,审查得～仔细。(曲波《山呼海啸》)

    Tā xiànglái shì zhèyàng, duì jìhuà, zǒngshì sānshěnliùchá, tèbié duì zìjǐ zuì mǎnyì de jìhuà, shěnchá de ～ zǐxì.

4. 听了陈坚真挚恳切的话,他的情绪渐渐地安定下来,但心头的沉痛却～深刻了。(吴强《红日》)

    Tīngle Chén Jiān zhēnzhì kěnqiè de huà, tā de qíngxù jiànjiàn de āndìng xiàlai, dàn xīntóu de chéntòng què ～ shēnkè le.

5. 山楂树上级满了一颗颗红玛瑙似的红果;葡萄呢,就～绚丽多彩……(峻青《秋色赋》)

    Shānzhāshù shang zhuìmǎnle yì kēkē hóng mǎnǎo shìde hóngguǒ; pútao ne, jiù ～ xuànlìduōcǎi ...

6. 史事的背景弄明白了,～觉得伯夷这个人值得尊敬。(郭沫若《屈原》)

    Shǐshì de bèijīng nòngmíngbai le, ～ juéde Bóyí zhège rén zhíde zūnjìng.

7. 这样他～需要听听大伙的意见了。(柳青《创业史》)

    Zhèyàng tā ～ xūyào tīngting dàhuǒr de yìjian le.

8. 近来她～不喜欢说话了。

    Jìnlái tā ～ bù xǐhuan shuō huà le.

有时"更加"虽处于述语前,却是说明后面补语的程度的,所以也可以放在补语前。下面例句中"更加"可以放在"难看"或"慢"前:

Although 更加 sometimes precedes the verb, it intensifies the degree of the complement following the verb; therefore it can precede the complement as well. In the following examples, 更加 could be placed immediately before 难看 or 慢:

9. 冯云卿的脸色～变得难看……(茅盾《子夜》)

    Féng Yúnqīng de liǎnsè ～ biàn de nánkàn ...

10. 船是～走得慢了。(茅盾《子夜》)

    Chuán shì ～ zǒu de màn le.

"更加"也可修饰单音节词,后面往往有"了"等附加成分:

更加 can also modify monosyllabic words, and there is often a trailing element, such as 了:

11. 你一个人住在家里不是～闷了么?(茅盾《子夜》)

    Nǐ yí ge rén zhù zài jiā li bú shì ～ mèn le ma?

12. 早晨到海边去散步,仿佛觉得那蔚蓝的大海,比前～蓝了一些……(峻青《秋色赋》)

    Zǎochén dào hǎibiānr qù sàn bù, fǎngfú juéde nà wèilán de dà hǎi, bǐ qián ～ lán le yìxiē ...

13. 住的时间长了,他～爱自己的家乡。

    Zhù de shíjiān cháng le, tā ～ ài zìjǐ de jiāxiāng.

参看"越发"。

Compare 越发 yuèfā.

更为　　gèngwéi　（副词）

同"更加"：

Same as 更加 (more, even more)：

1.　焕之见蒋华不响，捏着他的手，～和婉地说："你回答我，木匠是不是可尊敬的人？"（叶圣陶《倪焕之》）

Huànzhī jiàn Jiǎng Huá bù xiǎng, niēzhe tā de shǒu, ～ héwǎn de shuō："Nǐ huídá wǒ, mùjiang shì bu shì kě zūnjìng de rén?"

2.　他们还审视店家玻璃橱里的陈列品，打算怎样把自己的服用起居点缀得～漂亮，～动人。（叶圣陶《倪焕之》）

Tāmen hái shěnshì diànjiā bōli chú li de chénlièpǐn, dǎsuàn zěnyàng bǎ zìjǐ de fúyòng qǐjū diǎnzhuì de ～ piàoliang, ～ dòngrén.

3.　现在已有一百多种釉下彩色用在装饰上，这就为釉下彩的装饰开拓了～广阔的天地……（刊）

Xiànzài yǐ yǒu yìbǎi duō zhǒng yòuxià cǎisè yòng zài zhuāngshì shang, zhè jiù wèi yòuxiàcǎi de zhuāngshì kāituòle ～ guǎngkuò de tiāndì ...

4.　对真理的追求要比对真理的占有～可贵。（刊）

Duì zhēnlǐ de zhuīqiú yào bǐ duì zhēnlǐ de zhànyǒu ～ kěguì.

公然　　gōngrán　（副词）

表示公开而无所顾忌地，多有贬意：

Openly, brazenly; with a derogatory sense：

1.　阿萱也敢～举起叛逆的旗帜了……（茅盾《子夜》）

Āxuān yě gǎn ～ jǔ qǐ pànnì de qízhì le ...

2.　他……虽然没有～设立娼家妓院，但是却有几个"粉头"在鸦片烟馆钻进钻出。（李劼人《天要亮了》）

Tā ... suīrán méiyou ～ shèlì chāngjiā jìyuàn, dànshì què yǒu jǐ ge "fěntóu" zài yāpiàn yānguǎn zuān jìn zuān chū.

3.　……今天您的女人～讥笑我，这种侮辱，我，我可受不了。（林汉达《东周列国故事新编》）

... Jīntiān nín de nǚrén ～ jīxiào wǒ, zhèzhǒng wǔrǔ, wǒ, wǒ kě shòu bu liǎo.

共　　gòng　（副词）

表示总计、总和；常修饰动词，后边常有数量短语：

Altogether, in all, in total; usually modifies a verb and is followed by a N-M phrase：

1.　小喜说三爷那里每人得花一百五十元现洋，三个人～是四百五十元。（赵树理《李家庄的变迁》）

Xiǎoxǐ shuō sānyé nàli měi rén děi huā yìbǎi wǔshí yuán xiànyáng, sān ge rén ～ shì sìbǎi wǔshí yuán.

2.　全县从一九七六年到一九七八年，三年来～投资一千八百多万元，新购置各种型号拖拉机八百五十六台……（报）

Quán xiàn cóng yījiǔqīliù nián dào yījiǔqībā nián, sān nián lái ～ tóu zī yìqiān bābǎi duō wàn yuán, xīn gòuzhì gèzhǒng xínghào tuōlājī bābǎi wǔshí liù tái ...

3.　它是由三辆大汽车、三十辆摩托车，还有六十匹快马所组成的，～计是一百八十个人。（刘流《烈火金钢》）

Tā shì yóu sān liàng dà qìchē, sānshí liàng mótuōchē, hái yǒu liùshí pǐ kuài mǎ suǒ zǔchéngde, ～ jǐ shì yìbǎi bāshí ge rén.

4. 他俩积极参加队里的生产劳动，坚持多出勤，去年～分了两千多元钱。(报)

Tā liǎ jījí cānjiā duì li de shēngchǎn láodòng, jiānchí duō chūqín, qùnián ～ fēnle liǎngqiān duō yuán qián.

够 gòu （副词）

A 表示达到相当高的程度；修饰形容词或表示不愉快性质的否定形式；可受"真" "很"等修饰，但不受否定词修饰；后面必有的"的""了"或"的了"：

Indicates the achievement of a rather high standard. It is used to modify an adjective or a negative form of an undesirable nature. It may be modified by 真 or 很 but not by a negative word and there must be a 的 or 了 or 的了 after the adjective：

1. 那些"大能人"……手段真～毒的。(魏巍《东方》)

Nàxiē "dà néngrén" ... shǒuduàn zhēn ～ dú de.

2. 那个洋分头戴礼帽的东西真～坏的。(冯德英《山菊花》)

Nàge yáng fēntóu dài lǐmào de dōngxi zhēn ～ huài de.

3. 不自动退出，让人赶走，真～不光彩的。

Bú zìdòng tuì chū, ràng rén gǎnzǒu, zhēn ～ bù guāngcǎi de.

4. 头一仗就让炮弹咬着，～窝火的了！(郑万隆《在硝烟中飞翔》)

Tóu yí zhàng jiù ràng pàodàn yǎozháo, ～ wōhuǒ de le!

5. 往年的花市已经～盛大了，今年这个花海又涌起了一个新高潮。(秦牧《花城》)

Wǎngnián de huāshì yǐjīng ～ shèngdà le, jīnnián zhège huā hǎi yòu yǒng qi le yí ge xīn gāocháo.

B 表示达到一定标准；修饰形容词，不修饰否定形式，但可受否定词修饰：

Indicates the achievement of a certain standard and is used to modify an adjective, but not negative forms. It can be modified by a negative word：

1. 光线从两个又高又宽的窗台间射进来，全室很～明亮了。(叶圣陶《倪焕之》)

Guāngxiàn cóng liǎng ge yòu gāo yòu kuān de chuāngtái jiān shè jinlai, quán shì hěn ～ míngliàng le.

2. 这数字也许不～确切，但是有几百万印第安人被屠杀却是肯定的。(周而复《印第安人》)

Zhè shùzì yěxǔ bú ～ quèqiè, dànshì yǒu jǐ bǎi wàn Yìndì·ānrén bèi túshā què shì kěndìng de.

3. 这间屋子开会～大不～大？

Zhèjiān wūzi kāi huì ～ dà bú ～ da?

辨认：

Note：

下列句中的"够"是动词，是能满足需要的意思，可以以动词、动宾结构、主谓结构等为宾语：

够 in the following examples is a verb meaning "be enough (to meet the need)". It may take a verb, V-O or S-P construction as its object：

1. 他们带了十七斤马肉，原以为够用，没想到肉吃光了，还是望不到草原。(杨尚武《追匪记》)

Tāmen dàile shíqī jīn mǎ ròu, yuán yǐwéi gòu yòng, méi xiǎngdào ròu chīguāng le, háishì wàng bu dào cǎoyuán.

2. 人手方面感到不够使唤，男工友更缺乏，只好动员女工友。(徐锦珊《小珍珠和刘师付》)

Rénshǒu fāngmiàn gǎndào bú gòu shǐhuan, nán gōngyǒu gèng quēfá, zhǐhǎo dòngyuán nǚ gōngyǒu.

3. 我带的钱够买一辆自行车。

Wǒ dài de qián gòu mǎi yí liàng zìxíngchē.

4. 这两本小说不够他看三天。

Zhè liǎng běn xiǎoshuō bú gòu tā kàn sān tiān.

姑 gū （副词）〈书〉

同"姑且"，常用于固定词组：

Same as 姑且 (for the moment, for the time being, might as well), often used in set phrases:

1. 结案的罪名是:《新青年》有过激言论，～念初犯，罚款五千元以示警戒。(茅盾《回忆录》)

Jié·àn de zuìmíng shì:《Xīn Qīngnián》yǒu guòjī yánlùn, ～ niàn chūfàn, fá kuǎn wǔqiān yuán yǐ shì jǐngjiè.

2. 如派高宗武赴日乞降，如在沪港两地分头通敌，这些都～置不论，……(郭沫若《争取最后五分钟》)

Rú pài Gāo Zōngwǔ fù Rì qǐ xiáng, rú zài Hù Gǎng liǎng dì fēntóu tōngdí, zhèxiē dōu ～ zhì bú lùn, ...

3. 我这是～妄言之，谨供参考。

Wǒ zhè shì ～ wàng yán zhī, jǐn gōng cānkǎo.

姑且 gūqiě （副词）

多用于书面语，有暂时地或只得如此之意：

For the moment, for the time being, might as well; is mostly used in written language, and indicates that a particular way of doing something might not be the best, but one might as well act in such a way for the time being:

1. 主任对她笑了笑，～同意了这种牵强的解释。(柳青《创业史》)

Zhǔrèn duì tā xiàole xiào, ～ tóngyìle zhèzhǒng qiānqiǎng de jiěshì.

2. 希腊人荷马——我们～当作有这样一个人——的两大史诗，也原是口吟，现存的是别人的记录。(鲁迅《门外文谈》)

Xīlà rén Hémǎ —— wǒmen ～ dàngzuò yǒu zhèyàng yí ge rén —— de liǎng dà shǐshī, yě yuán shì kǒuyín, xiàncún de shì biérén de jìlù.

3. 夜里又做一篇……今～寄奉，可用与否，一听酌定……(鲁迅《致黎烈文》)

Yèlǐ yòu zuò yì piān …… jīn ～ jìfèng, kě yòng yǔ fǒu, yì tīng zhuódìng ...

4. 想到一动总得花钱，他就打算～冒险……(茅盾《子夜》)

Xiǎngdào yí dòng zǒng děi huā qián, tā jiù dǎsuàn ～ màoxiǎn ...

参看"姑"。

Compare 姑 gū.

怪 guài （副词）〈口〉

有"挺"的意思,带有较强的感情色彩;多修饰形容词或描写性短语:

Means 挺 (very, quite, rather), with an overtone of abhorrence or appreciation, mostly modifies adjectives or descriptive phrases.

1.　他带着这一班人～巧妙地甩开了追击的敌人……(杨朔《铁骑兵》)

　　Tā dàizhe zhè yì bān rén ～ qiǎomiào de shuǎikāile zhuījī de dírén . . .

2.　平日呵,看着苹果、鸭梨……都～老实的,赶到叫我那么一包一捆哪,全长了腿,四处乱跑……(老舍《女店员》)

　　Píngrì a, kànzhe píngguǒ, yālí . . . dōu ～ lǎoshi de, gǎndào jiào wǒ nàme yì bāo yì kǔn na, quán zhǎngle tuǐr, sìchù luàn pǎo. . .

3.　～值钱的东西,别放在套鞋里糟坏了!(孔厥、袁静《新儿女英雄传》)

　　～ zhíqián de dōngxi, bié fàng zài tàoxié li zāohuài le!

4.　软风一阵阵地吹上人面,～痒痒的。(茅盾《子夜》)

　　Ruǎn fēng yí zhènzhèn de chuī shàng rénmiàn, ～ yǎngyang de.

5.　太太～可怜的,为什么老爷回来,头一次见太太就发这么大的脾气。(曹禺《雷雨》)

　　Tàitai ～ kělián de, wèi shénme lǎoye huí lai, tóu yí cì jiàn tàitai jiù fā zhème dà de píqi.

6.　肖飞暗说道:"这些家伙警惕性还～高哩!……"(刘流《烈火金钢》)

　　Xiāo Fēi àn shuō dào: "Zhèxiē jiāhuo jǐngtìxìng hái ～ gāo li! . . ."

可以修饰一些表示不愉快性质的否定形式:

Can also modify some negative forms of an unpleasant nature.

7.　那豹皮褥子脱毛的地方,我去剪一点靠墙脚上的皮来补一补吧,～不好看的。(鲁迅《奔月》)

　　Nà bàopí rùzi tuō máo de dìfang, wǒ qù jiǎn yìdiǎnr kào qiángjiǎo shang de pí lái bǔ yi bǔ ba, ～ bù hǎokàn de.

8.　现在,当这许多面熟陌生的人们跟前,黄奄还是那股老脾气,雷参谋就觉得～不自在。(茅盾《子夜》)

　　Xiànzài, dāng zhè xǔduō miànshú mòshēng de rénmen gēnqián, Huáng Yǎn háishi nàgǔ lǎo píqi, Léi cānmou jiù juéde ～ bú zìzai.

9.　心里有些酸溜溜地～不舒服。(茅盾《子夜》)

　　Xīnli yǒuxiē suānliūliū de ～ bù shūfu.

光　guāng　(副词)〈口〉

有"只"的意思,只能限制范围,不能限制数量:

Only, just; can restrict range but not quantity.

1.　爹瘦得那么可怜,～剩下一副骨头架子了。(柳青《创业史》)

　　Diē shòu de nàme kělián, ～ shèngxia yí fù gǔtou jiàzi le.

2.　～顾说话,你从北京……买来的那双胶鞋,忘了让他穿上试试了。(浩然《金光大道》)

　　～ gù shuō huà, nǐ cóng Běijīng . . . mǎi lai de nàshuāng jiāoxié, wàngle ràng tā chuān shang shìshi le.

3.　～看外表,这是一个热热闹闹的大家庭。(陶承《我的一家》)

　　～ kàn wàibiǎo, zhè shì yí ge rèrenàonào de dà jiātíng.

4. 陈秀花说:"你们～喝点酒,不吃饭啦?"(浩然《金光大道》)
　　Chén Xiùhuā shuō: "Nǐmen ～ hē diǎnr jiǔ, bù chī fàn la?"

5. 遇上困难了,不能～着急,……得静下心来想办法。(浩然《金光大道》)
　　Yù shang kùnnan le, bù néng ～ zháo jí, ... děi jìng xià xīn lai xiǎng bànfǎ.

6. 今年社里,～小麦就丰产了二万多斤哩。(西戎《宋老大进城》)
　　Jīnnián shè li, ～ xiǎomài jiù fēngchǎnle èrwàn duō jīn li.

"光"有时加"是",不影响意思:
Sometimes 是 is added to 光 without changing the meaning:

7. 崔斗山笑着向她招手说:"来,小姑娘!"她没有过来,～是笑。(阮章竞《群山》)
　　Cuī Dǒushān xiàozhe xiàng tā zhāo shǒu shuō: "Lái, xiǎo gūniang!" tā méiyou guò lai, ～ shì xiào.

8. 史更新这人不～是有战斗经验,他还是个胆大心细的人。(刘流《烈火金钢》)
　　Shǐ Gēngxīn zhè rén bù ～ shì yǒu zhàndòu jīngyàn, tā hái shì ge dǎndàxīnxì de rén.

"光"即使在数量短语前也不是限制数量,而表示除此以外没有别的,或不把别的计算在内:
光, even preceding a N-M phrase, does not refer to quantity, but to the event or situation as a whole:

9. 天塌砸众人,～他一个人着急,又有什么用呢?(老舍《神拳》)
　　Tiān tā zá zhòngrén, ～ tā yí ge rén zháo jí, yòu yǒu shénme yòng ne?

10. 自己二十年来,经历过的事情可真不少。～最近五年,那喜欢的事儿,那愤怒的事儿,……就是数也数不清楚。(刊)
　　Zìjǐ èrshí nián lái, jīnglìguo de shìqing kě zhēn bùshǎo. ～ zuìjìn wǔ nián, nà xǐhuan de shìr, nà fènnù de shìr, ... jiùshì shǔ yě shǔ bu qīngchu.

11. 目前～有几十个工人,还没有厂房、机器。
　　Mùqián ～ yǒu jǐ shí ge gōngrén, hái méi yǒu chǎngfáng, jīqì.

果　　guǒ　　(副词)〈书〉
同"果然",但不能用于主语前,也不能修饰双音节词:
Same as 果然 (as expected, sure enough), but cannot be placed before the subject of a sentence. It usually modifies a monosyllabic word:

1. 你方～有诚意,就请认真谈判!
　　Nǐfāng ～ yǒu chéngyì, jiù qǐng rènzhēn tánpàn!

2. ～不出我所料,他说生病不过是个借口罢了。
　　～ bù chū wǒ suǒ liào, tā shuō shēng bìng búguò shì ge jièkǒu bàle.

3. 司马懿来到城下,～见城门大开。(刊)
　　Sīmǎ Yì láidào chéng xià, ～ jiàn chéngmén dà kāi.

果然　　guǒrán　　(副词)
表示与原来所想或所说相符,可用于主语前或谓语前,可修饰否定形式:
As expected, sure enough; indicates that sth. has turned out just as expected or stated. 果然 can precede the subject or predicate of a sentence, and modify a negative form:

1. 自成,我就知道你不会完蛋,有重振旗鼓的一天。～你丝毫不丧气,不低头,是一个顶天立地的铁汉子!(姚雪垠《李自成》)
　　Zìchéng, wǒ jiù zhīdao nǐ bú huì wándàn, yǒu chóngzhènqígǔ de yì tiān. ～ nǐ sīháo

bú sàngqì, bù dī tóu, shì yí ge dǐngtiānlìdì de tiě hànzi!

2. "老队长",饲养员说,"……那匹红马不吃草……许是病了。"他丢下扫帚,进去看看,～,红马两眼无神,脑袋扎地。(柳青《狠透铁》)

"Lǎo duìzhǎng", sìyǎngyuán shuō, "... nàpī hóng mǎ bù chī cǎo ... xǔ shì bìng le." Tā diū xia sàozhou, jìn qu kànkan, ～, hóng mǎ liǎng yǎn wú shén, nǎodai zhā dì.

3. 远远我就看见好像我老二也在里边,走过去一看,～是他。(马烽《太阳刚刚出山》)

Yuǎnyuānr wǒ jiù kànjian hǎoxiàng wǒ lǎo'èr yě zài lǐbianr, zǒu guoqu yí kàn, ～ shì tā.

4. "党员"这两个字～生了效,邓久宽有信心啦。(浩然《金光大道》)

"Dǎngyuán" zhè liǎng ge zì ～ shēngle xiào, Dèng Jiǔkuān yǒu xìnxīn la.

5. 那个头戴草帽,身穿长衫,身材魁伟的山货客人,～是他日思夜盼的老黄同志!(杨佩瑾《霹雳》)

Nàge tóu dài cǎomào, shēn chuān chángshān, shēncái kuíwěi de shānhuò kèren, ～ shì tā rìsīyèpàn de Lǎo Huáng tóngzhì!

"果然"有时可以说成"果不然"或"果不其然":

Sometimes 果不然 or 果不其然 is used instead of 果然:

6. 果不然!……玉翠什么也没说,就把一条洗得干干净净的手巾还给了昌林。(康濯《春种秋收》)

Guǒburán! ... Yùcuì shénme yě méi shuō, jiù bǎ yì tiáo xǐ de gāngānjìngjìng de shǒujin huán gěile Chānglín.

7. 我早就知道吗,他一跑起来就不顾命,早晚得出点岔儿,果不其然!还不快洗洗哪?(老舍《骆驼祥子》)

Wǒ zǎo jiù zhīdao ma, tā yì pǎo qilai jiù bú gù mìng, zǎowǎn děi chū diǎnr chàr, guǒbuqírán! Hái bú kuài xǐxi na?

辨认:

Note:

用于条件句中,"果然"有"如果真……"的意思,是连词:

果然 in a conditional clause means 如果真... (if it is true that ...) and is a conjunction:

1. 学习写作必须经常动笔,果然能这样,就会有所进步。

Xuéxí xiězuò bìxū jīngcháng dòng bǐ, guǒrán néng zhèyàng, jiù huì yǒu suǒ jìnbù.

2. "金家小姐果然好,自不妨托蒋先生去说说。"

"人果然相配,那就好。"(叶圣陶《倪焕之》)

"Jīn jia xiǎojiě guǒrán hǎo, zì bùfáng tuō Jiǎng xiānsheng qù shuōshuo."

"Rén guǒrán xiāng pèi, nà jiù hǎo."

参看"果""果真"。

Compare 果 guǒ, 果真 guǒzhēn.

果真 guǒzhēn (副词)

同"果然":

Same as 果然 (see above entry):

1. 他用手把蒿草下边的沙刨开，～找见了湿沙子。(杜鹏程《保卫延安》)

   Tā yòng shǒu bǎ hāocǎo xiàbianr de shā páokāi, ～ zhǎojiànle shī shāzi.

2. 小梅侧耳听了听，～听到了病人痛苦的哼叫声。(肖育轩《心声》)

   Xiǎoméi cè ěr tīngle tīng, ～ tīngdàole bìngrén tòngkǔ de hēngjiào shēng.

3. ～是这样，他竟一直唱到把报纸印完，封完，躺到被窝里才住了口。(李季《马兰》)

   ～ shì zhèyàng, tā jìng yìzhí chàngdào bǎ bàozhǐ yìnwán, fēngwán, tǎngdào bèiwōr li cái zhùle kǒu.

4. 不是好兆，风是雨的头。～，远处的天边打起闪，雷声轰隆隆价满天响。(杜鹏程《保卫延安》)

   Bú shì hǎo zhào, fēng shì yǔ de tóu. ～, yuǎnchù de tiānbiān dǎ qǐ shǎn, léi shēng hōnglōnglōng jia mǎn tiān xiǎng.

5. 周大勇出去一看，～东边山头上的敌人，走得没有多少了。(杜鹏程《保卫延安》)

   Zhōu Dàyǒng chū qu yí kàn, ～ dōngbianr shāntóu shang de dírén, zǒu de méi yǒu duōshǎo le.

辨认：

Note：

用于条件从句中，"果真"也同"果然"，是连词：

果真 in a conditional clause is also the same as 果然 and is a conjunction：

1. 我将来是不是会走大哥的路。我不敢想。因为果真到了那个时候，我恐怕不能够活下去。(巴金《家》)

   Wǒ jiānglái shì bu shì huì zǒu dàgē de lù. Wǒ bù gǎn xiǎng. Yīnwèi guǒzhēn dàole nàge shíhou, wǒ kǒngpà bù nénggòu huó xiaqu.

2. (这酒)果真有毒，倒是我现在所欢迎的。(郭沫若《屈原》)

   (zhè jiǔ) Guǒzhēn yǒu dú, dào shì wǒ xiànzài suǒ huānyíng de.

过　guò　(副词)

表示过分，只修饰单音节形容词：

Too, over, undue; modifies monosyllabic adjectives only：

1. 那位"潘先生"随便看了郭祥一眼，并没有给予～多的注意。(魏巍《东方》)

   Nàwèi "Pān xiānsheng" suíbiàn kànle Guō Xiáng yì yǎn, bìng méiyou jǐyǔ ～ duō de zhùyì.

2. 他明白她的气是有来由的，她害怕亚来～多地吃那些哑巴亏。(王汶石《井下》)

   Tā míngbai tā de qì shì yǒu láiyóu de, tā hàipà Yàlái ～ duō de chī nàxiē yǎbakuī.

3. 除了那些负债～多的人以外，大家都热烈地欢迎这个佳节的到来。(巴金《家》)

   Chúle nàxiē fù zhài ～ duō de rén yǐwài, dàjiā dōu rèliè de huānyíng zhège jiājié de dàolái.

4. 原来他率领突击队冲锋时，冲得～猛，竟一下子冲到投弹组的前面去了。(魏巍《东方》)

   Yuánlái tā shuàilǐng tūjīduì chōngfēng shí, chōng de ～ měng, jìng yíxiàzi chōngdào tóudàn zǔ de qiánmiàn qu le.

5. 伙计们，别高兴的～早了，下边还有很困难的一步棋哩。(马烽《太阳刚刚出

山》）

Huǒjimen, bié gāoxìng de ～ zǎo le, xiàbianr hái yǒu hěn kùnnan de yí bù qi li.

过于　　guòyú　　（副词）

表示程度过分，有"太"的意思，但接近书面语；多修饰双音节或多音节词语：

Too, unduly; similar to 太 but is more literary, modifies disyllabic or polysyllabic words or phrases:

1. 由于前后八次负伤，失血过多，身体～衰弱，已经无法在部队继续工作了。（魏巍《东方》）

   Yóuyú qiánhòu bā cì fù shāng, shī xiě guò duō, shēntǐ ～ shuāiruò, yǐjīng wú fǎ zài bùduì jìxù gōngzuò le.

2. 元娃妈暗暗笑着亚来的傻气，那种当干部的～老实的傻气。（王汶石《井下》）

   Yuánwá mā àn'àn xiàozhe Yàlái de shǎqì, nàzhǒng dāng gànbù de ～ lǎoshi de shǎqì.

3. 或许是来得～突然了吧，稚凤……两滴清泪夺眶而出。（祝兴义《抱玉岩》）

   Huòxǔ shì lái de ～ tūránle ba, Zhìfèng ... liǎng dī qīnglèi duókuàng érchū.

4. "你～费脑筋了"，郭祥说，"你瞧别人三十岁没有事儿，你倒谢了顶了。"（魏巍《东方》）

   "Nǐ ～ fèi nǎojīn le", Guō Xiáng shuō, "Nǐ qiáo biérén sānshí suì méi yǒu shìr, nǐ dào xièle dǐng le."

5. 为这么一点小事愁了两天，你也～想不开了。

   Wèi zhème yìdiǎnr xiǎo shìr chóule liǎng tiān, nǐ yě ～ xiǎng bu kāi le.

还　　hái　　（副词）

在以下各种用法中，"还"一概轻读，特殊说明的除外：

Pronounced in the neutral tone in the following usages unless otherwise stated:

A 表示动作或状态保持不变；有"仍然""依然"的意思：

Means 仍然, 依然 (still), indicates that an action or a state of affairs remains unchanged:

1. 这个人现在～活着。（曹禺《雷雨》）

   Zhège rén xiànzài ～ huózhe.

2. 我～年轻，我～要活下去，我～要征服生活。（巴金《家》）

   Wǒ ～ niánqīng, wǒ ～ yào huó xiaqu, wǒ ～ yào zhēngfú shēnghuó.

3. 她从怀里掏个谷糠蒸的窝窝头，放到周大勇怀里。那窝头上，～带着老妈妈的体温。（杜鹏程《保卫延安》）

   Tā cóng huái li tāo ge gǔkāng zhēng de wōwótóu, fàngdào Zhōu Dàyǒng huái li. Nà wōtóu shang, ～ dàizhe lǎo māma de tǐwēn.

4. 他们四个人相跟了一段，～跟来的时候一样，三个青年走在前边商量自己的事，五婶在后边赶也赶不上。（赵树理《登记》）

   Tāmen sì ge rén xiānggēnle yí duànr, ～ gēn lái de shíhou yíyàng, sān ge qīngnián zǒu zài qiánbianr shāngliang zìjǐ de shì, wǔshěn zài hòubianr gǎn yě gǎn bu shàng.

5. 那本词典～没出版呢。

   Nàběn cídiǎn ～ méi chūbǎn ne.

有时"还"用在复句中的后一分句中表示不受影响，仍然如何，前一分句常有"虽然""尽管"等连词说明可能产生影响的状况：

还 is sometimes used in the second clause of a complex sentence to indicate that sth. remains unchanged. In the first clause, there is usually the conjunction 虽然 or 尽管 to introduce some state that may produce a different effect:

6. 虽然隔着宽阔的江流，～震得窗玻璃呼哒乱响。(魏巍《东方》)
Suīrán gézhe kuānkuò de jiāngliú, ~ zhèn de chuāng bōli hūdā luàn xiǎng.

7. 尽管他年纪那么大了，精神～那么好。
Jǐnguǎn tā niánji nàme dà le, jīngshén ~ nàme hǎo.

8. 你受了这么重的伤，～惦念我们，～怕我们受扰害。(杜鹏程《保卫延安》)
Nǐ shòule zhème zhòng de shāng, ~ diànniàn wǒmen, ~ pà wǒmen shòu rǎohài.

9. 他躺在草窠里，肚里的五脏已经都给吃空了，可怜他手里～紧紧的捏着那小篮呢。(鲁迅《祝福》)
Tā tǎng zài cǎokē li, dù lǐ de wǔzàng yǐjīng dōu gěi chīkōng le, kělián tā shǒu li ~ jǐnjǐn de niēzhe nà xiǎo lánr ne.

参看"还是"A。
Compare 还是 háishi A.

有时"还"用在第一分句中；表示某一动作仍处于未结束状态，而后一分句表示另一动作已发生：

Sometimes 还 is used in the first clause to indicate that one action hasn't come to an end, while another action, which is introduced in the second clause, has taken place:

10. 九连长的话～没说完，卫刚就跐蹓站起来，准备反驳人家的意见。(杜鹏程《保卫延安》)
Jiǔ liánzhǎng de huà ~ méi shuōwán, Wèigāng jiù cīliū zhàn qilai, zhǔnbèi fǎnbó rénjia de yìjian.

11. 梅玉雪的话～没说完，就像证实她的话似的，电话铃响开了。(肖育轩《心声》)
Méi Yùxuě Je huà ~ méi shuōwán, jiù xiàng zhèngshí tā de huà shìde, diànhuà líng xiǎngkāi le.

12. 吃罢饭，有的人～没放下碗，便躺在地下睡着了。(杜鹏程《保卫延安》)
Chībà fàn, yǒude rén ~ méi fàng xia wǎn, biàn tǎng zai dìxia shuìzháo le.

"还"如重读，则表示本已不应如此而仍然如此：
When 还 is stressed, it indicates that some situation continues even though it ought not to:

13. 你～睡呢，快出去看看吧！(李满天《力原》)
Nǐ ~ shuì ne, kuài chū qu kànkan ba!

14. 你的衣服都湿了，～不脱了它？(曹禺《雷雨》)
Nǐ de yīfu dōu shī le, ~ bù tuōle tā?

B 表示有所补充：
As well, in addition:

1. 家里刚分到田地，～分到几件土豪劣绅的衣服。(杜鹏程《保卫延安》)
Jiā li gāng fēndào tiándì, ~ fēndào jǐ jiàn tǔháo lièshēn de yīfu.

2. 走到办公室门口，听见里边高一声低一声正在说话，有张社长、许部长、～有关书记。(李准《耕云记》)
Zǒudào bàngōngshì ménkǒur, tīngjian lǐbianr gāo yì shēng dī yì shēng zhèngzài shuō huà, yǒu Zhāng shèzhǎng, Xǔ bùzhǎng, ~ yǒu Guān shūji.

3. 周大勇……一看,彭总在这里,而且彭总身边~站着那么多的首长。(杜鹏程
   《保卫延安》)

   Zhōu Dàyǒng . . . yí kàn, Péng zǒng zài zhèlǐ, érqiě Péng zǒng shēnbiān ~ zhànzhe
   nàme duō de shǒuzhǎng.

4. 队长多咱上县里去溜跶溜跶,叫我套车吧,管保渥不住,~不颠。(周立波《暴风
   骤雨》)

   Duìzhǎng duōzan shàng xiàn li qu liùda liùda, jiào wǒ tào chē ba, guǎnbǎo wò bú
   zhù, ~ bù diān.

"还"常跟"除了……以外"或"不但""不仅"等呼应:

Often used in conjunction with 除了... 以外, 不但 or 不仅 etc.:

5. 除了多读之外,~得多抄,把重点、关键性的词句抄下来。(吴晗《谈读书》)

   Chúle duō dú zhīwài, ~ děi duō chāo, bǎ zhòngdiǎn, guānjiànxìng de cíjù chāo xi-
   alai.

6. 梁老师除了教他读、写、算,~教他吹那只魔笛。(张洁《从森林里来的孩子》)

   Liáng lǎoshī chúle jiāo tā dú, xiě, suàn, ~ jiāo tā chuī nà zhī módí.

7. 他真地睡过觉了:不但眉舒眼朗、生气勃勃,~满脸泛着迎接喜事的神气。(徐
   光耀《望日莲》)

   Tā zhēn de shuìguo jiào le: búdàn méishūyǎnlǎng, shēngqìbóbó, ~ mǎn liǎn fànzhe
   yíngjiē xǐshì de shénqì.

8. 梅书记不仅能说出厉志良的名字,而且~要拜他为师。(肖育轩《心声》)

   Méi shūjì bùjǐn néng shuō chu Lì Zhìliáng de míngzi, érqiě ~ yào bài tā wéi shī.

9. 我们不光请人吃饭,而且~管饱。(杜鹏程《保卫延安》)

   Wǒmen bùguāng qǐng rén chī fàn, érqiě ~ guǎn bǎo.

表示同类事物的补充,"还"要重读:

Indicates one more of the same kind. When so used, 还 should be stressed:

10. 参加考试,除了笔,还要带字典。你若没有,可以用我这本,因为我~有一本。

    Cānjiā kǎoshì, chúle bǐ, hái yào dài zìdiǎn. Nǐ ruò méi yǒu, kěyǐ yòng wǒ zhèběn,
    yīnwei wǒ ~ yǒu yì běn.

C 用在表示时点的词语之前,表示说话人认为时间已过去很久,常说"还在"或"还
是":

Used before a word or phrase denoting a point of time to indicate that the speaker thinks
it was long ago, 还 often takes 在 or 是 after it:

1. 1970 年,小刘~在上小学的时候,就迷上了体操运动。(报)

   Yījiǔqīlíng nián, Xiǎo Liú ~ zài shàng xiǎoxué de shíhou, jiù míshang le tǐcāo
   yùndòng.

2. 我~是去年冬天跟他借的那本小说,一直忘了还他。

   Wǒ ~ shì qùnián dōngtiān gēn tā jiè de nàběn xiǎoshuō, yìzhí wàngle huán tā.

3. 他~是早上七点吃的早点呢,现在都一点了,还没吃午饭。

   Tā ~ shì zǎoshang qī diǎn chī de zǎodiǎn ne, xiànzài dōu yì diǎn le, hái méi chī wǔ
   fàn.

D 用于比较句,表示更甚;用"比"时,"还"用于形容词前,用"没有"或"不如"时,
"还"用在"没有"或"不如"前:

Even more, *still more*; used in a sentence of comparison. When 比 is used in such a case, 还 should precede the adjective; when 没有 or 不如 is used, 还 should be placed before 没有 or 不如:

1. 时间是个怪东西，有时候一点钟比一天～长，有时候一天～没有吃顿饭的时间长。(肖平《海滨的孩子》)

   Shíjiān shì ge guài dōngxi, yǒushíhou yì diǎnzhōng bǐ yì tiān ～ cháng, yǒushíhou yìtiān ～ méiyou chī dùn fàn de shíjiān cháng.

2. 人们都说鲁四老爷家里雇着了女工，实在比勤快的男人～勤快。(鲁迅《祝福》)

   Rénmen dōu shuō Lǔ sìlǎoye jiā li gùzhuóle nǔgōng, shízài bǐ qínkuai de nánrén ～ qínkuai.

3. 这间屋～没有那间屋暖和呢!

   Zhèjiān wū ～ méiyou nàjiān wū nuǎnhuo ne!

(那间屋已经不很暖和。)

4. 我想着，这工作这么难，～不如到队里干活去。(李准《耕云记》)

   Wǒ xiǎngzhe, zhè gōngzuò zhème nán, ～ bùrú dào duì li gàn huó qu.

5. 他顽强，我们能战胜他，那就证明我们比他～顽强。(杜鹏程《保卫延安》)

   Tā wánqiáng, wǒmen néng zhànshèng tā, nà jiù zhèngmíng wǒmen bǐ tā ～ wánqiáng.

E 修饰褒义形容词(包括否定形式的)，表示说话人对这种情况比较满意:

Passably, *fairly*; modifies laudatory adjectives (including those in negative forms). It indicates that the speaker finds something comparatively satisfactory:

1. 榆林的酒，味道～好，但是并不有名! (杜鹏程《保卫延安》)

   Yúlín de jiǔ, wèidao ～ hǎo, dànshi bìng bù yǒu míng!

2. 艾艾跟小晚说王助理员的脑筋不清楚，燕燕说王助理员的脑筋～不错。(赵树理《登记》)

   Ài·ai gēn Xiǎowǎn shuō Wáng zhùlǐyuán de nǎojīn bù qīngchu, Yànyan shuō Wáng zhùlǐyuán de nǎojīn ～ búcuò.

3. 因为这是他老伴看中了的礼品，花钱不多，～挺好看。(报)

   Yīnwèi zhè shì tā lǎobànr kànzhòngle de lǐpǐn, huā qián bù duō, ～ tǐng hǎokàn.

4. 这个歌～不难听，你会唱吗?

   Zhège gē ～ bù nántīng, nǐ huì chàng ma?

F 举出一个突出例子，用"还"表示即使这样仍然不能达到某标准，其它更不必说了:

An extreme case is cited and then 还 is used to convey the notion that even such a case cannot meet the need, let alone anything else:

1. 你～看不懂这篇文章，我更不行了。

   Nǐ ～ kàn bu dǒng zhèpiān wénzhāng, wǒ gèng bù xíng le.

2. 连这篇短篇小说他～嫌长，中篇小说自然不用说了。

   Lián zhèpiān duǎnpiān xiǎoshuō tā ～ xián cháng, zhōngpiān xiǎoshuō zìrán búyòng shuō le.

G 用在反问句里，加强反问语气:

Used in a rhetorical question to make it sound more convincing:

1. 那～用说。(李德复《财政部长》)
   Nà ～ yòng shuō.

2. 你的胡子都白了,头发～能是黑的?(孙谦《南山的灯》)
   Nǐ de húzi dōu bái le, tóufa ～ néng shì hēi de?

3. 没有那两只手,这里～不是一片荒坡吗?(赵树理《套不住的手》)
   Méi yǒu nà liǎng zhī shǒu, zhèlǐ ～ bú shì yípiàn huāng pō ma?

4. 再说他被自行车撞倒,心里～能痛快?(马烽《我的第一个上级》)
   Zàishuō tā bèi zìxíngchē zhuàngdǎo, xīnli ～ néng tòngkuai?

5. 掌柜说:"几时就调查好了?"小晚说:"～不得个十年二十年?"(赵树理《登记》)
   Zhǎngguì shuō: "Jǐshí jiù diàochá hǎo le?" Xiǎowǎn shuō : "～ bù děi ge shí nián èrshí nián?"

H 有时表示轻微惊讶,因为是没有想到的:

Indicates a slight surprise, because something is unexpected:

1. 当时,我～真没有想到这个哩。(肖育轩《心声》)
   Dāngshí, wǒ ～ zhēn méiyou xiǎngdào zhège li.

2. 你看他现在身体不错吧,去年～大病了一场呢!
   Nǐ kàn tā xiànzài shēntǐ búcuò ba, qùnián ～ dà bìngle yì cháng ne!

3. 你别看他那么个干瘦老头,力气～挺大。
   Nǐ bié kàn tā nàme ge gānshòu lǎotóur, lìqi ～ tǐng dà.

4. 这盘菜味道确实不错,你炒菜～真有两下子!
   Zhè pánr cài wèidao quèshí búcuò, nǐ chǎo cài ～ zhēn yǒu liǎngxiàzi!

I 也可以用于讽刺,表示没有利用有利条件,出现了不应有的情况:

Also used in satirical remarks to indicate that someone has not made good use of some favourable condition:

1. 亏你～是在湖边长大的,连游泳都不会。
   Kuī nǐ ～ shì zài húbiānr zhǎngdà de, lián yóuyǒng dōu bú huì.

2. 他～算大学生呢,这点常识都没有!
   Tā ～ suàn dàxuéshēng ne, zhèdiǎn chángshí dōu méi yǒu!

还是　háishi　(副词)

A 同"还"A。

Same as 还 A (still).

1. 他～得不吃烟不喝酒,爽性连包好茶叶也不便于喝。(老舍《骆驼祥子》)
   Tā ～ děi bù chī yān bù hē jiǔ, shuǎngxìng lián bāo hǎo cháyè yě bú biàn yú hē.

2. 分给我? 要～要,我拿去卖给城里人,买一匹马回来。(周立波《暴风骤雨》)
   Fēn gěi wǒ? Yào ～ yào, wǒ ná qu mài gěi chéng lǐ rén, mǎi yì pǐ mǎ huilai.

3. 战斗一打响,敌人仓皇应战,但城上的火力～很强的。(王汶石《挥起战刀的炮手们》)
   Zhàndòu yì dǎxiǎng, dírén cānghuáng yìngzhàn, dàn chéng shang de huǒlì ～ hěn qiáng de.

4. 这位八十岁的老人,谈起话来,～滔滔不绝。
   Zhèwèi bāshí suì de lǎorén, tán qi huà lai, ～ tāotāo bù jué.

在复句中,常与"虽然""尽管"等呼应:

In a complex sentence，还是 is often used in conjunction with 虽然 or 尽管, etc.：

5. 虽然是这样，作父母的～把儿女看成幼小的孩子。(廖沫沙《"蒙以养正"说》)

　　Suīrán shì zhèyàng, zuò fùmǔ de ～ bǎ érnǚ kànchéng yòuxiǎo de háizi.

6. 尽管天气很热，他们～坚持锻炼。

　　Jǐnguǎn tiānqì hěn rè, tāmen ～ jiānchí duànliàn.

B 经过比较、衡量，选出较满意的作法：

Indicates that after weighing the pros and cons, a comparatively satisfactory choice is made：

1. 记者同志，别报导我，～报导三班长吧！(林雨《尖刀》)

　　Jìzhě tóngzhì, bié bàodǎo wǒ, ～ bàodǎo sānbānzhǎng ba!

2. 你很忙，离不开，我看～我去吧！

　　Nǐ hěn máng, lí bu kāi, wǒ kàn ～ wǒ qù ba!

3. ～你说吧，你对这里的情况很了解。

　　～ nǐ shuō ba, nǐ duì zhèlǐ de qíngkuàng hěn liǎojiě.

4. 我看你～在这里等一下，我们先摸进城去看看。(魏巍《东方》)

　　Wǒ kàn nǐ ～ zài zhèlǐ děng yíxià, wǒmen xiān mō jìn chéng qu kànkan.

辨认：

Note：

有时"还是"是副词"还"加动词"是"，意思是"仍然是"：

Sometimes 还是 is a phrase with 还 plus 是 meaning "still" plus "to be"：

1. 我的家庭是我认为最圆满，最有秩序的家庭，我的儿子我也认为都还是健全的子弟，……(曹禺《雷雨》)

　　Wǒ de jiātíng shì wǒ rènwéi zuì yuánmǎn, zuì yǒu zhìxù de jiātíng, wǒ de érzi wǒ yě rènwéi dōu háishì jiànquán de zǐdì, ...

2. 今年还是李老师教我们。

　　Jīnnián háishì Lǐ lǎoshī jiāo wǒmen.

悍然　hànrán　(副词)〈书〉

蛮横地，不顾一切地：

Outrageously, brazenly; recklessly：

1. 这个强盗～对房主下了毒手。

　　Zhèige qiángdào ～ duì fángzhǔ xiàle dúshǒu.

2. 他竟不顾群众的反对，～做出这样不合理的决定。

　　Tā jìng búgù qúnzhòng de fǎnduì, ～ zuò chū zhèyàng bù hélǐ de juédìng.

3. 殖民主义者～出兵，占领了这个地方。

　　Zhímínzhǔyìzhě ～ chūbīng, zhànlǐngle zhège dìfang.

毫　háo　(副词)

表示极少量，跟"不""无"连用，表示强烈否定：

In the least, at all；used together with 不 or 无 to indicate a strong negation：

A "毫不"只作状语，修饰多音节词语：

毫不 (not the least bit, without the slightest, not at all) is only used adverbially to modify a polysyllabic phrase：

1. 对我的敌视，他～不在意。(刘元举《我和老师》)

Duì wǒ de díshì, tā ~ bú zàiyì.

2. 好像只要他乐意,对方~不成问题,准能嫁给他似的。(周立波《暴风骤雨》)
    Hǎoxiàng zhǐyào tā lèyì, duìfāng ~ bù chéng wèntí, zhǔn néng jià gěi tā shìde.

3. ……我尽量把敌人的注意力往我这边引,敌人也~不放松地往我这里迫近。
    (王愿坚《小游击队员》)
    ... wǒ jǐnliàng bǎ dírén de zhùyìlì wǎng wǒ zhèbianr yǐn, dírén yě ~ bú fàngsōng
    de wǎng wǒ zhèlǐ pòjìn.

4. 难道,她是记忆力超众的天才,可以~不费力地完成别人无法完成的记诵?
    (莫伸《窗口》)
    Nándào, tā shì jìyìlì chāozhòng de tiāncái, kěyǐ ~ bú fèilì de wánchéng biérén wúfǎ
    wánchéng de jìsòng?

B “毫无”作述语,意思是“一点也没有”,后面一定是双音节词语:
  毫无 used as a verb means "have not the least, there is not a bit". Its object is a disyl-
  labic word or phrase:

1. 因为恋着他,她心甘情愿,~无怨言。(周立波《暴风骤雨》)
    Yīnwèi liànzhe tā, tā xīngān qíngyuàn, ~ wú yuànyán.

2. 他心神不安,~无主意。(杜鹏程《保卫延安》)
    Tā xīnshénbù·ān, ~ wú zhǔyi.

3. 有机会,再说吧。现在是~无办法,你走吧。(曹禺《日出》)
    Yǒu jīhuì, zài shuō ba. Xiànzài shì ~ wú bànfǎ, nǐ zǒu ba.

4. 在这明光光的月亮底下,通过~无遮蔽的空地,去钻铁丝网,万一暴露了目标
    可怎么办?(王愿坚《小游击队员》)
    Zài zhè míngguāngguāng de yuèliàng dǐxia, tōngguò ~ wú zhēbì de kòngdì, qù zuān
    tiěsīwǎng, wànyī bàolùle mùbiāo kě zěnme bàn?

好   hǎo   (副词)

A 表示感叹;修饰形容词及某些动词、短语等,以表示不愉快性质的为多;表程度
深;可修饰表示不愉快性质的否定式:
Used in an exclamatory sentence, modifies adjectives, certain verbs or phrases, most of
which express an unpleasant property, to indicate a high degree. It can modify a nega-
tive expression of an unpleasant nature:

1. 妈!您~胡涂!(曹禺《雷雨》)
    Mā! Nín ~ hútu!

2. 你害得俺娘俩~苦!(柳青《创业史》)
    Nǐ hài de ǎn niáng liǎ ~ kǔ!

3. ~大的山,~陡的坡啊,战士们爬着上,溜着下。(杜鹏程《保卫延安》)
    ~ dà de shān, ~ dǒu de pō a, zhànshìmen pázhe shàng, liūzhe xià.

4. 这天夜里,我在床上躺着,心里~发愁。(李准《耕云记》)
    Zhètiān yè li, wǒ zài chuáng shang tǎngzhe, xīnli ~ fā chóu.

5. 部队出发了,像往常一样,开头走动的时候~拥挤哟!(杜鹏程《保卫延安》)
    Bùduì chūfā le, xiàng wǎngcháng yíyàng, kāitóu zǒudòng de shíhou ~ yōngjǐ yao!

6. 他居然做出这种事来,~不要脸!
    Tā jūrán zuò chū zhèzhǒng shì lai, ~ bú yào liǎn!

7. 昨天那个戏～没劲了！我没看完就走了。

　　Zuótiān nàge xì ～ méi jìn le! Wǒ méi kànwán jiù zǒu le.

8. ～热闹的市场！

　　～ rènao de shìchǎng!

9. 炉子上煮的什么？～香！

　　Lúzi shang zhǔ de shénme? ～ xiāng!

参看"好生"A。

Compare 好生 hǎoshēng A.

"好容易"同"好不容易"，见"好不"。

好容易 is the same as 好不容易, see 好不.

B 修饰少数行动性动词：

　　Used to modify a few verbs of action：

1)表示用很大力量或很多时间(做某些不愉快性质的事)，多为感叹句：

　　Indicates a lot of effort or time spent in doing sth. unpleasant; mostly used in exclamatory sentence：

1. 你在这儿呀，叫我～找。(周立波《暴风骤雨》)

　　Nǐ zài zhèr ya, jiào wǒ ～ zhǎo.

2. 把他按倒在地，一阵～揍啊！(杜鹏程《保卫延安》)

　　Bǎ tā àndǎo zài dì, yízhèn ～ zòu a!

2)表目的，有"便于""可以"的意思：

　　Indicates a purpose, meaning 便于 or 可以：

3. 上级有规定，这是借粮救急，称一称，有个数，以后咱们政府～还你！(王愿坚《三张纸条》)

　　Shàngjí yǒu guīdìng, zhè shì jiè liáng jiù jí, chēng yi chēng, yǒu ge shù, yǐhòu zánmen zhèngfǔ ～ huán nǐ!

4. 请同志原谅，我可得先走一步，明儿还着忙脱坯，秋后～拔炕。(周立波《暴风骤雨》)

　　Qǐng tóngzhì yuánliàng, wǒ kě děi xiān zǒu yí bù, míngr hái zháománg tuōpī, qiūhòu ～ bá kàng.

C 用在某些不定量的数词或某些时间词前，表示数量大或时间长：

　　Used before certain indefinite numerals or time-words to indicate a large amount or a long period of time：

1. 张有年的母亲急得死过去～几次。(杜鹏程《保卫延安》)

　　Zhāng Yǒunián de mǔqin jí de sǐ guoqu ～ jǐ cì.

2. 李书记在背后叫了我～几声，我也没有理。(马烽《太阳刚刚出山》)

　　Lǐ shūjì zài bèihòu jiàole wǒ ～ jǐ shēng, wǒ yě méiyou lǐ.

3. 一路狗咬着，酣睡的人们～多惊醒了，整个屯落骚动起来了。(周立波《暴风骤雨》)

　　Yílù gǒu yǎozhe, hānshuì de rénmen ～ duō jīngxǐng le, zhěnggè túnluò sāodòng qilai le.

4. 她那双水汪汪的眼睛把我看了～一会儿。(巴金《家》)

　　Tā nàshuāng shuǐwāngwāng de yǎnjing bǎ wǒ kànle ～ yíhuìr.

5. 我回到沙马社长小屋，躺在草垫上，～一阵不想说话。（高缨《达吉和她的父亲》）

Wǒ huídào Shāmǎ shèzhǎng xiǎo wū, tǎng zài cǎodiàn shang, ～ yízhèn bù xiǎng shuō huà.

辨认：

Note:

A 有些动词前的"好"并非副词，而是形容词：

好 occuring before a verb may not be an adverb, but an adjective.

1) 有时是容易的意思，跟"难"相对：

Sometimes means "easy", opposite to 难 (difficult):

1. 只要他和我们扣在一起，有心回秦国，那问题就好解决了。（郭沫若《屈原》）

Zhǐyào tā hé wǒmen kòu zài yìqǐ, yǒu xīn huí Qínguó, nà wèntí jiù hǎo jiějué le.

2. 山顶不好爬，又危险，她先爬到上面，再把我拉上去。（孙犁《吴召儿》）

Shāndǐng bù hǎo pá, yòu wēixiǎn, tā xiān pádào shàngmiàn, zài bǎ wǒ lā shangqu.

2) 表示使人满意：

Means "good, fine, nice":

3. 丁香开花了，真好闻。

Dīngxiāng kāi huā le, zhēn hǎo wén.

4. 这种酒很好喝，你来一杯。

Zhèzhǒng jiǔ hěn hǎo hē, nǐ lái yì bēi.

B "好"有时念 hào，是动词，意思是喜欢或倾向于：

好, when pronounced hào, is a verb meaning "like" or "tend to":

1. 好激动的我，也渗出了泪水。（高缨《达吉和她的父亲》）

Hào jīdòng de wǒ, yě shèn chu le lèishuǐ.

2. 这个人好出风头。

Zhège rén hào chū fēngtou.

好不   hǎobù   （副词）

同副词"好"A，但一般不可以修饰单音节词，多见于书面语：

Same as adverb 好 A, but does not modify monosyllabic words and usually occurs in written language:

1. 捅开了马蜂窝了，～热闹。（周立波《湘江一夜》）

Tǒngkāile mǎfēngwō le, ～ rènao.

2. 崭新的沙发、书桌、立柜、电视机、缝纫机、音箱、落地灯、吊灯……～阔气！（报）

Zhǎnxīn de shāfā, shūzhuō, lìguì, diànshìjī, féngrènjī, yīnxiāng, luòdìdēng, diàodēng... ～ kuòqi!

3. 外面，风刮得窗户纸直响，～叫人烦躁。（柳青《创业史》）

Wàimiàn, fēng guā de chuānghu zhǐ zhí xiǎng, ～ jiào rén fánzào.

"好不容易"和"好容易"一样，都是很不容易，只作状语，常与"才"连用，只用于已然：

好不容易 and 好容易 are the same and mean "with great difficulty". Both of them can serve only as adverbials, and are often used with 才 to refer only to fulfilled events:

4. 临近插秧的季节，村子里静悄悄的，～容易才找到人。(关庚寅《不称心的姐夫》)

　　Línjìn chā yāng de jìjié, cūnzi li jìngqiāoqiāo de, ～ róngyì cái zhǎodào rén.

5. 一直找了大半天，才～容易的一个一个地找到了他们。(峻青《黎明的河边》)

　　Yìzhí zhǎole dàbàntiān, cái ～ róngyì de yí gè yí gè de zhǎodàole tāmen.

6. ～容易把昌林等回，人家待他却有些冷淡。(康濯《春种秋收》)

　　～ róngyì bǎ Chānglín děng huí, rénjia dài tā què yǒuxiē lěngdàn.

以上例句中的"好不容易"都可以代以"好容易"。

In all the above examples 好不容易 can be replaced by 好容易.

好歹　　hǎodǎi　　(副词)

A 马马虎虎：

Make do with sth.：

1. 到黑夜，母子两个挡上几捆秫秸，拿棍横别着，再压上几块大石头，～能挡住狼罢了。(杨朔《雪花飘飘》)

　　Dào hēiyè, mǔ zǐ liǎng ge dǎng shang jǐ kǔn shújiē, ná gùnr héng biézhe, zài yāshang jǐ kuài dà shítou, ～ néng dǎngzhù láng bàle.

2. 他急急忙忙回到家里，～吃点东西就走了。

　　Tā jíjímángmáng huídào jiā li, ～ chīdiǎnr dōngxi jiù zǒu le.

B 不管怎样；无论如何：

Anyhow, in any case, at any rate：

1. 既然他这么诚挚地提出要求，我也不能推辞，～把自己肚里的东西都倒出来，或许对民兵营会有一丝半点好处。(张勤《民兵营长》)

　　Jìrán tā zhème chéngzhì de tí chū yāoqiú, wǒ yě bù néng tuīcí, ～ bǎ zìjǐ dù li de dōngxi dōu dào chulai, huòxǔ duì mínbīngyíng huì yǒu yìsībàndiǎnr hǎochu.

2. 试试看吧，～她还不是一块石头。(吉学霈《两个队长》)

　　Shìshi kàn ba, ～ tā hái bú shì yí kuài shítou.

3. 站上可巧停着列车，要往北开。百岁母子～买到两张去下花园的票，爬上车去。(杨朔《雪花飘飘》)

　　Zhàn shang kěqiǎo tíngzhe lièchē, yào wǎng běi kāi. Bǎisuì mǔ zǐ ～ mǎidào liǎng zhāng qù Xiàhuāyuán de piào, pá shàng chē qu.

"好歹"可以重叠，意思不变：

好歹 can be reduplicated without changing the meaning：

4. "他生下来不满一岁，就离开了王庄，如今满了十五岁，好好歹歹我总算把他……"(王汶石《老人》)

　　"Tā shēng xialai bù mǎn yí suì, jiù líkāile Wángzhuāng, rújīn mǎnle shíwǔ suì, hǎohǎodǎidǎi wǒ zǒngsuàn bǎ tā …

辨认：

Note：

名词"好歹"：

The noun 好歹：

A 好坏：

Good and bad, what's good and what's bad：

1. 莫达志万没想到老王科长这样不识好歹,在背后杀了他一枪。(马识途《最有办法的人》)

   Mò Dázhì wàn méi xiǎngdào Lǎo Wáng kēzhǎng zhèyàng bù shí hǎodǎi, zài bèihòu shāle tā yì qiāng.

2. 牲口别看不会说话,可是通人性,知好歹。(段荃法《"状元"搬妻》)

   Shēngkou bié kàn bú huì shuōhuà, kěshì tōng rénxìng, zhī hǎodǎi.

   B 危险,尤其生命危险:

   Danger, mishap (especially a possible danger to one's life):

   万一我有个什么好歹,八角坳的党组织还在。(王愿坚《党费》)

   Wànyī wǒ yǒu ge shénme hǎodǎi, Bājiǎo·ào de dǎng zǔzhī hái zài.

好好儿   hǎohāor   (副词)

尽力地;尽情地:

Thoroughly, to one's heart's content, all out:

1. 别打扰他,让他也~想想。(孔捷生《姻缘》)

   Bié dǎrǎo tā, ràng tā yě ~ xiǎngxiang.

2. 孩子,让我~看看你。(曹禺《雷雨》)

   Háizi, ràng wǒ ~ kànkan nǐ.

3. 你在医院多住几天,~歇息调养。(杜鹏程《保卫延安》)

   Nǐ zài yīyuàn duō zhù jǐ tiān, ~ xiēxi tiáoyǎng.

4. 小兄弟,到萧队长跟前,可要~谢谢工作队给咱们放地,别说没插橛子呀。(周立波《暴风骤雨》)

   Xiǎo xiōngdi, dào Xiāo duìzhǎng gēnqián, kě yào ~ xièxie gōngzuòduì gěi zánmen fàng dì, bié shuō méi chā juézi ya.

5. 老婆儿,你别难过,等我有了空,~把发祥哥那老脑筋通一通!(西戎《宋老大进城》)

   Lǎopór, nǐ bié nánguò, děng wǒ yǒule kòng, ~ bǎ Fāxiáng gē nà lǎonǎojīn tōng yi tōng!

"好好儿"后也可以带"地":

好好儿 can be followed by 地:

6. 我得~地看看你。(曹禺《雷雨》)

   Wǒ děi ~ de kànkan nǐ.

7. 老爷说太太有病,嘱咐过请您~地在楼上躺着。(曹禺《雷雨》)

   Lǎoye shuō tàitai yǒu bìng, zhǔfuguo qǐng nín ~ de zài lóu shàng tǎngzhe.

8. ……但是对于解放事业,党的任务的重大的责任感,使他感觉到,常常需要平静地~地思索事情的一切方面。(周立波《暴风骤雨》)

   … Dànshì duìyú jiěfàng shìyè, dǎng de rènwù de zhòngdà de zérèngǎn, shǐ tā gǎnjuédào, chángcháng xūyào píngjìng de ~ de sīsuǒ shìqíng de yíqiè fāngmiàn.

辨认:

Note:

形容词"好好(儿)"表示情况正常,在句子里作谓语、定语和补语:

The adjective 好好(儿) means "in perfectly good condition, all right" and functions as a predicate, attributive or complement in a sentence:

1. 酒装在坛子里是好好的,装到肚子里就作怪了。(叶圣陶《倪焕之》)
   Jiǔ zhuāng zài tánzi li shì hǎohāor de, zhuāngdào dùzi li jiù zuòguài le.

2. 只要你吃饭,身体好好的,我们走到哪里都可以。(王愿坚《赶队》)
   Zhǐyào nǐ chī fàn, shēntǐ hǎohāor de, wǒmen zǒudào nǎli dōu kěyǐ.

3. 小梅这是党委决定的呀,好好儿的制度,为什么要取消?(肖育轩《心声》)
   Xiǎoméi zhè shì dǎngwěi juédìng de ya, hǎohāor de zhìdù, wèi shénme yào qǔxiāo?

4. 你要把羊圈得好好的,它们怎么会跑到北地去?(吉学霈《两个队长》)
   Nǐ yào bǎ yáng juān de hǎohāor de, tāmen zěnme huì pǎodào běi dì qu?

好生 hǎoshēng (副词)

A 同副词"好"A,但用得较少:
Same as adverb 好 A (see p. 129), but not frequently used:

1. 我听了～奇怪,心里说:鲁牛子难道真的变了样?(王斌武《开顶风船的角色》)
   Wǒ tīngle ～ qíguài, xīnli shuō: Lǔ Niúzi nándào zhēn de biànle yàng?

2. 有时候我到他宿舍里去,看到他忙得顾不上理我,坐不一会就走了,心里～没趣。(李建纲《三个李》)
   Yǒushíhou wǒ dào tā sùshè li qu, kàndào tā máng de gù bu shàng lǐ wǒ, zuò bù yíhuì jiù zǒu le, xīnli ～ méi qù.

3. 再看这一伙人,……有的指得出他们的名字,有的～面熟,就是不太面熟的,也断得定是本镇人。(叶圣陶《倪焕之》)
   Zài kàn zhèyìhuǒ rén, ... yǒude zhǐ de chū tāmen de míngzi, yǒude ～ miànshú, jiùshi bú tài miànshú de, yě duàn de dìng shì běnzhèn rén.

B 有"好好地"的意思:
Means 好好地:

1. 你不用害怕,～休息一下。(郭沫若《屈原》)
   Nǐ búyòng hàipà, ～ xiūxi yíxià.

2. 你们～睡吧,我给你们说个故事听。(草明《延安人》)
   Nǐmen ～ shuì ba, wǒ gěi nǐmen shuō ge gùshi tīng.

3. 他经常教育孩子,要他们～学习,学好本领,将来能更好地工作。
   Tā jīngcháng jiàoyù háizi, yào tāmen ～ xuéxí, xuéhǎo běnlǐng, jiānglái néng gèng hǎo de gōngzuò.

好似 hǎosì (副词)

同"好像",但没有"好像"那样常用:
Same as 好像 (seem, as if), but not as frequently used:

A 同"好像"A:
Same as 好像 A:

1. 宋老大从老伴的眼色里,～窥察到了什么东西,但又说不出来是什么。(西戎《宋老大进城》)
   Sòng Lǎodà cóng lǎobànr de yǎnsè li, ～ kuīchádàole shénme dōngxi, dàn yòu shuō bu chūlái shì shénme.

2. ～只要爬过前面那座黑山,就望到了草原的边了。(杨尚武《追匪记》)
   ～ zhǐyào pá guò qiánmiàn nàzuò hēi shān, jiù wàngdàole cǎoyuán de biānr le.

3. 祥子一看见一个非常新异的东西,既熟识,又新异,所以心中有点发乱。(老舍

《骆驼祥子》)

Xiángzi ～ kànjian yí ge fēicháng xīnyì de dōngxi, jì shúshi, yòu xīnyì, suǒyǐ xīnzhōng yǒudiǎnr fā luàn.

B 同"好像"B：

Same as 好像 B：

1. 在这样多的人群里,寻觅一个人～大海里捞针一样,何况他并不出众。(李满天《力原》)

   Zài zhèyàng duō de rénqún li, xúnmì yí ge rén ～ dà hǎi li lāo zhēn yíyàng, hékuàng tā bìng bù chūzhòng.

2. 他觉得非常悔恨,～作了战场上的逃兵一样地恨自己。(杨尚武《追匪记》)

   Tā juéde fēicháng huǐhèn, ～ zuòle zhànchǎng shang de táobīng yíyàng de hèn zìjǐ.

好像   hǎoxiàng   (副词)

A 表示说话人或当事人不十分有把握的了解或感觉：

Seem, as if; indicates that the speaker or the person concerned is not sure of something：

1. 这孩子我～认得。(曹禺《日出》)

   Zhè háizi wǒ ～ rènde.

2. 他～听到有人在笑他,这个局面,把他今儿准备一个早晨的演说稿,全部吓飞了。(周立波《暴风骤雨》)

   Tā ～ tīngdào yǒu rén zài xiào tā, zhège júmiàn, bǎ tā jīnr zhǔnbèi yí ge zǎochén de yǎnshuō gǎo, quánbù xiàfēi le.

3. 大概是在去年吧,她～生过一场病。

   Dàgài shì zài qùnián ba, tā ～ shēngguo yì chǎng bìng.

4. 这个人～就是小李的哥哥。

   Zhège rén ～ jiù shì Xiǎo Lǐ de gēge.

5. ～只有他才配拉着曹先生似的。(老舍《骆驼祥子》)

   ～ zhǐyǒu tā cái pèi lāzhe Cáo xiānsheng shìde.

以上例 1-4 后也可加"似的",与"好像"呼应,意思不变。

All the above examples 1-4 can take 似的 at the end of the predicate introduced by 好像 without affecting the meaning.

参看"似乎"。

Compare 似乎 sìhū.

B 表示有某种相似之处：

Be like：

1. ～在叙述别人的事情。(曹禺《雷雨》)

   ～ zài xùshù biérén de shìqing.

2. 她的脸色苍白,身体虚弱,～是生过一场病的人。

   Tā de liǎnsè cāngbái, shēntǐ xūruò, ～ shì shēngguo yì cháng bìng de rén.

以上两例句中"好像……"后可以加"似的"或"一样"与"好像"呼应。以下各例句中"似的"或"一样"也可省略：

In the above examples, 似的 or 一样 can follow 好像..., and in the following examples, 似的 or 一样 can be omitted：

3. 真是,真～我的魂来过这儿似的。(曹禺《雷雨》)

Zhēn shì, zhēn ～ wǒ de húnr láiguo zhèr shìde.

4. 差不多每天都发生兵士跟学生的小冲突,闹得全城居民惊惶不安,～又要发生兵祸一样。(巴金《家》)

Chàbuduō měi tiān dōu fāshēng bīngshì gēn xuésheng de xiǎo chōngtū, nàode quán chéng jūmín jīnghuáng bù·ān, ～ yòu yào fāshēng bīnghuò yíyàng.

这样说明一事物和另一事物相似常常形成修辞学中的明喻:

Sometimes a simile is formed when one thing is described as another in a certain way:

5. 他的心～冻实了的小湖上忽然来了一阵春风。(老舍《骆驼祥子》)

Tā de xīn ～ dòngshíle de xiǎo hú shang hūrán láile yí zhèn chūnfēng.

6. 骆驼!……～迷了路的人忽然找到一个熟识的标记,把一切都极快的想了起来。(老舍《骆驼祥子》)

Luòtuo! ... ～ míle lù de rén hūrán zhǎodào yí ge shúshi de biāojì, bǎ yíqiè dōu jí kuài de xiǎngle qilai.

7. 现在躺在眼前的,～是他自己的骨肉一样。(周立波《暴风骤雨》)

Xiànzài tǎng zài yǎnqián de, ～ shì tā zìjǐ de gǔròu yíyàng.

"好像……似的"或"好像……一样"作状语,"似的"或"一样"是必要的,如:

When 好像... 似的 or 好像... 一样 is used adverbially, 似的 or 一样 cannot be omitted:

8. 他听了这消息,～受到打击一样地倒在床上。

Tā tīngle zhè xiāoxi, ～ shòudào dǎjī yíyàng de dǎo zài chuáng shang.

参看"仿佛""好似"。

Compare 仿佛 fǎngfú, 好似 hǎosì.

好在   hǎozài   (副词)

有"幸亏"的意思,指出在困难或不利的情况下存在着有利条件,但并没有避免什么不幸后果,说话人也并不一定感到侥幸;可以用在句首:

Similar to 幸亏 (luckily, fortunately) in that it points out an advantageous condition in unfavourable circumstances, but unlike 幸亏 in that no serious undesirable result is avoided, nor does the speaker feel lucky; may occur at the beginning of a sentence:

1. ～赵辉的行李很简单,一套铺盖,几件衣服,不到二十分钟就收拾好了。(肖育轩《心声》)

～ Zhào Huī de xíngli hěn jiǎndān, yí tào pūgai, jǐ jiàn yīfu, bú dào èrshí fēnzhōng jiù shōushihǎo le.

2. ～路不远,来回五、六十里,任务也不大。(杜鹏程《保卫延安》)

～ lù bù yuǎn, lái huí wǔ、liùshí lǐ, rènwù yě bú dà.

3. 地名他很熟习,即使有时候绕点远,也没大关系,～自己有的是力气。(老舍《骆驼祥子》)

Dìmíng tā hěn shúxi, jíshǐ yǒushíhou rào diǎnr yuǎnr, yě méi dà guānxi, ～ zìjǐ yǒudeshì lìqi.

4. ～时间还早,那是明年秋天的事,我们将来再商量。(巴金《家》)

～ shíjiān hái zǎo, nà shì míngnián qiūtiān de shì, wǒmen jiānglái zài shāngliang.

5. 好,我就这样跟你去罢,～我的衣服还没有打湿,不必换它了。(巴金《家》)

Hǎo, wǒ jiù zhèyàng gēn nǐ qù ba, ～ wǒ de yīfu hái méiyou dǎshī, búbì huàn tā le.

有些情况因说话人看法不同,既可以用"好在"也可以用"幸亏":

In certain cases, owing to different attitudes of the speaker, either 好在 or 幸亏 may apply:

6. 没想到下雨了,～我带着伞。

   Méi xiǎngdào xià yǔ le, ～ wǒ dàizhe sǎn.

7. 没想到下雨了,幸亏我带着伞。

   Méi xiǎngdào xià yǔ le, xìngkuī wǒ dàizhe sǎn.

参看"幸亏"。

Compare 幸亏 xìngkuī.

何必 hébì (副词)

用反问语气表示不必要:

Used in a rhetorical question to indicate that there is no need (to do sth.):

1. 你为什么不叫底下人替你来?～自己跑到这穷人住的地方来?(曹禺《雷雨》)

   Nǐ wèi shénme bú jiào dǐxiàrén tì nǐ lái? ～ zìjǐ pǎodào zhè qióngrén zhù de dìfang lai?

2. 没有十八个,就用十六个也行嘛,～勉强凑数呢?(赵燕翼《桑金兰错》)

   Méi yǒu shíbā ge, jiù yòng shíliù ge yě xíng ma, ～ miǎnqiǎng còushù ne?

3. 解放军来我们村,也不是头一回,你～这么见外呢!(杜鹏程《保卫延安》)

   Jiěfàngjūn lái wǒmen cūn, yě bú shì tóu yì huí, nǐ ～ zhème jiànwài ne!

4. 我刚才只是个意见嘛,你不同意就算了,～说气话呢。(马烽《太阳刚刚出山》)

   Wǒ gāngcái zhǐ shì ge yìjian ma, nǐ bù tóngyì jiù suàn le, ～ shuō qìhuà ne.

有时"何必"加"呢"可独立成句,所说明的部分要到上文去找:

Sometimes 何必 plus 呢 can stand alone as a sentence. What it refers to must be sought in the preceding text:

5. 今儿个的事,先生既没说什么,算了就算了,～呢?(老舍《骆驼祥子》)

   Jīnrge de shì, xiānsheng jì méi shuō shénme, suànle jiù suànle, ～ ne?

6. 天真热,我去买几瓶啤酒吧。

   ——～呢? 喝点冰水就行了。

   Tiān zhēn rè, wǒ qù mǎi jǐ píng píjiǔ ba. Hē diǎnr bīngshuǐ jiù xíng le.

   —— ～ ne? Hē diǎnr bīngshuǐ jiù xíng le.

何尝 hécháng (副词)〈书〉

用反问的语气表示否定,可修饰否定形式成为双重否定:

Makes a negation by means of a rhetorical question. It can modify a negative form to form a double negative:

1. 我们从古以来,就有埋头苦干的人,有舍身求法的人,……这就是中国的脊梁。这一类人们,就是现在也～少呢?(报)

   Wǒmen cóng gǔ yǐlái, jiù yǒu máitóukǔgàn de rén, yǒu shěshēnqiúfǎ de rén, ... zhè jiù shì Zhōngguó de jǐliang. Zhè yí lèi rénmen, jiùshi xiànzài yě ～ shǎo ne?

2. "老庄"不必说了,虽是明清的文章,又～真的看得懂。(鲁迅《"题未定"草》)

   "Lǎo Zhuāng" búbì shuō le, suī shì Míng Qīng de wénzhāng, yòu ～ zhēn de kàn de dǒng.

3. 啊! 姑娘,你心里爱的,八万万人民的心里～不在爱;你心里恨的,大伙儿～不在咬牙切齿地恨啊。(莫伸《人民歌手》)

Ā! Gūniang, nǐ xīnli ài de, bāwànwàn rénmín de xīnli ～ bú zài ài; nǐ xīnli hèn de, dàhuǒr ～ bú zài yǎoyáqièchǐ de hèn a.

4. 像这份意见书里所说的，听听又～不好。(叶圣陶《倪焕之》)

Xiàng zhèfènr yìjiànshū li suǒ shuō de, tīngting yòu ～ bù hǎo.

5. 我们～不愿用更多的手段，更多的处理方法拍好一部影片？(报)

Wǒmen ～ bú yuàn yòng gèng duō de shǒuduàn, gèng duō de chǔlǐ fāngfǎ pāihǎo yí bù yǐngpiàn?

何等 héděng (副词)〈书〉

表示很高程度，是赞叹的语气，多修饰双音节和多音节词语，相当于"多么"，可以带"地"：

Same as 多么 (how, what), is an exclamatory expression indicating a high degree and often modifies disyllabic or polysyllabic words or phrases; may be followed by 地：

1. 去了这心思，放心做事走路吃饭睡觉，～舒服。(鲁迅《狂人日记》)

Qùle zhè xīnsi, fàngxīn zuò shì zǒu lù chī fàn shuì jiào, ～ shūfu.

2. 一个人，当他把自己的命运同人民的命运紧密地联系在一起的时候，会具有～高尚的思想境界，会产生～不可战胜的精神力量。(报)

Yí ge rén, dāng tā bǎ zìjǐ de mìngyùn tóng rénmín de mìngyùn jǐnmì de liánxì zài yìqǐ de shíhou, huì jùyǒu ～ gāoshàng de sīxiǎng jìngjiè, huì chǎnshēng ～ bù kě zhànshèng de jīngshén lìliang.

3. 现在要顷刻间由和平转入战争，是～的紧迫！(魏巍《东方》)

Xiànzài yào qǐngkèjiān yóu hépíng zhuǎnrù zhànzhēng, shì ～ de jǐnpò.

4. 木匠用的是自己的心思、自己的力气，……却帮助了别人，养活了自己；这～地光荣伟大！(叶圣陶《倪焕之》)

Mùjiang yòng de shì zìjǐ de xīnsi, zìjǐ de lìqi, ... què bāngzhùle biérén, yǎnghuole zìjǐ; zhè ～ de guāngróng wěidà!

何妨 héfáng (副词)

意思是"不妨"，带反问语气：

Means 不妨 (why not, might as well) and has the tone of a rhetorical question：

1. 张先生的高见～对我们说说呢？(郭沫若《屈原》)

Zhāng xiānsheng de gāojiàn ～ duì wǒmen shuōshuo ne?

2. 当我写完最末一笔的时候，偶然想起，既可以"念给那些没听过的工友们听听"，又～印给那些不知道的同志们看看。(舒群《崔毅》)

Dāng wǒ xiěwán zuì mò yì bǐ de shíhou, ǒurán xiǎng qǐ, jì kěyǐ "niàn gěi nàxiē méi tīngguo de gōngyǒumen tīngting", yòu ～ yìn gěi nàxiē bù zhīdao de tóngzhìmen kànkan.

3. ……，但好在这并非生死问题的事，～随随便便，暂且听其自然。(鲁迅《致李秉中》)

..., Dàn hǎozài zhè bìng fēi shēng sǐ wèntí de shì, ～ suísuíbiànbiàn, zànqiě tīngqízìrán.

何苦 hékǔ (副词)

用反问的语气表示不必（做有害于自己或费力不讨好的事）：

Forms a rhetorical question which conveys the notion of "why bother to do something which is harmful to oneself or which is not worthwhile".

1. ～为了一个夸大的诗人，要烧毁这样一座庄严的东皇太一庙?我实在有点不了解。(郭沫若《屈原》)
   ～ Wèile yí ge kuādà de shīrén, yào shāohuǐ zhèyàng yí zuò zhuāngyán de Dōnghuángtàiyī Miào? Wǒ shízài yǒudiǎnr bù liǎojiě.

2. 他们正像刚才旺起来的火,你～,你～自己投进去呢?(叶圣陶《倪焕之》)
   Tāmen zhèng xiàng gāngcái wàng qilai de huǒ, nǐ ～, nǐ ～ zìjǐ tóu jinqu ne?

3. 你的身体并不太好,～这样拼命吃酒,吃酒并没有什么好处!(巴金《家》)
   Nǐ de shēntǐ bìng bú tài hǎo, ～ zhèyàng pīnmìng chī jiǔ, chī jiǔ bìng méi yǒu shénme hǎochu!

有时"何苦"加"呢"可以独立成句或作谓语,所说明的部分要到上文中去找:
Sometimes 何苦 plus 呢 can stand by itself as a sentence or predicate. What it refers to has to be found in what precedes it:

4. 攒钱,买车,都被别人预备着来抢,～呢?何不得乐且乐呢?(老舍《骆驼祥子》)
   Zǎn qián, mǎi chē, dōu bèi biérén yùbèizhe lái qiǎng, ～ ne? Hé bù délèqiělè ne?

5. 自然,这些都不要紧。但我～呢,做醉虾?(鲁迅《答有恒先生》)
   Zìrán, zhèxiē dōu bú yàojǐn. Dàn wǒ ～ ne, zuò zuìxiā?

6. 老蒋心里早已决定了,你若给他个反驳,他就老大不高兴;这又～呢?(叶圣陶《倪焕之》)
   Lǎo Jiǎng xīnli zǎo yǐ juédìng le, nǐ ruò gěi tā ge fǎnbó, tā jiù lǎodà bù gāoxìng; zhè yòu ～ ne?

7. 唉,石清,你这是～呢!(曹禺《日出》)
   Ài, Shíqīng, nǐ zhè shì ～ ne!

很 hěn (副词)

是最常用的程度副词之一,表示较高的程度:
The most frequently used adverb of degree, indicating a rather high degree:

A 某些时候,"很"是必要的,轻读,表示程度高的作用不明显。
Sometimes is obligatory, pronounced in the neutral tone, and nearly loses its effect of showing high degree:

1)"多""少"作定语时,前面如无其它副词,必加"很",后面可不要"的":
When 多 or 少 is used as an attributive and if there is no other adverb before it, it must take 很 as a modifier and 的 is optional:

1. 还有～多～多小山沟,从南从北伸向大道,那里面尽是枣树。(康濯《灾难的明天》)
   Hái yǒu ～ duō ～ duō xiǎo shāngōu, cóng nán cóng běi shēn xiàng dàdào, nà lǐmiàn jìn shì zǎoshù.

2. 院子里摆的～少几盆花开得正盛。
   Yuànzi li bǎi de ～ shǎo jǐ pén huā kāi de zhèng shèng.

2)形容词,尤其单音的,作谓语或补语时,前面如无其它副词,常常带"很":
When an adjective, especially a monosyllabic one, serves as the predicate of a sentence or the complement of a verb with no other adverb before it, 很 is necessary:

3. 她们已经离苇塘～近。(孙犁《芦花荡》)

Tāmen yǐjīng lí wěitáng ~ jìn.

4. 你知道,我现在心里~乱。(孙犁《嘱咐》)

Nǐ zhīdao, wǒ xiànzài xīnli ~ luàn.

5. 老栓也向那边看,却只见一堆人的后背;颈项都伸得~长,……(鲁迅《药》)

Lǎoshuān yě xiàng nàbianr kàn, què zhǐ jiàn yì duī rén de hòubèi; jǐngxiàng dōu shēnde ~ cháng, ...

6. 简单的几句话,意思~周到。(柳青《创业史》)

Jiǎndān de jǐ jù huà, yìsi ~ zhōudào.

如果形容词前没有"很"或其它修饰语,往往有对比意味:

If an adjective does not take 很 or any other adverb, it usually implies comparison:

7. 这个句子长。

Zhège jùzi cháng.

(那个句子短。)

B 表示程度高,"很"可轻读,也可读原声:

Indicating a high degree, 很 can either be pronounced in the neutral tone or its original tone.

1)修饰单音节或多音节作定语或状语的形容词、某些动词、助动词、短语等,一般要带"的"或"地":

Modifies monosyllabic or polysyllabic adjectives, certain verbs, auxiliary verbs and phrases which serve as attributives or adverbials. As such, 很 must take 的 or 地:

1. 杨香武一头骂,一头走出麻地,鞋底拖着~厚的烂泥,裹腿和鞋子溅满泥水的污点。(杨朔《月黑夜》)

Yáng Xiāngwǔ yìtóu mà, yìtóu zǒu chū mádì, xiédǐ tuōzhe ~ hòu de lànní, guǒtuǐ hé xiézi jiànmǎn níshuǐ de wūdiǎn.

2. 四凤~费力地移动窗前的花盆。(曹禺《雷雨》)

Sìfèng ~ fèilì de yídòng chuāng qián de huāpén.

3. 一个农民却~大意地答:"不怕,鬼子黑夜从来不动。"(杨朔《月黑夜》)

Yí ge nóngmín què ~ dàyì de dá: "Bú pà, guǐzi hēiyè cónglái bú dòng."

4. 母亲生日,送点礼物,还不是~应该的事吗?

Mǔqin shēngri, sòng diǎnr lǐwù, hái bú shì ~ yīnggāi de shì ma?

5. 这些都是~有意义的活动。

Zhèxiē dōu shì ~ yǒu yìyì de huódòng.

2)修饰作谓语或补语的多音节形容词、某些动词、助动词、短语:

Modifies polysyllabic adjectives, certain verbs, auxiliaries and phrases which serve as predicates of sentences or complements of verbs:

6. 她举动活泼,说话~大方,爽快,却~有分寸。(曹禺《雷雨》)

Tā jǔdòng huópo, shuō huà ~ dàfang, shuǎngkuai, què ~ yǒu fēncun.

7. 他一切都想得~周到,准备得~齐全。

Tā yíqiè dōu xiǎng de ~ zhōudào, zhǔnbèi de ~ qíquán.

8. 和许多大公馆的仆人一样,他~懂事,尤其是~懂礼节。(曹禺《雷雨》)

Hé xǔduō dà gōngguǎn de púrén yíyàng, tā ~ dǒng shì, yóuqí shì ~ dǒng lǐjié.

9. 还有闰土,他每到我家来时,总是问起你,~想见你一回面。(鲁迅《故乡》)

Hái yǒu Rùntǔ, tā měi dào wǒ jiā lái shí, zǒngshi wèn qǐ nǐ, ～ xiǎng jiàn nǐ yí huí miàn.

10. 附近一排房屋窗上温暖的灯光却～吸引人。(刘白羽《一个温暖的雪夜》)

Fùjìn yì pái fángwū chuāng shàng wēnnuǎn de dēngguāng què ～ xīyǐn rén.

11. 她的话使大家都笑了,也觉得～有道理。(姚雪垠《李自成》)

Tā de huà shǐ dàjiā dōu xiào le, yě juéde ～ yǒu dàolǐ.

12. 他刚才听说闯王来到丁家宝这里,～为闯王的安全担心。(姚雪垠《李自成》)

Tā gāngcái tīngshuō Chuǎngwáng láidào Dīng Jiābǎo zhèlǐ, ～ wèi Chuǎngwáng de ānquán dān xīn.

13. 这话说得～是时候。

Zhè huà shuō de ～ shì shíhou.

C 表示相当高的程度,"很"读原声,甚至重读。

Indicates a very high degree and should be pronounced in the original tone, or even be stressed:

1)修饰动词带表示少量的概数的数量短语及宾语,实际上表示相当大的量:

Modifies a verb plus a N-M phrase denoting a small approximate amount and an object, meaning in fact quite a large number:

1. 回国来听说当过几任科长,现在口袋里～有几个钱。(曹禺《日出》)

Huí guó lai tīngshuō dāngguo jǐ rèn kēzhǎng, xiànzài kǒudài lǐ ～ yǒu jǐ ge qián.

2. 我们这里～有几个球迷,一听到下班铃响,撒腿就往球场里跑。(王愿坚《妈妈》)

Wǒmen zhèlǐ ～ yǒu jǐ ge qiúmí, yì tīngdào xià bān líng xiǎng, sā tuǐ jiù wàng qiúchǎng li pǎo.

3. 韩梅梅是一个十七岁的女孩子,平素不爱多说多道,心里却～有点主见。(马烽《韩梅梅》)

Hán Méimei shì yí ge shíqī suì de nǚ háizi, píngsù bú ài duōshuōduōdào, xīnli què ～ yǒu diǎnr zhǔjiàn.

4. 他还～说了一通如何为革命学好文化课。(成一《顶凌下种》)

Tā hái ～ shuōle yítòng rúhé wèi gémìng xuéhǎo wénhuà kè.

2)"很是"修饰多音节形容词、动词等,似较"很"程度为高;有书面语意味:

很是 is used to modify polysyllabic adjectives, verbs, etc., and indicates a somewhat higher degree than 很. It has a literary flavour:

5. 宣传委员就一句一句地读起来,念得～是流利顺口。(李满天《力原》)

Xuānchuán wěiyuán jiù yí jù yí jù de dú qilai, niàn de ～ shì liúlì shùnkǒu.

6. 这几年的气候变化～是反常,上海好像反常得厉害。(吴强《灵魂的搏斗》)

Zhè jǐ nián de qìhou biànhuà ～ shì fǎncháng, Shànghǎi hǎoxiàng fǎncháng de lìhai.

3)"很"可以修饰用"可以"构成的短语:

很 can modify certain phrases with 可以:

7. 这个人的最后一句话～可以玩味。(巴金《家》)

Zhè ge rén de zuìhòu yí jù huà ～ kěyǐ wánwèi.

8. 我看～可以不必送礼。

Wǒ kàn ～ kěyǐ búbì sòng lǐ.

D "很"既受否定副词"不"修饰,也可以修饰否定形式。

很 can be modified by the negative adverb 不; and it can also modify a negative form.

1) "不很"表示不高的程度,"不"减弱"很"的作用(A、B 项中受"很"修饰的词语都可受"不很"修饰):

不很 indicates a degree which is not high. 不 weakens 很 (All words or phrases that can be modified by 很 in A and B can also be modified by 不很):

1. 老实说,邓军也不～赞同这种规定。(魏巍《东方》)

   Lǎoshishuō, Dèng Jūn yě bù ～ zàntóng zhèzhǒng guīdìng.

2. 花也不～多,圆圆的排成一个圈,不～精神,倒也整齐。(鲁迅《药》)

   Huā yě bù ～ duō, yuányuán de páichéng yí ge quān, bù ～ jīngshen, dào yě zhěngqí.

3. 他虽然听到了,但不～重视。(姚雪垠《李自成》)

   Tā suīrán tīngdào le, dàn bù ～ zhòngshì.

2) "很"能修饰的否定形式有两种,"很"所表示的程度和 B 项相同:

很 can modify two kinds of negative forms. The degree indicated by 很 is similar to that indicated by 很 in B:

a. 表示不愉快性质的否定形式:

A negative form denoting something of an unpleasant nature:

4. 九斤老太～不高兴地说:"一代不如一代,我是活够了。"(鲁迅《风波》)

   Jiǔjīn lǎotài ～ bù gāoxìng de shuō: "Yí dài bùrú yí dài, wǒ shì huógòu le."

5. 这样做～不安全。

   Zhèyàng zuò ～ bù ānquán.

(×～不危险)

6. 如果～没有把握,最好别做。

   Rúguǒ ～ méi yǒu bǎwò, zuìhǎo bié zuò.

7. 他讲得～没意思,没人爱听。

   Tā jiǎng de ～ méi yìsi, méi rén ài tīng.

8. 这人～靠不住。

   Zhè rén ～ kào bu zhù.

b. 表示肯定意义的否定形式:

A negative form with a positive meaning:

9. 宋老大也真象那么回事,嘴爱说,肚里知道的事也～不少。(西戎《宋老大进城》)

   Sòng Lǎodà yě zhēn xiàng nàme huí shì, zuǐ ài shuō, dù li zhīdao de shì yě ～ bù shǎo.

(不少=多 不多≠少 ×～不多)

10. 这孩子长得～不矮。

    Zhè háizi zhǎng de ～ bù ǎi.

(不矮=高 不高≠矮 ×～不高)

11. 这事～不容易解决。

    Zhè shì ～ bù róngyì jiějué.

(不容易=难 不难≠容易 ×～不难)

E 放在形容词和某些动词后作补语,"很"前有结构助词"得",表示相当高的程度:

很 placed after adjectives and after certain verbs to serve as the complement while preceded by the structural auxiliary 得, indicates quite a high degree, higher than 很 used as an adverbial:

1. 当时,因为下来的伤员多,医院里忙得～。(王愿坚《赶队》)

   Dāngshí, yīnwèi xiàlai de shāngyuán duō, yīyuàn li máng de ～.

2. 农民的举动完全是对的,他们的举动好得～。(毛泽东《湖南农民运动考察报告》)

   Nóngmín de jǔdòng wánquán shì duì de, tāmen de jǔdòng hǎo de ～.

3. 月亮升起来,院子里凉爽得～,干净得～,白天破好的苇眉子潮润润的,正好编席。(孙犁《荷花淀》)

   Yuèliang shēng qilai, yuànzi li liángshuǎng de ～, gānjìng de ～, báitiān pòhǎo de wěiméizi cháorùnrùn de, zhènghǎo biān xí.

4. 银花见他两天没吃饭,只喝一点米渣子,心疼得～,拉住他的胳膊直哭。(赵树理《福贵》)

   Yínhuā jiàn tā liǎng tiān méi chī fàn, zhǐ hē yìdiǎnr mǐ zhāzi, xīnténg de ～, lāzhù tā de gēbo zhí kū.

很少 hěnshǎo (副词)

表示频率很低:

Seldom, rarely:

1. 老李是个仔细的人,办事～出错。

   Lǎolǐ shì ge zǐxì de rén, bàn shì ～ chū cuò.

2. 他年纪大了,～出门。

   Tā niánji dà le, ～ chū mén.

3. 这个地方冬天虽然冷,却～刮风。

   Zhège dìfang dōngtiān suīrán lěng, què ～ guā fēng.

横 héng (副词)〈口〉

A 表示肯定,有"不管怎么样""无论如何"的意思:

In any case, anyhow; indicates certainty:

1. 你～不能让那车也在便道上走去!(侯宝林《夜行记》)

   Nǐ ～ bù néng ràng nà chē yě zài biàndào shang zǒu qu!

2. 没关系,再等一趟;再等车来啦,～我得先上吧?(侯宝林《夜行记》)

   Méi guānxi, zài děng yí tàng; zài děng chē lái la, ～ wǒ děi xiān shàng ba?

B 表示猜测,相当于"大概":

Probably; similar to 大概, indicates conjecture:

1. 她支支吾吾应道:"哪知道呢? ～有五六个月了。"(杨朔《春子姑娘》)

   Tā zhīzhīwūwū yīng dào: "Nǎ zhīdao ne? ～ yǒu wǔ liù ge yuè le."

2. 现在都快十点了,他～不来了。

   Xiànzài dōu kuài shí diǎn le, tā ～ bù lái le.

3. 他头发全白了,～有七十了吧。

   Tā tóufa quán bái le, ～ yǒu qīshí le ba.

辨认:

Note：

1. "他"就这样闯进北顺的生活里,横在北顺面前,象一块巨大的礁石,横在船夫面前一样。(王汶石《春夜》)

   ″Tā″ jiù zhèyàng chuǎng jìn Běishùn de shēnghuó li, héng zài Běishùn miànqián, xiàng yí kuài jùdà de jiāoshí, héng zài chuánfū miànqián yíyàng.

2. 这部正在筹拍的影片,却被当作宣扬资产阶级人性论的典型,横遭批判。(报)

   Zhèbù zhèngzài chóu pāi de yǐngpiàn, què bèi dàngzuò xuānyáng zīchǎn jiējí rénxìnglùn de diǎnxíng, héng zāo pīpàn.

例 1 中的"横"是动词,例 2 中的"横"是形容词作状语。

In example 1, 横 (lie horizontal) is a verb; and in example 2, 横 (flagrant) is an adjective used as an adverbial.

参看"横是"。

Compare 横是 héngshi.

横是 héngshi （副词)〈口〉

A 同"横"A:

Same as 横 A (see above entry):

1. 你～不敢说桐芳闹得不像话!(老舍《四世同堂》)

   Nǐ ～ bù gǎn shuō Tóngfāng nào de bú xiàng huà!

2. 他干不干,我管不着,我～不能替他干吧!

   Tā gàn bu gàn, wǒ guǎn bu zháo, wǒ ～ bù néng tì tā gàn ba!

B 同"横"B:

Same as 横 B:

1. 再过二三年,我也得跟您一样!您～快六十了吧?(老舍《骆驼祥子》)

   Zài guò èr sān nián, wǒ yě děi gēn nín yíyàng! Nín ～ kuài liùshí le ba?

2. 屋里太热,我又没食,～晕过去了。(老舍《骆驼祥子》)

   Wū li tài rè, wǒ yòu méi shí, ～ yūn guoqu le.

3. "好吧,不许我开口呀,我出去逛逛～可以吧?"(老舍《四世同堂》)

   ″Hǎo ba, bù xǔ wǒ kāi kǒu ya, wǒ chū qu guàngguang ～ kěyǐ ba?″

4. "这老师可三天两头儿找我!"

   "那～您那小孩儿不好。"(侯宝林《我是家长》)

   ″Zhè lǎoshī kě sāntiān—liǎngtóur zhǎo wo!″

   ″Nà ～ nín nà xiǎoháir bù hǎo.″

横竖 héngshù （副词)

同"反正",表示(无论在任何情况下)结果不变,不如"反正"常用:

Same as 反正 but not as frequently used, indicates that no matter what the circumstances, the result remains unchanged:

1. 依我看,摆在桌上的鱼是跑不了的,细嚼细咽也好,一口吞下去也好,～都是一样。(王汶石《春夜》)

   Yī wǒ kàn, bǎi zài zhuō shang de yú shì pǎo bu liǎo de, xì jiáo xì yàn yěhǎo, yì kǒu tūn xiaqu yěhǎo, ～ dōu shì yíyàng.

2. 我的问题就卡在我们连,这些个土大兵儿跟我过不去,故意跟我为难,～都不行。(白桦《一束信札》)

Wǒ de wèntí jiù kǎ zài wǒmen lián, zhèxiē ge tǔ dàbīngr gēn wǒ guò bu qù, gùyì gēn wǒ wéinán, ～ dōu bù xíng.

3. 我～睡不着,仔细看了半夜,才从字缝里看出字来,满本都写着两个字是"吃人"!（鲁迅《狂人日记》）

Wǒ ～ shuì bu zháo, zǐxì kànle bànyè, cái cóng zì fèng li kàn chū zì lai, mǎn běn dōu xiězhe liǎng ge zì shì "chī rén"!

4. ……我从小就两只手没有闲着过,……。你们～都见来着。（孙犁《秋千》）

... Wǒ cóng xiǎo jiù liǎng zhī shǒu méiyou xiánzheguo, ... Nǐmen ～ dōu jiàn láizhe.

5. 人到老年,对于生、老、病、死这个自然规律,看得平静多了,～是早晚的事。（冰心《不应该早走的人》）

Rén dào lǎonián, duìyú shēng, lǎo, bìng, sǐ zhège zìrán guīlǜ, kàn de píngjìng duō le, ～ shì zǎo wǎn de shì.

"横竖"也可放在句首:

横竖 may occur at the beginning of a sentence:

6. 我们回去罢,不必等大哥了,～他坐轿子回去。（巴金《家》）

Wǒmen huí qu ba, búbì děng dàgē le, ～ tā zuò jiàozi huí qu.

7. 今天早起,我就听院里那个谢家婆娘说:"伢不收拾咱收拾,～过不了几天,咱不就搬进去了!"（魏巍《东方》）

Jīntiān zǎoqǐ, wǒ jiù tīng yuàn li nàge Xiè jia póniáng shuō: "Yá bù shōushi zán shōushi, ～ guò bu liǎo jǐ tiān, zán bú jiù bān jinqu le!"

忽   hū   （副词）

A 同"忽然",有书面语意味:

Same as 忽然 (suddenly, all of a sudden), with a literary flavour:

1. 我吓得满头是汗,抓起枪,刚要起身爬过去营救他,～听得沟底里"汪,汪汪"传出几声狗叫。（王愿坚《小游击队员》）

Wǒ xià de mǎn tóu shì hàn, zhuā qǐ qiāng, gāng yào qǐ shēn pá guoqu yíngjiù tā, ～ tīngde gōu dǐ li "wāng, wāng wāng" chuán chū jǐ shēng gǒu jiào.

2. 姑娘好像把我忘记多时,～又发现了一样,笑了一下说,……（徐光耀《望日莲》）

Gūniang hǎoxiàng bǎ wǒ wàngjì duō shí, ～ yòu fāxiànle yíyàng, xiàole yíxià shuō, ...

3. （～从窗户回来）哎呀,你怎么早不说?（曹禺《日出》）

（～ cóng chuānghu huí lai） Āiyā, nǐ zěnme zǎo bù shuō?

B "忽"可以放在两个意义相反的动词或形容词前,表示两种动作或性状交互出现:

May precede each of two verbs or adjectives which are opposite to each other in meaning, indicating that the two actions or states occur alternately:

1. 天空,成群的鸟雀,～上～下欢乐地飞舞着。（杜鹏程《保卫延安》）

Tiānkōng, chéng qún de niǎoquè, ～ shàng ～ xià huānlè de fēiwǔzhe.

2. 屋里灯火,在人气和黄烟的烟雾里,～明～暗。（周立波《暴风骤雨》）

Wū li dēnghuǒ, zài rénqì hé huángyān de yānwù li, ～ míng ～ àn.

3. 战士们在风沙烟雾中～隐～现,勇猛冲锋。（杜鹏程《保卫延安》）

Zhànshìmen zài fēngshā yānwù zhōng ～ yǐn ～ xiàn, yǒngměng chōngfēng.

忽地 hūdì （副词）

同"忽然"，多用于书面语：

Same as 忽然 (suddenly, all of a sudden), but mostly used in written language：

1. 看着这张纸条，程元吉的眼里～涌出一股泪水，他仿佛觉得心要跳出来。(王愿坚《三张纸条》)
   Kànzhe zhèzhāng zhǐtiáo, Chéng Yuánjí de yǎn li ～ yǒng chū yì gǔ lèishuǐ, tā fǎngfú juéde xīn yào tiào chulai.

2. 早已忍不住的大三，～纵身跃起，要向大沟中冲去。(徐光耀《望日莲》)
   Zǎo yǐ rěn bu zhù de Dàsān, ～ zòngshēn yuè qǐ, yào xiàng dà gōu zhōng chōng qu.

3. 他～直起身，把一把什么东西塞到我手里，拔腿就往西跑下去了。(王愿坚《粮食的故事》)
   Tā ～ zhí qǐ shēn, bǎ yì bǎ shénme dōngxi sāidào wǒ shǒu li, bá tuǐ jiù wǎng xī pǎo xiaqu le.

忽而 hū·ér （副词）

同"忽然"，不如"忽然"常用：

Same as 忽然 (suddenly, all of a sudden), but not as frequently used：

1. 此后大约十几天，大家正已渐渐忘却了先前的事，卫老婆子～带了一个三十多岁的女人进来了，说那是祥林嫂的婆婆。(鲁迅《祝福》)
   Cǐhòu dàyuē shí jǐ tiān, dàjiā zhèng yǐ jiànjiàn wàngquèle xiānqián de shì, Wèi lǎopózi ～ dàile yí ge sānshí duō suì de nǚrén jìn lai le, shuō nà shì Xiánglín sǎo de pópo.

2. 大三把油灯往炕沿上一放，～低低地唱出两句歌来。(徐光耀《望日莲》)
   Dàsān bǎ yóudēng wǎng kàngyánr shang yí fàng, ～ dīdī de chàng chu liǎng jù gē lai.

3. 刚到 S 门，～车把上带着一个人，慢慢地倒了。(鲁迅《一件小事》)
   Gāng dào S mén, ～ chēbǎ shang dàizháo yí ge rén, mànmàn de dǎo le.

忽然 hūrán （副词）

表示发生得快而且出乎意外：

Suddenly, all of a sudden; indicates that sth. takes place quickly and unexpectedly：

1. "不能长远的"这个思想～闪进他脑瓜子里，使他快乐点。(周立波《暴风骤雨》)
   "Bù néng chángyuǎn de" zhège sīxiǎng ～ shǎn jìn tā nǎoguāzi li, shǐ tā kuàilè diǎnr.

2. 是深秋了。田野～显得辽阔、开朗。(王汶石《大木匠》)
   Shì shēnqiū le. Tiányě ～ xiǎnde liáokuò, kāilǎng.

3. 我～觉得非问问这位队长的名字不可了。(茹志鹃《三走严庄》)
   Wǒ ～ juéde fēi wènwen zhèwèi duìzhǎng de míngzi bùkě le.

有时可以放在句首：

Sometimes 忽然 may be placed at the head of a sentence：

4. 今天部里刘司长结婚，我给他当伴郎，～我想到你，我简直等不了换衣服，我就来了。(曹禺《日出》)
   Jīntiān bù li Liú sīzhǎng jié hūn, wǒ gěi tā dāng bànláng, ～ wǒ xiǎngdào nǐ, wǒ jiǎnzhí děng bu liǎo huàn yīfu, wǒ jiù lái le.

5. ～他的脑子里浮现了一个奇怪的思想。(巴金《家》)

~ tā de nǎozi li fúxiànle yí ge qíguài de sīxiǎng.

"忽然"有时也说成"忽然间",常放在句首,后面往往有停顿:

忽然 sometimes can be replaced by 忽然间 which is usually placed at the beginning of a sentence. It is often followed by a pause:

6. ～间听得一个声音,"温一碗酒"。这声音虽然极低,却很耳熟。(鲁迅《孔乙己》)

~ jiān tīngdé yí ge shēngyīn, "Wēn yì wǎn jiǔ". Zhè shēngyīn suīrán jí dī, què hěn ěrshú.

7. ～间,兰表妹从茅棚顶上跳下来,不加思索说:"我会煮!"(谢璞《二月兰》)

~ jiān, Lán biǎomèi cóng máopéng dǐng shang tiào xialai, bù jiā sīsuǒ shuō: "Wǒ huì zhǔ!"

8. 就这么要死不活地呆过了一些时光,～间,碰见外边的干部找她来谈恋爱……(康濯《春种秋收》)

Jiù zhème yàosǐbùhuó de dāiguòle yìxiē shíguāng, ~ jiān, pèngjian wàibianr de gànbù zhǎo tā lai tán liàn·ài...

参看"忽""忽地""忽而""霍地""霍然""骤然"。

Compare 忽 hū, 忽地 hūdì, 忽而 hū·ér, 霍地 huòdì, 霍然 huòrán, 骤然 zhòurán.

胡　hú　(副词)〈口〉

表示不按应有的规律、办法、真实情况等(办事),有随意、乱来之意:

(Do sth. or act) recklessly, wantonly, outrageously:

1. 爹,张栓现在因为他～捣腾也要卖地了。(李准《不能走那条路》)

Diē, Zhāng Shuān xiànzài yīnwèi tā ~ dǎoteng yě yào mài dì le.

2. 孩子在墙上～画是个坏习惯。

Háizi zài qiángshang ~ huà shì ge huài xíguàn.

3. 根本就没有那么一个民间故事,那是他～编的。

Gēnběn jiù méi yǒu nàme yí ge mínjiān gùshi, nà shì tā ~ biān de.

4. 这个,教他们只敢～猜,而不敢在祥子面前说什么不受听的。(老舍《骆驼祥子》)

Zhège, jiào tāmen zhǐ gǎn ~ cāi, ér bù gǎn zài Xiángzi miànqián shuō shénme bú shòu tīng de.

"胡"还常跟"乱"搭配使用,意思和"胡"差不多:

胡 is often used in conjunction with 乱 and together means about the same as 胡:

5. 有几头高大的驮炮骡子,被人们的喊声和黄河的吼声惊吓得在河滩里～跳乱蹦。(杜鹏程《保卫延安》)

Yǒu jǐ tóu gāodà de tuó pào luòzi, bèi rénmen de hǎn shēng hé Huánghé de hǒu shēng jīngxià de zài hétān li ~ tiào luàn bèng.

6. 你当着人这样～喊乱闹,你自己有病,偏偏要讳病忌医,不肯叫医生治,这不就是神经上的病态么?(曹禺《雷雨》)

Nǐ dāngzhe rén zhèyàng ~ hǎn luàn nào, nǐ zìjǐ yǒu bìng, piānpiān yào huìbìngjìyī, bù kěn jiào yīshēng zhì, zhè bú jiù shì shénjīng shang de bìngtài ma?

7. 就是赁来的车,……永远不去～碰乱撞。(老舍《骆驼祥子》)

Jiùshì lìn lai de chē, ... yǒngyuǎn bú qù ~ pèng luàn zhuàng.

互 hù （副词）

同"互相"，多修饰单音节动词或构成四字短语：

Same as 互相, but mostly modifies a monosyllabic verb or forms a four-character phrase：

1. 见到这情景，三个人会意地～望了一会，脸上露出了高兴的神色。（杨尚武《追匪记》）

   Jiàndào zhè qíngjǐng, sān ge rén huìyì de ～ wàngle yíhuìr, liǎn shang lù chu le gāoxìng de shénsè.

2. 因为基本建设工程多起来了，各部门各工地的建筑材料不很宽裕，这就特别需要～通有无，调剂使用。（马识途《最有办法的人》）

   Yīnwèi jīběn jiànshè gōngchéng duō qilai le, gè bùmén gè gōngdì de jiànzhù cáiliào bù hěn kuānyù, zhè jiù tèbié xūyào ～ tōng yǒu wú, tiáojì shǐyòng.

3. 第二天，当我们在上班去的电车上再次相逢时，除了～致微笑而外，自然而然地交谈起来。（刘心武《爱情的位置》）

   Dì-èr tiān, dāng wǒmen zài shàng bān qu de diànchē shang zàicì xiāngféng shí, chúle ～ zhì wēixiào érwài, zìrán·érrán de jiāotán qilai.

4. 赛后，在观众的欢呼声中，双方～换球衣作为纪念。（报）

   Sài hòu, zài guānzhòng de huānhū shēng zhōng, shuāngfāng ～ huàn qiúyī zuòwéi jìniàn.

"互"可修饰否定形式，构成四字短语：

互 can modify a negative, thus forming a four-character phrase：

5. 他做他的工事，咱们走咱们的路，～不干涉！（杜鹏程《保卫延安》）

   Tā zuò tā de gōngshì, zánmen zǒu zánmen de lù, ～ bù gānshè!

6. 主管部门应该……改变那种施工各自为政，～不通气的不正常现象。（报）

   Zhǔguǎn bùmén yīnggāi … gǎibiàn nàzhǒng shīgōng gèzìwéizhèng, ～ bù tōngqì de bú zhèngcháng xiànxiàng.

互相 hùxiāng （副词）

表示彼此以同样态度对待；多修饰多音节词和短语：

Mutually, each other; mostly modifies polysyllabic words or phrases：

1. 不不——这不算什么。不算多事。～监督也是好的。（曹禺《日出》）

   Bù bù —— zhè bú suàn shénme. Bú suàn duō shì. ～ jiāndū yě shì hǎo de.

2. 大家～询问，自我介绍，一会儿工夫，就～知道各是哪方来的旅客了。（王汶石《通红的煤》）

   Dàjiā ～ xúnwèn, zìwǒ jièshào, yíhuìr gōngfu, jiù ～ zhīdao gè shì nǎfāng lái de lǚkè le.

3. 在南洋，乡情是深厚的，乡亲邻里都～照顾，这是一个朴素的传统。（陈残云《异国乡情》）

   Zài Nányáng, xiāngqíng shì shēnhòu de, xiāngqīn línlǐ dōu ～ zhàogu, zhè shì yí ge pǔsù de chuántǒng.

4. 在欢迎晚会上，班长叫大伙～介绍介绍。（任斌武《开顶风船的角色》）

   Zài huānyíng wǎnhuì shang, bānzhǎng jiào dàhuǒ ～ jièshao jièshao.

5. 周大勇感觉到，老乡们说的这些～有很大出入的消息，给他带来一种沉重的压

力。(杜鹏程《保卫延安》)

Zhōu Dàyǒng gǎnjuédào, lǎoxiāngmen shuō de zhèxiē ～ yǒu hěn dà chūrù de xiāoxi, gěi tā dài lai yì zhǒng chénzhòng de yālì.

"互相"可以修饰某些否定形式,如"互相不信任":

互相 may modify a few negative forms, e. g. 互相不信任.

参看"互"。

Compare 互 hù.

回头 huítóu　(副词)〈口〉

A 表示在短时间以后,可以用在句首:

　　Later on, *in a moment*; may occur at the beginning of a sentence:

1. 天气这样闷热,～多半下雨。(曹禺《雷雨》)

　　Tiānqì zhèyàng mēnrè, ～ duōbàn xià yǔ.

2. 咱们是一回生,二回熟了,～一定来串门吧。(周立波《暴风骤雨》)

　　Zánmen shì yì huí shēng, èr huí shú le, ～ yídìng lái chuàn ménr ba.

3. 对,还是你行,～告诉萧队长,往后谁家大肚子请客,都叫你代表。(周立波《暴风骤雨》)

　　Duì, háishi nǐ xíng, ～ gàosu Xiāo duìzhǎng, wǎnghòu shuí jiā dàdùzi qǐngkè, dōu jiào nǐ dàibiǎo.

B 与"先"呼应,表示在另一行动之后,常与"再"连用:

　　When used in conjunction with 先, indicates one action after another and often takes 再 after it:

1. 先把这十二个同志救出这险区,～再救小黑子。(杜鹏程《延安人》)

　　Xiān bǎ zhè shí'èr ge tóngzhì jiù chū zhè xiǎnqū, ～ zài jiù Xiǎohēizi.

2. 快先给人家把东西送回去,～咱再跟玉生那小东西说理!(赵树理《三里湾》)

　　Kuài xiān gěi rénjia bǎ dōngxi sòng huiqu, ～ zán zài gēn Yùshēng nà xiǎodōngxi shuō lǐ!

"先"可以省略:

先 can be omitted:

3. 我去看看你亲家家里的两个小东房是不是能腾一个,要不行的话,～再来麻烦姊姊!(赵树理《三里湾》)

　　Wǒ qù kànkan nǐ qìngjia jiā li de liǎng ge xiǎo dōng fáng shì bu shì néng téng yí ge, yào bù xíng dehuà, ～ zài lái máfan shēnshen!

4. 您叫他们晚上到我们家里要吧。～,见着妈,再想别的法子,这钱,您留着自己用吧。(曹禺《雷雨》)

　　Nín jiào tāmen wǎnshang dào wǒmen jiā li yào ba. ～, jiànzháo mā, zài xiǎng biéde fàzi, zhè qián, nín liúzhe zìjǐ yòng ba.

活 huó　(副词)

有"简直""真正"的意思,应用范围很窄,多用于口语中:

Simply, *exactly*, *really*; can be used only in a very few cases:

1. 呸,～见鬼呵!(刘白羽《黑》)

　　Pēi, ～ jiàn guǐ a!

2. 整天呆在家里,～受罪。

Zhěng tiān dāi zài jiā li, ~ shòu zuì.

3. 你看他游泳游得多好，～象一条鱼！

　　Nǐ kàn tā yóuyǒng yóu de duō hǎo, ~ xiàng yì tiáo yú!

火速　huǒsù　（副词）

意思同"赶紧""赶快""快速"，多用于书面语，修饰双音节动词或动词短语：

At top speed, posthaste; modifies disyllabic verbs or verbal phrases, mostly found in written language：

1. ……二大队全部撤出前沿，向河边急进，～抢渡。（周立波《湘江一夜》）

　　… Èr dàduì quánbù chè chū qiányán, xiàng hébiān jíjìn, ~ qiǎngdù.

2. 今天夜里有霜冻，为了确保今年小麦大丰收，战胜霜冻，各队～准备柴禾烟熏。（李准《耕云记》）

　　Jīntiān yè li yǒu shuāngdòng, wèile quèbǎo jīnnián xiǎomài dà fēngshōu, zhànshèng shuāngdòng, gè duì ~ zhǔnbèi cháihe yān xūn.

3. 梅雪玉马上打电话，命令值班长，～派人抢修，把拦污栅放下去。（肖育轩《心声》）

　　Méi Xuěyù mǎshàng dǎ diànhuà, mìnglìng zhíbānzhǎng, ~ pài rén qiǎngxiū, bǎ lánwūzhà fàng xiaqu.

4. 马全有～把情况报告给周大勇。（杜鹏程《保卫延安》）

　　Mǎ Quányǒu ~ bǎ qíngkuàng bàogào gěi Zhōu Dàyǒng.

或　huò　（副词）〈书〉

表示不十分肯定，有"也许"的意思：

Perhaps, maybe, probably：

1. 从前指的是甲事，现在叹的～是乙事。（鲁迅《我的节烈观》）

　　Cóngqián zhǐ de shì jiǎ shì, xiànzài tàn de ~ shì yǐ shì.

2. 星期我～上山，亦未可知。（鲁迅《致周作人》）

　　Xīngqī wǒ ~ shàng shān, yì wèi kě zhī.

3. 买书的钱我已寄去了，即日～可收到。

　　Mǎi shū de qián wǒ yǐ jì qu le, jírì ~ kě shōudào.

辨认：

Note：

"或"也是连词，表示选择：

或 (or, either... or) is also a conjunction and indicates an alternative：

1. 阜平的农民没有见过大的地块，他们所有的，只是象炕台那样大，或是象锅台那样大的一块土地。（孙犁《山地回忆》）

　　Fùpíng de nóngmín méiyou jiànguo dà de dìkuàir, tāmen suǒ yǒu de, zhǐ shì xiàng kàngtái nàyàng dà, huò shì xiàng guōtái nàyàng dà de yí kuài tǔdì.

2. 赵府的全眷都很焦急，打着呵欠，或恨阿 Q 太飘忽，或怨彭七嫂不上紧。（鲁迅《阿 Q 正传》）

　　Zhào fǔ de quán juàn dōu hěn jiāojí, dǎzhe hēqiàn, huò hèn Ā Q tài piāohū, huò yuàn Zōu qīsǎo bú shàngjǐn.

参看连词"或"。

Compare conjunction 或 huò.

或许 huòxǔ （副词）

同"也许"A，表示猜测，可放在句首：

Same as 也许 A（perhaps，maybe）and can occur at the beginning of a sentence：

1. 明天，不，～现在，国家就在我们地区进行重大科研活动。（肖育轩《心声》）

    Míngtiān，bù，～ xiànzài，guójiā jiù zài wǒmen dìqū jìnxíng zhòngdà kēyán huódòng.

2. 要下不雨，我们～已经推进到乌龙堡了。（杜鹏程《保卫延安》）

    Yào bú xià yǔ，wǒmen ～ yǐjīng tuījìndào Wūlóngpù le.

3. 她想象着，妈妈也许会哭，～很伤心。（卢新华《伤痕》）

    Tā xiǎngxiàngzhe，māma yěxǔ huì kū，～ hěn shāngxīn.

4. 他在哪个工厂工作？～他是个技术员？（刘心武《爱情的位置》）

    Tā zài nǎge gōngchǎng gōngzuò？～ tā shì ge jìshùyuán？

5. ～，他是同这些大小队干部太熟惯了，太有感情了吧。（成一《顶凌下种》）

    ～，tā shì tóng zhèxiē dà xiǎo duì gànbù tài shúguàn le，tài yǒu gǎnqíng le ba.

或者 huòzhě （副词）

同"也许"A，表示猜测，可放在主语前：

Same as 也许 A（perhaps，maybe）and can occur at the beginning of a sentence：

1. ～你们会想：跑一个人还不是平常事，何必看得那样严重？（杜鹏程《保卫延安》）

    ～ nǐmen huì xiǎng：Pǎo yí ge rén hái bú shì píngcháng shì，hébì kàn de nàyàng yánzhòng？

2. 他怎么呈现出那么古怪的一种表情，仿佛他突然不认识我了，～我犯了什么错误……。（刘心武《爱情的位置》）

    Tā zěnme chéngxiàn chū nàme gǔguài de yì zhǒng biǎoqíng，fǎngfú tā tūrán bú rènshi wǒ le，～ wǒ fànle shénme cuòwù……

3. 你～愿意知道我的消息，现在简直告诉你罢：我失败了。（鲁迅《孤独者》）

    Nǐ ～ yuànyì zhīdao wǒ de xiāoxi，xiànzài jiǎnzhí gàosu nǐ ba：Wǒ shībài le.

辨认：

Note：

连词"或者"表示选择关系，它连接两个并列结构：

The conjunction 或者（or，either ... or ... ）is used to connect two coordinate constructions：

1. 孩子，要是你能带，也托你带上山去，或者带到外地去养着，将来咱们的红军打回来，把她交给卢进勇同志。（王愿坚《党费》）

    Háizi，yàoshi nǐ néng dài，yě tuō nǐ dài shàng shān qu，huòzhě dàidào wàidì qù yǎngzhe，jiānglái zánmen de Hóngjūn dǎ huilai，bǎ tā jiāo gěi Lú Jìnyǒng tóngzhì.

2. 人们跟他在一起，或者听到他的名字，什么时候都会引起一种不容易说出来的敬爱和亲密的心情。（杜鹏程《保卫延安》）

    Rénmen gēn tā zài yìqǐ，huòzhě tīngdào tā de míngzi，shénme shíhou dōu huì yǐnqǐ yì zhǒng bù róngyi shuō chulai de jìng·ài hé qīnmì de xīnqíng.

参看连词"或者"。

Compare conjunction 或者 huòzhě.

霍地　huòdì　（副词）〈书〉

同"忽然"，不如"忽然"常用：

Same as 忽然 (suddenly, all of a sudden), but is not used as frequently：

1. "什么！有这样的事！"焕之～站起来，觉得眼前完全黑暗了……（叶圣陶《倪焕之》）

   "Shénme! Yǒu zhèyàng de shì!" Huànzhī ～ zhàn qilai, juéde yǎnqián wánquán hēi·àn le...

2. 看见她把菜筐子用草盖了盖，……又～转过身来，朝着我说：……（王愿坚《党费》）

   Kànjian tā bǎ càikuāngzi yòng cǎo gàile gài, ... yòu ～ zhuǎn guo shēn lai, cháozhe wǒ shuō：...

3. 我～一下从炕上跳起来，披上衣服，就挤到同志们中间。（李季《马兰》）

   Wǒ ～ yíxià cóng kàng shang tiào qilai, pī shang yīfu, jiù jǐdào tóngzhìmen zhōngjiān.

4. 他双手一挣，～站将起来，激情使得孔独步几乎说不出话来。（王西彦《晚来香》）

   Tā shuāng shǒu yí zhèng, ～ zhànjiāng qǐlái, jīqíng shǐdé Kǒng Dúbù jīhū shuō bu chū huà lai.

参看"忽然"。

Compare 忽然 hūrán.

霍然　huòrán　（副词）

同"忽然"，用得较少：

Same as 忽然 (all of a sudden), but is very rarely used：

1. 出了峡谷，前面～开阔起来了。（魏巍《东方》）

   Chū le xiágǔ, qiánmiàn ～ kāikuò qilai le.

2. 只见远处山头火光～一亮，却又立刻消失在夜幕之中。

   Zhǐjiàn yuǎnchù shāntóu huǒguāng ～ yí liàng, què yòu lìkè xiāoshī zài yèmù zhī zhōng.

3. 在这千钧一发之际，他不顾头部伤痛，～站起，扑向炮位，准备顶替倒下的战友，向敌人射击。（刊）

   Zài zhè qiānjūnyífà zhī jì, tā búgù tóubù shāngtòng, ～ zhàn qǐ, pū xiàng pàowèi, zhǔnbèi dǐngtì dǎo xià de zhànyǒu, xiàng dírén shèjī.

参看"忽然"。

Compare 忽然 hūrán.

豁然　huòrán　（副词）

有忽然（开阔通达）的意思：

Suddenly（see an open space, see the light or be enlightened）：

1. 他刚转了弯，前面～开朗，眼前一片浅红色。这是一片梅林，红白两种梅花开得正繁。（巴金《家》）

   Tā gāng zhuǎnle wān, qiánmiàn ～ kāilǎng, yǎn qián yí piàn qiǎn hóngsè. Zhè shì yí piàn méilín, hóng bái liǎng zhǒng méihuā kāi de zhèng fán.

2. 周大勇心里～亮了，脸上喜盈盈的。（杜鹏程《保卫延安》）

Zhōu Dàyǒng xīnli ～ liàng le, liǎn shang xǐyíngyíng de.

3. 想到这里,他的脑筋,～清醒过来。(魏巍《东方》)

Xiǎngdào zhèlǐ, tā de nǎojīn, ～ qīngxǐng guolai.

4. 牛子这句话,像一记响锤,堂的一声把我的心～砸亮了。(任斌武《开顶风船的角色》)

Niúzi zhè jù huà, xiàng yí jì xiǎng chuí, tāng de yì shēng bǎ wǒ de xīn ～ záliàng le.

几 jī (副词)〈书〉

有"几乎"的意思:

Means 几乎 (nearly, almost, practically):

1. 婵娟一闪身跑下台阶,子兰扑空倒地,～跌至阶下。(郭沫若《屈原》)

Chánjuān yì shǎn shēn pǎo xià táijiē, Zǐlán pūkōng dǎo dì, ～ diē zhì jiē xià.

2. 原有的东西……当初何尝不或者～被宗教家烧死,或者大受保守者攻击呢……(鲁迅《"硬译"与"文学的阶级性"》)

Yuán yǒu de dōngxi ... dāngchū héchàng bù huòzhě ～ bèi zōngjiàojiā shāosǐ, huòzhě dà shòu bǎoshǒuzhě gōngjī ne...

3. 据《曲周县志》记载:明朝崇祯年间,曲邑北乡一带,盐碱浮卤,～成废壤,民间赋税无出。(报)

Jù 《Qūzhōuxiànzhì》 jìzǎi: Míngcháo Chóngzhēn niánjiān, Qūyì Běixiāng yídài, yánjiǎn fú lǔ, ～ chéng fèi rǎng, mínjiān fùshuì wú chū.

几乎 jīhū (副词)

A 非常接近某一程度;同"差不多",没有感情色彩,不及"差不多"口语化:

Same as 差不多 (nearly, almost), but has no emotional undertones and is not as colloquial as 差不多:

1. 几个大厂子里,～都有他的朋友。(陶承《我的一家》)

Jǐ ge dà chǎngzi li, ～ dōu yǒu tā de péngyou.

2. 一路～遇不见人,好容易才雇定了一辆人力车,教他拉到 S 门去。(鲁迅《一件小事》)

Yílù ～ yù bu jiàn rén, hǎoróngyì cái gùdìng le yí liàng rénlìchē, jiào tā lādào S mén qu.

3. 凡是以卖力气就能吃饭的事他～全作过了。(老舍《骆驼祥子》)

Fánshì yǐ mài lìqi jiù néng chī fàn de shì tā ～ quán zuòguo le.

4. 这条荒僻的小路上,～每一棵树,每一块山石他都熟悉。(王愿坚《普通劳动者》)

Zhètiáo huāngpì de xiǎo lù shang, ～ měi yì kē shù, měi yí kuài shān shí tā dōu shúxi.

B 同"差一点",表示某情况接近于实现而实际上并未实现,或似乎不会实现却终于实现了;不如"差一点"口语化:

Indicates a state of affairs which was nearly realized but in fact was not, or a state of affairs which seemed impossible to realize, yet was realized in the end:

1)不希望实现的情况接近于实现而未实现,因之常常有庆幸的感情色彩:

Sth. undesirable nearly took place but in fact did not, and the speaker finds it a narrow escape:

1.　夏天那一场大病，他～死了。
　　Xiàtiān nà yì chǎng dà bìng, tā ～ sǐ le.
2.　他不知道口袋有个洞，钱～漏出去。
　　Tā bù zhīdào kǒudài yǒu ge dòng, qián ～ lòu chūqu.

述语可以用否定形式，意思不变，上两句都可变为"没死了""没漏出去"。

The verb can be put in the negative without affecting the meaning. In the above two examples, the verbs can both be negated：没死了，没漏出去.

有时这种形式并不是用来表示对幸免于难的庆幸，而是表示另一种情况达到极高的程度：

Sometimes this expression does not show the speaker's happiness at a narrow escape, but indicates a very high degree of some other state：

3.　他笑得～要流出眼泪。（陶承《我的一家》）
　　Tā xiào de ～ yào liú chu yǎnlèi.
4.　"死了？"我的心突然紧缩，～跳起来，脸上大约也变了色。（鲁迅《祝福》）
　　"Sǐ le?" Wǒ de xīn tūrán jǐnsuō, ～ tiào qǐlai, liǎn shang dàyuē yě biàn le sè.

2)一种很希望能实现的情况似乎不能实现，却终于实现了；含有庆幸的感情；述语用否定形式：

Sth. very desirable which initially seemed unrealizable was realized in the end, implying that the speaker thinks it was good luck. The verb is in the negative：

5.　我～没赶上火车，一上去，车就开动了。
　　Wǒ ～ méi gǎnshang huǒchē, yí shàng qu, chē jiù kāidòng le.
6.　李大树对于这三面是敌人一面是长江的险恶环境，～没有引起注意。（柳洲《风雨桃花洲》）
　　Lǐ Dàshù duìyú zhè sān miàn shì dírén yí miàn shì Chángjiāng de xiǎn·è huánjìng, ～ méiyou yǐnqǐ zhùyì.

3)一种很希望能实现的情况似乎要实现，但终于未实现；含有惋惜的感情；述语用肯定形式：

Sth. very desirable which initially seemed realizable was not in fact realized, implying a feeling of regret. The verb must be in the affirmative, and a 就 may precede it：

7.　那天他～跑了个第一。他一直领先，最后才被人赶过去。
　　Nàtiān tā ～ pǎole ge dì-yī. Tā yìzhí lǐngxiān, zuìhòu cái bèi rén gǎn guòqu.

参看"差一点儿"。
Compare 差一点儿 chàyidiǎnr.

基本 jīběn （副词）
同"基本上"A：
Same as 基本上 (basically, on the whole) A：
1.　目前，地下铁道沿旧城墙的环线工程已～就绪。（刊）
　　Mùqián, dìxià tiědào yán jiù chéngqiáng de huánxiàn gōngchéng yǐ ～ jiùxù.
2.　地铁西环线工程～完成。（报）
　　Dìtiě xīhuánxiàn gōngchéng ～ wánchéng.
3.　这两篇文章的内容～相同。
　　Zhè liǎng piān wénzhāng de nèiróng ～ xiāngtóng.

4. 烈性传染病被消灭，或～消灭。(报)

   Lièxìng chuánrǎnbìng bèi xiāomiè, huò ～ xiāomiè.

形容词"基本"也可作状语，和"基本上"B 相同。

The adjective 基本 can also function as an adverbial and then is the same as 基本上 B:

辨认：

Note:

"基本"修饰名词时，有"主要"的意思，是形容词：

基本 as an adjective means 主要 (main, essential), and is used to modify nouns:

1. 雪花有上万种图案，但基本的形状是六角形。(刊)

   Xuěhuā yǒu shàng wàn zhǒng tú'àn, dàn jīběn de xíngzhuàng shì liùjiǎoxíng.

2. 住在那里的不少诗人、画家、小说家、科学家以及各行各业的干部、工人，都是
   玉渊潭的基本游客。(刊)

   Zhù zài nàli de bù shǎo shīrén, huàjiā, xiǎoshuōjiā, kēxuéjiā yǐjí gèhánggèyè de
   gànbù, gōngrén, dōu shì Yùyuāntán de jīběn yóukè.

基本上   jīběnshang   (副词)

A 大体上，大致上，可修饰否定形式：

  Basically, on the whole; can modify a negative form:

1. 解放前北京城的面貌，～还是明代形成的。(刊)

   Jiěfàng qián Běijīng chéng de miànmào, ～ hái shì Míngdài xíngchéng de.

2. 责任制的好处很明显，～是适应我国当前生产力水平的，也是适应广大群众的
   觉悟水平和干部管理经验的。(李准《初春农话》)

   Zérènzhì de hǎochu hěn míngxiǎn, ～ shì shìyìng wǒ guó dāngqián shēngchǎnlì
   shuǐpíng de, yě shì shìyìng guǎngdà qúnzhòng de juéwù shuǐpíng hé gànbù guǎnlǐ
   jīngyàn de.

3. 虽然特写这种形式允许作者在忠实于基本事实的基础上作一定程度的补充，
   但我～没有这样作。

   Suīrán tèxiě zhèzhǒng xíngshì yǔnxǔ zuòzhě zài zhōngshí yú jīběn shìshí de jīchǔ shang
   zuò yídìng chéngdù de bǔchōng, dàn wǒ ～ méiyou zhèyàng zuò.

B 主要地：

  Mainly:

1. 这项工作，～靠他来完成。

   Zhèxiàng gōngzuò, ～ kào tā lái wánchéng.

2. 上册选的～是先秦时代的作品；下册选的是汉魏南北朝唐宋元的作品。(王力
   《古代汉语》)

   Shàngcè xuǎn de ～ shì Xiān Qín shídài de zuòpǐn; xiàcè xuǎn de shì Hàn Wèi
   Nánběicháo Táng Sòng Yuán de zuòpǐn.

参看"基本"。

Compare 基本 jīběn.

及早   jízǎo   (副词)

表示趁时间还早，修饰多音节词语：

At an early date, as soon as possible, before it is too late; is used to modify polysyllabic words
or phrases:

1. 有一次饿得实在受不了，她竟用破碗碴把自己的头打破，想～了此老命。（报）

    Yǒu yí cì è de shízài shòu bu liǎo, tā jìng yòng pò wǎnchár bǎ zìjǐ de tóu dǎpò, xiǎng ～ liǎo cǐ lǎo mìng.

2. 游泳遇到旋涡或被水草缠住时，要镇静、躲开、解脱，～呼救。（刊）

    Yóuyǒng yùdào xuánwō huò bèi shuǐcǎo chánzhu shí, yào zhènjìng, duǒkāi, jiětuō, ～ hūjiù.

3. 为了搞好今年的大白菜供应工作，农、商、交通等有关部门尽了很大努力，……力争～把大白菜供应给居民。（报）

    Wèile gǎohǎo jīnnián de dàbáicài gōngyìng gōngzuò, nóng, shāng, jiāotōng děng yǒuguān bùmén jìnle hěn dà nǔlì, ... lìzhēng ～ bǎ dàbáicài gōngyìng gěi jūmín.

极 jí   (副词)

A 表示达到最高点，有书面语意味，修饰形容词、某些动词、助动词及短语：

Extremely, exceedingly; is used to modify adjectives, certain verbs, auxiliary verbs or phrases; has a literary flavour:

1. 这声音虽然～低，却很耳熟。（鲁迅《孔乙己》）

    Zhè shēngyīn suīrán ～ dī, què hěn ěrshú.

2. 小风尖溜溜的把早霞吹散，露出～高～蓝～爽快的天。（老舍《骆驼祥子》）

    Xiǎo fēng jiānliūliū de bǎ zǎoxiá chuīsàn, lòu chū ～ gāo ～ lán ～ shuǎngkuài de tiān.

3. 孔乙己刚用指甲蘸了酒，想在柜上写字，见我毫不热心，便又叹一口气，显出～惋惜的样子。（鲁迅《孔乙己》）

    Kǒng Yǐjǐ gāng yòng zhǐjiǎ zhànle jiǔ, xiǎng zài guì shang xiě zì, jiàn wǒ háo bú rèxīn, biàn yòu tàn yì kǒu qì, xiǎn chū ～ wǎnxī de yàngzi.

4. 胃中象完全空了，～想吃点什么。（老舍《骆驼祥子》）

    Wèi zhōng xiàng wánquán kōng le, ～ xiǎng chī diǎnr shénme.

5. 他爹是一个～有心计舍命苦干的人。（魏巍《东方》）

    Tā diē shì yí ge ～ yǒu xīnjì shě mìng kǔgàn de rén.

6. 他显得很悠闲地踱出了大队部院，～有兴致地欣赏着这个他第一次来的村子的村貌。（成一《顶凌下种》）

    Tā xiǎnde hěn yōuxián de duó chū le dàduìbù yuàn, ～ yǒu xìngzhì de xīnshǎngzhe zhège tā dì-yī cì lái de cūnzi de cūnmào.

7. 男女都披着披毡，服饰～有特色。（刊）

    Nán nǚ dōu pīzhe pītǎn, fúshì ～ yǒu tèsè.

"极"可修饰否定形式，以三音节的为多：

极 can modify negative forms, most of which are trisyllabic:

8. 盘儿习课，～不费力。（叶圣陶《倪焕之》）

    Pán·ér xí kè, ～ bú fèi lì.

9. 这是一种常见的极普遍、极细小的花；但我对它却怀有～不一般的感情。（章辰宵《紫荆树前的情思》）

    Zhè shì yì zhǒng chángjiàn de jí pǔbiàn, jí xìxiǎo de huā; dàn wǒ duì tā què huáiyǒu ～ bú yìbān de gǎnqíng.

10. 他写的检查～不像样。

Tā xiě de jiǎnchá ～ bú xiàng yàng.

参看"极其"。

Compare 极其 jíqí.

B "极"可以用在形容词、某些动词及短语后表示极高程度，较作状语的"极"要口语化，多有"了"：

极 can be used after adjectives or certain verbs or phrases to indicate a very high degree and takes 了 after it. 极了 is more colloquial than 极 used as an adverbial：

1. 好～了，我要是大少爷，我一个子儿也不给您。（曹禺《雷雨》）

   Hǎo ～ le, wǒ yàoshi dàshàoye, wǒ yí ge zǐr yě bù gěi nín.

2. 哼，我怕什么？这些年，我的心都死了，我恨～了我自己。（曹禺《雷雨》）

   Hng, wǒ pà shénme? Zhèxiē nián, wǒ de xīn dōu sǐ le, wǒ hèn ～ le wǒ zìjǐ.

3. 水天相接的远方，隐隐约约有几只雄鹰在飞掠……真是好看～了！（莫伸《窗口》）

   Shuǐ tiān xiāng jiē de yuǎnfāng, yǐnyǐnyuēyuē yǒu jǐ zhī xióngyīng zài fēilüè ... zhēn shì hǎokàn ～ le!

4. 蛮蛮生气～了，伤心～了，从屋里溜出来，溜到后院。（王汶石《蛮蛮》）

   Mánman shēng qì ～ le, shāngxīn ～ le, cóng wū li liū chulai, liūdào hòuyuàn.

C "好极""妙极"则是较文的说法；如果是双音节形容词，则在"极"前加"已"：

好极，妙极 are more often used as literary expressions, when an adjective is disyllabic 已 is used before 极：

1. "政治必须落实到人的思想革命化。"这等于说，政治要落实在政治上，真是荒唐已～。（报）

   "Zhèngzhì bìxū luòshídào rén de sīxiǎng gémìnghuà." Zhè děngyú shuō, zhèngzhì yào luòshí zài zhèngzhì shang, zhēn shì huāngtáng yǐ ～.

2. 听人家说，那是一场大战过后，一个战士困倦已～，倒在雪地里就睡了。（景希珍、丁隆炎《在彭总身边》）

   Tīng rénjia shuō, nà shì yì chǎng dà zhàn guòhòu, yí ge zhànshì kùnjuàn yǐ ～, dǎo zài xuědì li jiù shuì le.

3. 此文妙～！

   Cǐ wén miào ～!

辨认：

Note：

"极"也是动词，是"尽"的意思，是从古代汉语遗留下来的：

极 is also a verb, meaning 尽 (extend to the utmost limit). This use of 极 is a relic of classical Chinese：

这是一步一坑的沙滩，这是举步难行的泥潭，这是无边无沿的荒原，极目远眺，人迹渺无，只有死一般的沉寂。（刊）

Zhè shì yí bù yì kēng de shātān, zhè shì jǔ bù nán xíng de nítán, zhè shì wú biānwúyán de huāngyuán, jímùyuǎntiào, rénjì miǎowú, zhǐ yǒu sǐ yìbān de chénjì.

极度 jídù （副词）

同"极其"，有书面语意味：

Same as 极其 (extremely, exceedingly), but more literary：

1. 战斗打响以前,全体指战员都～兴奋。(王汶石《挥起战刀的炮手们》)
Zhàndòu dǎxiǎng yǐqián, quántǐ zhǐzhànyuán dōu ～ xīngfèn.

2. 他一手捂住眼睛,～痛楚地出了一口长气,转身高一脚,低一脚地往前走去。(王亚平《神圣的使命》)
Tā yì shǒu wǔzhu yǎnjing, ～ tòngchǔ de chūle yì kǒu cháng qì, zhuǎnshēn gāo yì jiǎo, dī yì jiǎo de wǎng qián zǒu qù.

3. 剧本和演出都先用～夸张的手法,渲染了王昭君的美。(报)
Jùběn hé yǎnchū dōu xiān yòng ～ kuāzhāng de shǒufǎ, xuànrǎnle Wáng Zhāojūn de měi.

极力 jílì (副词)

想尽一切办法,用尽一切力量;修饰动词或助动词,单音节多音节均可:
By every means possible, do one's utmost; modifies verbs or auxiliary verbs, monosyllabic or polysyllabic:

1. 是的,我早知道,我们先生是～主张和齐国联合的。(郭沫若《屈原》)
Shì de, wǒ zǎo zhīdao, wǒmen xiānsheng shì ～ zhǔzhāng hé Qíguó liánhé de.

2. 他定了定神,～让自己平静下来。(魏巍《东方》)
Tā dìng le dìng shén, ～ ràng zìjǐ píngjìng xialai.

3. 他～地仿效他心目中大人物的气魄。(曹禺《日出》)
Tā ～ de fǎngxiào tā xīnmù zhōng dàrénwù de qìpò.

4. 他依然温和地摆着手,～想使大家静下来。(刘元举《我和老师》)
Tā yīrán wēnhé de bǎizhe shǒu, ～ xiǎng shǐ dàjiā jìng xialai.

可修饰否定形式:
极力 can also modify a negative form:

5. 她～不让眼泪流下来。
Tā ～ bú ràng yǎnlèi liú xialai.

极其 jíqí (副词)

同"极"A,但只修饰多音节词语:
Same as 极 A (extremely, exceedingly), but modifies polysyllabic words or phrases only:

1. 我站起来要走,她拉住我,一面～敏捷地拿过穿着麻线的大针,把那橘碗四周相对地穿起来。(冰心《小橘灯》)
Wǒ zhàn qilai yào zǒu, tā lāzhu wǒ, yímiàn ～ mǐnjié de ná guo chuānzhe máxiàn de dà zhēn, bǎ nà jú wǎn sìzhōu xiāngduì de chuān qilai.

2. 他只是～严肃地考虑了一分钟左右,便断然回答说:"好吧! 我愿意认识认识他。"(刘心武《班主任》)
Tā zhǐshì ～ yánsù de kǎolùle yì fēnzhōng zuǒyòu, biàn duànrán huídá shuō: "Hǎo ba! Wǒ yuànyì rènshi rènshi tā."

3. 我怀着～兴奋、感激的心情,随着老人挨家办理了借粮手续。(王愿坚《三张纸条》)
Wǒ huáizhe ～ xīngfèn, gǎnjī de xīnqíng, suízhe lǎorén āi jiā bànlǐle jiè liáng shǒuxù.

4. 她们并没有提出什么问题,只把老师屋里～简单的陈设看了一遍又一遍。(祝兴义《抱玉岩》)

Tāmen bìng méiyou tí chū shénme wèntí, zhǐ bǎ lǎoshī wū li ~ jiǎndān de chénshè kànle yí biàn yòu yí biàn.

5. 这个人~不负责任。

Zhège rén ~ bú fù zérèn.

参看"极度""极为"。

Compare 极度 jídù, 极为 jíwéi.

极为 jíwéi （副词）

同"极其"，有书面语意味，多修饰双音节词语：

Same as 极其 (extremely, exceedingly), but with a literary flavour, usually modifies disyllabic words or phrases:

1. 这话使我~感动。（杜鹏程《延安人》）

Zhè huà shǐ wǒ ~ gǎndòng.

2. 这使潘书记~恼火。（成一《顶凌下种》）

Zhè shǐ Pān shūjì ~ nǎohuǒ.

3. 他在战斗中~勇猛，沉着，而平时却又腼腆得像个大姑娘似的。（魏巍《东方》）

Tā zài zhàndòu zhōng ~ yǒngměng, chénzhuó, ér píngshí què yòu miǎntian de xiàng ge dà gūniang shìde.

4. 想不到就在这个为难的时刻，我们得到了周总理~亲切的指示。（报）

Xiǎng bu dào jiù zài zhège wéinán de shíkè, wǒmen dédàole Zhōu zǒnglǐ ~ qīnqiè de zhǐshì.

即 jí （副词）〈书〉

A 有"立刻"的意思：

Same as 立刻 (promptly, at once):

1. 脱下衣服的时候，他听得外面很热闹，阿Q平生本来最爱看热闹，便~寻声走出去了。（鲁迅《阿Q正传》）

Tuō xia yīfu de shíhou, tā tīngdé wàimiàn hěn rènao, Ā Q píngshēng běnlái zuì ài kàn rènao, biàn ~ xúnshēng zǒu chuqu le.

2. 到站下车后，他们没走几步，就听见后面轻轻"啪"的一声，父亲~应声倒地。（刊）

Dào zhàn xià chēn hòu, tāmen méi zǒu jǐ bù, jiù tīngjian hòumiàn qīngqīng "pā" de yì shēng, fùqin ~ yìngshēng dǎo dì.

3. 如有存书，希~寄给合记收，并附代售章程一份，款子是靠得住的。（鲁迅《致李霁野》）

Rú yǒu cún shū, xī ~ jì gěi Héjì shōu, bìng fù dàishòu zhāngchéng yí fèn, kuǎnzi shì kào de zhù de.

B 有"就"的意思：

Same as 就:

1) 表示某一行为紧接前一行为发生，常用"一……即……"：

Indicates that no sooner had sth. happened than sth. else took place and is often used in the construction 一...即... (as soon as ... then, no sooner had ... than ...):

1. 二人由左翼侧道出场，见南后，~远远伫立。（郭沫若《屈原》）

Èr rén yóu zuǒyì cèdào chū chǎng, jiàn Nán hòu, ~ yuǎnyuǎn zhùlì.

2. 高老夫子一跑到贤良女学校,～将新印的名片交给一个驼背的老门房。(鲁迅《高老夫子》)

    Gāo lǎofūzǐ yì pǎodào Xiánliáng Nǚxuéxiào, ～ jiāng xīn yìn de míngpiàn jiāo gěi yí ge tuó bèi de lǎo ménfáng.

3. 敌人一击～溃,四处逃散。

    Dírén yì jī ～ kuì, sìchù táosàn.

2)表示事情发生得早:

Indicates that something happened long ago:

4. 早在 1976 年,～提出建立自然保护区的建议,已经国务院批准。(报)

    Zǎo zài yījiǔqīliù nián, ～ tí chū jiànlì zìrán bǎohùqū de jiànyì, yǐ jīng Guówùyuàn pīzhǔn.

3)表示在某种条件下就会有某种结果:

Indicates that certain conditions will lead to certain results:

5. 假如敌人已经开始渡河,我军～可半渡而击。(杜鹏程《保卫延安》)

    Jiǎrú dírén yǐjīng kāishǐ dù hé, wǒ jūn ～ kě bàn dù ér jī.

6. 假使有钱,他便去押牌宝,一堆人蹲在地面上,阿 Q～汗流满面的夹在这中间。(鲁迅《阿 Q 正传》)

    Jiǎshǐ yǒu qián, tā biàn qù yā páibǎo, yì duī rén dūn zài dìmiàn shang, Ā Q ～ hànliúmǎnmiàn de jiā zài zhè zhōngjiān.

4)表示眼前就是,不要到远处去找:

Indicates that sth. is near and within sight:

7. 这未来～近在咫尺。(杜鹏程《保卫延安》)

    Zhè wèilái ～ jìnzàizhǐchǐ.

8. 这件事情一直得不到解决,问题～在于此。

    Zhèjiàn shìqing yìzhí dé bu dào jiějué, wèntí ～ zàiyú cǐ.

辨认:

Note:

"即"作为动词有两个意思:

即, as a verb, has two meanings:

1)"到":

Approach, *reach*, *ascend*, *mount*:

后来李建成由于嫉妒李世民功劳太大,和弟弟李元吉同谋杀害李世民,但被李世民发觉,先发制人,将二人杀死,即皇帝位。(刊)

Hòulái Lǐ Jiànchéng yóuyú jídù Lǐ Shìmín gōngláo tài dà, hé dìdi Lǐ Yuánjí tóngmóu shāhài Lǐ Shìmín, dàn bèi Lǐ Shìmín fājué, xiānfāzhìrén, jiāng èr rén shāsǐ, jí huángdì wèi.

2)"就"加"是"意思:

就 + 是 (be, mean):

鲁迅即周树人。

Lǔ Xùn jí Zhōu Shùrén.

即将 jíjiāng (副词)

表示最近的将来,修饰双音节动词或动词短语:

Soon, *be about to*; indicates near future, modifies disyllabic verbs or verbal phrases：

1. 满村满巷，人来人往：……急匆匆，闹嚷嚷，为～开始的工程作准备。(王汶石《井下》)

   Mǎn cūn mǎn xiàng, rénláirénwǎng：... Jícōngcōng, nàorāngrāng, wèi ～ kāishǐ de gōngchéng zuò zhǔnbèi.

2. 现在，通过周小梅的片言只语，她看到了～来临的斗争风暴。(肖育轩《心声》)

   Xiànzài, tōngguò Zhōu Xiǎoméi de piànyánzhīyǔ, tā kàndàole ～ láilín de dòuzhēng fēngbào.

3. 老师和他的学生～同堂参加考试，是很耐人寻味的。(祝兴义《抱玉岩》)

   Lǎoshī hé tā de xuésheng ～ tóngtáng cānjiā kǎoshì, shì hěn nàirénxúnwèi de.

4. 她觉得未来的丈夫～从事一项伟大的、轰轰烈烈的事业！(陆文夫《献身》)

   Tā juéde wèilái de zhàngfu ～ cóngshì yí xiàng wěidà de, hōnghōnglièliè de shìyè!

参看"行将"。

Compare 行将 xíngjiāng.

即刻　jíkè　(副词)〈书〉

同"立刻"：

Same as 立刻 (at once)：

1. 我是多么想～向你倾诉一段我所经历的故事。(高缨《达吉和她的父亲》)

   Wǒ shì duōme xiǎng ～ xiàng nǐ qīngsù yí duàn wǒ suǒ jīnglì de gùshi.

2. 他一发现我正在看他时，～止住笑，还好像为他刚才的举动害羞似的红了脸，……(李建纲《三个李》)

   Tā yì fāxiàn wǒ zhèngzài kàn tā shí, ～ zhǐzhu xiào, hái hǎoxiàng wèi tā gāngcái de jǔdòng hài xiū shìde hóngle liǎn, ...

3. 小 D 是什么东西呢？他很想～揪住他，拗断他的竹筷，放下他的辫子，……(鲁迅《阿 Q 正传》)

   Xiǎo D shì shénme dōngxi ne? Tā hěn xiǎng ～ jiūzhu tā, ǎoduàn tā de zhúkuài, fàng xia tā de biànzi, ...

4. 如能找到，希～寄来。(谢璞《二月兰》)

   Rú néng zhǎodào, xī ～ jì lai.

亟　jí　(副词)〈书〉

急迫的意思，常跟"待""需"等连用：

Urgently, *anxiously*, *earnestly*; often used with 待 or 需, etc.：

1. 如何教好语法，是目前中学语文教学中～待解决的一个问题。(文炼、胡附《中学语法教学》)

   Rúhé jiāohǎo yǔfǎ, shì mùqián zhōngxué yǔwén jiàoxué zhōng ～ dài jiějué de yí ge wèntí.

2. 这种状况～待改变。(报)

   Zhèzhǒng zhuàngkuàng ～ dài gǎibiàn.

3. 本市园林古迹～需加强管理。(报)

   Běn shì yuánlín gǔjì ～ xū jiāqiáng guǎnlǐ.

4. 她等待着，他却迟迟不开口，他～需要从容。(王汶石《春夜》)

   Tā děngdàizhe, tā què chíchí bù kāi kǒu, tā ～ xūyào cóngróng.

急忙　jǐmáng　（副词）

同"赶忙"，但可以重叠，表示加快行动：

Same as 赶忙（in a hurry, in haste, hurriedly）, but can be reduplicated：

1.　我～问道："你知道他的名字么？"（杨朔《平常的人》）

　　Wǒ ～ wèn dào："Nǐ zhīdao tā de míngzi ma?"

2.　我～安慰她："达吉，不要哭，你看，奴隶主被打倒了，凉山人民翻身了。"（高缨《达吉和她的父亲》）

　　Wǒ ～ ānwèi tā："Dájí, búyào kū, nǐ kàn, núlìzhǔ bèi dǎdǎo le, Liángshān rénmín fān shēn le."

3.　旅长陈兴允骑马从山口里驰出来，眼前就是黄河，他～勒住马。（杜鹏程《保卫延安》）

　　Lǚzhǎng Chén Xīngyǔn qí mǎ cóng shānkǒu li chí chulai, yǎnqián jiù shì Huánghé, tā ～ lēizhu mǎ.

4.　吃罢黑夜饭，我正说要再去找他谈谈，他可又自己跑来了；并且笑咧着嘴，急急忙忙地对我说道：……（康濯《春种秋收》）

　　Chībà hēiyèfàn, wǒ zhèng shuō yào zài qu zhǎo tā tántan, tā kě yòu zìjǐ pǎo lai le; bìngqiě xiào liězhe zuǐ, jíjímángmáng de duì wǒ shuō dào：...

简直　jiǎnzhí　（副词）

强调完全如此或差不多如此，带夸张语气；常修饰描写性的词语，用以表示程度高：

An emphatic expression meaning "simply, at all", usually modifies descriptive words and phrases, which may imply exaggeration, to indicate a high degree：

1.　你～胡说。（曹禺《雷雨》）

　　Nǐ ～ húshuō.

2.　他双手举起稚鹤，连声说："好沉，好沉，～抱不动了。"（陶承《我的一家》）

　　Tā shuāng shǒu jǔ qi Zhìhè, liánshēng shuō："Hǎo chén, hǎo chén, ～ bào bu dòng le."

3.　那小小的屋里，～站不开我们这一组人。（孙犁《吴召儿》）

　　Nà xiǎoxiǎo de wū li, ～ zhàn bu kāi wǒmen zhè yì zǔ rén.

4.　他对这些渠道的熟悉程度，～使人吃惊。（马烽《我的第一个上级》）

　　Tā duì zhèxiē qúdào de shúxi chéngdù, ～ shǐ rén chī jīng.

5.　这个地方，地下～象个海，随便哪里，打五六丈深就有水。（马烽《太阳刚刚出山》）

　　Zhège dìfang, dìxià ～ xiàng ge hǎi, suíbiàn nǎli, dǎ wǔ liù zhàng shēn jiù yǒu shuǐ.

6.　哼，你～是疯子，～是疯子。（郭沫若《屈原》）

　　Hng, nǐ ～ shì fēngzi, ～ shì fēngzi.

7.　不，不，有些事～是想不到的。（曹禺《雷雨》）

　　Bù, bù, yǒu xiē shì ～ shì xiǎng bu dào de.

"简直是"后面如果是动词结构，"是"可以省略，以下例句中的"是"都可省略，意思不变：

When 简直是 is followed by a verbal construction, 是 can be omitted, as in the following examples, without changing the meaning：

8.　"阿义可怜——疯话，～是发了疯了。"花白胡子恍然大悟似的说。（鲁迅《药》）

"Āyì kělián —— fēng huà, ～ shì fā le fēng le." Huābái húzi huǎngrándàwù shìde shuō.

9. 我～是在命令昌林，叫他赶快说。(康濯《春种秋收》)

Wǒ ～ shì zài mìnglìng Chānglín, jiào tā gǎnkuài shuō.

10. 本纹在这里吃，在这里住，老妈妈还替她洗衣、缝补，～是把她当作亲生的女儿。(陶承《我的一家》)

Běnwén zài zhèlǐ chī, zài zhèlǐ zhù, lǎo māma hái tì tā xǐ yī, féngbǔ, ～ shì bǎ tā dàngzuò qīnshēng de nǚ·ér.

口语中"简直是"有时可以单用，所表示的意思，依语言环境而定：

In spoken language, 简直是 can occasionally stand by itself. The meaning is decided by the context:

11. 我跟他说了半天，他还是不听。这个人，简直是！……

Wǒ gēn tā shuōle bàntiān, tā háishì bù tīng. Zhège rén, jiǎnzhí shì!...

间或　　jiānhuò　　(副词)

同"偶尔"，表示有较长的无规律间隔，多用于书面语：

Same as 偶尔 (occasionally, now and then, once in a while); mainly used in written language:

1. 还乡河边的树林里，有黄莺的叫声，～还有一两声鹧鸪的鸣叫和斑鸠嘹亮的啼啭传遍旷野。(管桦《葛梅》)

Huánxiānghé biān de shùlín li, yǒu huángyīng de jiào shēng, ～ hái yǒu yì liǎng shēng zhègū de míngjiào hé bānjiū liáoliàng de tízhuàn chuánbiàn kuàngyě.

2. 这时候，雨已经小了，一路只有脚踏泥水的声音，～身子碰动树枝的声音。(艾芜《野牛寨》)

Zhè shíhou, yǔ yǐjīng xiǎo le, yílù zhǐ yǒu jiǎo tà níshuǐ de shēngyīn, ～ shēnzi pèngdòng shùzhī de shēngyīn.

3. 初中毕业后，她一面在家读读书，一面～跟他爹去做做泥水匠副工。(谢璞《二月兰》)

Chūzhōng bìyè hòu, tā yímiàn zài jiā dúdu shū, yímiàn ～ gēn tā diē qu zuòzuo níshuǐjiàng fùgōng.

4. 我站在岸边，河水哗哗地流着，远处～传来一阵阵悦耳的歌声。

Wǒ zhàn zài àn biān, héshuǐ huāhuā de liúzhe, yuǎnchù ～ chuán lái yízhènzhèn yuè·ěr de gē shēng.

☆健步　　jiànbù　　(副词)

表示脚步轻快有力，常指走路的姿态：

Quickly and vigorously; often refers to one's manner of walking:

1. 今夜，你～走来，老当益壮，毫无倦意，使人感觉纵有万斤粮，千吨钢，也压不坍你的肩膀。(徐开垒《忆念中的欢聚》)

Jīn yè, nǐ ～ zǒu lái, lǎodāngyìzhuàng, háo wú juànyì, shǐ rén gǎnjué zòng yǒu wàn jīn liáng, qiān dūn gāng, yě yā bu tān nǐ de jiānbǎng.

2. 在暴风雨般的掌声中，一个青年小伙子英姿焕发，～走上讲台。(报)

Zài bàofēngyǔ bān de zhǎng shēng zhōng, yí ge qīngnián xiǎohuǒzi yīngzī huànfā, ～ zǒu shàng jiǎngtái.

3. 我匆忙下楼，未及细看，那老人就～上前，一把拉住了我。(丁宁《仙女花开》)

Wǒ cōngmáng xià lóu, wèi jí xì kàn, nà lǎorén jiù ～ shàngqián, yì bǎ lāzhule wǒ.

4. 如今，在我们～跨入二十世纪八十年代的时候，散文的工作是无比繁忙的。(冰心《我们的新春献礼》)

Rújīn, zài wǒmen ～ kuàrù èrshí shìjì bāshí niándài de shíhou, sǎnwén de gōngzuò shì wúbǐ fánmáng de.

☆"健步"有时是名词短语：

健步 sometimes is a nominal phrase：

1. 我急忙跟定清玉，他健步如飞，一只胳膊甩动得那么有劲。(李满天《力原》)

Wǒ jímáng gēndìng Qīngyù, tā jiànbù rú fēi, yì zhī gēbo shuǎidòng de nàme yǒu jìnr.

2. 赵越今年五十六岁,发不白,眼不花,走起路来健步如风。(徐慎《四书记》)

Zhào Yuè jīnnián wǔshí liù suì, fà bù bái, yǎn bù huā, zǒu qǐ lù lai jiànbù rú fēng.

渐 jiàn （副词）〈书〉

同"渐渐",但只修饰单音节词,不能用于句首：

Same as 渐渐 (gradually, by degrees, little by little), but only modifies monosyllabic words and cannot occur at the head of a sentence：

1. 风声、雷声～起。(曹禺《雷雨》)

Fēng shēng, léi shēng ～ qǐ.

2. 大风～息,雷电亦止,月光复出,斜照殿上。(郭沫若《屈原》)

Dà fēng ～ xī, léi diàn yì zhǐ, yuèguāng fù chū, xié zhào diàn shang.

3. 时候既然是深冬,～近故乡时,天气又阴晦了,……(鲁迅《故乡》)

Shíhou jìrán shì shēndōng, ～ jìn gùxiāng shí, tiānqì yòu yīnhuì le,…

4. 唱声～低,方达生进。(曹禺《日出》)

Chàng shēng ～ dī, Fāng Dáshēng jìn.

渐次 jiàncì （副词）〈书〉

同"渐渐"：

Same as 渐渐 (gradually, by degrees)：

1. 这种人因为他们过去过着好日子,后来逐年下降,负债渐多,～过着凄凉的日子,"瞻念前途,不寒而栗"。(毛泽东《中国社会各阶级的分析》)

Zhèzhǒng rén yīnwèi tāmen guòqù guòzhe hǎo rìzi, hòulái zhúnián xiàjiàng, fù zhài jiàn duō, ～ guòzhe qīliáng de rìzi, "zhānniàn qiántú, bùhán·érlì".

2. 这个背熟了的故事,使他不因身体的～痊好,和亲友们的善意深情,而忘了他所永不应忘了的事——报仇。(老舍《四世同堂》)

Zhège bèishúle de gùshi, shǐ tā bù yīn shēntǐ de ～ quánhǎo, hé qīnyǒumen de shànyì shēnqíng, ér wàngle tā suǒ yǒng bù yīng wàngle de shì —— bào chóu.

渐渐 jiànjiàn （副词）

表示变化过程连续而缓慢,被修饰的如是单音词,要带其它成分,可带"地"：

Gradually, by degrees, little by little; indicates that a process of change is slow but continuous, 渐渐 can be followed by 地：

1. 过了"腊八",进入腊月中旬,冬季的白天就～长了。(柳青《创业史》)

Guòle "Làbār", jìnrù Làyuè zhōngxún, dōngjì de báitiān jiù ～ cháng le.

2. 我想着,心又～平静了。(巴金《杨林同志》)

Wǒ xiǎngzhe, xīn yòu ～ píngjìng le.

3. 这时太阳已经落山了，天色～黑下来，地里除了打井的，都陆陆续续收工了。（马烽《太阳刚刚出山》）

Zhèshí tàiyáng yǐjīng luò shān le, tiānsè ～ hēi xialai, dì li chúle dǎ jǐng de, dōu lùlùxùxù shōu gōng le.

4. 不过真的爱情免不了波折，我爱她，她会～地明白我，喜欢我的。（曹禺《雷雨》）

Búguò zhēn de àiqíng miǎn bu liǎo bōzhé, wǒ ài tā, tā huì ～ de míngbai wǒ, xǐhuan wǒ de.

5. 太阳～西下，上弦月已经挂在当空，一天快要结束了。（茹志鹃《阿舒》）

Tàiyáng ～ xī xià, shàngxián yuè yǐjīng guà zài dāngkōng, yì tiān kuài yào jiéshù le.

"渐渐"可用在句首：

渐渐 can occur at the head of a sentence：

6. ～乘凉的人散了，四周围静下来。（曹禺《雷雨》）

～ chéngliáng de rén sàn le, sì zhōuwéi jìng xialai.

7. 战士们一连翻了五六架大山，～地，敌人在山头上烧起那一行一堆的营火，落在部队后面了。（杜鹏程《保卫延安》）

Zhànshìmen yìlián fānle wǔ liù jià dà shān, ～ de, dírén zài shāntóu shang shāo qi nà yì háng yì duī de yínghuǒ, luò zài bùduì hòumiàn le.

8. ～，这一带的游击队，上自县长，下到每个游击队员，不管见没见过面，都知道他们有了一个妈妈。（茹志鹃《关大妈》）

～, zhè yídài de yóujīduì, shàng zì xiànzhǎng, xià dào měi ge yóují duìyuán, bùguǎn jiàn méi jiànguo miàn, dōu zhīdao tāmen yǒule yí ge māma.

参看"渐""渐次"。

Compare 渐 jiàn, 渐次 jiàncì.

将 jiāng （副词）

表示行为或情况在不久以后将要发生：

Will, be going to; indicates that an action or situation will happen in the near future.

1. 这些冷库～分别在今年和明后两年建成投产。（报）

Zhèxiē lěngkù ～ fēnbié zài jīnnián hé míng hòu liǎng nián jiànchéng tóuchǎn.

2. 位于京西门头沟区的古老的潭柘寺，现正加紧修缮，不久～对游人开放。（报）

Wèiyú Jīngxī Méntóugōuqū de gǔlǎo de Tánzhèsì, xiàn zhèng jiājǐn xiūshàn, bùjiǔ ～ duì yóurén kāifàng.

3. 目下，他们要去作战的地方，环境～更艰苦，战斗～更残酷。（杜鹏程《保卫延安》）

Mùxià, tāmen yào qù zuòzhàn de dìfang, huánjìng ～ gèng jiānkǔ, zhàndòu ～ gèng cánkù.

4. 我的腿残废了，这～给工作带来不少麻烦。（刘元举《我和老师》）

Wǒ de tuǐ cánfèi le, zhè ～ gěi gōngzuò dài lai bùshǎo máfan.

5. 报仇的火焰烧起来了，烧得冲天似地高，烧毁几千年来阻碍中国进步的封建，新的社会～从这火里产生。（周立波《暴风骤雨》）

Bào chóu de huǒyàn shāo qilai le, shāo de chōngtiān shìde gāo, shāohuǐ jǐ qiān nián lái zǔ·ài Zhōngguó jìnbù de fēngjiàn, xīn de shèhuì ～ cóng zhè huǒ li chǎnshēng.

参看"将要"。

Compare 将要 jiāngyào.

将要 jiāngyào （副词）

同"将",比"将"口语化：

Same as 将 (be going to, will), but more colloquial：

1. 这里正是敌人～通过的要道,老百姓站在那里干什么呢?(魏巍《东方》)

　　Zhèlǐ zhèng shì dírén ～ tōngguò de yàodào, lǎobǎixìng zhàn zài nàli gàn shénme ne?

2. 他的头是那么虚空昏胀,仿佛刚想起自己,就又把自己忘了,像～灭的蜡烛,连自己也不能照明白了似的。(老舍《骆驼祥子》)

　　Tā de tóu shì nàme xūkōng hūnzhàng, fǎngfú gāng xiǎng qǐ zìjǐ, jiù yòu bǎ zìjǐ wàng le, xiàng ～ miè de làzhú, lián zìjǐ yě bù néng zhào míngbaile shìde.

3. 井台另一边,有一堆～熄灭的篝火,不时冒着黑烟。(王汶石《井下》)

　　Jǐngtáir lìng yìbiānr, yǒu yì duī ～ xīmiè de gōuhuǒ, bùshí màozhe hēi yān.

4. 她不想听到李为民下面～说的话,站起来,默默地把行李挑在肩上。(肖育轩《心声》)

　　Tā bù xiǎng tīngdào Lǐ Wèimín xiàmiàn ～ shuō de huà, zhàn qilai, mòmò de bǎ xíngli tiāo zài jiān shang.

较 jiào （副词）

同"比较",表示有一定程度,多修饰单音节形容词,一般用于书面语：

Same as 比较 (comparatively, relatively, quite, rather); mostly modifies monosyllabic adjectives and is generally used in written language：

1. 他的身体～胖。(曹禺《雷雨》)

　　Tā de shēntǐ ～ pàng.

2. 小吕有青年干部的一般工作热情,有～多的学习机会,加上他口齿流利,所以讲出话来有条有理。(李满天《力原》)

　　Xiǎolǚ yǒu qīngnián gànbu de yìbān gōngzuò rèqíng, yǒu ～ duō de xuéxí jīhuì, jiāshang tā kǒuchǐ liúlì, suǒyǐ jiǎng chū huà lai yǒutiáoyǒulǐ.

3. 古老的玉渊潭,解放后有过～大的修整。(刊)

　　Gǔlǎo de Yùyuāntán, jiěfàng hòu yǒuguo ～ dà de xiūzhěng.

4. 其中,陶制的高脚杯,造型～美,有朴实的花纹,反映了一定的工艺水平。(报)

　　Qízhōng, táo zhì de gāojiǎobēi, zàoxíng ～ měi, yǒu pǔshí de huāwén, fǎnyìng yídìng de gōngyì shuǐpíng.

有时则含有和其它事物比较显出程度上的差别的意思：

Sometimes 较 implies an actual comparison, indicating the comparative degree：

5. 每天晚上,总是妻带着孩子先睡,他睡得～迟。(巴金《家》)

　　Měi tiān wǎnshang, zǒngshì qī dàizhe háizi xiān shuì, tā shuì de ～ chí.

6. 在旱得～轻的三十亩水田里,就还用这十架龙骨水车吧。(李德复《财政部长》)

　　Zài hàn de ～ qīng de sānshí mǔ shuǐtián li, jiù hái yòng zhè shí jià lónggǔ shuǐchē ba.

较为 jiàowéi （副词）〈书〉

意思同"比较",表示有一定程度,多修饰双音节形容词：

Same as 比较 (comparatively, relatively, quite, rather); often modifies disyllabic adjectives：

1. 又因为从旧垒中来,情况看得～分明,反戈一击,易制强敌的死命。(鲁迅《写在
"坟"后面》)

    Yòu yīnwèi cóng jiù lěi zhōng lái, qíngkuàng kàn de ～ fēnmíng, fǎngēyìjī, yì zhì
    qiángdí de sǐ mìng.

2. 只有在困倦到神志不清的时候,才把车子靠在～宽敞的道旁,身子趴在方向盘
上睡几分钟。(柯岗《八十一号车》)

    Zhǐyǒu zài kùnjuàndào shénzhìbùqīng de shíhou, cái bǎ chēzi kào zài ～ kuānchǎng de
    dào páng, shēnzi pā zài fāngxiàngpán shang shuì jǐ fēnzhōng.

3. 现在你大嚷起来,惊起了～清醒的几个人,……(鲁迅《〈呐喊〉自序》)

    Xiànzài nǐ dàrǎng qilai, jīng qǐ le ～ qīngxǐng de jǐ ge rén, ...

皆　jiē　（副词）〈书〉

有"都"的意思,多修饰单音节动词或形容词：

All, both, each and every; modifies monosyllabic verbs or adjectives：

1. 存人失地,人地～存;存地失人,人地～失。(杜鹏程《保卫延安》)

    Cún rén shī dì, rén dì ～ cún; cún dì shī rén, rén dì ～ shī.

2. 你们自以为"世人～浊我独清,世人～醉我独醒",摆出一副看破"红尘"的臭架
子。(刘心武《醒来吧,弟弟》)

    Nǐmen zì yǐwéi "shìrén ～ zhuó wǒ dú qīng, shìrén ～ zuì wǒ dú xǐng", bǎi chu yí fù
    kànpò "hóngchén" de chòu jiàzi.

3. 何况今天,在她看来,是一个顶重要的日子,定要做到～大欢喜才是。(王汶石
《大木匠》)

    Hékuàng jīntiān, zài tā kànlái, shì yí ge dǐng zhòngyào de rìzi, dìng yào zuòdào ～
    dàhuānxǐ cái shì.

"～大欢喜"是固定短语。

～大欢喜 is an idiomatic expression.

接连　jiēlián　（副词）

表示一个接着一个,后面多有数量短语：

On end, in succession, one after another; is often followed by a N-M phrase：

1. 邓军正要等敌机过去,继续开进,可这时,～有好几发红色的信号弹从山后直
射天空。(魏巍《东方》)

    Dèng Jūn zhèng yào děng díjī guò qu, jìxù kāijìn, kě zhèshí, ～ yǒu hǎo jǐ fā hóngsè
    de xìnhàodàn cóng shān hòu zhí shè tiānkōng.

2. 他回家不久,～又发表了好几篇小说。(祝兴义《抱玉岩》)

    Tā huí jiā bùjiǔ, ～ yòu fābiǎole hǎo jǐ piān xiǎoshuō.

3. 他们～登了二十多个石阶,转了几个弯,便到了上面。(巴金《家》)

    Tāmen ～ dēngle èrshí duō ge shíjiē, zhuànle jǐ ge wān, biàn dàole shàngmiàn.

截然　jiérán　（副词）

表示界线分明,像割断一样,常跟"不同""分开"和"相反"等连用：

*Sharply, completely; indicates a clear-cut demarcation. It is often used with 不同, 分开 or
相反, etc.：*

1. 一年以后,这一对条件～不同,而志趣相投的情人,终于结了婚。(报)

Yì nián yǐhòu, zhè yí duì tiáojiàn ～ bù tóng, ér zhìqù xiāngtóu de qíngrén, zhōngyú jiéle hūn.

2. 古今词义的发展变化,有的是～不同的,有的是部分不同的。(陆宗达《训诂浅谈》)

   Gǔ jīn cíyì de fāzhǎn biànhuà, yǒude shì ～ bù tóng de, yǒude shì bùfen bù tóng de.

3. 她的重大特点是合山林与城市而为一,不像别处两者～分开。(郑朝宗《我爱厦门》)

   Tā de zhòngdà tèdiǎn shì hé shānlín yǔ chéngshì ér wéi yī, bú xiàng biéchù liǎngzhě ～ fēnkāi.

4. 在一些单位里,一个同志取得了成绩和进步,往往产生～相反的看法。(报)

   Zài yìxiē dānwèi li, yí ge tóngzhì qǔdéle chéngjì hé jìnbù, wǎngwǎng chǎnshēng ～ xiāngfǎn de kànfǎ.

5. 两种意见～相反,谁是谁非,一时难辨。(高澄清《黑掌柜》)

   Liǎng zhǒng yìjian ～ xiāngfǎn, shuí shì shuí fēi, yìshí nán biàn.

竭力 *jiélì* (副词)〈书〉

表示主观上尽力的意思,可带"地":

Do one's utmost, use every ounce of one's energy; can be followed by 地:

1. 他这么尽心～地教我,是不是还有别的意思?(魏巍《东方》)

   Tā zhème jìnxīn ～ de jiāo wǒ, shì bu shì hái yǒu biéde yìsi?

2. 郭祥迎了上去,大妈用两只手捧着郭祥的脸,仔细地看了看,～地控制着自己的感情。(魏巍《东方》)

   Guō Xiáng yíngle shangqu, dàmā yòng liǎng zhī shǒu pěngzhe Guō Xiáng de liǎn, zǐxì de kàn le kàn, ～ de kòngzhìzhe zìjǐ de gǎnqíng.

3. 我～思索着过去接触的人,怎么也记不起这个人来。(王愿坚《老妈妈》)

   Wǒ ～ sīsuǒzhe guòqù jiēchù de rén, zěnme yě jì bu qǐ zhège rén lai.

4. 写完后至少看两遍,～将可有可无的字,句,段删去,毫不可惜。(鲁迅《答北斗杂志社问》)

   Xiěwán hòu zhìshǎo kàn liǎng biàn, ～ jiāng kěyǒukěwú de zì, jù, duàn shān qu, háo bù kěxī.

5. 她眼眶里滚动着泪花,咬着嘴唇,～不使泪珠子掉下来。(肖育轩《心声》)

   Tā yǎnkuàng li gǔndòngzhe lèihuā, yǎozhe zuǐchún, ～ bù shǐ lèizhūzi diào xialai.

☆**借故** *jiègù* (副词)

表示以某种原因为借口,后面至少两个音节:

With some excuse, under any pretext; must be followed by at least two syllables:

1. 曹操见他屡屡反对自己,后来～把他杀了。他杀孔融的罪状大概是不孝。(鲁迅《魏晋风度及文章与药及酒之关系》)

   Cáo Cāo jiàn tā lǚlǚ fǎnduì zìjǐ, hòulái ～ bǎ tā shā le. Tā shā Kǒng Róng de zuìzhuàng dàgài shì bú xiào.

2. 我好不容易～向老板娘请了假,但是因为要走很多路,孩子不能带去。(王愿坚《妈妈》)

   Wǒ hǎo bù róngyì ～ xiàng lǎobǎnniáng qǐngle jià, dànshì yīnwèi yào zǒu hěn duō lù, háizi bù néng dài qu.

3. 可是有些人,从中钻空子,无病呻吟,～游山玩水,不事工作,也未免太特殊了吧?(报)

Kěshì yǒu xiē rén, cóng zhōng zuān kòngzi, wúbìngshēnyín, ～ yóushānwánshuǐ, bú shì gōngzuò, yě wèimiǎn tài tèshū le ba?

可修饰否定形式:

借故 can modify negative forms:

4. 今天的会,他～不参加。

Jīntiān de huì, tā ～ bù cānjiā.

☆"借"原是动词,现在有时仍可说"借生病之故",所以"借故"也可算动宾结构。

借 was originally a verb, even now one can say 借生病之故, so 借故 may be taken as a V—O construction.

屆时 jièshí (副词)〈书〉

有"到那时"的意思,只用于未然:

Means 到那时 (when the time comes, on the occasion), only refers to an unfulfilled event:

1. 一组的四个队棋逢对手,～必有一番激烈的争夺。(报)

Yī zǔ de sì ge duì qíféngduìshǒu, ～ bì yǒu yī fān jīliè de zhēngduó.

2. ……需要沐浴的住户,只要去说一声,～就会有人挑一担滚烫的热水送上门来,并且倾入浴盆。(周海婴《重回上海忆童年》)

... xūyào mùyù de zhùhù, zhǐyào qù shuō yī shēng, ～ jiù huì yǒu rén tiāo yí dàn gǔntàng de rè shuǐ sòng shàng mén lai, bìngqiě qīngrù yùpén.

3. 兹定于十二月三十日晚,在本院礼堂举行新年联欢晚会,～务请参加。

Zī dìngyú Shí'èryuè sānshí rì wǎn, zài běn yuàn lǐtáng jǔxíng xīnnián liánhuān wǎnhuì, ～ wù qǐng cānjiā.

仅 jǐn (副词)

同"只"A、B、C、D,限制范围或数量:

Same as 只 A, B, C, D (see p. 379); sets restriction to range or quantity:

1. 不但我自己的,便是子君的言语举动,我那时就没有看得分明,～知道她已经允许我了。(鲁迅《伤逝》)

Búdàn wǒ zìjǐ de, biànshì Zǐjūn de yányǔ jǔdòng, wǒ nàshí jiù méiyou kàn de fēnmíng, ～ zhīdao tā yǐjīng yǔnxǔ wǒ le.

2. 为了一能糊口的月薪,男人们在舞台上象疯子一样发神经,女人们以卖弄风骚博得喝采。(徐怀中《我们播种爱情》)

Wèile ～ néng húkǒu de yuèxīn, nánrénmen zài wǔtái shang xiàng fēngzi yíyàng fā shénjīng, nǚrénmen yǐ màinòngfēngsāo bódé hècǎi.

3. 这～是猜测,不足为据。(茹志鹃《剪辑错了的故事》)

Zhè ～ shì cāicè, bùzú wéi jù.

4. ～就他们没有呼唤彼此的姓名这一点来看,就足见这绝非同学之间的那种别而相逢。(徐怀中《我们播种爱情》)

～ jiù tāmen méiyou hūhuàn bǐcǐ de xìngmíng zhě yì diǎn láikàn, jiù zú jiàn zhè jué fēi tóngxué zhī jiān de nàzhǒng bié ér xiāngféng.

5. 沟沟崖……入口处形势险峻,两山对峙,其间距～十数米。(戴汝潜《沟崖漫

话》）

Gōugōuyá . . . rùkǒu chù xíngshì xiǎnjùn, liǎng shān duìzhì, qí jiān jù ～ shí shù mǐ.

参看"仅仅"。

Compare 仅仅 jǐnjǐn.

仅仅　jǐnjǐn　（副词）

同"仅",但口气更重：

Same as 仅 (see above entry) but is more emphatic：

1.　要有同志式的批评,探讨,论战。～给以暴露,是不够的。(王蒙《生活、倾向、辩证法和文学》)

　　Yào yǒu tóngzhìshì de pīpíng, tàntǎo, lùnzhàn. ～ gěiyǐ bàolù, shì bú gòu de.

2.　他想起了正歧利剪刀铺子的东家,～因为他看了一场戏,就把他辞退了。(欧阳山《三家巷》)

　　Tā xiǎng qi le Zhèngqílì jiǎndāo pùzi de dōngjia, ～ yīnwèi tā kànle yì chǎng xì, jiù bǎ tā cítuì le.

3.　看来,他们不～是平平常常的同学。(徐怀中《我们播种爱情》)

　　Kànlái, tāmen bù ～ shì píngpíngchángcháng de tóngxué.

4.　不～我一个人对他的工作深切地关心着;数不清的不相识的普通人们,也都关心着他的工作。(鄂华《自由神的命运》)

　　Bù ～ wǒ yí ge rén duì tā de gōngzuò shēnqiè de guānxīnzhe; shǔ bu qīng de bù xiāngshí de pǔtōng rénmen, yě dōu guānxīnzhe tā de gōngzuò.

5.　她离家～一天的时间,这里又发生变化。(李惠薪《活寡》)

　　Tā lí jiā ～ yì tiān de shíjiān, zhèlǐ yòu fāshēng biànhuà.

6.　河～离城门有一里来地,可是河岸上极清静,连个走路的人也没有。(老舍《四世同堂》)

　　Hé ～ lí chéngmén yǒu yì lǐ lái dì, kěshì hé·àn shang jí qīngjìng, lián ge zǒu lù de rén yě méi yǒu.

7.　这～是一霎间的事。(杨沫《青春之歌》)

　　Zhè ～ shì yíshàjiān de shì.

尽管　jǐnguǎn　（副词）

A 同"只管"B,表示不必顾虑别的限制或条件,放心去做：

Same as 只管 B, means "by all means, feel free to, not hesitate to"：

1.　你们～在这儿谈吧,我不打搅了。(曹禺《日出》)

　　Nǐmen ～ zài zhèr tán ba, wǒ bù dǎjiǎo le.

2.　正象俗话说的,他像脚后跟一样可靠,你～相信他好了。(蒋子龙《乔厂长上任记》)

　　Zhèng xiàng súhuà shuō de, tā xiàng jiǎohòugēnr yíyàng kěkào, nǐ ～ xiāngxìn tā hǎo le.

3.　老郝不耐烦地截断他："什么事～说好了,不用扯东扯西给我哑谜猜!"(李国文《改选》)

　　Lǎohǎo bú nàifán de jiéduàn tā："Shénme shì ～ shuō hǎo le, búyòng chědōngchěxī gěi wǒ yǎmí cāi!"

4.　你们～走吧,这些事都交给我办!(王愿坚《老妈妈》)

Nǐmen ～ zǒu ba, zhèxiē shì dōu jiāo gěi wǒ bàn!

5. 你们～在我这儿住着吧! 有什么灾灾难难, 咱们一块帮着。(梁斌《红旗谱》)

Nǐmen ～ zài wǒ zhèr zhùzhe ba! Yǒu shénme zāizāinànnàn, zánmen yíkuàir bāngzhe.

6. 款子是没有问题的, 二妹, 你们在路上～放心地用。(巴金《春》)

Kuǎnzi shì méi yǒu wèntí de, èrmèi, nǐmen zài lù shang ～ fàngxīn de yòng.

B 有"老是""总是"的意思, 用得较少:

Means 老是, 总是 〔keep on (doing something)〕, and is rarely used:

1. 二妹, 你们快些去, ～坐在屋里头做什么? (巴金《春》)

Èrmèi, nǐmen kuài xiē qù, ～ zuò zài wū litou zuò shénme?

2. 老头子不作声, ～在翻腾, 龌龊的烂布、破靴套、碎麻绳成堆地被抖出来。(徐怀中《我们播种爱情》)

Lǎotóuzi bú zuòshēng, ～ zài fānteng, wòchuò de làn bù, pò xuētào, suì máshéng chéngduī de bèi dǒu chulai.

参看连词"尽管"。

Compare conjunction 尽管.

尽快 jínkuài (副词)

表示尽量加快:

As quickly as possible:

1. 我得到通知, 要我～赶回机关去。(李季《马兰》)

Wǒ dédào tōngzhī, yào wǒ ～ gǎn huí jīguān qu.

2. 你们把情况摸清楚以后, ～写一份材料。(张弦《记忆》)

Nǐmen bǎ qíngkuàng mōqīngchu yǐhòu, ～ xiě yí fèn cáiliào.

3. 部里和厂党委的要求是要～把这项目搞上去, 早点拿出成果来。(陈国恺《代价》)

Bù li hé chǎng dǎngwěi de yāoqiú shì yào ～ bǎ zhè xiàngmù gǎo shangqu, zǎo diǎn ná chū chéngguǒ lai.

4. 别说了, 你要的川归, 我～从香港给你寄来就是。(李栋、王云高《彩云归》)

Bié shuō le, nǐ yào de chuānguī, wǒ ～ cóng Xiānggǎng gěi nǐ jì lai jiù shì.

"尽快"后面可以带"地":

尽快 can be followed by 地:

5. 记者听了大为欣赏, 约他～地把文章写出来, 以便早日见报。(程树榛《大学时代》)

Jìzhě tīngle dàwéi xīnshǎng, yuē tā ～ de bǎ wénzhāng xiě chulai, yǐbiàn zǎorì jiàn bào.

6. 我以为, 应当～地把这个事情平息下去, 让它无声无息地消失。(王新纪、田增翔、陶正《风乍起》)

Wǒ yǐwéi, yīngdāng ～ de bǎ zhège shìqing píngxī xiaqu, ràng tā wúshēngwúxī de xiāoshī.

尽量 jínliàng (副词)

表示力求在一定范围内达到最大限度, 可以修饰否定形式:

To the greatest extent, as far as possible, to the best of one's ability; can modify negative forms：

1. 爹这样对待我,我心里多么难过啊！我只好～忍着。(马烽《韩梅梅》)

   Diē zhèyàng duìdài wǒ, wǒ xīnli duōme nánguò a! Wǒ zhǐhǎo ～ rěnzhe.

2. 她那白嫩的脸上～表现得坦然、沉静,就像她心里什么事也没得。(柳青《创业史》)

   Tā nà báinèn de liǎn shang ～ biǎoxiàn de tǎnrán, chénjìng, jiù xiàng tā xīnli shénme shì yě méi de.

3. 如何～节约刊物的宝贵篇幅,把这个复杂的故事说清,我这支笨笔实在感到有点为难。(方之《内奸》)

   Rúhé ～ jiéyuē kānwù de bǎoguì piānfú, bǎ zhège fùzá de gùshi shuōqīng, wǒ zhèzhī bèn bǐ shízài gǎndào yǒudiǎn wéinán.

4. 以后你和黎纪纲的接触,～少让华为知道。(罗广斌、杨益言《红岩》)

   Yǐhòu nǐ hé Lí Jìgāng de jiēchù, ～ shǎo ràng Huà Wéi zhīdao.

5. 蓓蓓瞥了一眼妈妈的神色,～把话说得和缓些。(张斌《青春插曲》)

   Bèibei piēle yì yǎn māma de shénsè, ～ bǎ huà shuō de héhuǎn xiē.

6. 你～不要到我这里来。(方之《内奸》)

   Nǐ ～ búyào dào wǒ zhèlǐ lái.

"尽量"可带"地"：

尽量 can be followed by 地：

7. 他要求没有参加编辑工作的朋友们～地批评周报的内容。(巴金《秋》)

   Tā yāoqiú méiyou cānjiā biānjí gōngzuò de péngyoumen ～ de pīpíng zhōubào de nèiróng.

8. 我极目小岛,想～地捕捉一些熟悉的廓影,留在记忆里。(张歧《相思始觉海非深》)

   Wǒ jímù xiǎo dǎo, xiǎng ～ de bǔzhuō yìxiē shúxi de kuòyǐng, liú zài jìyì li.

尽先 jǐnxiān （副词）

表示力求在时间上比别的早：

Give first priority to：

1. 阿Q,你以后有什么东西的时候,你～送来给我们看。(鲁迅《阿Q正传》)

   Ā Q, nǐ yǐhòu yǒu shénme dōngxi de shíhou, nǐ ～ sòng lai gěi wǒmen kàn.

2. 卢明昌哪怕撂下所有其它的工作,也要～和这个自高自大的郭振山碰一碰！(柳青《创业史》)

   Lú Míngchāng nǎpà liào xia suǒyǒu qítā de gōngzuò, yě yào ～ hé zhège zìgāozìdà de Guō Zhènshān pèng yi pèng!

3. 获得什么珍奇异宝,～就给福彭过目。(端木蕻良《曹雪芹》)

   Huòdé shénme zhēnqí yìbǎo, ～ jiù gěi Fúpéng guò mù.

4. 中国文艺界上可怕的现象,是在～输入名词,而并不介绍这个名词的函义。(鲁迅《扁》)

   Zhōngguó wényìjiè shang kěpà de xiànxiàng, shì zài ～ shūrù míngcí, ér bìng bú shàojiè zhège míngcí de hányì.

尽早 jǐnzǎo （副词）

表示在可能范围内最早：

As early as possible：

1. 叶辉留在公社，先协助公社恢复捕猎队～下湖捕猎。（罗石贤《鸳鸯》）

   Yè Huī liú zài gōngshè, xiān xiézhù gōngshè huīfù bǔlièduì ～ xià hú bǔliè.

2. 研究所来电催我们速回，加紧动物实验，改进和确定新药的疗效与剂型，～进入临床。（苏叔阳《天鹅》）

   Yánjiùsuǒ lái diàn cuī wǒmen sù huí, jiājǐn dòngwù shíyàn, gǎijìn hé quèdìng xīn yào de liáoxiào yǔ jìxíng, ～ jìnrù línchuáng.

3. 建议政府重申保护法令，公布圆明园遗址为"国家文物重点保护单位"。……～修筑围墙，有效地制止破坏。（报）

   Jiànyì zhèngfǔ chóngshēn bǎohù fǎlìng, gōngbù Yuánmíngyuán yízhǐ wéi ″guójiā wénwù zhòngdiǎn bǎohù dānwèi″. ... ～ xiūzhù wéiqiáng, yǒuxiào de zhìzhǐ pòhuài.

4. 我只是渴望尽快见到你，～投入到你温暖有力的怀抱中。（靳凡《公开的情书》）

   Wǒ zhǐshì kěwàng jǐnkuài jiàndào nǐ, ～ tóurùdào nǐ wēnnuǎn yǒulì de huáibào zhōng.

尽　jìn　（副词）

同"净"：

Same as 净 (only, exclusively)：

A 同"净"A：

　Same as 净 A：

1. 架子上～是仪器。（梁斌《红旗谱》）

   Jiàzi shang ～ shì yíqì.

2. 农会的院子里，黑鸦鸦的一大片，～是来看肖队长的人。（周立波《暴风骤雨》）

   Nónghuì de yuànzi li, hēiyāyā de yí dà piàn, ～ shì lái kàn Xiāo duìzhǎng de rén.

3. 他觉得北平人并不～像他自己那么因循苟安，而是也有英雄。（老舍《四世同堂》）

   Tā juéde Běipíng rén bìng bú ～ xiàng tā zìjǐ nàme yīnxún gǒu·ān, érshì yě yǒu yīngxióng.

有时表示夸张：

Sometimes 尽 indicates exaggeration：

4. 你看你的脸，……～是血，我都不认识你了。（曹禺《雷雨》）

   Nǐ kàn nǐ de liǎn, ... ～ shì xiě, wǒ dōu bú rènshi nǐ le.

5. 年轻轻的，咋学得像资产阶级政客一样，满嘴～是外交辞令。（徐慎《四书记》）

   Niánqīngqīng de, zǎ xué de xiàng zīchǎnjiējí zhèngkè yíyàng, mǎn zuǐ ～ shì wàijiāo cílìng.

B 同"净"B：

　Same as 净 B：

1. 运涛看老奶奶在井台上愣了半天，～眺着北方。（梁斌《红旗谱》）

   Yùntāo kàn lǎo nǎinai zài jǐngtáir shang lèngle bàntiān, ～ tiàozhe běifāng.

2. 别～说话，你先给二少爷倒一碗茶。（曹禺《雷雨》）

   Bié ～ shuō huà, nǐ xiān gěi èrshàoye dào yì wǎn chá.

3. ～瞎说！怎么会那样？（崔得志《报春花》）

~ xiāshuō! Zěnme huì nàyàng?

4. 林升平看见两个女孩子～往他和小华这边看，心里也明白了几分。(草明《爱情》)

Lín Shēngpíng kànjian liǎng ge nǚ háizi ~ wǎng tā hé Xiǎohuá zhèbianr kàn, xīnli yě míngbaile jǐ fēn.

5. 他吝啬、自私，非常怕死，整天～吃补药。(曹禺《北京人》)

Tā lìnsè, zìsī, fēicháng pà sǐ, zhěng tiān ~ chī bǔyào.

C 同"净"C：

Same as 净 C：

1. 他们～拣没人的地方走，踩着法国梧桐的落叶，沙沙的怪舒服。(陆文夫《小巷深处》)

Tāmen ~ jiǎn méi rén de dìfang zǒu, cǎizhe Fǎguó wútóng de luòyè, shāshā de guài shūfu.

2. 他～提一些我们过去从来没有想到过的问题。(马识途《我的第一个老师》)

Tā ~ tí yìxiē wǒmen guòqù cónglái méiyou xiǎngdàoguo de wèntí.

3. 你呀，你是不饿不回家，～忙活那些多余的事。(韩统良《家》)

Nǐ ya, nǐ shì bú è bù huí jiā, ~ mánghuo nàxiē duōyú de shì.

尽情 jìnqíng （副词）

表示不受任何拘束而尽量满足自己的感情的要求：

To one's heart's content, as much as one likes：

1. 王妃这些心里最深处的话，从来不敢向人透露，即使在纳尔苏面前也不能～细说。(端木蕻良《曹雪芹》)

Wángfēi zhèxiē xīnli zuì shēnchù de huà, cónglái bù gǎn xiàng rén tòulù, jíshǐ zài Nà'ěrsū miànqián yě bù néng ~ xì shuō.

2. 她要的是无忧无虑无拘束，～享受，而毫无责任。(老舍《四世同堂》)

Tā yào de shì wú yōu wú lǜ wú jūshù, ~ xiǎngshòu, ér háo wú zérèn.

3. 当你～策马在这千里草原上驰骋的时候，处处都可以看见千百群肥壮的羊群、马群和牛群。(碧野《天山景物记》)

Dāng nǐ ~ cèmǎ zài zhè qiān lǐ cǎoyuán shang chíchěng de shíhou, chùchù dōu kěyǐ kànjian qiānbǎi qún féizhuàng de yángqún, mǎqún hé niúqún.

4. 它的性情就和别的猛兽不同，凡捕食雀、鼠，总不肯一口咬死，定要～玩弄，放走，又捉住，捉住，又放走……(鲁迅《狗、猫、鼠》)

Tā de xìngqíng jiù hé biéde měngshòu bù tóng, fán bǔshí què, shǔ, zǒng bù kěn yì kǒu yǎosǐ, dìng yào ~ wánnòng, fàngzǒu, yòu zhuōzhu, zhuōzhu, yòu fàngzǒu...

"尽情"后面可以带"地"：

尽情 can be followed by 地：

5. 总算是自由了，眼泪要流就让它～地流吧! 想放声大哭就～地哭吧! (杨匡满、郭宝臣《命运》)

Zǒngsuàn shì zìyóu le, yǎnlèi yào liú jiù ràng tā ~ de liú ba! Xiǎng fàngshēngdàkū jiù ~ de kū ba!

6. 洞房之夜，职工们挤满了这个破旧工棚，还在棚外的草坡上～地跳舞。(何子铨《孤寂》)

Dòngfáng zhī yè, zhígōngmen jǐmǎnle zhège pòjiù gōngpéng, hái zài péng wài de cǎopōshang ～ de tiào wǔ.

7.　以后,我的爱情的网就～地铺撒开了。我们常常去约会,去谈恋爱。(贾平凹《提兜女》)

　　Yǐhòu, wǒ de àiqíng de wǎng jiù ～ de pūsǎkāi le. Wǒmen chángcháng qù yuēhuì, qù tán liàn·ài.

径 jìng 　(副词)〈书〉

同"径直"A,但多修饰单音节动词,后面有后附成分:

Same as 径直 A (see next entry), but mostly modifies monosyllabic verbs with a post-element:

1.　我终于跨上那走熟的屋角的扶梯去了,由此～到小楼上。(鲁迅《在酒楼上》)

　　Wǒ zhōngyú kuà shàng nà zǒushú de wūjiǎo de fútī qu le, yóu cǐ ～ dào xiǎo lóu shang.

2.　我……坐上汽车,～到国民饭店,开了房间。(冰心《南归》)

　　Wǒ ... zuò shang qìchē, ～ dào Guómín Fàndiàn, kāile fángjiān.

3.　在曲街街上,听说柳青同志到医院去了,……我们心里一沉。车子到医院接他去,其余的人～先到家等候。(阎纲《四访柳青》)

　　Zài Wéiqūjiē shang, tīngshuō Liǔ Qīng tóngzhì dào yīyuàn qu le, ... wǒmen xīnli yì chén. Chēzi dào yīyuàn jiē tā qu, qíyú de rén ～ xiān dào jiā děnghòu.

4.　游击队从他们面前～入伪县署内。(于敏《赵一曼》)

　　Yóujīduì cóng tāmen miànqián ～ rù wěi xiànshǔ nèi.

5.　(他)也没有走错路,～进诊所,摸到自己的床铺倒头便睡。(叶圣陶《倪焕之》)

　　(Tā) yě méiyou zǒucuò lù, ～ jìn yùsuǒ, mōdào zìjǐ de chuángpù dǎo tóu biàn shuì.

6.　他把我拨在一边,～奔床前,俯身细细端详着林霞安然的面容。(庞嘉泰《罪愆》)

　　Tā bǎ wǒ bō zài yìbiānr, ～ bèn chuáng qián, fǔ shēn xìxì duānxiángzhe Lín Xiá ānrán de miànróng.

7.　他就不顾一切地冲出屋,～向白石张家走去。(赵成《大青山恩仇记》)

　　Tā jiù búgù yíqiè de chōng chū wū, ～ xiàng báishí Zhāng jiā zǒu qù.

径直 jìngzhí 　(副词)〈书〉

A 直接向某处前进,不绕道,不停顿;述语前常有表趋向的介宾结构:

　　(Go) directly or straight to (a certain place). The verb of the sentence is often preceded by a P—O denoting direction:

1.　严知孝头也不抬,～往前走。(梁斌《红旗谱》)

　　Yán Zhīxiào tóu yě bù tái, ～ wǎng qián zǒu.

2.　我躲在暗处,看着老妈妈～向大门走去。(王愿坚《老妈妈》)

　　Wǒ duǒ zài ànchù, kànzhe lǎo māma ～ xiàng dà mén zǒu qù.

3.　她很快就到了院长办公室的门前,她记得自己好像没有敲门,就推开门～往里走。(谌容《人到中年》)

　　Tā hěn kuài jiù dàole yuànzhǎng bàngōngshì de mén qián, tā jìde zìjǐ hǎoxiàng méiyou qiāo mén, jiù tuīkāi mén ～ wǎng lǐ zǒu.

4.　林道静就在这样漆黑的大风雨之夜,从庙里～奔到了海边。(杨沫《青春之歌》)

Lín Dàojìng jiù zài zhèyàng qīhēi de dà fēngyǔ zhī yè, cóng miào li ～ bēndàole hǎi biān.

参看"径"。

Compare 径 jìng.

B 直接进行某事,或将某事一直进行下去不中断:

Indicates that someone starts doing sth. directly or goes on doing sth. without interruption:

1. 满屋子烟雾弥漫。我～打开窗子,放出烟雾,这才动手给大家烧水泡茶。(王西彦《春寒》)

   Mǎn wūzi yānwù mímàn. Wǒ ～ dǎkāi chuāngzi, fàng chu yānwù, zhè cái dòng shǒu gěi dàjiā shāo shuǐ pào chá.

2. 乔光朴吸了一口粗气,站起身对霍大道说:"我走了。"～推门而去。(蒋子龙《乔厂长后传》)

   Qiáo Guāngpǔ xīle yì kǒu cū qì, zhàn qǐ shēn duì Huò Dàdào shuō: "Wǒ zǒu le." ～ tuī mén ér qù.

3. 既然得知去向,急如星火的柳一争,便～寻找他去了。(俞天白《现代人》)

   Jìrán dézhī qùxiàng, jírúxīnghuǒ de Liǔ Yīzhēng, biàn ～ xúnzhǎo tā qu le.

4. 偶而有个把路人,也是竖起大衣领子,端肩缩颈,～匆匆而过……(谢鲲《一九七六年四月六日夜晚》)

   Ǒu·ér yǒu gè bǎ lùrén, yě shì shù qi dàyī lǐngzi, duān jiān suō jǐng, ～ cōngcōng ér guò...

"径直"后面可带"地":

径直 can be followed by 地:

1. 有七八个还乡团的匪徒,～地向着河边走来。(峻青《黎明的河边》)

   Yǒu qī bā gè huánxiāngtuán de fěitú, ～ de xiàngzhe hé biānr zǒu lái.

2. 我站在群众中寻找着她的眼神,～地朝她望过去。(田庄《记王莹》)

   Wǒ zhàn zài qúnzhòng zhōng xúnzhǎozhe tā de yǎnshén, ～ de cháo tā wàng guoqu.

3. 侯副局长到机关来了,而且一来就～地找到我的宿舍。(金沙水《补偿》)

   Hóu fùjúzhǎng dào jīguān lái le, érqiě yì lái jiù ～ de zhǎodào wǒ de sùshè.

径自   jìngzì   (副词)〈书〉

自做主张地单独行动,后面可带"地":

(Do sth.) of one's own accord, (do sth.) without consulting anyone; can be followed by 地:

1. 她怕在大客厅里碰到朱经理,～上楼去了。(周而复《上海的早晨》)

   Tā pà zài dà kètīng li pèngdào Zhū jīnglǐ, ～ shàng lóu qu le.

2. 陈松林正要说下去,可是他发现老许并未细听,～跨进了他的寝室。(罗广斌、杨益言《红岩》)

   Chén Sōnglín zhèng yào shuō xiaqu, kěshì tā fāxiàn Lǎo Xǔ bìng wèi xì tīng, ～ kuà jin le tā de qǐnshì.

3. 他皱着眉,愁丧着脸,一句话也没说,～把靠墙的柜移开,在黑暗的角落里翻寻什么。(徐怀中《我们播种爱情》)

   Tā zhòuzhe méi, chóusàngzhe liǎn, yí jù huà yě méi shuō, ～ bǎ kào qiáng de guì yíkāi, zài hēi·àn de jiǎoluò li fānxún shénme.

4. 然而～请假回去是校规所不许的,必得有家长签名盖章的请假书才行。(叶圣陶《倪焕之》)

Rán·ér ～ qǐng jià huíqu shì xiàoguī suǒ bù xǔ de, bì děi yǒu jiāzhǎng qiān míng gài zhāng de qǐngjiàshū cái xíng.

5. 她不理我,～下山了。(张长《空谷兰》)

Tā bù lǐ wǒ, ～ xià shān le.

净   jìng   (副词)〈口〉

指复数事物纯属某一类,排除其他:

Only, *exclusively*; refers to plural persons or things.

A 与"是"连用,主语是复数的,表示全部主语所指人、物都属一类:

Precedes 是 to indicate that those things denoted by the subject belong to one type without exception:

1. 上俺家来的,～是好亲戚! (梁斌《红旗谱》)

Shàng ǎn jiā lái de, ～ shì hǎo qīnqi!

2. 她去的～是些贫苦人家,看出哪家可靠,就和他们谈起红军。(王愿坚《老妈妈》)

Tā qù de ～ shì xiē pínkǔ rénjiā, kàn chū nǎ jiā kěkào, jiù hé tāmen tán qi Hóngjūn.

3. 这位太太来往的～是些阔人。(杨沫《青春之歌》)

Zhèwèi tàitai láiwǎng de ～ shì xiē kuòrén.

4. 前几天就风言风语地听说红军要回来了,可是一群群过的～是些国民党的败兵。(王愿坚《三张纸条》)

Qián jǐ tiān jiù fēngyánfēngyǔ de tīngshuō Hóngjūn yào huí lai le, kěshì yì qúnqún guò de ～ shì xiē Guómíndǎng de bàibīng.

有时是夸张的说法,实际上只表示很多:

Sometimes 净 expresses exaggeration and indicates a large number:

5. 你知道,那时候咱这里人们的生活是多苦! 糠饼子,树叶粥,里边还～是砂子。(秦兆阳《王永淮》)

Nǐ zhīdao, nà shíhou zán zhèlǐ rénmen de shēnghuó shì duō kǔ! Kāng bǐngzi, shùyè zhōu, lǐbianr hái ～ shì shāzi.

B 用于述语前表示只从事某一活动,其实是一种夸张说法,表示这活动很频繁:

Occurs before the verb indicating that only one kind of action is executed, but really means that this action takes place too often:

1. 这孩子,～哄我。(梁斌《红旗谱》)

Zhè háizi, ～ hǒng wǒ.

2. 我突然生了很大的气,瞪了小余一眼说:"你～琢磨这些干什么?"(刘心武《我爱每一片绿叶》)

Wǒ tūrán shēngle hěn dà de qì, dèngle Xiǎo Yú yì yǎn shuō: "Nǐ ～ zuómo zhèxiē gàn shénme?"

3. 你走得慢,当车头不行,咱俩～挨压! (王愿坚《普通劳动者》)

Nǐ zǒu de màn, dāng chētóu bù xíng, zán liǎ ～ āi yā!

4. 咱这样～叫白鬼子跟着个屁股追,这不是事呀! (王愿坚《支队政委》)

Zán zhèyàng ～ jiào báiguǐzi gēnzhe ge pìgu zhuī, zhè bú shì shìr ya!

C 用于述语前表示全部宾语所指人、物只属某一类:

Occurs before the verb to indicate that all things denoted by the object belong to one kind only:

1. 你～拣好听的说!(老舍《四世同堂》)

   Nǐ ～ jiǎn hǎotīng de shuō!

2. 也别～生男孩子,也别～生女孩儿,得花搭着那么生。(侯宝林《婚姻与迷信》)

   Yě bié ～ shēng nán háizi, yě bié ～ shēng nǚ háir, děi huādāzhe nàme shēng.

3. 梁三叔!你老人家今日来,怎～说些很深的理呢?(柳青《创业史》)

   Liáng Sānshū! Nǐ lǎorénjia jīnrì lái, zěn ～ shuō xiē hěn shēn de lǐ ne?

参看"尽"。

Compare 尽 jìn.

竟   jìng   (副词)〈书〉

A 同"居然":

Same as 居然 (unexpectedly, to one's surprise):

1. 四十多岁的汉子,说着说着,～流下了眼泪。(刘澍德《拔旗》)

   Sìshí duō suì de hànzi, shuōzhe shuōzhe, ～ liú xia le yǎnlèi.

2. 想不到,几年不见,～老得认不出了。(高晓声《李顺大造屋》)

   Xiǎng bu dào, jǐ nián bú jiàn, ～ lǎo de rèn bu chū le.

3. 我以为他会大声抗争,出乎意外,他～慢慢地低下了头。(胡迪青《同学》)

   Wǒ yǐwéi tā huì dàshēng kàngzhēng, chūhūyìwài, tā ～ mànmàn de dī xia le tóu.

4. 这完全出乎我的意料,她～是北京人!(王中才《沙漠的星》)

   Zhè wánquán chūhū wǒ de yìliào, tā ～ shì Běijīng rén!

参看"竟然""竟自"。

Compare 竟然 jìngrán, 竟自 jìngzì.

B 有"终于""以至于"的意思,表示程度加深,更进一步:

Similar to 终于 (in the end), or 以至于 (go so far as to):

1. 他的脸色仿佛有些悲哀,似乎想说话,但～没有说。(鲁迅《藤野先生》)

   Tā de liǎnsè fǎngfú yǒuxiē bēi·āi, sìhū xiǎng shuō huà, dàn ～ méiyou shuō.

2. 听了做丈夫的这样语言,小李先是默默的流泪,然后～泣不成声起来。(南丁《科长》)

   Tīngle zuò zhàngfu de zhèyàng yǔyán, Xiǎo Lǐ xiān shì mòmò de liú lèi, ránhòu ～ qìbùchéngshēng qilai.

3. 新媳妇咬牙忍痛,不哼一声,这会儿,～虚弱的连叫她也不应声了。(林斤澜《新生》)

   Xīn xífu yǎo yá rěn tòng, bù hēng yì shēng, zhèhuìr, ～ xūruò de lián jiào tā yě bú yìng shēng le.

4. 这样一来,病人越来越多,诊所也越来越维持不下去;生活也越来越穷苦,女儿～连中学也读不起。(曾克《一同长大》)

   Zhèyàng yì lái, bìngrén yuèláiyuè duō, zhěnsuǒ yě yuèláiyuè wéichí bu xiàqù; shēnghuó yě yuèláiyuè qióngkǔ, nǚ·ér ～ lián zhōngxué yě dú bu qǐ.

助动词、副词或介宾结构要放在"竟"后面:

If there is an auxiliary verb, adverb or a P—O construction, it must occur after 竟:

1. 道静想不到余永泽～会说出这种话来。(杨沫《青春之歌》)
   Dàojìng xiǎng bu dào Yú Yǒngzé ～ huì shuō chū zhèzhǒng huà lai.

2. 时间久了,叫的人也多了,～把他的真名实姓也给忘了。(牟崇光《在大路上》)
   Shíjiān jiǔ le, jiào de rén yě duō le, ～ bǎ tā de zhēnmíng shíxìng yě gěi wàng le.

3. 可气的是他这样干了六年～没有人发现。可见咱们的管理到了什么水平,一粗二松三马虎。(蒋子龙《乔厂长上任记》)
   Kěqì de shì tā zhèyàng gànle liù nián ～ méi yǒu rén fāxiàn. Kějiàn zánmen de guǎnlǐ dàole shénme shuǐpíng, yī cū èr sōng sān mǎhu.

4. 问他叫什么名字,他笑笑说:"山野之人,值不得留名字。"～不肯告诉我。(杨朔《雪浪花》)
   Wèn tā jiào shénme míngzi, tā xiàoxiao shuō:" Shānyě zhī rén, zhí bu de liú míngzi. " ～ bù kěn gàosu wǒ.

竟然 jìngrán (副词)

同"竟"A:

Same as 竟 A (unexpectedly, to one's surprise, beyond one's estimation):

1. 一个县的沿山地区创办一个小小的农业社,～办得这样隆重,这样庄严,是不是过分呢?(柳青《创业史》)
   Yí ge xiàn de yánshān dìqū chuàngbàn yí ge xiǎoxiǎo de nóngyèshè, ～ bàn de zhèyàng lóngzhòng, zhèyàng zhuāngyán, shì bu shì guòfèn ne?

2. 过去沉默寡言、常常忧郁不安的她,现在～坐在门边哼哼唧唧地唱着,好像一个活泼的小女孩。(杨沫《青春之歌》)
   Guòqù chénmòguǎyán, chángcháng yōuyù bù·ān de tā, xiànzài ～ zuò zài mén biān hēnghēngjījī de chàngzhe, hǎoxiàng yí ge huópo de xiǎo nǚháir.

3. 文清吓昏了头,昏沉沉地～拿着烟枪走出来。(曹禺《北京人》)
   Wénqīng xiàhūnle tóu, hūnchénchén de ～ názhe yānqiāng zǒu chulai.

助动词或副词,多用在"竟然"之后:

If there is an auxiliary verb or adverb, it must come after 竟然:

4. 魏锦星～要打破他的生活常规,……这是怎么回事呢?(刘心武《我爱每一片绿叶》)
   Wèi Jǐnxīng ～ yào dǎpò tā de shēnghuó chángguī, ... zhè shì zěnme huí shì ne?

5. 人的思想一变,相貌～也会跟着变。(茹志鹃《静静的产院》)
   Rén de sīxiǎng yí biàn, xiàngmào ～ yě huì gēnzhe biàn.

6. 在大女儿的统筹安排下,他们家～并不比谁家里显得紧张到那儿去。(徐怀中《西线轶事》)
   Zài dà nǚ·ér de tǒngchóu ānpái xià, tāmen jiā ～ bìng bù bǐ shuí jiā li xiǎnde jǐnzhāngdào nǎr qù.

竟自 jìngzì (副词)

同"竟"A,用得较少:

Same as 竟 A (unexpectedly, to one's surprise), but rarely used:

1. 她想到上这儿来,并没有希望找到我,只是碰碰看,可是～找到了我。(老舍《月牙儿》)
   Tā xiǎngdào shàng zhèr lái, bìng méiyou xīwàng zhǎodào wǒ, zhǐshì pèngpeng kàn,

    kěshì ～ zhǎodàole wǒ.

2. 他……顺手地向门一推，那两扇柴门～开了。(郁达夫《沉沦》)

    Tā ... shùnshǒu de xiàng mén yì tuī, nà liǎng shàn cháimén ～ kāi le.

3. 大队长一愣，……跳下炕，～走出大门去了。(陈忠实《信任》)

    Dàduìzhǎng yí lèng, ... tiào xia kàng, ～ zǒu chū dàmén qu le.

4. 酒意使他有点感伤，心里说："有这样的本事，～怀才不遇!"(老舍《四世同堂》)

    Jiǔyì shǐ tā yǒudiǎn gǎnshāng, xīnli shuō:" Yǒu zhèyàng de běnshi, ～ huáicáibúyù!"

迥然   jiǒngrán   (副词)〈书〉

有"根本""完全(不一样)"的意思，多与"不同"连用：

Means 根本 or 完全(不一样) [*utterly (different)*], often used with 不同：

1. 福寿和福彭不但在长相上差异很大，在性格上也～不同。(端木蕻良《曹雪芹》)

    Fúshòu hé Fúpéng búdàn zài zhǎngxiàng shang chāyì hěn dà, zài xìnggé shang yě ～ bùtóng.

2. 月亮升高了，……天地间如同白昼，但又与白昼～不同，是一种神秘的、朦胧的白色。(洪洋《工程师的一段恋爱史》)

    Yuèliang shēnggāo le, ... tiāndìjiān rútóng báizhòu, dàn yòu yǔ báizhòu ～ bù tóng, shì yì zhǒng shénmì de、ménglóng de báisè.

3. 他正在滔滔不绝地说着，比划着，和平时那种沉默寡言的神气比起来，～是两个人。(林芝《马兰花开》)

    Tā zhèngzài tāotāobùjué de shuōzhe, bǐhuàzhe, hé píngshí nàzhǒng chénmòguǎyán de shénqì bǐ qilai, ～ shì liǎng ge rén.

究   jiū   (副词)〈书〉

A 同"究竟"A，语气较弱：

    Same as 究竟 A (see next entry), but not as emphatic：

1. 战争的长期性是确定了的，但是战争～将经过多少年月谁也不能预断。(毛泽东《论持久战》)

    Zhànzhēng de chángqīxìng shì quèdìngle de, dànshì zhànzhēng ～ jiāng jīngguò duōshao niányuè shuí yě bù néng yùduàn.

2. 此事～有多大进展，尚待继续了解。

    Cǐ shì ～ yǒu duō dà jìnzhǎn, shàng dài jìxù liǎojiě.

B 同"究竟"B：

    Same as 究竟 B (after all, in the final analysis)：

    况且尊夫人病重，这样的惊吓，也～属不相宜。(茅盾《子夜》)

    Kuàngqiě zūn fūren bìng zhòng, zhèyàng de jīngxià, yě ～ shǔ bù xiāngyí.

究竟   jiūjìng   (副词)

A 同"到底"C；用于正反、选择、用疑问词的疑问句，表示进一步追究，有加强语气的作用：

    Same as 到底 C (see p. 74); used in an affirmative-negative or alternative question, or a question with an interrogative pronoun, as an emphatic word implying a determination to get to the bottom of things：

1. 这可不是个小事。你～有把握没有啊！(李准《耕云记》)

Zhè kě bú shì ge xiǎo shì. Nǐ ～ yǒu bǎwò méi yǒu a?

2. 他～准备学英语还是日语？

Tā ～ zhǔnbèi xué Yīngyǔ háishi Rìyǔ?

3. 你～渡过河了没有？（峻青《黎明的河边》）

Nǐ ～ dù guò hé le méiyou?

4. 你的意思，忽而软，忽而硬，～是怎么回事？（曹禺《雷雨》）

Nǐ de yìsi, hū·ér ruǎn, hū·ér yìng, ～ shì zěnme huí shì?

5. 我低声问老靳，老姜头～是个什么人。（马烽《我的第一个上级》）

Wǒ dī shēng wèn Lǎo Jìn, Lǎo Jiāngtour ～ shì ge shénme rén.

B 同"毕竟"A，用于陈述句中，指出事情的最本质的一点：

Same as 毕竟 A (after all, in the final analysis, when all is said and done); used in a declarative sentence to point out the essentials:

1. 虽然作了一辈子买卖，他可～是个山东人，心直气壮。（老舍《正红旗下》）

Suīrán zuòle yíbèizi mǎimai, tā kě ～ shì ge Shāndōng rén, xīn zhí qì zhuàng.

2. 女婿虽好，～是外姓，他有时想：自己要有这么一个可心的儿子就好了。（蔡天心《初春的日子》）

Nǚxu suī hǎo, ～ shì wàixìng, tā yǒushí xiǎng: Zìjǐ yào yǒu zhème yí ge kěxīn de érzi jiù hǎo le.

3. 在目下这钱世界里，如此大方的人～是少的。（朱自清《生命的价格——七毛钱》）

Zài mùxià zhè qián shìjiè li, rúcǐ dàfang de rén ～ shì shǎo de.

4. 我只想看看他，他～是我生的孩子。（曹禺《雷雨》）

Wǒ zhǐ xiǎng kànkan tā, tā ～ shì wǒ shēng de háizi.

5. 住在王晓燕家，晓燕和她的父母对她虽然很好，然而，这～不是长久之地。（杨沫《青春之歌》）

Zhù zài Wáng Xiǎoyàn jiā, Xiǎoyàn hé tā de fùmǔ duì tā suīrán hěn hǎo, rán·ér, zhè ～ bú shì chángjiǔ zhī dì.

参看"究"。

Compare 究 jiū.

就 jiù （副词）

A 用在表示时间的词语之后，表示该时间早、快或短，"就"轻读，重读表示时间的词语；可用于已然，也可用于未然：

Used after a word or phrase denoting time to indicate that it is early or that sth. or someone is quick, or that the time concerned is short. 就 is pronounced in the neutral tone with the time word or phrase stressed, and may apply to either a fulfilled or an unfulfilled event:

1. 他现在是没空想这些，一清早～忙得转圈儿哩。（陆文夫《平原的颂歌》）

Tā xiànzài shì méi kòng xiǎng zhèxiē, yì qīngzǎo ～ máng de zhuàn quānr li.

2. 刚刚半天工夫，一层薄雪～化得无影无踪了。（柳青《创业史》）

Gānggāng bàntiān gōngfu, yì céng báo xuě ～ huà de wúyǐngwúzōng le.

3. 上工之后的两三天，主人们～觉得她手脚已没有先前一样灵活，记性也坏得多。（鲁迅《祝福》）

Shàng gōng zhī hòu de liǎng sān tiān, zhǔrénmen ～ juéde tā shǒujiǎo yǐ méiyou xiānqiānyíyàng línghuó, jìxing yě huài de duō.

4. 为什么老爷回来，头一次见太太～发这么大的脾气？（曹禺《雷雨》）

Wèi shénme lǎoye huí lai, tóu yí cì jiàn tàitai ～ fā zhème dà de píqi?

5. 这一天火车从钢铁公司门前开走的时候，天上～起了乌云。（艾芜《雨》）

Zhè yì tiān huǒchē cóng gāngtiě gōngsī mén qián kāizǒu de shíhou, tiān shang ～ qǐle wūyún.

6. 祥子早～有点后悔，一听这个，更难过了。（老舍《骆驼祥子》）

Xiángzi zǎo ～ yǒudiǎnr hòuhuǐ, yì tīng zhège, gèng nánguò le.

7. 我改主意了，我们明天～走。永远不回这儿来了。（曹禺《雷雨》）

Wǒ gǎi zhǔyi le, wǒmen míngtiān ～ zǒu. Yǒngyuǎn bù huí zhèr lai le.

8. 你们先回去，我随后～来。（郭沫若《卓文君》）

Nǐmen xiān huí qu, wǒ suíhòu ～ lái.

9. 上午我们车间的工友要到医院去慰问刚从朝鲜下来的伤员，十二点以前～可以回来。（草明《爱情》）

Shàngwǔ wǒmen chējiān de gōngyǒu yào dào yīyuàn qu wèiwèn gāng cóng Cháoxiān xià lai de shāngyuán, shí'èr diǎn yǐqián ～ kěyǐ huí lai.

以上"就"的用法与"才"A1)用法相同，意思正相反。参看"才"。

The above usage of 就 is similar to 才 A (1) but with just the opposite meaning. Compare 才 cái.

有时时间早、快或短表示得不很明显，或没有表示时间的词语：

Sometimes the earliness or shortness is not clearly shown or there is no time word or phrase：

10. 他自幼～没母亲，性情自然容易古怪。（曹禺《雷雨》）

Tā zì yòu ～ méi mǔqin, xìngqíng zìrán róngyì gǔguài.

11. 赵大叔说："谁也不是天生～会，俗话说，天下无难事，只怕不用心。"（马烽《饲养员赵大叔》）

Zhào dàshū shuō: "Shuí yě bú shì tiānshēng ～ huì, súhuà shuō, tiānxià wú nánshì, zhǐ pà bú yòng xīn."

12. 日子真快，一晃～十年了。（王炼、郑君里《枯木逢春》）

Rìzi zhēn kuài, yì huǎng ～ shí nián le.

13. "～完，～完。"凌云春一面回答，一面在地图上勾画着。（曲波《山呼海啸》）

"～ wán, ～ wán." Líng Yúnchūn yímiàn huídá, yímiàn zài dìtú shang gōuhuàzhe.

时间短有时表示在两动作紧紧相连：

The shortness of time may be shown by one action closely followed by another：

14. 叶英没等回答，转身～走。（南丁《检验工叶英》）

Yè Yīng méi děng huídá, zhuǎn shēn ～ zǒu.

15. 这是个春天，我们的棉衣都刚脱下来～入了当铺。（老舍《月牙儿》）

Zhè shì ge chūntiān, wǒmen de miányī dōu gāng tuō xialai ～ rùle dàngpù.

16. 一想起来，他心中～觉得发堵。（老舍《骆驼祥子》）

Yì xiǎng qilai, tā xīn zhōng ～ juéde fā dǔ.

有时两个动作实际是一个，是一种强调动作快的说法：

Sometimes the two actions are actually one and this is a manner of speaking with which to intensify the speed of an action:

17. 他常常提根大棒子，遇到他不顺眼不顺耳的，抬手～打。（周立波《暴风骤雨》）
    Tā chángcháng tí gēn dà bàngzi, yùdào tā bú shùnyǎn bú shùn·ěr de, tái shǒu ～ dǎ.

18. 这海上的雾，说来～来，瞬息间，竟遮住了视线。（张歧《相思始觉海非深》）
    Zhè hǎi shàng de wù, shuō lái ～ lái, shùnxījiān, jìng zhēzhùle shìxiàn.

19. 他越走越慢，好像不是拿起腿～能走十里八里的祥子了。（老舍《骆驼祥子》）
    Tā yuè zǒu yuè màn, hǎoxiàng bú shì ná qi tuǐ ～ néng zǒu shí lǐ bā lǐ de xiángzi le.

B 强调数量：

Used to stress quantity:

1) 用在数量短语之后，表示数量小，"就"轻读，重读数词；可用于已然，也可用于未然：

Used after a N-M phrase to indicate a small quantity, with 就 pronounced in the neutral tone and the numeral stressed; may apply to either a fulfilled or an unfulfilled event:

1. 你喝了不到两盅酒，～叨叨叨，叨叨叨，你有个够没有？（曹禺《雷雨》）
   Nǐ hēle bú dào liǎng zhōng jiǔ, ～ dāodāodāo, dāodāodāo, nǐ yǒu ge gòu méiyou?

2. 在乡下，五斤白面～换个孩子，你不是不知道！（老舍《茶馆》）
   Zài xiāngxia, wǔ jīn báimiàn ～ huàn ge háizi, nǐ bú shì bù zhīdào!

3. 好比一粒石子～能惊动一个水塘，……（何士光《乡场上》）
   Hǎobǐ yí lì shízǐ ～ néng jīngdòng yí ge shuǐtáng,...

4. 不多，三十块钱～成了。（曹禺《雷雨》）
   Bù duō, sānshí kuài qián ～ chéng le.

B 1) 用法和"才"B 1) 相同，意思正相反。参看"才"。
Usage B (1) is similar to 才 B (1) but with meaning reversed. Compare 才 cái.

有时"就"后面也有数量短语，因前面的数量小，对比之下，含有后面数量大的意思；前后的数词都要重读：

Sometimes 就 is also followed by a N-M phrase and implies that compared to the preceding number, the following number is large; both numbers must be stressed:

5. 他一个人～买了五斤，一筐梨一会儿就卖完了。
   Tā yí ge rén ～ mǎile wǔ jīn, yì kuāng lí yíhuìr jiù màiwán le.

6. 我们两班毕业生～有五十三个考上大学的。
   Wǒmen liǎng bān bìyèshēng ～ yǒu wǔshí sān ge kǎoshang dàxué de.

有时"就"前没有数词，则主语必须重读：

Sometimes, there is no numeral in front of 就 and the subject must be stressed:

7. 今年光棉花～卖给国家十二万斤。（马烽《三年早知道》）
   Jīnnián guāng miánhua ～ mài gěi guójiā shí·èr wàn jīn.

2) 用在数量短语之前，表示该数量小，"就"是"只"的意思；重读"就"或后面的数词；可用于已然，也可用于未然：

Means "only", used before a numeral plus measure word phrase to indicate that the quantity concerned is small; 就 or the following numeral must be stressed; can apply to either a fulfilled or an unfulfilled event:

8. 他身边没有儿子，～这么一个闺女，看得像宝贝一样贵重。（马烽《韩梅梅》）

Tā shēnbiān méi yǒu érzi, ～ zhème yí ge guīnǚ, kàn de xiàng bǎobèi yíyàng guìzhòng.

9. 梨花屯～这么一条一眼就能望穿的小街。(何士光《乡场上》)

   Líhuātún ～ zhème yì tiáo yì yǎn jiù néng wàngchuān de xiǎo jiē.

10. 刘爷! 十五岁的大姑娘, ～值十两银子吗? (老舍《茶馆》)

    Liúyé! Shíwǔ suì de dà gūniang, ～ zhí shí liǎng yínzi ma?

11. ～十二块? (曹禺《雷雨》)

    ～ shí·èr kuài?

B 2)用法和"才"B 2)用法相同,意思也大体相同。参看"才"。

Usage B 2) is similar to 才 B 2) and the meaning is about the same too. Compare 才 cái.

由于 B 1)的用法有时可表示后面的数量大,因此和 B 2)是矛盾的,所以有些句子是有歧义的,如 B 1)例 6,既可以认为"五十三"多,也可以认为"五十三"少,要由上下文决定。

Since B 1) usage may sometimes imply that the following number is large it thus conflicts with usage B 2). A sentence may thus be ambiguous, e. g. B 1) example 6 may mean that 53 is many or very few. It has to be decided by the context.

3)动词前加"一","就"后有数量短语,表示数量大,"就"要轻读:

When the verb of the sentence is preceded by 一, and 就 is followed by a N-M phrase, a large amount is indicated; 就 is pronounced in the neutral tone and the numeral stressed:

12. 他爱喝茶,一喝～四五杯。

    Tā ài hē chá, yì hē ～ sì wǔ bēi.

13. 没想到他一离家～十几年。

    Méi xiǎngdào tā yì lí jiā ～ shí jǐ nián.

14. 他们俩一下棋～大半天,连饭都忘了吃。

    Tāmen liǎ yí xià qí ～ dà bàntiān, lián fàn dōu wàngle chī.

C 限定范围:

Used to show restriction, meaning (only, just):

1)用在动词或动宾结构前,限定动作,或表示动作只适用于宾语所指的人、物;重读"就"或宾语:

Used before a verb or V—O construction to confine the action or indicate that the action only applies to what its object indicates. 就 or the object should be stressed:

1. 我问他,他～点点头,什么也没说。

   Wǒ wèn tā, tā ～ diǎndiǎn tóu, shénme yě méi shuō.

2. 我们家里什么都不讲究,～讲究这点臭规矩! (曹禺《北京人》)

   Wǒmen jiā li shénme dōu bù jiǎngjiu, ～ jiǎngjiu zhèdiǎnr chòu guīju!

3. 大家所知道的,～只是这一点。(鲁迅《祝福》)

   Dàjiā suǒ zhīdao de, ～ zhǐshì zhè yìdiǎn.

4. 我～怕耽误上夜校,才赶先跑去,哪知道,还是耽误了! (艾芜《夜归》)

   Wǒ ～ pà dānwu shàng yèxiào, cái gǎnxiān pǎo qu, nǎ zhīdao, háishi dānwu le!

5. 你的算盘打的实在周到,你的脑筋也真活动,可是你～不会替社里打算打算! (马烽《三年早知道》)

Nǐ de suànpan dǎ de shízài zhōudào, nǐ de nǎojīn yě zhēn huódòng, kěshì nǐ ～ bú huì tì shè li dǎsuàn dǎsuàn!

2)用在主谓结构前,表示排除主语所指以外的事物;重读"就"或结构中的主语或数词:

Used before a S—P construction to indicate that all other things are excluded except what the subject stands for; 就 or the subject or the numeral in the S—P construction must be stressed:

6. 你怎么什么事儿也不管! 连热水都懒得帮助倒。家里～你要紧了! (汪浙成《积蓄》)

Nǐ zěnme shénme shìr yě bù guǎn! Lián rè shuǐ dōu lǎnde bāngzhù dào. Jiā li ～ nǐ yàojǐn le!

7. ～我一个人没看过这出戏。

～ wǒ yí ge rén méi kànguo zhèchū xì.

8. ～老李去了,别人谁也没去。

～ Lǎo Lǐ qù le, biérén shuí yě méi qù.

3)用在介宾结构前,表示这个条件就够了,不需要别的,或表示动作只限于宾语所指人、物;重读宾语:

Used before a P—O construction indicates that the condition expressed by the P—O construction is the only one, or that the action is confined to what the object stands for; the object must be stressed:

9. ～凭这一点,我就会把你当作我一生最亲密的朋友。(靳凡《公开的情书》)

～ píng zhè yì diǎn, wǒ jiù huì bǎ nǐ dàngzuò wǒ yìshēng zuì qīnmì de péngyou.

10. ～根据他写的文章,就可以断定他对中国古代史造诣很深。

～ gēnjù tā xiě de wénzhāng, jiù kěyǐ duàndìng tā duì Zhōngguó gǔdàishǐ zàoyì hěn shēn.

11. 我这话～对你讲,不必告诉别人。

Wǒ zhè huà ～ duì nǐ jiǎng, búbì gàosu biérén.

12. 他～在家里威风,出去连话都不敢说。

Tā ～ zài jiā li wēifeng, chū qu lián huà dōu bù gǎn shuō.

4)用在主语后,述语前,表示主语所指人、物足以达到述语所表示的目的,不需要其它;"就"轻读:

Used after the subject and before the verb to indicate that the condition represented by the subject is sufficient to achieve the purpose and nothing else is needed; 就 is pronounced in the neutral tone:

13. 一些包糖纸～能让孩子玩儿半天。

Yìxiē bāo tángzhǐ ～ néng ràng háizi wánr bàntiān.

14. 能出来走走～说明病情大有好转。

Néng chū lai zǒuzou ～ shuōmíng bìngqíng dà yǒu hǎozhuǎn.

15. 他不说话～表示抗议。

Tā bù shuō huà ～ biǎoshì kàngyì.

5)"就这样""就那样"总括前面叙述的情况,排除其它:

就这样 or 就那样 is used to sum up what came before, excluding all other things:

16. 我们～这样地坐着,抽着烟,谁也没有说话。(马烽《太阳刚刚出山》)

Wǒmen ～ zhèyàng de zuòzhe, chōuzhe yān, shuí yě méiyou shuō huà.

17. 手指间夹着根纸烟,带着很长一截烟灰,他也不吸,～那样让它慢慢燃着。(马烽《三年早知道》)

Shǒuzhǐ jiān jiāzhe gēn zhǐyān, dàizhe hěn cháng yì jié yānhuī, tā yě bù xī, ～ nàyàng ràng tā mànmānr ránzhe.

D 表示不在远处(空间的或时间的),眼前的就是:

Used to stress nearness (either in time or space):

1. 供销社～在赵满囤家隔壁。(马烽《三年早知道》)

Gōngxiāoshè ～ zài Zhào Mǎndùn jiā gébì.

2. 原来老田的家,～住在离海门村二里的田家庄。(马烽《我的第一个上级》)

Yuánlái Lǎo Tián de jiā, ～ zhù zài lí Hǎiméncūn èr lǐ de Tiánjiāzhuāng.

3. ～在前天,我在城里买了一口小棺材。(鲁迅《在酒楼上》)

～ zài qiántiān, wǒ zài chéng lǐ mǎile yì kǒu xiǎo guāncai.

4. 这～是我说的那本杂志。

Zhè ～ shì wǒ shuō de nàběn zázhì.

5. 你不是要找一个会德语的人吗? 老张～会。

Nǐ bú shi yào zhǎo yí ge huì Déyǔ de rén ma? Lǎo Zhāng ～ huì.

6. 咱们～好比是两个抬轿的,你抬一头我抬一头,谁能压了谁? 压咱们的是坐轿的。(马烽《村仇》)

Zánmen ～ hǎobǐ shì liǎng ge tái jiào de, nǐ tái yì tóur wǒ tái yì tóur, shuí néng yāle zánmen de shì zuò jiào de.

E 加重语气,表示态度坚决、感情强烈;"就"字必须重读:

Used as an emphatic word to show one's strong emotion or firm resolution; 就 must be stressed:

1. 贺老拴正在气头上,大声说道:"我～不去,你能把我怎样?"(马烽《老社员》)

Hè Lǎoshuān zhèng zài qìtóur shang, dàshēng shuō dào: "Wǒ ～ bú qù, nǐ néng bǎ wǒ zěnyàng?"

2. 我～不回,～不回! 我来抗日、反顽固,别打击积极性! (曲波《桥隆飙》)

Wǒ ～ bù huí, ～ bù huí! Wǒ lái kàng Rì, fǎn wángù, bié dǎjī jījíxìng!

3. 我反正铁心了,～这么干! (何鸣雁《洁白的山茶花》)

Wǒ fǎnzhèng tiěxīn le, ～ zhème gàn!

4. 他敢决定事情,常说:～这么干,我负责任!

Tā gǎn juédìng shìqing, cháng shuō: ～ zhème gàn, wǒ fù zérèn!

F "就"用在复句的第二分句中,承接上文,表示前一个分句是假设、条件、原因、目的等;前面可用连词"如果""只要""既然""因为""为了"等与"就"相呼应,也可不用任何连词;"就"总是表示顺接的关系:

Used in the second clause of a complex sentence to indicate that the first clause is a supposition, condition, cause or purpose. In the first clause, a conjunction, e. g. 如果, 只要, 既然, 因为 or 为了 may be used, but sometimes no conjunction is needed. 就 never shows a contrastive relationship:

1)表示前一分句是假设或条件:

Indicates that the first clause is a supposition or condition：

1. 我们的阿毛如果还在，也～有这么大了。(鲁迅《祝福》)
   Wǒmen de Āmáo rúguǒ hái zài, yě ~ yǒu zhème dà le.

2. 为人民利益而死，～比泰山还重。(毛泽东《为人民服务》)
   Wèi rénmín lìyì ér sǐ, ~ bǐ Tàishān hái zhòng.

3. 有了这些智勇双全的战士，我们～有了胜利。(吴强《红日》)
   Yǒule zhèxiē zhìyǒngshuāngquán de zhànshì, wǒmen ~ yǒule shènglì.

4. 没有平等，～没有友谊。(王蒙《蝴蝶》)
   Méi yǒu píngděng, ~ méi yǒu yǒuyì.

5. 咱穷人，土地就是根本，没有土地，～站不住脚根呀！(梁斌《红旗谱》)
   Zán qióngrén, tǔdì jiùshì gēnběn, méi yǒu tǔdì, ~ zhàn bu zhù jiǎogēn ya!

6. 牲口听着他的调度，叫左～左，叫右～右。(周立波《暴风骤雨》)
   Shēngkou tīngzhe tā de diàodù, jiào zuǒ ~ zuǒ, jiào yòu ~ yòu.

7. 你喜欢哪个，～拿哪个。
   Nǐ xǐhuan nǎge, ~ ná nǎge.

8. 刘向明言之有理，魏永斌不便坚持己见了，只好说："你爱怎么办～怎么办吧！"
   (程树榛《大学时代》)
   Liú Xiàngmíng yánzhīyǒulǐ, Wèi Yǒngbīn búbiàn jiānchí jǐjiàn le, zhǐhǎo shuō："Nǐ ài zěnme bàn ~ zěnme bàn ba!"

"就"有时特别表示条件的要求不高：
Sometimes 就 especially indicates that the condition is not very demanding：

9. 咱如今是吃不大饱，也饿不大着，这不～得了呗！(周立波《暴风骤雨》)
   Zán rújīn shì chī bú dà bǎo, yě è bú dà zháo, zhè bú ~ déle bei!

10. 我们又不需要什么准备，请几个朋友一吃一喝一宣布～行了。(蒋子龙《乔厂长上任记》)
    Wǒmen yòu bù xūyào shénme zhǔnbèi, qǐng jǐ ge péngyou yì chī yì hē yì xuānbù ~ xíng le.

11. 肚里饿得动不了了，～算响午了；看不见做活了，～算天黑了。(柳青《创业史》)
    Dù li è de dòng bu le de, ~ suàn shǎngwǔ le; kàn bu jiàn zuò huór le, ~ suàn tiān hēi le.

有时表示前面的条件本不足导致后面的结果，因之对这结果的发生有不满的意思：
就 may indicate that the foregoing condition should not have led to the following result and so implies a sort of resentment at its occurrence：

12. 四婶有时当面～这样说，似乎是警告她。(鲁迅《祝福》)
    Sìshěnr yǒushí dāngmiàn ~ zhèyàng shuō, sìhū shì jǐnggào tā.

("这样说"指说一些使人难堪的话，一般不会"当面"说的。)

13. 大家并没有批评她，她～哭了。
    Dàjiā bìng méiyou pīpíng tā, tā ~ kū le.

14. 他一星期只教四节课，～忙得不得了了。
    Tā yì xīngqī zhǐ jiāo sì jié kè, ~ máng de bùdéliǎo.

2) 表示前一分句是原因：
   Indicates that the preceding clause is the cause：

15. 人总是这样,渴望得到什么,～时刻关心着什么。(张捷世《人民币的不同价值》)

Rén zǒng shì zhèyàng, kěwàng dédào shénme, ～ shíkè guānxīnzhe shénme.

16. 他一点没有把祥子当候补女婿的意思,不过,女儿既是喜爱这个愣小子,他～不便于多事。(老舍《骆驼祥子》)

Tā yìdiǎnr méi yǒu bǎ Xiángzi dàng hòubǔ nǚxu de yìsi, búguò, nǚ·ér jì shì xǐ·ài zhège lèng xiǎozi, tā ～ búbiàn yú duō shì.

17. 小王名叫王春生,春天生的,他妈～叫他春生。(周立波《暴风骤雨》)

Xiǎo Wáng míng jiào Wáng Chūnshēng, chūntiān shēng de, tā mā ～ jiào tā Chūnshēng.

18. 因为多管闲事,～断不了要跟一些人吵嘴,有时候还得喜旺出面给人家赔不是。(李准《李双双小传》)

Yīnwèi duō guǎn xiánshì, ～ duàn bu liǎo yào gēn yìxiē rén chǎo zuǐ, yǒushíhou hái děi Xǐwàng chūmiàn gěi rénjia péi búshì.

19. 我从十二岁起,便在镇口的咸亨酒店当伙计,掌柜说,样子太傻,怕侍候不了长衫主顾,～在外面做点事吧。(鲁迅《孔乙己》)

Wǒ cóng shí·èr suì qǐ, biàn zài zhènkǒu de Xiánhēng Jiǔdiàn dāng huǒji, zhǎngguì shuō, yàngzi tài shǎ, pà shìhòu bu liǎo cháng shān zhǔgù, ～ zài wàimiàn zuò diǎnr shì ba.

3)表示前一分句是目的:

Indicates that the first clause is the purpose:

20. 他想了解一下战士的情形,～跟在他们后边走起来。(寒风《尹青春》)

Tā xiǎng liǎojiě yíxià zhànshì de qíngxing, ～ gēn zài tāmen hòubianr zǒu qilai.

21. 为了学好技术,～必须付出代价。

Wèile xuéhǎo jìshù, ～ bìxū fù chū dàijià.

参看连词"就"。

Compare conjunction 就 jiù.

☆**就便**　jiùbiàn　(副词)

同"顺便",表示完成一件事的同时趁方便完成或进行另一件事,用得较少:

Same as 顺便 (at sb. 's convenience, conveniently, in passing), but not frequently used:

1. 今年八月三十一日,我随马任平同志前去该县调查处理其它问题,～向马任平同志做了汇报。(报)

Jīnnián Bāyuè sānshí yī rì, wǒ suí Mǎ Rènpíng tóngzhì qiánqù gāi xiàn diàochá chǔlǐ qítā wèntí, ～ xiàng Mǎ Rènpíng tóngzhì zuòle huìbào.

2. 你们去商场的时候,～给我买一块肥皂吧!

Nǐmen qù shāngchǎng de shíhou, ～ gěi wǒ mǎi yí kuài féizào ba!

☆"就便"原是动宾结构,现在偶尔还可以说:"就个便儿吧!"

就便 was originally a V—O construction and even now one can hear occasionally 就个便儿吧!

就此　jiùcǐ　(副词)

在某过程中的某一阶段:

At this point, thus, here and now:

1. 其实,这本已可以不必再迁,只要平了土,卖掉棺材,～完事了的。(鲁迅《在酒楼上》)

   Qíshí, zhè běn yǐ kěyǐ búbì zài qiān, zhǐyào píngle tǔ, màidiào guāncai, ～ wán shì le de.

2. 刘玉英笑着随口回答,心里却在盘算还是～走呢,还是看机会再在老赵面前扯几句谎。(茅盾《子夜》)

   Liú Yùyīng xiàozhe suíkǒu huídá, xīnli què zài pánsuàn háishi ～ zǒu ne, háishi kàn jīhuì zài zài Lǎo Zhào miànqián chě jǐ jù huǎng.

3. 他下了决心,这事不能～歇手,要～抓开去,把社直机关的问题解决好。(蔡玉洗《买肉》)

   Tā xiàle juéxīn, zhè shì bù néng ～ xiē shǒu, yào ～ zhuākāi qu, bǎ shèzhíjīguān de wèntí jiějuéhǎo.

4. 大会发言～结束。

   Dàhuì fāyán ～ jiéshù.

就地　jiùdì　(副词)

就在原处、就在此地:

On the spot:

1. 部队到达了位置,谢天谢地! 女电话兵们全付武装～一歪,觉得再也爬不起来了。(徐怀中《西线轶事》)

   Bùduì dàodále wèizhì, xiètiānxièdì! Nǚ diànhuàbīngmen quánfù wǔzhuāng ～ yì wāi, juéde zài yě pá bu qǐlái le.

2. ～垫着茅草睡觉,太潮湿了。(柳青《创业史》)

   ～ diànzhe máocǎo shuì jiào, tài cháoshī le.

3. 张瑞堂气的浑身发抖:"抓到给我～枪毙!"(孙谦《陕北牧歌》)

   Zhāng Ruìtáng qì de húnshēn fādǒu: "Zhuādào gěi wǒ ～ qiāngbì!"

4. 分区党委下来了密令:要英英亲自到城关和城里,去进行～侦察,彻底了解敌人的实力。(孔厥《荷花女》)

   Fēnqū dǎngwěi xià lai le mìlìng: yào Yīngying qīnzì dào chéngguān hé chéng lǐ, qù jìnxíng ～ zhēnchá, chèdǐ liǎojiě dírén de shílì.

就近　jiùjìn　(副词)

表示利用在近处的方便条件:

(Do or get sth.) nearby, in the neighbourhood, without having to go far:

1. 培生! 有啥弄不清楚的,你～问增福嘛。(柳青《创业史》)

   Péishēng! Yǒu shá nòng bu qīngchu de, nǐ ～ wèn Zēngfú ma.

2. 我……由于腿有毛病,经申请,调入北京工业大学～上班。(刘玉兰《少打点官腔》)

   Wǒ ... yóuyú tuǐ yǒu máobing, jīng shēnqǐng, diàorù Běijīng Gōngyè Dàxué ～ shàng bān.

3. 组织上又把陈汉仕调到广州铁路分局当木工,让他～照顾春花。(符树柏《情操高尚的陈汉仕》)

   Zǔzhishang yòu bǎ Chén hànshì diàodào Guǎngzhōu Tiělù Fēnjú dāng mùgōng, ràng tā ～ zhàogù Chūnhuā.

4. 过去很多不合理的规定都改革了，为什么对～售棉这样的小事就不能改变呢？（报）

Guòqù hěn duō bù hélǐ de guīdìng dōu gǎigé le, wèi shénme duì ～ shòu mián zhèyàng de xiǎo shì jiù bù néng gǎibiàn ne?

就势 jiùshì （副词）

A 表示就着动作上便利的形势（紧接着做另外一个动作）：

Making use of momentum while doing sth.：

1. 严志和猫腰拾起瓦刀，～双手一抡，把被套扛在脊梁上。（梁斌《红旗谱》）

Yán Zhìhé máoyāo shí qǐ wǎdāo, ～ shuāng shǒu yì lūn, bǎ bèitào káng zài jǐliang shang.

2. 小鸿受不住痛，被逼跪下。封太太～推倒小鸿，抱起少爷骑在小鸿背上。（杜谈《翠岗红旗》）

Xiǎohóng shòu bu zhù tòng, bèi bī guì xià. Fēng tàitai ～ tuīdǎo Xiǎohóng, bào qǐ shàoye qí zài Xiǎohóng bèi shang.

3. 猛然间一块砖头打了出去，……崔老昆的身体～滚下炕来。（胡可《槐树庄》）

Měngránjiān yí kuài zhuāntou dǎle chū qu, ... Cuī Lǎokūn de shēntǐ ～ gǔn xià kàng lai.

B 表示就着前一件事情的顺利形势（紧接着做另外一件事）：

Taking advantage of the preceding favourable situation to do sth. else immediately：

1. 我见他暴怒已过，又说又笑起来，便～说："请为我介绍一下吧！"（曲波《桥隆飙》）

Wǒ jiàn tā bàonù yǐ guò, yòu shuō yòu xiào qilai, biàn ～ shuō: "Qǐng wèi wǒ jièshào yíxià ba!"

2. 他～一动员，大家的劲就鼓起来了。（福庚《新安江上》）

Tā ～ yí dòngyuán, dàjiā de jìnr jiù gǔ qǐlai le.

3. 张嘉庆～说："那咱就不干这个了！"（梁斌《红旗谱》）

Zhāng Jiāqìng ～ shuō: "Nà zán jiù bú gàn zhège le!"

4. 刘玉英身体一侧，挽住了韩孟翔的臂膊，～说道。"谢谢你。"（茅盾《子夜》）

Liú Yùyīng shēntǐ yí cè, wǎnzhùle Hán Mèngxiáng de bìbó, ～ shuō dào:"Xièxie nǐ."

就是 jiùshì （副词）

A 有"只是"的意思，表示只限于某一行动或某种情况，不能限制数量：

Only, just, nothing more, no one else; can not apply to quantity：

1. 有些人把我们当战士的想法太简单了。以为我们～打打仗、睡睡觉，实际上不是那么一回事。（刘白羽《无敌三勇士》）

Yǒuxiē rén bǎ wǒmen dāng zhànshì de xiǎng de tài jiǎndān le. Yǐwéi wǒmen ～ dǎda zhàng, shuìshuì jiào, shíjìshang bú shì nàme yì huí shì.

2. 别人都骑车，～ 他坐公共汽车。

Biérén dōu qí chē, ～ tā zuò gōnggòng qìchē.

3. "你能在家住几天？""～这一晚上。我是请假绕道来看你。"（孙犁《嘱咐》）

"Nǐ néng zài jiā zhù jǐ tiān?" "～ zhè yì wǎnshang. Wǒ shì qǐng jià ràodào lái kàn nǐ."

4.　　〜因为病了，他才没来，没别的原因。

　　〜 yīnwèi bìng le, tā cái méi lái, méi bié de yuányīn.

B 表示强调和肯定，用以加强语气；"就是"重读：

　　Can be used as an emphatic expression to exphasize affirmation, and should be stressed：

1.　　老驴头……急得跺脚连声说："不能走，你〜不能走！"（梁斌《红旗谱》）

　　Lǎolǘtou ... jí de duò jiǎo liánshēng shuō: "Bù néng zǒu, nǐ 〜 bù néng zǒu!"

2.　　女同志的心，〜细。（郑万隆《妻子——战士》）

　　Nǚ tóngzhì de xīn, 〜 xì.

3.　　说你们不行〜不行！（李准《李双双》）

　　Shuō nǐmen bù xíng 〜 bù xíng!

4.　　隋波笑嘻嘻地答道："就是嘛，老宋这个人〜马虎。"（草明《乘风破浪》）

　　Suí Bō xiàoxīxī de dá dào: "Jiù shì ma, Lǎo Sòng zhège rén 〜 mǎhu."

5.　　到底是老演员，这几句唱得〜不同凡响！

　　Dàodǐ shì lǎo yǎnyuán, zhè jǐ jù chàng de 〜 bùtóngfánxiǎng!

C 与"一＋动词"呼应，后面有数量短语，表示数量大，"就是"轻读：

　　Used in conjunction with "一 ＋ verb" and followed by a N-M phrase to indicate a great amount.　就是 is pronounced in the neutral tone：

1.　　他在外头一去〜两年不回家，这屋子里的死气他是不知道的。（曹禺《雷雨》）

　　Tā zài wàitou yí qù 〜 liǎng nián bù huí jiā, zhè wūzi li de sǐqì tā shì bù zhīdào de.

2.　　故乡一别，雨雪风霜，转眼〜二十多岁。（杨朔《海市》）

　　Gùxiāng yì bié, yǔ xuě fēng shuāng, zhuǎnyǎn 〜 èrshí duō suì.

3.　　他对这工作特别感兴趣，一干〜一整天。

　　Tā duì zhè gōngzuò tèbié gǎn xìngqù, yí gàn 〜 yì zhěng tiān.

D 用于"数词＋动量词"之前，表示动作迅速果断，"就是"轻读：

　　Precedes "numeral ＋ verbal-measure word" to indicate that an action is done quickly and resolutely.　It is pronounced in the neutral tone：

1.　　一个差人提起轿杠，对准麦宽的头〜一下，麦宽"哎哟"一声，仰天倒在地上。（叶元、吕宕《林则徐》）

　　Yí ge chāirén tí qǐ jiàogàng, duìzhǔn Mài Kuān de tóu 〜 yí xià, Mài Kuān "āiyō" yì shēng, yǎngtiān dǎo zài dì shang.

2.　　一眼看出是老熟人，小李过去〜三拳，喊道："真没想到在这儿碰到你！"

　　Yìyǎn kàn chū shì lǎo shúrén, Xiǎo Lǐ guò qu 〜 sān quán, hǎn dào: "Zhēn méi xiǎngdào zài zhèr pèngdào nǐ!"

E 表示同意对方意见或说法，单独成句：

　　Stands by itself as a sentence to indicate consent：

1.　　二春连连地点着头："〜！〜！"（李准《李双双》）

　　Èrchūn liánlián de diǎnzhe tóu: "〜! 〜!"

2.　　隋波笑嘻嘻地答道："〜嘛，老宋这个人就是马虎。"（草明《乘风破浪》）

　　Suí Bō xiàoxīxī de dá dào: "〜 ma, Lǎo Sòng zhège rén jiùshì mǎhu."

3.　　听话的人连连点头说："〜嘛，哪个互助组不希望转社呀！"（鲁彦周《三八河边》）

Tīng huà de rén liánlián diǎn tóu shuō: "~ ma, nǎge hùzhùzǔ bù xīwàng zhuǎnshè ya!"

辨认:

Note:

"就是"有时是副词"就"+"是":

就是 is sometimes a phrase formed by the adverb 就 + verb 是:

1. 就是他! 你把他交出来吧!(老舍《茶馆》)

   Jiù shì tā! Nǐ bǎ tā jiāo chulai ba!

2. 进平则门往南一拐,就是南顺城街。(郁达夫《薄奠》)

   Jìn Píngzémén wǎng nán yì guǎi, jiù shì Nánshùnchéngjiē.

3. 听说是从前第一个太太,就是大少爷的母亲,顶爱的东西。(曹禺《雷雨》)

   Tīngshuō shì cóngqián dì-yī ge tàitai, jiù shì dàshàoye de mǔqin, dǐng ài de dōngxi.

4. 不懂就是不懂,不要装懂。

   Bù dǒng jiùshì bù dǒng, búyào zhuāngdǒng.

"就是(了)"在句尾是助词:

就是(了)used at the end of a sentence functions like a particle:

5. 你放心,我一定照办就是(了)。

   Nǐ fàng xīn, wǒ yídìng zhàobàn jiùshì(le).

6. 我早就知道了,不过不说就是了。

   Wǒ zǎo jiù zhīdao le, búguò bù shuō jiùshì le.

参看连词"就是"。

Compare conjunction 就是 jiùshì.

就手 jiùshǒur (副词)〈口〉

有"顺便"的意思,表示完成一件事的同时趁方便做另一件事

Same as 顺便,〔(do sth.) in passing, conveniently, without extra effort〕:

1. 我买烧饼去,~捎一壶开水来省得再生火。(老舍《四世同堂》)

   Wǒ mǎi shāobing qu, ~ shāo yì hú kāishuǐ lai shěngde zài shēng huǒ.

2. 明早八点,一拉汽笛,~ 把活停死,别留空子。(金山《风暴》)

   Míng zǎo bā diǎn, yì lā qìdí, ~ bǎ huór tíngsǐ, bié liú kòngzi.

3. 好,咱们对心思。那么请您呐,~ 也替我写一个。(苏叔阳《左邻右舍》)

   Hǎo, zánmen duì xīnsi. Nàme qǐng nín ne, ~ yě tì wǒ xiě yí ge.

4. 田嫂脸一红,瞥了二嫂一眼。~ 又从马车上拿出一副篾刀送给二嫂的男人。(陈登科《破壁记》)

   Tiánsǎo liǎn yì hóng, piēle èrsǎo yì yǎn. ~ yòu cóng mǎchē shang ná chu yí fù mièdāo sòng gěi èrsǎo de nánren.

5. 他只好走出去,~ 也表示出哥哥有哥哥的心思,弟弟有弟弟的办法,谁也别干涉谁。(老舍《四世同堂》)

   Tā zhǐhǎo zǒu chuqu, ~ yě biǎoshì chu gēge yǒu gēge de xīnsi, dìdi yǒu dìdi de bànfǎ, shuí yě bié gānshè shuí.

居然 jūrán (副词)

表示超出估计,修饰短语或结构,可修饰否定形式:

Unexpectedly, to one's surprise, beyond one's estimation; is used to modify a phrase or a construction. It can modify negative forms：

1. 好大的眼睛！有个人在你面前，～ 看不见！(吴强《红日》)

   Hǎo dà de yǎnjing! Yǒu ge rén zài nǐ miànqián, ～ kàn bu jiàn!

2. 我们总算运气好，～ 有房间住了。(叶圣陶《潘先生在难中》)

   Wǒmen zǒngsuàn yùnqi hǎo, ～ yǒu fángjiān zhù le.

3. 她想不到世界上还有这样的人和这样的事！而且做过这样事情的人～ 是一位到处受人尊敬的绅士！(巴金《春》)

   Tā xiǎng bu dào shìjiè shang hái yǒu zhèyàng de rén hé zhèyàng de shì! Érqiě zuòguo zhèyàng shìqing de rén ～ shì yí wèi dàochù shòu rén zūnjìng de shēnshì!

4. 那芦柴是没有干透的，但 ～ 也烘烘地响，很久很久，终于伸出无数火焰的舌头来。(鲁迅《补天》)

   Nà lúchái shì méiyou gāntòu de, dàn ～ yě hōnghōng de xiǎng, hěn jiǔ hěn jiǔ, zhōngyú shēn chū wúshù huǒyàn de shétou lai.

5. 这个独身的男子，～ 也新盖了猪圈，又养了鸡，又喂了鹅。(欧阳山《金牛和笑女》)

   Zhège dúshēn de nánzǐ, ～ yě xīn gàile zhūjuàn, yòu yǎngle jī, yòu wèile é.

助动词多放在"居然"之后：

An auxiliary verb, if there is any, is generally placed after 居然：

6. 我不是在做梦罢，～ 会有这一天！(巴金《春》)

   Wǒ bú shì zài zuò mèng ba, ～ huì yǒu zhè yì tiān!

7. 就凭四条这么不体面的人与牲口，他想，～ 能逃出危险，能又朝着太阳走路，真透着奇怪！(老舍《骆驼祥子》)

   Jiù píng sì tiáo zhème bù tǐmiàn de rén yǔ shēngkou, tā xiǎng, ～ néng táo chū wēixiǎn, néng yòu cháozhe tàiyáng zǒu lù, zhēn tòuzhe qíguài!

"居然"不一定直接在所修饰短语之前：

居然 is not always placed immediately before the phrases it modifies：

8. 这小人儿看书又迷住了，～ 喊他都听不见。(端木蕻良《曹雪芹》)

   Zhè xiǎorénr kàn shū yòu mízhu le, ～hǎn tā dōu tīng bu jiàn.

("居然"所修饰的是"听不见"，也可以说成"喊他～都听不见"。)

参看"竟"。

Compare 竟 jìng.

俱   jù   (副)〈书〉

有"全""都"的意思，多用在四字短语中：

All, both；mainly used in four-character phrases：

1. 虽是这样的地方，人物却各式～有。(鲁迅《两地书》)

   Suī shì zhèyàng de dìfang, rénwù què gè shì ～ yǒu.

2. 他从几十米高的烟囱上跳下来，五脏～裂。(徐怀中《西线轶事》)

   Tā cóng jǐ shí mǐ gāo de yāncōng shang tiào xialai, wǔzàng～ liè.

3. 觉新一面跟着他们在天井里闲走，一面声泪～下地说话。(巴金《春》)

   Juéxīn yímiàn gēnzhe tāmen zài tiānjǐng li xián zǒu, yímiàn shēnglèi ～xià de shuō huà.

4. 他……声色～厉地说："你上这儿来说什么？咱们回去！"(何鸣雁《洁白的山茶

花》）

     Tā ... shēngsè ~ lì de shuō:"Nǐ shàng zhèr lái shuō shénme? Zánmen huí qu!"

5.   原野上的空气，清凉沁甜，透人心肺，令人心神~爽。（沈修《夜客》）

     Yuányě shang de kōngqì, qīngliáng qìntián, tòu rén xīn fèi, lìng rén xīn shén ~ shuǎng.

☆**据说**   jùshuō   (副词)

据别人说，表示下面所说之事是传闻，可作插入语，也可居句首：

It is said; introduces hearsay; can also be used as a parenthesis or at the head of a sentence:

1.   这藤野先生，~是穿衣服太模胡了，有时竟会忘记带领结。（鲁迅《藤野先生》）

     Zhè Téngyě xiānsheng, ~ shì chuān yīfu tài móhu le, yǒushí jìng huì wàngjì dài lǐngjié.

2.   开远在滇越铁路中段，……~那里的石榴很有名。（罗广斌、杨益言《红岩》）

     Kāiyuǎn zài Diān-Yuè tiělù zhōngduàn, ... ~ nàli de shíliu hěn yǒu míng.

3.   庐山的名胜古迹很多，~共有两百多处。（丰子恺《庐山面目》）

     Lúshān de míngshèng gǔjì hěn duō, ~ gòng yǒu liǎng bǎi duō chù.

4.   ~罗汉钱是清朝康熙年间铸的一种特别钱。（赵树理《登记》）

     ~ luóhànqián shì Qīngcháo Kāngxī niánjiān zhù de yì zhǒng tèbié qián.

5.   ~，这次"那达木"大会上，除了草原传统的游艺项目以外，还举行田径赛。（玛拉沁夫《花的草原》）

     ~, zhècì "Nàdámù" dàhuì shang, chúle cǎoyuán chuántǒng de yóuyì xiàngmù yǐwài, hái jǔxíng tiánjìngsài.

6.   ~，时间是最好的医师，能慢慢治好了一切苦痛。（老舍《四世同堂》）

     ~, shíjiān shì zuì hǎo de yīshī, néng mànmàn zhìhǎole yíqiè kǔtòng.

☆"据说"有时可以说成"据……说"，如"据去过那儿的人说"。

据说 sometimes may have something inserted in between, e.g. 据去过那儿的人说.

决   jué   (副词)

有"一定"的意思，只修饰否定形式，有时和"绝"B通用：

Means 一定 (definitely, certainly, under any circumstances), modifies negative forms only and is sometimes interchangeable with 绝 B (see p. 196):

1.   我实在没有法子，不然，我~不敢再到这儿来麻烦您。（曹禺《日出》）

     Wǒ shízài méi yǒu fǎzi, bùrán, wǒ ~ bù gǎn zài dào zhèr lái máfan nín.

2.   他~不后悔自己的决定，他一定要逃走，去尽他对国家应尽的责任。（老舍《四世同堂》）

     Tā ~bú hòuhuǐ zìjǐ de juédìng, tā yídìng yào táozǒu, qù jìn tā duì guójiā yīng jìn de zérèn.

3.   如果不是遭遇敌人，~不会迷失了方向。（峻青《黎明的河边》）

     Rúguǒ bú shì zāoyù dírén, ~ bú huì míshle fāngxiàng.

4.   他觉得像掉在陷阱里，手脚而且全被夹子夹住，~没法儿跑。（老舍《骆驼祥子》）

     Tā juéde xiàng diào zài xiànjǐng li, shǒu jiǎo érqiě quán bèi jiāzi jiāzhu, ~ méi fǎr pǎo.

5. 现在,这人终于露面了。这意味着什么,罗田弄不清,但,他们～非素昧平生,这
    却是肯定的。(韦翰《遭遇》)

    Xiànzài, zhè rén zhōngyú lòu miàn le. Zhè yìwèizhe shénme, Luó Tián nòng bu
    qīng, dàn, tāmen ～fēi sùmèipíngshēng, zhè quèshì kěndìng de.

参看"绝"B。

Compare 绝 jué B.

决然   juérán   (副词)

A 有"坚决""毅然"的意思,表示态度不犹豫、确定不移,后面多带"地(的)":

Resolutely, determinedly; often takes 地 after it:

1. 牛子促使我下定了决心,我～地把手里的指挥旗往空中一举,发出了射击口
    令。(任斌武《开顶风船的角色》)

    Niúzi cùshǐ wǒ xiàdìngle juéxīn, wǒ～de bǎ shǒu li de zhǐhuī qí wǎng kōngzhōng yì
    jǔ, fā chū le shèjī kǒulìng.

2. 无数中国人民翻披着老羊皮袄,毅然～地顺着江上铁桥,踏入战火燃烧的朝
    鲜。(刘白羽《在朝鲜的第一夜》)

    Wúshù Zhōngguó rénmín fān pīzhe lǎo yángpí ǎo, yìrán ～de shùnzhe jiāng shang
    tiěqiáo, tàrù zhànhuǒ ránshāo de Cháoxiǎn.

3. "你不要破坏我的信仰好不好?"过了一会,她振作起来,～地说。(杨沫《青春之
    歌》)

    "Nǐ búyào pòhuài wǒ de xìnyǎng hǎo bu hǎo?" guòle yíhuì, tā zhènzuò qǐlai, ～ de
    shuō.

4. 他忽然大哭起来,望着～离去的何玲,急得不住地喊着妈妈。(孔厥《两女子》)

    Tā hūrán dà kū qǐlai, wàngzhe ～ líqù de Hé Líng, jí de búzhù de hǎnzhe māma.

B 有"必然"的意思:

Means 必然 (definitely, unquestionably, undoubtedly):

1. 东张西望,道听途说,～得不到什么完全的知识。(毛泽东《〈农村调查〉的序言
    和跋》)

    Dōngzhāngxīwàng, dàotīngtúshuō, ～ dé bu dào shénme wánquán de zhīshi.

2. 植物严重缺少水分、肥料和日光,是～要枯萎的。

    Zhíwù yánzhòng quēshǎo shuǐfèn, féiliào hé rìguāng, shì ～yào kūwěi de.

决心   juéxīn   (副词)

表示意志坚定,可以修饰否定形式:

(Be) determined to, (be) resolved to; can modify negative forms:

1. 他～将来投考中央音乐学院,成为一个歌唱家。(李魂、欧琳《远方的星》)

    Tā ～jiānglái tóukǎo Zhōngyāng Yīnyuè Xuéyuàn, chéngwéi yí ge gēchàngjiā.

2. 我在大学学过纺织专业,～去搞技术。(崔德志《报春花》)

    Wǒ zài dàxué xuéguo fǎngzhī zhuānyè, ～ qù gǎo jìshù.

3. 到电车站一看,乘客们排队就排了三里多长,他改变了念头,～走路回家。(草
    明《爱情》)

    Dào diànchēzhàn yí kàn, chéngkèmen pái duì jiù páile sān lǐ duō cháng, tā gǎibiànle
    niàntou, ～ zǒu lù huí jiā.

4. 桂权咬了咬牙,紧把门户,～不再吐一个字。(王子硕《评工会上》)

Guìquán yǎo le yǎo yá, jǐn bǎ ménhù, ～ bú zài tǔ yí ge zì.

绝 jué （副词）

A 表示程度极高；能被它修饰的词语不多：

Most, extremely; modifies only a few words and phrases：

1. 第二天早起，天气微阴。我～早起来，悄然在山中周行。（冰心《寄小读者》）
   Dì-èr tiān zǎoqǐ, tiānqì wēi yīn. Wǒ ～ zǎo qǐ lai, qiāorán zài shān zhōng zhōu xíng.

2. 问起 P 的业师们，他们都称他是个～好的学生，很用功。（冰心《我的学生》）
   Wèn qǐ P de yèshīmen, tāmen dōu chēng tā shì ge ～ hǎo de xuésheng, hěn yòng gōng.

3. 这些思想，不仅是宋玉珍一个人有，～大部分群众都有。（唐克新《选举》）
   Zhèxiē sīxiǎng, bùjǐn shì Sòng Yùzhēn yí ge rén yǒu, ～ dàbùfen qúnzhòng dōu yǒu.

B 有"绝对"的意思，用在否定形式前，有时和"决"通用：

Means 绝对 (*absolutely, in the least, very definitely*), *is used before a negative form and is sometimes interchangeable with* 决：

1. 情况有所不同。党～不一律要求所有的同志。（柳青《创业史》）
   Qíngkuàng yǒu suǒ bù tóng. Dǎng ～ bù yīlǜ yāoqiú suǒyǒu de tóngzhì.

2. 他……说得非常温柔，～不像是由那个胡子拉喳的口中说出来的。（老舍《骆驼祥子》）
   Tā ... shuō de fēicháng wēnróu, ～bú xiàng shì yóu nàge húzi lāchā de kǒu zhōng shuō chulai de.

3. 他觉得她的一切一切都极为平常，说不上太漂亮，但又～不能说不好看。（徐怀中《我们播种爱情》）
   Tā juéde tā de yíqiè yíqiè dōu jíwéi píngcháng, shuōbushàng tài piàoliang, dàn yòu ～ bù néng shuō bù hǎokàn.

4. 我们此行纯为爱国而来，～无越轨行动。（杨沫《青春之歌》）
   Wǒmen cǐ xíng chún wèi àiguó ér lái, ～ wú yuèguǐ xíngdòng.

5. 他～没想到自己的长子竟会如此堕落！（端木蕻良《曹雪芹》）
   Tā ～méi xiǎngdào zìjǐ de zhǎngzǐ jìng huì rúcǐ duòluò!

均 jūn （副词）〈书〉

有"都"的意思，多修饰单音节动词，可修饰否定形式：

All, both, without exception; mainly modifies monosyllabic verbs and can modify negative forms：

1. "石凳"是石建的，呈多层梯形，每层～为六面体。（王湜华《神游尼罗河》）
   "Shídèng" shì shí jiàn de, chéng duō céng tíxíng, měi céng ～ wéi liùmiàntǐ.

2. 建筑～系用小砖砌成，颇精细。（郭沫若《苏联游记》）
   Jiànzhù ～ xì yòng xiǎo zhuān qìchéng, pō jīngxì.

3. 我国大学机构臃肿，人浮于事，在世界各国～无先例。（千家驹《关于改革大学教育体制的一点意见》）
   Wǒ guó dàxué jīgòu yōngzhǒng, rénfúyúshì, zài shìjiè gè guó ～ wú xiānlì.

4. 田虎紧紧地抱着岩石，虽然没有掉入万丈深渊，但手臂～已受伤。（甘肃省话剧团《黄河飞渡》）
   Tián Hǔ jǐnjǐn de bàozhe yánshí, suīrán méiyou diàorù wànzhàngshēnyuān, dàn

shǒubì ～ yǐ shòu shāng.

"均"后面用双音词的现象比较少见：

It is rather rare for 均 to modify a disyllabic word：

5. 施洋向铁路局走去，马车和警察以及来人～紧随不舍。（金山《风暴》）

Shī Yáng xiàng tiělùjú zǒu qù, mǎchē hé jǐngchá yǐjí láirén ～ jǐn suí bù shě.

6. 刘叔的话，对李少祥起了积极的作用，他又鼓起勇气去找小兰两回，但～没有遇见。（草明《乘风破浪》）

Liúshū de huà, duì Lǐ Shàoxiáng qǐle jījí de zuòyòng, tā yòu gǔ qǐ yǒngqì qù zhǎo Xiǎolán liǎng huí, dàn ～ méiyou yùjian.

看来   kànlái   （副词）

A 根据外表样子看，可以修饰否定形式：

It seems, looks；can modify negative forms：

1. 他们～是很平凡、很简单的哩，…… 可是，…… 他们的品质是那样地纯洁和高尚。（魏巍《谁是最可爱的人》）

Tāmen ～ shì hěn píngfán, hěn jiǎndān de li, ... kěshì, ... tāmen de pǐnzhì shì nàyàng de chúnjié hé gāoshàng.

2. 一个戴尖顶草帽、穿破蓝布衫的人走了进来，～岁数不小。（周立波《暴风骤雨》）

Yí ge dài jiāndǐng cǎomào, chuān pò lán bù shān de rén zǒule jìnlai, ～ suìshu bù xiǎo.

3. "你是哪儿的?"那战士又问，～是个警卫员。（谌容《白雪》）

"Nǐ shì nǎr de?" Nà zhànshì yòu wèn, ～ shì ge jǐngwèiyuán.

4. 大明湖的碑帖嘛，～没有什么可贵之处。（梁斌《红旗谱》）

Dàmínghú de bēitiè ma, ～ méi yǒu shénme kěguì zhī chù.

B 表示说话人的估计，可处于句首；可以修饰否定形式：

Indicates the speaker's estimation；can occur at the head of a sentence and can modify negative forms：

1. 平常时候，那三十里，好像经不起脚板一颠，现在～，真如隔了十万八千里，实难登程。（高晓声《陈奂生进城》）

Píngcháng shíhou, nà sānshí lǐ, hǎoxiàng jīng bu qǐ jiǎobǎn yì diān, xiànzài ～, zhēn rú géle shíwàn bāqiān lǐ, shí nán dēng chéng.

2. 见鬼，她哪来这么多顾虑？～促使人精神衰老的主要原因是政治恐怖症。（蒋子龙《乔厂长后传》）

Jiàn guǐ, tā nǎ lái zhème duō gùlǜ? ～ cùshǐ rén jīngshén shuāilǎo de zhǔyào yuányīn shì zhèngzhì kǒngbùzhèng.

3. 有些社员要追究梁生禄和他爸闹事的关系，……～他爸闹事绝不能和他没有关系的。（柳青《创业史》）

Yǒuxiē shèyuán yào zhuījiū Liáng Shēnglù hé tā bà nào shì de guānxi, ... ～ tā bà nào shì jué bù néng hé tā méi yǒu guānxi de.

4. 双双抱着双手思索了一下，自言自语地说："～这事儿非得我上阵不行!"（李准《李双双》）

Shuāngshuāng bàozhe shuāng shǒu sīsuǒle yíxià, zìyánzìyǔ de shuō："～ zhè shìr fēi děi wǒ shàng zhèn bù xíng!"

"看来"有时用于短语"在某人看来",表示依某人的看法:

看来 is sometimes used in the phrase 在某人看来, meaning "according to someone's opinion":

5. 梁生宝……做出一些在旁人～是荒唐的、可笑的,几乎是傻瓜做的事情。(柳青《创业史》)

Liáng Shēngbǎo ... zuò chū yìxiē zài pángrén ～ shì huāngtang de, kěxiào de, jīhū shì shǎguā zuò de shìqing.

6. 在我～,这事简单得很。

Zài wǒ ～, zhè shì jiǎndān de hěn.

可 kě (副词) 〈口〉

A 表示强调。"可"要重读,后边往往带语气词"了""啦""呢""哩""喽"等,有感叹语气:

Used as an emphatic word, 可 should be stressed and is often followed by a modal particle, such as 了, 啦, 呢, 哩, 喽, thus making the sentence an exclamation:

1) 表示很高程度:

Indicates a very high degree:

1. 他劳动～好了,性子也直。(李准《耕云记》)

Tā láodòng ～ hǎo le, xìngzi yě zhí.

2. 这小傢伙,秘密工作的纪律遵守的～严哩,连自己的妈妈都不告诉。(峻青《山鹰》)

Zhè xiǎojiāhuo, mìmì gōngzuò de jìlǜ zūnshǒu de ～ yán li, lián zìjǐ de māma dōu bú gàosu.

3. 梨子长得又圆又大,～好哩!(梁斌《红旗谱》)

Lízi zhǎng de yòu yuán yòu dà, ～ hǎo li!

4. 同志,你不知道,她～受罪啦!(杨朔《春子姑娘》)

Tóngzhì, nǐ bù zhīdào, tā ～ shòu zuì la!

5. 哎哟!四爷,～想死我喽!(老舍《茶馆》)

Āiyō! Sìyé, ～ xiǎngsǐ wǒ lou!

6. 他～会说话了!

Tā ～ huì shuō huà le!

这种"可"可以修饰表示贬意的否定形式:

Such 可 may modify a derogatory negative form:

7. 这个人～不讲理了。

Zhège rén ～ bù jiǎng lǐ le.

8. 昨天我做的那条鱼～不好吃了。

Zuótiān wǒ zuò de nà tiáo yú ～ bù hǎochī le.

2) 表示极为盼望的事好不容易成功了,有"总算""终于"的意思:

At long last, finally; indicates that sth. very much yearned for has been accomplished at long last:

9. 李干急匆匆推门进来,一见乔光朴,又惊又喜:"哎呀,厂长,你～回来了。"(蒋子龙《乔厂长上任记》)

Lǐ Gàn jícōngcōng tuī mén jìn lai, yí jiàn Qiáo Guāngpǔ, yòu jīng yòu xǐ: "Āiya, chǎngzhǎng, nǐ ~ huí lai le."

10. ~到家了,我一步也走不动了!
    ~ dào jiā le, wǒ yí bù yě zǒu bu dòng le!

11. 钱~找到了,我以为丢了呢!
    Qián ~ zhǎodào le, wǒ yǐwéi diūle ne!

B 在祈使、命令句中,有"一定""无论如何""千万"的意思,"可"也可以不重读:
  In an imperative sentence 可 means "surely, certainly, under any circumstances" and may or may not be stressed:

1. 你长大成人,~别忘了你爹是怎么死的呀。(周立波《暴风骤雨》)
   Nǐ zhǎngdàchéngrén, ~ bié wàngle nǐ diē shì zěnme sǐ de ya.

2. 我好心好意来告诉你,你~不能卖了我呀。(老舍《茶馆》)
   Wǒ hǎo xīn hǎo yì lái gàosu nǐ, nǐ ~ bù néng màile wǒ ya!

3. 孩子,你~要说实话,妈经不起再大的事啦。(曹禺《雷雨》)
   Háizi, nǐ ~ yào shuō shíhuà, mā jīng bu qǐ zài dà de shì la.

4. 你回家,人要问你,你~别照实说,你就说到河南你妹妹家把我找回来的。(蔡天心《初春的日子》)
   Nǐ huí jiā, rén yào wèn nǐ, nǐ ~ bié zhàoshí shuō, nǐ jiùshuō dào Hénán nǐ mèimei jiā bǎ wǒ zhǎo huílai de.

5. 屋里有一个通过道窗户~要关好了,听见没有?(曹禺《日出》)
   Wū li yǒu yí ge tōng guòdào chuānghu ~ yào guānhǎo le, tīngjian méiyou?

C 在陈述句中,有"确实""真的"的意思,轻读:
  In a declarative sentence, 可 means "surely, certainly" and should be pronounced in the neutral tone:

1. 才过门那几年,双双是个黄毛丫头,什么事也不懂,~没断挨喜旺的打。(李准《李双双小传》)
   Cái guò mén nà jǐ nián, Shuāngshuāng shì ge huángmáo yātou, shénme shì yě bù dǒng, ~ méi duàn ái Xǐwàng de dǎ.

2. 你再不答应,我~生气了。(曹禺《北京人》)
   Nǐ zài bù dāying, wǒ ~ shēng qì le.

3. 她想:这下~完了! 这一定是玉春娘答应了明华那一头!(刘真《春大姐》)
   Tā xiǎng: Zhèxià ~ wán le! Zhè yídìng shì Yùchūn niáng dāyingle Mínghuá nà yì tóu!

"可"常与"真……"紧连使用,仍为"确实""真的"的意思,常表示赞叹、感叹或嫌弃:
Together with 真… means "surely, certainly, really, indeed" and indicates one's admiration, surprise or dislike:

4. 你们当新闻记者的,耳朵~真灵啊。(马烽《临时收购员》)
   Nǐmen dāng xīnwén jìzhě de, ěrduo ~ zhēn líng a.

5. 唉! 为父母的对儿女,~真不容易!(老舍《四世同堂》)
   Ài! Wéi fùmǔ de duì érnǚ, ~ zhēn bù róngyì!

6. 我 ~真想不到,我考了个第一。(李准《耕云记》)
   Wǒ ~ zhēn xiǎng bu dào, wǒ kǎole ge dì-yī.

7. 难道还有假吗？你问的～真怪。(刘澍德《拔旗》)

   Nándào hái yǒu jiǎ ma? Nǐ wèn de ～ zhēn guài.

"可"紧接"怎么……"，加强反问句的否定语气：

In a rhetorical question，可 together with 怎么... intensifies the negative sense：

8. 陆大夫要是有个好歹，这～怎么好啊！(谌容《人到中年》)

   Lù dàifu yàoshi yǒu ge hǎodǎi, zhè ～ zěnme hǎo a!

9. "不要命了，年轻轻的，压坏了～怎么办？"(王安友《整社基点村的一天》)

   "Bú yào mìng le, niánqīngqīng de, yāhuàile ～ zěnme bàn?"

10. 若是老爹撒手不管，她的日子～怎么过下去呀！(骆宾基《父女俩》)

    Ruòshì lǎodiē sā shǒu bù guǎn, tā de rìzi ～ zěnme guò xiàqu ya!

11. 以他的聪明能力而当一辈子白丁，甚至连个老婆也娶不上，～怎么好呢？(老舍《正红旗下》)

    Yǐ tā de cōngmíng nénglì ér dāng yíbèizi báidīng, shènzhì lián ge lǎopo yě qǔ bu shàng, ～ zěnme hǎo ne?

D 表示疑问：

   Indicates question：

1. 二十多年了，他们～给我长过工钱？(老舍《茶馆》)

   Èrshí duō nián le, tāmen ～ gěi wǒ zhǎngguo gōngqián?

2. 你看我们那时预想的事～有一件如意？(鲁迅《在酒楼上》)

   Nǐ kàn wǒmen nàshí yùxiǎng de shì ～ yǒu yí jiàn rúyì?

3. 先生～曾为刘和珍写了一点什么没有？(鲁迅《纪念刘和珍君》)

   Xiānsheng ～ céng wèi Liú Hézhēn xiěle yìdiǎnr shénme méiyou?

4. 你仔细听听，看看徐太太的"游园"跟你唱的～有个高下。(白先勇《游园惊梦》)

   Nǐ zǐxì tīngting, kànkan Xú tàitai de "yóuyuán" gēn nǐ chàng de ～ yǒu ge gāoxià.

参看连词 可 kě.

Compare conjunction 可 kě.

可巧 kěqiǎo （副词）

表示事情发生得正是所要的或正是所不要的，常处于句首：

As it happens, coincidentally；usually occurs at the head of a sentence：

1. ～，这几天情况没有变动，我们也不转移。(孙犁《山地回忆》)

   ～, zhè jǐ tiān qíngkuàng méiyou biàndòng, wǒmen yě bù zhuǎnyí.

2. ～，这几年，年头不好，捐税又重。(梁斌《红旗谱》)

   ～, zhè jǐ nián, niántóur bù hǎo, juānshuì yòu zhòng.

3. 正在走也不好，站也不是的当儿，～王家荣跑来了。(王安友《整社基点村的一天》)

   Zhèngzài zǒu yě bù hǎo, zhàn yě bú shì de dāng·ér, ～ Wáng Jiāróng pǎo lai le.

4. 正在这时，～我侄女小梅下学了。(马烽《太阳刚刚出山》)

   Zhèngzài zhèshí, ～ wǒ zhínǚ Xiǎoméi xià xué le.

"可巧"不一定直接处于所修饰的词语前：

可巧 is not necessarily placed immediately before the phrase modified by it：

5. ～上了北行的车，他又与她坐在一起。(菡子《探亲》)

   ～ shàngle běi xíng de chē, tā yòu yǔ tā zuò zài yìqǐ.

("可巧"所指的是"他又与她坐在一起"。)

空　　kōng　　(副词)

表示动作行为没有结果或不能付诸实践：

For nothing, in vain, without fulfillment:

1. 他是在老婆——这么个老婆！——手里讨饭吃。～长了那么高的身量，～有那么大的力气，没用。(老舍《骆驼祥子》)

   Tā shì zài lǎopo —— zhème ge lǎopo! —— shǒu li tǎo fàn chī. ～ zhǎngle nàme gāo de shēnliang, ～ yǒu nàme dà de lìqi, méiyòng.

2. 每一场～欢喜后头，都紧跟着一场实难受。(柳青《创业史》)

   Měi yì chǎng ～ huānxǐ hòutou, dōu jǐn genzhe yì chǎng shí nánshòu.

3. 他们对营救钱先生丝毫不能尽力，～谈一谈有什么用呢？(老舍《四世同堂》)

   Tāmen duì yíngjiù Qián xiānsheng sīháo bù néng jìn lì, ～ tán yi tán yǒu shénme yòng ne?

4. 在活佛面前是绝不敢～有允诺的。(徐怀中《我们播种爱情》)

   Zài huófó miànqián shì jué bù gǎn ～ yǒu yǔnnuò de.

恐怕　　kǒngpà　　(副词)

A 同"也许"A，单纯表示估计，但不能独立成句：

Perhaps, probably; same as 也许 A, but cannot be used independently:

1. 奴才做了主人，是绝不肯废去"老爷"的称呼的，他的摆架子，～比他的主人还十足，还可笑。(鲁迅《上海文艺之一瞥》)

   Núcái zuòle zhǔrén, shì jué bù kěn fèi qu "lǎoye" de chēnghu de, tā de bǎi jiàzi, ～ bǐ tā de zhǔrén hái shízú, hái kěxiào.

2. 他们并不认识我，～还不知道我的名字。(巴金《春》)

   Tāmen bìng bú rènshi wǒ, ～ hái bù zhīdào wǒ de míngzi.

3. 我自己有一个儿子，他才十七岁——～刚才你在花园见过——是个不大懂事的孩子。(曹禺《雷雨》)

   Wǒ zìjǐ yǒu yí ge érzi, tā cái shíqī suì —— ～ gāngcái nǐ zài huāyuán jiànguo —— shì ge búdà dǒng shì de háizi.

4. 调皮这种本领，～有专人教你你也学不会。(徐怀中《我们播种爱情》)

   Tiáopí zhèzhǒng běnlǐng, ～ yǒu zhuānrén jiāo nǐ nǐ yě xué bu huì.

5. 你的看法，～不完全对吧？(罗广斌、杨益言《红岩》)

   Nǐ de kànfǎ, ～ bù wánquán duì ba?

B 表示估计，带有担心成分：

To be afraid:

1. 可怜的妈妈！只要我一出这个门，～就永远不能相见了！(老舍《四世同堂》)

   Kělián de māma! Zhǐyào wǒ yì chū zhège mén, ～ jiù yǒngyuǎn bù néng xiāngjiàn le!

2. 我很小的时候，爸就被敌人捉去，～早就牺牲了……(罗广斌、杨益言《红岩》)

   Wǒ hěn xiǎo de shíhou, bà jiù bèi dírén zhuō qu, ～ zǎo jiù xīshēng le …

3. 你应该替你自己想，我这个当姨夫的，～也照拂不了你几天了。(曹禺《北京人》)

   Nǐ yīnggāi tì nǐ zìjǐ xiǎng, wǒ zhège dāng yífu de, ～ yě zhàofú bu liǎo nǐ jǐ tiān le.

4. 我还要告诉你，我经常吐血，～活不长了。(叶蔚林《兰兰的木兰溪》)

Wǒ hái yào gàosu nǐ, wǒ jīngcháng tù xiě, ～ huó bu cháng le.

在书面语中，"恐怕"有时写作"恐"：

In written language, 恐 sometimes stands for 恐怕:

5. 此案累及太太，我一时恐难出狱，书店事望兄为我代办之。(鲁迅《为了忘却的记念》)

Cǐ àn lěijí tài dà, wǒ yìshí kǒng nán chū yù, shūdiàn shì wàng xiōng wèi wǒ dài bàn zhī.

苦 kǔ （副词）

艰苦地或有耐心地；只修饰少数单音节动词：

Painstakingly, doing one's utmost; modifies a few monosyllabic verbs only:

1. 这几间新砖房，是张老汉～熬～省了半辈子的唯一财产。

Zhè jǐ jiān xīn zhuān fáng, shì Zhāng lǎohàn ～ áo ～ shěngle bàn bèizi de wéiyī cáichǎn.

2. 我们农业社组织了一支打井突击队，昼夜～战了两个月，就打成九眼井。(马烽《太阳刚刚出山》)

Wǒmen nóngyèshè zǔzhīle yì zhī dǎjǐng tūjíduì, zhòu yè ～ zhànle liǎng ge yuè, jiù dǎchéng jiǔ yǎn jǐng.

3. 她不让罗怀新看书写字，拉他坐在藤圈椅里，自己拉过一张小板凳继续～劝："这可是你自己的大事……"(韦君宜《告状》)

Tā bú ràng Luó Huáixīn kàn shū xiě zì, lā tā zuò zài téngquānyǐ li, zìjǐ lā guo yì zhāng xiǎo bǎndèng jìxù ～ quàn: "Zhè kě shì nǐ zìjǐ de dà shì..."

快 kuài （副词）〈口〉

A 表示在很短的时间内某动作或现象会出现，可以修饰否定式；后面多有语气助词"了"：

Be about to, soon, be going to; can modify negative forms, and there is usually a modal particle 了 to go with it:

1. 春天～完了，村上倒反来了狼，谁料到？(鲁迅《祝福》)

Chūntiān ～ wán le, cūn shang dào fǎn láile láng, shuí liàodào?

2. 在天～亮的时候，我到了支队的营地。(王愿坚《粮食的故事》)

Zài tiān ～ liàng de shíhou, wǒ dàole zhīduì de yíngdì.

3. 他父亲被伪满县警察署捉住，打得～死时也问不出什么口供。(周立波《暴风骤雨》)

Tā fùqin bèi wěimǎn xiàn jǐngcháshǔ zhuōzhù, dǎ de ～ sǐ shí yě wèn bu chū shénme kǒugòng.

4. 你住了一年训练班，技术～赶上你大叔了吧。(南丁《检验工叶英》)

Nǐ zhùle yì nián xùnliànbān, jìshù ～ gǎn shang nǐ dàshū le ba.

5. 米～没了，下午去买吧。

Mǐ ～ méi le, xiàwǔ qù mǎi ba.

6. 学习班要结束了，他～不去了。

Xuéxíbān yào jiéshù le, tā ～ bú qù le.

"快"与其它副词一起使用时，"快"用在后面：

When 快 is used with other adverbs, it should be placed after the others:

7. 二位爷,别那么说呀! 我不是也~挨饿了吗?（老舍《茶馆》）
   Èr wèi yé, bié nàme shuō yā! Wǒ bú shi yě ~ ái·è le ma?

8. 这不是也~熬出头来了!（骆宾基《父女》）
   Zhè bú shi yě ~ áo chū tóu lai le!

9. 我麻都~割了,咋办呀?（周立波《暴风骤雨》）
   Wǒ má dōu ~ gē le, zǎ bàn ya?

可用于数量短语前:

快 can precede a N-M phrase:

10. 再过二三年,我也得跟您一样! 您横是~六十了吧?（老舍《骆驼祥子》）
    Zài guò èr sān nián, wǒ yě děi gēn nín yíyàng! Nín héngshi~ liùshí le ba?

11. 他走了~三个星期了。
    Tā zǒule ~ sān ge xīngqī le.

参看"快要"。

Compare 快要 kuàiyào.

B 用在祈使句中,表示催促:

   In imperative sentences, 快 indicates urgency:

1. 你~睡。（曲波《山呼海啸》）
   Nǐ ~ shuì.

2. ~给我弄饭吃吧!（王愿坚《粮食的故事》）
   ~ gěi wǒ nòng fàn chī ba!

3. 让别人知道了不得了啊! ——~离开这儿,千万别说出去!（唐代凌《零》）
   Ràng biérén zhīdaole bùdéliǎo a! —— ~ líkāi zhèr, qiānwàn bié shuō chūqu!

4. ~别说话了,睡吧!
   ~ bié shuō huà le, shuì ba!

辨认:

Note:

"快"有时是形容词,可作定语、谓语、补语和状语:

快 sometimes is an adjective which can be used as the attributive, predicate, complement and adverbial:

1. 这班列车是特快车,不是慢车。
   Zhè bān lièchē shì tèkuàichē, bú shì mànchē.

2. 他学习进步很快。
   Tā xuéxí jìnbù hěn kuài.

3. 那匹马跑得快极了。
   Nà pǐ mǎ pǎo de kuài jí le.

4. 我用百米的速度很快地把他追上了。
   Wǒ yòng bǎi mǐ de sùdù hěn kuài de bǎ tā zhuīshang le.

5. 这个小孩儿脑子快,心算能力很强。
   Zhège xiǎoháir nǎozi kuài, xīnsuàn nénglì hěn qiáng.

6. 这把菜刀快不快?
   Zhè bǎ càidāo kuài bu kuài?

— 203 —

以上例 1、2、3、4 中的"快"表示速度高(与"慢"相对),例 5 中的"快"表示"灵敏",例6 中的"快"表示"锋利"(与"钝"相对)。

快 in examples 1, 2, 3, 4 means "quick" (as opposite to 慢 slow); in example 5, it means "clever", and in example 6 it means "sharp" (as opposed to 钝 blunt).

快要   kuàiyào   (副词)

同"快"A,但很少用于数量短语前:

Same as 快 A (see above entry), but not often used before a N-M phrase:

1. 你~到家了;可我,还有十多里路呢!(王汶石《新结识的伙伴》)

    Nǐ ~ dào jiā le; kě wǒ, hái yǒu shí duō lǐ lù ne!

2. ~到烈士墓的时候,他把小娟交给了李凤英。(肖平《三月雪》)

    ~ dào lièshì mù de shíhou, tā bǎ Xiǎojuān jiāo gěi le Lǐ Fèngyīng.

3. 早晨,太阳~升起来了。(季康、公浦《五朵金花》)

    Zǎochén, tàiyáng ~ shēng qǐlai le.

4. 车子里面已经空了,小雅一瞅急的~哭出来了。(草明《爱情》)

    Chēzi lǐmiàn yǐjīng kōng le, Xiǎoyǎ yì chǒu jí de ~ kū chulai le.

5. 傻瓜!看上去,~有喜事儿啦!(徐锦珊《小珍珠和刘师傅》)

    Shǎguā! Kàn shàngqu, ~ yǒu xǐshìr la!

"快要"与其它副词一起使用时,"快要"在后边:

When 快要 is used with other adverbs, it should be placed after them:

6. 棺木已经一烂尽了,只剩下一堆木丝和小木片。(鲁迅《在酒楼上》)

    Guānmù yǐjīng ~ lànjìn le, zhǐ shèngxia yì duī mùsī hé xiǎo mùpiàn.

7. 一家子四口眼看就~没吃的了。(蔡天心《初春的日子》)

    Yìjiāzi sì kǒu yǎnkàn jiù ~ méi chī de le.

8. 乌兰吉达盼望很久的一天终于~来到了。(安柯钦夫《新生活的光辉》)

    Wūlánjídá pànwàng hěn jiǔ de yì tiān zhōngyú ~ láidào le.

岿然   kuīrán   (副词)〈书〉

高大而独立的样子:

Towering, lofty:

1. 入清以后,东苑逐渐废弃,……惟独这座皇史宬继续被清皇朝所使用,成了鲁光殿而~独存。(林微《古老的皇家档案库——皇史宬》)

    Rù Qīng yǐhòu, Dōngyuàn zhújiàn fèiqì, …… wéidú zhèzuò Huángshǐchéng jìxù bèi Qīng huángcháo suǒ shǐyòng, chéngle Lǔguāngdiàn ér ~ dú cún.

2. 在这滔滔恶浪的袭击中,周总理~不动,作为中流砥柱,独撑危局。(刘平平《胜利的鲜花献给您》)

    Zài zhè tāotāo èlàng de xíjī zhōng, Zhōu zǒnglǐ ~ bú dòng, zuòwéi zhōngliúdǐzhù, dú chēng wēijú.

☆**阔步**   kuòbù   (副词)

意思是迈大步,后面可带"地":

In big strides; can be followed by 地:

1. 随着雄壮的音乐,在他身后霎时汇成一支声势浩大的游行队伍,沿着大街~前进!(王玉胡等《绿洲凯歌》)

    Suízhe xióngzhuàng de yīnyuè, zài tā shēn hòu shàshí huìchéng yì zhī shēngshìhàodà de yóuxíng duìwu, yánzhe dàjiē ～qiánjìn!

2. 他在校园里青砖平房中间东拐西弯的走道上, 挺胸～走着。(柳青《创业史》)

   Tā zài xiàoyuán li qīngzhuān píngfáng zhōngjiān dōngguǎixīwān de zǒudào shang, tǐng xiōng ～ zǒuzhe.

3. 在一簇簇的远树丛中, 我认出了我那个小小的村子。……我～地走进了村庄。 (胡苏《新媳妇》)

   Zài yí cùcù de yuán shùcóng zhōng, wǒ rèn chū le wǒ nàge xiǎoxiǎo de cūnzi. ...
   Wǒ ～ de zǒu jìn le cūnzhuāng.

☆ "阔步"原是体词短语,现在仍可说"昂首阔步"。

阔步 was originally a nominal phrase, and even now one still can say 昂首阔步。)

来回   láihuí   (副词)

往返多次或重复多次,可带"地",可重叠为"来来回回":

(Go or move) back and forth, (do sth.) repeatedly; can be followed by 地 and can be reduplicated as 来来回回:

1. 改霞在上下堡小学的路上～走着,却显得忧郁、沉闷。(柳青《创业史》)

   Gǎixiá zài Shàngxiàpù xiǎoxué de lù shang ～ zǒuzhe, què xiǎnde yōuyù, chénmèn.

2. 抱着两个脖子～转,锄把子都不想摸,当然挣不了工分!(李准《李双双》)

   Bàozhe liǎng ge bǎngzi ～ zhuàn, chúbàzi dōu bù xiǎng mō, dāngrán zhèng bu liǎo gōngfēn!

3. 总理的骨灰就这样撒了,飞机仅仅～飞了一个多小时。(杨匡满、郭宝臣《命运》)

   Zǒnglǐ de gǔhuī jiù zhèyàng sǎ le, fēijī jǐnjǐn ～ fēile yí ge duō xiǎoshí.

4. 我从哥嫂认识那天起,什么信啦,礼物啦,～给他们当"通讯员"。(郑万隆《妻子——战士》)

   Wǒ cóng gē sǎo rènshi nàtiān qǐ, shénme xìn la, lǐwù la, ～ gěi tāmen dāng "tōngxùnyuán".

5. 我差不多每天下午看见他在公园里,同一个红衣蓬发的女子,～的走着。(冰心《我们太太的客厅》)

   Wǒ chàbuduō měitiān xiàwǔ kànjian tā zài gōngyuán li, tóng yí ge hóng yī péng fà de nǚzǐ, ～ de zǒuzhe.

6. 他的这些话,在我心眼里～地琢磨了很久。(刘真《我和小荣》)

   Tā de zhèxiē huà, zài wǒ xīnyǎnr li ～ de zuómole hěn jiǔ.

7. 不是你春天来来回回神说,俺娃儿连想也想不起住工厂的事儿!(柳青《创业史》)

   Bú shi nǐ chūntiān láiláihuíhuí shén shuō, ǎn wá·ér lián xiǎng yě xiǎng bu qǐ zhù gōngchǎng de shìr!

老   lǎo   (副词)

A 表示某一动作一再重复,或状态一直持续不变,可以修饰否定式:

Always, forever, keep on; can modify negative forms:

1. 自从被大兵拉去,他似乎没看见过太阳,心中～在咒骂,头～低着。(老舍《骆驼祥子》)

   Zìcóng bèi dàbīng lā qu, tā sìhū méi kànjiànguo tàiyang, xīnzhōng ～ zài zhòumà, tóu ～ dīzhe.

2. 下山时候他一路小跑，我们～赶不上。(李准《耕云记》)

Xià shān shíhou tā yílù xiǎo pǎo, wǒmen ～ gǎn bu shàng.

3. 赵大叔到了太原，心里～惦记着牲口，住了没三天，闹着非走不可。(马烽《饲养员赵大叔》)

Zhào dàshū dàole Tàiyuán, xīnli ～ diànjìzhe shēngkou, zhùle méi sān tiān, nàozhe fēi zǒu bùkě.

4. 妈妈整天的给人家洗衣裳。我～想帮助妈妈，可是插不上手。(老舍《月牙儿》)

Māma zhěng tiān de gěi rénjiā xǐ yīshang. Wǒ ～ xiǎng bāngzhù māma, kěshì chā bu shàng shǒu.

5. 爸爸，你怎么～不回来？(马烽《太阳刚刚出山》)

Bàba, nǐ zěnme ～ bù huí lai?

6. 有什么法子呢？隔行如隔山，你～得开茶馆，我～得干我这一行！(老舍《茶馆》)

Yǒu shénme fázi ne? Gé háng rú gé shān, nǐ ～ děi kāi cháguǎnr. Wǒ ～ děi gàn wǒ zhè yì háng!

7. 他脸上～那么红扑扑的，显得非常健康。

Tā liǎn shang ～ nàme hóngpūpū de, xiǎnde fēicháng jiànkāng.

助动词或否定词多出现在"老"后，如例 4、5、6，但有时也可出现在"老"前，意思则有变化：

Auxiliaries and negative words usually occur after 老, e. g. examples 4, 5, & 6, but they may occur before it and result in a difference in meaning:

8. 我～想在这个学校教书，可是一直没机会来。

Wǒ ～ xiǎng zài zhège xuéxiào jiāo shū, kěshì yìzhí méi jīhuì lái.

9. 我想～在这个学校教书，不要调到别的学校去。

Wǒ xiǎng ～ zài zhège xuéxiào jiāo shū, búyào diàodào biéde xuéxiào qu.

10. 咱们的学习负担太重了，～不能玩儿。

Zánmen de xuéxí fùdān tài zhòng le, ～ bù néng wánr.

11. 咱们不能～玩儿，得多念点儿书。

Zánmen bù néng ～ wánr, děi duō niàn diǎnr shū.

参看"老是"。

Compare 老是 lǎoshi.

B 有"很"的意思，所修饰的仅限于少数几个单音节形容词，多是积极意义的：

Very; modifies a limited number of monosyllabic adjectives with a positive meaning only:

1. 当铺是～早就上门的。(老舍《月牙儿》)

Dàngpù shì ～ zǎo jiù shàng mén de.

2. 太太准她来跟您请安就是～大的面子。(曹禺《雷雨》)

Tàitai zhǔn tā lái gēn nín qǐng·ān jiù shì ～ dà de miànzi.

(×老小)

3. 这麦子长得才叫好呢，～远一看就像一片绿色金丝绒。(海默《联合收割机的威力》)

Zhè màizi zhǎng de cái jiào hǎo ne, ～ yuǎn yí kàn jiù xiàng yí piàn lǜsè jīnsīróng.
（×老近）

4. 地里的草没人管，长得～高。
　　Dì li de cǎo méi rén guǎn, zhǎng de ～ gāo.

（×老矮）

老是 lǎoshì （副词）

同"老"A：

Same as 老 A (always, forever, keep on)：

1. 他翻来复去，左思右想，～睡不着。(周立波《暴风骤雨》)
　　Tā fānláifùqù, zuǒsīyòuxiǎng, ～ shuì bu zháo.

2. 从妈妈死了以后，姐姐～管着我，下雨天在外边打水仗玩她都不叫。(韩统良《家》)
　　Cóng māma sǐle yǐhòu, jiějie ～ guǎnzhe wǒ, xià yǔ tiān zài wàibianr dǎ shuǐzhàng wánr tā dōu bú jiào.

3. 张俊～爱谈将来，一开口便是"五年之后"的理想。(陆文夫《小巷深处》)
　　Zhāng Jùn ～ ài tán jiānglái, yì kāi kǒu biàn shì ″wǔ nián zhī hòu″ de lǐxiǎng.

4. 常四爷～那么又倔又硬，别计较他！(老舍《茶馆》)
　　Cháng sìyé ～ nàme yòu juè yòu yìng, bié jìjiào tā!

5. 他是个小孩，～这样装着腔，对付他，我实在不喜欢。(曹禺《雷雨》)
　　Tā shì ge xiǎoháir, ～ zhèyàng zhuāngzhe qiāng, duìfu tā, wǒ shízài bù xǐhuan.

"老是"有时是副词"老"修饰动词"是"：

老是 sometimes is a phrase with adverb 老 modifying verb 是：

1. 他穿的衣服老是灰色的和蓝色的。
　　Tā chuān de yīfu lǎo shì huīsè de hé lánsè de.

2. 每次考试第一个考完的老是他。
　　Měi cì kǎoshì dìyī ge kǎowán de lǎo shì tā.

立即 lìjí （副词）

同"立刻"，但多用于书面语：

Same as 立刻 (at once), but mostly used in written language：

1. 打扮得花朵似的孩子们，～被抱上马去。(曲波《桥隆飙》)
　　Dǎbàn de huāduǒ shìde háizimen, ～ bèi bào shàng mǎ qu.

2. 倪慧聪说着，勉强地微笑了一下，连她也～感到自己面色是僵硬的、难看的。(徐怀中《我们播种爱情》)
　　Ní Huìcōng shuōzhe, miǎnqiǎng de wēixiàole yíxià, lián tā yě ～ gǎndào zìjǐ miànsè shì jiāngyìng de, nánkàn de.

3. 我～让出了一切：屋子、床铺、被褥……(刘心武《我爱每一片绿叶》)
　　Wǒ ～ ràng chū le yípiè, Wūzi, chuángpù, bèirù.

4. 他觉得自己刚睡着，就～惊醒过来。(茹志鹃《澄河边上》)
　　Tā juéde zìjǐ gāng shuìzháo, jiù ～ jīngxǐng guolai.

立刻 lìkè （副词）

在说话的当时，或紧跟另一动作，强调没有时间间隔，可以修饰否定形式：

At once, (one action immediately following another); is used to emphasize that no time is lost, and can modify negative forms:

1. 这个决议没有遭到任何异议，～就被大家接受了。（陈世旭《小镇上的将军》）

    Zhège juéyì méiyou zāodào rènhé yìyì, ～ jiù bèi dàjiā jiēshòu le.

2. 三年前的情景，～展现在我的面前来。（曾克《一同长大》）

    Sān nián qián de qíngjǐng, ～ zhǎnxiàn zài wǒ de miànqián lai.

3. 江涛一见严知孝，～站起来。（梁斌《红旗谱》）

    Jiāng Tāo yí jiàn Yán Zhīxiào, ～ zhàn qilai.

4. 他把电钮一按，钻床～停止了。（南丁《检验工叶英》）

    Tā bǎ diànniǔ yí àn, zuànchuáng ～ tíngzhǐ le.

5. 我不连累你，要是在外面因为我，别人说你的坏话，我～就走。（曹禺《雷雨》）

    Wǒ bù liánlèi nǐ, yàoshi zài wàimiàn yīnwèi wǒ, biérén shuō nǐ de huài huà, wǒ ～ jiù zǒu.

6. 听见有人敲门，她～不说话了。

    Tīngjian yǒu rén qiāo mén, tā ～ bù shuō huà le.

参看"即刻""立即""立时""马上"。

Compare 即刻 jíkè, 立即 lìjí, 立时 lìshí and 马上 mǎshàng.

立时   lìshí   （副词）

同"立刻"，用得较少，可以修饰否定形式：

Same as 立刻 (at once), but not frequently used. It can modify negative forms:

1. 道静看见了，气得浑身发抖。她二话没说，～向经理辞了职。（杨沫《青春之歌》）

    Dàojìng kànjian le, qì de húnshēn fādǒu. Tā èr huà méi shuō, ～ xiàng jīnglǐ cíle zhí.

2. 桂权一听，耳朵嗡嗡直响，头上～出了一层冷汗。（王子硕《评工会上》）

    Guìquán yì tīng, ěrduo wēngwēng zhí xiǎng, tóu shang ～ chūle yì céng lěng hàn.

3. 他这一喊，～伸出十几只手，要抓这笼子。（梁斌《红旗谱》）

    Tā zhè yì hǎn, ～ shēn chū shí jǐ zhī shǒu, yào zhuā zhè lóngzi.

4. 冯云卿猛一口气塞上喉管来，～脸色变了，手指尖冰冷，又发抖。（茅盾《子夜》）

    Féng Yúnqīng měng yì kǒu qì sāi shàng hóuguǎn lai, ～ liǎnsè biàn le, shǒuzhǐ jiānr bīnglěng, yòu fādǒu.

5. 我是个急性子人，想到这里，～站起身来就跑到农业社。（马烽《临时收购员》）

    Wǒ shì ge jí xìngzi rén, xiǎngdào zhèlǐ, ～ zhàn qǐ shēn lai jiù pǎodào nóngyèshè.

6. 郭长海见是蓝自强来了，～把脸拉了下来。（张时鲁《还是那匹马》）

    Guō Chánghǎi jiàn shì Lán Zìqiáng lái le, ～ bǎ liǎn lāle xialai.

7. 脸上的笑容～不见了。

    Liǎn shang de xiàoróng ～ bú jiàn le.

连   lián   （副词）

表示同一动作连续重复，修饰单音节动词，后面常有数量短语：

In succession, one after another, repeatedly; is used to modify monosyllabic verbs and is usually followed by a N-M phrase:

1. 一阵凉风吹得他冷不丁地～打了几个寒颤。（王愿坚《七根火柴》）

    Yí zhèn liángfēng chuī de tā lěngbudīng de ～ dǎle jǐ ge hánzhàn.

2. 王科长十分赞叹刘局长的新发现，～说了五六声"深刻,深刻,深刻,深刻,深刻,深刻……"(南丁《科长》)

   Wáng kēzhǎng shífēn zàntàn Liú júzhǎng de xīn fāxiàn, ～ shuōle wǔ liù shēng "shēnkè, shēnkè, shēnkè, shēnkè, shēnkè, shēnkè..."

3. 枪机啪啦啪啦～倒了十几次，枪一直没有发火。(任斌武《开顶风船的角色》)

   Qiāngjī pālā-pālā ～ dǎole shí jǐ cì, qiāng yìzhí méiyou fā huǒ.

4. ～刮了几阵西北风，村里的树枝都变成光胳膊。(茅盾《残冬》)

   ～ guāle jǐ zhèn xīběi fēng, cūn li de shùzhī dōu biànchéng guāng gēbo.

有时,也可以不用数量短语:

Sometimes 连 takes no N-M phrase after it:

5. ……在各个战场上～吃败仗。(吴强《红日》)

   ... zài gègè zhànchǎng shang ～ chī bàizhàng.

6. 大姐夫呢,年轻火力壮,只穿着小棉袄,直打喷嚏,而～说不冷。(老舍《正红旗下》)

   Dàjiěfu ne, niánqīng huǒlì zhuàng, zhǐ chuānzhe xiǎo mián·ǎo, zhí dǎ pēntì, ér ～ shuō bù lěng.

参看"连着"A。

Compare 连着 liánzhe A.

参看介词"连"。

Compare preposition 连 lián.

连连   liánlián   (副词)

同一动作连续重复,后面不能带数量短语:

Indicates that the same action takes place repeatedly, but can·t be followed by any N-M phrase:

1. 他来到法官耳旁嘀咕一阵,法官～点着头。(杨沫《青春之歌》)

   Tā láidào fǎguān ěr páng dígu yízhèn, fǎguān ～ diǎnzhe tóu.

2. 老夏一时楞住,安谧的眼睛～眨动。(梁斌《红旗谱》)

   Lǎo Xià yìshí lèngzhu, ānmì de yǎnjing ～ zhǎdòng.

3. "呸! 呸! 真恶心!"改霞～往草地上唾着,气得鼓鼓。(柳青《创业史》)

   "Pēi! pēi! Zhēn·èxīn!" Gǎixiá ～ wàng cǎodì shang tuòzhe, qì de gǔgǔ.

4. 肖元山和吴宝仁都～向我恭贺。(曲波《桥隆飙》)

   Xiāo Yúnshān hé Wú Bǎorén dōu ～ xiàng wǒ gōnghè.

5. 平州城里的吉田大队长,性情十分暴烈,是最好冲动的。～吃亏,他很不甘心。(曲波《桥隆飙》)

   Píngzhōu chéng lǐ de Jítián dàduìzhǎng, xìngqíng shífēn bàoliè, shì zuì hào chōngdòng de. ～ chī kuī, tā hěn bù gānxīn.

后面可带"地":

连连 can be followed by 地:

6. 他听了郭振山这样的介绍,～地点头称赞。(柳青《创业史》)

   Tā tīngle Guō Zhènshān zhèyàng de jièshào, ～ de diǎn tóu chēngzàn.

7. 二叔～地说:"懂懂懂!"(刘勇《师徒会》)

   Èrshū ～ de shuō: "Dǒng dǒng dǒng!"

8. 热烈的掌声，～地谢幕，演出结束了。(孟伟哉《头发》)

Rèliè de zhǎngshēng, ～ de xièmù, yǎnchū jiéshù le.

连忙 liánmáng (副)

同"赶忙"；表示加快行动，不能用于祈使句或其它表示未然的句子：

Promptly, immediately; cannot occur in an imperative sentence nor any other sentence relating to an unfulfilled event:

1. 他～放下扁担，走到将军面前，结结巴巴地说："将军同志，我不知道你是……" (王愿坚《普通劳动者》)

Tā ～ fàng xia biǎndàn, zǒudào jiāngjūn miànqián, jiējiēbābā de shuō: "Jiāngjūn tóngzhì, wǒ bù zhīdào nǐ shì..."

2. 我～掉头望去，正是张华和一个四十七八岁的女人。(艾芜《野牛寨》)

Wǒ ～ diào tóu wàng qù, zhèng shì Zhāng Huá hé yí ge sìshí qī bā suì de nǚrén.

3. 杨林给爆炸声吵醒了。他～跑过来看我有没有受惊。(巴金《杨林同志》)

Yáng Lín gěi bàozhà shēng chǎoxǐng le. Tā ～ pǎo guolai kàn wǒ yǒu méiyou shòu jīng.

4. 我们把那十几个地方干部救了出来，～就回返根据地。(马烽《难忘的人》)

Wǒmen bǎ nà shí jǐ ge dìfāng gànbù jiùle chulai, ～ jiù huífǎn gēnjùdì.

后面可带"地"：

连忙 can be followed by 地:

5. 她已经急步扑上来，双手抓住我的两只袖子，～地说："快，进屋暖和暖和！"(谌容《白雪》)

Tā yǐjing jíbù pū shanglai, shuāng shǒu zhuāzhu wǒ de liǎng zhī xiùzi, ～ de shuō: "Kuài, jìn wū nuǎnhuo nuǎnhuo!"

连年 liánnián (副词)

表示一连几年，修饰多音节词语，可修饰否定形式：

In successive years, for years on end, year after year; is used to modify polysyllabic words or phrases, including negative forms:

1. 因为实行了科学种田，这个生产队的蔬菜～增产。

Yīnwèi shíxíngle kēxué zhòng tián, zhège shēngchǎnduì de shūcài ～ zēng chǎn.

2. 纳尔特草原就象瘦老的绵羊那样，一年不如一年。生产～下降。(玛拉沁夫《家庭舞会》)

Nà·ěrtè cǎoyuán jiù xiàng shòu lǎo de miányáng nàyàng, yì nián bù rú yì nián. Shēngchǎn ～ xiàjiàng.

3. ……县委主要负责同志违背党的实事求是的原则,～虚报粮食产量。(报)

... Xiànwěi zhǔyào fùzé tóngzhì wéibèi dǎng de shíshìqiúshì de yuánzé, ～ xūbào liángshi chǎnliàng.

4. 那个工厂～没有完成生产计划。

Nàge gōngchǎng ～ méiyou wánchéng shēngchǎn jìhuà.

连日 liánrì (副词)

表示接连几天，修饰多音节词语，可修饰否定形式：

For days on end, day after day; is used to modify polysyllabic words or phrases including negative forms:

1. ～紧张疲劳、浑身汗水,她想洗个澡,换件衣服……(杨沫《青春之歌》)

   ~ jǐnzhāng píláo、húnshēn hànshuǐ, tā xiǎng xǐ ge zǎo, huàn jiàn yīfu...

2. 康熙皇帝～发烧,需要凉爽。(端木蕻良《曹雪芹》)

   Kāngxī huángdì ~ fā shāo, xūyào liángshuǎng.

3. 为了这件事儿,陈文婷～来都烦闷得愁眉不展。(欧阳山《三家巷》)

   Wèile zhèjiàn shìr, Chén Wéntíng ~ lái dōu fánmèn de chóuméibùzhǎn.

4. ～不见太阳,心情仿佛也受影响。

   ~ bú jiàn tàiyáng, xīnqíng fǎngfú yě shòu yǐngxiǎng.

连声 liánshēng   (副词)

一声接一声地:

(*Say, ask, etc.*) *again and again, repeatedly*:

1. 他立刻瞪起眼睛,～问我寻他什么事,而且恶狠狠的似乎就要扑过来,咬我。(鲁迅《在酒楼上》)

   Tā lìkè dèng qi yǎnjing, ~ wèn wǒ xún tā shénme shì, érqiě èhěnhěn de sìhū jiù yào pū guolai, yǎo wǒ.

2. 戴愉～答应着,然后站起身来叼着烟卷在屋里各处观赏着。(杨沫《青春之歌》)

   Dài Yú ~ dāyingzhe, ránhòu zhàn qǐ shēn lai diāozhe yānjuǎnr zài wū li gèchù guānshǎngzhe.

3. 他……好像第一次发现她的美丽似的,～赞美说:"不错,漂亮得很。"(张抗抗《淡淡的晨雾》)

   Tā... hǎoxiàng dìyī cì fāxiàn tā de měilì shìde, ~ zànměi shuō:"Búcuò, piàoliang de hěn."

4. 刚要说话,又一大团烟雾正好扑进他的嘴里,他～呛咳起来。(王新纪、田增翔、陶正《风乍起……》)

   Gāng yào shuō huà, yòu yí dà tuán yānwù zhènghǎo pū jìn tā de zuǐ li, tā ~ qiāngké qilai.

5. 《组织部新来的年青人》……等一大批作品,刚刚发表的时候,绝大多数人曾经～叫"好"。(王行之《关于社会效果问题的思考》)

   《Zǔzhībù Xīnláide Niánqīngrén》... děng yí dà pī zuòpǐn, gānggāng fābiǎo de shíhou, juédà duōshù rén céngjīng ~ jiào "hǎo".

后面可带"他":

连声 can be followed by 地:

6. 坐在写字台后面的瘦子又～地击起了桌子。(杨沫《青春之歌》)

   Zuò zài xiězìtái hòumiàn de shòuzi yòu ~ de jī qǐ le zhuōzi.

7. 那妇女～地说:"多亏你这大哥,……"(陈登科《破壁记》)

   Nà fùnǚ ~ de shuō:"Duōkuī nǐ zhè dàgē,..."

☆**连续**   liánxù   (副词)

表示接连不断地;可修饰否定形式,后面多有数量短语,甚至可直接用在数量词前:

Continually, in succession, in a row; can modify a negative form, is usually followed by a N-M phrase and sometimes immediately precedes a N-M phrase:

1. 一织布车间挡车工白洁,实干巧干,～四万八千米无次布,正向五万米进军。(崔德志《报春花》)

Yī zhī bù chējiān dǎngchēgōng Bái Jié, shígàn qiǎogàn, ～ sìwàn bāqiān mǐ wú cìbù, zhèng xiàng wǔwàn mǐ jìnjūn.

2. 小车……～飞驰了好几百米后,燃烧液才被车轮的离心力甩净。(边震遐《心灵的底片》)

Xiǎo chē ... ～ fēichíle hǎo jǐ bǎi mǐ hòu, ránshāoyè cái bèi chēlún de líxīnlì shuǎijìng.

3. 他～几年工作都搞得不错,这个水库一开工,就被提升为工程局副局长。(韶华《你要小心》)

Tā ～ jǐ nián gōngzuò dōu gǎo de búcuò, zhège shuǐkù yì kāigōng, jiù bèi tíshēngwéi gōngchéngjú fù júzhǎng.

4. 多么气闷啊,～七天了,找不到林山。(韩霭丽《米兰,我的……》)

Duōme qìmèn a, ～ qī tiān le, zhǎo bu dào Línshān.

5. 他先是小考～不及格,后来爽性作业也不交。(刘心武《我爱每一片绿叶》)

Tā xiān shì xiǎokǎo ～ bù jígé, hòulái shuǎngxìng zuòyè yě bù jiāo.

可带"地(的)",但后面一般不再用数量短语:

连续 can take 地(的), in which case it is not usually followed by a N-M phrase:

6. 我们一方面希望他快写,一方面又耽心他的身体,因为他在～地熬夜。(光未然《回忆冼星海同志》)

Wǒmen yìfāngmiàn xīwàng tā kuài xiě, yìfāngmiàn yòu dānxīn tā de shēntǐ, yīwèi tā zài ～ de áo yè.

7. ～的讽刺、挖苦,最后这句不留情地一揭,使得王文斌实在无法容忍了。(程树榛《大学时代》)

～ de fěngcì, wākǔ, zuìhòu zhèjù bù liú qíng de yì jiē, shǐde Wáng Wénbīn shízài wú fǎ róngrěn le.

8. 因为～的向左转,结果却碰见了向右转的朋友。(瞿秋白《透底》)

Yīnwèi ～ de xiàng zuǒ zhuǎn, jiéguǒ què pèngjianle xiàng yòuzhuǎn de péngyou.

"连续"可重叠为"连连续续":

连续 can be reduplicated into 连连续续:

9. 想到这里,他的眼泪就连连续续的滴下了。(郁达夫《沉沦》)

Xiǎngdào zhèlǐ, tā de yǎnlèi jiù liánliánxùxù de dī xià le.

☆"连续"可重叠,偶尔可以修饰名词,如例7,又如"电视连续剧",有时可认为是形容词。

Since 连续 can be reduplicated, and occasionally can modify nouns, e. g. in example 7 and 电视连续剧, it may be considered as an adjective as well.

连夜　liányè　（副词）

当天夜里,表示紧迫:

The same night, that very night:

1. 联系的同志无法找到地下党,也不敢久留,～赶回来报告情况。(罗广斌、杨益言《红岩》)

Liánxì de tóngzhì wú fǎ zhǎodào dìxià dǎng, yě bù gǎn jiǔliú, ～ gǎn huilai bàogào qíngkuàng.

2. 我们～到了茅公岛。(曲波《桥隆飙》)

Wǒmen ～ dàole Máogōngdǎo.

3. 你七月间得了急病，社员们～淋着雨给你请来医生，又～淋着雨把你抬到医院里。(马烽《三年早知道》)

Nǐ Qī yuè jiān déle jíbìng, shèyuánmen ～ línzhe yǔ gěi nǐ qǐng lai yīshēng, yòu ～ línzhe yǔ bǎ nǐ táidào yīyuàn li.

连着 liánzhe （副词）

A 同"连":

Same as 连 (in succession, one after another, repeatedly):

1. 五月间，～下了几场小雨。(马烽《陈万年和马永泉》)

Wǔyuè jiān, ～ xiàle jǐ chǎng xiǎo yǔ.

2. 钱太太可是很坚决，她～摇了两次头。(老舍《四世同堂》)

Qián tàitai kěshì hěn jiānjué, tā ～ yáole liǎng cì tóu.

可直接放在数量短语前，"连"没有这个用法：

Can be placed immediately before a N-M phrase whereas 连 cannot be so used:

3. 不怕你笑话，以前，我们～两年都没有完成收购任务。(马烽《临时收购员》)

Bú pà nǐ xiàohua, yǐqián, wǒmen ～ liǎng nián dōu méiyou wánchéng shōugòu rènwù.

4. 我种您家东洼的地，～三年闹水，子粒不收。(杨沫《青春之歌》)

Wǒ zhòng nín jiā Dōngwā de dì, ～ sān nián nào shuǐ, zǐlì bù shōu.

5. 我们～半个月尽吃用霉烂的麦子磨的面。(陈登科《破壁记》)

Wǒmen ～ bàn ge yuè jìn chī yòng méilàn de màizi mò de miàn.

B 用在复数的主语后，表示一个接一个地：

Used after a plural subject, means "one after another":

1. 我们的船向前走，两岸的青山在黄昏中都装成了深黛色，～退向船后梢去。(鲁迅《故乡》)

Wǒmen de chuán xiàng qián zǒu, liǎng àn de qīng shān zài huánghūn zhōng dōu zhuāngchéngle shēndàisè, ～ tuì xiàng chuán hòushāo qù.

2. 无数的大轿车，满载着游客，～向湖边开去。

Wúshù de dà jiàochē, mǎn zàizhe yóukè, ～ xiàng hú biān kāi qù.

另 lìng （副词）

A 同"另外"B，修饰单音节动词：

Same as 另外 B (other, another), but modifies monosyllabic verbs:

1. 我劝你还是～想办法吧！(高晓声《李顺大造屋》)

Wǒ quàn nǐ háishi ～ xiǎng bànfǎ ba!

2. 他们问我的病好些没有，不好，也许要替我～换个地方。(杨沫《青春之歌》)

Tāmen wèn wǒ de bìng hǎo xiē méiyou, bù hǎo, yěxǔ yào tìwǒ ～ huàn ge dìfang.

3. 看样子要～找饭碗了。(梁斌《红旗谱》)

Kàn yàngzi yào ～ zhǎo fànwǎnr le.

4. 任老四要～做饭，高增福说他在南碾盘沟吃过饭了。(柳青《创业史》)

Rén Lǎosì yào ～ zuò fàn, Gāo Zēngfú shuō tā zài Nánniǎnpángōu chīguo fàn le.

5. 他打出这一张牌，肯定是～有图谋。(陈国凯《代价》)

Tā dǎ chū zhè yì zhāng pái, kěndìng shì ～ yǒu túmóu.

B 同"另外"A，修饰单音节动词：

Same as 另外 A (in addition, moreover, besides), but modifies monosyllabic verbs：

1. 孙七虽然同意小崔的意见，可是他～有注重之点！（老舍《四世同堂》）

    Sūn Qī suīrán tóngyì Xiǎo Cuī de yìjian, kěshì tā ～ yǒu zhùzhòng zhī diǎn.

2. 这两天，她改变了对一些事情的看法，～有一些事情她还有保留意见。（邓友梅《追赶队伍的女兵们》）

    Zhè liǎng tiān, tā gǎibiànle duì yìxiē shìqing de kànfǎ, ～ yǒu yìxiē shìqing tā hái yǒu bǎoliú yìjian.

3. 他知道这点头疼不久就会过去。可是他心中～有一些事儿，使他憋闷得慌。（老舍《骆驼祥子》）

    Tā zhīdao zhèdiǎn tóu téng bùjiǔ jiù huì guò qu. Kěshì tā xīnzhōng ～ yǒu yìxiē shìr, shǐ tā biēmēn de huang.

4. 除了水果以外，我还～买了两斤点心。

    Chúle shuǐguǒ yǐwài, wǒ hái ～ mǎile liǎng jīn diǎnxin.

C 同"另外"C，修饰单音节动词：

Same as 另外 C (separately, alone), but modifies monosyllabic verbs：

1. 他工作很忙，让我顺道来看看您，说不～给您写信了。（谌容《白雪》）

    Tā gōngzuò hěn máng, ràng wǒ shùndào lái kànkan nín, shuō bú ～ gěi nín xiě xìn le.

2. 他们有万的稻种，也称得～放一边了。（柳青《创业史》）

    Tāmen Yǒuwàn de dàozhǒng, yě chēngdé ～ fàng yìbiānr le.

3. 她考的很好，只国文一科是援海外学生之例，要入学以后～行补习的。（冰心《我的学生》）

    Tā kǎo de hěn hǎo, zhǐ guówén yì kē shì yuán hǎiwài xuésheng zhī lì, yào rù xué yǐhòu ～ xíng bǔxí de.

另外 lìngwài （副词）

A 表示除了前面所说的之外；后面或前面常有副词"又""还""再"等；能修饰否定形式：

In addition, moreover, besides; can modify a negative form. 又，还，再 is often used either before or after 另外：

1. 他们两个人一共喂着十三头牲口，有四头骡子、六头驴、两条牛，～还有一匹马。（马烽《饲养员赵大叔》）

    Tāmen liǎng ge rén yígòng wèizhe shísān tóu shēngkou, yǒu sì tóu luózi, liù tóu lú, liǎng tiáo niú, ～ hái yǒu yì pǐ mǎ.

2. 一件毛衣不够，我再～给你织一件。

    Yí jiàn máoyī bú gòu, wǒ zài ～ gěi nǐ zhī yí jiàn.

3. 我顺着剥落的高墙走路，踏着松软的灰土。～有几个人各自走路。（鲁迅《野草》）

    Wǒ shùnzhe bōluò de gāo qiáng zǒu lù, tàzhe sōngruǎn de huītǔ. ～ yǒu jǐ ge rén gèzì zǒu lù.

4. 书记满意而严肃地说："去的时候不要忘了拿哈达，～还要带些礼物。"（徐怀中《我们播种爱情》）

Shūjì mǎnyì ér yánsù de shuō:" Qù de shíhou búyào wàngle ná hǎdá, ～ hái yào dài
xiē lǐwù."

5.　笑了一会儿,他又～给大家讲吃西餐的故事。(欧阳山《三家巷》)
　　Xiàole yíhuìr, tā yòu ～ gěi dàjiā jiǎng chī xīcān de gùshi.

6.　我的行李就是这大小两个箱子,～没有别的东西了。
　　Wǒ de xíngli jiù shì zhè dà xiǎo liǎng ge xiāngzi, ～ méi yǒu biéde dōngxi le.

参看"另"B。
Compare 另 lìng B.

B 表示前面的不行,换别的;否定词要放在"另外"之前:
Other, *another*; indicates that what has been done will not do, and something else should
be done. If there is a negative word, it should be placed before 另外:

1.　该谈的已经都谈了,该问的已经都问了,再谈再问,就必须～找出新的话题。
　　(刘肖无《小鬼》)
　　Gāi tán de yǐjīng dōu tán le, gāi wèn de yǐjīng dōu wènle, zài tán zài wèn, jiù bìxū
　　～ zhǎo chu xīn de huàtí.

2.　这信不行,我再～写一封吧。
　　Zhè xìn bù xíng, wǒ zài ～ xiě yì·fēng ba.

3.　我吃这点饭就够了,不必～再做了。
　　Wǒ chī zhèdiǎnr fàn jiù gòu le, búbì ～ zài zuò le.

参看"另"A。
Compare 另 lìng A.

C "另外"有时有"单独"的意思;否定词必须在"另外"之前:
Sometimes means 单独 (separately, alone); a negative word, if there is one, must pre-
cede 另外:

1.　我们几个人住在一起,他～住。
　　Wǒmen jǐ ge rén zhù zài yìqǐ, tā ～ zhù.

2.　那几个人有事没等你,已经吃完饭走了,你自己～吃吧。
　　Nà jǐ ge rén yǒu shì méi děng nǐ, yǐjīng chīwán fàn zǒu le, nǐ zìjǐ ～ chī ba.

3.　你今天晚上就写信去叫觉慧寄文章来,我不～写信了。(巴金《秋》)
　　Nǐ jīntiān wǎnshang jiù xiě xìn qù jiào Juéhuì jì wénzhāng lai, wǒ bú ～ xiě xìn le.

参看"另"C。
Compare 另 lìng C.

辨认:
Note:

"另外"有时是指示代词,用于体词前,表示除了指出的以外的:
Sometimes 另外 is a demonstrative pronoun and is placed before a substantive, indicating
something other than what has been mentioned:

1.　他们兄弟四个,三个都是搞音乐的,另外一个是个工程师。
　　Tāmen xiōngdì sì ge, sān ge dōu shì gǎo yīnyuè de, lìngwài yí ge shì ge
　　gōngchéngshī.

2.　只有这棵丁香花是紫的,另外的都是白的。
　　Zhǐyǒu zhè kē dīngxiāng huā shì zǐ de, lìngwài de dōu shì bái de.

3. 这本小说我留下看，另外的书你都拿去吧。
   Zhèběn xiǎoshuō wǒ liú xia kàn, lìngwài de shū nǐ dōu ná qu ba.

陆陆续续 lùlùxùxù （副词）

同"陆续"：

Same as 陆续 (one after another, in succession)：

主语是复数的：

The subject is plural：

1. 人们从工棚里～走出来。(杜鹏程《工地之夜》)
   Rénmen cóng gōngpéng li ～ zǒu chulai.

2. 太阳偏了西，半后晌了。赶集的人，已经～往回走。(西戎《宋老大进城》)
   Tàiyáng piānle xī, bàn hòushǎng le. Gǎn jí de rén, yǐjīng ～ wǎng huí zǒu.

3. 本队的社员已经搬凳子坐在银幕前边儿了，外队的社员也～地进场了。(李德复《财政部长》)
   Běn duì de shèyuán yǐjīng bān dèngzi zuò zài yínmù qiánbianr le, wài duì de shèyuán yě ～ de jìn chǎng le.

4. 这几天坝子里农场有少数人闹事的消息就～地传到寨子里来了。(张长《空谷兰》)
   Zhè jǐ tiān bàzi li nóngchǎng yǒu shǎoshù rén nào shì de xiāoxi jiù ～ de chuándào zhàizi li lai le.

宾语是复数的：

The object is plural：

5. 我拿咱节余下的粮食，～给咱定下些砖瓦。(柳青《创业史》)
   Wǒ ná zán jiéyú xia de liángshi, ～ gěi zán dìng xia xiē zhuānwǎ.

6. 时间紧张，我只能抓空子～写一点。(徐怀中《西线轶事》)
   Shíjiān jǐnzhāng, wǒ zhǐ néng zhuā kòngzi ～ xiě yìdiǎn.

陆续 lùxù （副词）

表示动作、行为接连不断；"陆续"所涉及的，必须是多数的人、物，而不能是单一的人、物；后面可带"地"：

One after another, *in succession*; what 陆续 refers to must be plural rather than singular. It can be followed by 地：

"陆续"指的是复数的主语：

陆续 refers to a plural subject：

1. 在一阵忙乱之后，客人们～进了轿子。(巴金《春》)
   Zài yízhèn mángluàn zhīhòu, kèrenmen ～ jìnle jiàozi.

2. 到清朝末年，……寺里原来一顷多地产，也～被当地豪绅们霸占了。(李准《石头梦》)
   Dào Qīngcháo mònián, ... sì li yuánlái yì qǐng duō dìchǎn, yě ～ bèi dāngdì háoshēnmen bàzhàn le.

3. 同来的本有十几个人，后来别人都～招工、升学、参军走了。(叶蔚林《兰兰的木兰溪》)
   Tóng lái de běn yǒu shí jǐ gè rén, hòulái biérén dōu ～ zhāo gōng, shēng xué, cān jūn zǒu le.

4. 大家都相信闯王一定有好办法，听了这番话都～地离开了。(姚雪垠《李自成》)

Dàjiā dōu xiāngxìn Chuǎngwáng yídìng yǒu hǎo bànfǎ, tīng le zhèfān huà dōu ～ de líkāi le.

"陆续"指的是复数的宾语或几个宾语：

陆续 refers to a plural object or several objects：

5. 等不一刻，伙计～端上菜来。(梁斌《红旗谱》)

Děng bù yíkè, huǒji ～ duān shàng cài lai.

6. 人们排成两行站在堤上，～不断地往前递木桩、芦席、沙袋等各种器材。(马烽《我的第一个上级》)

Rénmen páichéng liǎng háng zhàn zài dī shang, ～ búduàn de wǎng qián dì mùzhuāng, lúxí, shādài děng gèzhǒng qìcái.

7. 直到十几天之后，这才～的知道她家里还有严厉的婆婆；一个小叔子，十多岁，能打柴了；她是春天没了丈夫的……(鲁迅《祝福》)

Zhídào shí jǐ tiān zhī hòu, zhè cái ～ de zhīdao tā jiā li hái yǒu yánlì de pópo; yí ge xiǎoshūzi, shí duō suì, néng dǎ chái le; tā shì chūntiān méile zhàngfu de ...

8. 我到广州，是第二年——一九二七年的秋初，仍旧～的接到他几封信。(鲁迅《忆韦素园君》)

Wǒ dào Guǎngzhōu, shì dì·èr nián —— yījiǔ·èrqī nián de qiū chū, réngjiù ～ de jiēdào tā jǐ fēng xìn.

参看"陆陆续续"。

Compare 陆陆续续 lùlùxùxù.

屡 lǚ (副词)〈书〉

同"屡次"，但所修饰的必是单音节动词：

Same as 屡次 (repeatedly, time and again), but can only modify monosyllabic verbs：

1. 几十年来，鸦片之所以流毒内地，～禁不绝，为什么？(叶元、吕宕《林则徐》)

Jǐ shí nián lái, yāpiàn zhī suǒyǐ liúdú nèidì, ～ jìn bùjué, wèi shénme?

2. 他……～受批评也不肯改。(草明《乘风破浪》)

Tā ... ～ shòu pīpíng yě bù kěn gǎi.

3. 闻过则喜的事，～有所闻。(叶星《遇盗而喜》)

Wénguòzéxǐ de shì, ～ yǒu suǒ wén.

4. 现在因食品污染造成人身中毒事故～有发生，如何处理，应有法律规定。(报)

Xiànzài yīn shípǐn wūrǎn zàochéng rénshēn zhòng dú shìgù ～ yǒu fāshēng, rúhé chǔlǐ, yīng yǒu fǎlǜ guīdìng.

屡次 lǚcì (副词)

有一次又一次的意思，强调次数多，用于已然：

Time and again, repeatedly; applies to fulfilled events only：

1. 我～问她，她总含笑不说。(冰心《六一姊》)

Wǒ ～ wèn tā, tā zǒng hánxiào bù shuō.

2. 你总是这样不爱收拾，～说你，你总不听。(巴金《家》)

Nǐ zǒngshì zhèyàng bú ài shōushi, ～ shuōnǐ, nǐ zǒng bùtīng.

3. 有一个女学生长得非常之美丽，曾～要求我爱她。(蒋光慈《鸭绿江边》)

Yǒu yí ge nǚ xuésheng zhǎng de fēicháng zhī měilì, céng～ yāoqiú wǒ ài tā.

4. 虽然我们～相逢,却没有说话。(冰心《山中杂记》)

   Suīrán wǒmen ～ xiāngféng, què méiyou shuō huà.

参看"屡""屡屡"。

Compare 屡 lǚ, 屡屡 lǚlǚ.

屡屡 lǚlǚ (副词)

同"屡次",有书面语意味:

Same as 屡次 (see above entry), but with a literary flavour:

1. 蔡文姬……～叹气,时时又自言自语。(郭沫若《蔡文姬》)

   Cài Wénjī . . . ～ tàn qì, shíshí yòu zìyánzìyǔ.

2. 母亲～说我胆大,因为她像我这般年纪的时候,还是怯弱得很。(冰心《山中杂记》)

   Mǔqin ～ shuō wǒ dǎndà, yīnwèi tā xiàng wǒ zhèbān niánjì de shíhou, háishì qièruò de hěn.

3. 觉新虽然不是走在最后,却是最后一个上轿的,他出去时还～回头看那个房间。(巴金《家》)

   Juéxīn suīrán bú shì zǒu zài zuìhòu, què shì zuìhòu yí ge shàng jiào de, tā chū qu shí hái ～ huí tóu kàn nà ge fángjiān.

4. 即使象王运丰这样豁达的人,现在也～跌进感情的深渊。(陈祖芬《祖国高于一切》)

   Jíshǐ xiàng Wáng Yùnfēng zhèyàng huòdá de rén, xiànzài yě ～ diē jìn gǎnqíng de shēnyuān.

略 luè (副词)

A 同"稍"A、B,表示程度不深或时间短暂;被修饰的动词、形容词等后面往往带有"一点""一些"等,又常与另三个字构成四字短语;多用于书面语:

Slightly, a little; same as 稍 A & B, indicates a slight degree or a short time. The verb or adjective modified usually takes 一点, 一些 etc., after it. 略 can form a four-character phrase with three other characters. It mostly occurs in written language:

1. 我看你的本家也还不至于此。他们不过思想～旧一点罢了。(鲁迅《孤独者》)

   Wǒ kàn nǐ de běnjiā yě hái búzhìyú cǐ. Tāmen búguò sīxiǎng ～ jiù yìdiǎn bàle.

2. 觉新先前～有一点醉意,但这时却清醒多了。(巴金《春》)

   Juéxīn xiānqián ～ yǒu yìdiǎn zuìyì, dàn zhèshí què qīngxǐng duō le.

3. 伍绍荣……隐约意识到这是怎么回事,心中～感惶恐。(叶元、吕宕《林则徐》)

   Wǔ Shàoróng . . . yǐnyuē yìshídào zhè shì zěnme huí shì, xīnzhōng ～ gǎn huángkǒng.

4. 这一天,陆文婷大夫的病情～有好转。(谌容《人到中年》)

   Zhè yì tiān, Lù Wéntíng dàifu de bìngqíng ～ yǒu hǎozhuǎn.

5. 改霞看见秀兰的眼睛,带着哭过的泪痕。白眼珠～红,眼皮微胀。(柳青《创业史》)

   Gǎixiá kànjiàn Xiùlán de yǎnjing, dàizhe kūguo de lèihén. Bái yǎnzhū ～ hóng, yǎnpí wēi zhàng.

6. 他合上眼睛,～歇一歇儿。(梁斌《红旗谱》)

   Tā hé shang yǎnjing, ～ xiē yi xiēr.

7. 星海兴致很高,往往～事沉吟,数分钟一挥而就,刹那间全队唱起来。(光未然《回忆冼星海同志》)

    Xīnghǎi xìngzhì hěn gāo, wǎngwǎng ～ shì chényín, shù fēnzhōng yìhuī·érjiù, chànàjiān quán duì chàng qilai.

B 表示简略:

Briefly, sketchily:

1. 改霞回到柿树院的草棚屋,妈见她不高兴,问她,她不免把事由～说了一遍。(柳青《创业史》)

    Gǎixiá huídào shìshù yuàn de cǎopéng wū, mā jiàn tā bù gāoxìng, wèn tā, tā bùmiǎn bǎ shìyóu ～ shuōle yí biàn.

2. 他把作家的时代背景～介绍了几句,就开始介绍他的作品。

    Tā bǎ zuòjiā de shídài bèijǐng ～ jièshàole jǐ jù, jiù kāishǐ jièshào tā de zuòpǐn.

参看"略略"。

Compare 略略 luèluè.

略略   luèluè   (副词)

同"略",但因是双音节,运用较自由:

Same as 略 (see above entry), but, as a disyllabic word, it can be used more freely:

A 表示程度轻微,时间短暂:

Slightly, a little:

1. 孔乙己……有一回对我说:"你读过书吗?"我～点一点头。(鲁迅《孔乙己》)

    Kǒng Yǐjǐ ... yǒu yì huí duì wǒ shuō: "Nǐ dúguo shū ma?" Wǒ ～ diǎn yi diǎn tóu.

2. 剑云～吃了一惊,便不再说下去。(巴金《春》)

    Jiànyún ～ chīle yì jīng, biàn bú zài shuō xiaqu.

3. 她知道他开自己的玩笑,便不在乎地～偏了偏头,笑了一笑。(草明《乘风破浪》)

    Tā zhīdao tā kāi zìjǐ de wánxiào, biàn bú zàihu de ～ piānle piān tóu, xiào le yí xiào.

4. 玉梅～感到有点兴奋起来。(林杉《党的女儿》)

    Yùméi ～ gǎndào yǒudiǎnr xīngfèn qilai.

5. 鲁泓用高雅琴递给他的手绢,擦擦汗珠,心里～安定了一些。(从维熙《第十个弹孔》)

    Lǔ Hóng yòng Gāo Yǎqín dì gěi tā de shǒujuàn, cāca hànzhū, xīnli ～ āndìngle yìxiē.

6. 程姥姥……便连忙和他道喜,他～的点一点头,便回身收拾他的书箱。(冰心《超人》)

    Chéng lǎolao ... biàn liánmáng hé tā dàoxǐ, tā ～ de diǎn yi diǎn tóu, biàn huí shēn shōushi tā de shūxiāng.

7. (我)赶紧接过来,打开纸包,是四本小小的书,～一翻,人面的兽,九头的蛇,……果然都在内。(鲁迅《阿长与山海经》)

    (Wǒ) gǎnjǐn jiē guolai, dǎkāi zhǐbāo, shì sì běn xiǎoxiǎo de shū, ～ yì fān, rén miàn de shòu, jiǔ tóu de shé, ... guǒrán dōu zài nèi.

8. "我生活里不能没有你,孩子们不能没有你!"她～顿了一下,接着说……(草明《乘风破浪》)

    "Wǒ shēnghuó li bù néng méi yǒu nǐ, háizimen bù néng méi yǒu nǐ!" Tā ～ dùnle yíxià, jiēzhe shuō. . .

9. 二姐～犹豫了一下,但仍然双手抓住门环,用力把板门合住。(林杉《党的女儿》)

    ～Èrjiě ～ yóuyùle yíxià, dàn réngrán shuāng shǒu zhuāzhu ménhuán, yòng lì bǎ bǎnmén hézhu.

B 表示简略:

Briefly, sketchily:

1. 祥子喝了一碗茶,把心中的委屈也对他～说了几句。(老舍《骆驼祥子》)

    Xiángzi hēle yì wǎn chá, bǎ xīnzhōng de wěiqu yě duì tā ～ shuōle jǐ jù.

2. 他～问了问儿子的学习情况。

    Tā ～ wèn le wèn érzi de xuéxí qíngkuàng.

参看"略微"。

Compare 略微 luèwēi.

略微 luèwēi (副词)〈口〉

同"略略""稍微":

Same as 略略, 稍微:

A 表示程度轻微,时间短暂:

Slightly, a little:

1. 空气沉闷得很,人们～感到呼吸受压迫,大概快要下雨了。(叶圣陶《潘先生在难中》)

    Kōngqì chénmèn de hěn, rénmen ～ gǎndào hūxī shòu yāpò, dàgài kuàiyào xià yǔ le.

2. 轿夫……把轿子～移动了一下。(巴金《春》)

    Jiàofū . . . bǎ jiàozi ～ yídòngle yíxià.

3. 梁生宝……个子比她～高一点,人很精明、英俊,想不到他还没媳妇哩。

    Liáng Shēngbǎo . . . gèzi bǐ tā ～ gāo yìdiǎnr, rén hěn jīngmíng, yīngjùn, xiǎng bu dào tā hái méi xífu li.

4. 邵云端～有点焦急,回过头去制止他说:"你上哪去?"(草明《乘风破浪》)

    Shào Yúnduān ～ yǒudiǎnr jiāojí, huí guò tóu qu zhìzhǐ tā shuō:"Nǐ shàng nǎr qu?"

5. 凌春雪要～休息一下,便向床上一歪。(曲波《山呼海啸》)

    Líng Chūnxuě yào ～ xiūxi yíxià, biàn xiàng chuáng shang yì wāi.

6. 她不希望同路的是个小伙子,……所以～迟疑了一下,反而加快了脚步。(张弦《被爱情遗忘的角落》)

    Tā bù xīwàng tónglù de shì ge xiǎohuǒzi, . . . suǒyǐ ～ chíyíle yíxià, fǎn·ér jiākuàile jiǎobù.

7. 双双在门口～停了停,脸上露出困惑的神色。(李准《李双双》)

    Shuāngshuāng zài ménkǒu ～ tíng le tíng, liǎn shang lòu chu kùnhuò de shénsè.

8. 他朝我谦逊地笑笑,～一楞,显然,觉得我面熟。(沈海深《二遇刘龙》)

    Tā cháo wǒ qiānxùn de xiàoxiao, ～ yí lèng, xiǎnrán, juéde wǒ miànshú.

B 表示简略:

Briefly, sketchily:

1. 即使不细说吧,也总得～解释解释。

    Jíshǐ bú xì shuō ba, yě zǒngděi ～ jiěshì jiěshì.

也可说成"略为":

略微 can be replaced by 略为:

2. 我略为平静一些,愤愤的目光逼视着他,严肃地说:"怎么一回事?"(胡迪青《同学》)

　　Wǒ luèwéi píngjìng yìxiē, fènfèn de mùguāng bīshìzhe tā, yánsù de shuō:"Zěnme yì huí shì?"

3. 一老一少略为踌躇了一会儿,才很不乐意地接过肉,又重新挤出人群。(蔡玉洗《买肉》)

　　Yì lǎo yí shào luèwéi chóuchúle yíhuìr, cái hěn bú lèyì de jiē guò ròu, yòu chóngxīn jǐ chū rénqún.

马上　măshang　(副词)

A 同"立刻";表示没有时间间隔:

Same as 立刻 (at once, immediately, right away):

1. 我先回家一会儿,和老三商议商议;～就回来。(老舍《四世同堂》)

　　Wǒ xiān huí jiā yíhuìr, hé lǎosān shāngyi shāngyi; ～ jiù huí lai.

2. 想到这里,真想～去告诉老刘,让他也乐一阵子。(徐锦珊《小珍珠和刘师傅》)

　　Xiǎngdào zhèlǐ, zhēn xiǎng ～ qù gàosu Lǎoliú, ràng tā yě lè yí zhènzi.

3. 原定后天开始行动,决定提早到今天下午,你们回到住地,～进行紧急动员。(吴强《红日》)

　　Yuán dìng hòutiān kāishǐ xíngdòng, juédìng tízǎodào jīntiān xiàwǔ, nǐmen huídào zhùdì, ～ jìnxíng jǐnjí dòngyuán.

4. 每次出车之前,他总要折一束鲜红的枫叶插在驾驶室里毛主席相片旁边,一束干了,～又换上一束。(和谷岩《枫》)

　　Měicì chū chē zhī qián, tā zǒng yào zhé yí shù xiānhóng de fēngyè chā zài jiàshìshì li Máo zhǔxí xiàngpiānr pángbiānr, yí shù gān le, ～ yòu huàn shang yí shù.

B 表示在最近的将来:

Be about to; indicates the near future:

1. 她最喜欢的那个学生贾铭华,已跳级考入了北大数学系,～要去报到了。(茹志鹃《儿女情》)

　　Tā zuì xǐhuan de nàge xuésheng Jiǎ Mínghuá, yǐ tiào jí kǎorùle Běidà shùxuéxì, ～ yào qu bàodào le.

2. 上海的环境～就要起一个根本的变化。(李强、林平、杜印《永不消逝的电波》)

　　Shànghǎi de huánjìng ～ jiùyào qǐ yí ge gēnběn de biànhuà.

满　măn　(副词)

有"很"或"完全"的意思;所能修饰的词语多为褒意的,常用于口语:

Very, completely; usually used in colloquial speech, mostly modifies words and phrases of a laudatory nature:

1. 区上正少个炊事员,我看你们这个小炊事员～合格。(肖平《三月雪》)

　　Qū shang zhèng shǎo ge chuīshìyuán, wǒ kàn nǐmen zhège xiǎo chuīshìyuán ～ hégé.

2. "我看有可能!"另外一个人～有把握地回答。(公刘《太阳的家乡》)

　　"Wǒ kàn yǒu kěnéng!" Lìngwài yí ge rén ～ yǒu bǎwò de huídá.

3. 小二黑～有资格跟别人恋爱,谁也不能干涉。(赵树理《小二黑结婚》)

Xiǎo·èrhēi ~ yǒu zīgé gēn biérén liàn·ài, shuí yě bù néng gānshè.

4. 他说的倒不错,可是他做的~不是那么一回事。

　　Tā shuō de dào búcuò, kěshì tā zuò de ~ bú shì nàme yì huíshì.

5. 宋老大~不在乎地摇摇脑袋。(西戎《宋老大进城》)

　　Sòng lǎodà ~ bú zàihu de yáoyao nǎodai.

满处 mǎnchù （副词）

同"到处"A、B,意思是处处、各处:

Same as 到处 A & B (in all places, everywhere):

1. 一到赶集的日子,这街上~都是人。

　　Yí dào gǎn jí de rìzi, zhè jiē shang ~dōu shì rén.

2. 龙头坏了,自来水流得~都是。

　　Lóngtou huài le, zìláishuǐ liú de ~dōu shì.

3. 全看电影去了,怪不得~都找不到人。

　　Quán kàn diànyǐng qu le, guàibude ~ dōu zhǎo bu dào rén.

4. 他刚到北京,整天~玩,饭都顾不上吃。

　　Tā gāng dào Běijīng, zhěngtiān ~ wánr, fàn dōu gù bu shàng chī.

5. 你怎么在墙上~乱画?

　　Nǐ zěnme zài qiáng shang ~ luàn huà?

贸然 màorán （副词）

轻率地、不加考虑地:

Rashly, hastily, without careful consideration:

1. 没有我的命令,任何人不准~前进。(蔡利民《黑山谷之谜》)

　　Méi yǒu wǒ de mìnglìng, rènhé rén bù zhǔn ~ qiánjìn.

2. 杨国华受到集体智慧的启发,重新快活起来;不过他还不~答应这样做。(柳青《创业史》)

　　Yáng Guóhuá shòudào jítǐ zhìhuì de qǐfā, chóngxīn kuàihuo qǐlai; búguò tā hái bú ~ dāying zhèyàng zuò.

3. 这样大的一件事情,你一个人~决定,好吗?(王新纪、田增翔、陶正《风乍起…》)

　　Zhèyàng dà de yí jiàn shìqing, nǐ yí ge rén ~ juédìng, hǎo ma?

4. 你真正了解他吗?~就跟了他去,有什么保障?(杨沫《青春之歌》)

　　Nǐ zhēnzhèng liǎojiě tā ma? ~ jiù gēnle tā qù, yǒu shénme bǎozhàng?

有时,"贸然"写作"冒然"或"贸贸然":

Sometimes 贸然 can be replaced by 冒然 or 贸贸然:

5. 这是东家的门了,没有命令,她不敢冒然走进去。(鲁彦《李妈》)

　　Zhè shì dōngjia de mén le, méi yǒu mìnglìng, tā bù gǎn màorán zǒu jìnqu.

6. 我不想贸贸然去他的机关,更不愿去他的家,最好不再去碰我们之间过去的关系。(韩霭丽《米兰,我的…》)

　　Wǒ bù xiǎng màomàorán qù tā de jīguān, gèng bú yuàn qù tā de jiā, zuìhǎo bú zài qù pèng wǒmen zhī jiān guòqù de guānxi.

没 méi （副词）

同副词"没有",但不能放在句尾,不能单独回答问题:

Same as the adverb 没有, except that it can't be used at the end of a sentence or stand by itself as the answer to a question:

1. 他自管自地吸烟，很久～说话。(南丁《检验工叶英》)
   Tā zì guǎn zì de xī yān, hěn jiǔ ～ shuō huà.

2. 这位……女子，九年之久，～穿过一件好衣裳，～吃过一顿饱饭。(周立波《暴风骤雨》)
   Zhèwèi ... nǚzǐ, jiǔ nián zhī jiǔ, ～ chuānguo yí jiàn hǎo yīshang, ～ chīguo yí dùn bǎo fàn.

3. 陈万年也忙得连袋烟都～顾上抽。(马烽《陈万年和马永泉》)
   Chén Wànnián yě máng de lián dài yān dōu ～ gù shang chōu.

4. 年轻的生宝把世富老大的挑战，根本～放在眼里头。(柳青《创业史》)
   Niánqīng de Shēngbǎo bǎ Shìfù lǎodà de tiǎozhàn, gēnběn ～ fàng zài yǎn lǐtou.

5. 我完全～料想到，这场竞赛的结果竟会是这样！(任斌武《开顶风船的角色》)
   Wǒ wánquán ～ liàoxiǎngdào, zhèchǎng jìngsài de jiéguǒ jìng huì shì zhèyàng!

6. 今天天～亮她就起来了。
   Jīntiān tiān ～ liàng tā jiù qǐlai le.

助动词一般用"不"否定。但"敢""肯""能"等少数几个助动词有时可以用"没"(不能用"没有")否定，重点在强调事件的不曾发生，而不在否定助动词：
Auxiliaries are usually negated by 不, but 敢, 肯, 能 can sometimes be negated by 没 (not 没有). The focus of negation is on the non-occurrence of the event rather than on the auxiliary:

7. 他从父亲手里继承下这小小铺子，从～敢浪费。(茅盾《林家铺子》)
   Tā cóng fùqin shǒu li jìchéng xia zhè xiǎoxiǎo de pùzi, cóng ～ gǎn làngfèi.

8. 他把大圣丹揉了揉，看得真有些眼馋，但是，自己～肯吃，用食指塞在小姜嘴里。(杨尚武《追匪记》)
   Tā bǎ dàshèngdān róu le róu, kàn de zhēn yǒuxiē yǎnchán, dànshi, zìjǐ ～ kěn chī, yòng shízhǐ sāi zài Xiǎojiāng zuǐ li.

9. 她的胸口闷胀，……呼吸也有点儿急促，～能把话说完。(周而复《上海的早晨》)
   Tā de xiōngkǒu mēnzhàng, ... hūxī yě yǒudiǎnr jícù, ～ néng bǎ huà shuōwán.

辨认：
Note：

"没"有时是动词，是"有"的否定形式：
没 sometimes is a verb, the negative of 有, rather than an adverb:

1. 没肥料，就没法种庄稼。
   Méi féiliào, jiù méi fǎ zhòng zhuāngjia.

2. 刚才放在这儿的一盆花怎么没了？
   Gāngcái fàng zài zhèr de yì pén huār zěnme méi le?

没有 méiyǒu (副词)

A 表示否定性的既成事实，对应的肯定式是在动词后加"了"。用"没有"则不用"了"：
Indicates a negative *fait accompli*. The corresponding affirmative form is 了 after the

verb. If 没有 is used, 了 must be left out:

1. 赵得～马上说话。(南丁《检验工叶英》)

   Zhào Dé ～ mǎshàng shuō huà.

2. 我～掉泪,王同志,穷人要是遇到不痛快的事就哭鼻子,那真要淹死在泪水里啦。(周立波《暴风骤雨》)

   Wǒ ～ diào lèi, Wáng tóngzhì, qióngrén yàoshi yùdào bú tòngkuai de shì jiù kū bízi, nà zhēn yào yānsǐ zài lèishuǐ li la.

3. 最使他心神不宁的,是店里的寿生出去收账到现在还～回来。(茅盾《林家铺子》)

   Zuì shǐ tā xīnshénbùnìng de, shì diàn li de Shòushēng chū qu shōu zhàng dào xiànzài hái ～ huí lai.

4. 秋天的后半夜,月亮下去了,太阳还～出,只剩下一片乌蓝的天;除了夜游的东西,什么都睡着。(鲁迅《药》)

   Qiūtiān de hòu bànyè, yuèliang xià qu le, tàiyáng hái ～ chū, zhǐ shèng xia yí piàn wūlán de tiān; chúle yè yóu de dōngxi, shénme dōu shuìzhe.

5. 陈奶妈,您这一路走累了,～热着吧?(曹禺《北京人》)

   Chén nǎimā, nín zhè yí lù zǒulèi le, ～ rèzháo ba?

B 表示对过去经验的否定,肯定形式是动词后加"过",用"没有"时,"过"仍保留:
Used to negate a past experience; the affirmative form is 过 after the verb. When 没有 is used, 过 should still be retained:

1. 小二黑～上过学,只是跟着爹识了几个字。(赵树理《小二黑结婚》)

   Xiǎo·èrhēi ～ shàngguo xué, zhǐshì gēnzhe diē shíle jǐ ge zì.

2. 我生平～吃过荞麦粉,这回一尝,实在不可口。(鲁迅《在酒楼上》)

   Wǒ shēngpíng ～ chīguo qiáomàifěn, zhèhuí yì cháng, shízài bù kěkǒu.

正、反疑问句,"没有"后的动词一般省略:
In an affirmative-negative question, the verb after 没有 is usually omitted:

1. 借光!看见我爹～?(梁斌《红旗谱》)

   Jiè guāng! Kànjian wǒ diē～?

2. 武震问道:"睡觉了～?"(杨朔《三千里江山》)

   Wǔzhèn wèn dào:"Shuì jiào le ～?"

3. 你现在混的不错,你想着还我茶钱～?(老舍《茶馆》)

   Nǐ xiànzài hùn de búcuò, nǐ xiǎngzhe huán wǒ chá qián ～?

4. 你去过杭州～?

   Nǐ qùguo Hángzhōu ～?

C 表示对正在进行的动作的否定,肯定形式是动词或动宾后加"呢"或动词前加"正""在"等,否定形式不要"呢"或"正"等:
Used to negate an action which is in progress; the affirmative form is 呢 after the verb or V-O, or 正 or 在 before the verb. If 没有 is used, 呢, 正 or 在, etc. must be deleted:

1. "你们看电视呢吗?"

   "～看。"

   "Nǐmen kàn diànshì ne ma?"

"～ kàn."

2. 我去找他的时候，他～睡觉，写信呢。

Wǒ qù zhǎo tā de shíhou, tā ～ shuì jiào, xiě xìn ne.

3. "你想什么呢？"

"～想什么。"

"Nǐ xiǎng shénme ne?"

"～ xiǎng shénme."

"没有"可以单独回答问题：

没有 can stand by itself as the answer to a question.

1. "上学没有？"周浩又问。"～"，刘云说。(肖平《三月雪》)

"Shàng xué méiyou?" Zhōu Hào yòu wèn. "～", Liú Yún shuō.

2. 朱老忠又赶上去，攥住他的手，哈哈大笑说："～，我没认错人！"(梁斌《红旗谱》)

Zhū Lǎozhōng yòu gǎn shangqu, zuànzhu tā de shǒu, hāhā dà xiào shuō:"～, wǒ méi rèncuò rén!"

"没有"也可以修饰某些形容词(表示变化)：

When an adjective indicates some change, it can also be modified by 没有：

1. 天还～黑呢。

Tiān hái ～ hēi ne.

2. 油漆～干，请注意！

Yóuqī ～ gān, qǐng zhùyì!

3. 枫叶红了吗？

—— 还～红呢。

Fēngyè hóng le ma?

—— Hái ～ hóng ne.

参看"没"。

Compare 没 méi.

辨认：

Note：

"没有"有时是副词"没"＋动词"有"，是"有"的否定形式：

Sometimes 没有 is adverb 没 plus verb 有，and it is the negative form of 有：

1. "你现在有时间没有？"

"没有"。

"Nǐ xiànzài yǒu shíjiān méi yǒu?"

"Méi yǒu."

2. 屋里好像没有人。

Wū li hǎoxiàng méi yǒu rén.

3. 没有谁愿意买这么次的东西。

Méi yǒu shuí yuànyì mǎi zhème cì de dōngxi.

每 měi (副词)

"每"是"每次"的意思，和动词或动词短语结合后不能成为句子的谓语，一般作状语，后面有"就""便""都""总"等与之呼应：

Every time; together with a verb or verbal phrase can never function as the predicate of a sentence, but as an adverbial. There is always a 就, 都, 总 etc. accompanying it:

1. 那时由于地下工作的需要,我们要经常搬家,～搬一次家,就要换一次姓名。(报)

   Nà shí yóuyú dìxià gōngzuò de xūyào, wǒmen yào jīngcháng bān jiā, ～ bān yí cì jiā, jiù yào huàn yí cì xìngmíng.

2. 科学实验证明,树叶里的叶绿素,大约～隔三天就要全部更新一次。(报)

   Kēxué shíyàn zhèngmíng, shùyè li de yèlǜsù, dàyuē ～ gé sān tiān jiù yào quánbù gēngxīn yí cì.

3. ～扇一下,她的头发便掀动起来。(管桦《葛梅》)

   ～ shān yí xià, tā de tóufa biàn xiāndòng qilai.

4. 我们～打成一眼井试水的时候,都用流速仪测过……。(马烽《太阳刚刚出山》)

   Wǒmen ～ dǎchéng yì yǎn jǐng shì shuǐ de shíhou, dōu yòng liúsùyí cèguo. . . .

5. 还有闰土,他～到我家来时,总问起你,很想见你一回面。(鲁迅《故乡》)

   Hái yǒu Rùntǔ, tā ～ dào wǒ jiā lái shí, zǒng wèn qi nǐ, hěn xiǎng jiàn nǐ yì huí miàn.

6. 她～说一套,总够他思索半天的。(老舍《骆驼祥子》)

   Tā ～ shuō yí tào, zǒng gòu tā sīsuǒ bàntiān de.

7. ～逢一种新的工作开始,各级干部都好到试验村取得经验。(赵树理《三里湾》)

   ～ féng yì zhǒng xīn de gōngzuò kāishǐ, gè jí gànbù dōu hào dào shìyàn cūn qǔdé jīngyàn.

每每 měiměi (副词)

同"往往",表示在某条件下大多数情况是如此;不如"往往"口语化:

Same as 往往 (see p. 300), but not as colloquial, indicates that such is the situation in most cases:

1. ～吃过晚饭,莫征便躲进自己的房间,竖着耳朵听着楼道上的脚步声。(张洁《沉重的翅膀》)

   ～ chīguo wǎnfàn, Mò Zhēng biàn duǒ jin zìjǐ de fángjiān, shùzhe ěrduo tīngzhe lóudào shang de jiǎobù shēng.

2. 你是知道他的,他平常～喜欢做出些出其不意的事。(郭沫若《屈原》)

   Nǐ shì zhīdao tā de, tā píngcháng ～ xǐhuan zuò chū xiē chūqí búyì de shì.

3. 做工的人,傍午傍晚散了工,～花四文铜钱,买一碗酒。(鲁迅《孔乙己》)

   Zuò gōng de rén, bàngwǔ bàngwǎn sànle gōng, ～ huā sì wén tóngqián, mǎi yì wǎn jiǔ.

4. 批评别人,我们～偏于用一句话噎死人。(老舍《有理讲倒人》)

   Pīping biérén, wǒmen ～ piānyú yòng yí jù huà yēsǐ rén.

猛 měng (副词)

表示动作突然,迅速,多带"地":

Suddenly, abruptly; is often followed by 地:

1. 他～的坐起来,摸住酒碗,吞了一大口!(老舍《骆驼祥子》)

   Tā ～ de zuò qilai, mōzhu jiǔ wǎn, tūnle yí dà kǒu!

2. 他～一抬头,看见了她,泪极快的又流下来。(老舍《骆驼祥子》)

Tā ～ yì tái tóu, kànjianle tā, lèi jǐ kuài de yòu liú xialai.

3. 在掌声中，柯亚лан～地扑在郑仔梅的身上。(魏金枝《两个小青年》)

Zài zhǎngshēng zhōng, Kē Yà·nán ～ de pū zài Zhèng Zǐméi de shēnshang.

4. 他咬着牙又说："哪象现在……"说到这里～地停住了。(李准《不能走那条路》)

Tā yǎozhe yá yòu shuō:"Nǎ xiàng xiànzài..." Shuōdào zhèli ～ de tíngzhu le.

有时"猛"与数量短语"一下"连用，和"猛地"差不多：

猛 can take 一下 to mean 猛地：

5. 蹲在地上的老姜头，～一下站了起来，向堤上的人喊道："快……"(马烽《我的第一个上级》)

Dūn zài dì shang de Lǎo Jiāngtou, ～ yíxià zhànle qilai, xiàng dī shang de rén hǎn dào:"Kuài..."

6. 他说，国家哪能～一下就有那么大的力量！(康濯《春种秋收》)

Tā shuō, guójiā nǎ néng ～ yíxià jiù yǒu nàme dà de lìliang!

参看"猛然"。

Compare 猛然 měngrán.

辨认：

Note：

1. 半个多小时以后，积水排光了，雨也没有那么猛了。

Bàn ge duō xiǎoshí yǐhòu, jīshuǐ páiguāng le, yǔ yě méiyou nàme měng le.

2. 听我命令再打，这回要打得猛一些。

Tīng wǒ mìnglìng zài dǎ, zhèhuí yào dǎ de měng yìxiē.

3. 战士们发挥了猛冲猛打、奋勇杀敌的精神，不到两小时就结束了这场战斗。

Zhànshìmen fāhuīle měng chōng měng dǎ, fènyǒng shā dí de jīngshen, bú dào liǎng xiǎoshí jiù jiéshùle zhèchǎng zhàndòu.

4. 他点了点头，默默地摸过烟管，抓了把牛毛似的烟丝按到烟锅里，猛吸了几口。(王愿坚《粮食的故事》)

Tā diǎn le diǎn tóu, mòmò de mō guo yānguǎn, zhuāle bǎ niúmáo shìde yānsī àndào yānguō li, měng xīle jǐ kǒu.

上4例"猛"均为形容词，是"猛烈"的意思。

In the above four examples, 猛 is an adjective, meaning "fierce, vigorous".

猛然　měngrán　(副词)

同"猛"，但可用在句首，有语音停顿：

Same as 猛 (suddenly, abruptly), but can occur at the head of a sentence and be followed by a pause：

1. 我～想起立安答应他去看桃花的话，不禁热泪盈眶了。(陶承《我的一家》)

Wǒ ～ xiǎng qi Lì·ān dāying tā qù kàn táohuā de huà, bùjīn rèlèiyíngkuàng le.

2. 它们有时爬上象山峰一样高的浪头，接着又～跌下来。(杜鹏程《保卫延安》)

Tāmen yǒushí pá shang xiàng shānfēng yíyàng gāo de làngtou, jiēzhe yòu ～ diē xialai.

3. "说时迟，那时快"，～一下就把他撞倒，我也从车上跌下来了。(马烽《我的第一个上级》)

"Shuō shí chí, nà shí kuài", ～ yíxià jiù bǎ tā zhuàngdǎo, wǒ yě cóng chē shang diē xialai le.

4. 他在街的那边立住,呆呆的看着那盏极明亮的电灯。看着看着,～心里一动。(老舍《骆驼祥子》)

Tā zài jiē de nàbianr lì zhu, dāidāi de kànzhe nàzhǎn jí míngliàng de diàndēng. Kànzhe kànzhe, ～ xīnli yí dòng.

5. 第四天的上午,我照例又倚到窗子上了,～,我吃了一惊:窗对面一家房檐上趴着一个孩子,……(王愿坚《小游击队员》)

Dì sì tiān de shàngwǔ, wǒ zhàolì yòu yǐdào chuāngzi shàng le, ～, wǒ chīle yì jīng: Chuāng duìmiàn yì jiā fángyánr shang pāzhe yí ge háizi, ...

也说"猛然间":

猛然 can be replaced by 猛然间:

6. 我催着天桂,连跑带蹿地跨进那个院子的北屋,只觉得猛然间浑身亮透……(康濯《春种秋收》)

Wǒ cuīzhe Tiānguì, lián pǎo dài cuān de kuà jin nàge yuànzi de běiwū, zhǐ juéde měngrán jiān húnshēn liàngtòu...

7. 竹竿还没有挨着小猴,猛然间从树丛中跳出一个长着长胡子的大青猴。(舟红行《峨嵋访猴》)

Zhúgān hái méiyou āizháo xiǎo hóu, měngránjiān cóng shùcóng zhōng tiào chu yí ge zhǎngzhe cháng húzi de dà qīnghóu.

参看"蓦地"。

Compare 蓦地 mùdì.

明 míng (副词)

意思同"明明",多修饰动词"知"或"知道":

Same as 明明 (obviously, undoubtedly), but can only modify the verb 知 or 知道:

1. 这一天,是割矮仔稻的日子,～知洪盘心头有个结,连清还是一大早专程来请他。(曾毓秋《三月清明》)

Zhè yì tiān, shì gē ǎizǐdào de rìzi, ～ zhī Hóngpán xīntóu yǒu ge jié, Liánqīng háishi yí dà zǎo zhuānchéng lái qǐng tā.

2. 这个决定使她又快乐了点,虽然～知将来是不得了,可是目前总不会立刻就头朝了下。(老舍《骆驼祥子》)

Zhège juédìng shǐ tā yòu kuàilèle diǎnr, suīrán ～ zhī jiānglái shì bùdeliǎo, kěshi mùqián zǒng bú huì lìkè jiù tóu cháole xià.

3. 都是贫农,～知道他种庄稼没习惯,也没有去帮助他。(李准《不能走那条路》)

Dōu shì pínnóng, ～ zhīdao tā zhòng zhuāngjia méi xíguàn, yě méiyou qù bāngzhù tā.

4. 婴儿的母亲……不停地用手拍着小孩,虽然～知道这不能止住孩子的哭声。(杨朔《潼关之夜》)

Yīng'ér de mǔqin ... bùtíng de yòng shǒu pāizhe xiǎoháir, suīrán ～ zhīdao zhè bù néng zhǐzhu háizi de kū shēng.

"明知故问"是成语:

明知故问 is an idiom meaning "ask while knowing the answer":

5. 陈旅长明知故问:"卫毅,张培真是骑马行军?"(杜鹏程《保卫延安》)

    Chén lǚzhǎng míngzhīgùwèn:"Wèi Yì, Zhāng Péi zhēn shì qí mǎ xíng jūn?"

6.   他明知故问:"你检查过了？——"（吴慧泉《春风吹拂的夜晚》）

    Tā míngzhīgùwèn:"Nǐ jiǎncháguo le? ——"

"明"修饰单音节动词时不能换用"明明"，如例 1、2。

When 明 modifies a monosyllabic verb, as in examples 1 & 2, it cannot be replaced by 明明。

明明   míngmíng   （副词）

A 在一分句中用"明明"强调一事实的真实性；而另一分句必指出似乎与真实性相对立的情况：

Obviously, *undoubtedly*; is used in a clause of a complex sentence to affirm the truth of a fact. The other clause must introduce a statement seemingly contrary to the fact：

1.   乐山～知道焕之所指的是什么，但是故意问。（叶圣陶《倪焕之》）

    Lèshān ～ zhīdào Huànzhī suǒ zhǐ de shì shénme, dànshì gùyì wèn.

2.   生产资料公司仓库里～存着三部锅驼机，就是不给，说是给东照村准备下的。（马烽《太阳刚刚出山》）

    Shēngchǎn zīliào gōngsī cāngkù li ～ cúnzhe sān bù guōtuójī, jiùshì bù gěi, shuō shì gěi Dōngzhàocūn zhǔnbèi xià de.

3.   看着自己的大手大脚，～是自己的，可是又像忽然由什么地方找到的。（老舍《骆驼祥子》）

    Kànzhe zìjǐ de dà shǒu dà jiǎo, ～ shì zìjǐ de, kěshì yòu xiàng hūrán yóu shénme dìfang zhǎodào de.

4.   "你不老实！这里～有人证，怎么能说不知道？"（陶承《我的一家》）

    "Nǐ bù lǎoshi! Zhèlǐ ～ yǒu rénzhèng, zěnme néng shuō bù zhīdào?"

5.   有鬼了，这一段线路是刚刚手捋着过来的，～好好的，怎么开端也不通呢？（徐怀中《西线轶事》）

    Yǒu guǐ le, zhè yí duàn xiànlù shì gānggāng shǒu lǚzhe guò lai de, ～ hǎohǎo de, zěnme kāiduān yě bù tōng ne?

有时这种相对立的情况不出现或出现在较远的上下文中：

Sometimes the contrary statement appears somewhere away from the immediate context or does not occur at all：

6.   我的伤～好了，你瞧瞧嘛！我有我的任务呀！（立高《永生的战士》）

    Wǒ de shāng ～ hǎo le, nǐ qiáoqiao ma! Wǒ yǒ wǒ de rènwu ya!

（显然有人拦阻"我"，说伤还没有好。）

7.   荒地就可以随便占有么？何况并不是荒地，～有主人的！（叶圣陶《倪焕之》）

    Huāngdì jiù kěyǐ suíbiàn zhànyǒu ma? Hékuàng bìng bú shì huāngdì, ～ yǒu zhǔrén de!

参看"分明""明"。

Compare 分明 fēnmíng, 明 míng.

B "明明"用在反问句中，加强确认的语气，隐含"虽然表面上不是如此"，或"虽然有人怀疑真实性"之意：

Used in a rhetorical question to emphasize affirmation, implies that something is true although it is seemingly false or its truth is being doubted：

1. 郑大头昨天不叫我们借给老崔粮,粮够了,今天又翻脸不认账,这不是～把人往死处逼嘛!（崔八娃《一把酒壶》）

   Zhèng dàtóu zuótiān bú jiào wǒmen jiè gěi Lǎocuī liáng, liáng gòu le, jīntiān yòu fān liǎn bú rèn zhàng, zhè bú shì ～ bǎ rén wǎng sǐchù bī ma!

2. 我说不相信就不相信,我们先生不是～说遭了陷害吗?（郭沫若《屈原》）

   Wǒ shuō bù xiāngxìn jiù bù xiāngxìn, wǒmen xiānsheng búshi ～ shuō zāole xiànhài ma?

莫　mò　（副词）

用于祈使句,表示劝阻或禁止,相当于"不要",用得较少:

Same as 不要 but not frequently used. It is used in an imperative sentence to indicate dissuasion or prohibition:

1. "连清哥! 你～上显满叔的当了!……"（曾毓秋《三月清明》）

   "Liánqīng gē! Nǐ ～ shàng Xiǎnmǎn shū de dàng le!..."

2. 他们老板给咱们印传单,还拿钱请客,叫他们～往外说。（陶承《我的一家》）

   Tāmen lǎobǎn gěi zánmen yìn chuándān, hái ná qián qǐng kè, jiào tāmen ～ wǎng wài shuō.

3. 母亲呀,你老了,笑笑吧,～皱紧了眉头。（叶圣陶《倪焕之》）

   Mǔqin ya, nǐ lǎo le, xiàoxiao ba, ～ zhòujǐnle méitóu.

莫非　mòfēi　（副词）

用于疑问句或反问句,多用在句首:

Occurs in a question or rhetorical question and can occur at the head of a sentence:

A 用来构成疑问句,表示揣测,相当于"是不是":

Can it be that, is it possible that; similar to 是不是 and makes a question of a declarative sentence:

1. 老汉想:这歌儿里有文章啊!～他们又在搞什么新花头了?（曾毓秋《三月清明》）

   Lǎohàn xiǎng: Zhè gēr li yǒu wénzhāng a! ～ tāmen yòu zài gǎo shénme xīn huātóu le?

2. "他不也跟我一样,拒绝了咱们的事么?～他还口是心非?……"（康濯《春种秋收》）

   "Tā bú yě gēn wǒ yíyàng, jùjuéle zánmen de shì ma? ～ tā hái kǒushìxīnfēi?..."

3. 小成的嘴在动弹,～他梦见自己正在喝水?（杜鹏程《保卫延安》）

   Xiǎochéng de zuǐ zài dòngtan, ～ tā mèngjian zìjǐ zhèngzài hē shuǐ?

4. 立得他自己都不耐烦了,他才低着头往家走。一边走着一边寻思,～人和厂倒出去了?（老舍《骆驼祥子》）

   Lì de tā zìjǐ dōu bú nàifán le, tā cái dīzhe tóu wǎng jiā zǒu. Yībiān zǒuzhe yìbiān xúnsi, ～ Rénhéchǎng dǎo chuqu le?

B 表示反问,相当于"难道":

Same as 难道 (see p. 232), turns a sentence into a rhetorical question:

1. 你瞧不起我,～我还硬要找你?（康濯《春种秋收》）

   Nǐ qiáo bu qǐ wǒ, ～ wǒ hái yìng yào zhǎo nǐ?

2. 我一想,……都和你赔了不是啦,就行了呗,还要人家怎么样呢?～还得把那滩

水擦了？（韩统良《家》）

Wǒ yì xiǎng, ... dōu hé nǐ péile búshi la, jiù xíngle bei, hái yào rénjia zǎnmeyàng ne? ～ hái děi bǎ nàtān shuǐ cā le?

3. 我们攻了几天几夜,部队也有伤亡,～就能白白地便宜了他？（杜鹏程《保卫延安》）

Wǒmen gōngle jǐ tiān jǐ yè, bùduì yě yǒu shāngwáng, ～ jiù néng báibái de piányile tā?

蓦地 mòdì （副词）〈书〉

同"猛然",有出乎意料的意思,可用在句首:

Same as 猛然 (suddenly, abruptly), can occur at the head of a sentence and is followed by a pause:

1. 最近三五天我们还见过两次面的李季同志,竟～因心脏病而逝世了!（沙汀《痛悼李季同志》）

Zuìjìn sān wǔ tiān wǒmen hái jiànguo liǎng cì miàn de Lǐ Jì tóngzhì, jìng ～ yīn xīnzàngbìng ér shìshì le!

2. 这一下她发觉自己刚说了什么,～像一只灵巧的燕子,……飞下山去了!（谢璞《二月兰》）

Zhè yíxià tā fājué zìjǐ gāng shuōle shénme, ～ xiàng yì zhī língqiǎo de yànzi, ... fēi xià shān qu le!

3. 随着一个细小的关闭电灯的声响,对面房子里～变成暗黑。（王西彦《朴玉丽》）

Suízhe yí ge xìxiǎo de guānbì diàndēng de shēngxiǎng, duìmiàn fángzi li ～ biànchéng ànhēi.

4. 他回过头,～看见妻子竟然倚着门框站着!（周永年《转移》）

Tā huí guò tóu, ～ kànjian qīzi jìngrán yǐzhe ménkuàng zhànzhe!

参看"蓦然"。

Compare 蓦然 mòrán.

蓦然 mòrán （副词）〈书〉

同"蓦地":

Same as 蓦地 (suddenly, abruptly):

1. 他呆呆望了一阵,～狠狠地跺了跺脚:"就这么办!"（王愿坚《普通劳动者》）

Tā dāidāi wàngle yí zhèn, ～ hěnhěn de duò le duò jiǎo:" Jiù zhème bàn!"

2. 我们正凝神看着,～听得隆哥好像对着别人说:"冲那边走罢,这里有人。"（许地山《乡曲的狂言》）

Wǒmen zhèng níngshén kànzhe, ～ tīngdé Lónggē hǎoxiàng duìzhe biérén shuō:"Chòng nàbianr zǒu ba, zhèlǐ yǒu rén."

乃 nǎi （副词）〈书〉

A 相当"才",表示有了所说的条件或原因,然后发生某事:

Same as 才 (then, only then), indicates that something would not have emerged had not the mentioned condition or cause been produced:

1. 此剧原定共写四幕,后经友人劝告,须多写点解放后的光明,～改为五幕。（老舍《谈〈方珍珠〉剧本》）

Cǐ jù yuán dìng gòng xiě sì mù, hòu jīng yǒurén quàngào, xū duō xiě diǎnr jiěfàng hòu de guāngmíng, ～ gǎiwéi wǔ mù.

2. 那些人在他们的实践中间取得了"知"，……而到达于"秀才"之手，秀才～能间接地"知天下事"。(毛泽东《实践论》)

Nàxiē rén zài tāmen de shíjiàn zhōngjiān qǔdéle "zhī", ... ér dàodá yú "xiùcai" zhī shǒu, xiùcai ～ néng jiànjiē de "zhī tiānxià shì".

B 相当"就"，表示前后事情紧接着，或事实正是如此；多修饰动词"是"：

Same as 就, indicates that something naturally follows something else, or that the fact is so; often modifies the verb 是:

1. 屈原见有人在园外探视，～匆匆步下亭阶，向内园门走去。(郭沫若《屈原》)

Qū Yuán jiàn yǒu rén zài yuán wài tànshì, ～ cōngcōng bù xià tíngjiē, xiàng nèiyuán mén zǒu qù.

2. 他无论如何料不到，那回分别～是最后的诀别！(叶圣陶《倪焕之》)

Tā wúlùn rúhé liào bu dào, nàhuí fēnbié ～ shì zuìhòu de juébié!

3. 开口者，不是别人，～是李镇平的叔父李万本。(王杏元《铁笔御史》)

Kāi kǒu zhě, bú shì biérén, ～ shì Lǐ Zhènpíng de shūfù Lǐ Wànběn.

难道 nándào (副词)

多用于反问句，加强反问句的语气；可在句首；句尾"吗"(或"么")可有可无：

Used in a rhetorical question to make it more emphatic, may occur at the head of the question. 吗 (or 么) at the end is optional:

1. ～这消息是真的吗？(鄂华《自由神的命运》)

～ zhè xiāoxi shì zhēn de ma?

2. ～九十个流量就值得这么大惊小怪吗？(马烽《我的第一个上级》)

～ jiǔshí gè liúliàng jiù zhíde zhème dàjīngxiǎoguài ma?

3. "生产的东西没有给你，～你吃的穿的都是天上飞来的？"(赵树理《三里湾》)

"Shēngchǎn de dōngxi méiyou gěi nǐ, ～ nǐ chī de chuān de dōu shì tiānshang fēi lai de?"

4. 这～是为我吗？我这真是好心做了驴肝肺！(马烽《太阳刚刚出山》)

Zhè ～ shì wèi wǒ ma? Wǒ zhè zhēn shì hǎo xīn zuòle lǘgānfèi!

5. 你～看不出来我心里整天难过？(曹禺《日出》)

Nǐ ～ kàn bu chūlái wǒ xīnli zhěngtiān nánguò?

6. ～就没法了？～能眼看着让山上同志们饿坏了，让红旗倒下来？(王愿坚《粮食的故事》)

～ jiù méi bànfǎ le? ～ néng yǎnkànzhe ràng shān shang tóngzhìmen èhuài le, ràng hóngqí dǎo xialai?

7. 我的菜饭再不干净，～还会弄脏了你们的嘴？(孙犁《山地回忆》)

Wǒ de càifàn zài bù gānjìng, ～ hái huì nòngzāngle nǐmen de zuǐ?

有时，有助词"不成"在句末与"难道"呼应，不影响意思：

Sometimes the particle 不成 is put at the end and functions in conjunction with 难道 without affecting the meaning:

8. 我们理直气壮，～让他欺侮不成！(叶圣陶《倪焕之》)

Wǒmen lǐzhíqìzhuàng, ～ ràng tā qīwu bùchéng!

9. "敌人兵临城下，诸公尚如此游移，～就眼看着虏骑纵横，如入无人之境不成？"

（姚雪垠《李自成》）

"Dírén bīnglínchéngxià, zhūgōng shàng rúcǐ yóuyí, ～ jiù yǎnkànzhe lǔqí zònghéng, rú rù wúrénzhījìng bùchéng?"

也说"难道说"，多在句首，有语音停顿：

难道 can be replaced by 难道说, especially at the head of a sentence and is followed by a pause：

10. 难道说，我暗暗地把那号大小宴会的明细价目记个清单，等到给他开追悼会那天，再公布于众，那才叫"爱护"？（韩少华《勇士：历史的新时期需要你!》）

Nándào shuō, wǒ àn·àn de bǎ nàhào dà xiǎo yànhuì de míngxì jiàmù jì ge qīngdān, děngdào gěi tā kāi zhuīdàohuì nà tiān, zài gōngbù yú zhòng, nà cái jiào "àihù"?

11. 难道说，是那闪光铮亮的小唢呐，……它根本吹奏不出人间的欢乐？（白榕《唢呐曲》）

Nándào shuō, shì nà shǎnguāng zhèngliàng de xiǎo suǒnà, ... tā gēnběn chuīzòu bù chū rénjiān de huānlè?

偶 ǒu （副词）〈书〉

用于单音节动词或介词前：

Used before a monosyllabic verb or preposition：

A 同"偶尔"：

Same as 偶尔 (once in a while, occasionally)：

1. 店员是商店的雇员，……～与此辈倾谈，便见叫苦不迭。（毛泽东《中国社会各阶级的分析》）

Diànyuán shì shāngdiàn de gùyuán, ... ～ yǔ cǐ bèi qīng tán, biàn jiàn jiào kǔ bù dié.

2. 楼上的面积比楼下小多了，……看看书名，也很失望，～有一两本，想翻一翻，但见那卖书的……和另一个姑娘正在那儿指指划划地闲谈，……就作罢了。（卢新华《表叔》）

Lóu shàng de miànjī bǐ lóu xià xiǎoduō le, ... kànkan shūmíng, yě hěn shīwàng, ～ yǒu yì liǎng běn, xiǎng fān yi fān, dàn jiàn nà mài shū de... hé lìng yí ge gūniang zhèng zài nàr zhǐzhǐhuàhuà de xiántán, ... jiù zuòbà le.

B 相当于形容词"偶然"作状语：

Same as adjective 偶然 (by chance), used as an adverbial：

可巧，近日～翻唐人笔记，有段趣闻颇可引来敬飨读者。（报）

Kěqiǎo, jìnrì ～ fān Táng rén bǐjì, yǒu duàn qùwén pō kě yǐn lai jìng xiǎng dúzhě.

偶尔 ǒu·ěr （副词）

表示某种动作、行为很少发生，或某种情况、现象很少出现，有"间或""有时候"的意思，也写作"偶而"；后面述语多带有附成分，尤其是单音节的：

Once in a while, occasionally；indicates that a certain action rarely takes place，or a state or phenomenon seldom emerges。偶尔 may be written as 偶而；and the verb (especially a monosyllabic one) which follows usually takes some trailing element：

1. 而小陈……在前面走着，～回过头来招呼一声："喂！……"（峻青《黎明的河边》）

Ér Xiǎochén ... zài qiánmiàn zǒuzhe, ～ huí guò tóu lai zhāohu yì shēng: "Wēi!

... "

2. 他～回来看看，也是匆匆忙忙。(陶承《我的一家》)

   Tā ～ huí lai kànkan, yě shì cōngcōngmángmáng.

3. 只有～闪亮的手电光和炊事员做饭的灶房里吐露出的灯光，才划破了这漆黑的夜。(杜鹏程《保卫延安》)

   Zhǐyǒu ～ shǎnliàng de shǒudiàn guāng hé chuīshìyuán zuò fàn de zàofáng li tǔlù chū de dēngguāng, cái huápòle zhè qīhēi de yè.

4. ……然而今天，他一直低着头，只是～向金老师瞟一眼，并不敢正视。(魏金枝《越早越好》)

   ... rán·ér jīntiān, tā yìzhí dīzhe tóu, zhǐshì ～ xiàng Jīn lǎoshī piǎo yì yǎn, bìng bù gǎn zhèngshì.

有时述语并无后附成分，而宾语带着表示微量的定语：

Sometimes the verb may have no trailing element, but the object has an attributive denoting a small amount：

5. 秋天，还～有些乞丐去捉蝈蝈；平常，就连顽皮的孩子也不愿去玩耍。(陶承《我的一家》)

   Qiūtiān, hái ～ yǒu xiē qǐgài qù zhuō guōguōr; píngcháng, jiù lián wánpí de háizi yě bú yuàn qu wánshuǎ.

6. 我淘米的时候，～掉几粒米在地上，她也要拾起来，还嚷得四邻都能听见。(陶承《我的一家》)

   Wǒ táo mǐ de shíhou, ～ diào jǐ lì mǐ zài dì shang, tā yě yào shí qilai, hái rǎng de sìlín dōu néng tīngjian.

7. 他……话也不多，但～冲出一两句，可使举座失色。(曹禺《日出》)

   Tā ... huà yě bù duō, dàn ～ chōng chū yì liǎng jù, kě shǐ jǔ zuò shī sè.

参看"间或""偶"A。

Compare 间或 jiànhuò，偶 ǒu A.

怕 pà　(副词)

A 同"恐怕"A，表示估计、揣测：

Same as 恐怕 A, means "perhaps, probably"：

1. 我想无论那一国的君长～都愿意你做他的宰相，无论那一位少年～都愿意你做他老师，而且无论那一位年轻的女子～都愿意你做她的丈夫啦。(郭沫若《屈原》)

   Wǒ xiǎng wúlùn nǎ yì guó de jūnzhǎng ～ dōu yuànyi nǐ zuò tā de zǎixiàng, wúlùn nǎ yí wèi shàonián ～ dōu yuànyi nǐ zuò tā lǎoshī, érqiě wúlùn nǎ yí wèi niánqīng de nǚzǐ ～ dōu yuànyi nǐ zuò tā de zhàngfu la.

2. 狮子搏兔这种场面，除在动物园里碰上狮子食兔，一般～是见不到的。(报)

   Shīzi bó tù zhèzhǒng chǎngmiàn, chú zài dòngwùyuán li pèng shang shīzi shítù, yìbān ～ shì jiàn bu dào de.

3. ～是十多年之前了罢、我在北京大学作讲师……(鲁迅《忆韦素园君》)

   ～ shì shí duō nián zhī qián le ba, wǒ zài Běijīng Dàxué zuò jiǎngshī...

B 同"恐怕"B，除揣测外，还兼有"疑虑""担心"的意思：

Same as 恐怕 B, means "I·m afraid"：

1. 他把一担糙米和一口袋红薯丝子交给我说:"老标同志呀,这～是我们送来的最后一份粮食了。……"(王愿坚《粮食的故事》)

   Tā bǎ yí dàn cāomǐ hé yì kǒudai hóngshǔ sīzi jiāo gěi wǒ shuō: "Lǎobiāo tóngzhì ya, zhè ～ shì wǒmen sòng lai de zuìhòu yí fèn liángshi le..."

2. 即使有外面种种的约束,这种情况～也不会实现吧。(叶圣陶《倪焕之》)

   Jíshǐ yǒu wàimiàn zhǒngzhǒng de yuēshù, zhèzhǒng qíngkuàng ～ yě bú huì shíxiàn ba.

3. 清晨五点钟起床,～太早了吧?(郭沫若《落叶》)

   Qīngchén wǔ diǎnzhōng qǐ chuáng, ～ tài zǎole ba?

4. 周昌林……一辈子呆在个老山沟里,初小～都还没有毕业,只会个笨劳动!(康濯《春种秋收》)

   Zhōu Chānglín ... yíbèizi dāi zài ge lǎo shāngōu li, chūxiǎo ～ dōu hái méiyou bì yè, zhǐ huì ge bèn láodòng!

5. 问题～不这么简单吧!(所云平、白文《哥俩好》)

   Wèntí ～ bú zhème jiǎndān ba!

偏 piān (副词)

A 同"偏偏"A:

Same as 偏偏 A (see next entry):

1. 这一天,正是我的生日。……可是～选了这个日子叫我"过门"。(陶承《我的一家》)

   Zhè yì tiān, zhèng shì wǒ de shēngri. ... Kěshì ～ xuǎnle zhège rìzi jiào wǒ "guò ménr".

2. 可是这两个青年～有本领,东说东有理,西说西有理,也不恼也不走,听不听反正要说下去。(刘真《春大姐》)

   Kěshì zhè liǎng ge qīngnián ～ yǒu běnlǐng, dōng shuō dōng yǒu lǐ, xī shuō xī yǒu lǐ, yě bù nǎo yě bù zǒu, tīng bu tīng fǎnzhèng yào shuō xiaqu.

3. 正在下过雨,房倒屋塌,有活作的时候,～发疟子!(老舍《龙须沟》)

   Zhèng zài xiàguo yǔ, fáng dǎo wū tā, yǒu huór zuò de shíhou, ～ fā yàozi!

4. 头脑要是简单一点,打下这么个主意也就算了,可是她的头脑～不那么简单。(赵树理《登记》)

   Tóunǎo yàoshi jiǎndān yìdiǎn, dǎ xia zhème ge zhǔyi yě jiù suànle, kěshì tā de tóunǎo ～ bú nàme jiǎndān.

B 同"偏偏"B:

Same as 偏偏 B:

1. 我什么地方得罪了你,你～要来找我的事?(赵树理《三里湾》)

   Wǒ shénme dìfang dézuìle nǐ, nǐ ～ yào lái zhǎo wǒ de shì?

2. 我哥哥要上山去守护,老监察～也要去。(谢璞《二月兰》)

   Wǒ gēge yào shàng shān qu shǒuhù, lǎo jiānchá ～ yě yào qù.

3. 越想越恨,泪被怒火截住,他狠狠的吸那枝烟,越不爱吸越～要吸。(老舍《骆驼祥子》)

   Yuè xiǎng yuè hèn, lèi bèi nùhuǒ jiézhu, tā hěnhěn de xī nàzhī yān, yuè bú ài xī yuè ～ yào xī.

4. 比如有一阵厂里提倡读政治理论书籍，她却～大厚本大厚本地读什么《子夜》、《约翰·克里斯朵夫》。(刘心武《蜜供》)

　　Bǐrú yǒu yízhèn chǎng li tíchàng dú zhèngzhì lǐlùn shūjí, tā què ～ dà hòu běn dà hòu běn de dú shénme《Zǐyè》、《Yuēhàn·Kèlǐsīduǒfū》。

如不在分句中，而是在独立句中表示强烈愿望要跟对方作对时，只能用"偏"而不能用"偏偏"：

If it is not used in a subordinate clause but an independent one showing strong opposition, 偏 rather than 偏偏 should be used：

5. 你给我乖乖地在这里，哪儿也不准去！
　　——我～去！我～去！(老舍《龙须沟》)
　　Nǐ gěi wǒ guāiguāir de zài zhèlǐ, nǎr yě bù zhǔn qù!
　　——Wǒ ～ qù! Wǒ ～ qù!

6. 小荣固执地："你不要问，快说干什么吧。"
　　"不！我～要问。"
　　Xiǎoróng gùzhí de: "Nǐ búyào wèn, kuài shuō gàn shénme ba."
　　"Bù! Wǒ ～ yào wèn."

7. 你想把我灌醉？我～不喝了。(马烽《结婚现场会》)
　　Nǐ xiǎng bǎ wǒ guànzuì? Wǒ ～ bù hē le.

C 同"偏偏"C，其中四个例句中的"偏偏"都可以代以"偏"。

Same as 偏偏 C. In all the four examples under it, 偏偏 can be replaced by 偏.

偏偏　piānpiān　(副词)

多用于表示转折的分句中：

Mostly used in the second clause of a compound sentence introducing a contrast：

A 客观事件的发生或状况与愿望正相反：

Indicates that the realization of something turns out quite the opposite to what is expected：

1. 这一年的生产搞的不错，第二年社就扩大了两倍，可是～遭了旱灾，秋天庄稼又被雹子打了一次，粮食收得很少。(马烽《太阳刚刚出山》)
　　Zhè yì nián de shēngchǎn gǎo de búcuò, dì-èr nián shè jiù kuòdàle liǎng bèi, kěshì ～ zāole hànzāi, qiūtiān zhuāngjia yòu bèi báozi dǎle yí cì, liángshi shōu de hěn shǎo.

2. 设若骆驼们要是像骡子那样不老实，也许倒能教他打起精神去注意它们，而骆驼～是那么驯顺，驯顺得使他不耐烦。(老舍《骆驼祥子》)
　　Shèruò luòtuomen yàoshi xiàng luózi nàyàng bù lǎoshi, yěxǔ dào néng jiào tā dǎ qǐ jīngshén qu zhùyì tāmen, ér luòtuo ～ shì nàme xúnshùn, xúnshùn de shǐ tā bú nàifán.

3. 有的会议，一个简短的报告就能讲清楚，却～你讲完我讲，我讲完他讲，长篇大论，滔滔不绝。(报)
　　Yǒude huìyì, yí ge jiǎnduǎn de bàogào jiù néng jiǎngqīngchu, què ～ nǐ jiǎngwán wǒ jiǎng, wǒ jiǎngwán tā jiǎng, chángpiāndàlùn, tāotāobùjué.

4. 我希望闪电快亮起来，而闪电却～不亮。(峻青《黎明的河边》)
　　Wǒ xīwàng shǎndiàn kuài liàng qilai, ér shǎndiàn què ～ búliàng.

5. 现在是什么时候呢？我的表～不走了。(杨朔《征尘》)

— 236 —

Xiànzài shì shénme shíhou ne? Wǒ de biǎo ～ bù zǒu le.

B 表示主观上故意违反某种规定或与某人作对:

Indicates a deliberate violation of regulations or opposition to someone:

1. 事实上连阿汪、阿黄我都不要他们带行李的,他们～要带,也就只好听随他们了。(郭沫若《屈原》)

    Shìshishang lián Āwāng, Āhuáng wǒ dōu bú yào tāmen dài xíngli de, tāmen ～ yào dài, yě jiù zhǐhǎo tīngsuí tāmen le.

2. 你藏钟藏表,我也不说你,可怎么～老用我的东西包呀?我这老婆子就这么不值钱吗?(秦兆阳《农村散记》)

    Nǐ cáng zhōng cáng biǎo, wǒ yě bù shuō nǐ, kě zěnme ～ lǎo yòng wǒ de dōngxi bāo ya? Wǒ zhè lǎopózi jiù zhème bù zhí qián ma?

3. 三令五申讲了,～还要违反,这是什么性质的问题?(徐怀中《西线轶事》)

    Sānlìngwǔshēn jiǎng le, ～ hái yào wéifàn, zhè shì shénme xìngzhì de wèntí?

4. 本来嘛,一个人一个脾气,谁也管不了谁,可是她～管着我,不许我多说话。(刘真《我和小荣》)

    Běnlái ma, yí ge rén yí ge píqi, shuí yě guǎn bu liǎo shuí, kěshì tā ～ guǎnzhe wǒ, bùxǔ wǒ duō shuō huà.

C 同"独独",指出某一独特人、物不同于一般同类人、物,含有不满或认为费解的口气:

Same as 独独, indicates how one particular person or thing is different from the category in general, implying discontent or perplexity:

1. 为什么我～想起买布来?因为他身上穿的还是那样一种浅兰的土靛染的粗布裤褂。(孙犁《山地回忆》)

    Wèi shénme wǒ ～ xiǎng qǐ mǎi bù lai? Yīnwèi tā shēnshang chuān de háishì nàyàng yì zhǒng qiǎnlán de tǔdiàn rǎn de cūbù kùguà.

2. 对这种处理办法,别人都没什么意见了,～他一个人不同意。

    Duì zhèzhǒng chǔlǐ bàn fǎ, biérén dōu méi shénme yìjian le, ～ tā yí ge rén bù tóngyì.

3. 这么多水果,你怎么～想吃柿子?

    Zhème duō shuǐguǒ, nǐ zěnme ～ xiǎng chī shìzi?

参看"偏"。

Compare 偏 piān.

凭空 píngkōng （副词)

毫无根据地:

Out of the void, without foundation, groundlessly:

1. 我们一伙人～为各自爱好的演员进行辩护。(白桦《一束信札》)

    Wǒmen yìhuǒ rén ～ wèi gèzì àihào de yǎnyuán jìnxíng biànhù.

2. 真的,假若我这几年没在北京,而今天忽然地回来,……谁能～想象到在那最荒凉污浊的地带会有了公园或学校呢?(老舍《北京》)

    Zhēn de, jiǎruò wǒ zhè jǐ nián méi zài Běijīng, ér jīntiān hūrán de huí lai, … shuí néng ～ xiǎngxiàngdào zài nà zuì huāngliángwūzhuó de dìdài huì yǒule gōngyuán huò xuéxiào ne?

3. 有时想象得太放肆了，她还～添上一个媳妇，几个孙儿，……（沙汀《归来》）

   Yǒushí xiǎngxiàng de tài fàngsì le, tā hái ～ tiān shang yí ge xífu, jǐ ge sūn·ér, ...

4. 要不是这十多年老跟印刷机打交道，～哪能想得出来？（周洁夫《师徒》）

   Yàobúshì zhè shí duō nián lǎo gēn yìnshuājī dǎ jiāodao, ～ nǎ néng xiǎng de chūlái?

颇 pō （副词）〈书〉

有"很"的意思：

Quite , rather , very :

1. 到了柳春在省城里谋得一个中学教师的职位时，孔独步已经成为～孚众望的青年教授。（王西彦《晚来香》）

   Dàole Liǔ Chūn zài shěngchéng li móudé yí ge zhōngxué jiàoshī de zhíwèi shí, Kǒng Dúbù yǐjīng chéngwéi ～ fú zhòngwàng de qīngnián jiàoshòu.

2. 他（曾巩）在各地做官时，能尽心为百姓办事，～得民心。（刊）

   Tā (Zēng Gǒng) zài gè dì zuò guān shí, néng jìn xīn wèi bǎixìng bàn shì, ～ dé mínxīn.

3. 这～可以写一篇小说。（老舍《骆驼祥子》）

   Zhè ～ kěyǐ xiě yì piān xiǎoshuō.

4. 楼房四周是草地，有些还保留着相当古老的树木，绿荫如盖，杂花满庭，～像乡村别墅。（费孝通《访问美国》）

   Lóufáng sìzhōu shì cǎodì, yǒu xiē hái bǎoliúzhe xiāngdāng gǔlǎo de shùmù, lǜ yīn rú gài, zá huā mǎn tíng, ～ xiàng xiāngcūn biéshù.

"颇"跟"有（一）些"或"有（一）点"连用，使"颇"的程度稍降：

When used with 有（一）些 *or* 有（一）点, *the intensity of* 颇 *is reduced slightly :*

5. 正是因为如此，他在连队里也～有一些威信。（魏巍《东方》）

   Zhèngshì yīnwèi rúcǐ, tā zài liánduì li yě ～ yǒu yìxiē wēixìn.

6. 虽是旧历正月，到中午～有点盛夏的味道。（徐怀中《西线轶事》）

   Suī shì jiùlì Zhēngyuè, dào zhōngwǔ ～ yǒu diǎnr shèngxià de wèidao.

"颇"不同于"很"，不受"不"修饰，但和"很"一样，可修饰形容词、动词的否定形式：

颇, unlike 很, *cannot be modified by* 不, *but like* 很, *can modify negative adjectives or verbs :*

1. 关于鲧的传说，在许多古籍记载中～不一致。（马南邨《堵塞不如开导》）

   Guānyú Gǔn de chuánshuō, zài xǔduō gǔjí jìzǎi zhōng ～ bù yízhì.

2. 虽然大家早就指出了他的缺点，但他本人至今仍～不以为然。

   Suīrán dàjiā zǎo jiù zhí chū le tā de quēdiǎn, dàn tā běnrén zhìjīn réng ～ bùyǐwéirán.

参看"颇为"。

Compare 颇为 pōwéi.

颇为 pōwéi （副词）〈书〉

同"颇"，修饰双音节动词、形容词或四字短语：

Same as 颇 (quite, rather, very), *but modifies a disyllabic verb or adjective or a four-character phrase :*

1. 有闷声闷气的土枪声，也有清脆脆的"三八大盖"响。一阵紧，一阵疏，～热闹。（徐光耀《望日莲》）

   Yǒu mènshēngmènqì de tǔqiāng shēng, yě yǒu qīngcuìcuì de "sānbādàgàir" xiǎng.

Yízhèn jǐn, yízhèn shū, ～ rènao.

2. 这一说,她立起一朵眉毛,～认真地说:"这就没意思了!"(谢璞《二月兰》)
   Zhè yì shuō, tā lì qi yì duǒ méimao, ～ rènzhēn de shuō:"Zhè jiù méi yìsi le!"

3. 此二人在戏中地位,～重要,似愚蠢而却天真,似粗暴而却柔顺,良心未昧,易受感动。(郭沫若《棠棣之花》)
   Cǐ èr rén zài xì zhōngdìwèi, ～ zhòngyào, sì yúzhuàng ér què tiānzhēn, sì cūbào ér què róushùn, liángxīn wèi mèi, yì shòu gǎndòng.

4. 翻阅《资治通鉴》,其中有一段周墀和韦澳的对话,……但读后～发人深思。(报)
   Fānyuè《Zīzhìtōngjiàn》, qízhōng yǒu yí duàn Zhōu Chí hé Wéi Ào de duìhuà, ...
   dàn dú hòu ～ fārénshēnsī.

其实 qíshí (副词)

表示所说的是实际情况,多用于句首,可有语音停顿,也可用于述语前:

Actually, *in fact*, *as a matter of fact*; very often occurs at the head of a sentence and can be followed by a pause. It can also precede the verb.

A "其实"表示前面句子所描述的情况并非真实,"其实"后面才是真实情况:

Indicates that what is introduced in the preceding sentence is not true, but what follows is:

1. "好孩子! 不知道的人都说婶婶顽固,～婶婶不是顽固的人! 婶婶可肯帮人的忙哩!"(赵树理《三里湾》)
   "Hǎo háizi! Bù zhīdao de rén dōu shuō shěnshen wángù, ～ shěnshen bú shì wángù de rén! Shěnshen kě kěn bāng rén de máng li!"

2. 这好像是任何时候都可能发生的事,～不然。(叶圣陶《倪焕之》)
   Zhè hǎoxiàng shì rènhé shíhou dōu kěnéng fāshēng de shì, ～ bùrán.

3. "……她怕要眼皮更高,更不好找对象啦!"～人家早有了对象。(康濯《春种秋收》)
   "... tā pà yào yǎnpí gèng gāo, gèng bù hǎo zhǎo duìxiàng la!" ～ rénjia zǎo yǒule duìxiàng.

B 并不表示前面描述的并非真实,而只是以实际情况对前面句子意思加以补足说明:

Sometimes does not deny the truth of the preceding clause but supplies some supplementary explanation:

1. 我想:希望是本无所谓有,无所谓无的,这正如地上的路;～地上本没有路,走的人多了,也便成了路。(鲁迅《故乡》)
   Wǒ xiǎng: xīwàng shì běn wú suǒwèi yǒu, wú suǒwèi wú de, zhè zhèng rú dì shang de lù; ～ dì shang běn méiyǒu lù, zǒu de rén duō le, yě biàn chéngle lù.

2. 公子子兰此刻来救你,～也是想救先生。(郭沫若《屈原》)
   Gōngzǐ Zǐlán cǐkè lái jiù nǐ, ～ yě shì xiǎng jiù xiānsheng.

3. 我是心里不痛快,～并没喝多!(老舍《龙须沟》)
   Wǒ shì xīnli bú tòngkuai, ～ bìng méi hēduō!

4. 这是前几天,关大妈有意跟大家闲谈闲谈,约齐了一起埋藏起来的。～,关大妈罩的是几分菜园,自己倒并没有多少粮食可埋。(茹志鹃《关大妈》)

Zhè shì qián jǐ tiān, Guān dàmā yǒuyì gēn dàjiā xiántán xiántán, yuēqíle yìqǐ máicángqilai de. ～, Guān dàmā kào de shì jǐ fēn càiyuán, zìjǐ dào bìng méi yǒu duōshǎo liángshi kě mài.

5. 这盆晚来香,～就是人们通常叫的"夜来香"。(刊)

    Zhè pén wǎnláixiāng, ～ jiù shì rénmen tōngcháng jiào de "yèláixiāng".

"其实"有时位置并不直接在所描述的真实情况前,而在插入语前,但功能仍是针对后面真实情况的:

Sometimes 其实 is put before a parenthesis rather than before the description of the actual situation, though it still refers to the actual situation:

6. ～据我看来,他并没有神经病,不过感情太盛,有时会迷失了他的理智。(杨朔《雪花飘在满洲》)

    ～ jù wǒ kànlái, tā bìng méi yǒu shénjīngbìng, búguò gǎnqíng tài shèng, yǒushí huì míshīle tā de lízhì.

岂   qǐ   (副词)〈书〉

"岂"只用于反问句:

Only occurs in a rhetorical question:

A 多用于否定的反问句中,加强肯定的语气,句尾的"吗(么)"可有可无:

    Occurs in a negative rhetorical question to emphasize the affirmative sense. 吗(么) at the end of the question is optional:

1. 又是笑又是闹。哎!这～不完全证明他并没有个认错的诚意么?(谢璞《二月兰》)

    Yòu shì xiào yòu shì nào. Ài! Zhè ～ bù wánquán zhèngmíng tā bìng méi yǒu ge rèncuò de chéngyì ma?

2. 那么我这样做了～不是太冒失吗?(鄂华《自由神的命运》)

    Nàme wǒ zhèyàng zuòle ～ búshi tài màoshi ma?

3. 她的信里并没拒绝的意思,就此放手～非傻?(叶圣陶《倪焕之》)

    Tā de xìn li bìng méi jùjué de yìsi, jiù cǐ fàng shǒu ～ fēi shǎ?

4. 节烈这事,现代既然失了存在的生命和价值;节烈的女人,～非白苦一番么?(鲁迅《我之节烈观》)

    Jiéliè zhè shì, xiàndài jìrán shīle cúnzài de shēngmìng hé jiàzhí; Jiéliè de nǚrén, ～ fēi bái kǔ yì fān ma?

B 用于肯定的反问句中,"岂"常跟"有、是、能、敢、肯"等词连用,加强否定的语气,句尾不能带"吗(么)":

    Occurs in an affirmative rhetorical question, often accompanied by a word such as 有,是,能,敢,肯 to stress the negative sense. The sentence cannot end with a 吗(么):

1. 那种幸福的享受,～是寻常容易得到的。(叶圣陶《倪焕之》)

    Nàzhǒng xìngfú de xiǎngshòu, ～ shì xúncháng róngyì dédào de.

2. "他真～有此理!"陆先生把蒋华往焕之桌子边一推,咬了咬嘴唇说。(叶圣陶《倪焕之》)

    "Tā zhēn ～ yǒu cǐ lǐ!" Lù xiānsheng bǎ Jiǎng Huá wǎng Huànzhī zhuōzi biānr yì tuī, yǎo le yǎo zuǐchún shuō.

3. ～止老孙是这样?很多战士喝了苦水都拉肚子。(杜鹏程《保卫延安》)

~ zhǐ Lǎo Sūn shì zhèyàng? Hěn duō zhànshì hēle kǔ shuǐ dōu lā dùzi.

4. 假若他娶了亲,刘老头子手里那点钱就必定要不回来;虎妞~肯轻饶了他呢! (老舍《骆驼祥子》)

Jiǎruò tā qǔle qīn, Liú lǎotóuzi shǒu li nà diǎnr qián jiù bìdìng yào bù huílái; Hǔniū ~ kěn qīng ráole tā ne!

恰 qià (副词)〈书〉

修饰单音节词:

Modifies a monosyllabic word:

A 同"恰好"B:

Same as 恰好 B (just right, exactly, precisely):

1. 岸边几株枯树,~为夕阳做了画框。(刊)

Àn biān jǐ zhū kūshù, ~ wèi xīyáng zuòle huàkuàng.

2. 冰如……忽然省悟自己的步调~与焕之一致,又相顾一笑。(叶圣陶《倪焕之》)

Bīngrú ... hūrán xǐngwù zìjǐ de bùdiào ~ yǔ Huànzhī yízhì, yòu xiāng gù yí xiào.

B 同"恰好"A:

Same as 恰好 A (as chance would have it):

1. ~在此时,忽隆隆一阵响,街上似乎有人奔跑。(徐光耀《望日莲》)

~ zài cǐshí, hūlōnglōng yízhèn xiǎng, jiē shang sìhū yǒu rén bēnpǎo.

2. 泉水从石上流着,潺潺作响,当日~遇着微雨,山景格外的新鲜。(李大钊《五峰游记》)

Quánshuǐ cóng shí shang liúzhe, chánchán zuò xiǎng, dāngrì ~ yùzhao wēi yǔ, shānjǐng géwài de xīnxian.

恰好 qiàhǎo (副词)

A 表示时机、条件等正好符合要求或正好是所不希望的:

(*Coincidentally*), *as luck would have it*:

1. 因为要求平易,我就注意到如何在平易中而不死板。~在这时候,好友顾石君先生供给我许多北平口语中的字与词。(老舍《我怎样写〈骆驼祥子〉》)

Yīnwèi yāoqiú píngyì, wǒ jiù zhùyìdào rúhé zài píngyì zhōng ér bù sǐbǎn. ~ zài zhè shíhou, hǎo yǒu Gù Shíjūn xiānsheng gōngjǐ wǒ xǔduō Běipíng kǒuyǔ zhōng de zì yǔ cí.

2. 今日黑夜~农业社和民校里又都没有事,他两个当然更得在家里"亲爱"一番。(康濯《春种秋收》)

Jīnrì hēiyè ~ nóngyèshè hé mínxiào li yòu dōu méi yǒu shì, tā liǎng ge dāngrán gèng děi zài jiā li "qīn·ài" yì fān.

3. 祥子~来到了这个小绿洲;在沙漠中走了这么多日子,他以为这是个奇迹。(老舍《骆驼祥子》)

Xiángzi ~ láidàole zhège xiǎo lǜzhōu; Zài shāmò zhōng zǒule zhème duō rìzi, tā yǐwéi zhè shì ge qíjì.

4. 我是这么想的:他两个恋爱的过程,~是春种秋收。(康濯《春种秋收》)

Wǒ shì zhème xiǎng de: tā liǎng ge liàn·ài de guòchéng, ~ shì chūnzhòngqiūshōu.

5. 今天因为自己有事情回来得早,~就遇到你这件事情。(巴金《家》)

Jīntiān yīnwèi zìjǐ yǒu shìqing huí lai de zǎo, ~ jiù yùdào nǐ zhèjiàn shìqing.

B 不折不扣，不多不少，正好：

Just right, exactly, precisely:

1. 这只大公鸡整整养了一年，现在～五斤重了。

   Zhèzhī dà gōngjī zhěngzhěng yǎngle yì nián, xiànzài ～ wǔ jīn zhòng le.

2. 他们夫妻俩的性格～相反，一个急脾气，一个慢性子。

   Tāmen fūqī liǎ de xìnggé ～ xiāngfǎn, yí ge jí píqi, yí ge màn xìngzi.

3. 这两个小伙子～一般大，都是十九岁。

   Zhè liǎng ge xiǎohuǒzi ～ yìbān dà, dōu shì shíjiǔ suì.

4. 他不希望三个大宝，只盼望换个百儿八十的，～够买一辆车的。（老舍《骆驼祥子》）

   Tā bù xīwàng sān ge dà bǎo, zhǐ pànwàng huàn ge bǎirbāshí de, ～ gòu mǎi yí liàng chē de.

5. 这张桌子放得～是地方，正填满空当儿，光线又好。

   Zhèzhāng zhuōzi fàng de ～ shì dìfang, zhèng tiánmǎn kòngdāngr, guāngxiàn yòu hǎo.

参看"恰""恰恰""恰巧"。

Compare 恰 qià, 恰恰 qiàqià, 恰巧 qiàqiǎo.

恰恰 qiàqià （副词）

A 同"恰好" B：

Same as 恰好 B (just right, exactly, precisely)：

1. 有一个农业社养着一百多口猪，……二年来没有一口猪生病。另一个社～相反，七十多口猪，去年夏天瘟死了十口。（马烽《韩梅梅》）

   Yǒu yí ge nóngyèshè yǎngzhe yìbǎi duō kǒu zhū, ... èr nián lái méi yǒu yì kǒu zhū shēng bìng. Lìng yí ge shè ～ xiāngfǎn, qīshí duō kǒu zhū, qùnián xiàtiān wēnsǐle shí kǒu.

2. 游览这些天然动物园，和去一般的动物园～相反：动物是自由的，人是不自由的。（周国勇《奇妙的非洲天然动物园》）

   Yóulǎn zhèxiē tiānrán dòngwùyuán, hé qù yìbān de dòngwùyuán ～ xiāngfǎn: dòngwù shì zìyóu de, rén shì bú zìyóu de.

3. 参加座谈会的，正像你估计的那样，～一百二十人。

   Cānjiā zuòtánhuì de, zhèng xiàng nǐ gūjì de nàyàng, ～ yìbǎi èrshí rén.

B 同"恰好"A：

Same as 恰好 A (as luck would have it)：

1. 这当然只会更增加她的烦乱，～就在这个时候，她娘告诉她说：要把她许配给周昌林。（康濯《春种秋收》）

   Zhè dāngrán zhǐ huì gèng zēngjiā tā de fánluàn, ～ jiù zài zhège shíhou, tā niáng gàosu tā shuō: yào bǎ tā xǔpèi gěi Zhōu Chānglín.

2. 如果批评我自私自利的是别人，我也不会这么伤心，而批评我的人～是我兄弟。（马烽《太阳刚刚出山》）

   Rúguǒ pīpíng wǒ zìsī zìlì de shì biérén, wǒ yě bú huì zhème shāngxīn, ér pīpíng wǒ de rén ～ shì wǒ xiōngdi.

恰巧 qiàqiǎo （副词）

同"恰好"A:

Same as 恰好 A (as chance would have it):

1. 他顺着一块高粱地走着，～碰见张拴由对面走来。(李准《不能走那条路》)

   Tā shùnzhe yí kuài gāoliang dì zǒuzhe, ～ pèngjian Zhāng Shuān yóu duìmiàn zǒu lai.

2. 祥子不晓得这个，只当是头一天～赶上宅里这么忙，于是又没说什么，而自己掏腰包买了几个烧饼。(老舍《骆驼祥子》)

   Xiángzi bù xiǎode zhège, zhǐ dàng shì tóu yì tān ～ gǎnshang zhái li zhème máng, yúshì yòu méi shuō shénme, ér zìjǐ tāo yāobāo mǎile jǐ ge shāobing.

3. 我们去逮他时，～他正召集喽罗们开会，一家伙堵住四个。(杨朔《春子姑娘》)

   Wǒmen qù dǎi tā shí, ～ tā zhèng zhàojí lóuluomen kāi huì, yìjiāhuo dǔzhu sì ge.

4. 这时～陈桂林老头子进来了，正好听见了这几句话。(秦兆阳《农村散记》)

   Zhèshí ～ Chén Guìlín lǎotóuzi jìn lai le, zhènghǎo tīngjianle zhè jǐ jù huà.

5. 隔一天，～我有事要到哈尔滨一个回民工作队去住个把月，便带着春子一块去找她男人。(杨朔《春子姑娘》)

   Gé yì tiān, ～ wǒyǒu shì yào dào Hā·ěrbīn yí gè Huímín gōngzuòduì qù zhù gè bǎ yuè, biàn dàizhe Chūnzǐ yíkuàir qù zhǎo tā nánren.

千万 qiānwàn (副词)

A 用于祈使句，意思是"务必"，常和"要""不能""别"等词语连用:

Must, be sure to; occurs in imperative sentences and is often used in conjunction with 要, 不能 or 别:

1. "小王!～要小心哪，这是一包很重要的文件，必须在天亮以前送到。"(刘真《我和小荣》)

   "Xiǎowáng! ～ yào xiǎoxīn na, zhè shì yì bāo hěn zhòngyào de wénjiàn, bìxū zài tiānliàng yǐqián sòngdào."

2. ～照着我所吩咐的做，不准有误。(郭沫若《屈原》)

   ～ zhàozhe wǒ suǒ fēnfù de zuò, bùzhǔn yǒu wù.

3. "孩子来了，就让他在乡下悄悄住两天，不过～别出门去!"(杨朔《雪花飘在满洲》)

   "Háizi lái le, jiù ràng tā zài xiāngxia qiāoqiāo zhù liǎng tiān, búguò ～ bié chū mén qu!"

4. 四爷，您～别放在心上，他，他呀——。(曹禺《日出》)

   Sìyé, nín ～ bié fàng zài xīn shang, tā, tā ya ——.

副词"可"常用在"千万"前，表示加强恳切或否定的语气:

The adverb 可 is often used before 千万 to emphasize sincerity or negation:

5. 我的四奶奶! 您可～别瞎聊啊，您要我的脑袋搬家是怎着?(老舍《龙须沟》)

   Wǒ de sìnǎinai! Nín kě ～ bié xiā liáo a, nín yào wǒ de nǎodai bān jiā shì zěnzhe?

6. 婶婶! 这可是秘密消息，你可～不要跟谁说!(赵树理《三里湾》)

   Shěnshen! Zhè kě shì mìmì xiāoxi, nǐ kě ～ búyào gēn shuí shuō!

B 有时，"千万"表示说话人的一种热切希望:

Sometimes indicates the speaker's earnest desire:

1. 我每次出来都带着点好吃的，总想: 这一次，～叫我碰上我的小家伙吧。这回到

底碰上了。(刘真《我和小荣》)

Wǒ měi cì chūlai dōu dàizhe diǎnr hǎochīde, zǒng xiǎng: zhè yí cì, ~ jiào wǒ pèng shang wǒ de xiǎojiāhuo ba. Zhè huí dàodǐ pèng shang le.

2. 一边走,一边心里祷告着:曹先生可~回来了,别教我扑个空!(老舍《骆驼祥子》)

Yìbiānr zǒu, yìbiānr xīnli dǎogàozhe: Cáo xiānsheng kě ~ huí lai le, bié jiào wǒ pū ge kōng!

3. 我就像坐在针尖上一样不安,哑声地说:"~别有说话的声音,快回来,会的,她一定会回来……"(刘真《我和小荣》)

Wǒ jiù xiàng zuò zài zhēnjiānr shang yíyàng bù'ān, yǎshēng de shuō: "~ bié yǒu shuō huà de shēngyīn, kuài huílai, huì de, tā yídìng huì huí lai..."

悄悄   qiāoqiāo   (副词)

低声或无声地,"地"可带可不带:

Quietly, in a low voice; may or may not take 地:

A 在"说""问"这类动词前,表示低声地:

In a low voice; used before 说, 问 etc.:

1. 又听见东山~地说:"到我屋坐吧!"两个人都去屋里了。(李准《不能走那条路》)

Yòu tīngjian Dōngshān ~ de shuō: "Dào wǒ wū zuò ba!" Liǎng ge rén dōu qù wū li le.

2. 金生~和媳妇说:"你让着她一点!不要叫别人笑话咱们连个兄弟媳妇都容不下!"(赵树理《三里湾》)

Jīnshēng ~ hé xífu shuō: "Nǐ ràngzhe tā yìdiǎnr! Búyào jiào biérén xiàohua zánmen lián ge xiōngdi xífu dōu róng bu xià!"

3. 这时郭正民跑过来,~问我说:"怎么样?高书记应承了没有?"(马烽《太阳刚刚出山》)

Zhèshí Guō Zhèngmín pǎo guolai, ~ wèn wǒ shuō: "Zěnmeyàng? Gāo shūji yìngchéngle méiyou?"

4. 四周围了好多人。我挤到前面去,~问旁人:"出了什么事?"(陶承《我的一家》)

Sìzhōu wéile hǎoduō rén. Wǒ jǐdào qiánmiàn qu, ~ wèn pángrén: "Chūle shénme shì?"

5. 你~地叫婵娟把衣服给你,不要声张好了。(郭沫若《屈原》)

Nǐ ~ de jiào Chánjuān bǎ yīfu gěi nǐ, búyào shēngzhāng hǎole.

B 在"站""坐""望""走"等动词前,表示无声地、不声不响地:

Quietly, silently; precedes verbs such as 站, 坐, 望 or 走, etc.:

1. 老姜头来了什么话也没说,~地站在那里观察水势。(马烽《我的第一个上级》)

Lǎojiāngtóu láile shénme huà yě méi shuō, ~ de zhàn zài nàli guānchá shuǐshì.

2. 当我哥哥站在人前作检讨时,兰表妹便~的坐在我旁边了。(谢璞《二月兰》)

Dāng wǒ gēge zhàn zài rén qián zuò jiǎntǎo shí, Lán biǎomèi biàn ~ de zuò zài wǒ pángbiānr le.

3. 那几个人眉开眼笑地望望我,每人抱起一大抱青菜,~地走了。(王愿坚《党费》)

Nà jǐ ge rén méikāiyǎnxiào de wàngwang wǒ, měi rén bào qi yí dà bào qīngcài, ～ de zǒu le.

4. 大家都～地望着他,屋子里只有他一个人说话的声音。(马烽《我的第一个上级》)

Dàjiā dōu ～ de wàngzhe tā, wūzi li zhǐyǒu tā yí ge rén shuō huà de shēngyīn.

5. 骑兵们却～地退下山头,朝着另一个方向跑去。(杨朔《铁骑兵》)

Qíbīngmen què ～ de tuì xià shāntóu, cháozhe lìng yí ge fāngxiàng pǎo qù.

且   qiě   (副词)

A 表示在目前短时间里暂且先做某事,而不管别的,或暂且先不做某事而做别的:

For the time being; indicates that one does one particular thing for the time being and puts aside other affairs, or puts aside one particular thing and does sth. else:

1. ……有男子组,有妇女组。～说妇女组,组织的很顺利,第一天开学就全到齐,规规矩矩,直到散学才走。(孙犁《吴召儿》)

...Yǒu nánzi zǔ, yǒu fùnǚ zǔ. ～ shuō fùnǚ zǔ, zǔzhī de hěn shùnlì, dì-yī tiān kāi xué jiù quán dàoqí, guīguījūjū, zhídào sàn xué cái zǒu.

2. "这都不去管他,你～说说复种问题怎么解决罢"(白危《重放的鲜花》)

"Zhè dōu bú qù guǎn tā, nǐ ～ shuōshuo fùzhòng wèntí zěnme jiějué ba."

3. 想是赶车的吃饭晚了,你～回去耐心地等他一会儿。(魏巍《东方》)

Xiǎng shì gǎn chē de chī fàn wǎn le, nǐ ～ huí qu nàixīn de děng tā yíhuìr.

4. 我的母亲……,教我坐下,歇息,喝茶,～不谈搬家的事。(鲁迅《故乡》)

Wǒ de mǔqin..., jiào wǒ zuò xia, xiēxi, hē chá, ～ bù tán bān jiā de shì.

5. "～不说我的意思,你说下去吧。"(叶圣陶《倪焕之》)

" ～ bù shuō wǒ de yìsi, nǐ shuō xiaqu ba."

6. 他～不答我的话,直盯盯地望着我,半天,突然反问我:"你怕也快三十了吧?" (王愿坚《粮食的故事》)

Tā ～ bù dá wǒ de huà, zhídīngdīng de wàngzhe wǒ, bàntiān, tūrán fǎnwèn wǒ;" Nǐ pà yě kuài sānshí le ba?"

B〈口〉表示经历长时间,述语后多带"呢",不用于已完成的事:

(Colloquial speech) *for a long time to come*. The verb mostly takes 呢 after it and does not refer to fulfilled events:

1. 这黑狗子馊主意还不少哩。～跟你斗啦!海娃撑起两腿,来到场上,看着他们吃饱了。(华山《鸡毛信》)

Zhè hēigǒuzi sōu zhǔyi hái bùshǎo li. ～ gēn nǐ dòu la! Hǎiwá chēng qi liǎng tuǐ, láidào cháng shang, kànzhe tāmen chībǎo le.

2. 买双皮鞋～穿呢,至少能穿二、三年。

Mǎi shuāng píxié ～ chuān ne, zhìshǎo néng chuān èr, sān nián.

3. 他上广州了,～不回来呢!

Tā shàng Guǎngzhōu le, ～ bù huí lai ne!

切   qiè   (副词)〈书〉

有"千万""一定"之意,多修饰"不可""莫""勿"等否定词语,用于表示希望、命令、劝阻、叮咛等句中:

Be sure to, by all means; modifies negative words such as 不可, 莫, 勿 and occurs in sentences denoting desire, command, dissuasion or exhortation, etc.:

1. 当孩子出现厌食后,~不可当着他的面讲这个问题。(刘亚美《谈谈儿童厌食的问题》)

    Dāng háizi chūxiàn yànshí hòu, ~ bù kě dāngzhe tā de miànr jiǎng zhège wèntí.

2. 各单位、社队的业余剧团,……~不可为了多挣钱而放弃生产,到处乱跑。(报)

    Gè dānwèi, shèduì de yèyú jùtuán, ... ~ bù kě wèile duō zhèng qián ér fàngqì shēngchǎn, dàochù luàn pǎo.

3. 修建葛州坝工程~莫忘了救鱼!(报)

    Xiūjiàn Gézhōubà gōngchéng ~ mò wàngle jiù yú!

4. 这也给了我们一点启示:不懂就要去学,~莫胡说八道!(报)

    Zhè yě gěile wǒmen yìdiǎnr qǐshì: bù dǒng jiù yàoqù xué, ~ mò húshuōbādào.

"切"重叠为"切切",只用来修饰多音节否定短语,语气更强:

切 when duplicated as 切切, is only used to modify polysyllabic negative phrases for emphasis:

5. 对于群众所关注的问题,各级党政领导部门必须高度重视。……~~不可掉以轻心!(报)

    Duìyú qúnzhòng suǒ guānzhù de wèntí, gèjí dǎngzhèng lǐngdǎo bùmén bìxū gāodù zhòngshì. ... ~ ~ bù kě diàoyǐqīngxīn!

6. 文艺作品对人物的感情描写,~~不能简单化。(王臻中《文艺与生活关系问题的综述》)

    Wényì zuòpǐn duì rénwù de gǎnqíng miáoxiě, ~ ~ bù néng jiǎndānhuà.

"切切"用于政府布告末尾,表示再三告诫之意:

切切 is used at the end of a public notice issued by the government indicating a repeated exhortation:

7. 希望我全体人民,一律安居乐业,切勿轻信谣言,自相惊扰,~~此布。(毛泽东《中国人民解放军布告》)

    Xīwàng wǒ quántǐ rénmín, yīlù ānjūlèyè, qiè wù qīngxìn yáoyán, zì xiāng jīngrǎo, ~ ~ cǐ bù.

亲 qīn (副词)〈书〉

同"亲自",但只修饰单音词:

Same as 亲自 (personally, in person, oneself), but modifies monosyllabic words only:

1. 表演兼观览时的心情,是怎样激动怎样畅快的味道,他没法预料,急于要去~尝。(叶圣陶《倪焕之》)

    Biǎoyǎn jiān guānlǎn shí de xīnqíng, shì zěnyàng jīdòng zěnyàng chàngkuài de wèidao, tā méi fǎ yùliào, jíyú yào qù ~ cháng.

2. 他是~历者与受害者,把切身感受都写入《行记》之中。(刊)

    Tā shì ~ lìzhě yǔ shòuhàizhě, bǎ qièshēn gǎnshòu dōu xiěrù《Xíngjì》zhī zhōng.

3. 努尔哈赤~率精锐部队二十万,并力攻打,鏖战两日,结果损兵折将而退。(报)

    Nǔ'ěrhāchì ~ shuài jīngruì bùduì èrshí wàn, bìnglì gōngdǎ, áozhàn liǎng rì, jiéguǒ sǔnbīngzhéjiàng ér tuì.

4. 1945 年抗战胜利后,毛泽东同志～赴重庆谈判,返回延安时,陶行知赶到机场热情欢送。(晓庄《教育家陶行知》)

Yījiǔsìwǔ nián kàngzhàn shènglì hòu, Máo Zédōng tóngzhì ～ fù Chóngqìng tánpàn, fǎnhuí Yán·ān shí, Táo Xíngzhī gǎndào jīchǎng rèqíng huānsòng.

5. 片中将展现我党领导人延安决策,周副主席～临西安,……等场面。(报)

Piān zhōng jiāng zhǎnxiàn wǒ dǎng lǐngdǎorén Yán·ān juécè, Zhōu fùzhǔxí ～ lín Xī·ān, ... děng chǎngmiàn.

修饰"看""见"之类的动词,有"亲眼"之意:

When 亲 modifies verbs such as 看 or 见, it means "with one's own eyes":

6. 我没有～见;听说,她,刘和珍君,那时是欣然前往的。(鲁迅《记念刘和珍君》)

Wǒ méiyou ～ jiàn; tīngshuō, tā, Liú Hézhēn jūn, nàshí shì xīnrán qiánwǎng de.

7. 他们往往要亲眼看着黄酒从坛子里舀出,看过壶子底里有水没有,又～看将壶子放在热水里,然后放心。(鲁迅《孔乙己》)

Tāmen wǎngwǎng yào qīnyǎn kànzhe huángjiǔ cóng tánzi lǐ yǎo chū, kànguo húzi dǐ lǐ yǒu shuǐ méiyǒu, yòu ～ kàn jiāng húzi fàng zài rèshuǐ li, ránhòu fàngxīn.

辨认:

Note:

1. 大姐咯咯地笑了,抱着小宁就亲。(高缨《小米》)

Dàjiě gēgē de xiào le, bàozhe Xiǎoníng jiù qīn.

2. 这个孩子一直由他的亲姨母照护。(冉欲达《谈生活、情节、性格》)

Zhège háizi yìzhí yóu tā de qīn yímǔ zhàohù.

例 1 中"亲"为动词,是"亲吻"的意思;例 2 中"亲"为形容词作定语,表示"血统最接近的","亲姨母"是母亲的姐妹。

In example 1, 亲 is a verb, meaning "kiss"; in example 2, 亲 is an adjective used as an attributive, meaning "blood relation, next of kin"; 亲姨母 means "mother's sister".

☆**亲笔**   qīnbǐ   (副词)

表示亲自动笔(写),只修饰"写""题"等几个动词:

In one's own handwriting, write personally; modifies only a few verbs such as 写 or 题:

1. 殿内还展放着两部金字藏经,据说是乾隆～写的。(匡正《北京著名的宗教寺观偶记》)

Diàn nèi hái zhǎnfàngzhe liǎng bù jīn zì zàngjīng, jùshuō shì Qiánlóng ～ xiě de.

2. 后来,淮安县县委准备修理周恩来同志旧居。周恩来同志得知后,～写信给淮安县人委,坚决制止。(报)

Hòulái, Huái·ānxiàn rénwěi zhǔnbèi xiūlǐ Zhōu Ēnlái tóngzhì jiùjū. Zhōu Ēnlái tóngzhì dézhī hòu, ～ xiě xìn gěi Huái·ānxiàn rénwěi, jiānjué zhìzhǐ.

3. 直到今天,万寿岩的石壁上仍旧刻着明代爱国名将戚继光、俞大猷～题的诗篇。(郑朝宗《我爱厦门》)

Zhídào jīntiān, Wànshòuyán de shíbì shang réngjiù kèzhe Míngdài àiguó míngjiàng Qī Jìguāng, Yú Dàxiàn ～ tí de shīpiān.

4. 再从雍正对待康熙的态度看,他是极尽孝忠的,亲自送陵到寝地,～题写景陵匾额。(商鸿逵《清朝的东西二陵》)

Zài cóng Yōngzhèng duìdài Kāngxī de tàidu kàn, tā shì jí jìn xiào zhōng de, qīnzì sòng líng dào qǐndì，～ tíxiě Jīnglíng biǎn·é.

☆亲笔有时是名词,我们可以说:"这封信是他的亲笔"或"这是他的亲笔信"。

亲笔 sometimes is a noun and we can say: 这封信是他的亲笔 or 这是他的亲笔信.

亲耳　qīn·ěr　（副词）

表示用自己的耳朵(听),只修饰"听见""听到""聆听"等词:

With one's own ears; modifies 听见, 听到, 聆听 only:

1. 我～听见你向三闾大夫说你头发晕,我也亲眼看见你倒在了三闾大夫的怀里,……(郭沫若《屈原》)

    Wǒ ～ tīngjian nǐ xiàng Sānlú dàfū shuō nǐ tóu fā yūn, wǒ yě qīnyǎn kànjian nǐ dǎo zài le Sānlú dàfū de huái li, ...

2. 这次,西班牙音乐家小组一行九人来华演出,使我们有机会～聆听西班牙音乐家们的独唱、独奏,确实是一件令人高兴的事情。(报)

    Zhècì, Xībānyá yīnyuèjiā xiǎozǔ yìxíng jiǔ rén lái Huá yǎnchū, shǐ wǒmen yǒu jīhuì ～ língtīng Xībānyá yīnyuèjiāmen de dúchàng, dúzòu, quèshí shì yí jiàn lìng rén gāoxìng de shìqing.

3. 今晚,鹭岛的观众～听到她那深挚演唱时,倍感亲切。(报)

    Jīn wǎn, Lùdǎo de guānzhòng ～ tīngdào tā nà shēnzhì yǎnchàng shí, bèi gǎn qīnqiè.

亲口　qīnkǒu　（副词）

表示动作、行为出于本人之口(嘴),只修饰与"口(嘴)"相关的某些动词:

(Say or eat something) personally; only modifies verbs that have something to do with the mouth:

1. 你要知道梨子的滋味,你就得变革梨子,～吃一吃。(毛泽东《实践论》)

    Nǐ yào zhīdao lízi de zīwèi, nǐ jiù děi biàngé lízi, ～ chī yi chī.

2. 在漫长的岁月里,他爬山涉水,历经千辛万苦,～品尝,采集中草药材数百种。(报)

    Zài mànchàng de suìyuè lǐ, tā pá shān shè shuǐ, lìjīng qiānxīnwànkǔ, ～ pǐncháng, cǎijí zhōngcǎoyàocái shù bǎi zhǒng.

3. 他去了,同学们还理他么? 他失了信用! 他～约好了的又不当回事!(张天翼《罗文应的故事》)

    Tā qù le, tóngxuémen hái lǐ tā ma? Tā shīle xìnyòng! Tā ～ yuēhǎole de yòu bú dàng huí shì!

4. 直到昨天夜里,县委书记还又来～对我说:"周同志,我认为不论怎样,你明天也应该先到峦畹去。"(曾克《信》)

    Zhídào zhuótiān yè li, xiànwěi shūjì hái yòu lái ～ duì wǒ shuō:"Zhōu tóngzhì, wǒ rènwéi búlùn zěnyàng, nǐ míngtiān yě yīnggāi xiān dào Luánwǎn qu."

5. 在去年春天的抗灾保畜动员大会上,队长罗布藏～宣布过一条社队的决定。(陈士濂《更登老汉选马》)

    Zài qùnián chūntiān de kàng zāi bǎo chù dòngyuán dàhuì shang, duìzhǎng Luóbùzàng ～ xuānbùguo yì tiáo shè duì de juédìng.

亲手　qīnshǒu　（副词）

表示用自己的手(做),多修饰用手完成的动作:

(Do sth.) with one's own hands, personally; mostly modifies those verbs that have something

to do with the hands:

1. 那天,我看到自己～喂起来的猪被杀了,心里不由得有点儿难过,……(马丰《韩梅梅》)

   Nà tiān, wǒ kàndào zìjǐ ～ wèi qilai de zhū bèi shā le, xīnli bùyóude yǒudiǎnr nánguò, ...

2. 连长,这俘虏是二子～摸来的。(杜鹏程《保卫延安》)

   Liánzhǎng, zhè fúlǔ shì Èrzi ～ mō lai de.

3. 我把南后送给他的礼物,～交给了他。(郭沫若《屈原》)

   Wǒ bǎ Nánhòu sòng gěi tā de lǐwù, ～ jiāo gěi le tā.

4. 他想,他一定要～杀几个日本鬼子,给死难的香兰和乡亲们报仇。(杨沫《东方欲晓》)

   Tā xiǎng, tā yídìng yào ～ shā jǐ ge Rìběn guǐzi, gěi sǐnàn de Xiānglán hé xiāngqīnmen bào chóu.

5. 敬爱的周总理把～描画的社会主义四个现代化的宏伟蓝图,交给了我们。(肖育轩《心声》)

   Jìng·ài de Zhōu zǒnglǐ bǎ ～ miáohuà de shèhuìzhǔyì sì ge xiàndàihuà de hóngwěi lántú, jiāogěile wǒmen.

亲眼   qīnyǎn   (副词)

表示用自己的眼睛(看),只用于"看见、见"这类动词之前:

With one's own eyes, (*see sth.*) *personally*; can only precede verbs such as 看见、见:

1. 前两天还有人说天坛住满了兵;他～看见的,那里连个兵毛儿也没有。(老舍《骆驼祥子》)

   Qián liǎng tiān hái yǒu rén shuō Tiāntán zhùmǎnle bīng; tā ～ kànjian de, nàli lián ge bīng máor yě méi yǒu.

2. 假使方才不是我自己～看见,我也不敢相信。(郭沫若《屈原》)

   Jiǎshǐ fāngcái bú shì wǒ zìjǐ ～ kànjian, wǒ yě bù gǎn xiāngxìn.

3. "什么清白? 我前天～见你偷了何家的书,吊着打。"(鲁迅《孔乙己》)

   "Shénme qīngbái? Wǒ qiántiān ～ jiàn nǐ tōule Hé jiā de shū, diàozhe dǎ."

4. 他不只是～看着他从一个讨饭的孩子成长为一个英雄,而且……(杜鹏程《保卫延安》)

   Tā bùzhǐ shì ～ kànzhe tā cóng yí ge tǎofàn de háizi chéngzhǎngwéi yí ge yīngxióng, érqiě ...

亲自   qīnzì   (副词)

强调由于重视,不借助于他人,而是由自己直接去做:

Personally, *in person*, *oneself*; indicates that one takes something so seriously that one does it oneself rather than through others:

1. 这还不算,学生们不来,他还～到家里找去。(老舍《龙须沟》)

   Zhè hái bú suàn, xuéshengmen bù lái, tā hái ～ dào jiā li zhǎo qu.

2. "妈妈,你可回来了,这个就是赵县长,他～来看你了!"(茹志鹃《关大妈》)

   "Māma, nǐ kě huí lai le, zhège jiù shì Zhào xiànzhǎng, tā ～ lái kàn nǐ le!"

3. 打电话,寄信,我～去找他,他都是不在家。(曹禺《日出》)

   Dǎ diànhuà, jì xìn, wǒ ～ qù zhǎo tā, tā dōu shì bú zài jiā.

4. 他还想端来一盆水，～给连长把头洗一洗。(杜鹏程《保卫延安》)

     Tā hái xiǎng duān lai yì pén shuǐ, ～ gěi liánzhǎng bǎ tóu xǐ yi xǐ.

5. 吴佩孚企图再显"威名"，所以他～在贺胜桥指挥这次战斗。(周士第《北伐先锋》)

     Wú pèifú qìtú zài xiǎn "wēimíng", suǒyǐ tā ～ zài Hèshèngqiáo zhǐhuī zhècì zhàndòu.

轻易   qīngyì   (副词)

表示"随随便便地""轻率地"或"未经慎重考虑"的意思，可带"地"：

Lightly, carelessly, rashly or without careful consideration; can be followed by 地(的)：

1. 我很后悔，我有时候还是沉不住气，～地发表了不很好的东西。(老舍《毛主席给了我新的文艺生命》)

     Wǒ hěn hòuhuǐ, wǒ yǒushíhou háishi chén bu zhù qì, ～ de fābiǎole bù hěn hǎo de dōngxi.

2. 啊，先生，先生，你是白白被人陷害了！别人家～地残害了忠良，出卖了楚国，白白地把你陷害了。(郭沫若《屈原》)

     Ā, xiānsheng, xiānsheng, nǐ shì báibái bèi rén xiànhài le! Biérénjia ～ de cánhàile zhōngliáng, chūmàile Chǔguó, báibái de bǎ nǐ xiànhài le.

3. 他～地相信了小吏的话，而没有亲自去看一看，结果上当受骗。(报)

     Tā ～ de xiāngxìnle xiǎolì de huà, ér méiyou qīnzì qù kàn yi kàn, jiéguǒ shàng dàng shòu piàn.

4. 因为儿女们的希望和需求，就寄托在他的特权上，岂可～放弃！(张雨生《虎皮鹦鹉之死》)

     Yīnwèi érnǚmen de xīwàng hé xūqiú, jiù jìtuō zài tā de tèquán shang, qǐ kě ～ fàngqì!

"轻易"常常受"不、不敢、不肯、不会、不能、不应"等否定词语修饰，特别强调主观上不随便有所行动：

轻易 is often modified by negative words such as 不，不敢，不肯，不会，不能，or 不应, to emphasize that one does not want to act carelessly or rashly：

5. 冯书记脸上不～出现的笑纹对他实在有重大的意义。(马识途《最有办法的人》)

     Féng shūji liǎn shang bù ～ chūxiàn de xiàowén duì tā shízài yǒu zhòngdà de yìyì.

6. 这一带的姑娘不～嫁给"沟外"的人，以免损失了劳动力。(老舍《"龙须沟"的人物》)

     Zhè yídài de gūniang bù ～ jià gěi "gōu wài" de rén, yǐmiǎn sǔnshīle láodònglì.

7. 现在，这件事是很难用一两句话向他说清楚，他这时也不会～相信自己的解释。(履冰《夫妻之间》)

     Xiànzài, zhèjiàn shì shì hěn nán yòng yì liǎng jù huà xiàng tā shuōqīngchu, tā zhèshí yě bú huì ～ xiāngxìn zìjǐ de jiěshì.

8. 只有少数同志，由于总理庇护，"四人帮"不能～下手，他们还能参与一些社会活动。(袁鹰《直到最后一息》)

     Zhǐ yǒu shǎoshù tóngzhì, yóuyú zǒnglǐ pìhù, "Sì rén bāng" bú néng ～ xià shǒu, tāmen hái néng cānyù yì xiē shèhuì huódòng.

9. 我不肯～失信：只要答应了写稿子，我就必定写。(老舍《新疆半月记》)

Wǒ bù kěn ～ shīxìn：zhǐyào dāyìngle xiě gǎozi，wǒ jiù bìdìng xiě.

否定词"不"或"不大"在"轻易"后则表示客观上某种情况很少：

轻易 precedes the negative word 不 or 不大 to indicate a rare occasion：

10. 咱是想：同志们～不来一趟，吃点饭还不是应该的。(杨朔《月黑夜》)

Zán shì xiǎng：tóngzhìmen ～ bùlái yí tàng，chī diǎnr fàn hái bú shì yīnggāi de.

11. 在旧社会里,女人们～不出门,她们可以在灯节里得到些自由。(老舍《北京的春节》)

Zài jiù shèhuì lǐ，nǚrénmen ～ bù chū mén，tāmen kěyǐ zài Dēngjié li dédào xiē zìyóu.

12. 大概也是～不大见油盐,两个大眼轱辘轱辘地瞪着那一堆堆的咸菜,馋得不住地咂嘴巴。(王愿坚《党费》)

Dàgài yě shì ～ búdà jiàn yóu yán，liǎng ge dà yǎn gūlū gūlū de dèngzhe nà yìduīduī de xiáncài，chán de búzhù de zā zuǐba.

辨认：

Note：

1. 世界上从来没有轻易的学问,轻易的事业。(刘新如《志向务求克己》)

Shìjiè shang cónglái méi yǒu qīngyì de xuéwèn，qīngyì de shìyè.

2. 对于有争议的文艺问题的结论,万万不可匆忙、轻易、勉强。(报)

Duìyú yǒu zhēngyì de wényì wèntí de jiélùn，wànwàn bù kě cōngmáng，qīngyì，miǎnqiǎng.

3. 聪明的指挥员不能让自己的战士轻易流血,战士的每一滴血应当换取最大的战果。(报)

Cōngmíng de zhǐhuīyuán bù néng ràng zìjǐ de zhànshì qīngyì liú xiě，zhànshì de měi yì dī xiě yīngdāng huànqǔ zuì dà de zhànguǒ.

4. 这条路,村里人轻易不走的。(华山《鸡毛信》)

Zhètiáo lù，cūn li rén qīngyì bù zǒu de.

例1、2中"轻易"为形容词,作定语、谓语,是"简单、容易"的意思。例3、4为副词。

In examples 1 & 2, 轻易 is an adjective used as an attributive or predicate, meaning "simple, easy"; but in examples 3 & 4 it is an adverb.

穷 qióng (副词)〈口〉

表示对某种动作、行为或状况的轻蔑或嫌恶;这种动作往往是多次重复的,或持续很长的：

Indicates one's contempt or dislike of a repeated or lasting action or behaviour：

1. 从前,他以为大家是贫嘴恶舌,凭他们一天到晚～说,就发不了财。(老舍《骆驼祥子》)

Cóngqián，tā yǐwéi dàjiā shì pínzuǐ èshé，píng tāmen yì tiān dào wǎn ～ shuō，jiù fā bu liǎo cái.

2. "咳!你总是不住嘴地～叨叨,快给我!"她不等我说完话,就打架似的把文件包夺过去了。(刘真《我和小荣》)

"Hài! Nǐ zǒngshì bú zhù zuǐ de ～ dāodao，kuài gěi wǒ!" Tā bù děng wǒ shuōwán huà，jiù dǎ jià shìde bǎ wénjiànbāo duó guòqu le.

3. 你将就点吧,别来那么多的～讲究!(杜鹏程《保卫延安》)

Nǐ jiāngjiu diǎnr ba, bié lái nàme duō de ~ jiāngjiu!

4. 你搁下，谁要你来~积极。(王汶石《大木匠》)

   Nǐ gē xia, shuí yào nǐ lái ~ jījí.

5. 你就爱~忧愁，一家人倒把谁饿下啦!(王汶石《井下》)

   Nǐ jiù ài ~ yōuchóu, yì jiā rén dào bǎ shuí è xia la!

有时，"穷"只表示某种较高程度的强调，有"无拘束地""尽情地"的意思：

Sometimes 穷 merely emphasizes degree, meaning "freely, to one's heart's content"：

6. 真是~开心，你总有气力!(杜鹏程《保卫延安》)

   Zhēnshì ~ kāixīn, nǐ zǒng yǒu qìlì.

7. 几个老朋友相会，~聊了一个晚上，一点也不困。

   Jǐ ge lǎo péngyou xiānghuì, ~ liáole yí ge wǎnshang, yìdiǎnr yě bú kùn.

权 quán （副词）〈书〉

同"权且"，但只修饰单音节动词：

Same as 权且 (for the time being, as a temporary measure), but modifies monosyllabic verbs only：

1. 搭这种船是要躺着不动的，他就把当天的一捆新闻纸~作枕头，那上面刊载着……(叶圣陶《倪焕之》)

   Dā zhèzhǒng chuán shì yào tǎngzhe bú dòng de, tā jiù bǎ dàngtiān de yì kǔn xīnwénzhǐ ~ zuò zhěntou, nà shàngmiàn kānzàizhe…

2. 那时候，艺人……先拿白沙子撒个圈，……圈里头~做"舞台"，圈外头就是临时的"观众席"。(汪景寿《侯宝林和相声研究》)

   Nà shíhou, yìrén… xiān ná bái shāzi sǎ ge quānr,… quānr lǐtou ~ zuò "wǔtái", quānr wàitou jiù shì línshí de "guānzhòng xí".

3. 半袋饼干~作见面礼。(刊)

   Bàn dài bǐnggān ~ zuò jiànmiànlǐ.

4. 她坐在一段~当凳用的木桩上，双手抱住膝头，就不再作声了。(罗淑《生人妻》)

   Tā zuò zài yí duàn ~ dàng dèng yòng de mùzhuāng shang, shuāng shǒu bàozhu xītóu, jiù bú zài zuòshēng le.

权且 quánqiě （副词）〈书〉

表示"暂且""暂时地""姑且"的意思：

For the time being, as a temporary measure：

1. 我随夫子到处讲道德，谈仁义，只落得整日饿饭，现时在伯夷、叔齐那里，讨了一些蕨薇拿回去~度命。(张恨水《八十一梦》)

   Wǒ suí fūzǐ dàochù jiǎng dàodé, tán rényì, zhǐ luòdé zhěngrì è fàn, xiànshí zài Bóyí, Shūqí nàlì, tǎole yìxiē juéwēi ná huiqu ~ dùmìng.

2. 这是当年的老城隍庙，神案~作书记的办公桌，把未来描绘。(李文瑞《步伐》)

   Zhè shì dāngnián de lǎo Chénghuángmiào, shén'àn ~ zuò shūji de bàngōngzhuō, bǎ wèilái miáohuì.

参看"权"。

Compare 权 quán.

全 quán （副词）

A 同"都"A；所总括的成分在前，指其中的每一个：

Same as 都 A (see p. 78), indicates each one of the lot. What it refers to must precede it：

1. 一切的东西都被裹在里面，辨不清哪是树，哪是地，哪是云，四面八方～乱，～响，～迷糊。(老舍《骆驼祥子》)

   Yíqiè de dōngxi dōu bèi guǒ zài lǐmiàn, biàn bu qīng nǎ shì shù, nǎ shì dì, nǎ shì yún, sìmiànbāfāng ～ luàn, ～ xiǎng, ～ míhu.

2. 朋友们～以为他死了，死在敌人的刺刀下。(杨朔《雪花飘在满洲》)

   Péngyoumen ～ yǐwéi tā sǐ le, sǐ zài dírén de cìdāo xià.

3. 一家人～笑着让我炕上坐。(孙犁《山地回忆》)

   Yìjiā rén ～ xiàozhe ràng wǒ kàng shang zuò.

4. 从山顶可以看见山西的大川，河北的平原，十几里，几十里的大小村镇～可以看清楚。(孙犁《吴召儿》)

   Cóng shāndǐng kěyǐ kànjian Shānxī de dàchuān, Héběi de píngyuán, shí jǐ lǐ, jǐ shí lǐ de dà xiǎo cūnzhèn ～ kěyǐ kànqīngchu.

5. 我喝了水，就把风衣包打开，把图画纸、笔、颜色～拿了出来。(韩统良《家》)

   Wǒ hēle shuǐ, jiù bǎ fēngyī bāo dǎkāi, bǎ túhuàzhǐ, bǐ, yánsè ～ nále chulai.

有时可以说"全都"，总括全部的作用更强；但不能说"都全"：

全 can sometimes be replaced by 全都 which is more emphatic. But one can't say 都全：

6. 老的少的都有，牛中几乎～都面熟。(沙汀《归来》)

   Lǎo de shào de dōu yǒu, Niú Zhōng jīhū ～ dōu miànshú.

7. 弟妹们不怕爸爸妈妈，～都怕着大姐几分。(徐怀中《西线轶事》)

   Dìmèimen bú pà bàba māma, ～ dōu pàzhe dàjiě jǐ fēn.

8. 风儿刮起来了，所有的树木～都摇曳着它们的枝桠。(张洁《梦》)

   Fēngr guā qǐlai le, suǒyǒu de shùmù ～ dōu yáoyèzhe tāmen de zhīyā.

9. 他身上的汗全忽然落下去，手扶着那扇破门，他又不敢把希望～都扔弃了。(老舍《骆驼祥子》)

   Tā shēnshang de hàn quán hūrán luò xiaqu, shǒu fúzhe nàshàn pò mén, tā yòu bù gǎn bǎ xīwàng ～ dōu rēngqì le.

"不"用于"全"前或后，意思不同，如"我们不全去"意思是我们之中有人去有人不去，"我们全不去"是我们之中没有一个去：

不 can occur either before or after 全, but the meaning is different, e.g. 我们不全去 (means some of us go and others don't, and 我们全不去 means none of us go)：

10. 历史的道路，不～是坦平的，有时走到艰难险阻的境界。(李守常《艰难的国运与雄健的国民》)

    Lìshǐ de dàolù, bù ～ shì tǎnpíng de, yǒushí zǒudào jiānnánxiǎnzǔ de jìngjiè.

11. 我以为一切文艺固是宣传，而一切宣传却并非～是文艺，这正如一切花皆有色，而凡颜色未必全都是花一样。(鲁迅《文艺与革命》)

    Wǒ yǐwéi yíqiè wényì gù shì xuānchuán, ér yíqiè xuānchuán què bìng fēi ～ shì wényì, zhè zhèng rú yíqiè huā jiē yǒu sè, ér fán yánsè wèibì dōu shì huā yíyàng.

12. 这回事似乎与其他的事～不同，即使有了解决的办法，也不易随便的忘掉。(老舍《骆驼祥子》)

Zhèhuí shì sìhū yǔ qítā de shì ~ bù tóng, jíshǐ yǒule jiějué de bànfǎ, yě bú yì suíbiàn de wàngdiào.

13. 粉碎"四人帮"以后,小陶和妈妈到原先住过的院子里去看,住户们~都不认识。(徐怀中《西线轶事》)

Fěnsuì "Sì rén bāng" yǐhòu, Xiǎotáo hé māma dào yuánxiān zhùguo de yuànzi li qu kàn, zhùhùmen ~ dōu bú rènshi.

B 表示动作、状态达到很高的程度,有"完全"的意思,可受否定词修饰:

Indicates that an action or state of affairs has reached a very high degree. In such a case, 全 means "entirely, completely" and can be modified by a negative word:

1. 风~住了,路上还很静。(鲁迅《一件小事》)

Fēng ~ zhù le, lù shang hái hěn jìng.

2. 天色已经~黑了,我老二坐在那里拼命地吸烟,烟头上的火光一闪一闪。(马烽《太阳刚刚出来》)

Tiānsè yǐjīng ~ hēi le, wǒ lǎo·èr zuò zài nàli pīn mìng de xī yān, yān tóur shang de huǒguāng yì shǎn yì shǎn.

3. 科学成就是不能世袭的,~凭自己的努力。(报)

Kēxué chéngjiù shì bù néng shìxí de, ~ píng zìjǐ de nǔlì.

4. 雨过天青的花瓶里,插几枝尚未~开的腊梅。(叶圣陶《倪焕之》)

Yǔ guò tiān qīng de huāpíng li, chā jǐ zhī shàng wèi ~ kāi de làméi.

5. 今天~没月光,我知道不妙。(鲁迅《狂人日记》)

Jīntiān ~ méi yuèguāng, wǒ zhīdao bú miào.

6. 雨还没~停,不过已经小多了。

Yǔ hái méi ~ tíng, búguò yǐjīng xiǎo duō le.

这种"全"只修饰极少数否定形式:

Such a 全 can modify only a few negative forms:

7. 我所记得的故乡~不如此。(鲁迅《故乡》)

Wǒ suǒ jìdé de gùxiāng ~ bù rúcǐ.

8. 他不想问问我们,三闾大夫申诉了几句,他也~不理会。(郭沫若《屈原》)

Tā bù xiǎng wènwen wǒmen, Sānlǘ dàfū shēnsù le jǐ jù, tā yě ~ bù lǐhuì.

参看"全然"。

Compare 全然 quánrán.

C 同"都"C,有"甚至"的意思,必须轻读:

Same as 都 C, (even) and must be pronounced in the neutral tone:

1. 我看见女孩子急忙脱了鞋,卷高裤腿,跑进水里去,河水搭到她的腰那里,褂子~湿了,却用两只手高高举起了药包。(孙犁《看护》)

Wǒ kànjian nǚháizi jímáng tuōle xié, juǎngāo kùtuǐr, pǎo jìn shuǐ li qu, héshuǐ dādào tā de yāo nàli, guàzi ~ shī le, què yòng liǎng zhī shǒu gāogāo jǔ qǐ le yàobāo.

2. 写钢板写得手~疼了。

Xiě gāngbǎn xiě de shǒu ~ téng le.

辨认:

Note:

1. 为了全胡同的事,大家也常常到一块儿商议。(老舍《要热爱你的胡同》)

Wèile quán hútòng de shì, dàjiā yě chángcháng dào yíkuàir shāngyì.

2. 纵使我有司马迁和班固的文才与知识,我也说不全,说不好,过去一年间的新人新事。(老舍《新社会就是一座大学校》)

Zòngshǐ wǒ yǒu Sīmǎ Qiān hé Bān Gù de wéncái yǔ zhīshi, wǒyě shuō bu quán, shuō bu hǎo, guòqù yì nián jiān de xīn rén xīn shì.

两句中的"全"为形容词。例 1 中"全"是"整个"的意思;例 2 中"全"是"齐全"的意思。

In the two examples above, 全 is an adjective. In 1, 全 means "whole"; in 2, "complete".

全然 quánrán （副词）〈书〉

同"全"B,多修饰否定的多音节短语,不受否定词修饰:

Same as 全 B (see above entry), but mostly modifies polysyllabic negative phrases; cannot be modified by any negative:

1. 他只是摇头;脸上虽然刻着许多皱纹,却～不动,仿佛石像一般。(鲁迅《故乡》)

Tā zhǐshì yáo tóu; liǎn shang suīrán kèzhe xǔduō zhòuwén, què ～ bú dòng, fǎngfú shíxiàng yìbān.

2. 但我们的国王在盛怒之下,～不想问问我们当场的人。(郭沫若《屈原》)

Dàn wǒmen de guówáng zài shèngnù zhī xià, ～ bù xiǎng wènwen wǒmen dāngchǎng de rén.

3. 成功,是不配我们受领的奖品;将来自有与我们～两样的人,让他们去受领吧!(叶圣陶《倪焕之》)

Chénggōng, shì bú pèi wǒmen shòulǐng de jiǎngpǐn; jiānglái zì yǒu yǔ wǒmen ～ liǎng yàng de rén, ràng tāmen qù shòulǐng ba!

4. 季艾水……眼睛眯细着,眼角布满了鱼尾纹。不过,他走起路来,却～没有什么老态……(焦祖尧《时间》)

Jì Àishuǐ . . . yǎnjing mīxìzhe, yǎnjiǎo bùmǎnle yúwěiwén. Búguò, tā zǒu qǐ lù lai, què ～ méi yǒu shénme lǎotài. . .

却 què （副词）

作用与连词"但是""可是"同,表示各种转折;一定不能用在句首:

But, yet, however; is inserted between the subject and the predicate of a sentence. Its function of indicating contrast is similar to that of 但是, 可是:

1. 她正要下来时,虎大叔～上山来了。(谢璞《二月兰》)

Tā zhèngyào xià lai shí, Hǔ dàshū ～ shàng shān lai le.

2. 他伸手到枕头底下去掏表,～什么也没有。(焦祖尧《时间》)

Tā shēn shǒu dào zhěntou dǐxia qù tāo biǎo, ～ shénme yě méi yǒu.

3. 雪不下了,～起了风,吹得电线呜呜叫,积雪满天飞。(陶承《我的一家》)

Xuě bú xià le, ～ qǐ le fēng, chuī de diànxiàn wūwū jiào, jīxuě mǎn tiān fēi.

4. 他叫他们静听不要响,他们～依然说笑,争骂。(叶圣陶《倪焕之》)

Tā jiào tāmen jìng tīng búyào xiǎng, tāmen ～ yīrán shuōxiào, zhēng mà.

5. 说来惭愧,我们还没脱尽稚气,～过早地做起父母来了。(陶承《我的一家》)

Shuōlái cánkuì, wǒmen hái méi tuōjìn zhìqì, ～ guò zǎo de zuò qǐ fùmǔ lai le.

6. 这种意外的情况,小季见识得少,一时不由得慌了手脚,老季～很镇定。(焦祖

尧《时间》)

Zhèzhǒng yìwài de qíngkuàng, Xiǎo Jì jiànshi de shǎo, yìshí bùyóude huāngle shǒujiǎo, Lǎo Jì ～ hěn zhèndìng.

7. 这一晚，我听着五台山顶的风声，远处杉林里的狼叫，一时睡不着，～并没有感觉不安。(孙犁《看护》)

Zhè yì wǎn, wǒ tīngzhe Wǔtáishān dǐng de fēngshēng, yuǎnchù shānlín li de láng jiào, yìshí shuì bu zháo, ～ bìng méiyou gǎnjué bù·ān.

8. 教育不是我的专业，～是我的嗜好。(叶圣陶《倪焕之》)

Jiàoyù bú shì wǒ de zhuānyè, ～ shì wǒ de shìhào.

"却"可以与"可是、但是、然而、而、不过"等表示转折的连词连用，加强了转折的语气：

却 can be used with conjunctions denoting contrast such as 可是, 但是, 然而, 而, 不过 to intensify the contrast：

9. 脸不怎么丰满，可是两只眼睛～忽悠忽悠有神，看去是那么和善、安详又机警。(王愿坚《党费》)

Liǎn bù zěnme fēngmǎn, kěshì liǎng zhī yǎnjing ～ hūyōuhūyōu yǒu shén, kàn qù shì nàme héshàn, ānxiáng yòu jījǐng.

10. 母亲已经半老，身材不高，但～结实。(沙汀《归来》)

Mǔqin yǐjing bànlǎo, shēncái bù gāo, dàn ～ jiēshi.

11. 也许这里面并没有爱情，并没有眼泪，然而它表现的～是：我们时代人的命运，自由的命运，艺术的命运。(鄂华《自由神的命运》)

Yěxǔ zhè lǐmiàn bìng méi yǒu àiqíng, bìng méi yǒu yǎnlèi, rán·ér tā biǎoxiàn de ～ shì: wǒmen shídài rén de mìngyùn, zìyóu de mìngyùn, yìshù de mìngyùn.

12. 常常是，唱的人没流泪而听的人～忍不住大哭起来。(阎树田《日出之前》)

Chángcháng shì, chàng de rén méi liú lèi ér tīng de rén ～ rěn bu zhù dà kū qilai.

13. 季艾水……眼睛眯细着，眼角布满了鱼尾纹。不过，他走起路来，～全然没有什么老态，……(焦祖尧《时间》)

Jì Àishuǐ … yǎnjing mīxìzhe, yǎnjiǎo bùmǎnle yúwěiwén. Búguò, tā zǒu qǐ lù lai, ～ quánrán méi yǒu shénme lǎotài, …

"却"也可以和"但是"等一样，与"虽然、尽管"等表示让步的连词呼应：

却, like 但是, may also be used together with conjunctions denoting concession such as 虽然, 尽管：

14. 路虽不远，我～心急得不得了。(茹志鹃《在果树园里》)

Lù suī bù yuǎn, wǒ ～ xīnjí de bùdéliǎo.

15. 尽管他在家里像对待牲畜一样地对待我们，然而～丝毫不妨碍他在议会上满口谈论着平等、自由和民主。(鄂华《自由神的命运》)

Jǐnguǎn tā zài jiā lǐ xiàng duìdài shēngchù yíyang de duìdài wǒmen, rán·ér ～ sīháo bù fáng·ài tā zài yìhuì shang mǎnkǒu tánlùnzhe píngděng, zìyóu hé mínzhǔ.

16. 历史的河流尽管曲折，～总有基本的流向。(邓初民《沧桑九十年》)

Lìshǐ de héliú jǐnguǎn qūzhé, ～ zǒng yǒu jīběn de liúxiàng.

然后　ránhòu　　(副词)

表示时间上是在后面的；可以用在句首：

Then, afterwards; may occur at the head of a sentence：

1. 尹雪艳仍旧一身素白打扮……在签名簿上一挥而就地签上了名，～款款地步到灵堂中央。(白先勇《永远的尹雪艳》)

   Yǐn Xuěyàn réngjiù yìshēn sùbái dǎban ... zǎi qiānmíngbù shang yìhuī·érjiù de qiān shang le míng, ～ kuǎnkuǎn de bùdào língtáng zhōngyāng.

2. 她也没有任何想望欲念。除了侍候妈，就知道不声不响地做酒，～不声不响去卖酒。(徐怀中《卖酒女》)

   Tā yě méi yǒu rènhé xiǎngwàng yùniàn. Chúle shìhòu mā, jiù zhīdao bùshēngbùxiǎng de zuò jiǔ, ～ bùshēngbùxiǎng qù mài jiǔ.

3. 说着就给他拿出一份牺盟会组织章程和入会志愿书，给他讲解了一下，～问他会写字不会。(赵树理《李家庄的变迁》)

   Shuōzhe jiù gěi tā ná chū yí fèn Xīménghuì zǔzhī zhāngchéng hé rùhuì zhìyuànshū, gěi tā jiǎngjiěle yíxià, ～ wèn tā huì xiě zì bú huì.

4. 你讲我们听，～我们提问题，好不好？

   Nǐ jiǎng wǒmen tīng, ～ wǒmen tí wèntí, hǎo bu hǎo?

为强调事情的先后分明，在叙述先发生的事时常有"先""首先"，后面又常有"再""才"等词前后呼应：

To stress the order of occurrences, what happens first takes 先 or 首先, and what follows takes 再 or 才 besides 然后：

5. 我们这牺盟会的组织章程，是要叫入会的人，先了解我们的主张，～每个人自愿的找上介绍人填上志愿书，才能算我们的会员。(赵树理《李家庄的变迁》)

   Wǒmen zhè Xīménghuì de zǔzhī zhāngchéng, shì yào jiào rù huì de rén, xiān liǎojiě wǒmen de zhǔzhāng, ～ měi gè rén zìyuàn de zhǎo shang jièshàorén tián shang zhìyuànshū, cái néng suàn wǒmen de huìyuán.

6. 你先把药吃了，～再去吃饭。

   Nǐ xiān bǎ yào chī le, ～ zài qù chī fàn.

为了表示几个动作必须有一定的顺序，句中可用两个或更多的"然后"：

When several actions are arranged in a given order, 然后 may be used twice or more：

7. 他只要试验个十天半月的，就一定能跑得有个样子，～去赁辆新车，说不定很快的就能拉上包车，～省吃俭用的一年二年，……他必能自己打上一辆车，……(老舍《骆驼祥子》)

   Tā zhǐyào shìyàn ge shí tiān bàn yuè de, jiù yídìng néng pǎo de yǒu ge yàngzi, ～ qù lìn liàng xīn chē, shuōbúdìng hěn kuài de jiù néng lā shang bāochē, ～ shěngchījiǎnyòng de yì nián èr nián, ... tā bì néng zìjǐ dǎ shang yí liàng chē, ...

"然后"后可有停顿，尤其是用在主语前的，例如 4、5。

然后 may be followed by a pause, especially at the beginning of a sentence, as it can be in 4 and 5.

任 rèn （副词）

"任意"的意思，只修饰"选、择、挑、作、取"等少数几个单音节动词：

Just as one likes, at will; can modify a few monosyllabic verbs such as 选、择、作、取, only：

1. 外语考试，分英、俄、日、法、德、西班牙六个语种，考生可～选一种在报名表和

准考证上注明。（报）

Wàiyǔ kǎoshì, fēn Yīng, É, Rì, Fǎ, Dé, Xībānyá liù ge yǔzhǒng, kǎoshēng kě xuǎn yì zhǒng zài bàomíngbiǎo hé zhǔnkǎozhèng shang zhùmíng.

2. 修建这座大桥，方案有二，～择其一施工。

Xiūjiàn zhèzuò dà qiáo, fāng'àn yǒu èr, ～ zé qí yī shī gōng.

3. 以上八题，～作五题，全对即满分。

Yǐshàng bā tí, ～ zuò wǔ tí, quán duì jí mǎnfēn.

4. 欲研究一国家或一都会中某一时期人民的生活，～取其生活现象中的一粒微尘而分析之，也能知道其生活全部的特质。（李大钊《新的！旧的！》）

Yù yánjiū yì guójiā huò yì dūhuì zhōng mǒu yì shíqī rénmín de shēnghuó, ～ qǔ qí shēnghuó xiànxiàng zhōng de yí lì wēichén ér fēnxī zhī, yě néng zhīdao qí shēnghuó quánbù de tèzhì.

仍 réng （副词）〈书〉

A 同"仍然"A：

Same as 仍然 A (still, yet)：

1. 婵娟～丝毫不动。（郭沫若《屈原》）

Chánjuān ～ sīháo bú dòng.

2. 小武～昏昏迷迷地喊着。（立高《永生的战士》）

Xiǎowǔ ～ hūnhūnmímí de hǎnzhe.

3. 扎西～完全沉浸在极度欣喜之中。（阎树田《日出之前》）

Zhāxī ～ wánquán chénjìn zài jídù xīnxǐ zhī zhōng.

4. 他们的视察～在继续进行中。（报）

Tāmen de shìchá ～ zài jìxù jìnxíng zhōng.

5. 尤其是舒老师，每想到乐团的远景，虽已银发苍苍，却～兴奋得像个孩子。（白榕《唢呐曲》）

Yóuqí shì Shū lǎoshī, měi xiǎngdào yuètuán de yuǎnjǐng, suī yǐ yínfà cāngcāng, què ～ xīngfèn de xiàng ge háizi.

B 同"仍然"B：

Same as 仍然 B (as before)：

1. 小王旦回西王庄去了，五婶和他们三个年轻人～回张家庄去。（赵树理《登记》）

Xiǎo Wángdàn huí Xīwángzhuāng qu le, wǔshěn hé tāmen sān ge niánqīng rén ～ huí Zhāngjiāzhuāng qu.

2. 他和教导员商议，决定他～回团留守处去休养。（立高《永生的战士》）

Tā hé jiàodǎoyuán shāngyì, juédìng tā ～ huí tuán liúshǒuchù qu xiūyáng.

3. 一到夏天，这种塑料制品～可变软。

Yí dào xiàtiān, zhèzhǒng sùliào zhìpǐn ～ kě biànruǎn.

仍旧 réngjiù （副词）

同"仍然"。

Same as 仍然.

A 同"仍然"A：

Same as 仍然 A (still, yet)：

1. 当时我只好装没听见，～干我的活。可是心里却气极了。（马烽《韩梅梅》）

Dāngshí wǒ zhǐhǎo zhuāng méi tīngjiàn，~ gàn wǒ de huór. Kěshì xīnli què qì ji le.

2. 竟有这样的事，即使说出了她的姓名，我~想不起在哪里见过她。(管桦《葛梅》)

    Jìng yǒu zhèyàng de shì，jíshǐ shuō chū le tā de xìngmíng，wǒ ~ xiǎng bu qǐ zài nǎli jiànguo tā.

3. 经过急救，梅生~不省人事。(陶承《我的一家》)

    Jīngguò jíjiù，Méishēng ~ bù xǐng rénshì.

4. 周围的目光都集中在这几个人身上，虽然劳动一天，兴致~挺浓。(师陀《前进曲》)

    Zhōuwéi de mùguāng dōu jízhōng zài zhè jǐ ge rén shēn shang，suīrán láodòng yì tiān，xìngzhì ~ tǐng nóng.

B 同"仍然"B：

    Same as 仍然 B (as before)：

1. 她想站在这里一看到秀芳从玉春家出来回自己家去，她就~返回玉春家去。(刘真《春大姐》)

    Tā xiǎng zhàn zài zhèlǐ yí kàndào Xiùfāng cóng Yùchūn jiā chū lai huí zìjǐ jiā qu，tā jiù ~ fǎnhuí Yùchūn jiā qu.

2. 你不能同书籍分手，你不能！你将来~要在学校里任事。(叶圣陶《倪焕之》)

    Nǐ bù néng tóng shūjí fēn shǒu，nǐ bù néng！Nǐ jiānglái ~ yào zài xuéxiào li rèn shì.

仍然   réngrán   (副词)

A 表示某种情况或状态继续不变：

    Still, yet; indicates that a situation or state remains unchanged：

1. 我~摇了摇头："不行！这文件太重要。"(刘真《我和小荣》)

    Wǒ ~ yáo le yáo tóu，"Bù xíng！Zhè wénjiàn tài zhòngyào."

2. 她看了艾艾一眼，艾艾~睡得那么憨(酣)。(赵树理《登记》)

    Tā kànle Ài·ai yì yǎn，Ài·ai ~ shuì de nàme hān (hān).

3. 孩子吃完豆，~不散，眼睛都望着碟子。(鲁迅《孔乙己》)

    Háizi chīwán dòu，~ bú sàn，yǎnjing dōu wàngzhe diézi.

4. 那些往事，在我的记忆里、我的梦里，~像宝珠似的，闪闪发光。(舒群《崔毅》)

    Nàxiē wǎngshì，zài wǒ de jìyì lǐ、wǒ de mèng lǐ，~ xiàng bǎozhū shìde，shǎnshǎn fā guāng.

5. 第二天夜里还是没有动静，~没有人上山。(刘克《古碉堡》)

    Dì-èr tiān yèlǐ háishì méi yǒu dòngjing，~ méi yǒu rén shàng shān.

6. 一切都准备好了，夜~那么静，好像什么事也不曾发生似的。(刘真《我和小荣》)

    Yíqiè dōu zhǔnbèihǎo le，yè ~ nàme jìng，hǎoxiàng shénme shì yě bùcéng fāshēng shìde.

7. 一年多来，集体商业、饮食服务业有很大发展，……但~很不够。(报)

    Yì nián duō lái，jítǐ shāngyè、yǐnshí fúwùyè yǒu hěn dà fāzhǎn，… dàn ~ hěn bú gòu.

B 表示恢复原状：

    As before; indicates that something resumes its original state or position：

1. 要了碗馄饨,他～坐在地上。(老舍《骆驼祥子》)
   Yàole wǎn húntun, tā ～ zuò zài dì shang.

2. 掌柜也不再问,～慢慢的算他的帐。(鲁迅《孔乙己》)
   Zhǎngguì yě bú zài wèn, ～ mànmànr de suàn tā de zhàng.

3. 以后,他不甘心,再爬起来,～又跌倒了。(林予《勐玲河边春来早》)
   Yǐhòu, tā bù gānxīn, zài pá qǐlai, ～ yòu diēdǎo le.

4. 他用完了词典,～放在书架上。
   Tā yòngwánle cídiǎn, ～ fàng zài shūjià shang.

参看"仍""仍旧""尤"。

Compare 仍 réng, 仍旧 réngjiù, 尤 yóu.

日益   rìyì   (副词)〈书〉

表示程度一天比一天(加深或提高):

Increasingly, increase day by day:

1. ……北京烤鸭店,地方确实太挤,不能满足～增长的国际旅游者和国内顾客的需要。(刊)
   … Běijīng Kǎoyādiàn, dìfang quèshí tài jǐ, bù néng mǎnzú ～ zēngzhǎng de guójì lǚyóuzhě hé guó nèi gùkè de xūyào.

2. 建国以来,随着国家建设事业的发展,我国邮政通信任务～繁重。(报)
   Jiànguó yǐlái, suízhe guójiā jiànshè shìyè de fāzhǎn, wǒ guó yóuzhèng tōngxìn rènwu ～ fánzhòng.

3. 最近又成立国画院,集福建各地名画家于其中,创作～繁荣。(刊)
   Zuìjìn yòu chénglì guóhuàyuàn, jí Fújiàn gè dì míng huàjiā yú qízhōng, chuàngzuò ～ fánróng.

4. 尽管困难重重,但他所从事的事业已～受到国内外的重视,～发展起来了。(杨沫《我闯进了陌生的科学世界》)
   Jǐnguǎn kùnna chóngchóng, dàn tā suǒ cóngshì de shìyè yǐ ～ shòudào guó nèi wài de zhòngshì, ～ fāzhǎn qǐlai le.

傻   shǎ   (副词)

表示"无意义地""一个劲儿地"或"老实而不知变通"的意思:

Meaninglessly, having a one-track mind, simple-mindedly and mechanically:

1. 祥子～笑了一下,没有听出来话里的意味。(老舍《骆驼祥子》)
   Xiángzi ～ xiàole yíxià, méiyou tīng chulai huà lǐ de yìwèi.

2. 可她连丝毫悲伤的意思也没有,还是一个劲儿地～笑,大家谁也捉摸不透。(刊)
   Kě tā lián sīháo bēishāng de yìsi yě méi yǒu, háishi yígejìnr de ～ xiào, dàjiā shuí yě zhuōmō bú tòu.

3. 家里的事他什么也不管,一天到晚只知道～吃～喝的。
   Jiā lǐ de shì tā shénme yě bù guǎn, yìtiāndàowǎn zhǐ zhīdao ～ chī ～ hē de.

4. 干工作光～干不行,必须巧干。
   Gàn gōngzuò guāng ～ gàn bù xíng, bìxū qiǎo gàn.

5. 等他们闲下来没有事了,我就～想:该低下头了吧。(孙犁《荷花淀》)
   Děng tāmen xián xialai méi yǒu shì le, wǒ jiù ～ xiǎng: gāi dī xia tóu le ba.

辨认：

Note：

1. 陈三元半点也不傻。他具有音乐家的天赋；他有满腹的锦绣。(白榕《唢呐曲》)
   Chén Sānyuán bàndiǎnr yě bù shǎ. Tā jùyǒu yīnyuèjiā de tiān fù; tā yǒu mǎn fù de jǐnxiù.

2. "大嫂可好?"我又问他。

   "还是那个傻样子。"(孙肖平《梅山渔火》)

   "Dàsǎo kě hǎo?" Wǒ yòu wèn tā.

   "Hái shì nàge shǎ yàngzi."

这是形容词作谓语、定语，表示"头脑糊涂，不明事理"的意思。

In the above examples 傻 is an adjective and functions as a predicate or attributive meaning "muddleheaded, stupid".

擅 shàn （副词）〈书〉

同"擅自"，但只修饰单音动词：

Same as 擅自 (see next entry), but only modifies monosyllabic verbs：

1. 任何行动必须服从指挥，不许～作主张。(莫伸《人民的歌手》)
   Rènhé xíngdòng bìxū fúcóng zhǐhuī, bùxǔ ～ zuò zhǔzhāng.

2. ～提物价、贪污者被降级。(报)
   ～ tí wùjià, tānwūzhě bèi jiàng jí.

3. "你～离工作岗位，算旷工!"(韩少华《勇士：历史的新时期需要你!》)
   "Nǐ ～ lí gōngzuò gǎngwèi, suàn kuàng gōng!"

擅自 shànzì （副词）

表示对不属于自己职权范围以内的事自作主张：

Indicates that one exceeds his authority and acts on his own：

1. 不论哪一级军官，～放弃阵地，就地枪决。(杜鹏程《保卫延安》)
   Búlùn nǎ yì jí jūnguān, ～ fàngqì zhèndì, jiùdì qiāngjué.

2. 目前又有一些单位～恢复生产这类食品是很不妥当的。(报)
   Mùqián yòu yǒu yìxiē dānwèi ～ huīfù shēngchǎn zhèlèi shípǐn shì hěn bù tuǒdang de.

3. 老百姓不准随意进入长白山，更不准～砍伐。(关鸿《长白山传奇》)
   Lǎobǎixìng bùzhǔn suíyì jìnrù Chángbáishān, gèng bù zhǔn ～ kǎnfá.

4. 李排长吩咐众人把马一律鞴好再上槽，多喂草料，人也收拾停当，不许～离开。
   (杨朔《月黑夜》)
   Lǐ páizhǎng fēnfu zhòngrén bǎ mǎ yílǜ bèihǎo zài shàngcáo, duō wèi cǎoliào, rén yě shōushi tíngdang, bù xǔ ～ líkāi.

参看"擅"。

Compare 擅 shàn.

尚 shàng （副词）〈书〉

相当于"还"：

Similar to 还 (see p. 123)：

A 表示动作或现象继续保持不变；可以修饰否定形式：

Indicates that an action or phenomenon remains unchanged, can modify negative forms：

1. 中国～少新式的资本主义的农业。(毛泽东《中国社会各阶级的分析》)
   Zhōngguó ～ shǎo xīnshì de zīběnzhǔyì de nóngyè.

2. 清晨的橘园,暮春,～有若干残橘,剩在枝头。(郭沫若《屈原》)
   Qīngchén de júyuán, mùchūn, ～ yǒu ruògān cán jú, shèng zài zhītóu.

3. 唐老汉决心只要一息～存,就继续为四化建设作贡献。(报)
   Táng lǎohàn juéxīn zhǐ yào yìxī ～ cún, jiù jìxù wèi sìhuà jiànshè zuò gòngxiàn.

4. 亡羊补牢,～未为晚。(郭沫若《悼一多》)
   Wángyáng bǔláo, ～ wèi wéi wǎn.

B 表示有所补充:

In addition, as well:

1. ……其原因,也不完全是个人的,～有一,红军物质生活过差;二,长期斗争,感觉疲劳;三,……(毛泽东《关于纠正党内的错误思想》)
   ... Qí yuányīn, yě bù wánquán shì gèrén de, ～ yǒu yī, Hóngjūn wùzhì shēnghuó guò chà; Èr, chángqī dòuzhēng, gǎnjué píláo; Sān, ...

2. 福州的名胜古迹现在还存在的,～有汉闽越王庙。(刊)
   Fúzhōu de míngshèng gǔjì xiànzài hái cúnzài de, ～ yǒu Hàn Mǐn Yuèwáng miào.

C 表示程度上勉强过得去,一般修饰表积极意义的形容词:

Barely passable; modifies adjectives denoting a positive quality:

1. 此地颇冷,晌午较温。其风景～佳,而下宿则大劣。(《鲁迅书信集》上)
   Cǐ dì pō lěng, shǎngwu jiào wēn. Qí fēngjǐng ～ jiā, ér xiàsù zé dà liè.

2. 同校相处～善,校内待遇不劣不优。(《鲁迅书信集》上)
   Tóng xiào xiāngchǔ ～ shàn, xiào nèi dàiyù bú liè bù yōu.

3. 别后于四日到上海,七日晨抵越中,途中～平安。(《鲁迅书信集》上)
   Bié hòu yú sì rì dào Shànghǎi, qī rì chén dǐ Yuèzhōng, túzhōng ～ píng·ān.

4. 主座亦身受微伤,精神～好。(寒光《张作霖之死》)
   Zhǔzuò yì shēn shòu wēi shāng, jīngshén ～ hǎo.

尚且　shàngqiě　(副词)〈书〉

只用在前一分句中;先提出一个突出的事例,用"尚且"说明是如此,一般事例更是如此,甚至是不言而喻的,后一分句多是反问句:

Can only be used in the first clause to introduce a particular example to mean "even ... (let alone) ...". The second clause is usually a rhetorical question:

1. 那么沉重的历史的大山～能够翻掉,新中国的现代化事业怎么不能完成?(邓初民《沧桑九十年》)
   Nàme chénzhòng de lìshǐ de dà shān ～ nénggòu fāndiào, xīn Zhōngguó de xiàndàihuà shìyè zěnme bù néng wánchéng?

2. 六、七十岁的老人～如此好学,四、五十岁的中年人有什么理由不学习呢?(报)
   Liù、qīshí suì de lǎorén ～ rúcǐ hào xué, sì、wǔshí suì de zhōngnián rén yǒu shénme lǐyóu bù xuéxí ne?

3. 平原地区～缺少教师,谁又会愿意到这里(山区)来呢?(报)
   Píngyuán dìqū ～ quēshǎo jiàoshī, shuí yòu huì yuànyì dào zhèlǐ (shānqū) lái ne?

4. "指导青年"的话,那是报馆替我登的广告,其实呢,我自己～寻不着门路,怎么

指导别人。(鲁迅《致李秉中》)

"Zhǐdǎo qīngnián" de huà, nà shì bāoguǎn tì wǒ dēng de guǎnggào, qíshí ne, wǒ zìjǐ ~ xún bu zháo tóulù, zěnme zhǐdǎo biérén.

5. ……大家表示:老师~在为教育事业操心,我们岂能袖手旁观。(陆建明《他把一生献给教育》)

... Dàjiā biǎoshì: lǎoshī ~ zài wèi jiàoyù shìyè cāo xīn, wǒmen qǐ néng xiùshǒupángguān.

稍 shāo (副词)

表示程度不深,数量不多,时间短暂,多修饰单音节动词、形容词或方位词。

A little, a bit, slightly; modifies monosyllabic verbs, adjectives or localizers, indicating a moderate degree, a fair amount, or a short period of time.

A 修饰动词、方位词,动词,或重叠,或在动词前带"一",后有"一点""一些""一下""一会儿""片刻"等:

Modifies a verb or a localizer, the verb being reduplicated or preceded by 一, or followed by 一点, 一些, 一下 or 一会儿, 片刻, etc.:

1. 哼!想曾司令得势的时候,余胖子见面也是低三下四,现在曾司令~一失势,他就装得不认人了。(史超《擒匪记》)

Hng! Xiǎng Zēng sīlìng dé shì de shíhou, Yú pàngzi jiàn miànr yě shì dīsānxiàsì, xiànzài Zēng sīlìng ~ yì shī shì, tā jiù zhuāng de bú rèn rén le.

2. 老蔡算是把匪事务长降住了,我们~停了停,他急得抓耳搔腮,惟恐我们不去。(史超《擒匪记》)

Lǎo Cài suàn shi bǎ fěi shìwùzhǎng xiángzhu le, wǒmen ~ tíng le tíng, tā jí de zhuā·ěrsāosāi, wéikǒng wǒmen bú qù.

3. 羚羊太胆小了,游人好心地想接近它,可是~有一点动静,它便急忙跳跳蹦蹦地跑远了。(周国勇《奇妙的非洲天然动物园》)

Língyáng tài dǎnxiǎo le, yóurén hǎoxīn de xiǎng jiējìn tā, kěshì ~ yǒu yìdiǎnr dòngjìng, tā biàn jímáng tiàotiao bèngbèng de pǎoyuǎn le.

4. 她恶意地笑了,可是不由她自己似的把声音~放低了些。(老舍《骆驼祥子》)

Tā èyì de xiào le, kěshì bùyóu tā zìjǐ shìde bǎ shēngyīn ~ fàngdīle xiē.

5. 这有个急诊,你们~等一下!(赵仲真《三上三下》)

Zhèr yǒu ge jízhěn, nǐmen ~ děng yíxià!

6. 快跳起来走呀! —— 不,现在走,大妈会伤心的,还是~躺一会儿,等她睡下了,再悄悄地走。(茹志鹃《关大妈》)

Kuài tiào qǐlai zǒu ya! —— bù, xiànzài zǒu, dàmā huì shāng xīn de, háishi ~ tǎng yíhuìr, děng tā shuì xia le, zài qiāoqiāo de zǒu!

7. 社稷坛明代永乐十九年(一四二一年)建成。其它的,大约在这~后一些时间。(坦怀《北京的"坛"》)

Shèjìtán Míngdài Yǒnglè shíjiǔ nián (yīsì·èryī nián) jiànchéng. Qítā de, dàyuē zài zhè ~ hòu yìxiē shíjiān.

8. 云绘楼、西苑太液池芸斋~南为宾竹室,南为蕉雨轩。(芷清《山清水趣乐陶然》)

Yúnhuìlóu, Xīyuán Tàiyèchí Yúnzhāi ~ nán wéi Bīnzhúshì, nán wéi Jiāoyǔxuān.

B 修饰形容词,形容词后可有"一下""一点""一些"等:

When 稍 modifies an adjective, the adjective may be followed by 一下, 一点 or 一些, etc.:

1. 几阵凉风过去,阳光不那么强了,一阵亮,一阵～暗,仿佛有片飞沙在上面浮动似的。(老舍《骆驼祥子》)

   Jǐ zhèn liángfēng guò qu, yángguāng bú nàme qiáng le, yízhèn liàng, yízhèn ～ àn, fǎngfú yǒu piàn fēi shā zài shàngmiàn fúdòng shìde.

2. 好一阵,才慢慢任流水漂到～浅的河滩上。(吴慧泉《春风吹拂的夜晚》)

   Hǎo yízhèn, cái mànmānr rèn liúshuǐ piāodào ～ qiǎn de hétān shang.

3. 请大家～静一下,大会主席还有话讲!

   Qǐng dàjiā ～ jìng yíxià, dàhuì zhǔxí hái yǒu huà jiǎng!

4. 他们正追到一个早埋上的雷跟前,～偏一点,没踩着。(邵子南《地雷阵》)

   Tāmen zhèng zhuīdào yí ge zǎo mái shang de léi gēnqián, ～ piān yìdiǎnr, méi cǎizháo.

5. 今年市郊西瓜种植面积比计划～多一点,其中早花西瓜的种植面积占95％。(报)

   Jīnnián shìjiāo xīguā zhòngzhí miànjī bǐ jìhuà ～ duō yìdiǎnr, qízhōng zǎohuā xīguā de zhòngzhí miànjī zhàn bǎi fēnzhī jiǔshí wǔ.

6. 也许因为黑眼珠比平常的人～大了一些,目光总显得凝重、迟缓,还有点儿淡漠。(张洁《沉重的翅膀》)

   Yěxǔ yīnwèi hēi yǎnzhū bǐ píngcháng de rén ～ dà le yìxiē, mùguāng zǒng xiǎnde níngzhòng, chíhuǎn, hái yǒudiǎnr dànmò.

C 修饰双音节形容词或双音节动词的否定式;多表示条件;不能用作句子主要谓语:

Modifies the negative form of a disyllabic adjective or verb to form a phrase which usually indicates a condition; cannot function as the main predicate of the sentence:

1. ～不遂意,就消极起来,不做工作。(毛泽东《关于纠正党内的错误思想》)

   ～ bú suìyì, jiù xiāojí qilai, bú zuò gōngzuò.

2. 从这个高度跳下来,～不小心,或是～不凑巧,他自己就得被推进急诊室。(陈祖芬《美》)

   Cóng zhège gāodù tiào xialai, ～ bù xiǎoxīn, huòshì ～ bú còuqiǎo, tā zìjǐ jiù děi bèi tuī jìn jízhěnshì.

3. 有的地方只依稀可辨,～不留意便会走到岔道上去。(关鸿《长白山传奇》)

   Yǒude dìfang zhǐ yīxī kě biàn, ～ bù liúyì biàn huì zǒudào chàdào shang qu.

在"不"前可以加"一",意思不变:

一 may be used before 不 without affecting the meaning:

4. 如果我～一不慎重,动手机会没瞅准,吃亏的反而是我俩。(史超《擒匪记》)

   Rúguǒ wǒ ～ yī bú shènzhòng, dòng shǒu jīhuì méi chǒuzhǔn, chī kuī de fǎn'ér shì wǒ liǎ.

5. 我这个孩子真是难养呢,左脚不方便,身体又衰弱,～一不注意便要生出毛病。(郭沫若《屈原》)

   Wǒ zhège háizi zhēn shì nán yǎng ne, zuǒ jiǎo bù fāngbian, shēntǐ yòu shuāiruò, ～

yī bú zhùyì biàn yào shēng chu máobìng.

参看"略"A、"略略""略微""稍稍""稍微""稍许"。

Compare 略 luè A，略略 luèluè，略微 luèwēi，稍稍 shāoshāo，稍微 shāowēi，稍许 shāoxǔ。

稍稍   shāoshāo   （副词）

同"稍"；被修饰语如果是单音节的，要带上其它成份，有时可带"地"：

Same as 稍 (a little, a bit, slightly). What it modifies, if monosyllabic, must take on some other element. It is sometimes followed by 地：

1. 浓浓的两道眉毛～蹙紧，这是他惯于多想的表征。(叶圣陶《倪焕之》)
   Nóngnóng de liǎng dào méimao ～ cùjǐn, zhè shì tā guànyú duō xiǎng de biǎozhēng.

2. 这才算～减轻了自己的不安。(沙汀《痛悼李季同志》)
   Zhè cái suàn ～ jiǎnqīngle zìjǐ de bù·ān.

3. 说话的是个五十开外的老汉，眉毛～下垂，背微微有点驼，……(曾毓秋《三月清明》)
   Shuō huà de shì ge wǔshí kāiwài de lǎohàn, méimao ～ xiàchuí, bèi wēiwēi yǒudiǎnr tuó, ...

4. 小武爬上了河岸，坐下来～喘一口气。(立高《永生的战士》)
   Xiǎowǔ pá shang le hé·àn, zuò xialai ～ chuǎn yì kǒu qì.

5. 她……～地低下了头。(王西彦《朴玉丽》)
   Tā ... ～ de dī xià le tóu.

6. 我～在楼下浏览了一会儿，便踏着木板楼梯上楼去。(卢新华《表叔》)
   Wǒ ～ zài lóu xià liúlǎnle yíhuìr, biàn tàzhe mùbǎn lóutī shàng lóu qu.

7. 可碰不得呀，～碰一下就痛得要命！(师田手《活跃在前列》)
   Kě pèng bu de ya, ～ pèng yíxià jiù tòng de yàomìng!

8. 屋里漆黑无光，他摸到破烂的地铺上，放倒疲乏已极的身躯，心情才～平静。(阎树田《日出之前》)
   Wū li qīhēi wú guāng, tā mōdào pòlàn de dìpù shang, fàngdǎo pífá yǐ jí de shēnqū, xīnqíng cái ～ píngjìng.

9. 黄昏时分，最后回家的朴玉丽，脸色显得有些苍白，眼睛也变成～浑浊了。(王西彦《朴玉丽》)
   Huánghūn shífēn, zuìhòu huí jiā de Piáo Yùlì, liǎnsè xiǎnde yǒuxiē cāngbái, yǎnjing yě biànchéng ～ húnzhuó le.

形容词或动词前可加"有些"或"有点"：

The adjective or verb may be preceded by 有些 or 有点：

10. 她的头发也～有些蓬乱，依然是一条辫子垂在胸前。(王西彦《朴玉丽》)
    Tā de tóufa yě ～ yǒuxiē péngluàn, yīrán shì yì tiáo biànzi chuí zài xiōng qián.

11. 树上长着的杏子，现在还不熟，吃起来刚～有点甜。
    Shù shang zhǎngzhe de xìngzi, xiànzài hái bù shú, chī qilai gāng ～ yǒudiǎnr tián.

稍微   shāowēi   （副词）

同"稍"，但更口语化：

Same as 稍 (slightly, a bit, a little) but more colloquial：

1. 有时候他～勒住马缰，扭转身子往后看。(杜鹏程《保卫延安》)

Yǒu shíhou tā ～ lēizhù mǎjiāng, niúzhuàn shēnzi wǎng hòu kàn.

2. 我决定再～等一等。(鄂华《自由神的命运》)

Wǒ juédìng zài ～ děng yi děng.

3. 那时我们夜晚关着灯在冰雪泥泞的道路上摸着黑，在最难走的地方～亮一下灯。(刘白羽《扬着灰尘的路上》)

Nà shí wǒmen yèwǎn guānzhe dēng zài bīngxuě nínìng de dàolù shang mōzhe hēi, zài zuì nán zǒu de dìfang ～ liàng yíxià dēng.

4. 我刚通报了我的姓名和职务，就见她～往前弯下一点腰，两眼直望着我，……(管桦《葛梅》)

Wǒ gāng tōngbàole wǒ de xìngmíng hé zhíwù, jiù jiàn tā ～ wǎng qián wān xia yìdiǎnr yāo, liǎng yǎn zhí wàngzhe wǒ, ...

5. 山下的粮食都挨家查算了；～富裕点儿的，都被白鬼抢走了。(王愿坚《粮食的故事》)

Shān xià de liángshi dōu āi jiā chásuàn le; ～ fùyù diǎnr de, dōu bèi báiguǐ qiǎngzǒu le.

6. 祥子～痛快了些。(老舍《骆驼祥子》)

Xiángzi ～ tòngkuai le xiē.

7. 好了，好了，你自己到外边折腾去，让我在这儿～轻闲一会儿吧!

Hǎo le, hǎo le, nǐ zìjǐ dào wàibianr zhēteng qu, ràng wǒ zài zhèr ～ qīngxián yíhuì ba!

"稍微"也可写作"稍为"：

稍微 can be replaced by 稍为:

8. 怎么样？去稍为看一点儿——只看那么一点点儿，可以不可以？(张天翼《罗文应的故事》)

Zěnmeyàng? Qù shāowéi kàn yìdiǎnr —— zhǐ kàn nàme yídiǎndiǎnr, kěyǐ bù kěyǐ?

稍许 shāoxǔ （副词）

同"稍"，但用得较少：

Same as 稍 (a little, a bit, slightly), but not frequently used:

1. 不过，你只消在水磨石地面上～站上一两分钟，侧耳谛听，某一间屋子里轻轻的嘻嘻声、突然爆发起的哈哈声，就会从红漆门的门缝中透出来。(周永年《转移》)

Búguò, nǐ zhǐ xiāo zài shuǐmóshí dìmiàn shang ～ zhàn shang yì liǎng fēnzhōng, cè ěr dìtīng, mǒu yì jiān wūzi li qīngqīng de xīxī shēng, tūrán bàofā qǐ de hāhā shēng, jiù huì cóng hóng qī mén de ménfèng zhōng tòu chulai.

2. "领导"……悠然地吐出一口浓烟，那显得～温和些了的话语也就裹在这团团烟雾里散了出来。(卢新华《表叔》)

"Lǐngdǎo" ... yōurán de tǔ chū yì kǒu nóng yān, nà xiǎnde ～ wēnhé xiē le de huàyǔ yě jiù guǒ zài zhè tuántuán yānwù li sànle chulai.

深 shēn （副词）

表示程度高，有"很""十分"的意思，只修饰单音节的表心理活动的动词：

Very, greatly; indicates a high degree. It only modifies monosyllabic verbs representing mental activities:

1. 他～信:跟副指导员在一起,胜利一定会像往常一样地来到的。(林予《勐玲河边春来早》)

   Tā ～ xìn: gēn fùzhǐdǎoyuán zài yìqǐ, shènglì yídìng huì xiàng wǎngcháng yíyàng de láidào de.

2. ……布衫留在赵家,但倘若去取,又～怕秀才的竹杠。(鲁迅《呐喊》)

   ... Bùshān liú zài Zhào jiā, dàn tǎngruò qù qǔ, yòu ～ pà xiùcai de zhúgàng.

3. 钱三强～有所感地说:"总之,从我自己的切身经历和我老师的经历来看,靠父母是不行的,要学会自己走路。"(报)

   Qián Sānqiáng ～ yǒu suǒ gǎn de shuō:"Zǒngzhī, cóng wǒ zìjǐ de qièshēn jīnglì hé wǒ lǎoshī de jīnglì láikàn, kào fùmǔ shì bùxíng de, yào xuéhuì zìjǐ zǒu lù."

4. 这深情厚谊的盛情款待,使我们都～受感动。(刊)

   Zhè shēnqínghòuyì de shèngqíng kuǎndài, shǐ wǒmen dōu ～ shòu gǎndòng.

5. 所以非～知药性,会解救,而且家里的人多～知药性不可。(鲁迅《魏晋风度及文章与药及酒之关系》)

   Suǒyǐ fēi ～ zhī yàoxìng, huì jiějiù, érqiě jiā li de rén duō ～ zhī yàoxìng bùkě.

"深深"多修饰双音节动词;可以带"地":

深深 generally modifies disyllabic verbs and can be followed by 地:

6. 余静想不到解放后还有这样的人,～～感到自己的经验太少。(周而复《上海的早晨》)

   Yú Jìng xiǎng bu dào jiěfàng hòu hái yǒu zhèyàng de rén, ～～ gǎndào zìjǐ de jīngyàn tài shǎo.

7. 他～～热爱这边疆的景色,张望着波涛一样的山峦,引起了许多想象。(王公浦《绿色的底层》)

   Tā ～～ rè'ài zhè biānjiāng de jǐngsè, zhāngwàngzhe bōtāo yíyàng de shānluán, yǐnqǐle xǔduō xiǎngxiàng.

8. 我～～地怀念着我们社会主义祖国的一切。(报)

   Wǒ ～～ de huáiniànzhe wǒmen shèhuìzhǔyì zǔguó de yíqiè.

辨认:

Note:

1. 这老人原就深陷的眼睛,陷得更深了些。(王西彦《朴玉丽》)

   Zhè lǎorén yuán jiù shēn xiàn de yǎnjing, xiàn de gèng shēn le xiē.

2. 他颇悔自己睡着,但也深怪他们不来招呼他。(鲁迅《呐喊》)

   Tā pō huǐ zìjǐ shuìzháo, dàn yě shēn guài tāmen bù lái zhāohu tā.

3. 佑甫说着,取一支烟卷点上,深深吸了一口。(叶圣陶《倪焕之》)

   Yòufǔ shuōzhe, qǔ yì zhī yānjuǎnr diǎn shang, shēnshēn xīle yì kǒu.

4. 深秋,初霜为伴,我眼下已是万山红遍的醉人景色。(刊)

   Shēnqiū, chū shuāng wéi bàn, wǒ yǎnxià yǐ shì wànshānhóngbiàn de zuìrén jǐngsè.

例1、3、4中"深"为形容词,例2中"深"为副词。

In examples 1, 3 & 4 深 is an adjective, and in example 2 深 is an adverb.

甚 shèn (副词)〈书〉

表示程度相当深,有"很"的意思,修饰形容词、描写性短语、某些动词和助动词:

Very; indicates a very high degree. It modifies adjectives, descriptive phrases, certain verbs or auxiliary verbs：

1. 各室均有灯，光～昏暗，室外雷电交加,时有大风咆哮。(郭沫若《屈原》)

   Gè shì jūn yǒu dēng, guāng ～ hūn·àn, shì wài léi diàn jiāojiā, shí yǒu dà fēng páoxiāo.

2. 当天晚上,毛主席宴请孙夫人,又是一次盛会。他们畅谈～欢。(廖梦醒《恩情》)

   Dàngtiān wǎnshang, Máo zhǔxí yànqǐng Sūn fūren, yòu shì yí cì shènghuì. Tāmen chàngtán ～ huān.

3. 此人说话～喜夸张。

   Cǐ rén shuō huà ～ xǐ kuāzhāng.

4. 关于我的小说,如能如来信所说,作一文,我～愿意而且希望。(鲁迅《致韦素园》)

   Guānyú wǒ de xiǎoshuō, rú néng rú láixìn suǒ shuō, zuò yì wén, wǒ ～ yuànyi érqiě xīwàng.

可以修饰表示不愉快性质的否定形式：

Can modify a negative expression of an unpleasant nature：

5. 对现实情况～不了解。

   Duì xiànshí qíngkuàng ～ bù liǎojiě.

6. 如～无把握,万不可贸然从事。

   Rú ～ wú bǎwò, wàn bù kě màorán cóngshì.

7. 能做到如此地步,～不容易。

   Néng zuòdào rúcǐ dìbù, ～ bù róngyì.

"甚"可受否定副词"不"修饰,"不甚"和"不很"差不多;间或受"没"修饰：

甚 can be modified by the negative adverb 不, and occasionally by 没. 不甚 is almost equivalent to 不很：

8. 平时皮肤底层的血色竟不～显著。(叶圣陶《倪焕之》)

   Píngshí pífū dǐcéng de xuèsè jìng bú ～ xiǎnzhù.

9. 桌上有几个还不～熟的白梨,皮儿还发青。(老舍《骆驼祥子》)

   Zhuō shang yǒu jǐ ge hái bú ～ shú de báilí, pír hái fā qīng.

10. ……一个十分瘦弱的女人,举止端重,衣服不～华丽。(曹禺《日出》)

    … Yí ge shífēn shòuruò de nǚrén, jǔzhǐ duānzhòng, yīfu bú ～ huálì.

11. 祥子晕头打脑的没～听明白,可是有些害怕。(老舍《骆驼祥子》)

    Xiángzi yūntóudǎnǎo de méi ～ tīngmíngbai, kěshì yǒuxiē hàipà.

辨认：

Note：

1. 我受了三次窘,心里的不安更甚了。(朱自清《桨声灯影里的秦淮河》)

   Wǒ shòule sān cì jiǒng, xīnli de bù·ān gèng shèn le.

2. 不要欺人太甚。

   Búyào qī rén tài shèn.

3. 天似乎已晴,可是灰滤滤的看不甚清,连雪上也有一层很淡的灰影似的。(老舍《骆驼祥子》)

   Tiān sìhū yǐ qíng, kěshì huīlùlù de kàn bú shèn qīng, lián xuě shang yě yǒu yì céng hěn dàn de huīyǐng shìde.

4. 乡里人的地方观念是很严重的,别的省份是怎样我不甚知道。(郭沫若《少年时代》)

Xiānglǐrén de dìfāng guānniàn shì hěn yánzhòng de, biéde shěngfèn shì zěnyàng wǒ bú shèn zhīdao.

例 1、2 中" 甚 "为形容词;例 3、4 为副词。

In examples 1 & 2, 甚 is an adjective; but in examples 3 & 4 it is an adverb:

甚至 shènzhì (副词)

引出一种极端性质的例证说明某情况达到很高程度:

Even, *(go) so far as to*; introduces an example of an extreme nature to show that some state has reached a very high degree:

1. 一会儿,我们就很熟,小建不再腼腆了,小生~爬到我的腿上坐着。(卢新华《表叔》)

Yíhuìr, wǒmen jiù hěn shú, Xiǎojiàn bú zài miǎntiǎn le, Xiǎoshēng ~ pádào wǒ de tuǐ shang zuòzhe.

2. 当时她半句感谢的话都没有说,对人家~还有点儿说不出来的讨厌。(康濯《春种秋收》)

Dāngshí tā bàn jù gǎnxiè de huà dōu méiyou shuō, duì rénjia ~ hái yǒudiǎnr shuō bu chūlái de tǎoyàn.

3. 他不是大学生,~从没跨进过中学的大门,读完小学以后,就进厂当了工人。(郝赫《明亮的眼睛》)

Tā bú shì dàxuéshēng, ~ cóng méi kuà jìn guo zhōngxué de dàmén, dúwán xiǎoxué yǐhòu, jiù jìn chǎng dāngle gōngrén.

4. 有的说这是受伤害的一代,有的~说这是垮掉的一代。(报)

Yǒude shuō zhè shì shòu shānghài de yídài, yǒude ~ shuō zhè shì kuǎdiào de yídài.

5. 劳动节、国庆节、重阳节之类的节日,~每日接待三千之众。(刊)

Láodòngjié, Guóqìngjié, Chóngyángjié zhī lèi de jièrì, ~ měirì jiēdài sānqiān zhī zhòng.

有时也说"甚至于""甚而""甚而至于",意思基本相同:

Sometimes 甚至 is replaced by 甚至于, 甚而, or 甚而至于, without changing the meaning:

6. 是呀。我,也曾经失望过,懊恼到极点的时候甚至于想自杀。(叶圣陶《倪焕之》)

Shì ya. Wǒ, yě céngjīng shīwàngguo, àonǎodào jídiǎn de shíhou shènzhìyú xiǎng zìshā.

7. 而且他对于我,渐渐的又几乎变成一种威压,甚而至于要榨出皮袍下面藏着的"小"来。(鲁迅《一件小事》)

Érqiě tā duìyú wǒ, jiànjiàn de yòu jīhū biànchéng yì zhǒng wēiyā, shèn érzhìyú yào zhà chū pípáo xiàmiàn cángzhe de "xiǎo" lai.

生 shēng (副词)

A 表示程度深,相当于"很""非常",修饰少数表示不愉快的感情、感觉的词:

Very, *very much*; modifies a few words denoting unpleasant feelings, mental or physi-

— 269 —

cal：

1. 他们手捋着电话线往前跑，手心摩擦得火辣辣的，出了血泡，～疼～疼。(徐怀中《西线轶事》)

   Tāmen shǒu lǚzhe diànhuà xiàn wǎng qián pǎo, shǒuxīn mócā de huǒlālā de, chūle xuèpào, ～ téng ～ téng.

2. 他双手撑住地，胸脯略微抬起，脸绷得～紧，眼盯着前方。(杜鹏程《保卫延安》)

   Tā shuāng shǒu chēngzhù dì, xiōngpú lüèwēi tái qǐ, liǎn běng de ～ jǐn, yǎn dīngzhe qiánfāng.

B 表示"勉强地""不顾实际地""违反常情地"的意思，可重叠为"生生"：

Forced, regardless of the actual situation, against common practice; can be reduplicated into 生生：

1. 这里没有那种～编硬造的"概念化身"，没有那种不需要发展和成长，一生出来就什么都懂、什么都行的小神仙，……(严文井《〈儿童短篇小说选〉序言》)

   Zhèlǐ méi yǒu nàzhǒng ～ biān yìng zào de "gàiniàn huàshēn", méi yǒu nàzhǒng bù xūyào fāzhǎn hé chéngzhǎng, yì shēng chulai jiù shénme dōu dǒng, shénme dōu xíng de xiǎo shénxian, ...

2. 一只胳臂搂着烟筒，身子在空中吊着，～用钢锯把烟筒帽儿拉下来。(魏巍《老烟筒》)

   Yì zhī gēbei lǒuzhe yāntong, shēnzi zài kōngzhōng diàozhe, ～ yòng gāngjù bǎ yāntong màor lá xialai.

3. 黑灯下火的教我和太太瞎抓，少爷已经睡得香香的，～又从热被窝里往外抱。(老舍《骆驼祥子》)

   Hēidēngxiàhuǒ de jiào wǒ hé tàitai xiā zhuā, shàoye yǐjīng shuì de xiāngxiāng de, ～ yòu cóng rè bèiwō li wǎng wài bào.

4. 遇上风，他们一步也不能抬，而～～的要拽着车走。(老舍《骆驼祥子》)

   Yù shang fēng, tāmen yí bù yě bù néng tái, ér ～ ～ de yào zhuàizhe chē zǒu.

十分 shífēn （副词）

有"非常"的意思，表示程度相当高，可修饰形容词、某些动词、助动词、某些短语：

Very, extremely; indicates quite a high degree, and can modify adjectives, certain verbs, auxiliary verbs or certain phrases:

1. 拉车的方法，以他干过的那些推、拉、扛、挑的经验来领会，也不算～难。(老舍《骆驼祥子》)

   Lā chē de fāngfǎ, yǐ tā gànguo de nàxiē tuī, lā, káng, tiāo de jīngyàn lái lǐnghuì, yě bú suàn ～ nán.

2. 旅客们～嘈杂，但这不能够淹没一个婴儿的啼哭声。(杨朔《潼关之夜》)

   Lǚkèmen ～ cáozá, dàn zhè bù nénggòu yānmò yí ge yīng'ér de tíkū shēng.

3. 这可见他的父亲～爱他，怕他死去，……(鲁迅《故乡》)

   Zhè kějiàn tā de fùqin ～ ài tā, pà tā sǐ qù, ...

4. 没有风，但寒气～刺人，露在毛皮帽子外边的脸和鼻子，简直有点发疼。(艾芜《夜归》)

   Méi yǒu fēng, dàn hán qì ～ cì rén, lòu zài máopí màozi wàibianr de liǎn hé bízi, jiǎnzhí yǒudiǎnr fā téng.

5. 已经剃了头,已经换上新衣新鞋,他以为这就~对得起自己了。(老舍《骆驼祥子》)

   Yǐjīng tìle tóu, yǐjīng huàn shang xīn yī xīn xié, tā yǐwéi zhè jiù ~ duì de qǐ zìjǐ le.

6. 小张不但~会讲,~能干,而且~愿意帮助人。

   Xiǎozhāng búdàn ~ huì jiǎng, ~néng gàn, érqiě ~ yuànyi bāngzhù rén.

7. 所有这些都是~令人鼓舞的。(报)

   Suǒyǒu zhèxiē dōu shì ~ lìng rén gǔwǔ de.

可以修饰表示不愉快性质的否定形式:

Can modify a negative form of an undesirable nature:

8. 学好任何一种语言,都是一件~不容易的事。

   Xuéhǎo rènhé yì zhǒng yǔyán, dōu shì yí jiàn ~ bù róngyì de shì.

9. 这人……,看上去好像心里~不如意。(柯岗《他们还没死》)

   Zhè rén ..., kàn shangqu hǎoxiàng xīnli ~ bù rúyì.

10. 不到~没办法的时候,他是不会求人的。

    Bú dào ~ méi bànfǎ de shíhou, tā shì bú huì qiú rén de.

"不十分"表示程度不很高,相当于"不很":

不十分 (not very), indicates a lower degree, analogous to 不很:

11. 挂过彩的、不~方便的手编出精细的竹篮。(季康《老米涛和她的儿子们》)

    Guàguo cǎi de, bù ~ fāngbiàn de shǒu biān chū jīngxì de zhúlán.

12. 该在后的先办了,一定是遗漏了该在先的,这就不~妥当。(叶圣陶《倪焕之》)

    Gāi zài hòu de xiān bàn le, yídìng shì yílòule gāi zài xiān de, zhè jiù bù ~ tuǒdàng.

13. 看来他们的心情也和广场上的群众一样,并不~宁静。(鄂华《自由神的命运》)

    Kànlái tāmen de xīnqíng yě hé guǎngchǎng shang de qúnzhòng yíyàng, bìng bù ~ níngjìng.

14. 他知道这还不~像拉骆驼的,可是至少也不完全像个逃兵了。(老舍《骆驼祥子》)

    Tā zhīdao zhè hái bù ~ xiàng lā luòtuo de, kěshì zhìshǎo yě bù wánquán xiàng ge táobīng le.

15. 不,我也不~知道。(郭沫若《屈原》)

    Bù, wǒ yě bù ~ zhīdao.

注意:下面例句中"没"所否定的不是"十分"而是"十分足壮起来":

Note: In the following sentence, 没 does not negate 十分 but the whole phrase 十分足壮起来:

16. 自从病后,你就没~足壮起来。(老舍《骆驼祥子》)

    Zìcóng bìng hòu, nǐ jiù méi ~ zúzhuàng qilai.

辨认:

Note:

1. 十分的指标,加上十二分的措施,任务才有超额完成的把握。

   Shí fēn de zhǐbiāo, jiā shang shí·èr fēn de cuòshī, rènwu cái yǒu chāo·é wánchéng de bǎwò.

2. 我们需要的干劲不是八分,也不是九分,而是十分。

   Wǒmen xūyào de gànjìnr bú shì bā fēn, yě bú shì jiǔ fēn, ér shì shí fēn.

3. 已有十分醉意的陆判官随口应道:"什么事?"(刊)
   Yǐ yǒu shífēn zuìyì de Lù pànguān suíkǒu yìng dào:"Shénme shì?"

4. 这将是一件十分令人喜悦的事。(严文井《儿童短篇小说选序言》)
   Zhè jiāng shì yí jiàn shífēn lìng rén xǐyuè de shì.

5. 可是,你这把握并不十分可靠。(郭沫若《屈原》)
   Kěshì, nǐ zhè bǎwò bìng bù shífēn kěkào.

6. 祥子不十分佩服老程,老程跑得很快,可是慌里慌张。(老舍《骆驼祥子》)
   Xiángzi bù shífēn pèifu Lǎochéng, Lǎochéng pǎo de hěn kuài, kěshì huānglihuāngzhāng.

例 1、2、3 的"十分"是数词加量词,作定语、谓语;例 4、5、6 的"十分"是副词。

In examples 1, 2 & 3, 十分 is a phrase made up by a numeral plus a measure word and functions as an attributive and predicate; in examples 4, 5 & 6, 十分 is an adverb.

时 shí （副词）〈书〉

只修饰单音节动词:

Only modifies monosyllabic verbs:

A 同"时时"A:

Same as 时时 A (often, constantly):

因其家庭负担之重,工资和生活费用之不相称,～有贫困的压迫和失业的恐慌,和贫农亦大致相同。(毛泽东《中国社会各阶级的分析》)
Yīn qí jiātíng fùdān zhī zhòng, gōngzī hé shēnghuó fèiyòng zhī bù xiāngchèn, ～ yǒu pínkùn de yāpò hé shīyè de kǒnghuāng, hé pínnóng yì dàzhì xiāngtóng.

B 同"时时"B:

Same as 时时 B (often, from time to time, every now and then):

以两手紧捧其头,～抓散发。(郭沫若《屈原》)
Yǐ liǎng shǒu jǐn pěng qí tóu, ～ zhuā sǎn fà.

时常 shícháng （副词）

表示行为、动作屡次发生或情况多次出现:

Often, constantly; indicates that an action or movement happens repeatedly or that a situation arises time and again:

1. 他身材很高大;青白脸色,皱纹间～夹些伤痕。(鲁迅《孔乙己》)
   Tā shēncái hěn gāodà; qīng bái liǎnsè, zhòuwén jiān ～ jiā xiē shānghén.

2. 两个女儿虽说嫁了人,大娘并没有得到依靠,还得～牵挂着。(孙犁《正月》)
   Liǎng ge nǚ·ér suīshuō jiàle rén, dàniáng bìng méiyou dédào yīkào, hái děi ～ qiānguàzhe.

3. 这样善良的农民在北方的旅途上～可以遇见。(杨朔《征尘》)
   Zhèyàng shànliáng de nóngmín zài běifāng de lǚtú shang ～ kěyǐ yùjian.

4. 水缸里的水～满满的。(季康《老米涛和她的儿子们》)
   Shuǐgāng li de shuǐ ～ mǎnmǎn de.

5. 多年的老树,看起来又高又粗,实际上～是空的。
   Duō nián de lǎo shù, kànqilai yòu gāo yòu cū, shíjìshang ～ shì kōng de.

6. 这些人～为一块钱急得红着眼转磨。(老舍《骆驼祥子》)
   Zhèxiē rén ～ wèi yí kuài qián jí de hóngzhe yǎn zhuàn mò.

时而   shí·ér   （副词）〈书〉

同"时时"A、B：

Same as 时时 A & B (often, every now and then)：

1. 闪电，～用它那耀眼的蓝光，划破了黑沉沉的夜空，照出了在暴风雨中狂乱地摇摆着的田禾。（峻青《黎明的河边》）

 Shǎndiàn, ～ yòng tā nà yàoyǎn de lán guāng, huápòle hēichénchén de yèkōng, zhào chū le zài bàofēngyǔ zhōng kuángluàn de yáobǎizhe de tiánhé.

2. 公路两侧，密林苍郁，奇花异草，芳香扑鼻，蝴蝶～撞击着我们的脸，别有情趣。（刊）

 Gōnglù liǎng cè, mìlín cāngyù, qíhuāyìcǎo, fāngxiāng pū bí, húdié ～ zhuàngjīzhe wǒmen de liǎn, bié yǒu qíngqù.

3. 孩子们、青年们，～三三两两的跑进跑出，……（曾克《信》）

 Háizimen, qīngniánmen, ～ sānsānliǎngliǎng de pǎo jìn pǎo chū,...

4. 他其实只会做几首谈情说爱的山歌，～说些哗众取宠的大话罢了，并没有什么大本领。（郭沫若《屈原》）

 Tā qíshí zhǐ huì zuò jǐ shǒu tán qíng shuō ài de shāngē, ～ shuō xiē huázhòngqǔchǒng de dàhuà bàle, bìng méiyou shénme dà běnlíng.

时时   shíshí   （副词）

多修饰双音节动词：

Usually modifies disyllabic verbs：

A 表示事情重复发生，相隔时间不久；相当于"常常""时常"：

 Often，constantly；similar to 常常，时常：

1. 为这点事，他自己放不下心；对别人，甚至是对曹先生，～发愣，所答非所问。（老舍《骆驼祥子》）

 Wèi zhè diǎnr shì, tā zìjǐ fàng bu xià xīn; duì biérén, shènzhì shì duì Cáo xiānsheng, ～ fā lèng, suǒ dá fēi suǒ wèn.

2. 我们需要～了解社会情况，～进行实际调查。（毛泽东《反对本本主义》）

 Wǒmen xūyào ～ liǎojiě shèhuì qíngkuàng, ～ jìnxíng shíjì diàochá.

3. 于山还有大士殿、九仙观，今俱辟为展览馆、陈列馆，～展览名花，陈列名画，以供游人欣赏与观摩。（刊）

 Yúshān hái yǒu Dàshìdiàn, Jiǔxiānguàn, jīn jù pìwéi zhǎnlǎnguǎn, chénlièguǎn, ～ zhǎnlǎn mínghuā, chénliè mínghuà, yǐ gōng yóurén xīnshǎng yǔ guānmó.

4. 天天替女儿着急，～埋怨女儿脾皮太高。（康濯《春种秋收》）

 Tiāntiān tì nǚ·ér zháo jí, ～ mányuàn nǚ·ér yǎnpí tài gāo.

B 在目前短时间内不规律地重复：

 (Within a short span of time) from time to time, every now and then：

1. 街上非常的清静，天上有些灰云遮住了月，地上～有些小风，吹动着残枝枯叶。（老舍《骆驼祥子》）

 Jiēshang fēicháng de qīngjìng, tiān shang yǒu xiē huī yún zhēzhule yuè, dì shang ～ yǒu xiē xiǎo fēng, chuīdòngzhe cán zhī kū yè.

2. 要不是～有鸟声传送过来，简直使人不知置身在何处？（刊）

 Yàobùshì ～ yǒu niǎo shēng chuánsòng guolai, jiǎnzhí shǐ rén bù zhī zhìshēn zài héchù?

3. 虽然小粒的沙石～震动我的牙齿，我不曾埋怨堂倌一句。(杨朔《潼关之夜》)

Suīrán xiǎo lì de shāshí ～zhèndòng wǒ de yáchǐ, wǒ bùcéng mányuàn tángguān yí jù.

参看"时"。

Compare 时 shí.

C 表示事情延续不断；相当于"每时每刻"：

Always, all the time:

1. 这些都～吸引着我，这就是我爱景山公园的原因。(刊)

Zhèxiē dōu ～ xīyǐnzhe wǒ, zhè jiù shì wǒ ài Jǐngshān Gōngyuán de yuányīn.

2. 啊！这不是我二十年来～记得的故乡？(鲁迅《故乡》)

À! Zhè bú shì wǒ èrshí nián lái ～ jìde de gùxiāng?

3. 及至到了后山，他只顾得爬山了，而～想到不定哪时他会一交跌到山涧里。(老舍《骆驼祥子》)

Jízhì dàole hòushān, tā zhǐ gù de pá shān le, ér ～ xiǎngdào búdìng nǎ shí tā huì yì jiāo diēdào shānjiàn li.

4. 一个社的干部～为全社着想，这当然是对的，不过……(马烽《太阳刚刚出山》)

Yí ge shè de gànbù ～ wèi quán shè zhuóxiǎng, zhè dāngrán shì duì de, búguò...

实在   shízài   (副词)

有"的确""确实"的意思，但同时表示极高程度；修饰形容词、形容词性短语、某些动词、助动词、动词性短语等：

Really, indeed, honestly; indicates an extremely high degree and modifies adjectives, adjectival phrases, certain verbs, auxiliary verbs or verbal phrases:

1. 尹青春～疲劳了，什么地方他都可以躺下一直睡三天不睁眼。(寒风《尹青春》)

Yǐn Qīngchūn ～ píláo le, shénme dìfang tā dōu kěyǐ tǎng xia yìzhí shuì sān tiān bù zhēng yǎn.

2. 他那样子装得～像。(史超《擒匪记》)

Tā nà yàngzi zhuāng de ～ xiàng.

3. 老米涛～爱解放军。(季康《老米涛和她的儿子们》)

Lǎomǐtāo ～ ài jiěfàngjūn.

4. ～对不住，余团长身体欠安，不能亲自来迎接二位，他老人家请二位屋里叙话。(史超《擒匪记》)

～ duì bu zhù, Yú tuánzhǎng shēntǐ qiàn ān, bù néng qīnzì lái yíngjiē èr wèi, tā lǎorénjia qǐng èr wèi wū li xù huà.

5. 他看了王念慈那副鬼脸，～想笑，可是怎么笑得出呢！(魏金枝《越早越好》)

Tā kànle Wáng Niàncí nàfù guǐliǎn, ～ xiǎng xiào, kěshì zěnme xiào de chū ne!

可以修饰表示不愉快性质的否定形式：

Can modify a negative form denoting an unpleasant quality:

6. 这饭～不好吃，不过我能吃下去。(马烽《结婚现场会》)

Zhè fàn ～ bù hǎochī, búguò wǒ néng chī xiaqu.

7. 小组长！我～不能走了，一点力气也没有了！(寒风《尹青春》)

Xiǎo zǔzhǎng! Wǒ ~ bù néng zǒu le, yìdiǎnr lìqi yě méiyou le!

8. 这次会议的规模~不算大，只包括这一个地区的代表。

Zhècì huìyì de guīmó ~ bú suàn dà, zhǐ bāokuò zhè yí ge dìqū de dàibiǎo.

9. 我对数学~没兴趣。

Wǒ duì shùxué ~ méi xìngqù.

"实在"后可以有其它程度副词或表示程度的补语：

实在 may be followed by other adverbs of degree or complements denoting degree：

10. 承蒙前番你给我换心理肠，对我的好处~太大了！（刊）

Chéngméng qián fān nǐ gěi wǒ huàn xīn lǐ cháng, duì wǒ de hǎochu ~ tài dà le!

11. 这种话~无聊得很。

Zhèzhǒng huà ~ wúliáo de hěn.

12. 我~困倦极了，很想休息休息。（鲁迅《致李秉中》）

Wǒ ~ kùnjuàn jíle, hěn xiǎng xiūxi xiūxi.

辨认：

Note：

形容词"实在"有真实可靠的意思：

The adjective 实在 means "true, real, dependable"：

1. 还是袁慧的经验实在！（王海鸰《她们的路》）

Háishi Yuán Huì de jīngyàn shízài!

2. 不过我的话比她的话实在得多，不像她那老糊涂。（赵树理《登记》）

Búguò wǒ de huà bǐ tā de huà shízài de duō, bú xiàng tā nà lǎo hútu.

3. 一年的时间还不到，变化多快啊！说实在的，他感到自己一年来思想上也起了变化，爱上了这块地方。（林予《勐玲河边春来早》）

Yì nián de shíjiān hái bú dào, biànhuà duō kuài a! Shuō shízài de, tā gǎndào zìjǐ yì nián lái sīxiǎng shang yě qǐle biànhuà, àishangle zhèkuài dìfang.

4. 没有实在的本事，光会吹，可不行。

Méi yǒu shízài de běnshi, guāng huì chuī, kě bùxíng.

5. 家长对这个孩子实在没办法，只好请老师多多帮助！

Jiāzhǎng duì zhège háizi shízài méi bànfǎ, zhǐhǎo qǐng lǎoshī duōduō bāngzhù!

6. 我实在受不了啦。（曹禺《日出》）

Wǒ shízài shòu bu liǎo la.

例 1、2、3、4 的"实在"为形容词，例 5、6 的"实在"为副词。

In examples 1, 2, 3 & 4 实在 is an adjective；but in examples 5 & 6 it is an adverb.

始终 shǐzhōng （副词）

表示自始至终的全过程，修饰多音节动词、形容词或动词、形容词短语以及成语等，可以修饰否定形式：

From beginning to end, all along；modifies polysyllabic verbs, adjectives, verbal and adjectival phrases or idioms and can modify negative forms：

1. 我~诚心诚意地服侍着你，因为你就是我们楚国的柱石。（郭沫若《屈原》）

Wǒ ~ chéngxīnchéngyì de fúshizhe nǐ, yīnwèi nǐ jiù shì wǒmen Chǔguó de zhùshí.

2. 走一会儿，坐一会儿，他~懒得张罗买卖。（老舍《骆驼祥子》）

Zǒu yíhuìr, zuò yíhuìr, tā ~ lǎnde zhāngluo mǎimai.

3. 外面虽然现着异常孤冷,鲁迅先生的内心生活是～热烈的,仿佛地球一般,外面是地壳,内面是熔岩。(孙伏园《哭鲁迅先生》)

Wàimiàn suīrán xiànzhe yìcháng gūlěng, Lǔ Xùn xiānsheng de nèixīn shēnghuó shì ～ rèliè de, fǎngfú dìqiú yìbān, wàimiàn shì dìqiào, nèimiàn shì róngyán.

4. 他自己在牺牲的最后一刻,脸上～露着安静的幸福的微笑。(康濯《春种秋收》)

Tā zìjǐ zài xīshēng de zuìhòu yí kè, liǎn shang ～ lù zhe ānjìng de xìngfú de wēixiào.

5. 祥子～一语未发,可是很留心他们说了什么。(老舍《骆驼祥子》)

Xiángzi ～ yì yǔ wèi fā, kěshì hěn liúxīn tāmen shuōle shénme.

6. 义勇军,这一把燎原的野火,从九・一八到现在,无论日本兵使出何种灭绝人道的方法,～不能扑灭他们,他们的斗志反而更盛。(杨朔《雪花飘在满洲》)

Yìyǒngjūn, zhè yì bǎ liáoyuán de yěhuǒ, cóng Jiǔ・yībā dào xiànzài, wúlùn Rìběn bīng shǐ chū hé zhǒng mièjué réndào de fāngfǎ, ～ bù néng pūmiè tāmen, tāmen de dòuzhì fǎn·ér gèng shèng.

7. 几个～没开口的都舒畅地吐了一口气。(叶圣陶《倪焕之》)

Jǐ ge ～ méi kāi kǒu de dōu shūchàng de tǔle yì kǒu qì.

势必 shìbì (副词)

表示根据形势推断未来必然产生某种后果(多是说话人不希望的),修饰动词短语或主谓结构:

Certainly will, be bound to, inevitably; indicates that, judging from the situation, a certain consequence (mostly undesirable) is bound to follow. It modifies verbal phrases or S-P's:

1. 如果听任土地管理、使用上的无政府状态发展下去,～使本来就少的耕地越来越少,后果可想而知。(报)

Rúguǒ tīngrèn tǔdì guǎnlǐ、shǐyòng shang de wú zhèngfǔ zhuàngtài fāzhǎn xiaqu, ～ shǐ běnlái jiù shǎo de gēngdì yuèláiyuè shǎo, hòu guǒ kěxiǎng·érzhī.

2. 由于事业心胜于成家,随着就业的扩展,学业年限的提高,～推迟结婚的年龄。(报)

Yóuyú shìyèxīn shèngyú chéng jiā, suízhe jiù yè de kuòzhǎn, xuéyè niánxiàn de tígāo, ～ tuīchí jiéhūn de niánlíng.

3. 如果现在不执行合同,奖罚不兑现,～挫伤群众的积极性。(报)

Rúguǒ xiànzài bù zhíxíng hétong, jiǎng fá bú duìxiàn, ～ cuòshāng qúnzhòng de jījíxìng.

4. 假若照原来计划,～集中力量,力写解放后艺人们的狂喜。(老舍《谈〈方珍珠〉剧本》)

Jiǎruò zhào yuánlái jihuà, ～ jízhōng lìliàng, lì xiě jiěfàng hòu yìrénmen de kuángxǐ.

5. 如果一个人涵养很差,～心胸狭窄,不能正确对己对人。(甘春《青年人要有涵养》)

Rúguǒ yí ge rén hányǎng hěn chà, ～ xīnxiōng xiázhǎi, bù néng zhèngquè duì jǐ duì rén.

是否 shìfǒu (副词)〈书〉

有"是不是"的意思,多修饰动词谓语,也修饰形容词谓语,常用来构成疑问句:

Is it that, whether or not, whether, if; modifies verbal or adjectival predicates and is often used to form a question:

1. 那么，你～应该扩展你的生活面呢？我看很有必要。(报)
   Nàme, nǐ ~ yīnggāi kuòzhǎn nǐ de shēnghuómiànr ne? Wǒ kàn hěn yǒu bìyào.

2. "～已经有了答案呢？" (报)
   "~ yǐjīng yǒule dá·àn ne?"

3. 但是，～亲眼见了的东西就是真实而准确的呢？(报)
   Dànshì, ~ qīnyǎn jiànle de dōngxi jiù shì zhēnshí ér zhǔnquè de ne?

4. 尽管本书有些地方还可以商榷和改进，如把有些作家列为散文家～合适？对有的作家和作品的评价～恰当？……对有些散文家～可以增加一些篇幅加以论述？等等。(报)
   Jǐnguǎn běn shū yǒu xiē dìfang hái kěyǐ shāngquè hé gǎijìn, rú bǎ yǒuxiē zuòjiā lièwéi sǎnwénjiā ~ héshì? Duì yǒude zuòjiā hé zuòpǐn de píngjià ~ qiàdàng? ... Duì yǒuxiē sǎnwénjiā ~ kěyǐ zēngjiā yìxiē piānfú jiāyǐ lùnshù? Děngděng.

这种疑问句有时只是叙述句的一部分：
Such questions sometimes form a part of a declarative sentence：

5. 这是说，才子是公开的看《红楼梦》的，但君子～在背地里也看《红楼梦》，则我无从知道。(鲁迅《上海文艺之一瞥》)
   Zhè shì shuō, cáizǐ shì gōngkāi de kàn《Hónglóumèng》de, dàn jūnzǐ ~ zài bèidìlǐ yě kàn《Hónglóumèng》, zé wǒ wúcóng zhīdao.

6. 人到老年～会变得智力低下，目前认识还不一致。(报)
   Rén dào lǎonián ~ huì biànde zhìlì dīxià, mùqián rènshi hái bù yízhì.

7. 一首乐曲演奏出来有无感染力，取决于音乐形象～塑造得成功。(报)
   Yì shǒu yuèqǔ yǎnzòu chulai yǒu wú gǎnrǎnlì, qǔjué yú yīnyuè xíngxiàng ~ sùzào de chénggōng.

8. 请顾客就青年售货员的服务态度～热情、主动、有礼貌，在业务上～熟练，在柜台上～精神集中三个方面，评选出最满意的人。(报)
   Qǐng gùkè jiù qīngnián shòuhuòyuán de fúwù tàidù ~ rèqíng, zhǔdòng, yǒu lǐmào, zài yèwù shang ~ shúliàn, zài guìtái shang ~ jīngshén jízhōng sān ge fāngmiàn, píngxuǎn chū zuì mǎnyì de rén.

誓死   shìsǐ   (副词)
表示立下誓愿，决心作某事，至死不变，多修饰动词短语：
Vow to defy death to (do sth.), pledge one's life; usually modifies verbal phrases：

1. 据说，在天然动物园里，也能看到弱小的动物～与强者斗争的壮举。(刊)
   Jùshuō, zài tiānrán dòngwùyuán lǐ, yě néng kàndào ruòxiǎo de dòngwù ~ yǔ qiángzhě dòuzhēng de zhuàngjǔ.

2. 小伙子……转身对着全团的战友，宣誓一般振臂高呼：继续努力学习，～保卫祖国，保卫和平！(曾克《接班人》)
   Xiǎohuǒzi ... zhuǎn shēn duìzhe quán tuán de zhànyǒu, xuānshì yìbān zhènbì gāohū; jìxù nǔlì xuéxí, ~ bǎowèi zǔguó, bǎowèi hépíng!

首先   shǒuxiān   (副词)
A 表示某事发生的时间或次序是在前的：
First:

1. 这时，印度僧侣乘搭商船来到广州，把佛教～传入中国。(杨奎章《花城广州》)

Zhèshí, Yìndù sēnglǚ chéngdā shāngchuán láidào Guǎngzhōu, bǎ Fójiào ～ chuánrù Zhōngguó.

2. 他每到一个新的住地,～结交几个朋友。(陈登科《同志,老师,战友》)

   Tā měi dào yí gè xīn de zhùdì, ～ jiéjiāo jǐ ge péngyou.

3. "是哪,段书记一看,就～赞成。"(艾芜《野牛寨》)

   "Shì na, Duàn shūjì yí kàn, jiù ～ zànchéng."

4. 北京决定～办好三十二所重点中小学。(报)

   Běijīng juédìng ～ bànhǎo sānshí èr suǒ zhòngdiǎn zhōng-xiǎoxué.

5. 支队长～让我讲讲这次运粮的经过。(王愿坚《粮食的故事》)

   Zhīduìzhǎng ～ ràng wǒ jiǎngjiang zhècì yùn liáng de jīngguò.

6. 在一间宽大楼房的文件柜边,他～看见的是党委书记王兴贵。(沙汀《你追我赶》)

   Zài yì jiān kuāndà lóufáng de wénjiànguì biān, tā ～ kànjian de shì dǎngwěi shūjì Wáng Xīngguì.

当两件事先后相继发生时,"首先"常和"然后"等词连用:

When two things take place one after another, 首先 is often used in conjunction with 然后, etc.:

7. ～把鸭膛内灌入开水,直到烤完才放出。然后把鸭子挂在烤炉内的架子上。(张延兰《北京烤鸭店》)

   ～ bǎ yā táng nèi guànrù kāishuǐ, zhídào kǎowán cái fàng chū. Ránhòu bǎ yāzi guà zài kǎolú nèi de jiàzi shang.

8. 冰如～在焕之的杯子里斟满了,以次斟满各人的杯子。(叶圣陶《倪焕之》)

   Bīngrú ～ zài Huànzhī de bēizi li zhēnmǎn le, yǐcì zhēnmǎn gè rén de bēizi.

B 用于列举事项,有"第一"的意思,其后常有"其次"与之呼应:

Used to enumerate things, and means "in the first place, first of all"; it is often used in conjunction with 其次:

这次会议准备这样进行:～,由会议主席说明大会宗旨,其次进行大会发言,再次展开小组讨论。

Zhècì huìyì zhǔnbèi zhèyàng jìnxíng: ～, yóu huìyì zhǔxí shuōmíng dàhuì zōngzhǐ, qícì jìnxíng dàhuì fāyán, zàicì zhǎnkāi xiǎozǔ tǎolùn.

殊 shū (副词)〈书〉

有"很""十分"的意思:

Quite:

1. 兄之耳谅已痊愈,～念。(鲁迅《致蒋抑卮》)

   Xiōng zhī ěr liàng yǐ quán yù, ～ niàn.

2. 他能对我如此信任客气,～出意料。(张武《看"点"日记》)

   Tā néng duì wǒ rúcí xìnrèn kèqi, ～ chū yìliào.

3. 殿内清虚,寒气逼人,虽盛夏亭午,暑气不到,～觉旷荡萧爽。(刘北汜《北海公园小记》)

   Diàn nèi qīngxū, hánqì bī rén, suī shèngxià tíngwǔ, shǔqì bú dào, ～ jué kuàngdàng xiāoshuǎng.

4. 即所谓旅馆,亦～不宏。(鲁迅《致蒋抑卮》)

Jí suǒwèi lǚguǎn, yì ～ bù hóng.

顺便   shùnbiàn   (副词)

趁做某事的方便做另一事：

(Do sth.) in passing, conveniently, without extra effort：

1. 圆规一面愤愤的回转身，一面絮絮的说，慢慢的向外走，～将我母亲的一副手套塞在裤腰里，出去了。(鲁迅《故乡》)

   Yuánguī yímiàn fènfèn de huí zhuǎn shēn, yímiàn xùxù de shuō, mànmānr de xiàng wài zǒu, ～ jiāng wǒ mǔqīn de yí fù shǒutào sāi zài kùyāo lǐ, chū qu le.

2. "走，一起到公园逛逛，～领略一下又麻又辣的水煮牛肉。"(罗广斌、杨益言《红岩》)

   "Zǒu, yìqǐ dào gōngyuán guàngguang, ～ lǐnglüè yíxià yòu má yòu là de shuǐ zhǔ niúròu."

3. 区大姐的侄儿请我看戏。瞧，还让我～捎带一束姜花来。(孔捷生《姻缘》)

   Ōu dàjiě de zhír qǐng wǒ kàn xì. Qiáo, hái ràng wǒ ～ shāodài yí shù jiānghuā lai.

4. 我离开北京的时候，到她祖父那里辞行，～也到 P 家走走。(冰心《我的学生》)

   Wǒ líkāi Běijīng de shíhou, dào tā zǔfù nàli cíxíng, ～ yě dào P. jiā zǒuzou.

参看"就便""就手"。

Compare 就便 jiùbiàn, 就手 jiùshǒu.

顺手   shùnshǒu   (副词)

有"顺便"的意思，动词必表示用手做的动作：

In passing, conveniently. The verb modified by 顺手 must indicate a manual action：

1. "这些人又来了。说是买木器，～也就随便拿走的。我得去看看。"(鲁迅《故乡》)

   "Zhèxiē rén yòu lái le. Shuō shì mǎi mùqì, ～ yě jiù suíbiàn názǒu de. Wǒ děi qù kànkan."

2. 小弟弟说着这话，便将纸条递给了姐姐。她～将纸条塞进自己的口袋里。(韦素园《春雨》)

   Xiǎo dìdi shuōzhe zhè huà, biàn jiāng zhǐtiáo dì gěi le jiějie. Tā ～ jiāng zhǐtiáo sāi jìn zìjǐ de kǒudàirlǐ.

3. 他走到牌桌旁边站住，～摸起一张牌。(巴金《丹东的悲哀》)

   Tā zǒudào páizhuō pángbiānr zhànzhu, ～ mō qǐ yì zhāng pái.

4. 许凤～搬了一块土坯放下，坐在队员们中间。(雪克《战斗的青春》)

   Xǔ Fèng ～ bānle yí kuài tǔpī fàng xia, zuò zài duìyuánmen zhōngjiān.

5. 乔四掌柜……眼角一斜，看到炉旁的火箸，就～拿起来向成仰岱的头上打过去。(臧伯平《破晓风云》)

   Qiáosì zhǎngguì ... yǎnjiǎo yì xié, kàndào lú páng de huǒzhù, jiù ～ ná qilai xiàng Chéng Yǎngdài de tóu shang dǎ guoqu.

辨认：

Note：

下例中"顺手"是形容词，有"顺利"的意思：

In the following example, 顺手 is an adjective, meaning "smooth, without difficulty"：

事情办得相当顺手。

Shìqíng bàn de xiāngdāng shùnshǒu.

私自　sīzì　（副词）

背着别人（做不合规章制度的事）：

(*Do sth. against rules and regulations*) *secretly or without permission*：

1. 孩子再不能随意～离开大家和部队。（李北桂《贼狼滩》）
   Háizi zài bù néng suíyì ～ líkāi dàjiā hé bùduì.

2. 武世昌～将文件发到公社。（申跃中《挂红灯》）
   Wǔ Shìchāng ～ jiāng wénjiàn fādào gōngshè.

3. 这是队委会研究、社员大会通过了的章程，天王老子～摘梨也要罚。（余笑予、谢鲁《一包蜜》）
   Zhè shì duìwěihuì yánjiū, shèyuán dàhuì tōngguòle de zhāngchéng, tiānwáng lǎozi ～ zhāi lí yě yào fá.

4. 你～下令后撤，不但是出于你的右倾保命，而且同样有一个不可告人的目的，你想让郭祥腹背受敌，被敌人消灭。（魏巍《东方》）
   Nǐ ～ xià lìng hòuchè, búdàn shì chūyú nǐ de yòuqīng bǎo mìng, érqiě tóngyàng yǒu yí ge bùkěgàorén de mùdì, nǐ xiǎng ràng Guō Xiáng fùbèishòudí, bèi dírén xiāomiè.

死　sǐ　（副词）

A 表示不顾死活、竭尽全力地或在任何条件下，修饰单音节动词（动词后带"着"）：

(*Do sth.*) *to the death, to one's utmost, no matter what conditions*；modifies monosyllabic verbs which can be followed by 着：

1. 曹变蛟和贺人龙～追不放。（姚雪垠《李自成》）
   Cáo Biànjiāo hé Hè Rénlóng ～ zhuī bú fàng.

2. 像这样一撑～拼，终不是办法。（茅盾《第一阶段的故事》）
   Xiàng zhèyàng ～ chēng ～ pīn, zhōng bú shì bànfǎ.

3. 我～扯着他的袄袖。（曲波《桥隆飙》）
   Wǒ ～ chězhe tā de ǎoxiù.

4. 王金庆这傢伙～赖着不走。（雪克《战斗的青春》）
   Wáng Jīnqìng zhè jiāhuo ～ làizhe bù zǒu.

5. 徐东来……终于摆脱敌人的穷追～赶，很好地完成了侦察任务。（李北桂《贼狼滩》）
   Xú Dōnglái … zhōngyú bǎituō dírén de qióng zhuī ～ gǎn, hěn hǎo de wánchéngle zhēnchá rènwu.

在动词否定式前，"死"后可加"也"：

When preceding a negative verb, 也 may occur after 死：

6. 赵满囤～也不去。（马烽《三年早知道》）
   Zhào Mǎndùn ～ yě bú qù.

7. 要她安逸，倒像叫她吃毒药，～也不肯相信。（叶圣陶《外国旗》）
   Yào tā ānyì, dào xiàng jiào tā chī dúyào, ～ yě bù kěn xiāngxìn.

B 表示极高程度，修饰贬义形容词：

Indicates an extremely high degree and modifies derogatory adjectives：

1. 他总坚持他的错误意见，真是～顽固！
   Tā zǒng jiānchí tā de cuòwù yìjian, zhēn shì ～ wángù!

2. 这块饼已经放了好几天了,~硬~硬的,不能吃了。

Zhèkuài bǐng yǐjīng fàngle hǎo jǐ tiān le, ~ yìng ~ yìng de, bù néng chī le.

死活 sǐhuó (副词)〈口〉

表示无论如何、坚决,多修饰动词或助动词的否定式:

Anyway, simply; mainly modifies the negative form of a verb or an auxiliary verb:

1. 坏良心的! 当初我就~不愿意! 硬是你家二黑把我闺女勾引住。(潘保安《老二黑离婚》)

Huài liángxīn de! Dāngchū wǒ jiù ~ bú yuànyì! Yìng shì nǐ jiā Èrhēi bǎ wǒ guīnǚ gōuyǐnzhù.

2. 孙长宁~不肯回家了。(张洁《从森林里来的孩子》)

Sūn Chángníng ~ bù kěn huí jiā le.

3. 队长把一盒前门烟给他,他~不要。(王西兰《闸门》)

Duìzhǎng bǎ yì hé Qiánmén yān gěi tā, tā ~ bú yào.

死命 sǐmìng (副词)

拼命、竭尽全力;只修饰动词,可带“地(的)”:

Desperately; only modifies verbs and can be followed by 地(的):

1. 在车上睡觉的司机,一觉醒来看见满城大火,他怕汽油爆炸,便~开走了。(郭沫若《洪波曲》)

Zài chē shang shuìjiào de sījī, yí jiào xǐng lái kànjian mǎn chéng dà huǒ, tā pà qìyóu bàozhà, biàn ~ kāizǒu le.

2. 何毕礼说了,竭力想挣脱橙子的手,橙子却~地抓住他的膀子不放。(吴强《灵魂的搏斗》)

Hé Bìlǐ shuō le, jiélì xiǎng zhèngtuō Chéngzi de shǒu, Chéngzi què ~ de zhuāzhu tā de bǎngzi bú fàng.

3. 忽然一只手攥住她的胳臂,~把她往外拽。(林斤澜《姐妹》)

Hūrán yì zhī shǒu zuànzhu tā de gēbei, ~ bǎ tā wǎng wài zhuāi.

4. 他~抢到耿政委前面,横步一挡,用身子掩护首长安全。(李北桂《贼狼滩》)

Tā ~ qiǎngdào Gěng zhèngwěi qiánmiàn, héng bù yì dǎng, yòng shēnzi yǎnhù shǒuzhǎng ānquán.

5. 埋小薇薇的那天,妈妈抵不过我~的哭求,便让我站在远远的地方看。(瞿航《小薇薇》)

Mái xiǎo Wēiwei de nà tiān, māma dǐ bu guò wǒ ~ de kū qiú, biàn ràng wǒ zhàn zài yuǎnyuǎn de dìfang kàn.

似 sì (副词)〈书〉

同“似乎”但可修饰单音节词:

Same as 似乎 (*seem, as if*), but can modify monosyllabic words:

1. 大众这样想着,~觉自己身上“中国人的负担”已轻了一半。(叶圣陶《倪焕之》)

Dàzhòng zhèyàng xiǎngzhe, ~ jué zìjǐ shēnshang "Zhōngguó rén de fùdān" yǐ qīngle yíbàn.

2. 孙侦探摇了摇头,~有无限的感慨。(老舍《骆驼祥子》)

Sūn zhēntàn yáo le yáo tóu, ~ yǒu wúxiàn de gǎnkǎi.

3. 刘啸尘利用伪旅长的关系,在取得张仲年的信任中起了关键作用,~不可信。

（郦苏元《出人意料，引人入胜》）

Liú Xiàochén lìyòng wěi lǚzhǎng de guānxì, zài qǔdé Zhāng Zhòngnián de xìnrèn zhōng qǐle guānjiàn zuòyòng, ～ bù kě xìn.

4. "本报认为徐处长刚才的谈话，～与李代总统发表的言论相抵触。"（罗广斌、杨益言《红岩》）

"Běn bào rènwéi Xú chùzhǎng gāngcái de tánhuà, ～ yǔ Lǐ dài zǒngtǒng fābiǎo de yánlùn xiāng dǐchù."

5. 他的思绪还在那些早离去的人们中间，佳肴和美酒～不曾引起他多大的兴趣。（莫应丰《风》）

Tā de sīxù hái zài nàxiē zǎo líqù de rénmen zhōngjiān, jiāyáo hé měijiǔ ～ bùcéng yǐnqǐ tā duō dà de xìngqù.

6. 匪班长听了，～觉有理，便冲着徐东来呸了一口，转身他去。（李北桂《贼狼滩》）

Fěi bānzhǎng tīng le, ～ jué yǒu lǐ, biàn chòngzhe Xú Dōnglái pēile yì kǒu, zhuǎn shēn tā qù.

似乎　sìhū　（副词）

同"好像"A，表示说话人或当事人不十分确切的了解或感觉，多修饰多音节词或短语：

Seem, as if; same as 好像 A, indicates that the speaker or the person concerned is not sure of sth.; mostly modifies polysyllabic words or phrases:

1. 体温是正常，又没有别的现象，病～是没有的。（叶圣陶《倪焕之》）

Tǐwēn shì zhèngcháng, yòu méi yǒu biéde xiànxiàng, bìng ～ shì méi yǒu de.

2. 那两个爬墙的人，我看见，～不是学生。（朱自清《执政府大屠杀记》）

Nà liǎng ge pá qiáng de rén, wǒ kànjian, ～ bú shì xuésheng.

3. 大街上人喊马叫～还比宅里的乱法好受一些。（老舍《骆驼祥子》）

Dàjiē shang rén hǎn mǎ jiào ～ hái bǐ zhái li de luàn fǎ hǎoshòu yìxiē.

4. 她的一切活动，～没有影响到她的功课。（冰心《我的学生》）

Tā de yíqiè huódòng, ～ méiyou yǐngxiǎngdào tā de gōngkè.

5. （孔乙己）穿的虽然是长衫，可是又脏又破，～十多年没有补，也没有洗。（鲁迅《孔乙己》）

(Kǒng Yǐjǐ) chuān de suīrán shì chángshān, kěshì yòu zāng yòu pò, ～ shí duō nián méiyou bǔ, yě méiyou xǐ.

6. 这～昏迷的人并未沉睡，他虽然闭着眼睛，却竖起耳朵在听周围的动静。（罗广斌、杨益言《红岩》）

Zhè ～ hūnmí de rén bìng wèi chénshuì, tā suīrán bìzhe yǎnjing, què shù qǐ ěrduo zài tīng zhōuwéi de dòngjing.

以上例句在"似乎"所修饰的词或短语后都可以加"似的"，与"似乎"呼应。

In all the above examples, 似的 may occur after the word or phrase modified by 似乎 with which it acts in conjunction.

参看"似"。

Compare 似 sì.

伺机　sìjī　（副词）

观察和等待机会(干某事):

Watch and wait for one's chance (to do something):

1. 他们打算～反扑。(李北桂《贼狼滩》)

　Tāmen dǎsuàn ～ fǎnpū.

2. 嫉妒像一条蛇似的咬着他的心,又从他心里蹿出来～去咬他所嫉妒的人。(崔道怡《关于一个鸡蛋的"讲用"》)

　Jìdù xiàng yì tiáo shé shìde yǎozhe tā de xīn, yòu cóng tā xīnli cuān chulai ～ qù yǎo tā suǒ jìdù de rén.

3. 他仍小心防御着,想等待霍金龙的锐气稍挫之后,再看准他的弱点,～转入进攻。(陈立德《长城恨》)

　Tā réng xiǎoxīn fángyùzhe, xiǎng děngdài Huò Jīnlóng de ruìqì shāo cuò zhī hòu, zài kànzhǔn tā de ruòdiǎn, ～ zhuǎnrù jìngōng.

4. 那边有个废寨,可暂且退进去。咱们有洋枪,凭寨抵抗,或待援兵,或～突围,都有依托呀!(凌力《星星草》)

　Nàbianr yǒu ge fèi zhài, kě zànqiě tuì jinqu. Zánmen yǒu yángqiāng, píng zhài dǐkàng, huò dài yuánbīng, huò ～ tūwéi, dōu yǒu yītuō ya!

肆意　sìyì　(副词)〈书〉

不顾一切,由着自己的性子(去做),有贬义:

(Do sth.) wantonly, recklessly; has a derogatory sense:

1. 这呼声并非单指向几个奉命前来搜查的人,而是抨击着～践踏人民情操、妄想把中国推向水深火热的邪恶势力。(理由《她有多少孩子》)

　Zhè hūshēng bìng fēi dān zhǐ xiàng jǐ ge fèng mìng qiánlái sōuchá de rén, ér shì pēngjīzhe ～ jiàntà rénmín qíngcāo, wàngxiǎng bǎ Zhōngguó tuī xiàng shuǐshēnhuǒrè de xié'è shìlì.

2. 苦聪村寨周围林叶稀疏,那狂暴的风雨,更能在这里～驰骋。(彭荆风《鹿衔草》)

　Kǔcōng cūnzhài zhōuwéi línyè xīshū, nà kuángbào de fēng yǔ, gèng néng zài zhèlǐ ～ chíchěng.

素　sù　(副词)〈书〉

有"素来""向来"的意思,以构成四字短语为多:

Usually, always, habitually; mostly forms a four-character phrase:

1. 我～不知道天下有这许多新鲜事。(鲁迅《故乡》)

　Wǒ ～ bù zhīdao tiānxià yǒu zhè xǔduō xīnxiān shì.

2. 汀泗桥～称天险,向来为兵家必争之地。(周士第《北伐先锋》)

　Tīngsìqiáo ～ chēng tiānxiǎn, xiànglái wéi bīngjiā bì zhēng zhī dì.

3. 贵报～以稳健著称。(罗广斌、杨益言《红岩》)

　Guì bào ～ yǐ wěnjiàn zhùchēng.

4. 这十人和武术师～不相识。(曲波《桥隆飙》)

　Zhè shí rén hé wǔshùshī ～ bù xiāngshí.

5. 我对佛学～无研究。(李栋、王云高《彩云归》)

　Wǒ duì Fóxué ～ wú yánjiū.

素来　sùlái　(副词)〈书〉

表示某种状况或特点一直是这样,特别强调平日都是如此:

Always, usually, all along:

1. 潘小姐对于这种比较抽象的话,～感应不敏。(茅盾《第一阶段的故事》)

   Pān xiǎojie duìyú zhèzhǒng bǐjiào chōuxiàng de huà,～ gǎnyìng bù mǐn.

2. 自己～不大爱说话。(老舍《骆驼祥子》)

   Zìjǐ ～ búdà ài shuō huà.

3. 我妹妹～是极肯听话的。(冰心《庄鸿的妹妹》)

   Wǒ mèimei ～ shì jí kěn tīng huà de.

4. 大奶奶的脾气～不肯让人看见她在房里做些什么。(曹禺《北京人》)

   Dànǎinai de píqi ～ bù kěn ràng rén kànjian tā zài fáng li zuò xiē shénme.

5. 我是～重义气的汉子。(谢璞《牛府贵婿》)

   Wǒ shì ～ zhòng yìqi de hànzi.

6. 贺龙的几个姐姐,由于受母亲的传教、熏陶,～很泼辣。(张二牧《贺龙在湘鄂西》)

   Hè Lóng de jǐ ge jiějie, yóuyú shòu mǔqin de chuánjiào, xūntáo, ～ hěn pōlà.

7. ～沉静的王新贵现在也暴躁起来。(孙吴《临汾旅》)

   ～ chénjìng de Wáng Xīnguì xiànzài yě bàozào qilai.

随处   suíchù   (副词)

同"到处"A,不如"到处"口语化:

Same as 到处 (everywhere), but not as colloquial:

1. 只要你一出街,便差不多～都可以碰见熟人。(郭沫若《洪波曲》)

   Zhǐyào nǐ yì chū jiē, biàn chàbuduō ～ dōu kěyǐ pèngjian shúrén.

2. 近岸～有高高挺立的银杏树。(叶圣陶《倪焕之》)

   Jìn àn ～ yǒu gāogāo tǐnglì de yínxìngshù.

3. 墙壁上～张贴着警惕的标语。(杨朔《昨日的临汾》)

   Qiángbì shang ～ zhāngtiēzhe jǐngtì de biāoyǔ.

4. 这间屋里又是锅台,又是柴禾,破坛坛碎罐罐～扔着,乱七八槽,没个插脚的地方。(申跃中《挂红灯》)

   Zhèjiān wū li yòu shì guōtái, yòu shì cháihe, pò tántan suì guànguan ～ rēngzhe, luànqībāzāo, méi ge chā jiǎo de dìfang.

随地   suídì   (副词)

表示不拘什么地方:

Anywhere, everywhere:

1. 这些书充塞着书架,也～抛弃着。(罗广斌、杨益言《红岩》)

   Zhèxiē shū chōngsèzhe shūjià, yě ～ pāoqìzhe.

2. 请勿～吐痰。

   Qǐng wù ～ tǔ tán.

3. 在我们生活中,我们随时～会遇到这样人。(杨朔《中国人民的心》)

   Zài wǒmen shēnghuó zhōng, wǒmen suíshí ～ huì yùdào zhèyàng rén.

4. 他随时～都在留意着周围的一切事情。(吕铮《战斗在敌人心脏里》)

   Tā suíshí ～ dōu zài liúyìzhe zhōuwéi de yíqiè shìqing.

随后   suíhòu   (副词)

同"随着"B,可以与"就"连用:

Same as 随着 B (no sooner had ... than); can be used with 就:

1. "我赶快回老营瞧瞧,你～也去吧。"(姚雪垠《李自成》)

   "Wǒ gǎnkuài huí lǎoyíng qiáoqiao, nǐ ～ yě qù ba."

2. 文清站起来执酒壶,思懿～向曾浩身边走来。(曹禺《北京人》)

   Wénqīng zhàn qilai zhí jiǔhú, Sīyì ～ xiàng Zēng Hào shēn biān zǒu lái.

3. 刘淑良捧着一个大碗在喝水,一见到生宝,开始表现出意外的神情,～在其他三个女代表注目之下,脸红了。(柳青《创业史》)

   Liú Shūliáng pěngzhe yí ge dà wǎn zài hē shuǐ, yí jiàndào Shēngbǎo, kāishǐ biǎoxiàn chū yìwài de shénqíng, ～ zài qítā sān ge nǚ dàibiǎo zhùmù zhī xià, liǎn hóng le.

4. 先听杜宁报告了一下于参议来的情况,～就打听宣传队半年多来在前线的工作。(邓友梅《我们的军长》)

   Xiān tīng Dù Níng bàogàole yíxià Yú cānyì lái de qíngkuàng, ～ jiù dǎtīng xuānchuánduì bàn nián duō lái zài qiánxiàn de gōngzuò.

5. 这时候,他们原来的家里冲上一道黑烟,～就是一亮,火星乱飞。(茅盾《小巫》)

   Zhè shíhou, tāmen yuánlái de jiā lǐ chōng shàng yí dào hēi yān, ～ jiù shì yí liàng, huǒxīng luàn fēi.

6. "你先走,我～就来。"(张二牧《贺龙在湘鄂西》)

   "Nǐ xiān zǒu, wǒ ～ jiù lái."

"随后"可用在句首,后面可以有停顿:

随后 can occur at the head of a sentence and be followed by a pause:

7. 她织成了二十一个布,～,她剪裁了出嫁的衣服和鞋面。(孙犁《正月》)

   Tā zhīchéngle èrshí yī ge bù, ～, tā jiǎncáile chūjià de yīfu hé xiémiànr.

随即 suíjí (副词)〈书〉

意思是"随后就":

Immediately, presently:

1. 骑在马上的战士说完话,～轻捷地跳下马。(姚雪垠《李自成》)

   Qí zài mǎ shang de zhànshì shuōwán huà, ～ qīngjié de tiào xià mǎ.

2. 录取后一个星期不到,～除名,由备取生递补。(叶圣陶《一个练习生》)

   Lùqǔ hòu yí ge xīngqī bú dào, ～ chúmíng, yóu bèiqǔshēng dìbǔ.

3. "好,就这么吧!"刘淑良同意了,～转身头前走了,显得相当匆忙。(柳青《创业史》)

   "Hǎo, jiù zhème ba!" Liú Shūliáng tóngyì le, ～ zhuǎn shēn tóuqián zǒu le, xiǎnde xiāngdāng cōngmáng.

4. 严院长看到这种情况,～带着通司和警卫连跑上山去。(马忆湘《朝阳花》)

   Yán yuànzhǎng kàndào zhèzhǒng qíngkuàng, ～ dàizhe tōngsī hé jǐngwèilián pǎo shàng shān qu.

5. 爸爸拾起钱和那张字条,很快扫视了一眼,又朝我看看,～长久地端详起向凯来。(吴会增《一加一等于一》)

   Bàba shí qǐ qián hé nàzhāng zìtiáo, hěn kuài sǎoshìle yì yǎn, yòu cháo wǒ kànkan, ～ chángjiǔ de duānxiáng qǐ Xiàng Kǎi lai.

6. 宋胜均坐起来喊了一声,一个人影～消失了。(杨国满、郭宝臣《命运》)

Sòng Shèngjūn zuò qilai hǎn le yì shēng, yí ge rén yǐng ~ xiāoshī le.

随口 suíkǒu (副词)

没经考虑，随便说出，它修饰的总是跟说话有关的动词：

Speak thoughtlessly or casually, blurt out whatever comes into one's head; always modifies verbs related to speaking:

1. 老太太一边吃着菱，一边~就叫新来的女人一声"菱姐!"（茅盾《小巫》）
   Lǎotàitai yìbiānr chīzhe líng, yìbiānr ~ jiù jiào xīn lái de nǚrén yì shēng "Líng jiě!"

2. "我们这样~说着，等会儿会忘记的。我来把它记下来吧。"（叶圣陶《倪焕之》）
   "Wǒmen zhèyàng ~ shuōzhe, děng huìr huì wàngjì de. Wǒ lái bǎ tā jì xialai ba."

3. 程先生精神振作，触景生情，~吟咏起来。（冯德英《山菊花》）
   Chéng xiānsheng jīngshén zhènzuò, chùjǐngshēngqíng, ~ yínyǒng qilai.

4. "周医生不必认真，兄弟刚才只是~说说罢了。"（树芬《姑苏春》）
   "Zhōu yīshēng búbì rènzhēn, xiōngdi gāngcái zhǐshì ~ shuōshuo bàle."

5. 她哪里会想到我是~编造来试探她!（茅盾《腐蚀》）
   Tā nǎli huì xiǎngdào wǒ shì ~ biānzào lái shìtàn tā!

随时 suíshí (副词)

A(可能性)每一时刻(都存在)：

(There is a possibility) at all times:

1. 雨有~变作雪的样子。（茅盾《残冬》）
   Yǔ yǒu ~ biànzuò xuě de yàngzi.

2. 他们的房屋~有倒塌的危险。（老舍《龙须沟》）
   Tāmen de fángwū ~ yǒu dǎotā de wēixiǎn.

3. 路是又黑又泞，~都有跌进水塘的可能。（杨朔《木棉花》）
   Lù shì yòu hēi yòu nìng, ~ dōu yǒu diē jìn shuǐtáng de kěnéng.

B 只要有需要，有可能，不受时间的限制：

Whenever necessary, as the occasion demands:

1. 柜里预备着热水，可以~温酒。（鲁迅《孔乙己》）
   Guì li yùbèizhe rè shuǐ, kěyǐ ~ wēnjiǔ.

2. 只要他们高兴来，~都可以来。（郭沫若《洪波曲》）
   Zhǐyào tāmen gāoxìng lái, ~ dōu kěyǐ lái.

3. "你先好好安排一下生活。需要你做什么，会~通知你。"（陶承《我的一家》）
   "Nǐ xiān hǎohāor ānpái yíxià shēnghuó. Xūyào nǐ zuò shénme, huì ~ tōngzhī nǐ."

4. 我~都在注意车夫的举动。（杨朔《昨日的临汾》）
   Wǒ ~ dōu zài zhùyì chēfū de jǔdòng.

随手 suíshǒu (副词)

乘某种方便，顺便做某事，必是用手做的：

(Do sth. with the hands) conveniently, without extra trouble:

1. 张金龙狠狠地用脚踢了她一脚，抱着小瘦，拿上包袱就走，~乓的一声把门关上。（孔厥、袁静《新儿女英雄传》）
   Zhāng Jīnlóng hěnhěn de yòng jiǎo tīle tā yì jiǎo, bàozhe Xiǎoshòu, náshang bāofu jiù zǒu, ~ pāng de yì shēng bǎ mén guānshang.

2. 说笑中间，有人在外间叫了一声，喜格儿放下碗筷就出去了，~拉进一个女孩

子来,是大绢。(孙犁《秋千》)

Shuō xiào zhōngjiān, yǒurén zài wàijiān jiàole yì shēng, Xígér fàng xia wǎn kuài jiù chū qu le, ～ lā jǐn yí ge nǚ háizi lai, shì Dàjuàn.

3. 老婆子摸一摸自己的肩脖,果然～取下一块小方布来。(许地山《补破衣的老妇人》)

Lǎopózi mō yì mō zìjǐ de jiānbó, guǒrán ～ qǔxia yí kuài xiǎo fāng bù lai.

有时,同时含有随便的意思:

Sometimes 随手 implies "carelessly, casually":

4. 江姐……用带手套的食指和中指,从皮包里夹出一份证件,～丢在床上。(罗广斌、杨益言《红岩》)

Jiāng jiě ... yòng dài shǒutào de shízhǐ hé zhōngzhǐ, cóng píbāo li jiā chū yí fèn zhèngjiàn, ～ diū zài chuáng shang.

5. 他向门口扫了一眼,～抄过茶壶揣进羊皮马褂里。(冯德英《山菊花》)

Tā xiàng ménkǒur sǎole yì yǎn, ～ chāoguo cháhú chuāi jìn yángpí mǎguàr li.

6. 爸爸说着,～翻着那几本讲义。(吴会增《一加一等于一》)

Bàba shuōzhe, ～ fānzhe nà jǐ běn jiǎngyì.

随着 suízhe (副词)

A 表示一个事物伴随着另一个事物发生:

Indicates that something follows something else:

懂得的成语越多,记得的成语越多,不但阅读能力～增进,就是写作能力也会～增进。(韬奋《经历》)

Dǒngde de chéngyǔ yuè duō, jìde de chéngyǔ yuè duō, búdàn yuèdú nénglì ～ zēngjìn, jiùshì xiězuò nénglì yě huì ～ zēngjìn.

B 紧跟在另一事物发生之后:

No sooner had ... than ... :

1. 门开时,外边卧室内传出"混蛋!滚!滚!"的喊声,砰地门～关上。(曹禺《北京人》)

Mén kāi shí, wàibianr wòshì nèi chuán chū "Húndàn! Gǔn! Gǔn!" de hǎn shēng, pēng de mén ～ guān shang.

2. 一记耳光打下去,～是骂声。(莫应丰《风》)

Yí jì ěrguāng dǎ xiaqu, ～ shì mà shēng.

3. 山顶的"堡垒"在倾刻间化为一团闪光,～升起一团炽热的火球。(张扬《第二次握手》)

Shān dǐng de "bǎolěi" zài qīngkè jiān huàwéi yì tuán shǎnguāng, ～ shēng qi yì tuán chìrè de huǒqiú.

4. 他把半杯残酒用力泼在地上……～又斟满了一杯。(叶圣陶《倪焕之》)

Tā bǎ bàn bēi cánjiǔ yòng lì pō zài dìshang ... ～ yòu zhēnmǎnle yì bēi.

C 表示行动的方向跟随另一行动:

Means to move in the same direction:

他摸了摸光光的头,走到一幅地图前——大家的视线也都～转移过去。(陈立德《前驱》)

Tā mō le mō guāngguāng de tóu, zǒudào yì fú dìtú qián —— dàjiā de shìxiàn yě dōu

～ zhuǎnyí guoqu.

参看"随后"。

Compare 随后 suíhòu.

参看介词"随着"。

Compare preposition 随着 suízhe.

遂 suì （副词）〈书〉

有"于是就"的意思:

Thereupon, hence, as a result:

1. 李自成失败后,最后走到通山县的九宫山,仅带少数随从,脱离了队伍,～为当地的地主势力所杀害。(郭沫若《洪波曲》)
   Lǐ Zìchéng shībài hòu, zuìhòu zǒudào Tōngshānxiàn de Jiǔgōngshān, jǐn dài shǎoshù suícóng, tuōlíle duìwu, ～ wéi dāngdì de dìzhǔ shìlì suǒ shāhài.

2. 当人们要植树时,用手挖土不可能挖得很深,～发明器具。(周建人《思想科学初探》)
   Dāng rénmen yào zhí shù shí, yòng shǒu wā tǔ bù kěnéng wā de hěn shēn, ～ fāmíng qìjù.

3. 经过多方整顿和购买中外书籍,图书馆～初具规模。(许德珩《纪念"五四"话北大》)
   Jīngguò duōfāng zhěngdùn hé gòumǎi Zhōng wài shūjí, túshūguǎn ～ chū jù guīmó.

4. 敌人挡不住独立团的猛攻,～向贺胜桥溃逃。(周士第《北伐先锋》)
   Dírén dǎng bu zhù dúlìtuán de měnggōng, ～ xiàng Hèshèngqiáo kuìtáo.

索性 suǒxìng （副词）

同"干脆",表示作出决断,采取一种断然措施或极端的行为:

Same as 干脆 (*simply, altogether*), *indicates a decision to take a resolute measure*:

1. 我想,假的不如真的直截爽快,我便～废了假辫子。(鲁迅《头发的故事》)
   Wǒ xiǎng, jiǎde bùrú zhēnde zhíjié shuǎngkuai, wǒ biàn ～ fèile jiǎ biànzi.

2. 我看算了吧,既然误了一趟车,就～在家里等两三天。(曹禺《北京人》)
   Wǒ kàn suànle ba, jìrán wùle yí tàng chē, jiù ～ zài jiā li děng liǎng sān tiān.

3. 枝枝节节讨究太不痛快了,～完全推翻,把一切重新检验一下吧。(叶圣陶《倪焕之》)
   Zhīzhījiéjié tǎojiū tài bú tòngkuai le, ～ wánquán tuīfān, bǎ yíqiè chóngxīn jiǎnyàn yíxià ba.

4. 我一口气把灯吹熄,～躺下不响了。(茹志鹃《三走严庄》)
   Wǒ yìkǒuqì bǎ dēng chuīxī, ～ tǎng xia bù xiǎng le.

5. 我看以后越不行了,～等收完秋再学习吧!(赵树理《三里湾》)
   Wǒ kàn yǐhòu yuè bù xíng le, ～ děng shōuwán qiū zài xuéxí ba!

太 tài （副词）

修饰形容词、某些动词、助动词、短语:

Modifies adjectives, certain verbs, auxiliary verbs or phrases:

A 表示过分;句末可带"了";修饰表示贬义的或中间性质的词语:

Excessively, too; modifies words or phrases with a neutral or derogatory sense; 了 can be used at the end of the sentence:

1. 你呀,你～傻了！你看问题～认真了。(邢益勋《权与法》)
   Nǐ ya, nǐ ~ shǎ le! Nǐ kàn wèntí ~ rènzhēn le.

2. 有些事情,过去也曾想过,但总嫌～遥远,～空泛,有些渺茫。(罗广斌、杨益言《红岩》)
   Yǒu xiē shìqing, guòqù yě céng xiǎngguo, dàn zǒng xián ~ yáoyuǎn, ~ kōngfàn, yǒuxiē miǎománg.

3. 这简直～欺侮人了。(谌容《永远是春天》)
   Zhè jiǎnzhí ~ qīwǔ rén le.

4. 你也不要～小看我们农村干部了。(莫应丰《迷糊外传》)
   Nǐ yě búyào ~ xiǎokàn wǒmen nóngcūn gànbù le.

5. 她～好提意见了。(张笑天《底色》)
   Tā ~ hào tí yìjian le.

6. 你们这里有些干部也～麻木不仁了。(莫应丰《迷糊外传》)
   Nǐmen zhèlǐ yǒu xiē gànbù yě ~ mámùbùrén le.

7. 那真是～岂有此理！(茅盾《腐蚀》)
   Nà zhēn shì ~ qǐyǒucǐlǐ!

8. 你也～感情用事了。(邢益勋《权与法》)
   Nǐ yě ~ gǎnqíng yòng shì le.

可以修饰表示不愉快性质的否定式:

Can modify negative forms of an unpleasant nature：

9. 这～不公道了。
   Zhè ~ bù gōngdao le.

10. 我过去做工作太主观,～不实际。(雪克《战斗的青春》)
    Wǒ guòqù zuò gōngzuò tài zhǔguān, ~ bù shíjì.

11. 你跟我闹外交辞令,～不应该了。(茅盾《腐蚀》)
    Nǐ gēn wǒ nào wàijiāo cílìng, ~ bù yīnggāi le.

12. 他实在昏庸得～不象样了。(陶菊隐《袁世凯演义》)
    Tā shízài hūnyōng de ~ bú xiàngyàng le.

13. ～不把人当人了。(茅盾《腐蚀》)
    ~ bù bǎ rén dàng rén le.

参看"忒"。

Compare 忒 tuī.

B 表示程度极高;修饰褒义词语,句尾多有"了",带赞叹语气:

Indicates a very high degree and modifies words or phrases with a commendatory sense to convey admiration or commendation. 了 is often used at the end of the sentence：

1. 侦探长的见解～对了！(曲波《桥隆飙》)
   Zhēntànzhǎng de jiànjiě ~ duì le!

2. 这地方真是～美了！(彭荆风《鹿衔草》)
   Zhè dìfang zhēn shì ~ měi le!

3. 我们……正愁没法过江呢,碰上你们二位,实在～好嘍。(李北桂《贼狼滩》)
   Wǒmen ... zhèng chóu méi fǎ guò jiāng ne, pèng shang nǐmen èr wèi, shízài ~ hǎo lou.

4. 谢谢你们,魏大队长,～谢谢了。(陈立得《前驱》)

Xièxie nǐmen, Wèi dàduìzhǎng, ～ xièxie le.

5. 潘林同志这种精神叫我心里～感动。(雪克《战斗的青春》)

Pān Lín tóngzhì zhèzhǒng jīngshén jiào wǒ xīnli ～ gǎndòng.

C "不"用在"太"前有两种情况:

When 不 precedes 太, they form two different structures:

1)"不"修饰"太……"。

不 modifies 太...:

1. 这件大衣我穿～长不～长?

不～长,正好。

Zhèjiàn dàyī wǒ chuān ～ cháng bú ～ cháng?

Bú ～ cháng, zhènghǎo.

2. 昨天的考试不～难,也不～容易,适合学生水平。

Zuótiān de kǎo shì bú ～ nán, yě bú ～róngyì, shìhé xuésheng shuǐpíng.

2)"不太"修饰"……",这时"不太"是"不很"的意思:

When 不太 modifies ..., 不太 meaning "not very":

3. 远远地传来沉闷的响声,……像汽车引擎,但又不～像。(罗广斌、杨益言《红岩》)

Yuǎnyuǎn de chuán lai chénmèn de xiǎngshēng, ... xiàng qìchē yǐnqíng, dàn yòu bú ～ xiàng.

4. 小杜的病况,她不～了解。(安危《在一个临时病院里》)

Xiǎodù de bìngkuàng, tā bú ～ liǎojiě.

5. 功课成绩不～差时,他们不会对她有什么意见的。(陈学昭《工作着是美丽的》)

Gōngkè chéngjī bú ～ chà shí, tāmen bú huì duì tā yǒu shénme yìjian de.

特 tè (副词)

A 同"特别"A:

Same as 特别 A (exceptionally):

1. 你们这里的斗争,对我正面战场影响～大。(罗广斌、杨益言《红岩》)

Nǐmen zhèlǐ de dòuzhēng, duì wǒ zhèngmiàn zhànchǎng yǐngxiǎng ～ dà.

2. 你的决定大错～错。(曲波《桥隆飙》)

Nǐ de juédìng dàcuò ～ cuò.

"大错～错"是固定短语。

大错特错 is a set phrase.

3. 你家水送聪明、利索,水性～好,土司很喜欢他。(彭荆风《鹿衔草》)

Nǐ jiā Shuǐsòng cōngmíng, lìsuo, shuǐxìng ～ hǎo, tǔsī hěn xǐhuan tā.

4. 飞跃大队经过去年～大干旱的考验,早稻获得了丰收。(谢璞《真诚的人》)

Fēiyuè dàduì jīngguò qùnián ～ dà gānhàn de kǎoyàn, zǎodào huòdéle fēngshōu.

5. 这个工厂的工人对这种经营方式～不赞成。

Zhège gōngchǎng de gōngrén duì zhèzhǒng jīngyíng fāngshì ～bú zànchéng.

B 同"特地":

Same as 特地 (particularly, for a special purpose):

1. 她～来叫她的儿媳回家去。(鲁迅《祝福》)

Tā ～ lái jiào tā de érxí huí jiā qu.

2. 我有个好消息～来报知大师兄。(老舍《神拳》)
   Wǒ yǒu ge hǎo xiāoxi ～ lái bàozhī dàshīxiōng.

3. 重庆大学学生会～请长江兵工厂炮厂工人代表报告炮厂惨案之真象。(罗广斌、杨益言《红岩》)
   Chóngqìng Dàxué xuéshēnghuì ～ qǐng Chángjiāng Bīnggōngchǎng Pàochǎng gōngrén dàibiǎo bàogào Pàochǎng cǎn·àn zhī zhēnxiàng.

4. 小路的一旁，漏着几段空隙，像是～为月光留下的。(朱自清《荷塘月色》)
   Xiǎo lù de yìpáng, lòuzhe jǐ duàn kòngxì, xiàng shì ～ wèi yuèguāng liú xia de.

5. 我们的总经理，已经回到了波哥大，他～向您问候。(李北桂《贼狼滩》)
   Wǒmen de zǒngjīnglǐ, yǐjīng huídàole Bōgēdà, tā ～ xiàng nín wènhòu.

C "独特"的意思：

Distinctively, particularly:

这是他们一个圈子里的人～有的"商量大事"的方式。(茅盾《第一阶段的故事》)
Zhè shì tāmen yí ge quānzi li de rén ～ yǒu de "shāngliang dàshì" de fāngshì.

特别 tèbié (副词)

A 有"格外"的意思，表示极高程度；修饰形容词、某些动词、助动词、短语，可以修饰表示不愉快性质的否定式：

Exceptionally; indicates an extremely high degree, modifies adjectives, certain verbs, auxiliaries or phrases, and can also modify negative forms of an unpleasant nature:

1. 双喜和张鼎在作战中～勇敢。(姚雪垠《李自成》)
   Shuāngxǐ hé Zhāng Dǐng zài zuòzhàn zhōng ～ yǒnggǎn.

2. 潘先生觉得今晚上局长～可亲。(叶圣陶《潘先生在难中》)
   Pān xiānsheng juéde jīn wǎnshang júzhǎng ～ kěqīn.

3. 他对年轻热情的陈松林～重视。(罗广斌、杨益言《红岩》)
   Tā duì niánqīng rèqíng de Chén Sōnglín ～ zhòngshì.

4. 这办法～解决问题。
   Zhè bànfǎ ～ jiějué wèntí.

5. 小李～会办事。
   Xiǎolǐ ～ huì bàn shì.

6. 那个人～不可靠。
   Nàge rén ～ bù kěkào.

参看"特"。

Compare 特 tè.

B 同"特地"：

Same as 特地 (particularly, for a special purpose):

1. 我一个人～过去看了一下，那更是使人失望得很。(郭沫若《洪波曲》)
   Wǒ yí ge rén ～ guò qu kànle yíxià, nà gèng shì shǐ rén shīwàng de hěn.

2. 为了赴今天这个约会，他～换上了件当时刚流行起来的"自由衫"。(树棻《姑苏春》)
   Wèile fù jīntiān zhège yuēhuì, tā ～ huàn shang le jiàn dāngshí gāng liúxíng qilai de

"zìyóushān".

3. 张老硬必须到场，这是武主任～指示的。(申跃中《挂红灯》)

Zhāng Lǎoyìng bìxū dào chǎng, zhè shì Wǔ zhǔrèn ～ zhǐshì de.

4. 洪武二十六年，朱元璋还～作了严格规定：军官和军士的箭束都不准漆红描金，违背者处死。(姚雪垠《李自成》)

Hóngwǔ èrshí liù nián, Zhū Yuánzhāng hái ～ zuòle yángé guīdìng：jūnguān hé jūnshì de jiànshù dōu bù zhǔn qī hóng miáo jīn, wéibèizhě chǔ sǐ.

C 同"尤其"，在几种同类的事物或情况中，指出突出的一个：

Same as 尤其 (especially, particularly), picks out a particular example from a class in general：

1. 我们应当感谢伟大的中国农民，～要感谢老解放区的农民。(周恩来《三年人民解放战争》)

Wǒmen yīngdāng gǎnxiè wěidà de Zhōngguó nóngmín, ～ yào gǎnxiè lǎo jiěfàngqū de nóngmín.

2. 不少人的衣服上，～是袖子上，带着一片片的干了的血迹。(姚雪垠《李自成》)

Bù shǎo rén de yīfu shang, ～ shì xiùzi shang, dàizhe yí piànpiàn de gānle de xuèjī.

3. 肖元山有他严重的弱点，～表现在对待群众的问题。(曲波《桥隆飙》)

Xiāo Yuánshān yǒu tā yánzhòng de ruòdiǎn, ～ biǎoxiàn zài duìdài qúnzhòng de wèntí.

特地 tèdì （副词）

专门为某一目的（做某事），或由于重视着急（做某事）：

For a special purpose, particularly：

1. 我这回，就是专为此～来说说清楚的。(鲁迅《祝福》)

Wǒ zhèhuí, jiùshì zhuān wèi cǐ ～ lái shuōshuo qīngchu de.

2. 你来是～找她的吧？(郭沫若《屈原》)

Nǐ lái shì ～ zhǎo tā de ba?

3. 在没有走上工作岗位以前，他～到此来见识一下天安门的风景。(叶君健《天安门之夜》)

Zài méiyou zǒu shàng gōngzuò gǎngwèi yǐqián, tā ～ dào cǐ lái jiànshi yíxià Tiān'ānmén de fēngjǐng.

4. 这是王工程师～给他安排的轻松活。(陶承《我的一家》)

Zhè shì Wáng gōngchéngshī ～ gěi tā ānpái de qīngsōng huór.

5. 梁老师～为他演奏起来。(张洁《从森林里来的孩子》)

Liáng lǎoshī ～ wèi tā yǎnzòu qilai.

参看"特"B、"特别"B、"特意"。

Compare 特 tè B, 特别 tèbié B and 特意 tèyì.

特意 tèyì （副词）

同"特地"：

Same as 特地 (particularly)：

1. 我爱团，～借了一匹快马，前来报信。(老舍《神拳》)

Wǒ ài tuán, ～ jièle yì pǐ kuài mǎ, qiánlái bào xìnr.

2. 这是政委～为这个小红军留下来的。(马忆湘《朝阳花》)

Zhè shì zhèngwěi ～ wèi zhège xiǎo hóngjūn liú xialai de.

3. 我知道你们有难处,～来和你商量。(张二牧《贺龙在湘鄂西》)
    Wǒ zhīdao nǐmen yǒu nánchù, ～ lái hé nǐ shāngliang.

4. 陈总出门,～嘱咐我说:"小同志,可不能因为他犯了错误就另一个样子,要更好地关照他。"(景希珍《在彭总身边》)
    Chén zǒng chū mén, ～ zhǔfu wǒ shuō:" Xiǎo tóngzhì, kě bù néng yīnwèi tā fànle cuòwù jiù lìng yí ge yàngzi, yào gèng hǎo de guānzhào tā. "

5. 我～回来搬家眷。(杨朔《征尘》)
    Wǒ ～ huí lai bān jiājuàn.

挺   tǐng   (副词)〈口〉

表示一定程度,和"很"差不多;修饰形容词、某些动词、助动词、短语:

Very, quite; more or less like 很; modifies adjectives, verbs, auxiliary verbs or phrases:

1. 闯王说:"对,你想的～周到,就这么办。"(姚雪垠《李自成》)
    Chuǎngwáng shuō:" Duì, nǐ xiǎng de ～ zhōudao, jiù zhème bàn. "

2. 老实人气急了也是～厉害的。(李建纲《三个李》)
    Lǎoshi rén qìjíle yě shì ～ lìhai de.

3. 他也很局促,但～有礼貌地开始和我谈话。(孔捷生《姻缘》)
    Tā yě hěn júcù, dàn ～ yǒu lǐmào de kāishǐ hé wǒ tán huà.

4. ……老队长,干起活来,～俐洒,说个笑话～逗人,近六十的人了,还～爱打打闹闹。(马力《没有准备的发言》)
    . . . Lǎo duìzhǎng, gàn qǐ huó lai, ～ lìsa, shuō ge xiàohua ～ dòu rén, jìn liùshí de rén le, hái ～ ài dǎda-nàonào.

5. 那人可怪有意思哩,我～怕他。(雪克《战斗的青春》)
    Nà rén kě guài yǒu yìsi li, wǒ ～ pà tā.

6. 杨之枫干起活来倒～舍得卖力气。(陆北威《美丽的杨之枫》)
    Yáng Zhīfēng gàn qǐ huór lai dào ～ shěde mài lìqi.

7. 老李～会安排家庭生活。
    Lǎo Lǐ ～ huì ānpái jiātíng shēnghuó.

可以修饰两种否定形式:

Can modify two types of negative forms:

1)不愉快性质的:

  Negative forms with a disagreeable quality:

8. 王老虎站在连长面前,脸红彤彤的～不自在,手没处放,脚没处站。(杜鹏程《保卫延安》)
    Wáng Lǎohǔ zhàn zài liánzhǎng miànqián, liǎn hóngtóngtóng de ～ bú zìzai, shǒu méi chù fàng, jiǎo méi chù zhàn.

9. 她～不情愿地慢慢地把背着的双手伸出来。(谌容《永远是春天》)
    Tā ～ bù qíngyuàn de mànmānr de bǎ bèizhe de shuāng shǒu shēn chulai.

(×～不发愁 ×～不为难)

2)否定形式但是肯定意义的:

  Negative forms but with a positive meaning:

10. 咱们的粮食还～不少呢!

Zánme de liángshi hái ～ bùshǎo ne!

（不少=多 ×～不多 不多≠少）

11. 这剧场～不小的，起码坐两千人。

Zhè jùchǎng ～ bù xiǎo de, qǐmǎ zuò liǎngqiān rén.

（不小=大 ×～不大 不大≠小）

12. 他的字写得～不错的。

Tā de zì xiě de ～ búcuò de.

（不错=好）

"老高""老远""老大"等前可以加"挺"，程度更高些，后面多带"的"：

挺 can be added to phrases such as 老高, 老远, 老大 etc. to indicate an even higher degree, in which case, it is often followed by 的：

两家隔得～老远的，平时来往很少。

Liǎng jiā gé de ～ lǎo yuǎn de, píngshí láiwǎng hěn shǎo.

同 tóng （副词）

多修饰单音节动词：

Modifies monosyllabic verbs：

A 表示在某点上相同：

To be the same (in a certain respect)：

1. 十一日李公朴先生遭难，十五日闻一多先生遇害，～在昆明，～是领导民主运动的朋友，～遭美械凶徒的暗杀。（郭沫若《悼一多》）

Shíyī rì Lǐ Gōngpú xiānsheng zāo nàn, shíwǔ rì Wén Yīduō xiānsheng yù hài, ～ zài Kūnmíng, ～ shì lǐngdǎo mínzhǔ yùndòng de péngyou, ～ zāo Měixiè xiōngtú de ànshā.

2. 百川殊途而～归于海。（郭沫若《不灭的光辉》）

Bǎi chuān shū tú ér ～ guīyú hǎi.

3. 门窗～在一个方向；都朝着院子。（茅盾《腐蚀》）

Mén chuāng ～ zài yí ge fāngxiàng; dōu cháozhe yuànzi.

4. 虽～是灯船，虽～是秦淮，虽～是我们；却是灯影淡了，河水静了，我们倦了。（俞平伯《浆声灯影里的秦淮河》）

Suī ～ shì dēngchuán, suī ～ shì Qínhuái, suī ～ shì wǒmen; què shì dēngyǐng dàn le, héshuǐ jìng le, wǒmen juàn le.

5. ～是工人或者～是教员，有的人精神高尚，有的人志趣低下，这高与低不是单凭职业决定的。（莫应丰《风》）

～ shì gōngrén huòzhě ～ shì jiàoyuán, yǒude rén jīngshén gāoshàng, yǒude rén zhìqù dīxià, zhè gāo yǔ dī búshi dān píng zhíyè juédìng de.

B 相当于"共同""一起"：

Together：

1. 闰土早晨便到了，水生没有～来。（鲁迅《故乡》）

Rùntǔ zǎochen biàn dào le, Shuǐshēng méiyou ～ lái.

2. 徐为民和冯友梅～抬一根电杆。（孙谦《南山的灯》）

Xú Wèimín hé Féng Yǒuméi ～ tái yì gēn diàngān.

3. 跟她～住一个房间的还有三个护士。（树棻《姑苏春》）

Gēn tā ～ zhù yí ge fángjiān de hái yǒu sān ge hùshi.

4. 等我们商量安排一下以后，马上集合部队，我亲自带着，跟你们～上苦竹寨。（李北桂《贼狼滩》）

Děng wǒmen shāngliang ānpái yíxià yǐhòu, mǎshàng jíhé bùduì, wǒ qīnzì dàizhe, gēn nǐmen ～ shàng Kǔzhúzhài.

参看连词"同"。

Compare conjunction 同 tóng.

统　tǒng　（副词）

A 有"全部"的意思，用得很少：

All；not frequently used：

1. 他多年出门，～忘却了。（鲁迅《故乡》）

Tā duō nián chū mén, ～ wàngquè le.

2. 周大勇声音有点颤动地说："教导员，道理我～明白，可这一口气下不去。"（杜鹏程《保卫延安》）

Zhōu Dàyǒng shēngyīn yǒudiǎnr chàndòng de shuō："Jiàodǎoyuán, dàolǐ wǒ ～ míngbai, kě zhè yì kǒu qì xià bu qù."

3. 盖洋楼，自然是在几层上面有尖角，有石柱，有雕刻，有突出嵌入的种种凉台、窗子，～名之曰洋式而已。（王统照《青岛素描》）

Gài yánglóu, zìrán shì zài jǐ céng shàngmiàn yǒu jiānjiǎo, yǒu shízhù, yǒu diāokè, yǒu tūchū qiànrù de zhǒngzhǒng liángtái, chuāngzi, ～ míng zhī yuē yángshì éryǐ.

B 有"统一""全面"的意思：

In a unified way：

1. "最近市里往下分～建的宿舍，咱们一个单元没捞着呀。"（刘心武《没功夫叹息》）

"Zuìjìn shì li wǎng xià fēn ～ jiàn de sùshè, zánmen yí ge dānyuán méi lāozháo ya."

2. 三十四军、四十三军、六十一军各一部及轮训师、轮训炮兵团共约十三个团，～归三十四军军长高卓之指挥。（孙吴《临汾旅》）

Sānshí sì jūn, sìshí sān jūn, liùshí yī jūn gè yí bù jí lúnxùn shī, lúnxùn pàobīngtuán gòng yuē shísān ge tuán, ～ guī sānshí sì jūn jūnzhǎng Gāo Zhuōzhī zhǐhuī.

3. 我们单位由老张～管总务工作。

Wǒmen dānwèi yóu Lǎozhāng ～ guǎn zǒngwù gōngzuò.

统共　tǒnggòng　（副词）

同"一共"，不如"一共"常用：

Same as 一共（altogether, in all）, but not as frequently used：

1. 郭振山互助联组的三头肥猪，～杀了二百三十多斤肉。（柳青《创业史》）

Guō Zhènshān hùzhù liánzǔ de sān tóu féi zhū, ～ shāle èrbǎi sānshí duō jīn ròu.

2. 今天薪水拿到手，扣掉饭费、房费、水电费，还有那些见鬼的什么"基金"、"献金"，～就只剩下这几个钱了。（树棻《姑苏春》）

Jīntiān xīnshui nádào shǒu, kòudiào fànfèi, fángfèi, shuǐdiànfèi, hái yǒu nàxiē jiàn guǐ de shénme "jījīn", "xiànjīn", ～ jiù zhǐ shèng xia zhè jǐ ge qiánr le.

3. 技术指导站～不过两个小青年。（白危《被围困的农庄主席》）

Jìshù zhǐdǎozhàn ～ búguò liǎng ge xiǎo qīngnián.

4.　从五六年到七六年,二十年来苗海~也没给大儿子写过十封信。(刘亚舟《男婚女嫁》)

Cóng wǔliù nián dào qīliù nián, èrshí nián lái Miáo Hǎi ~ yě méi gěi dàérzi xiěguo shí fēng xìn.

统统　tǒngtǒng　(副词)

同"都"A,也说"通通""通统":

Same as 都 A (all), sometimes may be replaced by 通通 or 通统:

1.　你们原地站好,~在这里等着! (李北桂《贼狼滩》)

Nǐmen yuándì zhànhǎo, ~ zài zhèlǐ děngzhe!

2.　先前我不知道你的心事,方才茶房~告诉我了。(杨朔《雪花飘在满洲》)

Xiānqián wǒ bù zhīdao nǐ de xīnshì, fāngcái cháfang ~ gàosu wǒ le.

3.　现在喊的最响的这些搞法,到时候通通会变的。(莫应丰《风》)

Xiànzài hǎn de zuì xiǎng de zhèxiē gǎofǎ, dào shíhou tōngtōng huì biàn de.

4.　"明天,你带几个人,把他们通通送出老林去。"(彭荆风《鹿衔草》)

"Míngtiān, nǐ dài jǐ ge rén, bǎ tāmen tōngtōng sòng chū lǎolín qu."

5.　沙贯舟以"医官"的身分,把五十多个伤员,通通疏散在南边……(曲波《桥隆飙》)

Shā Guànzhōu yǐ "yīguān" de shēnfèn, bǎ wǔshí duō ge shāngyuán, tōngtōng shūsàn zài nánbianr...

痛　tòng　(副词)

表示尽情地、深切地、彻底地,只修饰少数几个单音节动词:

(*Do sth.*) *to one's heart's content, deeply, thoroughly*; *modifies only a few monosyllabic verbs:*

1.　我~骂了他,说他侮辱了我,怕我输了不给钱。(郭沫若《少年时代》)

Wǒ ~ màle tā, shuō tā wǔrǔle wǒ, pà wǒ shūle bù gěi qián.

2.　东家叫人~打了他一顿。(陈立德《前驱》)

Dōngjia jiào rén ~ dǎle tā yí dùn.

3.　一九七六年一月,我们和老唐夫妇共同沉浸在~悼周总理的悲哀里。(王蒙《悠悠寸草心》)

Yījiǔqīliù nián Yīyuè, wǒmen hé Lǎo Táng fūfù gòngtóng chénjìn zài ~ dào Zhōu zǒnglǐ de bēi·āi li.

4.　此刻,他才~悔地觉到,他完全被自己的自信所毁掉了! (陈立德《前驱》)

Cǐkè, tā cái ~ huǐ de juédào, tā wánquán bèi zìjǐ de zìxìn suǒ huǐdiào le!

5.　我……暗暗地~下决心,要是他能保我过关,我决不再用弹弓射他的脑门。(张洁《我不是个好孩子》)

Wǒ... àn·àn de ~ xià juéxīn, yàoshi tā néng bǎo wǒ guò guān, wǒ jué bú zài yòng dàngōng shè tā de nǎoménr.

6.　为了庆祝他的生日,他们~饮了一番。

Wèile qìngzhù tā de shēngrì, tāmen ~ yǐnle yì fān.

7.　我现在还~感有周密研究中国事情和国际事情的必要,……(毛泽东《〈农村调查〉的序言和跋》)

Wǒ xiànzài hái ~ gǎn yǒu zhōumì yánjiū Zhōngguó shìqing hé guójì shìqing de bìyào,...

偷 tōu （副词）

瞒着人（做某事），只修饰少数单音节动词：

(*Do sth.*) *stealthily, secretly*; only modifies a few monosyllabic verbs:

1. 早上，她曾到窗口去～看蒙着被单打鼾的哥哥。（罗广斌、杨益言《红岩》）
   Zǎoshang, tā céng dào chuāngkǒu qù ～ kàn méngzhe bèidān dǎ hān de gēge.

2. 李海张起耳朵～听一点内容，隔得太远，很难听见。（莫应丰《风》）
   Lǐ Hǎi zhāng qi ěrduo ～ tīng yìdiǎnr nèiróng, gé de tài yuǎn, hěn nán tīngjiàn.

3. 只是因为团长规定，要他们散戏以后参加评戏会，不然，他们大概早就～跑回家去了。（莫应丰《风》）
   Zhǐshì yīnwèi tuánzhǎng guīdìng, yào tāmen sàn xì yǐhòu cānjiā píng xì huì, bùrán, tāmen dàgài zǎo jiù ～ pǎo huí jiā qu le.

"偷"后加"着"则可比较自由地运用：

偷＋着, which means the same thing, can be used more freely：

4. 我得设法叫她不再～着掉眼泪。（老舍《全家福》）
   Wǒ děi shèfǎ jiào tā bú zài ～zhe diào yǎnlèi.

5. 咱们别走近，～着望望，看是怎么了！（孔厥、袁静《新儿女英雄传》）
   Zánmen bié zǒujìn, ～zhe wàngwang, kàn shì zěnme le!

6. 她又怕成仰岱笑话，遂赶忙转过身去～着撩起衣襟去擦。（臧伯平《破晓风云》）
   Tā yòu pà Chéng Yǎngdài xiàohua, suì gǎnmáng zhuǎn guò shēn qu ～zhe liāo qi yījīn qù cā.

7. 她～着买了一双很贵的皮鞋。
   Tā ～zhe mǎile yì shuāng hěn guì de píxié.

8. 小李～着写了一篇稿子投到报社去。
   Xiǎolǐ ～zhe xiěle yì piān gǎozi tóudào bàoshè qu.

参看"偷偷"。

Compare 偷偷 tōutōu.

偷偷 tōutōu （～儿）（副词）

意思同"偷"；但既可修饰单音节动词，也可修饰多音词以及动词短语，可带"地"：

Same as 偷 (stealthily, secretly), but can modify monosyllabic as well as polysyllabic verbs and also verbal phrases. It can be followed by 地：

1. 冯狗子～探头，见院中没人，轻轻地走进来。（老舍《龙须沟》）
   Féng Gǒuzi ～ tàn tóu, jiàn yuàn zhōng méi rén, qīngqīng de zǒu jinlai.

2. 我一面走，一面～瞅着那个小伙子。（艾明之《无言歌》）
   Wǒ yímiàn zǒu, yímiàn ～ chǒuzhe nàge xiǎohuǒzi.

3. 一天夜里，汤阿英～回到自己的家。（周而复《上海的早晨》）
   Yì tiān yè li, Tāng Āyīng ～ huídào zìjǐ de jiā.

4. 贺龙对周围的学生瞄了一眼，把头埋着，也～笑起来。（张二牧《贺龙在湘鄂西》）
   Hè Lóng duì zhōuwéi de xuésheng miáole yì yǎn, bǎ tóu máizhe, yě ～ xiào qilai.

5. 原来牛大水一伙从苇塘里绕过来，～藏在南边一大片荷花丛里。（孔厥、袁静《新儿女英雄传》）

Yuánlái Niú Dàshuǐ yìhuǒ cóng wéitáng li rào guolai, ～ cáng zài nánbianr yí dà piàn héhuā cóng li.

6. 小孙子～地把奶奶的眼镜藏起来,害得奶奶找了半天。

Xiǎo sūnzi ～ de bǎ nǎinai de yǎnjìng cáng qilai, hài de nǎinai zhǎole bàntiān.

突 tū (副词)〈书〉

有"忽然"的意思,修饰单音节动词:

Suddenly, abruptly, unexpectedly; modifies monosyllabic verbs:

1. 我纠察队员陈锡在罗村茶亭地方～遭英兵开枪射击,伤重身亡。(周士第《铁甲车队》)

Wǒ jiūcháduìyuán Chén Xī zài Luócūn Chátíng dìfang ～ zāo Yīng bīng kāi qiāng shèjī, shāng zhòng shēn wáng.

2. 她是在用怎样一种～发的激情为我辩护啊!(沙小青《邂逅》)

Tā shì zài yòng zěnyàng yì zhǒng ～ fā de jīqíng wèi wǒ biànhù a!

3. 正当刘啸尘取得敌人的潜伏计划时,张仲年不期而至,形势～变。(邮苏元《出人意料,引人入胜》)

Zhèng dāng Liú Xiàochén qǔdé dírén de qiánfú jìhuà shí, Zhāng Zhòngnián bù qī ér zhì, xíngshì ～ biàn.

4. 有一次,他离家远去捕猎山货,一走数日,返回后,～知祸从天降。(李北桂《贼狼滩》)

Yǒu yí cì, tā lí jiā yuǎn qù bǔliè shānhuò, yì zǒu shù rì, fǎnhuí hòu, ～ zhī huò cóng tiān jiàng.

5. 峰的腰际,只是一层一层的沙石岩壁,可望而不可攀,间有瀑布奔流,奇树～现。(郁达夫《方岩纪静》)

Fēng de yāo jì, zhǐ shì yì céng yì céng de shā shí yán bì, kě wàng ér bù kě pān, jiàn yǒu pùbù bēnliú, qí shù ～ xiàn.

徒 tú (副词)〈书〉

意思相当于"空"或"白白地",多用在四字短语中:

In vain, to no avail; empty; is often used in a four-character phrase:

1. 平时传闻的那些名胜古迹,往往有不少只是～有虚名罢了。(树棻《姑苏春》)

Píngshí chuánwén de nàxiē míngshèng gǔjī, wǎngwǎng yǒu bù shǎo zhǐshì ～ yǒu xūmíng bàle.

2. 我很想这样做,但个人能力和其他条件的局限性太大,可能是～有愿望而已。(莫应丰《风》)

Wǒ hěn xiǎng zhèyàng zuò, dàn gèrén nénglì hé qítā tiáojiàn de júxiànxìng tài dà, kěnéng shì ～ yǒu yuànwàng éryǐ.

3. F居然在我面前,吞吞吐吐说了这么半句:"就怕的是渔翁得利,～为仇者所快……"(茅盾《腐蚀》)

F jūrán zài wǒ miànqián, tūntūntǔtǔ shuōle zhème bàn jù: "Jiù pà de shì yúwēng dé lì, ～ wéi chóuzhě suǒ kuài ..."

4. 当初要把焕之一径栽培上去的愿望,只怕～成梦想。(叶圣陶《倪焕之》)

Dāngchū yào bǎ Huànzhī yíjìng zāipéi shangqu de yuànwàng, zhǐ pà ～ chéng mèngxiǎng.

忒　　tuī (tēi)　　（副词）〈口〉

同"太"A，可以修饰表示不愉快性质的否定形式：

Same as 太 A (excessively, too); can modify negative forms with a disagreeable quality：

1.　恐怕还是你～多心。(茅盾《腐蚀》)

　　Kǒngpà háishi nǐ ～ duō xīn.

2.　"你也别～骄傲了！"杨雪告诫他。(魏巍《东方》)

　　"Nǐ yě bié ～ jiāo·ào le!" Yáng Xuě gàojiè tā.

3.　性子～急的王心火,正抬脚要下去,底下"突突突"地忽然射上来一串子弹(李北桂《贼狼滩》)

　　Xìngzi ～ jí de Wáng Xīnhuǒ, zhèng tái jiǎo yào xià qu, dǐxia "tūtūtū" de hūrán shè shanglai yí chuàn zǐdàn!

4.　这本书～没劲,看着眼皮老打架。(王新纪、田增祥、陶正《风乍起……》)

　　Zhèběn shū ～ méi jìn, kànzhe yǎnpí lǎo dǎ jià.

万　　wàn　　（副词）〈书〉

同"万万"：

Same as 万万 (absolutely, wholly)：

1.　我～想不到会在这里遇见你。(鲁迅《在酒楼上》)

　　Wǒ ～ xiǎng bu dào huì zài zhèlǐ yùjiàn nǐ.

2.　倘不是～不得已,我是不大和他一同出去的。(鲁迅《为了忘却的记念》)

　　Tǎng bú shì ～ bùdéyǐ, wǒ shì búdà hé tā yìtóng chū qu de.

3.　自己～无主张暂缓开学之理。(叶圣陶《潘先生在难中》)

　　Zìjǐ ～ wú zhǔzhāng zàn huǎn kāi xué zhī lǐ.

4.　请闯王～不要误了大事。(姚雪垠《李自成》)

　　Qǐng chuǎngwáng ～ búyào wùle dàshì.

5.　去年在某大学的被逐,是～料不到的事情。(郁达夫《一个人在途中》)

　　Qùnián zài mǒu dàxué de bèi zhú, shì ～ liào bu dào de shìqing.

万万　　wànwàn　　（副词）

表示劝阻、命令,含有极端强调的语气,用于否定形式前,或用在表示预测性的动词前;不能用于对事实的叙述：

Absolutely, wholly; is used before a negative form. It is an emphatic word and can be used in dissuasion, command, possibility or conjecture, but never in a narration of fact：

1.　短见是～寻不得的。(鲁迅《阿Q正传》)

　　Duǎnjiàn shì ～ xún bu de de.

2.　大姐走,他可以同意,要带儿女就～不行。(郭沫若《蔡文姬》)

　　Dàjiě zǒu, tā kěyǐ tóngyì, yào dài érnǚ jiù ～ bù xíng.

3.　"别人可以住乡下,像我和你,～不能住!"(茅盾《第一阶段的故事》)

　　"Biérén kěyǐ zhù xiāngxia, xiàng wǒ hé nǐ, ～ bù néng zhù!"

4.　土恶霸难斗,洋恶霸～斗不得。(老舍《神拳》)

　　Tǔ èbà nán dòu, yáng èbà ～ dòu bu de.

5.　我真是～想不到他会病得这么厉害。(欧阳山《高干大》)

　　Wǒ zhēn shì ～ xiǎng bu dào tā huì bìng de zhème lìhai.

6.　他～没想到,这是他最后一次与故土告别。(张二牧《贺龙在湘鄂西》)

Tā ~ méi xiǎngdào, zhè shì tā zuìhòu yí cì yǔ gùtǔ gàobié.

(×他昨天~没有看见小李。)

参看"万"。

Compare 万 wàn.

枉   wǎng   （副词）

徒具虚名,没有达到名称所表的实际高度,多用于书面语:

Indicates that something exists in name only, or it falls short of the actual standard implied by the name. It is usually used in written language:

1. 凤凰,凤凰,你们～为这禽中的灵长。(郭沫若《凤凰涅槃》)

   Fènghuáng, Fènghuáng, nǐmen ~ wéi zhè qín zhōng de língzhǎng.

2. 人生在世,不干一番事业,～为人啦! (冯德英《山菊花》)

   Rénshēng zài shì, bú gàn yì fān shìyè, ~ wéi rén la!

3. 还是作家呢,～披了一张人皮。(巴波《邻居》)

   Háishi zuòjiā ne, ~ pīle yì zhāng rén pí.

4. 众目有慧,名不～起,随着年龄岁岁加码,她果真象朝天椒一般由青到红变得越发名符其实起来。(袁一平《朝天椒》)

   Zhòng mù yǒu huì, míng bù ~ qǐ, suízhe niánlíng suìsuì jiā mǎ, tā guǒzhēn xiàng cháotiānjiāo yìbān yóu qīng dào hóng biàn de yuèfā míngfúqíshí qilai.

("不"修饰"枉起")

有时有"白白地""徒然"的意思,如:

Sometimes it means "to no avail":

5. 如果你们想用威胁手段使他屈服,那可是～费心机。

   Rúguǒ nǐmen xiǎng yòng wēixié shǒuduàn shǐ tā qūfú, nà kě shì ~ fèi xīnjī.

辨认:

Note:

"不枉"是动词,用于主谓结构前,有"不辜负"的意思,没有肯定式:

不枉 is a verb, and is used before a S-P, meaning 不辜负 (not let somebody down). 不枉 does not have an affirmative form:

果真这样,也不枉我在这里一番! (张武《看"点"日记》)

Guǒzhēn zhèyàng, yě bù wǎng wǒ zài zhèlǐ yì fān!

往往   wǎngwǎng   （副词）

表示在某条件下,大多数情况是如此,不受否定词修饰:

Indicates that such is the situation in most cases. It can never be modified by a negative word:

1. 叭儿狗～比它的主人更严厉。(鲁迅《小杂感》)

   Bā·érgǒu ~ bǐ tā de zhǔrén gèng yánlì.

2. 初次经过的道路～觉得特别长。(叶圣陶《倪焕之》)

   Chūcì jīngguò de dàolù ~ juéde tèbié cháng.

3. "直言"～是逆耳的,一片好心～倒得罪了人。(朱自清《论老实话》)

   "Zhíyán" ~ shì nì·ěr de, yí piàn hǎoxīn ~ dào dézuìle rén.

4. 自然这样的脚色又～是过于直率,过于表露。(欧阳山《高干大》)

   Zìrán zhèyàng de juésè yòu ~ shì guòyú zhíshuài, guòyú biǎolù.

5. 人们总是追求幸福,可是却～不大会珍惜幸福。(陈立德《前驱》)
   Rénmen zǒngshì zhuīqiú xìngfú, kěshì què ～ búdà huì zhēnxī xìngfú.

6. 说自己不行的人,～才是真正的好人。(邢益勋《权与法》)
   Shuō zìjǐ bùxíng de rén, ～ cái shì zhēnzhèng de hǎorén.

7. 在这世界上,有多少奇怪的事情啊!～在弱者面前最善于作威作福的人,也正是在强者面前最善于奴颜婢膝的。(陈立德《前驱》)
   Zài zhè shìjiè shang, yǒu duōshǎo qíguài de shìqíng a! ～ zài ruòzhě miànqián zuì shànyú zuòwēizuòfú de rén, yě zhèng shì zài qiángzhě miànqián zuì shànyú núyánbìxī de.

参看"每每"。
Compare 每每 měiměi.

惟(唯) wéi （副词）〈书〉

相当于"只""只是""只有"的意思:

Means 只,只是,只有（only, alone）:

1. 吴妈此后倘有不测,～阿Q是问。(鲁迅《阿Q正传》)
   Wúmā cǐhòu tǎng yǒu búcè, ～ Ā Q shì wèn.

2. 日本在维新以后,初时处处～德国是仿。(王统照《青岛素描》)
   Rìběn zài wéixīn yǐhòu, chū shí chùchù ～ Déguó shì fǎng.

3. 这个神炮手不～爱打球,而且爱唱歌。(王汶石《挥起战刀的炮手们》)
   Zhège shénpàoshǒu bù ～ ài dǎ qiú, érqiě ài chàng gē.

4. 害人的事,桃子不～做不出来,她连想也不会向这上面想。(冯德英《山菊花》)
   Hài rén de shì, Táozi bù ～ zuò bu chūlái, tā lián xiǎng yě bú huì xiàng zhè shàngmiàn xiǎng.

5. 每人手边摆着一杯浓茶,抽烟的～老王一人。
   Měi rén shǒubiān bǎizhe yì bēi nóngchá, chōu yān de ～ Lǎowáng yì rén.

唯独 wéidú （副词）〈书〉

同"独独";表示在一般人、物中指出个别的,并说明其与众不同之处:

Same as 独独, points out and explains how a particular person or thing is different from a general class:

1. 别的人四散开去,～童进没有走。(周而复《上海的早晨》)
   Biéde rén sìsàn kāi qù, ～ Tóng Jìn méiyou zǒu.

2. 国家动乱如此之大,～孔庆儒的地方势力,稳稳当当,毫不动摇。(冯德英《山菊花》)
   Guójiā dòngluàn rúcǐ zhī dà, ～Kǒng Qìngrú de dìfang shìlì, wěnwěndāngdāng, háo bú dòngyáo.

3. ……凡事有个例外。我～不记得他和林彪有过什么密切的交往,这原因,直到好久以后我才知道了一点。(景希珍《在彭总身边》)
   ... Fán shì yǒu ge lìwài. Wǒ ～ bú jìde tā hé Lín Biāo yǒuguo shénme mìqiè de jiāowǎng, zhè yuányīn, zhídào hǎojiǔ yǐhòu wǒ cái zhīdaole yìdiǎnr.

委实 wěishí （副词）〈书〉

有"确实"的意思,但用得较少:

Really, indeed; is not frequently used:

1. 这十多个少年，～没有一个不会凫水的。(鲁迅《社戏》)
   Zhè shí duō ge shàonián, ～ méi yǒu yí ge bú huì fú shuǐ de.

2. 这孩子～可爱，我们可以收他为义子啦！(郭沫若《屈原》)
   Zhè háizi ～ kě`ài, wǒmen kěyǐ shōu tā wéi yìzi la!

3. 她和那班本地的人～并无恩怨。(茅盾《委屈》)
   Tā hé nàbān běndì de rén ～ bìng wú ēnyuàn.

4. 在火光里，可以看见她眼睛哭得红红的，低着头，额发也乱了，样子～可怜。(魏巍《东方》)
   Zài huǒ guāng li, kěyǐ kànjian tā yǎnjing kū de hónghóng de, dīzhe tóu, éfà yě luàn le, yàngzi ～ kělián.

未 wèi (副词)〈书〉

A 同"没有"A、B，表示否定性的既成事实或对过去经验的否定；其肯定形式是"已"：

Same as 没有 A & B, indicates a negative *fait accompli* or negates a past experience. Its affirmative form is 已：

1. 他比先前并没有什么大变化，单是老了些，但也还～留胡子。(鲁迅《祝福》)
   Tā bǐ xiānqián bìng méi yǒu shénme dà biànhuà, dān shì lǎole xiē, dàn yě hái ～ liú húzi.

2. 天色尚～全黑。(茅盾《多角关系》)
   Tiānsè shàng ～ quán hēi.

3. 他头一回从自己的身上看到了一种过去所从～发现过的力量。(陈立德《前驱》)
   Tā tóu yì huí cóng zìjǐ de shēnshang kàndàole yì zhǒng guòqù suǒ cóng ～ fāxiànguo de lìliang.

4. 农民的反抗精神，并～被镇压下去。(张二牧《贺龙在湘鄂西》)
   Nóngmín de fǎnkàng jīngshén, bìng ～ bèi zhènyā xiaqu.

5. 她有好几天～和成岗见面了。(罗广斌、杨益言《红岩》)
   Tā yǒu hǎo jǐ tiān ～ hé Chéng Gāng jiàn miàn le.

参看"未曾""未尝"A。

Compare 未曾 wèicéng, 未尝 wèicháng A.

B 同"不"，但使用范围很有限：

Same as 不 (see p. 24), but with a very limited usage：

1. 人要是横了心，就～见得容易摆布。(茅盾《腐蚀》)
   Rén yàoshi héngle xīn, jiù ～ jiànde róngyì bǎibù.

2. 我们因走进来晚，故～知前事。(朱自清《执政府大屠杀记》)
   Wǒmen yīn zǒu jìnlai wǎn, gù ～ zhī qián shì.

3. 那场"风暴"的余波，还是充满着～可预料的凶险。(李北桂《贼狼滩》)
   Nàchǎng "fēngbào" de yúbō, háishi chōngmǎnzhe ～ kě yùliào de xiōngxiǎn.

4. 你的前途～可限量。(陶菊隐《我所知道的杨度》)
   Nǐ de qiántú ～ kě xiànliàng.

5. 此案宣扬出去，全国舆论群起而攻，太后也～便公然包庇。(陶菊隐《袁世凯演义》)

Cǐ àn xuānyáng chūqu, quán guó yúlùn qún qǐ ér gōng, Tàihòu yě ～ biàn gōngrán bāobì.

未必　wèibì　（副词）

"不一定"或"也许不"的意思,可以单独成句:

May not; only indicates a conjecture and can be used independently:

1. 我很吃惊,只得支吾着,"地狱? ——论理,就该也有。——然而也～。"
   Wǒ hěn chī jīng, zhǐdé zhīwuzhe, "dìyù? —— lùn lǐ, jiù gāi yě yǒu. —— Rán·ér yě～."

2. 老许这样做是为了什么呢? 真是有敌人吗? 恐怕～。(罗广斌、杨益言《红岩》)
   Lǎo Xǔ zhèyàng zuò shì wèile shénme ne? Zhēn shì yǒu dírén ma? Kǒngpà ～.

3. 我这里要脱身也～容易。(茅盾《腐蚀》)
   Wǒ zhèlǐ yào tuō shēn yě ～ róngyì.

4. 真话～是好听的话。(朱自清《论老实话》)
   Zhēn huà ～ shì hǎotīng de huà.

5. 野史中的红娘子,～实有其人。(姚雪垠《李自成》)
   Yěshǐ zhōng de Hóngniángzǐ, ～ shí yǒu qí rén.

6. 你不要看我是个女子,我将来的成就,～在你之下。(冰心《庄鸿的姐姐》)
   Nǐ búyào kàn wǒ shì ge nǚzǐ, wǒ jiānglái de chéngjiù, ～ zài nǐ zhī xià.

修饰否定式时,成为肯定的估计,即"有可能":

When modifying a negative form, it indicates an affirmative estimation, meaning "probably":

7. 他们会吃人,就～不会吃我。(鲁迅《狂人日记》)
   Tāmen huì chī rén, jiù ～ bú huì chī wǒ.

8. 论伯通与我的交情,～不肯帮我一臂之力。(叶圣陶《前途》)
   Lùn Bótōng yǔ wǒ de jiāoqing, ～ bù kěn bāng wǒ yí bì zhī lì.

未曾　wèicéng　（副词）〈书〉

同"未"A:

Same as 未 A (see p. 302):

1. 曾经阔气的要复古,正在阔气的要保持现状,～阔气的要革新。大抵如此。(鲁迅《小杂感》)
   Céngjīng kuòqi de yào fùgǔ, zhèngzài kuòqi de yào bǎochí xiànzhuàng, ～ kuòqi de yào géxīn. Dàdǐ rúcǐ.

2. 何家祥……从来～见过潘小姐这样认真。(茅盾《第一阶段的故事》)
   Hé Jiáxiáng ... cónglái ～ jiànguo Pān xiǎojie zhèyàng rènzhēn.

3. ～开口回答,他先叹了一口气。(茅盾《腐蚀》)
   ～ kāi kǒu huídá, tā xiān tànle yì kǒu qì.

4. 刘缨站起来想去迎接,～移步,眼泪泫然而下。(莫应丰《风》)
   Liú Yīng zhàn qilai xiǎng qù yíngjiē, ～ yí bù, yǎnlèi xuànrán ér xià.

5. 他要教育、鼓励、安慰这个～经受过风险的姑娘。(罗广斌、杨益言《红岩》)
   Tā yào jiàoyù, gǔlì, ānwèi zhège ～ jīngshòuguo fēngxiǎn de gūniang.

未尝　wèicháng　（副词）〈书〉

A 同"未"A:

Same as 未 A (see p. 302)：

1. 他既没有号——也许有号，只是没有人知道他，——又～散过生日征文的帖子。(鲁迅《阿 Q 正传》)
   Tā jì méi yǒu hào —— yěxǔ yǒu hào, zhǐshì méi yǒu rén zhīdao tā, —— yòu ～ sànguo shēngrì zhēngwén de tiězi.

2. 我感到～经验过的无聊，是自此以后的事情。(鲁迅《〈呐喊〉自序》)
   Wǒ gǎndào ～ jīngyàngguo de wúliáo, shì zì cǐ yǐhòu de shìqing.

3. 钱学究和陆三爹的二哥是同年，一世蹭蹬，～发迹。(茅盾《动摇》)
   Qián xuéjiū hé Lù sāndiē de èrgē shì tóngnián, yí shì cèngdèng, ～ fājī.

B 放在否定形式前面，构成双重否定，表示肯定，但语气委婉：
Placed before a negative form to create a double negative, indicating a somewhat toned-down affirmative：

1. 当时就呆在长沙，不撤退也～不可以。(郭沫若《洪波曲》)
   Dāngshí jiù dāi zài Chángshā, bú chètuì yě ～ bù kěyǐ.

2. 私下打听也～不可，可是所费时间多。(叶圣陶《一篇宣言》)
   Sīxià dǎting yě ～ bù kě, kěshì suǒ fèi shíjiān duō.

3. 你姐姐正在气头上，你暂时出去住一下，也～不好，还可以玩玩，没有小孩缠你。(於梨华《姐姐的心》)
   Nǐ jiějie zhèng zài qìtóu shang, nǐ zànshí chū qu zhù yíxià, yě ～ bù hǎo, hái kěyǐ wánrwanr, méi yǒu xiǎoháir chán nǐ.

参看"未始"。
Compare 未始 wèishǐ.

未免   wèimiǎn   (副词)

A 说话人对某种做法感到遗憾，因而提出批评性意见，这时用"未免"使口气委婉：
The speaker regrets certain action, so expresses a critical opinion and 未免 is employed to moderate the tone：

1. 值得大书特书的奇迹，放过～可惜。(高晓声《李顺大造屋》)
   Zhíde dà shū tè shū de qíjī, fàng guò ～ kěxī.

2. 这样做～过于冒险。(罗广斌、杨益言《红岩》)
   Zhèyàng zuò ～ guòyú màoxiǎn.

3. 说不讲纪律～有点过火。(许地山《上景山》)
   Shuō bù jiǎng jìlǜ ～ yǒudiǎnr guò huǒ.

4. 婵娟姑娘，你也～把自己太看高了！(郭沫若《屈原》)
   Chánjuān gūniang, nǐ yě ～ bǎ zìjǐ tài kàngāo le!

5. 这话～说得太早了。(陈立德《前驱》)
   Zhè huà ～ shuō de tài zǎo le.

6. 你这样的人，干这样比较机械的工作，～是大材小用了，可惜！(茅盾《腐蚀》)
   Nǐ zhèyàng de rén, gàn zhèyàng bǐjiào jīxiè de gōngzuò, ～ shì dàcáixiǎoyòng le, kěxī!

7. 要全面地论述她在创作上的成败得失，～为时过早。(黄秋耘《关于张洁作品的断想》)
   Yào quánmiàn de lùnshù tā zài chuàngzuò shang de chéngbài déshī, ～ wéi shí guò

zǎo.

B 偶尔有"不免"的意思：

Occasionally means 不免 (inevitable)：

他意思之间，似乎觉得人生天地间，大约本来有时也～要杀头的。(鲁迅《阿Q正传》)

Tā yìsi zhī jiān, sìhū juéde rén shēng tiān dì jiān, dàyuē běnlái yǒushí yě ～ yào shā tóu de.

未始 wèishǐ （副词）〈书〉

同"未尝"B；不如"未尝"常用：

Same as 未尝 B (see p. 304), but not as frequently used：

1. 时间是冲突的，不过要去看看，也～不可以。(茅盾《腐蚀》)

   Shíjiān shì chōngtu de, búguò yào qù kànkan, yě ～ bù kěyǐ.

2. 以战求和，能战能和，～不是一种正常的考虑。(罗广斌·杨益言《红岩》)

   Yǐ zhàn qiú hé, néng zhàn néng hé, ～ bú shì yì zhǒng zhèngcháng de kǎolǜ.

3. 马慕韩……心里也～不想在上海市各界人民代表会议上露露面。(周而复《上海的早晨》)

   Mǎ Mùhán ... xīnli yě ～ bù xiǎng zài Shànghǎishì gè jiè rénmín dàibiǎo huìyì shang lòulou miànr.

4. "稍为延迟一些，也～不可以商量。"(周而复《上海的早晨》)

   "Shāowéi yánchí yìxiē, yě ～ bù kěyǐ shāngliang."

无从 wúcóng （副词）〈书〉

没有办法或找不到头绪(做某事)；不能修饰单音节词：

Have no way (of doing sth.), not know where to begin (doing sth.); cannot modify monosyllabic words：

1. 我没有具体的办法，一时～着手。(叶圣陶《倪焕之》)

   Wǒ méi yǒu jùtǐ de bànfǎ, yìshí ～ zhuóshǒu.

2. 我自己虽正在这儿执笔构思，实在也～重新体验出那时的情景。(俞平伯《桨声灯影里的秦淮河》)

   Wǒ zìjǐ suī zhèng zài zhèr zhíbǐ gòusī, shízài yě ～ chóngxīn tǐyàn chū nàshí de qíngjǐng.

3. "大清府"，乃是山东胶东一带人民二十年前叫青岛的一个自造专名词，到底是大青还是大清，却～知道。(王统照《青岛素描》)

   "Dàqīngfǔ", nǎi shì Shāndōng Jiāodōng yídài rénmín èrshí nián qián jiào Qīngdǎo de yí ge zìzào zhuānmíngcí, dàodǐ shì Dàqīng háishi Dàqīng, què ～ zhīdao.

4. 我们看他不像平常人，但他有什么毛病，我们也～说起。(许地山《乡曲的狂言》)

   Wǒmen kàn tā bú xiàng píngcháng rén, dàn tā yǒu shénme máobing, wǒmen yě ～ shuō qǐ.

5. 人还没个下落，一切都～谈起。(茅盾《腐蚀》)

   Rén hái méi ge xiàluò, yíqiè dōu ～ tán qǐ.

无妨 wúfāng （副词）

同"不妨"，表示某种作法也许并不一定很好，但也无害：

• Same as 不妨 (there is no harm in, might as well):

1. 这一次～叫胡先生显一显身手试试！(雪克《战斗的青春》)

   Zhè yí cì ～ jiào Hú xiānsheng xiǎn yi xiǎn shēnshǒu shìshi!

2. 在进入正题以前,我们～先看看文学史上的一个事实——列宁怎样评价托尔斯泰,也许可以得到一点启示。

   Zài jìnrù zhèngtí yǐqián, wǒmen ～ xiān kànkan wénxuéshǐ shang de yí ge shìshí —— Lièníng zěnyàng píngjià Tuō·ěrsītài, yěxǔ kěyǐ dédào yìdiǎnr qǐshì.

辨认：

Note：

下面句子中的"无妨"是没有妨碍或不妨碍,是动词短语：

In the following examples, 无妨 is a verb and means "do no harm"：

1. 他如果从来就住在美国,通通信,甚至回来探望探望,倒也无妨。(绍六《离人盼》)

   Tā rúguǒ cónglái jiù zhù zài Měiguó, tōngtong xìn, shènzhì huí lai tànwang tànwang, dào yě wúfāng.

2. 乔光朴,现年五十六岁,身体基本健康,血压有点高,但无妨大局。(蒋子龙《乔厂长上任记》)

   Qiáo Guāngpǔ, xiàn nián wǔshí liù suì, shēntǐ jīběn jiànkāng, xuèyā yǒudiǎnr gāo, dàn wú fāng dàjú.

无非 wúfēi （副词）

有"只不过"的意思,表示没有什么特别的：

Nothing but, no more than, simply, only：

1. 他们双方是一样的货,～是分赃不匀,自伙里火併。(茅盾《腐蚀》)

   Tāmen shuāngfāng shì yíyàng de huò, ～ shì fēn zāng bù yún, zìhuǒ li huǒbìng.

2. 他说了许多漂亮的话,～问我这许久为什么不到他家里去。(巴金《沉落》)

   Tā shuōle xǔduō piàoliang de huà, ～ wèn wǒ zhè xǔjiǔ wèi shénme bú dào tā jiā li qu.

3. 我们的意思～爱国。(叶圣陶《一篇宣言》)

   Wǒmen de yìsi ～ ài guó.

4. 语法～是从说话里面归纳出来的一些纲领。(吕叔湘、朱德熙《语法修辞讲话》)

   Yǔfǎ ～ shì cóng shuō huà lǐmiàn guīnà chulai de yìxiē gānglǐng.

5. 联络渠道么,我想～就是两种。(李北桂《贼狼滩》)

   Liánluò qúdào ma, wǒ xiǎng ～ jiù shì liǎng zhǒng.

勿 wù （副词）〈书〉

同"不要"A；表示禁止或劝阻；前面常加"切",以加强语气：

Same as 不要 A (see p. 38), indicates dissuasion, or prohibition. 切 often precedes 勿 for emphasis：

1. 男最近从青海出差回来,身体很好,饮食较前增加,望大人和胞兄～念。(柳青《创业史》)

   Nán zuìjìn cóng Qīnghǎi chū chāi huí lai, shēntǐ hěn hǎo, yǐnshí jiào qián zēngjiā, wàng dàrén hé bāoxiōng ～ niàn.

2. 那"～抗恶"的声音是跟着他永远地死去了。(巴金《沉落》)

Nà "～kàng è" de shēngyīn shì gēnzhe tā yǒngyuǎn de sǐ qù le.

3. 请～吸烟。

Qǐng ～ xī yān.

4. 李自成命令李过等切～恋战,尽速赶路。(姚雪垠《李自成》)

Lǐ Zìchéng mìnglìng Lǐ Guò děng qiè ～ liànzhàn, jǐn sù gǎn lù.

5. 特委指挥部要大家沉住气,切～露头! (冯德英《山菊花》)

Tèwěi zhǐhuībù yào dàjiā chénzhù qì, qiè ～ lòu tóu!

务 wù (副词)〈书〉

同"务必";多修饰单音节词:

Same as 务必 (must, be sure to), but usually modifies monosyllabic words:

1. 你们各位传令手下将士～要留心。(姚雪垠《李自成》)

Nǐmen gè wèi chuánlìng shǒuxià jiàngshì ～ yào liú xīn.

2. ～请贤侄费心,替我呈给我四哥。(姚雪垠《李自成》)

～ qǐng xiánzhí fèi xīn, tì wǒ chéng gěi wǒ sìgē.

3. 他字斟句酌地仔细修改,～使每一句话都和国家的大政方针没有一点差错。
(艾芜《悼郜荃麟同志》)

Tā zìzhēnjùzhuó de zǐxì xiūgǎi, ～ shǐ měi yí jù huà dōu hé guójiā de dàzhèngfāngzhēn
méi yǒu yìdiǎnr chācuò.

4. 除恶～尽,不留后患。(巴金《除恶务尽》)

Chú è ～ jìn, bù liú hòuhuàn.

务必 wùbì (副词)

仅用于祈使句,是"必须"的意思:

Must, be sure to; occurs in imperative sentences only:

1. 大姐,请你～以国家大事为重,把天下人的儿女都作为自己的儿女吧。(郭沫若
《蔡文姬》)

Dàjiě, qǐng nǐ ～ yǐ guójiā dàshì wéi zhòng, bǎ tiānxià rén de érnǚ dōu zuòwéi zìjǐ de
érnǚ ba.

2. 闯王爷,明天～要多多小心啊! (姚雪垠《李自成》)

Chuǎngwáng yé, míngtiān ～ yào duōduō xiǎoxīn a!

3. 今天,你～要到我家去。(王汶石《新结识的伙伴》)

Jīntiān, nǐ ～ yào dào wǒ jiā qu.

4. 请您～多多保重,一定要想办法走出洞去。(李北桂《贼狼滩》)

Qǐng nín ～ duōduō bǎozhòng, yídìng yào xiǎng bànfǎ zǒu chū dòng qu.

5. 你先到岗楼上,把我的把兄弟叫李六子的叫来,说有人在这儿等他。～把他请
来。(孔厥、袁静《新儿女英雄传》)

Nǐ xiān dào gǎnglóu shang, bǎ wǒ de bǎxiōngdì jiào Lǐ Liùzi de jiào lai, shuō yǒu rén
zài zhèr děng tā. ～ bǎ tā qǐng lai.

参看"务"。

Compare 务 wù.

瞎 xiā (副词)

表示主观上缺乏对事物的了解:

Indicates a subjective lack of understanding:

A 盲目地、无目的地：

Blindly, purposelessly:

1. 汽船～闯过去，在菏花丛里跑了一弓（五尺）远。(孔厥、袁静《新儿女英雄传》)

Qìchuán ～ chuǎng guoqu, zài héhuā cóng li pǎole yì gōng (wǔ chǐ) yuǎn.

2. 敌人什么也看不见，～打了一气。(孙吴《临汾旅》)

Dírén shénme yě kàn bu jiàn, ～ dǎle yíqì.

3. 我们这样在老林里～撞怎么行？总得有个带路人呀！(彭荆风《鹿衔草》)

Wǒmen zhèyàng zài lǎolín li ～ zhuàng zěnme xíng? Zǒng děi yǒu ge dài lù rén ya!

B 随便地、无根据地：

Foolishly, groundlessly:

1. 妈，好好的在这儿，别～叨唠。(老舍《龙须沟》)

Mā, hǎohāor de zài zhèr, bié ～ dāolao.

2. 我不是～估计，是有可靠把握的。(雪克《战斗的青春》)

Wǒ bú shì ～ gūjì, shì yǒu kěkào bǎwò de.

3. 你～吹唬什么，彭西华供得很清楚。(曲波《桥隆飙》)

Nǐ ～ chuīhu shénme, Péng Xīhuá gòng de hěn qīngchu.

C 无效果地、白白地：

Fruitlessly, in vain:

1. 你又不是张剥皮的灰子灰孙，倒要你～起劲？(茅盾《残冬》)

Nǐ yòu bú shì Zhāng bāopí de huīzǐ huīsūn, dào yào nǐ ～ qǐjìnr?

2. 我整天替你～操心哩？(曲波《桥隆飙》)

Wǒ zhěngtiān tì nǐ ～ cāo xīn li?

先   xiān   (副词)

A 暂且的意思：

For the time being, temporarily:

1. 冯先生，你们铺子里不是有地方吗？～让祥子住两天。(老舍《骆驼祥子》)

Féng xiānsheng, nǐmen pù zi li búshì yǒu dìfang ma? ～ ràng Xiángzi zhù liǎng tiān.

2. 三爷，～别出去，街上抓伕呢！(老舍《茶馆》)

Sānye, ～ bié chū qu, jiēshang zhuā fū ne!

3. 别的～不说，就只是那吃饭限定的五分钟时间，万先廷就怎么也不习惯。(陈立德《前驱》)

Biéde ～ bù shuō, jiù zhǐ shì nà chī fàn xiàndìng de wǔ fēnzhōng shíjiān, Wàn Xiāntíng jiù zěnme yě bù xíguàn.

B 表示时间在前面的：

First:

1. 该在后的～办了，一定是遗漏了该在先的，这就不十分妥当。(叶圣陶《倪焕之》)

Gāi zài hòu de ～ bàn le, yídìng shi yílòu le gāi zài xiān de, zhè jiù bù shífēn tuǒdang.

2. 只要情况允许，他总是把准备决定的事情，～交连队讨论一番，然后再作决定。(曲波《山呼海啸》)

Zhǐyào qíngkuàng yǔnxǔ, tā zǒngshi bǎ zhǔnbèi juédìng de shìqing, ～ jiāo liánduì tǎolùn yì fān, ránhòu zài zuò juédìng.

先后 xiānhòu (副词)

表示事情相继发生:

(Things take place) one after another, successively:

1. 一九一七年~发表胡适和陈独秀的文章,开始提倡文学革命。(周扬《三次伟大的思想解放运动》)

 Yījiǔyīqī nián ~ fābiǎo Hú Shì hé Chén Dúxiù de wénzhāng, kāishǐ tíchàng wénxué gémìng.

2. 全国解放以后,我们同在北京,并~主编《文艺报》。(丁玲《悼雪峰》)

 Quán guó jiěfàng yǐhòu, wǒmen tóng zài Běijīng, bìng ~ zhǔbiān《Wényì bào》.

3. 耿政委引着几个人,全都~进了屋。(李北桂《贼狼滩》)

 Gěng zhèngwěi yǐnzhe jǐ ge rén, quándōu ~ jìnle wū.

4. 老夫妇~病死以后,白老大就自己背着茶妹在老林里奔走。(彭荆风《鹿衔草》)

 Lǎo fūfù ~ bìngsǐ yǐhòu, Bái Lǎodà jiù zìjǐ bēizhe Chámèi zài lǎolín li bēnzǒu.

5. 康育义和王运德~被释放了。(杨匡满、郭宝臣《命运》)

 Kāng Yùyì hé Wáng Yùndé ~ bèi shìfàng le.

险些 xiǎnxiē (副词)

表示不如意的事情几乎发生,但并未发生,有庆幸的感情色彩:

Nearly; indicates a thankful, narrow escape:

1. 一个极端恶化的局面来临了,~使飙字军全军覆没。(曲波《桥隆飙》)

 Yí gè jíduān èhuà de júmiàn láilín le, ~ shǐ Biāozìjūn quán jūn fùmò.

2. 他在谋害别人,却又~被他人谋害。(李北桂《贼狼滩》)

 Tā zài móuhài biérén, què yòu ~ bèi tārén móuhài.

3. 没走几步,由于身体过分虚弱,闹个趔趄,~跌倒。(李健吾《辣嫂》)

 Méi zǒu jǐ bù, yóuyú shēntǐ guòfèn xūruò, nào ge lièqie, ~ diēdǎo.

4. 今天不吉利,~儿又做一次冒失鬼。(茅盾《腐蚀》)

 Jīntiān bù jílì, ~r yòu zuò yí cì màoshiguǐ.

现 xiàn (副词)

有"临时"的意思;直接修饰动词:

(Do sth.) in time of need, extemporaneously; occurs immediately before the verb:

1. 作小买卖,只有五块钱的本钱,而连挑子扁担都得~买。(老舍《骆驼祥子》)

 Zuò xiǎomǎimai, zhǐ yǒu wǔ kuài qián de běnqián, ér lián tiāozi biǎndan dōu děi ~ mǎi.

2. 今天是大刘庄误了我的时间,他们还没有动手,我到那儿~帮着他们调查。(管桦《葛梅》)

 Jīntiān shì Dàliúzhuāng wùle wǒ de shíjiān, tāmen hái méiyou dòng shǒu, wǒ dào nàr ~ bāngzhe tāmen diàochá.

3. 他又像一肚子话说不出,又象没词~想。(曲波《桥隆飙》)

 Tā yòu xiàng yí dùzi huà shuō bu chū, yòu xiàng méi cír ~ xiǎng.

参看"旋"。

Compare 旋 xuàn.

相 xiāng (副词)〈书〉

多修饰单音节动词：

Mostly modifies monosyllabic verbs.

A 有"互相"的意思，主语必须是复数的：

Mutually, *each other*. The subject of the sentence must indicate two or more persons or things：

1. 我们同住在金刚坡下，～隔不远。(郭沫若《题画记》)
    Wǒmen tóng zhù zài Jīngāngpō xià, ～ gé bù yuǎn.

2. 我们的长官和弟兄都是～亲～爱。(陈立德《前驱》)
    Wǒmen de zhǎngguān hé dìxiong dōu shì ～ qīn ～ ài.

3. 隔了两天，他俩又在路上～遇了。(李潮《春寒》)
    Géle liǎng tiān, tā liǎ yòu zài lù shang ～ yù le.

4. 往后咱弟兄多～帮着点儿。(冯德英《山菊花》)
    Wǎnghòu zán dìxiong duō ～ bāngzhe diǎnr.

B 指一方对另一方，主语多是单数的，行动是单方面的：

Indicates how one party deals with the other. The subject of the sentence is usually singular and the action is performed by one party only：

1. 跨进办公室，猩猩立即起身～迎。(罗广斌、杨益言《红岩》)
    Kuà jìn bàngōngshì, Xīngxing lìjí qǐ shēn ～ yíng.

2. 这时有个敌兵进来报告，说村中绅士摆酒宴～请。(吴有恒《山乡风云录》)
    Zhèshí yǒu ge dí bīng jìn lai bàogào, shuō cūn zhōng shēnshì bǎi jiǔyàn ～ qǐng.

3. 这个样子回到家乡，大凤准会不敢～认的。(陈立德《前驱》)
    Zhège yàngzi huídào jiāxiāng, Dàfèng zhǔn huì bù gǎn ～ rèn de.

4. 我实不～瞒，也留意过你。(冯德英《山菊花》)
    Wǒ shí bù ～ mán, yě liúyìguo nǐ.

5. 和这～类似的花木在广东也有。(郭沫若《少年时代》)
    Hé zhè ～ lèisì de huāmù zài Guǎngdōng yě yǒu.

6. 受人滴水之恩，当以涌泉～报。(王兰西《闸门》)
    Shòu rén dī shuǐ zhī ēn, dāng yǐ yǒng quán ～ bào.

相当   xiāngdāng   (副词)

表示一定程度；比"非常"的程度低；修饰形容词、某些动词、助动词及短语：

Quite, *fairly*, *considerable*; indicates a certain degree, not as high as that expressed by 非常. It modifies adjectives, certain verbs, auxiliary verbs or phrases：

1. 这个集会的规模～大。(韦翰《遭遇》)
    Zhège jíhuì de guīmó ～ dà.

2. 程济仁身体一挺，脸～难看地抽巴起来。(刘亚舟《男婚女嫁》)
    Chéng Jìrén shēntǐ yì tǐng, liǎn ～ nánkàn de chōuba qilai.

3. 肖聪能向铁顺爽爽快快地道歉，她是～高兴的。(奚青《朱蕾》)
    Xiāo Cōng néng xiàng Tiěshùn shuǎngshuǎngkuàikuài de dào qiàn, tā shì ～ gāoxìng de.

4. 他对甫志高对他的领导和帮助，心里还～满意。(罗广斌、杨益言《红岩》)
    Tā duì Fǔ Zhìgāo duì tā de lǐngdǎo hé bāngzhù, xīnli hái ～ mǎnyì.

5. 这个电影～受欢迎。

Zhège diànyǐng ～ shòu huānyíng.

6. 我～讨厌这种人。

   Wǒ ～ tǎoyàn zhèzhǒng rén.

7. 他～能吃苦。

   Tā ～ néng chī kǔ.

可以修饰表示不愉快性质的否定形式：

It can modify negative forms of an unpleasant nature：

8. 要把这孩子正道过来，也许不费多大劲儿，也许～不容易。（刘亚舟《男婚女嫁》）

   Yào bǎ zhè háizi zhèngdao guolai, yěxǔ bú fèi duō dà jìnr, yěxǔ ～ bù róngyì.

9. 他的广东口音很重，～不好懂。

   Tā de Guǎngdōng kǒuyīn hěn zhòng, ～ bù hǎo dǒng.

辨认：

Note：

"相当"也是形容词：

相当 sometimes is an adjective：

1. 他不喜欢教书，可是还没找到相当的工作。

   Tā bù xǐhuan jiāo shū, kěshi hái méi zhǎodao xiāngdāng de gōngzuò.

2. 他的英语具有相当的水平。

   Tā de Yīngyǔ jùyǒu xiāngdāng de shuǐpíng.

例 1 中"相当"的意思是"合适的"，例 2 中是"一定的"。

In 1, 相当 means "suitable"; in 2 it means "considerable".

"相当"又是动词：

相当 is also a verb：

3. 那两个球队旗鼓相当，互有胜负。

   Nà liǎng ge qiúduì qígǔ xiāngdāng, hù yǒu shèng fù.

4. 这是个大县，面积相当于两个县。

   Zhè shì ge dàxiàn, miànji xiāngdāng yú liǎng ge xiàn.

例 3、4 中"相当"意思是"两方面差不多"。

In 3 and 4, 相当 means "match" or "be about the same".

相继　xiāngjì　（副词）

表示一个接着一个；多用于书面语，如修饰单音节动词，要有附加成分：

In succession, *one after another*; often occurs in written language. When 相继 modifies a monosyllabic verb, the verb should be preceded or followed by some other element：

1. 他的部下首领许多人顶不住官军压力，～投降。（姚雪垠《李自成》）

   Tā de bùxià shǒulǐng xǔduō rén dǐng bu zhù guānjūn yālì, ～ tóuxiáng.

2. 不快的事情～而来，正如波浪迭起，使叔雅更觉得浑身是荆棘了。（叶圣陶《校长》）

   Búkuài de shìqing ～ ér lái, zhèng rú bōlàng diéqǐ, shǐ Shūyǎ gèng juéde húnshēn shì jīngjí le.

3. 老两口急累成疾，～亡故。（冯德英《山菊花》）

   Lǎoliǎngkǒu jí lèi chéng jí, ～ wánggù.

4. 大家～站起来，透过窗口朝街上望去。(莫应丰《风》)

   Dàjiā ～ zhàn qilai, tòuguò chuāngkǒu cháo jiē shang wàng qù.

5. 男女老少～荫蔽到麦浪起伏的大洼里和绿沉沉的树林里去了。(雪克《战斗的青春》)

   Nán nǚ lǎo shào ～ yīnbìdào màilàng qǐfú de dà wā li hé lǜchénchén de shùlín li qu le.

想必   xiǎngbì   (副词)

有"想来必定"或"大概"的意思，表示偏于肯定的推断：

Most probably, presumably; indicates a conjecture:

1. 大概我们的旧同学在这里的～不少罢？(茅盾《腐蚀》)

   Dàgài wǒmen de jiù tóngxué zài zhèlǐ de ～ bùshǎo ba?

2. "这里头的利害关系，谭医生～也明白，我也不用说了。"(树棻《姑苏春》)

   "Zhè lǐtou de lìhài guānxi, Tán yīshēng ～ yě míngbai, wǒ yě búyòng shuō le."

3. 在他看来，那些厚书里面，～都是些深奥莫测的学问、圣洁无比的教义。(李北桂《贼狼滩》)

   Zài tā kànlái, nàxiē hòu shū lǐmiàn, ～ dōu shì xiē shēn·ào mò cè de xuéwèn, shèngjié wúbǐ de jiàoyì.

4. 小车一颠老高，～把水泥袋颠破了，撒了一地。(蒋子龙《乔厂长后传》)

   Xiǎo chē yì diān lǎo gāo, ～ bǎ shuǐní dài diānpò le, sǎle yí dì.

参看"想来"。

Compare 想来 xiǎnglái.

想来   xiǎnglái   (副词)

表示推测，不敢完全肯定：

Indicates a conjecture when one is not sure:

1. 能够到峨眉山或者青城山去，～一定很好，但这不是人人所能办到的事。(郭沫若《题画记》)

   Nénggòu dào Éméishān huòzhě Qīngchéngshān qu, ～ yídìng hěn hǎo, dàn zhè bú shì rénrén suǒ néng bàndào de shì.

2. 这忽儿开一下灯，～不要紧吧？(茅盾《右第二章》)

   Zhèhū·ér kāi yíxià dēng, ～ bú yàojǐn ba?

3. 你就做个镇上人，～也不嫌有屈。(叶圣陶《倪焕之》)

   Nǐ jiù zuò ge zhèn shang rén, ～ yě bù xián yǒu qū.

4. 他拐回头走几步，果然发现了那个旧碌碡，在地上露出个头儿，～这里是发过大水，它淤到地里去了。(魏巍《东方》)

   Tā guǎi huí tóu zǒu jǐ bù, guǒrán fāxiànle nàge jiù liùzhou, zài dì shang lòu chū ge tóur, ～ zhèlǐ shì fāguo dà shuǐ, tā yūdào dì li qu le.

向   xiàng   (副词)〈书〉

同"向来"：

Same as 向来 (always, all along):

1. 硬汉的话是～不说着玩的。(老舍《骆驼祥子》)

   Yìnghàn de huà shì ～ bù shuōzhe wánr de.

2. 他从来没有这样舒快过，他似乎嗅到了～未领略的田土的甘芳气息。(叶圣陶

《倪焕之》）

Tā cónglái méiyou zhèyàng shūkuàiguo, tā sìhū xiùdàole ～ wèi línglüè de tiántǔ de gānfāng qìxī.

3. 我孔正达尊从圣贤遗训,～以庇护乡邻安危为己任。（冯德英《山菊花》）

Wǒ Kǒng Zhèngdá zūncóng shèngxián yíxùn, ～ yǐ bìhù xiānglín ānwēi wéi jǐ rèn.

参看介词"向"。

Compare preposition 向 xiàng.

向来   xiànglái   （副词）

表示从过去到现在（一直如此）,特别强调不止目前如此:

Always, all along; indicates that sth. has always remained the same:

1. 对于灵魂的有无,我自己是～毫不介意的。（鲁迅《祝福》）

Duìyú línghún de yǒu wú, wǒ zìjǐ shì ～ háo bú jièyì de.

2. "心口如一"～是难得的。（朱自清《论老实话》）

"Xīn kǒu rú yī" ～ shì nándé de.

3. 王经理办事～大方。（茅盾《霜叶红似二月花》）

Wáng jīnglǐ bàn shì ～ dàfang.

4. 我～不是小气的。（茅盾《第一阶段的故事》）

Wǒ ～ bú shì xiǎoqi de.

5. 她～不在任何人面前服软。（老舍《骆驼祥子》）

Tā ～ bú zài rènhé rén miànqián fúruǎn.

6. 汀泗桥素称天险,～为兵家必争之地。（周士第《北伐先锋》）

Tīngsìqiáo sù chēng tiānxiǎn, ～ wéi bīngjiā bì zhēng zhī dì.

"向来"偶尔修饰名词:

向来 rarely modifies nouns:

7. 恂如却说道:"可是,刘健老伯,依然可以指定的款维持善堂～的慈善事业。"（茅盾《霜叶红似二月花》）

Xúnrú què shuō dào:" Kěshì, Liú Jiàn lǎobó, yīrán kě yǐ zhǐdìng de kuǎn wéichí shàntáng ～ de císhàn shìyè."

8. 有的少数民族过春节的时候,也和汉族～的情形一样,从"灶君上天"那天开始忙碌起来。

Yǒude shǎoshù mínzú guò Chūnjié de shíhou, yě hé Hànzú ～ de qíngxíng yíyàng, cóng "Zhàojūn shàng tiān" nà tiān kāishǐ mánglù qilai.

参看"向"。

Compare 向 xiàng.

欣然   xīnrán   （副词）〈书〉

愉快地,高兴地,可带"地":

Joyfully, with pleasure; can be followed by 地:

1. 团政治处主任～表示同意,立即往连里打了电话。（白桦《一束信札》）

Tuán zhèngzhìchù zhǔrèn ～ biǎoshì tóngyì, lìjí wǎng lián li dǎle diànhuà.

2. 但是在同海外人士交往的场合,人们还是～使用了太太、夫人(尊敬)、女士、小姐等等语词。（陈原《语言与社会生活》）

Dànshì zài tóng hǎiwài rénshì jiāowǎng de chǎnghé, rénmen háishi ～ shǐyòngle tàitai, fūren(zūnjìng), nǚshì, xiǎojie děngděng yǔcí.

3. 他高兴地把画紧握在手里,是那样～地同意了画家给他的造型。(柯岩《美的追求者》)

Tā gāoxìng de bǎ huà jǐn wò zài shǒu li, shì nàyàng ～ de tóngyìle huàjiā gěi tā de zàoxíng.

4. 谭嗣同便邀请王韬在享堂前的草地上野餐谈叙。王韬也～应允。(任光椿《戊戌喋血记》)

Tán Sìtóng biàn yāoqǐng Wáng Tāo zài xiǎngtáng qián de cǎodì shang yěcān tánxù. Wáng Tāo yě ～ yīngyǔn.

兴　xīng　(副词)〈口〉

同"兴许":

Same as 兴许 (perhaps):

1. 别等了,天这么黑,他～不来啦!

Bié děng le, tiān zhème hēi, tā ～ bù lái la!

2. 昨天在大街上～是你叫我吧!

Zuótiān zài dàjiē shang ～ shì nǐ jiào wǒ ba!

3. 半天没声音了,他～睡着了。

Bàntiān méi shēngyīn le, tā ～ shuìzháo le.

兴许　xīngxǔ　(副词)〈口〉

同"也许";表示猜测、估计、不肯定;可处于句首:

Same as 也许 (perhaps), indicates a conjecture or estimation. It may occur at the head of a sentence:

1. 碰对了,她高兴了,～赏一两个你见识见识。(欧阳山《苦斗》)

Pèngduì le, tā gāoxìng le, ～ shǎng yì liǎng ge nǐ jiànshi jiànshi.

2. 我谋划:～还能碰上你。(杜鹏程《保卫延安》)

Wǒ móuhuà: ～ hái néng pèng shang nǐ.

3. 说下这话放着,～还会出更大的问题,出个人命案也说不定。(梁斌《翻身记事》)

Shuō xia zhè huà fàngzhe, ～ hái huì chū gèng dà de wèntí, chū ge rénmìng àn yě shuōbudìng.

4. 这是我们几个党员凑合着腌了这点咸菜,想交给党算作党费,～能给山上的同志们解决点困难。(王愿坚《党费》)

Zhè shì wǒmen jǐ ge dǎngyuán còuhezhe yānle zhè diǎnr xiáncài, xiǎng jiāo gěi dǎng suànzuò dǎngfèi, ～ néng gěi shān shang de tóngzhìmen jiějué diǎnr kùnnan.

5. ～他没买到电影票。

～ tā méi mǎidào diànyǐng piào.

6. ～这哼歌的就是我要找的黄新同志? 要不,怎么她把歌子哼得七零八落的呢? (王愿坚《党费》)

～ zhè hēng gēr de jiù shì wǒ yào zhǎo de Huáng Xīn tóngzhì? Yàobù, zěnme tā bǎ gēzi hēng de qīlíngbāluò de ne?

参看"兴"。

Compare 兴 xīng.

— 314 —

行将　xíngjiāng　　（副词）〈书〉

有"即将"的意思:

Same as 即将（be about to, be on the point of）:

1. 便服人见到丁大拿～席地就坐,轻声说了句"丁桑"。(李英儒《女游击队长》)
　Biànfú rén jiàndào Dīng Dàná ～ xídì jiùzuò, qīngshēng shuōle jù "Dīng sāng".

2. 我真不知道,妈妈,在他们～就木的这一天,还会爱的那么沉重。(张洁《爱,是不能忘记的》)
　Wǒ zhēn bù zhīdao, māma, zài tāmen ～ jiù mù de zhè yì tiān, hái huì ài de nàme chénzhòng.

3. 他们在静岗海岸,和当时路过日本～赴美深造的聂耳,有过一两次的接触。(郭沫若《地下的笑声》)
　Tāmen zài Jìnggǎng hǎi·àn, hé dāngshí lùguò Rìběn ～ fù Měi shēnzào de Niè Ěr, yǒuguo yì liǎng cì de jiēchù.

4. 就像在惊涛骇浪中颠簸飘荡,～沉没的时候,突然落在陆地上一样……(达理《失去了的爱情》)
　Jiù xiàng zài jīngtāohàilàng zhōng diānbǒ piāodàng, ～ chénmò de shíhou, tūrán luò zài lùdì shang yíyàng...

幸而　xìng·ér　　（副词）

A 同"幸亏";有书面语意味;不如"幸亏"常用:

Same as 幸亏（luckily）, with a literary flavour but not as frequently used:

1. 于是愈过愈穷,弄到将要讨饭了。～写得一笔好字,便替人家抄抄书换一碗饭吃。(鲁迅《孔乙己》)
　Yúshì yù guò yù qióng, nòngdào jiāngyào tǎo fàn le. ～ xiě dé yì bǐ hǎo zì, biàn tì rénjia chāochao shū huàn yì wǎn fàn chī.

2. 只听轰的一声,手榴弹爆炸了。～没出大问题。(李英儒《女游击队长》)
　Zhǐ tīng hōng de yì shēng, shǒuliúdàn bàozhà le. ～ méi chū dà wèntí.

3. ～李光玉没有受伤,他小声哭了一阵,才完全清醒过来。(巴金《爱的故事》)
　～ Lǐ guāngyù méiyou shòu shāng, tā xiǎo shēng kūle yí zhèn, cái wánquán qīngxǐng guòlai.

B 有"因运气好而……"的意思:

Luckily:

1. 即使～通过了祖母这一关,小顺儿们还会向太爷爷请救,而教妈妈的巴掌落了空。(老舍《四世同堂》)
　Jíshǐ ～ tōngguòle zǔmǔ zhè yì guān, Xiǎoshùnrmen hái huì xiàng tàiyéye qǐng jiù, ér jiào māma de bāzhang luòle kōng.

2. 即使～能写完,好不好还是另一问题。(老舍《四世同堂》)
　Jíshǐ ～ néng xiěwán, hǎo bu hǎo hái shì lìng yí wèntí.

3. 至于朋友同学之间,同情是难得的,爱是不可必得的,～得到,那是施者自己人格之伟大!(冰心《寄小读者》)
　Zhìyú péngyou tóngxué zhī jiān, tóngqíng shì nándé de, ài shì bù kě bì dé de, ～ dédào, nà shì shīzhě zìjǐ réngé zhī wěidà.

幸好　xìnghǎo　　（副词）

— 315 —

同"幸亏"：

Same as 幸亏 (luckily, fortunately)：

1. 一踏进沙里,简直感到热的烫人。～半里路远的河边上,有几株枝叶茂密的大榕树,看来像在用浓绿的手,招呼旅人快去息凉。(艾芜《流浪人》)

Yí tà jìn shā li, jiǎnzhí gǎndào rè de tàng rén. ～ bàn lǐ lù yuǎn de hébiānr shang, yǒu jǐ zhū zhīyè màomì de dà róngshù, kànlái xiàng zài yòng nónglǜ de shǒu, zhāohu lǚrén kuài qù xīliáng.

2. 你还是小时那个野性子,你表哥要是看见,又好捶你了,～他不在家。(曲波《桥隆飙》)

Nǐ hái shì xiǎoshí nàge yě xìngzi, nǐ biǎogē yàoshi kànjian, yòu hǎo chuí nǐ le, ～ tā bú zài jiā.

3. 多厉害的挑战,……我一时找不出回答的词儿,～,这时我们来到放炮员小刘身边,她才不再催问了。(从维熙《初春》)

Duō lìhai de tiǎozhàn ... wǒ yìshí zhǎo bu chū huídá de cír, ～, zhèshí wǒmen láidào fàngpàoyuán Xiǎo Liú shēn biān, tā cái bú zài cuīwèn le.

4. ～你那两百多封信和照片,我收藏在别处,没落进他们手中。(张扬《第二次握手》)

～ nǐ nà liǎng bǎi duō fēng xìn hé zhàopiàn, wǒ shōucáng zài biéchù, méi luò jìn tāmen shǒu zhōng.

幸亏 xìngkuī （副词）

引出某种有利条件,使得不希望发生的事或不愿意出现的后果得以避免,表示说话人感到饶幸;多用于句首;有时后面说明避免了不幸后果以后的实际情况：

Luckily, fortunately; introduces an advantageous condition which has prevented an undesirable result or untoward consequence, implying that the speaker thinks the relevant person is lucky. 幸亏 usually occurs at the head of a sentence. Sometimes, the second part explains the actual situation after the unfortunate consequence had been avoided：

1. 过了几天,掌柜又说我干不了这事。～荐人的情面大,辞退不得,便改为专管温酒的一种无聊职务了。(鲁迅《孔乙己》)

Guòle jǐ tiān, zhǎngguì yòu shuō wǒ gàn bu liǎo zhè shì. ～ jiàntou de qíngmiàn dà, cítuì bu de, biàn gǎiwéi zhuān guǎn wēn jiǔ de yì zhǒng wúliáo zhíwù le.

2. 我顺着一条地塄走着,一步没踏对,差点摔到塄下,～后边有人拉了我一把,才算没摔下去。(马烽《太阳刚刚出山》)

Wǒ shùnzhe yì tiáo dìléng zǒuzhe, yí bù méi tàduì, chàdiǎnr shuāidào léng xià, ～ hòubiānr yǒu rén lāle wǒ yì bǎ, cái suàn méi shuāi xiaqu.

有时后面用"不然""要不然""要不""要是"……等,引出那个已经避免了的不幸后果：

Sometimes in the second part, 不然, 要不然, 要不 or 要是..., etc. is used to introduce the unfortunate consequence which might have emerged：

3. 我们一出东庄,就碰上顽军,～我们机警,不然就糟了。(知侠《铁道游击队》)

Wǒmen yì chū Dōngzhuāng, jiù pèng shang wánjūn, ～ wǒmen jījǐng, bùrán jiù zāo le.

4. 老伙计,～你,要不,大堤早冲垮了。(峻青《老水牛爷爷》)

Lǎo huǒji, ～ nǐ, yàobù, dà dī zǎo chōngkuǎ le.

5.　～我们在这里，要不，这小家伙就完了。（呆向真《小胖和小松》）

　　～ wǒmen zài zhèlǐ, yàobù, zhè xiǎo jiāhuo jiù wán le.

6.　～社里就这么个奸滑鬼，要多有几个，非把江山搅乱不可。（马烽《三年早知道》）

　　～ shè li jiù zhème ge jiānhuáguǐ, yào duō yǒu jǐ ge, fēi bǎ jiāngshān jiǎoluàn bùkě.

如果语义清楚，实际情况或不幸后果都可不出现：

Sometimes, when the meaning is clear enough, the actual situation or the unfortunate consequence can be left out:

7.　没想到突然下起雨来，～我带着一把伞。

　　Méi xiǎngdào tūrán xià qǐ yǔ lai, ～ wǒ dàizhe yì bǎ sǎn.

8.　老头儿下车时，一脚踩空了，～有人拉了他一把。

　　Lǎotóur xià chē shí, yì jiǎo cǎikōng le, ～ yǒu rén lāle tā yì bǎ.

参看"好在""幸而"A，"幸好"。

Compare 好在 hǎozài, 幸而 xìngér A, 幸好 xìnghǎo.

休　　xiū　　（副词）〈书〉

有"不用，没有可能"的意思，在祈使句中有"不要"的意思：

Need not, it·s impossible. In an imperative sentence, 休 is the same as 不要 (don't):

1.　你是妄费心机，什么也～想知道！（陶承《我的一家》）

　　Nǐ shì wàng fèi xīnjī, shénme yě ～ xiǎng zhīdao!

2.　他的时间一分一秒都安排得很紧，预定要去哪里，干什么，到时候哪怕来了风暴雷霆也～想挡住他。（景希珍《在彭总身边》）

　　Tā de shíjiān yì fēn yì miǎo dōu ānpái de hěn jǐn, yùdìng yào qù nǎli, gàn shénme, dào shíhou nǎpà láile fēngbào léitíng yě ～ xiǎng dǎngzhù tā.

3.　上海打得更厉害了，赊账是～转这念头。（茅盾《林家铺子》）

　　Shànghǎi dǎ de gèng lìhai le, shē zhàng shì ～ zhuàn zhè niàntou.

4.　我心如铁如石，再～说这般的话！（郭源新《桂公塘》）

　　Wǒ xīn rú tiě rú shí, zài ～ shuō zhèbān de huà!

徐徐　　xúxú　　（副词）〈书〉

慢慢地：

Slowly:

1.　风～地刮着。（杜鹏程《保卫延安》）

　　Fēng ～ de guāzhe.

2.　小吉普也立刻闭了灯，在漆黑的夜色里～行进。（魏巍《东方》）

　　Xiǎo jípǔ yě lìkè bìle dēng, zài qīhēi de yèsè li ～ xíngjìn.

3.　远远的山涧里，几缕炊烟～上升，又轻轻散入山光树影之间。（曲波《桥隆飙》）

　　Yuǎnyuǎnr de shānjiàn li, jǐ lǚ chuīyān ～ shàngshēng, yòu qīngqīng sànrù shān guāng shù yǐng zhī jiān.

4.　东山看出了他爹的心事，他叹了口气，～地说："爹，张拴现在因为他胡捣腾也要卖地了，……"（李准《不能走那条路》）

　　Dōngshān kàn chū le tā diē de xīnshì, tā tànle kǒu qì, ～ de shuō:" Diē, Zhāng Shuān xiànzài yīnwèi tā hú dǎoteng yě yào mài dì le, …"

许 xǔ （副词）

同"也许"A，表示一种估计、猜测，但不能独立成句；后面常常跟"是"：

Same as 也许 A (*perhaps*, *maybe*), but can't be used independently. It is often followed by 是：

1. 我想，他们～是感到寂寞了。（鲁迅《〈呐喊〉自序》）
   Wǒ xiǎng, tāmen ～ shì gǎndào jìmò le.

2. 谁晓得？～是死了。（鲁迅《孔乙己》）
   Shuí xiǎode? ～ shì sǐ le.

3. 天闷热，～是要下雨了。
   Tiān mēnrè, ～ shì yào xià yǔ le.

4. 她～是习惯了，不但不会生气，反而脸上是高兴的样子……（李劼《阿惠》）
   Tā ～ shì xíguàn le, búdàn bú huì shēng qì, fǎn·ér liǎn shang shì gāoxìng de yàngzi …

5. 人们还～觉得有些虚夸呢。
   Rénmen hái ～ juéde yǒuxiē xūkuā ne.

旋 xuán （副词）〈书〉

有"不久""很快地"的意思，后面常有"即""又"等词：

Before long, *soon*; is often followed by 即 or 又 etc.：

1. 老王把信放在他的右手里，～即弯着腰退了出去。（周而复《上海的早晨》）
   Lǎowáng bǎ xìn fàng zài tā de yòushǒu li, ～ jí wānzhe yāo tuìle chuqu.

2. 老人没说什么，只阴凄凄地看了我一眼，～即将一路踏倒的禾苗，设法将它扶直起来。（艾芜《乌鸦之歌》）
   Lǎorén méi shuō shénme, zhǐ yīnqīqī de kànle wǒ yì yǎn, ～ jí jiāng yílù tàdǎo de hémiáo, shèfǎ jiāng tā fúzhí qilai.

3. 我们的"小姐"愕然了。～又微笑说："这真所谓己之所欲，必施于人。……"（茅盾《幻灭》）
   Wǒmen de "xiǎojie" èrán le. ～ yòu wēixiào shuō: "Zhè zhēn suǒwèi jǐ zhī suǒ yù, bì shī yú rén le...."

4. ～又小声问道："大娘，你是从哪里知道这些情况，又是怎样猜出来的哩？"（李英儒《女游击队长》）
   ～ yòu xiǎo shēng wèn dào: "Dàniáng, nǐ shì cóng nǎli zhīdao zhèxiē qíngkuàng, yòu shì zěnyàng cāi chulai de li?"

旋 xuàn （副词）〈口〉

同"现"：

Same as 现 (*in time of need*, *extemporaneonsly*)：

1. 我们这是小买卖儿，～趸～卖。
   Wǒmen zhè shì xiǎo mǎimair, ～ dǔn ～ mài.

2. ～炸的油条又香又脆。
   ～ zhá de yóutiáo yòu xiāng yòu cuì.

3. 等着用～学来不及了！
   Děngzhe yòng ～ xué lái bu jí le!

4. 今天得～准备材料。

Jīntiān děi ～ zhǔnbèi cáiliào.

压根儿　yàgēnr　（副词）〈口〉

同"根本"；常用于否定句：

Same as 根本 (at all, simply), occurs in negative sentences：

1. 我只知道,有些人是五分钟热度,有些人是～就没有什么热度。(欧阳山《三家巷》)
   Wǒ zhǐ zhīdao, yǒu xiē rén shì wǔ fēnzhōng rèdù, yǒu xiē rén shì ～ jiù méi yǒu shénme rèdù.

2. 我～没有这种肮脏思想！(魏巍《东方》)
   Wǒ ～ méi yǒu zhèzhǒng āngzāng sīxiǎng!

3. 我～没拆你的信！(张扬《第二次握手》)
   Wǒ ～ méi chāi nǐ de xìn!

4. 李坚脸上全无表情,他也许～没听见我说什么。(李建纲《三个李》)
   Lǐ Jiān liǎn shang quán wú biǎoqíng, tā yěxǔ ～ méi tīngjian wǒ shuō shénme.

5. 读书人跟工人,他们都知道许多事情,可是咱们种田的,～不知道是怎么回事儿呢。(欧阳山《苦斗》)
   Dú shū rén gēn gōngrén, tāmen dōu zhīdao xǔduō shìqing, kěshì zánme zhòng tián de, ～ bù zhīdao shì zěnme huí shìr ne.

眼看　yǎnkàn　（副词）

表示即将发生；有一种紧迫感,后面常跟"就要""要"等词语：

Soon, presently; implying great urgency or imminence, is often followed by 就要, 要 etc.：

1. 可是任常有见他家亏空太大,连破毡都找不出一条,～就要讨饭了,不肯把女儿送给他们去受罪。(欧阳山《高干大》)
   Kěshì Rén Chángyǒu jiàn tā jiā kuīkong tài dà, lián pò zhān dōu zhǎo bu chū yì tiáo, ～jiù yào tǎo fàn le, bù kěn bǎ nǚ'ér sòng gěi tāmen qù shòu zuì.

2. ～就要评比了,谁愿意失去红旗呢？(魏钢焰《红桃是怎么开的？》)
   ～ jiù yào píngbǐ le, shuí yuànyi shīqù hóngqí ne?

3. 不,我不走,～就要毕业了,毕了业我考北京的大学。(王蒙《青春万岁》)
   Bù, wǒ bù zǒu, ～ jiù yào bì yè le, bìle yè wǒ kǎo Běijīng de dàxué.

4. 他爸好不容易给他传下来的这富农家业,～要完蛋在他手上了！(柳青《创业史》)
   Tā bà hǎo bu róngyì gěi tā chuán xialai de zhè fùnóng jiàyè, ～ yào wándàn zài tā shǒu shang le!

5. 这块地张拴准备种小麦。～快该下种了,还没犁二遍。(李准《不能走那条路》)
   Zhèkuài dì Zhāng Shuān zhǔnbèi zhòng xiǎomài. ～ kuài gāi xià zhǒng le, hái méi lí èr biàn.

要　yào　（副词）

A 将要。表示一种新现象即将出现；一种动作即将开始；句尾多有"了"：

Shall, will, be going to. There is usually a 了 at the end of the sentence：

1. 天～下雨了。(鲁迅《头发的故事》)
   Tiān ～ xià yǔ le.

2. 刚接到通知,明天我就~调走了!(李威仑《爱情》)
   Gāng jiēdào tōngzhī, míngtiān wǒ jiù ~ diàozǒu le!

3. 他叫她给他收拾鞋袜,他~上路了。(柳青《创业史》)
   Tā jiào tā gěi tā shōushi xié wà, tā ~ shàng lù le.

4. 当晚,他们就给共产党员梁生荣寄了信,告诉村里~试办农业社,问他是不是可以先不入社。(柳青《创业史》)
   Dàngwǎn, tāmen jiù gěi gòngchǎndǎngyuán Liáng Shēngróng jìle xìn, gàosu cūn li ~ shìbàn nóngyèshè, wèn tā shì bu shì kěyǐ xiān bú rù shè.

B 用于对两种事物比较的估计、判断;句中常出现介词"比"、副词"还","要"用于作述语的形容词前或"比"前:
Used in a sentence of comparison with 比, to indicate estimation or judgment. 要 occurs before the adjective or 比:

1. 将来我发明一种花布,~比那云彩还漂亮些⋯⋯(草明《爱情》)
   Jiānglái wǒ fāmíng yì zhǒng huā bù, ~ bǐ nà yúncai hái piàoliang xiē . . .

2. 别看我们姑娘,没法应征,觉情比你们还~高一大截子!(方之《在泉边》)
   Biékàn wǒmen gūniang, méi fǎ yìng zhēng, juéwù bǐ nǐmen hái ~ gāo yí dà jiézi!

3. 张思德同志是为人民利益而死的,他的死是比泰山还~重的。(毛泽东《为人民服务》)
   Zhāng Sīdé tóngzhì shì wèi rénmín lìyì ér sǐ de, tā de sǐ shì bǐ Tàishān hái ~ zhòng de.

4. 这里~舒服些。(沙汀《在其香居茶馆里》)
   Zhèlǐ ~ shūfu xiē.

5. 另一个~年轻些,胡子纯黑,显然由于长久没有刮脸。(沙汀《替身》)
   Lìng yí ge ~ niánqīng xiē, húzi chún hēi, xiǎnrán yóuyú chángjiǔ méiyou guā liǎn.

例2、3中的"要"也可以置于"比"前,例1中的"要"也可置于"漂亮"前。
要 in examples 2 and 3 may alternatively be placed in front of 比, while 要 in example 1 may be placed in front of 漂亮.

也　yě　(副词)

A 只能用于述语前;有时表示这动词和前面动词有相同或相似之处:
Also, *too*, *either*; always precedes the predicative verb or adjective. Somtimes indicates that this verb and the preceding verb are similar or the same in a certain way:

1. 风吹不醒他,雨~淋不醒他。(和谷岩《枫》)
   Fēng chuī bu xǐng tā, yǔ ~ lín bu xǐng tā.

有时表示述语的主语和前面另一主语有相同或相似之处:
Sometimes indicates that the subject of the verb and the preceding subject have something in common:

2. 娘的脸焦黄,云儿~干瘦的不像样子了。(刘真《难忘的路》)
   Niáng de liǎn jiāo huáng, Yún·er ~ gānshòu de bú xiàng yàngzi le.

有时表示状语和另一状语有相同或相似之处:
也 sometimes indicates two adverbials have something in common:

3. 类似的争吵,在周炳和陈文婷之间~经常发生。(欧阳山《三家巷》)
   Lèisì de zhēngchǎo, zài Zhōu Bǐng hé Chén Wéntíng zhī jiān ~ jīngcháng fāshēng.

ye

yě

如相同之点在状语,"也"可处于状语前,意思不变,如例3可以改为"……～在周炳
和陈文婷之间经常发生。"有时表示宾语和另一宾语有相同或相似之处:

When the similarity concerns the adverbials, 也 can precede the adverbial without chang-
ing the meaning; for instance, example 3 can be rewritten as ...～在周炳和陈文婷之
间经常发生. Sometimes 也 indicates that two objects are similar or the same in a certain
way:

4. 我说不服他,～说不服他爱人。

   Wǒ shuō bu fú tā, ～ shuō bu fú tā àirén.

B 两个"也"强调两个相同的情况,第一个"也"可以省略;下面三个例句中第一个
"也"都可省去:

If 也 is used twice to emphasize two similar circumstances, the first 也 may be omitted.
All the first occurrences of 也 in the following three examples can be omitted:

1. 我们回家去了,一个快乐的家,妈妈～爱你,爸爸～爱你!(冰心《分》)

   Wǒmen huí jiā qu le, yí ge kuàilè de jiā, māma ～ ài nǐ, bàba ～ ài nǐ!

2. 你是不是还有话想说呀,我～忙,你～忙,抽空谈谈吧!(刘富道《眼镜》)

   Nǐ shì bu shì hái yǒu huà xiǎng shuō ya, wǒ ～ máng, nǐ ～máng, chōu kòng tán
   ba!

3. 正在走～不好,站～不是的当儿,可巧王家荣跑来了。(王安友《整社基点村的
   一天》)

   Zhèng zài zǒu ～ bù hǎo, zhàn ～ bú shì de dāngr, kěqiǎo Wáng Jiāróng pǎo lai le.

C 用于一种假设性的句子中,表示加上这条件结果相同:

Used in a hypothetical sentence to indicate that the result would remain the same even
under the hypothetical condition:

1. 就是死了了,～不吃她的枣。(刘真《红枣儿》)

   Jiùshi sǐ le, ～ bù chī tā de zǎor.

2. 那时就是连长、指导员命令他去睡觉～白搭……(和谷岩《枫》)

   Nà shí jiùshi liánzhǎng, zhǐdǎoyuán mìnglìng tā qù shuìjiào ～ báidā...

3. 就是石头,怀里抱了三年～温热了。(马烽《三年早知道》)

   Jiùshi shítou, huái li bàole sān nián ～ wēnrè le.

4. 这号人,天塌了～能顶起来,华山在面前倒下来也不会眨眨眼睛!(姚雪垠《李
   自成》)

   Zhèhào rén, tiān tā le ～ néng dǐng qilai, Huàshān zài miànqián dǎo xialai yě bú huì
   zhǎzha yǎnjing!

5. 不过我这样子,即或是有头发,～不美的。(冰心《寂寞》)

   Búguò wǒ zhè yàngzi, jíhuò shì yǒu tóufa, ～ bù měi de.

D 举出突出事例,表示依然如何,其他自不待言:

Used in an extreme example, implying that even this will not change the fact, not to
mention more ordinary circumstances:

1. 最热的时候他～穿着长袖衬衫。

   Zuì rè de shíhou tā ～ chuānzhe cháng xiù chènshān.

2. 做梦～没想到老天爷会下这么大的雨呀!(王安友《整社基点村的一天》)

   Zuò mèng ～ méi xiǎngdào lǎotiānyé huì xià zhème dà de yǔ ya!

— 321 —

E "再……也没有了"表示最高程度,形容词处于"再"跟"也"之间:

The structure 再... 也没有了 indicates the highest degree. The adjective is generally inserted between 再 and 也:

1. 小雅领路林升平觉得再方便～没有了。(草明《爱情》)

   Xiǎoyǎ lǐng lù Lín Shēngpíng juédé zài fāngbian ～ méiyǒu le.

2. 你要是能去那再好～没有了。

   Nǐ yàoshi néng qù nà zài hǎo ～ méiyou le.

F 跟疑问代词连用,概括事物的全部,动词是否定的:

When 也 is used with an interrogative pronoun in an all-inclusive sense, the verb should be negative:

1. 玉翠却什么～不说。(康濯《春种秋收》)

   Yùcuì què shénme ～ bù shuō.

2. 他什么时候～不闲着。

   Tā shénme shíhou ～ bù xiánzhe.

3. 我哪儿～没去过。

   Wǒ nǎr ～ méi qùguo.

4. 谁～不知道,在这荒凉的山野里,在黑暗中,一个小姑娘在艰难地行走。(刘真《密密的森林》)

   Shuí ～ bù zhīdao, zài zhè huāngliáng de shānyě li, zài hēi·àn zhōng, yí ge xiǎo gūniang zài jiānnán de xíngzǒu.

G 嵌在叠用的动词之间,后加否定的结果补语,意思相当于"无论怎么……也……":

When 也 is inserted in between duplicated verbs followed by a negative resultative complement, the whole sentence reads as if there were the phrase "no matter how" before the first verb:

1. 昨天出去送通告,有二十多家关上了大门,打～打不开,只好从门缝塞进去。(叶圣陶《潘先生在难中》)

   Zuótiān chū qu sòng tōnggào, yǒu èrshí duō jiā guānshangle dàmén, dǎ ～ dǎ bu kāi, zhǐhǎo cóng mén fèng sāi jinqu.

2. 这两天小华像有什么心事,坐～坐不稳,你看见了么……(草明《爱情》)

   Zhè liǎng tiān Xiǎohuá xiàng yǒu shénme xīnshì, zuò ～ zuò bu wěn, nǐ kànjiànle me...

3. 碰上个星期天,在我床前一坐,你就是撵～撵他不走。(草明《爱情》)

   Pèngshang ge xīngqītiān, zài wǒ chuáng qián yí zuò, nǐ jiùshì niǎn ～ niǎn tā bù zǒu.

4. 这种情况解释～解释不清楚。

   Zhèzhǒng qíngkuàng jiěshì ～ jiěshì bù qīngchu.

H "也"跟数词"一"或表示微量的词语"一点儿""一会儿""丝毫"等结合后,加否定动词,表示最大程度的否定:

也, combined with the numeral 一 or words such as 一点儿, 一会儿 or 丝毫 and followed by a negative verb, indicates the strongest of negatives:

1. 林升平赶快安慰小华,但她一句～没听见。(草明《爱情》)

   Lín Shēngpíng gǎnkuài ānwèi Xiǎohuá, dàn tā yí jù ～ méi tīngjiàn.

2. 这人过去是很落后,大家说他的那些话,一点~不夸大。(马烽《三年早知道》)
   Zhè rén guòqù shì hěn luòhòu, dàjiā shuō tā de nàxiē huà, yìdiǎn ~ bù kuādà.

3. 他回来以后,一会儿~没休息就开始学习。
   Tā huí lai yǐhòu, yíhuìr ~ méi xiūxi jiù kāishǐ xuéxí.

I 使句子带上一种委婉的语气,减弱肯定或否定的程度:
   也 is used to moderate the tone of a sentence and to weaken the degree of assertion or negation:

1. 唉!家荣,有你这样一个当家的~就可以了。(王安友《整社基点村的一天》)
   Ài! Jiāróng, yǒu nǐ zhèyàng yí ge dāngjiā de ~ jiù kěyǐ le.

2. 我想~只有这一着。(叶圣陶《校长》)
   Wǒ xiǎng ~ zhǐ yǒu zhè yì zhāo.

3. 一年一年,云儿~更懂事了。(刘真《难忘的路》)
   Yì nián yì nián, Yún·er ~ gèng dǒng shì le.

4. 其实这种道理,到了现在,他们~该早已懂得……(鲁迅《狂人日记》)
   Qíshí zhèzhǒng dàolǐ, dàole xiànzài, tāmen ~ gāi zǎo yǐ dǒngde...

5. 按眼下自己心里的想法,感到出去等上一年看看~倒好。(王安友《整社基点村的一天》)
   Àn yǎnxià zìjǐ xīnli de xiǎngfǎ, gǎndào chū qu děng shang yì nián kànkan ~ dào hǎo.

6. 今年过了中秋节,她整整十九岁,可~不小啦。(草明《爱情》)
   Jīnnián guòle Zhōngqiūjié, tā zhěngzhěng shíjiǔ suì, kě ~ bù xiǎo la.

7. 等修好车,天~就黑了。
   Děng xiūhǎo chē, tiān ~ jiù hēi le.

也许 *yěxǔ*   (副词)

A 表示揣测、估计,带有不肯定的语气;可用在句首,可以独立成句,可修饰否定形式:
   Perhaps, *probably*, *maybe*; can occur at the head of a sentence. 也许 can stand by itself as a sentence; and can modify a negative form:

1. 铁算盘说:"~!我前几天进城,听说各机关反对什么'官僚主义',上级派人来查法院积存的案件。"(赵树理《三里湾》)
   Tiěsuànpan shuō:"~! Wǒ qián jǐ tiān jìn chéng, tīngshuō gè jīguān fǎnduì shénme 'guānliáozhǔyì', shàngjí pài rén lái chá fǎyuàn jīcún de ànjiàn."

2. ~因为他交友不慎,~因为他说话随便,~因为他和同事相处得不好,谁知道呢!(欧阳山《三家巷》)
   ~ yīnwèi tā jiāo yǒu bú shèn, ~ yīnwèi tā shuō huà suíbiàn, ~ yīnwèi tā hé tóngshì xiāngchǔ de bù hǎo, shuí zhīdào ne!

3. 那么,你就该马上动手,~我们还来得及。(巴金《丹东的悲哀》)
   Nàme, nǐ jiù gāi mǎshàng dòng shǒu, ~ wǒmen hái lái de jí.

4. 二梅二十岁~二十一岁,长脸庞,一对大眼睛,看上去挺秀气,就是不大爱说话。(师陀《前进曲》)
   Èrméi èrshí suì ~ èrshí yī suì, cháng liǎnpáng, yí duì dà yǎnjing, kàn shangqu tǐng xiùqì, jiùshì búdà ài shuō huà.

5. 他～不来了。

　　Tā ～ bù lái le.

参看"或""或许""或者""恐怕""兴许""兴""许"。

Compare 或 huò, 或许 huòxǔ, 或者 huòzhě, 恐怕 kǒngpà, 兴许 xīngxǔ, 兴 xīng and 许 xǔ:

B 表示委婉的肯定:

也许 is used to affirm a certainty in a moderate tone:

1. 我～能对你的描写提点意见。(聂青《朱蕾》)

　　Wǒ ～ néng duì nǐ de miáoxiě tí diǎnr yìjian.

2. 我听不清楚歌词,若就那个很少变化的调门判断,教小孩子唱唱～还差不多。(师陀《前进曲》)

　　Wǒ tīng bu qīngchu gēcí, ruò jiù nàge hěn shǎo biànhuà de diàoménr pànduàn, jiāo xiǎo háizi chàngchang ～ hái chàbuduō.

业已　yèyǐ　(副词)〈书〉

同"已经"A、B,不如"已经"常用:

Same as 已经 A & B (already), but not as frequently used:

1. 中国人民政治协商会议第一届全体会议～胜利地完成了自己的任务。(毛泽东《中国人民大团结万岁》)

　　Zhōngguó Rénmín Zhèngzhì Xiéshāng Huìyì dì-yī jiè quántǐ huìyì ～ shènglì de wánchéngle zìjǐ de rènwu.

2. 潘太太的"胖",～到了一静下来就打磕睡的程度……(茅盾《第一阶段的故事》)

　　Pān tàitai de "pàng", ～ dàole yí jìng xialai jiù dǎ kēshuì de chéngdù...

3. 仿佛他的脊椎骨～脱臼,或者是他的脏腑里边缺少了什么部位。(柯岗《柳雪岚》)

　　Fǎngfu tā de jǐzhuīgǔ ～ tuōjiù, huòzhě shì tā de zàngfǔ lǐbiānr quēshǎole shénme bùwèi.

4. 暂一师进入岚县。顽固军～出动,先遣部队是续靖夫师。(南新宙《抗战初期的续范亭同志》)

　　Zànyīshī jìnrù Lánxiàn. Wángùjūn ～ chūdòng, xiānqiǎn bùduì shì Xù Jìngfū shī.

5. 然而尽管孙洁的境遇～有所改善,她在政治上始终还是比人矮了一截。(岑桑《如果雨下个不停》)

　　Rán·ér jǐnguǎn Sūn Jié de jìngyù ～ yǒu suǒ gǎishàn, tā zài zhèngzhì shang shǐzhōng háishi bǐ rén ǎile yì jiér.

一　yī　(副词)

A 用在第一分句的述语前,表示动作的短暂、突然,第二分句说明结果、结论或主要活动:

Used before the verb of the first clause, indicates a swift or abrupt action; and the second clause explains the result, conclusion or the main activity:

1. 我向船头～望,前面已经是平桥。(鲁迅《社戏》)

　　Wǒ xiàng chuántóu ～ wàng, qiánmiàn yǐjīng shì Píngqiáo.

2. 他把眼～瞪,一拳把药碗打翻,把我臭骂了一顿。(姚雪垠《李自成》)

Tā bǎ yǎn ～ dèng, yì quán bǎ yào wǎn dǎfān, bǎ wǒ chòumàle yí dùn.

3. 朱铁汉回头～看是高大泉,紧皱的眉头松开了。(浩然《金光大道》)
Zhū Tiěhàn huí tóu ～ kàn shì Gāo Dàquán, jǐn zhòu de méitóu sōngkāi le.

4. 他一打听,早上到的杂志全卖光了。
Tā ～ dǎting, zǎoshang dào de zázhì quán màiguāng le.

5. 这几天～干～看,实在也没啥。(浩然《金光大道》)
Zhè jǐ tiān ～ gàn ～ kàn, shízài yě méi shá.

B 用在作述语的重叠单音节动词中间,表示短暂或尝试:
Inserted in the reduplication of a monosyllabic verb to indicate short duration or an attempt:

1. 老拴见这样子,不免皱～皱展开的眉心。(鲁迅《药》)
Lǎoshuān jiàn zhè yàngzi, bùmiǎn zhòu ～ zhòu zhǎnkāi de méixīn.

2. 他定～定神,四面一看,更觉得坐立不得。(鲁迅《明天》)
Tā dìng ～ dìng shén, sìmiàn yí kàn, gèng juéde zuò lì bù dé.

3. 闯王,你该睡～睡啦。(姚雪垠《李自成》)
Chuǎngwáng, nǐ gāi shuì ～ shuì la.

4. 他想把锄头修得更结实,更好使,跟小伙子们赛一赛。(浩然《金光大道》)
Tā xiǎng bǎ chútou xiū de gèng jiēshi, gèng hǎoshǐ, gēn xiǎohuǒzimen sài ～ sài.

5. 你穿～穿这件衣服,看合适不合适。
Nǐ chuān ～ chuān zhèjiàn yīfu, kàn héshì bù héshì.

一并 yībìng （副词）〈书〉

同"一块":
Same as 一块 (together):

1. 他们望见社庙的时候,果然～看到了几个人:一个正是他,两个闲看的,三个是孩子。(鲁迅《长明灯》)
Tāmen wàngjian shèmiào de shíhou, guǒrán ～ kàndàole jǐ ge rén: yí ge zhèng shì tā, liǎng ge xián kàn de, sān ge shì háizi.

2. 主任热情的握住张老汉的手,几个人～走入连部,于是,重要的谈话开始了。(西虹《英雄的父亲》)
Zhǔrèn rèqíng de wòzhù Zhāng lǎohàn de shǒu, jǐ ge rén ～ zǒurù liánbù, yúshì, zhòngyào de tán huà kāishǐ le.

3. 终有这么一天,日本鬼子把李勇的妹妹弟弟～捉去。(邵子南《地雷阵》)
Zhōng yǒu zhème yì tiān, Rìběn guǐzi bǎ Lǐ Yǒng de mèimei dìdi ～ zhuō qu.

4. 趁着天气还不冷,把几间屋子～都粉刷油漆好。
Chènzhe tiānqì hái bù lěng, bǎ jǐ jiān wūzi ～ dōu fěnshuā yóuqīhǎo.

5. 我的书和一些暂时不用的东西都已经～运走了。
Wǒ de shū hé yìxiē zànshí bú yòng de dōngxi dōu yǐjīng ～ yùnzǒu le.

一旦 yīdàn （副词）

用在条件分句里,意思是如果有一天,用于未然:
Used in a conditional clause meaning "once, one day, in case" and applies only to an unfulfilled event:

1. 他知道～倒下,他可以一气睡三天。(老舍《骆驼祥子》)

Tā zhīdao ~ dǎo xià, tā kěyǐ yíqì shuì sān tiān.

2. 为的是~公路、桥梁被炸,就随时抢修,保证车队的通行。(魏巍《东方》)

Wèi de shì ~ gōnglù, qiáoliáng bèi zhà, jiù suíshí qiǎngxiū, bǎozhèng chēduì de tōngxíng.

3. 只要~给它点水分,很快就能返青发绿,恢复生命的青春。(李英儒《女游击队长》)

Zhǐyào ~ gěi tā diǎnr shuǐfèn, hěn kuài jiù néng fǎn qīng fā lǜ, huīfù shēngmìng de qīngchūn.

4. 因为他知道,逃走的农奴一~抓回来,不是被抽去脚筋就是被挖掉膝盖骨,终生变成残废。(阎树田《日出之前》)

Yīnwèi tā zhīdao, táozǒu de nóngnú ~ zhuā huilai, búshi bèi chōu qu jiǎojīn jiùshi bèi wādiào xīgàigǔ, zhōngshēng biànchéng cánfèi.

有时也用于已然,表示忽然出现了新情况:

Applies to a fulfilled event and indicates that a new circumstance has suddenly emerged:

5. 天气比屋子里冷得多了;老拴倒觉得爽快,仿佛~变了少年,得了神通,有给人生命的本领似的,跨步格外高远。(鲁迅《药》)

Tiānqì bǐ wūzi li lěng de duō le; Lǎoshuān dào juéde shuǎngkuài, fǎngfu ~ biànle shàonián, déle shéntōng, yǒu gěi rén shēngmìng de běnlǐng shìde, kuà bù géwài gāoyuǎn.

一道 yīdào （副词）

同"一块儿",不如"一块儿"常用,多修饰和行动有关的动词:

Same as 一块儿 (together), but not used as frequently as 一块儿. It mostly modifies verbs which have something to do with moving from one place to another:

1. 东阳反倒不告辞了,因为怕同瑞丰夫妇~出来,而必须进祁宅去道喜。(老舍《四世同堂》)

Dōngyáng fǎndào bú gàocí le, yīnwèi pà tóng Ruìfēng fūfù ~ chū lai, ér bìxū jìn Qí zhái qù dào xǐ.

2. 怎么没有人跟着他~回来呢？(郭沫若《屈原》)

Zěme méi yǒu rén gēnzhe tā ~ huí lai ne?

3. 这个酒真醇,不是和你~来,喝不到这样好酒。(周而复《上海的早晨》)

Zhège jiǔ zhēn chún, bú shì hé nǐ ~ lái, hē bu dào zhèyàng hǎo jiǔ.

4. 让我们这些落后的人跟着你~进步。(周而复《上海的早晨》)

Ràng wǒmen zhèxiē luòhòu de rén gēnzhe nǐ ~ jìnbù.

一点 yīdiǎnr （副词）

用于否定形式前,表示完全否定,可和"都"或"也"连用:

Occurs before a negative form to indicate out-and-out negation "not a bit, absolutely not, simply not". It can be used in conjunction with 都 or 也:

1. 如果我们教出学生来,~不像人,~没用处,那才是我们下贱,我们卑鄙。(叶圣陶《抗争》)

Rúguǒ wǒmen jiāo chū xuésheng lai, ~ bú xiàng rén, ~ méi yòngchu, nà cái shì wǒmen xiàjiàn, wǒmen bēibǐ.

2. 这么想着,精神也旺盛起来,~都不想睡了。(欧阳山《高干大》)

Zhème xiǎngzhe, jīngshén yě wàngshèng qǐlai, ~ dōu bù xiǎng shuì le.

3. 别看他都六十岁了，头发~（都/也）不白。

Biékàn tā dōu liùshí suì le, tóufa ~ (dōu/yě) bù bái.

辨认：

Note：

1. 林小姐一点主意也没有。（茅盾《林家铺子》）

Lín xiǎojiě yìdiǎnr zhǔyi yě méi yǒu.

2. 屋子里一点响动也没有。（马烽《三年早知道》）

Wūzi li yìdiǎnr xiǎngdong yě méi yǒu.

这里"一点"用在名词前是表示不定的小数量词，不是副词。

In the above examples 一点 is used before nouns and is an indefinite measure word indicating a small amount.

一定   yīdìng   （副词）

A 表示极有把握的推断：

Indicates a very sure inference：

1. 你~又偷了人家的东西了！（鲁迅《孔乙己》）

Nǐ ~ yòu tōule rénjia de dōngxi le!

2. 她想主人~就住在本地……（叶圣陶《潘先生在难中》）

Tā xiǎng zhǔrén ~ jiù zhù zài běndì …

3. 不，我想~有含义。（魏巍《东方》）

Bù, wǒ xiǎng ~ yǒu hányì.

4. 假如小赵还活着，他~长成一个健壮漂亮的人民战士了。（刘真《好大娘》）

Jiǎrú Xiǎo Zhào hái huózhe, tā ~ zhǎngchéng yí ge jiànzhuàng piàoliang de rénmín zhànshì le.

B 表示一种坚定的决心和意志：

Indicates one's firm determination or resolution：

1. 好，我去，我~把她找着。（曹禺《雷雨》）

Hǎo, wǒ qù, wǒ ~ bǎ tā zhǎozhao.

2. 我今天~跟你走。（知侠《铁道游击队》）

Wǒ jīntiān ~ gēn nǐ zǒu.

3. 这种损人利己的事~不能做。

Zhèzhǒng sǔnrénlìjǐ de shì ~ bù néng zuò.

4. 我的缺点我~改，你千万别记在心里……（刘真《好大娘》）

Wǒ de quēdiǎn wǒ ~ gǎi, nǐ qiānwàn bié jì zai xīnli...

5. 他说，他对这回斗争很有信心，~要干到最后胜利。（浩然《艳阳天》）

Tā shuō, tā duì zhèhuí dòuzhēng hěn yǒu xìnxīn, ~ yào gàndào zuìhòu shènglì.

6. 以后谁~不愿学就算了，不要强迫都学。（马烽、西戎《吕梁英雄传》）

Yǐhòu shuí ~ bú yuàn xué jiù suàn le, búyào qiǎngpò dōu xué.

C 表示必然：

Indicates necessity：

1. 嗯，我要是叫你来，我的窗上~有个灯。要是没有灯，那你千万不要来。（曹禺《雷雨》）

Ng, wǒ yàoshi jiào nǐ lái, wǒ de chuāng shang ~ yǒu ge dēng. Yàoshi méi yǒu dēng, nà nǐ qiānwàn búyào lái.

2. 谁能料得定打仗～会打到这里来？（叶圣陶《外国旗》）

Shuí néng liào de dìng dǎ zhàng ~ huì dǎdào zhèlǐ lái?

3. 假如我有吃不了的一块糖饼，他和我索要时，我～含笑的递给他。（冰心《寄小读者》）

Jiǎrú wǒ yǒu chī bu liǎo de yí kuài tángbǐng, tā hé wǒ suǒyào shí, wǒ ~ hán xiào de dì gěi tā.

4. 他每次听报告～作笔记。

Tā měi cì tīng bàogào ~ zuò bǐjì.

5. 凡是搞阴谋诡计的人～没有好下场。

Fánshi gǎo yīnmóu guǐjì de rén ~ méi yǒu hǎo xiàchǎng.

参看"一准"。

Compare 一准 yīzhǔn.

D 否定副词"不"+"一定"，有两个意思：

The negative word 不 plus 一定 has two meanings.

1) 可以不……，不是非这样不可：

Not need to, not have to：

1. 你到城里去买好了。我不～要卖的！（艾芜《秋收》）

Nǐ dào chéng li qù mǎi hǎo le. Wǒ bù ~ yào mài de!

2. 这个会你不～参加。

Zhège huì nǐ bù ~ cānjiā.

2) 可能不……，也许不……：

Not necessarily, may not：

3. 我是想，满地的麦子都熟了，正是鸡爱下蛋的时候，瞅个冷子，把鸡放出去，吃个饱，也不～就能让人家看见。（浩然《艳阳天》）

Wǒ shì xiǎng, mǎn dì de màizi dōu shú le, zhèng shì jī ài xià dàn de shíhou, chǒu ge lěngzi, bǎ jī fàng chuqu, chī ge bǎo, yě bù ~ jiù néng ràng rénjia kànjian.

4. 社员家里用个零碎东西什么的，不～都有空儿往供销社跑；再说，这儿新添了东西，他们也不～都知道。（浩然《艳阳天》）

Shèyuán jiā li yòng ge língsuì dōngxi shénme de, bù ~ dōu yǒu kòngr wǎng gōngxiāoshè pǎo; zài shuō, zhèr xīn tiānle dōngxi, tāmen yě bù ~ dōu zhīdao.

5. 虽然他们不～知道那许多个别的英雄的姓名，但是他们更喜欢用一个总的名字来称呼他们的英雄："最可爱的人"。（巴金《朝鲜战地的春天》）

Suīrán tāmen bù ~ zhīdao nà xǔduō gèbié de yīngxióng de xìngmíng, dànshi tāmen gèng xǐhuan yòng yí ge zǒng de míngzi lái chēnghu tāmen de yīngxióng: "zuì kě·ài de rén".

参看"准"。

Compare 准 zhǔn.

一度 yīdù （副词）

表示在过去的某一段时间内；用于追叙现已改变的情况：

Once, for a time (in the past); is used to relate a situation which has since changed：

1. 这时烧火的有万丈母娘重新提起建社初期～议论纷纭的问题——分户喂养牲口是不是更合算？(柳青《创业史》)

   Zhè shí shāo huǒ de Yǒuwàn zhàngmuniáng chóngxīn tíqǐ jiàn shè chūqī ～ yìlùn fēnyún de wèntí —— fēn hù wèiyǎng shēngkou shì bu shì gèng hésuàn?

2. 我越看下去，越清楚地看到那些曾～在她身上闪耀过的光芒，……(俞林《我和我的妻子》)

   Wǒ yuè kàn xiaqu, yuè qīngchu de kàndào nàxiē céng ～ zài tā shēnshang shǎnyàoguo de guāngmáng, ...

3. 说他们这一派～被压垮了，现在又恢复发展起来了。(肖平《墓场与鲜花》)

   Shuō tāmen zhè yí pài ～ bèi yākuǎ le, xiànzài yòu huīfù fāzhǎn qilai le.

一概 yīgài (副词)

表示全部无例外，所概括的人、物必在"一概"前出现；所修饰的以否定形式为多：

One and all, without exception. The persons or things referred to must precede 一概 which mainly modifies negative forms:

1. 原来在明朝，只准皇家所用的器物上可以用朱漆和描金装饰，别的人～禁用。(姚雪垠《李自成》)

   Yuánlái zài Míngcháo, zhǐ zhǔn huángjiā suǒ yòng de qìwù shang kěyǐ yòng zhūqī hé miáojīn zhuāngshì, biéde rén ～ jìn yòng.

2. 放在先生这儿的东西，我想～也不带了。(郭沫若《屈原》)

   Fàng zài xiānsheng zhèr de dōngxi, wǒ xiǎng ～ yě bú dài le.

3. 我们的同志不要以为自己还不了解的东西，群众也～不了解。(毛泽东《论联合政府》)

   Wǒmen de tóngzhì búyào yǐwéi zìjǐ hái bù liǎojiě de dōngxi, qúnzhòng yě ～ bù liǎojiě.

一共 yīgòng (副词)

说明数量的总计，可修饰否定形式：

In all, altogether, in total. It can modify negative forms:

1. 我们～包了三只船，一同驶下嘉定。(郭沫若《少年时代》)

   Wǒmen ～ bāole sān zhī chuán, yītóng shǐ xià Jiādìng.

2. 那边～有多少亩？多少户？(茅盾《多角关系》)

   Nàbiānr ～ yǒu duōshao mǔ? Duōshao hù?

3. 今天参加会议的～不到十个人。

   Jīntiān cānjiā huìyì de ～ bú dào shí ge rén.

4. 于是算清了工钱，～一千七百五十文……(鲁迅《祝福》)

   Yúshì suànqīngle gōngqián, ～ yìqiān qībǎi wǔshí wén...

参看"统共""一总""总共"。

Compare 统共 tǒnggòng, 一总 yīgòng, 总共 zǒnggòng.

一口 yīkǒu (副词)

A 用在"咬定"等词语前，表示说出或认定一种意见丝毫也不改变：

With certainty, flatly; placed before a phrase such as 咬定, indicates an arbitrary or stubbon assertion:

1. 翠环这丫头～咬定你们在湖心亭，所以我先到了那儿，再从那儿到这儿来(巴

金《春》)

Cuìhuán zhè yātou ～ yǎodìng nǐmen zài húxīntíng, suǒyǐ wǒ xiān dàole nàr, zài cóng nàr dào zhèr lái.

2. 他们不听,～咬定说我是日本探子。(张麟《抗联名将周保中的故事》)

Tāmen bù tīng, ～ yǎodìng shuō wǒ shì Rìběn tànzi.

3. 我曾经想过,如果这个女叛徒～咬定我,我也坚决不承认。(夏明《最后一次见面》)

Wǒ céngjīng xiǎngguo, rúguǒ zhège nǚ pàntú ～ yǎodìng wǒ, wǒ yě jiānjué bù chéngrèn.

4. 你怎么～咬定是我抄错水表呢?(王拓《奖金二〇〇〇元》)

Nǐ zěnme ～ yǎodìng shì wǒ chāocuò shuǐbiǎo ne?

B 用在"答应"等词语前,表示应允的干脆:

Used before a word or phrase such as 答应 etc. means readily "agree to do something":

1. 曼如～答应了。(於梨华《姐姐的心》)

Mànrú ～ dāying le.

2. 觉新～答应下来,也不耽搁便陪着国光走了。(巴金《春》)

Juéxīn ～ dāying xialai, yě bù dāngé biàn péizhe Guóguāng zǒu le.

3. "我来",淑华～答应下来,就伸手接了纸笔,嚷着:"你们都掉转身子,不许看。"(巴金《春》)

"Wǒ lái", Shūhuá ～ dāying xialai, jiù shēn shǒu jiēle zhǐ bǐ, rǎngzhe: "Nǐmen dōu diàozhuǎn shēnzi, bù xǔ kàn."

一块儿   yīkuàir   (副词)

两个或两个以上的人或事物同一时间在一起(行动或受到同样处理);所说明的人或物多半在"一块儿"前出现:

Together; the persons or things referred to mostly occur before 一块儿:

1. 政委和我～去,两个通讯员跟着我们。(巴金《黄文元同志》)

Zhèngwěi hé wǒ ～ qù, liǎng ge tōngxùnyuán gēnzhe wǒmen.

2. 你起来,你们～走吧。(曹禺《雷雨》)

Nǐ qǐ lai, nǐmen ～ zǒu ba.

3. 我等着跟你～回班里去。(巴金《黄文元同志》)

Wǒ děngzhe gēn nǐ ～ huí bān li qu.

4. 昨天下午～来了好几个老朋友。

Zuótiān xiàwǔ ～ láile hǎo jǐ ge lǎo péngyou.

5. 你把这些东西都～搬走吧。

Nǐ bǎ zhè xiē dōngxi dōu ～ bānzǒu ba.

参看"一并""一道""一齐"A,"一起""一同"。

Compare 一并 yībìng, 一道 yīdào, 一齐 yīqí, 一起 yīqǐ, and 一同 yītóng.

辨认:

Note:

"一块儿"有时是名词:

一块儿 somtimes is a noun:

1. 他们俩是好朋友,总在一块儿。

Tāmen liǎ shì hǎo péngyou, zǒng zài yíkuàir.

2. 粘在一块儿的信纸和信封分不开了。

Zhān zài yíkuàir de xìnzhǐ hé xìnfēng fēn bù kāi le.

一连 yìlián (副词)

表示同一动作或情况持续不断或同一情况接连出现，后边必有数量短语：

In succession, continuously, one after another; must be followed by a N-M phrase：

1. 朱延年……走到经理室办公桌面前坐下来，～打了三个哈欠。(周而复《上海的早晨》)

Zhū Yánnián ... zǒudào jīnglǐshì bàngōngzhuō miànqián zuò xialai, ～ dǎle sān ge hāqian.

2. 因为凌雪晴同志当时害病也很重，她～发过多次高烧，身体十分虚弱。(李英儒《女游击队长》)

Yīnwèi Líng Xuěqíng tóngzhì dāngshí hài bìng yě hěn zhòng, tā ～ fāguo duō cì gāoshāo, shēntǐ shífēn xūruò.

3. ～几天我都吃不安睡不宁。(王愿坚《粮食的故事》)

～ jǐ tiān wǒ dōu chī bu ān shuì bu níng.

4. ～数年，孩子一个挨着一个，我们的生活也一天不如一天。(陶承《我的一家》)

～ shù nián, háizi yí gè āizhe yí gè, wǒmen de shēnghuó yě yì tiān bùrú yì tiān.

☆一律 yílǜ (副词)

表示适用于全体，没有例外；它的重点不在修饰动词或形容词，而是对前面的人或物起总括作用；可以修饰否定形式：

All, without exception. Its main function is to include the persons or things mentioned previously rather than to modify the verb or adjective. It can modify a negative form：

1. 凡不能转移的设备，～盖上铁板、沙袋，以免被炸落物打坏。(韶华《沧海横流》)

Fán bù néng zhuǎnyí de shèbèi, ～ gài shang tiěbǎn, shādài, yǐmiǎn bèi zhàluòwù dǎhuài.

2. 为了安全起见，王强宣布队员～不许回家。(知侠《铁道游击队》)

Wèile ānquán qǐjiàn, Wáng Qiáng xuānbù duìyuán ～ bù xǔ huí jiā.

3. 虽然诗人的心中也许尽可能的消灭等级，把只要可以交往的人都看作朋友，～平等，可是……(老舍《四世同堂》)

Suīrán shīrén de xīnzhōng yěxǔ jǐn kěnéng de xiāomiè děngjí, bǎ zhǐyào kěyǐ jiāowǎng de rén dōu kànzuò péngyou, ～ píngděng, kěshi ...

4. 他们也都没有什么大改变，单是老了些；家里却～忙，都在准备着"祝福"。(鲁迅《祝福》)

Tāmen yě dōu méi yǒu shénme dà gǎibiàn, dān shì lǎole xiē; jiā li què ～ máng, dōu zài zhǔnbèizhe "zhùfú".

☆"一律"有时很像形容词，如"千篇一律""不能强求一律"。

一律 sometimes is an adjective, e.g. 千篇一律, 不能强求一律.

一齐 yìqí (副词)

A 同"一块儿"，但不如"一块儿"口语化：

Same as 一块儿 (together), but not as colloquial：

1. 车夫们听见了，～拉着车围拢来……(叶圣陶《潘先生在难中》)

Chēfūmen tīngjian le, ～ lāzhe chē wéilǒng lái ...

2. 随着骂声，就是两三只拳头～打在他的背上。(艾芜《都市的忧郁》)

   Suízhe mà shēng, jiùshì liǎng sān zhī quántou ～ dǎ zài tā de bèi shang.

3. 和相送的医生护士们道过谢，说过再见，便～从电梯下去。(冰心《分》)

   Hé xiāng sòng de yīshēng hùshimen dàoguo xiè, shuōguo zàijiàn, biàn ～ cóng diàntī xià qu.

4. 要我指示我就走，愿意～谈谈心，我就在这里聊聊。(吴强《红日》)

   Yào wǒ zhǐshì wǒ jiù zǒu, yuànyì ～ tántan xīn, wǒ jiù zài zhèlǐ liáoliao.

5. 是不是连习题六～作？(王蒙《青春万岁》)

   Shì bu shì lián xítí liù ～ zuò?

B 有时特别强调同一时间，并不是同一地点，和"一块儿"不同：

Unlike 一块儿, 一齐 can apply to things or persons in different places to mean "at the same time":

1. 货车的几道门忽然～打开，潮水似地涌出人来了，有的提着包袱，有的挟着铺盖卷。(艾芜《印度洋风土画》)

   Huòchē de jǐ dào mén hūrán ～ dǎkāi, cháoshuǐ shìde yǒng chū rén lai le, yǒude tízhe bāofu, yǒude jiāzhe pūgaijuǎnr.

2. 会游水的秦守本，见到先头部队开始游渡，身上、心上～发起痒来。(吴强《红日》)

   Huì yóu shuǐ de Qín Shǒuběn, jiàndào xiāntóu bùduì kāishǐ yóudù, shēnshang, xīnshang ～ fā qǐ yǎng lai.

3. 今年山东、河北～丰收。

   Jīnnián Shāndōng, Héběi ～ fēngshōu.

4. 东边、西边～下雨。

   Dōngbianr, xībianr ～ xià yǔ.

一起 yīqǐ (副词)

同"一块儿"：

Same as 一块儿 (together):

1. 栗学福同志和我～走出来。(巴金《栗学福同志》)

   Lì Xuéfú tóngzhì hé wǒ ～ zǒu chulai.

2. 我哪儿也不去，我和你～教小孩子吧！(王蒙《青春万岁》)

   Wǒ nǎr yě bú qù, wǒ hé nǐ ～ jiāo xiǎoháizi ba!

3. 遇到重大问题就召集众将领～商议，谁都可以自由地发表意见。(姚雪垠《李自成》)

   Yùdào zhòngdà de wèntí jiù zhàojí zhòng jiànglǐng ～ shāngyì, shuí dōu kěyǐ zìyóu de fābiǎo yìjian.

4. 明天由老侯同志赶车，起五更走亲戚，你也跟着～走。(李晓明、韩安庆《平原枪声》)

   Míngtiān yóu Lǎo Hóu tóngzhì gǎn chē, qǐ wǔ gēng zǒu qīnqi, nǐ yě gēnzhe ～ zǒu.

辨认：

Note:

"一起"和"一块儿"一样，有时也是名词。凡是用"一块儿"的地方，都可以代以"一起"。

一起, just like 一块儿, is sometimes a noun. The two are interchangeable.

一手 yīshǒu （副词）

表示单独一个人做某事,往往也含有由于重视而不假手他人的意思:

(*Do sth.*) *all by oneself*; often implies that owing to the importance attached to the matter concerned, one does it in person:

1. 他～承揽了几百头的肥猪,载了几船想运到大渡河下游去贩卖。(郭沫若《我的童年》)

   Tā ～ chénglǎnle jǐ bǎi tóu de féi zhū, zàile jǐ chuán xiǎng yùndào Dàdùhé xiàyóu qu fànmài.

2. 因为老老师忽然觉得,就连他～调教出来的孙子,现在竟也开始背叛他了。(沙汀《范老老师》)

   Yīnwèi lǎo lǎoshī hūrán juéde, jiù lián tā ～ tiáojiào chulai de sūnzi, xiànzài jìng yě kāishǐ bèipàn tā le.

3. 而这少老师的学问品行,完全是老老师～夹磨成的。(沙汀《范老老师》)

   Ér zhè shào lǎoshī de xuéwen pǐnxíng, wánquán shì lǎo lǎoshī ～ jiāmóchéng de.

4. 常恩是宋占魁～培养和提拔起来的,所以他对宋占魁常常抱着感恩、报答的心情。(孔厥《新儿女英雄续传》)

   Cháng Ēn shì Sòng Zhànkuí ～ péiyǎng hé tíba qilai de, suǒyǐ tā duì Sòng Zhànkuí chángcháng bàozhe gǎn·ēn, bàodá de xīnqíng.

一同 yītóng （副词）

同"一块儿",不如"一块儿"口语化:

Same as 一块儿 (together), but not as colloquial:

1. 我们～走出店门,……(鲁迅《在酒楼上》)

   Wǒmen ～ zǒu chu diàn mén, …

2. 呵!来得刚好,～上馆子去叙叙!(茅盾《多角关系》)

   À! Lái de gāng hǎo, ～ shàng guǎnzi qu xùxu!

3. 匆匆的饮了咖啡,披上外衣,～走了出去。(冰心《寄小读者》)

   Cōngcōng de yǐnle kāfēi, pīshang wàiyī, ～ zǒule chuqu.

4. 他点头,愿和冠家夫妇～去到祁家贺喜。(老舍《四世同堂》)

   Tā diǎn tóu, yuàn hé Guàn jiā fūfù ～ qù dào Qí jiā hèxǐ.

5. 手表、钱包儿～掉到井里了,捞半天也没捞上来。

   Shǒubiǎo, qiánbāor ～ diàodào jǐng li le, lāo bàntiān yě méi lāo shanglai.

一头 yītóu （副词）

表示动作猛或急:

Directly, headlong; indicates a vigorous or abrupt action:

1. 传统语法……,但是跟结构主义语法的拼命回避意义,～钻进死胡同比起来,不失为聪明。(吕叔湘《汉语语法分析问题》)

   Chuántǒng yǔfǎ …, dànshì gēn jiégòuzhǔyì yǔfǎ de pīn mìng huíbì yìyì, ～ zuān jin sǐhútòng bǐ qilai, bùshíwéi cōngming.

2. 过去,教学语法的往往开始就～钻到什么叫名词,什么叫主语等词类之辨、成分之辨的深坑里跳不出来。(朱星《汉语语法学的若干问题》)

Guòqù, jiāoxué yǔfǎ de wǎngwǎng kāishǐ jiù ～ zuāndào shénme jiào míngcí, shénme jiào zhǔyǔ děng cílèi zhī biàn, chéngfèn zhī biàn de shēn kēng li tiào bu chūlái.

3.　我也不明白是一股什么感情冲激着我,～扑到我惊慌的妻子身上。(俞林《我和我的妻子》)

Wǒ yě bù míngbai shì yì gǔ shénme gǎnqíng chōngjīzhe wǒ,～pūdào wǒ jīnghuāng de qīzi shēnshang.

4.　果园的大老张～闯进来,看见老九脸上的古怪表情,忍不住问……(汪曾祺《年舍一夕》)

Guǒyuán de dà Lǎozhāng ～ chuǎng jìnlai, kànjian Lǎojiǔ liǎn shang de gǔguài biǎoqíng, rěn bu zhù wèn . . .

一味　　yīwèi　　(副词)

表示不顾客观条件或客观情况,单纯固执地(坚持某种行为或动作):

Blindly, persistently, regardless of the objective conditions or situation:

1.　学学那个孝女罢,做了乞丐,还是～孝顺祖母,自己情愿饿肚子。(鲁迅《肥皂》)

Xuéxue nàge xiào nǚ ba, zuòle qǐgài, háishi ～ xiàoshùn zǔmǔ, zìjǐ qíngyuàn è dùzi.

2.　他反对～的"主战",也反对～的"主和"。(茅盾《第一阶段的故事》)

Tā fǎnduì ～ de "zhǔ zhàn", yě fǎnduì ～ de "zhǔ hé".

3.　阿七不肯停着脚,只～挣扎着。(刘白羽《黑》)

Āqī bù kěn tíngzhe jiǎo, zhǐ ～ zhēngzházhe.

4.　不根据实际情况进行讨论和审查,～盲目执行……(毛泽东《反对本本主义》)

Bù gēnjù shíjì qíngkuàng jìnxíng tǎolùn hé shěnchá, ～mángmù zhíxíng . . .

一下　　yīxià　　(副词)

(～儿)同"一下子":

Same as 一下子 *(in an instant, all at once):*

1.　他真饿得很,见了东洋大菜,就像害了馋痨的人一样,～就吃伤肚皮了。(艾芜《两个伤兵》)

Tā zhēn è de hěn, jiànle Dōngyáng dàcài, jiù xiàng hàile chánláo de rén yíyàng, ～ jiù chīshāng dùpí le.

2.　高生亮觉得这娃娃有点脸熟,～又记不起是哪家的孩子。(欧阳山《高干大》)

Gāo Shēngliàng juéde zhè wáwa yǒudiǎnr liǎnshú, ～ yòu jì bu qǐ shì nǎ jiā de háizi.

一下子　　yīxiàzi　　(副词)

表示某种动作发生、完成得快,或某种现象出现得突然;常与副词"就"连用;仅用于既成事实:

In an instant, all at once, all of a sudden; is often used with the adverb 就 *and applies to fulfilled events only:*

1.　有一天刚架好电话线,他～就晕过去了。(巴金《一个模范的通讯员》)

Yǒu yì tiān gāng jiàhǎo diànhuà xiàn, tā ～ jiù yūn guoqu le.

2.　近了,见这火的尖细的舌头舔一舔白杨树赤裸的干枝,～就熄灭了。(管桦《山谷中》)

Jìn le, jiàn zhè huǒ de jiānxì de shétou shì yi shì báiyángshù chìluǒ de gānzhī, ～ jiù xīmiè le.

3.　马大炮转身就走,～撞到马斋的身上了。(浩然《艳阳天》)

Mǎ Dàpào zhuǎn shēn jiù zǒu, ～ zhuàngdào Mǎ Zhāi de shēnshang le.

"一下子"可处于句首,可有停顿:

一下子 can occur at the head of a sentence and be followed by a pause:

4. ～,罗得胜周身的血好像全在倒流起来,呼吸也迫促了。(艾芜《荣归》)

Luó Déshèng zhōushēn de xiě hǎoxiàng quán zài dàoliú qǐlai, hūxī yě pòcù le.

有时有"一时"的意思,后面多是否定形式:

一下子 sometimes means "for the moment" and is usually followed by a negative form:

5. 谁不晓得,只不过～记不起来罢了! (艾芜《印度洋风土画》)

Shuí bù xiǎode, zhǐ búguò ～ jì bu qǐlái bàle.

参看"一下"。

Compare 一下 yíxià.

一向 yīxiàng (副词)

表示某种行为或情况从过去某个时间到说话的时间一直如此,没有变化:

Consistently, *all along*; indicates that an act or situation has remained the same from a certain time in the past up to the time when speaking:

1. 妈妈的眉心～打着结。(叶圣陶《一个练习生》)

Māma de méixīn ～ dǎzhe jié.

2. 你知道我到枣庄～没使过步枪,不认得! (知侠《铁道游击队》)

Nǐ zhīdao wǒ dào Zǎozhuāng ～ méi shǐguo bùqiāng, bú rènde!

3. ……正可以证明在李信的眼中,李自成与其他众多的起义领袖～不同,……(姚雪垠《李自成》)

. . . Zhèng kěyǐ zhèngmíng zài Lǐ Xìn de yǎn zhōng, Lǐ Zìchéng yǔ qítā zhòngduō de qǐyì lǐngxiù ～ bù tóng, . . .

4. 我们两人相处～很好,我帮助过他,他也帮助过我,……(马烽《太阳刚刚出山》)

Wǒmen liǎng rén xiāngchǔ ～ hěn hǎo, wǒ bāngzhuguo tā, tā yě bāngzhuguo wǒ, . . .

一心 yīxīn (副词)

专心,全心全意:

Wholeheartedly, *heart and soul*:

1. 土改结束后,我～埋头搞生产。(马烽《太阳刚刚出山》)

Tǔgǎi jiéshù hòu, wǒ ～ mái tóu gǎo shēngchǎn.

2. 我～要把他供养成人。(马烽《太阳刚刚出山》)

Wǒ ～ yào bǎ tā gōngyǎng chéng rén.

3. 梅佐贤～只想听陶阿毛的好消息,他倒不在乎吃饭不吃饭……(周而复《上海的早晨》)

Méi Zuǒxián ～ zhǐ xiǎng tīng Táo Āmáo de hǎo xiāoxi, tā dào bú zàihu chī fàn bù chī fàn . . .

4. 但静似乎～注在银幕上,有时不理,有时含胡地点了一下头。(茅盾《幻灭》)

Dàn Jìng sìhū ～ zhù zài yínmù shang, yǒu shí bù lǐ, yǒushí hánhu de diǎnle yíxià tóu.

5. 他～在盘算他的前程。(茅盾《动摇》)

Tā ~ zài pánsuan tā de qiánchéng.

一眼　　yīyǎn　　（副词）

A 有迅速的意思；只用于与视觉有关的动词前；常和"就"连用：

At a glance；is used only before verbs which have something to do with seeing；and often goes with 就：

1. 幸好……，让我～就看见王主任一个人静悄悄地站在树下。（巴金《团圆》）

   Xìnghǎo . . . ràng wǒ ~ jiù kànjian Wáng zhǔrèn yí ge rén jìngqiāoqiāo de zhàn zài shù xià.

2. 我正砍了根柳树枝子从山上下来，～就看见她正在打水。（方之《在泉边》）

   Wǒ zhèng kǎnle gēn liǔshù zhīzi cóng shān shang xià lai, ~ jiù kànjian tā zhèngzài dǎ shuǐ.

3. 我～就认出来，这是老三的字！（老舍《四世同堂》）

   Wǒ ~ jiù rèn chulai, zhè shì lǎosān de zì!

4. 凭他那神经质的眼神，蔷云～就认出了是苏君。（王蒙《青春万岁》）

   Píng tā nà shénjīngzhì de yǎnshén, Qiángyún ~ jiù rèn chu le shì Sū Jūn.

B 表示视野所能达到的范围：

As far as the eye can see：

1. 中村骑在马上看着那～看不到边被割得光秃秃的庄稼地，皱着眉头摇起脑袋。（李晓明、韩安庆《平原枪声》）

   Zhōngcūn qí zài mǎ shang kànzhe nà ~ kàn bu dào biānr bèi gē de guāngtūtū de zhuāngjia dì, zhòuzhe méitóu yáo qi nǎodai.

2. ～望去尽是参天的松柏，树下随意的乱生着紫罗兰、雏菊、蒲公英。（冰心《新年试笔》）

   ~ wàng qu jìn shì cāntiān de sōngbǎi, shù xià suíyì de luàn shēngzhe zǐluólán, chújú, púgōngyīng.

3. 小河水清得～望到底。（方之《在泉边》）

   Xiǎo hé shuǐ qīng de ~ wàng dào dǐ.

4. ～看去，就知道他是一位工农出身的、久经风霜的、多次战火锻炼过的铁汉子。（李英儒《女游击队长》）

   ~ kàn qu, jiù zhīdao tā shì yí wèi gōng nóng chūshēn de, jiǔ jīng fēngshuāng de, duō cì zhànhuǒ duànliànguo de tiěhànzi.

— —　　yīyī　　（副词）

有"逐一""逐个"的意思：

One by one，one after another：

1. 我都～告诉了他。（马烽《太阳刚刚出山》）

   Wǒ dōu ~ gàosule tā.

2. 爸爸领朱蕾到村里伯伯、叔叔家里走了一遍，～感谢。（奚青《朱蕾》）

   Bàba lǐng Zhū Lěi dào cūn li bóbo, shūshu jiā li zǒule yí biàn, ~ gǎnxiè.

3. 这些星星方位和名字，我～牢牢记住。（冰心《寄小读者》）

   Zhèxiē xīngxing fāngwèi hé míngzi, wǒ ~ láoláo jìzhù.

4. 阿英她娘把不幸的遭遇～从头诉说给她听。（周而复《上海的早晨》）

   Āyīng tā niáng bǎ búxìng de zāoyù ~ cóngtóu sùshuō gěi tā tīng.

一再 yīzài （副词）

一次又一次的意思，多说明人的行为，用于已然：

Again and again; applies mostly to human actions which are fulfilled:

1. 父亲生前很喜欢他，～关照姐姐要多照顾他……（周而复《上海的早晨》）
   Fùqin shēngqián hěn xǐhuan tā, ～ guānzhào jiějie yào duō zhàogu tā...

2. 政委～交代我们照顾群众的利益……（知侠《铁道游击队》）
   Zhèngwěi ～ jiāodài wǒmen zhàogu qúnzhòng de lìyì...

3. 凌队长和顺妈妈都～拦阻她，暂时算把她留住了。（李英儒《女游击队长》）
   Líng duìzhǎng hé Shùn māma dōu ～ lánzǔ tā, zànshí suàn bǎ tā liúzhu le.

4. 这一切，～证明，咱们对前一阶段形势的分析是正确的。（李英儒《女游击队长》）
   Zhè yíqiè, ～ zhèngmíng, zánmen duì qián yì jiéduàn xíngshì de fēnxī shì zhèngquè de.

5. 戴俊杰站在那儿不走，～谦辞。（周而复《上海的早晨》）
   Dài Jùnjié zhàn zài nàr bù zǒu, ～ qiāncí.

一直 yīzhí （副词）

A 表示某种动作、行为在一定的时间里连续进行，或某种情况、状态在一段时间内持续不变，可修饰否定形式：

All along, keep on, continuously; indicates that within a certain period of time, an action continues without interruption or that a state of affairs remains unchanged; can modify a negative form:

1. 到了黄昏我将十几盏纱灯点起挂好之后，我的眼泪，便不知是从哪里来的，～流个不断了！（冰心《南归》）
   Dàole huánghūn wǒ jiāng shí jǐ zhǎn shādēng diǎn qǐ guàhǎo zhī hòu, wǒ de yǎnlèi, biàn bù zhī shì cóng nǎlǐ lái de, ～ liú ge bú duàn le!

2. 大娘～背着我走，她整天吃糠咽菜，哪里会有力气呢？（刘真《好大娘》）
   Dàniáng ～ bēizhe wǒ zǒu, tā zhěng tiān chī kāng yàn cài, nǎlǐ huì yǒu lìqi ne?

3. 我的思想不会中断，它～在进行。（巴金《生活在英雄们的中间》）
   Wǒ de sīxiǎng bú huì zhōngduàn, tā ～ zài jìnxíng.

4. 事情～还算顺利，我在当地群众的掩护下，行动也很方便。（王愿坚《粮食的故事》）
   Shìqing ～ hái suàn shùnlì, wǒ zài dāngdì qúnzhòng de yǎnhù xià, xíngdòng yě hěn fāngbian.

5. 只因后来家境不好，～没有娶过门来。（欧阳山《高干大》）
   Zhǐ yīn hòulái jiājìng bù hǎo, ～ méiyou qǔ guò ménr lai.

B 动作向一个方向前进不中断，不能修饰否定形式：

Straight on; cannot modify negative forms:

1. 马英跟着老警察～走向后院。（李晓明、韩安庆《平原枪声》）
   Mǎ Yīng gēnzhe lǎo jǐngchá ～ zǒu xiàng hòuyuàn.

2. 小鬼挽住她父亲的胳膊讲个不停，～把她父亲送到招待所。（巴金《团圆》）
   Xiǎoguǐ wǎnzhu tā fùqin de gēbo jiǎng ge bù tíng, ～ bǎ tā fùqin sòngdào zhāodàisuǒ.

3. 我顾不得说别的，便～往楼上走。（冰心《南归》）

Wǒ gù bu de shuō biéde, biàn ～ wǎng lóu shàng zǒu.

参看"直"。

Compare 直 zhí.

一准　　yīzhǔn　　（副词）

同"一定"A、B、C,但用得较少,不受否定词修饰:

Same as 一定 A, B, & C (see p. 327), but not frequently used and cannot be modified by a negative word:

1. 那么,就得连夜送到报馆去,要他明天～登出来。（鲁迅《肥皂》）

   Nàme, jiù děi liányè sòngdào bàoguǎn qu, yào tā míngtiān ～ dēng chulai.

2. 孙传庭这位巡抚大人～不敢像我一样用手抓火炭。（姚雪垠《李自成》）

   Sūn Chuántíng zhèwèi xúnfǔ dàren ～ bù gǎn xiàng wǒ yíyàng yòng shǒu zhuā huǒtàn.

3. 你等着,我天黑前,～回来,咱娘儿俩,一块过个年。（李英儒《女游击队长》）

   Nǐ děngzhe, wǒ tiān hēi qián, ～ huí lai, zán niángr liǎ, yíkuàir guò ge nián.

4. 你要是害眼病,俺可有个特效药方。不花钱,～保好。（李英儒《女游击队长》）

   Nǐ yàoshi hài yǎnbìng, ǎn kě yǒu ge tèxiào yàofāng. Bù huā qián, ～ bǎohǎo.

5. 乖,别闹。下星期天,妈妈爸爸～带你去颐和园。（刘心武《快乐》）

   Guāi, bié nào. Xià xīngqītiān, māma bàba ～ dài nǐ qù Yíhéyuán.

一总　　yīzǒng　　（副词）

A 同"一共":

Same as 一共 (in all, altogether, in total):

1. 他在晚饭席上,对九斤老太说,这碗是在城内钉合的,……～用了四十八文小钱。（鲁迅《风波》）

   Tā zài wǎnfàn xí shang, duì Jiǔjīn lǎotài shuō, zhè wǎn shì zài chéng nèi dìnghé de, ... ～ yòngle sìshí bā wén xiǎoqián.

2. 陈租和新租～算来是多少呢?（茅盾《多角关系》）

   Chén zū hé xīn zū ～ suàn lái shì duōshao ne?

3. 十月,十一月,十二月,～是三个月,三三得九,是九块罢?（茅盾《林家铺子》）

   Shíyuè, Shíyīyuè, Shí'èryuè, ～ shì sān ge yuè, sān sān dé jiǔ, shì jiǔ kuài ba?

4. 你为什么不叫他算一算这七块钱的无穷期的复利息～是多少?（叶圣陶《校长》）

   Nǐ wèi shénme bú jiào tā suàn yi suàn zhè qī kuài qián de wúqióng qī de fùlìxī ～ shì duōshao?

B 有作为一个整体的意思:

As a whole, all:

1. 不料田八爷没精打采,很疲乏,坚请这位女部长"～讲讲就得了"。（孔厥、袁静《新儿女英雄传》）

   Búliào Tián bāyé méijīngdǎcǎi, hěn pífá, jiān qǐng zhèwèi nǚ bùzhǎng " ～ jiǎngjiang jiù déle".

2. 叫我看,如果一定要没收地主的资金,……那也得～留在油坊里,不能分!（孔厥、袁静《新儿女英雄传》）

   Jiào wǒ kàn, rúguǒ yídìng yào mòshōu dìzhǔ de zījīn, ... nà yě děi ～ liú zài yóufáng li, bù néng fēn!

依次 yīcì （副词）〈书〉

表示按顺序(做某事)：

(Do sth.) in proper order：

1. 文官们按品级～行礼,然后由武将们～行礼。(姚雪垠《李自成》)
   Wénguānmen àn pǐnjí ～ xíng lǐ, ránhòu yóu wǔjiàngmen ～ xíng lǐ.

2. 女孩子们～探着身子,从帐篷里出来。(王蒙《青春万岁》)
   Nǚ háizimen ～ tànzhe shēnzi, cóng zhàngpeng li chū lai.

3. 一切仪式都举行完了,教徒～退去……(王蒙《青春万岁》)
   Yíqiè yíshì dōu jǔxíngwán le, jiàotú ～ tuì qù...

4. 女护士在此掩护下,并不撤退,却返身奋力拆桥。～抽掉木棍,每抽一条,即投进沟里去。(李英儒《女游击队长》)
   Nǚ hùshi zài cǐ yǎnhù xià, bìng bú chètuì, què fǎn shēn fènlì chāi qiáo. ～ chōudiào mùgùn, měi chōu yì tiáo, jí tóu jìn gōu li qu.

5. 说着拣起一些小石头,由近而远,～投到水里。(李英儒《女游击队长》)
   Shuōzhe jiǎn qi yìxiē xiǎo shítou, yóu jìn ér yuǎn, ～ tóudào shuǐ li.

依旧 yījiù （副词）

表示和原来一样,多用于书面语,可修饰否定形式：

As before; can modify negative forms and is usually used in written language：

1. 第二天清晨,七斤～从鲁镇撑航船进城……(鲁迅《风波》)
   Dì-èr tiān qīngchén, Qījīn ～ cóng Lǔzhèn chēng hángchuán jìn chéng ...

2. 雨已经停止了。天空～是漆黑的。(巴金《丹东的悲哀》)
   Yǔ yǐjīng tíngzhǐ le. Tiānkōng ～ shì qīhēi de.

3. 王大娘……后来听到他们是来说媒,便放心不下,又～坐下来了。(刘真《春大姐》)
   Wáng dàniáng ... hòulái tīngdào tāmen shì lái shuō méi, biàn fàng xīn bú xià, yòu ～ zuò xialai le.

4. 大家劝了他半天,他～想不通。
   Dàjiā quànle tā bàntiān, tā ～ xiǎng bu tōng.

参看“依然”。

Compare 依然 yīrán.

依然 yīrán （副词）

同“依旧”：

Same as 依旧 (*as before*)：

1. 林小姐……～那样蜷曲着身体躺着,～把脸藏在母亲背后。(茅盾《林家铺子》)
   Lín xiǎojiě ... ～ nàyàng quánqūzhe shēntǐ tǎngzhe, ～ bǎ liǎn cáng zài mǔqin bèihòu.

2. 闭一闭眼睛再睁开来时,所见～如前。(叶圣陶《潘先生在难中》)
   Bì yi bì yǎnjing zài zhēngkāi lái shí, suǒ jiàn ～ rú qián.

3. 已经望见了前途的光明……现在消散了,～是漫空的漆黑!(叶圣陶《抗争》)
   Yǐjīng wàngjianle qiántú de guāngmíng ... xiànzài xiāosàn le, ～ shì mànkōng de qīhēi!

4. 睡的人"唔"的一声,～倒下,尖下巴的黄脸,没入铺盖卷了。(艾芜《人生哲学第一课》)

Shuì de rén "wū" de yì shēng, ～ dǎo xia, jiān xiàba de huáng liǎn, mòrù pūgaijuǎnr le.

5. 她不顾乐队的催促吹奏,～走过去,和演出的同志们一一握手,道了辛苦。(李英儒《女游击队长》)

Tā búgù yuèduì de cuīcù chuīzòu, ～ zǒu guoqu, hé yǎnchū de tóngzhìmen yīyī wò shǒu, dàole xīnkǔ.

6. 这里的工作情况～不见起色。

Zhèlǐ de gōngzuò qíngkuàng ～ bú jiàn qìsè.

依稀 yīxī (副词)〈书〉

有"模模糊糊""隐隐约约"的意思:

Vaguely, dimly:

1. 远处隐隐有两个铜盏相击的声音,使人忆起酸梅汤,～感到凉意……(鲁迅《示众》)

Yuǎnchù yǐnyǐn yǒu liǎng ge tóngzhǎn xiāng jī de shēngyīn, shǐ rén yìqǐ suānméitāng, ～ gǎndào liángyì...

2. 她～看见潘小姐的身影从下边那院子里走过。(茅盾《第一阶段的故事》)

Tā ～ kànjian Pān xiǎojiě de shēnyǐng cóng xiàbianr nà yuànzi li zǒuguò.

3. 一切景色,都和去年他来的时候～相仿。(欧阳山《苦斗》)

Yíqiè jǐngsè, dōu hé qùnián tā lái de shíhou ～ xiāngfǎng.

4. 从宾县县委大院的变化上,人们不是还～可见历史上农民起义领袖所走过的轨迹吗?(李准《这样的"条件和局势"必须铲除》)

Cóng Bīnxiàn xiànwěi dà yuàn de biànhuà shang, rénmen bú shì hái ～ kě jiàn lìshǐ shang nóngmín qǐyì lǐngxiù suǒ zǒuguo de guǐjì ma?

已 yǐ (副词)

与"未"相对,多用于书面语:

Already; opposite to 未, and mostly used in written language:

A 同"已经"A:

Same as 已经 A (see next entry):

1. 这刚才季队长～答应过了。(李英儒《女游击队长》)

Zhè gāngcái Jì duìzhǎng ～ dāyingguo le.

2. 她的健康～完全恢复,脸上～有了点红色。(老舍《四世同堂》)

Tā de jiànkāng ～ wánquán huīfù, liǎn shang ～ yǒule diǎnr hóng sè.

3. 夜,～深了。(魏钢焰《忆铁人》)

Yè, ～ shēn le.

4. 我们第二次见面时,他～不是原来的样子了。

Wǒmen dì-èr cì jiàn miàn shí, tā ～ bú shì yuánlái de yàngzi le.

B 同"已经"B,常常带"是":

Same as 已经 B and is usually followed by 是:

1. 现在～是下午四点多钟。(老舍《四世同堂》)

Xiànzài ～ shì xiàwǔ sì diǎn duō zhōng.

2.　～是晚上九点多了，亲爱的同志，你正在做什么？（魏钢焰《毛泽东之歌》）

　　～ shì wǎnshang jiǔ diǎn duō le, qīn·ài de tóngzhì, nǐ zhèngzài zuò shénme?

已经　yǐjīng　（副词）

A 表示某种动作、情况在此之前就完成或发生了，可以修饰否定形式：

Already; indicates that an action has been completed or a circumstance emerged. It can modify negative forms：

1.　她～哭昏了。（老舍《四世同堂》）

　　Tā ～ kūhūn le.

2.　她好像～忘了她是个女人。（老舍《四世同堂》）

　　Tā hǎoxiàng ～ wàngle tā shì ge nǚrén.

3.　这时太阳～露出头来。（李英儒《女游击队长》）

　　Zhè shí tàiyáng ～ lòu chū tóu lai.

4.　他～不在我们学校工作了。

　　Tā ～ bú zài wǒmen xuéxiào gōngzuò le.

B 后面如有数量短语或时间词语，则表示数量多、时间长或时间晚等：

When 已经 is followed by a N-M or time-word, it indicates a large amount, a long period of time or tardiness：

1.　他～三天没吃一口东西，没说一句话了！（老舍《四世同堂》）

　　Tā ～ sān tiān méi chī yì kǒu dōngxi, méi shuō yí jù huà le!

2.　熄灯时间～过了十五分钟，大门紧紧地关闭着。（王蒙《青春万岁》）

　　Xī dēng shíjiān ～ guòle shíwǔ fēnzhōng, dàmén jǐnjǐn de guānbìzhe.

3.　他～活了七十五岁。（老舍《四世同堂》）

　　Tā ～ huóle qīshí wǔ suì.

4.　～九点多了……（王蒙《青春万岁》）

　　～ jiǔ diǎn duō le...

5.　如今～是立春时节了……（茹志鹃《春暖时节》）

　　Rújīn ～ shì lìchūn shíjié le...

参看"业已""已"。

Compare 业已 yèyǐ, 已 yǐ.

亦　yì　（副词）〈书〉

同"也" A：

Same as 也 A (also, too, either)：

1.　二人因屈原未坐，～不敢就座。（郭沫若《屈原》）

　　Èr rén yīn Qū Yuán wèi zuò, ～ bù gǎn jiù zuò.

2.　牛毛雨从早晨下起，总没有停过，但～不加大。（茅盾《幻灭》）

　　Niúmáoyǔ cóng zǎochen xià qǐ, zǒng méiyou tíngguo, dàn ～ bù jiā dà.

3.　冰仲怕我病中不能多写通讯，岂知我病中较闲，心境～较清，写的倒比平时多。（冰心《寄小读者》）

　　Bīngzhòng pà wǒ bìng zhōng bù néng duō xiě tōngxùn, qǐ zhī wǒ bìng zhōng jiào xián, xīnjìng ～ jiào qīng, xiě de dào bǐ píngshí duō.

4.　第二天登程，我们俩就混在这车马挑担之中，人歇～歇，人行～行。（曲波《桥隆飙》）

Dì-èr tiān dēng chéng, wǒmen liǎ jiù hùn zài zhè chē mǎ tiāo dàn zhī zhōng, rén xiē ~ xiē, rén xíng ~ xíng.

5. 我们大家不是顶天立地的英雄，改造社会～不是一二英雄所能成功……（茅盾《幻灭》）

Wǒmen dàjiā bú shì dǐngtiānlìdì de yīngxióng, gǎizào shèhuì ~ bú shì yī èr yīngxióng suǒ néng chénggōng...

"亦"有时跟"即"连用，相当于口语中的"也就是"：

亦 sometimes used together with 即, is equivalent to 也就是 in colloquial speech：

6. 我们已经明白了中国社会的性质，～即中国的特殊的国情，这是解决中国一切革命问题的最基本的根据。（毛泽东《中国革命和中国共产党》）

Wǒmen yǐjīng míngbaile Zhōngguó shèhuì de xìngzhì, ~ jí Zhōngguó de tèshū de guóqíng, zhè shì jiějué Zhōngguó yíqiè gémìng wèntí de zuì jīběn de gēnjù.

7. 承德的著名游览区是"避暑山庄"，～即清朝的离宫。

Chéngdé de zhùmíng yóulǎnqū shì "Bì shǔ shānzhuāng", ~ jí Qīngcháo de lígōng.

益   yì   （副词）〈书〉

有"更加"的意思：

All the more, increasingly：

1. 文焕觉得没趣，半晌不响。然天祥却因此～不得归。（郭源新《桂公塘》）

Wénhuàn juéde méi qù, bànshǎng bù xiǎng. Rán Tiānxiáng què yīncǐ ~ bù dé guī.

2. 此后的日子很平和，……，么宾的日子总是那样的，只是～行衰老，且以酒养命的了。（芦焚《酒徒》）

Cǐhòu de rìzi hěn pínghé, ..., Yāobīn de rìzi zǒng shì nàyàng de, zhǐ shì ~ xíng shuāilǎo, qiě yǐ jiǔ yǎng mìng de le.

3. 从降臣吕师孟叔侄到了军中，北房的情形～加叵测。（郭源新《桂公塘》）

Cóng xiáng chén Lǚ Shīmèng shū zhí dàole jūn zhōng, běilǔ de qíngxíng ~ jiā pǒcè.

毅然   yìrán   （副词）〈书〉

行动果断、坚决，毫不犹豫：

Resolutely, firmly, determinedly：

1. 他奇怪的是，丞相为什么～肯去？（郭源新《桂公塘》）

Tā qíguài de shì, chéngxiàng wèi shénme ~ kěn qù?

2. 为了不使自己的残废拖累王惠，他～制止了王惠爱情的表白。（报）

Wèile bù shǐ zìjǐ de cánfèi tuōlěi Wáng Huì, tā ~ zhìzhǐle Wáng Huì àiqíng de biǎobái.

3. 当他得知新中国成立的消息时，～摒弃优厚的物质待遇，返回祖国。（报）

Dāng tā dézhī xīn Zhōngguó chénglì de xiāoxi shí, ~ bǐngqì yōuhòu de wùzhì dàiyù, fǎnhuí zǔguó.

4. 文天祥转了一个念，觉得～前去，也未尝不是一条活路。（郭源新《桂公塘》）

Wén Tiānxiáng zhuǎnle yí ge niàn, juéde ~ qián qù, yě wèicháng bú shì yì tiáo huólù.

硬   yìng   （副词）

表示不顾客观条件或对方愿望，强行做某件事情；可以修饰否定形式：

Forcefully do something regardless of the actual conditions or the other party's will. It can modify negative forms:

1. ～要记住一些枯燥无味的东西,～要写下一些帐目一样的笔记……(叶圣陶《一个练习生》)

   ～ yào jìzhu yìxiē kūzào wúwèi de dōngxi, ～ yào xiě xia yìxiē zhàngmù yíyàng de bǐjì...

2. 白鬼吃了些苦头。知道这些红军队伍虽少,可不能小看,～打可又怕吃不消,就想出种种办法来对付我们。(王愿坚《粮食的故事》)

   Báiguǐ chīle xiē kǔtóu. Zhīdao zhè xiē hóngjūn duìwu suī shǎo, kě bù néng xiǎokàn, ～ dǎ kě yòu pà chī bu xiāo, jiù xiǎng chu zhǒngzhǒng bànfǎ lai duìfu wǒmen.

3. 陈老五赶上前,～把我抱回家中了。(鲁迅《狂人日记》)

   Chén Lǎowǔ gǎn shàng qián, ～ bǎ wǒ bào huí jiā zhōng le.

4. 不一会,敌人仗着人多势众,也欺侮我和老蔡没有长枪,～围上来。(史超《擒匪记》)

   Bù yíhuìr, dírén zhàngzhe rénduōshìzhòng, yě qīwu wǒ hé Lǎo Cài méi yǒu chángqiāng, ～ wéi shanglai.

5. 我劝了半天,他～不肯去。

   Wǒ quànle bàntiān, tā ～ bù kěn qù.

永　yǒng　(副词)

同"永远",有书面语意味,但多修饰否定形式:

Same as 永远 (always, forever, ever), but usually modifies negative forms, and has a literary flavour:

1. 一霎时,想起了他那远在家乡的母亲和幼小的妹子,从此～不能再见一面了,便更加感到伤心。(艾芜《春夜行》)

   Yíshàshí, xiǎng qi le tā nà yuǎn zài jiāxiāng de mǔqin hé yòuxiǎo de mèizi, cóngcǐ ～ bù néng zài jiàn yí miàn le, biàn gèngjiā gǎndào shāngxīn.

2. 他决心～不想家,～不和家来往了。(李晓明、韩安庆《平原枪声》)

   Tā juéxīn ～ bù xiǎng jiā, ～ bù hé jiā láiwǎng le.

3. 他～没有完全满足快乐的时候,总是追求着什么。(冰心《我的朋友的母亲》)

   Tā ～ méi yǒu wánquán mǎnzú kuàilè de shíhou, zǒngshi zhuīqiúzhe shénme.

"永+不+动词结构"形成四字短语,节奏感强,因此使用频率高:

"永 + 不 + verbal construction" is frequently used because it forms a rhythmical four-character phrase:

4. 村头上有一棵柳树,……伸着巨大有瘤的手臂和手指,显示出它～不衰退的青春和力量。(管桦《故乡》)

   Cūn tóu shang yǒu yì kē liǔshù, ... shēnzhe jùdà yǒu liú de shǒubì hé shǒuzhǐ, xiǎnshì chū tā ～ bù shuāituì de qīngchūn hé lìliang.

5. 我如果不看见朝鲜人得到幸福,我就～不回国。(巴金《一个侦察员的故事》)

   Wǒ rúguǒ bú kànjian Cháoxiǎnrén dédào xìngfú, wǒ jiù ～ bù huí guó.

正因为有上述特点,所以表示意志和决心的时候常用这种形式。常见的组合有:"永不掉队""永不离开""永不后退""永不变心"等。

Because of the above mentioned characteristic, such four-character phrases are often used to express resolution or determination. 永不掉队, 永不离开 or 永不变心, ect. are such phrases.

永远　yǒngyuǎn　（副词）

表示某种情况一直持续下去，可修饰否定形式：

Always，forever，ever；can modify negative forms：

1. 现在，山里又响起炮声，那～不能忘记的地方，正遭受着鬼子的洗劫……（知侠《铁道游击队》）

   Xiànzài，shān li yòu xiǎng qǐ pào shēng，nà ～ bù néng wàngjì de dìfang，zhèng zāoshòuzhe guǐzi de xǐjié...

2. 记得四五天前，你不是说上海可以～守下去么？（茅盾《第一阶段的故事》）

   Jìde sì wǔ tiān qián，nǐ bú shì shuō Shànghǎi kěyǐ ～shǒu xiaqu ma?

3. 他～需要别人的爱护，而～不懂得爱护别人。（冰心《我的朋友的母亲》）

   Tā ～ xūyào biérén de àihù，ér ～ bù dǒngde àihù biérén.

4. 你不是说过～跟我在一起的么？（欧阳山《三家巷》）

   Nǐ bú shì shuōguo ～ gēn wǒ zài yìqǐ de ma?

参看"永"。

Compare 永 yǒng.

尤　yóu　（副词）〈书〉

同"尤其"，但不能用于句首，多修饰单音节动词：

Same as 尤其（especially，particularly），but cannot occur at the head of a sentence and usually modifies a monosyllabic verb：

1. 而不便之中～为"不便"的，是租界的戒严令，晚上十一点钟要净街。（茅盾《第一阶段的故事》）

   Ér bú biàn zhī zhōng ～ wéi "bú biàn" de，shì zūjiè de jièyán lìng，wǎnshang shíyī diǎnzhōng yào jìngjiē.

2. 这些书籍里面，《启蒙画报》一种对于我～有莫大的影响。（郭沫若《少年时代》）

   Zhèxiē shūjí lǐmiàn，《Qǐméng Huàbào》yì zhǒng duìyú wǒ ～ yǒu mòdà de yǐngxiǎng.

尤其　yóuqí　（副词）

在几种同类或类似的事物或情况中，指出突出的一个，突出的如是主语之一，"尤其"可处于突出的主语前：

Especially，particularly；is used to pick out a particular example from a general class. If the particular example is one of the general class represented by the subject，尤其 can precede it：

1. 各行各业，～教育部门，一定要关心青少年的成长。

   Gè háng gè yè，～ jiàoyù bùmén，yídìng yào guānxīn qīngshàonián de chéngzhǎng.

2. ～邓军，他是最反对那种"婆婆妈妈"的了。（魏巍《东方》）

   ～ Dèng Jūn，tā shì zuì fǎnduì nàzhǒng "pópo māmā" de le.

3. 大家，～你，都不要忘记明天六点起床。

   Dàjiā，～ nǐ，dōu búyào wàngjì míngtiān liù diǎn qǐ chuáng.

也可处于谓语前：

尤其 can also precede the predicate：

4. 他的学习热情很高，成绩优秀，数学～出类拔萃。（王梓坤《略谈独立思考》）

Tā de xuéxí rèqíng hěn gāo, chéngjì yōuxiù, shùxué ～ chūlèibácuì.

5. 我们都喜欢运动，小李～喜欢。

Wǒmen dōu xǐhuan yùndòng, Xiǎolǐ ～ xǐhuan.

突出的如是宾语之一，"尤其"处于动词前：

If the particular example is among the group represented by the object, 尤其 should precede the verb:

6. 洁琼啊，我了解你的心情，～了解你的过去。（张扬《第二次握手》）

Jiéqióng a, wǒ liǎojiě nǐ de xīnqíng, ～ liǎojiě nǐ de guòqù.

7. 他最怕在人前讲话，～怕正式发言。

Tā zuì pà zài rén qián jiǎng huà, ～ pà zhèngshì fāyán.

8. 你们那个姓苟的好凶恶！～不能让他看住李坚。（李建纲《三个李》）

Nǐmen nàge xìng Gǒu de hǎo xiōng·è! ～ bù néng ràng tā kānzhù Lǐ Jiān.

突出的也可以是状语：

The particular example can be the adverbial:

9. 你既会开车，就知道无论多好多结实的车子，也不能一天开到二十四小时，～在这个崎岖的山路上。（冰心《我的学生》）

Nǐ jì huì kāi chē, jiù zhīdao wúlùn duō hǎo duō jiēshi de chēzi, yě bù néng yì tiān kāidào èrshí sì xiǎoshí, ～ zài zhège qíqū de shānlù shang.

10. 他的健康状况近几年很不好，～今年，病犯了好几次了。

Tā de jiànkāng zhuàngkuàng jìn jǐ nián hěn bù hǎo, ～ jīnnián, bìng fànle hǎo jǐ cì le.

"尤其"后有时可带"是"，不影响意思：

尤其 may sometimes be followed by 是 without affecting the meaning:

11. 从来未曾感到的，这三夜来感到了，～是今夜！（冰心《往事》）

Cónglái wèicéng gǎndào de, zhè sān yè lái gǎndào le, ～ shì jīn yè!

12. 邹伏生听了他们的全部谈话，～是末尾一句，进到他耳里，使他不舒服。（周立波《胡桂花》）

Zōu Fúshēng tīngle tāmen de quánbù tán huà, ～ shì mòwěi yí jù, jìndào tā ěr li, shǐ tā bù shūfu.

13. 母女俩人激动得连脸孔都涨红了。～是作母亲的，简直生起气来了。（王西彦《朴玉丽》）

Mǔnǚ liǎ rén jīdòng de lián liǎnkǒng dōu zhànghóng le. ～ shì zuò mǔqin de, jiǎnzhí shēng qǐ qì lai le.

参看"特别"C、"尤""尤为"。

Compare 特别 tèbié C, 尤 yóu, 尤为 yóuwéi.

尤为 yóuwéi （副词）〈书〉

同"尤其"；但"为"有时有"是"的意思，则相当于"尤其是"：

Same as 尤其 (especially, particularly), but sometimes 为 means 是 so that 尤为 means 尤其是:

1. 他对曹霑书房上课不专心听讲，不尊重师长，在下面弄小玩意儿，～厌恶。（端木蕻良《曹雪芹》）

Tā duì Cáo Zhān shūfáng shàng kè bù zhuānxīn tīng jiǎng, bù zūnzhòng shīzhǎng, zài xiàmiàn nòng xiǎo wányìr, ~ yànwù.

2. 如蒙润色成篇,~感激。(郑天挺《回忆陈援庵先生四事》)

   Rú méng rùnsè chéng piān, ~ gǎnjī.

3. 明末清初……各种思潮蔚然兴起,其中对封建专制主义的猛烈抨击,~前所未有。(张晋藩《清初反对封建专制主义的呐喊》)

   Míng mò Qīng chū ... gè zhǒng sīcháo wèirán xīngqǐ, qízhōng duì fēngjiàn zhuānzhìzhǔyì de měngliè pēngjī, ~ qián suǒ wèi yǒu.

4. 有一首《悼念郭小川》的诗,控诉残酷的十年文化专制,写得~沉痛……(报)

   Yǒu yì shǒu 《Dàoniàn Guō Xiǎochuān》de shī, kòngsù cánkù de shí nián wénhuà zhuānzhì, xiě de ~ chéntòng...

犹   yóu   (副词)〈书〉

A 相当于"仍然"A;表示某种情况或状态继续不变:

Same as 仍然 A (still), indicates that a state remains unchanged:

1. 沫沙同志现在年过古稀,虽老~健,工作起来,精力不乏。(报)

   Mòshā tóngzhì xiànzài nián guò gǔxī, suī lǎo ~ jiàn, gōngzuò qilai, jīnglì bù fá.

2. 除了那失去的爱情~可捉摸之外,其他还有些混沌的东西,他能感觉到,但说不出来。(李国文《月食》)

   Chúle nà shīqù de àiqíng ~ kě zhuōmō zhīwài, qítā hái yǒu xiē hùndùn de dōngxi, tā néng gǎnjuédào, dàn shuō bu chūlái.

3. 话~未了,只听那穿得漂亮的女人都大声哄笑起来……(端木蕻良《曹雪芹》)

   Huà ~ wèi liǎo, zhǐ tīng nà chuān de piàoliang de nǚrén dōu dàshēng hōngxiào qilai...

4. 它饿了,乏了,打算回到山岗上去,但它心~不甘,最后一次朝公路尽头了望。(叶蔚林《阿黑在晚霞中死去》)

   Tā è le, fá le, dǎsuàn huídào shāngǎng shang qu, dàn tā xīn ~ bù gān, zuìhòu yí cì cháo gōnglù jìntóu liàowàng.

B 举出一个突出例子,用"犹"表示即使这样仍然不能达到某标准,其它更不必说了:

An extreme case is cited and 犹 is used to indicate that even such a case would not do, let alone anything else:

1. 因为李之珍几次所担任的试制任务都是很重的,全力以赴,~恐不及……(方纪《李之珍攀登高峰》)

   Yīnwèi Lǐ Zhīzhēn jǐ cì suǒ dānrèn de shìzhì rènwu dōu shì hěn zhòng de, quánlìyǐfù, ~ kǒng bù jí...

2. 合力抗敌,~恐不及,岂能自相分裂!(郭源新《桂公塘》)

   Hélì kàng dí, ~ kǒng bù jí, qǐ néng zì xiāng fēnliè!

辨认:

Note:

"犹"有时是动词,是"如同"的意思,多用于书面语:

犹 somtimes is a verb meaning "be the same as", usually used in written language:

1. 她为人民的事业牺牲了,虽死犹生。

   Tā wèi rénmín de shìyè xīshēng le, suī sǐ yóu shēng.

2.　过犹不及,不锻炼身体不好,运动量太大也不好。

　　Guò yóu bù jí, bú duànliàn shēntǐ bù hǎo, yùndòngliàng tài dà yě bù hǎo.

有点　　yǒudiǎn　　(～儿)(副词)

表示程度浅,多用于不如意、不愉快的情况,可修饰否定形式,很口语化:

Indicates a low degree and refers to sth. dissatisfactory or disagreeable. It can modify negative forms:

1.　他的好些诗,总爱把百姓的话渗在里面,我就～看不惯。(郭沫若《屈原》)

　　Tā de hǎoxiē shī, zǒng ài bǎ lǎobǎixìng de huà shèn zài lǐmiàn, wǒ jiù ～ kàn bu guàn.

2.　钟佩文见她固执地不肯学,～急了……(周而复《上海的早晨》)

　　Zhōng Pèiwén jiàn tā gùzhí de bù kěn xué, ～ jí le...

3.　张蕴心中～不服气。(姚雪垠《李自成》)

　　Zhāng Nài xīnzhōng ～ bù fúqì.

4.　想到这里,他～不痛快。(欧阳山《高干大》)

　　Xiǎngdào zhèlǐ, tā ～ bú tòngkuai.

5.　这件上衣～长。

　　Zhèjiàn shàngyī ～ cháng.

"有点"说明某种变化时,无所谓如意不如意:

When 有点 refers to a kind of change, whether it is agreeable or not is irrelevant:

6.　他又喝多了点,头上的疤都～发红。(老舍《黑白李》)

　　Tā yòu hēduōle diǎn, tóu shang de bā dōu ～ fā hóng.

7.　麦子刚～黄,还不能收割呢!

　　Màizi gāng ～ huáng, hái bù néng shōugē ne!

8.　小李学游泳学了四五次,～会了。

　　Xiǎolǐ xué yóuyǒng xuéle sì wǔ cì, ～ huì le.

又　　yòu　　(副词)

A 表示同一动作再次发生,同一状态再次出现,限于已然及必然:

Again; indicates repetition of an action or state, only applies to fulfilled events and inevitable events:

1)已然:

Fulfilled events:

1.　去年他参加了全国运动会,今年他～参加了。

　　Qùnián tā cānjiāle quánguó yùndònghuì, jīnnián tā ～ cānjiā le.

2.　他去年考大学没考上,今年～没考上。

　　Tā qùnián kǎo dàxué méi kǎoshàng, jīnnián ～ méi kǎoshàng.

3.　我找了一遍没找着,他～找了一遍还是没找着。

　　Wǒ zhǎole yí biàn méi zhǎozháo, tā ～ zhǎole yí biàn háishi méi zhǎozháo.

4.　午饭之后,卫老婆子～来了。(鲁迅《祝福》)

　　Wǔfàn zhī hòu, Wèi lǎopózi ～ lái le.

5.　她从此～在鲁镇做女工了。(鲁迅《祝福》)

　　Tā cóngcǐ ～ zài Lǔzhèn zuò nǚgōng le.

6.　豹子～把猪吃了,老爷爷不死就好了。(刘真《对,我是景颇族》)

Bàozi ～ bǎ zhū chī le, lǎo yéye bù sǐ jiù hǎo le.

7. 小王,你～生我的气了吧?

Xiǎo Wáng, nǐ ～ shēng wǒ de qì le ba?

8. 冬去春来,河水～解冻了,小河哗哗地流着。

Dōng qù chūn lái, hé shuǐ ～ jiědòng le, xiǎo hé huāhuā de liúzhe.

2)必然:

Inevitable events:

9. 明天～是中秋节了。

Míngtiān ～ shì Zhōngqiūjié le.

10. 春天到了,学校～该开运动会了。

Chūntiān dào le, xuéxiào ～ gāi kāi yùndònghuì le.

B 表示两个不同的动作相继发生:

Indicates that two different actions took place one after another:

1. 他刚看完《水浒》,～借来一部《红楼梦》。

Tā gāng kànwán 《Shuǐhǔ》, ～ jiè lai yí bù 《Hónglóumèng》.

2. 从图书馆出来以后,我～看了一会儿球赛。

Cóng túshūguǎn chū lai yǐhòu, wǒ ～ kànle yíhuìr qiúsài.

3. 他当了十年杂志编辑,如今～当教师了。

Tā dāngle shí nián zázhì biānjí, rújīn ～ dāng jiàoshī le.

C 用在重复的同一动词中间,表示该动作的多次重复:

Inserted in a reduplicated verb to indicate many repetitions of the action:

1. 他解释了～解释,惟恐别人产生误会。

Tā jiěshìle ～ jiěshì, wéi kǒng biérén chǎnshēng wùhuì.

2. 我挑了～挑,拣了～拣,也没找到一个像样儿的。

Wǒ tiāole ～ tiāo, jiǎnle ～ jiǎn, yě méi zhǎodào yí ge xiàng yàngr de.

D 插入重复的"一＋量"的数量短语中间,表示数量多或多次重复:

Inserted in a reduplicated "一 ＋ measure word" to indicate a large quantity or reiteration:

1. 他一次～一次地试验,最后终于取得了成功。

Tā yí cì ～ yí cì de shìyàn, zuìhòu zhōngyú qǔdéle chénggōng.

2. 人们送到村口,送到村外,送了一程～一程。(莫青《朱蕾》)

Rénmen sòngdào cūn kǒu, sòngdào cūn wài, sòngle yì chéng ～ yì chéng.

3. 我们取得了一个～一个的胜利。

Wǒmen qǔdéle yí gè ～ yí gè de shènglì.

4. 他把信看了一遍～一遍。

Tā bǎ xìn kànle yí biàn ～ yí biàn.

5. 他一首～一首地背唐诗。

Tā yì shǒu ～ yì shǒu de bèi Táng shī.

E 表示两个动作反复交替:

Indicates that two actions take place alternately:

1. 拆了～安,安了～拆,折腾了几十回。(冰心《我的学生》)

Chāile ～ ān, ānle ～ chāi, zhētengle jǐ shí huí.

2. 好的时候遇有出门,总是把要穿的衣服,比了～比,看了～看,熨了～熨。(冰心《南归》)

   Hǎo de shíhou yù yǒu chū mén, zǒngshi bǎ yào chuān de yīfu, bǐle ～ bǐ, kànle ～ kàn, yùnle ～ yùn.

F 表示意思上更进一层或有所补充:

Moreover:

1. 冬季日短,～是雪天。夜色早已笼罩了整个市镇。(鲁迅《祝福》)

   Dōngjì rì duǎn, ～ shì xuě tiān. Yèsè zǎo yǐ lǒngzhàole zhěnggè shìzhèn.

2. 电灯光本来很弱,～蒙上了一层灰尘,照得房间里的人都昏暗模糊。(叶圣陶《潘先生在难中》)

   Diàndēng guāng běnlái hěn ruò, ～ méng shang le yì céng huīchén, zhào de fángjiān li de rén dōu hūn·àn móhu.

3. 生活费之外,～发给五块钱作零用。

   Shēnghuófèi zhī wài, ～ fā gěi wǔ kuài qián zuò língyòng.

4. 试工期间,她整天的做,似乎闲着就无聊,～有力,简直抵得过一个男子。(鲁迅《祝福》)

   Shì gōng qījiān, tā zhěng tiān de zuò, sìhū xiánzhe jiù wúliáo, ～ yǒu lì, jiǎnzhí dǐ de guò yí ge nánzi.

G 表示一种矛盾的心理:

Indicates contradiction in one's mind:

1. 今天的晚会我～想去～不想去,还没考虑好。

   Jīntiān de wǎnhuì wǒ ～ xiǎng qù ～ bù xiǎng qù, hái méi kǎolǜhǎo.

2. 我心里思索着这句话,很想和大伯谈谈。但～很愿意让大伯赶快安歇……(韩映山《水乡散记》)

   Wǒ xīnli sīsuǒzhe zhèjù huà, hěn xiǎng hé dàbó tántan. Dàn ～ hěn yuànyì ràng dàbó gǎnkuài ānxiē……

3. 陈福立刻挂下了脸,心里很毛躁,～不好发作。(王友安《整社基点村的一天》)

   Chén Fú lìkè guà xia le liǎn, xīnli hěn máozao, ～ bù hǎo fāzuò.

4. 他心中似乎很安慰,～似乎有点怅惘,顿了一顿,终于前去买了一张三等票。(叶圣陶《潘先生在难中》)

   Tā xīnzhōng sìhū hěn ānwèi, ～ sìhū yǒudiǎnr chàngwǎng, dùn le yí dùn, zhōngyú qián qù mǎile yì zhāng sān děng piào.

H 用在否定句中,表示事实既如此,后面的结论就是理所当然的了:

Used in a negative sentence to indicate that since the fact is so, the conclusion will naturally be as expected:

1. 我～不是你们单位的职工,你们的规定还能约束我吗?

   Wǒ ～ bú shì nǐmen dānwèi de zhígōng, nǐmen de guīdìng hái néng yuēshù wǒ ma?

2. 他～没看过那个戏,怎么知道好不好?

   Tā ～ méi kànguo nàge xì, zěnme zhīdao hǎo bu hǎo?

3. 新房子的屋子～不大,不要买那么多的家具。

   Xīn fángzi de wūzi ～ bú dà, búyào mǎi nàme duō de jiāju.

J 用在有疑问代词的反问句中,加强否定:

Occurs in a rhetorical question with an interrogative pronoun to emphasize the negation:

1. 你记得，～怎样呢！（鲁迅《头发的故事》）

   Nǐ jìde, ～ zěnyàng ne!

2. 他是个小孩子，～有多大力气！

   Tā shì ge xiǎoháizi, ～ yǒu duō dà lìqi!

3. 你这些话一听就是假的，～骗得了谁！

   Nǐ zhèxiē huà yì tīng jiù shì jiǎ de, ～ piàn de liǎo shuí!

4. 天热～有什么关系！

   Tiān rè ～ yǒu shénme guānxi!

预　　yù　　（副词）〈书〉

有"预先""事先"的意思，与有限的几个单音节动词结合：

In advance, beforehand; modifies only a few monosyllabic verbs:

1. 因此，我在病中，已～制诗百首。（端木蕻良《曹雪芹》）

   Yīncǐ, wǒ zài bìng zhōng, yǐ ～ zhì shī bǎi shǒu.

2. 人们见面都说喜幸话，～祝一年能交上好运道。（端木蕻良《曹雪芹》）

   Rénmen jiàn miàn dōu shuō xǐxìng huà, ～ zhù yì nián néng jiāoshang hǎo yùndao.

3. 那末就可～支半年的薪水，寄给哥哥去做医疗费了。（秦瘦鸥《秋海棠》）

   Nàmo jiù kě ～ zhī bànnián de xīnshui, jì gěi gēge qù zuò yīliáofèi le.

4. 尽管绍文所替他～付的医药费还剩得很多，但大夫们也不由不开始忧虑起来。（秦瘦鸥《秋海棠》）

   Jǐnguǎn Shàowén suǒ tì tā ～ fù de yīyàofèi hái shèng de hěn duō, dàn dàifumen yě bùyóu bu kāishǐ yōulǜ qilai.

预先　　yùxiān　　（副词）

表示事情发生之前：

In advance, beforehand:

1. 他连年积下了二十块钱，正拿不定主意，不知道把它～买副棺木好，还是买几只小猪托人喂好。（沈从文《贵生》）

   Tā liánnián jī xià le èrshí kuài qián, zhèng ná bu dìng zhǔyi, bù zhīdao bǎ tā ～ mǎi fù guānmù hǎo, háishi mǎi jǐ zhī xiǎo zhū tuō rén wèi hǎo.

2. 你以为我们干一宗事，会～忧长忧短吗？（草明《陈念慈》）

   Nǐ yǐwéi wǒmen gàn yì zōng shì, huì ～ yōu cháng yōu duǎn ma?

3. 过河的事，庆爷爷一手包揽，～便把事情铺排妥当。（杨朔《月黑夜》）

   Guò hé de shì, Qìngyéye yìshǒu bāolǎn, ～ biàn bǎ shìqing pūpái tuǒdang.

愈　　yù　　（副词）〈书〉

有"更"的意思，多修饰单音节词：

Move, even more; often modifies monosyllabic words:

1. 琴声仍旧不断，歌声～高，别人的对话，都不相闻。（冰心《山中杂志》）

   Qín shēng réngjiù bú duàn, gē shēng ～ gāo, biérén de duìhuà, dōu bù xiāng wén.

2. 将军独自饮酒，在几日的行程上所未曾宁静过的思绪，到了这边境的小镇上～为纷乱了。（施蛰存《将军底头》）

   Jiāngjūn dúzì yǐn jiǔ, zài jǐ rì de xíngchéng shang suǒ wèicéng níngjìngguo de sīxù, dàole zhè biānjìng de xiǎo zhèn shang ～ wéi fēnluàn le.

3. 夜色～是浓厚了,……土灶旁边的草不时发出细碎的声音。(罗淑《生人妻》)
    Yèsè ～ shì nónghòu le, ... tǔzào pángbiānr de cǎo bùshí fā chū xìsuì de shēngyīn.

愈加　　yùjiā　　(副词)〈书〉

有"更""更加"的意思,表示程度加高,修饰多音节词语:

All the more, even more, further; modifies polysyllabic words or phrases:

1. 阿Q看见自己的勋业得了赏识,便～兴高采烈起来。(鲁迅《阿Q正传》)
    Ā Q kànjian zìjǐ de xūnyè déle shǎngshí, biàn ～ xìnggāocǎiliè qilai.

2. 时光一丝也不停的流去,每个士兵所期待着的弹力,～紧张起来了。(葛琴《总退却》)
    Shíguāng yì sī yě bù tíng de liú qù, měi ge shìbīng suǒ qīdàizhe de tánlì, ～ jǐnzhāng qilai le.

3. 预算一定,～努力,越发对患者打针获利。(吴浊流《先生妈》)
    Yùsuàn yī dìng, ～ nǔlì, yuèfā duì huànzhě dǎ zhēn huò lì.

原来　　yuánlái　　(副词)

表示发现了过去不知道的情况:

Indicates that something which was unknown has been discovered:

1. 这几年,你～住在这么个地方!(曹禺《日出》)
    Zhè jǐ nián, nǐ ～ zhù zài zhème ge dìfang!

2. 被子一拿出来,我方才明白她刚才为什么不肯借的道理了。这～是一条里外全新的新花被子。(茹志鹃《百合花》)
    Bèizi yì ná chulai, wǒ fāngcái míngbai tā gāngcái wèi shénme bù kěn jiè de dàolǐ le. Zhè ～ shì yì tiáo lǐ wài quán xīn de xīn huā bèizi.

3. 唉,你这个宝贝,～比我还要势利。(郭沫若《屈原》)
    Ài, nǐ zhège bǎobei, ～ bǐ wǒ hái yào shìlì.

4. ～如此,你是专为给洁琼送生活费的!(张扬《第二次握手》)
    ～ rúcǐ, nǐ shì zhuān wèi gěi Jiéqióng sòng shēnghuófèi de!

可以用于句首,后面可以有停顿:

原来 can be placed at the head of a sentence and be followed by a pause:

5. ～,黑凤所了解的情况跟他们知道得一样多,有不少地方,比他们知道得还要详细。(王汶石《黑凤》)
    ～, Hēifèng suǒ liǎojiě de qíngkuàng gēn tāmen zhīdao de yíyàng duō, yǒu bù shǎo dìfang, bǐ tāmen zhīdao de hái yào xiángxì.

6. ～,当儿子辗转不能成寐的时候,老子也还没有合眼。(焦祖尧《时间》)
    ～, dāng érzi zhǎnzhuǎn bù néng chéng mèi de shíhou, lǎozi yě hái méiyou hé yǎn.

7. ～,自从那年在晚会上初次登台以后,刘洁颖这个名字就被人注意了。(莫伸《人民的歌手》)
    ～, zìcóng nànián zài wǎnhuì shang chū cì dēng tái yǐhòu, Liú Jiéyǐng zhège míngzi jiù bèi rén zhùyì le.

8. ～,第二次世界大战结束后,在中国华南某地新发现了一种链形杆菌。(张扬《第二次握手》)
    ～, Dì-èr cì Shìjiè Dàzhàn jiéshù hòu, zài Zhōngguó Huánán mǒu dì xīn fāxiànle yì zhǒng liànxíng gǎnjūn.

辨认：

Note：

下列例句中，"原来"意思是原先、以前，含有后来或现在已有改变之意，是形容词作状语：

In the following examples, 原来 means "originally", implying that the situation has changed since. 原来 here is an adjective functioning as an adverbial：

1. 另有几个原来想和小晚竞争一下，后来见艾艾的心已经落到小晚身上，他们也就没劲了。（赵树理《登记》）

   Lìng yǒu jǐ ge yuánlái xiǎng hé Xiǎowǎn jìngzhēng yíxià，hòulái jiàn Àiˑài de xīn yǐjīng luòdào Xiǎowǎn shēnshang，tāmen yě jiù méi jìnrle。

2. 你原来闹着要读书，后来总算凑凑合合对付过了这几年，怎么又变卦了？（欧阳山《三家巷》）

   Nǐ yuánlái nàozhe yào dú shū，hòulái zǒngsuàn còucouhéhé duìfu guòle zhè jǐ nián，zěnme yòu biàn guà le？

3. 原来是四个炊事员，这一分，我这边就分到了老朱和老张两个。（茹志鹃《静静的产院》）

   Yuánlái shì sì ge chuīshìyuán，zhè yì fēn，wǒ zhèbianr jiù fēndàole Lǎo Zhū hé Lǎo Zhāng liǎng ge。

源源　yuányuán　　（副词）

表示继续不断，后面多有"不断""不绝""而来"等词语：

In a steady stream, continuously；is usually followed by 不断，不绝，or 而来，etc.：

1. 信，每周一封，每周一封，就像输电线上的电流，～不断，在海离子和飞天之间发光，发热。（刘克《飞天》）

   Xìn，měi zhōu yì fēng，měi zhōu yì fēng，jiù xiàng shūdiànxiàn shang de diànliú，～ búduàn，zài Hǎilízǐ hé Fēitiān zhī jiān fā guāng，fā rè。

2. 这老伐木工的热情，永远像地心的火焰，～不绝，而且普照在人们身上。（刘白羽《写在太阳初升的时候》）

   Zhè lǎo fámùgōng de rèqíng，yǒngyuǎn xiàng dìxīn de huǒyàn，～ bù jué，érqiě pǔzhào zài rénmen shēngshang。

3. 一股清泉顺着毛竹～不绝地向桶里流着。（吴晨筲《姐妹》）

   Yì gǔ qīng quán shùnzhe máozhú ～ bù jué de xiàng tǒng li liúzhe。

4. 战士们看到弹药～而来，士气更为高涨。

   Zhànshìmen kàndào dànyào ～ ér lái，shìqì gèng wéi gāozhǎng。

5. 西瓜丰收，～上市，价钱不断下降。

   Xīguā fēngshōu，～ shàng shì，jiàqián búduàn xiàjiàng。

6. 轻工业产品大幅度增加，～送往农村，更加繁荣了农村市场。

   Qīnggōngyè chǎnpǐn dàfúdù zēngjiā，～ sòng wǎng nóngcūn，gèngjiā fánróngle nóngcūn shìchǎng。

远　yuǎn　　（副词）

A 表示在很大程度上（不及或超过）；有书面语意味，可以重叠：

Fall far short of, exceed by far；has a literary flavour，and can be reduplicated：

1. 但是由于种种原因，对论战没有能作出全面的科学的结论，问题～未得到解

决。(报)

Dànshì yóuyú zhǒngzhǒng yuányīn, duì lùnzhàn méiyou néng zuòchū quánmiàn de kēxué de jiélùn, wèntí ~ wèi dédào jiějué.

2. 赵太爷因此也骤然大阔,~过于他儿子初隽秀才的时候。(鲁迅《阿 Q 正传》)

Zhào tàiyé yīncǐ yě zhòurán dà kuò, ~ guòyú tā érzi chū juàn xiùcai de shíhou.

3. 这种作法~~不能满足大家的要求。

Zhèzhǒng zuòfǎ ~~ bù néng mǎnzú dàjiā de yāoqiú.

4. 今天完成的数量~~超过计划。

Jīntiān wánchéng de shùliàng ~~ chāoguò jìhuà.

B 表示事情的发生在时间上距今很久,常和"在"连用:

Long ago, *far back*; is often used together with 在:

1. 这位老大婶还说……~在春天,那儿的群众就开始自动找矿报矿。(王汶石《黑风》)

Zhèwèi lǎo dàshěn hái shuō ... ~ zài chūntiān, nàr de qúnzhòng jiù kāishǐ zìdòng zhǎo kuàng bào kuàng.

2. ~在 972 年(宋开宝三年),这里建立了一座法华寺。(任薇音、静观《上海及近郊一日游》)

~ zài jiǔ qī èr nián (Sòng Kāibǎo sān nián), zhèlǐ jiànlìle yí zuò Fǎhuásì.

3. ~在 1842 年 6 月 11 日晚上,英国军舰"纳密雪斯号"……,驶近长江口。(郑逸梅《上海旧话》)

~ zài yībāsì'èr nián Liùyuè shíyī rì wǎnshang, Yīngguó jūnjiàn "Nàmìxuěsīhào" ..., shǐjìn Chángjiāng kǒu.

辨认:

Note:

下列句中"远"是形容词作状语:

In the following examples, 远 is an adjective used as an adverbial:

1. 镇市就沿着河湾建筑起来的,远看好似一条卧龙。(陈登科《风雷》)

Zhènshì jiù yánzhe héwān jiànzhù qilai de, yuǎn kàn hǎosì yì tiáo wòlóng.

2. 小黑子他妈……说:"你们高飞远走!我有本事生养他,就有本事搭救他。"(杜鹏程《延安人》)

Xiǎohēizi tā mā ... shuō:"Nǐmen gāo fēi yuǎn zǒu! Wǒ yǒu běnshi shēngyǎng tā, jiù yǒu běnshi dājiù tā."

约 yuē   (副词)〈书〉

有"大概"的意思,表示对数量不能十分确定,述语后必须有数量短语:

About, *approximately*. The verb must be followed by a N-M phrase:

1. 在经济落后沦为半殖民地的中国,农民~占总人口百分之七十以上。(报)

Zài jīngjì luòhòu lúnwéi bànzhímíndì de Zhōngguó, nóngmín ~ zhàn zǒng rénkǒu bǎi fēn zhī qīshí yǐshàng.

2. 我国中小学生~有三亿一千万。(报)

Wǒ guó zhōngxiǎo xuéshēng ~ yǒu sānyì yìqiān wàn.

3. ~有十多包,一时未及运走。(茹志鹃《静静的产院》)

~ yǒu shí duō bāo, yìshí wèi jí yùnzǒu.

4. 黑凤大模大样地走上前去,隔着～有两张桌子远近,……在二叔面前站住了。
(王汶石《黑凤》)
Hēifèng dàmúdàyàng de zǒu shàng qián qu, gézhe ～ yǒu liǎng zhāng zhuōzi yuǎnjìn,
... zài èrshū miànqián zhànzhu le.

5. 一只钟～可用上四、五十年。(报)
Yì zhī zhōng ～ kě yòngshang sì, wǔshí nián.

可以直接放在数量短语前:
约 can be placed immdiately before a N-M:

6. 女儿长到了～四岁,好像渐渐懂事了。(檀林《一个女囚的自述》)
Nǚ·ér zhǎngdàole ～ sì suì, hǎoxiàng jiànjiàn dǒng shì le.

7. 学习时间～一个月。(报)
Xuéxí shíjiān ～ yí ge yuè.

8. ～二百五十人出席了宴会。(报)
～ èrbǎi wǔshí rén chūxíle yànhuì.

参看"约莫"。
Compare 约莫 yuēmò.

约略   yuēlüè   (副词)〈书〉
有"大致"的意思,多用于已完成的动作;所修饰的动词一般都带有后附成分:
About, *roughly*; mostly applies to fulfilled events. The verb modified by 约略 generally takes some trailing modifier:

1. 为群便把自己了解的情况,～谈了一下。(陈登科《风雷》)
Wèiqún biàn bǎ zìjǐ liǎojiě de qíngkuàng, ～ tánle yíxià.

2. 那紫棠色方脸的"客人"居然揭开那帐单,～看了几眼。(茅盾《多角关系》)
Nà zǐtángsè fāng liǎn de "kèrén" jūrán jiēkāi nà zhàngdān, ～ kànle jǐ yǎn.

3. 老刘和老马的谈话,她～听到了七八分。(茅盾《第一阶段的故事》)
Lǎo Liú hé Lǎo Mǎ de tán huà, tā ～ tīngdàole qī bā fēn.

4. 两个孩子～听得回去和再来的话,……(叶圣陶《潘先生在难中》)
Liǎng ge háizi ～ tīng dé huí qu hé zài lái de huà, ...

约莫   yuēmò   (副词)
同"约";多用于口语:
Same as 约 (about, approximately), but is more colloquial:

1. 他叫方达生,～有二十五六岁的光景。(曹禺《日出》)
Tā jiào Fāng Dáshēng, ～ yǒu èrshí wǔ liù suì de guāngjǐng.

2. ～到十一点半钟,陈文雄来到了东区第十饭堂。(欧阳山《三家巷》)
～ dào shíyī diǎn bàn zhōng, Chén Wénxióng láidàole dōngqū dìshí fàntáng.

3. 离沪江纱厂～有三十左右人家,他叫汽车停在路边。(周而复《上海的早晨》)
Lí Hùjiāng Shāchǎng ～ yǒu sānshí zuǒyòu rénjiā, tā jiào qìchē tíng zài lù biān.

4. 于是他不能不捧着脑袋了,不能不搁下笔了。～又是十分钟。(茅盾《有志者》)
Yúshì tā bù néng bù pěngzhe nǎodai le, bù néng bù gē bǐ le. ～ yòu shì shí fēnzhōng.

5. 母亲～四十多岁,憔悴、黄瘦,女儿十六、七岁,长着两只机灵好看的大眼睛。
(杨沫《永久的忆念》)
Mǔqin ～ sìshí duō suì, qiáocuì, huángshòu, nǚ·ér shíliù, qī suì, zhǎngzhe liǎng zhī

jīling hǎokàn de dà yǎnjing.

6. 河的两岸,～五至十公里宽,全是葱郁的树林,绵延数百公里。(邓普《老猎人的见证》)

Hé de liǎng àn, ～ wǔ zhì shí gōnglǐ kuān, quán shì cōngyù de shùlín, miányán shù bǎi gōnglǐ.

越   yuè   (副词)

有"更"的意思,表示程度加深,说明情况的变化,可修饰否定形式:

All the more, even more; can modify negative forms:

1. 众人看见他的窘态,～觉得他忠厚可爱了。(欧阳山《三家巷》)

Zhòngrén kànjian tā de jiǒngtài, ～ juéde tā zhōnghòu kě'ài le.

2. 今天你又为这件事跑来找我,我～觉得你对人是一片真心。(王汶石《黑凤》)

Jīntiān nǐ yòu wèi zhèjiàn shì pǎo lái zhǎo wǒ, wǒ ～ juéde nǐ duì rén shì yí piàn zhēnxīn.

3. 为了生产不受影响,庆丰领上大伙起的～早了,回的～迟了。(马力《没准备的发言》)

Wèile shēngchǎn bú shòu yǐngxiǎng, Qìngfēng lǐng shang dàhuǒr qǐ de ～ zǎo le, huí de ～ chí le.

4. 谁也说她们"坏透了",可是谁也想给自己人介绍,介绍不成功就～说她们"坏"。(赵树理《登记》)

Shuí yě shuō tāmen "huàitòule", kěshì shuí yě xiǎng gěi zìjǐ rén jièshào, jièshào bù chénggōng jiù ～ shuō tāmen "huài".

5. 他假情假意地献殷勤,她就～不喜欢他。

Tā jiǎ qíng jiǎ yì de xiàn yīnqín, tā jiù ～ bù xǐhuan tā.

6. 你要把问题讲透,他也就～没有理由拒绝。

Nǐ yào bǎ wèntí jiǎngtòu, tā yě jiù ～ méi yǒu lǐyóu jùjué.

参看"越加"。

Compare 越加 yuèjiā.

越发   yuèfā   (副词)

同"更加",表示程度加深,说明情况的变化,可修饰否定形式:

Same as 更加 (all the more, even more), can modify negative forms:

1. 郭彩娣见徐义德装出一副笑面虎的神情,～使她生气。(周而复《上海的早晨》)

Guō Cǎidì jiàn Xú Yìdé zhuāng chū yí fù xiàomiànhǔ de shénqíng, ～ shǐ tā shēng qì.

2. 这女子穿一件紫丁香色的上衣,……四周围的景色,仿佛因此而～显得秀丽、迷人。(管桦《葛梅》)

Zhè nǚzǐ chuān yí jiàn zǐdīngxiāngsè de shàngyī, ... Sì zhōuwéi de jǐngsè, fǎngfu yīncǐ ér ～ xiǎnde xiùlì, mírén.

3. 钱先生来访见是件极稀奇的事。瑞宣马上看到时局的紧急,心中～不安。(老舍《四世同堂》)

Qián xiānsheng lái fǎng shì jiàn jí xīqí de shì. Ruìxuān mǎshàng kàndào shíjú de jǐnjí, xīnzhōng ～ bù'ān.

4. 小周……一听我的声音,就转过头来,脸上涂满了泪水,哭得～伤心起来。(茹志鹃《静静的产院》)

Xiǎozhōu … yì tīng wǒ de shēngyīn, jiù zhuǎn guò tóu lai, liǎn shang túmǎnle lèishuǐ, kū de ～ shāngxīn qilai.

5. 老人家，你～硬朗了！（杜鹏程《保卫延安》）

Lǎorénjiā, nǐ ～ yìnglang le!

越加   yuèjiā   （副词）:

同"越"；多用于书面语：

Same as 越（all the more, even more），mostly used in written language：

1. 世事沧桑，时光易逝。然而，这位老党员的革命精神，却～像金子一样闪闪发光。（报）

Shìshì cāngsāng, shíguāng yì shì. Rán·ér, zhèwèi lǎo dǎngyuán de gémìng jīngshén, què ～ xiàng jīnzi yíyàng shǎnshǎn fā guāng.

2. 三个人，你看看我，我看看你，心里～觉得沉重。（茹志鹃《静静的产院》）

Sān ge rén, nǐ kànkan wǒ, wǒ kànkan nǐ, xīnli ～ juéde chénzhòng.

3. 她讲过的那许许多多革命女战士的故事，也～活跃动人，～和她本人的影像揉和在一起了。（王汶石《黑凤》）

Tā jiǎngguo de nà xǔxǔduōduō gémìng nǚ zhànshì de gùshi, yě ～ huóyuè dòngrén, ～ hé tā běnrén de yǐngxiàng róuhé zài yìqǐ le.

4. 回顾这些年的耳闻目睹，什么东西令人特别痛苦和沮丧，他～清楚了。（王亚平《神圣的使命》）

Huígù zhèxiē nián de ěrwénmùdǔ, shénme dōngxi lìng rén tèbié tòngkǔ hé jùsàng, tā ～ qīngchu le.

5. 他这样粗鲁、野蛮，使她～不能容忍。

Tā zhèyàng cūlǔ, yěmán, shǐ tā ～ bù néng róngrěn.

再   zài   （副词）

A 表示未实现的重复。

Indicates a repetition which has not yet been realized or is to be realized.

1）将来或假设要实现的重复。

Indicates a future or assumed repetition：

1. 你明知道人家自己找好了对象，不分青红皂白地偏要拆散人家，～给另找一个，这是为啥？（浩然《喜鹊登枝》）

Nǐ míng zhīdao rénjiā zìjǐ zhǎohǎole duìxiàng, bù fēn qīnghóngzàobái de piān yào chāisàn rénjiā, ～ gěi lìng zhǎo yí ge, zhè shì wèi shá?

2. 下午，离县城近一点的就都回村去了，路远的就得～住一宿。（赵树理《套不住的手》）

Xiàwǔ, lí xiànchéng jìn yìdiǎnr de jiù dōu huí cūn qu le, lù yuǎn de jiù děi ～ zhù yì xiǔ.

3. 我还想～试试，……（吴晨笳《姐妹》）

Wǒ hái xiǎng ～ shìshi, …

4. 要是～发大水，今年准得闹灾荒。（茅盾《霜叶红似二月花》）

Yàoshi ～ fā dà shuǐ, jīnnián zhǔn děi nào zāihuāng.

5. 假若～把这种说空话的本领教给我们的后代，培养出这么一大批专家，那就更糟糕了。（邓拓《伟大的空话》）

Jiǎruò ～ bǎ zhèzhǒng shuō kōnghuà de běnlǐng jiāo gěi wǒmen de hòudài, péiyǎng chu zhème yí dà pī zhuānjiā, nà jiù gèng zāogāo le.

否定式用"不":

不 is used to form the negative:

6. 她已经决定：要永远关上自己爱情的心窗, 不～对任何人打开。(卢新华《伤痕》)

    Tā yǐjīng juédìng：Yào yǒngyuǎn guānshang zìjǐ àiqíng de xīn chuāng, bú ～ duì rènhé rén dǎkai.

7. 这些都已成为遥远的往事, 谁也不会～把它挂在心头。(顾工《老同学》)

    Zhèxiē dōu yǐ chéngwéi yáoyuǎn de wǎngshì, shuí yě bú huì ～ bǎ tā guà zài xīntóu.

8. 谁知这一去哪年哪月～回来呢。也许从此永远不能～回来了。(杨朔《三千里江山》)

    Shuí zhī zhè yí qù nǎ nián nǎ yuè ～ huí lai ne. Yěxǔ cóngcǐ yǒngyuǎn bù néng ～ huí lai le.

2) 过去未实现的重复, 否定词用"没(有)":

    Refers to a past unrealized repetition. The negative is 没(有):

9. 周炳不断地点头, 没～说话。(欧阳山《三家巷》)

    Zhōu Bǐng búduàn de diǎn tóu, méi ～ shuō huà.

10. 冠先生没～说什么, 也没～往前挪动, 只那么心到神知的, 远远的, 向上深深鞠了个躬。(老舍《四世同堂》)

    Guàn xiānsheng méi ～ shuō shénme, yě méi ～ wǎng qián nuódòng, zhǐ nàme xīndàoshénzhī de, yuǎnyuǎnr de, xiàng shàng shēnshēn jūle gōng.

11. 陶阿毛和汤阿英打着一把伞, 听她"唔"了一声, 没～言语, ……(周而复《上海的早晨》)

    Táo Āmáo hé Tāng Āyīng dǎzhe yì bǎ sǎn, tīng tā "ng" le yì shēng, méi ～ yányu, …

如果强调主观意志, 否定词则用"不":

If one's subjective will is emphasized, the negative is expressed by 不:

12. 从那次大醉以后, 他就不～喝酒了。

    Cóng nà cì dà zuì yǐhòu, tā jiù bú ～ hē jiǔ le.

有些虽然是已实现的重复, 但出现于不独立的从句中, 这时多用"再"而不用"又":

Some repetitions, although already realized, appear in the form of subclauses. In such a case, 再 rather than 又 is often used:

13. 他第二次把嘴唇～那么一松, 这回是两个烟圈儿出来了。(茅盾《有志者》)

    Tā dì-èr cì bǎ zuǐchún ～ nàme yì sōng, zhèhuí shì liǎng ge yān quānr chū lai le.

14. 可是, 下回～去, 那个叔叔已经不在了。(陶承《我的一家》)

    Kěshì, xià huí ～ qù, nàge shūshu yǐjīng bú zài le.

15. 瑞全扯着小顺儿, 在院中跳了一个圈, 而后把小妞子举起来, 扔出去, ～接住, 弄得妞子惊颤的尖声笑着。(老舍《四世同堂》)

    Ruìquán chězhe Xiǎoshùnr, zài yuàn zhōng tiàole yí ge quānr, érhòu bǎ Xiǎoniūzi jǔ qilai, rēng chuqu, ～ jiēzhù, nòng de niūzi jīngchàn de jiānshēng xiàozhe.

B 表示规律性的重复:

Indicates a regular repetition：

1. 因为到了这里，……两边对开的火车在这里会见，把所有下班的工人都送回乡了，又～开始把上班的工人，从沿路各站送进厂去。(艾芜《雨》)

   Yīnwèi dàole zhèlǐ, ... liǎng biānr duìkāi de huǒchē zài zhèlǐ huìjiàn, bǎ suǒyǒu xià bān de gōngrén dōu sòng huí xiāng le, yòu ～ kāishǐ bǎ shàng bān de gōngrén, cóng yán lù gè zhàn sòng jìn chǎng qu.

2. 他对工作认真负责，每天下班以前都把这一天处理的事情～回忆一遍，看看有没有漏洞。

   Tā duì gōngzuò rènzhēn fùzé, měitiān xià bān yǐqián dōu bǎ zhè yì tiān chǔlǐ de shìqing ～ huíyì yí biàn, kànkan yǒu méi yǒu lòudòng.

C 表示动作的继续(未实现的或可能实现的)：

Indicates the continuation of an action which has not yet occurred or may possibly occur：

1. ～坐一坐有什么相干？(欧阳山《三家巷》)

   ～ zuò yi zuò yǒu shénme xiānggān?

2. 可是抱怨对一个革命者毫无用处，我们还得～干下去。(陶承《我的一家》)

   Kěshì bàoyuàn duì yí ge gémìngzhě háo wú yòngchu, wǒmen hái děi ～ gàn xiaqu.

3. 他想："背利不如早变产，～迟半年，就把产业全卖了也不够六太爷一户的。"(赵树理《李家庄的变迁》)

   Tā xiǎng:" Bèi lì bùrú zǎo biàn chǎn, ～ chí bàn nián, jiù bǎ chǎnyè quán màile yě bú gòu Liùtàiyé yí hù de. "

4. 我要～按照你的步法走下去,活活要葬送在你的手里。(陈登科《风雷》)

   Wǒ yào ～ ànzhào nǐ de bùfǎ zǒu xiaqu, huóhuó yào zàngsòng zài nǐ de shǒu li.

5. 换朝大叔见黑凤和春兰抱来那么多家具,心里已经踏实了,用不着～和三福老汉纠缠。(王汶石《黑凤》)

   Huàncháo dàshū jiàn Hēifèng hé Chūnlán bào lai nàme duō jiājù, xīnli yǐjīng tāshi le, yòng bu zháo ～ hé Sānfú lǎohàn jiūchán.

6. 他见小常不愿意～谈下去,也就顺着小常道："对,特派员跑了路了,就早点歇吧!"(赵树理《李家庄的变迁》)

   Tā jiàn Xiǎocháng bú yuànyì ～ tán xiaqu, yě jiù shùnzhe Xiǎocháng dào:" Duì, tèpàiyuán pǎole lù le, jiù zǎo diǎnr xiē ba!"

7. "妈妈,怎么爸爸不给我任务呢?"他委屈地说："～不给我,我可要跑了。"(陶承《我的一家》)

   "Māma, zěnme bàba bù gěi wǒ rènwu ne?" Tā wěiqū de shuō:" ～ bù gěi wǒ, wǒ kě yào pǎo le. "

8. 现在～不采取一个对策,阿芹还会叫下去。(茹志鹃《静静的产院》)

   Xiànzài ～ bù cǎiqǔ yí ge duìcè, Āqín hái huì jiào xiaqu.

D 表示在一定时间之后做某事,决不在那时间以前,"再"多轻读：

Not... until..., then and only then. 再 is often pronounced in the neutral tone：

1. 您去练吧,等您练完了我～练。(檀林《一个女囚的自述》)

   Nín qù liàn ba, děng nín liànwánle wǒ ～ liàn.

2. 等一两天那里打罢了仗,把敌人打走了你～回去。(赵树理《李家庄的变迁》)

Děng yì liǎng tiān nàlǐ dǎbàle zhàng, bǎ dírén dǎzǒule nǐ ～ huí qu.

3. 我们研究一下情况～指示你下一步的工作。(萧平《三月雪》)

Wǒmen yánjiū yíxià qíngkuàng ～ zhǐshì nǐ xià yí bù de gōngzuò.

4. 瑞宣本来想……等以后自己找到别的事,补偿上损失,～告诉大家。(老舍《四世同堂》)

Ruìxuān běnlái xiǎng ... děng yǐhòu zìjǐ zhǎodào biéde shì, bǔchángshang sǔnshī, ～ gàosu dàjiā.

5. 人家都睡了,咋好意思叫门,还是回去吧,明天早上～来。(陈登科《风雷》)

Rénjia dōu shuì le, zǎ hǎoyìsi jiào mén, háishi huí qu ba, míngtiān zǎoshang ～ lái.

"再"和"先"呼应,表示两事一先一后:

When used in conjunction with 先 indicates that something follows something else:

6. 您换回去,最好先少种一点试试,～扩大面积。(浩然《喜鹊登枝》)

Nín huàn huìqu, zuìhǎo xiān shǎo zhòng yìdiǎnr shìshi, ～ kuòdà miànjī.

7. 小雅就和他分了手,说她先回去吃晚饭,吃过饭～到李家去。(草明《爱情》)

Xiǎoyǎ jiù hé tā fēnle shǒu, shuō tā xiān huíqu chī wǎnfàn, chīguo fàn ～ dào Lǐ jia qu.

8. 这个本子,小娟,我先替你保存着,等你长大了,我～交给你。(萧平《三月雪》)

Zhège běnzi, Xiǎojuān, wǒ xiān tì nǐ bǎocúnzhe, děng nǐ zhǎngdà le, wǒ ～ jiāo gěi nǐ.

9. 你该叫小张先到我们家里躲躲,雨息了～让她走。(艾芜《雨》)

Nǐ gāi jiào Xiǎozhāng xiān dào wǒmen jiā li duǒduo, yǔ xīle ～ ràng tā zǒu.

E "其次"的意思,前一分句也可有"首先"与之呼应,"再"后常有"就是":

Next, secondly, then. In the first clause, 首先 may be used in conjunction with 再 and 再 is usually followed by 就是:

1. 谢政委首先向她表示歉意,～就是深切盼望不要走。(刊)

Xiè zhèngwěi shǒuxiān xiàng tā biǎoshì qiànyì, ～ jiù shì shēnqiè pànwàng búyào zǒu.

2. 最叫他烦恼的,是屋顶漏了,墙壁裂了,地砖碎了,没钱去修补。～就是一年一年地打仗,东西一年一年地贵,日子过得一天一天地紧。(欧阳山《三家巷》)

Zuì jiào tā fánnǎo de, shì wū dǐng lòu le, qiángbì liè le, dì zhuān suì le, méi qián qù xiūbǔ. ～ jiù shì yì nián yì nián de dǎ zhàng, dōngxi yì nián yì nián de guì, rìzi guòde yì tiān yì tiān de jǐn.

3. 这一变异首先是眼光变得像寒秋那么凉,又像秋水那么清。～就是穿着朴素,举止端庄,娇艳的东西没有了。(刘克《飞天》)

Zhè yí biànyì shǒuxiān shì yǎnguāng biàn de xiàng hán qiū nàme liáng, yòu xiàng qiūshuǐ nàme qīng. ～ jiù shì chuānzhuó pǔsù, jǔzhǐ duānzhuāng, jiāoyàn de dōngxi méi yǒu le.

F 表示进一步补充,常说"再加上……":

Moreover, furthermore, besides; often takes the form 再加上...:

1. 来,你先坐下,你披上我的大衣,围上我的围巾,盖上皮袍子,你～拿着我这个热水袋。(曹禺《日出》)

Lái, nǐ xiān zuò xia, nǐ pī shang wǒ de dàyī, wéi shang wǒ de wéijīn, gài shang pí páozi, nǐ ～ názhe wǒ zhège rèshuǐdài.

2. 茅厕说成人家的了,还叫包人家二百块钱,～担任开会的花费。(赵树理《李家庄的变迁》)

   Máocè shuōchéng rénjia de le, hái jiào bāo rénjia èrbǎi kuài qián, ～ dānrèn kāi huì de huāfèi.

3. 姑娘许是又饿又累,～加上过度悲伤,哭着哭着一头栽倒,昏过去了。(刊)

   Gūniang xǔ shì yòu è yòu lèi, ～ jiāshang guòdù bēishāng, kūzhe kūzhe yì tóu zāidǎo, hūn guoqu le.

4. 她的丰润和白晰,弥补了五官的搭配不匀,～加上她常含有的亲切的微笑,时隐时现的酒涡,就更增添了妩媚、柔和、可亲可近的感觉。(顾工《老同学》)

   Tā de fēngrùn hé báixī, míbǔle wǔguān de dāpèi bù yún, ～ jiāshang tā cháng hányǒu de qīnqiè de wēixiào, shí yǐn shí xiàn de jiǔwō, jiù gèng zēngtiānle wǔmèi, róuhé, kě qīn kě jìn de gǎnjué.

5. 姚长庚答应说:"睡不着啊,冻的脚痛。～加上有个病人,闹腾的欢……"(杨朔《三千里江山》)

   Yáo Chánggēng dāying shuō:"Shuì bu zháo a, dòng de jiǎo tòng. ～ jiāshang yǒu ge bìngrén, nàoteng de huān..."

G "再"或"再也"用于否定形式之前,有"无论如何……"或"永远……"的意思:

再 or 再也 used before a negative, is equivalent to 无论如何... (no matter how) or 永远... (never...):

1. 我吓得一身冷汗,～也不敢想下去了。(宗福先《入党》)

   Wǒ xià de yìshēn lěng hàn, ～ yě bù gǎn xiǎng xiaqu le.

2. ……成了亲,玉凤往城里一住,～不用在庄稼地受苦了。(浩然《喜鹊登枝》)

   ... Chéngle qīn, Yùfèng wǎng chéng lǐ yí zhù, ～ búyòng zài zhuāngjiadì shòu kǔ le.

3. 从此以后,我们～也不愿意做这等不该做的事了。(叶圣陶《校长》)

   Cóngcǐ yǐhòu, wǒmen ～ yě bú yuànyì zuò zhèděng bù gāi zuò de shì le.

4. 林升平一进屋,就惊的～也走不动,瞪大眼睛也忘了开口问。(草明《爱情》)

   Lín Shēngpíng yí jìn wū, jiù jīng de ～ yě zǒu bu dòng, dèngdà yǎnjing yě wàngle kāi kǒu wèn.

5. 只要从潼关附近冲过去,到了河南,官兵就～也围不住咱们了。(姚雪垠《李自成》)

   Zhǐyào cóng Tóngguān fùjìn chōng guoqu, dàole Hénán, guānbīng jiù ～ yě wéi bu zhù zánmen le.

6. 铁锁吃了半碗饭,～也吃不下去。(赵树理《李家庄的变迁》)

   Tiěsuǒ chīle bàn wǎn fàn, ～ yě chī bu xiàqù.

H "再"和"也"呼应,有"无论怎样……也……"的意思:

再, used in conjunction with 也, is similar to 无论怎样…也… (no matter how):

1. 人们喜欢的是和谐的艺术。配角"配"不好,主角的戏～棒也是"光杆牡丹"。(报)

   Rénmen xǐhuan de shì héxié de yìshù. Pèijué "pèi" bu hǎo, zhǔjué de xì ～ bàng yě shì"guānggǎnr mǔdān".

2. 他们打出来的活儿，就是～有本领的行家也分不出高低。(欧阳山《三家巷》)
   Tāmen dǎ chūlai de huór, jiùshì ～ yǒu běnlǐng de hángjia yě fēn bu chū gāo dī.

3. ……就像咱们村里人乍到了城里一样，生活～方便也感到别扭。(马烽《三年早知道》)
   … jiù xiàng zánme cūn li rén zhà dàole chéng lǐ yíyàng, shēnghuó ～ fāngbian yě gǎndào biènìu.

4. 母亲有志气，～苦～累～受折磨，也得让女儿上学读书。(顾工《老同学》)
   Mǔqin yǒu zhìqi, ～ kǔ ～ lèi ～ shòu zhémó, yě děi ràng nǚ·ér shàng xué dú shū.

5. ……就是～累一点，～加点工作，就是累死我，我也心甘情愿的。(曹禺《日出》)
   … jiùshì ～ lèi yìdiǎnr, ～ jiā diǎnr gōngzuò, jiùshì lèisǐ wǒ, wǒ yě xīngānqíngyuàn de.

I "更"的意思，常修饰形容词，表示比已有的程度更进一步，必是没有实现的：
Still, must refer to an unfulfilled event:

1. 定死了数目，小毛说一个不能～少。(赵树理《李家庄的变迁》)
   Dìngsǐle shùmù, Xiǎomáo shuō yí ge bù néng ～ shǎo.

2. 光我们就有二三十个人啦！光添你也还马虎得过，～多了就不行了。(赵树理《李家庄的变迁》)
   Guāng wǒmen jiù yǒu èr sānshí ge rén la! Guāng tiān nǐ yě hái mǎhu de guò, ～ duōle jiù bù xíng le.

3. 那圈子一点一点扩大，那烟色也一点一点变淡起来，大到不能～大，淡到不能～淡，烟圈子也就没有了。(茅盾《有志者》)
   Nà quānzi yìdiǎnr yìdiǎnr kuòdà, nà yān sè yě yìdiǎnr yìdiǎnr biàndàn qilai, dà dào bù néng ～ dà, dàn dào bù néng ～ dàn, yān quānzi yě jiù méi yǒu le.

4. 慢一点，～慢一点，好，好，就这样摇。(吴晨笳《姐妹》)
   Màn yìdiǎnr, ～ màn yìdiǎnr, hǎo, hǎo, jiù zhèyàng yáo.

5. 按各队的意见，一个队抽两个，四个队一共抽八个，……地里活忙，～多，腾不出来。(王汶石《黑凤》)
   Àn gè duì de yìjian, yí ge duì chōu liǎng ge, sì ge duì yígòng chōu bā ge, … dì li huór máng, ～ duō, téng bu chūlái.

J "再……(也)没有""再……(也)不过"中间插形容词或描写性短语，表示程度达到顶点：

An adjective or a descriptive phrase is inserted in the construction 再…(也)没有 or 再…(也)不过 to indicate the superlative degree:

1. 小雅领路林升平觉得再方便也没有了。(草明《爱情》)
   Xiǎoyǎ lǐng lù Lín Shēngpíng juéde zài fāngbian yě méi yǒu le.

2. 怕什么？我们一走，你把门锁起来，再安全也没有了！(报)
   Pà shénme? Wǒmen yì zǒu, nǐ bǎ mén suǒ qilai, zài ānquán yě méi yǒu le!

3. ……叫他"小哥哥"。这是平辈之中略带尊敬，尊敬之中又还是平辈的称呼，真是再合适不过的。(欧阳山《三家巷》)
   … jiào tā "xiǎo gēge". Zhè shì píngbèi zhī zhōng luè dài zūnjìng, zūnjìng zhī zhōng yòu hái shì píngbèi de chēnghu, zhēn shì zài héshì bú guò de.

4. 这里僻静，平整，柔软，是再好不过的练武场。(檀林《一个女囚的自述》)

Zhèlǐ pìjìng, píngzhěng, róuruǎn, shì zài hǎo búguò de liànwǔchǎng.

再度 zàidù （副词）

表示动作第二次发生；多修饰双音节动词或动词短语：

A second time, once more, once again; modifies disyllabic verbs or verbal phrases:

1. 二十年前，话剧《伊索》在北京演出，我看了。这次，话剧《伊索》～上演，我又看了。(报)

   Èrshí nián qián, huàjù《Yīsuǒ》zài Běijīng yǎnchū, wǒ kàn le. Zhècì, huàjù《Yīsuǒ》～ shàngyǎn, wǒ yòu kàn le.

2. 黄，像一只狼般地～地奔向她来，梅春姐已经无法能推开他了。(叶紫《星》)

   Huáng, xiàng yì zhī láng bānde ～ de bèn xiàng tā lái, Méichūn jiě yǐjīng wú fǎ néng tuīkāi tā le.

3. 这座火山在沉寂了一百多年以后，于今年三月～爆发。

   Zhèzuò huǒshān zài chénjìle yìbǎi duō nián yǐhòu, yú jīnnián Sānyuè ～ bàofā.

4. 最近在西安进行的 1980 年全国手表质量考核中，上海宝石花牌手表～荣获第一。(报)

   Zuìjìn zài Xī'ān jìnxíng de yījiǔbālíng nián quán guó shǒubiǎo zhìliàng kǎohé zhōng, Shànghǎi Bǎoshíhuā páir shǒubiǎo ～ rónghuò dì-yī.

再三 zàisān （副词）

意思是一次又一次地（进行某种动作），是一种强调的说法：

Over and over again, repeatedly; is an emphatic expression:

1. 她不会随便告诉别人，我～地关照过他。(吴强《灵魂的搏斗》)

   Tā bú huì suíbiàn gàosu biérén, wǒ ～ de guānzhàoguo tā.

2. 因为你们～请他来，他才勉强出来。(周而复《上海的早晨》)

   Yīnwèi nǐmen ～ qǐng tā lái, tā cái miǎnqiǎng chū lai.

3. 他～要留丙辰吃饭，丙辰～要走，只好让他走了。(韩文洲《长院奶奶》)

   Tā ～ yào liu Bǐngchén chī fàn, Bǐngchén ～ yào zǒu, zhǐhǎo ràng tā zǒu le.

4. 经我～追问，他才承认确乎在小河里跌倒。(钟理和《贫贱夫妻》)

   Jīng wǒ ～ zhuīwèn, tā cái chéngrèn quèhū zài xiǎo hé li diēdǎo.

5. 他一直把她送上火车，～嘱咐有困难立即来信，并保证承担一辈子责任！(刘克《飞天》)

   Tā yìzhí bǎ tā sòng shang huǒchē, ～ zhǔfu yǒu kùnnan lìjí lái xìn, bìng bǎozhèng chéndān yíbèizi zérèn!

"再三"也还可以放在"思考""考虑""斟酌"等双音词语之后，所表示的意思不变，"再三"之后不能有其他成分：

再三 can be placed after some disyllabic words or phrases such as 思考, 考虑 without affecting the meaning; no other elements should follow 再三:

6. 我细细考虑了所有的意见，斟酌～，做了一次必要的删改，就改成现在这样子。(杨朔《三千里江山》)

   Wǒ xìxì kǎolùle suǒyǒu de yìjian, zhēnzhuó ～, zuòle yí cì bìyào de shāngǎi, jiù gǎichéng xiànzài zhè yàngzi.

7. 祝永康思考～，决定先找赵建春交换意见。(陈登科《风雷》)

   Zhù Yǒngkāng sīkǎo ～, juédìng xiān zhǎo Zhào Jiànchūn jiāohuàn yìjian.

8. 那里斗争很紧张,带小娟去有些不放心,他考虑～,最后决定把她留下,住在龙山李凤英处。(萧平《三月雪》)

    Nàli dòuzhēng hěn jǐnzhāng, dài Xiǎojuān qù yǒuxiē bú fàngxīn, tā kǎolù ～, zuìhòu juédìng bǎ tā liú xia, zhù zài Lóngshān Lǐ Fèngyīng chù.

在   zài   (副词)

表示动作持续不断进行,有时和"正"可以互代:

Indicates an action in progress and is sometimes interchangeable with 正:

1. 他～为加快社会主义建设事业提高指标。(茹志鹃《静静的产院》)

    Tā ～ wèi jiākuài shèhuìzhǔyì jiànshè shìyè tígāo zhǐbiāo.

2. 他歪过头去,对舞池里望了望,那儿有三对舞伴随着音乐～跳狐步舞。(周而复《上海的早晨》)

    Tā wāiguò tóu qu, duì wǔchí li wàng le wàng, nàr yǒu sān duì wǔbànr suízhe yīnyuè ～ tiào húbùwǔ.

3. 农民～等待着他。(张天民《路考》)

    Nóngmín ～ děngdàizhe tā.

4. 我～做机器。(茹志鹃《静静的产院》)

    Wǒ ～ zuò jīqì.

5. 表上,红色的秒针～一刻不停地走动着,就是掉在泥浆里的时候,它也没有中止自己的运动。(焦祖尧《时间》)

    Biǎo shang, hóngsè de miǎozhēn ～ yí kè bù tíng de zǒudòngzhe, jiùshì diào zài níjiāng li de shíhou, tā yě méiyou zhōngzhǐ zìjǐ de yùndòng.

以上例句中"在"都可以代以"正",但"在"有时特别强调从事某一活动,而并不描述动作进行的状态,与"正"不同,不能代以"正":

在 in all the above examples may be replaced by 正, but 在 sometimes stresses the undertaking of an activity instead of describing the progressive state and in such instances 在 cannot be replaced by 正:

6. 怎么,你～做饭,你妈妈呢?(萧平《三月雪》)

    Zěnme, nǐ ～ zuò fàn, nǐ māma ne?

7. 你是～促退。(浩然《泉水清清》)

    Nǐ shì ～ cùtuì.

8. 可是等孩子吃完早饭,都上外面去玩了,明发还是埋了头～划～写。(茹志鹃《静静的产院》)

    Kěshì děng háizi chīwán zǎofàn, dōu shàng wàimiàn qù wánr le, Míngfā háishí máile tóu ～ huà ～ xiě.

9. 她又～磨她的锄头了!(未央《心中充满阳光》)

    Tā yòu ～ mó tā de chútou le!

10. 都三年了,她还～为失去儿子而伤心。

    Dōu sān nián le, tā hái ～ wèi shīqù érzi ér shāng xīn.

11. 那是一种无比真挚、无比朴实的感情～起作用。(莫伸《人民的歌手》)

    Nà shì yì zhǒng wúbǐ zhēnzhì, wúbǐ pǔshí de gǎnqíng ～ qǐ zuòyòng.

"在"的否定形式"不在"不常用,偶见于双重否定:

The negative form of 在 is 不在, which is not often used. If it is used at all, it occurs in a double negative：

12. 只是一江之隔,南岸的朝鲜土地正经历着从古未有的灾难,没有一块地方不～
燃烧。(杨朔《鸭绿江南北》)

Zhǐshì yì jiāng zhī gé, nán àn de Cháoxiǎn tǔdì zhèng jīnglìzhe cóng gǔ wèi yǒu de zāinàn, méi yǒu yí kuài dìfang bù ～ ránshāo.

参看介词"在"。

Compare preposition 在.

暂 zàn (副词)〈书〉

表示动作、行为或情况限于短时间之内,多修饰单音节词,可修饰否定形式：

For the time being , of short duration；mostly modifies monosyllabic words , but also negative forms：

1. 也就是从这天起,这三个人在黄来寺两年～停开放期间,形成了一个很特殊的
集体。(刘克《飞天》)

Yě jiù shì cóng zhè tiān qǐ, zhè sān ge rén zài Huángláisì liǎng nián ～ tíng kāifàng qījiān, xíngchéngle yí ge hěn tèshū de jítǐ.

2. 我们无法前进了,只得找个～避风雨、寄宿一宵的地方。(报)

Wǒmen wú fǎ qiánjìn le, zhǐdé zhǎo ge ～ bì fēng yǔ、jìsù yì xiāo de dìfang.

3. 为什么文化工作出国代表团,又接到通知～不出国了？(顾工《老同学》)

Wèi shénme wénhuà gōngzuò chū guó dàibiǎotuán, yòu jiēdào tōngzhī ～ bù chū guó le?

4. 看王子江师傅的眼神儿,是赞同我～不填表,让我先回去和家长商量好了再
填。(檀林《一个女囚的自述》)

Kàn Wáng Zǐjiāng shīfu de yǎnshénr, shì zàntóng wǒ ～ bù tián biǎo, ràng wǒ xiān huí qu hé jiāzhǎng shāngliang hǎole zài tián.

5. 教练请求～停。

Jiàoliàn qǐngqiú ～ tíng.

6. 这项工程最好～缓。

Zhè xiàng gōngchéng zuìhǎo ～ huǎn.

参看"暂且"。

Compare 暂且 zànqiě.

暂且 zǎnqiě (副词)

同"暂",但多修饰多音节词语：

Same as 暂 (for the time being, of short duration), but mostly modifies polysyllabic words or phrases：

1. 阿罗,这个小伙子～交给你,同他谈谈。(张扬《第二次握手》)

Āluó, zhège xiǎohuǒzi ～ jiāo gěi nǐ, tóng tā tántan.

2. ……说服大家～放弃这个打算。(昊青《朱蕾》)

... Shuōfú dàjiā ～ fàngqì zhège dǎsuàn.

3. 我似乎知道真理是寻不到,不如～将此心寄托于宗教,或者在生的岁月里,不
至于过分的苦痛！(庐隐《或人的悲哀》)

Wǒ sìhū zhīdao zhēnlǐ shì xún bu dào, bùrú ～ jiāng cǐ xīn jìtuō yú zōngjiào, huòzhě zài shēng de suìyuè li, búzhìyú guòfèn de kǔtòng!

4. ……到这会看起来这王同志也不行，因此就决定～不去找他。(赵树理《李家庄的变迁》)

 ... Dào zhèhuìr kàn qilai zhè Wáng tóngzhì yě bù xíng, yīncǐ jiù juédìng ～ bú qù zhǎo tā.

5. 租虽说可以～不减，李如珍也没有沾了光。(赵树理《李家庄的变迁》)

 Zū suī shuō kěyǐ ～ bù jiǎn, Lǐ Rúzhēn yě méiyou zhānle guāng.

早 zǎo (副词)

表示情况(很久)以前已如此，可修饰否定形式：

Long ago, for a long time; can modify negative forms:

1. 七斤嫂没有听完，两个耳朵～通红了。(鲁迅《呐喊》)

 Qījīn sǎo méiyou tīngwán, liǎng ge ěrduo ～ tōnghóng le.

2. 我不是～和你说过，我们总支委员会，应该好好研究研究党的方针政策。(陈登科《风雷》)

 Wǒ bú shì ～ hé nǐ shuōguo, wǒmen zǒngzhī wěiyuánhuì, yīnggāi hǎohāor yánjiu yánjiu dǎng de fāngzhēn zhèngcè.

3. "论理，公司里～该加价了，……"(茅盾《霜叶红似二月花》)

 "Lùn lǐ, gōngsī li ～ gāi jiā jià le, ..."

4. 如果没有黄美溶在他的身边，说不定他已～不在人间了。(陈登科《风雷》)

 Rúguǒ méi yǒu Huáng Měiróng zài tā de shēnbiān, shuōbudìng tā yǐ ～ bú zài rénjiān le.

为加强语气，"早"的后面可以加"就"或"已"，以上例句都可以加"就"或"已"，而下面例句也可省略"就"或"已"：

For emphasis, 早 may be followed immediately by 就 or 已. In the above examples, 就 or 已 may be inserted after 早, while in the following examples such words may be omitted:

5. 韩兴老头是个喝酒就上脸的人。现在他的脸不知是兴奋的还是喝酒喝的，～就红成灯笼似的了。(浩然《喜鹊登枝》)

 Hán Xīng lǎotóur shì ge hē jiǔ jiù shàng liǎn de rén. Xiànzài tā de liǎn bù zhī shì xīngfèn de háishi hē jiǔ hē de, ～ jiù hóngchéng dēnglong shìde le.

6. 郭海手里的烟卷～就被碾成了碎末。(宗福先《入党》)

 Guō Hǎi shǒu li de yānjuǎnr ～ jiù bèi niǎnchéngle suìmò.

7. 小飞娥和保安也～就没有联系了。(赵树理《登记》)

 Xiǎofēi·é hé Bǎo·ān yě ～ jiù méiyǒu liánxi le.

8. 我到了自家的房外，我的母亲～已迎着出来了。(鲁迅《故乡》)

 Wǒ dàole zìjiā de fáng wài, wǒ de mǔqin ～ yǐ yíngzhe chū lai le.

"早"有时用于否定式前或反问句中，表示解释或质问为何以前未做某事(迟至现在才做)，这时是不能加"就"或"已"的：

早 is sometimes used before a negative form or in a rhetorical question to indicate that the speaker explains or asks why something has not been done until now. When so used, 早 cannot be followed by 就 or 已:

9. 你怎么～不告诉我？(曹禺《日出》)

 Nǐ zěnme ～ bú gàosu wǒ?

10. 我～没告诉你是因为没必要让你着急。
    Wǒ ～ méi gàosu nǐ shì yīnwèi méi bìyào ràng nǐ zháojí.

11. 你～干什么去了? 现在临时复习来不及了。
    Nǐ ～ gàn shénme qu le? Xiànzài línshí fùxí lái bu jí le.

12. 这办法很好, 你为什么～不说? (周而复《上海的早晨》)
    Zhè bànfǎ hěn hǎo, nǐ wèi shénme ～ bù shuō?

13. 我～说什么来着?
    Wǒ ～ shuō shénme láizhe?

"早知道……"常用来表示一种假设:

早知道... is often used to indicate a supposition:

14. ～知道这样子, 宁可死在家里, 再也不要逃难了。(叶圣陶《潘先生在难中》)
    ～ zhīdao zhè yàngzi, nìngkě sǐ zài jiā li, zài yě búyào táonàn le.

15. ～知道是你的, 我就不给你擦。(草明《姑娘的心事》)
    ～ zhīdao shì nǐ de, wǒ jiù bù gěi nǐ cā.

早日　zǎorì　(副词)〈书〉
相当于"早些""不久"的意思, 表示希望某件事或某种情况早实现; 用于未然; 修饰多音节词语:

Equivalent to 早些 or 不久, means "at an early date, soon". It applies to an unfulfilled event and modifies polysyllabic words or phrases:

1. 几年来我一直在想, 能～把九湖改变过来。(陈登科《风雷》)
   Jǐ nián lái wǒ yìzhí zài xiǎng, néng ～ bǎ Jiǔhú gǎibiàn guolai.

2. ……争取在祝永康的帮助下, 使自己～能成为姚兰英那样的人。(陈登科《风雷》)
   … zhēngqǔ zài Zhù Yǒngkāng de bāngzhù xià, shǐ zìjǐ ～ néng chéngwéi Yáo Lányīng nàyàng de rén.

3. 但我希望能把她教育得坚强起来, 希望胜利会～到来, 让她在胜利和幸福中长大。(萧平《三月雪》)
   Dàn wǒ xīwàng néng bǎ tā jiàoyù de jiānqiáng qǐlai, xīwàng shènglì huì ～ dào lái, ràng tā zài shènglì hé xìngfú zhōng zhǎngdà.

4. 我们衷心祝你～痊愈。(报)
   Wǒmen zhōngxīn zhù nǐ ～ quányù.

5. 希望你～来京。
   Xīwàng nǐ ～ lái Jīng.

早晚　zǎowǎn　(副词)
表示某种行为或情况必定发生, 只是时间不定:

(Sth. is bound to emerge) *sooner or later*:

1. 可是我知道你～会找我的。(曹禺《日出》)
   Kěshì wǒ zhīdao nǐ ～ huì zhǎo wǒ de.

2. 要共产党能成功就好了, 万妞～总是共产党的人。(菡子《万妞》)
   Yào gòngchǎndǎng néng chénggōng jiù hǎo le, Wànniū ～ zǒng shì gòngchǎndǎng de rén.

3. "要打仗了!"这句话一经出口, ～准会打仗。(老舍《骆驼祥子》)

"Yào dǎzhàng le!" Zhè jù huà yìjīng chūkǒu, ~ zhǔn huì dǎzhàng.

4. ……可是~也少不了这一场剜心的痛啊！(梁斌《红旗谱》)
　　kěshì ~ yě shǎo bu liǎo zhè yì cháng wān xīn de tòng a!

早早　　zǎozǎo　　(副词)

有"很早""赶快"的意思，可以用于已实现的也可以用于未实现的情况：

Very early, lose no time; can apply to fulfilled events as well as unfulfilled events:

1. 第二天，苏玫一扛起锄头出工了。(未央《心中充满阳光》)
　　Dì-èr tiān, Sū Méi ~ káng qi chútou chū gōng le.

2. 这个梦，我没有说给兰表妹听，怕引起她~归去的心思！(谢璞《二月兰》)
　　Zhège mèng, wǒ méiyou shuō gěi Lán biǎomèi tīng, pà yǐnqǐ tā ~ guī qù de xīnsī!

3. 他这人思虑事情，总是又稳又准，好比会走长路的人，不紧不慢，不跑不蹦，一步一步迈着脚，~便到了。(杨朔《三千里江山》)
　　Tā zhè rén sīlǜ shìqing, zǒngshì yòu wěn yòu zhǔn, hǎobǐ huì zǒu chánglù de rén, bù jǐn bú màn, bù pǎo bù bèng, yí bù yí bù màizhe jiǎo, ~ biàn dào le.

4. 他愿~的到学校里，好多帮蓝东阳的忙。(老舍《四世同堂》)
　　Tā yuàn ~ de dào xuéxiào li, hǎo duō bāng Lán Dōngyáng de máng.

5. 近来这里很严，同志们顶好~回栈房去。(杨朔《潼关之夜》)
　　Jìnlái zhèlǐ hěn yán, tóngzhìmen dǐnghǎo ~ huí zhànfáng qu.

则　　zé　　(副词)

A 表示后一情况与前一情况形成对比，有"却"的意思，多用于书面语：

But, on the other hand; indicates a contrast between the preceding and the following, and is usually used in written language:

1. 要读好书，……基础要求广，钻研~要求深。(吴晗《谈读书》)
　　Yào dúhǎo shū, ... jīchǔ yāoqiú guǎng, zuānyán ~ yāoqiú shēn.

2. 我每天晚上要给她讲两个故事，一个是"有趣"的，一个~是不那么"有趣"的。(茹志鹃《静静的产院》)
　　Wǒ měitiān wǎnshang yào gěi tā jiǎng liǎng ge gùshi, yí ge shì "yǒu qù" de, yí ge ~ shì bú nàme "yǒu qù" de.

3. 许多展览馆里的解说员，多半是手拿长棍子呆板地背诵解说词，而飞天~完全不是这样。(刘克《飞天》)
　　Xǔduō zhǎnlǎnguǎn li de jiěshuōyuán, duōbàn shì shǒu ná cháng gùnzi áibǎn de bèisòng jiěshuōcí, ér Fēitiān ~ wánquán bú shì zhèyàng.

4. 任何轰轰烈烈的事业，对那长年累月实际上参与其事的人来说，~是细微的、琐屑的，从旁看来，甚至是单调的。(王汶石《黑凤》)
　　Rènhé hōnghōnglièliè de shìyè, duì nà chángniánlěiyuè shíjìshang cānyù qí shì de rén láishuō, ~ shì xìwēi de, suǒxiè de, cóng páng kànlái, shènzhì shì dāndiào de.

5. ……只见教授微微皱起眉头，若有所思地凝视着窗外，女作曲家~不时举目望着丁洁琼。(张扬《第二次握手》)
　　... zhǐjiàn jiàoshòu wēiwēi zhòu qi méitóu, ruòyǒusuǒsī de níngshìzhe chuāng wài, nǚ zuòqǔjiā ~ bùshí jǔ mù wàngzhe Dīng Jiéqióng.

6. 玉菡仍然坐在软垫靠椅上，用双手托着两腮，垂目沉思；有时~久久凝视着丈夫。(张扬《第二次握手》)

Yùhàn réngrán zuò zài ruǎn diàn kàoyǐ shang, yòng shuāngshǒu tuōzhe liǎng sāi, chuímù chénsī; Yǒushí ~ jiǔjiǔ níngshìzhe zhàngfu.

7. 自杀是逃避现实,结婚~是屈膝投降。这两种选择都很不符合苏冠兰的性格。(张扬《第二次握手》)

    Zìshā shì táobì xiànshí, jié hūn ~ shì qū xī tóuxiáng. Zhè liǎng zhǒng xuǎnzé dōu bù fúhé Sū Guànlán de xìnggé.

B 表示前面是原因、条件,后面是结果;相当于"就":

Similar to 就, indicates that the first part of the sentence introduces the cause or condition, and the second part presents the result:

1. 空气中微粒污染物与二氧化硫的减少,~会降低污染导致的死亡。(报)

    Kōngqì zhōng wēilì wūrǎn wù yǔ èryǎnghuàliú de jiǎnshǎo, ~ huì jiàngdī wūrǎn dǎozhì de sǐwáng.

2. 如集思广益,~会想出比较好的办法。

    Rú jísīguǎngyì, ~ huì xiǎng chu bǐjiào hǎo de bànfǎ.

3. 合~势大,分~势孤。(欧阳山《三家巷》)

    Hé ~ shì dà, fēn ~ shì gū.

4. 对录取工作中违反纪律者,轻~批评教育,重~按党纪国法惩处。(报)

    Duì lùqǔ gōngzuò zhōng wéifǎn jìlǜ zhě, qīng ~ pīpíng jiàoyù, zhòng ~ àn dǎngjì guófǎ chéngchǔ.

参看连词"则"。

Compare conjunction 则 zé.

贼 zéi （副词）〈口〉

在某些单音节动词或形容词前表示程度高,多带嫌恶感情色彩:

Used before some monosyllabic verbs or adjectives, indicates a high degree, and usually conveys a sense of dislike:

1. 这要把像片捎给妈看看,她闺女背上了枪,准吓她个~死。(杨朔《三千里江山》)

    Zhè yào bǎ xiàngpiàn shāo gěi mā kànkan, tā guīnǚ bēi shang le qiāng, zhǔn xià tā ge ~ sǐ.

2. 毛驴后边,有两个魔影,都用黑布手巾把头包扎起来,扎得紧紧的,蒙得严严的,只漏出四只~亮亮的眼睛。(陈登科《风雷》)

    Máolǘ hòubian, yǒu liǎng ge móyǐng, dōu yòng hēi bù shǒujīn bǎ tóu bāozā qilai, zā de jǐnjǐn de, méng de yányán de, zhǐ lòu chu sì zhī ~ liàngliàng de yǎnjing.

3. "刷"地一道立闪,眼前爆起一片~白的闪亮,原来我们正站在敌人的鹿砦之下。(徐光耀《望日莲》)

    "Shuā" de yí dào lì shǎn, yǎn qián bào qi yí piàn ~ bái de shǎnliàng, yuánlái wǒmen zhèng zhàn zài dírén de lùzhài zhī xià.

乍 zhà （副词）〈口〉

表示动作刚刚开始;"乍"及其所修饰的词语不能作主句中的谓语:

Just; together with the word or phrase it modifies cannot function as the predicate of the main clause:

1. 它们来得那么突然,~看起来简直像一个魔法师在故意施展幻术。(叶君健《天

安门之夜》)

Tāmen lái de nàme tūrán, ～ kàn qilai jiǎnzhí xiàng yí ge mófǎshī zài gùyì shīzhǎn huànshù.

2. 农业社比单干再强,～入社,总不是一下就能转过弯来。(马烽《三年早知道》)

Nóngyèshè bǐ dāngàn zài qiáng, ～ rù shè, zǒng bú shì yíxià jiù néng zhuǎn guò wān lai.

3. 这两天,～参加集体劳动,起早带晚,和大家一道下湖砍草,累得他实在吃不消了。(陈登科《风雷》)

Zhè liǎng tiān, ～ cānjiā jítǐ láodòng, qǐ zǎo dài wǎn, hé dàjiā yídào xià hú kǎn cǎo, lèi de tā shízài chī bu xiāo le.

4. 祝永康因为新来～到,虽然认为朱锡坤的话是错误的,但又不便马上站出来和他争辩。(陈登科《风雷》)

Zhù Yǒngkāng yīnwèi xīn lái ～ dào, suīrán rènwéi Zhū Xīkūn de huà shì cuòwù de, dàn yòu búbiàn mǎshàng zhàn chulai hé tā zhēngbiàn.

5. 初春～暖,雪开始融化了。(刘白羽《早晨六点钟》)

Chū chūn ～ nuǎn, xuě kāishǐ rónghuà le.

"乍"常和"一"连用,语气更重,"一"在"乍"前后均可:

乍 is often used together with 一 as an emphatic expression. 一 can be placed either before or after 乍:

6. 吴天宝一～见禹龙大,实在吃不透这个人。(杨朔《三千里江山》)

Wú Tiānbǎo yí ～ jiàn Yǔ Lóngdà, shízài chī bu tòu zhège rén.

7. 头年冬月在鸭绿江大桥上,一～上去,你当我不胆虚呀,说不胆虚是假的。(杨朔《三千里江山》)

Tóunián dōngyuè zài Yālùjiāng dà qiáo shang, yí ～ shàng qu, nǐ dàng wǒ bù dǎn xū ya, shuō bù dǎn xū shì jiǎ de.

8. 他～一看起来,在朱老忠身上已经找不出什么特征。(梁斌《红旗谱》)

Tā ～ yí kàn qilai, zài Zhū Lǎozhōng shēnshang yǐjīng zhǎo bu chū shénme tèzhēng.

9. ～一离开山区,来到原上,黑凤顿时觉得天阔地也阔,眼宽心也宽。(王汶石《黑凤》)

～ yì líkāi shānqū, láidào yuán shang, Hēifèng dùnshí juéde tiān kuò dì yě kuò, yǎn kuān xīn yě kuān.

照理   zhàolǐ   (副词)

表示按照道理应该如何(但事实往往并不如此),可用在句首:

Logically, *morally*; implies contrary to actual facts and can be used at the beginning of a sentence:

1. ……而且身上只穿一套纺绸短衫裤,～不会出门,怎么这一会子始终不见他进来呢?(秦瘦鸥《秋海棠》)

... érqiě shēnshang zhǐ chuān yí tào fǎngchóu duǎn shān kù, ～ bú huì chū mén, zěnme zhè yíhuìzi shǐzhōng bú jiàn tā jìn lai ne?

2. ～她的名字应该叫"小机"了,可是妈妈不同意。(莫应丰《将军吟》)

～ tā de míngzi yīnggāi jiào "xiǎojī" le, kěshì māma bù tóngyì.

3. 他知道赵玉昆不但膂力强大,身子滑溜,而且为人很机灵,～不致会在那些光

棍面前栽跟头。(秦瘦鸥《秋海棠》)

Tā zhīdao Zhào Yùkūn búdàn lǔlì qiángdà, shēnzi huáliu, érqiě wéirén hěn jīling, ~ búzhì huì zài nàxiē guānggùnr miànqián zāi gēntou.

"照理"也可说成"照理说",常作插入语:

照理 may also be replaced by 照理说, which usually serves as a parenthesis:

4. 黄美溶黑天摸地,跑了这么一大圈子,~应该是很累了,可是她一点儿也没有累的感觉。(陈登科《风雷》)

Huáng Měiróng hēi tiān mō dì, pǎole zhème yí dà quānzi, ~yīnggāi shì hěn lèi le, kěshì tā yìdiǎnr yě méi yǒu lèi de gǎnjué.

5. 今年我们学校列入第一批录取新生的学校,~这是提高了地位。但实际情况更糟,第一志愿报我校的人考分高的很少。(报)

Jīnnián wǒmen xuéxiào lièrù dì-yī pī lùqǔ xīnshēng de xuéxiào, ~ zhè shì tígāole dìwèi. Dàn shíjì qíngkuàng gèng zāo, dì-yī zhìyuàn bào wǒ xiào de rén kǎofēn gāo de hěn shǎo.

6. ~说,公司和厂的某些领导人,对于×××搞出来的项目,应予重视,但他们不但不予支持,反而准备报废。(报)

~ shuō, gōngsī hé chǎng de mǒu xiē lǐngdǎorén, duìyú ××× gǎo chulai de xiàngmù, yīng yǔ zhòngshì, dàn tāmen búdàn bù yǔ zhīchí, fǎn·ér zhǔnbèi bàofèi.

参看"照说"。

Compare 照说 zhàoshuō.

照例   zhàolì   (副词)

表示动作或行为按照惯例,按照常情进行,可修饰否定形式:

As a rule, as usual; can modify negative forms:

1. 星期天宿舍~吃两顿饭,他九点钟吃了饭,上街转了半天,回来一看表才十点半。(草明《爱情》)

Xīngqītiān sùshè ~ chī liǎng dùn fàn, tā jiǔ diǎnzhōng chīle fàn, shàng jiē zhuànle bàntiān, huí lai yí kàn biǎo cái shí diǎn bàn.

2. 吃过晚饭,他~掏出揉皱了的书本,读上几页,或是看看报纸。(陶承《我的一家》)

Chīguo wǎnfàn, tā ~ tāo chu róuzhòule de shūběn, dú shang jǐ yè, huòshì kànkan bàozhǐ.

3. 小飞娥见他一进门,~应酬了他一下说:"你拿的那个是什么?"(赵树理《登记》)

Xiǎofēi·é jiàn tā yí jìn mén, ~ yìngchoule tā yíxià shuō:"Nǐ ná de nàge shì shénme?"

4. 每月发工资的第二天,汤阿英~把工资的一半寄给家里。(周而复《上海的早晨》)

Měi yuè fā gōngzi de dì-èr tiān, Tāng Āyīng ~ bǎ gōngzi de yíbàn jì gěi jiā li.

5. 新房里的人,连新娘在内,都笑了,乡长~没有笑。(周立波《山那面人家》)

Xīnfáng li de rén, lián xīnnián zài nèi, dōu xiào le, xiāngzhǎng ~ méiyou xiào.

6. 他坐了小半天,很有点倦了,然而天还没黑,~不该就回家去。(叶圣陶《倪焕之》)

Tā zuòle xiǎo bàntiān, hěn yǒudiǎnr juàn le, rán·ér tiān hái méi hēi, 〜 bù gāi jiù huíjiā qu.

7. 过去,儿子在技工学校念书,国家管他们的伙食,〜不需要多少其他花费。(焦祖尧《时间》)

Guòqù, érzi zài jìgōng xuéxiào niàn shū, guójiā guǎn tāmen de huǒshí, 〜 bù xūyào duōshǎo qítā huāfèi.

"照例"也可放在句首,甚至有语音停顿:

照例 can occur at the head of a sentence and even have a pause after it:

8. 刘洁颖早早就起了床,〜,她先到外面为同宿舍的人打来洗脸水,又走到附近小学的操场上做了体操。(莫伸《人民的歌手》)

Liú Jiéyíng zǎozǎor jiù qǐle chuáng, 〜, tā xiān dào wàimiàn wèi tóng sùshè de rén dǎ lái xǐ liǎn shuǐ, yòu zǒudào fùjìn xiǎoxué de cāochǎng shàng zuòle tǐcāo.

9. 〜,院子门平常很少上门闩的,总是用根杠子顶住,用力一揎就会推开。(沙汀《风浪》)

〜, yuànzi mén píngcháng hěn shǎo shàng ménshuān de, zǒngshì yòng gēn gàngzi dǐngzhù, yòng lì yì xuān jiù huì tuīkāi.

10. 〜,新房客一到,我就来打开水,抹桌子。(杨沫《房客》)

〜, xīn fángkè yí dào, wǒ jiù lái dǎ kāishuǐ, mā zhuōzi.

"照例"可以说成"照常例":

照例 can be replaced by 照常例:

11. 照常例,学生结队离校总是由体育教师领队。(老舍《四世同堂》)

Zhào chánglì, xuésheng jié duì lí xiào zǒngshì yóu tǐyù jiàoshī lǐng duì.

有个别名词可受"照例"修饰:

A few nouns can be modified by 照例:

12. 对有点身分的街坊四邻,他相当的客气,可是除了〜的婚丧礼吊而外,并没有密切的交往。(老舍《四世同堂》)

Duì yǒu diǎnr shēnfèn de jiēfang sìlín, tā xiāngdāng de kèqi, kěshì chúle 〜 de hūn sāng lǐ diào érwài, bìng méi yǒu mìqiè de jiāowǎng.

13. 要是家里没有个嫂嫂的话,扫地、抹灰尘、生火做饭、洗锅碗这几件事就成了自己〜的公事。(赵树理《登记》)

Yàoshi jiālǐ méi yǒu ge sǎosao dehuà, sǎo dì, mā huīchén, shēng huǒ zuò fàn, xǐ guō wǎn zhè jǐ jiàn shì jiù chéngle zìjǐ 〜 de gōngshì.

照说   zhàoshuō   (副词)

同"照理":

Same as 照理 (logically, morally):

1. 〜,在他这样年纪,饭后只管畅开胸怀去晒太阳好了,不会有人说什么话的。(徐怀中《我们播种爱情》)

〜, zài tā zhèyàng niánjì, fàng hòu zhǐguǎn chàngkāi xiōnghuái qù shài tàiyáng hǎo le, bú huì yǒu rén shuō shénme huà de.

2. 他平时学习很好,〜这种题不至于不会作。

Tā píngshí xuéxí hěn hǎo, 〜 zhèzhǒng tí búzhìyú bú huì zuò.

3. 这次实验他们准备得很充分,〜不该失败,可是结果又失败了。

Zhècì shíyàn tāmen zhǔnbèi de hěn chōngfèn, ～ bù gāi shībài, kěshì jiéguǒ yòu shībàile.

真 zhēn （副词）

A 有"的确"的意思,既说明真实性也强调程度高;可以修饰形容词、动词、助动词或各种短语,可修饰否定形式:

Really , *truly* , *indeed* ; is used to indicate the truth of a fact and also to emphasize a high degree. It can modify adjectives, verbs, auxiliaries or phrases as well as negative forms:

1. 那里的野菊花一朵一朵的～多啊!(茹志鹃《静静的产院》)

   Nàli de yě júhuā yì duǒ yì duǒ de ～ duō a!

2. ～凑巧,能在这儿遇到他!(张扬《第二次握手》)

   ～ còuqiǎo, néng zài zhèr yùdào tā!

3. 啊,小露露,你～聪明,～会说话,世界上没有再像你这么聪明的人。(曹禺《日出》)

   Ā, Xiǎolùlù, nǐ ～ cōngming, ～ huì shuō huà, shìjiè shang méi yǒu zài xiàng nǐ zhème cōngming de rén.

4. 判决时的情景～令人难忘。(王亚平《神圣的使命》)

   Pànjué shí de qíngjǐng ～ lìng rén nánwàng.

5. 瑞宣当初之所以敬爱钱先生,就是因为老人的诚实、爽直、坦白,～有些诗人的气味。(老舍《四世同堂》)

   Ruìxuān dāngchū zhī suǒyǐ jìng·ài Qián xiānsheng, jiùshì yīnwèi lǎorén de chéngshí, shuǎngzhí, tǎnbái, ～ yǒu xiē shīrén de qìwèi.

6. 干炼钢的活儿～不简单。(草明《姑娘的心事》)

   Gàn liàn gāng de huór ～ bù jiǎndān.

7. 那个地方可～没意思。(鲁迅《狂人日记》)

   Nàge dìfang kě ～ méi yìsi.

8. 看这场话剧～不如看那个电影。

   Kàn zhèchǎng huàjù ～ bùrú kàn nàge diànyǐng.

9. 有人说:"当老师～好,坐到屋子里,风刮不着,雨洒不着。"依我看啊,还～不容易哩。(张有德《晨》)

   Yǒu rén shuō:" Dāng lǎoshī ～ hǎo, zuò dào wūzi li, fēng guā bu zháo, yǔ sǎ bu zháo. " Yī wǒ kàn a, hái ～ bù róngyì li.

以上"真"可以说成"真是",意思不变。

In the above examples, 真 may be replaced by 真是, without affecting the meaning.

"真"有时可以重叠:

真 sometimes can be reduplicated:

10. 不巧得很,我们去看焰火去了,没有招待,～～抱歉。(茅盾《第一阶段的故事》)

    Bù qiǎo de hěn, wǒmen qù kàn yànhuǒ qu le, méiyou zhāodài, ～～ bàoqiàn.

11. 吓,～～是出乎意外。(郭沫若《屈原》)

    Hè, ～～ shì chūhū yìwài.

12. 她说这句话的神气,……,～～是自然到了几点。(郁达夫《迟桂花》)

    Tā shuō zhèjù huà de shénqì, . . . , ～～ shì zìrán dàole jǐdiǎn.

B 单纯强调事情的真实性,多修饰动词、助动词及短语;可修饰否定形式:

When used only to emphasize the truth of a fact, it mainly modifies a verb, an auxiliary or a phrase. It can also modify a negative form:

1. 你看这一次我～着凉了。(曹禺《日出》)

   Nǐ kàn zhè yí cì wǒ ～ zháo liáng le.

2. 即使在这两天内，宪兵～为老三的事来捉他，他也只好认命；反正他不愿意先出去挨饿。(老舍《四世同堂》)

   Jíshǐ zài zhè liǎng tiān nèi, xiànbīng ～ wèi lǎosān de shì lái zhuō tā, tā yě zhǐhǎo rèn mìng; fǎnzhèng tā bú yuànyì xiān chū qu ái è.

3. 你说他～能不服从分配吗？

   Nǐ shuō tā ～ néng bù fúcóng fēnpèi ma?

4. 他说他不会唱歌，他是～不会吗？

   Tā shuō tā bú huì chàng gē, tā shì ～ bú huì ma?

以上"真"都可以说成"真的"，意思不变。

In the above examples, 真的 can be used instead of 真 without affecting the meaning.

C"真是"单用，表示轻微不满，非常口语化：

真是，when used alone, is a very colloquial expression indicating a slight complaint:

1. 你真是，干嘛这么客气，老远地来看我！

   Nǐ zhēnshì, gàn má zhème kèqi, lǎo yuǎn de lái kàn wǒ!

2. 真是的，这么好的孩子，妈妈还说不乖！

   Zhēnshìde, zhème hǎo de háizi, māma hái shuō bù guāi!

正 zhèng   (副词)

A 描写动作在进行中：

Indicates an action in progress with a strong descriptive effect:

1. 老祥大娘～点着灯做晚饭。(梁斌《红旗谱》)

   Lǎoxiáng dàniáng ～ diǎnzhe dēng zuò wǎnfàn.

2. 小顺儿的妈～责打小顺儿呢。(老舍《四世同堂》)

   Xiǎoshùnr de mā ～ zé dǎ Xiǎoshùnr ne.

3. 娘，你可晓得还有好多人，～淋着雨走呵！(艾芜《雨》)

   Niáng, nǐ kě xiǎode hái yǒu hǎoduō rén, ～ línzhe yǔ zǒu a!

4. 他看到刚才说话的男人是个高个子的俊小伙，此刻～注视着自己。(王亚平《神圣的使命》)

   Tā kàndào gāngcái shuō huà de nánrén shì ge gāo gèzi de jùn xiǎohuǒr, cǐkè ～ zhùshìzhe zìjǐ.

5. 黄女士抬起头来，却见张女士～从那边窗洞口的人堆里走开，脸上似笑非笑地，～朝着自己这边袅袅婷婷绕着一排一排的桌子走过来了。(茅盾《夏夜一点钟》)

   Huáng nǚshì tái qǐ tóu lai, què jiàn Zhāng nǚshì ～ cóng nàbiānr chuāngdòngkǒu de rénduī li zǒukāi, liǎn shang sì xiào fēi xiào de, ～ cháozhe zìjǐ zhèbiānr niǎoniǎotíngtíng ràozhe yì pái yì pái de zhuōzi zǒu guolai le.

以上例1—4"正"可以代以"在"，例5"正"不能代以"在"，"正"有时所表示的是一种完全静止的状态，也不能代以"在"：

In examples 1-4 正 can be replaced by 在, but in example 5 it can't; 正 sometimes indicates a completely static state and cannot be replaced by 在:

6. 这时候, 村子里的青年人～睡得香。(未央《心中充满阳光》)

   Zhè shíhou, cūnzi li de qīngnián rén ～ shuì de xiāng.

7. 月亮已经下去了, 北斗～横挂在天空。(未央《心中充满阳光》)

   Yuèliang yǐjing xià qu le, běidǒu ～ héng guà zài tiānkōng.

8. 王兴老汉身边～围着三四担菜筐子等他称菜。(赵树理《三里湾》)

   Wáng Xīng lǎohàn shēnbiān ～ wéizhe sān sì dàn cài kuāngzi děng tā chēng cài.

9. 走了两步, 他回头看了看他手植的花草, 一株秋葵～放着大朵的鹅黄色的花。
   (老舍《四世同堂》)

   Zǒule liǎng bù, tā huí tóu kànle kàn tā shǒu zhí de huācǎo, yì zhu qiūkuí ～fàngzhe dà duǒ de éhuángsè de huā.

"正"常用来指出在一动作进行时或即将开始时, 另一动作发生, "在"不能这样用:

正 often indicates while one action is in progress or is about to begin, another action takes place; 在 has no such function:

10. 她～跑来跑去搬得起劲, 忽听得门外有人说……(赵树理《三里湾》)

    Tā ～ pǎo lái pǎo qù bān de qǐjìnr, hū tīng dé mén wài yǒu rén shuō. . .

11. 有翼……～不知道该说什么好, 常有理便揭起门帘走进来。(赵树理《三里湾》)

    Yǒuyì . . . ～ bù zhīdao gāi shuō shénme hǎo, Chángyǒulǐ biàn jiē qi ménlián zǒu jìnlai.

12. 三娘站在路中央～着急, 后面喘吁吁的跑来一个人。(茹志鹃《静静的产院》)

    Sānniáng zhàn zài lù zhōngyāng ～ zháo jí, hòumiàn chuǎnxūxū de pǎo lai yí ge rén.

13. 他们～说着话, 走进一位五十多岁的老头。(浩然《喜鹊登枝》)

    Tāmen ～ shuōzhe huà, zǒu jìn yí wèi wǔshí duō suì de lǎotóu.

14. 静兰买了满满一篮荤素小菜, ～想回家, 却看见一个鱼摊的木盆里, 堆满了指头这么粗的淡水虾。(茹志鹃《静静的产院》)

    Jìnglán mǎile mǎnmǎnr yì lán hūn sù xiǎocài, ～ xiǎng huí jiā, què kànjian yí ge yútān de mùpén li, duīmǎnle zhītou zhème cū de dànshuǐ xiā.

15. ～在这个节骨眼上, 王全礼推着自行车来到工棚外面。(浩然《泉水清清》)

    ～ zài zhège jiégǔ yǎnr shang, Wáng Quánlǐ tuīzhe zìxíngche láidào gōngpéng wàimian.

参看"在""正在"。

Compare 在 zài, 正在 zhèngzài.

B 强调就是这个而不是别的:

That and nothing else:

1. 这期间, 从没离开过妈妈一步。～因为这样, 直到十岁多, 如果没有爸爸或妈妈作陪, 黑凤还不敢独自一人出村去玩耍呢。(王汶石《黑凤》)

   Zhè qījiān, cóng méi líkāiguo māma yí bù. ～ yīnwèi zhèyàng, zhí dào shí suìduō, rúguǒ méi yǒu bàba huò māma zuòpéi, Hēifèng hái bù gǎn dúzì yì rén chū cūn qu wánshuǎ ne.

2. ～像石山柏想象的那样, 第二年春天, 摩天岭起了很大的变化。(浩然《石山柏》)

   ～ xiàng Shí Shānbǎi xiǎngxiàng de nàyàng, dì-èr nián chūntiān, Mótiānlǐng qǐle hěn dà de biànhuà.

3. 至于开渠用私人的地基问题,也～是我们今天晚上要谈的问题。(赵树理《三里湾》)

Zhìyú kāi qú yòng sīrén de dìjī wèntí, yě ～ shì wǒmen jīntiān wǎnshang yào tán de wèntí.

C 表示事物或事件的发生完全符合需要或完全不符合需要,但纯属偶然:

Indicates that sth. or the occurrence of some event happens to meet the need or to be just the opposite:

1. 从七千尺的高空掉下一个炸裂弹,～落在这新掘的壕沟里。(叶圣陶《金耳环》)

Cóng qīqiān chǐ de gāo kōng diào xia yí ge zhàlièdàn, ～ luò zài zhè xīn jué de háogōu li.

2. 祝永康回到省里,和组织上一谈,投身农业战线,特别是到灾区去工作,～合党的需要。(陈登科《风雷》)

Zhù Yǒngkāng huídào shěng li, hé zǔzhīshang yì tán, tóushēn nóngyè zhànxiàn, tèbié shì dào zāiqū qù gōngzuò, ～ hé dǎng de xūyào.

3. 门开了,满喜和天成也～赶到。(赵树理《三里湾》)

Mén kāile, Mǎnxǐ hé Tiānchéng yě ～ gǎndào.

4. 灵芝回到家～碰上她爹妈坐在他们自己住的房子的外间挽玉蜀黍,她便也参加了工作。(赵树理《三里湾》)

Língzhī huídào jiā ～ pèngshang tā diē mā zuò zài tāmen zìjǐ zhù de fángzi de wàijiān wǎn yùshǔshǔ, tā biàn yě cānjiāle gōngzuò.

5. 周浩也笑起来,"区上～少个炊事员哪,我看你们这个小炊事员满合格。"(萧平《三月雪》)

Zhōu Hào yě xiào qilai, "qūshang ～ shǎo ge chuīshìyuán na, wǒ kàn nǐmen zhège xiǎo chuīshìyuán mǎn hé gé."

参看"正好"A、"正巧"。

Compare 正好 zhènghǎo A, 正巧 zhèngqiǎo.

正好 zhènghǎo （副词）

A 同"正"C:

Same as 正 C (see above):

1. 陈秉正老人说:"为什么要等到我们走了才做呢?我们的会开完了,现在不是～帮你们清理院子吗?"(赵树理《套不住的手》)

Chén Bǐngzhèng lǎorén shuō:"Wèi shénme yào děngdào wǒmen zǒule cái zuò ne? Wǒmen de huì kāiwán le, xiànzài bú shì ～ bāng nǐmen qīnglǐ yuànzi ma?"

2. 我单独住这里,正感到气闷哩,你来了～给我作伴,咱们在一起也热闹些。(张扬《第二次握手》)

Wǒ dāndú zhù zhèlǐ, zhèng gǎndào qìmèn li, nǐ láile ～ gěi wǒ zuò bànr, zánmen zài yíqǐ yě rènao xiē.

3. 要入社你入,我把牲口赶到河南去,他～雇不起牲口,我不能扯一条肠子,只顾你这一个儿子,我还有女儿女婿和外孙呢。(蔡天心《初春的日子》)

Yào rù shè nǐ rù, wǒ bǎ shēngkou gǎndào Hénán qù, tā ～ gù bu qǐ shēngkou, wǒ bù néng chě yì tiáo chángzi, zhǐgù nǐ zhè yí ge érzi, wǒ hái yǒu nǚ·ér nǚxù hé wàisūn ne.

4. 他们俩的样子～说明了他们的履历——男的是个小军阀,女的是暂时与他同居的妓女。(老舍《四世同堂》)

Tāmen liǎ de yàngzi ～ shuōmíngle tāmen de lǚlì —— nánde shì ge xiǎo jūnfá, nǚde shì zànshí yǔ tā tóngjū de jìnǚ.

5. 一挂天灯,明晃晃的,宿营车上正愁没亮,大家～借着亮洗衣服,看看新来的家信。(杨朔《三千里江山》)

Yí guà tiāndēng, mínghuānghuāng de, sùyíng chē shang zhèng chóu méi liàngr, dàjiā ～ jièzhe liàngr xǐ yīfu, kànkan xīn lái de jiāxìn.

"正好"有时可以用于句首:

正好 sometimes can occur at the head of a sentence:

6. ～我们这儿缺人,你来的正是时候。(王汶石《黑凤》)

～ wǒmen zhèr quē rén, nǐ lái de zhèng shì shíhou.

7. 刘洁颖心里一酸,泪花倏地顺着面颊流出来。她拼命咬住牙。～车站到了,她头也不抬跳下去,背转身,不让乘客们看见。(莫伸《人民的歌手》)

Liú Jiéyǐng xīnli yì suān, lèihuā shūde shùnzhe miànjiá liú chulai. Tā pīnmìng yǎozhù yá. ～ chēzhàn dào le, tā tóu yě bù tái tiào xiaqu, bèi zhuǎn shēn, bú ràng chéngkèmen kànjian.

B 有"一点不差""恰恰"的意思:

Exactly, precisely:

1. 这留下的两个人,一老,一少,不多不少～相差五十岁。(刊)

Zhè liú xia de liǎng ge rén, yì lǎo, yí shào, bù duō bù shǎo ～ xiāng chà wǔshí suì.

2. 到手的～是保证金的数目。(叶圣陶《一个练习生》)

Dào shǒu de ～ shì bǎozhèngjīn de shùmù.

3. 我这里有四个苹果,你们四个人～一人一个。

Wǒ zhèlǐ yǒu sì ge píngguǒ, nǐmen sì ge rén ～ yì rén yí ge.

4. 你有八十元,我有四十元,借给你,～一百二十元,可以买架收音机了。

Nǐ yǒu bāshí yuán, wǒ yǒu sìshí yuán, jiè gěi nǐ, ～ yìbǎi èrshí yuán, kěyǐ mǎi jià shōuyīnjī le.

参看"刚好"。

Compare 刚好 gānghǎo.

正巧 zhèngqiǎo (副词)

同"正"C:

Same as 正 C (see p. 375):

1. 孩子们的祖辈,在几十年辛酸的劳动中,已经结下了同生死共患难的友谊,到他们这一代,两个～又在同一年出世,今年刚满十四岁。(陆俊超《三个小伙伴》)

Háizimen de zǔbèi, zài jǐ shí nián xīnsuān de láodòng zhōng, yǐjīng jiéxiàle tóng shēng sǐ gòng huànnàn de yǒuyì, dào tāmen zhè yí dài, liǎng ge ～ yòu zài tóng yì nián chūshì, jīnnián gāng mǎn shísì suì.

2. 前些时受到张书记不点名的批评后,～在街上又遇上了宋大伯,他还特地请宋大伯提意见。(张有德《辣椒》)

Qián xiē shí shòudào Zhāng shūji bù diǎn míng de pīpíng hòu, ~ zài jiēshang yòu yùdàole Sòng dàbó, tā hái tèdì qǐng Sòng dàbó tí yìjian.

3. 那一天，～是他现在新婚的那位女会计看守大门。(张有德《辣椒》)

   Nà yì tiān, ~ shì tā xiànzài xīnhūn de nàwèi nǚ kuàiji kānshǒu dàmén.

4. 当时，皆东～来了个汉人大夫，在街上撑起个布篷，摆开药摊子，说是什么病都能治。(徐怀中《卖酒女》)

   Dāngshí, Jiēdōng ~ láile ge Hànrén dàifu, zài jiēshang chēngqǐ ge bùpéng, bǎikāi yào tānzi, shuō shì shénme bìng dōu néng zhì.

5. 逃到沈阳，～边防军招兵，我便应了招。(许地山《春桃》)

   Táodào Shěnyáng, ~ biānfángjūn zhāo bīng, wǒ biàn yìngle zhāo.

"正巧"可用于主语前或其他状语前，如例 1、2、5，而"正"只能直接处于所修饰的述语前。

正巧 can occur before the subject or another adverbial, e. g. in examples 1, 2 and 5, while 正 can occur only immediately before the verb it modifies.

正在　zhèngzài　(副词)

同"正"A：

Same as 正 A (see p. 373):

1. 在局长办公室里，郑局长和徐副主任～等着他。(王亚平《神圣的使命》)

   Zài júzhǎng bàngōngshì li, Zhèng júzhǎng hé Xú fùzhǔrèn ~ děngzhe tā.

2. 高世兴～烧火。(乔典运《贵客》)

   Gāo Shìxìng ~ shāo huǒ.

3. 仅仅是露面而已，身子还藏在门背后，手忙脚乱地～系着裤腰带呢！(莫应丰《迷糊外传》)

   Jǐnjǐn shì lù miàn éryǐ, shēnzi hái cáng zài mén bèihòu, shǒumángjiǎoluàn de ~ jìzhe kùyāodài ne!

4. 对岸有辆胶皮车，两个男同志～把已经运过去的货往车上装。(管桦《葛梅》)

   Duì àn yǒu liàng jiāopíchē, liǎng ge nán tóngzhì ~ bǎ yǐjing yùn guoqu de huò wǎng chē shang zhuāng.

5. 因为他们的心里，有一团仇恨的火焰，～熊熊地燃烧着。(郭澄清《大刀记》)

   Yīnwèi tāmen de xīnli, yǒu yì tuán chóuhèn de huǒyàn, ~ xióngxióng de ránshāozhe.

6. 老刘头一只手伸向瓜架，眼睛却望着河对面～出神。(茹志鹃《静静的产院》)

   Lǎo Liútóur yì zhī shǒu shēn xiàng guājià, yǎnjing què wàngzhe hé duìmiànr ~ chū shén.

7. 我～沉思，通餐车的门一开，老伐木工满脸热烘烘的出现了。(刘白羽《写在太阳初升的时候》)

   Wǒ ~ chénsī, tōng cānchē de mén yì kāi, lǎo fámùgōng mǎnliǎn rèhōnghōng de chūxiàn le.

8. 这两个老头儿，～谈着过去的日月，羊秀英从圩后雪地上绕上庄来。(陈登科《风雷》)

   Zhè liǎng ge lǎotóur, ~ tánzhe guòqù de rìyuè, Yáng Xiùyīng cóng wéi hòu xuě dì shang rào shàng zhuāng lai.

9.　她～纳闷，又忽然听见二叔丁世昌在门外叫她。(王汶石《黑风》)

　　Tā ～ nàmènr, yòu hūrán tīngjian èrshū Dīng Shìchāng zài mén wài jiào tā.

辩认：

Note：

下列句中的"正在"是副词"正"加介词"在"，而不是副词"正在"：

正在 in the following examples is the adverb 正 plus the preposition 在 and not the adverb 正在：

1.　越急越不行，越不行越急。正在她手忙脚乱的时候，她的弟弟兴兴头头地跑来对她说……(吴晨笳《姐妹》)

　　Yuè jí yuè bù xíng, yuè bù xíng yuè jí. Zhèng zài tā shǒumángjiǎoluàn de shíhou, tā de dìdi xìngxìngtóutóu de pǎo lai duì tā shuō. . .

2.　郑兴发没有答下去，正在为难的时候，总经理室外边突然闯进一个三十上下的青年人来。(周而复《上海的早晨》)

　　Zhèng Xīngfā méiyou dá xiaqu, zhèng zài wéinán de shíhou, zǒng jīnglǐshì wàibianr tūrán chuǎng jin yí ge sānshí shàngxià de qīngnián rén lai.

直　zhí　(副词)

A 表示不由自主的动作不断重复，或状态持续不变：

Continuously; indicates that an involuntary action is repeated without any interruption, or that a state remains unchanged：

1.　我们沿着山道往上爬，不一会，连压加累就弄得汗～淌、气～喘了。(王愿坚《粮食的故事》)

　　Wǒmen yánzhe shān dào wǎng shàng pá, bù yíhuìr, lián yā jiā lèi jiù nòng de hàn ～ tǎng, qì ～ chuǎn le.

2.　我心里～生闷气。(谢璞《二月兰》)

　　Wǒ xīnli ～ shēng mènqì.

3.　我气得嘴唇～打哆嗦。(段荃法《状元搬妻》)

　　Wǒ qì de zuǐchún ～ dǎ duōsuo.

4.　一阵剧烈的咳嗽，连办公桌都被震得～晃。(陈登科《风雷》)

　　Yí zhèn jùliè de késou, lián bàngōngzhuō dōu bèi zhèn de ～ huàng.

5.　孩子们大眼瞪小眼，一个个～发愣。(童边《新来的小石柱》)

　　Háizimen dàyǎndèngxiǎoyǎnr, yí gège ～ fā lèng.

B 同"一直"A、B，表示某动作连续进行一段时间，或向一个方向不中断地前进：

Same as 一直 A & B, indicates that an action happens for a certain period of time, or goes straight to its destination without any interruption：

1.　王安福一来路很生，二来究竟是六十岁的老汉了，四五十里路～走了一天。(赵树理《李家庄的变迁》)

　　Wáng Ānfú yìlái lù hěn shēng, èrlái jiūjìng shì liùshí suì de lǎohàn le, sì wǔshí lǐ lù ～ zǒule yì tiān.

2.　为了赶时间，他～忙了一上午，连口水都没喝。

　　Wèile gǎn shíjiān, tā ～ mángle yí shàngwǔ, lián kǒu shuǐ dōu méi hē.

3.　老梁飞快跑到公司，开起一辆卡车，～奔岭下公社。(张天民《路考》)

　　Lǎoliáng fēikuài pǎodào gōngsī, kāi qi yí liàng kǎchē, ～ bèn lǐngxià gōngshè.

4.　开了房门的锁，～闯进去上下左右打量着。（叶圣陶《潘先生在难中》）

　　Kāile fáng mén de suǒ，～ chuǎng jinqu shàngxià zuǒyòu dǎliangzhe.

C "直"跟"到"或"至"连用，表示某情况迟至某一时刻才发生，常和"才"呼应：

　　直 together with 到 or 至 indicates that a situation did not take place until a certain time. It is often used in conjunction with 才：

1.　～到把心思钻进试题里去，这种胆怯的情绪才渐渐忘怀。（叶圣陶《一个练习生》）

　　～ dào bǎ xīnsi zuān jìn shìtí li qu，zhèzhǒng dǎnqiè de qíngxù cái jiànjiàn wànghuái.

2.　伊平日常常见猫，然而不相干，～到今天此刻才同猫成为真的伴侣。（叶圣陶《阿凤》）

　　Yī píngrì chángcháng jiàn māo，rán'ér bù xiānggàn，～ dào jīntiān cǐkè cái tóng māo chéngwéi zhēn de bànlǚ.

3.　～到第二天天黑，他才回到村里来。（马烽《三年早知道》）

　　～ dào dì-èr tiān tiān hēi，tā cái huídào cūn li lai.

4.　～到土改，我才算直了腰。（浩然《金光大道》）

　　～ dào tǔgǎi，wǒ cái suàn zhíle yāo.

D "直到"或 "直至"有时表示范围；前面可有"从"与之呼应，"直"与"到"或"至"之间可插入动词：

　　直到 or 直至 sometimes indicates the scope of sth. 从 may act in conjunction with it and the verb may be inserted between 直 and 到 or 至：

1.　只有一条南方少有的蓬松乌黑的大辫子从后脑～拖到窈窕的腰下。（张扬《第二次握手》）

　　Zhǐ yǒu yì tiáo nánfāng shǎoyǒu de péngsōng wūhēi de dà biànzi cóng hòunǎo ～ tuōdào yǎotiǎo de yāo xià.

2.　每逢喝醉，就要立在十字街口骂大街。从鱼行老板骂起，～骂到县大老爷祖宗三代。（杨朔《三千里江山》）

　　Měi féng hēzuì，jiù yào lì zài shízì jiēkǒu mà dàjiē. Cóng yúháng lǎobǎn mà qǐ，～ màdào xiàn dàlǎoye zǔzōng sān dài.

3.　这次义务劳动，全校学生、教师～至校长都参加了。

　　Zhècì yìwù láodòng，quán xiào xuésheng，jiàoshī ～ zhì xiàozhǎng dōu cānjiā le.

4.　这项技术革新成功后，从制作～至包装都能自动化。

　　Zhèxiàng jìshù géxīn chénggōng hòu，cóng zhìzuò ～ zhì bāozhuāng dōu néng zìdònghuà.

只　　zhǐ　　（副词）

表示限制。

Indicates restriction.

A 只限于某种动作：

　　The restriction refers to the action：

1.　他什么也不说，而～这么愣着。（老舍《四世同堂》）

　　Tā shénme yě bù shuō，ér ～ zhème lèngzhe.

2.　她伸头想看看我手上的账本，又不好意思走近，～远远地瞟瞟。（吴晨笳《姐妹》）

Tā shēn tóu xiǎng kànkan wǒ shǒu shang de zhàngběn, yǒu bù hǎo yìsi zǒujìn, ~ yuǎnyuānde piāopiao.

3.　我～觉得雨下得太多了。（艾芜《雨》）

Wǒ ~ juéde yǔ xià de tài duō le.

参看"只是"。

Compare 只是 zhǐshì.

B 所限制的是动词的宾语，但"只"也必须用于动词前：

The restriction refers to the object of a verb, but 只 must also occur before the verb：

1.　周炳留心听着他父亲的回答，可是什么回答也没有，～听见他父亲时不时用手轻轻拍打着蚊子。（欧阳山《三家巷》）

Zhōu Bǐng liúxīn tīngzhe tā fùqin de huídá, kěshì shénme huídá yě méi yǒu, ~ tīngjian tā fùqin shíbushí yòng shǒu qīngqīng pāidǎzhe wénzi.

2.　一个月～省出五百块钱左右。（曹禺《日出》）

Yí ge yuè ~ shěng chū wǔbǎi kuài qián zuǒyòu.

3.　实际这里已经看不出什么阵地，～看见密密麻麻相联结的巨大弹坑。（刘白羽《在朝鲜的第一夜》）

Shíjì zhèlǐ yǐjīng kàn bu chū shénme zhèndì, ~ kànjian mìmìmámá xiāng liánjié de jùdà dànkēng.

4.　他骨瘦如柴，～穿着一条夹裤和一件败色的旧薄棉袍。（曹禺《日出》）

Tā gǔ shòu rú chái, ~ chuānzhe yì tiáo jiákù hé yí jiàn bài sè de jiù báo miánpáo.

C 所限制的是状语或补语或二者；如所限制的是状语，则"只"必用于状语前，如是补语，"只"不能用在补语前，则仍在动词前：

The restriction refers to the adverbial or the complement or both. If it refers to the adverbial, 只 must precede it and if it's the complement, 只 cannot precede the complement but must precede the verb：

1.　这话也～在你我之间说说。（火笛《在茶馆里》）

Zhè huà yě ~ zài nǐ wǒ zhī jiān shuōshuo.

2.　她在里边房里做她熟手的熔烘工作，～偶尔偷空从人缝中悄悄朝炒茶机这边看看。（吴晨笳《姐妹》）

Tā zài lǐbianr fáng li zuò tā shúshǒu de rónghōng gōngzuò, ~ ǒu'ěr tōukòng cóng rénfèng zhōng qiāoqiāo cháo chǎocháī zhèbianr kànkan.

3.　老实说，这个药方，跟二表姐、三表姐都不大好谈的，～能跟你谈。（欧阳山《三家巷》）

Lǎoshishuō, zhège yàofāng, gēn èrbiǎojiě, sānbiǎojiě dōu búdà hǎo tán de, ~ néng gēn nǐ tán.

4.　在浑源～住了两个月，他就回美国去了。（张扬《第二次握手》）

Zài Húnyuán ~ zhùle liǎng ge yuè, tā jiù huí Měiguó qu le.

5.　我 ～在那儿粗略地看了一遍，没有细刨。（王汶石《黑凤》）

Wǒ ~ zài nàr cūlüè de kànle yí biàn, méiyou xì páo.

D "只"可直接用在数量短语前，或名词、代词(有时加数量短语)前，意思是"只有"，而"有"被省略了：

只 can occur immediately before a N-M phrase or before a noun or pronoun (sometimes followed by a N-M phrase) meaning 只有：

1. 他们一个住豹子沟，一个住南梁子，相隔～三四里地。(欧阳山《高干大》)
   Tāmen yí ge zhù Bàozigōu, yí ge zhù Nánliángzi, xiāng gé ～ sān sì lǐ dì.

2. 我们～三个人，当然还可以容你。(叶圣陶《潘先生在难中》)
   Wǒmen ～ sān ge rén, dāngrán hái kěyǐ róng nǐ.

3. 他才觉着世界上～小常是第一个好人，可是只认识了一天就又不在了。(赵树
   理《李家庄的变迁》)
   Tā cái juézhe shìjiè shang ～ Xiǎocháng shì dì-yī ge hǎorén, kěshì zhǐ rènshile yì tiān
   jiù yòu bú zài le.

4. 我望了又望，望来望去就～她一个人，又烧火，又摇机，忙的两脚不沾灰。(吴晨
   笳《姐妹》)
   Wǒ wàngle yòu wàng, wàng lái wàng qù jiù ～ tā yí ge rén, yòu shāo huǒ, yòu yáo
   jī, máng de liǎng jiǎo bù zhān huī.

5. 这些都没有什么，困难的是～我一个人。(萧平《三月雪》)
   Zhèxiē dōu méi yǒu shénme, kùnnan de shì ～ wǒ yí ge rén.

参看"仅"。

Compare 仅 jǐn.

E "只"和"不"构成四字短语，嵌入意义相反的两个单音节形容词或动词。重点在
"只"后的形容词或动词：

只 and 不 are separately inserted before two monosyllabic adjectives or verbs opposite in
meaning to form a four-character phrase. In such a case, the stress is laid on the adjec-
tive or verb which comes after 只：

1. 我给的～多不少。
   Wǒ gěi de ～ duō bù shǎo.

(有可能超过所需要的，不会不足)

2. 那双鞋你穿～大不小。
   Nàshuāng xié nǐ chuān ～ dà bù xiǎo.

(有可能大，不会小)

3. 虽然遇到了困难，大家的干劲却～增不减。
   Suīrán yùdàole kùnnan, dàjiā de gànjìnr què ～ zēng bù jiǎn.

(有可能增加，不会减少)

F "只见"常用于描述从某人眼中见到的景物，"只"已无实际的意思：

只见 is used to describe the sights which reach the eyes, and 只 has no actual meaning：

1. 从前面望进去，～见一舱的黑暗。(叶圣陶《外国旗》)
   Cóng qiánmiàn wàng jinqu, ～ jiàn yì cāng de hēi`àn.

2. ～见那窗前的垂柳，迎着凛冽的寒风，看不到店堂上的货物。(陈登科《风雷》)
   ～ jiàn nà chuāng qián de chuíliǔ, yíngzhe lǐnliè de hán fēng, kàn bu dào diàntáng
   shang de huòwù.

3. 爬上山顶，～见山下茫茫一片草原到处点缀着五彩缤纷的野花。
   Pá shang shān dǐng, ～ jiàn shān xià mángmáng yí piàn cǎoyuán dàochù diǎnzhuìzhe
   wǔcǎi bīnfēn de yěhuā.

4. 他的眼前～见白茫茫的一天大雾。(叶圣陶《一个练习生》)

Tā de yǎnqián ～ jiàn báimángmáng de yī tiān dà wù.

只得   zhǐdé   (副词)

同"只好":

Same as 只好 (have to, be forced to):

1. 他想离开广州,……他又没什么钱,～这里躲一躲,那里藏一藏。(欧阳山《三家巷》)

   Tā xiǎng líkāi Guǎngzhōu, … Tā yòu méi shénme qián, ～ zhèlǐ duǒ yi duǒ, nàli cáng yi cáng.

2. 但一想当着大家面前,给儿子难看,也不好,～忍气吞声,抹转身走了回来。(蔡天心《初春的日子》)

   Dàn yī xiǎng dāngzhe dàjiā miànqián, gěi érzi nánkàn, yě bù hǎo, ～ rěnqìtūnshēng, mò zhuǎn shēn zǒule huilai.

3. 我～走了,走出好远,再回头看看,见她已靠在草棚门边,……(茹志鹃《静静的产院》)

   Wǒ ～ zǒu le, zǒu chu hǎo yuǎn, zài huí tóu kànkan, jiàn tā yǐ kào zài cǎopéng mén biān, …

4. 当了主婚人,他～不走,坐在新娘房里抽烟,谈讲,等待仪式的开始。(周立波《山那面人家》)

   Dāngle zhǔhūnrén, tā ～ bù zǒu, zuò zài xīnniáng fáng li chōu yān, tánjiǎng, děngdài yíshì de kāishǐ.

5. 大家看见他的长白胡须,说死说活不让他抬,他也～拿起扫帚跟着大家扫院子。(赵树理《套不住的手》)

   Dàjiā kànjian tā de cháng bái húxū, shuōsǐ shuōhuó bú ràng tā tái, tā yě ～ ná qi sàozhou gēnzhe dàjiā sǎo yuànzi.

只顾   zhǐgù   (副词)

表示只注意(做某一件事,而不管其他的事情):

Merely, simply, be absorbed in; indicates that one is absorbed in doing sth. while paying no attention to other things:

1. 瓦匠老婆回到家里～生女儿的气,忘了翻搅炕上的包谷。(王汶石《黑凤》)

   Wǎjiang lǎopo huídào jiā li ～ shēng nǚ ér de qì, wàngle fānjiǎo kàng shang de bāogǔ.

2. 不知道老卢和弟弟是怎么遇上的,反正进了屋,他俩～继续着路上的谈话。(刘心武《醒来吧,弟弟》)

   Bù zhīdao Lǎolú hé dìdi shì zěnme yùshang de, fǎnzhèng jìnle wū, tā liǎ ～ jìxùzhe lù shang de tán huà.

3. ……回头又见刘满仓愁眉苦脸,一个劲地～抽烟。(莫应丰《迷糊外传》)

   … Huí tóu yòu jiàn Liú Mǎncāng chóuméikǔliǎn, yígejìnr de ～ chōu yān.

4. 杨志朴～自己穿衣服,懒得去跟周炳两个辩论。(欧阳山《三家巷》)

   Yáng Zhìpǔ ～ zìjǐ chuān yīfu, lǎnde qù gēn Zhōu Bǐng liǎng ge biànlùn.

5. 任为群好似没有听见羊秀英哭泣的声音,～自己一字一板地说下去。(陈登科《风雷》)

   Rén Wèiqún hǎosì méiyou tīngjian Yáng Xiùyīng kūqì de shēngyīn, ～ zìjǐ yízìyìbǎn de shuō xiaqu.

辨认：

Note：

下列句中的"只顾"是两个词，"只"是副词，"顾"是动词：

In the following examples，只顾 is a phrase made up of the adverb 只 and the verb 顾：

1. 这种态度使他只顾自己的生活，把一切祸患灾难都放在脑后。(老舍《骆驼祥子》)

   Zhèzhǒng tàidu shǐ tā zhǐ gù zìjǐ de shēnghuó, bǎ yíqiè huòhuàn zāinàn dōu fàng zài nǎo hòu.

2. 他们只看到眼前得失，不顾长远大计，只顾局部，不问整体。(陈登科《风雷》)

   Tāmen zhǐ kàndào yǎnqián déshī, bú gù chángyuǎn dàjì, zhǐ gù júbù, bú wèn zhěngtǐ.

参看"只管"。

Compare 只管 zhǐguǎn.

只管　zhǐguǎn　(副词)

A 同"只顾"：

　Same as 只顾 (merely, simply, be absorbed in)：

1. 像林中的群鸟～自己啼唤，不顾得听取别人的意见那样。(老舍《四世同堂》)

   Xiàng lín zhōng de qún niǎo ～ zìjǐ tíhuàn, bú gù de tīngqǔ biérén de yìjian nàyàng.

2. 说话的人，也不管有没有人听，～说她的，听的人也不管三七二十一让她说个滔滔不绝。(林衡道《姐妹会》)

   Shuō huà de rén, yě bùguǎn yǒu méi yǒu rén tīng, ～ shuō tā de, tīng de rén yě bù guǎn sān qī èrshí yī ràng tā shuō ge tāotāobùjué.

3. 程姥姥还要往下说话，看见何彬面色冷然，低着头～吃饭，也便不敢言语。(冰心《超人》)

   Chéng lǎolao hái yào wǎng xià shuō huà, kànjian Hé Bīn miànsè lěngrán, dīzhe tóu ～ chī fàn, yě biàn bù gǎn yányu.

B 表示放心去做，不必有任何顾虑，多用于祈使句：

　Often used in an imperative sentence, indicates that one can do sth. with one's mind at ease：

1. 我娃放心，妈宁舍身上四两肉，也要给我娃带个面子哩！我娃～放手去干吧！(王汶石《黑凤》)

   Wǒ wá fàng xīn, mā nìng shě shēnshang sì liǎng ròu, yě yào gěi wǒ wá dài ge miànzi li! Wǒ wá ～ fàng shǒu qù gàn ba!

2. 只要飞机不在紧头顶上，你～闯过去，屁事没有。(杨朔《三千里江山》)

   Zhǐyào fēijī bú zài jǐn tóudǐng shang, nǐ ～ chuǎng guoqu, pì shì méi yǒu.

参看"尽管"A。

Compare 尽管 jǐnguǎn A.

C 表示动作或行为持续着不起变化：

　Indicates that an action or state continues or remains unchanged：

1. 中年胖子……～盯住了黄女士身上身下打量，似乎要估计她的办事能力。(茅盾《第一个半天的工作》)

Zhōngnián pàngzi ... ~ dīngzhùle Huáng nǚshì shēn shàng shēn xià dǎliang, sìhū yàogūjì tā de bàn shì nénglì.

2. 听得对面楼下凄惨的呻吟着,这痛苦的声音,断断续续的,在这浓寂的黑夜里~颤动。(冰心《超人》)

Tīngdé duìmiàn lóu xià qīcǎn de shēnyínzhe, zhè tòngkǔ de shēngyīn, duànduànxùxù de, zài zhè nóngjì de hēiyè li ~ chàndòng.

3. 区苏送来的饼干~放在地上,任由雨水淋湿,没人愿意伸手去拿来吃。(欧阳山《三家巷》)

Ōu Sū sòng lai de bǐnggān ~ fàng zài dì shang, rèn yóu yǔshuǐ línshī, méi rén yuànyì shēn shǒu qu ná lai chī.

4. 周炳……~对着他三姨,默默无言地坐了一个多钟头才走。(欧阳山《三家巷》)

Zhōu Bǐng ... ~ duìzhe tā sānyí, mòmò wú yán de zuòle yí ge duō zhōngtóu cái zǒu.

5. 老汉插嘴说道:"老得糊涂啦,~唠叨个没完,魏同志,今日闺女来,是帮我干点活。"(胡正《七月古庙会》)

Lǎohàn chā zuǐ shuō dào:"Lǎo de hútu la, ~ lāodao ge méi wán, Wèi tóngzhì, jīnrì guīnǚ lái, shì bāng wǒ gàn diǎnr huór."

辨认:

Note:

下列句中的"只管"是两个词,"只"是副词,"管"是动词:

In the following examples 只管 is a phrase made up of the adverb 只 and the verb 管:

1. 我们两个人分工明确,他只管果园,我只管菜园。

Wǒmen liǎng ge rén fēngōng míngquè, tā zhǐ guǎn guǒyuán, wǒ zhǐ guǎn càiyuán.

2. 老师不能只管上课,还得管学生课外的活动。

Lǎoshī bù néng zhǐ guǎn shàngkè, hái děi guǎn xuésheng kèwài de huódòng.

只好 zhǐhǎo (副词)

表示动作或行为并非情愿,是不得已的:

Indicates that one has to do sth. because it cannot be helped:

1. 这变化突如其来,使我不知怎么办好了,我~服从了她。(韩统良《家》)

Zhè biànhuà tūrúqílái, shǐ wǒ bù zhī zěnme bàn hǎo le, wǒ ~ fúcóngle tā.

2. 刘得胜在这鼓舞的温暖气氛中,不知道说什么好,后来他~温顺地挨着李大娘坐下来。(草明《爱情》)

Liú Déshèng zài zhè gǔwǔ de wēnnuǎn qìfēn zhōng, bù zhīdao shuō shénme hǎo, hòulái tā ~ wēnshùn de āizhe Lǐ dàniáng zuò xialai.

3. 瑞丰很为难,他没有阻止打仗的势力,又不愿得罪太太,~不敢再说上海打仗的事。(老舍《四世同堂》)

Ruìfēng hěn wéinán, tā méiyou zǔzhǐ dǎ zhàng de shìlì, yòu bú yuàn dézuì tàitai, ~ bù gǎn zài shuō Shànghǎi dǎzhàng de shì.

4. 我们也~不让兰表妹下山去。(谢璞《二月兰》)

Wǒmen yě ~ bú ràng Lán biǎomèi xià shān qu.

5. 想到这儿,心里好不是滋味!可是又没有办法,~耐着性子装车。(焦祖尧《时间》)

Xiǎngdào zhèr, xīnli hǎo bú shì zīwèi! Kěshì yòu méi yǒu bànfǎ, ～ nàizhe xìngzi zhuāngchē.

"只好"可以用在句首,意思和在动词前不同:

只好 can precede the subject of a sentence, but the meaning is different from that when it precedes the verb:

6. 老大又叹了口气:"～你去尽忠,我来尽孝了!"(老舍《四世同堂》)

Lǎodà yòu tànle kǒu qì:"～ nǐ qù jìn zhōng, wǒ lái jìn xiào le!"

"只好"所指范围包括"你去尽忠,我来尽孝",而不只是"去尽忠"。

What 只好 refers to includes 你去尽忠,我来尽孝 and not just 去尽忠.

参看"只得"。

Compare 只得 zhǐdé.

只是 zhǐshì （副词）

A 同"只"A:

Same as 只 A (see p. 379):

1. 那男职员不说肯,也不说不肯,～嘻开着嘴笑。(茅盾《第一个半天的工作》)

Nà nán zhíyuán bù shuō kěn, yě bù shuō bù kěn, ～ xīkāizhe zuǐ xiào.

2. 在这一段时间里,芒芒一直没有发言,～静静地听黑凤说话。(王汶石《黑凤》)

Zài zhè yí duàn shíjiān li, Mángmang yìzhí méiyou fā yán, ～ jìngjìng de tīng Hēifèng shuō huà.

3. 徐桂青没有回答,～呆呆地站着,一直望着窗外。(艾芜《雨》)

Xú Guìqīng méiyou huídá, ～ dāidāi de zhànzhe, yìzhí wàngzhe chuāng wài.

4. 莫忘了我们是要把科学牵过来为丰收服务的,别～光在花盆里种几根苗苗。(曾毓秋《三月清明》)

Mò wàngle wǒmen shì yào bǎ kēxué qiān guolai wèi fēngshōu fúwù de, bié ～ guāng zài huāpén li zhòng jǐ gēn miáomiao.

B 有"一味"的意思,表示坚持某种作法,不肯改变:

Simply; indicates that one persists in doing something and will not change:

1. 后来商量来,商量去,陈杨氏～不肯买孩子养。(欧阳山《三家巷》)

Hòulái shāngliang lái, shāngliang qù, Chén Yángshì ～ bù kěn mǎi háizi yǎng.

2. 姑娘闭上眼睛,闭紧嘴,水淹了脚,淹了腿,～不看,不作声。(林斤澜《新生》)

Gūniang bìshang yǎnjing, bìjǐn zuǐ, shuǐ yānle jiǎo, yānle tuǐ, ～ bú kàn, bú zuò shēng.

3. 宋大伯当时并没有多怨王双合,～一再重复一句古谚语:"家贫出孝子,国难显忠臣"啊!(张有德《辣椒》)

Sòng dàbó dāngshí bìng méiyou duō yuàn Wáng Shuānghé, ～ yízài chóngfù yí jù gǔ yànyǔ:"Jiā pín chū xiàozǐ, guó nàn xiǎn zhōngchén" a!

辨认:

Note:

下面句中的"只是"是连词,"但是"的意思:

In the following examples, 只是 is a conjunction, meaning "but":

1. 黑凤何尝不想多找一个帮手?只是她并没有找到一个闲人。(王汶石《黑凤》)

Hēifèng héchángbù xiǎng duō zhǎo yí ge bāngshǒu? Zhǐshì tā bìng méiyou zhǎodào yí ge xiánrén.

2. ……有这样爱好文物的农村姑娘，很是少见，只是天色近晚，打开几个主要佛殿让她看看就是了。(刘克《飞天》)

   ... yǒu zhèyàng àihào wénwù de nóngcūn gūniang, hěn shì shǎojiàn, zhǐshì tiānsè jìn wǎn, dǎkāi jǐ ge zhǔyào fódiàn ràng tā kànkan jiù shì le.

参看连词"只是"。

Compare conjunction 只是 zhǐshì.

只有   zhǐyǒu   (副词)

表示这是唯一可行的，别无办法：

Indicates that this is the only way out：

1. 父亲、母亲和弟弟已经被残杀了，剩下来的我也～死了。(刘白羽《在朝鲜的第一夜》)

   Fùqin, mǔqin hé dìdi yǐjīng bèi cánshā le, shèng xialai de wǒ yě ～ sǐ le.

2. 我们～揭露他们，彻底地无情地揭露他们。(王亚平《神圣的使命》)

   Wǒmen ～ jiēlù tāmen, chèdǐ de wúqíng de jiēlù tāmen.

3. 他羞辱我，威吓我，耍弄我，而我，我～怒目相对。(茹志鹃《静静的产院》)

   Tā xiūrǔ wǒ, wēixià wǒ, shuǎnòng wǒ, ér wǒ, wǒ ～ nùmù xiāng duì.

4. 他仿佛急流里的一滴水滴，没有回旋转侧的余地，～顺着大众的势，脚不点地地走。(叶圣陶《潘先生在难中》)

   Tā fǎngfú jíliú li de yì dī shuǐdī, méi yǒu huíxuán zhuǎncè de yúdì, ～ shùnzhe dàzhòng de shì, jiǎo bù diǎn dì de zǒu.

5. 春芳听到羊秀英这种咯咯的笑声，心里好似刀绞的一般，阵阵疼痛，～放开脚步，故装没有听见。(陈登科《风雷》)

   Chūnfāng tīngdào Yáng Xiùyīng zhèzhǒng gēgē de xiào shēng, xīnli hǎosì dāo jiǎo de yìbān, zhènzhèn téngtòng, ～ fàngkāi jiǎobù, gù zhuāng méiyou tīngjian.

6. 那么眼前的问题怎么办呢？那～首先打通干部的思想。(胡正《七月古庙会》)

   Nàme yǎnqián de wèntí zěnme bàn ne? Nà ～ shǒuxiān dǎtōng gànbù de sīxiǎng.

参看连词"只有"。

Compare conjunction 只有 zhǐyǒu.

至多   zhìduō   (副词)

A 表示估计到最大数量；后面有数量短语；可修饰否定形式：

(Of amount or quantity) at most; must be followed by a N-M phrase; can modify negative forms：

1. 瑞宣自己只在邮局有个小折子，～过不去百块钱。(老舍《四世同堂》)

   Ruìxuān zìjǐ zhǐ zài yóujú yǒu ge xiǎo zhézi, ～ guò bu qù bǎi kuài qián.

2. 这篇小说表现了～不到一个小时之内发生于父子间的冲突，却也是另一种灵魂的搏斗。(荒煤《篇短意深，气象一新》)

   Zhèpiān xiǎoshuō biǎoxiànle ～ bú dào yí ge xiǎoshí zhī nèi fāshēng yú fù zǐ jiān de chōngtū, què yě shì lìng yì zhǒng línghún de bódòu.

3. 那个人～有三十来岁。

   Nàge rén ～ yǒu sānshí lái suì.

"至多"也可直接放在数量短语前：

Can occur immedicately before a N-M phrase：

4. 照这样下去，干上二年，～二年，他就又可以买辆车。(老舍《骆驼祥子》)

   Zhào zhèyàng xiàqu, gànshang èr nián, ～ èr nián, tā jiù yòu kěyǐ mǎi liàng chē.

5. 外国人都说，大概有三个月，～半年，事情就完了。(老舍《四世同堂》)

   Wàiguó rén dōu shuō, dàgài yǒu sān ge yuè, ～ bàn nián, shìqing jiù wán le.

B 表示估计到最高程度。"至多"有时也可在句首：

   At most；can occur at the head of a sentence：

1. 即使是痛苦，～和那些先走的同学所感到的一样，他能忍受，我为什么不能忍受呢？(叶圣陶《一个练习生》)

   Jíshǐ shì tòngkǔ, ～ hé nàxiē xiān zǒu de tóngxué suǒ gǎndào de yíyàng, tā néng rěnshòu, wǒ wèi shénme bù néng rěnshòu ne?

2. 别人都是把辣椒穿成长串，～穿成圆串，而宋大伯却是在结成圆串时，两头还都留下两截子。(张有德《辣椒》)

   Biérén dōu shì bǎ làjiāo chuānchéng cháng chuàn, ～ chuānchéng yuán chuàn, ér Sòng dàbó què shì zài jiéchéng yuán chuàn shí, liǎng tóu hái dōu liúxia liǎng jiézi.

3. 庆祝和革命没有什么相干，～不过是一种点缀。(鲁迅《庆祝沪宁克复的那一边》)

   Qìngzhù hé gémìng méi yǒu shénme xiānggān, ～ búguò shì yì zhǒng diǎnzhuì.

4. ～，他陪你到公园走走，不会陪你去长城的。

   ～, tā péi nǐ dào gōngyuán zǒuzou, bú huì péi nǐ qù Chángchéng de.

参看"最多"。

Compare 最多 zuìduō.

至少   zhìshǎo   (副词)

A 表示最少数量，后面必有数量词：

   (Of quantity, amount) *at least*；must be followed by a N-M：

1. 合唱队～要有四五十人才行。(周而复《上海的早晨》)

   Héchàngduì ～ yào yǒu sìwǔshí rén cái xíng.

2. 你不是说～得五百块么？(茅盾《第一阶段的故事》)

   Nǐ bú shì shuō ～ děi wǔbǎi kuài me?

3. 我这病～也犯了二十年，可是我总是看见敌人被消灭。(王亚平《神圣的使命》)

   Wǒ zhè bìng ～ yě fànle èrshí nián, kěshì wǒ zǒngshì kànjian dírén bèi xiāomiè.

4. 我们一天～能够浇五十亩地。(马烽《太阳刚刚出山》)

   Wǒmen yì tiān ～ nénggòu jiāo wǔshí mǔ dì.

5. 社长也是个忙人，每天～要开两个会，谈三次话，又要劳动。(周立波《山那面人家》)

   Shèzhǎng yě shì ge mángrén, měitiān ～ yào kāi liǎng ge huì, tán sān cì huà, yòu yào láodòng.

"至少"也可以直接放在数量短语前：

至少 can occur immediately before a N-M phrase：

6. 雪白的衬衣的领头比长衫领头高出了～三分。(茅盾《第一个半天的工作》)

   Xuěbái de chènyī de lǐngtóu bǐ chángshān lǐngtóu gāo chū le ～ sān fēn.

7. 希望你，～十五年后能到这里来参观！(王汶石《土屋里的生活》)

Xīwàng nǐ, ～ shíwǔ nián hòu néng dào zhèlǐ lái cānguān!

B 表示最低限度:

At least:

1. 这么一想,李克心里大大明亮起来,清楚地认识到文如仁那些说法是不对的,～是片面的。(克非《春潮急》)

   Zhème yì xiǎng, Lǐ Kè xīnli dàdà míngliàng qilai, qīngchu de rènshidào Wén Rúrén nàxiē shuōfǎ shì bú duì de, ～ shì piànmiàn de.

2. 我不能给她以帮助,～应该从精神上给她以宽慰。(檀林《一个女囚的自述》)

   Wǒ bù néng gěi tā yǐ bāngzhù, ～ yīnggāi cóng jīngshén shang gěi tā yǐ kuānwèi.

3. 太贵的……衣料固然不便购买,但～也得色彩与图案看得上眼。(叶圣陶《前途》)

   Tài guì de . . . yīliào gùrán búbiàn gòumǎi, dàn ～ yě děi sècǎi yǔ tú·àn kàn de shàng yǎn.

4. 冠兰的那封信,说明他昨天没有说实话,～没有完全说实话——我敢断定这一点。(张扬《第二次握手》)

   Guànlán de nàfēng xìn, shuōmíng tā zuótiān méiyou shuō shíhuà, ～ méiyou wánquán shuō shíhuà —— wǒ gǎn duàndìng zhè yì diǎn.

5. 这种人其实不是共产党员,～不能算一个纯粹的共产党员。(毛泽东《纪念白求恩》)

   Zhèzhǒng rén qíshí bú shì gòngchǎndǎngyuán, ～ bù néng suàn yí ge chúncuì de gòngchǎndǎngyuán.

"至少"有时可以在句首,后面可以有语音停顿:

至少 sometimes occurs at the head of a sentence and is followed by a pause:

6. ～他手中有条麻绳,不完全是空的。(老舍《骆驼祥子》)

   ～ tā shǒu zhōng yǒu tiáo máshéng, bù wánquán shì kòng de.

7. ～她一时还看不清这广大的办公室里有些什么新奇的东西在等她。(茅盾《第一个半天的工作》)

   ～ tā yìshí hái kàn bu qīng zhè guǎngdà de bàngōngshì li yǒu xiē shénme xīnqí de dōngxi zài děng tā.

8. 瓦匠老婆却无法理解女儿的这种心情,～,她现时是无法懂得的。(王汶石《黑凤》)

   Wǎjiang lǎopo què wú fǎ lǐjiě nǚ·ér de zhèzhǒng xīnqíng, ～, tā xiànshí shì wú fǎ dǒngdé de.

参看"最少"。

Compare 最少 zuìshǎo.

至于   zhìyú   (副词)

表示行为或状况达到某种程度,是人所不希望的;只用于否定形式或反问句,可修饰否定形式:

Go so far as to, to such an extent as to. What follows it is sth. undesirable. It is used only in negative sentences or rhetorical questions, and can modify negative forms:

1. 他只不过企图迫使儿子服从自己的某种意志,别的意思可能还不～有。(张扬《第二次握手》)

Tā zhǐ búguò qǐtú pòshǐ érzi fúcóng zìjǐ de mǒu zhǒng yìzhì, biéde yìsi kěnéng hái bú ~ yǒu.

2. 都是你们校长送了信,否则也不~被父亲知道。(冰心《斯人独憔悴》)

Dōu shì nǐmen xiàozhǎng sòngle xìn, fǒuzé yě bú ~ bèi fùqin zhīdao.

3. 因为她是一个最诚实的人,如果她能用谎言安慰自己,那她早就不~吃那么多苦了!(宗福先《入党》)

Yīnwèi tā shì yí ge zuì chéngshí de rén, rúguǒ tā néng yòng huǎngyán ānwèi zìjǐ, nà tā zǎo jiù bú ~ chī nàme duō kǔ le!

4. 倘若他真的当了小流氓,我也许反而不~难过到这种地步。(刘心武《醒来吧,弟弟》)

Tǎngruò tā zhēn de dāngle xiǎo liúmáng, wǒ yěxǔ fǎn·ér bú ~ nánguòdào zhèzhǒng dìbù.

5. 现在已是九月,就在南方,天气也不~太热。

Xiànzài yǐ shì jiǔyuè, jiù zài nánfāng, tiānqi yě bú ~ tài rè.

6. 为这点小事~这样生气?

Wèi zhèdiǎnr xiǎo shì ~ zhèyàng shēng qì?

7. 他有点头疼,难道就~不来上课吗?

Tā yǒudiǎnr tóu téng, nándào jiù ~ bù lái shàng kè ma?

8. ……况且自己又曾给小喜当过一个月的勤务,就以这点关系,说出来他不~不应允。(赵树理《李家庄的变迁》)

... Kuàngqiě zìjǐ yòu céng gěi Xiǎoxǐ dāngguo yí ge yuè de qínwù, jiù yǐ zhè diǎnr guānxì, shuō chulai tā bú ~ bù yīngyǔn.

"至于"可以作谓语:

至于 can function as the predicate:

9. 犯这点小错误,难过得一天没有吃饭,~吗?

Fàn zhè diǎnr xiǎo cuòwù, nánguò de yì tiān méiyou chī fàn, ~ ma?

10. 这个人是个懒汉,……说他反对共产党,那还不~。(陈登科《风雷》)

Zhège rén shì ge lǎnhàn, ... shuō tā fǎnduì gòngchǎndǎng, nà hái bú ~.

11. 害他?——哦,我明白你的意思了。不~的。苏凤麒毕竟还是小苏的父亲嘛。(张扬《第二次握手》)

Hài tā? —— Ò, wǒ míngbai nǐ de yìsi le. Bú ~ de. Sū Fèngqí bìjìng hái shì Xiǎosū de fùqin ma.

参看介词"至于"。

Compare preposition 至于 zhìyú.

终 zhōng (副词)〈书〉

同"终于";除否定形式外,多修饰单音节词:

Same as 终于 (in the end, at long last), but often modifies, except negative forms, monosyllabic words:

1. 学生还继续罢了两天的课,~因他们用高压手段和牢笼政策,把学生的团结切破了。(郭沫若《我的童年》)

Xuésheng hái jìxù bàle liǎng tiān de kè, ~ yīn tāmen yòng gāoyā shǒuduàn hé láolóng zhèngcè, bǎ xuésheng de tuánjié qièpò le.

2. 李漫兰的冤案得到彻底平反,他们苦尽甜来,有情人～成眷属。(檀林《一个女囚的自述》)

    Lǐ Mànlán de yuān·àn dédào chèdǐ píngfǎn, tāmen kǔjìntiánlái, yǒu qíng rén ～ chéng juànshǔ.

3. 像这样死撑死拼,～不是办法。(茅盾《第一阶段的故事》)

    Xiàng zhèyàng sǐ chēng sǐ pīn, ～ bú shì bànfǎ.

4. 这样的捐款也只为了业务起见,～不出于自利的打算。(吴浊流《先生妈》)

    Zhèyàng de juān kuǎn yě zhǐ wèile yèwù qǐjiàn, ～ bù chūyú zìlì de dǎsuàn.

5. 我记得他几次要求改换地方,～没有成功。(郑伯奇《最初之课》)

    Wǒ jìde tā jǐ cì yāoqiú gǎihuàn dìfang, ～ méiyou chénggōng.

终归   zhōngguī   (副词)

A 指出最后的必然;多用于未然:

Eventually, *in the end*; often applies to unfulfilled events:

1. 这时他心头充满了快乐,就是走十里路、百里路又怕什么呢,反正他～要走到幸福那儿去的。(草明《爱情》)

    Zhèshí tā xīntóu chōngmǎnle kuàilè, jiùshì zǒu shí lǐ lù, bǎi lǐ lù yòu pà shénme ne, fǎnzhèng tā ～ yào zǒudào xìngfú nàr qù de.

2. 也许会推迟一点,但她～会回来的! (张扬《第二次握手》)

    Yěxǔ huì tuīchí yìdiǎnr, dàn tā ～ huì huí lai de!

3. 她知道他～是会带上她,双双离开使人发霉的家乡。(王汶石《黑凤》)

    Tā zhīdao tā ～ shì huì dàishang tā, shuāngshuāng líkāi shǐ rén fā méi de jiāxiāng.

4. 不过话又说回来了,到了～要死,死就要死在正处。(杨朔《三千里江山》)

    Búguò huà yòu shuō huilai le, dàoliǎor ～ yào sǐ, sǐ jiù yào sǐ zài zhèng chù.

5. 那些罪大恶极的人民的敌人～不会逍遥法外的。

    Nàxiē zuìdà·èjí de rénmín de dírén ～ bú huì xiāoyáo fǎ wài de.

B 指出事物的最本质之点:

Indicates the most essential aspect of something:

1. 你不用瞒我,我也不是没长眼睛。是不是为小朱? 你～年轻,还得锻炼哪! (杨朔《三千里江山》)

    Nǐ búyòng mán wǒ, wǒ yě bú shì méi zhǎng yǎnjing. Shì bu shì wèi Xiǎozhū? Nǐ ～ niánqīng, hái děi duànliàn na!

2. 孩子～是孩子啊! (张有德《晨》)

    Háizi ～ shì háizi a!

参看"终究""总归"。

Compare 终究 zhōngjiū, 总归 zǒngguī.

终究   zhōngjiū   (副词)

同"终归"。

Same as 终归 (see above entry):

A 同"终归"B:

Same as 终归 B:

1. 我觉得朱教授本质上～还是一个热情的——有血气的人! (茅盾《第一阶段的故事》)

Wǒ juéde Zhū jiàoshòu běnzhì shang ~ hái shì yí ge rèqíng de —— yǒu xuèqì de rén!

2. 不管他们怎样你争我斗，~是一丘之貉。（报）

Bùguǎn tāmen zěnyàng nǐ zhēng wǒ dòu, ~ shì yìqiūzhīhè.

3. 滚滚向前的时代车轮，毕竟是不可阻挡的，人民的力量~是无敌的。（报）

Gǔngǔn xiàng qián de shídài chēlún, bìjìng shì bù kě zǔdǎng de, rénmín de lìliang ~ shì wúdí de.

B 同"终归"A：

Same as 终归 A：

1. 如果她是一个正直的青年，我相信她~会觉悟的。（王亚平《神圣的使命》）

Rúguǒ tā shì yí ge zhèngzhí de qīngnián, wǒ xiāngxìn tā ~ huì juéwù de.

2. 尽管也宝不肯气馁，~也有点茫然起来了。（茹志鹃《静静的产院》）

Jǐnguǎn Yěbǎo bù kěn qìněi, ~ yě yǒudiǎnr mángrán qilai le.

3. 但时移俗易，世风也~觉得好了起来。（鲁迅《彷徨》）

Dàn shí yí sú yì, shìfēng yě ~ juéde hǎole qilai.

4. 他们的爱情就建筑在这些并不存在的童话，~要萎谢的花朵，要散的云，会缺的月上面。（宗璞《红豆》）

Tāmen de àiqíng jiù jiànzhù zài zhèxiē bìng bù cúnzài de tónghuà, ~ yào wěixiè de huāduǒ, yào sàn de yún, huì quē de yuè shàngmiàn.

5. 罪犯是~逃脱不了惩罚的。（檀林《一个女囚的自述》）

Zuìfàn shì ~ táotuō bù liǎo chéngfá de.

终于   （副词）   zhōngyú

表示经过长时间的等待或种种变化之后（出现某一状态）；多用于已然，所修饰的词语不得少于两个音节；可以修饰否定形式：

At long last, in the end; often refers to fulfilled events and modifies words which have at least two syllables. It can modify negative forms.

1. 他也躲在厨房里，哭着不肯出门，但～被他父亲带走了。（鲁迅《故乡》）

Tā yě duǒ zài chúfáng li, kūzhe bù kěn chū mén, dàn ~ bèi tā fùqin dàizǒu le.

2. "任务"~来了。（陶承《我的一家》）

"Rènwù" ~ lái le.

3. 高跟皮鞋的声音渐远渐渐微，~是一片寂静。（茅盾《第一阶段的故事》）

Gāogēn píxié de shēngyīn jiàn yuǎn jiàn wēi, ~ shì yípiàn jìjìng.

4. 他向往过"科学救国"，他今天~意识到科学救不了中国。（张扬《第二次握手》）

Tā xiàngwǎngguo "kēxué jiù guó", tā jīntiān ~ yìshídào kēxué jiù bu liǎo Zhōngguó.

5. 十九世纪遗留下来的火种，~在二十世纪新的条件下，又大规模延烧起来了。（秦牧《深情注视壁上人》）

Shíjiǔ shìjì yíliú xialai de huǒzhǒng, ~ zài èrshí shìjì xīn de tiáojiàn xià, yòu dàguīmó yánshāo qilai le.

6. 淡淡的月光~消失，夜，呈现出黎明前的黑暗。（张有德《晨》）

Dàndàn de yuè guāng ~ xiāoshī, yè, chéngxiàn chū límíng qián de hēi·àn.

7. 现在，他~明白了昨天为什么爹不让他去找那块心爱的手表。（焦祖尧《时间》）

Xiànzài, tā ~ míngbaile zuótiān wèi shénme diē bú ràng tā qù zhǎo nàkuài xīn·ài de shǒubiǎo.

8. 晶莹的泪珠又在她略向里凹的眼窝里滚动,然而她～没有让她流出来。(卢新华《伤痕》)

Jīngyíng de lèizhū yòu zài tā luè xiàng lǐ āo de yǎnwō li gǔndòng, rán·ér tā ～ méiyou ràng tā liú chulai.

9. 王卫青指着李解放,嘴一张一合,～没有说出什么有力的话来。(莫应丰《迷糊外传》)

Wáng Wèiqīng zhǐzhe Lǐ Jiěfàng, zuǐ yì zhāng yì hé, ～ méiyou shuō chū shénme yǒu lì de huà lai.

参看"终"。

Compare 终 zhōng.

骤然   zhòurán   (副词)

同"忽然",表示发生得快而且出乎意外;多用于书面语,多修饰多音节词语,可修饰否定形式:

Same as 忽然 (suddenly and unexpectedly), often modifies polysyllabic words or phrases, and can also modify negative forms. It is mainly used in written language:

1. 两条大江,～相见,欢腾拥抱,激起云雾迷蒙,波涛沸荡。(刘白羽《长江三日》)

Liǎng tiáo dà jiāng, ～ xiāngjiàn, huānténg yōngbào, jī qǐ yúnwù míméng, bōtāo fèidàng.

2. 当他定睛看时,不禁～打了个寒颤。(张扬《第二次握手》)

Dāng tā dìng jīng kàn shí, bùjìn ～ dǎle ge hánzhàn.

3. 枪声～停止了。(柳洲《风雨桃花洲》)

Qiāng shēng ～ tíngzhǐ le.

4. 空气又～紧张起来。(浩然《艳阳天》)

Kōngqì yòu ～ jǐnzhāng qilai.

5. 到冬天,王小福采卖野果的营生又没得做,而妻兜揽得到手的针线也因年终岁迫～少了。(吴组缃《天下太平》)

Dào dōngtiān, Wáng Xiǎofú cǎi mài yěguǒ de yíngshēng yòu méi de zuò, ér qī dōulǎn de dào shǒu de zhēnxiàn yě yīn nián zhōng suì pò ～ shǎo le.

6. ……就像天上的流星,～一亮,好比是张开的手臂在唤你……(徐怀中《卖酒女》)

... Jiù xiàng tiān shang de liúxīng, ～ yí liàng, hǎobǐ shì zhāngkāi de shǒubì zài huàn nǐ...

7. 我也不知干什么,站起来,还想往外跑,蓦地,好似一幕黑幔～自天而降。(檀林《一个女囚的自述》)

Wǒ yě bù zhī gàn shénme, zhàn qilai, hái xiǎng wǎng wài pǎo, mòdì, hǎosì yí mù hēi màn ～ zì tiān ér jiàng.

8. 前面跑的那个人～不见了。

Qiánmiàn pǎo de nàge rén ～ bú jiàn le.

"骤然间"同"骤然",有时也说"骤然之间":

骤然间 is the same as 骤然 and sometimes one may say 骤然之间:

9. 天,～间阴了下来。(茹志鹃《静静的产院》)

Tiān, ～ jiān yīnle xiàlai.

10. 眼前的情况，就像幻觉似的，～间触动了师长的记忆。(杨佩瑾《剑》)

Yǎnqián de qíngkuàng, jiù xiàng huànjué shìde, ～ jiān chùdòngle shīzhǎng de jìyì.

11. 脚步～间迅速起来。(王统照《一栏之隔》)

Jiǎobù ～ jiān xùnsù qǐlai.

12. 一声沉重的惊讶的叹息，在群众中极其短促地升扬起来，又～间止息了。(鄂华《自由女神的命运》)

Yì shēn chénzhòng de jīngyà de tànxī, zài qúnzhòng zhōng jíqí duǎncù de shēngyáng qǐlai, yòu ～ jiān zhǐxī le.

13. 端详着这个，～之间，脑子里冒出这样一个令我吃惊的结论：这是出自一个人的手笔！(檀林《一个女囚的自述》)

Duānxiángzhe zhège, ～ zhī jiān, nǎozi li mào chū zhèyàng yí ge lìng wǒ chī jīng de jiélùn：zhè shì chū zì yí ge rén de shǒubǐ!

逐步   zhúbù   (副词)

表示行为或状态一步一步慢慢地发展变化，修饰多音节词语，可带"地"：

Step by step, gradually; modifies polysyllabic words and can take 地 after it:

1. 黄来寺……后屡遭兵火，唐宋间重建后，～扩建，前后约五百年始具规模。(刊)

Huángláisì ... hòu lǚ zāo bīnghuǒ, Táng Sòng jiān chóngjiàn hòu, ～ kuòjiàn, qiánhòu yuē wǔbǎi nián shǐ jù guīmó.

2. 在发展生产的基础上，～地提高人民的生活水平。(报)

Zài fāzhǎn shēngchǎn de jīchǔ shàng, ～ de tígāo rénmín de shēnghuó shuǐpíng.

3. 各种文艺创作～活跃，出现了一批受到群众欢迎的好作品。(报)

Gèzhǒng wényì chuàngzuò ～ huóyuè, chūxiànle yì pī shòudào qúnzhòng huānyíng de hǎo zuòpǐn.

4. 教学中进行经久的持续的耳濡目染，学生就能～掌握写景叙事的技巧。(于漪《熏陶感染塑心灵》)

Jiàoxué zhōng jìnxíng jīngjiǔ de chíxù de ěrrúmùrǎn, xuésheng jiù néng ～ zhǎngwò xiě jǐng xù shì de jìqiǎo.

逐渐   zhújiàn   (副词)

表示行为或状态慢慢地发展变化：

Gradually, by degrees:

1. 以后就很少哭了，脸上也～恢复了天真的笑容。(萧平《三月雪》)

Yǐhòu jiù hěn shǎo kū le, liǎn shang yě ～ huīfùle tiānzhēn de xiàoróng.

2. 那缓慢的、无精打彩的锣声或梆子声也在风声里～远去。(姚雪垠《李自成》)

Nà huǎnmàn de, wújīngdǎcǎi de luó shēng huò bāngzi shēng yě zài fēng shēng li ～ yuǎn qù.

3. 他原来是一个十足的农民，后来～变成一个共产党员，但是没有变完。(欧阳山《高干大》)

Tā yuánlái shì yí ge shízú de nóngmín, hòulái ～ biànchéng yí ge gòngchǎndǎngyuán, dànshì méiyou biànwán.

4. 因此，他也认为周炳是好人，又～对他喜欢起来。(欧阳山《三家巷》)

Yīncǐ, tā yě rènwéi Zhōu Bǐng shì hǎorén, yòu ∼ duì tā xǐhuan qilai.

5. 他∼把苏北行署卫生处交给他的任务淡忘了。(周而复《上海的早晨》)

Tā ∼ bǎ Sūběi xíngshǔ wèishēngchù jiāo gěi tā de rènwu dànwàng le.

6. 从此他变了,病也∼好了。(王亚平《神圣的使命》)

Cóngcǐ tā biàn le, bìng yě ∼ hǎo le.

7. 她感到自己精神上∼轻松了些。(卢新华《伤痕》)

Tā gǎndào zìjǐ jīngshén shang ∼ qīngsōngle xiē.

"逐渐"也可以用在句首;一般后边有"地",有语音停顿:
逐渐 can also occur at the head of a sentence and is usually followed by 地 and a pause:

8. 她要不爱他,几乎不可能。∼地,一年多以后,感情就超越了一定的界限。(刘克《飞天》)

Tā yào bú ài tā, jīhū bù kěnéng. ∼ de, yì nián duō yǐhòu, gǎnqíng jiù chāoyuèle yídìng de jièxiàn.

9. 自上次和海离子谈话后的半年多时间里,∼地,飞天的思想、感情、性格发生了变异。(刘克《飞天》)

Zì shàngcì hé Hǎilízǐ tán huà hòu de bàn nián duō shíjiān lǐ, ∼ de, Fēitiān de sīxiǎng, gǎnqíng, xìnggé fāshēngle biànyì.

逐一 zhúyī （副词）

表示对人、物一个一个进行处理,多修饰多音节词语,可带"地(的)":
One by one; often modifies polysyllabic words or phrases and can take 地(的):

1. 他须极和善的询问亲友们的生活近况,而后按照着他的生活经验∼的给予鼓励和规劝。(老舍《四世同堂》)

Tā xū jí héshàn de xúnwèn qīnyǒumen de shēnghuó jìkuàng, érhòu ànzhàozhe tā de shēnghuó jīngyàn ∼ de jǐ yǔ gǔlì hé guīquàn.

2. 至于落实政策中的各种遗留问题,各级政府和各部门领导人有责任迅速地妥善地∼解决。(报)

Zhìyú luòshí zhèngcè zhōng de gèzhǒng yíliú wèntí, gè jí zhèngfǔ hé gè bùmén lǐngdǎorén yǒu zérèn xùnsù de tuǒshàn de ∼ jiějué.

3. 他摆弄那四个碗,……然后,又∼的转开,把另一面的鱼们摆齐。(老舍《黑白李》)

Tā bǎinòng nà sì ge wǎn, ... ránhòu, yòu ∼ de zhuān kāi, bǎ lìng yí miàn de yúmen bǎiqí.

4. 顾中良又∼望望大家的脸,他的眼睛里分明出现了光彩。(火笛《在茶馆里》)

Gù Zhōngliáng yòu ∼ wàngwang dàjiā de liǎn, tā de yǎnjing li fēnmíng chūxiànle guāngcǎi.

专 zhuān （副词）

A 表示动作、行为的目的集中在某一事上:

Specially, particularly:

1. 这人在解放前,跑过南京,到过上海,∼在津浦线上做投机买卖。(陈登科《风雷》)

Zhè rén zài jiěfàng qián, pǎoguo Nánjīng, dàoguo Shànghǎi, ∼ zài JīngPǔxiàn shang zuò tóujī mǎimai.

2. 他说:"～为基金担心吗? 不必!"(从维熙《曙光升起的早晨》)
   Tā shuō:"～ wèi jījīn dān xīn ma? Búbì!"

3. 而这个什么"观象台",很可能就是这些～事杀人的"衙门"之一。(张扬《第二次握手》)
   Ér zhège shénme "guānxiàngtái", hěn kěnéng jiù shì zhèxiē ～ shì shā rén de "yámen" zhī yī.

4. 环市火车是由钢铁公司管辖,～为工厂工人上班下班服务的。(艾芜《雨》)
   Huán shì huǒchē shì yóu gāngtiě gōngsī guǎnxiá, ～ wèi gōngchǎng gōngrén shàng bān xià bān fúwù de.

5. 上海黄浦江上最近新增加一艘游船,～供外国旅游者包租游览黄浦江风光。(报)
   Shànghǎi Huángpǔjiāng shang zuìjìn xīn zēngjiā yì sōu yóuchuán, ～ gōng wàiguó lǚyóuzhě bāozū yóulǎn Huángpǔjiāng fēngguāng.

6. 这是我们～为中小学生编写的一套通俗读物。
   Zhè shì wǒmen ～ wèi zhōng xiǎo xuéshēng biānxiě de yí tào tōngsú dúwù.

7. 别人～爱在僻静地方躲着,夜里出来打;你倒好,～爱找热闹地方。(魏巍《东方》)
   Biérén ～ ài zài pìjìng dìfang duǒzhe, yèlǐ chū lai dǎ;nǐ dào hǎo, ～ ài zhǎo rènao dìfang.

B 相当于"只、单单"的意思:

Only, nothing but:

1. 我从此便整天的站在柜台里,～管我的职务。(鲁迅《孔乙己》)
   Wǒ cóngcǐ biàn zhěngtiān de zhàn zài guìtái lǐ, ～ guǎn wǒ de zhíwù.

2. "耐心也是学习。"他说,不然就会～做蠢事。(陶承《我的一家》)
   "Nàixīn yě shì xuéxí." Tā shuō, bùrán jiù huì ～ zuò chǔn shì.

3. 她自从前年守了寡,便须～靠着自己的一双手纺出棉纱来,养活自己和她三岁的儿子。(鲁迅《明天》)
   Tā zìcóng qián nián shǒule guǎ, biàn xū ～ kàozhe zìjǐ de yì shuāng shǒu fǎng chu miánshā lai, yǎnhuo zìjǐ hé tā sān suì de érzi.

4. 这年月,打仗不能～凭胆子大,身子棒啦!(老舍《四世同堂》)
   Zhè niányuè, dǎ zhàng bù néng ～ píng dǎnzi dà, shēnzi bàng la!

5. 你要～考虑个人,吃豆腐也怕扎牙根,树叶掉下来也会怕砸了脑袋。(杨朔《三千里江山》)
   Nǐ yào ～ kǎolǜ gèrén, chī dòufu yě pà zhā yágēn, shùyè diào xialai yě huì pà zále nǎodai.

专程 zhuānchéng (副词)

表示专为某事去某处:

Make a special trip to:

1. 二十二年过去了,刘连仁生活得怎样? 我们～访问了他。(报)
   Èrshí èr nián guò qu le, Liú Liánrén shēnghuó de zěnyàng? Wǒmen ～ fǎngwènle tā.

2. 这一天,是割矮仔稻的日子,明知洪盘心头有个结,连清还是一大早～来请他。(曾毓秋《三月清明》)

Zhè yì tiān, shì gē āizǐdào de rìzi, míng zhī Hóngpán xīntóu yǒu ge jié, Liánqín háishi yídàzǎo ～ lái qǐng tā.

3. 还在考试前,丁洁琼～跑到北平,在颐和园门前等了苏冠兰三天……(张扬《第二次握手》)

Hái zài kǎoshì qián, Dīng Jiéqióng ～ pǎodào Běipíng, zài Yíhéyuán mén qián děngle Sū Guànlán sān tiān...

4. 朱蕾～从福建到太行山来探望娘和姐姐一次。(奚青《朱蕾》)

Zhū Lěi ～ cóng Fújiàn dào Tàihángshān lái tànwàng niáng hé jiějie yí cì.

5. 小林的头更低下来,以一种谦疚至极的口气说述他～到此的用意。(王祯和《小林来台北》)

Xiǎolín de tóu gèng dī xialai, yǐ yì zhǒng qiānjiù zhì jí de kǒuqì shuōshù tā ～ dào cǐ de yòngyì.

准 zhǔn (副词)〈口〉

同"一定":

Same as 一定 (see p. 327):

A 同"一定"A,表示有把握的推断,可修饰否定形式:

Same as 一定 A, indicates a sure inference and can modify negative forms:

1. 你凡是听见飞机嗡—嗡—嗡,响的特别笨重,可不投弹,～是空投特务。(杨朔《三千里江山》)

Nǐ fánshì tīngjian fēijī wēng — wēng — wēng, xiǎng de tèbié bènzhòng, kě bù tóu dàn, ～ shì kōngtóu tèwu.

2. 这里家家门口挂着红旗,咱那山沟里～还没有哩!(孙犁《山地回忆》)

Zhèlǐ jiājiā ménkǒu guàzhe hóngqí, zán nà shāngōu li ～ hái méi yǒu li!

3. 她～能考上个女状元。(欧阳山《三家巷》)

Tā ～ néng kǎoshang ge nǚ zhuàngyuan.

4. 不过,干苦工的人们——拉车的也在内——虽然不会欢迎战争,可是碰到了它也不一定就～倒霉。(老舍《骆驼祥子》)

Búguò, gàn kǔgōng de rénmen —— lā chē de yě zài nèi —— suīrán bú huì huānyíng zhànzhēng, kěshì pèngdàole tā yě bù yídìng jiù ～ dǎoméi.

5. 他当明星,～红!(曹禺《日出》)

Tā dāng míngxīng, ～ hóng!

6. 他当着掌柜,家里又没有别人,问问他那五十亩地谁给他种的?那剥削～有百分之二十五!(孙犁《秋千》)

Tā dāngzhe zhǎngguì, jiā li yòu méi yǒu biérén, wènwen tā nà wǔshí mǔ dì shuí gěi tā zhòng de? Nà bōxuē ～ yǒu bǎi fēn zhī èrshí wǔ!

7. 秋海棠是知道玉昆的底细的,要讲打架,他～不会吃亏。(秦瘦鸥《秋海棠》)

Qiūhǎitáng shì zhīdao Yùkūn de dǐxì de, yào jiǎng dǎ jià, tā ～ bú huì chī kuī.

8. 你要唱京戏用苏州话念白,～不好听。(侯宝林《戏剧与方言》)

Nǐ yào chàng jīngxì yòng Sūzhōu huà niànbái, ～ bù hǎotīng.

"准知道"常表示已经过去的极有把握的推断,后来被证明是正确的:

准知道 is often used to indicate a sure inference which is subsequently proved to be true:

9. 她之所以保留它是～知道孙子们一到三四岁就必被派到祖母屋里来睡,而有

一铺炕是非常方便的。(老舍《四世同堂》)

Tā zhǐ suǒyǐ bǎoliú tā shì ～ zhīdao sūnzimen yí dào sān sì suì jiù bì bèi pàidào zǔmǔ wū li lai shuì, ér yǒu yí pù kàng shì fēicháng fāngbian de.

10. 他～知道，兵们又得退却，而且一定是往山中去。(老舍《骆驼祥子》)

Tā ～ zhīdao, bīngmen yòu děi tuìquè, érqiě yídìng shì wǎng shān zhōng qù.

11. 我～知道他就得感冒，你看39度!

Wǒ ～ zhīdao tā jiù děi gǎnmào, nǐ kàn sānshí jiǔ dù!

B 同"一定"B，表示坚定的决心；一般不修饰否定形式：

Same as 一定 B, indicates one's firm resolution; rarely modifies negative forms;

1. 周炳毫不踌躇，用同样坚定有力的语调回答道："没问题，～在八月十一晚上演出来!"(欧阳山《三家巷》)

Zhōu Bǐng háo bù chóuchú, yòng tóngyàng jiāndìng yǒulì de yǔdiào huídá dào:"Méi wèntí, ～ zài Bāyuè shíyī wǎnshang yǎn chulai!"

2. 胡督军和汪省长两位，都是万不能少的偶像，而且事先他们都答应～到。(秦瘦鸥《秋海棠》)

Hú dūjūn hé Wāng shěngzhǎng liǎng wèi, dōu shì wàn bù néng shǎo de ǒuxiàng, érqiě shìxiān tāmen dōu dāying ～ dào.

3. 你在家等我，我～来找你。

Nǐ zài jiā děng wǒ, wǒ ～ lái zhǎo nǐ.

C 同"一定"C，表示必然；可修饰否定形式：

Same as 一定 C, indicates necessity; can modify negative forms;

1. 他每天早上八点钟～到办公室。

Tā měitiān zǎoshang bā diǎnzhōng ～ dào bàngōngshì.

2. 鱼离开水～死。

Yú líkāi shuǐ ～ sǐ.

3. 凡是在仓库工作的～不许吸烟。

Fánshì zài cāngkù gōngzuò de ～ bùxǔ xī yān.

D "不准"意思是"也许不"或"可能不"：

不准 means "may not, perhaps not";

1. 那本书现在不～买得着。

Nàběn shū xiànzài bù ～ mǎi de zháo.

2. 他明天不～能去。

Tā míngtiān bù ～ néng qù.

辨认：

Note；

下面句中的"准"是动词，是"准许"的意思：

In the following examples, 准 is a verb, meaning "permit, allow";

1. 他们看守大门的任务是只准进不准出。(周而复《上海的早晨》)

Tāmen kānshǒu dàmén de rènwu shì zhǐ zhǔn jìn bù zhǔn chū.

2. 不准嘲笑钢铁战士啊!(王汶石《黑凤》)

Bù zhǔn cháoxiào gāngtiě zhànshì a!

准保   zhǔnbǎo   (副词)

有"准"的意思,并含有保证的意味;可放在句首,可以修饰否定形式:

Certainly, *for sure*, implies the sense of guarantee or assurance. It can occur at the head of a sentence and can modify negative forms:

1. 我现在给你出的道儿～不错,我比你岁数大点,总多经过些事儿。(老舍《骆驼祥子》)

   Wǒ xiànzài gěi nǐ chū de dàor ～ bú cuò, wǒ bǐ nǐ suìshu dà diǎnr, zǒng duō jīngguo xiē shìr.

2. 何不叫姐姐的小儿子来武昌上学?再说大地方学校比小地方办得好,～一封信就能叫来。(杨纤如《伞》)

   Hé bú jiào jiějie de xiǎo érzi lái Wǔchāng shàng xué? Zàishuō dà dìfang xuéxiào bǐ xiǎo dìfang bàn de hǎo, ～ yì fēng xìn jiù néng jiào lái.

3. 都差不离儿啦,等会儿老街坊们来到,～有热茶喝,有舒服地方坐。(老舍《龙须沟》)

   Dōu chàbulír la, děng huìr lǎo jiēfangmen láidào, ～ yǒu rè chá hē, yǒu shūfu dìfang zuò.

4. 如果漫画上画的又是与他有关的题材,那就更不得了,～他会怀疑这漫画是讽刺他的。(马南邨《他讽刺了你吗?》)

   rúguǒ mànhuà shang huà de yòu shì yǔ tā yǒuguān de tícái, nà jiù gèng bùdéliǎo, ～ tā huì huáiyí zhè mànhuà shì fěngcì tā de.

5. 要是李家的事,你对我说了～没错。(老舍《黑白李》)

   Yàoshì Lǐ jia de shì, nǐ duì wǒ shuōle ～ méi cuò.

着实 zhuóshí （副词）

A 和"确实"的意思相当,但偏重加深程度,不能单纯说明真实性;可以修饰否定形式:

Truly, *really*; intensifies the extent rather than simply emphasizing the truth of something. It can modify negative forms:

1. 江涛看见父亲踌躇不安的样子,心里～难受。(梁斌《红旗谱》)

   Jiāngtāo kànjian fùqin chóuchú bù·ān de yàngzi, xīnli ～ nánshòu.

2. 他那模样,～狼狈。身上满是灰土,一件短衫成了七零八落的片片。(陶承《我的一家》)

   Tā nà múyang, ～ lángbèi. Shēnshang mǎn shì huītǔ, yí jiàn duǎn shān chéngle qīlíngbāluò de piànpian.

3. 晚风拂面,～有些寒意。(叶圣陶《倪焕之》)

   Wǎn fēng fó miàn, ～ yǒu xiē hán yì.

4. 有时候,他还带点吃的给周炳,又把周炳叫到身边,问长问短,岂只没有生气,还～心疼他。(欧阳山《三家巷》)

   Yǒushíhou, tā hái dài diǎnr chī de gěi Zhōu Bǐng, yòu bǎ Zhōu Bǐng jiàodào shēnbiān, wèn cháng wèn duǎn, qǐ zhǐ méiyou shēngqì, hái ～ xīnténg tā.

5. 她～是心广体胖。(曹禺《日出》)

   Tā ～ shì xīnguǎngtǐpàng.

6. 当下周炳听了,心里～不好受,嘴里又不想多说。(欧阳山《三家巷》)

   Dāngxià Zhōu Bǐng tīng le, xīnli ～ bù hǎoshòu, zuǐ li yòu bù xiǎng duō shuō.

7. 我自后边看着她这份忙碌,心中～不忍。(钟理和《贫贱夫妻》)

   Wǒ zì hòubiānr kànzhe tā zhèfèn mánglù, xīnzhōng ～ bùrěn.

B 表示动作、行为认真、实在,并可重叠为"着着实实":

   Downright , seriously; can be reduplicated as 着着实实:

1. 何必礼点着一支香烟,烟味酒气一齐朝外喷吐,朝女儿～地看了一看。(吴强《灵魂的搏斗》)

   Hé Bǐlǐ diǎnzháo yì zhī xiāngyān, yān wèir jiǔ qì yìqí cháo wài pēntǔ, cháo nǚ·ér ～ de kànle yí kàn.

2. 小喜春喜他们多少听到些风,～问起来,谁也听的是流言,都不知道是从那里传来的。(赵树理《李家庄的变迁》)

   Xiǎoxǐ Chūnxǐ tāmen duōshǎo tīngdào xiē fēng, ～ wèn qilai, shuí yě tīng de shì liúyán, dōu bù zhīdao shì cóng nǎli chuán lai de.

3. 明白了这些,我们才有把握,才好着着实实发展儿童的"性",长养儿童的"习"。(叶圣陶《倪焕之》)

   Míngbaile zhèxiē, wǒmen cái yǒu bǎwò, cái hǎo zhuózhuoshīshī fāzhǎn értóng de "xìng", zhǎngyǎng értóng de "xí".

4. 昨天让我着着实实把他批评了一顿。

   Zuótiān ràng wǒ zhuózhuoshīshī bǎ tā pīpíngle yí dùn.

A、B 两项中"着实"或"着着实实"都可带"地"。

In both A & B, 着实 or 着着实实 can all take 地.

自 zì （副词）

与"自然""当然"意思相当,只修饰单音节动词,可修饰否定形式,多为四字短语:

Naturally , of course; only modifies monosyllabic verbs; can modify negative forms to make up four-character phrases:

1. 他们不是要活捉你吗?我～有办法!快,时间就是生命。(张扬《第二次握手》)

   Tāmen bú shì yào huózhuō nǐ ma? Wǒ ～ yǒu bànfǎ! Kuài, shíjiān jiù shi shēngmìng!

2. 回头我～会请三先生来。(茅盾《子夜》)

   Huítóu wǒ ～ huì qǐng Sānxiānsheng lái.

3. 春喜因为兄弟们多,分到的房子不宽绰,如今得了铁锁这座院子,～是满心欢喜。(赵树理《李家庄的变迁》)

   Chūnxǐ yīnwèi xiōngdìmen duō, fēndào de fángzi bù kuānchuo, rújīn déle Tiěsuǒ zhèzuò yuànzi, ～ shì mǎn xīn huānxǐ.

4. 像花一般,当苞儿半放花瓣微展时,～有一种可爱的姿态和色泽,叫人家看着神往。(叶圣陶《倪焕之》)

   Xiàng huā yìbān, dāng bāor bàn fàng huābàn wēi zhǎn shí, ～ yǒu yì zhǒng kě·ài de zītài hé sèzé, jiào rénjia kànzhe shénwǎng.

5. ……创造了国民党内战的记录。老百姓遭殃～不待言,工商业也受到阻碍。(茅盾《子夜》)

   ... Chuàngzàole Guómíndǎng nèizhàn de jìlù. Lǎobǎixìng zāoyāng ～ bú dài yán, gōngshāngyè yě shòudào zǔ·ài.

6. 他打桥牌～无对手,下围棋也是首屈一指。

　　Tā dǎ qiáopái 〜 wú duìshǒu, xià wéiqí yě shì shǒuqūyìzhǐ.

自行　　zìxíng　　（副词）〈书〉

A 有"自己"的意思。修饰多音节词语：

By oneself, modifies polysyllabic words or phrases：

1. 这时,贺昌富没有〜跳车脱险,而是扑向坐在车厢左侧的思特玛克。(报)

　　Zhèshí, Hè Chāngfù méiyou 〜 tiào chē tuō xiǎn, ér shì pūxiàng zuò zài chēxiāng zuǒ cè de Sītèmǎkè.

2. 公社通知说,因为两年大旱,田里无收,返销粮也早完了,今冬的问题由社员〜解决。(徐怀中《西线轶事》)

　　Gōngshè tōngzhī shuō, yīnwèi liǎng nián dà hàn, tián li wú shōu, fǎnxiāoliáng yě zǎo wán le, jīn dōng de wèntí yóu shèyuán 〜 jiějué.

B 有"自动"的意思：

Voluntarily, of one's own accord：

1. 子兰:好的。我是怕你站累了呢。(〜就亭阶口上坐下,面侧向前左。)(郭沫若《屈原》)

　　Zǐlán: Hǎode. Wǒ shì pà nǐ zhàn lèile ne. (〜 jiù tíng jiē kǒu shang zuò xia, miàn cè xiàng qián zuǒ.)

2. 敌人是不会〜消灭的。

　　Dírén shì bú huì 〜 xiāomiè de.

总　　zǒng　　（副词）

A 表示经常如此,可以修饰否定形式：

Always, invariably; can modify negative forms：

1. 她的眼睛明媚动人,一种嘲讽的笑〜挂在嘴角上。(曹禺《日出》)

　　Tā de yǎnjing míngmèi dòngrén, yì zhǒng cháofěng de xiào 〜 guà zài zuǐjiǎo shang.

2. 我〜为这件事,在为你担心！(顾工《老同学》)

　　Wǒ 〜 wèi zhèjiàn shì, zài wèi nǐ dān xīn!

3. 他们自从反割头税的那年入党,三个人就像秤杆不离秤锤,〜在一块。(梁斌《红旗谱》)

　　Tāmen zìcóng fǎn gētóushuì de nànián rù dǎng, sān ge rén jiù xiàng chènggǎn bù lí chèngchuí, 〜 zài yíkuàir.

4. 还有闰土,他每到我家来时,〜问起你,很想见你一回面。(鲁迅《故乡》)

　　Hái yǒu Rùntǔ, tā měi dào wǒ jiā lái shí, 〜 wèn qi nǐ, hěn xiǎng jiàn nǐ yì huí miàn.

5. 整个村子都睡了,静静的屋脊像凝固的黑浪,任凭风怎样用力推摇,它〜不移动。(茹志鹃《静静的产院》)

　　Zhěnggè cūnzi dōu shuì le, jìngjìng de wūjǐ xiàng nínggù de hēi làng, rènpíng fēng zěnyàng yòng lì tuīyáo, tā 〜 bù yídòng.

6. 大家一定要艾艾说,艾艾〜不肯说。(赵树理《登记》)

　　Dàjiā yídìng yào Ài·ai shuō, Ài·ai 〜 bù kěn shuō.

参看"总是"。

Compare 总是 zǒngshì.

B 相当于"毕竟"的意思,指出事物最本质的一点;可以修饰否定形式：

Anyway, *after all*; points out the most essential aspect; can modify negative forms:

1. 无论如何，他～还是个科学家，是个中国人，他本能地希望看到现代科学在中
   国的土地上兴盛起来。(张扬《第二次握手》)
   Wúlùn rúhé, tā ～ hái shì ge kēxuéjiā, shì ge Zhōngguó rén, tā běnnéng de xīwàng
   kàndào xiàndài kēxué zài Zhōngguó de tǔdì shang xīngshèng qilai.

2. 我怎么能不来看你，二十多年的风风雨雨，～还不能扑灭、浇熄我们的友谊，我
   们的感情吧！(顾工《老同学》)
   Wǒ zěnme néng bù lái kàn nǐ, èrshí duō nián de fēngfēngyǔyǔ, ～ hái bù néng
   pūmiè, jiāoxī wǒmen de yǒuyì, wǒmen de gǎnqíng ba!

3. 我们工人内部不要闹意见，自己人有话～好说，先要团结起来，才有力量。(周
   而复《上海的早晨》)
   Wǒmen gōngrén nèibù búyào nào yìjian, zìjǐ rén yǒu huà ～ hǎo shuō, xiān yào
   tuánjié qilai, cái yǒu lìliang.

4. 他说，与其等条件，不如挽起袖子干，搞～比不搞好，这有啥不对的？(火笛《在
   茶馆里》)
   Tā shuō, yǔqí děng tiáojiàn, bùrú wǎn qi xiùzi gàn, gǎo ～ bǐ bù gǎo hǎo, zhè yǒu
   shá bú duì de?

C 有非常肯定的意思，表示很有把握的推断，可以修饰否定形式：
   Certainly, *definitely*; indicates a very sure inference; can modify negative forms:

1. "他们作孽的日子长不了，这笔账，～有一天要算清。"我对孩子说。(陶承《我的
   一家》)
   "Tāmen zuò niè de rìzi cháng bu liǎo, zhèbǐ zhàng, ～ yǒu yì tiān yào suànqīng."
   Wǒ duì háizi shuō.

2. 我给他说："不管长短，照这样闹下去，～结不出好茧啊！"(张有德《辣椒》)
   Wǒ gěi tā shuō: "Bùguǎn cháng duǎn, zhào zhèyàng nào xiaqu, ～ jiē bu chū hǎo jiǎn
   a!"

3. 两个人以后一定很和气。～不会像小飞娥那时候叫张木匠打得个半死！(赵树
   理《登记》)
   Liǎng ge rén yǐhòu yídìng hěn héqi. ～ bú huì xiàng Xiǎo fēi·é nà shíhou jiào Zhāng
   mùjiang dǎ de ge bànsǐ!

4. 白舜始终不肯在判决书上签字，你不但没和他离婚，而且更爱他！这里面～有
   个原因。(王亚平《神圣的使命》)
   Bái Shùn shǐzhōng bù kěn zài pànjuéshū shang qiān zì, nǐ búdàn méi hé tā lí hūn,
   érqiě gèng ài tā! Zhè lǐmian ～ yǒu ge yuányīn.

5. 十年前新四军在这儿，这里的人都唱过，～有一半人上过陈家祠堂的戏台。(菡
   子《万妞》)
   Shí nián qián Xīnsìjūn zài zhèr, zhèlǐ de rén dōu chàngguo, ～ yǒu yíbàn rén
   shàngguo Chén jiā cítáng de xìtái.

6. 地势好，房子只要租出去，最低～可以打一分五的利息。(曹禺《日出》)
   Dìshì hǎo, fángzi zhǐyào zū chuqu, zuì dī ～ kěyǐ dǎ yì fēn wǔ de lìxī.

7. 一个母亲，伸手去打她的孩子，不是她的孩子不学好，就是孩子不听话，～没有
   平白无故地打她的孩子的。(陈登科《风雷》)

Yí ge mǔqin, shēn shǒu qù dǎ tā de háizi, búshi tā de háizi bù xué hǎo, jiùshi háizi bù tīng huà, ~ méiyou píngbáiwúgù de dǎ tā de háizi de.

8. 小陈是谁呀？那～不会是他的名字吧！（峻青《黎明的河边》）
   Xiǎo Chén shì shuí ya? Nà ~ bú huì shì tā de míngzi ba!

9. 儿子不再言声了，低着头嘀咕："～不能不上井呀！"（焦祖尧《时间》）
   Érzi bú zài yánshēng le, dīzhe tóu dígu: "~ bù néng bú shàng jǐng ya!"

总共 zǒnggòng （副词）

后边一般要有数量短语或其他表示数量的短语：

In all, altogether; must be followed by a N-M phrase, or some other phrase implying quantity:

1. 我们西北哩，敌人～动员了三十多万军队，用在第一线的军队就二十几万。（杜鹏程《保卫延安》）
   Wǒmen xīběi li, dírén ~ dòngyuánle sānshí duō wàn jūnduì, yòng zài dìyī xiàn de jūnduì jiù èrshí jǐ wàn.

2. ……～安置了社会待业青年和闲散劳动力三千七百多人。（报）
   ... ~ ānzhìle shèhuì dài yè qīngnián hé xiánsǎn láodònglì sānqiān qībǎi duō rén.

3. 只要他们一口咬得紧紧的，～只有这几百斤，也就办不了他们的大罪。（陈登科《风雷》）
   Zhǐyào tāmen yì kǒu yǎo de jǐnjǐn de, ~ zhǐ yǒu zhè jǐ bǎi jīn, yě jiù bàn bu liǎo tāmen de dà zuì.

4. 我们厂里党的力量太弱，～只有六个党员。（周而复《上海的早晨》）
   Wǒmen chǎng li dǎng de lìliang tài ruò, ~ zhǐ yǒu liù ge dǎngyuán.

5. 郭彩娣数着场上的人，～不过五个。（周而复《上海的早晨》）
   Guō Cǎidì shǔzhe chǎng shang de rén, ~ búguò wǔ ge.

6. 咱们是生意人家，没有出租的地；放债也不多，～以现洋算，不过放有四五千元。（赵树理《李家庄的变迁》）
   Zánmen shì shēngyì rénjiā, méi yǒu chūzū de dì; fàng zhài yě bù duō, ~ yǐ xiànyáng suàn, búguò fàng yǒu sì wǔ qiān yuán.

7. ～就这么多，你要，就拿去。
   ~ jiù zhème duō, nǐ yào, jiù náqu.

"总共"可以直接在数量短语前：

总共 can be placed immediately before a N-M phrase:

8. 连大人带孩子～五十人。
   Lián dàren dài háizi ~ wǔshí rén.

9. 从城里到西郊～三十来里地，一个多小时就可以走到。
   Cóng chéng li dào xījiāo ~ sānshí lái lǐ dì, yí ge duō xiǎoshí jiù kěyǐ zǒudào.

总归 zǒngguī （副词）

A 同"终归"A：

Same as 终归 A (eventually, in the end):

1. 担子，～要他担。福叔不叫儿子放下担，反而叫儿子担稳些。（黄飞卿《爱子之心》）
   Dànzi, ~ yào tā dān. Fúshū bú jiào érzi fàng xia dàn, fǎnʼér jiào érzi dānwěn xiē.

2. "～是我们工人吃亏。"郭彩娣瞪着两只眼睛,朝厂长办公室那个方向望去。(周而复《上海的早晨》)

   " ～ shì wǒmen gōngrén chī kuī. " Guō Cǎidì dèngzhe liǎng zhī yǎnjing, cháo chǎngzhǎng bàngōngshì nàge fāngxiàng wàng qù.

B 同"终归"B:

Same as 终归 B (see p. 390):

1. 我也不知贴的那东西,是个啥意思,～是要笑我哩!(王汶石《黑凤》)

   Wǒ yě bù zhī tiē de nà dōngxi, shì ge shá yìsi, ～ shì shuǎxiào wǒ li!

2. 舍弟也作了一世人,虽然也不大安分,可是香火～是绝不得的⋯⋯。(鲁迅《彷徨》)

   Shèdì yě zuòle yí shì rén, suīrán yě búdà ānfen, kěshì xiānghuǒ ～ shì jué bu dé de....

3. 你虽说是生活在乡村里,长在种地人家,～是读书人,捉摸不出咱庄稼人的日子是怎么过的。(梁斌《红旗谱》)

   Nǐ suī shuō shì shēnghuó zài xiāngcūn li, zhǎng zài zhòng dì rénjiā, ～ shì dúshūrén, zhuōmō bu chū zán zhuāngjiārén de rìzi shì zěnme guò de.

4. 说来说去,亲戚～是亲戚,我和他一笔也写不出两个朱字。(周而复《上海的早晨》)

   Shuō lái shuō qù, qīnqi ～ shì qīnqi, wǒ hé tā yì bǐ yě xiě bu chū liǎng ge Zhū zì.

5. 他又盯着江涛说:"⋯⋯学校～是学校!⋯⋯在这个学校里,动刀动枪的,总是不妥当吧!"(梁斌《红旗谱》)

   Tā yòu dīngzhe Jiāngtāo shuō:"... Xuéxiào ～ shì xuéxiào! ... Zài zhège xuéxiào li, dòngdāo dòngqiāng de, zǒngshì bù tuǒdàng ba!"

总是 zǒngshì (副词)

同"总"A:

Same as 总 A (always, invariably):

1. 我们的同志来来去去～走山路。(陶承《我的一家》)

   Wǒmen de tóngzhì láilái qùqù ～ zǒu shān lù.

2. 邻近的大队也来邀请周瑞莲和苏玫去给他们演唱,他们～热情地应邀前往。(未央《心中充满阳光》)

   Línjìn de dàduì yě lái yāoqǐng Zhōu Ruìlián hé Sū Méi qù gěi tāmen yǎnchàng, tāmen ～ rèqíng de yìng yāo qiánwǎng.

3. 在家里,他又十分崇拜自己的女儿,遇有母女间发生意见不合,他～站在女儿一边。(王汶石《黑凤》)

   Zài jiā li, tā yòu shífēn chóngbài zìjǐ de nǚ·ér, yù yǒu mǔ nǚ jiān fāshēng yìjian bù hé, tā ～ zhàn zài nǚ·ér yì biān.

4. 虽然老梁在表面上不喜欢儿子,～看他不顺眼,⋯⋯,然而在内心深处,他却顽强地欣赏儿子的某些性格。(张天民《路考》)

   Suīrán LǎoLiáng zài biǎomiànshang bù xǐhuan érzi, ～ kàn tā bú shùnyǎn, ..., rán·ér zài nèixīn shēnchù, tā què wánqiáng de xīnshǎng érzi de mǒu xiē xìngge.

5. 她拿着新泡子这样拴那样拴,～拴不好,急的一头大汗。(吴晨笳《姐妹》)

   Tā názhe xīn pàozi zhèyàng shuān nàyàng shuān, ～ shuān bu hǎo, jí de yì tóu dà hàn.

主谓结构前一般用"总是",而不用"总":

Usually instead of 总, 总是 is used before a S-P construction to the same effect:

6. 他～肩背雨伞,脚登草鞋,提着一个文件包,两条墨黑的脚杆子走得飞快。(曾毓秋《三月清明》)

Tā ～ jiān bēi yǔsǎn, jiǎo dēng cǎoxié, tízhe yí ge wénjiàn bāo, liǎng tiáo mòhēi de jiǎogǎnzi zǒu de fēikuài.

7. 在功课方面,丰卓英～名列前茅。(顾工《老同学》)

Zài gōngkè fāngmiàn, Fēng Zhuóyīng ～ mínglièqiánmáo.

8. 黑凤安顿好客人,回到自己的位置上,她一如既往,干起活来～目无旁顾。(王汶石《黑凤》)

Hēifèn āndùnhǎo kèren, huídào zìjǐ de wèizhì shang, tā yìrújìwǎng, gàn qǐ huór lai ～ mù wú páng gù.

总算　zŏngsuàn　（副词）

A 表示结果来之不易,但这结果是确定的;叙述已完成动作;可以修饰否定形式:

At long last, finally; indicates that the result is hard-earned and sure and applies to a fulfilled event; can modify negative forms:

1. 过路的技术员说:这铁里杂质还太多。可是～炼成了铁。(王汶石《黑凤》)

Guòlù de jìshùyuán shuō: Zhè tiě li zázhì hái tài duō. Kěshì ～ liànchéngle tiě.

2. 哎呀！～又找到你了！找得我好苦啊！(张扬《第二次握手》)

Āiyā! ～ yòu zhǎodào nǐ le! Zhǎo de wǒ hǎo kǔ a!

3. 任为群在何老九家,忙到半夜,～吃上了晚饭。(陈登科《风雷》)

Rén Wèiqún zài Hé Lǎojiǔ jiā, mángdào bànyè, ～ chīshangle wǎnfàn.

4. 现在～找到了一家可靠的商人,这次办货有了信心,也有了把握。(周而复《上海的早晨》)

Xiànzài ～ zhǎodàole yì jiā kěkào de shāngrén, zhècì bàn huò yǒule xìnxīn, yě yǒule bǎwò.

5. 娃们教我,～没白教。慢慢的我一天也能念个三页五页了。(王汶石《黑凤》)

Wámen jiāo wǒ, ～ méi bái jiāo. Mànmānr de wǒ yì tiān yě néng niàn ge sān yè wǔ yè le.

6. 这不是三天一小闹,五天一大闹,可总没闹出个名堂？如今～暂时不撤销了。(欧阳山《三家巷》)

Zhè bú shì sān tiān yì xiǎo nào, wǔ tiān yí dà nào, kě zǒng méi nào chu ge míngtang? Rújīn ～ zànshí bú chèxiāo le.

B 勉强达到某项标准:

Can be considered "only just (qualified or up to certain standard)":

1. 就算周全念书不多,可他～念过正经的学堂。(欧阳山《三家巷》)

Jiù suàn Zhōu Quán niàn shū bù duō, kě tā ～ niànguo zhèngjǐng de xuétáng.

2. 她俩二十年前,在一个大学里念书,还～是一对不即不离的好同学。(顾工《老同学》)

Tā liǎ èrshí nián qián, zài yí ge dàxué li niàn shū, hái ～ shì yí duìr bùjíbùlí de hǎo tóngxué.

3. 他好歹～是个大学生。

   Tā hǎodǎi ～ shì ge dàxuéshēng.

纵情　zòngqíng　（副词）〈书〉

有"尽情"的意思，多修饰多音节词语：

To one's heart's content, as much as one likes; modifies polysyllabic words or phrases：

1. 有的人回到国门，踏上祖国土地时就～高歌。（秦牧《在遥远的海岸上》）

   Yǒude rén huídào guómén, tà shang zǔguó tǔdì shí jiù ～ gāogē.

2. 大家～大笑了一阵子。（欧阳山《三家巷》）

   Dàjiā ～ dà xiàole yízhènzi.

3. 那天晚上我们～欢庆重新团聚，直到深夜。

   Nàtiān wǎnshang wǒmen ～ huānqìng chóngxīn tuánjù, zhídào shēnyè.

4. 在联欢会上，大家～欢呼，放声歌唱，盛况空前。

   Zài liánhuānhuì shang, dàjiā ～ huānhū, fàngshēng gēchàng, shèngkuàng kōngqián.

足　zú　（副词）　—

表示完全够得上某程度或数量；所修饰的动词多是单音节的，"足"有其他修饰语时，动词也可是双音节的：

Fully, enough to; mainly modifies monosyllabic verbs. When 足 has a modifier, the verb can be disyllabic：

1. 这话虽不可信，但～见这剑在贼中颇为有名。（姚雪垠《李自成》）

   Zhè huà suī bù kě xìn, dàn ～ jiàn zhè jiàn zài zéi zhōng pōwéi yǒu míng.

2. 原来上游漂下块冰，一米多厚，～有几间房子大，大模大样往前摆摇着。（杨朔《三千里江山》）

   Yuánlái shàngyóu piāo xia kuài bīng, yì mǐ duō hòu, ～ yǒu jǐ jiān fángzi dà, dàmúdàyàng wǎng qián bǎiyáozhe.

3. 祥子用不着说什么，他的神气已～表示他很佩服高妈的话。（老舍《骆驼祥子》）

   Xiángzi yòng bu zháo shuō shénme, tā de shénqì yǐ ～ biǎoshì tā hěn pèifu Gāomā de huà.

4. 爷爷～有七十岁，胡子雪白。（杨朔《三千里江山》）

   Yéye ～ yǒu qīshí suì, húzi xuěbái.

5. 蓦地鸦雀无声！～有三四秒钟。（茅盾《第一个半天的工作》）

   Mòdì yāquèwúshēng! ～ yǒu sān sì miǎo zhōng.

"足"后有数量短语时，与"足足"意思相同。

When followed by a N-M phrase, 足 has the same meaning as 足足.

足以　zúyǐ　（副词）

有"完全可以"的意思；修饰多音节词语；可受否定词"不"修饰：

Enough to, sufficient to; modifies polysyllabic words or phrases and can be modified by 不：

1. 因为把人考倒了，拿着人取笑一阵，到底～证明他高人一等。（杨朔《三千里江山》）

   Yīnwèi bǎ rén kǎodào le, názhe rén qǔxiào yí zhèn, dàodǐ ～ zhèngmíng tā gāo rén yì děng.

2. 仅就所意识到的那一点东西，就～影响她的情绪、神态和谈吐了。（张扬《第二次握手》）

Jǐn jiù suǒ yìshídào de nà yìdiǎnr dōngxi, jiù ～ yǐngxiǎng tā de qíngxù, shéntài hé tántǐle.

3. 因为数年以来一直在各种恶斗中生活,脸皮之厚,～抵御难堪。(莫应丰《迷糊外传》)

   Yīnwèi shù nián yǐlái yìzhí zài gèzhǒng èdòu zhōng shēnghuó, liǎnpí zhī hòu, ～ dǐyù nánkān.

4. 对那些～给你定罪的证据,你也想采取不承认主义?(檀林《一个女囚的自述》)

   Duì nàxiē ～ gěi nǐ dìng zuì de zhèngjù, nǐ yě xiǎng cǎiqǔ bù chéngrèn zhǔyì?

5. 陈老人虽然不希望别人的手长成那样,可是他对他自己已经长成那样的一双手,仍然觉着是～自豪的。(赵树理《套不住的手》)

   Chén lǎoren suīrán bù xīwàng biérén de shǒu zhǎngchéng nàyàng, kěshì tā duì tā zìjǐ yǐjīng zhǎngchéng nàyàng de yì shuāng shǒu, réngrán juézhe shì ～ zìháo de.

6. 在这种最痛苦又是最欢乐的片刻,人类的全部语言也不～表达感情。(杨朔《三千里江山》)

   Zài zhèzhǒng zuì tòngkǔ yòu shì zuì huānlè de piànkè, rénlèi de quánbù yǔyán yě bù ～ biǎodá gǎnqíng.

7. 非快跑,飞跑,不～充分发挥自己的力量与车的优美。(老舍《骆驼祥子》)

   Fēi kuài pǎo, fēi pǎo, bù ～ chōngfèn fāhuī zìjǐ de lìliang yǔ chē de yōuměi.

8. 英文先生觉得这太难堪,非叫义儿立刻退出课堂,不～维持自己的威严。(叶圣陶《义儿》)

   Yīngwén xiānsheng juéde zhè tài nánkān, fēi jiào Yì·ér lìkè tuì chū kètáng, bù ～ wéichí zìjǐ de wēiyán.

足足   zúzú   (副词)

意思是完全够(某一数量),后面常有数量短语:

Fully; is usually followed by a N-M phrase:

1. 敌人白天攻进城,黑夜铁道联队冲下山,又把敌人赶出城去。杀出杀进,～打了八天八夜。(杨朔《三千里江山》)

   Dírén báitiān gōng jìn chéng, hēiyè tiědào liánduì chōng xià shān, yòu bǎ dírén gǎn chū chéng qu. Shā chū shā jìn, ～ dǎle bā tiān bā yè.

2. 本来两天两夜可以到汉口的,这船却～走了六天。(陶承《我的一家》)

   Běnlái liǎng tiān liǎng yè kěyǐ dào Hànkǒu de, zhè chuán què ～ zǒule liù tiān.

3. 他从黑暗中看见第一连连长陈鸣的肩膀上背了～有四五支枪。(刘白羽《早晨六点钟》)

   Tā cóng hēi·àn zhōng kànjian dì-yī lián liánzhǎng Chén Míng de jiānbǎng shang bēile ～ yǒu sì wǔ zhī qiāng.

4. ⋯⋯以后又是交换戒指、行礼、拍照,音乐不断地此起彼伏地奏,～搞了那么两个钟头。(欧阳山《三家巷》)

   ... Yǐhòu yòu shì jiāohuàn jièzhi, xínglǐ, pāi zhào, yīnyuè búduàn de cǐqǐbǐfú de zòu, ～ gǎole nàme liǎng ge zhōngtóu.

5. 我～按了一刻钟电铃,你可睡得真香。(张扬《第二次握手》)

   Wǒ ～ ànle yí kèzhōng diànlíng, nǐ kě shuì de zhēn xiāng.

6. 虽然正在下雨,附近各大队的社员,～有五百多人参加了这不寻常的婚礼。

（报）

Suīrán zhèngzài xià yǔ, fùjìn gè dàduì de shèyuán, ~ yǒu wǔbǎi duō rén cānjiāle zhè bù xúncháng de hūnlǐ.

7. 这块地～够你盖座小楼了。

Zhè kuài dì ~ gòu nǐ gài zuò xiǎo lóu le.

"足足"可直接放在数量短语前：

足足 can be placed immediately before a N-M phrase：

8. 从前年冬里过鸭绿江那夜起，～一年半，日子不算短了。（杨朔《三千里江山》）

Cóng qiánnián dōng li guò Yālùjiāng nà yè qǐ, ~ yì nián bàn, rìzi bú suàn duǎn le.

9. 这种白酒他一顿喝了～一瓶。

Zhèzhǒng báijiǔ tā yí dùn hēle ~ yì píng.

参看"足"。

Compare 足 zú.

最　zuì　(副词)

A 表示在某一属性方面超过其范围内所有同类的人或事物；修饰形容词、某些动词、助动词、短语，可以修饰表示不愉快性质的否定形式：

Indicates that in a certain aspect something or someone surpasses everthing or everyone else. It modifies adjectives, certain verbs, auxiliaries, phrases and can modify negative forms of a disagreeable nature：

1) 由上文或整个语言环境看出确有比较：

Judging from the context or the whole linguistic environment, there is a comparison and 最 means "the most"：

1. 李春三喊号子的声音永远～响亮。（杨朔《三千里江山》）

Lǐ Chūnsān hǎn hàozi de shēngyīn yǒngyuǎn ~ xiǎngliàng.

2. 她看见潘奶奶名字上的红箭头，头昂昂的翘得～高。（茹志鹃《静静的产院》）

Tā kànjian Pān nǎinai míngzi shang de hóng jiàntóu, tóu áng'áng de qiào de ~ gāo.

3. 周铁夫妇～偏心这个女儿。（欧阳山《三家巷》）

Zhōu Tiě fūfù ~ piānxīn zhège nǚ'ér.

4. 除了敌机，～叫人头痛的莫过于钻山洞子。（杨朔《三千里江山》）

Chúle dí jī, ~ jiào rén tóu tòng de mò guòyú zuān shāndòngzi.

5. 这一家人，～引人注意的就是这一对姐妹。（吴晨笳《姐妹》）

Zhè yì jiā rén, ~ yǐn rén zhùyì de jiù shì zhè yí duì jiěmèi.

6. 当妈妈的～能观察闺女的心事。（浩然《喜鹊登枝》）

Dāng māma de ~ néng guānchá guīnǚ de xīnshì.

7. 兄弟几个里，他身体～不好。

Xiōngdì jǐ ge li, tā shēntǐ ~ bù hǎo.

2) 实际上没有什么比较，只表示一种极高程度：

Most; indicates a very high degree without any comparison：

8. 她到处找苦吃，没明没黑，哪里苦，她在哪里，而那里的工作进度也必定～突出。（王汶石《黑凤》）

Tā dàochù zhǎo kǔ chī, méi míng méi hēi, nǎli kǔ, tā zài nǎli, ér nàli de gōngzuò jìndù yě bìdìng ~ tūchū.

9. 梅花鹿不是世界上～聪明～伶俐的么？（欧阳山《三家巷》）

Méihuālù bú shì shìjiè shang ～ cōngming ～ línglì de me?

10. 阳光和灯光相映辉，大地上出现了～美妙的时刻。（孙谦《南山的灯》）

Yángguāng hé dēngguāng xiāng yìnghuī, dàdì shang chūxiànle ～ měimiào de shíkè.

11. 她那～朴素～单纯的劳动人民的音节，引起全屋的赞叹。（刘白羽《热情的歌声没有停止…》）

Tā nà ～ pǔsù ～ dānchún de láodòng rénmín de yīnjié, yǐnqǐ quán wū de zàntàn.

12. 在战场上跑车，大家～头痛月亮。（杨朔《三千里江山》）

Zài zhànchǎng shang pǎo chē, dàjiā ～ tóutòng yuèliang.

13. 我～不喜欢刮风了。

Wǒ ～ bù xǐhuan guā fēng le.

参看"最为"。

Compare 最为 zuìwéi.

"最"可以重叠，更加深了程度：

最 can be reduplicated for emphasis：

14. 她是那种在渭北高原乡村～～受人尊敬的典范的老婆婆。（王汶石《黑凤》）

Tā shì nàzhǒng zài Wèiběi gāoyuán xiāngcūn ～～ shòu rén zūnjìng de diǎnfàn de lǎo pópo.

15. 当前，～～重要的是如何攫取到最准确的情报。（顾工《老同学》）

Dāngqián, ～～ zhòngyào de shì rúhé juéqǔdào zuì zhǔnquè de qíngbào.

16. 忽然，她觉得奇怪，为什么～～值得表扬的，这里却没有表扬。（茹志鹃《静静的产院》）

Hūrán, tā juéde qíguài, wèi shénme ～～ zhíde biǎoyáng de, zhèlǐ què méiyou biǎoyáng.

B 修饰方位词，指出那个方向中的第一个：

Modifies a localizer to indicate the furthest in that direction：

1. 他们在各自的岗位上奋发图强，创造着第一位的物质产品和精神产品，跑在新长征的～前例。（报）

Tāmen zài gèzì de gǎngwèi shang fènfātúqiáng, chuàngzàozhe dì-yī wèi de wùzhì chǎnpǐn hé jīngshén chǎnpǐn, pǎo zài xīn chángzhēng de ～ qiánliè.

2. 村子～东边的一户是个孤老太太。

Cūnzi ～ dōngbianr de yí hù shì ge gū lǎo tàitai.

3. 书架～上边一层的杂志是最新的。

Shūjià ～ shàngbianr yì céng de zázhì shì zuì xīn de.

最多　zuìduō　（副词）

同"至多"A、B：

Same as 至多 A, B (at most)：

1. 还有一个年轻人，～也不过三十二、三岁。（陈登科《风雷》）

Hái yǒu yí ge niánqīng rén, ～ yě búguò sānshí èr, sān suì.

2. 你张开嘴，我看看你长了多少牙？人家～三十四个，你想必是三十六个，要不怎么叫的这样好听！（杨朔《三千里江山》）

Nǐ zhāngkāi zuǐ, wǒ kànkan nǐ zhǎngle duōshao yá? Rénjia ～ sānshí sì ge, nǐ xiǎngbì shì sānshí liù ge, yàobù zěnme jiào de zhèyàng hǎotīng!

3. 他～不再理我,还能把我怎么样?

   Tā ～ bú zài lǐ wǒ, hái néng bǎ wǒ zěnmeyàng?

4. 你～只能帮他复习,总不能替他考试。

   Nǐ ～ zhǐ néng bāng tā fùxí, zǒng bù néng tì tā kǎoshì.

最好　zuìhǎo　（副词）

表示对事物处理的最好方法或愿望;多用于祈使句;可修饰否定形式:

Had better , it would be best; is mostly used in imperative sentences and can modify negative forms:

1. 方旭东道:"你谈谈你的好吗?"熊彬道:"～以后再谈。"(陈登科《风雷》)

   Fāng Xùdōng dào:"Nǐ tántan nǐ de hǎo ma?" Xióng Bīn dào:" ～ yǐhòu zài tán."

2. 老伙友～不要开口,但是这当儿又不得不开口。(叶圣陶《金耳环》)

   Lǎo huǒyǒu ～ búyao kāi kǒu, dànshì zhè dāngr yòu bù dé bù kāi kǒu.

3. 我建议为妥善计,～不去泰山,你却兴冲冲地坚持一定要去。(张扬《第二次握手》)

   Wǒ jiànyì wèi tuǒshàn jì, ～ bú qù Tàishān, nǐ què xìngchōngchōng de jiānchí yídìng yào qù.

4. 要开,～还是晚上开,反正我也飞不了了,跑不了了,白天开,太误生产啊!(李健君《辣嫂》)

   Yào kāi, ～ háishi wǎnshang kāi, fǎnzhèng wǒ yě fēi bu liǎo, pǎo bu liǎo, báitiān kāi, tài wù shēngchǎn a!

5. 头一个买卖必须拉个穿得体面的人,绝对不能是个女的。～是拉到前门,其次是东安市场。(老舍《骆驼祥子》)

   Tóu.yí gè mǎimai bìxū lā ge chuān de tǐmiàn de rén, juéduì bù néng shì ge nǚ de. ～ shì lādào Qiánmén, qícì shì Dōng·ān Shìchǎng.

6. 好极了,好极了!～火力能强点。(马烽《有准备的发言》)

   Hǎo jíle, hǎo jíle! ～ huǒlì néng qiáng diǎnr.

最少　zuìshǎo　（副词）

同"至少"A、B:

Same as 至少 A, B (at least):

1. 这一巴掌,如果打在杜三春的嘴上,杜三春的满嘴牙齿,虽不被打光,～也得掉五个。(陈登科《风雷》)

   Zhè yì bāzhang, rúguǒ dǎ zài Dù Sānchūn de zuǐ shang, Dù Sānchūn de mǎn zuǐ yáchǐ, suī bú bèi dǎguāng, ～ yě děi diào wǔ ge.

2. 如果要唱戏,你们每户～要来五个客人。(胡正《七月古庙会》)

   Rúguǒ yào chàng xì, nǐmen měi hù ～ yào lái wǔ ge kèrén.

3. 这次试验～一星期。

   Zhècì shìyàn ～ yì xīngqī.

4. 今年遭灾,小麦～减产三成。

   Jīnnián zāo zāi, xiǎomài ～ jiǎn chǎn sān chéng.

5. 他来北京一趟不容易,～也得去长城玩玩。

   Tā lái Běijīng yí tàng bù róngyì, ～ yě děi qù Chángchéng wánrwánr.

最为   zuìwéi   （副词）〈书〉

同"最"A，但是修饰双音节词语：

Same as 最 A (see p. 407), but modifies disyllabic words or phrases only：

1. 前山建筑层层上升，气魄宏大，结构精巧，以排云殿、佛香阁～壮丽。（刊）

   Qián shān jiànzhù céngcéng shàngshēng, qìpò hóngdà, jiégòu jīngqiǎo, yǐ Páiyúndiàn, Fóxiānggé ～ zhuànglì.

2. 飞天思想、感情、性格的变异，～清楚的莫过于唐和尚。（刘克《飞天》）

   Fēitiān sīxiǎng, gǎnqíng, xìnggé de biànyì, ～ qīngchu de mò guò yú Táng héshang.

3. 提倡一对夫妇养育一个孩子，是在目前条件下～可取的控制人口增长的办法。（报）

   Tíchàng yí duì fūfù yǎngyù yí ge háizi, shì zài mùqián tiáojiàn xià ～ kěqǔ de kòngzhì rénkǒu zēngzhǎng de bànfǎ.

连　词

　　汉语连接并列成分的连词,如"跟""和""同""与"等,一般只连接词或短语。能连接并列分句的连词较少,只有"并且""反之""此外""或者"等。绝大多数的连词是连接主从分句的。连接分句的连词一般放在主语前,但有少数连词也可以放在主语后,谓语前。这种情况,本词典将予指出。在连接主从分句时,没有连词的分句往往有关联副词,如"就""才""还"等与连词呼应。

Conjunctions

　　The conjunctions which link coordinate elements, such as 跟,和, 同, 与 etc., usually connect words or phrases only. There are only a few conjunctions which can connect coordinate clauses, e. g. 并且, 反之, 此外 and 或者. Most conjunctions connect a main clause and a subordinate clause. Conjunctions which connect clauses usually occur after head of the clause but a few can also occur between the subject and the predicate. Such cases are specified in this dictionary. When a conjunction occurs in the subordinate clause, the main clause very often contains a conjunctive adverb such as 就, 才, 还.

连词总表

List of Conjunctions

按说　ànshuō　（连词）

按照一般的情理或事实来说（应如何），多用于句首，后面可有停顿；后边常有"但是""不过""可是"等词与之呼应，表示情况并非如此：

Normally, in the ordinary course of events; is usually used in conjunction with 但是, 不过, 可是, etc., which introduces a contrary statement. 按说 generally occurs in the initial position and may be followed by a pause：

1. ～她在京城经多见广，也出席过不少宴会，但对这种好像微型香蕉肉似的东西，倒还真是第一回见。（江流《龙池》）

　　～ tā zài jīngchéng jīng duō jiàn guǎng, yě chūxíguo bùshǎo yànhuì, dàn duì zhèzhǒng hǎoxiàng wēixíng xiāngjiāoròu shìde dōngxi, dào hái zhēn shì dìyī huí jiàn.

2. ～我的个子不算低了，可是跟他一比，他却比我高了一头。（海默《联合收割机的威力》）

　　～ wǒ de gèzi bú suàn dī le, kěshì gēn tā yì bǐ, tā què bǐ wǒ gāole yì tóu.

3. ～呢，这事儿我不该说。可街里街坊的，我是透个信儿，给你吹吹风……（苏叔阳《左邻右舍》）

　　～ ne, zhè shìr wǒ bù gāi shuō. Kě jiēlijiēfāng de, wǒ shì tòu ge xìnr, gěi nǐ chuīchui fēng...

4. 你们～都是北京人哪，可有几个认识北京城呢？（赵大年《车水马龙》）

　　Nǐmen ～ dōu shì Běijīng rén na, kě yǒu jǐ ge rènshi Běijīng chéng ne?

5. ～曹家的祖祖辈辈，干的事儿，也就是专专摆弄这万缕丝线儿的，也就是细细考究这个千般颜色的。（端木蕻良《曹雪芹》）

　　～ Cáo jiā de zǔzǔbèibèi, gàn de shìr, yě jiù shì zhuānzhuān bǎinòng zhè wàn lǚ sīxiànr de, yě jiù shì xìxì kǎojiū zhège qiān bān yánsè de.

比方　bǐfāng　（连词）

A 同"比如"A：

Same as 比如 A (see next entry)：

1. 以后谁要出远门，有急事，～送个病人请个医生什么的，尽管来骑吧！（牟崇光《在大路上》）

　　Yǐhòu shuí yào chū yuǎn mén, yǒu jíshì, ～ sòng ge bìngrén qǐng ge yīshēng shénmede, jǐnguǎn lái qí ba!

2. 讲的分明是些普通事，～犁耙、种子、肥料和土壤等等，她总要脸红。（周立波《张闰生夫妇》）

　　Jiǎng de fēnmíng shì xiē pǔtōng shì, ～ lípá, zhǒngzǐ, féiliào hé tǔrǎng děngděng, tā zǒng yào liǎn hóng.

3. 衣裳旧了，染染差不多和新的一样。～，夏季制服，染成灰色就可以当秋季制服穿……（肖红《手》）

　　Yīshang jiù le, rǎnran chàbuduō hé xīn de yíyàng. ～, xiàjì zhìfú, rǎnchéng huīsè jiù kěyǐ dàng qiūjì zhìfú chuān...

4. 珊裳还想到可以在她家搭伙食，帮老妈妈搞点家务和副业，～养猪。（陈学昭《工作着是美丽的》）

　　Shānshang hái xiǎngdào kěyǐ zài tā jiā dā huǒshi, bāng lǎo māma gǎo diǎnr jiāwù hé fùyè, ～ yǎng zhū.

B 同"比如"B:

Same as 比如 B:

1. 孩子多在户外活动,身体才好,～养花,不见阳光,花就会枯萎的。

   Háizi duō zài hùwài huódòng, shēntǐ cái hǎo, ～ yǎng huā, bú jiàn yángguāng, huā jiù huì kūwěi de.

2. 对青年来说,也应该接触一些反面的东西,才能提高判断力。～一个人,如长期生活在无菌室中,就会失去抵抗病菌的能力。

   Duì qīngnián láishuō, yě yīnggāi jiēchù yìxiē fǎnmiàn de dōngxi, cái néng tígāo pànduànlì. ～ yí ge rén, rú chángqī shēnghuó zài wújūnshì zhōng, jiù huì shīqù dǐkàng bìngjūn de nénglì.

C 同"比如"C:

Same as 比如 C:

1. 哑叭牲口……是不应该欺负的,～你给它吃的不足,它就瘦下去,……(肖军《军中》)

   Yǎba shēngkou ... shì bù yīnggāi qīfu de, ～ nǐ gěi tā chī de bù zú, tā jiù shòu xiaqu, ...

2. ～人家使坏,不分好的给你,怎么办?(刘白羽《火光在前》)

   ～ rénjia shǐ huài, bù fēn hǎo de gěi nǐ, zěnme bàn?

和"比如"一样,"比方"有时可以说成"比方说":

Just like 比如, 比方 may sometimes be replaced by 比方说:

1. 总有点好处落到我们头上呢!～说,三年不用完租。(茅盾《残冬》)

   Zǒng yǒu diǎnr hǎochu luòdào wǒmen tóu shang ne! ～ shuō, sān nián búyòng wán zū.

2. 上海有着各式各样的谋生方法,～说,就是讨铜板吧,凭他这几根雪白的头发,一天三两千是可以稳拿的!(叶紫《杨七公公过年》)

   Shànghǎi yǒuzhe gè shì gè yàng de móushēng fāngfǎ, ～ shuō, jiùshì tǎo tóngbǎn ba, píng tā zhè jǐ gēn xuěbái de tóufa, yì tiān sān liǎng qiān shì kěyǐ wěn ná de!

比如 bǐrú (连词)

A 引出具体例子来说明某一问题或道理;"比如"后可有停顿:

Introduces a concrete example to illustrate a general rule and may be followed by a pause.

1. 她很少进城去,只有在不得不去的时候——～开会——才离开狮岭。(陈学昭《工作着是美丽的》)

   Tā hěnshǎo jìnchéng qu, zhǐyǒu zài bùdébù qù de shíhòu —— ～ kāi huì —— cái líkāi Shīlǐng.

2. 李东云结婚后,就变成两社的社员,对于交流工农业生产经验和协作起了很好的作用。～金马抓出什么生产经验,他马上就把它摸回去,碧鸡有了什么好办法,他也立刻传过来。(刘澍德《拔旗》)

   Lǐ Dōngyún jié hūn hòu, jiù biànchéng liǎng shè de shèyuán, duìyú jiāoliú gōngnóngyè shēngchǎn jīngyàn hé xiézuò qǐle hěn hǎo de zuòyòng. ～ Jīnmǎ zhuā chū shénme shēngchǎn jīngyàn, tā mǎshàng jiù bǎ tā mō huíqu, Bìjī yǒule shénme hǎo bànfǎ, tā yě lìkè chuán guolai.

3. 得了这种病的人,往往有许多症状,~,见过的东西很快都忘了,说过的话很快也忘了,做过的事更记不得了。(邓拓《专治"健忘症"》)

Déle zhèzhǒng bìng de rén, wǎngwǎng yǒu xǔduō zhèngzhuàng, ~, jiànguo de dōngxi hěn kuài dōu wàng le, shuōguo de huà hěn kuài yě wàng le, zuòguo de shì gèng jì bu de le.

B 引出比喻:

Introduces a simile:

1. ……但是我们的事情还很多,~走路,过去的工作只不过是像万里长征走完了第一步。(毛泽东《论人民民主专政》)

... dànshì wǒmen de shìqing hái hěn duō, ~ zǒu lù, guòqù de gōngzuò zhǐ búguò shì xiàng wàn lǐ chángzhēng zǒuwánle dìyī bù.

2. 学习总得循序渐进,~吃饭,总不能一口吃成个胖子。

Xuéxí zǒng děi xúnxùjiànjìn, ~ chī fàn, zǒng bù néng yì kǒu chīchéng ge pàngzi.

C "假如"的意思:

If, in case:

~他明天不来,能有人替他吗?

~ tā míngtiān bù lái, néng yǒu rén tì tā ma?

"比如"有时也可以说成"比如说",或"你比如说";前后都可有停顿:

Instead of 比如 one can sometimes say 比如说 or 你比如说, with a pause both before and after it:

1. 他心眼总脱不开闭塞、狭隘,看事情只看见眼前一点,~说,因为下雨着急,……结果什么事也不想做了。(耿简《爬在旗杆上的人》)

Tā xīnyǎnr zǒng tuō bu kāi bìsè, xiá'ǎi, kàn shìqing zhǐ kànjian yǎn qián yìdiǎnr, ~ shuō, yīnwèi xià yǔ zháo jí, ... jiéguǒ shénme shì yě bù xiǎng zuò le.

2. 我们队长最会盘算了。……你~说,开会以前这点点时间,要在别人,一溜过去了。他不肯放松。(周立波《霜降前后》)

Wǒmen duìzhǎng zuì huì pánsuan le. ... nǐ ~ shuō, kāi huì yǐqián zhè diǎndiǎn shíjiān, yào zài biérén, yì liū guò qu le. Tā bù kěn fàngsōng.

参看"比方"。

Compare 比方 bǐfāng.

别管 biéguǎn (连词)

同"不管",用得较少:

Same as 不管 (see p. 422) but not as frequently used:

1. ~杨小东说什么,吕志民从来不带翻脸的。(张洁《沉重的翅膀》)

~ Yáng Xiǎodōng shuō shénme, Lǚ Zhìmín cónglái bú dài fān liǎn de.

2. ~天下怎么乱,咱们北平人绝不能忘了礼节。(老舍《四世同堂》)

~ tiānxià zěnme luàn, zánmen Běipíng rén jué bù néng wàngle lǐjié.

3. 为什么我们的干部、厂长,~他赚钱、赔钱,能干、不能干,一当就是一辈子?(张洁《沉重的翅膀》)

Wèi shénme wǒmen de gànbù, chǎngzhǎng, ~ tā zhuàn qián, péi qián, nénggàn, bù nénggàn, yì dāng jiù shì yíbèizi?

4. ~他愿意听还是不愿意听,有意见你尽管提。

~ tā yuànyi tīng háishi bú yuànyì tīng, yǒu yìjian nǐ jǐnguǎn tí.

辨认:

Note:

1. 别管你怎么请求,医生也不会同意你出院。

Biéguǎn nǐ zěnme qǐngqiú, yīshēng yě bú huì tóngyì nǐ chū yuàn.

2. "你别管我!别管我!"伤兵气短的回答她,……《崔璇《周大娘》》

"Nǐ bié guǎn wǒ! Nǐ bié guǎn wǒ!" Shāngbīng qìduǎn de huídá tā, ...

例 1 中的"别管"是连词,例 2 中的"别管"是短语,是副词"别"+动词"管"。

In sentence 1, 别管 is a conjunction; in sentence 2, 别管 is a phrase which consists of the adverb 别 and the verb 管.

别看 biékàn (连词)

用于复句的第一分句前,指出人、物的某种现象,表示只是这表面现象,重点在第二分句,说明实质问题,多有"但是""可是"等表示转折的连词:

Used in the first clause of a compound sentence describing the superficial phenomenon of a person or thing, while the focus is in the second clause; often introduced by a contrastive conjunction such as 但是, 可是:

1. ~这老同志年纪大,干劲可真不小。《王愿坚《普通劳动者》》

~ zhè lǎo tóngzhì niánjì dà, gànjìnr kě zhēn bù xiǎo.

2. 这个人,~他双眼难辨黑白,但心里却能分善恶。《吴因易《梨园谱》》

Zhège rén, ~ tā shuāng yǎn nán biàn hēi bái, dàn xīnli què néng fēn shàn è.

3. ~我吃的少,但吸收的好,结实着呢!《程树榛《大学时代》》

~ wǒ chī de shǎo, dàn xīshōu de hǎo, jiēshi zhe ne!

4. ~小时候我们俩常在一起捉金爬爬虫,可是现在大了,不同了。《方之《在泉边》》

~ xiǎo shíhou wǒmen liǎ cháng zài yìqǐ zhuō jīnpápáchóng, kěshì xiànzài dà le, bù tóng le.

5. ~这桌凳的样子极憨笨,可是蛮结实,就是刀砍斧劈,也是难以破坏的。《刘亚舟《男婚女嫁》》

~ zhè zhuō dèng de yàngzi jí hānbèn, kěshì mán jiēshi, jiùshi dāo kǎn fǔ pī, yě shì nányǐ pòhuài de.

别说 biéshuō (连词)

意思是因情况不言自明,就不必说了,常与"就是"或"连"呼应:

Let alone, not to mention; is often used in conjunction wiht 就是 or 连:

1. 四周除掉沙粱,就是戈壁滩,~是水,连片雪都找不到了。《杨尚武《追匪记》》

Sìzhōu chúdiào shāliáng, jiùshi gébìtān, ~ shì shuǐ, lián piànr xuě dōu zhǎo bu dào le.

2. ~闺女,(玉春娘)自己首先就看不中。《刘真《春大姐》》

~ guīnū, (Yùchūnniáng) zìjǐ shǒuxiān jiù kàn bu zhòng.

3. ~连云场,就是太平镇上也没有这样新鲜的菜。《周克芹《许茂和他的女儿们》》

~ Liányúnchǎng, jiùshi Tàipíngzhèn shang yě méi yǒu zhèyàng xīnxian de cài.

4. 在这上头,~陈家万利比不上,就是何家应元也输了一等。《欧阳山《三家巷》》

Zài zhè shàngtou, ~ Chén jia Wànlì bǐ bu shàng, jiùshi Hé jia Yīngyuán yě shūle yì děng.

5. 没有八路，～穷人翻不了身，连粮食也看不到。(周而复《生与死》)

    Méi yǒu Bālù, ～ qióngrén fān bu liǎo shēn, lián liángshi yě kàn bu dào.

有时,"别说……"也可以是第二部分：

Sometimes, 别说... forms the second part instead of the first：

6. 他连大学的数学都学过了,～中学的了。

    Tā lián dàxué de shùxué dōu xuéguo le, ～ zhōngxué de le.

7. 这地方刚刚五月就这么热,～盛夏了。

    Zhè dìfang gānggāng wǔyuè jiù zhème rè, ～ shèngxià le.

参看"慢说"。

Compare 慢说 mànshuō.

并   bìng   (连词)〈书〉

A 表示更进一层的意思,连接并列的双音节动词或同一主语,以动词为谓语的分句：

And, *moreover*, *furthermore*; connects coordinate disyllabic verbs or two verb-predicate clauses with the same subject：

1. 这种人读书抓住了书里的主要东西,吸收了～丰富、提高了自己。(吴晗《谈读书》)

    Zhèzhǒng rén dú shū zhuāzhule shū lǐ de zhǔyào dōngxi, xīshōule ～ fēngfù, tígāole zìjǐ.

2. 道德教育的目的,是提醒～培养人们认识自己对社会承担的责任。(由广斌《道德的力量》)

    Dàodé jiàoyù de mùdì, shì tíxǐng ～ péiyǎng rénmen rènshi zìjǐ duì shèhuì chéngdān de zérèn.

3. 吴昌全站起身来告辞,～补充道:"我特地为这事来问一问的。"(周克芹《许茂和她的女儿们》)

    Wú Chāngquán zhàn qǐ shēn lai gàocí, ～ bǔchōng dào:"Wǒ tèdì wèi zhè shì lái wèn yi wèn de."

4. 秘书长嘱咐我,多劝解安慰他,～要我在最近一个时期里,帮助他做些报社的工作。(李季《马兰》)

    Mìshūzhǎng zhǔfu wǒ, duō quànjiě ānwèi tā, ～ yào wǒ zài zuìjìn yí ge shíqī li, bāngzhù tā zuò xiē bàoshè de gōngzuò.

5. 扎西仍旧躬立在屋角里,很有眼色地注视着老爷们的言谈行动,～根据他们的需要添茶,拿烟～擦着火柴。(白桦《红杜鹃、紫杜鹃》)

    Zhāxī réngjiù gōnglì zài wūjiǎo li, hěn yǒu yǎnsè de zhùshìzhe lǎoyemen de yántán xíngdòng, ～ gēnjù tāmen de xūyào tiān chá, ná yān ～ cāzháo huǒchái.

B "和"的意思。连接的多为名词,用得较少：

Same as 和 and is mostly used to link nouns. This usage is rather rare：

1. 我把不用的桌椅碗碟～一些书籍都给了他。

    Wǒ bǎ bú yòng de zhuō yǐ wǎn dié ～ yìxiē shūjí dōu gěile tā.

2. 寡妇卖了一些夏收的麦子,交给老亲家二十四块法币的财礼,～一件袄一件裤和一斗老麦。(柳青《一个女英雄》)

Guǎfu màile yìxiē xiàshōu de màizi, jiāo gěi lǎo qìngjia èrshí sì kuài fǎbì de cǎilǐ, ～ yí jiàn ǎo yí jiàn kù hé yì dǒu lǎomài.

并且　bìngqiě　（连词）

表示更进一层；连接并列的双音节动词、形容词、助动词以及动词性短语等，也可以连接分句；后边有时有"还""也"；不能连接体词：

And, moreover, furthermore; connects coordinate disyllabic verbs, adjectives, auxiliary verbs, verbal constructions and even clauses and is sometimes followed by 还 or 也. It cannot connect substantives:

1. 我们要培养的正是要懂得～遵守"人与人之间的新关系和新纪律"的儿童。(廖沫沙《"蒙以养生"说》)

　　Wǒmen yào péiyǎng de zhèng shì yào dǒngde ～ zūnshǒu″rén yǔ rén zhī jiān de xīn guānxi hé xīn jìlǜ″ de értóng.

2. 就是因为袜子，我和这家人认识了，～成了老交情。(艾芜《野牛寨》)

　　Jiùshì yīnwèi wàzi, wǒ hé zhèjiā rén rènshi le, ～ chéngle lǎo jiāoqing.

3. 她和她一样地学技术，～水平几乎不相上下。(卢新华《典型》)

　　Tā hé tā yíyàng de xué jìshù, ～ shuǐpíng jīhū bù xiāng shàng xià.

4. 他变得非常热情、诚恳～谦逊了。

　　Tā biàn de fēicháng rèqíng, chéngkěn ～ qiānxùn le.

5. 你应该～必须在一个星期内完稿。

　　Nǐ yīnggāi ～ bìxū zài yí ge xīngqī nèi wán gǎo.

6. 又来了一架敌机，他们只得再下车来隐蔽，～把车子也隐蔽起来。(陈学昭《工作着是美丽的》)

　　Yòu láile yí jià díjī, tāmen zhǐdé zài xià chē lai yǐnbì, ～ bǎ chēzi yě yǐnbì qilai.

7. 二伯父谈起的那头婚事放下了，～对她的态度也转变了，显得亲热了许多。(丁玲《太阳照在桑干河上》)

　　Èrbófù tán qǐ de nàtóu hūnshì fàng xia le, ～ duì tā de tàidu yě zhuǎnbiàn le, xiǎnde qīnrèle xǔduō.

8. 我寻找黄猫的时候，黄猫坐到五云嫂的膝头上去了，～她还抚摸猫的尾巴。(肖红《牛车上》)

　　Wǒ xúnzhǎo huáng māo de shíhou, huáng māo zuòdào Wǔyúnsǎo de xītóu shang qu le, ～ tā hái fǔmō māo de wěiba.

"并且"前面有时有"不但"或"不仅"等，则表示进一层的意思更明显：

并且 is sometimes preceded by 不但 or 不仅 meaning ″not only...but also...″;

9. 我觉得她不但是我的爱姊，～是我的畏友。(冰心《庄鸿的姊姊》)

　　Wǒ juéde tā búdàn shì wǒ de àizǐ, ～ shì wǒ de wèiyǒu.

10. 他不仅具有极为广博的书画知识，～对保存我国重要文物做出过突出贡献。(报)

　　Tā bùjǐn jùyǒu jíwéi guǎngbó de shūhuà zhīshi, ～ duì bǎocún wǒ guó zhòngyào wénwù zuò chū guo tūchū gòngxiàn.

"并且"与"而且"基本相同，不过"并且"一般不连接单音形容词，有时"并且""而且"用于同一句中以免重复：

并且 is similar to 而且 but usually not used to connect monosyllabic adjectives. Sometimes 并且 and 而且 are used in the same sentence to avoid repetition.

11. 阔亭和方头以守护全屯的劳绩，不但第一次走进这一个不易瞻仰的客厅，～还坐在老娃之下和四爷之上，而且还有茶喝。(鲁迅《长明灯》)

Kuòtíng hé Fāngtóu yǐ shǒuhù quán tún de láojī, búdàn dì-yī cì zǒu jìn zhè yí ge bú yì zhānyǎng de kètīng, ～ hái zuò zài lǎowá zhī xià hé sìyé zhī shàng, érqiě hái yǒu chá hē.

不单   bùdān   (连词)

同"不但"：

Same as 不但 (not only)：

1. ……，～长草，而且长野花、长小树木。(廖沫沙《除草与革命》)

..., ～ zhǎng cǎo, érqiě zhǎng yěhuā, zhǎng xiǎo shùmù.

2. 这些门钉～是装饰品，而且是封建等级制的具体表现。(报)

Zhèxiē méndīng ～ shì zhuāngshìpǐn, érqiě shì fēngjiàn děngjí zhì de jùtǐ biǎoxiàn.

3. 他～嘴巴长，而且似乎很多嘴，能同各种各样的人谈各种各样的话。(柳青《误会》)

Tā ～ zuǐba cháng, érqiě sìhū hěn duō zuǐ, néng tóng gè zhǒng gè yàng de rén tán gè zhǒng gè yàng de huà.

4. 这类史料～农村有，城市也有。(廖沫沙《从一篇稀有的史料想起》)

Zhèlèi shǐliào ～ nóngcūn yǒu, chéngshì yě yǒu.

5. 猫婆儿～敬畏丈夫，也同样敬畏儿子。(刘亚舟《男婚女嫁》)

Māopór ～ jìngwèi zhàngfu, yě tóngyàng jìngwèi érzi.

6. 他～是我兄弟，他还是县委书记！(马烽《太阳刚刚出山》)

Tā ～ shì wǒ xiōngdi, tā hái shì xiànwěi shūjì!

7. 他想过的事情，～他自己认为不会错，就是别人也很难找出漏洞来的。(欧阳山《三家巷》)

Tā xiǎngguo de shìqing, ～ tā zìjǐ rènwéi bú huì cuò, jiùshi biérén yě hěn nán zhǎo chū lòudòng lai de.

8. 奔走了几天，毫无眉目，可是他～不灰心，反倒以为"心到神知"，必能有成功的那一天。(老舍《四世同堂》)

Bēnzǒule jǐ tiān, háo wú méimù, kěshì tā ～ bù huīxīn, fǎndào yǐwéi "xīn dào shén zhī", bì néng yǒu chénggōng de nà yì tiān.

不但   búdàn   (连词)

用在复句的第一分句里，第二分句有"而且""并且""也""还"等与之呼应，表示后一分句的意思比前边更进一层；也可以连接介宾结构或名词性短语：

Not only; is used in the first clause of a complex sentence in conjunction with 而且, 并且, 也 or 还 in the second clause, introducing a further statement; may also connect P-O constructions or nominal phrases：

1. 他这双手～坚硬，而且灵巧。(赵树理《套不住的手》)

Tā zhèshuāng shǒu ～ jiānyìng, érqiě língqiǎo.

2. 我同他一起搞过许多工作，～很熟，而且是很好的朋友。(杨沫《青春之歌》)

Wǒ tóng tā yìqǐ gǎoguo xǔduō gōngzuò, ～ hěn shú, érqiě shì hěn hǎo de péngyou.

3. 我～要下井，而且就在你们这个队。(从维熙《葵花嫂外传》)

— 421 —

Wǒ ～ yào xià jǐng, érqiě jiù zài nǐmen zhège duì.

4. 他以为夫妻若因管教儿女而打起架来,就～管不了儿女,而且把整个的家庭秩序全破坏了。(老舍《四世同堂》)

Tā yǐwéi fūqī ruò yīn guǎnjiào érnǚ ér dǎ qǐ jià lai, jiù ～ guǎn bu liǎo érnǚ, érqiě bǎ zhěnggèr de jiātíng zhìxù quán pòhuài le.

5. 这个值得争议的问题,～在学校内,在国内外也有不同看法。(程树榛《大学时代》)

Zhège zhíde zhēngyì de wèntí, ～ zài xuéxiào nèi, zài guó nèi wài yě yǒu bùtóng kànfǎ.

6. ～屋里这些书,而且外面那些书,也都没编目。

～ wū li zhèxiē shū, érqiě wàimian nàxiē shū, yě dōu méi biānmù.

后一分句有时用"就是(即使)……也……""连……也……"表示一种极端的程度:
Sometimes 就是(即使)... 也... or 连... 也... is applied in the second clause conveying the notion of extremity:

7. 这样由一个贫雇农亲自编成的鸣冤碑文,～在我们中国的历史上是罕见的,就是在世界上恐怕也是绝无而仅有。(廖沫沙《从一篇稀有的史料想起》)

Zhèyàng yóu yí ge píngùnóng qīnzì biānchéng de míngyuān bēiwén, ～ zài wǒmen Zhōngguó de lìshǐ shang shì hǎnjiàn de, jiùshì zài shìjiè shang kǒngpà yě shì jué wú ér jǐn yǒu.

8. 大家不时朝着船外了望,只看见缥缈的天盖着茫茫的海,～看不见陆地,连飞鸟的影子也难得看见了。(洪丝丝《异乡奇遇》)

Dàjiā bùshí cháozhe chuán wài liàowàng, zhǐ kànjian piāomiǎo de tiān gàizhe mángmáng de hǎi, ～ kàn bu jiàn lùdì, lián fēiniǎo de yǐngzi yě nándé kànjian le.

"不但＋否定……反而(反倒)……"常用来说明某种情况没有引起应有的反应,而引起相反的反应:
不但 ＋ negative... 反而(反倒)... is often used to indicate that a situation, instead of leading to an expected reaction, has led to a contrary reaction:

9. 我见村头有几个彝族姑娘围坐在树下,便喊道:"阿米子(姑娘),帮我看着狗!"她们～不管,反而哈哈地笑我。(高缨《达吉和她的父亲》)

Wǒ jiàn cūntóu yǒu jǐ ge Yízú gūniang wéi zuò zài shù xià, biàn hǎn dào: "Āmǐzǐ (gūniang), bāng wǒ kānzhe gǒu!" Tāmen～ bù guǎn, fǎn·ér hāhā de xiào wǒ.

10. 看到自己登门求教的人这么年轻,～没使顾巍失望,反而引起他更大的兴趣。(程树榛《大学时代》)

Kàndào zìjǐ dēng mén qiújiào de rén zhème niánqīng, ～ méi shǐ Gù Wēi shīwàng, fǎn·ér yǐnqǐ tā gèng dà de xìngqù.

11. 不信你叫他一声老泰山,他～不生气,反倒摸着胡子乐呢。(杨朔《雪浪花》)

Bú xìn nǐ jiào tā yì shēng lǎo tàishāng, tā ～ bù shēng qì, fǎndào mōzhe húzi lè ne.

参看"不单""不光""不仅""不只""非但"。
Compare 不单 bùdān, 不光 bùguāng, 不仅 bùjǐn, 不只 bùzhǐ, 非但 fēidàn.

不管 bùguǎn （连词）

表示在任何条件下(结果都不变)。"不管"后边有表示任指的疑问代词"谁""什么""哪""怎么""多"等,常有"都""也""总"等副词和它呼应,表示没有例外:

Introduces a conditional-concessive clause. 不管 is followed by one of the interrogative elements such as 谁，什么，哪，怎么，多 and is usually used in conjunction with 都，也，or 总 to indicate that there is no exception：

1. ～什么话，跟我说，没关系。(吴强《堡垒》)
　　～ shénme huà, gēn wǒ shuō, méi guānxi.

2. ～是谁，只要他爱国，我没有不乐于成全的。(欧阳山《三家巷》)
　　～ shì shuí, zhǐyào tā ài guó, wǒ méiyou bú lèyú chéngquán de.

3. ～你进什么学堂，我总负责接济你经费。(巴金《家》)
　　～ nǐ jìn shénme xuétáng, wǒ zǒng fùzé jiējì nǐ jīngfèi.

4. 作为艺术工作者，～属于哪一种角色，人人都一样受到了应有的重视。(邓拓《文丑与武丑》)
　　Zuòwéi yìshù gōngzuòzhě, ～ shǔyú nǎ yì zhǒng juésè, rénrén dōu yíyàng shòudàole yīngyǒu de zhòngshì.

5. 快上去躲起来，～出了什么事也不要动，一切有我应付。(王愿坚《党费》)
　　Kuài shàng qu duǒ qilai, ～ chūle shénme shì yě búyào dòng, yíqiè yǒu wǒ yìngfu.

6. ～有什么急事，他也不肯放弃了听广播。(老舍《四世同堂》)
　　～ yǒu shénme jí shì, tā yě bù kěn fàngqìle tīng guǎngbō.

7. ～多累，他都坚持去夜校。
　　～ duō lèi, tā dōu jiānchí qù yèxiào.

"不管"后边并列表示选择的词语，中间常带连词"和""或者""还是"表示在这样或那样情况下(结果不变)，常有"都""也"等副词和它呼应：

不管 is followed by two alternative coordinate words or phrases connected by 和，或者 or 还是 to make an alternative conditional-concessive clause, and is used usually in conjunction with 都，也 or 总：

8. 多少人～环境的恶劣和情况的险恶，为了人民的幸福，他们忍受了多少的艰难困苦，做了多少有意义的工作啊！(陶铸《松树的风格》)
　　Duōshǎo rén ～ huánjìng de èliè hé qíngkuàng de xiǎn·è, wèile rénmín de xìngfú, tāmen rěnshòule duōshǎo de jiānnán kùnkǔ, zuòle duōshǎo yǒu yìyì de gōngzuò a!

9. 要盖一所房子必得打好基础，～是砖木结构还是钢筋混凝土结构，盖在沙滩上是不行的。(吴晗《谈学术研究》)
　　Yào gài yì suǒ fángzi bì děi dǎhǎo jīchǔ, ～ shì zhuānmù jiégòu háishi gāngjīn hùnníngtǔ jiégòu, gài zài shātān shang shì bù xíng de.

10. ～买了票或没有买票的，个个都想拥上船去。(陈学昭《工作着是美丽的》)
　　～ mǎile piào huò méiyou mǎi piào de, gègè dōu xiǎng yōng shàng chuán qu.

"不管"可以连用：

不管 may be used repeatedly in a sentence：

11. ～她如何刻苦自励，～她如何保持外表的冷静，实际上她都是一个热情的天使。(巴金《秋》)
　　～ tā rúhé kèkǔ zìlì, ～ tā rúhé bǎochí wàibiǎo de lěngjìng, shíjì shang tā dōu shì yí ge rèqíng de tiānshǐ.

12. 人在冲动时，最容易表露真情，～他是好的，还是坏的，也～是善良的，还是凶恶的。(曲波《桥隆飙》)

Rén zài chōngdòng shí, zuì róngyì biǎolù zhēnqíng, ～ tā shì hǎo de, háishi huài de, yě ～ shì shànliáng de, háishi xiōng·è de.

参看"不论""无论"。

Compare 不论 bùlùn, 无论 wúlùn.

不光　bùguāng　(连词)〈口〉

同"不但":

Same as 不但 (not only):

1. 他～是个妙手呢, 还是一位快手呢!（肖木《锤与狮》）

    Tā ～ shì ge miàoshǒu, hái shì yí wèi kuàishǒu ne!

2. 从这以后, 我俩～在生活上是"互助组"了, 他还经常给我讲革命道理, 教给我做组织工作。（陈桂珍《钟声》）

    Cóng zhè yǐhòu, wǒ liǎ ～ zài shēnghuó shang shì "hùzhùzǔ" le, tā hái jīngcháng gěi wǒ jiǎng gémìng dàolǐ, jiāo gěi wǒ zuò zǔzhī gōngzuò.

3. 我～给你买了, 还给冯书记、许主任各代买了一份。（马识途《最有办法的人》）

    Wǒ ～ gěi nǐ mǎi le, hái gěi Féng shūji, Xǔ zhǔrèn gè dài mǎile yí fènr.

4. 我们……, ～自己好, 还要帮助别人, 带动大家好; ～一个人走在前面, 还要让更多的人超过我们!（李德复《万紫千红才是春》）

    Wǒmen . . . , ～ zìjǐ hǎo, hái yào bāngzhù biérén, dàidòng dàjiā hǎo; ～ yí ge rén zǒu zài qiánmiàn, hái yào ràng gèng duō de rén chāoguò wǒmen!

5. ～可以造纸, 这种植物, 不论在什么时候, 也是有用处的。（李季《马兰》）

    ～ kěyǐ zào zhǐ, zhèzhǒng zhíwù, búlùn zài shénme shíhou, yě shì yǒu yòngchu de.

6. ～是那些青年小伙子全活跃起来了, 几乎人人口中都在谈论救亡问题。（杨沫《青春之歌》）

    ～ shì nàxiē qīngnián xiǎohuǒzi quán huóyuè qilai le, jīhū rénrén kǒu zhōng dōu zài tánlùn jiùwáng wèntí.

7. 侯晓丰同志这封信, ……～道理说得很透彻, 就是文词也精炼通俗, ……（曲波《桥隆飙》）

    Hóu Xiǎofēng tóngzhì zhèfēng xìn, . . . ～ dàolǐ shuō de hěn tòuchè, jiùshì wéncí yě jīngliàn tōngsú, . . .

8. 这一下子, ～是妇女, 连男人们也都笑了起来。（王子硕《评工会上》）

    Zhè yíxiàzi, ～ shì fùnǚ, lián nánrénmen yě dōu xiàole qilai.

不过　búguò　(连词)

连接分句, 表示转折, 后面可有停顿; 意思和用法大致同"但是", 但后一分句如有主语, "不过"可在主语前也可在谓语前:

Connects a concessive or contrastive clause to the preceding clause and may be followed by a pause. It is basically similar to 但是 in meaning and usage, but if the second clause has its own subject, 不过 may occur either before the subject or the predicate:

A 用于后一分句, 对前面所说的事情加以补充或修正:

Used in the second clause introducing a supplement or amendment to the foregoing statement:

1. 他这么一讲, 我才想起刚才出去的时候, 外边确实是起风了。～我根本没注意风的方向。（马烽《我的第一个上级》）

Tā zhème yì jiǎng, wǒ cái xiǎng qǐ gāngcái chū qu de shíhou, wàibianr quèshí shì qǐ fēng le. ～ wǒ gēnběn méi zhùyì fēng de fāngxiàng.

2. 天好像还没有放晴的意思,～没有下雨。(王西彦《曙》)
Tiān hǎoxiàng hái méi you fàng qíng de yìsi, ～ méiyou xià yǔ.

3. 这是客观条件,～客观条件是死的,人是活的。(郑开慧《冠军》)
Zhè shì kèguān tiáojiàn, ～ kèguān tiáojiàn shì sǐ de, rén shì huó de.

4. 每次开会,静兰大都是到的,～总是一面结毛衣,一面旁听,自己从不发言。(茹志鹃《春暖时节》)
Měi cì kāi huì, Jìnglán dàdōu shì dào de, ～ zǒngshì yímiàn jié máoyī, yímiàn pángtīng, zìjǐ cóng bù fā yán.

5. 我同父亲在一起时,一直学习钢琴、提琴和作曲,～,最擅长的还是舞蹈。(张扬《第二次握手》)
Wǒ tóng fùqin zài yìqǐ shí, yìzhí xuéxí gāngqín, tíqín hé zuòqǔ, ～, zuì shàncháng de háishi wǔdǎo.

6. 反对他的人不少,他～不知道就是了。
Fǎnduì tā de rén bù shǎo, tā ～ bù zhīdào jiù shì le.

B 引出与上文相对立的意思:

Introduces a statement contrasting with what precedes it:

1. 他的嘴很笨,不善于辞令,～他思路敏捷,聪明过人。
Tā de zuǐ hěn bèn, bú shànyú cílìng, ～ tā sīlù mǐnjié, cōngmíng guò rén.

2. 我们两人相处一向很好,我帮助过他,他也帮助过我,～工作上他并不给我一点方便,有时候还特别和我过不去。(马烽《太阳刚刚出山》)
Wǒmen liǎng rén xiāngchǔ yíxiàng hěn hǎo, wǒ bāngzhùguo tā, tā yě bāngzhùguo wǒ, ～ gōngzuò shang tā bìng bù gěi wǒ yìdiǎnr fāngbiàn, yǒu shíhou hái tèbié hé wǒ guò bu qù.

3. 多谢你们,～你们的意思虽好,于我却没有用。(巴金《家》)
Duōxiè nǐmen, ～ nǐmen de yìsi suī hǎo, yú wǒ què méi yǒu yòng.

不仅 bùjǐn (连词)

同"不但",多用于书面语:

Same as 不但 (not only), used mostly in written language:

1. 这一年武汉～热得出奇,而且热得闷人。(杨纤如《伞》)
Zhè yì nián Wǔhàn ～ rè de chūqí, érqiě rè de mèn rén.

2. 老人家～是老队长,而且是老党员,在群众中有威望。(刊)
Lǎorénjia ～ shì lǎo duìzhǎng, érqiě shì lǎo dǎngyuán, zài qúnzhòng zhōng yǒu wēiwàng.

3. 他们～能够想办法更有效地使用自己的双手,而且能够帮助领导把千万只手组织得更好,……
Tāmen ～ nénggòu xiǎng bànfǎ gèng yǒuxiào de shǐyòng zìjǐ de shuāng shǒu, érqiě nénggòu bāngzhù lǐngdǎo bǎ qiān wàn zhī shǒu zǔzhī de gèng hǎo, ...

4. ～你要提高警惕,各个学校的进步分子全要提高警惕。(杨沫《青春之歌》)
～ nǐ yào tígāo jǐngtì, gè gè xuéxiào de jìnbù fènzǐ quán yào tígāo jǐngtì.

5. 绍兴酒～从来是全国的名产,在国际上也很有声誉。(陈学昭《工作着是美丽

的》）

Shàoxīng jiǔ ～ cónglái shì quánguó de míngchǎn, zài guójì shang yě hěn yǒu shēngyù.

6. ～在近年因为战争中油价昂贵而不点灯,便是太平年间为了节省也是如此。(柳青《地雷》)

～ zài jìnnián yīnwèi zhànzhēng zhōng yóu jià ángguì ér bù diǎn dēng, biàn shì tàipíng niánjiān wèile jiéshěng yě shì rúcǐ.

7. 可我们大队有三个生产队～没减产,反而增产了。(徐慎《四书记》)

Kě wǒmen dàduì yǒu sān ge shēngchǎnduì ～ méi jiǎn chǎn, fǎ'ér zēng chǎn le.

"不仅仅"和"不仅"一样:

不仅仅 is equivalent to 不仅:

8. 我发现"十七"这个年龄,不仅仅是奇妙,而且是一个重要的年岁。(茹志鹃《阿舒》)

Wǒ fāxiàn "shíqī" zhège niánlíng, bùjǐnjǐn shì qímiào, érqiě shì yí ge zhòngyào de niánsuì.

9. 壁画家不仅仅是色彩绘制,他还要精通色彩的设计。(刊)

Bìhuàjiā bùjǐnjǐn shì sècǎi huìzhì, tā hái yào jīngtōng sècǎi de shèjì.

不论 búlùn （连词）

同"不管",但比"不管"书面化:

Same as 不管 (see p. 422), but more literary in style:

1. ～在任何时候,对待任何事情,都要多用心。(邓拓《多用心》)

～ zài rènhé shíhou, duìdài rènhé shìqing, dōu yào duō yòng xīn.

2. ～是何种方式,教师兼课都要由聘请单位给予适当的报酬。(报)

～ shì hé zhǒng fāngshì, jiàoshī jiān kè dōu yào yóu pìnqǐng dānwèi jǐyǔ shìdàng de bàochóu.

3. ～怎样,人家总是在忠心耿耿,为国为民。(吴强《堡垒》)

～ zěnyàng, rénjia zǒngshì zài zhōngxīn gěnggěng, wèi guó wèi mín.

4. 她见过那个刘明华,她认为～从哪一方面说,他也不如赵九喜好。(刘真《春大姐》)

Tā jiànguo nàge Liú Mínghuá, tā rènwéi ～ cóng nǎ yì fāngmiàn shuō, tā yě bùrú Zhào Jiǔxǐ hǎo.

5. 还必须估计到,～我们如何加强教育,孩子总还会沾染上一些坏行为、坏习惯,……(张世续《禁于未发》)

Hái bìxū gūjìdào, ～ wǒmen rúhé jiāqiáng jiàoyù, háizi zǒng hái huì zhānrǎn shang yìxiē huài xíngwéi, huài xíguàn, ...

6. ～是赛马、射箭或者摔跤,都不断地引起牧民们"乌哈依!乌哈依!"的热烈赞美的喊声。(玛拉沁夫《花的草原》)

～ shì sàimǎ, shèjiàn huòzhě shuāijiāo, dōu búduàn de yǐnqǐ mùmínmen "Wūhāyī! Wūhāyī!" de rèliè zànměi de hǎn shēng.

7. ～是区、乡干部,～是婆姨、老汉,也～是认识的不认识的,只要一袋烟工夫,他就同人家拉扯得滚瓜烂熟。(李季《马兰》)

～ shì qū, xiāng gànbù, ～ shì póyí, lǎohàn, yě ～ shì rènshi de bú rènshi de, zhǐ yào yí dài yān gōngfu, tā jiù tóng rénjia lāchě de gǔnguālànshú.

不然 bùrán （连词）

A 同"否则"，但比"否则"口语化，是"如果不这样"的意思；后面可有停顿：

Same as 否则 but more colloquial, means "otherwise" and may be followed by a pause：

1. 刘医生要他身体复原再回去，～，回到厂里饮食不小心，又会送到医院里来的。（周而复《上海的早晨》）

   Liú yīshēng yào tā shēntǐ fùyuán zài huí qu, ～, huídào chǎng li yǐnshí bù xiǎoxīn, yòu huì sòngdào yīyuàn li lái de.

2. 咱们社里的丰产棉花，有四五十亩起了虫，问问他，看有办法治没有，～，今秋里一百二十斤的目标，可就难达到了！（西戎《宋老大进城》）

   Zánmen shè li de fēngchǎn miánhua, yǒu sì wǔ shí mǔ qǐle chóng, wènwen tā, kàn yǒu bànfǎ zhì méiyou, ～, jīn qiū li yìbǎi èrshí jīn de mùbiāo, kě jiù nán dádào le!

3. 妈妈说我应该帮助她，～呢，她不能再管我了。（老舍《月牙儿》）

   Māma shuō wǒ yīnggāi bāngzhù tā, ～ ne, tā bù néng zài guǎn wǒ le.

4. 鲜明的性格创造是离不开真实的表演的，～，怎么会可信呢？（刊）

   Xiānmíng de xìnggé chuàngzào shì lí bu kāi zhēnshí de biǎoyǎn de, ～, zěnme huì kěxìn ne?

"不然"前面加"要"或后面加"的话"时，假设的语气更重些：

要 may be inserted before 不然, or with 的话 after it, to make the supposition sound more emphatic：

5. 多亏这孩子打了预防针，～的话，一定会传染上那个病。

   Duōkuī zhè háizi dǎle yùfángzhēn, ～ dehuà, yídìng huì chuánrǎn shang nàge bìng.

6. 幸亏纸片片被灰尘埋得几乎看不出来，要～给老伴捞去剪了鞋样子，才糟糕呢。（柳青《恨透铁》）

   Xìngkuī zhǐpiànpian bèi huīchén mái de jīhū kàn bu chūlái, yào ～ gěi lǎobànr lāo qu jiǎnle xiéyàngzi, cái zāogāo ne.

B 表示选择，如果不是这种情况，就是那种情况；"不然"前边可以加"再"，后边常有"就"：

Or；indicates alternation. It may be preceded by 再 and is often followed by 就：

1. 我们常常开着窗，一面望月，一面闲谈，～就学作诗。（巴金《家》）

   Wǒmen chángcháng kāizhe chuāng, yímiàn wàng yuè, yímiàn xiántán, ～ jiù xué zuò shī.

2. 人们都不到地里去了，……他们不找村干部，就找工作组。～他们自己就一群群的议论。（丁玲《太阳照在桑干河上》）

   Rénmen dōu bú dào dì li qù le, ... tāmen bù zhǎo cūn gànbù, jiù zhǎo gōngzuòzǔ. ～ tāmen zìjǐ jiù yì qúnqún de yìlùn.

3. 以前人家讨厌他，背后说他是刺一刀子都不见血的人，见面顶多冷冷地一笑，～歪过脸装没看见，便走开了。（柳青《地雷》）

   Yǐqián rénjia tǎoyàn tā, bèihòu shuō tā shì cì yì dāozi dōu bú jiàn xiě de rén, jiàn miàn dǐng duō lěnglěng de yí xiào, ～ wāiguo liǎn zhuāng méi kànjiàn, biàn zǒukāi le.

不如 bùrú (连词)

在两项事物中加以比较选择，用"不如"引出说话人认为比较好的作法；有时与"与其""如其"连用，前面是舍弃的一面，后面是选取的一面：

Having compared two alternatives，不如 is used to introduce the preference. Sometimes 不如 is used in conjunction with 与其 or 如其 which introduces the rejected choice：

1. 说这些话有什么用？～谈点别的。(杨沫《青春之歌》)
   Shuō zhèxiē huà yǒu shénme yòng? ～ tán diǎnr biéde.

2. 这工作这么难，还～到队里干活儿去。(李准《耕云记》)
   Zhè gōngzuò zhème nán, hái ～ dào duì li gàn huór qu.

3. 与其说他们喝的是酒，～说他们咽下的是泪。(谌容《人到中年》)
   Yǔqí shuō tāmen hē de shì jiǔ, ～ shuō tāmen yàn xia de shì lèi.

4. 那里面有空处，与其在这里与人吵闹，～将老爹迁过去还安静些。(沈起予《难民船》)
   Nà lǐmiàn yǒu kòngchù, yǔqí zài zhèlǐ yǔ rén chǎonào, ～ jiāng lǎodiē qiān guòqu hái ānjìng xiē.

5. 我们两个都是刚出校门，办事不知深浅，说话没有分寸，如其等待将来弄不好，倒～事前把话说明白。(慕湘《晋阳秋》)
   Wǒmen liǎng ge dōu shì gāng chū xiàomén, bàn shì bù zhī shēnqiǎn, shuō huà méi yǒu fēncùn, rúqí děngdài jiānglái nòng bu hǎo, dào ～ shìqián bǎ huà shuō míngbai.

有时没有明显的比较，"不如"表示最好的作法：

Sometimes 不如 does not clearly indicate comparison but shows the best course of action or the best choice.

6. 我以为如果艺术之宫里有这么麻烦的禁令，倒～不进去。(鲁迅《华盖集》题记)
   Wǒ yǐwéi rúguǒ yìshù zhī gōng li yǒu zhème máfan de jìnlìng, dào ～ bú jìn qu.

7. ～在这里宿营吧，后面还有不少车子在赶上来呢！(陈学昭《工作着是美丽的》)
   ～ zài zhèlǐ sùyíng ba, hòumiàn hái yǒu bùshǎo chēzi zài gǎn shanglai ne!

不只 bùzhǐ (连词)

同"不但"：

Same as 不但 (not only)：

1. 他～把这些都同杨亮谈过，并且也在干部中进行很多说服和争取的工作。(丁玲《太阳照在桑干河上》)
   Tā ～ bǎ zhèxiē dōu tóng Yáng Liàng tánguo, bìngqiě yě zài gànbù zhōng jìnxíng hěn duō shuōfú hé zhēngqǔ de gōngzuò.

2. 我们～要把科学社会主义作为整体加以研究，而且要分别研究社会主义的经济科学和政治科学。(刊)
   Wǒmen ～ yào bǎ kēxué shèhuìzhǔyì zuòwéi zhěngtǐ jiāyǐ yánjiū, érqiě yào fēnbié yánjiū shèhuìzhǔyì de jīngjì kēxué hé zhèngzhì kēxué.

3. 他～是我的上级，还是我的入党介绍人。(马烽《太阳刚刚出山》)
   Tā ～ shì wǒ de shàngjí, hái shì wǒ de rù dǎng jièshàorén.

4. 我现在～是下乡了，还上山了，～是上山了，也下水了。(邓拓《上山、下乡、下水》)

Wǒ xiànzài ～ shì xià xiāng le, hái shàng shān le, ～ shì shàng shān le, yě xià shuǐ le.

5. ～他自己成天、成月、成年局促于会议室中,也拖进一批以至大批的人,和他共命运,……(吴晗《论开会》)

　　～ tā zìjǐ chéngtiān, chéngyuè, chéngnián júcù yú huìyìshì zhōng, yě tuō jìn yì pī yìzhì dàpī de rén, hé tā gòng mìngyùn, ...

除非　　chúfēi　　(连词)

指出唯一的先决条件,常跟"才""不"等呼应:

Introduces the only necessary precondition and is often used in conjunction with 才 or 不, etc.:

A"除非……才……"表示只有这样,才能产生某种结果:

The construction 除非...才... (only if, only when) indicates that only in a certain way can some result be achieved.

1. ～车子的毛病太大,他无法整治了,才去向胡文发请教。(和谷岩《枫》)

　　～ chēzi de máobìng tài dà, tā wúfǎ zhěngzhì le, cái qù xiàng Hú Wénfā qǐngjiào.

2. 这种童年的真实的情感,～到死,才会在心底里完全消失。(陈学昭《工作着是美丽的》)

　　Zhèzhǒng tóngnián de zhēnshí de qínggǎn, ～ dào sǐ, cái huì zài xīndǐ li wánquán xiāoshī.

3. ～有病,他才请假。

　　～ yǒu bìng, tā cái qǐng jià.

"除非……(才)……否则(不然)……不(没有)……"表示只有这样才能有某种结果,再从反面重复说明:

In the construction 除非...(才)... 否则(不然)...不(没有), the first part 除非...才... indicates that only in a certain way can some result be achieved. The double negative construction 否则(不然)...不(没有) is used to reinforce the statement mentioned above:

4. ～有病,他才请假,否则是不会的。

　　～ yǒu bìng, tā cái qǐng jià, fǒuzé shì bú huì de.

5. ～下雨,运动会才会改期,否则是不会改变时间的。

　　～ xià yǔ, yùndònghuì cái huì gǎi qī, fǒuzé shì bú huì gǎibiàn shíjiān de.

有时,只着重从反面说明,"才……"则被省略:

Sometimes only the reinforcing statement is kept and 才... is deleted:

6. ～下雨,否则运动会是不会改期的。

　　～ xià yǔ, fǒuzé yùndònghuì shì bú huì gǎi qī de.

7. ～他们走来把我们一个个都杀死,不然,我们是不会缴租的。(叶紫《丰收》)

　　～ tāmen zǒu lái bǎ wǒmen yí gègè dōu shāsǐ, bùrán, wǒmen shì bú huì jiāo zū de.

B"除非……"有"除了……"的意思,表示这是唯一能改变下面所述的结果的条件:

除非... means 除了..., indicating the only condition which can change the result:

1. ～下雨,运动会是不会改期的。

　　～ xià yǔ, yùndònghuì shì bú huì gǎi qī de.

2. 县城倒是驻有军队,～将来事情闹大了,他们是不会下乡的。(杨纤如《伞》)

Xiànchéng dào shi zhù yǒu jūnduì, ~ jiānglái shìqing nàodà le, tāmen shì bú huì xià xiāng de.

3. ~钱塘江的大潮,更有什么自然界的声音能和它的雄壮和气势相比呢?(陈学昭《工作着是美丽的》)

~ Qiántángjiāng de dà cháo, gèng yǒu shénme zìránjiè de shēngyīn néng hé tā de xióngzhuàng hé qìshì xiāng bǐ ne?

这唯一的条件可以放在结果之后:
Sometimes the only condition may be placed after the result:

4. 我决心不放弃这个伟大的形象,~他们能从我心上夺走。(刊)

Wǒ juéxīn bú fàngqì zhège wěidà de xíngxiàng, ~ tāmen néng cóng wǒ xīnshang duózǒu.

C "要……除非……"指出要想取得某种结果,用"除非"引出唯一的条件:
In the construction 要...除非..., 要 indicates one's purpose or aim and 除非 ... introduces the only necessary condition:

1. 若要人不知,~己莫为。

Ruò yào rén bù zhī, ~ jǐ mò wéi.

2. 要想我不惦着你们,~是我两腿一伸,咽下这口气。(杨朔《三千里江山》)

Yào xiǎng wǒ bú diànzhe nǐmen, ~ shì wǒ liǎng tuǐ yì shēn, yàn xia zhèkǒu qì.

有时那条件是不可能实现的,就说明前面想做的是不可能的事:
Sometimes 除非 introduces an impossible condition so as to indicate that the aim stated in the first clause is an impossibility:

3. 要竹叶子主动去找你,~是夜里亮起太阳来。(刊)

Yào zhúyèzi zhǔdòng qu zhǎo nǐ, ~ shì yè li liàng qǐ tàiyáng lai.

4. 我说呀,把这个半人半鬼变成一个全人,~是驴头上长角。(吴强《堡垒》)

Wǒ shuō ya, bǎ zhège bàn rén bàn guǐ biànchéng yí ge quánrén, ~ shì lú tóu shang zhǎng jiǎo.

此后 cǐhòu （连词）

意思是从这个时候以后,可以用于句首或分句之间:
Henceforth; can occur at the head of a sentence or between clauses:

1. 在井坪老营一线给敌人以打击,敌人纷纷北退,偏关随即收复,~,北边再没有什么激烈的战争。(柳青《肖克将军会见记》)

Zài Jǐngpíng lǎoyíng yí xiàn gěi dírén yǐ dǎjī, dírén fēnfēn běi tuì, Piānguān suíjí shōufù, ~, běibiānr zài méi yǒu shénme jīliè de zhànzhēng.

2. ~一连几日,变了天,飘飘洒洒落着凉雨,不能出门。(杨朔《雪浪花》)

~ yìlián jǐ rì, biànle tiān, piāopiāosǎsǎ luòzhe liáng yǔ, bù néng chū mén.

3. 出到门外,只听得它在虎儿口里,微弱凄苦的啾啾的叫了几声,~便没有了声息。(冰心《寄小读者》)

Chūdào mén wài, zhǐ tīngdé tā zài Hǔ·er kǒu li, wēiruò qīkǔ de jiūjiū de jiàole jǐ shēng, ~ biàn méi yǒule shēngxī.

4. ~又有近处的本家和亲戚来访问我。(鲁迅《故乡》)

~ yòu yǒu jìnchù de běnjiā hé qīnqi lái fǎngwèn wǒ.

此外 cǐwài （连词）

意思是除了上面所说的事物或情况以外；后面可有停顿：

Besides; may be followed by a pause：

A "此外"后边是肯定形式，表示除了前边讲的还别的，后边常带"再""还""也"等副词：

Followed by an affirmative construction, means "in addition" and is usually followed by an adverb such as 再, 还 or 也, etc.

1. 我说外间的寓所已经租定了，又买了几件家具，～须将家里所有的木器卖去，再去增添。（鲁迅《故乡》）

   Wǒ shuō wàijiān de yùsuǒ yǐjīng zūdìng le, yòu mǎile jǐ jiàn jiājù, ～ xū jiāng jiā li suǒyǒu de mùqì mài qù, zài qù zēngtiān.

2. 光是饭堂还不算，～还得建立宿舍、洗衣馆、理发馆……（欧阳山《三家巷》）

   Guāng shì fàntáng hái bú suàn, ～ hái děi jiànlì sùshè, xǐyīguǎn, lǐfàguǎn ...

3. ～，因环境与知识的特异，又使一部分车夫另成派别。（老舍《骆驼祥子》）

   ～, yīn huánjìng yǔ zhīshi de tèyì, yòu shǐ yíbùfen chēfu lìng chéng pàibié.

B "此外"后边是否定形式，表示除了上面所说的，没有别的：

Followed by a negative construction, means "except for that, apart from that"：

1. 觉慧的催促的眼光提醒了他，他明白自己必须回到那里去，～再没有别的办法。（巴金《家》）

   Juéhuì de cuīcù de yǎnguāng tíxǐngle tā, tā míngbai zìjǐ bìxū huídào nàli qu, ～ zài méi yǒu biéde bànfǎ.

2. 总共三个房间，已经住满了人，……，再就没有什么房屋了。（王汶石《通红的煤》）

   Zǒnggòng sān ge fángjiān, yǐjīng zhùmǎnle rén, ... ～, zài jiù méi yǒu shénme fángwū le.

3. ……他在专心一志的看戏，只在一个地方摇了摇头。～，王科长再没观察出其他什么来。（南丁《科长》）

   ... Tā zài zhuānxīnyízhì de kàn xì, zhǐ zài yí ge dìfang yáo le yáo tóu. ～, Wáng kēzhǎng zài méi guānchá chū qítā shénme lai.

4. 他除了……和同事们说几句公事上的话；……也说几句照例的应酬话，～就不开口了。（冰心《超人》）

   Tā chúle ... hé tóngshìmen shuō jǐ jù gōngshì shang de huà; ... yě shuō jǐ jù zhàolì de yìngchou huà, ～ jiù bù kāi kǒu le.

从此 cóngcǐ （连词）

意思是"从前面指出的时间起"，有时也可以说"从此以后"；连接句子或分句，后面可有停顿：

From this time on, from now on, from then on; sometimes can also take the form 从此以后. It is used to connect two sentences or clauses and may be followed by a pause：

1. ～他越发的活泼起来，工作得非常紧张。（姚雪垠《差半车麦秸》）

   ～ tā yuèfā de huópo qilai, gōngzuò de fēicháng jǐnzhāng.

2. 十四岁上，小铁牛就入团了，村上的小孩子们……成天跟着他转。～，小铁牛无形中就成了小孩子们的领头。（方之《在泉边》）

   Shísì suì shang, xiǎo Tiěniú jiù rù tuán le, cūnshang de xiǎoháizimen ... chéngtiān gēnzhe tā zhuàn. ～, xiǎo Tiěniú wúxíngzhōng jiù chéngle xiǎoháizimen de lǐngtóu.

3. 他鼓励我许多话。～，我心里更亮堂了，有了奔头，浑身是劲。(陈桂珍《钟声》)

   Tā gǔlì wǒ xǔduō huà. ～, wǒ xīnli gèng liàngtang le, yǒule bèntou, húnshēn shì jìnr.

4. 她在牺牲前把这把梳子给了我；～以后，我一见这把梳子，就想起她来。(杨沫《青春之歌》)

   Tā zài xīshēng qián bǎ zhè bǎ shūzi gěile wǒ; ～ yǐhòu, wǒ yí jiàn zhèbǎ shūzi, jiù xiǎng qǐ tā lai.

5. ～以后，周炳找到了一件可干的事情，他参加了省港罢工委员会庶务部的工作。(欧阳山《三家巷》)

   ～ yǐhòu, Zhōu Bǐng zhǎodàole yí jiàn kě gàn de shìqing, tā cānjiāle Shěng Gǎng bàgōng wěiyuánhuì shùwùbù de gōngzuò.

6. ～以后，县城里跑步的渐渐多起来了。(恽建新《跑步》)

   ～ yǐhòu, xiànchéng li pǎobù de jiànjiàn duō qilai le.

从而 cóng·ér (连词)

引出结果或进一步的行动；连接同一主语的分句：

In a complex sentence 从而 is used to connect two clauses which share the same subject and introduces the result or further action:

1. 她……虽然才二十五岁，已经受过那么多严峻的考验，～得到群众衷心的爱戴。(陈学昭《工作着是美丽的》)

   Tā ... suīrán cái èrshí wǔ suì, yǐjīng shòuguo nàme duō yánjùn de kǎoyàn, ～ dédào qúnzhòng zhōngxīn de àidài.

2. 漫画不夸张就不能成为漫画，夸张是为了更深刻、风趣地揭露事物的本质，～提醒人们及时地克服缺点。(报)

   Mànhuàr bù kuāzhāng jiù bù néng chéngwéi mànhuàr, kuāzhāng shì wèile gèng shēnkè, fēngqù de jiēlù shìwù de běnzhì, ～ tíxǐng rénmen jíshí de kèfú quēdiǎn.

3. 张军长被联军各将领推举为军事的领袖，～又做了政治的领袖。(巴金《家》)

   Zhāng jūnzhǎng bèi liánjūn gè jiànglǐng tuījǔwéi jūnshì de lǐngxiù, ～ yòu zuòle zhèngzhì de lǐngxiù.

4. 他须承认自己的不能尽忠国家的罪过，～去勇敢的受刑。(老舍《四世同堂》)

   Tā xū chéngrèn zìjǐ de bù néng jìn zhōng guójiā de zuìguò, ～ qù yǒnggǎn de shòu xíng.

但 dàn (连词)

同"但是"，多用于书面语：

Same as 但是 (but, however), but mainly used in written language:

1. 一个文学工作者学习的范围广泛得很，～在这里我只是谈书本的学习。(孙犁《文艺、学习》)

   Yí ge wénxué gōngzuòzhě xuéxí de fànwéi guǎngfàn de hěn, ～ zài zhèlǐ wǒ zhǐshì tán shūběn de xuéxí.

2. 也许他是糊涂，～他决不是害着精神病。(杨朔《雪花飘在满洲》)

   Yěxǔ tā shì hútu, ～ tā jué bú shì hàizhe jīngshénbìng.

3. 布良江水比以往更加浑浊，～鹅卵石滩上却比以往清洁了。(公刘《太阳的家

乡》)

Bùliángjiāng shuǐ bǐ yǐwǎng gèngjiā húnzhuó, ～ éluǎnshí tān shang què bǐ yǐwǎng qīngjié le.

4. 平郡王虽说受了委屈，～，不仅不怨阿哥，反而更加心悦诚服。(端木蕻良《曹雪芹》)

Píngjùnwáng suīshuō shòule wěiqu, ～, bùjǐn bú yuàn āgē, fǎnˊ ér gèngjiā xīnyuèchéngfú.

5. 两个人虽没吵起来，～我心里很不痛快。(茹志鹃《同志之间》)

Liǎng ge rén suī méi chǎo qilai, ～ wǒ xīnli hěn bú tòngkuai.

但凡   dànfán   (连词)

A 表示最低的条件，有"只要"的意思：

As long as, so long as; indicates a minimum condition：

1. 真是好孩子！你表哥～有你一半儿，我也心满意足了！(端木蕻良《曹雪芹》)

Zhēn shì hǎo háizi! Nǐ biǎogē ～ yǒu nǐ yíbànr, wǒ yě xīnmǎnyìzú le!

2. 后首遇见敌机，～能开，我就不停车。(杨朔《三千里江山》)

Hòushǒu yùjian díjī, ～ néng kāi, wǒ jiù bù tíng chē.

3. 他们都是无田无地的穷人哪！～自己有地，怎么能当佃户呢？(曲波《桥隆飙》)

Tāmen dōu shì wú tián wú dì de qióng rén na! ～ zìjǐ yǒu dì, zěnme néng dāng diànhù ne?

4. ～一息尚存，他是要找机会来实现他的主张的。(茅盾《三人行》)

～ yìxīshàngcún, tā shì yào zhǎo jīhuì lái shíxiàn tā de zhǔzhāng de.

B "但凡"还有"凡"或"凡是"的意思，有限定范围的作用，常有"都""总"等与其呼应：

In every case, all, without exception; serves to set a scope or range for what the speaker refers to. It is usually accompanied by 都, 总 etc.：

1. ……你去调查调查，～住进新房的，都有点说道。(毕方《战友》)

... nǐ qù diàochá diàochá, ～ zhù jin xīn fáng de, dōu yǒu diǎnr shuōdao.

2. ～月头月尾，逢年过节，总要来看望占姐儿，问长问短。(端木蕻良《曹雪芹》)

～ yuè tóu yuè wěi, féng nián guò jié, zǒng yào lái kànwàng Zhànjiěr, wèn cháng wèn duǎn.

3. ～我碰着失意的事儿，一想起区桃，就什么都不害怕了。(欧阳山《三家巷》)

～ wǒ pèngzhao shīyì de shìr, yì xiǎng qǐ Ōu Táo, jiù shénme dōu bú hàipà le.

4. 中外古今、文史哲理……～能涉猎到的，她都有兴趣。(刊)

Zhōng wài gǔ jīn, wén shǐ zhé lǐ ... ～ néng shèliè dàode, tā dōu yǒu xìngqù.

但是   dànshì   (连词)

表示转折；主要连接分句、句子或段落，后面可有停顿；也可连接词、短语或结构。"但是"后的分句或句子如另有主语，"但是"必须在主语前：

But, however; mainly connects clauses, sentences or paragraphs and may have a pause after it. It may also connect words, phrases or constructions. If the clause or sentence after 但是 has its own subject, 但是 must occur before the subject：

A "但是"所引出的和前面的语句的意思并不矛盾，而是对前面语句的补充：

What 但是 introduces is not contrary to what precedes it but rather serves as a supplement：

1. 他的年纪稍微轻一点,脸也要瘦些,～一双眼睛非常地明亮。(巴金《家》)

   Tā de niánji shāowēi qīng yìdiǎnr, liǎn yě yào shòu xiē, ～ yì shuāng yǎnjing fēicháng de míngliàng.

2. 要多读书,用功读书,～还得善于读书。(吴晗《谈读书》)

   Yào duō dú shū, yònggōng dú shū, ～ hái děi shànyú dú shū.

3. 山坡还是那些山坡,村庄还是那些村庄;～,山坡上的果树变多了,村庄里增盖了不少新房,……(孙谦《南山的灯》)

   Shānpō hái shì nàxiē shānpō, cūnzhuāng hái shì nàxiē cūnzhuāng; ～, shānpō shang de guǒshù biànduōle, cūnzhuāng li zēng gàile bùshǎo xīn fáng, ...

4. 他说话开始有点结巴,～只要说下去,它就流畅起来了。(杨沫《青春之歌》)

   Tā shuō huà kāishǐ yǒudiǎnr jiēba, ～ zhǐyào shuō xiaqu, tā jiù liúchàng qilai le.

5. 花是普通的纸做的,做得也并不好看,～每一个花瓣都涂上了不同的颜色,而且发出浓郁的香水味。(茹志鹃《给我一支枪》)

   Huā shì pǔtōng de zhǐ zuò de, zuò de yě bìng bù hǎokàn, ～ měi yí ge huābàn dōu tú shang le bù tóng de yánsè, érqiě fā chū nóngyù de xiāngshuǐ wèir.

B "但是"前后两层意思是相对的,前边常加"虽然""尽管",后边有时有"却""仍然""还""也"等：

If the statements preceding and following 但是 are contrary in meaning, then the preceding statement usually begins with 虽然 or 尽管；while 却, 仍然, 还 or 也 etc. sometimes occurs in the subsequent statement：

1. 虽然街上充满着恐怖的空气,～花园里却是幽静、安闲。(巴金《家》)

   Suīrán jiē shang chōngmǎnzhe kǒngbù de kōngqì, ～ huāyuán li què shì yōujìng, ānxián.

2. 他的个子虽不高大,～十分强壮。(叶紫《山村一夜》)

   Tā de gèzi suī bù gāodà, ～ shífēn qiángzhuàng.

3. 戏曲改革工作尽管经过曲折的道路,～取得了很大的成绩。(报)

   Xìqǔ gǎigé gōngzuò jǐnguǎn jīngguò qūzhé de dàolù, ～ qǔdéle hěn dà de chéngjī.

有时,"但是"可以提前置于"虽然""尽管"所引进的从句之前,而其所引进的主句仍留在原处。这样,"但是"后必有停顿：

Sometimes，但是 can be placed in front of the 虽然 or 尽管 subclause，but the main clause it introduces remains in the original position. In such cases, there must be a pause after 但是：

4. 你们的困难不少。～,我虽然很想帮助你们,却是力不从心。

   Nǐmen de kùnnan bùshǎo. ～, wǒ suīrán hěn xiǎng bāngzhù nǐmen, què shì lìbùcóngxīn.

5. 今天就讲到这里。～,尽管我已经讲得不少了,我还有很多要说的,下次再讲。

   Jīntiān jiù jiǎngdào zhèlǐ. ～, jǐnguǎn wǒ yǐjīng jiǎngde bùshǎo le, wǒ hái yǒu hěn duō yào shuō de, xià cì zài jiǎng.

C "但是"连接句子或段落时,前面一般不用"虽然、尽管"：

When 但是 is used to connect sentences or paragraphs, generally speaking neither 虽然 nor 尽管 is used：

写作必须写自己生活实际中的事情，……～，可惜得很，若干年来，我们有不少作家并不懂得这样简单的道理。(吴晗《谈写作》)

Xiězuò bìxū xiě zìjǐ shēnghuó shíjì zhōng de shìqing，... ～，kěxī de hěn，ruògān nián lái，wǒmen yǒu bùshǎo zuòjiā bìng bù dǒngde zhèyàng jiǎndān de dàolǐ.

D "但是"有时连接两个意思相对的词或短语；"但是"后不能有停顿：

Sometimes 但是 is used to connect two words or phrases contrary to each other in meaning. In such cases 但是 can not be followed by a pause.

1. 一条东西石板大街，狭窄～洁净，有半里多长。(吴强《堡垒》)
   Yì tiáo dōng xī shíbǎn dàjiē，xiázhǎi ～ jiéjìng，yǒu bàn lǐ duō cháng.

2. 车子渐渐地走上了宽阔的～高低不平的泥路——大车路。(陈学昭《工作着是美丽的》)
   Chēzi jiànjiàn de zǒu shang le kuānkuò de ～ gāo dī bù píng de ní lù —— dàchē lù.

3. 我鼓励了他这微小的，～重要的进步。(曲波《桥隆飙》)
   Wǒ gǔlìle tā zhè wēixiǎo de，～ zhòngyào de jìnbù.

参看"但"。

Compare 但 dàn.

等到 děngdào （连词）

引出事情发生的时间或条件，后边多为短语或句子，也可加"……的时候""以后"等：

Introduces the time by which something happens or the condition for it to happen, and is generally followed by a phrase or clause. Sometimes …的时候 or 等到…以后 is added：

1. ～生活比较安定了，一切烦杂的事情她也尽可能地设法减少些，可是，孩子又病了。(陈学昭《工作着是美丽的》)
   ～ shēnghuó bǐjiào āndìng le，yíqiè fánzá de shìqing tā yě jìn kěnéng de shèfǎ jiǎnshǎo xiē，kěshì，háizi yòu bìng le.

2. ～敌人完全布置好，我们想还手也来不及了。(老舍《四世同堂》)
   ～ dírén wánquán bùzhì hǎo，wǒmen xiǎng huán shǒu yě lái bu jí le.

3. 以后～条件好了，一定买它几口大缸，一个装糯米，一个装卤咸鸡，一个装猪油……(刊)
   Yǐhòu ～ tiáojiàn hǎo le，yídìng mǎi tā jǐ kǒu dà gāng，yí ge zhuāng nuòmǐ，yí ge zhuāng lǔ xiánjī，yí ge zhuāng zhūyóu ...

4. 他走了，～我再回过头来的时候，他又出现在丁香花树的后面。(肖军《军中》)
   Tā zǒu le，～ wǒ zài huí guò tóu lai de shíhou，tā yòu chūxiàn zài dīngxiānghuā shù de hòumiàn.

5. ～那个时候，日子就会好起来的。(欧阳山《三家巷》)
   ～ nàge shíhou，rìzi jiù huì hǎo qilai de.

6. ～听完公安局同志的情况介绍、翻完卷宗以后，他的脸上才显露出强烈的表情来。(刘心武《班主任》)
   ～ tīngwán gōng'ānjú tóngzhì de qíngkuàng jièshào，fānwán juànzōng yǐhòu，tā de liǎn shang cái xiǎnlù chū qiángliè de biǎoqíng lai.

"等到"也可省略为"等"，意思不变，以上"等到"都可换为"等"，下例中"等"也可换为"等到"：

等到 may be replaced by 等 without affecting the meaning. Such is the case in the above examples. Similarly，等 in the following example may be replaced by 等到：

7. 等惊慌平息之后,大家都愤怒得像老虎似的,漫骂并追究起熄灯的人来。(姚雪垠《差半车麦秸》)

Děng jīnghuāng píngxī zhī hòu, dàjiā dōu fènnù de xiàng lǎohǔ shìde, mànmà bìng zhuījiù qǐ xī dēng de rén lai.

而 ér (连词)

A 连接的成分语意相对或相反,表示转折：

But，yet；is used to connect components or elements which are contrary in meaning：

1) 连接两个语义相对的形容词、动词,以及各种结构、短语等：

Used to connect adjectives, verbs, phrases or other constructions that are contrary to each other in meaning：

1. 孔乙己是站着喝酒～穿长衫的唯一的人。(鲁迅《孔乙己》)

Kǒng Yǐjǐ shì zhànzhe hē jiǔ ～ chuān chángshān de wéiyī de rén.

2. 它们象征着千千万万朴实～又崇高,平凡～又伟大的劳动者。(李杭育、李庆田《白桦树沙沙响》)

Tāmen xiàngzhēngzhe qiānqiānwànwàn pǔshí ～ yòu chónggāo, píngfán ～ yòu wěidà de láodòngzhě.

3. 她的脸庞是蛋形的,皮肤微黑～细润。(赵燕翼《桑金兰错》)

Tā de liǎnpáng shì dànxíng de, pífū wēi hēi ～ xìrùn.

4. 那一件……可悲～又可喜,复杂～又简单的事情终于发生了。(高缨《达吉和她的父亲》)

Nà yí jiàn ... kě bēi ～ yòu kě xǐ, fùzá ～ yòu jiǎndān de shìqing zhōngyú fāshēng le.

5. 人多～不热闹比无人的静寂更难堪——甚至于可怕。(老舍《四世同堂》)

Rén duō ～ bú rènao bǐ wú rén de jìngjì gèng nánkān —— shènzhìyú kěpà.

6. 钱家的院子不大,～满种着花。(老舍《四世同堂》)

Qián jiā de yuànzi bú dà, ～ mǎn zhòngzhe huā.

7. 住过延安～对延安没有感情的共产党员,是很难令人理解的。(柳青《延安精神》)

Zhùguo Yán·ān ～ duì Yán·ān méi yǒu gǎnqíng de gòngchǎndǎngyuán, shì hěn nán lìng rén lǐjiě de.

8. 老师对孩子,应该是:亲切～又严肃,活泼～又庄重,既是严父又是慈母……(张有德《晨》)

Lǎoshī duì háizi, yīnggāi shì: Qīnqiè ～ yòu yánsù, huópo ～ yòu zhuāngzhòng, jì shì yánfù yòu shì címǔ ...

2) 连接分句,表示两件事意思相对：

Used to connect clauses indicating that two things are contrary to each other in meaning：

9. 他已经带了徒弟,～我还把他当作跟我作学徒时的样子来看待呢!(费礼文《一年》)

Tā yǐjīng dàile túdi, ～ wǒ hái bǎ tā dàngzuò gēn wǒ zuò xuétú shí de yàngzi lai kàndài ne!

10. 正午过了……～我们,还在那株古槐树下喧喧嚷嚷地没有休停……(柳青《一天的伙伴》)

Zhèngwǔ guòle . . . ～ wǒmen, hái zài nàzhū gǔ huáishù xià xuānxuanrǎngrǎng de méiyou xiūtíng . . .

11. 业余学习之风,古已有之,不同的是古人只能凭个人的努力,～今天呢,有各种各样业余学习的机会,党和政府为愿意学习的人们准备了一切条件……(吴晗《古人的业余学习》)

Yèyú xuéxí zhī fēng, gǔ yǐ yǒu zhī, bù tóng de shì gǔrén zhǐ néng píng gèrén de nǔlì, ～ jīntiān ne, yǒu gè zhǒng gè yàng yèyú xuéxí de jīhuì, dǎng hé zhèngfǔ wèi yuànyì xuéxí de rénmen zhǔnbèile yíqiè tiáojiàn. . .

3)连接两个分句,一肯定一否定,对比说明一个道理:

Used to join two clauses, one affirmative the other negative, to explain a truth by citing a contrast:

12. 困扰从不拜访懒汉,～喜欢勤于思考的人。(建安《弗洛恩堡之夜》)

Kùnrǎo cóng bú bàifǎng lǎnhàn, ～ xǐhuan qínyú sīkǎo de rén.

13. 天文学的真理,蕴藏在浩翰的星空中,～不是在现有的典籍里。(建安《弗洛恩堡之夜》)

Tiānwénxué de zhēnlǐ, yùncáng zài hàohàn de xīngkōng zhōng, ～ bú shì zài xiàn yǒu de diǎnjí li.

14. 三个村联合在这里打井,不是打十五眼,～应当倒过来:打五十眼。(马烽《太阳刚刚出山》)

Sān ge cūn liánhé zài zhèlǐ dǎ jǐng, bú shì dǎ shíwǔ yǎn, ～ yīngdāng dào guòlai: Dǎ wǔshí yǎn.

15. 这个军队具有一往无前的精神,它要压倒一切敌人,～决不被敌人所屈服。(毛泽东《论联合政府》)

Zhège jūnduì jùyǒu yìwǎngwúqián de jīngshen, tā yào yādǎo yíqiè dírén, ～ jué bú bèi dírén suǒ qūfú.

4)连接形式上像主、谓的两部分,有"如果"或"但是"的意思,后面有结论式的句子:

When 而 is used to join two elements which function as subject and predicate, it is similar to 如果 or 但是 in meaning and is followed by a conclusion:

16. 他只觉得这么多人～没有声音,没有动作,一定埋藏着什么祸患,使他心中发颤。(老舍《四世同堂》)

Tā zhǐ juéde zhème duō rén ～ méi yǒu shēngyin, méi yǒu dòngzuò, yídìng máicángzhe shénme huòhuàn, shǐ tā xīnzhōng fā chàn.

17. 服务人员～不为人民服务,那怎么成呢?

Fúwù rényuán ～ bú wèi rénmín fúwù, nà zěnme chéng ne?

B 连接的成分语义互为补充,是顺接关系:

And; is used to connect elements which are complementary to each other, indicating addition:

1)连接并列的形容词或描写性短语:

Connects coordinate adjectives or descriptive phrases:

1. 看灯塔是一种最伟大、最高尚、～又最有诗意的生活……（冰心《往事》）
   Kàn dēngtǎ shì yì zhǒng zuì wěidà, zuì gāoshàng, ～ yòu zuì yǒu shīyì de shēnghuó
   ...

2. 她……微黑的脸上，沉静～坚决。（茹志鹃《静静的产院》）
   Tā ... wēi hēi de liǎn shang, chénjìng ～ jiānjué.

3. 他像个十岁的孩子那样单纯、天真、淘气～又真诚。（老舍《鼓书艺人》）
   Tā xiàng ge shí suì de háizi nàyàng dānchún, tiānzhēn, táoqì ～ yòu zhēnchéng.

4. 他沉默～谦虚地埋头于工作……（刘白羽《记左权同志》）
   Tā chénmò ～ qiānxū de máitóu yú gōngzuò ...

2)连接动词短语，动宾结构，主谓结构或分句等，前后有承接和递进的关系：
   Joins verbal phrases, V-O and S-P constructions or clauses; serves as a conjunction introducing a progression in meaning:

5. 十年以后，张老板已拥有一个大厂和两个作坊，一跃～为金银制作界的头面人物。（肖木《锤与狮》）
   Shí nián yǐhòu, Zhāng lǎobǎn yǐ yōngyǒu yí ge dà chǎng hé liǎng ge zuōfang, yí yuè
   ～ wéi jīn yín zhìzuòjiè de tóumiàn rénwù.

6. 实现四个现代化，需要大量人才，～专业人才严重缺乏，是当前各方面工作的一个主要矛盾。（报）
   Shíxiàn sì ge xiàndàihuà, xūyào dàliàng réncái, ～ zhuānyè réncái yánzhòng quēfá,
   shì dāngqián gè fāngmiàn gōngzuò de yí ge zhǔyào máodùn.

7. 天色逐渐加深，～月亮的光辉也逐渐加浓。（巴金《家》）
   Tiānsè zhújiàn jiā shēn, ～ yuèliang de guānghuī yě zhújiàn jiā nóng.

8. 人们很少注意她，～她也很少注意周围有些什么样的人，发生了些什么样的事……（刘克《央金》）
   Rénmen hěnshǎo zhùyì tā, ～ tā yě hěnshǎo zhùyì zhōuwéi yǒu xiē shénmeyàng de
   rén, fāshēngle xiē shénmeyàng de shì ...

9. 戏剧本是综合的艺术，～他正是这种艺术的全才。（柳青《冰雪中悼大化》）
   Xìjù běn shì zōnghé de yìshù, ～ tā zhèng shì zhèzhǒng yìshù de quáncái.

10. 这是一个非常需要技术人才，～技术力量又十分薄弱的工厂。
    Zhè shì yí ge fēicháng xūyào jìshù réncái, ～ jìshù lìliang yòu shífēn bóruò de
    gōngchǎng.

C 把表示目的、原因、依据、方式、状态等词语连接到动词上去：
   Used to connect a verb with words or phrases indicating aim, cause, basis, manner,
   etc.:

1)前面常有"因（为）""为""随"等词：
   Often preceded by 因（为）, 为, 随 etc.:

1. 他们照着几千年传下来的习惯～思索，～生活……（茅盾《〈呼兰河传〉序》）
   Tāmen zhàozhe jǐ qiān nián chuán xialai de xíguàn ～ sīsuǒ, ～ shēnghuó ...

2. 教授因愤激～双颊胀红，渗出点点汗星。（程树榛《大学时代》）
   Jiàoshòu yīn fènjī ～ shuāng jiá zhàng hóng, shèn chu diǎndiǎn hànxīng.

3. 杜小川约她到小河边走走，她推说要给爸爸妈妈写信～拒绝了。（龙凤伟《因为我爱你》）

Dù Xiǎochuān yuē tā dào xiǎohé biānr zǒuzou, tā tuīshuō yào gěi bàba māma xiě xìn
~ jùjué le.

4. 儿童的行为,出于天性,也因环境～改变。(鲁迅《漫骂》)
Értóng de xíngwéi, chūyú tiānxìng, yě yīn huánjìng ~ gǎibiàn.

5. 有些专门术语随着时代的变化～具有不同的意义……(吴晗《谈读书》)
Yǒu xiē zhuānmén shùyǔ suízhe shídài de biànhuà ~ jùyǒu bù tóng de yìyì . . .

6. 我觉得只有在为人民的利益～斗争的时候,感情才能相通,彼此才能真正理
解。(凌喻非《洪峰》)
Wǒ juéde zhǐyǒu zài wèi rénmín de lìyì ~ dòuzhēng de shíhou, gǎnqíng cái néng
xiāng tōng, bǐcǐ cái néng zhēnzhèng lǐjiě.

7. 就我们这里的情况～言,大家都喜欢工作时紧凑一些,休息时随便一些。
Jiù wǒmen zhèlǐ de qíngkuàng ~ yán, dàjiā dōu xǐhuan gōngzuò shí jǐncòu yìxiē,
xiūxi shí suíbiàn yìxiē.

8. 糖厂的活路因季节～定。
Tángchǎng de huólù yīn jìjié ~ dìng.

9. 他不知道什么问题应该解决,如何解决,只是为了～开会。(吴晗《论开会》)
Tā bù zhīdào shénme wèntí yīnggāi jiějué, rúhé jiějué, zhǐshì wèile ~ kāihuì.

2)前面用动词,形容词以及短语或结构,表示方式、状态:
Placed after a verb, adjective, phrase or construction which indicates manner:

10. 柳岸和袁有光慢步～行,边走边谈。(刘绍棠《鹧鸪天》)
Liǔ Àn hé Yuán Yǒuguāng mànbù ~ xíng, biān zǒu biān tán.

11. 你在新形势面前,是迎头赶上? 还是随波～下? (李德复《万紫千红才是春》)
Nǐ zài xīn xíngshì miànqián, shì yíng tóu gǎn shàng? Háishi suí bō ~ xià?

12. 旁边的工人一拥～上……(杨纤如《伞》)
Pángbiānr de gōngrén yì yōng ~ shàng . . .

13. 突然门外一阵气喘声,谁破门～入。(刘白羽《同志》)
Tūrán mén wài yízhèn qìchuǎn shēng, shuí pò mén ~ rù.

14. 这时,一个老人……蹒跚～来……(柳青《在故乡》)
Zhèshí, yí ge lǎorén . . . pánshān ~ lái . . .

D 前面有"由",表示状态从一个阶段过渡到另一个阶段:
Together with 由 indicates a change from one state to another:

1. 香哥儿的身子终于慢慢地由热～温,由温～冷,～变成了冰凉。(叶紫《星》)
Xiāng gēr de shēnzi zhōngyú mànmānr de yóu rè ~ wēn, yóu wēn ~ lěng, ~
biànchéngle bīngliáng.

2. 她渐渐地由悲哀～沉默……(叶紫《星》)
Tā jiànjiàn de yóu bēi·āi ~ chénmò . . .

3. 由远～近,传来了呼唤声,是爹和雪生的声音……(严振国《鹡鸰》)
Yóu yuǎn ~ jìn, chuán lai le hūhuàn shēng, shì diē hé Xuěshēng de shēngyīn . . .

4. 她由气愤～转成激怒。(葛琴《总退却》)
Tā yóu qìfèn ~ zhuǎnchéng jīnù.

5. 由冬～春,由春～夏,时间过得真快。
Yóu dōng ~ chūn, yóu chūn ~ xià, shíjiān guò de zhēn kuài.

E 可用"一而再,再而三"表示重复:

一而再,再而三 may be used to indicate repetition:

维尼纶厂……十年来一～再、再～三地因为超支而追加投资……!（柯云路
《三千万》）

Wéinílún chǎng ... shí nián lái yī ～ zài, zài ～sān de yīnwèi chāozhī ér zhuījiā
tóuzī... !

而且　érqiě　（连词）

表示进一层的意思。连接形容词、动词、助动词、以及各种短语、结构或分句等;"而
且"的前面常有"不但""不仅""不只"等,后边常有"还""也""更"等与之搭配;"而
且"连接分句,有时后面可停顿:

Moreover, in addition, but also; connects adjectives, verbs, auxiliaries, phrases, constructions or clauses. It is usually preceded by 不但,不仅,不只 etc. and followed by 还,
也, 更, etc. When 而且 is used to connect clauses, it may be followed by a pause:

1. 一片庄稼地,如果草比苗长得高～多,还能收什么庄稼呢?（廖沫沙《除草与革
命》）

    Yí piàn zhuāngjia dì, rúguǒ cǎo bǐ miáo zhǎng de gāo ～ duō, hái néng shōu shénme
    zhuāngjia ne?

2. 在一天的时间里,他们整理～编排了两千册图书。

    Zài yì tiān de shíjiān li, tāmen zhěnglǐ ～ biānpáile liǎngqiān cè túshū.

3. 江水是黄～浑浊的,看来是迂缓地静静地向前流走。（荒煤《何拐子》）

    Jiāngshuǐ shì huáng ～ húnzhuó de, kànlái shì yūhuǎn de jìngjìng de xiàng qián
    liúzǒu.

4. 他准知道,兵们又得退却,～一定是往山中去。（老舍《骆驼祥子》）

    Tā zhǔn zhīdào, bīngmen yòu děi tuìquè, ～ yídìng shì wǎng shān zhōng qù.

5. 他觉得一切不合理的事物都应该～能够迅速得到改进。（刘心武《班主任》）

    Tā juéde yíqiè bù hélǐ de shìwù dōu yīnggāi ～ nénggòu xùnsù dédào gǎijìn.

6. 如果学校来找我,证明我过去无罪,～还需要我,我当然归队。（赵羽翔《惊蛰时
节》）

    Rúguǒ xuéxiào lái zhǎo wǒ, zhèngmíng wǒ guòqù wú zuì, ～ hái xūyào wǒ, wǒ
    dāngrán guī duì.

7. 星期天的这顿中饭,就在这种心情下烧煮停当,～,也没有忘记给朋友温好四
两花雕。（茹志鹃《春暖时节》）

    Xīngqītiān de zhèdùn zhōngfàn, jiù zài zhèzhǒng xīnqíng xià shāozhǔ tíngdàng, ～,
    yě méiyou wàngjì gěi péngyou wēnhǎo sì liǎng huādiāo.

8. 他父亲留下来的一份家产就这么变小,变做没有,～现在负了债。（茅盾《春
蚕》）

    Tā fùqin liú xialai de yí fèn jiāchǎn jiù zhème biàn xiǎo, biànzuò méi yǒu, ～ xiànzài
    fùle zhài.

9. 群众不只是盼望电气化,～有力量自己搞电气化。（孙谦《南山的灯》）

    Qúnzhòng bùzhǐ shì pànwàng diànqìhuà, ～ yǒu lìliang zìjǐ gǎo diànqìhuà.

10. 不仅机枪在射击,～六零炮弹也丢过来了。（杜鹏程《延安人》）

    Bùjǐn jīqiāng zài shèjī, ～ liùlíng pàodàn yě diū guòlai le.

反之   fǎnzhī   （连词）

连接句子或分句；后面可有停顿；有书面语意味。

Connects sentences or clauses and may be followed by a pause; has a literary flavour.

A 表示后面叙述的情况和前面的相反：

     Indicates that what is introduced by 反之 is contrary to the foregoing statement or situation：

1. 他著作等身，德高望重，他不但毫无骄傲自得之态，以老辈自居之感，～，觉得自己学识浅陋，极感愧怍。(臧克家《往事忆来多》)

     Tā zhùzuò děngshēn, dégāowàngzhòng, tā búdàn háo wú jiāo·ào zìdé zhī tài, yǐ lǎobèi zìjū zhī gǎn, ～, juéde zìjǐ xuéshí qiǎnlòu, jí gǎn kuìduì.

2. （历史上早死的人多的是），只要在德、功、言方面有所建树，……早死又有什么可惜的呢？～，庸庸碌碌，醉生梦死，……活得再久，也没有意味！(任光椿《戊戌喋血记》)

     (Lìshǐ shang zǎo sǐ de rén duō de shì), zhǐyào zài dé, gōng, yán fāngmiàn yǒu suǒ jiànshù, ... zǎo sǐ yòu yǒu shénme kěxī de ne? ～, yōngyōnglùlù, zuìshēngmèngsǐ, ...huó de zài jiǔ, yě méi yǒu yìwèi!

B 表示如果条件和前面的条件相反：

     Indicates that the latter condition is contrary to the foregoing condition：

1. 皮肤温度一般为三十四度到三十七度，水温高于此温度感觉热，～感觉凉。(报)

     Pífū wēndù yìbān wéi sānshí sì dù dào sānshí qī dù, shuǐwēn gāoyú cǐ wēndù gǎnjué rè, ～ gǎnjué liáng.

有时用"反之也一样"或"反之亦然"从正反两方面说明一个规律或道理：

反之也一样 or 反之亦然 means "and vice versa"：

2. 学方言很快的人学外语也很快，～也一样。

     Xué fāngyán hěn kuài de rén xué wàiyǔ yě hěn kuài, ～ yě yíyàng.

3. 妻子要鼓励丈夫并为他提高业务创造条件，～亦然。

     Qīzi yào gǔlì zhàngfu bìng wèi tā tígāo yèwù chuàngzào tiáojiàn, ～ yì rán.

非但   fēidàn   （连词）

同"不但"；用在复句的第一分句里，第二分句有"而且""并且""也""还"等与之呼应，表示后一分句的意思比前边更进一层：

Same as 不但 (not only), is used in the first clause of a complex sentence together with 而且，并且，也 or 还 in the second clause introducing a further statement：

1. 我完全清醒了，学乖了，我～没有烧书，还写了一篇自我批判的文章，……(王西彦《晚来香》)

     Wǒ wánquán qīngxǐng le, xuéguāi le, wǒ ～ méiyou shāo shū, hái xiěle yì piān zìwǒ pīpàn de wénzhāng, ...

2. 穷人治病，拿不起钱，他～不收诊费，连药钱也分文不取。(曲波《桥隆飙》)

     Qióngrén zhì bìng, ná bu qǐ qián, tā ～ bù shōu zhěnfèi, lián yào qián yě fēnwén bù qǔ.

3. 凭什么把这样一些有价值的、乃至于～不是毒草，有的还是香花的书籍，统统……宣布为禁书呢？(刘心武《班主任》)

Píng shénme bǎ zhèyàng yìxiē yǒu jiàzhí de, nǎi zhìyú ～ bú shì dúcǎo, yǒude hái shì xiānghuā de shūjí, tǒngtǒng ... xuānbùwéi jìnshū ne?

4. 对错误的东西，……我们～不该执行，还该抵制。(刘亚舟《男婚女嫁》)

   Duì cuòwù de dōngxi, ... wǒmen ～ bù gāi zhíxíng, hái gāi dǐzhì.

5. 假如一些可有可无的报表、资料，其它分队不一定要交的话，第三分队就～要交，而且要在规定的期限之内。

   Jiǎrú yìxiē kě yǒu kě wú de bàobiǎo, zīliào, qítā fēnduì bù yídìng yào jiāo dehuà, dìsān fēnduì jiù ～ yào jiāo, érqiě yào zài guīdìng de qīxiàn zhī nèi.

"非但＋否定……反而(反倒)……"常用来说明某种情况没有引起预期的反应；而引起了相反的反应：

非但 ＋ negative ... 反而(反倒)... is often used to indicate that a situation, instead of leading to an expected reaction, has led to a contrary reaction：

1. 这银电镖～不惊，反而用嘴把箭翎衔了起来。(端木蕻良《曹雪芹》)

   Zhè yíndiànbiāo ～ bù jīng, fǎn·ér yòng zuǐ bǎ jiànlíng xiánle qǐlai.

2. 作者～不感到寂寞乏味，反倒变得情绪开朗，……(阳涛平《月下荷塘寄诗情》)

   Zuòzhě ～ bù gǎndào jìmò fáwèi, fǎndào biàn de qíngxù kāilǎng, ...

3. 左翼文化队伍～没有被消灭，反而在残酷的镇压与迫害下，……成长发展了。(报)

   Zuǒyì wénhuà duìwu ～ méiyou bèi xiāomiè, fǎn·ér zài cánkù de zhènyā yǔ pòhài xià, ... chéngzhǎng fāzhǎn le.

否则   fǒuzé   (连词)

"如果不是这样"的意思。用于后一分句的开头，表示对前一分句作出假设的否定，并指出可能产生的结果，或提供另一种选择；后面可有停顿：

If not, or else, otherwise; is used at the beginning of the second clause to point out the result which may occur or might have occured or provide an alternative. It may be followed by a pause：

1. 你找出两个证人来证明你没有撞倒这位老太太吧。～，就是你撞的。(王蒙《风筝飘带》)

   Nǐ zhǎo chū liǎng ge zhèngrén lai zhèngmíng nǐ méiyou zhuàngdǎo zhèwèi lǎotàitai ba. ～, jiù shi nǐ zhuàng de.

2. 他觉得无论如何应该给觉民帮忙，～会造成一件抱恨终身的事。(巴金《家》)

   Tā juéde wúlùn rúhé yīnggāi gěi Juémín bāng máng, ～ huì zàochéng yí jiàn bàohènzhōngshēn de shì.

3. 人家那司机显然预先躲开了她，～她的鼻子说不定撞成个扁的还是方的哩。(草明《姑娘的心事》)

   Rénjia nà sījī xiǎnrán yùxiān duǒkāile tā, ～ tā de bízi shuōbudìng zhuàngchéng ge biǎn de háishì fāng de li.

4. 把情况详细说一说，让我也了解一点，～，我这个系主任就有点官僚啦！(程树榛《大学时代》)

   Bǎ qíngkuàng xiángxì shuō yi shuō, ràng wǒ yě liǎojiě yìdiǎnr, ～, wǒ zhège xì zhǔrèn jiù yǒudiǎnr guānliáo la!

5. 倘使你们来得及过营一叙更好，～等我歼贼凯旋归来,大家再欢叙一堂。(杨纤如《伞》)

   Tǎngshǐ nǐmen lái de jí guò yíng yí xù gèng hǎo, ～ děng wǒ jiān zéi kǎixuán guī lái, dàjiā zài huān xù yì táng.

参看"不然"。

Compare 不然 bùrán.

跟 gēn (连词)〈口〉

表示联合关系；可连接句中并列的主语、宾语或定语，但不能连接状语、谓语、补语或分句：

And; is used to connect coordinate subjects, objects or attributives but never adverbials, predicates, complements or clauses:

1. 张太和～李东云又在面面相觑了。(刘澍德《拔旗》)

   Zhāng Tàihé ～ Lǐ Dōngyún yòu zài miànmiànxiāngqù le.

2. 现在复制名画的技术很高明,简直分不清真的～假的。

   Xiànzài fùzhì mínghuà de jìshù hěn gāomíng, jiǎnzhí fēn bu qīng zhēn de ～ jiǎ de.

3. 任老三负气地默默地坐着,听着隔壁金小妹～邓六的低声密谈。(王西彦《曙》)

   Rén Lǎosān fùqì de mòmò de zuòzhe, tīngzhe gébì Jīn Xiǎomèi ～ Dèng Liù de dī shēng mìtán.

4. 要处理的～要保留的东西必须分开。

   Yào chǔlǐ de ～ yào bǎoliú de dōngxi bìxū fēnkāi.

5. 他不同意这件事～我不同意这件事,理由完全不一样。

   Tā bù tóngyì zhèjiàn shì ～ wǒ bù tóngyì zhèjiàn shì, lǐyóu wánquán bù yíyàng.

"跟"与"和"同时用,可以表示不同层次的连接：

When 跟 and 和 both occur in the same sentence, they may indicate connection on two different levels:

6. 他～琴和觉慧差不多形成了一个小团体,常常在一起商量作战的步骤和策略。(巴金《家》)

   Tā ～ Qín hé Juéhuì chàbuduō xíngchéngle yí ge xiǎo tuántǐ, chángcháng zài yìqǐ shāngliang zuò zhàn de bùzhòu hé cèluè.

也可表示同一层次的连接：

Or connection on the same level:

7. 十年动乱,一场地震。……美～丑,好～坏,是和非,都跟砖头瓦块掺和到一块儿,……(苏叔阳《左邻右舍》)

   Shí nián dòngluàn, yì chǎng dìzhèn. ... měi ～ chǒu, hǎo ～ huài, shì hé fēi, dōu gēn zhuāntóu wǎkuài chānhedào yíkuàir, ...

跟着 gēnzhe (连词)

表示前面的动作与后面的动作在时间上连接得很紧；一般连接两个分句或者句子；后面可有停顿：

And immediately afterwards; usually connects clauses or sentences, and may be followed by a pause:

1. 他的身子突然地跳了起来,～在他肩膀上落来一个蛮有力的大拳头。(葛琴《总退却》)

Tā de shēnzi tūrán de tiàole qilai, ~ zài tā jiānbǎng shang luò lai yí ge mán yǒu lì de dà quántou.

2. 第一桩大事就是皇上没有了。～就是辫子没有了。(欧阳山《三家巷》)

Dì yī zhuāng dà shì jiù shì huángshang méi yǒu le. ~ jiù shì biànzi méi yǒu le.

3. 蒲塞风脸红了红，但～又陷入沉思里，……(刘绍棠《西苑草》)

Pú Sàifēng liǎn hóng le hóng, dàn ~ yòu xiànrù chénsī li, ...

4. 那边的哨兵朝敌人开了枪，～，敌人也开了枪，……(吴强《堡垒》)

Nàbiān de shàobīng cháo dírén kāile qiāng, ~, dírén yě kāile qiāng, ...

5. ～西屋的门砰地打开，那个叫春子的小媳妇被人从屋里揪出来，踉踉跄跄抢了几步，一头跌到雪窟窿里。(杨朔《春子姑娘》)

~ xī wū de mén pēng de dǎkāi, nàge jiào Chūnzi de xiǎo xífu bèi rén cóng wū li jiū chulai, lànglàngqiàngqiàng qiǎngle jǐ bù, yì tóu diēdào xuě kūlong li.

参看"接着"。

Compare 接着 jiēzhe.

故　gù　(连词)〈书〉

意同"所以"，用在因果关系的复句中，一般在后一分句的句首，表示结果或推断：

Therefore, so; is used at the beginning of the second clause of a complex sentence indicating the result or inference:

1. 过去欧亚隔绝，我中华大国，乃是一统天下，～以农立国,可靖民心；……(任光椿《戊戌喋血记》)

Guòqù Ōu Yà géjué, wǒ Zhōnghuá dà guó, nǎi shì yìtǒng tiānxià, ~ yǐ nóng lì guó, kě jìng mín xīn; ...

2. 含羞泉，它正在深山僻野之中，～人不识。(冯学敏《含羞泉》)

Hánxiūquán, tā zhèngzài shēn shān pì yě zhī zhōng, ~ rén bù shí.

3. "明代第一陵"，原名明祖陵，即明朝开国皇帝朱元璋祖上的陵墓，因它比南京明孝陵的建筑还早，～俗称为"明代第一陵"。(报)

"Míngdài dì-yī líng", yuán míng Míng Zǔlíng, jí Míngcháo kāiguó huángdì Zhū Yuánzhāng zǔshàng de língmù, yīn tā bǐ Nánjīng Míng Xiàolíng de jiànzhù hái zǎo, ~ sú chēngwéi "Míngdài dì-yī líng".

"故"不能像"所以"那样，把结果放在第一分句里。

In a sentence with 故, the result can never be placed in the first clause as it can be in a sentence with 所以.

辨认：

Note:

"故"还是名词，有缘故、原因的意思：

故 is also a noun and means "cause, reason":

1. 孙公有信来,因津浦火车之故,已"搁起"在浦镇十日矣云云。(鲁迅《致周作人》)

Sūn gōng yǒu xìn lái, yīn Jīn Pǔ huǒchē zhī gù, yǐ "gēqǐ" zài Pǔzhèn shí rì yǐ yúnyún.

"故"又是形容词，意为过去的，原来的：

故 is also an adjective and means "ex-, old and former":

2. 故人西辞黄鹤楼，烟花三月下扬州。(李白《黄鹤楼送孟浩然之广陵》)

　　Gùrén xī cí Huánghèlóu, yānhuā Sānyuè xià Yángzhōu.

3. 他是没有一个亲人的，师父故叫我赶到这里来。(潘漠华《冷泉岩》)

　　Tā shì méi yǒu yí ge qīnrén de, shīfu gù jiào wǒ gǎndào zhèlǐ lái.

例 1 中"故"是名词，例 2 中是形容词，例 3 中是连词。

故 in sentence 1 is a noun, but in sentence 2 is an adjective and in sentence 3 is a conjunction.

固 gù （连词）〈书〉

同"固然"：

Same as 固然 (it is true that ...):

1. 美术～不能脱离自然，然而也不能屈服于自然。(郭沫若《中国美术之展望》)

　　Měishù ～ bù néng tuōlí zìrán, rán·ér yě bù néng qūfú yú zìrán.

2. 到冬天来，房屋丝毫不许透风，～不用说，连睡下的炕都要烧火。(郭沫若《日本民族发展概观》)

　　Dào dōngtiān lái, fángwū sīháo bùxǔ tòu fēng, ～ búyòngshuō, lián shuì xià de kàng dōu yào shāo huǒ.

3. 能给兄知道～好，但头绪纷繁，如何说起呢？(鲁迅《致曹靖华》)

　　Néng gěi Xiōng xiōng zhīdào ～ hǎo, dàn tóuxù fēnfán, rúhé shuō qí ne?

4. "作家"之变幻无穷，一面～觉得是文坛之不幸，一面也使真相更分明……(鲁迅《致杨云》)

　　"Zuòjiā" zhī biànhuàn wúqióng, yímiàn ～ juéde shì wéntán zhī búxìng, yímiàn yě shǐ zhēnxiàng gèng fēnmíng ...

固然 gùrán （连词）

表示先承认一定事实，下面接着用"但是""可是""而""却"等转入叙述的本义或引出另一个侧面：

No doubt that ... , it is true that... ; followed by 但是, 可是, 而 or 却 to express the speaker·s actual view-point or to introduce another aspect of the matter concerned：

1. 战争力量的优劣本身，～是决定主动或被动的客观基础，但还不是主动或被动的现实事物。(毛泽东《论持久战》)

　　Zhànzhēng lìliang de yōu liè běnshēn, ～ shì juédìng zhǔdòng huò bèidòng de kèguān jīchǔ, dàn hái bú shì zhǔdòng huò bèidòng de xiànshí shìwù.

2. 只有中庸的人，～并无堕入地狱的危险,但也恐怕进不了天国的罢。(鲁迅《陀思妥也夫斯基的事》)

　　Zhǐyǒu zhōngyōng de rén, ～ bìng wú duòrù dìyù de wēixiǎn, dàn yě kǒngpà jìn bu liǎo tiānguó de ba.

3. 兄嫂待她～没有什么不好，但她知道应该处处留心……(叶圣陶《倪焕之》)

　　Xiōng sǎo dài tā ～ méi yǒu shénme bù hǎo, dàn tā zhīdào yīnggāi chùchù liúxīn ...

4. 教师的培养、启发～重要，而学生的勤钻苦干也更要紧。(冰心《漫谈语文的教与学》)

　　Jiàoshī de péiyǎng, qǐfā ～ zhòngyào, ér xuéshēng de qín zuān kǔ gàn yě gèng yàojǐn.

5. 批判的武器～不能代替武器的批判。同样,武器的批判也不能代替批判的武

器。(报)

Pīpàn de wǔqì ～ bù néng dàitì wǔqì de pīpàn. Tóngyàng, wǔqì de pīpàn yě bù néng dàitì pīpàn de wǔqì.

6. 我们的时代～需要充满激情的、豪迈刚健的战斗风格,也需要抒情的、轻快的作品。(报)

Wǒmen de shídài ～ xūyào chōngmǎn jīqíng de, háomài gāngjiàn de zhàndòu fēnggé, yě xūyào shūqíng de, qīngkuài de zuòpǐn.

7. 在我看来,花木灿烂的春天～可爱,然而,瓜果遍地的秋色却更加使人欣喜。(峻青《秋色赋》)

Zài wǒ kànlái, huāmù cànlàn de chūntiān ～ kě·ài, rán·ér, guā guǒ biàn dì de qiūsè què gèngjiā shǐ rén xīnxǐ.

参看"固"。

Compare 固 gù.

还是   háishì   (连词)

A 句中连用两个或更多"还是"构成选择疑问句,"还是"要放在选择项目前面,如所选择的是宾语,要放在动词前;句中第一个"还是"有时省略为"是",有时完全省略:

When used twice or more in a sentence to form an alternative type question, 还是 must occur before each of the alternatives; if the alternative factor happens to be the object, 还是 should be put before its verb. Sometimes the first 还是 may be abbreviated to 是 or even omitted:

1. 这话是他说的,～你说的?(刘澍德《拔旗》)
Zhè huà shì tā shuō de, ～ nǐ shuō de?

2. 是你会计领导我这个队长,～我队长领导你这个会计?(李德复《财政部长》)
Shì nǐ kuàijì lǐngdǎo wǒ zhège duìzhǎng, ～ wǒ duìzhǎng lǐngdǎo nǐ zhège kuàijì?

3. 研究、讨论问题应该从原则、概念出发?～从具体事物、革命实际、历史实际出发?(吴晗《讨论的出发点》)
Yánjiū, tǎolùn wèntí yīnggāi cóng yuánzé, gàiniàn chūfā? ～ cóng jùtǐ shìwù, gémìng shíjì, lìshǐ shíjì chūfā?

4. 打满了水,我想走好呢,～不走呢?(方之《在泉边》)
Dǎmǎnle shuǐ, wǒ xiǎng zǒu hǎo ne, ～ bù zǒu ne?

5. 这铁路工地上,各个单位的材料都困难呢,～惟独咱们工程处困难呢?(杜鹏程《延安人》)
Zhè tiělù gōngdì shang, gè gè dānwèi de cáiliào dōu kùnnan ne, ～ wéidú zánmen gōngchéngchù kùnnan ne?

6. 这笔老债你是现在还,～将来还,～不打算还?(曲波《桥隆飙》)
Zhèbǐ lǎo zhài nǐ shì xiànzài huán, ～ jiānglái huán, ～ bù dǎsuan huán?

7. 你～看电影,～看戏?
Nǐ ～ kàn diànyǐng, ～ kàn xì?

B 1)"还是"和其他表示疑问的词语一样,有时不表示疑问,而与"无论""不论""不管"呼应,表示结果不受前面所说条件或情况的影响:

Like other interrogative words, 还是 sometimes does not indicate a question, but is used in conjunction with 无论, 不论 or 不管 to form the construction 无论（不论，不管）... 还是... indicating that no matter what conditions or circumstances may be, the result remains unchanged:

1.　无论他是打扮着，～随便的穿着旧衣裳，他的风度是一致的。(老舍《四世同堂》)

　　Wúlùn tā shì dǎbanzhe, ～ suíbiàn de chuānzhe jiù yīshang, tā de fēngdù shì yízhì de.

2.　纯洁的兰花，不论是开在穷乡僻壤，～那繁华都市，她们开在什么地方都一样的名贵，一样的崇高。(周克芹《许茂和他的女儿们》)

　　Chúnjié de lánhuā, búlùn shì kāi zài qióngxiāngpìràng, ～ nà fánhuá dūshì, tāmen kāi zài shénme dìfang dōu yíyàng de míngguì, yíyàng de chónggāo.

2）用"还是"构成的疑问句可以成为另一句的一部分，整个句子并非疑问句：

A question with 还是 may form a part of a sentence which in its entirety is not a question. In that case, 还是 means "whether":

3.　我很难决定去～不去。

　　Wǒ hěn nán juédìng qù ～ bú qù.

4.　那怒吼的风声，那被吹开了的房门，那昏暗的油灯，是如此逼真。竟使她长久以来分辨不清，是当真入梦，～把梦当真。(谌容《人到中年》)

　　Nà nùhǒu de fēng shēng, nà bèi chuīkāile de fáng mén, nà hūn'àn de yóudēng, shì rúcǐ bīzhēn. Jìng shǐ tā chángjiǔ yǐlái fēnbiàn bu qīng, shì dàngzhēn rù mèng, ～ bǎ mèng dàng zhēn.

注意：用"还是"的选择式疑问句提问，回答时不能用"还是"：

Note: When 还是 is used to form an alternative type question, it must never be repeated in the answer:

　　—— 你来～他来？
　　—— 我来。
　　——Nǐ lái ～ tā lái?
　　——Wǒ lái.

和　　hé　　(连词)

A 表示联合关系：

Indicates connection:

1）连接并列的主语、宾语、定语、状语：

Connects coordinate subjects, objects, attributives or adverbials:

1.　人的经验～能力是靠锻炼得来的，而且能够越练越强。(邓拓《肩头是能挑担子的》)

　　Rén de jīngyàn ～ nénglì shì kào duànliàn dé lai de, érqiě nénggòu yuè liàn yuè qiáng.

2.　我不忍心夺去他们的爸爸，我更不忍心让她～孩子们失去温暖的家。(阿章《寒夜的别离》)

　　Wǒ bù rěnxīn duóqu tāmen de bàba, wǒ gèng bù rěnxīn ràng tā ～ háizimen shīqù wēnnuǎn de jiā.

3.　要不是胡泰的这胶皮轱辘车子，今天要走那一段泥路～过两趟河是不容易的

啊！(丁玲《太阳照在桑干河上》)

Yàobúshi Hú Tài de zhè jiāopí gūlu chēzi, jīntiān yào zǒu nà yí duàn ní lù ～ guò liǎng tàng hé shì bù róngyì de a!

4. 我只是老老实实地想把我的浑身的创痛，～所见到的人类的不平，逐一地描画出来。(叶紫《我怎样与文学发生关系》)

Wǒ zhǐshì lǎolaoshíshí de xiǎng bǎ wǒ de húnshēn de chuāngtòng, ～ suǒ jiàndào de rénlèi de bùpíng, zhúyī de miáohuà chulai.

5. 许多企业的领导班子得到了充实～加强。(报)

Xǔduō qǐyè de lǐngdǎo bānzi dédàole chōngshí ～ jiāqiáng.

6. 今天上、下午都是工作～学习时间。

Jīntiān shàng, xiàwǔ dōu shì gōngzuò ～ xuéxí shíjiān.

7. 搞科研～搞艺术的人，性格很不相同。

Gǎo kēyán ～ gǎo yìshù de rén, xìnggé hěn bù xiāngtóng.

8. 这问题对你～对我都很重要。

Zhè wèntí duì nǐ ～ duì wǒ dōu hěn zhòngyào.

2) 不能连接分句；前面有共同的状语或助动词，或后面有共同的宾语或补语时，可连接谓语中并列的动词或形容词：

Cannot connect two clauses, nor two coordinate verbs or adjectives of a predicate unless they are modified by a common adverbial or auxiliary, or followed by a common object or complement:

9. 不过，我相信，只要桂权……正大光明地把问题挑明，那就一定能够很快地改正～认识自己的错误。(王子硕《评工会上》)

Búguò, wǒ xiāngxìn, zhǐyào Guìquán ... zhèngdàguāngmíng de bǎ wèntí tiǎomíng, nà jiù yídìng nénggòu hěn kuài de gǎizhèng ～ rènshi zìjǐ de cuòwù.

10. 它真像一个第一次被捕的囚人，没有食欲、而且是极度的不安～焦燥。(周立波《麻雀》)

Tā zhēn xiàng yí ge dì-yī cì bèi bǔ de qiúrén, méi yǒu shíyù, érqiě shì jídù de bù·ān ～ jiāozào.

11. 别人看来，总觉得他脸上的色调过于浓厚～显明。(草明《陈念慈》)

Biérén kànlái, zǒng juéde tā liǎn shang de sèdiào guòyú nónghòu ～ xiǎnmíng.

12. 室内的家具字画等安排～布置得十分合理。

Shì nèi de jiāju zìhuà děng ānpái ～ bùzhì de shífēn hélǐ.

连接并列的补语时也限于有共同的状语的：

Only when two coordinate complements have a common adverbial can 和 be used to connect them：

13. 他把这个问题看得过分严重～绝对了。

Tā bǎ zhège wèntí kàn de guòfèn yánzhòng ～ juéduì le.

连接三个或三个以上成分时，"和"多放在最后两项之间：

When used to connect three or more elements, 和 is generally placed between the last two：

14. 人们都愿意去沐浴一下阳光、空气～江水，一下班就动身了。(刘宾雁《本报内部消息续篇》)

Rénmen dōu yuànyi qù mùyù yíxià yángguāng, kōngqì ～ jiāng shuǐ, yí xià bān jiù dòng shēn le.

15. 眉里眼里露出的神气,表明她是个泼辣、大胆～赤诚的女人。(王汶石《新结识的伙伴》)

Méi li yǎn li lù chū de shénqi, biǎomíng tā shì ge pōlà, dàdǎn ～ chìchéng de nǚrén.

如有不同层次的并列关系,除了用"和"外,可用顿号或逗号表示出不同的层次:

If there are different levels of coordination, besides 和, commas or pause marks can be used to show the difference in level:

16. 小伙子……决心用脑子～肩膀、知识～气力闯进那个目前还对葫芦坝紧闭着的科学大门。(周克芹《许茂和他的女儿们》)

Xiǎohuǒzi ... juéxīn yòng nǎozi ～ jiānbǎng, zhīshi ～ qìlì chuǎng jìn nàge mùqián hái duì Húlúbà jǐn bìzhe de kēxué dàmén.

17. 人的言行,在白天～深夜,在日下～在灯前,常常显得两样。(鲁迅《夜颂》)

Rén de yánxíng, zài báitiān ～ shēnyè, zài rì xià ～ zài dēng qián, chángcháng xiǎnde liǎng yàng.

B "和"与前面的"不论""无论""不管"等一起,表示包括所有的:

Together with the preceding 不论,无论,不管, etc. indicates inclusion of all the items:

1. 斗争不论胜～败,都有可能成为人们身上的一种"包袱"。(廖沫沙《读书备忘两则》)

Dòuzhēng búlùn shèng ～ bài, dōu yǒu kěnéng chéngwéi rénmen shēnshang de yì zhǒng "bāofu".

2. 无论姥姥、母亲、父亲～我,都没人反对女孩子这个正义的要求。(艾芜《野牛寨》)

Wúlùn lǎolao, mǔqin, fùqin ～ wǒ, dōu méi rén fǎnduì nǚ háizi zhège zhèngyì de yāoqiú.

"和"与"跟"都分属介词和连词,二者意思也相同,只是"和"比"跟"更接近书面语。目前的趋势是作为连词"和"用得多于"跟",作为介词"跟"用得多于"和"。

Both 和 and 跟 may be either prepositions or conjunctions and are very similar to each other in meaning, but 和 is more literary than 跟. There is also a tendency for 和 to be used more as a conjunction, and for 跟 to be used more as a preposition.

参看介词"和"。

Compare preposition 和 hé.

何况 hékuàng (连词)

A 用于第二分句前,表示不言而喻;所引进的也可是短语或体词:

Used at the beginning of the second clause, means "let alone, not to mention; needless to say"; what it introduces may also be a phrase or substantive:

1. 她年纪大了,本来就不出大门,～她今天不大舒服!

Tā niánjì dà le, běnlái jiù bù chū dàmén, ～ tā jīntiān búdà shūfu!

2. 作报告的人声音太小,坐在前面都听不清楚,～坐在后面。

Zuò bàogào de rén shēngyīn tài xiǎo, zuò zài qiánmiàn dōu tīng bu qīngchu, ～ zuò zài hòumiàn.

3. 他这种教学方法,连一般高材生都感到吃力费劲,～刘向明这样基础差的学

生！(程树榛《大学时代》)

Tā zhèzhǒng jiàoxué fāngfǎ, lián yìbān gāocáishēng dōu gǎndào chīlì fèi jìn, ~ Liú Xiàngmíng zhèyàng jīchǔ chà de xuésheng!

4. 母亲以智慧的眼光看万物都是智慧的,~她的唯一挚爱的女儿?(冰心《寄小读者》)

Mǔqin yǐ zhìhuì de yǎnguāng kàn wànwù dōu shì zhìhuì de, ~ tā de wéiyī zhì·ài de nǚ·ér?

5. 在动物园里,那些没有什么本领的动物也有很多观众围观,~会玩杂技、会表演的动物呢?(报)

Zài dòngwùyuán li, nàxiē méi yǒu shénme běnlǐng de dòngwù yě yǒu hěn duō guānzhòng wéiguān, ~ huì wánr zájì, huì biǎoyǎn de dòngwu ne?

6. 这种出差对他这种年纪的人,是够辛苦了,更~他还要去挤长途公共汽车,特意要住这种打地铺的小旅店呢!(王汶石《通红的煤》)

Zhèzhǒng chū chāi duì tā zhèzhǒng niánjì de rén, shì gòu xīnkǔ le, gèng ~, tā hái yào qù jǐ chángtú gōnggòng qìchē, tèyì yào zhù zhèzhǒng dǎ dìpù de xiǎo lǚdiàn ne!

B 用于第二分句前,表示追加理由,常与"又""也""还"等配合:

Used at the beginning of the second clause to introduce another reason, often in conjunction with 又, 也 or 还:

1. 今年不行,明年再考嘛!~,在农村,也不是没前途的。(贾平凹《牧羊人》)

Jīnnián bù xíng, míngnián zài kǎo ma! ~, zài nóngcūn, yě bú shì méi qiántú de.

2. 真正不义而富且贵,那又有什么光彩?~富贵本来不过只跟浮云一样呢?(欧阳山《三家巷》)

Zhēnzhèng búyì ré fù qiě guì, nà yòu yǒu shénme guāngcǎi? ~ fùguì běnlái búguò zhǐ gēn fúyún yíyàng ne?

3. 钱文富有时很想劝她早点嫁人,可是这又不是对闺女们能讲的话。~她也由不了自己。(丁玲《太阳照在桑干河上》)

Qián Wénfù yǒushí hěn xiǎng quàn tā zǎo diǎnr jià rén, kěshì zhè yòu bú shì duì guīnümen néng jiǎng de huà. ~ tā yě yóu bu liǎo zìjǐ.

参看"况且"。

Compare 况且 kuàngqiě.

或 huò （连词）〈书〉

同"或者" A、B、C、D;有时后面带"是","是"没有具体意思:

Same as A, B, C, & D of 或者 (see p. 451); is sometimes followed by 是, which carries no meaning of its own:

1. 我想,假如墙是黄颜色的,就买红色~咖啡色的灯罩。

Wǒ xiǎng, jiǎrú qiáng shì huáng yánsè de, jiù mǎi hóngsè ~ kāfēisè de dēngzhào.

2. 我从一倍高的柜台外送上衣服~首饰去,在侮蔑里接了钱,再到一样高的柜台上给我久病的父亲去买药。(鲁迅《呐喊自序》)

Wǒ cóng yí bèi gāo de guìtái wài sòng shàng yīfu ~ shǒushi qu, zài wǔmiè li jiēle qián, zài dào yíyàng gāo de guìtái shang gěi wǒ jiǔ bìng de fùqin qù mǎi yào.

3. 她打开箱子,里面都是她自己的书,和一些~因颜色不好,~因式样不合而留下的西装。(陈学昭《工作着是美丽的》)

Tā dǎkāi xiāngzi, lǐmiàn dōu shì tā zìjǐ de shū, hé yìxiē ～ yīn yánsè bù hǎo, ～ yīn shìyàng bù hé ér liú xia de xīzhuāng.

4. 不论十冬腊月大雪天,～是新年正月的闲暇日子,老是有一群姑娘小子,挤在严志和的小北屋里,来听运涛讲故事。(梁斌《红旗谱》)

Búlùn shídōng làyuè dà xuě tiān, ～ shì xīnnián zhēngyuè de xiánxiá rìzi, lǎoshi yǒu yì qún gūniang xiǎozi, jǐ zài Yán Zhìhé de xiǎo běi wū li, lái tīng Yùntāo jiǎng gùshi.

5. 我无论工作有困难～生活有问题,都更爱和刘金宽商量。(韦君宜《三个朋友》)

Wǒ wúlùn gōngzuò yǒu kùnnan ～ shēnghuó yǒu wèntí, dōu gèng ài hé Liú Jīnkuān shāngliang.

6. 不管是年长的教授,～年轻的学生,都投入了改造自然面貌的斗争。(吴晗《论学风》)

Bùguǎn shì nián zhǎng de jiàoshòu, ～ niánqīng de xuésheng, dōu tóurùle gǎizào zìrán miànmào de dòuzhēng.

7. 给我印象最深的就是她的质朴,～叫作"实事求是"。(邓友梅《在悬崖上》)

Gěi wǒ yìnxiàng zuì shēn de jiù shì tā de zhìpǔ, ～ jiàozuò "shíshìqiúshì".

8. 他们的方法,主要是从疾病的根源上着手,这可以叫做治本～根治的方法。(马南邨《中医"上火"之说》)

Tāmen de fāngfǎ, zhǔyào shì cóng jíbìng de gēnyuán shang zhuóshǒu, zhè kěyǐ jiàozuò zhì běn ～ gēnzhì de fāngfǎ.

或则 huòzé (连词)

同"或者"A、B,多用于书面语:

Same as 或者 A & B (see next entry) and is usually used in written language:

1. 农民们只好特别廉价卖掉仅有的收获去缴租,……～出了四分五分的利息,向人家借了现钱去缴租,……(叶圣陶《倪焕之》)

Nóngmínmen zhǐhǎo tèbié liánjià màidiào jǐn yǒu de shōuhuò qù jiǎo zū, ... ～ chūle sì fēn wǔ fēn de lìxī, xiàng rénjia jièle xiànqián qù jiǎo zū, ...

2. 她本应该感谢夏茵菲给她制造的欢乐空气,但她却故意骂几句,～打几下夏茵菲。(杨纤如《伞》)

Tā běn yīnggāi gǎnxiè Xià Yīnfēi gěi tā zhìzào de huānlè kōngqì, dàn tā què gùyì mà jǐ jù, ～ dǎ jǐ xià Xià Yīnfēi.

3. 我很憎恶我自己,因为有若干人,～愿我有钱,有名,有势,～愿我陨灭,死亡,而我偏偏无钱无名无势,又不灭不亡。(鲁迅《致李秉中》)

Wǒ hěn zēngwù wǒ zìjǐ, yīnwèi yǒu ruògān rén, ～ yuàn wǒ yǒu qián, yǒu míng, yǒu shì, ～ yuàn wǒ yǔnmiè, sǐwáng, ér wǒ piānpiān wú qián wú míng wú shì, yòu bú miè bù wáng.

或者 huòzhě (连词)

可连接任何并列的句子成分;一般用于四种情况:

Can connect any coordinate elements of a sentence and is usually used in any of the four following circumstances:

A 表示在两个或更多的事物中选取其一:

Indicates a choice is to be made out of two or more alternatives:

1. 晓燕是很怕小偷喊叫起来～咒骂起来的。(杨沫《青春之歌》)

Xiǎoyàn shì hěn pà xiǎotōur hǎnjiào qilai ~ zhòumà qilai de.

2. 他很愤慨,说是要把交涉署的职务辞掉,带了女儿搬到上海~南京去住。(巴金《家》)

Tā hěn fènkǎi, shuō shì yào bǎ jiāoshèshǔ de zhíwù cídiào, dàile nǚ'ér bāndào Shànghǎi ~ Nánjīng qu zhù.

3. 他一定要为自己在什么地方弄一间房子,弄很多钱,约定第二年~第三年春天回来接她。(刘克《央金》)

Tā yídìng yào wèi zìjǐ zài shénme dìfang nòng yì jiān fángzi, nòng hěn duō qián, yuēdìng dì-èr nián ~ dì-sān nián chūntiān huílai jiē tā.

4. 你们~用急行军,~强行军,我估计是可以按时完成任务的。(张勤《民兵营长》)

Nǐmen ~ yòng jíxíngjūn, ~ qiángxíngjūn, wǒ gūjì shì kěyǐ ànshí wánchéng rènwù de.

5. 今晚的会,~小王参加,~老李参加,~你去,都可以。

Jīn wǎn de huì, ~ Xiǎo Wáng cānjiā, ~ Lǎo Lǐ cānjiā, ~nǐ qù, dōu kěyǐ.

B 表示有时是一种情况,有时是另一种情况:

Indicates that sometimes the case is so and sometimes it is otherwise:

1. 有时一家人又在一起分析时事~谈论文艺作品。(刘心武《班主任》)

Yǒushí yì jiā rén yòu zài yìqǐ fēnxī shíshì ~ tánlùn wényì zuòpǐn.

2. 往年,这个时候,林震就会带着活泼的孩子们去卧佛寺~西山八大处踏青……(王蒙《组织部新来的青年人》)

Wǎngnián, zhège shíhou, Lín Zhèn jiù huì dàizhe huópo de háizimen qù Wòfósì ~ Xīshān Bādàchù tàqīng...

3. 他头上扎个小辫,耳朵上吊两个红辣椒,~是数一段快板,~是唱一段河北省的老调梆子,总是非常精彩的。(秦兆阳《炊事员熊老铁》)

Tā ṭóu shang zā ge xiǎo biànr, ěrduo shang diào liǎng ge hóng làjiāo, ~ shì shǔ yí duàn kuàibǎn, ~ shì chàng yí duàn Héběishěng de lǎodiàobāngzi, zǒngshì fēicháng jīngcǎi de.

参看"或则"。

Compare 或则 huòzé.

C 表示等同:

Indicates a synonym:

1. 毛竹,~南竹,是一种优良的建筑材料。

Máozhú, ~ nánzhú, shì yì zhǒng yōuliáng de jiànzhù cáiliào.

2. 诗中之我,不应仅仅是个人的"我",而应该也是千百个"我",~说是人民,是时代,是历史。(报)

Shī zhōng zhī wǒ, bù yīng jǐnjǐn shì gèrén de "wǒ", ér yīnggāi yě shì qiān bǎi ge "wǒ", ~ shuō shì rénmín, shì shídài, shì lìshǐ.

D "或者"如用在"不管""不论""无论"后边,则表示包括两种情况:

Whether...or...; placed after 不管, 不论 or 无论 to indicate that both things or situations are included:

1. 对这些人不论是全部处理错了的,~是部分处理错了的,都应当按照具体情

况,加以甄别和平反。(报)

Duì zhèxiē rén búlùn shì quánbù chǔlǐ cuòle de, ～ shì bùfèn chǔlǐ cuòle de, dōu yīngdāng ànzhào jùtǐ qíngkuàng, jiāyǐ zhēnbié hé píngfǎn.

2. 不管是瓦工活～木工活,都难不住他。

Bùguǎn shì wǎgōng huór ～ mùgōng huór, dōu nán bu zhù tā.

参看"或"。

Comare 或 huò.

辨认:

Note:

1. 我想,我或者已经得了病了,因为我的头痛得厉害,而且还看见屋子里有许多灿烂的金光。(叶紫《夜雨漂流的回忆》)

Wǒ xiǎng, wǒ huòzhě yǐjīng déle bìng le, yīnwèi wǒ de tóu tòng de lìhai, érqiě hái kànjian wūzi li yǒu xǔduō cànlàn de jīnguāng.

2. 平素他和我讲话,总是叫我老大,只有在要表扬我或者是批评我的时候,才叫大哥哩!(马烽《太阳刚刚出山》)

Píngsù tā hé wǒ jiǎng huà, zǒngshì jiào wǒ lǎodà, zhǐyǒu zài yào biǎoyáng wǒ huòzhě shì pīpíng wǒ de shíhou, cái jiào dàgē li!

例1中"或者"是副词,例2中是连词。

或者 in sentence 1 is an adverb meaning "perhaps", in sentence 2, a conjunction.

参看副词"或者"。

Compare adverb 或者 huòzhě.

及 jí (连词)〈书〉

大多连接并列的主语、宾语、定语;但不能连接谓语的两部分或分句:

Connects coordinate subjects, objects or attributives, but never links clauses or the two parts (usually verbs) of a predicate:

1. 这只是一个非常个别和偶然的现象。可是这事情却很引起连部～村干部的注意。(知侠《铺草》)

Zhè zhǐ shì yí ge fēicháng gèbié hé ǒurán de xiànxiàng. Kěshì zhè shìqing què hěn yǐnqǐ liánbù ～ cūn gànbù de zhùyì.

2. 平日的工作是代表国家负责监督交通运输部门,考核驾驶人员,检查车辆～安全措施等等。(张天民《路考》)

Píngrì de gōngzuò shì dàibiǎo guójiā fùzé jiāndū jiāotōng yùnshū bùmén, kǎohé jiàshǐ rényuán, jiǎnchá chēliàng ～ ānquán cuòshī děngděng.

3. 崔玲霞熟练地掌握了近二百个糖果品种的品名、编号、产地～价格,并且把它运用到实际工作中。(报)

Cuī Língxiá shúliàn de zhǎngwòle jìn èrbǎi ge tángguǒ pǐnzhǒng de pǐnmíng, biānhào, chǎndì ～ jiàgé, bìngqiě bǎ tā yùnyòngdào shíjì gōngzuò zhōng.

4. 三十年来,他亲自编写的～与别人合作的故事片、艺术记录片、舞台艺术片的脚本就有十部以上。(报)

Sānshí nián lái, tā qīnzì biānxiě de ～ yǔ biérén hézuò de gùshipiàn, yìshù jìlùpiàn, wǔtái yìshùpiàn de jiǎoběn jiù yǒu shí bù yǐshàng.

如有多项不同层次的并列,"及"常与"和""以及"等同时出现于句中:

When the sentence has two or more levels of coordination，及 will co-occur with 和 or 以及 etc.：

5. 有一次他同别人大谈茅盾的《子夜》和《清明前后》，以及中国民族工业的困苦的环境～其前途。(丁玲《太阳照在桑干河上》)

Yǒu yí cì tā tóng biérén dà tán Máo Dùn de 《Zǐyè》hé 《Qīngmíng qiánhòu》, yǐjí Zhōngguó mínzú gōngyè de kùnkǔ de huánjìng ～ qí qiántú.

"及其"是很常见的短语，意思是"和他(他们)的"，"他(他们)"指就在"及"前面的主要词语所代表的人、物，如例 5 中的"中国民族工业"，又如：

及其 is a commonly used phrase, meaning 和他(他们)的. 他(他们) stands for the person or thing indicated by the word or phrase preceding 及 such as 中国民族工业 in example 5; the following is another example：

6. 不少外来人是政府高级职员～其家族。(陈学昭《工作着是美丽的》)

Bùshǎo wài lái rén shì zhèngfǔ gāojí zhíyuán ～ qí jiāzú.

即　jí　(连词)〈书〉

同"即使"，用得很少：

Same as 即使 (even if, even though), but seldom used：

1. 这故事～我情愿讲给诸君听,怕有人未必愿意哩。(俞平伯《浆声灯影里的秦淮河》)

Zhè gùshi ～ wǒ qíngyuàn jiǎng gěi zhūjūn tīng, pà yǒu rén wèibì yuànyì li.

2. 你～真是陈含诚,咱们也早已各自东西,各人走各人的路了。(刊)

Nǐ ～ zhēn shì Chén Hánchéng, zánmen yě zǎo yǐ gèzìdōngxī, gè rén zǒu gè rén de lù le.

3. 这犹如踏着石头过河,跨一步稳一步,～有偏颇,也易端正,站稳脚跟,走向彼岸。(报)

Zhè yóurú tàzhe shítou guò hé, kuà yí bù wěn yí bù, ～ yǒu piānpō, yě yì duānzhèng, zhànwěn jiǎogēn, zǒu xiàng bǐ'àn.

4. 照这情形看来,不特难于找着一个负责人,～找着了,恐也奈何他不得,…… (沈起予《难民船》)

Zhào zhè qíngxing kànlái, bùtè nányú zhǎozháo yí ge fùzérén, ～ zhǎozháo le, kǒng yě nàihé tā bù dé,...

即便　jíbiàn　(连词)

同"即使"，用于书面语：

Same as 即使 (even if, even though), used in written language：

1. 这样一来,这支部队～是能争取过来的,也就会因为我们的错失,堵死了争取之路。(曲波《桥隆飙》)

Zhèyàng yì lái, zhè zhī bùduì ～ shì néng zhēngqǔ guòlai de, yě jiù huì yīnwèi wǒmen de cuòshī, dǔsǐle zhēngqǔ zhī lù.

2. 陆大夫不是一个新手,～是个新手,也很少发生因手术时精神负担过重导致心肌梗塞。(谌容《人到中年》)

Lù dàifu bú shì yí ge xīnshǒu, ～ shì ge xīnshǒu, yě hěn shǎo fāshēng yīn shǒushù shí jīngshén fùdān guò zhòng dǎozhì xīnjī gěngsè.

3. 会押宝的人总是押两门,这门不赢那门赢,～一输一赢也会少输点。(杨纤如

《伞》)

Huì yā bǎo de rén zǒngshì yā liǎng mén, zhè mén bù yíng nà mén yíng, ~ yì shū yì yíng yě huì shǎo shū diǎnr.

4. 以柳岸的出身和才干,~不能平步青云,也能沿阶而上,步步登高。(刘绍棠《鹧鸪天》)

Yǐ Liǔ Àn de chūshēn hé cáigàn, ~ bù néng píngbùqīngyún, yě néng yán jiē ér shàng, bùbù dēng gāo.

5. ~是一个子弹头,也不论它沉在什么地方,我们都要把它找回来。(王汶石《通红的煤》)

~ shì yí ge zǐdàn tóu, yě búlùn tā chén zài shénme dìfang, wǒmen dōu yào bǎ tā zhǎo huílai.

6. 敌人~再蠢,那时候也会加强戒备,……(杨纤如《伞》)

Dírén ~ zài chǔn, nà shíhou yě huì jiāqiáng jièbèi, ...

即或 jíhuò （连词）

同"即使",用得较少:

Same as 即使 (even if, even though), but not frequently used:

1. 不过我这样子,~是有头发,也不美的。(冰心《寂寞》)

Búguò wǒ zhè yàngzi, ~ shì yǒu tóufa, yě bù měi de.

2. ~三年他出来,还指不定发到哪儿呐,就算有个事由儿,他这辈子也不算干净了。(苏叔阳《左邻右舍》)

~ sān nián tā chū lai, hái zhǐbudìng fādào nǎr na, jiù suàn yǒu ge shìyóur, tā zhè bèizi yě bú suàn gānjìng le.

3. 这间屋子~是不能用"乱糟糟"三个字来形容的话,至少也可以说是不整洁的。(刊)

Zhèjiān wūzi ~ shì bù néng yòng "luànzāozāo" sān ge zì lái xíngróng dehuà, zhìshǎo yě kěyǐ shuō shì bù zhěngjié de.

即令 jílìng （连词）〈书〉

同"即使",用得很少:

Same as 即使 (even if, even though), but seldom used:

1. 老,有可尊敬的一面,不过~还能发挥较大的作用,……但终究是老一代。(刊)

Lǎo, yǒu kě zūnjìng de yí miàn, búguò ~ hái néng fāhuī jiào dà de zuòyòng, ... dàn zhōngjiū shì lǎo yídài.

2. 现实生活中……~是潜伏着的忿懑、愤怒、呐喊的种种杂音,也远远压倒了"小夜曲"。(刊)

Xiànshí shēnghuó zhōng ... ~ shì qiánfúzhe de fènmèn, fènnù, nàhǎn de zhǒngzhǒng záyīn, yě yuǎnyuǎn yādàole "xiǎoyèqǔ".

3. ~是傻子,树春也到了该娶亲的岁数。更何况,有人看上了他。……(苏叔阳《傻子婆亲》)

~ shì shǎzi, Shùchūn yě dàole gāi qǔ qīn de suìshu. Gèng hékuàng, yǒu rén kànshangle tā. ...

即使 jíshǐ （连词）

表示假设或让步；常与"也、还"呼应；可用于主语后：

Even if, *even though*; indicates a supposition or concession and is often used in conjunction with 也 or 还. It may occur after the subject：

A "即使"先引出假设的情况，后面再表示结果不受前面这种情况的影响：

Introduces a supposition in the first part of the sentence. The result, which is not affected by the foregoing situation, is presented in the next part：

1. 要镇静！～失败，也得镇静！(茅盾《子夜》)

    Yào zhènjìng! ～ shībài, yě děi zhènjìng!

2. 你要什么好花样的，任凭你点，我～做不出来，还可以央求别人给你做呢！(端木蕻良《曹雪芹》)

    Nǐ yào shénme hǎo huāyàng de, rènpíng nǐ diǎn, wǒ ～ zuò bu chūlái, hái kěyǐ yāngqiú biérén gěi nǐ zuò ne!

3. 如果分别十五年来，你还没有变坏的话，～她原谅了你，你仍旧会受良心谴责的。(阿章《寒夜的别离》)

    Rúguǒ fēnbié shíwǔ nián lái, nǐ hái méiyou biànhuài dehuà, ～ tā yuánliàngle nǐ, nǐ réngjiù huì shòu liángxīn qiǎnzé de.

4. 只有两条板凳，——其实，～有更多的板凳，这屋子也不能同时容纳三十个人吃粥。(夏衍《包身工》)

    Zhǐ yǒu liǎng tiáo bǎndèng, —— qíshí, ～ yǒu gèng duō de bǎndèng, zhè wūzi yě bù néng tóngshí róngnà sānshí ge rén chī zhōu.

5. 她以为一个人～碰上了什么厄难和懊恼，也不妨抽出一点工夫来笑几笑，……(草明《陈念慈》)

    Tā yǐwéi yí ge rén ～ pèng shang le shénme è·nàn hé àonǎo, yě bùfáng chōu chū yìdiǎnr gōngfu lái xiào jǐ xiào, ...

6. ～是最聪明的人，想在王巧生脸上看到点什么，那也是很不容易的。(刘亚舟《男婚女嫁》)

    ～ shì zuì cōngmíng de rén, xiǎng zài Wáng Qiǎoshēng liǎn shang kàndào diǎnr shénme, nà yě shì hěn bù róngyì de.

7. 这样难堪的沉默，是难以用时间来计算的，～只有一分钟，人们也总以为那是一百年。(南丁《科长》)

    Zhèyàng nánkān de chénmò, shì nányǐ yòng shíjiān lái jìsuàn de, ～ zhǐ yǒu yì fēnzhōng, rénmen yě zǒng yǐwéi nà shì yìbǎi nián.

B "即使"先引出退一步的说法，后面再表示对这退一步有所保留：

Introduces a concession in the first part of the sentence; what then follows in the next part indicates the speaker's reservation：

1. 老人也走了出来，听听消息——～没有消息可听，看孙子一眼也是好的。(老舍《四世同堂》)

    Lǎorén yě zǒule chulai, tīngting xiāoxi —— ～ méi yǒu xiāoxi kě tīng, kàn sūnzi yì yǎn yě shì hǎo de.

2. 如果各级领导都有这种"雪里送炭"的精神，～在现有条件下，许多问题还是可以解决得好一些的。(报)

    Rúguǒ gè jí lǐngdǎo dōu yǒu zhèzhǒng "xuělǐsòngtàn" de jīngshén, ～ zài xiànyǒu

3. 最彻底的是不承认近来有真的批评家。～承认，也大大的笑他们胡涂。(鲁迅《批评家的批评家》)

Zuì chèdǐ de shì bù chéngrèn jìnlái yǒu zhēn de pīpíngjiā. ～ chéngrèn, yě dàdà de xiào tāmen hútu.

4. 周铁的手艺～说不比周大更高明，也至少是不相上下。(欧阳山《三家巷》)

Zhōu Tiě de shǒuyi ～ shuō bù bǐ Zhōu Dà gèng gāomíng, yě zhìshǎo shì bùxiāngshàngxià.

参看"即""即便""即或""即令""就是" A.

Compare 即 jí, 即便 jíbiàn, 即或 jíhuò, 即令 jílìn, 就是 jiùshì A.

既 jì (连)

A 同"既然"，但不能用在主语前：

Same as 既然 (since, seeing that), but cannot be used before the subject：

1. 大门～被祖父封锁，只好在屋里玩扑克牌解闷。(老舍《四世同堂》)

Dàmén ～ bèi zǔfù fēngsuǒ, zhǐhǎo zài wū li wánr pūkè pái jiě mènr.

2. 我知道你不会戴它，但～做了，就做完吧！(邓友梅《在悬崖上》)

Wǒ zhīdào nǐ bú huì dài tā, dàn ～ zuò le, jiù zuòwán ba!

3. ～是有钱，事就好办啦！(欧阳山《高干大》)

～ shì yǒu qián, shì jiù hǎo bàn la!

4. 你～跟着来了，当然先征求你的意见。(李英儒《女游击队长》)

Nǐ ～ gēnzhe lái le, dāngrán xiān zhēngqiú nǐ de yìjian.

5. 我想，她～喜爱文学，就必也喜爱文学家！(老舍《四世同堂》)

Wǒ xiǎng, tā ～ xǐ·ài wénxué, jiù bì yě xǐ·ài wénxuéjiā!

B 跟"也""又"等搭配，表示并列关系：

Used in conjunction with 也 or 又 to indicate coordination：

1)"既……也……"连接两个分句，表示同时存在两种情况：

既...也... connects two clauses indicating that the two states of affairs exist simultaneously：

1. 亡了国的人～没有地方安置身体，也没有地方安置自己的心。(老舍《四世同堂》)

Wángle guó de rén ～ méi yǒu dìfang ānzhì shēntǐ, yě méi yǒu dìfang ānzhì zìjǐ de xīn.

2. ～要看到事物的这一面，也要看到它的另一面，～看到正面，也看到反面。(李英儒《女游击队长》)

～ yào kàndào shìwù de zhè yí miàn, yě yào kàndào tā de lìng yí miàn, ～ kàndào zhèngmiàn, yě kàndào fǎnmiàn.

3. 他看出来，那些中溜儿的玩具，～不像大号的那么威武，也不像小号的那么玲珑，当然价钱也必合适一点。(老舍《四世同堂》)

Tā kàn chulai, nàxiē zhōngliūr de wánjù, ～ bú xiàng dà hào de nàme wēiwǔ, yě bú xiàng xiǎo hào de nàme línglóng, dāngrán jiàqián yě bì héshì yìdiǎnr.

2)"既……又……"多连接两个形容词或描写性短语：

既...又... is usually used to join two adjectives or descriptive phrases：

4. 祥子好似看见一个非常新异的东西，～熟识，又新异，所以心中有点发乱。(老舍《骆驼祥子》)

   Xiángzi hǎosì kànjian yíge fēicháng xīnyì de dōngxi, ～ shúshi, yòu xīnyì, suǒyǐ xīnzhōng yǒudiǎnr fā luàn.

5. 陈步高这个孩子，～能干，又用功，应该算是一个好学生。(魏金枝《越早越好》)

   Chén Bùgāo zhège háizi, ～ nénggàn, yòu yònggōng, yīnggāi suàn shì yí ge hǎo xuésheng.

6. 他看着云秀由一个单纯、天真的姑娘，变成一个～聪明而又忠实的革命战士了。(李晓明、韩安庆《平原枪声》)

   Tā kànzhe Yúnxiù yóu yí ge dānchún, tiānzhēn de gūniang, biànchéng yí ge ～ cōngming ér yòu zhōngshí de gémìng zhànshì le.

7. 毒刺狼这个人～阴狠毒辣，又十分狡猾。(李英儒《女游击队长》)

   Dúcìláng zhège rén ～ yīnhěn dúlà, yòu shífēn jiǎohuá.

8. 敌人～可怕，又不可怕。(李英儒《女游击队长》)

   Dírén ～ kěpà, yòu bù kěpà.

既然　jìrán　(连词)

用于复句中的前一分句，表示承认某一事实；后一分句据此事作出推断或结论；可用于主语前。常有"就""总""那么""则"等词与之呼应：

Since, *seeing that*; occurs in the first clause of a complex sentence to acknowledge a fact and then an inference is made in the second clause. It can occur before the subject and is usually used in conjunction with 就, 总, 那么 or 则 etc.：

1. ～敌人压迫你们，就该跟敌人干嘛！(李晓明、韩安庆《平原枪声》)

   ～ dírén yāpò nǐmen, jiù gāi gēn dírén gàn ma!

2. ～是摔交嘛，总有胜有败，为什么要打人？(李晓明、韩安庆《平原枪声》)

   ～ shì shuāijiāo ma, zǒng yǒu shèng yǒu bài, wèi shénme yào dǎ rén?

3. 但是杨蔷云～想作一件事情，那么就从来没听说过她的决定会落空。(王蒙《青春万岁》)

   Dànshì Yáng qiángyún ～ xiǎng zuò yí jiàn shìqing, nàme jiù cónglái méi tīngshuōguo tā de juédìng huì luò kōng.

4. 我们～解决了提高和普及的关系问题，则专门家和普及工作者的关系问题也就可以随着解决了。(毛泽东《在延安文艺座谈会上的讲话》)

   Wǒmen ～ jiějuéle tígāo hé pǔjí de guānxi wèntí, zé zhuānménjiā hé pǔjí gōngzuòzhě de guānxi wèntí yě jiù kěyǐ suízhe jiějué le.

5. 她想汉奸～找不着他们，一定是钻进夹皮墙了……(李晓明、韩安庆《平原枪声》)

   Tā xiǎng hànjiān ～ zhǎo bu zháo tāmen, yídìng shì zuān jin jiápíqiáng le ...

有时后一分句的推断或结论用问句或反问句形式表述：

The inference in the second clause may be presented in a rhetorical question：

6. ～有，为什么不肯挂呢？(沈起予《难民船》)

   ～ yǒu, wèi shénme bù kěn guà ne?

7. ～打散了，为什么你不去找？(李小明、韩安庆《平原枪声》)

   ～ dǎsàn le, wèi shénme nǐ bú qù zhǎo?

8. 现在,～没有什么事情,何不进舍下去坐坐呢? (施蛰存《将军的头》)

   Xiànzài,～ méi yǒu shénme shìqing, hé bú jìn shèxià qu zuòzuo ne?

参看"既" A。

Compare 既 jì A.

加以   jiāyǐ   (连词)

引出补充的原因:

Introduces an additional reason:

1. 屋内灯光自然是只有三分亮,～门户紧掩,已在黄昏时,自然有些黯黯然。(林如稷《将过去》)

   Wū nèi dēngguāng zìrán shì zhǐ yǒu sān fēn liàng,～ ménhù jǐn yǎn, yǐ zài huánghūn shí, zìrán yǒuxiē àn·ànrán.

2. 但是此时各省援军尚未到达,军火、军饷两俱缺乏,～袁世凯用封官悬赏的办法鼓励北洋军疯狂进扑,革命军很难稳住阵脚。(陶菊隐《袁世凯演义》)

   Dànshì cǐ shí gè shěng yuánjūn shàngwèi dàodá, jūnhuǒ、 jūnxiǎng liǎng jù quēfá,～ Yuán Shìkǎi yòng fēng guān xuánshǎng de bànfǎ gǔlì Běiyángjūn fēngkuáng jìnpū, gémìngjūn hěn nán wěnzhù zhènjiǎo.

3. 许多工人提出合理化建议,节省使用,又从仓库里清出一些,～红星农具厂发扬共产主义协作精神,……材料问题便算顺利地解决了。(马识途《最有办法的人》)

   Xǔduō gōngrén tí chū hélǐhuà jiànyì, jiéshěng shǐyòng, yòu cóng cāngkù li qīng chu yìxiē,～ Hóngxīng Nóngjùchǎng fāyáng gòngchǎnzhǔyì xiézuò jīngshén, ... cáiliào wèntí biàn suàn shùnlì de jiějué le.

辨认:

Note:

下面例句中,"加以"是动词,其宾语是双音节动词:

In the following examples 加以 is a verb and must take a disyllabic verb as its object:

1. 有人主张对"二道贩子"要根据政策和法令加以管理。(报)

   Yǒu rén zhǔzhāng duì "èr dào fànzi" yào gēnjù zhèngcè hé fǎlìng jiāyǐ guǎnlǐ.

2. 对体育教师队伍的建设,要采取切实可行措施,有计划地逐步加以解决。(报)

   Duì tǐyù jiàoshī duìwu de jiànshè, yào cǎiqǔ qièshí kě xíng cuòshī, yǒu jìhuà de zhúbù jiāyǐ jiějué.

假如   jiǎrú   (连词)

同"如果",有书面语意味,表示条件、假设、类比和退一步说;多用于表示假设:

Same as 如果 (if) but with a literary flavour, indicates a condition, supposition, analogy or concession. It is mostly used to show a supposition:

1. 在平原上,我们作侦察工作和地方工作的,～没有了脚踏车的话,我们的工作一定做得没有那样好。(草明《平凡的故事》)

   Zài píngyuán shang, wǒmen zuò zhēnchá gōngzuò hé dìfāng gōngzuò de,～ méi yǒule jiǎotàchē dehuà, wǒmen de gōngzuò yídìng zuò de měiyou nàyàng hǎo.

2. 她真想离开这里,～因此要挨一顿苦打,她也一定愿意的。(耿龙祥《入党》)

   Tā zhēn xiǎng líkāi zhèlǐ,～ yīncǐ yào ái yí dùn kǔ dǎ, tā yě yídìng yuànyì de.

3. 我～没有新的爱情来补偿,马上会疯的! (邓友梅《在悬崖上》)

Wǒ ~ méi yǒu xīn de àiqíng lái bǔcháng, mǎshàng huì fēng de!

4. ~他有两个生命,也一定都把它放到报纸里去了。

     ~ tā yǒu liǎng ge shēngmìng, yě yídìng dōu bǎ tā fàngdào bàozhǐ li qu le.

5. ~世界上真有所谓不朽的爱,这也就是极限了。(张洁《爱,是不能忘记的》)

     ~ shìjiè shang zhēn yǒu suǒwèi bùxiǔ de ài, zhè yě jiù shì jíxiàn le.

6. ~这本书还存在着些许问题,那恐怕受了我所得到的这一丁点儿材料的限制。(罗常培《〈莲山摆彝语文初探〉序》)

     ~ zhèběn shū hái cúnzàizhe xiēxǔ wèntí, nà kǒngpà shòule wǒ suǒ dédào de zhè yìdīngdiǎnr cáiliào de xiànzhì.

参看"假若""假使"。

Compare 假若 jiǎruò, 假使 jiǎshǐ.

假若   jiǎruò   (连词)

同"假如":

Same as 假如 (if):

1. 有许多像瑞全的青年人,~手中有武器,他们会马上去杀敌。(老舍《四世同堂》)

     Yǒu xǔduō xiàng Ruìquán de qīngniánrén, ~ shǒu zhōng yǒu wǔqì, tāmen huì mǎshàng qù shā dí.

2. ~可能,他将在暗中给学生一些鼓励,一些安慰,教他们不忘了中国。(老舍《四世同堂》)

     ~ kěnéng, tā jiàng zài ànzhōng gěi xuésheng yìxiē gǔlì, yìxiē ānwèi, jiào tāmen bú wàngle Zhōngguó.

3. ~旁人说他老时,他可决不服气。(杨朔《月黑夜》)

     ~ pángrén shuō tā lǎo shí, tā kě jué bù fú qì.

4. ~后面敌人追来怎么办?(陈伯钧《毛主席率领我们上井岗山》)

     ~ hòumiàn dírén zhuī lai zěnme bàn?

5. ~这个人出了点什么事,对方就乘机乱咬抵赖,把什么事都推在这个人身上。(陈学昭《工作着是美丽的》)

     ~ zhège rén chūle diǎnr shénme shì, duìfāng jiù chéngjī luàn yǎo dǐlài, bǎ shénme shì dōu tuī zài zhège rén shēnshang.

假使   jiǎshǐ   (连词)

同"假如":

Same as 假如 (if):

1. ~那老头子不是刽子手扮的,真是医生,也仍然是吃人的人。(鲁迅《狂人日记》)

     ~ nà lǎotóuzi bú shì guìzishǒu bàn de, zhēn shì yīshēng, yě réngrán shì chī rén de rén.

2. ~理论可以脱离实践,那么这种理论就没有什么价值可言了。(郭绍虞《汉语语法修辞新探》)

     ~ lǐlùn kěyǐ tuōlí shíjiàn, nàme zhèzhǒng lǐlùn jiù méi yǒu shénme jiàzhí kě yán le.

3. ~你早几十年就这样体贴她,她就不至于得这样一种羞人的病了。(草明《遗失的笑》)

~ nǐ zǎo jǐ shí nián jiù zhèyàng tǐtiē tā, tā jiù búzhìyu dé zhèyàng yì zhǒng xiū rén de
bìng le.

4. 我是常常这样想着，~能使中国民族得到解放，那我又何惜于我这条蚁命。(方
志敏《可爱的中国》)

Wǒ shì chángcháng zhèyàng xiǎngzhe, ~ néng shǐ Zhōngguó mínzú dédào jiěfàng,
nà wǒ yòu hé xī yú wǒ zhètiáo yǐmìng.

5. 我还考虑，~我作战牺牲了，由谁来主持这个小部队的全局，才不使游击队遭
受到重大的损失……(李英儒《女游击队长》)

Wǒ hái kǎolǜ, ~ wǒ zuò zhàn xīshēng le, yóu shuí lái zhǔchí zhège xiǎo bùduì de
quánjú, cái bù shǐ yóujīduì zāoshòudào zhòngdà de sǔnshī. . .

接着   jiēzhe   (连词)

同"跟着"(连)，表示前面的动作与后面的动作在时间上连结得很紧；后面可有停
顿:

Same as 跟着, indicates that the second action takes place right after the first one. It may
be followed by a pause:

1. 女民工先是楞了，~，那个秀长眼睛的噗的一声笑了，……(茹志鹃《三走严
庄》)

Nǚ míngōng xiān shì lèng le, ~, nàge xiùcháng yǎnjingde pū de yì shēng xiào le,
. . .

2. 忽然听到北面一阵枪响，~就看到有人朝这边奔跑。(吴强《堡垒》)

Hūrán tīngdào běimiàn yí zhèn qiāng xiǎng, ~ jiù kàndào yǒu rén cháo zhèbianr
bēnpǎo.

3. 车门外，开始出现了一株株树和一座座坟墓的影子，~，黄的、绿的和蓝的颜色
慢慢浮现出来了。

Chē mén wài, kāishǐ chūxiànle yì zhūzhū shù hé yí zuòzuò fénmù de yǐngzi, ~,
huáng de, lǜ de hé lán de yánsè mànmānr fúxiàn chulai le.

4. 觉新马上跑出来，~是淑华，不到一会儿的功夫，众人都站在阶前了。(巴金
《家》)

Juéxīn mǎshàng pǎo chulai, ~ shì Shūhuá, bú dào yíhuìr de gōngfu, zhòngrén dōu
zhàn zài jiē qián le.

5. 九月末，哈尔滨就开始落起雪花来，~是天寒地冻。(陈学昭《工作着是美丽
的》)

Jiǔyuè mò, Hā'ěrbīn jiù kāishǐ luò qǐ xuěhuā lai, ~ shì tiān hán dì dòng.

结果   jiéguǒ   (连词)

表示事物发展到最后的状态:

In the end, as a result, finally; can occur at the head of a sentence:

1. 可笑你催我快，~反而是你耽搁时间。(巴金《家》)

Kěxiào nǐ cuī wǒ kuài, ~ fǎn·ér shì nǐ dānge shíjiān.

2. 为这事，我们社的支部书记郭正明，连着去城里交涉了两趟，~都是空手回来
了。(马烽《太阳刚刚出山》)

Wèi zhè shì, wǒmen shè de zhībù shūji Guō Zhèngmíng, liánzhe qù chéng lǐ jiāoshèle
liǎng tàng, ~ dōu shì kōngshǒu huí lai le.

3. 双方吵了半天都不肯认账，～秦易名在一旁见了，就照价把那个生瓜给买了下来了。（茹志鹃《黎明前的故事》）

Shuāngfāng chǎole bàntiān dōu bù kěn rènzhàng，～ Qín Yìmíng zài yìpáng jiàn le，jiù zhàojià bǎ nàge shēngguā gěi mǎile xialai le.

4. 大姐娃一直想从那人的声音中，找出一点孤独和悲伤来安慰自己，～大失所望。（王汶石《春节前后》）

Dàjiěwá yìzhí xiǎng cóng nà rén de shēngyīn zhōng，zhǎo chū yìdiǎnr gūdú hé bēishāng lái ānwèi zìjǐ，～ dàshīsuǒwàng.

5. 我熬心费力办农业社，～给组织留下这么个印象。（马烽《太阳刚刚出山》）

Wǒ áo xīn fèi lì bàn nóngyèshè，～ gěi zǔzhī liú xia zhème ge yìnxiàng.

尽管   jǐnguǎn   （连词）

同"虽然"，表示让步、姑且承认某种事实；常有"可是""但是""却""然而"等与之呼应：

Same as 虽然 (although, though); indicates a concession. It is often used in conjunction with 可是，但是，却 or 然而:

1. 李四爷～是年高有德的人，可是不大有学问。（老舍《四世同堂》）

Lǐ sìyé ～ shì nián gāo yǒu dé de rén，kěshì búdà yǒu xuéwèn.

2. 她～对生宝还有好感，但他走的时候毫不动摇。（柳青《创业史》）

Tā ～ duì Shēngbǎo hái yǒu hǎogǎn，dàn tā zǒu de shíhou háo bú dòngyáo.

3. ～来全对她又皱眉又瞪眼，她却只当没看见，依然倚在那里听老马说话。（茹志鹃《三走严庄》）

～ Láiquán duì tā yòu zhòu méi yòu dèng yǎn，tā què zhǐ dàng méi kànjiàn，yīrán yǐ zài nàli tīng Lǎo Mǎ shuō huà.

4. ～人们歧视你，不公平地对待你，可你不灰心，不丧气，不为名，不为利，默默地为党为人民工作着。（崔德志《报春花》）

～ rénmen qíshì nǐ，bù gōngpíng de duìdài nǐ，kě nǐ bù huī xīn，bú sàng qì，bú wèi míng，bú wèi lì，mòmò de wèi dǎng wèi rénmín gōngzuòzhe.

5. 一步，两步，……～走得很慢，雪路却终于一尺一尺地移到身后去了。（王愿坚《足迹》）

Yí bù，liǎng bù，... ～ zǒu de hěn màn，xuě lù què zhōngyú yì chǐ yì chǐ de yídào shēn hòu qu le.

6. 山路～险峻难攀，却是千回百折，令人意气风发。（谌容《人到中年》）

Shān lù ～ xiǎnjùn nán pān，què shì qiān huí bǎi zhé，lìngrén yìqìfēngfā.

7. 黑帐篷外表～不美丽，但内部摆设却是城市的式样。（郝力斯汗《起点》）

Hēi zhàngpeng wàibiǎo ～ bù měilì，dàn nèibù bǎishe què shì chéngshi de shìyàng.

有时，有"尽管"的从句放在主句的后面，有补充说明的作用；但主句不用"于是""但是"等：

Sometimes the clause introduced by 尽管 occurs after the main clause as if to supply an additional explanation. In such cases, 于是，但是 etc. cannot be used in the main clause:

8. 这张画画得很不错，～不是什么名家的手笔。

Zhèzhāng huàr huà de hěn búcuò，～ bú shì shénme míngjiā de shǒubǐ.

进而   jìn·ér   （连词）

连接两个分句,表示在前面已指出的情况的基础上更进一步;不能用在主语前:

Used to connect two clauses to indicate that a further step is taken as a result of a previously mentioned state. It can never occur before the subject:

1. 近来许多文学者都已注意到文法,并且已经有好多人～作文法的专门研究,这是值得注意的现象。(陈望道《六书和六法》)

Jìnlái xǔduō wénxuézhě dōu yǐ zhùyìdào wénfǎ, bìngqiě yǐjīng yǒu hǎo duō rén ～ zuò wénfǎ de zhuānmén yánjiū, zhè shì zhíde zhùyì de xiànxiàng.

2. 早在明治时代,日本就制定了征服朝鲜和中国台湾,～征服中国以至世界的狂妄的"大陆政策"。(禹冬《甲午中日战争》)

Zǎo zài Míngzhì shídài, Rìběn jiù zhìdìngle zhēngfú Cháoxiǎn hé Zhōngguó Táiwān, ～ zhēngfú Zhōngguó yǐzhì shìjiè de kuángwàng de "dàlù zhèngcè".

3. 先解决他们中午吃饭问题,～再解决休息等其他问题。(报)

Xiān jiějué tāmen zhōngwǔ chī fàn wèntí, ～ zài jiějué xiūxi děng qítā wèntí.

就 jiù (连词)

A 同"就是"A:

Same as 就是 (even if, even though) A:

1. 你要学那位古时候的贤人,饿死在首阳山上的伯夷,～饿死也不要失节。(郭沫若《屈原》)

Nǐ yào xué nàwèi gǔ shíhou de xiánrén, èsǐ zài Shǒuyángshān shang de Bóyí, ～ èsǐ yě búyào shījié.

2. 怪不得人们说女同志小器,我～回来的晚一些,也不致这样啊!(邓友梅《在悬崖上》)

Guàibude rénmen shuō nǚ tóngzhì xiǎoqi, wǒ ～ huí lai de wǎn yìxiē, yě búzhì zhèyàng a!

3. 山谷里溪流旋转,……到处都是生机,～连背阴处的薄冰下面,也流着水,也游着密密麻麻的小鱼。(王蒙《蝴蝶》)

Shāngǔ li xīliú xuánzhuǎn, …… dàochù dōu shì shēngjī, ～ lián bèiyīn chù de báo bīng xiàmian, yě liúzhe shuǐ, yě yóuzhe mìmìmámá de xiǎo yú.

4. 我很想回去,但又不愿意离开你们。我已经踌躇了三天三夜,～到目前我也依然在踌躇。(郭沫若《蔡文姬》)

Wǒ hěn xiǎng huí qu, dàn yòu bú yuànyi líkāi nǐmen. Wǒ yǐjīng chóuchúle sān tiān sān yè, ～ dào mùqián wǒ yě yīrán zài chóuchú.

B 同"就是" B:

Same as 就是 B:

1. 这件衣服你穿正合适,～颜色太暗了。

Zhèjiàn yīfu nǐ chuān zhèng héshì, ～ yánsè tài àn le.

2. 他各方面都好,～脾气急了点儿。

Tā gè fāngmiàn dōu hǎo, ～ píqi jíle diǎnr.

参看副词"就"。

Compare adverb 就 jiù.

就是 jiùshì (连词)

A 同"即使" A、B:

Same as 即使 (even if, even though) A & B：

1. 再加点工作，～累死我，我也是心甘情愿的。(曹禺《日出》)
   Zài jiā diǎnr gōngzuò, ～ lèisǐ wǒ, wǒ yě shì xīngānqíngyuàn de.

2. 秀兰流着眼泪，很激动地又说："慢说人家并不太难看，～真难看，我也不嫌。"
   (柳青《创业史》)
   Xiùlán liúzhe yǎnlèi, hěn jīdòng de yòu shuō："Mànshuō rénjia bìng bú tài nánkàn,
   ～ zhēn nánkàn, wǒ yě bù xián."

3. ～她满身都长了疮，把皮肉都烂掉，在他心中她依然很美。(老舍《骆驼祥子》)
   ～ tā mǎn shēn dōu zhǎngle chuāng, bǎ píròu dōu làndiào, zài tā xīnzhōng tā yīrán
   hěn měi.

4. 你非跟我去不行，我～用绳子拖也得把你拖去。(蒋子龙《乔厂长上任记》)
   Nǐ fēi gēn wǒ qù bùxíng, wǒ ～ yòng shéngzi tuō yě děi bǎ nǐ tuō qu.

5. 我爱你，一直都在爱。前面～有刀山火海，我也永不变心！(达理《失去了的爱
   情》)
   Wǒ ài nǐ, yìzhí dōu zài ài. Qiánmiàn ～ yǒu dāo shān huǒ hǎi, wǒ yě yǒng bú biàn
   xīn!

6. 你摇铃管啥用，～打炮他也不一定理你。(马烽《我的第一个上级》)
   Nǐ yáo líng guǎn shá yòng, ～ dǎ pào tā yě bù yídìng lǐ nǐ.

7. 鲁迅先生不仅生前使敌人害怕，～死后也还使敌人害怕。(冯雪峰《鲁迅先生的
   逝世》)
   Lǔ xùn xiānsheng bùjǐn shēngqián shǐ dírén hàipà, ～ sǐ hòu yě hái shǐ dírén hàipà.

8. 面前虽则有几本外国书摊着，其实我的脑筋昏乱得很，～一行一句也看不进
   去。(郁达夫《春风沉醉的晚上》)
   Miàn qián suīzé yǒu jǐ běn wàiguó shū tānzhe, qíshí wǒ de nǎojīn hūnluàn de hěn, ～
   yì háng yí jù yě kàn bu jìnqù.

B 同"只是"，多用于第二分句前，表示轻微的转折，对前一分句加以补充或修正：
Same as 只是 (only), mostly used in the second clause conveying a slight contrast. It
introduces a supplement or revision to the first clause：

1. 这人在庄稼行里样样精通，做活又认真又仔细，可～脾气太犟。(马烽《老社
   员》)
   Zhè rén zài zhuāngjia háng li yàngyàng jīngtōng, zuò huór yòu rènzhēn yòu zǐxì, kě
   ～ píqi tài jiàng.

2. 人儿倒长得干净，～脚大点儿。(梁斌《红旗谱》)
   Rénr dào zhǎng de gānjing, ～ jiǎo dàdiǎnr.

3. 三妹是个乐天派，一天家有说有笑的，～不了解别人。(巴金《家》)
   Sānmèi shì ge lètiānpài, yì tiān jie yǒu shuō yǒu xiào de, ～ bù liǎojiě biéren.

4. 在菜园里，他干得不坏，组长说他学得很快，～有点贪玩。(汪曾祺《羊舍一夕》)
   Zài càiyuán li, tā gàn de bú huài, zǔzhǎng shuō tā xué de hěn kuài, ～ yǒudiǎnr tān
   wánr.

参看"就"。
Compare 就 jiù.
参看副词"就是"。

Compare adverb 就是 jiùshì.

可　kě　(连词)

同"可是"，但后面不能有停顿：

Same as 可是 (but, however), but can never be followed by a pause：

1. 你想想你从前来咱家是个黄毛丫头，～现在你就像另外换了一个人！(李准《李双双小传》)

   Nǐ xiǎngxiang nǐ cóngqián lái zán jiā shì ge huángmáo yātou, ～ xiànzài nǐ jiù xiàng lìngwài huànle yí ge rén!

2. 哎，就算你让我便道上走去，～你说话态度得好点吧？(侯宝林《夜行记》)

   Ài, jiù suàn nǐ ràng wǒ biàndào shang zǒu qu, ～ nǐ shuō huà tàidu děi hǎo diǎnr ba?

3. 我第一个就告诉了他，～他不信，非自己去看看不可。(崔德志《报春花》)

   Wǒ dì-yī ge jiù gàosule tā, ～ tā bú xìn, fēi zìjǐ qu kànkan bùkě.

4. 大家对你抱着很大希望。～你扔下工作做小买卖去了。(马烽《三年早知道》)

   Dàjiā duì nǐ bàozhe hěn dà xīwàng. ～ nǐ rēng xia gōngzuò zuò xiǎomǎimàir qu le.

参看副词"可"。

Compare adverb 可 kě.

可见　kějiàn　(连词)

连接分句或句子，承接上文，多用于句首，表示下面是根据上文所述述的现象或事实作出的推论：

Usually used at the beginning of a sentence or clause to introduce what is inferred from the phenomenon or fact related in the foregoing context：

1. 不是么？倪先生也这样说，～不是我随便赞扬了。(叶圣陶《倪焕之》)

   Bú shì ma? Ní xiānsheng yě zhèyàng shuō, ～ bú shì wǒ suíbiàn zànyáng le.

2. 我在万县却天天爬山，心脏病也并没有发，～医生的有些清规戒律是可以打破的。(何其芳《致艾芜》)

   Wǒ zài Wànxiàn què tiāntiān pá shān, xīnzàngbìng yě bìng méiyou fā, ～ yīshēng de yǒu xiē qīngguījièlǜ shì kěyǐ dǎpò de.

3. 最著名的莫过于苏东坡的海市诗，开首几句写道："东方云海空复空，群仙出没空明中……"～海市是怎样的迷人了。(杨朔《海市》)

   Zuì zhùmíng de mòguòyú Sū Dōngpō de hǎishì shī, kāishǒu jǐ jù xiě dào:" Dōngfāng yún hǎi kōng fù kōng, qún xiān chū mò kōng míng zhōng..." ～ hǎishì shì zěnyàng de mírén le.

4. 我们查阅了全部官员名单，也没有发现任何有关这位"钮公"的线索。～在这两年中，在福建的文武官员……均无"钮公"其人。(陈毓罴、刘世德、邓绍基《红楼梦论丛》)

   Wǒmen cháyuèle quánbù guānyuán míngdān, yě méiyou fāxiàn rènhé yǒuguān zhèwèi "Niǔgōng" de xiànsuǒ. ～ zài zhè liǎng nián zhōng, zài Fújiàn de wén wǔ guānyuán ... jūn wú "Niǔgōng" qí rén.

"可见"后可有停顿：

可见 may be followed by a pause：

5. 他谈到……小说中的主人公就是他们当地的某某英雄。～，如果没有真实的细节描写和充满生活气息的群众语言，是收不到这样的效果的。(报)

Tā tándào ... xiǎoshuō zhōng de zhǔréngōng jiù shì tāmen dāngdì de mǒumǒu yīngxióng. ～, rúguǒ méi yǒu zhēnshí de xìjié miáoxiě hé chōngmǎn shēnghuó qìxī de qúnzhòng yǔyán, shì shōu bu dào zhèyàng de xiàoguǒ de.

例 2、3、4 中的"可见"后也可停顿。

可见 in examples 2, 3 and 4 may also be followed by a pause.

可是   kěshì   （连词）

同"但是"，但更口语化。所引出的语句意思和上文相对或限制、补充上文。所引出的分句如另有主语，"可是"可用在主语前，也可用在主语后；如在主语前，"可是"后可有停顿：

Same as 但是 (but, however), but more colloquial. What follows is either contrary to what precedes it or restricts or supplements what precedes it. If the clause it introduces has its own subject, 可是 may occur either before or after the subject; and if occurring before, 可是 may be followed by a pause:

1. 他很想走上台去，～被巡警不客气的拦住。（老舍《四世同堂》）
    Tā hěn xiǎng zǒu shàng tái qu, ～ bèi xúnjǐng bú kèqi de lánzhù.

2. 虽然是大白天，～庄里肃静无声……（茹志鹃《三走严庄》）
    Suīrán shì dà báitiān, ～ zhuāng li sùjìng wú shēng ...

3. 静兰回家比往常迟了许多，也很累，～心里有一种平日没有的愉快。（茹志鹃《春暖时节》）
    Jìnglán huí jiā bǐ wǎngcháng chíle xǔduō, yě hěn lèi, ～ xīnli yǒu yì zhǒng píngrì méi yǒu de yúkuài.

4. 同志们明明知道自己身边的战友不见了，～在那茫茫无际的沙漠中，到哪里去寻找呢？（秦基伟《苦战临泽》）
    Tóngzhìmen míngmíng zhīdao zìjǐ shēn biān de zhànyǒu bú jiàn le, ～ zài nà mángmáng wújì de shāmò zhōng, dào nǎli qù xúnzhǎo ne?

5. 你要是不想去，可以不去，我～非去不可。
    Nǐ yàoshi bù xiǎng qù, kěyǐ bú qù, wǒ ～ fēi qù bùkě.

6. 顾客……，不少人是看看再说。～，有的售货员……却常问："同志，您买什么？"这样，不买商品的顾客听了往往有难为情之感。（报）
    Gùkè ..., bùshǎo rén shì kànkan zài shuō. ～, yǒude shòuhuòyuán ... què cháng wèn:" Tóngzhì, nín mǎi shénme?" zhèyàng, bù mǎi shāngpǐn de gùkè tīngle wǎngwǎng yǒu nánwéiqíng zhī gǎn.

参看"可"。

Compare 可 kě.

况且   kuàngqiě   （连词）

同"何况"，表示不言而喻或追加理由，但所引进的不能只是体词或体词性短语；"况且"后可有停顿：

Same as 何况 (let alone, not to mention, besides), but what it introduces cannot be just a substantive or a substantival phrase. 况且 may have a pause after it:

1. 危险？难道就那样巧？～，前两天还有人说天坛住满了兵；他亲眼看见的，那里连个兵毛儿也没有。（老舍《骆驼祥子》）
    Wēixiǎn? Nándào jiù nàyàng qiǎo? ～, qián liǎng tiān hái yǒu rén shuō Tiāntán

zhùmǎnle bīng; tā qīnyǎn kànjian de, nàlǐ lián ge bīngmáor yě méi yǒu.

2. 老明三本没有栽树的心思……，～，一株小树，栽下五六年，七八年才派得用场
   ……（徐朝夫《特殊社员》）

   Lǎo Míngsān běn méi yǒu zāi shù de xīnsi . . . , ～, yì zhū xiǎo shù, zāi xia wǔ liù
   nián, qī bā nián cái pàide yòngchǎng. . .

3. 吴书记家虽然有吃有住，也该知趣；～不是一天两天，不如住在旅馆里妥善。
   （高晓声《陈奂生转业》）

   Wú shūjì jiā suīrán yǒu chī yǒu zhù, yě gāi zhīqù; ～ bú shì yì tiān liǎng tiān, bùrú
   zhù zài lǚguǎn li tuǒshàn.

例如 lìrú （连词）

引出所举的例子；后面可有停顿。

For instance, for example; may be followed by a pause:

1. 今天，虽然存在着许多困难条件，规定了抗日战争是艰难的战争，～敌人之强，
   我们之弱，敌人的困难还刚开始，我们的进步还很不够，如此等等。（毛泽东《论
   持久战》）

   Jīntiān, suīrán cúnzàizhe xǔduō kùnnan tiáojiàn, guīdìngle kàng Rì zhànzhēng shì
   jiānnán de zhànzhēng, ～ dírén zhī qiáng, wǒmen zhī ruò, dírén de kùnnan hái gāng
   kāishǐ, wǒmen de jìnbù hái hěn bú gòu, rúcǐ děngděng.

2. 有些大城市假如没有地铁，生活的机器就转动不起来。～日本东京的中心区，
   夜间有 40 万人居住，白天却"膨胀"到 220 万人，增加的一百几十万人全靠地
   铁运送。（刊）

   Yǒuxiē dà chéngshì jiǎrú méi yǒu dìtiě, shēnghuó de jīqì jiù zhuàndòng bù qǐlái. ～
   Rìběn Dōngjīng de zhōngxīn qū, yèjiān yǒu sìshí wàn rén jūzhù, báitiān què "péng
   zhàng" dào èrbǎi èrshí wàn rén, zēngjiā de yìbǎi jǐ shí wàn rén quán kào dìtiě
   yùnsòng.

3. 天体不同，天体的表面脱离速度也不同。～月球的质量小，表面脱离速度就比
   地球的小得多。（刊）

   Tiāntǐ bù tóng, tiāntǐ de biǎomiàn tuōlí sùdù yě bù tóng, ～ yuèqiú de zhìliàng xiǎo,
   biǎomiàn tuōlí sùdù jiù bǐ dìqiú de xiǎo de duō.

4. 过去中国人的名和字在意义上是有联系的,～张飞名飞字翼德,"飞"和"翼"有
   联系。（报）

   Guòqù Zhōngguó rén de míng hé zì zài yìyì shang shì yǒu liánxì de, ～ Zhāng Fēi
   míng Fēi zì Yìdé, "fēi" hé "yì" yǒu liánxì.

5. 这个体育馆有比较齐全的设备,～室内游泳池、篮球场等.

   Zhège tǐyùguǎn yǒu bǐjiào qíquán de shèbèi, ～ shì nèi yóuyǒngchí, lánqiúchǎng
   děng.

连同 liántóng （连词）〈书〉

有"和……一起"的意思，多连接"把"的并列宾语；常用于书面语：

Together with, along with; mainly used to link the coordinate objects of 把; mostly occurs in
written language:

1. 他把毛主席亲自指挥陕北战争——最近青化砭大捷,以及其他各战场胜利歼
   敌的消息,～国内外的政治形势,概要地讲了一遍。（孔厥、袁静《新儿女英雄

传》）

Tā bǎ Máo zhǔxí qīnzì zhǐhuī Shǎnběi zhànzhēng —— zuìjìn Qīnghuàbiān dàjié, yǐjí qítā gè zhànchǎng shènglì jiān dí de xiāoxi, ～ guó nèi wài de zhèngzhì xíngshì, gàiyào de jiǎngle yī biàn.

2. 请大家把两种《胡笳十八拍》,～杜甫的《同谷七歌》,读它们一两遍……(郭沫若《谈蔡文姬的〈胡笳十八拍〉》)

Qǐng dàjiā bǎ liǎng zhǒng《Hújiā shíbā pāi》, ～ Dù Fǔ de《Tónggǔ qī gē》, dú tāmen yī liǎng biàn ...

3. 按照纪妈的办法,小孩是应当放在个沙子口袋里,过五六天把结成块的沙子筛巴一回,再～小孩放进口袋去。(老舍《牛天赐传》)

Ànzhào Jìmā de bànfǎ, xiǎoháir shì yīngdāng fàng zài ge shāzi kǒudai li, guò wǔ liù tiān bǎ jiéchéng kuàir de shāzi shāiba yì huí, zài ～ xiǎoháir fàng jìn kǒudai qu.

4. 找不到了,小锦子! 她已经消失在这茫茫人海之中,～她的琴声,～她的歌喉! (刘绍棠《花街》)

Zhǎo bu dào le, Xiǎojǐnzi! Tā yǐjīng xiāoshī zài zhè mángmáng rénhǎi zhī zhōng, ～ tā de qínshēng, ～ tā de gēhóu!

有时,后面有"一起""一道"等与"连同"呼应:

Sometimes, 一起 or 一道 is used in conjunction with 连同:

5. 像闻一多先生这样自由主义的学者,竟～他的长公子一道,都要用卑劣无耻的政治暗杀的手段来谋害,不真是已经到了疯狂的绝顶吗? (郭沫若《悼一多》)

Xiàng Wén Yīduō xiānsheng zhèyàng zìyóuzhǔyì de xuézhě, jìng ～ tā de zhǎng gōngzǐ yídào, dōu yào yòng bēiliè wúchǐ de zhèngzhì ànshā de shǒuduàn lái móuhài, bú zhēn shì yǐjīng dàole fēngkuáng de juédǐng ma?

另外 lìngwài　(连词)

有"除此之外"的意思,表示后面对前面说的加以补充;连接句子,也可连接分句;"另外"后常有停顿:

In addition, besides; indicates that what follows is a supplement to the foregoing statement. It is used to connect sentences or clauses and is often followed by a pause:

1. 希望国家轻工业部门多为在边疆工作的人员着想,设计出适合高原穿的服装样式,并保障供应。～,也希望解决童装问题。(张清芝《在藏工作同志们的要求》)

Xīwàng guójiā qīnggōngyè bùmén duō wèi zài biānjiāng gōngzuò de rényuán zhuóxiǎng, shèjì chū shìhé gāoyuán chuān de fúzhuāng yàngshì, bìng bǎozhàng gōngyìng. ～, yě xīwàng jiějué tóngzhuāng wèntí.

2. 茅盾……一九三三年完成了划时代的长篇巨著《子夜》。～,他还发表了许多散文和文艺论文。(梁骏、尤敏《茅盾与他的〈春蚕〉》)

Máo Dùn ... yījiǔsānsān nián wánchéngle huà shídài de chángpiān jùzhù《Zǐyè》. ... ～, tā hái fābiǎole xǔduō sǎnwén hé wényì lùnwén.

3. 你把钱存到银行去,～,回来时到商场买两块肥皂。

Nǐ bǎ qián cúndào yínháng qu, ～, huí lai shí dào shāngchǎng mǎi liǎng kuài féizào.

慢说 mànshuō　(连词)

同"别说",但用的较少,意思是因情况不言自明,就不必说了,常与"就是""连"等呼应；可用于多种词语结构之前：

Same as 别说 (not to mention), but not as frequently used; often occurs in conjunction with 就是，连 etc.：

1. ～你出家四年多了。王小二隔一年半来的时候，也是转来转去寻不到自己的家
……（张勤《民兵营长》）

～ nǐ chū jiā sì nián duō le. Wáng Xiǎo·èr gé yì nián bàn lái de shíhou, yě shì zhuàn lái zhuàn qù xún bu dào zìjǐ de jiā...

2. ～是一个廉颇将军，就是在秦国的朝堂之下，我又何曾怕过！（刊）

～ shì yí ge Lián Pō jiāngjūn, jiùshì zài Qínguó de cháotáng zhī xià, wǒ yòu hécéng pàguo.

3. 这份文件谁来也取不走，～是老张头。

Zhèfènr wénjiàn shuí lái yě qǔ bu zǒu, ～ shì Lǎo Zhāngtóur.

4. ～短短的一百里，就是几千里，我也要去！

～ duǎnduǎn de yìbǎi lǐ, jiùshì jǐ qiān lǐ, wǒ yě yào qù!

5. ～不知道，就是知道了又能怎么样？

～ bù zhīdào, jiùshì zhīdao le yòu néng zěnme yàng?

免得 miǎnde （连词）

表示前面所说行动的目的，是避免后面情况的发生；前后必是两个分句：

So as not to, so as to avoid; indicates that the previous action aims to prevent the occurrence of the following action. It can only be used to connect two clauses：

1. 还是趁早休息一会儿，～到那时候支持不住。（巴金《家》）

Háishì chènzǎor xiūxi yíhuìr, ～ dào nà shíhou zhīchí bu zhù.

2. 你来的时候，要穿一双好草鞋，～石头磨破脚。（高缨《达吉和她的父亲》）

Nǐ lái de shíhou, yào chuān yì shuāng hǎo cǎoxié, ～ shítou mópò jiǎo.

3. 他早已差人访明，详开底账。～他们瞒天过海。（端木蕻良《曹雪芹》）

Tā zǎo yǐ chāi rén fǎngmíng, xiáng kāi dǐzhàng ～ tāmen mántiān guòhǎi.

4. 李芸……想起身找出纸笔，把这首诗记下，～清早起来，忘记了。（端木蕻良《曹雪芹》）

Lǐ Yún ... xiǎng qǐ shēn zhǎo chū zhǐ bǐ, bǎ zhè shǒu shī jì xia, ～ qīngzǎo qǐ lai, wàngjì le.

参看"省得"。

Compare 省得 shěngde.

那 nà （连词）

同"那么"：

Same as 那么 (then, in that case)：

1. 人，个个都记得，只是，要让他说出每个人的名字，～可就把他憋住了。（张志民《老朱和房东》）

Rén, gègè dōu jìde, zhǐshì, yào ràng tā shuō chu měi gè rén de míngzi, ～ kě jiù bǎ tā biēzhu le.

2. 干这么点活……还能说累？～人家老红军长征的时候爬雪山、过草地那么苦，怎么过来的？（王愿坚《普通劳动者》）

Gàn zhème diǎnr huór ... hái néng shuō lèi? ～ rénjia lǎo Hóngjūn chángzhēng de shíhou pá xuě shān, guò cǎo dì nàme kǔ, zěnme guò lái de?

3. 如果一个读者读完了一本书,却不见书中写到这些问题……~他当然会感到失望的。(茅盾《如何击退颓风》)

Rúguǒ yí ge dúzhě dúwánle yì běn shū, què bú jiàn shū zhōng xiědào zhèxiē wèntí . . . ~ tā dāngrán huì gǎndào shīwàng de.

4. 万一今天要不回来,~不把大事误了?(马烽《太阳刚刚出山》)

Wànyī jīntiān yào bu huí lái, ~ bù bǎ dàshì wù le?

5. 哥哥得意地逗她说:"~你也来个表演嘛。……"(草明《姑娘的心事》)

Gēge déyì de dòu tā shuō: "~ nǐ yě lái ge biǎoyǎn ma. . . ."

那么 nàme （连词）

顺接上文,表示承认前面所说的情况,引出应有的结果或判断;常和"如果""要是"等呼应;后面常有停顿。

Then, in that case; used to connect an inference with the foregoing statement. It is generally used in conjunction with 要是 or 如果, and is usually followed by a pause:

1. 如果我们仍然不重视传记文学……,~,许多问题就会日益尖锐。(秦牧《我们需要传记文学》)

Rúguǒ wǒmen réngrán bú zhòngshì zhuànjì wénxué . . . , ~ , xǔduō wèntí jiù huì rìyì jiānruì.

2. 如果……先找到大旅馆安身。~,由于敌人的征用,又得再搬了。(茅盾《生活之一页》)

Rúguǒ . . . xiān zhǎodào dà lǚguǎn ān shēn. ~ , yóuyú dírén de zhēngyòng, yòu děi zài bān le.

3. 要是我们回去还有活命的话,~再过三年,我们理应亲自到贵国来道谢。(林汉达《东周列国故事新编》)

Yàoshi wǒmen huí qu hái yǒu huómìng dehuà, ~ zài guò sān nián, wǒmen lǐ yīng qīnzì dào guìguó lái dào xiè.

参看"那"。

Compare 那 nà.

乃至 nǎizhì （连词）〈书〉

在连接并列的各种句子成分或分句中,放在被连接的最后一项之前;有"甚至"的意思。

Even; occurs before the last item of a series of coordinate elements or a series of clauses:

1. 忽然他伸手到左口袋右口袋~裤子袋里乱摸了一通。他是想摸出他的表来给老和尚看看这早晚已经是什么时候,……(茅盾《有志者》)

Hūrán tā shēn shǒu dào zuǒ kǒudàir yòu kǒudàir ~ kùzi dàir li luàn mōle yí tòng. Tā shì xiǎng mō chū tā de biǎo lái gěi lǎo héshang kànkan zhèzǎowǎnr yǐjīng shì shénme shíhou, . . .

2. 按婚姻法办事,切实保障公民在婚姻、家庭中的合法权益,对个人的幸福,家庭的和睦,~社会的进步,都是十分重要的。(报)

Àn hūnyīnfǎ bàn shì, qièshí bǎozhàng gōngmín zài hūnyīn, jiātíng zhōng de héfǎ quányì, duì gèrén de xìngfú, jiātíng de hémù, ~ shèhuì de jìnbù, dōu shì shífēn zhòngyào de.

3. ······原因无非是：产品更新换代慢,花色品种单调,质量不过硬,～装璜不够美
　　观,不能适应别人的需要,不能吸引顾客等等。(报)
　　... yuányīn wúfēi shì：chǎnpǐn gēngxīn huàn dài màn, huāsè pǐnzhǒng dāndiào,
　　zhìliàng bú guòyìng, ～ zhuānghuáng bú gòu měiguān, bù néng shìyìng biérén de
　　xūyào, bù néng xīyǐn gùkè, děngděng.

"乃至"也可以说成"乃至于",意思一样：

乃至 may be replaced by 乃至于 with no change in meaning.

4. 许多地方,亲友间的请客送礼泛滥成灾,······还有他们的子女结婚、生育、病
　　丧、参加工作或考上大学,～于做节育手术,也要或多或少地送点礼。(报)
　　Xǔduō dìfang, qīnyǒu jiān de qǐng kè sòng lǐ fànlàn chéng zāi, ... hái yǒu tāmen de
　　zǐnǚ jiéhūn, shēngyù, bìng sāng, cānjiā gōngzuò huò kǎo shang dàxué, ～ yú zuò
　　jiéyù shǒushù, yě yào huò duō huò shǎo de sòng diǎnr lǐ.

难怪　nánguài　(连词)

表示由于说话人了解到原因,因而悟到后面的情况是不足怪的；说明原因的分句或
句子可以在前,也可以在后：

No wonder; indicates that since the speaker has got to know the cause of the matter he is not
surprised at what has happened. The clause or sentence denoting the cause may occur ei-
ther at the head or at the end of the whole sentence:

1. 他饭量不小,可总是一样买一两,吃得还挺全乎,～服务员白他一眼。(报)
　　Tā fànliang bù xiǎo, kě zǒngshi yí yàng mǎi yì liǎng, chī de hái tǐng quánhu, ～
　　fúwùyuán bái tā yì yǎn.

2. 在许多同志心目中,对贪污看得重,对浪费看得轻,······～漫画中的贪污虎要
　　抱怨人们不一视同仁了。(报)
　　Zài xǔduō tóngzhì xīnmù zhōng, duì tānwū kàn de zhòng, duì làngfèi kàn de qīng,
　　... ～ mànhuà zhōng de tānwūhǔ yào bàoyuàn rénmen bù yíshìtóngrén le.

3. 这些小狮子大的不过十来厘米,小的只有几厘米······～好几百年前就传说卢
　　沟桥的狮子数不清了。(罗哲文《卢沟晓月和卢沟桥》)
　　Zhèxiē xiǎo shīzi dà de búguò shí lái límǐ, xiǎo de zhǐ yǒu jǐ límǐ ... ～ hǎo jǐ bǎi
　　nián qián jiù chuánshuō Lúgōuqiáo de shīzi shǔ bu qīng le.

辨认：

Note:

下面句中的"难怪"是动词,有"很难责怪"的意思：

难怪 in the following sentence is a verb meaning "can't blame"：

1. 她翻译得不大好也难怪,因为她才学了几个月的英语。
　　Tā fānyì de búdà hǎo yě nánguài, yīnwèi tā cái xuéle jǐ ge yuè de Yīngyǔ.

2. 饭做糊了也难怪小华,她还是个孩子。
　　Fàn zuòhúle yě nánguài Xiǎohuá, tā háishì ge háizi.

宁　nìng　(连词)

同"宁可"：

Same as 宁可 (would rather):

1. 我娃放心,妈～舍身上四两肉,也要给我娃带个面子哩！我娃只管放手去干吧！
　　(王汶石《黑凤》)

Wǒ wá fàng xīn, mā ~ shě shēnshang sì liǎng ròu, yě yào gěi wǒ wá dài ge miànzi li! Wǒ wá zhǐguǎn fàng shǒu qu gàn ba!

2. 现在,他似乎与诗告别了,因为他觉得二子仲石的牺牲,王排长的~自杀不投降,和他自己的命运,都是"亡国篇"中的美好的节段。(老舍《四世同堂》)

Xiànzài, tā sìhū yǔ shī gàobié le, yīnwèi tā juéde èrzǐ Zhòngshí de xīshēng, Wáng páizhǎng de ~ zìshā bù tóuxiáng, hé tā zìjǐ de mìngyùn, dōu shì "Wáng guó piān" zhōng de měihǎo de jiéduàn.

3. ~跟明白人打架,不跟糊涂人说话。

~ gēn míngbai rén dǎ jià, bù gēn hútu rén shuō huà.

4. 高树青同志,生前是个~流千滴血,不洒一滴泪的刚强战士。(郭澄清《大刀记》)

Gāo Shùqīng tóngzhì, shēngqián shì ge ~ liú qiān dī xiě, bù sǎ yì dī lèi de gāngqiáng zhànshì.

宁可 nìngkě (连词)

表示比较两方面的得失之后选择其一,尽管这一方面也并不理想;后一分句则说明被舍弃的另一选择。"宁可"多用于主语后:

Would rather; generally occurs after the subject and indicates one's preference which may not be totally satisfactory after weighing the pros and cons. The second clause explains what is rejected:

1. 瑞宣还不想和老二费什么唇舌,他~独立支持一家人的生活,也不愿再和老二多罗嗦。(老舍《四世同堂》)

Ruìxuān hái bù xiǎng hé lǎo·èr fèi shénme chúnshé, tā ~ dúlì zhīchí yì jiā rén de shēnghuó, yě bú yuàn zài hé lǎo·èr duō luōsuo.

2. 有时,菜种得不合要求,他~拔掉重栽,决不马马虎虎。(报)

Yǒushí, cài zhòng de bù hé yāoqiú, tā ~ bádiào chóng zāi, jué bù mǎmahūhū.

3. 她勇敢地担承了一切苦难,~被敌人杀死,也没有出卖干部和说出坚壁公粮的地方。(杨沫《红红的山丹花》)

Tā yǒnggǎn de dānchéngle yíqiè kǔnàn, ~ bèi dírén shāsǐ, yě méiyou chūmài gànbù hé shuō chū jiānbì gōngliáng de dìfang.

有时被舍弃的选择在前面出现:

Sometimes the rejected option is related in the first clause:

4. 爸爸穷了就穷硬的:他不喜欢对人家笑,问人家借一块半块来买米的。爸爸~饿肚子。(蒋牧良《夜工》)

Bàba qióngle jiù qióng yìng de: tā bù xǐhuan duì rénjia xiào, wèn rénjia jiè yí kuài bàn kuài lái mǎi mǐ de. Bàba ~ è dùzi.

如果上下文意思清楚,不言而喻,舍弃的一方面可以不明说:

When the meaning of the sentence is clear from the context, the rejected option need not be mentioned:

5. 张嫂是个能干人,比她老板伶俐得多,力气也大,有话~同他讲。(冰心《张嫂》)

Zhāngsǎo shì ge nénggàn rén, bǐ tā lǎobǎn línglì de duō, lìqi yě dà, yǒu huà ~ tóng tā jiǎng.

参看"宁""宁肯"。

Compare 宁 nìng, 宁肯 nìngkěn.

宁肯　jìngkěn　（连词）

同"宁可"；表意愿的意味更浓：

Same as 宁可（would rather）but with a stress on the willingness：

1. 找不到太阳，我～死在外面也不回来。(巴金《活命草》)

   Zhǎo bu dào tàiyáng, wǒ ～ sǐ zài wàimiàn yě bù huílai.

2. 需要步行的地方，她～轻装自己的行李，而背起皮药包。(曾克《一同成长》)

   Xūyào bùxíng de dìfang, tā ～ qīngzhuāng zìjǐ de xíngli, ér bēi qǐ pí yàobāo.

3. 为了车间实现机械化，自己～眼前吃点小苦头。(胡宝华《红姑》)

   Wèile chējiān shíxiàn jīxièhuà, zìjǐ ～ yǎnqián chī diǎnr xiǎo kǔtóur.

4. 他的住所离学校几十里，老温～起大早少睡点去乘坐公共汽车，也不坐出租车。(报)

   Tā de zhùsuǒ lí xuéxiào jǐ shí lǐ, Lǎo Wēn ～ qǐ dàzǎor shǎo shuì diǎnr qù chéngzuò gōnggòng qìchē, yě bú zuò chūzū chē.

参看"宁愿"。

Compare 宁愿 nìngyuàn.

宁愿　nìngyuàn　（连词）

同"宁肯"：

Same as 宁肯（would rather）：

1. 他～睡在露天里，冰冷坚硬的石头上，也不肯抛下他的朋友。(巴金《活命草》)

   Tā ～ shuì zài lùtiān li, bīnglěng jiānyìng de shítou shang, yě bù kěn pāo xia tā de péngyou.

2. 我～听说你死了，不愿知道你活得不像个人。(宗璞《红豆》)

   Wǒ ～ tīngshuō nǐ sǐ le, bú yuàn zhīdao nǐ huó de bú xiàng ge rén.

3. 她～话不投机，招丈夫对她发怒，也不愿看着他们兄弟之间起了口舌。(老舍《四世同堂》)

   Tā ～ huà bù tóujī, zhāo zhàngfu duì tā fā nù, yě bú yuàn kànzhe tāmen xiōngdì zhī jiān qǐle kǒushé.

4. 他们～去死，也不愿受这个污辱！(老舍《四世同堂》)

   Tāmen ～ qù sǐ, yě bú yuàn shòu zhège wūrǔ!

5. 我～作一个瞎子呢！倘若我真是个瞎子，那些可厌的杂乱的东西，再不会到我心幕上来了。(庐隐《或人的悲哀》)

   Wǒ ～ zuò yí ge xiāzi ne! Tǎngruò wǒ zhēn shì ge xiāzi, nàxiē kěyàn de záluàn de dōngxi, zài bú huì dào wǒ xīnmù shang lái le.

譬如　pìrú　（连词）

同"比如"A、B，引出所举的例子或比喻：

Same as 比如 A & B, introduces an example or a simile：

1. 老汉关心女婿的表现和青枝妈不一样，表面看不出来，背地里悄悄干。～社里前几天派车到外县去拉肥料，老汉怕女婿出去吃不好，睡不好，把身体闹坏，自己抢着去了。(西戎《女婿》)

   Lǎohàn guānxīn nǚxu de biǎoxiàn hé Qīngzhī mā bù yíyàng, biǎomiàn kàn bu chū lái, bèidìli qiāoqiāo gàn. ～ shè li qián jǐ tiān pài chē dào wàixiàn lā féiliào, lǎohàn pà nǚxu chū qu chī bu hǎo, shuì bu hǎo, bǎ shēntǐ nàohuài, zìjǐ qiǎngzhe qù le.

2. 可是他有一个毛病，就是有点自私自利。……～碰到别人向他借一下铅笔、橡皮，他就皱起眉头，一本正经地说："你为什么老是自己不带？"(魏金枝《越早越好》)

    Kěshì tā yǒu yí ge máobìng, jiùshì yǒudiǎnr zìsīzìlì. ... ～ pèngdào biérén xiàng tā jiè yíxià qiānbǐ, xiàngpí, tā jiù zhòu qǐ méitóu, yìběnzhèngjīng de shuō: "Nǐ wèi shénme lǎoshi zìjǐ bú dài?"

3. 学习～逆水行舟，不进则退。

    Xuéxí ～ nì shuǐ xíng zhōu, bú jìn zé tuì.

"譬如"也可以说成"譬如说"，后面有停顿，但意思不变：

譬如 may be replaced by 譬如说 and followed by a pause without changing the meaning:

4. 金伟德在明光中学初中一年级念书，在他们班里有些"勇敢的人"。～说，早操后人家要排队进教室，他们可以大摇大摆地在后面走。(施雁冰《勇敢的人》)

    Jīn Wěidé zài Míngguāng zhōngxué chūzhōng yì niánjí niàn shū, zài tāmen bān li yǒu xiē "yǒnggǎn de rén". ～ shuō, zǎocāo hòu rénjia yào pái duì jìn jiàoshì, tāmen kěyǐ dàyáodàbǎi de zài hòumiàn zǒu.

凭 píng （连词）

同"任"，后边有表示任指的疑问代词，或表示选择关系的并列词语或结构，或表示极端情况的词语，表示在任何条件下结论都不会改变：

Same as 任 (no matter), followed by an interrogative pronoun, two coordinate alternative words, phrases or constructions, or a phrase or construction denoting a condition of an extreme nature, to indicate whatever the condition, the conclusion remains unchanged:

1. 刘二真变成楼家的自家人似的。忙也是他，苦也是他，千斤的重担，他挑了一大半，日子～怎么难过，来顺家的田地房产，没有变卖一点。(蔺子《纠纷》)

    Liú Èr zhēn biànchéng Lóu jia de zìjiārén shìde. Máng yě shì tā, kǔ yě shì tā, qiān jīn de zhòngdàn, tā tiāole yí dàbàn, rìzi ～ zěnme nán guò, Láishùn jia de tiándì fángchǎn, méiyou biànmài yìdiǎnr.

2. 妻子道："莫非你也把口袋丢了？"他答道："～你是什么好汉，也得丢！"(穆莱《古代笑话选》)

    Qīzi dào: "Mòfēi nǐ yě bǎ kǒudai diū le?" Tā dá dào: "～ nǐ shì shéme hǎohàn, yě děi diū!"

3. 我从前不是写给你许多信，还和你拍过好一些照片吗？我请你全还给我，～你要多少钱我都给你。(田汉《咖啡店之一夜》)

    Wǒ cóngqián bú shì xiě gěi nǐ xǔduō xìn, hái hé nǐ pāiguo hǎo yìxiē zhàopiàn ma? Wǒ qǐng nǐ quán huán gěi wǒ, ～ nǐ yào duōshǎo qián wǒ dōu gěi nǐ.

4. ～它刮风下雨，他都锻炼不误。

    ～ tā guā fēng xià yǔ, tā dōu duànliàn bú wù.

5. ～你说上一百遍，她也听不进去。

    ～ nǐ shuō shang yì bǎi biàn, tā yě tīng bú jìn qù.

辨认：

Note:

以下例句中的"凭"是介词：

凭 in the following examples is a preposition：

1. 最初，他还企图凭着自己的智慧，辨清道路。(杨朔《月黑夜》)

   Zuìchū, tā hái qǐtú píng zhe zìjǐ de zhìhuì, biànqīng dàolù.

2. 这一次申大嫂不但没有凭着性子回嘴，反而带点愉快而又诡秘的神情，赶紧退避开了。(沙汀《风浪》)

   Zhè yí cì Shēn dàsǎo búdàn méiyou píngzhe xìngzi huí zuǐ, fǎn'ér dài diǎnr yúkuài ér yòu guǐmì de shénqíng, gǎnjǐn tuìbìkāi le.

3. 赵文魁～上自己是水渠董事长，又是乡绅，想在水渠上沾点便宜……(马烽《村仇》)

   Zhào Wénkuí ～ shang zìjǐ shì shuǐqú dǒngshìzhǎng, yòu shì xiāngshēn, xiǎng zài shuǐqú shang zhān diǎnr piányi, ...

岂但 qǐdàn （连词）〈书〉

意思同"不但"，但有反问语气，用在复句的第一分句里，第二分句有"而且"或"也"与之呼应，表示比第一分句意思更进一层，也可以用在体词或各种短语前：

Same as 不但 (not only), but has the tone of a rhetorical question. It is used in the first clause of a complex sentence and usually 而且 or 也 occurs in the second clause to introduce a further statement. It may also occur before a substantive or various phrases：

1. 一个独身的生活，决不能常往安逸方面着想的。～我不穿棉裤而已，你看我的棉被，也是多少年没有换的老棉花，我不愿意换。……(孙伏园《哭鲁迅先生》)

   Yí ge dúshēn de shēnghuó, jué bù néng cháng wǎng ānyì fāngmiàn zhuóxiǎng de. ～ wǒ bù chuān miánkù éryǐ, nǐ kàn wǒ de miánbèi, yě shì duōshao nián méiyou huàn de lǎo miánhua, wǒ bú yuànyì huàn. ...

2. 不，～这三位！为了那编遣公债而流汗苦战的满场人们的命运也都在她的手掌心！(茅盾《子夜》)

   Bù, ～ zhè sān wèi! Wèile nà biānqiǎn gōngzhài ér liú hàn kǔzhàn de mǎn chǎng rénmen de mìngyùn yě dōu zài tā de shǒuzhǎngxīnr!

有时进一层的意思是不言自明的，就略去不说：

Sometimes the further statement is something that goes without saying and so is deleted：

3. 她几乎心灰到想哭出来。"原就料到职业生活不会怎样愉快的，然而——然而，想也想不到～是不愉快……"(茅盾《第一个半天的工作》)

   Tā jīhū xīnhuī dào xiǎng kū chula. "Yuán jiù liàodào zhíyè shēnghuó bú huì zěnyàng yúkuài de, rán'ér —— rán'ér, xiǎng yě xiǎng bu dào ～ shì bù yúkuài. ..."

4. 有淌在路上的血，有严肃的郁怒的脸，有露胸朋友那样的意思，"咱们一伙儿"，有救，一定有救——～有救而已！(叶圣陶《五月卅日急雨中》)

   Yǒu tǎng zài lù shang de xiě, yǒu yánsù de yùnù de liǎn, yǒu lòu xiōng péngyou nàyàng de yìsi, "zánmen yìhuǒr", yǒu jiù, yídìng yǒu jiù —— ～ yǒu jiù éryǐ!

且 qiě （连词）〈书〉

A 连接描写性词语或结构，表示二者并列：

And；used to connect descriptive words, phrases or constructions and indicates that the two things are coordinate：

1. 最好，还要在牵牛花底，教长着几根疏疏落落的尖细～长的秋草，使作陪衬。(郁达夫《故都的秋》)

Zuìhǎo, hái yào zài qiānniúhuā dǐ, jiào zhǎngzhe jǐ gēn shūshuluòluò de jiānxì ~ chángde qiū cǎo, shǐ zuò péichèn.

2. 齐景公打算赐相国晏婴一座新宅,说:"你住的地方距闹市近,尘土多,~嘈杂,房子陈旧简陋。请迁到豫章之圃的新宅。"(报)

Qíjǐnggōng dǎsuàn cì xiàngguó Yàn Yīng yí zuò xīn zhái, shuō: "Nǐ zhù de dìfang jù nàoshì jìn, chéntǔ duō, ~ cáozá, fángzi chénjiù jiǎnlòu. Qǐng qiāndào Yùzhāng zhī pǔ de xīn zhái."

有时前面有"既"与之呼应:

Sometimes 既 is used in conjunction with 且:

3. 他长得肥胖,声带既宽~厚,又富有弹性。(克非《春潮急》)

Tā zhǎng de féipàng, shēngdài jì kuān ~ hòu, yòu fùyǒu tánxìng.

4. 她觉得她家在土改时候,分的房子既多~好,既没必要盖新房,也没必要补旧房。(韩文洲《长院奶奶》)

Tā juéde tā jiā zài tǔgǎi shíhou, fēn de fángzi jì duō ~ hǎo, jì méi bìyào gài xīn fáng, yě méi bìyào bǔ jiù fáng.

B 连接分句或句子,表示递进,是"而且"的意思:

Furthermore; used to connect clauses or sentences:

1. 水保是懂这个意思的。~在这对话中,明白这是船上人的亲戚了。(沈从文《丈夫》)

Shuǐbǎo shì dǒng zhège yìsi de. ~ zài zhè duìhuà zhōng, míngbai zhè shì chuán shang rén de qīnqi le.

2. 那一阵阵的微风,迎面吹来,顿使溽暑全消,~引起一种新鲜清洁的快感。(方光焘《疟疾》)

Nà yí zhènzhèn de wēifēng, yíngmiàn chuī lái, dùn shǐ rùshǔ quán xiāo, ~ yǐnqǐ yì zhǒng xīnxiān qīngjié de kuàigǎn.

3. 她对于前途不但没有一点灰心,~要更加奋勉。(许地山《缀网劳蛛》)

Tā duìyú qiántú búdàn méiyǒu yì diǎnr huī xīn, ~ yào gèngjiā fènmiǎn.

4. 儿子六十五岁了,也年老了。~无一子半媳可依靠。(杨青矗《低等人》)

Érzi liùshí wǔ suì le, yě nián lǎo le. ~ wú yì zǐ bàn xí kě yīkào.

5. 今天早上,因为有特殊原因,她不只不唤丙辰起早,~把他锁了起来。(韩文洲《长院奶奶》)

Jīntiān zǎoshang, yīnwèi yǒu tèshū yuányīn, tā bùzhǐ bú huàn Bǐngchén qǐ zǎo, ~ bǎ tā suǒle qǐlai.

然 rán　(连词)〈书〉

同"然而":

Same as 然而:

1. 我的女人,也和我分担着十字架的重负,只是东西南北的奔波飘泊,~当日夜难安,悲苦得不了的时候,只教他的笑脸一开,女人和我,就可以把一切穷愁,丢在脑后。(郁达夫《一个人在途上》)

Wǒ de nǚren, yě hé wǒ fēndānzhe shízìjià de zhòngfù, zhǐshì dōng xī nán běi de bēnbō piāobó, ~ dāng rì yè nán ān, bēikǔ de bù liǎo de shíhou, zhǐ jiào tā de xiàoliǎnr yì kāi, nǚren hé wǒ, jiù kěyǐ bǎ yíqiè qióngchóu, diū zài nǎo hòu.

2. ……半自耕农则租于别人的部分虽只收获一半或不足一半，～自有的部分却可全得。(毛泽东《中国社会各阶级分析》)

... bànzìgēngnóng zé zūyú biérén de bùfen suī zhǐ shōuhuò yíbàn huò bù zú yíbàn, ～ zì yǒu de bùfen què kě quán dé.

然而 rán·ér (连词)

同"但是"，但有书面语意味。"然而"后可以有停顿：

Same as 但是 (however), but sounds more literary. There may be a pause after it：

A 同"但是"B，所引出的语句意思和前面的语意是相对的：

Same as 但是 B, introduces a statement which has a contrary meaning to what precedes it：

1. 他的医术，并没有精通过人，只能算是最普通的，～他的名声远近都知道。(吴浊流《先生妈》)

Tā de yīshù, bìng méiyou jīngtōng guò rén, zhǐ néng suàn shì zuì pǔtōng de, ～ tā de míngshēng yuǎn jìn dōu zhīdào.

2. 上课的时候，他虽然坐在全班学生的中间，～总觉得孤独得很。(郁达夫《沉沦》)

Shàng kè de shíhou, tā suīrán zuò zài quán bān xuésheng de zhōngjiān, ～ zǒng juéde gūdú de hěn.

3. 他是在饥饿与皮鞭下长大的，～他的身体却生长得非常魁伟，筋壮力强。(鄂华《自由神的命运》)

Tā shì zài jī·è yǔ píbiān xià zhǎngdà de, ～ tā de shēntǐ què shēngzhǎng de fēicháng kuíwěi, jīn zhuàng lì qiáng.

4. 院子门平常很少上门闩的，总是用根扛子顶住，用力一揎就会推开。～这晚上不仅顶了，不仅上了门闩，还特别关得紧。(沙汀《风浪》)

Yuànzi mén píngcháng hěn shǎo shàng ménshuān de, zǒngshì yòng gēn gàngzi dǐngzhù, yòng lì yī xuān jiù huì tuīkāi. ～ zhè wǎnshang bùjǐn dǐng le, bùjǐn shàng le ménshuān, hái tèbié guān de jǐn.

B 同"但是"A，"然而"前后意思并不矛盾，后面是前面的补充：

Same as 但是 A. What precedes 然 and what follows it are not contrary to each other；what follows serves as a supplement to what goes before：

1. ……还有村落，房顶，或一两扇白墙在树丛中闪现……，～，除了这些，还有更引人注意的，不是那城郭周围所飘起的青烟吗？(黄钢《雨》)

... Hái yǒu cūnluò, fáng dǐng, huò yì liǎng shàn bái qiáng zài shùcóng zhōng shǎnxiàn..., ～, chúle zhèxiē, hái yǒu gèng yǐn rén zhùyì de, búshì nà chéngguō zhōuwéi suǒ piāo qǐ de qīng yān ma?

2. 这个乞丐知道老太太每月十五一定要到庙里烧香，～他最怕同伴晓得这事，因此极小心地隐秘此事，恐怕泄漏。(吴浊流《先生妈》)

Zhège qǐgài zhīdao lǎotàitai měi yuè shíwǔ yídìng yào dào miào li shāo xiāng. ～ tā zuì pà tóngbàn xiǎode zhè shì, yīncǐ jí xiǎoxīn de yǐnmì cǐ shì, kǒngpà xièlòu.

3. 人们忙碌的时候，也还记起阿Q来，～记起的是做工，并不是"行状"，……(鲁迅《阿Q正传》)

Rénmen mánglù de shíhou, yě hái jǐ qǐ Ā Q lai, ～ jǐ qǐ de shì zuò gōng, bìng bú shì "xíngzhuàng", ...

4. "原就料到职业生活不会怎样愉快的,～,想也想不到岂但是不愉快……",黄女士心里这样想,再也忍不住眼眶红了。(茅盾《第一个半天的工作》)

"Yuán jiù liàodào zhíyè shēnghuó bú huì zěnyàng yúkuài de, ～, xiǎng yě xiǎng bu dào qǐdàn shì bù yúkuài...". Huáng nǚshì xīnli zhèyàng xiǎng, zài yě rěn bu zhù yǎnkuàng hóng le.

参看"然"。

Compare 然 rán.

任 rèn (连词)

有"无论""不管"的意思。后边通常有表示任指的疑问代词,并多有"都""也""总"等副词呼应,表示在任何条件下,结论都不会改变:

No matter; is followed by an interrogative pronoun to make a conditional-concessive clause and is often used in conjunction with 都, 也 or 总 etc., showing whatever the condition may be the conclusion remains unchanged:

1. 她对我们～谁都可好啦。(杨沫《苇塘纪事》)

Tā duì wǒmen ～ shuí dōu kě hǎo la.

2. 设备新的榻榻米和纸门,采光又好,～谁看到也要称赞的。(吴浊流《先生妈》)

Shèbèi xīn de tàtàmǐ hé zhǐ mén, cǎiguāng yòu hǎo, ～ shuí kàndào yě yào chēngzàn de.

3. 我们姓的是楼,～你政府有什么章程,总不能叫我们楼家丢脸。(菡子《纠纷》)

Wǒmen xìng de shì Lóu, ～ nǐ zhèngfǔ yǒu shénme zhāngchéng, zǒng bù néng jiào wǒmen Lóu jia diū liǎn.

4. 天棚还是那么低,低的一伸手就摸到了棚顶,低的透不过气来,～是墙壁刷得怎么白,也照不亮这阴森的地狱呵!(白朗《生与死》)

Tiānpéng háishi nàme dī, dī de yī shēn shǒu jiù mōdàole péng dǐng, dī de tòu bu guò qì lai, ～ shì qiángbì shuā de zěnme bái, yě zhào bu liàng zhè yīnsēn de dìyù a!

5. 同志! 我～啥也没有,一个老娘也死了。(杨沫《苇塘纪事》)

Tóngzhì! Wǒ ～ shá yě méi yǒu, yí ge lǎo niáng yě sǐ le.

"任"后也可并列两个表选择关系的词语或结构,表示两者作用一样:

任 may also be followed by two coordinate alternative words, phrases or constructions to make an alternative conditional-concessive clause:

6. 倔强的邬珠,吐了口唾沫,骂道:"～他官大钱多,迷不住我的眼。我是豪奥哇的娜邬,绝不嫁给有钱有势的总管。"(陈永辉《刺面女》)

Juéjiàng de Wūzhū, tùle kǒu tuòmò, mà dào: "～tā guān dà qián duō, mí bu zhù wǒ de yǎn. Wǒ shì Háo'àowā de Nàwū, jué bú jià gěi yǒu qián yǒu shì de zǒngguǎn."

7. 秦淮河的水……,～你人影的憧憧,歌声的扰扰,总像隔着一层薄薄的绿纱面幂似的;它尽是这样静静的,冷冷的绿着。(朱自清《浆声灯影里的秦淮河》)

Qínhuáihé de shuǐ..., ～ nǐ rén yǐng de chōngchōng, gē shēng de rǎorǎo, zǒng xiàng gézhe yì céng bóbó de lǜ shā miànmì shìde; tā jǐn shì zhèyàng jìngjìng de, lěnglěng de lǜzhe.

8. 从事一项科学研究,～它进行得顺利不顺利,都应有坚忍不拔的精神。

Cóngshì yí xiàng kēxué yánjiū, ～ tā jìnxíng de shùnlì bú shùnlì, dōu yīng yǒu jiānrěnbùbá de jīngshén.

9. 在那战争年代，我们的刊物～它是公开发行还是秘密发行，都离不开群众的援助。

Zài nà zhànzhēng niándài, wǒmen de kānwù ～ tā shì gōngkāi fāxíng háishi mìmì fāxíng, dōu lí bu kāi qúnzhòng de yuánzhù.

"任"后还可有表示极端情况的词语，说明即使在这种条件下，结论也不变：

任 may also be followed by a phrase or construction, denoting a condition of an extreme nature to make another kind of conditional-concessive clause:

10. ～你说破了嘴皮，也说服不了他。

　　～ nǐ shuōpòle zuǐpí, yě shuōfú bù liǎo tā.

辨认：

Note:

下面句中的"任"是介词：

任 in the following examples is a preposition:

1. 但我在书房坐了一天，也正懒懒的，便任她携了我的手，出了后门，夕阳中穿过麦垄。（冰心《六一姐》）

Dàn wǒ zài shūfáng zuòle yì tiān, yě zhèng lǎnlǎn de, biàn rèn tā xiéle wǒ de shǒu, chūle hòumén, xīyáng zhōng chuān guò màilǒng.

2. 我不是草木，不是虫蚁，可以任人宰割，任人杀戮！（檀林《一个女囚的自述》）

Wǒ bú shì cǎomù, bú shì chóngyǐ, kěyǐ rèn rén zǎigē, rènrén shālù!

3. 她不能任她姐姐欺侮她一辈子！（於梨华《姐姐的心》）

Tā bù néng rèn tā jiějie qīwǔ tā yí bèizi!

参看"凭""任凭"。

Compare 凭 píng, 任凭 rènpíng.

任凭　rènpíng　（连词）

同"任"：

Same as 任 (no matter):

1. 无奈饿了要吃，冷了要穿，～怎么捱着忍着，母子俩一年忙劳到头的结果终还是两只空拳头。（吴组缃《天下太平》）

Wúnài èle yào chī, lěngle yào chuān, ～ zěnme áizhe rěnzhe, mǔzǐ liǎ yì nián mángláo dào tóu de jiéguǒ zhōng háishi liǎng zhī kōng quántou.

2. 整个村子都睡了，静静的屋脊像凝固的黑浪，～风怎样用力推摇，它总不移动。（茹志鹃《第二步》）

Zhěnggè cūnzi dōu shuì le, jìngjìng de wūjǐ xiàng nínggù de hēi làng, ～ fēng zěnyàng yòng lì tuī yáo, tā zǒng bù yídòng.

3. ～你再狡猾的敌人，一旦落进正义人民的汪洋大海，……也会轻易地被戳穿、捅漏。（徐光耀《望日莲》）

～ nǐ zài jiǎohuá de dírén, yídàn luò jìn zhèngyì rénmín de wāngyáng dà hǎi, ... yě huì qīngyì de bèi chuōchuān, tǒnglòu.

4. 如果向企鹅的栖息地一眼望去，……～风狂雪骤，它们仍岿然不动，决不离开它们的巢穴和孵化着的蛋。（刊）

Rúguǒ xiàng qǐ·é de qīxīdì yìyǎn wàng qù, ... ～ fēng kuáng xuě zhòu, tāmen réng kuīrán bú dòng, jué bù líkāi tāmen de cháoxué hé fūhuàzhe de dàn.

5. 我们住在一个厅子里,可是～我千方百计,总共只见到她四次。(林斤澜《台湾姑娘》)

Wǒmen zhù zài yí ge tīngzi li, kěshì ～ wǒ qiānfāngbǎijì, zǒnggòng zhǐ jiàndào tā sì cì.

辨认:

Note:

下面句中的"任凭"是动词:

任凭 in the following examples is a verb:

1. 泪水止不住又流了下来,我不想去擦它,任凭它往下掉。(檀林《一个女囚的自述》)

Lèishuǐ zhǐ bu zhù yòu liúle xiàlai, wǒ bù xiǎng qù cā tā, rènpíng tā wǎng xià diào.

2. 惠姑这孩子是真有慈爱的心肠,她曾和我说过翠儿的苦况,也提到她要怎样的设法救助,所以我任凭她每天出去。(冰心《最后的安息》)

Huìgū zhè háizi shì zhēn yǒu cí·ài de xīncháng, tā céng hé wǒ shuōguo Cuì·er de kǔkuàng, yě tídào tā yào zěnyàng de shèfǎ jiùzhù, suǒyǐ wǒ rènpíng tā měitiān chū qu.

3. 如果敌人不进来,我们就不还枪。任凭他机枪大炮向高粱地里乱轰乱打。(杨沫《苇塘纪事》)

Rúguǒ dírén bú jìn lai, wǒmen jiù bù huán qiāng. Rènpíng tā jīqiāng dàpào xiàng gāoliángdì li luàn hōng luàn dǎ.

如 rú (连词)〈书〉

同"如果":

Same as 如果 (if):

1. 此事～可进行,望及早通知。

Cǐ shì ～ kě jìnxíng, wàng jízǎo tōngzhī.

2. 以上报告,～无不妥,请批转执行。

Yǐshàng bàogào, ～ wú bù tuǒ, qǐng pī zhuǎn zhíxíng.

3. 一个人～能把希望给予别人,自己也会变得充满希望;能在困难中把手伸给别人,自己也会变得有力。(张抗抗《淡淡的晨雾》)

Yí ge rén ～ néng bǎ xīwàng jǐyǔ biérén, zìjǐ yě huì biànde chōngmǎn xīwàng; néng zài kùnnan zhōng bǎ shǒu shēn gěi biérén, zìjǐ yě huì biànde yǒu lì.

4. 有没有"将罪折功"……的说法呢? 过去可是没有听说过。～有,则恐怕是最近的事。(报)

Yǒu méi yǒu "jiāng zuì zhé gōng" de shuōfǎ ne? Guòqù kěshì méiyou tīngshuōguo. ～ yǒu, zé kǒngpà shì zuìjìn de shì.

如果 rúguǒ (连词)

A 表示条件,用在主从复句的从句里,主句中多有"就、还、则、便"等与之呼应:

Used in the subordinate clause of a complex sentence to indicate condition, usually with 就、还、则 or 便 etc. occurring in the main clause:

1. 她知道～母亲不能回心转意,她就不能再读书。(杨沫《青春之歌》)

Tā zhīdao ～ mǔqin bù néng huíxīnzhuǎnyì, tā jiù bù néng zài dú shū.

2. 一个人，～明白他为什么活着，为什么奋斗，哪怕只活一天，这一天都是有价值的。（张笑天《春之烦恼》）

Yí ge rén, ～ míngbai tā wèi shénme huózhe, wèi shénme fèndòu, nǎpà zhǐ huó yì tiān, zhè yì tiān dōu shì yǒu jiàzhí de.

3. ～一个"叛徒"以救人于危难为已任，而一个"共产党员"却置人民于死地，那么他们的位置，不是正好应该掉换一下吗？（陈世旭《小镇上的将军》）

～ yí ge "pàntú" yǐ jiù rén yú wēinàn wéi jǐ rèn, ér yí ge "gòngchǎndǎngyuán" què zhì rénmín yú sǐ dì, nàme tāmen de wèizhi, búshi zhènghǎo yīnggāi diàohuàn yíxià ma?

4. ～可以，我愿意给你帮帮忙。（罗广斌·杨益言《红岩》）

～ kěyǐ, wǒ yuànyì gěi nǐ bāngbang máng.

5. ～本来就吃不起饭，那还有什么好节省的呢！（高晓声《李顺大造屋》）

～ běnlái jiù chī bu qǐ fàn, nà hái yǒu shénme hǎo jiéshěng de ne!

"如果"用来表示时间条件时，后面可加"……的时候"：

If 如果 introduces a time condition, ... 的时候 may occur at the end:

6. 你～去邮局的时候，替我买十张八分邮票。

Nǐ ～ qù yóujú de shíhou, tì wǒ mǎi shí zhāng bā fēn yóupiào.

B 表示假设，用在主从复句的从句里，提出某种和事实相反的假设，主句中多有与"如果"相呼应的"就、还"等词：

Used in the subordinate clause to introduce a hypothesis contrary to the actual situation. 就, 还 or a similar word usually occurs in the main clause:

1. 我们的阿毛～还在，也就有这么大了。（鲁迅《祝福》）

Wǒmen de Āmáo ～ hái zài, yě jiù yǒu zhème dà le.

2. ～不是遍地的积水，简直看不出昨夜曾经有过那样一场经久不息的暴雨。（徐怀中《我们播种爱情》）

～ bú shì biàndì de jī shuǐ, jiǎnzhí kàn bu chū zuó yè céngjīng yǒuguo nàyàng yì cháng jīngjiǔbùxī de bàoyǔ.

3. ～不是为着谋求职业，她是不会跟我走的呵。（舒群《别》）

～ bú shì wèizhe móuqiú zhíyè, tā shì bú huì gēn wǒ zǒu de a.

4. ～这一次落选了，也许这个人终其一生就和音乐分手了。她的天才可能从此就被埋没。（何为《第二次考试》）

～ zhè yí cì luòxuǎn le, yěxǔ zhège rén zhōng qí yìshēng jiù hé yīnyuè fēn shǒu le. Tā de tiāncái kěnéng cóngcǐ jiù bèi máimò.

5. 故乡的亲切的榕树啊，我是在你绿荫的怀抱中长大的，～你有知觉，会知道我在这遥远的异乡怀念着你么？（黄河浪《故乡的榕树》）

Gùxiāng de qīnqiè de róngshù a, wǒ shì zài nǐ lǜyīn de huáibào zhōng zhǎngdà de, ～ nǐ yǒu zhījué, huì zhīdao wǒ zài zhè yáoyuǎn de yìxiāng huáiniànzhe nǐ ma?

C 表示类比，假定某一判断成立，则与之类似的另一判断也成立：

Indicates an analogy; supposing some phenomenon to be true, a similar phenomenon will also be true:

1. ～一部分的商人、地主和官僚是中国资产阶级的前身，那末，一部分的农民和手工业工人就是中国无产阶级的前身了。（毛泽东《中国革命和中国共产党》）

~ yí bùfen de shāngrén, dìzhǔ hé guānliáo shì Zhōngguó zīchǎnjiējí de qiánshēn, nàme, yí bùfen de nóngmín hé shǒugōngyè gōngrén jiù shì Zhōngguó wúchǎnjiējí de qiánshēn le.

2.　~食物能满足人们身体的要求，书籍就能满足人们精神上的要求了。

~ shíwù néng mǎnzú rénmen shēntǐ de yāoqiú, shūjí jiù néng mǎnzú rénmen jīngshén shang de yāoqiú le.

D 表示让步；假定有极小可能的某事是真实的；后面的主句则对此加以限制性叙述：

Indicates concession; supposing something of little probability turns out to be true, the main clause will relate some reservation:

1.　~他能战胜疾病活下来，他也将成为残废。

~ tā néng zhànshèng jíbìng huó xialai, tā yě jiāng chéngwéi cánfèi.

2.　~我这篇文章还有一点可取之处，那就是供给大家一点可靠的资料。

~ wǒ zhèpiān wénzhāng hái yǒu yìdiǎnr kěqǔ zhī chù, nà jiù shì gōngjǐ dàjiā yìdiǎnr kěkào de zīliào.

"如果……"后可带"……的话"，不影响意思。在 C、D 两项中，"如果"后可带"说"。以"如果"构成的从句，如比较短，有时可放在主语后：

如果... may be followed by ... 的话 without affecting the meaning. In usages C and D 如果 may also occur as 如果说. When a 如果 clause is very short, it sometimes may be placed after the main clause.

参看"如""如若""若是""设若"。

Compare 如 rú, 如若 rúruò, 若 ruò, 若是 ruòshì, 设若 shèruò.

如若　　rúruò　（连词）〈书〉

同"如果"，用得较少：

Same as 如果 (if), but rarely used:

1.　~没有文艺复兴，我们不知道人类将处在一个什么境地。（刘白羽《罗马》）

~ méi yǒu wényì fùxīng, wǒmen bù zhīdao rénlèi jiāng chǔ zài yí ge shénme jìngdì.

2.　~不是星期天，~通过秘书安排，他这一下厂，自然会跟上……一大队人马。（张洁《沉重的翅膀》）

~ bú shì xīngqītiān, ~ tōngguò mìshū ānpái, tā zhè yí xià chǎng, zìrán huì gēn shang ... yí dà duì rénmǎ.

若　　ruò　（连词）〈书〉

同"如果"：

Same as 如果 (if):

1.　即使初战打了一个胜仗，~这个仗不但不于全战役有利，反而有害时，则这个仗虽胜也只算败了。（毛泽东《中国革命战争的战略问题》）

Jíshǐ chūzhàn dǎle yí ge shèngzhàng, ~ zhège zhàng búdàn bù yú quán zhànyì yǒulì, fǎn·ér yǒuhài shí, zé zhège zhàng suī shèng yě zhǐ suàn bài le.

2.　三海风景倒也很佳，~将圆明园工程移至三海，岂不是事半功倍么！（蔡东藩《慈禧太后演义》）

Sānhǎi fēngjǐng dào yě hěn jiā, ~ jiāng Yuánmíngyuán gōngchéng yízhì sānhǎi, qǐ bú shì shìbàngōngbèi ma?

3. 北京的晴空……～一起风,则人在天空下眼睛都睁不开。(郁达夫《薄奠》)

Běijīng de qíngkōng ... ～ yì qǐ fēng, zé rén zài tiānkōng xià yǎnjing dōu zhēng bu kāi.

4. 你想过没有,你和飘字军～不是参加了共产党、八路军,能有今天这样的成绩吗?(曲波《桥隆飙》)

Nǐ xiǎngguo méiyou, nǐ hé Biāozìjūn ～ bú shì cānjiāle gòngchǎndǎng, Bālùjūn, néng yǒu jīntiān zhèyàng de chéngjì ma?

5. 大儿子福哥生性鲁莽,～有四格格这般性情的女孩儿同他在一起,方能补其所短。(端木蕻良《曹雪芹》)

Dà érzi Fúgē shēngxìng lǔmǎng, ～ yǒu Sìgégé zhèbān xìngqíng de nǚ háir tóng tā zài yìqǐ, fāng néng bǔ qí suǒ duǎn.

若非 ruòfēi （连词）〈书〉

A 同"要不是":

Same as 要不是 (were it not for):

1. ～亲友相助,怎能度此难关?

～ qīnyǒu xiāng zhù, zěn néng dù cǐ nánguān?

2. ～亲身经历,岂知其中甘苦!

～ qīnshēn jīnglì, qǐ zhī qízhōng gānkǔ!

3. ～早做准备,真不知如何是好!

～ zǎo zuò zhǔnbèi, zhēn bù zhī rúhé shì hǎo!

4. ～他慷慨资助,我们当时就无法成行。

～ tā kāngkǎi zīzhù, wǒmen dāngshí jiù wú fǎ chéngxíng.

B 是"如果不是"的意思,与"便是"或"则为"相呼应,相当于"不是……就是……",表示二者必居其一:

Means 如果不是 and is used in conjunction with 便是 or 则为 etc. to mean "either...or...":

1. 其父官职,不甚清楚,～专员,则为地委书记。

Qí fù guānzhí, bú shèn qīngchu, ～ zhuānyuán, zé wéi dìwěi shūji.

2. 代表团一行～今日抵京,则于明日抵达。

Dàibiǎotuán yìxíng ～ jīnrì dǐ Jīng, zé yú míngrì dǐdá.

若是 ruòshì （连词）

同"如果",有书面语意味:

Same as 如果 (if) but with a literary flavour:

1. 普及工作～永远停止在一个水平上,……那么,教育者和被教育者岂不都是半斤八两?这种普及工作还有什么意义呢?(毛泽东《在延安文艺座谈会上的讲话》)

Pǔjí gōngzuò ～ yǒngyuǎn tíngzhǐ zài yí ge shuǐpíng shang, ... nàme, jiàoyùzhě hé bèi jiàoyùzhě qǐ bù dōu shì bànjīnbāliǎng? Zhèzhǒng pǔjí gōngzuò hái yǒu shénme yìyì ne?

2. ～没有人标新立异,世界上哪儿还有进步?(巴金《春》)

～ méi yǒu rén biāoxīnlìyì, shìjiè shang nǎr hái yǒu jìnbù?

3. ～和重孙子在一处,则是重孙子动气,而太爷爷赔笑了。(老舍《四世同堂》)

~ hé chóngsūnzi zài yí chù, zé shì chóngsūnzi dòng qì, ér tàiyéye péixiào le.

4. 况且,他要是上了那么高,便更不容易看清脚底下,骆驼~摔倒,他也得陪着。(老舍《骆驼祥子》)

Kuàngqiě, tā yàoshi shàngle nàme gāo, biàn gèng bù róngyì kànqīng jiǎo dǐxia, luòtuo ~ shuāidǎo, tā yě děi péizhe.

设若　shèruò　(连词)〈书〉

同"如果",表示条件、假设、对比、让步:

Same as 如果 (if, in case), indicating condition, hypothesis, analogy or concession:

1. ~他是拉着包车,这些错儿绝不能发生。(老舍《骆驼祥子》)

~ tā shì lāzhe bāochē, zhèxiē cuòr jué bù néng fāshēng.

2. 你想想吧,~他真是专为分家产,为什么不来跟我明说?(老舍《黑白李》)

Nǐ xiǎngxiang ba, ~ tā zhēn shì zhuān wèi fēn jiāchǎn, wèi shénme bù lái gēn wǒ míng shuō?

3. ~口齿灵利是出于天才,他天生来的不愿多说话,所以也不愿学着城里人的贫嘴恶舌。(老舍《骆驼祥子》)

~ kǒuchǐ línglì shì chūyú tiāncái, tā tiānshēng lái de bú yuàn duō shuō huà, suǒyǐ yě bú yuàn xuézhe chéng lǐ rén de pínzuǐ·èshé.

甚而　shèn·ér　(连词)

同"甚至",有书面语意味,用得较少:

Same as 甚至 (even), but with a literary flavour; seldom used:

1. 拿这种办法来描写现代汉语的量词,……只能使人"如堕烟海",~引起误会,造成混乱。(黎锦熙《论现代汉语中的量词》)

Ná zhèzhǒng bànfǎ lái miáoxiě xiàndài Hànyǔ de liàngcí, ... zhǐ néng shǐ rén "rú duò yān hǎi", ~ yǐnqǐ wùhuì, zàochéng hùnluàn.

2. 包孕句不然。它的母句作为一个简单句来看,常常是残缺不全的,~是不能成其为一个句子的。(黎锦熙《汉语复句说的源流和解决问题的方法》)

Bāoyùnjù bùrán. Tā de mǔjù zuòwéi yí ge jiǎndānjù láikàn, chángcháng shì cánquē bù quán de, ~ shì bù néng chéng qí wéi yí ge jùzi de.

甚而至于　shèn·érzhìyú　(连词)

同"甚至",有书面语意味:

Same as 甚至 (even) but with a literary flavour:

1. 阿Q又很自尊,所有未庄的居民,全不在他的眼里,~对于两位"文童"也有以为不值一笑的神情。(鲁迅《阿Q正传》)

Ā Q yòu hěn zìzūn, suǒyǒu Wèizhuāng de jūmín, quán bú zài tā de yǎn li, ~ duìyú liǎng wèi "wéntóng" yě yǒu yǐwéi bù zhí yí xiào de shénqíng.

2. 他不但能说出五虎将姓名,~还知道黄忠表字汉升和马超表字孟起。(鲁迅《风波》)

Tā búdàn néng shuō chū wǔhǔjiàng xìngmíng, ~ hái zhīdào Huáng Zhōng biǎozì Hànshēng hé Mǎ Chāo biǎozì Mèngqǐ.

3. 我老等在家里,等他来抄我的家,捉我去戴高帽子游街,~把我枪毙!(叶圣陶《倪焕之》)

Wǒ lǎo děng zài jiā li, děng tā lái chāo wǒ de jiā, zhuō wǒ qù dài gāomàozi yóu jiē,

~把我枪毙!

4. 不半年,头发也花白起来了,记性尤其坏,~常常忘却去淘米。(鲁迅《祝福》)

Bú bànnián, tóufa yě huābái qilai le, jìxing yóuqí huài, ~ chángcháng wàngquè qù táo mǐ.

甚或　shènhuò　(连词)〈书〉

同"甚至",不常用:

Same as 甚至 (even), but not frequently used:

1. 但林荫遮盖的地段并不多,多的是荒僻的草野,~是光秃的黄土山头,这就走得很苦了。(陈残云《异国乡情》)

Dàn línyīn zhēgài de dìduàn bìng bù duō, duō de shì huāngpì de cǎoyě, ~ shì guāngtū de huángtǔ shāntóu, zhè jiù zǒu de hěn kǔ le.

2. 一般学校里,年轻教师占三分之二,有的高达五分之四,~五分之五。

Yìbān xuéxiào li, niánqīng jiàoshī zhàn sān fēn zhī èr, yǒude gāo dá wǔ fēn zhī sì, ~ wǔ fēn zhī wǔ.

3. 按规定,盖三间正房,占地最多不能超过三分五厘,而现在多数占地四五分,~六七分。

Àn guīdìng, gài sān jiān zhèngfáng, zhàn dì zuì duō bù néng chāoguò sān fēn wǔ lí, ér xiànzài duōshù zhàn dì sì wǔ fēn, ~ liù qī fēn.

甚至　shènzhì　(连词)

连接并列的各种句子成分或分句,"甚至"后是最突出的事例:

Even; used to connect all kinds of coordinate sentence elements or clauses. What follows 甚至 is the most outstanding item:

1. 这样一座庄严的雕像,将要成为全市~全美国光荣的标帜。(鄂华《自由神的命运》)

Zhèyàng yí zuò zhuāngyán de diāoxiàng, jiāngyào chéngwéi quán shì ~ quán Měiguó guāngróng de biāozhì.

2. 为什么人到老年,记忆就会衰退~完全丧失呢?(王西彦《晚来香》)

Wèi shénme rén dào lǎonián, jìyì jiù huì shuāituì ~ wánquán sàngshī ne?

3. 人类历史上的任何探索都需要有勇气,~付出必要和难免的牺牲。(齐戈《要勇于探索》)

Rénlèi lìshǐ shàng de rènhé tànsuǒ dōu xūyào yǒu yǒngqì, ~ fùchū bìyào hé nánmiǎn de xīshēng.

4. 值班员一下就热情起来,给我搬凳子,倒开水,~双手递给我一支烟。(白桦《一束信札》)

Zhíbānyuán yíxià jiù rèqíng qilai, gěi wǒ bān dèngzi, dào kāishuǐ, ~ shuāng shǒu dì gěi wǒ yì zhī yān.

5. 他们免不了要有说得简略的地方,~还要有意地丢掉一些情节。(康濯《春种秋收》)

Tāmen miǎn bu liǎo yào yǒu shuō de jiǎnlüè de dìfang, ~ hái yào yǒu yì de diūdiào yìxiē qíngjié.

6. 一开始工作,季艾水就把什么不愉快的事情都扔在脑后了,~忘记了口袋里还装着手表。(焦祖尧《时间》)

Yì kāishǐ gōngzuò, Jì Àishuǐ jiù bǎ shénme bù yúkuài de shìqing dōu rēng zài nǎo hòu le, ～ wàngjile kǒudàir li hái zhuāngzhe shǒubiǎo.

参看"甚而""甚而至于""甚或""甚至于"。

Compare 甚而 shèn'ér, 甚而至于 shèn·érzhìyú, 甚或 shènhuò, 甚至于 shènzhìyú.

甚至于   shènzhìyú   （连词）

同"甚至":

Same as 甚至 (even):

1. 他的衣服鞋帽,洋车,～系腰的布带,都被他们抢了去。(老舍《骆驼祥子》)

    Tā de yīfu xié mào, yángchē, ～ jì yāo de bùdài, dōu bèi tāmen qiǎngle qu.

2. 它已不是我幼年间所看到的北京,也不是前十年的北京,～今天的北京已不是昨天的北京!(老舍《我热爱新北京》)

    Tā yǐ bú shì wǒ yòuniánjiān suǒ kàndào de Běijīng, yě bú shì qián shí nián de Běijīng, ～ jīntiān de Běijīng yǐ bú shì zuótiān de Běijīng!

3. 凡是大家都赞成一件事情的时候,我就又从反面多想一想,～提出一些不合时宜的意见。(邓拓《有法与无法》)

    Fánshì dàjiā dōu zànchéng yí jiàn shìqing de shíhou, wǒ jiù yòu cóng fǎnmiàn duō xiǎng yi xiǎng, ～ tí chū yìxiē bù hé shíyí de yìjian.

4. 狗趴在地上吐出红舌头,……柏油路化开;～铺户门前的铜牌也好像要被晒化。(老舍《骆驼祥子》)

    Gǒu pā zài dì shang tǔ chū hóng shétou, ... bǎiyóulù huàkāi; ～ pùhù mén qián de tóngpáir yě hǎoxiàng yào bèi shàihuà.

省得   shěngde   （连词）〈口〉

同"免得",表示前面所说行动的目的,是避免后面所说情况的发生:

Same as 免得 (so as not to, so as to avoid), indicates that the action related in the first clause aims to prevent the occurrence of what is said in the second clause introduced by 省得:

1. 好!没有儿好!～操心着急的。(白峰溪《明月初照人》)

    Hǎo! Méi yǒu ér hǎo! ～ cāo xīn zháo jí de.

2. 当她动手……洗衣服时,盆下要垫上那块木板,～水龙头的水碰洒得哪儿都是……(叶文玲《篱下》)

    Dāng tā dòng shǒu ..., xǐ yīfu shí, pén xià yào diàn shang nàkuài mùbǎn, ～ shuǐlóngtou de shuǐ pèng sǎ de nǎr dōu shì...

3. 阿月喊:"你家房子没有蛤蟆屁股大,我批准,把这白楼给你了,阔气阔气,～闲着!"(李树喜《空屋主》)

    Āyuè hǎn:" Nǐ jiā fángzi méiyou háma pìgu dà, wǒ pīzhǔn, bǎ zhè bái lóu gěi nǐ le, kuòqi kuòqi, ～xiánzhe!"

4. 还有,旧社会里的老妈妈论,讲究在除夕把一切该切出来的东西都切出来,～在正月初一到初五再动刀,动刀剪是不吉利的。(老舍《北京的春节》)

    Háiyǒu, jiù shèhuì lǐ de lǎomāmalùnr, jiǎngjiu zài chúxī bǎ yíqiè gāi qiē chulai de dōngxi dōu qiē chulai, ～ zài Zhēngyuè chūyī dào chūwǔ zài dòng dāo, dòng dāo jiǎn shì bù jílì de.

5. 前些日子,他没法不早回来,为是～虎妞吵嚷着跟他闹。(老舍《骆驼祥子》)

Qián xiē rìzi, tā méi fǎ bù zǎo huí lai, wèi shì ～ Hǔniū chǎorǎngzhe gēntā nào.

虽 suī （连词）

同"虽然"，但多用于主语后，多用于书面语：

Same as 虽然 (although), but usually occurs only after the subject; used mostly in written language:

1. 他～不说什么，可是心中暗自喜欢。（老舍《骆驼祥子》）

   Tā ～ bù shuō shénme, kěshì xīnzhōng ànzì xǐhuan.

2. 孙中山先生，坚定沉着，～显得年迈，面带病容，仍然热情地向欢迎的人群挥帽致意。（报）

   Sūn Zhōngshān xiānsheng, jiāndìng chénzhuó, ～ xiǎnde niánmài, miàn dài bìngróng, réngrán rèqíng de xiàng huānyíng de rénqún huī mào zhì yì.

3. 前途～不知道是个怎样的境界，然而差不多已望见了影子。（叶圣陶《倪焕之》）

   Qiántú ～ bù zhīdao shì ge zěnyàng de jìngjiè, rán·ér chà bu duō yǐ wàngjiànle yǐngzi.

4. ～比不上老屋，总究是自己的房子，我家在本地已有许多年没有房子了！（夏丏尊《猫》）

   ～ bǐ bu shàng lǎo wū, zǒngjiū shì zìjǐ de fángzi, wǒ jiā zài běndì yǐ yǒu xǔduō nián méi yǒu fángzi le!

5. 窗外～是寒风怒吼，春的脚步却已默默地走近来了。（叶圣陶《倪焕之》）

   Chuāng wài ～ shì hán fēng nù hǒu, chūn de jiǎobù què yǐ mòmò de zǒujìn lái le.

6. 我对于花卉是普遍的爱怜，～有时不免喜欢玫瑰的浓郁，和桂花的清远。（冰心《〈寄小读者〉通讯十七》）

   Wǒ duìyú huāhuì shì pǔbiàn de àilián, ～ yǒushí bùmiǎn xǐhuan méiguī de nóngyù, hé guìhuā de qīngyuǎn.

虽然 suīrán （连词）

多用于主从复句的前一分句（从句），可在主语前也可在主语后，表示让步，承认某种事实；后一分句（主句）常有"可是""但是""然而""而""可"等连词或"却""可""总""还""仍然"等副词与之呼应，表示跟前一分句相反或相对的意思：

Although; in a complex sentence may occur either before or after the subject of the first (subordinate) clause, indicating concession or admission of some fact. A conjunction such as 可是, 但是, 然而, 而, 可, or an adverb such as 却, 可, 总, 还, 仍然, is often used in the main clause to indicate that the two statements are contrary to each other:

1. 这～是假想的故事，可是它同烂柯山的故事多么相似啊！（马南邨《烂柯山故事新解》）

   Zhè ～ shì jiǎxiǎng de gùshi, kěshì tā tóng Lànkēshān de gùshi duōme xiāngsì a!

2. 牛的病势～沉重，但是体温没跌下来。（欧阳山《黑女儿和他的牛》）

   Niú de bìngshì ～ chénzhòng, dànshì tǐwēn méi diē xialai.

3. 此地初见～像有趣，而其实却很单调，永是这样的山，这样的海。（鲁迅《致韦素园、韦丛芜、李霁野》）

   Cǐ dì chū jiàn ～ xiàng yǒuqù, ér qíshí què hěn dāndiào, yǒng shì zhèyàng de shān, zhèyàng de hǎi.

4. 这几年来，村里别的干部～调换了几个，而他两个却好像铁桶江山。（赵树理

《小二黑结婚》)

Zhè jǐ nián lái, cūn li biéde gànbù ~ diàohuànle jǐ gè, ér tā liǎng ge què hǎoxiàng tiě tǒng jiāngshān.

5. 他觉得自己爹娘～找不到,可还有新节跟她是一心。(柯岗《柳雪岚》)

Tā juéde zìjǐ diē niáng ~ zǎo bu dào, kě hái yǒu Xīnjié gēn tā shì yìxīn.

6. ～声音并不高,却个个字挟着活力,像平静的小溪涧中,喷溢着一股沸滚的泉水。(叶圣陶《倪焕之》)

~ shēngyīn bìng bù gāo, què gègè zì xiézhe huólì, xiàng píngjìng de xiǎo xī jiàn zhōng, pēnyìzhe yì gǔ fèigǔn de quánsuǐ.

7. ～已到妙峰山开庙进香的时节,夜里的寒气可还不是一件单衫所能挡得住的。(老舍《骆驼祥子》)

~ yǐ dào Miàofēngshān kāi miào jìn xiāng de shíjié, yèli de hánqì kě hái bú shì yí jiàn dānshān suǒ néng dǎng de zhù de.

8. 中秋节快到了,生意～红火,老百姓总有点慌张。(邵子南《地雷阵》)

Zhōngqiūjié kuài dào le, shēngyì ~ hónghuo, lǎobǎixìng zǒng yǒudiǎnr huāngzhāng.

有时,有"虽然"的从句放在后面,有补充说明的作用;主句一般不用"可是""但是"等:

Sometimes the subordinate clause introduced by 虽然 may occur after the main clause as if to introduce some additional explanation, and 可是 or 但是 etc. is not used in the main clause:

9. 他的性格,在我的眼里和心里是伟大的,～他的姓名并不为许多人所知道。(鲁迅《藤野先生》)

Tā de xìnggé, zài wǒ de yǎn li hé xīnli shì wěidà de, ~ tā de xìngmíng bìng bù wéi xǔduō rén suǒ zhīdao.

10. 一边拉着人还得一边儿央求人家原谅,～十五个大铜子儿已经算是甜买卖。(老舍《骆驼祥子》)

Yìbiānr lāzhe rén hái děi yì biānr yāngqiú rénjia yuánliàng, ~ shíwǔ ge dà tóngzǐr yǐjīng suàn shì tián mǎimai.

11. 假如同学们细心观察,一定能发现她近来的转变,～只是细微的转变。(叶圣陶《倪焕之》)

Jiǎrú tóngxuémen xìxīn guānchá, yídìng néng fāxiàn tā jìnlái de zhuǎnbiàn, ~ zhǐ shì xìwēi de zhuǎnbiàn.

12. 艺术不是摄影。

—— ～摄影倒可以成为艺术。(艾青《否定的艺术》)

Yìshù bú shì shèyǐng.

—— ~ shèyǐng dào kěyǐ chéngwéi yìshù.

参看"尽管""虽""虽说""虽则"。

Compare 尽管 jǐnguǎn, 虽 suī, 虽说 suīshuō, 虽则 suīzé.

虽说 suīshuō （连词）

同"虽然";多用于口语:

Same as 虽然 (although); mostly used in spoken language：

1. ～数量不多,但大家在灾荒年景下也吃到了猪肉,而不是只有富裕户才有肉吃

了。(履冰《春夜》)

~ shùliàng bù duō，dàn dàjiā zài zāihuāng niánjǐng xià yě chīdàole zhūròu，ér bú shì zhǐyǒu fùyuhù cái yǒu ròu chī le.

2. ~ 不爱管别人的事，是他一个很大的缺点，可是他自己那一部分，他总做到，做够，而且做得超过的。(欧阳山《黑女儿和他的牛》)

~ bú ài guǎn biérén de shì，shì tā yí ge hěn dà de quēdiǎn，kěshì tā zìjǐ nà yí bùfen，tā zǒng zuòdào，zuògòu，érqiě zuò de chāoguò de.

3. ~ 大家都穷，可大都是规规矩矩的安善良民。(新凤霞《苦涩的童年》)

~ dàjiā dōu qióng，kě dàdōu shì guīguijǔjǔ de ānshàn liángmín.

4. ~ 已经是一名军人了，有话还是找妈妈，而不是找爸爸讲。(徐怀中《西线轶事》)

~ yǐjing shì yì míng jūnrén le，yǒu huà háishi zhǎo māma，ér bú shì zhǎo bàba jiǎng.

5. ~，月亮照耀着白雪，到底是在夜里，驰来的马和人，还是朦朦胧胧的，看不分明。(艾芜《夜归》)

~，yuèliang zhàoyàozhe bái xuě，dàodǐ shì zài yè li，chí lái de mǎ hé rén，háishi méngmenglónglóng de，kàn bu fēnmíng.

6. 看猴群的种种表演，有时~惊险，却是趣味无穷，终生难忘。(舟红行《峨嵋访猴》)

Kàn hóu qún de zhǒngzhǒng biǎoyǎn，yǒushí ~ jīngxiǎn，què shì qùwèi wúqióng，zhōngshēng nán wàng.

参看"虽说是"。

Compare 虽说是 suīshuōshì.

虽说是 suīshuōshì （连词）

同"虽说"：

Same as 虽说 (although)：

1. 王天林忽然提高声音说："我们自己立红军~失败了，但是我硬是不信他们的江山是铁打的，就砸不垮！……我一定要去找真红军，……"(马识途《找红军》)

Wáng Tiānlín hūrán tígāo shēngyīn shuō："Wǒmen zìjǐ lì Hóngjūn ~ shībài le，dànshì wǒ yìngshi bú xìn tāmen de jiāngshān shì tiě dǎ de，jiù zá bu kuǎ！... Wǒ yídìng yào qù zhǎo zhēn Hóngjūn，..."

2. 他……深深地行了个鞠躬礼说："给你赔礼好不好？我~跟你说着耍的，可是你正在气头上，我是不该那样说的。……"(履冰《夫妻之间》)

Tā ... shēnshēn de xíngle ge jūgōnglǐ shuō："Gěi nǐ péi lǐ hǎo bu hǎo？Wǒ ~ gēn nǐ shuōzhe shuǎ de，kěshì nǐ zhèng zài qìtóur shang，wǒ shì bù gāi nàyàng shuō de..."

3. 这段自白，~打了折扣的，却多少也透露出些许有关"三千万"的"现状"后面隐藏着的奥妙。(王春元《老干部的新形象》)

Zhèduàn zìbái，~ dǎle zhékòu de，què duōshǎo yě tòulù chū xiēxǔ yǒuguān "sānqiān wàn" de "xiànzhuàng" hòumiàn yǐncángzhe de àomiào.

4. 开始，这不过是叶知秋强加给他的一个任务，~为了满足郑圆圆的愿望，其实是强制他把法文再重新拣起来的一个办法。(张洁《沉重的翅膀》)

Kāishǐ，zhè búguò shì Yè Zhīqiū qiángjiā gěi tā de yí ge rènwu，~ wèile mǎnzú

Zhèng Yuányuan de yuànwàng, qíshí shì qiángzhì tā bǎ Fǎwén zài chóngxīn jiǎn qilai de yí ge bànfǎ.

虽则 suīzé （连词）〈书〉

同"虽然"：

Same as 虽然 (although)：

1. 他们终于在八十年代，将自己独立导演的故事影片奉献于世。～人到中年，仍然可贺。(裴明《影坛的希望》)

    Tāmen zhōngyú zài bāshí niándài, jiāng zìjǐ dúlì dǎoyǎn de gùshi yǐngpiàn fèngxiàn yú shì. ～ rén dào zhōngnián, réngrán kěhè.

2. 老通宝相信自己一家和"陈老爷家"～一边是高门大户，而一边不过是种田人，然而两家的运命好像是一条线儿牵着。(茅盾《春蚕》)

    Lǎotōngbǎo xiāngxìn zìjǐ yì jiā hé "Chén lǎoye jiā" ～ yìbiānr shì gāoméndàhù, ér yìbiānr búguò shì zhòng tián rén, rán'ér liǎng jiā de yùnmìng hǎoxiàng shì yì tiáo xiànr qiānzhe.

3. 上钓台去玩一趟回来，路程～有限，但这几日风雨无常，说不定要走夜路，才回来得了的。(郁达夫《钓台的春昼》)

    Shàng Diàotái qu wánr yí tàng huí lai, lùchéng ～ yǒuxiàn, dàn zhè jǐ rì fēng yǔ wúcháng, shuōbudìng yào zǒu yè lù, cái huí lai de liǎo de.

所以 suǒyǐ （连词）

A "所以"用于复句后一分句的开头，承接前一分句，引出结果或结论；后面有时有停顿，前一分句常有"因为"与之呼应：

So, therefore, as a result; is used at the beginning of the second clause to introduce the result and is sometimes followed by a pause. The first clause is often introduced by a corresponding 因为：

1. 因为我这样爱她，～才为她的缺点着急，苦闷。(老舍《我热爱新北京》)

    Yīnwèi wǒ zhèyàng ài tā, ～ cái wèi tā de quēdiǎn zháo jí, kǔmèn.

2. 正因为这个缘故，～读者总觉得有许多文章，似乎都大同小异，千篇一律，没有什么新东西。(马南邨《八股余孽》)

    Zhèng yīnwèi zhège yuángù, ～ dúzhě zǒng juéde yǒu xǔduō wénzhāng, sìhū dōu dàtóngxiǎoyì, qiānpiānyílǜ, méi yǒu shénme xīn dōngxi.

3. 几房的本家大约已经搬走了，～很寂静。(鲁迅《故乡》)

    Jǐ fáng de běnjiā dàyuē yǐjing bānzǒu le, ～ hěn jìjìng.

4. 不会写信，～学国文，不会算帐，～学算学；学会了，方才能真个去写去算。(叶圣陶《倪焕之》)

    Bú huì xiě xìn, ～ xué guówén, bú huì suàn zhàng, ～ xué suànxué; xuéhuì le, fāngcái néng zhēngè qù xiě qù suàn.

有时，为了承接前文的整句或整段，"所以"可用于句首或段首：

Instead of introducing a clause, 所以 can also introduce an independent sentence or even occur at the beginning of a paragraph：

5. 日本人说他们最大的特点是尊重人，自动化技术也是要由人来掌握的。～企业中主角是人，不是机器，人和人之间的关系最为重要。(张洁《沉重的翅膀》)

    Rìběnrén shuō tāmen zuì dà de tèdiǎn shì zūnzhòng rén, zìdònghuà jìshù yě shì yào

yóu rén lái zhǎngwò de. ~ qǐyè zhōng zhǔjué shì rén，bú shì jīqì，rén hé rén zhī jiān
de guānxi zuìwéi zhòngyào.

6.　由于过去文艺理论上，偏颇、形而上学……现在有些青年作家似乎一听到要写
　　新的人物就……发生反感。……~，我认为，今天提倡报告文学着重写社会主
　　义新时期的新人，是一个历史任务，也是报告文学的重要任务。(荒煤《心灵的
　　探索 时代的颂歌》)

　　Yóuyú guòqù wényì lǐlùn shang，piānpō，xíng érshàngxué，... xiànzài yǒu xiē
　　qīngnián zuòjiā sìhū yì tīngdào yào xiě xīn de rénwù jiù... fāshēng fǎngǎn. ... ~，
　　wǒ rènwéi，jīntiān tíchàng bàogào wénxué zhuózhòng xiě shèhuìzhǔyì xīn shíqī de xīn
　　rén，shì yí ge lìshǐ rènwu，yě shì bàogào wénxué de zhǔyào rènwu.

用于句首或段首的"所以"，往往可以说成"所以说"，不影响意思。

When 所以 is in such an initial position it may be replaced by 所以说 without affecting
the meaning.

B 有时前一分句省去"因为"，后一分句以"这就是……(之)所以……的原因"的形
式，点出前一分句是某种结果的原因：

Sometimes 因为 is omitted in the first clause and the subsequent pattern of 这就是...
(之)所以... 的原因 indicates that the first clause is the cause：

1.　我家世世代代住在北京，这就是我~最爱北京的原因。

　　Wǒ jiā shìshìdàidài zhù zài Běijīng，zhè jiù shì wǒ ~ zuì ài Běijīng de yuányīn.

有时，"原因"可以省去：

Sometimes 原因 can be deleted：

2.　那溅着的水花，晶莹而多芒；远望去，像一朵朵小小的白梅，微雨似的纷纷落
　　着。据说，这就是梅雨潭之~得名了。(朱自清《温州的踪迹》)

　　Nà jiànzhe de shuǐhuā，jīngyíng ér duō máng；Yuǎn wàng qu，xiàng yì duǒduǒ
　　xiǎoxiǎo de báiméi，wēi yǔ shìde fēnfēn luòzhe. Jùshuō，zhè jiù shì Méiyǔtán zhī ~
　　dé míng le.

C〈书〉"所以"用于表示结果或结论的前一分句的主语后、谓语前，常说成"……
(之)所以……；"后一分句用"(是)因为(或'由于')……"的形式，突出追究原因
或理由：

The first clause relates the result, with 所以 occurring right after the subject in the
form ... (之)所以 ... ; while the second clause in the pattern 是因为 (or 由于)...
puts stress on the cause：

1.　他们~要看烂柯山，无非因为这座山是由于一个神话故事而得名的。(马南邨
　　《烂柯山故事新解》)

　　Tāmen ~ yào kàn Lànkēshān，wúfēi yīnwèi zhèzuò shān shì yóuyú yí ge shénhuà
　　gùshì ér dé míng de.

2.　贾岛之~成名，却并非由于他的英雄气概，而是由于他的苦吟。(马南邨《贾岛
　　的创作态度》)

　　Jiǎ Dǎo zhī ~ chéng míng，què bìng fēi yóuyú tā de yīngxióng qìgài，ér shì yóuyú tā
　　de kǔ yín.

3.　他之~以一个也曾经抖过一阵子的经理而去屈就一个小小的材料员，是在他
　　自己的算盘上推敲过一阵，有一番打算的。(马识途《最有办法的人》)

Tā zhǐ ~ yǐ yí ge yě céngjīng dǒuguo yízhènzi de jīnglǐ ér qù qūjiù yí ge xiǎoxiǎo de cáiliàoyuán, shì zài tā zìjǐ de suànpan shang tuīqiāoguo yízhèn, yǒu yì fān dǎsuan de.

4. 孩子们~不怯生，都是过去大军老师们教出来的。（曾克《信》）

Háizimen ~ bú qièshēng, dōu shì guòqù dàjūn lǎoshīmen jiāo chulai de.

5. 愚蠢与残忍是这里的一些现象；~愚蠢，~残忍，却另有原因。（老舍《骆驼祥子》）

Yúchǔn yǔ cánrěn shì zhèlǐ de yìxiē xiànxiàng; ~ yúchǔn, ~ cánrěn, què lìng yǒu yuányīn.

6. 很明显，马融~能够变成"绣囊"，并非真的因为他做梦吃了花的缘故，而是因为他勤学苦读的缘故。（马南邨《不要空喊读书》）

Hěn míngxiǎn, Mǎ Róng ~ nénggòu biànchéng "xiùnáng", bìng fēi zhēn de yīnwèi tā zuò mèng chīle huā de yuángù, ér shì yīnwèi tā qín xué kǔ dú de yuángù.

D 在对话中承接上文，可以单独说"所以呀"，表示原因就在这里：

In conversation, 所以呀 as an answer may be used independently conveying the notion of "there, that's the reason, that's why":

1. ——她昨天骑车摔了一交。

——~呀！我早就说过她年纪大了，不要再骑车了。

——Tā zuótiān qí chē shuāile yì jiāo.

——~ ya! Wǒ zǎo jiù shuōguo tā niánjì dà le, búyào zài qí chē le.

2. ——这地方这几年种果树，收入增加了几倍。

——~呀！以前只准种粮食是错误的。

——Zhè dìfang zhè jǐ nián zhòng guǒshù, shōurù zēngjiāle jǐ bèi.

——~ ya! Yǐqián zhǐ zhǔn zhòng liángshi shì cuòwù de.

E "所以然"为固定名词性短语，意思是为什么是这样的道理，多用于否定句：

所以然, meaning "why it is so; the reason why", is a set nominal phrase mostly used in negative sentences:

1. 一般人说母语，常常是知其然而不知其~然，只知道应该怎么说而不知道其中的语法规律。

Yìbān rén shuō mǔyǔ, chángcháng shì zhī qí rán ér bù zhī qí ~ rán, zhǐ zhīdao yīnggāi zěnme shuō ér bù zhīdao qízhōng de yǔfǎ guīlù.

2. "好！可是……"

"可是什么呢？我说不出~然。"（报）

"Hǎo! Kěshì ..."

"Kěshì shénme ne? Wǒ shuō bu chū ~ rán."

3. "怎么！"我坐了起来。"我这个哥就……就不是哥？"一急，也没说出个~然来。（刘忠立《觉醒》）

"Zěnme!" Wǒ zuòle qilai. "Wǒ zhège gē jiù ... jiù bú shì gē?" yì jí, yě méi shuō chū ge ~ rán lai.

F "（之）所以"有时可以指出某种特点所在：

（之）所以 may sometimes point out where the crucial point lies:

1. 灯与月竟能并存着，交融着，使月成了缠绵的月，灯射着渺渺的灵辉，这正是天之~厚秦淮河，也正是天之~厚我们了。（朱自清《桨声灯影里的秦淮河》）

Dēng yǔ yuè jìng néng bìngcúnzhe, jiāoróngzhe, shǐ yuè chéngle chánmián de yuè, dēngshèzhe miǎomiǎo de línghuī, zhè zhèng shì tiān zhī ～ hòu Qínhuáihé, yě zhèng shì tiān zhī ～ hòu wǒmen le.

2. 决不婆婆妈妈的,决不粘粘搭搭的,一针见血,一刀两断,这正是白种人之～为白种人。(朱自清《白种人——上帝的骄子》)

Jué bù pópomāmā de, jué bù niániandādā de, yìzhēnjiànxiě, yìdāoliǎngduàn, zhè zhèng shì báizhǒng rén zhī ～ wéi báizhǒng rén.

倘 tǎng (连词)〈书〉

同"倘若":

Same as 倘若 (if, supposing):

1. 文学虽然有普遍性,但因读者的体验的不同而有变化,读者～没有类似的体验,它也就失去效力。(鲁迅《看书琐记》)

Wénxué suīrán yǒu pǔbiànxìng, dàn yīn dúzhě de tǐyàn de bùtóng ér yǒu biànhuà, dúzhě ～ méi yǒu lèisì de tǐyàn, tā yě jiù shīqùle xiàolì.

2. 我想,河南真该有一个新一点的日报了;～进行顺利,就好。(鲁迅《致向培良》)

Wǒ xiǎng, Hénán zhēn gāi yǒu yí ge xīn yìdiǎnr de rìbào le; ～ jìnxíng shùnlì, jiù hǎo.

3. ……把心思用到"四化"上来,与民同甘共苦,多做些利国利民的事。～能如此,则幸甚。(侯爵良《候鸟的习性》)

... bǎ xīnsi yòngdào "sìhuà" shàng lai, yǔ mín tónggāngòngkǔ, duō zuò xiē lìguólìmín de shì, ～ néng rúcǐ, zé xìng shèn.

4. 中国的鬼还有一种坏脾气,就是"讨替代",这才完全是利己主义;～不然,是可以十分坦然的和他们相处的。(鲁迅《女吊》)

Zhōngguó de guǐ hái yǒu yì zhǒng huài píqi, jiù shì "tǎo tìdài", zhè cái wánquán shì lìjǐzhǔyì; ～ bùrán, shì kěyǐ shífēn tǎnrán de hé tāmen xiāngchǔ de.

5. 但在我心里,都不留什么痕迹,要我寻出这些事的影响来说,便只是增长了我的坏脾气,……(鲁迅《一件小事》)

Dàn zài wǒ xīnli, dōu bù liú shénme hénjì, ～ yào wǒ xún chū zhèxiē shì de yǐngxiǎng lái shuō, biàn zhǐ shì zēngzhǎngle wǒ de huài píqi. ...

倘或 tǎnghuò (连词)〈书〉

同"倘若":

Same as 倘若 (if, supposing):

1. ～把他打成右派,不但自己负疚太深,后悔莫及,而且对兵团首长和老战士也不好交代。……(李兴华《坎坷生平》)

～ bǎ tā dǎchéng yòupài, búdàn zìjǐ fù jiù tài shēn, hòuhuǐ mò jí, érqiě duì bīngtuán shǒuzhǎng hé lǎo zhànshì yě bù hǎo jiāodài.

2. 何时来京,请电告;～近期不能来京,亦请函告!

Hé shí lái Jīng, qǐng diàn gào; ～ jìnqī bù néng lái Jīng, yì qǐng hán gào!

3. ～像当年孝和太后那样,皇上的病,不会弄成今天这个地步。(高阳《慈禧前传》)

～ xiàng dāngnián Xiàohé tàihòu nàyàng, huángshang de bìng, bú huì nòngchéng jīntiān zhège dìbù.

倘若   tăngruò   (连词)〈书〉

有"如果"的意思,用于前一分句的主语前或主语后,表示提出一个假设或条件,后一分句说出结果;后一分句常有"就""便""则""那""那么"等词与之呼应:

If , supposing ; occurs either before or after the subject of the first clause, introducing a supposition or condition. The second clause expresses the conclusion and usually employs a corresponding word such as 就,便,则,那 or 那么:

1. 我今天所讲,～刘先生的书里已详的,我就略一点;反之,刘先生所略的我就较详一点。(鲁迅《魏晋风度及文章与药及酒之关系》)

 Wǒ jīntiān suǒ jiǎng , ～ Liú xiānsheng de shū li yǐ xiáng de , wǒ jiù lüè yìdiǎnr ; fǎnzhī , Liú xiānsheng suǒ lüè de , wǒ jiù jiào xiáng yìdiǎnr .

2. 毕业期是近在眼前了,～父亲再叫他去考电报生,他只有拿着毛笔钢笔就走,更没别的话说。(叶圣陶《倪焕之》)

 Bì yè qī shì jìn zài yǎnqián le , ～ fùqīn zài jiào tā qù kǎo diànbàoshēng , tā zhǐyǒu názhe máobǐ gāngbǐ jiù zǒu , gèng méi biéde huà shuō .

3. 说中国人失掉了自信力,用以指一部分人则可,～加于全体,那简直是诬蔑。(鲁迅《中国人失掉自信力了吗?》)

 Shuō Zhōngguó rén shīdiàole zìxìnlì , yòngyǐ zhǐ yí bùfen rén zé kě , ～ jiāyú quántǐ , nà jiǎnzhí shì wūmiè .

4. 不妨设想一下,～当时平原君冲着毛遂大喝一声:"放肆!还不给我退下!"毛遂纵有天大本事,又有什么用处?(张聿温《还要提倡一下做"平原君"》)

 Bùfáng shèxiǎng yíxià , ～ dāngshí Píngyuánjūn chòngzhe Máo Suì dà hè yì shēng : "Fàngsì! Hái bù gěi wǒ tuì xià!" Máo Suì zòng yǒu tiān dà běnshi , yòu yǒu shénme yòngchu?

5. ～把他的旧"梦"和新"梦"记录下来,准是人间最厚最有趣的一部"梦"书。(雁翼《老梦大叔》)

 ～ bǎ tā de jiù "mèng" hé xīn "mèng" jìlù xialai , zhǔn shì rénjiān zuì hòu zuì yǒuqù de yí bù "mèng" shū .

参看"倘""倘或"。

Compare 倘 *tăng*, 倘或 *tănghuò*.

同   tóng   (连词)

表示联合关系,有"和"的意思;常连接并列的主语、宾语等;多用于书面语:

And ; generally connects coordinate subjects or object ; used mostly in written language :

1. 眼瞅着他又回到从前赤贫的境地,他～他的孩子今后可怎么生活呢?(魏巍《东方》)

 Yǎnchǒuzhe tā yòu huídào cóngqián chìpín de jìngdì , tā ～ tā de háizi jīnhòu kě zěnme shēnghuó ne?

2. 我们现在说的多用心,～多想是一个意思。(吴南星《三家村札记》)

 Wǒmen xiànzài shuō de duō yòng xīn , ～ duō xiǎng shì yí ge yìsi .

3. 他看了看郭卫～杨林,他们在小声谈论什么。(巴金《杨林同志》)

 Tā kàn le kàn Guō Wèi ～ Yáng Lín , tāmen zài xiǎo shēng tánlùn shénme .

4. 我要是留在家里做庄稼,四哥,我～我妈怕早就饿死啦。(姚雪垠《李自成》)

 Wǒ yàoshi liú zài jiā li zuò zhuāngjia , sìgē , wǒ ～ wǒ mā pà zǎo jiù èsǐ la .

5. 社会主义商业是联结工业～农业,城市～农村,生产～消费的桥梁和纽带。(报)

Shèhuìzhǔyì shāngyè shì liánjié gōngyè ～ nóngyè, chéngshì ～ nóngcūn, shēngchǎn ～ xiāofèi de qiáoliáng hé niǔdài.

同样 tóngyàng （连词）

用于并列的句子或分句之间,表示前后两种情况、事实或事理相同或类似,也说"同样的",一般后有停顿:

Similarly; is used between coordinate sentences or clauses to indicate that what follows is similar to what goes before. It may also be replaced by 同样的. There is usually a pause after it:

1. 生于西苑海淀的自然以走西山,燕京,清华,较比方便;～,在安定门外的走清河,北苑。(老舍《骆驼祥子》)

Shēngyú Xīyuàn Hǎidiàn de zìrán yǐ zǒu Xīshān, Yānjīng, Qīnghuá, jiàobǐ fāngbiàn; ～, zài Āndìngmén wài de zǒu Qīnghé, Běiyuàn.

2. 关于当时洪水的传说,决不是没有根据的。～大禹治水的传说也不能认为毫无根据。(马南邨《堵塞不如开导》)

Guānyú dāngshí hóngshuǐ de chuánshuō, jué bú shì méi yǒu gēnjù de. ～, Dàyǔ zhì shuǐ de chuánshuō yě bù néng rènwéi háo wú gēnjù.

3. 而且,电力还够供给各工厂。～的,水也够用了。(老舍《我热爱新北京》)

Érqiě, diànlì hái gòu gōngjǐ gè gōngchǎng. ～ de, shuǐ yě gòu yòng le.

4. 没有中国共产党就没有新中国,～,没有中国共产党也就不会有现代化的社会主义中国。(《中国共产党中央委员会关于建国以来党的若干历史问题的决议》)

Méi yǒu Zhōngguó Gòngchǎndǎng jiù méi yǒu xīn Zhōngguó, ～, méi yǒu Zhōngguó Gòngchǎndǎng yě jiù bú huì yǒu xiàndàihuà de shèhuìzhǔyì Zhōngguó.

辨认:

Note:

有时"同样"是形容词,作定语和状语,有"相同""一样"的意思:

Sometimes 同样 is an adjective used as an attributive or adverbial, meaning "same" or "equally":

1. 同样的一部书,对于研究社会科学的人有用,对于研究自然科学的人也有用。(马南邨《欢迎"杂家"》)

Tóngyàng de yí bù shū, duìyú yánjiū shèhuì kēxué de rén yǒu yòng, duìyú yánjiū zìrán kēxué de rén yě yǒu yòng.

2. 好像所有的店铺今夜作同样的营业了,它们摆着同样的陈列品!(叶圣陶《倪焕之》)

Hǎoxiàng suǒyǒu de diànpù jīn yè zuò tóngyàng de yíngyè le, tāmen bǎizhe tóngyàng de chénlièpǐn!

3. 美丽的地方当然可爱,但穷山恶水也同样可爱,因为她也是我们祖国的一个部分。(阿君《谈谈台湾散文》)

Měilì de dìfang dāngrán kě·ài, dàn qióngshān·èshuǐ yě tóngyàng kě·ài, yīnwèi tā yě shì wǒmen zǔguó de yí ge bùfen.

4. 只要有决心,下苦功,通过自学同样可以获得成功。(成志韦《刻苦自学能成器》)

Zhǐyào yǒu juéxīn, xià kǔgōng, tōngguò zìxué tóngyàng kěyǐ huòdé chénggōng.

万一 wànyī （连词）

用于复句的前一分句,在主语前或主语后,表示一种可能性极小的假设:

Just in case, if by any chance; occurs in the first clause of a complex sentence. It is put either before or after the subject to indicate a supposition of little probability:

1. 噢,开车的不敢撞人你就故意挡着它,那～把你撞了,不就晚了吗?(侯宝林《夜行记》)

Ào, kāi chē de bù gǎn zhuàng rén nǐ jiù gùyì dǎngzhe tā, nà ～ bǎ nǐ zhuàng le, bú jiù wǎnle ma?

2. ～妹妹许配给他,我想他未必肯让妹妹吃苦吧。(叶圣陶《倪焕之》)

～ mèimei xǔpèi gěi tā, wǒ xiǎng tā wèibì kěn ràng mèimei chī kǔ ba.

3. 不知他进城回来没有,～赶不回来,这寒冷的冬夜,他又将在哪里过夜?(揭祥麟《牛车少年》)

Bù zhī tā jìn chéng huílái méiyou, ～ gǎn bu huílái, zhè hánlěng de dōng yè, tā yòu jiāng zài nǎlǐ guò yè?

有时意思清楚,复句的第二分句并不出现:

Sometimes when the meaning is very clear, the second clause is deleted:

4. 你最好带着伞,～下雨呢!

Nǐ zuìhǎo dàizhe sǎn, ～ xià yǔ ne!

5. 我得在这儿陪着他,怕他～又犯心脏病。

Wǒ děi zài zhèr péizhe tā, pà tā ～ yòu fàn xīnzàngbìng.

辨认:

Note:

"万一"有时是名词,有万分之一的意思,表示极小的一部分:

万一 is sometimes a noun meaning one ten thousandth, that is, a very small percentage:

1. 我虽然费了三十年的时间想要走遍长城,但所到之处尚不及万里长城之万一。(刊)

Wǒ suīrán fèile sānshí nián de shíjiān xiǎng yào zǒubiàn Chángchéng, dàn suǒ dào zhī chù shàng bù jí wànlǐ Chángchéng zhī wànyī.

2. 出去旅游,还是带着雨具吧,以防万一。

Chū qu lǚyóu, háishi dàizhe yǔjù ba, yǐ fáng wànyī.

惟其 wéiqí （连词）〈书〉

用于因果复句的前一分句,有"正因为"的意思,同时承上表示转折;"惟其"也写作"唯其":

Just because; may be written 唯其. In a complex sentence of cause and result, it is used in the first clause, but at the same time it also indicates that what follows is a supplement to the foregoing context:

1. 这里很少下雨,～雨水少,打井的事就更重要。

Zhèlǐ hěn shǎo xià yǔ, ～ yǔshuǐ shǎo, dǎ jǐng de shì jiù gèng zhòngyào.

2. 真的,祁家的人是越来越少了,可是～如此,她才更应当设法讨老人家的欢喜。

（老舍《四世同堂》）

Zhēn de, Qí jiā de rén shì yuèláiyuè shǎo le, kěshì ～ rúcǐ, tā cái gèng yīngdāng shè fǎ tǎo lǎorenjia de huānxǐ.

3. 自然，这，是很幼小的。但是，～幼小，所以希望就正在这一面。（鲁迅《二心集·一八艺社习作展览会小引》）

Zìrán, zhè, shì hěn yòuxiǎo de. Dànshì, ～ yòuxiǎo, suǒyǐ xīwàng jiù zhèng zài zhè yí miàn.

4. 凤姐没有把话说死，而把它留给听者去揣测。～如此，打击人的力量就更大。（王朝闻《论凤姐》）

Fèngjiě méiyou bǎ huà shuōsǐ, ér bǎ tā liú gěi tīngzhě qù chuǎicè. ～ rúcǐ, dǎjī rén de lìliang jiù gèng dà.

惟有 wéiyǒu （连词）〈书〉

同"只有"，表示唯一的条件，非此不可；也写作"唯有"：

Same as 只有 (only, only when). It is also written 唯有 and indicates the one and only essential condition:

1. 我们民族的灾难深重极了，～科学的态度和负责的精神，能够引导我们民族到解放之路。（毛泽东《新民主主义论》）

Wǒmen mínzú de zāinàn shēnzhòng jí le, ～ kēxué de tàidu hé fùzé de jīngshén, nénggòu yǐndǎo wǒmen mínzú dào jiěfàng zhī lù.

2. ～民魂是值得宝贵的，他发扬起来，中国才有真进步。（鲁迅《学界的三魂》）

～ mín hún shì zhíde bǎoguì de, tā fāyáng qilai, Zhōngguó cái yǒu zhēn jìnbù.

3. 政委的家里没有歌声也没有琴声，好像是一所被弃了的古老寺庙，～从好几个窗口射出柔和的灯光来，才知道里面是住着人的。（莫应丰《将军吟》）

Zhèngwěi de jiā li méi yǒu gē shēng yě méi yǒu qín shēng, hǎoxiàng shì yì suǒ bèi qìle de gǔlǎo sìmiào. ～ cóng hǎo jǐ gè chuāngkǒu shè chū róuhé de dēngguāng lai, cái zhīdao lǐmiàn shì zhùzhe rén de.

辨认：

Note：

有时"只有"是"只"＋"有"而不是连词；"惟有"有时也和这种"只有"一样，并不是连词：

Sometimes 只有 is formed by 只 ＋ 有. In such a case 只有 is not a conjunction, similarly 惟有 at times is not a conjunction:

1. 夜深人静，什么声音都听不见，惟有小钟的滴答声。

Yèshēnrénjìng, shénme shēngyīn dōu tīng bu jiàn, wéi yǒu xiǎo zhōng de dīdā shēng.

2. 一片浓绿中惟有一朵大红花，特别鲜艳夺目。

Yí piàn nóng lù zhōng wéi yǒu yì duǒ dà hóng huā, tèbié xiānyàn duómù.

无论 wúlùn （连词）

同"不管"（连），表示在任何情况下，结论或结果不变，后面常有"都""也"呼应：

Same as 不管, indicates that no matter what the circumstances the result remains unchanged. It is usually used in conjunction with 都 or 也:

1. ～什么好听的口号，反正不过是那么一回事。（茅盾《幻灭》）

～ shénme hǎotīng de kǒuhào, fǎnzhèng búguò shì nàme yì huí shì.

2. 不论怎么苦,也要相亲相爱,~遇上什么意外的事,都不做半点对不起对方的事情!(吴因易《梨园谱》)

   Búlùn zěnme kǔ, yě yào xiāngqīnxiāng·ài, ~ yù shang shénme yìwài de shì, dōu bú zuò bàn diǎnr duì bu qǐ duìfāng de shìqing!

3. 老的《宝莲灯》中《二堂放子》一场,~怎么说是一幕好戏。(陈毅《在戏曲编导工作座谈会上的讲话》)

   Lǎo de《Bǎoliándēng》zhōng《Èr táng fàng zǐ》yì chǎng, ~ zěnme shuō shì yí mù hǎo xì.

4. ~从哪一方面看,女兵班在全连都算辈前的。(徐怀中《西线轶事》)

   ~ cóng nǎ yì fāngmiàn kàn, nǚ bīng bān zài quán lián dōu suàn kào qián de.

5. 这段时间,~是在园林事业上,还是在天伦之乐方面,都是父亲一生中的黄金时代。(古华《给你一朵玉兰花》)

   Zhèduàn shíjiān, ~ shì zài yuánlín shìyè shang, háishi zài tiānlún zhī lè fāngmiàn, dōu shì fùqin yìshēng zhōng de huángjīn shídài.

6. ~走到哪里,~是到农村、工厂、机关,还是学校,他都能迅速地同所有接触的人打成一片。(王新纪、田增翔、陶正《风乍起……》)

   ~ zǒudào nǎli, ~ shì dào nóngcūn, gōngchǎng, jīguān, háishi xuéxiào, tā dōu néng xùnsù de tóng suǒyǒu jiēchù de rén dǎ chéng yí piàn.

"无论如何"是个固定说法,表示在任何情况下:

无论如何 is a set phrase and means "in any case, in all events":

7. 他决定今天~如何要赶到崖子去。(峻青《马石山上》)

   Tā juédìng jīntiān ~ rúhé yào gǎndào Yázi qu.

8. 虽然她死得是光荣的,~如何总嫌太早了,太惨了。(吕铮《战斗在敌人心脏里》)

   Suīrán tā sǐ de shì guāngróng de, ~ rúhé zǒng xián tài zǎo le, tài cǎn le.

无奈 wúnài (连词)〈书〉

用在转折分句的开头,有"可惜"的意思,引出使人不能达到目的的原因:

Has the meaning 可惜 (unfortunately, it·s a pity). It is used at the beginning of a contrastive clause to introduce the reason why things did not turn out as expected:

1. 当初想有个好儿媳妇持家,留心了多年,才定了吴家,~自己儿子不肖,反坑害了一位好姑娘。(茅盾《动摇》)

   Dāngchū xiǎng yǒu ge hǎo érxífu chí jiā, liú xīn le duō nián, cái dìngle Wú jiā, ~ zìjǐ érzi búxiào, fǎn kēnghàile yí wèi hǎo gūniang.

2. 三匹大牲口,奋力前奔,~水沟很深,轮子陷得紧,车子依然动弹不得。(李德复《红心一号》)

   Sān pǐ dà shēngkou, fènlì qiánbēn, ~ shuǐgōu hěn shēn, lúnzi xiàn de jǐn, chēzi yīrán dòngtan bu dé.

3. 当时的盛况虽曾照下一像,如今挂在父亲的房里,~为时已久,……现已模糊莫辨了。(许钦文《父亲的花园》)

   Dāngshí de shèngkuàng suī céng zhào xia yí xiàng, rújīn guà zài fùqin de fáng li, ~ wéi shí yǐ jiǔ, …… xiàn yǐ móhu mò biàn le.

4. 他侧身把耳朵贴在钥匙孔上,想听清她们在谈些什么,~她们的声音太轻,什

么也听不见。(张抗抗《淡淡的晨雾》)

Tā cè shēn bǎ ěrduō tiē zài yàoshi kǒng shang, xiǎng tīngqīng tāmen zài tán xiē shénme, ～ tāmen de shēngyīn tài qīng, shénme yě tīng bu jiàn.

辨认：

Note:

下列"无奈"是"没有办法"的意思，多作从句的述语：

无奈 in the following examples means 没有办法 (have no choice or alternative) and mostly functions as the predicate of a subordinate clause：

翠枝无奈，只好下炕站在地上，靠眼睛观察诊病。(刘亚舟《男婚女嫁》)

Cuìzhī wúnài, zhǐhǎo xià kàng zhàn zài dì shang, kào yǎnjing guānchá zhěn bìng.

毋宁   wúníng   (连词)〈书〉

A 有"不如"的意思，表示经过比较，有所选择：

Similar to 不如 (would rather), indicating one's preference after weighing the pros and cons：

不自由～死。

Bú zìyóu ～ sǐ.

B 但是更常见的是后面带"说"引进说话人认为更符合实际的说法。"毋宁"也作"勿宁""无宁"：

But a more common usage is for 毋宁 to be followed by 说 to introduce a statement which tallies more with the actual situation. 毋宁 may be written 勿宁 or 无宁：

1. 他这兴奋，与其说是要想折服对面的朱怀义，～说是意在消解他自己内心的矛盾。(茅盾《第一阶段的故事》)

    Tā zhè xīngfèn, yǔqí shuō shì yào xiǎng zhéfú duìmiàn de Zhū Huáiyì, ～ shuō shì yì zài xiāojiě tā zìjǐ nèixīn de máodùn.

2. 战争啊，最激烈的战争，与其说是在炮火弥天的战场，无宁说是在女人们的心中。(魏巍《东方》)

    Zhànzhēng a, zuì jīliè de zhànzhēng, yǔqí shuō shì zài pàohuǒ mí tiān de zhànchǎng, ～ shuō shì zài nǚrénmen de xīnzhōng.

3. 冯永祥没有一丝儿焦急的神情，～说他倒希望在这间大客厅里多等一会儿。(周而复《上海的早晨》)

    Féng Yǒngxiáng méi yǒu yì sīr jiāojí de shénqíng, ～ shuō tā dào xīwàng zài zhèjiān dà kètīng li duō děng yíhuìr.

相反   xiāngfǎn   (连词)

插入两个分句或句子之间，前一分句多是否定形式，"相反"或"相反的"表示后一分句的内容和前面被否定的相对立；"相反"后有停顿：

Inserted between two clauses or sentences to mean "on the contrary". The first clause is generally in the negative. 相反 or 相反的 indicates that the content of the second clause is opposite or contrary to that of the preceding negative. It is followed by a pause：

1. 时代留给我们这一代人重新思考的问题可真是太多了。我并不觉得灰心，～，我有一种神圣的责任感。(白桦《一束信札》)

    Shídài liú gěi wǒmen zhè yídài rén chóngxīn sīkǎo de wèntí kě zhēn shì tài duō le. Wǒ bìng bù juéde huī xīn, ～, wǒ yǒu yì zhǒng shénshèng de zérèngǎn.

2. 我自己也并不喜爱我的性格,～,我却喜欢小何那种近乎天真的坦率与真诚。(王火《滚烫的回忆》)

Wǒ zìjǐ yě bìng bù xǐ·ài wǒ de xìnggé. ～, wǒ què xǐhuan Xiǎohé nàzhǒng jìnhu tiānzhēn de tǎnshuài yǔ zhēnchéng.

3. 革命的友谊并不毁灭原则。～的,友谊使我对你的错误超出一般地感到不安。(刘亚舟《男婚女嫁》)

Gémìng de yǒuyì bìng bù huǐmiè yuánzé. ～ de, yǒuyì shǐ wǒ duì nǐ de cuòwù chāo chū yìbān de gǎndào bù·ān.

4. 出乎意料的是,在他讲完上面这番话后,却一点也没有出现什么热烈轰动的场面。～的,那些长工佃户们的神情,却显得更加惶惶不安。(陈立德《长城恨》)

Chūhū yìliào de shì, zài tā jiǎngwán shàngmiàn zhèfān huà hòu, què yìdiǎnr yě méiyou chūxiàn shénme rèliè hōngdòng de chǎngmiàn. ～ de, nàxiē chánggōng diànhùmen de shénqíng, què xiǎnde gèngjiā huánghuáng bù·ān.

有时说"恰恰相反",语气更重:

Sometimes 相反 may be replaced by 恰恰相反 which sounds more intense:

5. 报纸开展批评,是很得人心的。它不但没有降低党的威信,恰恰～,大大提高了党的威信;……

Bàozhǐ kāizhǎn pīpíng, shì hěn dé rénxīn de. Tā búdàn méiyou jiàngdī dǎng de wēixìn, qiàqià ～, dàdà tígāole dǎng de wēixìn;...

6. 你可能以为那位将军,身材魁梧,相貌威严,但实际上恰恰～,他是个和蔼可亲的小老头!

Nǐ kěnéng yǐwéi nàwèi jiāngjūn, shēncái kuíwú, xiàngmào wēiyán, dàn shíjì shang qiàqià ～, tā shì ge hé·ǎi kěqīn de xiǎo lǎotóur!

要不 yàobù (连词)

A 有"不然"的意思;用在两个分句或句子中间,表示如果不是前一句所说的情况,(就会出现后一句所说的结果),"要不"后多有停顿:

Otherwise, or else; is inserted between two clauses or sentences indicating that unless things go as indicated in the first clause, the result will be as indicated in the second clause. It is often followed by a pause:

1. "你喝!～我揪耳朵灌你!"(老舍《骆驼祥子》)

"Nǐ hē! ～ wǒ jiū ěrduo guàn nǐ!"

2. 马上要过山口了,你下车走走,～,脚会冻坏的。(靳凡《公开的情书》)

Mǎshàng yào guò shānkǒu le, nǐ xià chē zǒuzou, ～, jiǎo huì dònghuài de.

3. "你快滚开!"我在门里说,"～,我就去派出所报告!"(贾平凹《提兜女》)

"Nǐ kuài gǔnkāi!" wǒ zài mén lǐ shuō, "～, wǒ jiù qù pàichūsuǒ bàogào!"

4. 几位妈妈无一例外,都在电话上哭出了声。～怎么是妈妈呢?(徐怀中《西线轶事》)

Jǐwèi māma wú yí lìwài, dōu zài diànhuà shang kū chū le shēng. ～ zěnme shì māma ne?

"要不"后可有"的话",不影响意思:

要不 can be replaced by 要不的话 without affecting the meaning:

5. 你快走吧,～的话就来不及了。

Nǐ kuài zǒu ba, ～ de huà jiù lái bu jí le.

B 相当于"要么""或者",表示二者必居其一:

Equivalent to 要么, 或者（or）, indicating a choice between two alternatives:

1. 老牛筋随口说道:"拿出五百块彩礼来,明天结婚;～就连夜把我送法院,明天也可以结婚。"（马烽《结婚现场会》）

   Lǎoniújīn suíkǒu shuō dào: "Ná chū wǔbǎi kuài cǎilǐ lai, míngtiān jié hūn; ～ jiù liányè bǎ wǒ sòng fǎyuàn, míngtiān yě kěyǐ jié hūn."

2. 十三岁的朱政,老是挤鼻弄眼地做鬼脸,～就是用那低哑的嗓门,自由自在地哼着什么歌。（陈祖芬《美》）

   Shísān suì de Zhū Zhèng, lǎoshì jǐbínòngyǎn de zuò guǐliǎnr, ～ jiùshì yòng nà dīyǎ de sǎngménr, zìyóuzìzài de hēngzhe shénme gēr.

参看"要不然"。

Compare 要不然 yàoburán.

要不然 yàoburán （连词）

同"要不":

Same as 要不（otherwise, or else）:

1. 要是病人有气管炎的话,也要治好咳嗽再做手术。～,伤口切开了,病人一咳嗽,眼内溶物很可能脱落出来。（谌容《人到中年》）

   Yàoshi bìngrén yǒu qìguǎnyán dehuà, yě yào zhìhǎo késou zài zuò shǒushù. ～, shāngkǒu qiēkāi le, bìngrén yì késou, yǎn nèi róngwù hěn kěnéng tuōluò chulai.

2. 想想看吧,还有什么要说的,～就来不及了。（吕铮《战斗在敌人心脏》）

   Xiǎngxiǎng kàn ba, hái yǒu shénme yào shuō de, ～ jiù lái bu jí le.

3. 可惜没有录音机,～,我是会把它录下来的。（孙健忠《乡愁》）

   Kěxī méi yǒu lùyīnjī, ～, wǒ shì huì bǎ tā lù xialai de.

4. 我们的经济方面也非常困难。～的话,上级为什么叫咱们在这里搞生产呢?（魏巍《东方》）

   Wǒmen de jīngjì fāngmiàn yě fēicháng kùnnan. ～ dehuà, shàngjí wèi shénme jiào zánmen zài zhèlǐ gǎo shēngchǎn ne?

5. 下午他常去打网球,～,就去游泳。

   Xiàwǔ tā cháng qù dǎ wǎngqiú, ～, jiù qù yóuyǒng.

要不是 yàobushì （连词）

用于第一分句,表示一种假设,意思是"如果不是因为……",后面是必将发生的结果（事实是该结果并未发生）:

If not for; is used in the first clause indicating a supposition; what is mentioned in the second clause is the result or outcome which would have been bound to happen, but actually did not:

1. 那年春天,～三喜起黎明睡半夜,用几天的工夫把房顶上了炕土,今年这样大雨,我哪里去找安身之处啊!（路一《赤夜》）

   Nà nián chūntiān, ～ Sānxǐ qǐ límíng shuì bànyè, yòng jǐ tiān de gōngfu bǎ fáng dǐng shàngle kàngtǔ, jīnnián zhèyàng dà yǔ, wǒ nǎlǐ qù zhǎo ān shēn zhī chù a!

2. ～火车上见过你,我一定会把你当成这山中的仙女。（张敏《天池泪》）

   ～ huǒchē shang jiànguo nǐ, wǒ yídìng huì bǎ nǐ dàngchéng zhè shān zhōng de xiānnǚ

3. 我～为买车,决不会这么不要脸!(老舍《骆驼祥子》)

    Wǒ ～ wèi mǎi chē, jué bú huì zhème bú yào liǎn!

4. ～去黄埔军官学校,他真愿意留在汉口不走了。(杨纤如《伞》)

    ～ qù Huángpǔ Jūnguān Xuéxiào, tā zhēn yuànyì liú zài Hànkǒu bù zǒu le.

5. 说良心话,我真喜欢这个弟弟,～可怜妈妈,我真想把他带出去锻炼锻炼。(魏巍《东方》)

    Shuō liángxīn huà, wǒ zhēn xǐhuan zhège dìdi, ～ kělián māma, wǒ zhēn xiǎng bǎ tā dài chuqu duànliàn duànliàn.

如果意思很明显,"要不是"可用在体词或体词短语前:

When the meaning is very clear, 要不是 can occur before a substantive or substantival phrase alone:

6. ～妞妞,伊汝两条命都没啦!(李国文《月食》)

    ～ Niūniu, Yí Rǔ liǎng tiáo mìng dōu méi la!

7. "亲家,～这个世道,你的生活能过得这么好吗?"(孙犁《铁木前传》)

    "Qīngjiā, ～ zhège shìdao, nǐ de shēnghuó néng guò de zhème hǎo ma?"

8. 老汉心情复杂极了,但到底还是得感谢郑百如,～他,今天老汉可真够受呢。(周克芹《许茂和他的女儿们》)

    Lǎohàn xīnqíng fùzá jí le, dàn dàodǐ háishi děi gǎnxiè Zhèng Bǎirú, ～ tā, jīntiān lǎohàn kě zhēn gòushòu ne.

参看"若非"A。

Compare 若非 ruòfēi A.

要是 yàoshì （连词）

同"如果"A、B、C、D,但较口语化,表示假设、条件等,后面可有"的话"呼应;多用于复句中前一分句的主语前,也可用于主语后谓语前:

Same as 如果 (if, in case) A, B, C and D, but more colloquial. It indicates a supposition, condition, etc. and may be used in conjunction with 的话. It mostly precedes the subject of the first clause of a complex sentence but may also be placed after the subject and before the predicate:

1. ～方便,～路上有文具店,给我买一支手枪钢笔。(何其芳《无题》)

    ～ fāngbiàn, ～ lù shang yǒu wénjùdiàn, gěi wǒ mǎi yì zhī shǒuqiāng gāngbǐ.

2. 他们～非往下干不可,你告诉他们最好是上北京!(老舍《神拳》)

    Tāmen ～ fēi wǎng xià gàn bùkě, nǐ gàosu tāmen zuìhǎo shì shàng Běijīng!

3. ～老乡们不能来,就请求他们借一些材料。(陈立德《前驱》)

    ～ lǎoxiāngmen bù néng lái, jiù qǐngqiú tāmen jiè yìxiē cáiliào.

4. 你要看得起我们,就喝上几盅。～怕这怕那,你就吃饭,我一个人喝。(马烽《结婚现场会》)

    Nǐ yào kàn de qǐ wǒmen, jiù hē shang jǐ zhōng. ～ pà zhè pà nà, nǐ jiù chī fàn, wǒ yí ge rén hē.

5. 挖土机的水箱结了冰,～水箱冻裂,不要停工么?(于敏《老杜和助手》)

    Wātǔjī de shuǐxiāng jiéle bīng, ～ shuǐxiāng dòngliè, búyào tíng gōng ma?

6. ～交给修理班,少说也得两天。(于敏《老杜和助手》)

     ～ jiāo gěi xiūlǐ bān, shǎo shuō yě děi liǎng tiān.

7.   ～说我这个人有什么优点的话，那就是还比较细心。

     ～ shuō wǒ zhège rén yǒu shénme yōudiǎn dehuà, nà jiù shì hái bǐjiào xìxīn.

可用于体词性短语前：
It may also be placed before a substantival phrase：

8.   稗草，……它确是有一套很坏的本领的……就是混充水稻，～什么狗尾草、蟋蟀草之类的东西，还能够不给人一眼就识穿么？（秦牧《人和稗草的战争》）

     Bàicǎo, ... tā què shì yǒu yí tào hěn huài de běnlíng de ... jiù shì hùnchōng shuǐdào, ～ shénme gǒuwěicǎo, xīshuàicǎo zhī lèi de dōngxi, hái nénggòu bù gěi rén yì yǎn jiù shíchuān ma?

9.   这事亏得他们，～我一个人，还真办不成。（刊）

     Zhè shì kuīde tāmen, ～ wǒ yí ge rén, hái zhēn bàn bu chéng.

10.   明天一定出去吗？～阴天呢？

     Míngtiān yídìng chū qu ma? ～ yīntiān ne?

在日常生活谈话中，"要是"常省略为"要"，如例 4 的"你要看得起我们"中的"要"。
In daily conversation 要是 is often abbreviated to 要, like the 要 in example 4 你要看得起我们.

一经   yījīng   （连词）

表示只要经过某步骤或行动，某种情况就可出现，后面常有"就""便"等与之呼应：

Once, as soon as; indicates that once a step or action is taken, a certain situation will then surely emerge. 一经 is often used in conjunction with 就 or 便, etc.：

1.   要雇用奶妈的人家不是没有；但～晓得是一个垂死的病孩吃的奶，就都摇摇头不愿承雇。（吴组缃《天下太平》）

     Yào gùyòng nǎimā de rénjiā bú shì méi yǒu; dàn ～ xiǎode shì yí ge chuísǐ de bìnghái'r chī de nǎi, jiù dōu yáoyao tóu bú yuàn chénggù.

2.   等凌队长和莲赶到时，已经将便衣人捆上了。～审问，便供出：他是东炮楼的情报员。（李英儒《女游击队长》）

     Děng Líng duìzhǎng hé Lián gǎndào shí, yǐjīng jiāng biànyīrén kǔnshang le. ～ shěnwèn, biàn gòng chū: tā shì dōng pàolóu de qíngbàoyuán.

3.   小灵……几年来的闭锁生活，一步没出过大门。～看到这般风光，她感到这世界上是宽绰有路的，只是她自己没有活路罢了。（李英儒《女游击队长》）

     Xiǎolíng ... jǐ nián lái de bìsuǒ shēnghuó, yí bù méi chūguo dàmén. ～ kàndào zhèbān fēngguāng, tā gǎndào zhè shìjiè shang shì kuānchuo yǒu lù de, zhǐshì tā zìjǐ méi yǒu huólù bàle.

4.   冤案、错案、假案，不管是什么时候搞的，～发现，都要改正。（报）

     Yuān àn, cuò àn, jiǎ àn, bùguǎn shì shénme shíhou gǎo de, ～ fāxiàn, dōu yào gǎizhèng.

以   yǐ   （连词）〈书〉

用于第二分句之前，引出目的，有"为了""为的是""以便"的意思：

So as to; occurs at the head of the second clause of a sentence to introduce a purpose：

1.   我会下决心加紧勤学苦练，～期来日写出更好一些的作品来。（《〈老舍剧作选〉序》）

Wǒ huì xià juéxīn jiājǐn qínxuékǔliàn, ～ qī láirì xiě chū gèng hǎo yìxiē de zuòpǐn lai.

2. 从此以后……每写些小说模样的文章,～敷衍朋友们的嘱托,积久就有了十余篇。(鲁迅《呐喊》自序》)

Cóngcǐ yǐhòu … měi xiě xiě xiǎoshuō múyàng de wénzhāng, ～ fūyǎn péngyoumen de zhǔtuō, jī jiǔ jiù yǒule shí yú piān.

3. 哨兵的手上都拿着红绿两色小旗,～指挥出入的车辆通过卫门。(莫应丰《将军吟》)

Shàobīng de shǒu shang dōu názhe hóng lǜ liǎng sè xiǎo qí, ～ zhǐhuī chūrù de chēliàng tōngguò wèimén.

4. 为了表示严肃的态度,文章的作者就必须写出真实姓名,～示负责;……(马南邨《你赞成用笔名吗?》)

Wèile biǎoshì yánsù de tàidu, wénzhāng de zuòzhě jiù bìxū xiě chū zhēnshí xìngmíng, ～ shì fùzé;…

以便 yǐbiàn (连词)

用在第二分句之前表示前面所述使后一部分所说的目的可以实现:

So that, so as to, for the purpose of; is used at the head of the second clause of a sentence, indicating that what is mentioned in the first part aims to fulfill the purpose in the second part which is introduced by 以便:

1. 部队在俄界休息了几天,～恢复疲劳,烤干衣服。(成仿吾《长征回忆录》)

Bùduì zài Éjiè xiūxile jǐ tiān, ～ huīfù píláo, kǎogān yīfu.

2. 林参议又提出来要由他亲自带领亲兵,陪同谭嗣同上岸,～保护谭嗣同的安全。(任光椿《戊戌喋血记》)

Lín Cānróng yòu tí chulai yào yóu tā qīnzì dàilǐng qīnbīng, péitóng Tán Sìtóng shàng àn, ～ bǎohù Tán Sìtóng de ānquán.

3. 未曾开言,他先有滋有味的轻叹了一声,～惹起客人与太太的注意。(老舍《四世同堂》)

Wèicéng kāi yán, tā xiān yǒu zī yǒu wèir de qīng tànle yì shēng, ～ rě qǐ kèren yǔ tàitai de zhùyì.

4. 当然他巴望早一刻听到那金子一般的宝贵消息,～从容布置。(茅盾《子夜》)

Dāngrán tā bāwàng zǎo yī kè tīngdào nà jīnzi yìbān de bǎoguì xiāoxi, ～ cóngróng bùzhì.

以及 yǐjí (连词)

同"和",连接并列的主语或宾语等,不能连接分句;但"以及"前可以停顿;多用于书面语:

Same as 和 (and), connects coordinate subjects or objects, but not clauses. It is mostly used in written language; a pause may precede it:

1. 地面、花坛、小鱼池、树木和花丛的枝桠,～墙头和屋瓦上,到处都堆上了厚厚的新雪。(任光椿《戊戌喋血记》)

Dìmiàn, huātán, xiǎo yúchí, shùmù hé huācóng de zhīyā, ～ qiángtóu hé wūwǎ shang, dàochù dōu duī shang le hòuhòu de xīn xuě.

2. 他很情愿此时忽然天崩地裂,毁灭了他自己,他女儿,老赵,公债市场,～一切。(茅盾《子夜》)

Tā hěn qíngyuàn cǐ shí hūrán tiānbēngdìliè, huǐmièle tā zìjǐ, tā nǚ·ér, Lǎo Zhào, gōngzhàishìchǎng, ～ yíqiè.

3. 你家中的事,罗小姐的事,～季兆雄那个狗才的事,我可以一古脑儿的给你依次办好!(秦瘦鸥《秋海棠》)

Nǐ jiā zhōng de shì, Luó Xiǎojiě de shì, ～ Jì Zhàoxióng nàge gǒucái de shì, wǒ kěyǐ yìgǔnǎor de gěi nǐ yīcì bànhǎo!

4. 里面真是郁郁葱葱,但似乎并没有黄酒馒头,～此外可吃的之类。(鲁迅《阿Q正传》)

Lǐmiàn zhēn shì yùyùcōngcōng, dàn sìhū bìng méi yǒu huángjiǔ mántou, ～ cǐwài kě chī de zhī lèi.

5. "最圣明"的凤奶奶,并不因有众人求情,就给尤氏母子～不在场的贾珍"留脸"。(王朝闻《论凤姐》)

"Zuì shèngmíng" de Fèng nǎinai, bìng bù yīn yǒu zhòngrén qiú qíng, jiù gěi Yóu shì mǔ zǐ ～ bú zài chǎng de Jiǎ Zhēn "liú liǎn".

有时所连接的多项事物不可能或不需要一一列举时,就用"以及其他……"总括说明:

Sometimes, when 以及 is used to connect several things which cannot or need not be all cited one by one, 以及其他... is employed to include all the rest:

6. 更重要的是,如果天然气发现得多了,还可以用来制造碳黑、肥料、人造石油～其他许多化学工业产品。(马南邨《发现"火井"以后》)

Gèng zhòngyào de shì, rúguǒ tiānránqì fāxiàn de duō le, hái kěyǐ yòng lái zhìzào tànhēi, féiliào, rénzào shíyóu ～ qítā xǔduō huàxué gōngyè chǎnpǐn.

7. 这些事实说明,无论口吃、一只眼～其他生理上的缺陷,对于有这种缺陷的本人来说,一定是感到痛苦的。(马南邨《口吃、一只眼及其他》)

Zhèxiē shìshí suōmíng, wúlùn kǒuchī, yì zhī yǎn ～ qítā shēnglǐ shàng de quēxiàn, duìyú yǒu zhèzhǒng quēxiàn de běnrén láishuō, yídìng shì gǎndào tòngkǔ de.

以免 yǐmiǎn (连词)

用于后一分句的开头,表示前一分句所说的可使后一分句所说的结果得以避免:

Lest: is used at the beginning of the second clause indicating that what is mentioned in the first clause aims to prevent the occurrence of what is mentioned in the second clause:

1. 他改了话,～老愣着:"家家有本难念的经!"(老舍《四世同堂》)

Tā gǎile huà, ～ lǎo lèngzhe: "Jiājiā yǒu běn nán niàn de jīng!"

2. 谭嗣同见他果然是爱国烈士之后,更是十分喜欢,便劝他赶快回乡去与老母相见,～高堂悬念。(任光椿《戊戌喋血记》)

Tán Sìtóng jiàn tā guǒrán shì ài guó lièshì zhī hòu, gèng shì shífēn xǐhuan, biàn quàn tā gǎnkuài huí xiāng qù yǔ lǎo mǔ xiāngjiàn, ～ gāotáng xuánniàn.

3. 还有人说,现代医学对于很普通的小病;如感冒发烧等也要禁止随便吃药,～把病症掩盖起来,难于检查和判断。(邓拓《看病不能节约吗?》)

Hái yǒu rén shuō, xiàndài yīxué duìyú hěn pǔtōng de xiǎo bìng, rú gǎnmào fā shāo děng yě yào jìnzhǐ suíbiàn chī yào, ～ bǎ bìngzhèng yǎngài qilai, nányú jiǎnchá hé pànduàn.

4. 必须从这次事故中吸取教训,～重犯类似的错误。

Bìxū cóng zhècì shìgù zhōng xīqǔ jiàoxùn, ～ chóng fàn lèisì de cuòwù.

以至 yǐzhì （连词）

A 连接词或短语,多为体词性的,表示在时间、数量、程度、范围上的延伸:

Even, down to, up to; is used to connect words or phrases, most of which are substantives, indicating an extent of time, quantity, degree or range:

1. 这个厂实行生产责任制,使生产效率提高几倍～十几倍。

   Zhège chǎng shíxíng shēngchǎn zérènzhì, shǐ shēngchǎn xiàolǜ tígāo jǐ bèi ～ shí jǐ bèi.

2. 唐末的佛像,纸牌,～后来的小说绣像,启蒙小图,我们至今还能够看见实物。（鲁迅《〈全国木刻联合展览会专辑〉序》）

   Táng mò de fóxiàng, zhǐpái, ～ hòulái de xiǎoshuō xiùxiàng, qǐméng xiǎo tú, wǒmen zhìjīn hái nénggòu kànjian shíwù.

3. 我们侦察员,对于各种科学知识～生活知识,都要随时留心呀!（应泽民《A·P 案件》）

   Wǒmen zhēncháyuán, duìyú gè zhǒng kēxué zhīshi ～ shēnghuó zhīshi, dōu yào suíshí liú xīn ya!

4. 争夺已经成为她的习惯、本性～本能。（王朝闻《论凤姐》）

   Zhēngduó yǐjīng chéngwéi tā de xíguàn, běnxìng ～ běnnéng.

5. 他跟我讲讲城里最近开的美术展览会,新来的外国人,～某某人的恋爱纠纷等等。（韦君宜《三个朋友》）

   Tā gēn wǒ jiǎngjiang chéng lǐ zuìjìn kāi de měishù zhǎnlǎnhuì, xīn lái de wàiguó rén, ～ mǒumǒu rén de liàn·ài jiūfēn děngděng.

B 前一分句表示情况、动作的程度深,"以至"用于后一分句的开头,引出产生的结果:

The first clause tells that a state-of-affairs or an action has reached such an extent as to bring about a certain result which is introduced by 以至 *in the second clause:*

1. 我对这首诗感触深刻,～三十多年来还能随口背诵。（廖沫沙《志欲大而心欲小》）

   Wǒ duì zhèshǒu shī gǎnchù shēnkè, ～ sānshí duō nián lái hái néng suíkǒu bèisòng.

2. 他笑得那样响,～把身旁熟睡的罗英也从睡梦中惊醒了。（任光椿《戊戌喋血记》）

   Tā xiào de nàyàng xiǎng, ～ bǎ shēn páng shúshuì de Luó Yīng yě cóng shuìmèng zhōng jīngxǐng le.

3. 时钟走动的声音越来越清晰可闻,～震动人心。（张瑶均、蒋子龙《乔厂长上任记》）

   Shízhōng zǒudòng de shēngyīn yuèláiyuè qīngxī kě wén, ～ zhèndòng rén xīn.

参看"以至于"。

Compare 以至于 yǐzhìyú.

以致 yǐzhì （连词）

用于后一分句的开头,表示由于前面说明的原因导致后面的结果:

As a result, consequently; is used at the head of the second clause indicating that an unpleasant result or outcome has been brought about by the cause mentioned in the first clause:

1.　……中华大国，竟然一战即溃，惨败于……日本之手，～屈膝求和，受尽凌辱。（任光椿《戊戌喋血记》）

... Zhōnghuá dà guó, jìngrán yí zhàn jí kuì, cǎnbài yú ... Rìběn zhī shǒu, ～ qū xī qiú hé, shòujìn língrǔ.

2.　刚才她没有想得那么明确，～失去了提出自己意见的机会。（陈学昭《工作着是美丽的》）

Gāngcái tā méiyou xiǎng de nàme míngquè, ～ shīqùle tí chū zìjǐ yìjian de jīhuì.

3.　寒潮来得太突然，～地里的蔬菜受了些损失。

Háncháo lái de tài tūrán, ～ dì lǐ de shūcài shòule xiē sǔnshī.

4.　因此，她十分害怕光绪帝轻举妄动，提倡变法，激起民心，造成动乱，～动摇她脚下的宝座。（任光椿《戊戌喋血记》）

Yīncǐ, tā shífēn hàipà Guāngxù dì qīngjǔwàngdòng, tíchàng biànfǎ, jīqǐ mín xīn, zàochéng dòngluàn, ～ dòngyáo tā jiǎo xià de bǎozuò.

以至于　yǐzhìyú　(连词)

同"以至"：

Same as 以至 (even, so ... that...)：

1.　这个文化也许很不错，但是它有个显然的缺陷，就是：它很容易受暴徒的蹂躏，～灭亡。（老舍《四世同堂》）

Zhège wénhuà yěxǔ hěn búcuò, dànshì tā yǒu ge xiǎnrán de quēxiàn, jiù shì: tā hěn róngyì shòu bàotú de róulìn, ～ mièwáng.

2.　这个屹崂愈来愈加扩大，～变成一块可耕的土地。（柳青《土地的儿子》）

Zhège gēláo yùlái yùjiā kuòdà, ～ biànchéng yí kuài kě gēng de tǔdì.

3.　……他是这样的凝神静气，～有人在掏房门上的弹子锁都没有听到。（应泽民《A·P案件》）

... Tā shì zhèyàng de níng shén jìng qì, ～ yǒu rén zài tāo fáng mén shang de dànzǐsuǒ dōu méiyou tīngdào.

因　yīn　(连词)〈书〉

基本同"因为"；但所引进的原因分句必在结果分句前面：

Because; introduces the causal clause which must precede the resultative clause：

1.　这女子就是数年后，～反抗清廷统治，在浙江就义的鉴湖女侠秋瑾。（任光椿《戊戌喋血记》）

Zhè nǚzǐ jiù shì shù nián hòu, ～ fǎnkàng Qīngtíng tǒngzhì, zài Zhèjiāng jiùyì de Jiànhú Nǚxiá Qiū Jǐn.

2.　邢夫人～见贾母生气，中午也不敢回宁府，只好来大观园散心。（王朝闻《论凤姐》）

Xíng fūren ～ jiàn Jiǎ mǔ shēng qì, zhōngwǔ yě bù gǎn huí Níngfǔ, zhǐhǎo lái Dàguānyuán sàn xīn.

3.　父亲～我功课好，就送我到姨父家，在北京上中学。（靳凡《公开的情书》）

Fùqin ～ wǒ gōngkè hǎo, jiù sòng wǒ dào yífù jiā, zài Běijīng shàng zhōngxué.

4.　她是一个穷小学教员的女儿，～父母早丧，跟着姨妈长大。（莫应丰《将军吟》）

Tā shì yí ge qióng xiǎoxué jiàoyuán de nǚ·ér, ～ fù mǔ zǎo sàng, gēnzhe yímā zhǎngdà.

5. 但我不～推崇屈子而轻视陶潜,我也不～喜欢陶潜而要驱逐屈子。(郭沫若《题画记》)

Dàn wǒ bù ～ tuīchóng Qū Zǐ ér qīngshì Táo Qián, wǒ yě bù ～ xǐhuan Táo Qián ér yào qūzhú Qū Zǐ.

因此 yīncǐ （连词）

用于 表示结果或结论的句子、分句,或段落的开头;有“因为这个,所以……”的意思;后面可有停顿:

Therefore; occurs at the head of a clause, a sentence or even a paragraph; may be followed by a pause:

A 用于表示因果关系的复句中,前一分句有时有“由于”与之呼应:

Occurs at the head of the second clause of a complex sentence and very often there is 由于 in the first clause:

1. 我早就很希望中国的青年站出来,对于中国的社会,文明,都毫无忌惮地加以批评,～曾编印《莽原周刊》作为发言之地。(鲁迅《〈华盖集〉题记》)

Wǒ zǎo jiù hěn xīwàng Zhōngguó de qīngnián zhàn chulai, duìyú Zhōngguó de shèhuì, wénmíng, dōu háo wú jìdàn de jiāyǐ pīpíng, ～ céng biānyìn 《Mǎngyuán Zhōukān》 zuòwéi fā yán zhī dì.

2. 她功课中平,作业有时完不成,主要是由于社会工作占去的精力和时间太多了——～倒也能获得老师和同学们的谅解。(刘心武《班主任》)

Tā gōngkè zhōngpíng, zuòyè yǒushí wán bu chéng, zhǔyào shì yóuyú shèhuì gōngzuò zhàn qu de jīnglì hé shíjiān tài duō le —— ～ dào yě néng huòdé lǎoshī hé tóngxuémen de liàngjiě.

3. 由于他经常深入生活、刻苦钻研文艺理论,并坚持苦练基本功,～他的表演艺术水平不断提高。

Yóuyú tā jīngcháng shēnrù shēnghuó, kèkǔ zuānyán wényì lǐlùn, bìng jiānchí kǔ liàn jīběngōng, ～ tā de biǎoyǎn yìshù shuǐpíng búduàn tígāo.

4. 老舍是运用纯正的北京口语进行文学创作的,～,这部小说对北京人更显得亲切。(报)

Lǎo Shě shì yùnyòng chúnzhèng de Běijīng kǒuyǔ jìnxíng wénxué chuàngzuò de, ～, zhèbù xiǎoshuō duì Běijīngrén gèng xiǎnde qīnqiè.

参看“因而”。

Compare 因而 yīn·ér.

B 放在句和句、段和段之间,连接句以上单位之间的关系:

Occurs at the head of a sentence, or even at the head of a paragraph:

1. 由于怕天,结果对一切神鬼都害怕,～不怕鬼神的人,也一定不能怕天,也决不可怕天。(马南邨《不怕天》)

Yóuyú pà tiān, jiéguǒ duì yíqiè shén guǐ dōu hàipà. ～ bú pà guǐ shén de rén, yě yídìng bù néng pà tiān, yě jué bù kě pà tiān.

2. 光绪幼时胆子甚小,每闻巨雷之声,总是吓得躲进翁师傅的怀抱。～,光绪同翁同和的关系是十分亲密的。(任光椿《戊戌喋血记》)

Guāngxù yòu shí dǎnzi shèn xiǎo, měi wén jù léi zhī shēng, zǒngshì xià de duǒ jìn Wēng shīfu de huáibào. ～, Guāngxù tóng Wēng Tónghé de guānxi shì shífēn qīnmì de.

因而   yīn·ér   （连词）

同"因此"A，但第一分句往往没有"由于"：

Same as 因此 (therefore) A, but there is usually no 由于 in the first clause:

1. 不能否认，这种伟大的空话在某些特殊的场合是不可避免的，～在一定的意义上有其存在的必要。（邓拓《伟大的空话》）

   Bù néng fǒurèn, zhèzhǒng wěidà de kōnghuà zài mǒu xiē tèshū de chǎnghé shì bù kě bìmiǎn de, ～ zài yídìng de yìyì shang yǒu qí cúnzài de bìyào.

2. 不过，这种差别不是绝对的，～强调两人的共性，并不就会抹煞她们的个性。（王朝闻《论凤姐》）

   Búguò, zhèzhǒng chābié bú shì juéduì de, ～ qiángdiào liǎng rén de gòngxìng, bìng bú jiù huì mǒshā tāmen de gèxìng.

3. 这幅帛画随葬在战国楚墓中，～我们不能离开楚文化的特点来理解帛画。（王仁湘《研究长沙战国楚墓的一幅帛画》）

   Zhèfú bóhuà suízàng zài Zhànguó Chǔ mù zhōng, ～ wǒmen bù néng líkāi Chǔ wénhuà de tèdiǎn lái lǐjiě bóhuà.

4. 我军一动，敌又须重摆阵势，～我军得以从容休息，发动群众，扩大红军。（刘伯承《回顾长征》）

   Wǒ jūn yí dòng, dí yòu xū chóng bǎi zhènshì, ～ wǒ jūn déyǐ cóngróng xiūxi, fādòng qúnzhòng, kuòdà Hóngjūn.

因为   yīnwèi   （连词）

多用于前一分句前，表示原因；后一分句多有"所以""就""才"等与之呼应：

Because, on account of; is mostly used at the head of the first clause indicating cause or reason and 所以, 就 or 才 is often employed in conjunction with it in the second clause:

1. ～朱女士和陆女士的模样太像了，所以每逢听到对于朱女士的批评，仲昭大都是无条件赞同的。（茅盾《追求》）

   ～ Zhū nǚshì hé Lù nǚshì de múyàng tài xiàng le, suǒyǐ měiféng tīngdào duìyú Zhū nǚshì de pīpíng, Zhòngzhāo dàdū shì wú tiáojiàn zàntóng de.

2. ～不同人心田的土质有不同，所以，自私的种子有的因得不到它所需要的营养，枯干了，或是腐烂了。（刘亚舟《男婚女嫁》）

   ～ bù tóng rén xīntián de tǔzhì yǒu bù tóng, suǒyǐ, zìsī de zhǒngzi yǒude yīn dé bu dào tā suǒ xūyào de yíngyǎng, kūgān le, huò shì fǔlàn le.

3. ～老康无论战斗、工作，样样为表率，不知从什么时候起，这个"老模范"的名字就叫起来了。（魏巍《东方》）

   ～ Lǎo Kāng wúlùn zhàndòu, gōngzuò, yàngyàng wéi biǎoshuài, bù zhī cóng shénme shíhou qǐ, zhège "lǎo mófàn" de míngzi jiù jiào qǐlai le.

4. 正～干革命不容易，咱们才一心一意要加快前进的步伐。（刘真《黑旗》）

   Zhèng ～ gàn gémìng bù róngyì, zánmen cái yìxīnyíyì yào jiākuài qiánjìn de bùfá.

如两个分句同属一个主语，"因为"多用于主语后：

When the two clauses share the same subject, 因为 generally occurs after the subject:

5. ……他不能～别人这样干脸都不红，就睁一只眼闭一只眼听凭女儿获得特权！（张笑天《春的烦恼》）

... Tā bù néng ～ biérén zhèyàng gàn liǎn dōu bù hóng, jiù zhēng yì zhī yǎn bì yì zhīyǎn tīngpíng nǚ·ér huòdé tèquán!

6. 人们～有希望在将来，才能生出勇气来执着于现在。(茅盾《追求》)

Rénmen ～ yǒu xīwàng zài jiānglái, cái néng shēng chū yǒngqì lai zhízhuó yú xiànzài.

在句首的"因为"可以省略，尤其是后面有"所以"的时候，如例 1、2、3 的"因为"就可省去。

因为 at the beginning of a sentence, especially when followed by 所以, may be omitted, e. g. 因为 in examples 1, 2 & 3 can be left out.

有时表示原因的分句在后，表示结果的分句在前，这时只用"因为"，不用"所以"：

Sometimes when the resultative clause precedes the causal clause, only 因为 and not 所以 is used：

7. 不久，我只得把她送到河间去了，～我要到别处去工作。(孙犁《琴和箫》)

Bùjiǔ, wǒ zhǐdé bǎ tā sòngdào Héjiān qù le, ～ wǒ yào dào biéchù qu gōngzuò.

8. 我无法回答她,～这同样也是我想不通的问题。(魏巍《东方》)

Wǒ wú fǎ huídá tā, ～ zhè tóngyàng yě shì wǒ xiǎng bù tōng de wèntí.

9. 我对他有些肃然起敬了。不～他是我的哥哥，而～他爱祖国的一颗心，跳得与我们一样的热烈。(程云《温哥华奇遇》)

Wǒ duì tā yǒuxiē sùrán qǐ jìng le. Bù ～ tā shì wǒ de gēge, ér ～ tā ài zǔguó de yì kē xīn, tiào de yǔ wǒmen yíyàng de rèliè.

如果特别强调两个事物之间的因果关系，可以用"……(之)所以……是因为……"：

When special stress is laid on the cause and effect relationship between two items, the construction ... (之)所以... 是因为... may be employed：

10. 有些作品之所以引起争论，恰恰是～它们闯了禁区，在思想艺术上有所突破。(刊)

Yǒu xiē zuòpǐn zhī suǒyǐ yǐnqǐ zhēnglùn, qiàqià shì ～ tāmen chuǎngle jìnqū, zài sīxiǎng yìshù shang yǒusuǒ tūpò.

于是   yúshì   (连词)

连接分句或句子，可用于主语后；表示后一事是前一事的自然结果；后面可有停顿：

Thereupon, hence; is used to link sentences or clauses indicating that what is introduced by 于是 is a natural outcome of the previous event. It may be placed after the subject and may be followed by a pause：

1. 因她担任看护的伤员一天一天减少，她很有时间闲谈，～本来读报的时间，就换为议论军情。(茅盾《幻灭》)

Yīn tā dānrèn kānhù de shāngyuán yì tiān yì tiān jiǎnshǎo, tā hěn yǒu shíjiān xiántán, ～ běnlái dú bào de shíjiān, jiù huànwéi yìlùn jūnqíng.

2. 这时老周来请他们去吃晚饭,～便都高高兴兴走出去了。(陈立德《长城恨》)

Zhèshí Lǎozhōu lái qǐng tāmen qù chī wǎnfàn, ～ biàn dōu gāogāoxìngxìng zǒu chuqu le.

3. 他想那孩子可能就住在附近哪一个门里,～他站在道边树旁等候着。(冯骥才《啊》)

Tā xiǎng nà háizi kěnéng jiù zhù zài fùjìn nǎ yí ge mén li, ～ tā zhàn zài dàobiān shù páng děnghòuzhe.

4. 水手们使出了全身的力气划桨,也不能前进,～,伊阿松下令停止划桨。(雷宗友《海洋探险》)

   Shuǐshǒumen shǐ chū le quán shēn de lìqi huá jiǎng, yě bù néng qiánjìn, ～, Yī Āsōng xià lìng tíngzhǐ huá jiǎng.

"于是"也可以说成"于是乎":

于是 may be replaced by 于是乎:

5. 这股风把社员的家庭副业扫光了,把国家市场上的农副产品扫得所剩无几了。～乎,商店里本来是群众随吃随买、任意挑选的肉、禽、蛋,变成了限量供应。(刘亚舟《男婚女嫁》)

   Zhègǔ fēng bǎ shèyuán de jiātíng fùyè sǎoguāng le, bǎ guójiā shìchǎng shang de nóng fù chǎnpǐn sǎo de suǒ shèng wú jǐ le. ～ hū, shāngdiàn li běnlái shì qúnzhòng suí chī suí mǎi, rènyì tiāoxuǎn de ròu, qín, dàn, biànchéngle xiànliàng gōngyìng.

与   yǔ   (连词)

A 同"和"A、B,连接并列的主语、宾语、述语等;多用于书面:

Same as 和 (and) A & B, links coordinate subjects, objects, verbs etc.; usually used in written language:

1. 申大嫂是太阳升农业社的第七生产队的队员,在七队～八队交界的地方住家。(沙汀《风浪》)

   Shēn dàsǎo shì Tàiyángshēng nóngyèshè de dì-qī shēngchǎnduì de duìyuán, zài qīduì ～ bāduì jiāojiè de dìfang zhùjiā.

2. 钱先生的被打～被捕,使他们知道了敌人的厉害。(老舍《四世同堂》)

   Qián xiānsheng de bèi dǎ ～ bèi bǔ, shǐ tāmen zhīdaole dírén de lìhai.

3. 儿子不常住在家里,媳妇又多病,所以事实上是长孙～长孙媳妇当家,而长孙终日在外教书,晚上还要预备功课～改卷子。(老舍《四世同堂》)

   Érzi bù cháng zhù zài jiā li, xífu yòu duō bìng, suǒyǐ shìshí shang shì zhǎngsūn ～ zhǎngsūn xífu dāng jiā, ér zhǎngsūn zhōngrì zài wài jiāo shū, wǎnshang hái yào yùbèi gōngkè ～ gǎi juànzi.

4. 一条弯曲的溪流和几道木篱笆把花园～校园隔开。(张扬《第二次握手》)

   Yì tiáo wānqū de xīliú hé jǐ dào mù líba bǎ huāyuán ～ xiàoyuán gékāi.

5. 凄惨～悲愤弥漫了监房。(白朗《生与死》)

   Qīcǎn ～ bēifèn, mímànle jiānfáng.

6. 无论你去～不去,都无关大局。

   Wúlùn nǐ qù ～ bú qù, dōu wú guān dàjú.

B "与"和"否"连用,放在形容词、动词或短语之后,表示并列其肯定和否定形式:

与 and 否 are used together after an adjective, a verb or phrase to mean "... or not":

1. 这么一想,他不但希望过生日,而且切盼这一次要比过去的任何一次——不管可能与否——更加倍的热闹。(老舍《四世同堂》)

   Zhème yì xiǎng, tā búdàn xīwàng guò shēngri, érqiě qiè pàn zhè yí cì yào bǐ guòqù de rènhé yí cì — bùguǎn kěnéng yǔ fǒu — gèng jiābèi de rènao.

2. 你来京与否,速电告母亲。

   Nǐ lái Jīng yǔ fǒu, sù diàn gào mǔqin.

辨认：

Note：

下面句中的"与"是介词：

与 in the following examples is a preposition：

1. 油画《九级浪》上的人们，仍在驾着小舟，与铺天盖地的惊涛骇浪搏斗。（张扬《第二次握手》）

    Yóuhuà《Jiǔ jí làng》shang de rénmen, réng zài jiàzhe xiǎo zhōu, yǔ pūtiāngàidì de jīngtāohàilàng bódòu.

2. 你们父子俩就是放一把火把房子烧了，也与我不相干！（韩文洲《长院奶奶》）

    Nǐmen fù zǐ liǎ jiùshi fàng yì bǎ huǒ bǎ fángzi shāo le, yě yǔ wǒ bù xiānggān!

3. 如果我识出了他，决不与他善罢甘休！（檀林《一个女囚的自述》）

    Rúguǒ wǒ shí chū le tā, jué bù yǔ tā shànbàgānxiū!

参看介词"与"。

Compare preposition 与 yǔ.

与其   yǔqí   （连词）

用于前一分句，表示经比较之后，舍弃某事；后面常有"宁可""不如""毋宁"等与之呼应，表示选取某事：

Occurs in the first clause indicating one's rejection or abandonment of something after balancing the pros and cons. 宁可, 不如 or 毋宁 is often used in the second clause to indicate one's preference：

1. 他们之间，看来已经养成这样一种习惯，女人～和丈夫诉说什么，是宁可拉过箫来对丈夫吹一支曲子的。（孙犁《琴和箫》）

    Tāmen zhī jiān, kànlái yǐjīng yǎngchéng zhèyàng yì zhǒng xíguàn, nǚren ～ hé zhàngfu sùshuō shénme, shì nìngkě lā guò xiāo lai duì zhàngfu chuī yì zhī qǔzi de.

2. ～坚持原议，弄成一动不动，倒不如另作一个最低限度的改革计划，求其实行。（茅盾《追求》）

    ～ jiānchí yuányì, nòngchéng yí dòng bú dòng, dào bùrú lìng zuò yí ge zuì dī xiàndù de gǎigé jìhuà, qiú qí shíxíng.

3. ～让他们来糟踏，还不如让我们自己来糟踏。（张昆华《炊烟》）

    ～ ràng tāmen lái zāota, hái bùrú ràng wǒmen zìjǐ lái zāota.

4. 她的思想～这么复杂，还不如也像别的轻浮姑娘一样，穿红戴花，讲吃讲穿好哩。（蒋子龙《基础》）

    Tā de sīxiǎng ～ zhème fùzá, hái bùrú yě xiàng biéde qīngfú gūniang yíyàng, chuān hóng dài huā, jiǎng chī jiǎng chuān hǎo li.

"与其说……不如（毋宁）说……"表示对客观情况的判断，在说话人看来，"不如说"后面的说法更符合实际：

The construction 与其说…不如（毋宁）说… indicates that after considering the objective circumstances the speaker thinks that what is introduced by 不如说 tallies with the actual situation：

5. ～说他们喝的是酒，不如说他们咽下的是泪。～说他们吃的是美味的菜肴，不如说他们嚼的是人生的苦果。（谌容《人到中年》）

    ～ shuō tāmen hē de shì jiǔ, bùrú shuō tāmen yàn xia de shì lèi. ～ shuō tāmen chī de shì měiwèi de càiyáo, bùrú shuō tāmen jiáo de shì rénshēng de kǔguǒ.

6. 打动我的～说是这个人，不如说是这个人对生活的态度。(靳凡《公开的情书》)
   Dǎdòng wǒ de ～ shuō shì zhège rén, bùrú shuō shì zhège rén duì shēnghuó de tàidu.

7. 这幕惨剧的制造者，～说是正在身旁的敌酋，毋宁说正是我这个粗心大意的人把事情弄糟了。(吕铮《战斗在敌人心脏里》)
   Zhèmù cǎnjù de zhìzàozhě, ～ shuō shì zhèng zài shēn páng de díqiú, wúníng shuō zhèng shì wǒ zhège cūxīndàyì de rén bǎ shìqing nòngzāo le.

再说　zàishuō　(连词)

连接分句，引进补充的理由；后面可有停顿：

What's more, moreover; is used to connect clauses introducing an additional reason. It may be followed by a pause:

1. "改天再去吧，爸爸。现在看红叶还太早，～星期天人也太挤。"儿子说。(杲向真《枫叶红似火》)
   "Gǎi tiān zài qù ba, bàba. Xiànzài kàn hóngyè hái tài zǎo, ～ xīngqītiān rén yě tài jǐ." érzi shuō.

2. "他自己眼睛也不行了。～，他已经好几年没上手术台。"(谌容《人到中年》)
   "Tā zìjǐ yǎnjing yě bù xíng le. ～, tā yǐjīng hǎo jǐ nián méi shàng shǒushùtái."

3. 把结婚典礼搞成批判会，不对味啊！～老牛筋究竟是扭住那股筋了，还没有号准他的脉哩！弄僵了，可就绷断啦！(马烽《结婚现场会》)
   Bǎ jié hūn diǎnlǐ gǎochéng pīpànhuì, bú duì wèir a! ～ Lǎoniújīn jiūjìng shì niǔzhù nǎgǔ jīn le, hái méiyou hàozhǔn tā de mài li! Nòngjiāng le, kě jiù bēngduàn la!

4. 祥子不能受这个。～呢，假若他娶了亲，刘老头手里那点钱就必定要不回来。(老舍《骆驼祥子》)
   Xiángzi bù néng shòu zhège. ～ ne, jiǎruò tā qǔle qīn, Liú lǎotóur shǒu li nàdiǎnr qián jiù bìdìng yào bu huílái.

5. "唉，如今这年月，还讲什么麻烦不麻烦。～，哪个屋里又没人在外呢？"(孙健忠《乡愁》)
   "Ài, rújīn zhè niányue, hái jiǎng shénme máfan bù máfàn. ～, nǎge wū li yòu méi rén zài wài ne?"

辨认：

Note：

下列"再说"是"再"＋"说"表示其他事情留待以后再处理或考虑：

再说 in the following examples is not a word but a phrase consisting of 再 plus 说 and indicates that matters will be put off until later：

1. 你们已经很辛苦了，下去休息一下再说。(魏巍《东方》)
   Nǐmen yǐjīng hěn xīnkǔ le, xià qu xiūxi yíxià zài shuō.

2. 姑且住下来看看再说吧。(杨纤如《伞》)
   Gūqiě zhù xialai kànkan zài shuō ba.

则　zé　(连词)〈书〉

有"那么"的意思，用在后一分句前，表示顺接：

Then, in that case; used at the beginning of the second clause:

1. 要批评托尔斯泰，～他的作品是必得看几本的。(鲁迅《读几本书》)

Yào pīping Tuō·ěrsītài, ～ tā de zuòpǐn shì bì děi kàn jǐ běn de.

2. ……要结交这般人,～陆慕游的线索自不可少。(茅盾《动摇》)

   … Yào jiéjiāo zhèbān rén, ～ Lù Mùyóu de xiànsuǒ zì bù kě shǎo.

3. 严冬一封锁了大地的时候,～大地满地裂着口。(肖红《呼兰河传》)

   Yándōng yì fēngsuǒle dàdì de shíhou, ～ dàdì mǎn dì lièzhe kǒu.

只是   zhǐshì   (连词)

多用于第二分句前,表示轻微的转折,对前一分句加以补充或修正:

Only; is used in the second clause conveying a slight contrast. It introduces a supplement or revision to the first clause:

1. 这种爱情或者准备给予某一位姑娘,或者已经给予某一位姑娘,～我们还不知道这位姑娘姓甚名谁,住在哪里。(张扬《第二次握手》)

   Zhèzhǒng àiqíng huòzhě zhǔnbèi jǐyǔ mǒu yíwèi gūniang, huòzhě yǐjīng jǐyǔ mǒu yíwèi gūniang, ～ wǒmen hái bù zhīdào zhèwèi gūniang xìng shén míng shuí, zhù zài nǎli.

2. 老婆自然不会反对我这么做,～要分开了,免不了有些留恋,……(王愿坚《粮食的故事》)

   Lǎopo zìrán bú huì fǎnduì wǒ zhème zuò, ～ yào fēnkāi le, miǎn bu liǎo yǒuxiē liúliàn, ...

3. 她原也感觉到月艳迟早会走掉的。～月艳走得这么急,而且偷偷走掉,她却没估计到。(王汶石《黑凤》)

   Tā yuán yě gǎnjuédào Yuèyàn chízǎo huì zǒudiào de. ～ Yuèyàn zǒu de zhème jí, érqiě tōutōu zǒudiào, tā què méi gūjìdào.

4. 她的性情和她二哥周榕相像,～比他更加驯良,更加温柔。(欧阳山《三家巷》)

   Tā de xìngqíng hé tā èrgē Zhōu Róng xiāngxiàng, ～ bǐ tā gèngjiā xúnliáng, gèngjiā wēnróu.

5. 黑凤并不黑,她像妈妈一样白净,～没有妈妈那样高的个儿。(王汶石《黑凤》)

   Hēifèng bìng bù hēi, tā xiàng māma yíyàng báijìng, ～ méi yǒu māma nàyàng gāo de gèr.

6. 这天下午落了雨,到晚上还没有停止,～小了些。(吴晨笛《姐妹》)

   Zhè tiān xiàwǔ luòle·yǔ, dào wǎnshang hái méiyou tíngzhǐ, ～ xiǎole xiē.

辨认:

Note:

下面句中的"只是"是副词;是"只"的意思:

只是 in the following examples is an adverb meaning "only, merely":

1. 大伙儿不吭声,只是急促地呼吸着。(杜鹏程《延安人》)

   Dàhuǒr bù kēng shēng, zhǐshì jícù de hūxīzhe.

2. 这种问话使我发窘,我只是一个劲儿地眨动眼皮子,……回答不出一个字。(管桦《葛梅》)

   Zhèzhǒng wèn huà shǐ wǒ fā jiǒng, wǒ zhǐshì yígejìnr de zhǎdòng yǎnpízi, ... huídá bù chū yí ge zì.

参看"就是"B.

Compare 就是 jiùshì B.

只要　zhǐyào　（连词）

表示必要条件，最低要求；用在前一分句的主语前或后；常与"就""都"呼应：

As long as, provided that; indicates the necessary condition or the minimum requirement. It occurs either before or after the subject of the first clause and is often used in conjunction with 就 or 都：

1. ～肯干，就能过好日子。（周文海《南国少女》）

　　～ kěn gàn, jiù néng guò hǎo rìzi.

2. 我～一声喊，就会有好多人来。（孙健忠《乡愁》）

　　Wǒ ～ yì shēng hǎn, jiù huì yǒu hǎo duō rén lái.

3. 军部长官～知道我老头子这份心意，就行。（李延禄《过去的年代》）

　　Jūnbù zhǎngguān ～ zhīdao wǒ lǎotóuzi zhèfènr xīnyì, jiù xíng.

4. ～路永存遇到困难，他都乐意出头帮忙。（蒋子龙《基础》）

　　～ Lù Yǒngcún yùdào kùnnan, tā dōu lèyì chū tóu bāng máng.

5. ～你多加小心，不会出事的。（陈立德《前驱》）

　　～ nǐ duō jiā xiǎoxīn, bú huì chū shì de.

有时有"只要"的分句可以在后面：

Sometimes the clause introduced by 只要 may be the second one：

7. "欺骗是可以的，～不损害别人！"一个声音在章秋柳心里坚决地说。（茅盾《追求》）

　　"Qīpiàn shì kěyǐ de, ～ bù sǔnhài biérén!" yí ge shēngyīn zài Zhāng Qiūliǔ xīnli jiānjué de shuō.

8. "我可以答应你，～你以后不后悔。"（蒋子龙《乔厂长上任记》）

　　"Wǒ kěyǐ dāying nǐ, ～ nǐ yǐhòu bú hòuhuǐ."

只有　zhǐyǒu　（连词）

表示惟一的条件，非此不可；后面有"才"与之呼应：

Only, only when; indicates that what follows is the sole condition and no other condition may be substituted. It is often used in conjunction with 才：

1. ～火车上下车的旅客到了，生意才会忙起来。（高晓声《陈奂生上城》）

　　～ huǒchē shàng xià chē de lǚkè dào le, shēngyì cái huì máng qilai.

2. ～定睛细看，才能看出公路像一条若有若无的细蛇隐在夜色里。（魏巍《东方》）

　　～ dìngjīng xì kàn, cái néng kàn chū gōnglù xiàng yì tiáo ruò yǒu ruò wú de xì shé yǐn zài yèsè li.

3. ～等儿子功课做完了，腾出地方来，陆文婷才能打开自己的笔记本和借来的医学文献。（谌容《人到中年》）

　　～ děng érzi gōngkè zuòwán le, téng chū dìfang lai, Lù Wéntíng cái néng dǎkāi zìjǐ de bǐjìběn hé jiè lai de yīxué wénxiàn.

4. ～这样，史循，你才能充分地领受生活的乐趣。（茅盾《追求》）

　　～ zhèyàng, Shǐ Xún, nǐ cái néng chōngfèn de lǐngshòu shēnghuó de lèqù.

5. ～不懂事的冒失鬼，才会在这种时候问起这种倒霉的事情。（吕铮《战斗在敌人心脏里》）

　　～ bù dǒng shì de màoshiguǐ, cái huì zài zhèzhǒng shíhou wèn qǐ zhèzhǒng dǎoméi de shìqing.

— 515 —

6.　～这时，他才觉得自己的力量是多么不够用啊！（陈立德《前驱》）

　　～ zhèshí, tā cái juéde zìjǐ de lìliang shì duōme bú gòu yòng a!

辨认：

Note：

下面例 1 的"只有"是副词"只"＋动词"有"，意思是"仅仅有"；例 2 的"只有"是副词：

In example 1 below, 只有 is a phrase formed by the adverb 只 plus the verb 有, meaning "there was only" and in example 2 只有 is an adverb：

1.　没有热烈的欢呼，没有激昂的口号和掌声，只有士兵们跑过木桥时发出的急促而整齐的声音。（陈立德《前驱》）

　　Méi yǒu rèliè de huānhū, méi yǒu jī·áng de kǒuhào hé zhǎngshēng, zhǐ yǒu shìbīngmen pǎo guò mùqiáo shí fā chū de jícù ér zhěngqí de shēngyīn.

2.　他羞辱我，威吓我，耍弄我，而我，我只有怒目相对。（茹志鹃《静静的产院》）

　　Tā xiūrǔ wǒ, wēihè wǒ, shuǎnòng wǒ, ér wǒ, wǒ zhǐyǒu nùmù xiāng duì.

参看"惟有"。

Compare 惟有 wéiyǒu.

自然　zìrán　（连词）

连接分句或句子，表示轻微的转折；引进一些补充的事实；后面多有停顿：

Naturally, of course; is used to connect clauses or sentences conveying a slight contrast. It introduces some additional facts, and is generally followed by a pause：

1.　"是刘小姐告诉我的，～，她也是好意。"（茅盾《动摇》）

　　"Shì Liú xiǎojie gàosù wǒ de, ～, tā yě shì hǎoyì."

2.　我和孙舞阳，不过同志关系，……，～，她常来和我谈谈，那也无非是工作上有话接洽罢了。（茅盾《动摇》）

　　Wǒ hé Sūn Wǔyáng, búguò tóngzhì guānxi, ..., ～, tā cháng lái hé wǒ tántan, nà yě wúfēi shì gōngzuò shang yǒu huà jiēqià bàle.

3.　作家完全有权利凭借想象的翅膀，飞翔到他所未曾经历过的世界。～，想象——联想或幻想也必须以他的生活经验为基础。（以群《文学的基本原理》）

　　Zuòjiā wánquán yǒu quánlì píngjiè xiǎngxiàng de chìbǎng, fēixiángdào tā suǒ wèicéng jīnglìguo de shìjiè. ～, xiǎngxiàng —— liánxiǎng huò huànxiǎng yě bìxū yǐ tā de shēnghuó jīngyàn wéi jīchǔ.

4.　自从小雪来到部队医院担任卫生员之后，就很惹人喜爱。～，她年纪太小，饭不管凉热，拿来就吃；睡觉也不像个样子。（魏巍《东方》）

　　Zìcóng Xiǎoxuě láidào bùduì yīyuàn dānrèn wèishēngyuán zhī hòu, jiù hěn rě rén xǐ·ài. ～, tā niánjì tài xiǎo, fàn bùguǎn liáng rè, ná lai jiù chī; shuì jiào yě bú xiàng ge yàngzi.

总之　zǒngzhī　（连词）

表示下文是总结性的话；后面多有停顿：

In a word, in short; indicates that what follows is a summing-up. It is often followed by a pause：

1.　小贩不论肩挑叫卖，或街畔摊售，～本小利微，吃着不够。（毛泽东《中国社会各阶级分析》）

Xiǎofàn búlùn jiān tiāo jiǎomài, huò jiē pàn tān shòu, ～ běn xiǎo lì wēi, chī zhuó bú gòu.

2. 其他各事,师傅就与各位王公大臣商议着办吧。～,今日之事,既要……不失国家之威严;又要稳健持重,勿生滋扰,保国安民,……(任光椿《戊戌喋血记》)

Qítā gè shì, shīfu jiù yǔ gè wèi wánggōng dàchén shāngyìzhe bàn ba. ～, jīnrì zhī shì, jì yào . . . bù shī guójiā zhī wēiyán; yòu yào wěnjiàn chízhòng, wù shēng zīrǎo, bǎo guó ān mín . . .

3. 忘记是谁说的了,～是,要极省俭的画出一个人的特点,最好是画他的眼睛。(鲁迅《我怎么做起小说来》)

Wàngjì shì shuí shuō de le, ～ shì, yào jí shěngjiǎn de huà chū yí ge rén de tèdiǎn, zuìhǎo shì huà tā de yǎnjīng.

4. 我不同你讲这些道理;～你不该说,你说便是你错!(鲁迅《狂人日记》)

Wǒ bù tóng nǐ jiǎng zhèxiē dàolǐ; ～ nǐ bù gāi shuō, nǐ shuō biàn shì nǐ cuò!

纵 zòng (连词)〈书〉

同"纵然"。

Same as 纵然 (even if, even though):

1. 师傅大人～不念国家安危,也应该为我等自己的身家性命想一想呵!(任光椿《戊戌喋血记》)

Shīfu dàrén ～ bú niàn guójiā ānwēi, yě yīnggāi wèi wǒ děng zìjǐ de shēnjiāxìngmìng xiǎng yi xiǎng a!

2. 陛下左右无人,孤掌难鸣,～有凌云之志,也难以奏效。(任光椿《戊戌喋血记》)

Bìxià zuǒyòu wú rén, gūzhǎngnánmíng, ～ yǒu língyúnzhīzhì, yě nányǐ zòuxiào.

3. ～有千山万水,也隔不断我们两国人民的深厚情谊。

～ yǒu qiānshān-wànshuǐ, yě gé bu duàn wǒmen liǎng guó rénmín de shēnhòu qíngyì.

4. 我感觉着,我自己宁肯单独地写一张字,或写一篇小说,写一部剧本。因为～写得不好,毁掉了事,不至于损害到别人。(郭沫若《题画记》)

Wǒ gǎnjuézhe, wǒ zìjǐ nìngkěn dāndú de xiě yì zhāng zì, huò xiě yì piān xiǎoshuō, xiě yí bù jùběn. Yīnwèi ～ xiě de bù hǎo, huǐdiào liǎo shì, búzhìyú sǔnhàidào biérén.

5. 从别人眼中看,老刘妈～有许多的长处,可是仍不失为走狗。(老舍《牛天赐传》)

Cóng biérén yǎn zhōng kàn, lǎo Liúmā ～ yǒu xǔduō de chángchù, kěshì réng bùshìwéi zǒugǒu.

纵令 zònglìng (连词)

同"纵然",常用于书面语。

Same as 纵然 (even if, even though), often used in written language:

1. ～不过一洼浅水,也可以学学大海;横竖都是水,可以相通。(鲁迅《随感录 四十一》)

～ búguò yì wā qiǎn shuǐ, yě kěyǐ xuéxue dà hǎi; héngshù dōu shì shuǐ, kěyǐ xiāng tōng.

2. 即使慢,驰而不息,～落后,～失败,但一定可以达到他所向的目标。(鲁迅《补

白》）

Jìshǐ màn, chí ér bù xī, ～ luòhòu, ～ shībài, dàn yídìng kěyǐ dádào tā suǒ xiàng de mùbiāo.

3. 情况～十分困难，还是有办法的。

Qíngkuàng ～ shífēn kùnnan, háishì yǒu bànfǎ de.

4. 倘依新说，则男女平等、义务略同。～该负责任，也只得分担。（鲁迅《我之节烈观》）

Tǎng yī xīn shuō, zé nán nǚ píngděng, yìwù lüè tóng. ～ gāi fù zérèn, yě zhídé fēndān.

纵然 zòngrán （连词）

同"即使"A、B，表示假设或让步；后一分句常有"也""然而"等词与之呼应；有书面语意味：

Same as 即使 (even if, even though) A & B, indicates a supposition or concession. It is usually used in conjunction with 也，然而, etc. in the second clause; has a literary flavour：

1. 你自己～发昏，也不该拿爷爷的性命来开玩笑。（巴金《家》）

Nǐ zìjǐ ～ fā hūn, yě bù gāi ná yéye de xìngmìng lái kāi wánxiào.

2. ～做一个小学教师，也没有钱好给哥哥医病啊！（秦瘦鸥《秋海棠》）

～ zuò yí ge xiǎoxué jiàoshī, yě méi yǒu qián hǎo gěi gēge yī bìng a!

3. 像他这样有修养的演员，在我国并不多。～还有少数，但多数都在六七十岁，身体已不好了。（姚雪垠《怀念崔巍同志》）

Xiàng tā zhèyàng yǒu xiūyǎng de yǎnyuán, zài wǒ guó bìng bù duō. ～ hái yǒu shǎoshù, dàn duōshù dōu zài liù qīshí suì, shēntǐ yǐ bù hǎo le.

4. 他豁达，洒脱，勇于接受新事物，～感情上还有千丝万缕的牵缠，然而在大目标上，他愿意向前，毫不犹豫地一直向前。（唐弢《忆西谛》）

Tā huòdá, sǎtuō, yǒngyú jiēshòu xīn shìwù, ～ gǎnqíng shang hái yǒu qiānsīwànlǚ de qiānchán, rán'ér zài dà mùbiāo shang, tā yuànyì xiàng qián, háo bù yóuyù de yìzhí xiàng qián.

5. 陆三爹～旷达，此时也有些焦灼。（茅盾《动摇》）

Lù sāndiē ～ kuàngdá, cǐshí yě yǒuxiē jiāozhuó.

参看"纵""纵令""纵使"。

Compare 纵 zòng, 纵令 zònglìng, 纵使 zòngshǐ.

纵使 zòngshǐ （连词）

同"纵然"：

Same as 纵然 (even if, even though)：

1. 熟识的墙壁，熟识的书堆……我们一向轻视这等事，～也是生活的一片，却排在喝茶搔痒之下，或者简直不算一回事。（鲁迅《这也是生活》）

Shúshi de qiángbì, shúshi de shū duī... wǒmen yíxiàng qīngshì zhè děng shì, ～ yě shì shēnghuó de yípiàn, què pái zài hē chá sāo yǎng zhī xià, huòzhě jiǎnzhí bú suàn yì huí shì.

2. 血痕……浸渍了亲族、师友、爱人的心，～时光流驶，洗成绯红，也会在微漠的悲哀中永存微笑的和蔼的旧影。（鲁迅《记念刘和珍君》）

Xuèhén ... jìnzìle qīnzú, shīyǒu, àirén de xīn, ～ shíguāng liúshǐ, xǐchéng fēihóng, yě huì zài wēimò de bēi·āi zhōng yǒng cún wēixiào de hé·ǎi de jiù yǐng.

3.　一种观念和另一种观念的冲突会比这更容易解决一些吗?～不提你死我活,但也找不到恰能说明其激烈程度的词汇了。(张洁《沉重的翅膀》)

Yì zhǒng guānniàn hé lìng yì zhǒng guānniàn de chōngtu huì bǐ zhè gèng róngyi jiějué yìxiē ma? ～ bù tí nǐ sǐ wǒ huó, dàn yě zhǎo bu dào qià néng shuōmíng qí jīliè chéngdù de cíhuì le.

介　词

　　介词的特点之一是不能作谓语的主要成分,二是一般有宾语。由介词和它的宾语构成的介宾结构通常作谓语动词的状语。有的则作插入语。

　　由于介词是动词转变而来的,所以有些还带有动词的特点,一部分介词往往可以带"着",如"朝""趁""冲""顺""向""为",有的则总带"着",如"本着""随着"。有些词则分属动、介两类,如"给""叫""归""由""让""经""在"等。

　　另外,介词有时和连词容易相混,因为有些词是分属连、介两类的,如"和""跟""同""与"。这些情况,本词典均有交待,往往在"辨认"中加以区别:

Prepositions

The two special features of a preposition are: (1) it cannot function as the main element of the predicate and (2) it usually takes an object. The construction made up with a preposition and its object (P-O for short) usually functions as the adverbial of the verb. Some P-Os function as parenthesis.

As many Chinese prepositions were originally verbs, some of them may take 着, e.g. 朝, 趁, 冲, 顺, 向 and 为; some always take 着, e.g. 本着, 随着. Some prepositions are at the same time verbs, e.g. 给, 叫, 归, 由, 让, 经, 在, etc.

However, sometimes it is difficult to distinguish between prepositions and conjunctions because some are both prepositions and conjunctions, e.g. 和, 跟, 同, and 与. This dictionary will point out such cases by means of a "Note" at the end of relevant entries.

介 词 总 表

List of Prepositions

按 àn （介词）

A 指出行为、动作所遵循的准则或依据：

According to , *in accordance with* , *on the basis of* ; indicates the basis or standard according to which an action is performed：

1. 根据考生志愿,～德、智、体全面衡量,择优录取。（报）

   Gēnjù kǎoshēng zhìyuàn, ～ dé, zhì, tǐ quánmiàn héngliáng, zé yōu lùqǔ.

2. ～地下工作的纪律,在这里你得听我管!（王愿坚《党费》）

   ～ dìxià gōngzuò de jìlǜ, zài zhèlǐ nǐ děi tīng wǒ guǎn.

3. ……促使国民经济逐步走上～比例地高速度发展的轨道。（报）

   ... Cùshǐ guómín jīngjì zhúbù zǒu shàng ～ bǐlì de gāo sùdù fāzhǎn de guǐdào.

有时候"按"可带"着",宾语部分必须是多音节的：

按 sometimes can take 着, and its object must be a word with more than one syllable or a phrase：

4. 我～着编好的口供回答,能装糊涂就装糊涂。（陶承《我的一家》）

   Wǒ ～ zhe biānhǎo de kǒugòng huídá, néng zhuāng hútu jiù zhuāng hútu.

5. 我～着宋祥老爹上次说的地址,找到了我的老婆和孩子。（王愿坚《粮食的故事》）

   Wǒ ～ zhe Sòng Xiáng lǎodiē shàngcì shuō de dìzhǐ, zhǎodàole wǒ de lǎopo hé háizi.

6. 兵灾之后,什么事都不能～着常理说。（老舍《骆驼祥子》）

   Bīngzāi zhī hòu, shénme shì dōu bù néng ～ zhe chánglǐ shuō.

B 指出行为、动作所依照的条件,往往带有一组或数组意义相对的形容词,有时也可省略：

Indicates a condition on the basis of which an action is done. The mentioned condition very often contains two adjectives opposite in meaning, which can occasionally be omitted：

1. 部首次序～部首笔画数目多少排列。（《〈新华字典〉部首检字表说明》）

   Bùshǒu cìxù ～ bùshǒu bǐhuà shùmù duōshǎo páiliè.

2. 二十名劳动突击队队员,～体力强弱、技术高低分成两个组。（赵燕翼《桑金兰错》）

   ... èrshí míng láodòng tūjíduì duìyuán, ～ tǐlì qiáng ruò, jìshù gāo dī fēnchéng liǎng ge zǔ.

3. 退休金～本人参加集体生产劳动的年限和对集体贡献大小来确定,……（报）

   Tuìxiūjīn ～ běnrén cānjiā jítǐ shēngchǎn láodòng de niánxiàn hé duì jítǐ gòngxiàn dà xiǎo lái quèdìng, ...

如例 1 中的"多少",例 2 中的"强弱""高低",和例 3 中的"大小"均可省略：

多少 in example 1, 强弱 and 高低 in example 2, and 大小 in example 3 can all be omitted：

C 表示行为、动作以某单位为标准：

Introduces the unit according to which something is done：

1. 整年给一定人家做工的叫长年;～日给人做工的叫短工;……（鲁迅《故乡》）

   Zhěng nián gěi yídìng rénjiā zuò gōng de jiào chángnián; ～ rì gěi rén zuò gōng de jiào duǎngōng; ...

2. 天津长青公社根据需要和可能确定退休制度，～月发给老年、病残社员退休
金。(报)

Tiānjīn Chángqīng Gōngshè gēnjù xūyào hé kěnéng quèdìng tuìxiū zhìdù, ～ yuè fā
gěi lǎonián, bìng cán shèyuán tuìxiūjīn.

3. 汽车加油站的汽油～公升计算。

Qìchē jiāyóuzhàn de qìyóu ～gōngshēng jìsuàn.

4. 我把剩下的几百斤米分了一下，留出一部分来，……其余的～人分配。(王愿坚
《粮食的故事》)

Wǒ bǎ shèng xia de jǐbǎi jīn mǐ fēnle yíxià, liú chū yíbùfen lai, … qíyú de ～ rén
fēnpèi.

D "按……"跟"说""讲""来说""来讲"等搭配，指出据此作出论断的根据：

按... goes with 说, 讲, 来说 or 来讲 to introduce the basis from which a conclusion
is drawn：

1. ～常理说，一个人最熟悉的，莫过于家乡的路。(魏巍《东方》)

～ chánglǐ shuō, yí ge rén zuì shúxī de, mòguòyú jiāxiāng de lù.

2. 拿红娘子来配李公子，～理说，他两个应该是都乐意的。(姚雪垠《李自成》)

Ná Hóngniánzǐ lái pèi Lǐ gōngzǐ, ～ lǐ shuō, tā liǎng ge yīnggāi shì dōu lèyì de.

3. ～节令说，现在刚立秋，可是长城边的夜里，风沙滚滚，天气冷得怕人。(杜鹏程
《保卫延安》)

～ jiélìng shuō, xiànzài gāng lìqiū, kěshì Chángchéng biānr de yè li, fēngshā gǔngǔn,
tiānqì lěng de pàrén.

4. ～道理讲，这婚事也应该办得隆重一些，方不负红娘子这样的女中英雄。(姚雪
垠《李自成》)

～ dàolǐ jiǎng, zhè hūnshì yě yīnggāi bàn de lóngzhòng yìxiē, fāng bú fù Hóngniángzǐ
zhèyàng de nǚ zhōng yīngxióng.

"说""讲""来说""来讲"有时可以省略：

Occasionally, 说, 讲, 来说 or 来讲 can be omitted：

5. 你们李府当然不同细民，～道理这"造反"二字轮不到你们头上。(姚雪垠《李自
成》)

Nǐmen Lǐ fǔ dāngrán bù tóng xìmín, ～ dàolǐ zhè "zào fǎn" èr zì lún bu dào nǐmen
tóu shang.

6. ～理，你是下辈儿，这话我不当讲。(魏巍《东方》)

～ lǐ, nǐ shì xiàbèir, zhè huà wǒ bù dāng jiǎng.

"按"+人称代词+说(讲、想)，有根据某人的意见的意思：

按 + personal pronoun + 说(讲, 想) means "according to somebody's opinion"：

7. ～我说咱俩种着这二十多亩地，慢慢也能发家。(李准《李双双小传》)

～ wǒ shuō zán liǎ zhòngzhe zhè èrshí duō mǔ dì, mànmānr yě néng fā jiā.

8. 爹，～你说咱这庄稼咋做。(李准《李双双小传》)

Diē, ～ nǐ shuō zán zhè zhuāngjia zǎ zuò.

9. 要～你们这么说，那革命就没有个头儿啦！(魏巍《东方》)

Yào ～ nǐmen zhème shuō, nà gémìng jiù méi yǒu ge tóur la!

参看"照"。

Compare 照 zhào.

按照 ànzhào （介词）

同"按"A、B、D，但宾语必须是双音节或多音节词语，不能加"着"：

Same as 按 (according to, on the basis of) A, B, & D, but its object must be a disyllabic or polysyllabic word or phrase and it cannot take 着：

1. ～潘书记的指示，有几个年轻娃们端着墨盆，挥着排笔，在换满街的大字标语。（成一《顶凌下种》）

   ～ Pān shūji de zhǐshì, yǒu jǐ ge niánqīng wámen duānzhe mò pén, huīzhe páibǐ, zài huàn mǎn jiē de dà zì biāoyǔ.

2. 对违法乱纪的人，～情节轻重，给予法律制裁。

   Duì wéi fǎ luàn jì de rén, ～ qíngjié qīng zhòng, jǐyǔ fǎlǜ zhìcái.

3. 不～科学规律办事，必然要碰钉子。

   Bú ～ kēxué guīlǜ bàn shì, bìrán yào pèng dīngzi.

4. ～气象上来说，我们这里去年碰上的是"百年一遇"的大旱。（李准《耕云记》）

   ～ qìxiàng shang láishuō, wǒmen zhèlǐ qùnián pèng shang de shì "bǎi nián yí yù" de dà hàn.

5. ～常理，他应该留李侔在他的老营中好生休息，……（姚雪垠《李自成》）

   ～ chánglǐ, tā yīnggāi liú Lǐ Móu zài tā de lǎoyíng zhōng hǎoshēng xiūxi, ...

把 bǎ （介词）

"把"字句的功能主要是表示对事物或人的处置或影响。"把"的宾语是处置或影响的对象；"把……"处于述语前，要注意下列几点：

The main function of the 把 sentence is to indicate how a person or thing is dealt with or affected. The object of 把 is what is dealt with or affected. 把 and its object always precede the verb of the predicate. The following points must be borne in mind：

A 述语一般是及物的，"把"的宾语在意念上是述语的受事：

The verb of the predicate is usually transitive and the object of 把 is the recipient of the verb：

1. 西南风……～落尽了叶子的权桠的树枝吹动，……（叶圣陶《倪焕之》）

   Xīnán fēng ... ～ luòjìnle yèzi de chàyā de shùzhī chuīdòng...

2. 瓦匠帮着月艳～行李放下。（王汶石《黑凤》）

   Wǎjiang bāngzhe Yuèyàn ～ xíngli fàng xia.

3. 村东一片火光～她家的窗户纸都映红了。（李准《李双双》）

   Cūn dōng yípiàn huǒguāng ～ tā jiā de chuānghu zhǐ dōu yìnghóng le.

4. 一千多民兵～县城的外围据点全打扫清了。（孔厥、袁静《新儿女英雄传》）

   Yìqiān duō mínbīng ～ xiànchéng de wàiwéi jùdiǎn quán dǎsǎoqīng le.

有些动词虽然是及物的，但不表示处置，不能用于"把"字句中，如"有""在""知道""看见""赞成""进""出"等。

Verbs which, though transitive, do not deal with a person or thing, cannot be used in a 把 sentence, e. g. 有, 在, 知道, 看见, 赞成, 进 or 出, etc.

B "把"的宾语多是专指的：

The object of 把 usually refers to a specific person or thing：

1. 你不是回家吗？～这几张统计表帮我拿上，甭揉哩。（柳青《创业史》）

Nǐ bú shì huí jiā ma? ～ zhè jǐ zhāng tǒngjìbiǎo bāng wǒ ná shang, béng róu li.

2. 赵伯韬……～雪茄从嘴唇上拿开。(茅盾《子夜》)

Zhào Bótāo ... ～ xuějiā cóng zuǐchún shang nákāi.

3. 杨书记～他单独叫去谈了一回话。(柳青《创业史》)

Yáng shūjì ～ tā dāndú jiào qu tánle yì huí huà.

有时,特别是说理时,"把"的宾语可以是总指的:

If a 把 sentence is an exposition of some general truth, the object of 把 may refer to a generic person or thing:

4. 人们能够……～对于社会的认识变成了科学。(毛泽东《实践论》)

Rénmen nénggòu ... ～ duìyú shèhuì de rènshi biànchéngle kēxué.

5. 雨水都还可以～石头滴穿,绳子都可以～木头锯断呢!(郭沫若《屈原》)

Yǔshuǐ dōu hái kěyǐ ～ shítou dīchuān, shéngzi dōu kěyǐ ～ mùtou jùduàn ne!

C "把"字句的述语不能独立存在,它或者自身重叠,或者带后附成份,说明对"把"的宾语的处置或影响:

The verb of a 把 sentence cannot stand by itself. It is either reduplicated or takes some element after it, to show how the object of 把 is dealt with or affected:

1. 咱们现在就～工评一评。(西戎《纠纷》)

Zánmen xiànzài jiù ～ gōng píng yi píng.

2. 春兰笑道:"你……可不能～我忘记了。"(王汶石《黑凤》)

Chūnlán xiào dào :" Nǐ ... kě bù néng ～ wǒ wàngjì le. "

3. 两岸的土地肥沃,碧绿的麦苗～垅沟遮盖得严严实实。(浩然《金光大道》)

Liǎng àn de tǔdì féiwò, bìlǜ de màimiáo ～ lǒnggōu zhēgài de yányanshíshí.

4. 铁锁马上叫了十几个人来……不多一会就～个房子收拾得像个样子。(赵树理《李家庄的变迁》)

Tiěsuǒ mǎshàng jiàole shí jǐ ge rén lai, ... bù duō yíhuìr jiù ～ ge fángzi shōushi de xiàng ge yàngzi.

5. 请你～天下的悲哀作为你的悲哀,～天下的快乐作为你的快乐,那不是就可以～你个人的感情冲淡一些吗?(郭沫若《蔡文姬》)

Qǐng nǐ ～ tiānxià de bēi·āi zuòwéi nǐ de bēi·āi, ～ tiānxià de kuàilè zuòwéi nǐ de kuàilè, nà bú shi jiù kěyǐ ～ nǐ gèrén de gǎnqíng chōngdàn yìxiē ma?

6. 黑凤说着笑起来,～刚才的事说了一遍。(王汶石《黑凤》)

Hēifèng shuōzhe xiào qilai, ～ gāngcái de shì shuōle yí biàn.

7. 你……～信交给张先生。(赵树理《李家庄的变迁》)

Nǐ ... ～ xìn jiāo gěi Zhāng xiānsheng.

8. 连长高屯儿～队伍集合在大场上。(孔厥、袁静《新儿女英雄传》)

Liánzhǎng Gāo Túnr ～ duìwu jíhé zài dà chǎng shàng.

动词还可另有宾语:

The verb can even take an object:

9. ～他罢了官。

～ tā bàle guān.

10. 她～鸡宰了一只。

Tā ～ jī zǎile yì zhī.

D 如有助动词或否定词要放在"把"前：

If there is an auxilary verb or a negative word, it must be placed before 把：

1. 你能～屋子打扫一下吗？

   Nǐ néng ～ wūzi dǎsǎo yíxià ma?

2. 他还没～论文写好。

   Tā hái méi ～ lùnwén xiěhǎo.

参看"将"。

Compare 将 jiāng.

E 述语前有"一"作状语，后面没有后附成分，描绘动作短促，并无处置意义，"把……一(动词)"一般不能独立成句，后边还要有其他分句。如：

When the verb is preceded by 一 as an adverbial and takes no other element after it, it has nothing to do with persons or things, but describes a swift action. 把...一 (verb) cannot usually form an independent sentence and is followed by some other clause：

1. 那人道："你等一等!"～头一缩，返身回去了。(赵树理《李家庄的变迁》)

   Nà rén dào:."Nǐ děng yi děng!" ～ tóu yì suō, fǎn shēn huí qu le.

2. 胡柳忽然放下针黹，～脚一顿，说："我怎么不觉悟？……"(欧阳山《苦斗》)

   Hú Liǔ hūrán fàng xia zhēnzhǐ, ～ jiǎo yí dùn, shuō:." Wǒ zěnme bù juéwù?...

3. 周炳……说罢，～脚一顿，～巴掌一扬，罗吉知道这一关过不去，……转身飞跑。(欧阳山《苦斗》)

   Zhōu Bǐng... shuōbà, ～ jiǎo yí dùn, ～ bāzhang yì yáng, Luó Jí zhīdao zhè yì guān guò bu qù, ... zhuǎn shēn fēipǎo.

除非句子简短，"一"前另有状语，这样的句式才能独立成句：

However if the sentence is very simple, and 一 is preceded by another adverbial, such a sentence may be independent：

4. 糊涂涂～两手向两边一摊。(赵树理《三里湾》)

   Hútútú ～ liǎng shǒu xiàng liǎng biān yì tān.

5. 鬼子～他两只胳臂向背后一拧。(管桦《小英雄雨来》)

   Guǐzi ～ tā liǎng zhī gēbei xiàng bèihòu yì nǐng.

F "把……"后，述语前有时可以加助词"给"，不影响意思：

The particle 给 may sometimes be inserted between 把... and the verb without affecting the meaning：

1. 肖飞……右脚往上一抬……～刺刀给踢飞了。(刘流《烈火金钢》)

   Xiāo Fēi ... yòujiǎo wǎng shàng yì tái ... ～ cìdāo gěi tīfēi le.

2. 你不如在社员大会上提个建议，～我这副队长的官帽给摘了。(王汶石《黑凤》)

   Nǐ bùrú zài shèyuán dàhuì shang tí ge jiànyì, ～ wǒ zhè fù duìzhǎng de guān mào gěi zhāi le.

参看"将"。

Compare 将 jiāng.

G 只要致使的意义强，"把"字句的动词可以是不及物的，甚至"把"的宾语可以是动词的施事而不是受事：

In a 把 sentence, as long as there is a strong causative sense, the verb can be intransitive, the object of 把 can even be the agent rather than the recipient of the action：

1. 他说了句笑话，～我肚子都笑疼了。
   Tā shuōle jù xiàohua, ～ wǒ dùzi dōu xiàoténg le.
2. 那一天差一点没～他怕死。(柳青《铜墙铁壁》)
   Nà yì tiān chàyìdiǎnr méi ～ tā pàsǐ.
3. 一瓶酒就～他喝得大醉。
   Yì píng jiǔ jiù ～ tā hē de dà zuì.
4. 真～我心痛得不行啊！(孔厥、袁静《新儿女英雄传》)
   Zhēn ～ wǒ xīntòng de bù xíng a!

被 bèi (介词)

引进被动句的施事者，多为体词；主语为述语意念上的受事。"被"字句多数是叙述已实现的事实：
Used in a passive sentence to introduce the agent which is usually a substantive. The subject of the sentence is the recipient of the verb and such a sentence relates an accomplished event.

A 述语多为及物的，一般带有后附成分，说明述语对主语的实际影响：
The verb is mostly transitive, and must take some post-element to explain how the subject is affected by the verb:

1. 头～烈日晒得有些昏。(王愿坚《普通劳动者》)
   Tóu ～ lièrì shài de yǒuxiē hūn.
2. 屋外的世界完全～风占领着。(杨朔《征尘》)
   Wū wài de shìjiè wánquán ～ fēng zhànlǐngzhe.
3. 包围我们的敌人，又～我们层层反包围起来了。(刘伯承《千里跃进大别山》)
   Bāowéi wǒmen de dírén, yòu ～ wǒmen céngcéng fǎn bāowéi qilai le.
4. 李成又～上级提拔到区上工作。(赵树理《传家宝》)
   Lǐ Chéng yòu ～ shàngjí tíbá dào qū shang gōngzuò.

在不必或不能指出施事者时，"被"直接放在述语前表示被动性：
When the agent need not or cannot be mentioned, 被 can be placed immediately before the verb to make it passive:

5. 她～指定站在墙角房檐下。(李英儒《女游击队长》)
   Tā ～ zhǐdìng zhàn zài qiángjiǎo fángyánr xià.
6. 金冶中～吓得脸色惨白了。(杨尚武《追匪记》)
   Jīn Yězhōng ～ xià de liǎnsè cǎnbái le.

B 某些双音节动词，可不带后附成分：
Some disyllabic verbs, which imply a sense of completion of an action, may not be followed by any element:

1. 代表先进阶级的正确思想，一旦～群众掌握，就会变成改造世界的物质力量。(毛泽东《人的正确思想是从哪里来的》)
   Dàibiǎo xiānjìn jiējí de zhèngquè sīxiǎng, yídàn ～ qúnzhòng zhǎngwò, jiù huì biànchéng gǎizào shìjiè de wùzhì lìliang.
2. 南方的游击战争，受到了某些挫折，但是并没有～消灭。(毛泽东《论反对日本帝国主义的策略》)
   Nánfāng de yóujī zhànzhēng, shòudàole mǒuxiē cuòzhé, dànshi bìng méiyou ～

xiāomiè.

3. 西、北两门已～包围。(姚雪垠《李自成》)

Xī, běi liǎng mén yǐ ～ bāowéi.

C 述语一般无宾语,但下列三种情况可有宾语:

The verb generally takes no object, but it may take one in one of the following cases:

1) 宾语是主语的一部分或属于主语的事物:

The object is a part of the subject or belongs to the subject:

1. 那座小山头也～削下了半截。(王愿坚《普通劳动者》)

Nàzuò xiǎo shāntóu yě ～ xiāo xia le bànjié.

2. 他～人剪去了辫子。(鲁迅《风波》)

Tā ～ rén jiǎn qù le biànzi.

3. 敌人～我军歼灭了……九十七个半旅。(刘伯承《千里跃进大别山》)

Dírén ～ wǒ jūn jiānmièle... jiǔshí qī gè bàn lǚ.

2) 宾语是主语受动词影响、支配的结果:

The object is the result produced by the subject after it is affected by the verb:

4. 一块块火红的坯料……最后～吹成瓶状。(报)

Yí kuàikuài huǒhóng de pīliào... zuìhòu ～ chuīchéng píngzhuàng.

5. 在病毒……发现之前,单细胞微生物～公认为最简单的生命。(报)

Zài bìngdú... fāxiàn zhīqián, dānxìbāo wēishēngwù ～ gōngrènwéi zuì jiǎndān de shēngmìng.

3) 动词和宾语合成一个熟语:

The verb and the object form an idiomatic expression:

6. 好像又～他们打了折扣。(叶圣陶《多收了三五斗》)

Hǎoxiàng yòu ～ tāmen dǎle zhékòu.

7. 当时就～一个士兵打了两个耳刮子。(陈登科《活人塘》)

Dāngshí jiù ～ yí ge shìbīng dǎle liǎng ge ěrguāzi.

D 助动词及否定词放在"被"前:

If there is an auxiliary or negative word, it must be placed before 被:

1. 我们不能不～布莱希特的明快的逻辑所折服。(报)

Wǒmen bù néng bú ～ Bùláixītè de míngkuài de luóji suǒ zhéfú.

2. 安源工人没有～吓倒,～征服。(刊)

Ānyuán gōngrén méiyou ～ xiàdǎo, ～ zhēngfú.

其它副词也多放在"被"前:

Other adverbs are usually placed before 被 too:

3. 自己说的话已～她婆婆听见……(赵树理《李有才板话》)

Zìjǐ shuō de huà yǐ ～ tā pópo tīngjiàng...

4. 高二林的脑袋又～另一块幸福的磁石吸住了。(浩然《金光大道》)

Gāo Èrlín de nǎodai yòu ～ lìng yí kuài xìngfú de císhí xīzhù le.

描写性状语多在述语前:

Descriptive adverbials are often placed before the verb:

5. 李双双这名字～人响亮地叫起来了。(李准《李双双小传》)

Lǐ Shuāngshuāng zhè míngzi ～ rén xiǎngliàng de jiào qilai le.

6. 他～这劳动的场景深深地激动了。(王愿坚《普通劳动者》)

   Tā ～ zhè láodòng de chǎngjǐng shēnshēn de jīdòng le.

参看"叫"。

Compare 叫 jiào.

E "被" + 动词可作定语:

"被 + verb" can be used as an attributive:

1. 我们坚持无产阶级国际主义,支持一切～压迫民族和～压迫人民反帝反霸、争取解放和社会进步的斗争。(报)

   Wǒmen jiānchí wúchǎnjiējí guójìzhǔyì, zhīchí yíqiè ～ yāpò mínzú hé ～ yāpò rénmín fǎn dì fǎn bà, zhēngqǔ jiěfàng hé shèhuì jìnbù de dòuzhēng.

2. ～围困的局面有两种。(姚雪垠《李自成》)

   ～ wéikùn de júmiàn yǒu liǎng zhǒng.

F 有些表示不愉快情况的单音动词常与"被"连用,作谓语、定语、状语等:

Some monosyllabic verbs expressing unpleasantness are often used together with 被 to function as predicates, attributives or adverbials:

1. 迟心兰……～迫离开医院。(报)

   Chí Xīnlán... ～ pò líkāi yīyuàn.

2. 李仙洲的七个师突围～歼……(吴强《红日》)

   Lǐ Xiānzhōu de qī ge shī tūwéi ～ jiān...

3. 许多许多人～俘……(吴强《红日》)

   Xǔduō xǔduō rén ～ fú...

4. ～杀的五十多人中,最先～杀的两人是完全无罪的乞丐。(毛泽东《湖南农民运动考察报告》)

   ～ shā de wǔshí duō rén zhōng, zuì xiān ～ shā de liǎng rén shì wánquán wú zuì de qǐgài.

G "被"字句原多用于人,而且述语多指不愉快、不如意事件。受西方语言影响,在科技、文学语言中"被"用于事物及并非不愉快的事件多了起来,但英语中叙述日常生活事物的被动句在汉语中大部分仍用没有"被"的被动句:

被 sentences originally applied to events concerning human beings and the verbs were inflictive in most cases. Under the influence of western languages, in scientific language and in literature 被 now applies also to non-human events and the verbs may not be inflictive. But many events in every day life which are expressed by the passive voice in English are best expressed by passive sentences without 被 in Chinese:

1. 肉切得好不好的,总算切出来了。(老舍《女店员》)

   Ròu qiē de hǎo bu hǎo de, zǒngsuàn qiē chulai le.

2. 我们的活做得真叫地道。(老舍《龙须沟》)

   Wǒmen de huór zuò de zhēn jiào dìdao.

另一类用"是……的":

Another form of a passive sentence is 是...的:

3. 这出戏是怎么写的。(老舍《答复有关〈茶馆〉的几个问题》)

   Zhèchū xì shì zěnme xiě de.

4. 他的童年是在穷困中度过的。(胡絜青《〈老舍剧作选〉再版后记》)

Tā de tóngnián shì zài qióngkùn zhōng dùguò de.

5. 《茶馆》是老舍写的。

   《Cháguǎn》shì Lǎo Shě xiě de.

6. 那个图书馆是 1915 年建成的。

   Nàge túshūguǎn shì yījiǔyīwǔ nián jiànchéng de.

本着 běnzhe （介词）

指出动作所遵循的准则，或施事的态度，宾语一般只限于"原则、精神、态度、方针"等少数抽象名词，带有同位性定语：

In line with, in conformity with, in the light of; points out the criterion for an action, or the agent's attitude. The object of 本着 is limited to a few abstract nouns such as 原则, 精神, 态度, 方针, etc. which must take an appositive attributive:

1. 报考重点中学的考生，～就近能走读的原则，自愿报考。（报）

   Bàokǎo zhòngdiǎn zhōngxué de kǎoshēng, ～ jiùjìn néng zǒudú de yuánzé, zìyuàn bàokǎo.

2. 这回我～赏罚分明的原则进行了口头表扬。（张继荣《教子"有方"》）

   Zhèhuí wǒ ～ shǎngfáfēnmíng de yuánzé jìnxíngle kǒutóu biǎoyáng.

3. 他希望代表们～"知无不言，言无不尽"的精神，对国家和政府的各项工作，提出批评和建议。（报）

   Tā xīwàng dàibiǎomen ～ "zhīwúbùyán, yánwúbùjìn" de jīngshén, duì guójiā hé zhèngfǔ de gè xiàng gōngzuò, tí chū pīpíng hé jiànyì.

4. 围绕着李自成的革命经历，我首先对于每个重要的历史问题都～实事求是的态度进行科学研究，……（姚雪垠《〈李自成〉前言》）

   Wéiràozhe Lǐ Zìchéng de gémìng jīnglì, wǒ shǒuxiān duìyú měi gè zhòngyào de lìshǐ wèntí dōu ～ shíshìqiúshì de tàidu jìnxíng kēxué yánjiū, . . .

在上文已经具体阐明某种"原则、精神、方针"等的情况下，"本着"有时也用"本"，而且它的宾语一定带着定语"此"（指上文所说内容）。这种用法多见于公文语言：

When a principle, spirit or policy has been specifically explained in the foregoing context, 本 may be used instead of 本着, and its object must take 此 as the attributive （此 referring to what has been mentioned above）. This is a very formal style:

当此日寇猖狂，中华民族存亡千钧一发之际，本党深望贵党三中全会，～此方针，将下列各项定为国策……（毛泽东《中国共产党在抗日时期的任务》注释）

Dāng cǐ Rìkòu chāngkuáng, Zhōnghuá Mínzú cúnwáng qiānjūnyīfà zhī jì, běn dǎng shēn wàng guì dǎng sānzhōngquánhuì, ～ cǐ fāngzhēn, jiāng xiàliè gè xiàng dìngwéi guócè. . .

比 bǐ （介词）

主语和"比"的宾语是相比较的两方，主语是二者较甚的一方；主语和宾语可以是体词、动词、动宾结构、主谓结构等；谓语多为形容词，也可以是动词，有时并有后附成份；"比"可受否定词修饰：

Indicates a comparison. The subject of the sentence and the object of 比 are the two things compared for a quality of which the subject has more. The subject and object can be substantives, verbs, V-O or S-P constructions, etc. The predicate is often an adjective, or a verb, and occasionally takes some other post-element. 比 can be modified by a negative:

1. 其实我～他小不了几岁。(巴金《李大海》)

   Qíshí wǒ ~ tā xiǎo bu liǎo jǐ suì.

2. 眼前，耻辱～死亡更可怕。(杜鹏程《保卫延安》)

   Yǎnqián, chǐrǔ ~ sǐwáng gèng kěpà.

3. 真正的友情是人类生活的结晶之一,～宝石还要透明，还要高贵。(杨朔《宝石》)

   Zhēnzhèng de yǒuqíng shì rénlèi shēnghuó de jiéjīng zhī yī, ~ bǎoshí hái yào tòumíng, hái yào gāoguì.

4. 这么做～那么做容易。

   Zhème zuò ~ nàme zuò róngyì.

5. 你看书～他看书快一倍。

   Nǐ kàn shū ~ tā kàn shū kuài yí bèi.

6. 这里今年～去年多生产一万斤粮食。

   Zhèlǐ jīnnián ~ qùnián duō shēngchǎn yíwàn jīn liángshi.

7. 我在外边碰见的那些,哪一个不～他强……(康濯《春种秋收》)

   Wǒ zài wàibianr pèngjian de nàxiē, nǎ yí ge bù ~ tā qiáng...

8. 这不～骂我还厉害么?(知侠《铺草》)

   Zhè bù ~ mà wǒ hái lìhai ma?

有时主语和"比"的宾语不一致，是因为有所省略(下面例句括号中的词语是编者加的)：

Sometimes the subject and the object of 比 may not be parallel, this is because something has been deleted (in the following examples the words in the brackets have been added by the compiler):

9. 农业生产(今年)～去年增产百分之四。(报)

   Nóngyè shēngchǎn (jīnnián) ~ qùnián zēngchǎn bǎi fēn zhī sì.

10. 他的脸色紧张,(这时的)声音～平时(的声音)要低要细。(刘白羽《扬着灰尘的路上》)

   Tā de liǎnsè jǐnzhāng, (zhè shí de) shēngyīn ~ píngshí (de shēngyīn) yào dī yào xì.

11. 你的文化～我(的文化)高,你学习的机会也多些。(巴金《李大海》)

   Nǐ de wénhuà ~ wǒ (de wénhuà) gāo, nǐ xuéxí de jīhuì yě duō xiē.

12. 他的身体倒反而好了,(现在)～从前更粗壮,更健康,也更英俊,更漂亮了。(欧阳山《三家巷》)

   Tā de shēntǐ dào fǎn·ér hǎo le, (xiànzài) ~ cóngqián gèng cūzhuàng, gèng jiànkāng, yě gèng yīngjùn, gèng piàoliang le.

13. 飞机太气人了,飞的(高度)～电线杆子(的高度)高不了多少……(杨朔《秘密列车》)

   Fēijī tài qì rén le, fēi de (gāodù) ~ diànxiàn gānzi (de gāodù) gāo bu liǎo duōshǎo...

当比较动作在某方面的程度时，要用带"得"的补语：

To make a comparison in the degree of a certain aspect of an action, the complement after 得 must be used:

14. 我学得～你慢。

Wǒ xué de ～ nǐ màn.

(或：我～你学得慢)

15. 狗跑得～马快。

Gǒu pǎo de ～ mǎ kuài.

(或：狗～马跑得快)

16. 他今天～昨天吃得多得多。

Tā jīntiān ～ zuótiān chī de duō de duō.

(或：他今天吃得～昨天多得多)

17. 他说汉语～我说得好。

Tā shuō Hànyǔ ～ wǒ shuō de hǎo.

18. 他英语～法语说得流利。

Tā Yīngyǔ ～ Fǎyǔ shuō de liúlì.

有时"比"后可加"起"或"起来"，意思不变：

比 is occasionally followed by 起 or 起来 without changing the meaning：

19. 他们每户～起单干那阵儿能多分好几百斤，他怎么不干？（魏巍《东方》）

Tāmen měi hù ～ qǐ dāngàn nàzhènr néng duō fēn hǎo jǐ bǎi jīn, tā zěnme bú gàn?

20. 其实只能这样说，不论次数，用量，～起以前减少多了。（雷加《青春在召唤》）

Qíshí zhǐ néng zhèyàng shuō, búlùn cìshu, yòngliàng, ～ qǐ yǐqián jiǎnshǎoduō le.

21. ～起从前来，她瘦多了。

～ qǐ cóngqián lai, tā shòu duō le.

以数词"一"加量词（或量词及名词）或不用量词的名词，在"比"前后重复构成状语表示程度累进：

The adverbial created by placing the numeral 一 plus a measure word (or a measure word and a noun), or a noun which does not need a measure word, both before and after 比 means "more and more"：

22. 战斗一分钟～一分钟激烈。（杜鹏程《保卫延安》）

Zhàndòu yì fēnzhōng ～ yì fēnzhōng jīliè.

23. 这一夜，情报不断送来，不断送走。……情况一阵～一阵紧了。（马烽、西戎《吕梁英雄传》）

Zhè yí gè, qíngbào búduàn sòng lái, búduàn sòng zǒu. ... qíngkuàng yízhèn ～ yízhèn jǐn le.

24. 她和陈文雄的关系，一天～一天密切。（欧阳山《三家巷》）

Tā hé Chén Wénxióng de guānxi, yì tiān ～ yì tiān mìqiè.

朝   cháo   （介词）

A 指出动作的方向，宾语是表示方位、处所的词语：

    Towards；the object is a place word or phrase, or localizer：

1. 早晨，风还是刮得很起劲，可是它调转方向～东南吹去，把满天的黑云彩都给吹开啦。（杜鹏程《保卫延安》）

Zǎochen, fēng háishi guā de hěn qǐjìnr, kěshì tā diàozhuǎn fāngxiàng ～ dōngnán chuī qù, bǎ mǎn tiān de hēi yúncai dōu gěi chuīkāi la.

2. 石荞抓住绳子，叉开双脚，蹬着墙壁，使劲地～上拔，上面的人使劲地～上拽。（刘子威《在决战的日子里》）

Shí Mǎng zhuāzhu shéngzi, chǎkāi shuāng jiǎo, dēngzhe qiángbì, shǐjìn de ~ shàng bá, shàngmiàn de rén shǐjìn de ~ shàng zhuài.

3. 他们兴奋得拔起小腿～那火光闪耀的山坡上奔去。(陆俊超《三个小伙伴》)
   Tāmen xīngfèn de bá qǐ xiǎotuǐ ~ nà huǒguāng shǎnyào de shānpō shang bēn qù.

4. 在延安,我还从来不曾自己去找过旅馆住,该～哪儿走呢?(王汶石《通红的煤》)
   Zài Yán·ān, wǒ hái cónglái bùcéng zìjǐ qù zhǎoguo lǚguǎn zhù, gāi ~ nǎr zǒu ne?

5. 一到黄新同志的门口,我按她说的,顺着墙缝～里瞅了瞅。(王愿坚《党费》)
   Yí dào Huáng Xīn tóngzhì de ménkǒu, wǒ àn tā shuō de, shùnzhe qiángfèng ~ lǐ chǒu le chǒu.

参看"向"。

Compare 向 xiàng.

B 指出动作的对象,宾语多是体词:

To: introduces the target of an action. In such cases, its object is often a substantive:

1. 陈冬春激动地～他笑了笑,上去打了个五发五中。(任斌武《开顶风船的角色》)
   Chén Dōngchūn jīdòng de ~ tā xiào le xiào, shàng qu dǎle ge wǔ fā wǔ zhòng.

2. 两个年轻的检票员倚着出口处的栅栏,～这一对难舍难分的人儿善意地微笑。(张扬《第二次握手》)
   Liǎng ge niánqīng de jiǎnpiàoyuán yǐzhe chūkǒuchù de zhàlan, ~ zhè yí duì nánshěnánfēn de rén·er shànyì de wēixiào.

"朝"有时可带"着",宾语不能是单音节的:

朝 can occasionally take 着 and the object must have more than one syllable:

3. "开什么玩笑!"他把身子一扭,转了个方向,又～着那边发起愣来。(任斌武《开顶风船的角色》)
   "Kāi shénme wánxiào!" tā bǎ shēnzi yì niǔ, zhuǎnle ge fāngxiàng, yòu ~ zhe nàbianr fā qǐ lèng lai.

4. 一个年轻的司号员,……,取出金黄色的军号,～着队伍后面吹了起来。(王岭群《南疆擒谍》)
   Yí ge niánqīng de sīhàoyuán, ... qǔ chū jīnhuángsè de jūnhào, ~ zhe duìwu hòumiàn chuīle qilai.

5. 因为我们在事业上一步步地靠拢,就意味着我们～着共同的幸福目标一点一点地接近。(张扬《第二次握手》)
   Yīnwèi wǒmen zài shìyè shang yí bùbù de kàolǒng, jiù yìwèizhe wǒmen ~ zhe gòngtóng de xìngfú mùbiāo yìdiǎnr yìdiǎnr de jiējìn.

6. 三年来,国际形势继续～着有利于世界人民的方向发展。(报)
   Sān nián lái, guójì xíngshì jìxù ~ zhe yǒulì yú shìjiè rénmín de fāngxiàng fāzhǎn.

参看"冲"。

Compare 冲 chòng.

趁 chèn (介词)

介绍所利用的条件或机会,宾语除名词外,还可以是形容词、主谓结构、动词短语等:

At an opportune moment, *take an opportunity*, *take advantage of*; can take, besides a noun, a verb, an adjective, a S-P or V-O construction etc. as its object：

1. 吴竹～机会把他们要抢救吴七的计谋，偷偷的告诉父亲。(高云览《小城春秋》)

   Wú Zhú ～ jīhuì bǎ tāmen yào qiǎngjiù Wú Qī de jìmóu, tōutōu de gàosu fùqin.

2. 张步高已～势溜到了外屋，那年轻农民就不好再多说了。(丁玲《太阳照在桑乾河上》)

   Zhāng Bùgāo yǐ ～ shì liūdàole wàiwū, nà niánqīng nóngmín jiù bù hǎo zài duō shuō le.

3. 王书记，你的胃口不好，我炒了个素菜，你～热吃吧。(浩然《金光大道》)

   Wáng shūji, nǐ de wèikǒu bù hǎo, wǒ chǎole ge sùcài, nǐ ～ rè chī ba.

4. 就这样，我收拾了一下，换了身便衣，就～天黑下山了。(王愿坚《党费》)

   Jiù zhèyàng, wǒ shōushile yíxià, huànle shēn biànyī, jiù ～ tiān hēi xià shān le.

5. 他～放假，到南方去了一趟。

   Tā ～ fàng jià, dào nánfāng qùle yí tàng.

当"趁"的宾语比较长时，后面可有停顿，或把"趁……"提至句首：

When the object of 趁 is comparatively long, it can be followed by a pause, or 趁... can be placed at the head of a sentence：

6. 好，懆方，你先别走。～你在这里，我们大家谈谈。(曹禺《北京人》)

   Hǎo, Sùfāng, nǐ xiān bié zǒu. ～ nǐ zài zhèlǐ, wǒmen dàjiā tántan.

7. 一九五〇年底，在朝鲜战场上，有一回我～交通方便，当夜要坐摩托车到前方去。(杨朔《上尉同志》)

   Yījiǔwǔlíng nián dǐ, zài Cháoxiān zhànchǎng shang, yǒu yì huí wǒ ～ jiāotōng fāngbian, dàngyè yào zuò mótuōchē dào qiánfāng qù.

8. 他～坦克爬进两个大炸弹坑子，迟滞不前的当儿，急急地朝坦克匍匐前去。(刘子威《在决战的日子里》)

   Tā ～ tǎnkè pá jìn liǎng ge dà zhàdàn kēngzi, chízhì bù qián de dāngr, jíjí de cháo tǎnkè pǔfú qián qù.

9. ～他醉到这种程度，咱们送他回家，是最好不过的时机，岂能错过。(吕铮《战斗在敌人心脏里》)

   ～ tā zuìdào zhèzhǒng chéngdù, zánmen sòng tā huí jiā, shì zuì hǎo bú guò de shíjī, qǐ néng cuòguò.

宾语如多于一个音节，"趁"可带"着"：

If the object of 趁 consists of more than one syllable, 趁 may take 着：

10. 一九三九年冬天，银环高小毕业后失学了。～着寒假，去瞧姐姐。(李英儒《野火春风斗古城》)

    Yījiǔsānjiǔ nián dōngtiān, Yínhuán gāoxiǎo bìyè hòu shī xué le. ～ zhe hánjià, qù qiáo jiějie.

11. 燕燕～着小飞蛾没有注意，给艾艾递了个眼色，叫她走开。(赵树理《登记》)

    Yànyan ～ zhe Xiǎofēi·é méiyou zhùyì, gěi Ài·ai dìle ge yǎnsè, jiào tā zǒukāi.

12. ～着区长在场，咱们把事情讨论明白，往后怎么做不犯法，咱们好怎么做呀！(浩然《金光大道》)

    ～ zhe qūzhǎng zài chǎng, zánmen bǎ shìqing tǎolùn míngbai, wǎnghòu zěnme zuò bú fàn fǎ, zánmen hǎo zěnme zuò ya!

"趁"在书面语中可写作"乘"。

趁 can be replaced by 乘 in written language.

冲 chòng （介词）〈口〉

A 同"朝"B：

Same as 朝 B (to)：

1. 他得意地～我挤挤眼睛说："怕什么?我还跑到白鬼子面前装着采蘑菇呢!"（王愿坚《小游击队员》）

   Tā déyì de ～ wǒ jǐji yǎnjing shuō："Pà shénme? Wǒ hái pǎodào báiguǐzi miànqián zhuāngzhe cǎi mógu ne!"

2. 小护士把头一歪，"我们班长正在北房开会哩,我给你叫去!"说着就想～北房喊叫。（魏巍《东方》）

   Xiǎo hùshi bǎ tóu yì wāi，"wǒmen bānzhǎng zhèng zài běi fáng kāi huì li，wǒ gěi nǐ jiào qu!" shuōzhe jiù xiǎng ～ běi fáng hǎnjiào.

3. 关婶手里提一盏临时蒙住红布的马灯,迎着逆浪站在筏子头前,不时地～水面摇晃着。（郭先红《征途》）

   Guānshěn shǒu li tí yì zhǎn línshí méngzhù hóng bù de mǎdēng，yíngzhe nì làng zhàn zài fázi tóuqián，bùshí de ～ shuǐmiàn yáohuangzhe.

4. 他坐在炕沿,两脚蹬在凳子上穿靰鞡,～老孙头笑道:……（周立波《暴风骤雨》）

   Tā zuò zài kàngyánr，liǎng jiǎo dēng zài dèngzi shang chuān wùla，～ Lǎosūntóu xiào dào：…

"冲"有时可带"着",意思不变,以上例句都可加"着"。以下例句中"着"也可省略：

冲 can occasionally take 着 without changing the meaning. In the above sentence，着 may follow 冲，and in the following sentences，着 may be omitted：

5. 远处树丛里现出另一匹斑马的影子,大得出奇,～着我们直奔过来。（杨朔《生命泉》）

   Yuǎnchù shùcóng li xiàn chū lìng yì pǐ bānmǎ de yǐngzi，dà de chūqí，～ zhe wǒmen zhí bēn guolai.

6. 郭祥揉揉眼站起来,～着政委不好意思地一笑。（魏巍《东方》）

   Guō Xiáng róurou yǎn zhàn qilai，～ zhe zhèngwěi bù hǎoyìsi de yí xiào.

7. 蔡小伟～着她做了个鬼脸,拉起张细细,飞快地跑出了教室。（程瑞《注意,从这里起飞》）

   Cài Xiǎowěi ～ zhe tā zuòle ge guǐliǎn，lā qi Zhāng Xìxì，fēikuài de pǎo chū le jiàoshì.

8. 他煞住了车,喘吁吁的～着吴坚低声说："我刚才接到电话,警卫队已经出动了! ——干吗还不开车啊?"（高云览《小城春秋》）

   Tā shāzhùle chē，chuǎnxūxū de ～ zhe Wú Jiān dī shēng shuō："Wǒ gāngcái jiēdào diànhuà，jǐngwèiduì yǐjīng chūdòng le! —— gànmá hái bù kāi chē a?"

B 介绍动作行为的依据,"冲"后也可带"着"：

Because of；can take 着：

1. ～他这股子干劲儿,也得选他当生产队长。

   ～ tā zhè gǔzi gànjìnr，yě děi xuǎn tā dāng shēngchǎn duìzhǎng.

2. 好罢，老李。～着你的面子，我不计较。(茅盾《子夜》)

　　Hǎo ba, Lǎo Lǐ. ～ zhe nǐ de miànzi, wǒ bú jìjiào.

3. 再说这中间又～着财东的面子，我也不便过于的死心眼儿。(秦瘦鸥《秋海棠》)

　　Zài shuō zhè zhōngjiān yòu ～ zhe cáidōng de miànzi, wǒ yě búbiàn guòyú de sǐxīnyǎnr.

除　chú　(介词)

同"除了"A、B、C，但后边多有"外""以外""之外""而外"等相呼应；多用于书面语：

Same as 除了 A, B & C (except, besides), but is often used in conjunction with 外, 以外, 之外, 而外 etc. and mostly occurs in written language：

1. 所有的人，～老金外，都不由得大吃一惊。(周克芹《许茂和他的女儿们》)

　　Suǒyǒu de rén, ～ Lǎo Jīn wài, dōu bùyóude dà chī yì jīng.

2. 天老下着雨。因为不能出去，～吃饭外，我就只能终天地伴着一盏小洋油灯过日子。(叶紫《夜雨飘流的回忆》)

　　Tiān lǎo xiàzhe yǔ. Yīnwèi bù néng chū qu, ～ chī fàn wài, wǒ jiù zhǐ néng zhōngtiān de bànzhe yì zhǎn xiǎo yángyóudēng guò rìzi.

3. ～老李外，别人都去香山。

　　～ Lǎo Lǐ wài, biérén dōu qù Xiāngshān.

4. ～一条河之外，这地方没什么可看的。

　　～ yì tiáo hé zhī wài, zhè dìfang méi shénme kě kàn de.

5. 老人逛了几道街，～看了看半年以前还没有的一些新建筑外，别的东西也无心多看。(赵树理《套不住的手》)

　　Lǎorén guàngle jǐ dào jiē, ～ kàn le kàn bàn nián yǐqián hái méi yǒu de yìxiē xīn jiànzhù wài, biéde dōngxi yě wú xīn duō kàn.

6. 我屏住呼吸照样侧耳听了听，～朔风拨弄电线的铿锵声外，没有捕捉到其它异音。(刘安琪《巡线工》)

　　Wǒ bǐngzhù hūxī zhàoyàng cè ěr tīng le tīng, ～ shuòfēng bōnòng diànxiàn de kēngqiāng shēng wài, méiyou bǔzhuōdào qítā yìyīn.

7. ～七老汉之外，他有许许多多绰号，而其中为人所共知的，便推"串通"和"闲人"两个了。(柳青《在故乡》)

　　～ Qīlǎohàn zhī wài, tā yǒu xǔxǔduōduo chuòhào, ér qízhōng wéi rén suǒ gòng zhī de, biàn tuī "Chuàntōng" hé "Xiánrén" liǎng ge le.

8. 这间阅览室的书，～各种杂志以外就是各种词典。

　　Zhèjiān yuèlǎnshì de shū, ～ gè zhǒng zázhì yǐwài jiùshì gè zhǒng cídiǎn.

除开　chúkāi　(介词)

同"除了"A、B、C，用得较少：

Same as 除了 A, B & C (except, besides), but seldom used：

1. ～涨水的时候，来往的行人以往都走堰埂，……(沙汀《过渡》)

　　～ zhǎng shuǐ de shíhou, láiwǎng de xíngrén yǐwǎng dōu zǒu yàngěng, ...

2. 在家里，在外边，～妈妈，大人统统讨厌他，骂他调皮鬼。(周立波《调皮角色》)

　　Zài jiā li, zài wàibiānr, ～ māma, dàrén tǒngtǒng tǎoyàn tā, mà tā tiáopíguǐ.

3. 这几盆花，～菊花比较好看以外，其它的全不太好。

　　Zhè jǐ pén huā, ～ júhuā bǐjiào hǎokàn yǐwài, qítā de quán bú tài hǎo.

4. 队里各户，～小猪和母猪，壮猪只剩张家这只了。（周立波《张闰生夫妇》）
   Duì li gè hù, ～ xiǎo zhū hé mǔzhū, zhuàngzhū zhǐ shèng Zhāng jia zhèzhī le.

5. 这屋子里～这一具板床什么也没有。（萧军《军中》）
   Zhè wūzi li ～ zhè yí jù bǎnchuáng shénme yě méi yǒu.

6. 那些钱是无论如何也是开支不尽的。～买了我们子孙几百亩田，却不见剩一个钱。（吴组缃《一千八百担》）
   Nàxiē qián shì wúlùn rúhé yě shì kāizhī bú jìn de. ～ mǎile wǒmen zǐsūn jǐ bǎi mǔ tián, què bú jiàn shèng yí ge qián.

7. 向人请教，～谦虚而不自满之外，还得善于发现问题，提出问题。（廖沫沙《不叩亦必鸣》）
   Xiàng rén qǐngjiào, ～ qiānxū ér bú zìmǎn zhīwài, hái děi shànyú fāxiàn wèntí, tí chū wèntí.

8. 他感觉自己这颗心～教育还该有个安顿的所在，犹如一个人有了妥贴的办事室还得有个舒服的休息室。（叶圣陶《倪焕之》）
   Tā gǎnjué zìjǐ zhèkē xīn ～ jiàoyù hái gāi yǒu ge āndùn de suǒzài, yóurú yí ge rén yǒule tuǒtiē de bànshìshì hái děi yǒu gè shūfu de xiūxìshì.

除了 chúle （介词）

与"外""以外""之外""而外"等呼应。

May be used in conjunction with 外, 以外, 之外 or 而外, etc.

A 除去个别的，强调其余的一致性；后边常有"全""都"等：

   Except; often followed by 全, 都 etc. :

1. 再走上一道石阶就到了那所所近油漆过的楼房，～瓦，全是朱红色，看起来倒鲜艳夺目。（巴金《家》）
   Zài zǒu shàng yí dào shíjiē jiù dàole nàsuǒ xīnjìn yóuqīguo de lóufáng, ～ wǎ, quán shì zhūhóngsè, kàn qilai dào xiānyàn duómù.

2. 地里～打井的，都陆陆续续收工了。（马烽《太阳刚刚出山》）
   Dì li ～ dǎ jǐng de, dōu lùlùxùxù shōu gōng le.

3. 他赚几个钱，～维持自己和一个瘦黑孩子的生活，全都"丢"到酒罐子去了。（荒煤《何拐子》）
   Tā zhuàn jǐ ge qián, ～ wéichí zìjǐ he yíge shòu hēi háizi de shēnghuó, quán dōu "diū" dào jiǔ guànzi qu le.

4. 大家又是一阵心痛，～镜清秃子和夏胡子以外。（叶紫《丰收》）
   Dàjiā yòu shì yí zhèn xīn tòng, ～ Jìngqīng tūzi hé Xià húzi yǐwài.

5. ～重大的事由朱总司令决定之外，一般工作都是他处理。（刘白羽《记左权同志》）
   ～ zhòngdà de shì yóu Zhū zǒngsīlìng juédìng zhīwài, yìbān gōngzuò dōu shì tā chǔlǐ.

6. ～方介鼎，你们中的多数人，我们都是还要一起共事的。（刊）
   ～ Fāng Jièdǐng, nǐmen zhōng de duōshù rén, wǒmen dōu shì hái yào yìqǐ gòngshì de.

7. ～驾驶室里的操舵手，王德才把十几个渔捞员召集在寒风劲吹的甲板上，开起了紧急会议。（嘉俊《初航》）
   ～ jiàshǐshì li de cāoduòshǒu, Wáng Décái bǎ shí jǐ ge yúlāoyuán zhàojí zài hán fēng

jìngchuī de jiǎbǎn shang, kāi qǐ le jǐnjí huìyì.

8. ～小孩儿，成年人一共有六十个。

    ～ xiǎoháir, chéngnián rén yígòng yǒu liùshí ge.

9. 这个学生～语文特别好，别的功课比较一般。

    Zhège xuésheng ～ yǔwén tèbié hǎo, bié de gōngkè bǐjiào yìbān.

B "除了……" 后边用否定形式，强调前边是唯一例外：

When followed by a negative construction indicates that what is introduced by 除了 is the only exception：

1. ～大风天气大粒沙石打在玻璃上的响声以外，简直一点也不觉得自己是住在旷野里。

    ～ dàfēng tiānqì dà lì shāshí dǎ zài bōli shang de xiǎngshēng yǐwài, jiǎnzhí yìdiǎnr yě bù juéde zìjǐ shì zhù zài kuàngyě li.

2. ～母亲，她再没有其他的亲人和朋友。（刘克《央金》）

    ～ mǔqin, tā zài méi yǒu qítā de qīnrén hé péngyou.

3. ～晒场的时候，要她出来坐着吆喝鸡以外，其他劳动都不参加了。（茹志鹃《第二步》）

    ～ shài cháng de shíhou, yào tā chū lai zuòzhe yāohe jī yǐwài, qítā láodòng dōu bù cānjiā le.

4. 赵局长，～那一双眼睛有些亮，其实也没有什么了不起。（南丁《科长》）

    Zhào júzhǎng, ～ nà yì shuāng yǎnjing yǒuxiē liàng, qíshí yě méiyou shénme liǎobuqǐ.

5. ～我陆祖福，谁也指挥不动。（刊）

    ～ wǒ Lù Zǔfú, shuí yě zhǐhuī bú dòng.

6. ～脸上和身上落了一层细黄土，简直看不出来他是刚刚负着几十斤粮走了好几里路的。（老舍《四世同堂》）

    ～ liǎn shang hé shēn shang luòle yì céng xì huángtǔ, jiǎnzhí kàn bu chūlái tā shì gānggāng fùzhe jǐ shí jīn liáng zǒule hǎo jǐ lǐ lù de.

C 表示在所说的之外，还有补充，后边常有 "还" "也" "只" 等：

In addition to, besides; is often followed by 还，也，只 etc.：

1. 他在铺子里，～拉风箱之外，只做些零碎小件活儿。（欧阳山《三家巷》）

    Tā zài pùzi li, ～ lā fēngxiāng zhīwài, zhǐ zuò xiē língsuì xiǎo jiàn huór.

2. 张瑜～嗜好读书之外，还特别爱好游泳。（刊）

    Zhāng Yú ～ shìhào dú shū zhīwài, hái tèbié àihào yóuyǒng.

3. ～草原传统的游艺项目以外，还举行田径赛。（玛拉沁夫《花的草原》）

    ～ cǎoyuán chuántǒng de yóuyì xiàngmù yǐwài, hái jǔxíng tiánjìng sài.

4. "快三腿"～快以外，还有一个好处，就是他脾性快活，整年不见他有苦脸的时候。（茹志鹃《"快三腿"宋福裕》）

    "Kuàisāntuǐ" ～ kuài yǐwài, hái yǒu yí ge hǎochù, jiùshi tā píxìng kuàihuo, zhěng nián bú jiàn tā yǒu kǔliǎn de shíhou.

5. ～公事，社员们有些私事，他也挺热心管一管。（西戎《宋老大进城》）

    ～ gōngshì, shèyuánmen yǒu xiē sīshì, tā yě tǐng rèxīn guǎn yi guǎn.

D "除了……就是……" "除了……便是……" 表示 "不是……就是……"，二者必居

其一:

The construction 除了...就是..., 除了...便是... means "either...or...":

1. 这孩子无忧无虑，无牵无挂，～工作，就是工作。(王蒙《组织部新来的青年人》)

   Zhè háizi wú yōu wú lǜ, wú qiān wú guà, ～ gōngzuò, jiùshi gōngzuò.

2. ～小李，就是小王，别人不会来的。

   ～ Xiǎolǐ, jiùshi Xiǎowáng, biérén bú huì lái de.

3. 他～紧紧地追随他之外，便是坐在床上不住地叹气和拼命地吸卷烟。(草明《陈念慈》)

   Tā ～ jǐnjǐn de zhuīsuí tā zhīwài, biànshi zuò zai chuáng shang búzhù de tàn qì hé pīnmìng de xī juǎnyān.

除去 chúqù (介词)

同"除了"A、B、C、D:

Same as 除了 A, B, C, and D (except, besides):

1. 成茂～上课以外，几乎全部时间都守在教研室里等候李欣。(母国政《飘飞的大雪》)

   Chéngmào ～ shàng kè yǐwài, jīhū quánbù shíjiān dōu shǒu zài jiàoyánshì li děnghòu Lǐ Xīn.

2. ～饭馆和水果商而外，马路两旁的店铺已经早早关上门。(杨朔《潼关之夜》)

   ～ fànguǎn hé shuǐguǒshāng ér wài, mǎlù liǎng páng de diànpù yǐjīng zǎozǎor guānshang mén.

3. ～一本字典，他没有带来什么书。

   ～ yì běn zìdiǎn, tā méiyou dài lai shénme shū.

4. ～抢大锤、拉风箱，做饭以外，还要给他的师傅缝缝补补。(万国儒《欢乐的离别》)

   ～ lūn dà chuí, lā fēngxiāng, zuò fàn yǐwài, hái yào gěi tā de shīfu féngféngbǔbǔ.

5. 船上～我们两个人，还有一个船夫。(舒群《没有祖国的孩子》)

   Cuán shang ～ wǒmen liǎng ge rén, hái yǒu yí ge chuánfū.

6. 他整天～工作，就是学习，从来不玩儿。

   Tā zhěngtiān ～ gōngzuò, jiùshi xuéxí, cónglái bù wánr.

从 cóng (介词)

A 表示起点。

Indicates a starting point.

1) 表示时间的起点:

Indicates the starting point of time:

1. 究竟～哪年哪代传下来这么多故事，谁也说不清。(杨朔《画山绣水》)

   Jiūjìng ～ nǎ nián nǎ dài chuán xialai zhème duō gùshi, shuí yě shuō bu qīng.

2. 他的父亲是一个老建筑工人，他～小就对于建筑感到浓厚的兴趣。(叶君健《天安门之夜》)

   Tā de fùqin shì yí ge lǎo jiànzhù gōngrén, tā ～ xiǎo jiù duìyú jiànzhù gǎndào nónghòu de xìngqù.

3. 其实，成岗还有第三条理由，那就是～他第一次印刷失败，撕破了蜡纸时就想到了的……(罗广斌、杨益言《红岩》)

Qíshí, Chéng Gāng hái yǒu dì-sān tiáo lǐyóu, nà jiù shì ～ tā dì-yī cì yìnshuā shībài, sīpòle làzhǐ shí jiù xiǎngdàole de...

4. 杨虎成将军～大革命开始,长期与中国共产党合作,是中国共产党的老朋友。(王炳南、阎揆要、孔从洲《深切怀念杨虎成将军》)

Yáng Hǔchéng jiāngjūn ～ dàgémìng kāishǐ, chángqī yǔ Zhōngguó gòngchǎndǎng hézuò, shì Zhōngguó gòngchǎndǎng de lǎo péngyou.

5. 人类究竟～什么时候开始想到宇宙去航行的呢?(马南邨《宇宙航行的最古传说》)

Rénlèi jiūjìng ～ shénme shíhou kāishǐ xiǎng dào yǔzhòu qù hángxíng de ne?

"从……"后可以加"起",意思不变;但"从……起"后常有停顿:

起 can be added after 从... without affecting the meaning; but 从... 起 is often followed by a pause:

6. ～我们志愿军跨过鸭绿江那天起,祖国人民便全力注视和支援着这场关系到新中国生死存亡的战争。(景希珍《在彭总身边》)

～ wǒmen zhìyuànjūn kuàguò Yālùjiāng nà tiān qǐ, zǔguó rénmín biàn quánlì zhùshì hé zhīyuánzhe zhècháng guānxìdào xīn Zhōngguó shēng sǐ cún wáng de zhànzhēng.

7. ～明天起,我就是个大学生了。

～ míngtiān qǐ, wǒ jiù shì ge dàxuéshēng le.

如用助动词,常放在"从"之前:

If there is an auxiliary verb, it is often placed before 从:

8. 你能不能～九点开始作报告?

Nǐ néng bu néng ～ jiǔ diǎn kāishǐ zuò bàogào?

9. 他可以～你出国的时候起替你上课。

Tā kěyǐ ～ nǐ chū guó de shíhou qǐ tì nǐ shàng kè.

否定词用在"从"前或"从……"后,意思不同:

A negative placed before 从 or after 从... makes a difference in meaning:

10. 我～星期一起,不上班。

Wǒ ～ xīngqīyī qǐ, bú shàng bān.

11. 我不～星期一起上班,～星期三起。

Wǒ bù ～ xīngqīyī qǐ shàng bān, ～ xīngqīsān qǐ.

12. 我～他生病就没见过他。

Wǒ ～ tā shēng bìng jiù méi jiànguo tā.

(无法把否定词前移。)

有时"起"放在述语后:

起 is occasionally placed after the verb:

13. 故事也还得～那个时候说起。

Gùshi yě hái děi ～ nàge shíhou shuō qǐ.

14. 会是～几点开起的?

Huì shì ～ jǐ diǎn kāi qǐ de?

15. 他已经是五十六岁的人了,～他十六岁算起,所干过的不平常的事,即以每年十件计算四十年也该有四百件。(赵树理《实干家潘永福》)

Tā yǐjīng shì wǔshí liù suì de rén le, ～ tā shíliù suì suàn qǐ, suǒ gànguo de bù píngcháng de shì, jǐ yǐ měi nián shí jiàn jìsuàn sìshí nián yě gāi yǒu sìbǎi jiàn.

"从……（起）"常与"到……"配合，指出一段时间：

"从...（起）" is often used in conjunction with 到... to indicate a period of time：

16. ～他入伍在尖岛雷达连当炊事员起，到现在已经十几年了。(金为华《尖岛行》)
～ tā rù wǔ zài Jiāndǎo léidálián dāng chuīshìyuán qǐ, dào xiànzài yǐjīng shí jǐ nián le.

17. ～十二岁到十七岁，这长长的六个年头，我是怎么过的呀！(王镇《枪》)
～ shí·èr suì dào shíqī suì, zhè chángcháng de liù ge niántóu, wǒ shì zěnme guò de ya!

18. 这条输油管道～动工到建设投产，历时三百多天，……(韶华《沧海横流》)
Zhètiáo shū yóu guǎndào ～ dòng gōng dào jiànshè tóuchǎn, lì shí sānbǎi duō tiān,...

"到"有时放在述语之后：

到 is occasionally placed after the verb：

19. 她累极了，～晚上八点睡到早上八点。
Tā lèijí le, ～ wǎnshang bā diǎn shuìdào zǎoshang bā diǎn.

20. 你不能～早上干到晚上，得注意休息。
Nǐ bù néng ～ zǎoshang gàndào wǎnshang, děi zhùyì xiūxi.

"从……"和"以后"配合，表示在过去的某一时间之后：

"从...", accompanied by 以后, means "from sometime in the past"：

21. 因此，～汉代以后，民间风俗在立春这一天，妇女们要用青色的绸子剪成春燕、春蝶等等形状，戴在头上，走往田野，迎接春天的到来。(马南邨《今年的春节》)
Yīncǐ, ～ Hàndài yǐhòu, mínjiān fēngsú zài lìchūn zhè yì tiān, fùnǚmen yào yòng qīngsè de chóuzi jiǎnchéng chūnyàn, chūndié děngděng xíngzhuàng, dài zài tóu shang, zǒu wǎng tiányě, yíngjiē chūntiān de dàolái.

22. ～那天以后，书茵每天下班后都来找洪珊老师，一谈总到深夜。(高云览《小城春城》)
～ nà tiān yǐhòu, Shūyīn měitiān xià bān hòu dōu lái zhǎo Hóng Shān lǎoshī, yì tán zǒng dào shēnyè.

"从……"和"以来"配合，表示从过去某一时间直到说话的时候：

"从... 以来 means "from sometime in the past up to the time of speaking"：

23. 然而～老通宝懂事以来，他们家替这小长毛鬼拜忏念佛烧纸锭，记不清有多少次了。(茅盾《春蚕》)
Rán·ér ～ Lǎotōngbǎo dǒng shì yǐlái, tāmen jiā tì zhè xiǎo chángmáoguǐ bài chàn niàn fó shāo zhǐdìng, jì bu qīng yǒu duōshǎo cì le.

24. 所谓原始森林，是说这个森林～太古以来，世世代代，自我更新，一直到现在，依然保持他们原始的状态。(翦伯赞《内蒙访古》)
Suǒwèi yuánshǐ sēnlín, shì shuō zhège sēnlín ～ tàigǔ yǐlái, shìshìdàidài, zìwǒ gēngxīn, yìzhí dào xiànzài, yī·rán bǎochí tāmen yuánshǐ de zhuàngtài.

2)表示空间的起点，宾语是处所词语，常有"到"与之配合，"从"的宾语后可以加"起"，不影响意思：

When 从 indicates a spatial starting point and its object is a place-word or phrase, it is often accompanied by 到, and 起 can be placed after the object of 从 without changing the meaning:

25. ～杭州依杭徽公路到黄山大约三百公里。(叶圣陶《黄山三天》)
    ～ Hángzhōu yī Háng Huī gōnglù dào Huángshān dàyuē sānbǎi gōnglǐ.

26. 尤其是～桂林到阳朔，一百六十里漓江水路，满眼画山绣水，更是大自然的千古杰作。(杨朔《画山绣水》)
    Yóuqí shì ～ Guìlín dào Yángshuò, yìbǎi liùshí lǐ Líjiāng shuǐlù, mǎn yǎn huà shān xiù shǐ, gèng shì dàzì·rán de qiāngǔ jiézuò.

27. 丁洁琼教授的声明，在几十小时内传遍了～加勒比湾到加利福尼亚半岛的每一个角落。(张扬《第二次握手》)
    Dīng Jiéqióng jiàoshòu de shēngmíng, zài jǐ shí xiǎoshí nèi chuánbiànle ～ Jiālèbǐwān dào Jiālìfúníyà bàndǎo de měi yí gè jiǎoluò.

B 表示出发的处所或事物的来源，宾语是处所词语或方位词：
Indicates the source of something or the place from which a person or thing has come. Its object is a place word or phrase, or a localizer:

1. 可是～朝鲜归来的人，会知道你正生活在幸福中。(魏巍《谁是最可爱的人》)
   Kěshì ～ Cháoxiǎn guīlái de rén, huì zhīdao nǐ zhèng shēnghuó zài xìngfú zhōng.

2. 你是～哪来的鬼聪明？学龙像龙，学虎像虎。(杨朔《万古青春》)
   Nǐ shì ～ nǎr lái de guǐ cōngming? Xué lóng xiàng lóng, xué hǔ xiàng hǔ.

3. 丁洁琼～大洋彼岸寄来的大批文献资料，给予他极大的便利。(张扬《第二次握手》)
   Dīng Jiéqióng ～ dàyán bǐ·àn jì lai de dàpī wénxiàn zīliào, jǐyǔ tā jí dà de biànlì.

4. 什么是路？就是～没路的地方践踏出来的，～只有荆棘的地方开辟出来的。(鲁迅《生命的路》)
   Shénme shì lù? Jiù shì ～ méi lù de dìfang jiàntà chulai de, ～ zhǐ yǒu jīngjí de dìfang kāipì chulai de.

5. 树影儿正了，炊烟袅袅娜娜～家家屋顶上升起。(李准《清明雨》)
   Shù yǐngr zhèng le, chuīyān niǎoniǎo nuónuó ～ jiājiā wū dǐng shang shēng qǐ.

6. 他是～我这儿去车站的。
   Tā shì ～ wǒ zhèr qù chēzhàn de.

7. 我～乡下跑到京城里，一转眼已经六年了。(鲁迅《一件小事》)
   Wǒ ～ xiāngxia pǎodào jīngchéng li, yì zhuǎn yǎn yǐjīng liù nián le.

8. 正好有一列火车，～南往北，咕冬冬咕冬冬地开过来。(刘真《我和小荣》)
   Zhènghǎo yǒu yí liè huǒchē, ～ nán wǎng běi, gūdōngdōng gūdōngdōng de kāi guo lai.

助动词用在"从"前或"从……"后，有时表示不同的意思：
An auxiliary verb before 从 or after 从... sometimes creates a difference in meaning:

9. 我～北京只能坐飞机到日本，不能坐船。
   Wǒ ～ Běijīng zhǐ néng zuò fēijī dào Rìběn, bù néng zuò chuán.

10. 我只能～北京坐飞机，不能～天津坐。
    Wǒ zhǐ néng ～ Běijīng zuò fēijī, bù néng ～ Tiānjīn zuò.

有时不影响意思：

Sometimes the meaning is not affected：

11.   你能～学校来看我一趟吗？

      Nǐ néng ～ xuéxiào lái kàn wǒ yí tàng ma?

12.   你～学校能来看我一趟吗？

      Nǐ ～ xuéxiào néng lái kàn wǒ yí tàng ma?

否定词用在"从"前或"从……"后，有时表示不同的意思：

A negative before 从 or after 从... sometimes creates difference in meaning：

13.   我不～北京去西安，～天津去。

      Wǒ bù ～ Běijīng qù Xī·ān, ～ Tiānjīn qù.

14.   我～北京不去西安，去沈阳。

      Wǒ ～ Běijīng bú qù Xī·ān, qù Shěnyáng.

有时不影响意思：

Sometimes the meaning is not affected：

15.   他没～北京给我写信。

      Tā méi ～ Běijīng gěi wǒ xiě xìn.

16.   他～北京没给我写信。

      Tā ～ Běijīng méi gěi wǒ xiě xìn.

C 表示动作经过的处所或路线，宾语是处所词语。述语后常有趋向补语：

Past，by，through. The object of 从 is a place word or phrase and the verb is often followed by a directional complement：

1.   司令员向外看，黑暗已经悄悄地～他身边逝去，黎明爬上了窗子。（杜鹏程《保卫延安》）

     Sīlìngyuán xiàng wài kàn, hēi·àn yǐjīng qiāoqiāo de ～ tā shēn biān shìqù, límín pá shang le chuāngzi.

2.   慢慢的火车出了站，一边城墙，一边杨柳，～我眼前飞过。（冰心《寄小读者》）

     Mànmānr de huǒchē chūle zhàn, yìbiānr chéngqiáng, yìbiānr yángliǔ, ～ wǒ yǎnqián fēi guò.

3.   各种口径的野炮、平射炮的炮弹，～人们头顶上呼啸而过。（刘子威《在决战的日子里》）

     Gè zhǒng kǒujìng de yěpào, píngshèpào de pàodàn, ～ rénmen tóudǐng shang hūxiào ér guò.

4.   太阳～玻璃天窗上射进来，照在她们粉红色的花瓣上，使他们的色彩散发出光辉，洋溢着微笑。（叶君健《花》）

     Tàiyáng ～ bōli tiānchuāng shang shè jìnlai, zhào zài tāmen fěnhóngsè de huābàn shang, shǐ tāmen de sècǎi sànfā chū guānghuī, yángyìzhe wēixiào.

5.   两个伙伴商量好了，他们拉起身旁的苏塔，轻轻地走过小伙伴的身旁，又～那个小窗洞钻了出去。（陆俊超《三个小伙伴》）

     Liǎng ge huǒbàn shāngliànghǎo le, tāmen lā qǐ shēn páng de Sū Tǎ, qīngqīng de zǒu guò xiǎo huǒbàn de shēn páng, yòu ～ nàge xiǎo chuāng dòng zuānle chuqu.

参看"打"。

Compare 打 dǎ.

D "从……"有时不用于具体处所而是指出事物来源、动作或变化的起点：

― 544 ―

从... soemtimes does not refer to a concrete place, but indicates the source of some-thingor the starting point of an action or the original state before a change:

1. 当时,我还是一个少年,～郭老的诗文中,我感受到文学的力量,我领悟到文人的笔可以去刺破沉沉黑夜。(曹禺《郭老活在我们的心里》)

   Dāngshí, wǒ hái shì yí ge shàonián, ～ Guō Lǎo de shīwén zhōng, wǒ gǎnshòudào wénxué de lìliang, wǒ lǐngwùdào wénrén de bǐ kěyǐ qù cìpò chénchén hēiyè.

2. ～这个历史过程中,我们应该看到,由汉代的古乐府开始,词、曲等的歌与谱就是统一的。(马南邨《创作新词牌》)

   ～ zhège lìshǐ guòchéng zhōng, wǒmen yīnggāi kàndào, yóu Hàndài de gǔyuèfǔ kāishǐ, cí, qǔ děng de gē yǔ pǔ jiù shì tǒngyī de.

3. 这是第一次和他接触,而且～短时间观察所得的印象,使我格外提高了戒备。(吕铮《战斗在敌人心脏里》)

   Zhè shì dì-yī cì hé tā jiēchù, érqiě ～ duǎn shíjiān guānchá suǒ dé de yìnxiàng, shǐ wǒ géwài tígāole jièbèi.

4. 王志嘉的一席肺腑之言,使得方斌～激动中平静下来了。(焦祖尧《总工程师和他的女儿》)

   Wáng Zhìjiā de yìxí fèifǔ zhī yán, shǐdé Fāng Bīn ～ jīdòng zhōng píngjǐng xialai le.

5. 不久,等敌人～胜利骄傲的情绪下清醒转来时,会发现他们已经陷于一筹莫展的绝望境地。(罗广斌、杨益言《红岩》)

   Bùjiǔ, děng dírén ～ shènglì jiāo'ào de qíngxù xià qīngxǐng zhuǎn lái shí, huì fāxiàn tāmen yǐjīng xiànyú yìchóumòzhǎn de juéwàng jìngdì.

6. ～我做起。

   ～ wǒ zuò qǐ.

7. 这个自述高度概括了他～革命民主主义者到共产主义战士的发展过程。(余秋里《英雄业绩与世长存》)

   Zhège zìshù gāodù gàikuòle tā ～ gémìng mínzhǔzhǔyì zhě dào gòngchǎnzhǔyì zhànshì de fāzhǎn guòchéng.

E "从……到……"有时表示范围:

从... 到... sometimes indicates scope:

1. ～党的领导者到每个党员,～国家领导人到每个公民,在党纪和国法面前人人平等,……(报)

   ～ dǎng de lǐngdǎozhě dào měi gè dǎngyuán, ～ guójiā lǐngdǎorén dào měi gè gōngmín, zài dǎngjì hé guófǎ miànqián rénrén píngděng, ...

2. ～团、营到连、排、班,层层向下动员,一边走一边动员。(刘子威《在决战的日子里》)

   ～ tuán, yíng dào lián, pái, bān, céngcéng xiàng xià dòngyuán, yìbiānr zǒu yìbiānr dòngyuán.

3. 书店把我原稿送审的时候,凡是涉及皇帝的地方,不管是中国的还是外国的——秦始皇到溥仪,～凯撒大帝到路易十六,统统都给打上红杠子,删掉了。(唐弢《琐忆》)

   Shūdiàn bǎ wǒ yuángǎo sòngshěn de shíhou, fánshì shèjí huángdì de dìfang, bùguǎn shì Zhōngguó de háishi wàiguó de —— ～ Qínshǐhuáng dào Pǔ Yí, ～ Kǎisā dàdì dào

Lùyì shíliù, tǒngtǒng dōu gěi dǎ shang hóng gàngzi, shāndiào le.

F"从……"指出动作的观点或出发点:

从... indicates the viewpoint or starting point of an action:

1. 高大的树不一定都"如画""入画",可是可以修剪,～审美观点来斟酌。(叶圣陶《游了三个湖》)

   Gāodà de shù bù yídìng dōu "rú huà" "rù huà", kěshì kěyǐ xiūjiǎn, ～ shěnměi guāndiǎn lái zhēnzhuó.

2. 我们不仅要～思想上,而且要～工作制度上,创造有利于杰出人材涌现和成长的必要条件。

   Wǒmen bùjǐn yào ～ sīxiǎng shang, érqiě yào ～ gōngzuò zhìdù shang, chuàngzào yǒulìyú jiéchū réncái yǒngxiàn hé chéngzhǎng de bìyào tiáojiàn.

G"从……说来(看来,等)"作插入语,指出论断的依据:

从... 说来(看来, etc.) is used as a parenthesis to indicate the basis of a judgment:

1. ～他们的腔调听来,他们讲的是纯正的牛津英文。(叶君健《西行记》)

   ～ tāmen de qiāngdiào tīnglái, tāmen jiǎng de shì chúnzhèng de Niújīn Yīngwén.

2. 职工们把输油管道叫做"巨龙"。～某种传统含义说来,巨龙是中国的象征。(韶华《沧海横流》)

   Zhígōngmen bǎ shūyóu guǎndào jiàozuò "Jù lóng". ～ mǒu zhǒng chuántǒng hányì shuōlái, Jù Lóng shì Zhōngguó de xiàngzhēng.

3. ～内容上看,《茶馆》写的是旧社会,……～形式上看,我大胆把戏曲与曲艺的某些技巧运用到话剧中来,略新耳目。(老舍《老舍剧作选》序言)

   ～ nèiróng shang kàn, 《Cháguǎn》 xiě de shì jiù shèhuì, ... ～ xíngshì shang kàn, wǒ dàdǎn bǎ xìqǔ yǔ qǔyì de mǒu xiē jìqiǎo yùnyòngdào huàjù zhōng lái, lüè xīn ěrmù.

4. 斗争风雨的严峻考验证明,～总体来看,我们的文艺队伍是好的。(报)

   Dòuzhēng fēngyǔ de yánjùn kǎoyàn zhèngmíng, ～ zǒngtǐ láikàn, wǒmen de wényì duìwu shì hǎo de.

5. ～地图比例的角度来看,勐邦湖的确是太小了。(冯牧《湖光山色之间》)

   ～ dìtú bǐlì de jiǎodù láikàn, Měngbānghú díquè shì tài xiǎo le.

打 dǎ (介词)〈口〉

同"从"A、B、C。

Same as 从 A, B & C (see above entry):

A 介绍出作为起点的时间、处所或出发点、来源等:

Introduces a starting point in time or space, or the origin or source of something:

1. ～你们走后,这里从来也没安定过。(刘子威《在决战的日子里》)

   ～ nǐmen zǒu hòu, zhèlǐ cónglái yě méi āndìngguo.

2. 这天杨亮～地里帮老百姓锄草回来,刚走进了村,转过一堵墙,突然有一个巴掌在他的肩头用力一拍。(丁玲《太阳照在桑乾河上》)

   Zhè tiān Yáng Liàng ～ dì li bāng lǎobǎixìng chú cǎo huí lai, gāng zǒu jìn le cūn, zhuǎnguo yì dǔ qiáng, tūrán yǒu yí ge bāzhang zài tā de jiāntóu yòng lì yì pāi.

3. 我又放开胆子朝前跑,也不知～哪来了一股力气,一口气没停就跑到我们躲藏的洞口。(鲁彦周《找红军》)

Wǒ yòu fàngkāi dǎnzi cháo qián pǎo, yě bù zhī ~ nǎr láile yì gǔ lìqì, yìkǒuqì méi tíngjiù pǎodào wǒmen duǒcáng de dòngkǒu.

4. 李悦停顿了一下,~抽屉里拿出一小张全国地图叫吴七看。(高云览《小城春秋》)

Lǐ Yuè tíngdùnle yíxià, ~ chōutì lǐ ná chū yì xiǎo zhāng quán guó dìtú jiào Wú Qī kàn.

5. 现在我们的车子,已经~四川路转上了南京路,很快就到了热闹非凡的西藏路口……(吕铮《战斗在敌人心脏里》)

Xiànzài wǒmen de chēzi, yǐjing ~ Sìchuānlù zhuǎn shàng le Nánjīnglù, hěn kuài jiù dàole rènao fēifán de Xīzàng lùkǒur.

6. ~这以后,梁永生盘乡路过于庄时,总要到学堂里来串个门子,跟房先生学几个字。(郭澄清《大刀记》)

~ zhè yǐhòu, Liáng Yǒngshēng pán xiāng lùguò Yúzhuāng shí, zǒng yào dào xuétáng lǐ lái chuàn ge ménzi, gēn Fáng Xiānshang xué jǐ ge zì.

7. ~中华人民共和国成立以来,已有一百二十多个国家与我国建立了外交关系。

~ Zhōnghuá rénmín gònghéguó chénglì yǐlái, yǐ yǒu yìbǎi èrshí duō gè guójiā yǔ wǒ guó jiànlìle wàijiāo guānxi.

B 介绍出经过的路线或处所:

Past , by , through :

1. 这时,忽然有一个人,戴着深灰色礼帽,很低地斜覆在眼角旁,~我面前走过……(吕铮《战斗在敌人心脏里》)

Zhèshí, hūrán yǒu yí gè rén, dàizhe shēnhuīsè lǐmào, ~hěn dī de xié fù zài yǎnjiǎo páng, ~ wǒ miànqián zǒu guò...

2. 蓝漾漾的天,一片一片的~云彩里露了脸。(杜鹏程《保卫延安》)

Lányàngyàng de tiān, yí piàn yí piàn de ~ yúncai li lùle liǎn.

也可说成"打从":

打 can be replaced by 打从 :

3. ~从丈夫牺牲,她咬破嘴唇送走了队伍,这期间经历了多少凶险和艰难啊!(刘子威《在决战的日子里》)

~ cóng zhàngfu xīshēng, tā yǎopò zuǐchún sòngzǒule duìwu, zhè qījiān jīnglìle duōshǎo xiōngxiǎn hé jiānnán a!

4. ~从这两次事情以后,爸爸对儿子越加信任了,有时出去执行什么重要任务,总叫铁岩跟在他身边。(崔前光《小筏夫》)

~ cóng zhè liǎng cì shìqing yǐhòu, bàba duì érzi yuèjiā xìnrèn le, yǒushí chū qu zhíxíng shénme zhòngyào rènwu, zǒng jiào Tiěyán gēn zài tā shēnbiān.

5. 月亮光~从窗口射进来,妹妹在甜蜜地睡着,她那胖胖的小手,靠在妈妈的脸上。(胡万春《骨肉》)

Yuèliang guāng ~ cóng chuāngkǒu shè jìnlai, mèimei zài tiánmì de shuìzhe, tā nà pàngpàng de xiǎo shǒu, kào zài māma de liǎn shang.

6. 张老师推车走出小公园时,恰巧遇上了提着鼓囊囊的塑料包,~从小公园门口走过的尹老师。(刘心武《班主任》)

Zhāng lǎoshī tuī chē zǒu chū xiǎo gōngyuán shí, qiàqiǎo yù shang le tízhe gǔnāngnāng de sùliàobāo,～ cóng xiǎo gōngyuán ménkǒur zǒu guò de Yín lǎoshī.

当 dāng （介词）

A 有"在"的意思，后面可以带"着"；宾语多是带修饰语的"时"或"时候"；"当……"常居句首，是时间状语：

Means 在 (at), can take 着 after it; 当 usually takes 时 or 时候 plus its modifier, as the object. 当... usually occurs at the beginning of a sentence and functions as an adverbial of time:

1. ～杨嗣昌同皇帝在文华殿谈话时候，从昌平往北京德胜门的大道上奔驰着一队骑兵，大约有一百多人。(姚雪垠《李自成》)

   ～ Yáng Sīchāng tóng huángdì zài Wénhuádiàn tán huà shíhou, cóng Chāngpíng wǎng Běijīng Déshèngmén de dàdào shang bēnchízhe yí duì qíbīng, dàyuē yǒu yìbǎi duō rén.

2. ～着事物的运动在第一种状态的时候，它只有数量的变化，没有性质的变化，所以显出好似静止的面貌。(毛泽东《矛盾论》)

   ～ zhe shìwù de yùndòng zài dìyī zhǒng zhuàngtài de shíhou, tā zhǐ yǒu shùliàng de biànhuà, méi yǒu xìngzhì de biànhuà, suǒyǐ xiǎn chū hǎosì jìngzhǐ de miànmào.

3. ～我抬起头时，越过屋顶的上空，看到远处高高的山顶——那就是我们人民曾经流血、战斗的地方。(王愿坚《粮食的故事》)

   ～ wǒ tái qǐ tóu shí, yuèguò wū dǐng de shàngkōng, kàndào yuǎnchù gāogāo de shān dǐng — nà jiù shì wǒmen rénmín céngjīng liú xiě, zhàndòu de dìfang.

4. ～我到山西前线来时，一位熟悉山西情形的朋友曾经警告我说：……(杨朔《昨日的临汾》)

   ～ wǒ dào Shānxī qiánxiàn lái shí, yí wèi shúxī Shānxī qíngxing de péngyou céngjīng jǐnggào wǒ shuō: ...

宾语也可以是带修饰语的"时刻""时期""同时""年头""那年""那天"等：

当 can also take 时刻, 时期, 同时, 年头, 那年 or 那天, etc. and its modifier as the object:

5. 特别是～社会发展到了即将发生激烈变革的关键时刻，旧思想的枷锁严重地阻碍着人们的觉醒和斗争。(周扬《三次伟大的思想解放运动》)

   Tèbié shì ～ shèhuì fāzhǎndàole jíjiāng fāshēng jīliè biàngé de guānjiàn shíkè, jiù sīxiǎng de jiāsuǒ yánzhòng de zǔ·àizhe rénmen de juéxǐng hé dòuzhēng.

6. ～着大革命时期，就必须使农民运动深入发展到土地改革。(周恩来《学习毛泽东》)

   ～ zhe dà gémìng shíqī, jiù bìxū shǐ nóngmín yùndòng shēnrù fāzhǎndào tǔdì gǎigé.

7. 正～袁世凯大做皇帝梦的年头，一次空前未有过的思想解放运动，……(周扬《三次伟大的思想解放运动》)

   Zhèng ～ Yuán Shìkǎi dà zuò huángdì mèng de niántóu, yí cì kōngqián wèi yǒuguo de sīxiǎng jiěfàng yùndòng, ...

8. ～她卸下第一匹布的那天，我出发了。(孙犁《山地回忆》)

   ～ tā xiè xia dì-yī pǐ bù de nà tiān, wǒ chūfā le.

在书面语中，"当……之际(之时)"，与"当……的时候"相同：

当...之际(之时) (while, during) in written language is equivalent to 当...的时候:

9. 每～劳累之际,他便吟起唐诗……(报)

   Měi ～ láolèi zhī jì, tā biàn yín qǐ Tángshī...

在"时"或"时候"的修饰语较长时,"时"或"时候"可以省略:

If the modifier of 时 or 时候 is rather long, 时 or 时候 can be deleted:

10. ～我们正要做下午饭,一个披着破旧黑山羊长毛皮袄,手里提着一根粗铁棍的老汉进来了;……(孙犁《吴召儿》)

   ～ wǒmen zhèng yào zuò xiàwǔ fàn, yí ge pīzhe pòjiù hēi shānyáng cháng máo pí·ǎo, shǒu li tízhe yì gēn cū tiěgùn de lǎohàn jìn lai le; ...

"当"字前可以有副词"每""正"修饰。"每当……"是"每一次到那时候";"正当……"是"正在那时候":

当 can be modified by a preceding adverb 每 or 正. 每当... means "whenever, every time", while 正当... means "just when, just at the time when":

11. 每～我迈步跨进这座公园的红色大门时,心里总不禁油然而生起一种胜利的骄傲。(刊)

   Měi ～ wǒ mài bù kuà jìn zhèzuò gōngyuán de hóngsè dàmén shí, xīnli zǒng bùjīn yóurán ér shēng qǐ yì zhǒng shènglì de jiāo·ào.

12. ……曾经指出,以前每～提高工资,做财政工作的同志常常顾虑财政收支会发生不平衡,……(胡乔木《按照经济规律办事,加快实现四个现代化》)

   ... céngjīng zhǐchū, yǐqián měi ～ tígāo gōngzī, zuò cáizhèng gōngzuò de tóngzhì chángcháng gùlù cáizhèng shōuzhī huì fāshēng bù pínghéng, ...

13. 正～我国农村加紧备耕、春耕的时候,从华北到华东,相继降了一场春雪或春雨。(报)

   Zhèng ～ wǒ guó nóngcūn jiājǐn bèigēng, chūngēng de shíhou, cóng Huáběi dào Huádōng, xiāngjì jiàngle yì cháng chūn xuě huò chūn yǔ.

14. 正～我对自己所辨识的方向开始动摇,树隙中仿佛透出一点灯光,它闪忽了一下不见了,一会又露了出来。(茹志鹃《在果树园里》)

   Zhèng ～ wǒ duì zìjǐ suǒ biànshí de fāngxiàng kāishǐ dòngyáo, shù xì zhōng fǎngfú tòu chū yì diǎn dēngguāng, tā shǎnhūle yíxià bú jiàn le, yíhuìr yòu lùle chulai.

"当……以前(之前)""当……以后(之后)"意思也就是"……以前""……以后":

当... 以前(之前) means "before..."; 当... 以后(之后) means "after...":

15. 这天晚上,～小俊进来送绒衣以前,他们三个人正比赛着念一个拗口令。(赵树理《三里湾》)

   Zhè tiān wǎnshang, ～ Xiǎojùn jìn lai sòng róngyī yǐqián, tāmen sān ge rén zhèng bǐsàizhe niàn yí ge àokǒulìng.

16. ～郑德明听了省主席对他鼓励的一番话以后,他一晚上没有睡着觉。(李准《冰化雪消》)

   ～ Zhèng Démíng tīngle shěng zhǔxí duì tā gǔlì de yì fān huà yǐhòu, tā yì wǎnshang méiyou shuìzháo jiào.

17. ～他醒来之后,觉得右膀子沉重闷胀……(老舍《骆驼祥子》)

   ～ tā xǐng lái zhī hòu, juéde yòu bǎngzi chénzhòng mènzhàng...

B "当着"以"面"或指人的体词作宾语,表示在某人或某些人面前;否定词、助动词在"当着……"前后均可:

duì 对 duì

当着 takes 面 or a substantive denoting a person as its object, meaning "to sb's face, in sb's presence". If there is a negative word or auxiliary verb, it can be placed either before or after 当着...:

1. 譬如,～着同学们的面,她不敢想到那些,好像她们就是发出那个严厉的声音的。(叶圣陶《倪焕之》)
   Pìrú,～zhe tóngxuémen de miàn, tā bù gǎn xiǎngdào nàxiē, hǎoxiàng tāmen jiù shì fā chū nàge yánlì de shēngyīn de.

2. 骨子里的事没人晓得,表面上她是为祥子而牺牲;～着大家面前,他没法不拿出点英雄气儿来。(老舍《骆驼祥子》)
   Gǔzǐlǐ de shì méi rén xiǎode, biǎomiàn shang tā shì wèi Xiángzi ér xīshēng;～zhe dàjiā miànqián, tā méi fǎ bù ná chu diǎnr yīngxióng qìr lai.

3. 你连人家有钱的人都～着面骂了,我敢骂你?(曹禺《雷雨》)
   Nǐ lián rénjia yǒu qián de rén dōu ～ zhe miànr mà le, wǒ gǎn mà nǐ?

4. ～着人就这么闹,你们简直成了小孩子了。(曹禺《日出》)
   ～ zhe rén jiù zhème nào, nǐmen jiǎnzhí chéngle xiǎo háizi le.

5. 三闾大夫的衣裳、冠带,听说都是～着众人自己撕毁了的。(郭沫若《屈原》)
   Sānlǘ dàfū de yīshang, guāndài, tīngshuō dōu shì ～ zhe zhòngrén zìjǐ sīhuǐle de.

6. 有话,为什么不～大家说?
   Yǒu huà, wèi shénme bù ～ dàjiā shuō?

7. 他～这么些人不愿意把心里话说出。
   Tā ～ zhème xiē rén bú yuànyi bǎ xīnlǐ huà shuō chū.

对 duì (介词)
宾语是体词或动宾结构、主谓结构:
Takes a substantive, V-O or S-P construction as its object:
A"对……"作状语:
A "对……" functions as an adverbial:
1)有"向"或"面对"的意思;指出动作行为的目标;"对……"必须在主语后,助动词或否定副词可在"对……"前,也可在"对……"后:
Towards, to; indicates the target of an action. 对... must be placed after the subject. If there is an auxiliary verb or negative word it occurs either before or after 对...:

1. 我完全懵了,妈妈从来没～我这么讲过话,我怎么了?!(白桦《一束信札》)
   Wǒ wánquán měng le, māma cónglái méi ～ wǒ zhème jiǎngguo huà, wǒ zěnme le?!

2. 我问他为什么不～别人讲。(巴金《杨林同志》)
   Wǒ wèn tā wèi shénme bú ～ biérén jiǎng.

3. ～任何人都不要说,有事只直接和我联系。(廖梦醒《恩情》)
   ～ rènhé rén dōu búyào shuō, yǒu shì zhǐ zhíjiē hé wǒ liánxì.

4. 要不是因为老爷待我好,我不会临走走前～老爷说明身分。(姚雪垠《李自成》)
   Yàobúshì yīnwèi lǎoye dài wǒ hǎo, wǒ bú huì lín zǒu qián ～ lǎoye shuōmíng shēnfen.

5. "立安,明天不许出去!"晚上回来,我～孩子下了命令。(陶承《我的一家》)
   "Lì·ān, míngtiān bù xǔ chū qu!" wǎnshang huí lai, wǒ ～ háizi xiàle mìnglìng.

6. 营长惊讶地转过身～他敬礼。(刘白羽《早晨六点钟》)

Yíngzhǎng jīngyà de zhuǎn guò shēn ∼ tā jìng lǐ.

2) 有"对待"的意思；"对……"多修饰说明态度的描写性词语,指出这种态度的对象；"对……"必须在主语后,所修饰的描写性词语可以是肯定的也可以是否定的：

Means "treat" and modifies a descriptive word or phrase showing sb. 's attitude towards the person or thing represented by the object of 对. 对... must occur after the subject. The word or phrase modified can be either affirmative or negative.

7.   他确实在这两头牲口身上下了不少辛苦,比∼他小孩都耐心周到。(马烽《三年早知道》)

Tā quèshí zài zhè liǎng tóu shēngkou shēnshang xiàle bùshǎo xīnkǔ, bǐ ∼ tā xiǎoháir dōu nàixīn zhōudào.

8.   大爷见侄女儿性格这么倔强,∼念书这么认真,心里却非常喜欢。(马烽《刘胡兰传》)

Dàye jiàn zhínǚr xìnggé zhème juéjiàng, ∼ niàn shū zhème rènzhēn, xīnli què fēicháng xǐhuan.

9.   虽然崇祯∼他很信任,……,但是他每次被召见,心里总不免惴惴不安。(姚雪垠《李自成》)

Suīrán Chóngzhēn ∼ tā hěn xìnrèn, ..., dànshì tā měi cì bèi zhàojiàn xīnli zǒng bùmiǎn zhuìzhuì bù·ān.

10.   他在全社三个生产队里都待过,哪个队也不想要他,队长们谁∼他也没办法,大家叫他"头痛社员"。(马烽《三年早知道》)

Tā zài quán shè sān ge shēngchǎnduì li dōu dāiguo, nǎge duì yě bù xiǎng yào tā, duìzhǎngmen shuí ∼ tā yě méi bànfǎ, dàjiā jiào tā "tóutòng shèyuán".

11.   我∼你怎么样？(曹禺《雷雨》)

Wǒ ∼ nǐ zěnmeyàng?

12.   这就是说组织上∼我也是这样看法。(马烽《太阳刚刚出山》)

Zhè jiù shì shuō zǔzhīshang ∼ wǒ yě shì zhèyàng kànfa.

3) 为了突出受事或因句子结构上的需要,用"对"把动词的宾语提前；"对"的宾语是后边动词支配的对象；"对……"有时在主语前,有时在主语后；动词可以是肯定的,也可以是否定的：

To put stress on the recipient of an action, the would-be object of the verb is transposed to the front of the verb becoming the object of 对. 对... can precede or follow the subject. The verb can be either affirmative or negative.

(1) "对……"修饰及物动词,"对"的宾语,在意念上就是述语的受事：

When 对... modifies a transitive verb, the object of 对 is, in meaning, the recipient of the verb.

13.   他∼集体举行结婚典礼也很赞成,说这办法又排场,又省钱。(马烽《结婚现场会》)

Tā ∼ jítǐ jǔxíng jié hūn diǎnlǐ yě hěn zànchéng, shuō zhè bànfǎ yòu páichǎng, yòu shěng qián.

14.   这是规矩,也叫做"祖宗家法",而崇祯帝∼这一点更myopic其重视。(姚雪垠《李自成》)

Zhè shì guīju, yě jiàozuò "zǔzōng jiāfǎ", ér Chóngzhēn dì ~ zhè yì diǎn gèng qí zhòngshì.

15. ~这种控告和申诉,任何人不得压制和打击报复。(《中华人民共和国宪法》)
~ zhèzhǒng kònggào hé shēnsù, rènhé rén bù dé yāzhì hé dǎjī bàofu.

有时"对……"后边的动词有代词宾语,复指"对"的宾语:
Sometimes the verb after 对... takes a pronoun as its object, and is in apposition to the object of 对:

16. 我亲聆教诲,~特务钉梢,总是处之泰然。(廖梦醒《恩情》)
Wǒ qīn líng jiàohuì, ~ tèwu dīngshāo, zǒngshì chǔ zhī tàirán.

17. ~慢班学生要帮助他们提高思想觉悟。(报)
~ màn bān xuésheng yào bāngzhù tāmen tígāo sīxiǎng juéwù.

(2)"对"修饰动宾结构,这种动宾结构的动词多是"进行""作""加以""实行""给予""展开"等,它们的宾语一般都是双音节动词,"对"的宾语在意念上是这双音节动词的受事:
When 对... modifies a V-O construction, the verb is usually 进行, 作, 加以, 实行, 给予 or 展开 etc. and takes a disyllabic verb as its object; thus the object of 对 is, in meaning, the recipient of the disyllabic verb:

18. 红军党内~盲动主义已经作了斗争,但尚不充分。(毛泽东《关于纠正党内的错误思想》)
Hóngjūn dǎng nèi ~ mángdòngzhǔyì yǐjīng zuòle dòuzhēng, dàn shàng bù chōngfēn.

19. 但是,学校可以~就业进行必要和可能的指导。(报)
Dànshì, xuéxiào kěyǐ ~ jiù yè jìnxíng bìyào hé kěnéng de zhǐdǎo.

20. 国家可以依照法律规定的条件,~土地实行征购、征用或者收归国有。(《中华人民共和国宪法》)
Guójiā kěyǐ yīzhào fǎlǜ guīdìng de tiáojiàn, ~ tǔdì shíxíng zhēnggòu, zhēngyòng huòzhě shōuguī guóyǒu.

21. 要~群众进行教育! 社会主义大协作嘛! (马烽《太阳刚刚出山》)
Yào ~ qúnzhòng jìnxíng jiàoyù! Shèhuìzhǔyì dà xiézuò ma!

22. 许多年中,湖北省委和武汉市委~我写《李自成》给予了关怀和支持。(姚雪垠《李自成》前言)
Xǔduō nián zhōng, Húběi shěngwěi hé Wǔhàn shìwěi ~ wǒ xiě《Lǐ Zìchéng》jǐyúle guānhuái hé zhīchí.

(3)"对……"修饰动补结构,"对"的宾语,在意念上是这个动补结构的受事:
When 对... modifies a V-C construction, the object of 对 is, in meaning, the recipient of that construction:

23. 现在,有一种看法认为,前一时期学校~教学工作抓多了,因而削弱了思想政治工作的地位。这种看法是不对的。(报)
Xiànzài, yǒu yì zhǒng kànfǎ rènwéi, qián yì shíqī xuéxiào ~ jiāoxué gōngzuò zhuāduō le, yīn'ér xuēruòle sīxiǎng zhèngzhì gōngzuò de dìwèi. Zhèzhǒng kànfǎ shì bú duì de.

24. 但是,~各种有利条件估计不足,缺乏信心,认为这也不可能,那也办不到, ……是毫无根据的。(报)

Dànshì, ～ gè zhǒng yǒulì tiáojiàn gūjì bù zú, quēfá xìnxīn, rènwéi zhè yě bù kěnéng, nà yě bàn bu dào, ... shì háo wú gēnjù de.

25.　人民政府～我们家照顾很好。（巴金《杨林同志》）

　　　Rénmín zhèngfǔ ～ wǒmen jiā zhàogu hěn hǎo.

4)"对"引进与动作、行为有关联的对象。"对……"多出现于主语后，所修饰的词语可以是肯定的，也可以是否定的：

对 introduces sb. or sth. which is related to the action. What is modified by 对..., which mostly occurs after the subject, can be either affirmative or negative:

(1)"对……"修饰动宾结构，指出这个动作或行为所关联的人或事物：

对... is used to modify a V-O construction to indicate the person or thing related to the action:

26.　希望大家在这个问题上取得一致的认识，～所有的学生负责，～提高整个中华民族的科学文化水平负责。（报）

　　　Xīwàng dàjiā zài zhège wèntí shang qǔdé yízhì de rènshi, ～ suǒyǒu de xuésheng fùzé, ～ tígāo zhěnggè Zhōnghuá mínzú de kēxué wénhuà shuǐpíng fùzé.

27.　你完完全全调查明白了，你～那个问题就有解决的办法了。（毛泽东《反对本本主义》）

　　　Nǐ wánwánquánquán diàochámíngbai le, nǐ ～ nàge wèntí jiù yǒu jiějué de bànfǎ le.

28.　教师从各方面关心和爱护学生，～学生就会有更多的帮助。（报）

　　　Jiàoshī cóng gè fāngmiàn guānxīn hé àihù xuésheng, ～ xuésheng jiù huì yǒu gèng duō de bāngzhù.

29.　中草药价格低廉，应用方便，～保障我国人民的身体健康起了积极作用。（刊）

　　　Zhōngcǎoyào jiàgé dīlián, yìngyòng fāngbiàn, ～ bǎozhàng wǒ guó rénmín de shēntǐjiànkāng qǐle jījí zuòyòng.

30.　张浩、龙大道和梅生～当前的情况交换了意见，决定由梅生向省委写紧急报告。（陶承《我的一家》）

　　　Zhāng Hào, Lóng Dàdào hé Méishēng ～ dāngqián de qíngkuàng jiāohuànle yìjian, juédìng yóu Méishēng xiàng shěngwěi xiě jǐnjí bàogào.

31.　社长甄明山接着说道："社里派你当技术员，这就说明社里对你很信任，大家～你抱着很大希望。"（马烽《三年早知道》）

　　　Shèzhǎng Zhēn Míngshān jiēzhe shuō dào: "Shè li pài nǐ dāng jìshùyuán, zhè jiù shuōmíng shè li duì nǐ hěn xìnrèn, dàjiā ～ nǐ bàozhe hěn dà xīwàng."

(2)"对……"修饰描写性词语，指出与这种性质或状态有关联的人或事物：

对... used to modify a descriptive word or phrase, introduces the person or thing which is related to the quality or state:

32.　他～有的人写东西不讲文法，不注意修辞，不假思索就一挥而就，是很恼火的。（报）

　　　Tā ～ yǒude rén xiě dōngxi bù jiǎng wénfǎ, bú zhùyì xiūcí, bùjiǎsīsuǒ jiù yīhuī·érjiù, shì hěn nǎohuǒ de.

33.　那～你也许合适，我不行！我的问题比你的复杂。（老舍《女店员》）

　　　Nà ～ nǐ yěxǔ héshì, wǒ bù xíng! Wǒ de wèntí bǐ nǐ de fùzá.

34.　主观主义，在某些党员中浓厚地存在，这～分析政治形势和指导工作，都非常

不利。(毛泽东《关于纠正党内的错误思想》)

Zhǔguānzhǔyì, zài mǒu xiē dǎngyuán zhōng nónghòu de cúnzài, zhè ~ fēnxī zhèngzhì xíngshì hé zhǐdǎo gōngzuò, dōu fēicháng búlì.

35. 抱怨~一个革命者毫无用处,我们还得再干下去。(陶承《我的一家》)

Bàoyuàn ~ yí ge gémìngzhě háo wú yòngchu, wǒmen hái děi zài gàn xiaqu.

36. 他们~四化建设急需大批人才熟视无睹,无动于衷。(报)

Tāmen ~ sìhuà jiànshè jíxū dàpī réncái shúshìwúdǔ, wúdòngyúzhōng.

5)"对……来说"("对……来讲""对……说来")表示某种判断是针对某人某事物作出的:

对...来说 (对...来讲, 对...说来) indicates the person or thing to whom or which a statement pertains:

37. 本来,像这样的劳动活,~他来说也不是什么新课。(王愿坚《普通劳动者》)

Běnlái, xiàng zhèyàng de láodòng huór, ~ tā láishuō yě bú shì shénme xīn kè.

38. ~每一门课程来说,重点就是基础知识。(报)

~ měi yì mén kèchéng láishuō, zhòngdiǎn jiù shì jīchǔ zhīshi.

39. ~营长、教导员说来,这声音是十分熟悉的;但他们一时想不起是谁来。(立高《永生的战士》)

~ yíngzhǎng, jiàodǎoyuán shuōlái, zhè shēngyīn shì shífēn shúxī de; Dàn tāmen yìshí xiǎng bu qǐ shì shuí lai.

40. 冬天的江水~一个病人说来是不妥的。(寒风《尹青春》)

Dōngtiān de jiāng shuǐ ~ yí ge bìngrén shuōlái shì bùtuǒ de.

B"对……"作定语:

"对……"修饰作主语或宾语的双音节动词、名词、形容词,必直接在中心语前:

对... functions as an attributive:

对... modifies a disyllabic verb, noun or adjective which functions as the subject or object and must occur immediately before the head word.

1)"对……"修饰作主语或宾语的双音节动词,"对"的宾语,在意念上受后面的双音节动词的支配:

When 对... modifies a disyllabic verb which serves as the subject or object of a sentence, the object of 对, in meaning, is the recipient of the disyllabic verb:

1. 广大群众~理论问题的热烈关心达到了建国以来的高潮。(报)

Guǎngdà qúnzhòng ~ lǐlùn wèntí de rèliè guānxīn dádàole jiàn guó yǐlái de gāocháo.

2. 他觉得站长~情况的了解,就好像来这里看过一样。(李准《清明雨》)

Tā juéde zhànzhǎng ~ qíngkuàng de liǎojiě, jiù hǎoxiàng lái zhèlǐ kànguo yíyàng.

3. 我永远忘不了党~我们这个孤苦家庭的关怀。(陶承《我的一家》)

Wǒ yǒngyuǎn wàng bu liǎo dǎng ~ wǒmen zhège gūkǔ jiātíng de guānhuái.

4. 工人阶级经过自己的先锋队中国共产党实现~国家的领导。(《中华人民共和国宪法》)

Gōngrén jiējí jīngguò zìjǐ de xiānfēngduì Zhōngguó gòngchǎndǎng shíxiàn ~ guójiā de lǐngdǎo.

2)"对……"修饰作主语或宾语的双音节形容词或名词:

对... modifies a disyllabic adjective or noun which serves as the subject or object of a sentence：

5. 这是～我们二十多年实践经验的一个很好的总结。（胡乔木《按照经济规律办事，加快实现四个现代化》）

Zhè shì ～ wǒmen èrshí duō nián shíjiàn jīngyàn de yí ge hěn hǎo de zǒngjié.

6. 他感到外廷群臣在这个问题上～他无形的压力很大，……（姚雪垠《李自成》）

Tā gǎndào wàitíng qún chén zài zhège wèntí shang ～ tā wúxíng de yālì hěn dà, ...

7. 他们在来信中反映情况，提出问题，表述他们～解决当前我国面对的重大问题的见解。

Tāmen zài lái xìn zhōng fǎnyìng qíngkuàng, tí chū wèntí, biǎoshù tāmen ～ jiějué dāngqián wǒ guó miànduì de zhòngdà wèntí de jiànjiě.

8. 李白、杜甫都历尽人生的颠簸，在他们的诗句中都渗透着～世路不平的愤懑。（刊）

Lǐ Bái, Dù Fǔ dōu lìjìn rénshēng de diānbǒ, zài tāmen de shījù zhōng dōu shèntòuzhe ～ shìlù bùpíng de fènmèn.

参看"对于"。

Compare 对于 duìyú.

对于 duìyú （介词）

宾语是体词或动宾结构、主谓结构。

Takes a substantive, V-O or S-P construction as its object.

A"对于……"作状语，同"对"A3）、4）、5）：

Functions as an adverbial, similar to 对 A 3, 4 and 5 (see above entry)：

1）同"对"A 3）：

Same as 对 A 3）：

1. ～魂灵的有无，我自己是向来毫不介意的；但在此刻，怎样回答她好呢？（鲁迅《祝福》）

～ húnlíng de yǒu wú, wǒ zìjǐ shì xiànglái háo bú jièyì de；dàn zài cǐkè, zěnyàng huídá tā hǎo ne?

2. 我们～广大群众的切身利益问题，群众的生活问题，就一点也不能疏忽，一点也不能看轻。（毛泽东《关心群众生活，注意工作方法》）

Wǒmen ～ guǎngdà qúnzhòng de qièshēn lìyì wèntí, qúnzhòng de shēnghuó wèntí, jiù yìdiǎnr yě bù néng shūhū, yìdiǎnr yě bù néng kànqīng.

3. ～经济建设中的许多问题，我们还很不熟悉。（报）

～ jīngjì jiànshè zhōng de xǔduō wèntí, wǒmen hái hěn bù shúxī.

4. ～先进队、富队，也要教育他们防止骄傲自满，故步自封。（报）

～ xiānjìnduì, fùduì, yě yào jiàoyù tāmen fángzhǐ jiāo'ào zìmǎn, gùbùzìfēng.

5. ～一些落后的陈风旧习，应根据少数民族的意愿，由少数民族自己逐步加以改革。（报）

～ yìxiē luòhòu de chén fēng jiù xí, yīng gēnjù shǎoshù mínzú de yìyuàn, yóu shǎoshù mínzú zìjǐ zhúbù jiāyǐ gǎigé.

6. ～这样一种行为，如果不进行必要的批判，如何能煞住这股歪风邪气呢？（马烽《结婚现场会》）

~ zhèyàng yì zhǒng xíngwéi, rúguǒ bú jìnxíng bìyào de pīpàn, rúhé néng shāzhù zhègǔwāifēngxiéqì ne?

2) 同"对"A 4)：

Same as 对 A 4)：

7. 它们～群众、～历史进程，能够发生影响吗？

　　Tāmen ~ qúnzhòng, ~ lìshǐ jìnchéng, nénggòu fāshēng yǐngxiǎng ma?

8. 我劝你学一门专业，因为学一门专业知识，～你将来不论干什么工作都有好处。(报)

　　Wǒ quàn nǐ xué yì mén zhuānyè, yīnwèi xué yì mén zhuānyè zhīshi, ~ nǐ jiānglái búlùn gàn shénme gōngzuò dōu yǒu hǎochù.

9. 我陪他去参观展览，他～中纺的织纺，～那些改良的新农具特别感到兴趣。(孙犁《山地回忆》)

　　Wǒ péi tā qù cānguān zhǎnlǎn, tā ~ Zhōngfǎng de zhīfǎng, ~ nàxiē gǎiliáng de xīn nóngjù tèbié gǎndào xìngqù.

10. ～这个地方，他并不陌生。(王愿坚《普通劳动者》)

　　~ zhège dìfang, tā bìng bú mòshēng.

11. ～女战士们也如此，并无不同。(徐怀中《西线轶事》)

　　~ nǚ zhànshìmen yě rúcǐ, bìng wú bù tóng.

12. 男子～妇女要到上水去洗很不服气，但又不敢公开出面制止。(吴慧泉《春风吹拂的夜晚》)

　　Nánzǐ ~ fùnǚ yào dào shàngshuǐ qù xǐ hěn bù fúqì, dàn yòu bù gǎn gōngkāi chūmiàn zhìzhǐ.

13. 做到了这一点，～提高整个中华民族的科学文化水平，～四个现代化建设，也是一大贡献。(报)

　　Zuòdàole zhè yì diǎn, ~ tígāo zhěnggè Zhōnghuá mínzú de kēxué wénhuà shuǐpíng, ~ sì ge xiàndàihuà jiànshè, yě shì yí dà gòngxiàn.

14. 认真执行党在农村现阶段的各项经济政策，～调动农民积极性关系极大。(报)

　　Rènzhēn zhíxíng dǎng zài nóngcūn xiàn jiēduàn de gè xiàng jīngjì zhèngcè, ~ diàodòng nóngmín jījíxìng guānxì jí dà.

3) 同"对"A 5)：

Same as 对 A 5)：

15. 在那个社会环境里，～一个普通妇女来说，丈夫死了，就意味着她和她的孩子也跟着毁灭了。(陶承《我的一家》)

　　Zài nàge shèhuì huánjìng li, ~ yí ge pǔtōng fùnǚ láishuō, zhàngfu sǐ le, jiù yìwèizhe tā hé tā de háizi yě gēnzhe huǐmiè le.

16. 因此，～企业的一些领导人来说，要真正做到鼓励群众揭矛盾，摆问题，提建议，并不是一件容易的事。(报)

　　Yīncǐ, ~ qǐyè de yìxiē lǐngdǎo rén láishuō, yào zhēnzhèng zuòdào gǔlì qúnzhòng jiē máodùn, bǎi wèntí, tí jiànyì, bìng bú shì yí jiàn róngyì de shì.

17. 辩证唯物论的认识运动，如果只到理性认识为止，那末还只说到问题的一半。而且～马克思主义的哲学说来，还只说到非十分重要的那一半。(毛泽东《实践

— 556 —

论》)

Biànzhèng wéiwùlùn de rènshi yùndòng, rúguǒ zhǐ dào lǐxìng rènshi wéi zhǐ, nàme hái zhǐ shuōdào wèntí de yíbàn. Ér qiě ~ Mǎkèsīzhǔyì de zhéxué shuōlái, hái zhǐ shuō dào fēi shífēn zhòngyào de nà yíbàn.

有时,"对于……来说(说来)"中的"来说"可省去,意思仍很清楚:

Sometimes, 来说 in the structure 对于... 来说(说来) can be omitted while the meaning remains clear:

18. 现在~我,这尊神像就是他自己啊!(鄂华《自由神的命运》)

Xiànzài ~ wǒ, zhè zūn shénxiàng jiù shì tā zìjǐ a!

19. ~我们,最好的条件正像他信里所讲的万众一心的努力奋斗,而人们在奋斗中有了新的目标。(刘白羽《新社会的光芒》)

~ wǒmen, zuì hǎo de tiáojiàn zhèng xiàng tā xìn li suǒ jiǎng de wànzhòngyìxīn de nǔlì fèndòu, ér rénmen zài fèndòu zhōng yǒule xīn de mùbiāo.

20. 睡,~排遣人们的各种烦恼,该是一个最好的良方了。(卢新华《表叔》)

Shuì, ~ páiqiǎn rénmen de gè zhǒng fánnǎo, gāi shì yí ge zuì hǎo de liáng fāng le.

B "对于……" 作定语,同 "对" B:

对于... functions as an attributive, similar to 对 B:

1. 因为一政治形势的主观主义的分析和~工作的主观主义的指导,其必然的结果,不是机会主义,就是盲动主义。(毛泽东《关于纠正党内的错误思想》)

Yīnwèi ~ zhèngzhì xíngshì de zhǔguān zhǔyì de fēnxī hé ~ gōngzuò de zhǔguānzhǔyì de zhǐdào, qí bìrán de jiéguǒ, búshì jīhuìzhǔyì, jiùshì mángdòngzhǔyì.

2. 黄河的波浪激荡着我关于敌后几年生活的回忆,激荡着我~那个女孩子的纪念。(孙犁《山地回忆》)

Huánghé de bōlàng jīdàngzhe wǒ guānyú díhòu jǐ nián shēnghuó de huíyì, jīdàngzhe wǒ ~ nàge nǚháizi de jìniàn.

3. 现在我谈一谈我~这两个问题的看法。(姚雪垠《〈李自成〉前言》)

Xiànzài wǒ tán yi tán wǒ ~ zhè liǎng ge wèntí de kànfǎ.

给 gěi (介词)

以体词、动宾结构或主谓结构作宾语:

Takes a substantive, V-O or S-P construction as its object.

A "给……" 作状语:

给... functions as an adverbial:

1) 引进服务的对象,有"为"或"替"的意思:

Introduces the object of one's service, 给 meaning "for":

1. 那我先~你问问去。(曹禺《雷雨》)

Nà wǒ xiān ~ nǐ wènwen qu.

2. 原来这就是不~汽车让路的那个赶牛的人。(马烽《结婚现场会》)

Yuánlái zhè jiù shì bù ~ qìchē ràng lù de nàge gǎn niú de rén.

3. 大家不要起哄,我来~大家从头念一遍!(赵树理《锻炼锻炼》)

Dàjiā búyào qǐhòng, wǒ lái ~ dàjiā cóngtóu niàn yi biàn!

4. 我听见他们称赞他做了"好事情",~大家带来方便。(巴金《杨林同志》)

Wǒ tīngjian tāmen chēngzàn tā zuòle "hǎo shìqing", ~ dàjiā dài lái fāngbiàn.

5. 他们是用整个身子，整个生命，～祖国的建设打下牢固的基础，～人类的未来铺下和平的大道。(杨朔《用生命建设祖国的人们》)

   Tāmen shì yòng zhěnggè shēnzi, zhěnggè shēngmìng, ～ zǔguó de jiànshè dǎ xia láogù de jīchǔ, ～ rénlèi de wèilái pū xia hépíng de dà dào.

6. 这种～树治病的事我还见到过一次。(报)

   Zhèzhǒng ～ shù zhì bìng de shì wǒ hái jiàndàoguo yí cì.

有时"给"的宾语很明显，可以省略：

Sometimes the object of 给 is quite obvious from the context and can be deleted：

7. 二嘎子的事，您可～在点心哪！刘巡长。(老舍《龙须沟》)

   Èrgǎzi de shì, nín kě ～ zài diǎnr xīn na! Liú xúnzhǎng.

8. 正经工厂也都停了车啦！您别忙，我一定～想办法！(老舍《龙须沟》)

   Zhèngjing gōngchǎng yě dōu tíngle chē la! Nín bié máng, wǒ yídìng ～ xiǎng bànfǎ!

〈口〉在命令句中，可用"给我"作状语，表示恐吓或不客气的口气，可以省去，句子意思不变：

(Colloquial) In an imperative sentence, 给我 can be used adverbially to indicate a threat or impoliteness. It can be omitted without affecting the meaning：

9. 拿走！你～我滚，～我滚蛋！(曹禺《雷雨》)

   Názǒu! Nǐ ～ wǒ gǔn, ～ wǒ gǔn dàn!

10. 你～我说实话！我们穷，我们脏，我们可不偷！(老舍《龙须沟》)

    Nǐ ～ wǒ shuō shíhuà! Wǒmen qióng, wǒmen zāng, wǒmen kě bù tōu!

2)引进事物的接受者：

Introduces the recipient of sth.：

11. 我～您倒一杯冰镇的开水。(曹禺《雷雨》)

    Wǒ ～ nín dào yì bēi bīng zhèn de kāishuǐ.

12. 我怪我自家为啥不早～她多写两封信！(巴金《杨林同志》)

    Wǒ guài wǒ zìjiā wèi shá bù zǎo ～ tā duō xiě liǎng fēng xìn!

13. 她～姐姐带来一条棉裤、一张被子，……(马烽《刘胡兰传》)

    Tā ～ jiějie dài lai yì tiáo miánkù, yì zhāng bèizi, ...

14. 有趣的还有这样的事，游人～猴子送了新奇的食物。(刊)

    Yǒuqù de hái yǒu zhèyàng de shì, yóurén ～ hóuzi sòngle xīnqí de shíwù.

15. 我们正在分头～沿河各村打电话的时候，另一个电话铃响了。(马烽《我的第一个上级》)

    Wǒmen zhèngzài fēntóu ～ yán hé gè cūn dǎ diànhuà de shíhou, lìng yí ge diànhuà líng xiǎng le.

3)引进动作、行为的承受者，相当于"向"或"对"：

When 给 introduces the recipient of an action it is equivalent to 向 or 对：

16. 水生，～老爷磕头。(鲁迅《故乡》)

    Shuǐshēng, ～ lǎoye kē tóu.

17. 我简单地～你谈一谈。(柳青《铜墙铁壁》)

    Wǒ jiǎndān de ～ nǐ tán yi tán.

18. 我只好把上午撞车的事～他说了一遍。(马烽《我的第一个上级》)

    Wǒ zhǐhǎo bǎ shàngwǔ zhuàng chē de shì ～ tā shuōle yí biàn.

4)引进受动作结果损害的有关对象:

Introduces the related object which is harmed as a result of the action, e. g. :

19. 小腿疼一跑进去就把个小会~他们搅乱了。(赵树理《锻炼锻炼》)

Xiǎotuǐténg yì pǎo jinqu jiù bǎ ge xiǎo huìr ~ tāmen jiǎoluàn le.

20. 这件事他~你耽误了。

Zhèjiàn shì tā ~ nǐ dānwù le.

5)"给"接近于兼语式的"让"或"叫"的意思:

Similar to 让 or 叫 in a pivotal sentence:

21. 你不也有点首饰么? 你拿出来~你妈开开眼。(曹禺《雷雨》)

Nǐ bú yě yǒu diǎn shǒushì ma? Nǐ ná chulai ~ nǐ mā kāikai yǎn.

22. 老乡亲们立刻开门敞户, 让出暖热的炕头~战士睡。(朔《迎春词》)

Lǎo xiāngqinmen lìkè kāi mén chǎng hù, ràng chu nuǎnrè de kàngtóu ~ zhànshì shuì.

23. 宋老大边说, 边从车上把喷雾器提下来。嘶嘶地打了几下~大家看。(西戎《宋老大进城》)

Sòng Lǎodà biān shuō, biān cóng chē shang bǎ pēnwùqì tí xialai. Sīsī de dāle jǐ xià ~ dàjiā kàn.

6)"给"可以代替"被"字, 表示被动:

Can replace 被 in a 被 sentence, indicating passive voice:

24. 杨林~爆炸声吵醒了。(巴金《杨林同志》)

Yáng Lín ~ bàozhà shēng chǎoxǐng le.

25. 从城里来的援兵~咱们打回去了。(孔厥、袁静《新儿女英雄传》)

Cóng chéng lǐ lái de yuánbīng ~ zánmen dǎ huiqu le.

"给"也可以不引进施事者, 直接放在动词前:

Like 被, 给 may not introduce the agent and is placed immediately before the verb:

26. 决口处流水太急, 沙袋扔下去马上就~冲跑了。(马烽《我的第一个上级》)

Juékǒuchù liúshuǐ tài jí, shādài rēng xiaqu mǎshàng jiù ~ chōngpǎo le.

27. 黄庄那边的敌人中了柳喜儿的伏击,~打回城里去了。(孔厥、袁静《新儿女英雄传》)

Huángzhuāng nàbiān de dírén zhòngle Liǔ Xǐ·ér de fújī, ~ dǎ huí chéng lǐ qu le.

28. 病房里还有三个八连的伤员, 他们也要~送回国去治疗, 说是明天出发。(巴金《杨林同志》)

Bìngfáng li hái yǒu sān ge bālián de shāngyuán, tāmen yě yào ~ sòng huí guó qu zhìliáo, shuō shì míngtiān chūfā.

〈口〉"给"相当于"把"字:

(Colloquial) 给 is equivalent to 把:

29. 有急事你也别玩儿命啊, 给你爸请大夫去, 你干吗~我弄到药铺里去?(侯宝林《夜行记》)

Yǒu jí shì nǐ yě bié wánr mìng a, gěi nǐ bà qǐng dàifu qu, nǐ gànmá ~ wǒ nòngdào yàopù li qu?

30. 一出门儿他就~钢笔弄丢了。

Yì chū ménr tā jiù ~ gāngbǐ nòngdiū le.

B "给……" 在动词后指出交付、传送的接受者：

给... used after a verb, introduces the recipient of sth. :

1. 大爷！我们真走乏了，你借点铺草吧！明天我一定还～你。(知侠《铺草》)

   Dàye! Wǒmen zhēn zǒufá le, nǐ jiè diǎnr pùcǎo ba! Míngtiān wǒ yídìng huán ～ nǐ.

2. 老梁慢慢吞吞地掏出小梁的执照，把它又重新包了包递～儿子。(张天民《路考》)

   Lǎoliáng mànmantūntūn de tāo chū Xiǎo Liáng de zhízhào, bǎ tā yòu chóngxīn bāo le bāo dì ～ érzi.

3. 我的老闺女呀，可也真好啊！您看，她月月交～我钱，我原封不动，一分钱也不花她的！(老舍《女店员》)

   Wǒ de lǎo guīnǚ ya, kě yě zhēn hǎo a! Nín kàn, tā yuèyuè jiāo ～ wǒ qián, wǒ yuánfēngbúdòng, yì fēn qián yě bù huā tā de!

4. 将来要瘟起来，我们家死几只鸡倒是小事，要传染～社里的鸡群，那就害了大家了。(茹志鹃《在果树园里》)

   Jiānglái yào wēn qǐlai, wǒmen jiā sǐ jǐ zhī jī dào shì xiǎoshì, yào chuánrǎn ～ shèli de jīqún, nà jiù hàile dàjiā le.

5. 你跟我一道，偷偷地到蔡溪去，看看白鬼的虚实，把情况报告～游击队，……(王愿坚《小游击队员》)

   Nǐ gēn wǒ yídào, tōutōu de dào Càixī qu, kànkan báiguǐ de xūshí, bǎ qíngkuàng bàogào ～ yóujīduì,...

6. 唉！我就会那么几套拳，都教～了你们，没留看家的玩艺儿。(老舍《神拳》)

   Ài! Wǒ jiù huì nàme jǐ tào quán, dōu jiāo ～ le nǐmen, méi liú kānjiā de wányìr.

7. 他挣脱了，把自己的小半碗饭，送～了那个汉子。(陶承《我的一家》)

   Tā zhèngtuō le, bǎ zìjǐ de xiǎobàn wǎn fàn, sòng ～ le nàge hànzi.

跟   gēn   (介词)〈口〉

宾语多为体词，偶尔是动宾结构、主谓结构；主语与"跟"的宾语并不是平等的关系，主语所代表的人、物是主要的：

Usually takes a substantive, occasionally, a V-O or S-P construction as its object. The subject and the object of 跟 are not of a co-ordinate relation. It is the person or thing represented by the subject that takes the initiative:

A 指出与动作关联的另一方，动作由双方共同进行：

Introduces the other party with whom the subject executes the action:

1. 学生～军人冲突的风潮渐渐地平息了。(巴金《家》)

   Xuésheng ～ jūnrén chōngtū de fēngcháo jiànjiàn de píngxī le.

2. 孩子，别打岔，你真预备～你妈回济南么？(曹禺《雷雨》)

   Háizi, bié dǎchà, nǐ zhēn yùbèi ～ nǐ mā huí Jǐnán ma?

3. 有时候，她还要～我比赛，看谁衣服穿得又快又齐整。(谢璞《二月兰》)

   Yǒu shíhou, tā hái yào ～ wǒ bǐsài, kàn shuí yīfu chuān de yòu kuài yòu qízhěng.

否定副词及助动词在"跟"前，表示主观愿望，在"跟"后，表示事实：

If the negative or the auxiliary verb precedes 跟..., it stresses the will of the subject; if it follows 跟..., it stresses the fact:

4. 用不着想，我不会再～庞家的人打交道。(老舍《茶馆》)

Yòng bu zháo xiǎng, wǒ bú huì zài ~ Páng jia de rén dǎ jiāodao.

5. 不过咱是干部，当然不能～他争这块地。(李准《不能走那条路》)

Búguò zán shì gànbù, dāngrán bù néng ~ tā zhēng zhèkuài dì.

6. 他叫我以后别～你一块儿玩了。(曹禺《北京人》)

Tā jiào wǒ yǐhòu bié ~ nǐ yikuàir wánr le.

7. 我们家不～他们家来往。

Wǒmen jiā bù ~ tāmen jiā láiwǎng.

8. 我们家～他们家没来往。

Wǒmen jiā ~ tāmen jiā méi láiwǎng.

B "跟……"用于"说""谈""提"等动词或短语或少数表态度的形容词或短语前,指出主语的动作,态度的对象:

Used before verbs such as 说, 谈, 提 or adjectives denoting attitude, 跟... indicates the object of address or the target of the attitude:

1. 不必,这件事我认为光明正大,我可以～任何人谈。(曹禺《雷雨》)

Búbì, zhèjiàn shì wǒ rènwéi guāngmíngzhèngdà, wǒ kěyǐ ~ rènhé rén tán.

2. 在这种时候,他仿佛～钱有仇似的,拼命的乱花。(老舍《骆驼祥子》)

Zài zhèzhǒng shíhou, tā fǎngfú ~ qián yǒu chóu shìde, pīn mìng de luàn huā.

3. 他又把前一个月的话～我提了。(曹禺《雷雨》)

Tā yòu bǎ qián yí ge yuè de huà ~ wǒ tí le.

4. 你别这么夸他,他更要～我耍脾气了。(曹禺《日出》)

Nǐ bié zhème kuā tā, tā gèng yào ~ wǒ shuǎ píqi le.

5. 在妈妈和妈妈的妈妈之间,很难说小陶～谁更亲近。(刊)

Zài māma hé māma de māma zhī jiān, hěn nán shuō Xiǎotáo ~ shuí gèng qīnjìn.

6. 您算说对了! 以前,小四儿的妈～我并不怎么太好。(老舍《女店员》)

Nín suàn shuōduì le! Yǐqián, Xiǎosir de mā ~ wǒ bìng bù zěnme tài hǎo.

7. 我到哪儿,你到哪儿,我就不～你这么客气了。(曹禺《日出》)

Wǒ dào nǎr, nǐ dào nǎr, wǒ jiù bù ~ nǐ zhème kèqi le.

8. 我的问题就卡在我们连,这些个土大兵儿～我过不去,故意～我为难,横竖都不行。(白桦《一束信札》)

Wǒ de wèntí jiù kǎ zài wǒmen lián, zhèxiē ge tǔ dàbīngr ~ wǒ guò bu qù, gùyì ~ wǒ wéinán, héngshù dōu bù xíng.

9. 他得马上离开人和厂,～他们一刀两断。(老舍《骆驼祥子》)

Tā děi mǎshàng líkāi Rénhé chǎng, ~ tāmen yìdāoliǎngduàn.

C "跟……"表示向某方面有所取,有"向"的意思:

跟... means 向〔(try to get something) from〕:

1. 他就～他爹要了坡梁上那二亩赖地,使着不像样的农具,埋头干了起来。(康濯《春种秋收》)

Tā jiù ~ tā diē yàole pōliáng shang nà èr mǔ lài dì, shǐzhe bú xiàngyàng de nóngjù, mái tóu gànle qilai.

2. 我是外乡人,人生地不熟,你最好～本地人去打听吧!

Wǒ shì wàixiāng rén, rén shēng dì bù shú, nǐ zuìhǎo ~ běndì rén qu dǎtīng ba!

3. 有一个人,要～我借三千块钱。(曹禺《日出》)

Yǒu yí ge rén, yào ～ wǒ jiè sānqiān kuài qián.

4. 李大妈，我～您学，我打定了主意，去到食堂帮忙！（老舍《全家福》）

Lǐ dàmā, wǒ ～ nín xué, wǒ dǎdìngle zhǔyi, qùdào shítáng bāng máng!

5. 冯先生，我可把他交给你了，明天～你要人！（老舍《骆驼祥子》）

Féng xiānsheng, wǒ kě bǎ tā jiāo gěi nǐ le, míngtiān ～ nǐ yào rén!

D 引进与一方有某种关系的另一方：

Introduces a certain relationship between two parties：

1. 这个人～我们有点亲戚。（曹禺《雷雨》）

Zhège rén ～ wǒmen yǒu diǎn qīnqi.

2. 好像她的哭～我们刚才的吵架没有关系。（刘真《我和小荣》）

Hǎoxiàng tā de kū ～ wǒmen gāngcái de chǎo jià méi yǒu guānxi.

3. 我们的领袖是从人民当中生长出来的领袖，他是～中国人民血肉相关的，……（周恩来《学习毛泽东》）

Wǒmen de lǐngxiù shì cóng rénmín dāngzhōng shēngzhǎng chulai de lǐngxiù, tā shì ～ Zhōngguó rénmín xuèròu xiāngguān de,...

4. 老人们把爱自己的儿子～爱这个新社会结合起来了。（刘白羽《新社会的光芒》）

Lǎorénmen bǎ ài zìjǐ de érzi ～ ài zhège xīn shèhuì jiéhé qilai le.

E "跟……"表示异同的比较，后边必有"一样""相同""差不多""似的""相似""不同"等词语呼应：

When used to indicate a comparison between two things, must be in conjunction with a word or phrase such as 一样，相同，差不多，似的，相似 or 不同：

1. 两年没见你，你～从前不一样了。（曹禺《雷雨》）

Liǎng nián méi jiàn nǐ, nǐ ～ cóngqián bù yíyàng le.

2. 现在我同琴的情形正～从前大哥同梅表姐的情形差不多。（巴金《家》）

Xiànzài wǒ tóng Qín de qíngxing zhèng ～ cóngqián dàgē tóng Méi biǎojiě de qíngxing chàbuduō.

3. 你不知道，我小的时候，～这个小孩也是一样。（杨朔《上尉同志》）

Nǐ bù zhīdào, wǒ xiǎo de shíhou, ～ zhège xiǎoháir yě shì yíyàng.

4. 好志芳，帮帮忙，一个人一个样，不能都～你似的老犯牛脖子!（老舍《女店员》）

Hǎo Zhìfāng, bāngbang máng, yíge rén yí ge yàng, bù néng dōu ～ nǐ shìde lǎo fàn niúbózi.

5. 牛大水心里～刀子戳了似的，忍不住呜呜呜的痛哭起来。（孔厥、袁静《新儿女英雄传》）

Niú Dàshuǐ xīnli ～ dāozi chuōle shìde, rěn bu zhù wūwūwū de tòngkū qilai.

6. 这个喜信～升了官也差不多少。（曹禺《日出》）

Zhège xǐxìn ～ shēngle guān yě chà bu duōshǎo.

参看"和"。

Compare 和 hé.

辨认：

Note：

1. 我像跟着同志们经历了一场又一场激战。（刊）

Wǒ xiàng gēnzhe tóngzhìmen jīnglìle yì cháng yòu yì cháng jīzhàn.

2. 我说我是打算让女儿跟你们一起去延安的。（刊）

Wǒ shuō wǒ shì dǎsuan ràng nǚ·ér gēn nǐmen yìqǐ qù Yán·ān de.

3. 他着急地一拍破棉袄的小兜："你跟我来！"(刊)

Tā zháo jí de yì pāi pò mián·ǎo de xiǎo dōur: "Nǐ gēn wǒ lái!"

4. 阿虹热烈地说："显满叔，那你今天就在这里跟我们讲头一课，好不好？"（曾毓秋《三月清明》）

Āhóng rèliè de shuō: "Xiǎnmǎn shū, nà nǐ jīntiān jiù zài zhèlǐ gēn wǒmen jiǎng tóu yí kè, hǎo bu hǎo?"

5. 我只好起床，默默跟她到河边，小船上已放好一对鱼叉。（刊）

Wǒ zhǐhǎo qǐ chuáng, mòmò gēn tā dào hébiān, xiǎo chuán shang yǐ fànghǎo yí duì yúchā.

6. 阿哥，几岁跟四婶去的北京？（刊）

Āgē, jǐ suì gēn sìshěnr qù de Běijīng?

7. 他暴跳着；又跑到屋里，把我跟孩子的被子都扔出来。（魏巍《老烟筒》）

Tā bàotiàozhe; yòu pǎodào wū li, bǎ wǒ gēn háizi de bèizi dōu rēng chulai.

8. 你办社跟学技术的事，怎么都没跟我好好说过呀，昌林？（康濯《春种秋收》）

Nǐ bàn shè gēn xué jìshù de shì, zěnme dōu méi gēn wǒ hǎohāor shuōguo ya, Chānglín?

1、3、5句中"跟"为动词；2、4、6句及8句第二个"跟"为介词；7句及8句第一个"跟"为连词。

跟 in examples 1, 3 and 5 is a verb; in examples 2, 4, 6 and the second occurrence of 跟 in example 8, a preposition; in example 7 and the first 跟 in example 8, a conjunction.

参看"与"。

Compare 与 yǔ.

关于 guānyú （介词）

引进所关涉的人或事物，宾语为体词，也有动宾结构、主谓结构：

About, on, with regard to, concerning; introduces the person or thing concerned. It takes a substantive or a V-O or S-P construction as its object:

A "关于……"作定语，与中心语之间要用"的"字：

When 关于... is used as an attributive, 的 should be inserted between 关于... and the head:

1. 第二天，我写完了～青年战士的报告，交给陈主任看过以后发出去。（巴金《杨林同志》）

Dì-èr tiān, wǒ xiěwánle ～ qīngnián zhànshì de bàogào, jiāo gěi Chén zhǔrèn kànguo yǐhòu fā chuqu.

2. 因为请他谈一些～朱总司令的事情，……（刘白羽《记左权同志》）

Yīnwèi qǐng tā tán yìxiē ～ Zhū zǒngsīlìng de shìqing, ...

3. 这种考虑当然是必要的，这是执行毛泽东同志～正确处理好中央和地方关系的指示。（胡乔木《按照经济规律办事，加快实现四个现代化》）

Zhèzhǒng kǎolǜ dāngrán shì bìyào de, zhè shì zhíxíng Máo Zédōng tóngzhì ～ zhèngquè chǔlǐhǎo zhōngyāng hé dìfāng guānxi de zhǐshì.

4. ～这个问题的读者信件如雪片飞来,到九月二十日止,我们已收到两千多封。(报)

～ zhège wèntí de dúzhě xìnjiàn rú xuěpiàn fēi lái, dào jiǔyuè èrshí rì zhǐ, wǒmen yǐ shōudào liǎngqiān duō fēng.

5. 小胖看了警察叔叔一眼,她想起了老师讲过的许多～警察叔叔救小孩的英雄故事,她不再哭了。(呆向真《小胖和小松》)

Xiǎopàng kànle jǐngchá shūshu yì yǎn, tā xiǎng qǐ le lǎoshī jiǎngguo de xǔduō ～ jǐngchá shūshu jiù xiǎoháir de yīngxióng gùshi, tā bú kū le.

6. 她兴奋地跑进我的屋子,告诉我～她们文工团对修桥的志愿军战士作慰劳演出的消息。(王西彦《朴玉丽》)

Tā xīngfèn de pǎo jìn wǒ de wūzi, gàosu wǒ ～ tāmen wéngōngtuán duì xiū qiáo de Zhìyuànjūn zhànshì zuò wèiláo yǎnchū de xiāoxi.

"关于……"或"关于……"及其中心语常用作文件、文章的标题:

关于..., or 关于... (plus its head), is often used as the title of a piece of writing:

7. 《～修改宪法的报告》

《～ Xiūgǎi Xiànfǎ de Bàogào》

8. 《～史学工作的几个问题》

《～ Shǐxué Gōngzuò de Jǐ Ge Wèntí》

9. 《～纠正党内的错误思想》

《～ Jiūzhèng Dǎng Nèi de Cuòwù Sīxiǎng》

B "关于……"作状语,表示动作关涉的人、事物或范围;多放在句首,后面有语音上的停顿:

关于... used as an adverbial indicates the scope of an action or the person or thing the action is about. 关于... usually occurs at the head of a sentence and is followed by a pause:

1. ～刘公之,我早听说了。(杨朔《石油城》)

～ Liú Gōngzhī, wǒ zǎo tīng shuō le.

2. ～党内批评问题,还有一点要说及的,就是有些同志的批评不注意大的方面,只注意小的方面。(毛泽东《关于纠正党内的错误思想》)

～ dǎng nèi pīpíng wèntí, hái yǒu yì diǎn yào shuōjí de, jiù shì yǒu xiē tóngzhì de pīpíng bú zhùyì dà de fāngmiàn, zhǐ zhùyì xiǎo de fāngmiàn.

3. ～我,你没有听见什么? (曹禺《雷雨》)

～ wǒ, nǐ méiyou tīngjian shénme?

4. ～这个问题,后面还要进一步讨论。(胡乔木《按照经济规律办事,加快实现四个现代化》)

～ zhège wèntí, hòumiàn hái yào jìn yí bù tǎolùn.

5. ～登台教课,焕之没有一点把握。(叶圣陶《倪焕之》)

～ dēng tái jiāo kè, Huànzhī méi yǒu yìdiǎnr bǎwò.

这种"关于……"可作"是"的宾语:

This kind of 关于... can serve as the object of 是:

6. 你看,我这人一拉就爱把话拉远。其实呢,我跟你讲的是～杨从芳,——杨从芳。(刘白羽《扬着灰尘的路上》)

Nǐ kàn, wǒ zhè rén yì lā jiù ài bǎ huà lā yuǎn. Qíshí ne, wǒ gēn nǐ jiǎng de shì ～ Yáng Cóngfāng, —— Yáng Cóngfāng.

归 guī （介词）〈口〉

引出施事者,表示职责的归属;相当于"由";宾语多为指人或组织机构的体词;主语是述语的受事:

Same as 由 (see p. 592), introduces the agent of an action, who is responsible for a certain duty or undertaking. 归 mostly takes a substantive denoting a person or organization as its object; the subject of the sentence is the recipient of the verb:

1. 杨宅的甜水有人送,洗衣裳的苦水～车夫去挑。(老舍《骆驼祥子》)
   Yáng zhái de tián shuǐ yǒu rén sòng, xǐ yīshang de kǔ shuǐ ～ chēfū qù tiāo.

2. 好得很,那么一切路费,用费,都～我担负。(曹禺《雷雨》)
   Hǎo de hěn, nàme yíqiè lùfèi, yòngfèi, dōu ～ wǒ dānfù.

3. 那老汉和老婆婆们不让,说部队打仗忙,一切全～他们负责。(柳青《铜墙铁壁》)
   Nà lǎohàn hé lǎo pópomen bú ràng, shuō bùduì dǎ zhàng máng, yíqiè quán ～ tāmen fùzé.

4. 张妈既是得伺候着烟茶毛巾把,那群小猴自然全～祥子统辖。(老舍《骆驼祥子》)
   Zhāngmā jì shì děi cìhouzhe yān chá máojīnbǎ, nàqún xiǎo hóu zìrán quán ～ Xiángzi tǒngxiá.

5. 街道的卫生～居民委员会管。
   Jiēdào de wèishēng ～ jūmín wěiyuánhuì guǎn.

和 hé （介词）

同"跟",宾语多为体词,偶尔是动宾结构或主谓结构;主语与"和"的宾语并不是平等的关系,主语所代表的人、物是主要的:

Same as 跟 (see p. 560), its object is usually a substantive and occasionally a V-O or S-P construction. The subject and the object of 和 are not on equal terms; it is the subject that takes the initiative.

A 同"跟"A,指出与动作关联的另一方,动作由双方共同进行:

Same as 跟 A, introduces the other party with whom the subject executes the action:

1. 可是他没～虎妞商议,省得又招她一顿闲话。(老舍《骆驼祥子》)
   Kěshì tā méi ～ Hǔniū shāngyì, shěngde yòu zhāo tā yí dùn xiánhuà.

2. 我刚～一个同学打网球。(曹禺《雷雨》)
   Wǒ gāng ～ yí ge tóngxué dǎ wǎngqiú.

3. 祥子准知道自己不在吃完就滚之列,可是他愿意～大家一块儿吃。(老舍《骆驼祥子》)
   Xiángzi zhǔn zhīdao zìjǐ bú zài chīwán jiù gǔn zhī liè, kěshì tā yuànyi ～ dàjiā yíkuàir chī.

4. 她这几嗓子,真把我喊呆了。可是不～她说话又不行。(韩统良《家》)
   Tā zhè jǐ sǎngzi, zhēn bǎ wǒ hǎndāi le. Kěshì bù ～ tā shuō huà yòu bù xíng.

5. 有事除了～村干部们研究,要多～群众商量。(马烽《刘胡兰传》)
   Yǒu shì chúle ～ cūn gànbùmen yánjiū, yào duō ～ qúnzhòng shāngliang.

B 同"跟"B,"和……"用于"说""谈"等动词或表示态度的形容词前,指出主语的动作或态度的对象:

Same as 跟 B. 和... used before verbs such as 说,谈 or adjectives denoting attitude, indicates the object of address or the target of the the attitude:

1. 张栓!张栓!我有话要～你说。(李准《不能走那条路》)
   Zhāng Shuān! Zhāng Shuān! Wǒ yǒu huà yào ～ nǐ shuō.

2. 大水就～他谈,叫他想法子把保长放出来。(孔厥、袁静《新儿女英雄传》)
   Dàshuǐ jiù ～ tā tán, jiào tā xiǎng fǎzi bǎ bǎozhǎng fàng chulai.

3. 胡兰,事情没成功以前,你可别～人讲!(马烽《刘胡兰传》)
   Húlán, shìqing méi chénggōng yǐqián, nǐ kě bié ～ rén jiǎng.

4. 我不～你说那么多!(李准《两匹瘦马》)
   Wǒ bù ～ nǐ shuō nàme duō!

5. 他愿意向同学们认错,愿意挨同学们的批评,只要同学们还肯～他好。(张天翼《罗文应的故事》)
   Tā yuànyì xiàng tóngxuémen rèn cuò, yuànyì ái tóngxuémen de pīpíng, zhǐyào tóngxuémen hái kěn ～ tā hǎo.

C 同"跟"E,表示比较,总与"一样""差不多"等呼应:

Same as 跟 E, indicates comparison and is always used in conjunction with 一样, 差不多 etc.:

1. 这年,她虽然只有十四岁,可是个子长得快～妈妈一样高了。(马烽《刘胡兰传》)
   Zhè nián, tā suīrán zhǐyǒu shísì suì, kěshì gèzi zhǎng de kuài ～ māma yíyàng gāo le.

2. 我相信,今天的小读者们是会～当年的小读者们一样热烈欢迎这本选集的。(严文井《〈儿童文学短篇小说选〉序言》)
   Wǒ xiāngxìn, jīntiān de xiǎo dúzhěmen shì huì ～ dāngnián de xiǎo dúzhěmen yíyàng rèliè huānyíng zhèběn xuǎnjí de.

3. 接待我的是一个岁数～我差不多的小伙子。(马烽《我的第一个上级》)
   Jiēdài wǒ de shì yí ge suìshu ～ wǒ chàbuduō de xiǎohuǒzi.

D 同"跟"D,引进与一方有某种关系的另一方:

Same as 跟 D, introduces a certain relationship between two parties:

1. 我从小时就敬重着你,你博学多才,觉得就是班昭也不能～你相比。(郭沫若《蔡文姬》)
   Wǒ cóng xiǎo shí jiù jìngzhòngzhe nǐ, nǐ bóxué duō cái, juéde jiùshi Bān Zhāo yě bù néng ～ nǐ xiāngbǐ.

2. 他～老李既是师生关系又是朋友关系。
   Tā ～ Lǎo Lǐ jì shì shī shēng guānxi yòu shì péngyou guānxi.

3. 我的意见～他的意见并不矛盾。
   Wǒ de yìjian ～ tā de yìjian bìng bù máodùn.

4. 不要把集体的利益～国家的利益对立起来。
   Búyào bǎ jítǐ de lìyì ～ guójiā de lìyì duìlì qilai.

辨认:

Note:

1. 他和我走到门口,通过一个地道,他站在地道下面,挥手向我告别。(廖梦醒《恩情》)

    Tā hé wǒ zǒudào ménkǒu, tōngguò yí ge dìdào, tā zhàn zài dìdào xiàmiàn, huī shǒu xiàng wǒ gàobié.

2. 武汉,你以巨大的双手,把京广铁路和长江联络在一起。(刊)

    Wǔhàn, nǐ yǐ jùdà de shuāng shǒu, bǎ Jīng Guǎng tiělù hé Chángjiāng liánluò zài yìqǐ.

3. 有时候还自己和自己闹别扭。(马烽《结婚现场会》)

    Yǒushíhou hái zìjǐ hé zìjǐ nào bièniu.

4. 妹俊没有和女伴们一块儿骑车回家。(刊)

    Mèijùn méiyou hé nǚbànmen yíkuàir qí chē huí jiā.

5. 饭后我和他说好,要他回家吃晚饭。(廖梦醒《恩情》)

    Fàn hòu wǒ hé tā shuōhǎo, yào tā huí jiā chī wǎnfàn.

6. "青天"总是和"老爷"联系在一起的。(报)

    "Qīngtiān" zǒngshì hé "lǎoye" liánxì zài yìqǐ de.

7. 我和孩子连忙爬起来。(魏巍《老烟筒》)

    Wǒ hé háizi liánmáng pá qilai.

1、2、7 句中"和"为连词;3、4、5、6 句中"和"为介词。

和, in sentences 1, 2 and 7, is a conjunction; but in sentence 3, 4, 5, and 6, a preposition.

参看连词"和"。

Compare conjunction 和 hé.

鉴于 jiànyú （介词）〈书〉

"鉴于"有"由于""察觉到""考虑到"等含义,宾语多为体词或主谓结构,"鉴于……"只作插入语;全句主语必是指人或机构组织等的体词,谓语阐明主语采取的行为或态度:

In view of, *seeing that*, *considering that*; mostly takes a substantive or S-P as its object. 鉴于... can only be used as a parenthesis. The subject of the sentence must be a substantive denoting person(s) or organization(s) and the predicate introduces the action or attitude to be taken by the subject (agent):

1. 明代从开国之初,～前代外戚擅权之祸,定了一个制度……(姚雪垠《李自成》)

    Míngdài cóng kāi guó zhī chū, ～ qiándài wàiqī shàn quán zhī huò, dìngle yí ge zhìdù...

2. 他的警卫员～情况紧张……牵了他那匹马在宿舍外面故意走来走去。(李英儒《野火春风斗古城》)

    Tā de jǐngwèiyuán ～ qíngkuàng jǐnzhāng... qiānle tā nàpǐ mǎ zài sùshè wàimiàn gùyì zǒu lái zǒu qù.

3. ～人不是一成不变的和对人也有一个认识过程这个事实,我们党历来主张对犯错误的人的处理要慎重,不匆忙作结论。(刊)

    ～ rén bú shì yìchéngbúbiàn de hé duì rén yě yǒu yí ge rènshi guòchéng zhège shìshí, wǒmen dǎng lìlái zhǔzhāng duì fàn cuòwù de rén de chǔlǐ yào shènzhòng, bù cōngmáng zuò jiélùn.

4.　～各项准备工作提前完成,会议决定,穿越时间仍是四月五日。(韶华《沧海横流》)

　　～ gè xiàng zhǔnbèi gōngzuò tíqián wánchéng, huìyì juédìng, chuānyuè shíjiān réng shì sìyuè wǔ rì.

将　jiāng　(介词)

同"把",但多见于书面语;要注意之点与"把"相同。

Same as 把 (see p. 525), but is usually used in written language. Some points should be borne in mind:

A "将……"后面的述语一般是及物的。"将"的宾语在意念上是这动词的受事:

The verb after 将... is generally transitive. The object of 将 is, in meaning, the recipient of the verb:

1.　李长水……～竹篙深深插进水里……(杨佩瑾《霹雳》)

　　Lǐ Chángshuǐ ... ～ zhúgāo shēnshēn chā jìn shuǐ li ...

2.　李波金便～竹筒口的树叶塞子拿开……(杨佩瑾《霹雳》)

　　Lǐ Bōjīn biàn ～ zhútǒng kǒu de shùyè sāizi nákāi...

3.　我希望有若干留心各方面的人,～所见、所受、所感的都写出来……(鲁迅《忽然想到》)

　　Wǒ xīwàng yǒu ruògān liúxīn gè fāngmiàn de rén, ～ suǒ jiàn, suǒ shòu, suǒ gǎn de dōu xiě chulai...

4.　白鲨鱼……可以轻松地～巨大的海龟吃掉。(报)

　　Bái shāyú ... kěyǐ qīngsōng de ～ jùdà de hǎiguī chīdiào.

B "将"的宾语多是专指的:

The object of 将 often refers to a specific person or thing:

1.　黄师傅要～自己的有生之年,献给工艺事业,……(报)

　　Huáng shīfu yào ～ zìjǐ de yǒu shēng zhī nián, xiàn gěi gōngyì shìyè, ...

2.　高夫人……～红娘子接进后宅休息。(姚雪垠《李自成》)

　　Gāo fūrén ... ～ Hóngniángzǐ jiē jìn hòuzhái xiūxi.

3.　他～一些零碎东西塞进藤篾箩里。(陈见尧《遥远的金竹寨》)

　　Tā ～ yìxiē língsuì dōngxi sāi jìn téngmièluó li.

4.　红娘子～酒壶抢在手中。(姚雪垠《李自成》)

　　Hóngniángzǐ ～ jiǔhú qiǎng zài shǒu zhōng.

5.　两个伪军无奈……到大路口～包袱交给金环……(李英儒《野火春风斗古城》)

　　Liǎng ge wěijūn wúnài ... dào dàlù kǒu ～ bāofu jiāo gěi Jīnhuán...

C "将"后面的述语不能独立存在,常有附加成分:

The verb after 将 cannot stand by itself, often taking some trailing elements:

1.　热木奔过去,～妻子扶起来。(陈见尧《遥远的金竹寨》)

　　Rèmù bēn guoqu, ～ qīzi fú qilai.

2.　作者不仅用刘邦的《大风歌》命名剧本,而且借其情,取其意,～其贯串始终,提挈全篇。(报)

　　Zuòzhě bùjǐn yòng Liú Bāng de 《Dà Fēng Gē》mìngmíng jùběn, érqiě jiè qí qíng, qǔ qí yì, ～ qí guànchuàn shǐzhōng, tíqiè quán piān.

3.　农人～泥土翻了转来。(叶圣陶《晓行》)

Nóngrén ～ nítǔ fānle zhuǎn lái.

4. 晋襄公一时听信了母夫人的错误意见,～孟明等三人释放了。(韩嗣仪《闻过则喜》)

Jìn Xiānggōng yìshí tīngxìnle Mǔ fūren de cuòwù yìjian, ～ Mèngmíng děng sān rén shìfàng le.

D 如果有否定副词或助动词,一般要放在"将"前:

The negative or auxiliary verb, if there is any, should be placed before 将:

1. 我们要分辨真正的敌友,不可不～中国社会各阶级的经济地位及其对于革命的态度,作一个大概的分析。(毛泽东《中国社会各阶级的分析》)

Wǒmen yào fēnbiàn zhēnzhèng de dí yǒu, bù kě bù ～ Zhōngguó shèhuì gè jiējí de jīngjì dìwèi jí qí duìyú gémìng de tàidu, zuò yí ge dàgài de fēnxī.

2. 我现在是说,爱看书的青年,大可以看看本分以外的书,即课外的书,不要只～课内的书抱住。(鲁迅《读书杂谈》)

Wǒ xiànzài shì shuō, ài kàn shū de qīngnián, dà kěyǐ kànkan běnfèn yǐwài de shū, jí kè wài de shū, búyào zhǐ ～ kè nèi de shū bàozhu.

3. 把总近来很不～举人老爷放在眼里。(鲁迅《阿 Q 正传》)

Bǎzǒng jìnlái hěn bù ～ jǔrén lǎoye fàng zài yǎn li.

叫 jiào （介词）

同"被",但比"被"口语化;宾语常为体词;述语后常带附加成分;"叫"过去有时写作"教":

Same as 被, but more colloquial. It often takes a substantive as its object. The verb is generally followed by some trailing element. 叫 sometimes used to be written as 教:

1. 慢些喊吧,～人听见又是个事! (马烽《吕梁英雄传》)

Màn xiē hǎn ba, ～ rén tīngjian yòu shì ge shìr!

2. 在一家门旁,我见到棵杏树,差不多～炮弹打枯了。(杨朔《万古青春》)

Zài yì jiā mén páng, wǒ jiàndào kē xìngshù, chàbuduō ～ pàodàn dǎkū le.

3. 白玉山手背～我咬一口,破了一块皮。(周立波《暴风骤雨》)

Bái Yùshān shǒubèi ～ wǒ yǎo yì kǒu, pòle yí kuài pí.

4. "事情都～你弄坏了,还有脸哭呢。"老杨大声地说。(峻青《黎明的河边》)

"Shìqing dōu ～ nǐ nònghuài le, hái yǒu liǎn kū ne." Lǎoyáng dà shēng de shuō.

5. 萧队长接着说道:"可得加小心,不要～她把你拐走。"(周立波《暴风骤雨》)

Xiāo duìzhǎng jiēzhe shuō dào: "Kě děi jiā xiǎoxin, búyào ～ tā bǎ nǐ guǎizǒu."

6. 说起来好笑,小时候有一回上树掐海棠花,不想～蜜蜂蜇了一下,痛得我差点儿跌下来。(杨朔《荔枝蜜》)

Shuō qǐlai hǎoxiào, xiǎo shíhou yǒu yì huí shàng shù qiā hǎitánghuā, bù xiǎng ～ mìfēng zhēle yí xià, tòng de wǒ chàdiǎnr diē xialai.

7. 咱们的钱,咱们的土,咱们的命,咱们的国,都～洋人攥在手心里,咱们还能避猫鼠儿似的不干点什么吗? (老舍《神拳》)

Zánmen de qián, zánmen de tǔ, zánmen de mìng, zánmen de guó, dōu ～ yángrén zuàn zài shǒuxīnr li, zánmen hái néng bìmāoshǔr shìde bú gàn diǎnr shěnme ma?

由于主语在意念上是动作的受事,动词一般无宾语;如有,宾语是主语的一部分或属于主语:

Since the subject, in meaning, is the recipient of the action, the verb usually takes no object. The object, if there is any, is part of or belongs to the subject:

8. 我还能～这个家缠我一辈子！(李准《李双双小传》)

Wǒ hái néng ～ zhège jiā chán wǒ yíbèizi!

9. 那机枪就像一个人正叫着，突然～人塞住嘴似的，咯噔一下，一点声音没有了。(杨朔《万古青春》)

Nà jīqiāng jiù xiàng yí ge rén zhèng jiàozhe, tūrán ～ rén sāizhù zuǐ shìde, gēdēng yí xià, yìdiǎnr shēngyīn méi yǒu le.

10. 你忘了，去年咱们社的谷子，～蝼蛄咬断多少……(西戎《宋老大进城》)

Nǐ wàng le, qùnián zánmen shè de gǔzi, ～ lóugū yǎoduàn duōshao...

"叫"的宾语有时可省略：

The object of 叫 may occasionally be omitted:

11. 你爹也～抓到维持会去啦！(马烽《吕梁英雄传》)

Nǐ diē yě ～ zhuādào wéichíhuì qu la!

12. 俺的房子也许～烧光了。(知侠《铺草》)

Ǎn de fángzi yěxǔ ～ shāoguāng le.

较 jiào (介词)〈书〉

"较"有"比"的意思。但不受否定词修饰：

Means 比 (than), but cannot be modified by a negative:

1. 我军人数～上次战役时虽略减……，然有四个月的养精蓄锐。(毛泽东《中国革命战争的战略问题》)

Wǒ jūn rénshù ～ shàngcì zhànyì shí suī lüè jiǎn ..., rán yǒu sì ge yuè de yǎngjīngxùruì.

2. 一部分贫农有比较充足的农具和相当数量的资金。……故其生活苦于半自耕农，然～另一部分贫农为优。(毛泽东《中国革命战争的战略问题》)

Yí bùfen pínnóng yǒu bǐjiào chōngzú de nóngjù hé xiāngdāng shùliàng de zījīn. ... gù qí shēnghuó kǔyú bàn zìgēngnóng, rán ～ lìng yí bùfen pínnóng wéi yōu.

3. 据调查，居住在海拔四千米以上，年过六十的藏族老人的比例，～全国平均数还高。(报)

Jù diàochá, jūzhù zài hǎibá sìqiān mǐ yǐshàng, nián guò liùshí de Zàngzú lǎorén de bǐlì, ～ quán guó píngjūn shù hái gāo.

4. (清末)王公子弟，不仅可以游学，而且费用～一般留学生高出七、八倍。(报)

(Qīng mò) Wánggōng zǐdì, bùjǐn kěyǐ yóuxué, érqiě fèiyòng ～ yìbān liúxuéshēng gāo chu qī, bā bèi.

5. 无林的县城附近，一九六三年到一九七一年的年均降雨量却～前十年减少了十五毫米。(报)

Wú lín de xiànchéng fùjìn, yījiǔliùsān nián dào yījiǔqīyī nián de niánjūn jiàngyǔliàng què ～ qián shí nián jiǎnshǎole shíwǔ háomǐ.

"较"后可以加"之"，不影响意思(以上例句都可以在"较"后加"之")：

之 may follow 较 without affecting the meaning. (之 can be so added in all the above examples):

6. 红军～之白军能够忍受更大的困难。(毛泽东《中国革命战争的战略问题》)

Hóngjūn ～ zhī Báijūn nénggòu rěnshòu gèng dà de kùnnan.

辨认：

Note：

"较之……"有时有"和……比起来"的意思，"较"是动词：

较之... sometimes means 和...比起来 (compare sth. with...); and 较 is a verb:

1. 半自耕农……较之自耕农的无求于人，自然景遇要苦，但是优于贫农。(毛泽东《中国社会各阶级的分析》)

   Bàn zìgēngnóng ... jiào zhī zìgēngnóng de wú qiú yú rén, zìrán jǐngyù yào kǔ, dànshì yōuyú pínnóng.

2. 感觉的细腻和锐敏，较之麻木，那当然算是进步的……(鲁迅《喝茶》)

   Gǎnjué de xìnì hé ruìmǐn, jiào zhī mámù, nà dāngrán suàn shì jìnbù de...

经 jīng (介词)

"经"常以表示人的行为的主谓结构为宾语，后面是这行动导致的结果；主谓结构中的动词前有时带"一"；"经……"多作插入语：

As a result of, after, through; often takes a S-P indicating a person's action as its object and is followed by the result of the action. 一 can occasionally precede the verb of the S-P. 经... is mostly used as a parenthesis:

1. ～他介绍，我才知道那位年轻人就是朱德同志的参谋长王尔琢同志。(刊)

   ～ tā jièshào, wǒ cái zhīdao nàwèi niánqīng rén jiù shì Zhū Dé tóngzhì de cānmóuzhǎng Wáng Ěrzhuó tóngzhì.

2. ～支部决议，老胡临时代理了游击支队的政委。(王愿坚《支队政委》)

   ～ zhībù juéyì, Lǎo Hú línshí dàilǐle yóujī zhīduì de zhèngwěi.

3. 印度的阿强陀石窟，～英国人摹印了壁画以后，在艺术史上发光了……(鲁迅《"连环图画"辩护》)

   Yìndù de Āqiángtuó shíkū, ～ Yīngguó rén móyìnle bìhuà yǐhòu, zài yìshùshǐ shang fā guāng le...

4. ～李侔这么一请，她的心反而慌了。(姚雪垠《李自成》)

   ～ Lǐ Móu zhème yì qǐng, tā de xīn fǎn'ér huāng le.

5. 这间房子，～她一收拾，顿时豁亮暖和起来。(王汶石《风雪之夜》)

   Zhèjiān fángzi, ～ tā yì shōushi, dùnshí huòliang nuǎnhuo qilai.

6. ～他一喊，想去搬稻草捆的，都去扛军装包了……(知侠《铁道游击队》)

   ～ tā yì hǎn, xiǎng qù bān dàocǎo kǔn de, dōu qù káng jūnzhuāng bāo le...

有时"经"的宾语是双音节动词，或由这类动词构成的短语：

Sometimes the object of 经 is a disyllabic verb or a phrase formed by such a verb:

7. ～朋友再三的怂恿……朱延年成了西药掮客。(周而复《上海的早晨》)

   ～ péngyou zàisān de sǒngyǒng ... Zhū Yánnián chéngle xīyào qiánkè.

8. ～核对，来人所说的与皮包里所装的物件丝毫不差。(报)

   ～ héduì, láirén suǒ shuō de yǔ píbāo li suǒ zhuāng de wùjiàn sīháo bú chà.

9. 后～大量实验探索，终于找到了……新的催化剂体系。(报)

   Hòu ～ dàliàng shíyàn tànsuǒ, zhōngyú zhǎodàole ... xīn de cuīhuàjì tǐxì.

辨认：

Note：

下列例句中"经"是"经过"的意思,是动词:

In the following examples, 经 is a verb, meaning "pass, go through":

1. 我……跌下浦中,经人救起。(鲁迅《准风月谈》)

   Wǒ ... diē xià pǔ zhōng, jīng rén jiù qǐ.

2. 这艘飞船自地球飞行九十四天之后飞掠金星,……再经五十二天飞行到达水星区域。(报)

   Zhèsōu fēichuán zì dìqiú fēixíng jiǔshí sì tiān zhī hòu fēilüè Jīnxīng, ... zài jīng wǔshí èr tiān fēixíng dàodá Shuǐxīng qūyù.

3. 藏稿经年,才得印出。(鲁迅《集外集》)

   Cáng gǎo jīng nián, cái dé yìn chū.

4. 孙子们早晚提起来说时:"经我爷手买了多少地!"他们也知道他爷爷是"置业手"。(李准《不准走那条路》)

   Sūnzimen zǎowǎn tí qilai shuō shí: "Jīng wǒ yé shǒu mǎile duōshǎo dì!" tāmen yě zhīdao tā yéye shì "zhìyèshǒu".

就　jiù　(介词)

A "就"引出分析、研究、讨论、处理的范围或对象:

Introduces the object or scope of analysis, study, discussion or treatment:

1. 我现在～同志们所讨论的问题讲几点意见。(毛泽东《在中国共产党全国宣传工作会议上的讲话》)

   Wǒ xiànzài ～ tóngzhìmen suǒ tǎolùn de wèntí jiǎng jǐ diǎn yìjian.

2. 本文着重～经济工作一定要按照客观规律办事这个问题,说一些体会……(胡乔木《按照经济规律办事,加快实现四个现代化》)

   Běnwén zhuózhòng ～ jīngjì gōngzuò yídìng yào ànzhào kèguān guīlǜ bàn shì zhège wèntí, shuō yìxiē tǐhuì...

3. 他那～事论事的毛病,还是没有消除干净。(龚成《红石口》)

   Tā nà ～ shì lùn shì de máobing, háishi méiyou xiāochú gānjing.

4. 现在双方已～此条件圆满达成协议。(鄂华《自由神的命运》)

   Xiànzài shuāngfāng yǐ ～ cǐ tiáojiàn yuánmǎn dáchéng xiéyì.

B "就"还可表示挨近、靠近、趁着,有时可带"着":

Can also mean "be near, take advantage of" and sometimes takes 着:

1. 他正在～着灯看书。

   Tā zhèngzài ～ zhe dēng kàn shū.

2. ～着这场雨,赶紧下种吧!

   ～ zhe zhècháng yǔ, gǎnjǐn xià zhǒng ba!

C "就……而论"常用作插入语,表示在某一局限性范围内:

就... 而论 is often used as a parenthesis to indicate confinement within a certain limit:

1. ～规模和设备而论,这个旅馆在我们看到的一些旅馆中算中等。(报)

   ～ guīmó hé shèbèi érlùn, zhège lǚguǎn zài wǒmen kàndào de yìxiē lǚguǎn zhōng suàn zhōngděng.

2. ～我自己而论,没有感到和没有知道的事情真不知有多少。(鲁迅《〈准风月谈〉后记》)

   ～ wǒ zìjǐ érlùn, méiyou gǎndào hé méiyou zhīdao de shìqing zhēn bù zhī yǒu duōshǎo.

D "就……来说(说来,看)"常作插入语,和"就……而论"意思相仿:

就... 来说(说来,看) is the same as 就... 而论 and is usually used as a parenthesis:

1. 中国的抗日游击战争,～其特殊的广大性和长期性来说,不但在东方是空前的,在整个人类历史上也可能是空前的。(毛泽东《战争和战略问题》)

   Zhōngguó de kàng Rì yóujī zhànzhēng, ～ qí tèshū de guǎngdàxìng hé chángqīxìng láishuō, búdàn zài dōngfāng shì kōngqián de, zài zhěnggè rénlèi lìshǐ shang yě kěnéng shì kōngqián de.

2. 当时,～我们的力量来说,这就算打大仗了。(王愿坚《普通劳动者》)

   Dāngshí, ～ wǒmen de lìliang láishuō, zhè jiù suàn dǎ dà zhàng le.

3. 当时～全局看,革命处在不利的形势下,整个党的组织需要的是正确的退却,而不是继续进攻。(陶承《我的一家》)

   Dāngshí ～ quánjú kàn, gémìng chǔ zài búlì de xíngshì xià, zhěnggè dǎng de zǔzhī xūyào de shì zhèngquè de tuìquè, ér bú shì jìxù jìngōng.

据 jù (介词)

A 说明动作方式或根据,宾语多为体词:

Based on . . . ; takes a substantive as its object:

1. 我们必须～实反映情况。

   Wǒmen bìxū ～ shí fǎnyìng qíngkuàng.

2. 这个电影是～同名小说改编的。

   Zhège diànyǐng shì ～ tóngmíng xiǎoshuō gǎibiān de.

3. ～此,我们分析:李自成是由保安到金牛……进入通山的。(刊)

   ～ cǐ, wǒmen fēnxī: Lǐ Zìchéng shì yóu Bǎo·ān dào Jīnniú ... jìnrù Tōngshān de.

4. 当时老书记……在常委内部～理力争……(李建纲《三个李》)

   Dāngshí lǎo shūjì ... zài chángwěi nèibù ～ lǐ lì zhēng...

B "据……"作插入语,指出论断或叙述的依据,"据"的宾语多为体词、双音节动词、主谓结构:

According to . . . , on the grounds of . . . ; usually functions as a parenthesis and the object of 据 is usually a substantive, disyllabic verb or an S-P construction:

1. ～长沙的调查:乡村人口中,贫农占百分之七十。(毛泽东《湖南农民运动考察报告》)

   ～ Chángshā de diàochá: xiāngcūn rénkǒu zhōng, pínnóng zhàn bǎi fēn zhī qīshí.

2. ～她的经验,年轻媳妇们到一处,无非是互相谈论自己婆婆的短处。(赵树理《李有才板话》)

   ～ tā de jīngyàn, niánqīng xífumen dào yí chù, wúfēi shì hùxiāng tánlùn zìjǐ pópo de duǎnchu.

3. ～不太精确的统计,宜于种植甘蔗的耕地有四十多万亩。(报)

   ～ bú tài jīngquè de tǒngjì, yíyú zhòngzhí gānzhe de gēngdì yǒu sìshí duō wàn mǔ.

4. ～一位家长反映,他的孩子……共写了三千个字。(报)

   ～ yí wèi jiāzhǎng fǎnyìng, tā de háizi ... gòng xiěle sānqiān gè zì.

5. ～我了解,在不少地方……程度不同地存在着上述不良倾向。(报)

   ～ wǒ liǎojiě, zài bùshǎo dìfang ... chéngdù bùtóng de cúnzàizhe shàngshù bùliáng qīngxiàng.

6. 〜我所知，他(崔巍)八岁当童工，在饥寒中度过了他的少年时期。(刊)

〜 wǒ suǒ zhī, tā (Cuī Wēi) bā suì dāng tónggōng, zài jīhán zhōng dùguòle tā de shàonián shíqī.

C "据……看(来)" 常用来指出某人的观点：

In sb's opinion, as sb. sees it：

1. 〜我看来，自秦汉以来就没有这样一个人。(郭沫若《蔡文姬》)

〜 wǒ kànlái, zì Qín Hàn yǐlái jiù méi yǒu zhèyàng yí ge rén.

2. 〜我看来，倒不在乎他到不到魏国去找中原的美人。(郭沫若《屈原》)

〜 wǒ kànlái, dào bú zàihu tā dào bu dào Wèiguó qù zhǎo Zhōngyuán de měirén...

3. 不拉刘四爷的车，而能住在人和厂，〜别的车夫看，是件少有的事。(老舍《骆驼祥子》)

Bù lā Liú sìyé de chē, ér néng zhù zài Rénhé chǎng, 〜 biéde chēfū kàn, shì jiàn shǎo yǒu de shì.

也可指出论断的依据：

Can also mean "according to, on the grounds of"：

4. 〜伤兵说的看来，那简直是可怕。(茅盾《子夜》)

〜 shāngbīng shuō de kànlái, nà jiǎnzhí shì kěpà.

距 jù （介词）

A 表示空间的间隔；宾语多是表示处所的词语，也可是一般体词：

From；when indicating a distance in space, mostly takes a word or phrase denoting location or a substantive as its object：

1. 连队在那〜山顶不太远的松林里，为医院设一个临时营地。(王愿坚《普通劳动者》)

Liánduì zài nà 〜 shān dǐng bú tài yuǎn de sōnglín li, wèi yīyuàn shè yī ge línshí yíngdì.

2. 献策如今不在开封，倒是〜此地只有二百多里。(姚雪垠《李自成》)

Xiàncè rújīn bú zài Kāifēng, dào shì 〜 cǐ dì zhǐ yǒu èrbǎi duō lǐ.

3. 〜礼堂还有几十米远，他便听见一个空瓮似的声音……(舜吉《脑科学家的烦恼》)

〜 lǐtáng hái yǒu jǐ shí mǐ yuǎn, tā biàn tīngjian yí ge kōng wèng shìde shēngyīn...

4. 李自成同将士们蹲在一起，……忽得探马禀报，说看见一股骑兵从兴山方面过来，〜此不过十里。(姚雪垠《李自成》)

Lǐ Zìchéng tóng jiàngshìmen dūn zài yìqǐ, ... hū dé tànmǎ bǐngbào, shuō kànjian yì gǔ qíbīng cóng Xīngshān fāngmiàn guò lai, 〜 cǐ búguò shí lǐ.

5. 最后一排〜乐池一百九十四英尺。(报)

Zuìhòu yì pái 〜 yuèchí yìbǎi jiǔshí sì yīngchǐ.

6. 听众〜演奏者不宜太近。

Tīngzhòng 〜 yǎnzòuzhě bùyí tài jìn.

B 用于时间的间隔：

Indicates a distance in time：

1. 〜结婚的时期已近……(叶圣陶《倪焕之》)

~ jié hūn de shíqī yǐ jìn ...

2. 在～今五、六万年以前的"北京人"的遗物中,有用贝壳缀成的装饰品,用兽牙串成的项练。(报)

Zài ～ jīn wǔ, liù wàn nián yǐqián de "Běijīngrén" de yíwù zhōng, yǒu yòng bèiké zhuìchéng de zhuāngshìpǐn, yòng shòuyá chuànchéng de xiàngliàn.

3. 毛主席这一演讲～今已经四十二年了。(报)

Máo zhǔxí zhè yī yǎnjiǎng ～ jīn yǐjīng sìshí èr nián le.

4. 到了韩愈这个时代,上～孔子已经三十八世……(郭予衡《杰出的散文家韩愈》)

Dàole Hán Yù zhège shídài, shàng ～ Kǒngzǐ yǐjīng sānshí bā shì ...

C 表示抽象意义的差距:

Indicates a gap or disparity:

1. 有时真理～我们仿佛只有一纸之隔。(报)

Yǒushí zhēnlǐ ～ wǒmen fǎngfú zhǐ yǒu yì zhǐ zhī gé.

2. 我们的工作～人民的要求还很远。

Wǒmen de gōngzuò ～ rénmín de yāoqiú hái hěn yuǎn.

参看"距离""离"。

Compare 距离 jùlí, 离 lí.

距离 jùlí （介词）

同"距",较"距"口语化:

Same as 距 (see above entry), but more colloquial:

A 同"距"A:

Same as 距 A:

1. 官庄～油庄不到两里路。(骆宾基《父女俩》)

Guānzhuāng ～ Yóuzhuāng bú dào liǎng lǐ lù.

2. 影子～他划的线还有一指多。(王愿坚《普通劳动者》)

Yǐngzi ～ tā huà de xiàn hái yǒu yì zhǐ duō.

3. 矮个子……站在～对方的三步以外。(吴强《红日》)

Ǎi gèzi ... zhàn zài ～ duìfāng de sān bù yǐwài.

4. 这个地方～河槽还有一段地。(刘流《烈火金钢》)

Zhège dìfang ～ hécáo hái yǒu yí duàn dì.

5. ～高司令近的这伙人是伪省府的高级成员……(李英儒《野火春风斗古城》)

～ Gāo sīlìng jìn de zhèhuǒ rén shì wěi shěngfǔ de gāojí chéngyuán...

B 同"距"B:

Same as 距 B:

1. 现在～二〇〇〇年,还有二十一年的时间。(报)

Xiànzài ～ èrlínglínglíng nián, hái yǒu èrshí yī nián de shíjiān.

2. 太早了,～和小华约定的时间还有八个钟头,这八个钟头怎么过呀?(草明《爱情》)

Tài zǎo le, ～ hé Xiǎohuá yuēdìng de shíjiān hái yǒu bā ge zhōngtóu, zhè bā ge zhōngtóu zěnme guò ya?

3. 我认为全部合作化～今天还很远。(王安友《整社基点村的一天》)

Wǒ rènwéi quánbù hézuòhuà ～ jīntiān hái hěn yuǎn.

C 同"距"C：

Same as 距 C：

1. 我们的政权～一个完全的国家形态还很远……(毛泽东《中国革命战争的战略问题》)

   Wǒmen de zhèngquán ～ yí ge wánquán de guójiā xíngtài hái hěn yuǎn...

2. 假如果真是这么个用意,～"现代化"岂止十万八千里?(叶圣陶《大力研究语文教学,尽快改进语文教学》)

   Jiǎrú guǒzhēn shì zhème ge yòngyì, ～ "xiàndàihuà" qǐ zhǐ shíwàn bāqiān lǐ?

3. 他原来和我志同道合,可是现在他的思想～我越来越远了。

   Tā yuánlái hé wǒ zhìtóngdàohé, kěshì xiànzài tā de sīxiǎng ～ wǒ yuèláiyuè yuǎn le.

可 kě （介词）〈口〉

有"尽(jǐn)""尽着"的意思,表示就某个范围的全部;常作"可着"：

Meaning 尽 or 尽着, indicates the entirety within a certain limit and often takes 着：

1. 这位老汉听说他们需要两口羊,就说:"～我圈里的羊,随你们挑吧。"(肖乾《万里赶羊》)

   Zhèwèi lǎohàn tīngshuō tāmen xūyào liǎng kǒu yáng, jiù shuō:" ～ wǒ juàn li de yáng, suí nǐmen tiāo ba."

2. 狗汪汪地叫着,～院子乱跑,但跑不出去。(周立波《暴风骤雨》)

   Gǒu wāngwāng de jiàozhe, ～ yuànzi luàn pǎo, dàn pǎo bu chūqù.

3. 你～着这点钱花吧!

   Nǐ ～ zhe zhèdiǎnr qián huā ba!

4. 她点着灯一看,～着草铺铺上了一条鹅黄色的毛巾被。(邓友梅《追赶队伍的女兵们》)

   Tā diǎnzháo dēng yí kàn, ～ zhe cǎopù pū shang le yì tiáo éhuángsè de máojīnbèi.

5. 那屋子也不分地,不分炕,～着屋子是一条地炕,铺着苇席。(杨朔《三千里江山》)

   Nà wūzi yě bù fēn dì, bù fēn kàng, ～ zhe wūzi shì yì tiáo dìkàng, pūzhe wěixí.

6. ～村只有那掌鞋的手里攥着几个活钱。(林斤澜《酒言》)

   ～ cūn zhǐyǒu nà zhǎngxiéde shǒu li zuànzhe jǐ ge huóqiánr.

离 lí （介词）

同"距",但很口语化：

Same as 距 (from), but very colloquial：

A 同"距"B,表示时间的差距：

Same as 距 B, indicates a distance in time：

1. 现在～开饭的时间还早,你拿点东西给他吃吧。(周而复《上海的早晨》)

   Xiànzài ～ kāi fàn de shíjiān hái zǎo, nǐ ná diǎnr dōngxi gěi tā chī ba.

2. 他不过才二十一岁,～他参军的时间不到两年,～他入团的时候不到一年,他怎么有这样伟大的气概,这样叫人感泣的胸怀!(魏巍《这里是今天的东方》)

   Tā búguò cái èrshí yī suì, ～ tā cān jūn de shíjiān bú dào liǎng nián, ～ tā rù tuán de shíhou bú dào yì nián, tā zěnme yǒu zhèyàng wěidà de qìgài, zhèyàng jiào rén gǎnqì de xiōnghuái!

3. 可是秋收以后～上冻不到一个月工夫,要是等收完了秋再扩社,扩社完了渠也就不好开了。(赵树理《三里湾》)

Kěshì qiūshōu yǐhòu ～ shàng dòng bú dào yí ge yuè gōngfu, yàoshi děng shōuwánle qiū zài kuò shè, kuò shè wán le qú yě jiù bù hǎo kāi le.

4. ～二十七还有十多天,他完全注意到这一天上去,心里想的,口中念道的,梦中梦见的,全是二十七。(老舍《骆驼祥子》)

～ èrshí qī hái yǒu shí duō tiān, tā wánquán zhùyìdào zhè yì tiān shangqu, xīnli xiǎng de, kǒu zhōng niàndao de, mèng zhōng mèngjian de, quán shì èrshí qī.

B 同"距"A,表示空间的差距:

Same as 距 A, indicates a distance in space:

1. 现在～最后的目的地西阜新只有四站地了。(杨朔《秘密列车》)

Xiànzài ～ zuìhòu de mùdìdì Xīfùxīn zhǐ yǒu sì zhàn dì le.

2. 姚池～我们县城九十多里,从县城到柳溪还有三十多里,一共是一百多里。(李心田《闪闪的红星》)

Yáochí ～ wǒmen xiànchéng jiǔshí duō lǐ, cóng xiànchéng dào Liǔxī hái yǒu sānshí duō lǐ, yígòng shì yìbǎi duō lǐ.

3. 苹果园～花生地很近,他有两天没去看了,因此他趁着休息时间跑到苹果树地去查看。(李准《林业委员》)

Píngguǒyuán ～ huāshēngdì hěn jìn, tā yǒu liǎng tiān méi qù kàn le, yīncǐ tā chènzhe xiūxi shíjiān pǎodào píngguǒshù dì qù chákàn.

4. 二发炮弹,落在～第四十四界程碑五百米处。(报)

Èr fā pàodàn, luò zài ～ dìsìshí sì jièchéngbēi wǔbǎi mǐ chù.

C 同"距"C,表示抽象的差距:

Same as 距 C, indicates a gap or disparity:

1. 我们在这方面所做的,～爸爸的希望、党和人民的要求还很远。(报)

Wǒmen zài zhè fāngmiàn suǒ zuò de, ～ bàba de xīwàng, dǎng hé rénmín de yāoqiú hái hěn yuǎn.

2. 与党的好女儿张志新烈士相比,深感自己～一个共产党员的标准还差得很远。(报)

Yǔ dǎng de hǎo nǚ'ér Zhāng Zhìxīn lièshì xiāngbǐ, shēn gǎn zìjǐ ～ yí ge gòngchǎndǎngyuán de biāozhǔn hái chà de hěn yuǎn.

3. "和你说不成!"宋老大无可奈何地摆着手,说:"你这思想呀,～社会主义还差十万八千里哩!"(西戎《宋老大进城》)

"Hé nǐ shuō bù chéng!" Sòng Lǎodà wúkěnàihé de bǎizhe shǒu, shuō: "Nǐ zhè sīxiǎng ya, ～ shèhuìzhǔyì hái chà shíwàn bāqiān lǐ li!"

连 lián (介词)

"连"表示"包括""连同";宾语是体词;否定词、助动词放在"连"前。

Including, *together with*; takes a substantive as its object. The negative or auxiliary verb, if there is any, should be placed before 连。

A "连"的宾语是前面所提事物的关联部分,"连……"说明动作的方式:

The object of 连 is something related to what is previously mentioned. 连... indicates the manner of an action:

1. 这年头就是邪年头,正经东西全得～根儿烂!(老舍《茶馆》)
   Zhè niántóu jiù shì xié niántóu, zhèngjing dōngxi quán děi ～ gēnr làn!

2. 那人,咱借鞋,他～袜子给脱哩!保险!(柳青《创业史》)
   Nà rén, zán jiè xié, tā ～ wàzi gěi tuō li! Bǎoxiǎn!

3. 究竟有没有面,我提议～锅端得来大家看看!(赵树理《三里湾》)
   Jiūjìng yǒu méi yǒu miàn, wǒ tíyì ～ guō duān de lái dàjiā kànkan!

4. 香蕉可不能～皮吃!
   Xiāngjiāo kě bù néng ～ pí chī!

B "连" 的宾语是前面所提事物的组成部分,用于计总数;常有 "一共" "一起" "算上" 等与之呼应:

The object of 连 is a part of what was mentioned previously. 连... is used in relating the total amount and is often used in conjunction with 一共, 一起, or 算上, etc.:

1. "一亩地要顶两亩地打粮食哩!"……
   "～明年夏种的小麦算上,顶普通两亩也多。"(柳青《创业史》)
   "Yì mǔ dì yào dǐng liǎng mǔ dì dǎ liángshi li!"...
   "～ míngnián xiàzhòng de xiǎomài suàn shang, dǐng pǔtōng liǎng mǔ yě duō."

2. 老通宝全家～十二岁的小宝也在内,都是两日两夜没有合眼。(茅盾《春蚕》)
   Lǎotōngbǎo quán jiā ～ shí'èr suì de Xiǎobǎo yě zài nèi, dōu shì liǎng rì liǎng yè méiyou hé yǎn.

3. 这两个人……～补窗子、扫地、抹灰尘,一共不过误了点把钟功夫,弄得桌是桌、椅是椅、床位是床位,干干净净,很像个住人的地方。(赵树理《三里湾》)
   Zhè liǎng ge rén ... ～ bǔ chuāngzi, sǎo dì, mā huīchén, yígòng búguò wùle diǎn bǎ zhōng gōngfu, nòng de zhuō shì zhuō, yǐ shì yǐ, chuángwèi shì chuángwèi, gānganjìngjìng, hěn xiàng ge zhù rén de dìfang.

拿 ná (介词)

A "用" 的意思,引进工具、方法等:

With; indicates means, instrument and method, etc.:

1. ～眼睛说的话和～嘴说的话,生宝心里全明白。(柳青《创业史》)
   ～ yǎnjing shuō de huà hé ～ zuǐ shuō de huà, Shēngbǎo xīnli quán míngbai.

2. 我这些年的苦不是你～钱算得清的。(曹禺《雷雨》)
   Wǒ zhèxiē nián de kǔ bú shì nǐ ～ qián suàn de qīng de.

3. 倘使他们愿意跟着我,我～什么养活着他们呢?(老舍《全家福》)
   Tǎngshǐ tāmen yuànyì gēnzhe wǒ, wǒ ～ shénmen yǎnghuozhe tāmen ne?

4. 我就是想～事实说明:魏奋同志很聪明,自从参加革命,一直受到重用。(柳青《创业史》)
   Wǒ jiù shì xiǎng ～ shìshí shuōmíng: Wèi Fèn tóngzhì hěn cōngming, zìcóng cānjiā gémìng, yìzhí shòudào zhòngyòng.

B "把" 的意思,引进所处置的对象;动词常是 "当" "当作":

Means 把, introducing what is dealt with and the verb is often 当 or 当作:

1. 当初我是在这儿卖出去的,现在就～这儿当作娘家吧!(老舍《茶馆》)
   Dāngchū wǒ shì zài zhèr mài chuqu de, xiànzài jiù ～ zhèr dàngzuò niángjia ba!

2. 老人家就有这么个脾性,一辈子没养女儿,偏爱～人当女婿看待。(杨朔《雪浪

花》)

Lǎorénjia jiù yǒu zhème ge píxìng, yíbèizi méi yǎng nǚ·ér, piān ài ～ rén dàng nǚxu kàndai.

3. 你想～我当个东西，给你换点啥好处吗？办不到！(柳青《创业史》)

Nǐ xiǎng ～ wǒ dàng ge dōngxi, gěi nǐ huàn diǎnr shá hǎochu ma? Bàn bu dào!

4. "怎么～我和他比？"——生宝鄙弃地说。(柳青《创业史》)

"Zěnme ～ wǒ hé tā bǐ?" — Shēngbǎo bǐqì de shuō.

5. 简直是～钱不当钱！

Jiǎnzhí shì ～ qián bú dàng qián.

C 引进某些述语的对象；述语多是"开心""开玩笑""撒气""怎么办""没办法"等：

Introduces the object of certain verbal phrases such as 开心, 开玩笑, 撒气, 怎么办, 没办法, etc. :

1. 别无中生有，～愫小姐开心。(曹禺《北京人》)

Bié wúzhōngsēngyǒu, ～ Sù xiǎojie kāixīn.

2. 生宝恐怕这个愣家伙在不适当的场合，～这事开玩笑。(柳青《创业史》)

Shēngbǎo kǒngpà zhège lèng jiāhuo zài bú shìdàng de chǎnghé, ～ zhè shì kāi wánxiào.

3. 你们打算～她怎么办？(刘心武《醒来吧，弟弟》)

Nǐmen dǎsuàn ～ tā zěnme bàn?

4. 苦中有乐，你～他有什么法子呢？(关庚寅《"不称心"的姐夫》)

Kǔ zhōng yǒu lè, nǐ ～ tā yǒu shénme fǎzi ne?

5. 我算～他没办法！

Wǒ suàn ～ tā méi bànfǎ!

D "拿……"常跟"来说(来讲)"配合，用来举例；"拿"之前常有"就"，"来说""来讲"后常有"吧"，后面有对例子的说明：

拿… is often accompanied by 来说(来讲) to cite an example. 就 usually occurs before 拿, and 来说 or 来讲 is often followed by 吧. That which illustrate the example must follow :

1. 就～最明显的来说吧，……从敌人手里缴获的炮，现在已经和我们的炮排在一起。(魏巍《春节和春天》)

Jiù ～ zuì míngxiǎn de láishuō ba, ... cóng dírén shǒu lǐ jiǎohuò de pào, xiànzài yǐjīng hé wǒmen de pào pái zài yìqǐ.

2. ～我们这个县来说吧：一九五二年我们县就办了一批初级社。(李准《姜恩老头》)

～ wǒmen zhège xiàn láishuō ba: yījiǔwǔ·èr nián wǒmen xiàn jiù bànle yì pī chūjíshè.

3. 就～做诗来讲吧，我们年纪大，阅历一多了，诗便老了。(郭沫若《屈原》)

Jiù ～ zuò shī láijiǎng ba, wǒmen niánjì dà, yuèlì yì duō le, shī biàn lǎo le.

4. ～我自己来讲，对战争的警惕性是不高的，思想深处并没有做好随时拉上去的准备。(金敬迈《欧阳海之歌》)

～ wǒ zìjǐ láijiǎng, duì zhànzhēng de jǐngtìxìng shì bù gāo de, sīxiǎng shēnchù bìng méi yǒu zuòhǎo suíshí lā shangqu de zhǔnbèi.

让 ràng （介词）〈口〉

同"被"，表示被动，但不能省略宾语；述语前可加助词"给"，不影响意思：

Same as 被, indicates the passive voice but its object cannot be omitted. The verb can be preceded by the particle 给 without affecting the meaning:

1. 他想坐下痛哭一场。以自己的体格，以自己的忍性，以自己的要强，会～人当作猪狗，会维持不住一个事情，……（老舍《骆驼祥子》）

   Tā xiǎng zuò xia tòngkū yì cháng. Yǐ zìjǐ de tǐgé, yǐ zìjǐ de rěnxìng, yǐ zìjǐ de yàoqiáng, huì ～ rén dàngzuò zhū gǒu, huì wéichí bú zhù yí ge shìqing, ...

2. 要是不声张出去还好，偏是过了礼物又～人家顶回来，弄得她更没法出面见人。（赵树理《三里湾》）

   Yàoshì bù shēngzhāng chuqu hái hǎo, piān shì guòle lǐwù yòu ～ rénjia dǐng huílai, nòng de tā gèng méi fǎ chū miàn jiàn rén.

3. 我的心通通跳着：弟弟真混，老卢可别～他气得心脏病发作……（刘心武《醒来吧，弟弟》）

   Wǒ de xīn tōngtōng tiàozhe: dìdi zhēn hún, Lǎo Lú kě bié ～ tā qì de xīnzàngbìng fāzuò. . .

4. 老乡和敌人的身影一会儿～山头遮了，一会儿又出现在更高的山头上。（杜鹏程《保卫延安》）

   Lǎoxiāng hé dírén de shēnyǐng yíhuìr ～ shāntóu zhē le, yíhuìr yòu chūxiàn zài gèng gāo de shāntóu shang.

顺 shùn （介词）

A 和另一事物并行。"顺"后可以有"着"：

Along with sth. , in the same direction as; can take 着：

1. 那是十六年前，一个初冬的黎明，我们踏着冰冻的晨霜，……～南去的公路行走。（王汶石《在白烟升起的地方》）

   Nà shì shíliù nián qián, yí ge chūdōng de límíng, wǒmen tàzhe bīngdòng de chén shuāng, ... ～ nán qù de gōnglù xíngzǒu.

2. 南风～着金水河岸飘荡着，河两岸的麦田像一片湖水一样翻动着金色的波浪。（李准《白杨树》）

   Nán fēng ～ zhe Jīnshuǐhé àn piāodàngzhe, hé liǎng àn de màitián xiàng yí piàn húshuǐ yíyàng fāndòngzhe jīnsè de bōlàng.

3. 两个人把手榴弹盖咬开，把子弹也摸了一摸，～着山坡走了下去。（魏巍《前线春节夜》）

   Liǎng ge rén bǎ shǒuliúdàn gàir yǎokāi, bǎ zǐdàn yě mōle yi mō, ～ zhe shānpō zǒule xiaqu.

4. 我～着这声音，走到一个洞里，只见有两个战士正在坚石上打眼。（魏巍《前进吧，祖国！》）

   Wǒ ～ zhe zhè shēngyīn, zǒudào yí ge dòng li, zhǐjiàn yǒu liǎng ge zhànshì zhèng zài jiānshí shang dǎ yǎnr.

5. 我～着手电的光柱往下一看，一个黑黝黝的身影在水田里移动着。（关庚寅《"不称心"的姐夫》）

   Wǒ ～ zhe shǒudiàn de guāngzhù wǎng xià yí kàn, yí ge hēiyōuyōu de shēnyǐng zài shuǐtián li yídòngzhe.

B 有"依照""按照"的意思;"顺"后必须有"着":

According to; and must take 着:

1. 春雨不一定～着人民的盼望而降落,可是战争不管有没有人盼望总会来到。(老舍《骆驼祥子》)

Chūn yǔ bù yídìng ～ zhe rénmín de pànwàng ér jiàngluò, kěshì zhànzhēng bùguǎn yǒu méi yǒu rén pànwàng zǒng huì láidào.

2. "我也卖的红旗农业社的菜"。蛮蛮～着爷爷的话,回答爷爷。(王汶石《蛮蛮》)

"Wǒ yě mài de Hóngqí nóngyèshè de cài". Mánman ～ zhe yéye de huà, huídá yéye.

随着　suízhe　(介词)

A 表示某事物的变化以另一事物为伴发前提:

Along with; indicates that a certain thing changes as something else is changing:

1. 我们的心,～阵阵的寒风卜卜跳动。(马忆湘《朝阳花》)

Wǒmen de xīn, ～ zhènzhèn de hán fēng pūpū tiàodòng.

2. ～科学技术的发展,～四个现代化的进展,大量繁重的体力劳动将逐步被机器所代替。(报)

～ kēxué jìshù de fāzhǎn, ～ sì ge xiàndàihuà de jìnzhǎn, dàliàng fánzhòng de tǐlì láodòng jiāng zhúbù bèi jīqì suǒ dàitì.

3. ～岁月的流逝,一个人的面颜可以变得苍老。(王汶石《通红的煤》)

～ suìyuè de liúshì, yí ge rén de miànyán kěyǐ biàn de cānglǎo.

4. 人～年龄的增长,性格会发生变化。(莫应丰《风》)

Rén ～ niánlíng de zēngzhǎng, xìnggé huì fāshēng biànhuà.

"随着……"在述语前时,可有"而"与之配合,不影响意思:

When 随着... precedes the verb it can go with 而 without affecting the meaning:

5. 人的感情……是可以～时代的变化而改变的。(峻青《乡音》)

Rén de gǎnqíng ... shì kěyǐ ～ shídài de biànhuà ér gǎibiàn de.

6. 这个想法,是～沙磁区各工厂工人运动的发展而来的。(罗广斌、杨益言《红岩》)

Zhège xiǎngfǎ, shì ～ Shācíqū gè gōngchǎng gōngrén yùndòng de fāzhǎn ér lái de.

7. 报纸上的批评工作,也是～客观形势的发展而发展的。

Bàozhǐ shang de pīpíng gōngzuò, yě shì ～ kèguān xíngshì de fāzhǎn ér fāzhǎn de.

B 表示一事件的发生紧跟在另一事件之后:

Indicates that one thing happens immediately after another:

～一阵急促的敲门声,身着便服的小陈闯了进来。(王亚平《神圣的使命》)

～ yízhèn jícù de qiāo mén shēng, shēn zhuó biànfú de Xiǎo Chén chuǎngle jìnlai.

辨认:

Note:

介词"随着"原从动词"随"演变而来。至今这动词作用尚未完全丧失。有时"随着"还是动词,意思是"跟着":

It is from the verb 随 that the preposition 随着 is derived. Occasionally 随着 is still a verb meaning "to follow":

她的思绪～谈话，飞到了山上。(罗广斌、杨益言《红岩》)

Tā de sīxù ～ tán huà, fēidàole shān shang.

替　tì　(介词)

A 指出服务的对象；同"给"A 1)、"为"A：

Same as 给 A 1), 为 A (see p. 557, p. 586), indicates the object of one's service：

1.　我在这里不是要～自己瞎吹。(韬奋《经历》)

Wǒ zài zhèlǐ bú shì yào ～ zìjǐ xiā chuī.

2.　李林同志，你也～我向首长讲讲话吧。(巴金《杨林同志》)

Lǐ Lín tóngzhì, nǐ yě ～ wǒ xiàng shǒuzhǎng jiǎngjiǎng huà ba.

3.　他自然不拒绝管理员～他宣扬。(马识途《最有办法的人》)

Tā zìrán bú jùjué guǎnlǐyuán ～ tā xuānyáng.

4.　我认识了人的伟大，要～他们服务。(杨朔《我的改造》)

Wǒ rènshile rén de wěidà, yào ～ tāmen fúwù.

5.　托尔斯泰……主张无抵抗主义，叫士兵不～皇帝打仗，警察不～皇帝执法，审判官不～皇帝裁判，大家都不去捧皇帝。(鲁迅《文学与政治的歧路》)

Tuō' ěrsītài... zhǔzhāng wúdǐkàngzhǔyì, jiào shìbīng bú ～ huángdì dǎ zhàng, jǐngchá bú ～ huángdì zhí fǎ, shěnpànguān bú ～ huángdì cáipàn, dàjiā dōu bú qù pěng huángdì.

6.　～说谎找借口。

～ shuō huǎng zhǎo jièkǒu.

7.　～女儿上大学作准备。

～ nǚ·ér shàng dàxué zuò zhǔnbèi.

B 指出关心的对象；同"为"A：

Same as 为 A, indicates the object of one's concern：

1.　老头子翻脸不认人，他们～祥子不平。(老舍《骆驼祥子》)

Lǎotóuzi fān liǎn bú rèn rén, tāmen ～ Xiángzi bùpíng.

2.　你何必～他着急呢？

Nǐ hébì ～ tā zháo jí ne?

C 指出代替的对象：

Introduces someone or something being replaced：

今天李老师请假，王老师～他上课。

Jīntiān Lǐ lǎoshī qǐng jià, Wáng lǎoshī ～ tā shàng kè.

同　tóng　(介词)

A 同"跟"A，动作由双方共同进行：

Same as 跟 A (see p. 560), indicates that the action is undertaken by both parties (the subject of the sentence and the object of 同)：

1.　他～我在一起，也常常问起这个字怎么写，那个字如何念。(巴金《杨林同志》)

Tā ～ wǒ zài yìqǐ, yě chángcháng wèn qǐ zhège zì zěnme xiě, nàge zì rúhé niàn.

2.　开国典礼那天，我～大伯一同到百货公司去买布。(孙犁《山地回忆》)

Kāi guó diǎnlǐ nà tiān, wǒ ～ dàbó yìtóng dào bǎihuògōngsī qu mǎi bù.

3.　你让我～刘哥一起在前边开路吧。(姚雪垠《李自成》)

Nǐ ràng wǒ ～ Liúgē yìqǐ zài qiánbian kāilù ba.

4.　到了九点钟,邓主任和俄顾问都还不见回来,～他们一道去的十位宣传员也都
　　没有一个影子。(郭沫若《革命春秋》)
　　Dàole jiǔ diǎnzhōng, Dèng zhǔrèn hé É gùwèn dōu hái bú jiàn huí lai, ～ tāmen yídào
　　qù de shí wèi xuānchuányuán yě dōu méi yǒu yí ge yǐngzi.

B 同"跟"B,动作或态度只是单方面的:

　　Same as 跟 B, indicates that the action or attitude is taken only by one party (the sub-
　　ject of the sentence):

1.　"你有什么话要～我说?"自成大声问。(姚雪垠《李自成》)
　　"Nǐ yǒu shénme huà yào ～ wǒ shuō?" Zìchéng dà shēng wèn.

2.　我不是在～你客气。(郭沫若《屈原》)
　　Wǒ bú shì zài ～ nǐ kèqi.

3.　这女人,在短短的半天时间里,就～她打得火热。(王汶石《新结识的伙伴》)
　　Zhè nǚrén, zài duǎnduǎn de bàntiān shíjiān li, jiù ～ tā dǎ de huǒrè.

C 同"跟"D,表示与某事物的关系:

　　Same as 跟 D, indicates that sth. is related to sth. else:

1.　我国～许多国家和地区的经济贸易关系、文化联系和友好往来正在不断发展。
　　(报)
　　Wǒ guó ～ xǔduō guójiā hé dìqū de jīngjì màoyì guānxì, wénhuà liánxì hé yǒuhǎo
　　wǎnglái zhèngzài búduàn fāzhǎn.

2.　凡是在原料和燃料动力供应上～大企业有矛盾的,要统筹安排,妥善解决,保
　　证大企业的需要。(报)
　　Fánshì zài yuánliào hé ránliào dònglì gōngyìng shàng ～ dà qǐyè yǒu máodùn de, yào
　　tǒngchóu ānpái, tuǒshàn jiějué, bǎozhèng dà qǐyè de xūyào.

3.　国家机关必须经常保持～人民群众的密切联系。(《中华人民共和国宪法》)
　　Guójiā jīguān bìxū jīngcháng bǎochí ～ rénmín qúnzhòng de mìqiè liánxì.

4.　如今留在寨里的尽是穷人,～那些有钱的山寨没来往。(姚雪垠《李自成》)
　　Rújīn liú zài zhài li de jìn shì qióngrén, ～ nàxiē yǒu qián de shānzhài méi láiwǎng.

5.　我们一定要把专业队伍～群众队伍结合起来。(报)
　　Wǒmen yídìng yào bǎ zhuānyè duìwu ～ qúnzhòng duìwu jiéhé qilai.

D 同"跟"E,表示异同的比较:

　　Same as 跟 E, indicates a comparison:

1.　全个村庄就～死了的一样。(茅盾《残冬》)
　　Quán gè cūnzhuāng jiù ～ sǐle de yíyàng.

2.　这是去年晚秋的事情,想起来还～昨日的情形一样。(郁达夫《一个人在途中》)
　　Zhè shì qùnián wǎnqiū de shìqing, xiǎng qilai hái ～ zuórì de qíngxing yíyàng.

3.　今天的会～往常有点不一样。(周克芹《许茂和他的女儿们》)
　　Jīntiān de huì ～ wǎngcháng yǒudiǎnr bù yíyàng.

4.　这两母女的相貌表情,为什么～那两母女那么相像?(艾芜《野牛寨》)
　　Zhè liǎng mǔnǚ de xiàngmào biǎoqíng, wèi shénme ～ nà liǎng mǔnǚ nàme
　　xiāngxiàng?

5.　我们现在在科学技术方面的创造,～我们这样一个社会主义国家的地位是很
　　不相称的。(报)

Wǒmen xiànzài zài kēxué jìshù fāngmiàn de chuàngzào, ～ wǒmen zhèyàng yí ge shèhuìzhǔyìguójiā de dìwèi shì hěn bù xiāngchèn de.

往　wǎng　（介词）

指出动作的方向；宾语是表方位、处所的词语或某些表趋向的动词：

To, towards; takes a word or phrase denoting location or position or certain verbs denoting direction as its object:

1. 每个人都要～前走啊。（巴金《杨林同志》）
   Měi ge rén dōu yào ～ qián zǒu a.

2. 对面翟书记挽着一串人下到河里了,挣扎着～这边移动。(马烽《我的第一个上级》)
   Duìmiàn Zhái shūjì wǎnzhe yí chuàn rén xiàdào hé li le, zhēngzházhe ～ zhèbiānr yídòng.

3. 玉宝见天已大亮,忽一家伙跳下炕来,赤着脚就～门外走。(高玉宝《高玉宝》)
   Yùbǎo jiàn tiān yǐ dà liàng, hū yìjiāhuo tiào xià kàng lai, chìzhe jiǎo jiù ～ mén wài zǒu.

4. 凡事不妨～坏处想。(姚雪垠《李自成》)
   Fán shì bùfáng ～ huàichù xiǎng.

5. 他把眼皮使劲～起掀了两下。(李满天《力原》)
   Tā bǎ yǎnpí shǐjìn ～ qǐ xiānle liǎng xià.

6. "不嫌害臊,还有嘴～出说!"(西戎《宋老大进城》)
   "Bù xián hàisào, hái yǒu zuǐ ～ chū shuō!"

7. 大家急着～回跑。(杨朔《中国人民的心》)
   Dàjiā jízhe ～ huí pǎo.

为　wéi　（介词）〈书〉

意思与"被"相同,宾语多为体词,偶有主谓结构等:

Same as 被 in meaning (see p. 528), mostly takes a substantive or occsasionally a S-P as its object:

1. 一切从前～绅士们看不起的人……现在居然伸起头来了。(毛泽东《湖南农民运动考察报告》)
   Yíqiè cóngqián ～ shēnshìmen kàn bu qǐ de rén… xiànzài jūrán shēn qǐ tóu lai le.

2. 正确的政治路线,只有～群众自愿接受并成为他们的自觉行动时,新社会的创造才能付诸实现。(报)
   Zhèngquè de zhèngzhì lùxiàn, zhǐyǒu ～ qúnzhòng zìyuàn jiēshòu bìng chéngwéi tāmen de zìjué xíngdòng shí, xīn shèhuì de chuàngzào cái néng fù zhū shíxiàn.

3. 他很～陈老总严以律己的精神感动。(邓友梅《我们的军长》)
   Tā hěn ～ Chén lǎozǒng yán yǐ lù jǐ de jīngshén gǎndòng.

4. 他认为这些诗不仅会在自己生前流行,即使千年以后,也会掷地有金石声,～人诵读,～人喜爱。(师陀《李贺的梦》)
   Tā rènwéi zhèxiē shī bùjǐn huì zài zìjǐ shēngqián liúxíng, jíshǐ qiān nián yǐhòu, yě huì zhì dì yǒu jīnshí shēng, ～ rén sòngdú, ～ rén xǐ·ài.

"为"可用代词"之"为宾语,复指在上下文中出现的施事:

为 can take the pronoun 之 as its object, which stands for the agent mentioned in the context：

5.　"丁姨……"一个女孩子怯生生地喊道,这是几乎任何成年人听了都不能不~之怦然心动的嗓音。(张扬《第二次握手》)

　　"Dīng yí..." yí ge nǚ háizi qièshēngshēng de hǎn dào, zhè shì jīhū rènhé chéngnián rén tīngle dōu bù néng bù ~ zhī pēngrán xīn dòng de sǎngyīn.

6.　大妈听说小契不走了,像千斤重担落地,多日来的抑郁孤寂之感,~之一扫。(魏巍《东方》)

　　Dàmā tīngshuō Xiǎoqì bù zǒu le, xiàng qiān jīn zhòngdàn luò dì, duōrì lái de yìyù gūjì zhī gǎn, ~ zhī yì sǎo.

动词前可加"所"：

所 can be added before the verb：

7.　~好奇心所驱使,~这种热烈气氛所感染,我走进了他们的车厢。(峻青《火光》)

　　~ hàoqíxīn suǒ qūshǐ, ~ zhèzhǒng rèliè qìfēn suǒ gǎnrǎn, wǒ zǒu jìn le tāmen de chēxiāng.

8.　他们的面孔是~大家所熟悉的,他们的日常生活是~大家所关心的。(莫应丰《风》)

　　Tāmen de miànkǒng shì ~ dàjiā suǒ shúxī de, tāmen de rìcháng shēnghuó shì ~ dàjiā suǒ guānxīn de.

9.　我决不~他连续一个月每天在我对面出现所动。(沙小青《邂逅》)

　　Wǒ jué bù ~ tā liánxù yí ge yuè měi tiān zài wǒ duìmiàn chūxiàn suǒ dòng.

在语言环境允许时,"为"的宾语可省略,"为"与谓语动词加上其它成分构成四字短语：

The object of 为 can be omitted when the context permits. 为 and the verb plus other elements form a four-character phrase：

10.　她是那样美,曾经有多少男性追求过她,她都丝毫不~所动。(顾尔镡《在深处》)

　　Tā shì nàyàng měi, céngjīng yǒu duōshǎo nánxìng zhuīqiúguo tā, tā dōu sīháo bù ~ suǒ dòng.

11.　贫下中农深~感动,"纷纷写信"到学校和有关部门表扬李海。(莫应丰《风》)

　　Pínxiàzhōngnóng shēn ~ gǎndòng, "fēnfēn xiě xìn" dào xuéxiào hé yǒuguān bùmén biǎoyáng Lǐ Hǎi.

12.　一八九七年,德国帝国主义派遣舰队强占胶州湾,朝野大~震动。(陶菊隐《袁世凯演义》)

　　Yībājiǔqī nián, Déguó dìguózhǔyì pàiqiǎn jiànduì qiángzhàn Jiāozhōuwān, cháo yě dà ~ zhèndòng.

13.　从此,两把菜刀起事的故事广~流传。(张二牧《贺龙在湘鄂西》)

　　Cóngcǐ, liǎng bǎ càidāo qǐshì de gùshì guǎng ~ liúchuán.

为　wèi　(介)

指出动作、行为的对象、目的或原因。宾语是体词、动宾结构或主谓结构：

Indicates the target, purpose or cause of an action; and takes a substantive, S-P or V-O construction as its object：

A 指出关心或服务的对象：

Introduces the object of one's service or concern：

1. 不～你想，不～我想，你也得～你老婆孩子想想！（潘保安《老二黑离婚》）

   Bú ～ nǐ xiǎng, bú ～ wǒ xiǎng, nǐ yě děi ～ nǐ lǎopo háizi xiǎngxiang!

2. ～今春打井抗旱做好准备。

   ～ jīn chūn dǎ jǐng kàng hàn zuòhǎo zhǔnbèi.

3. 环市火车……专～工厂工人上班下班服务。（艾芜《雨》）

   Huán shì huǒchē ... zhuān ～ gōngchǎng gōngrén shàng bān xià bān fúwù.

B 指出目的："为……"可放在句首；动词可以是否定的：

Indicates the purpose. 为... can occur at the head of a sentence and the verb may be negative：

1. ～无产阶级革命事业奋斗终身！（马烽《刘胡兰》）

   ～ wúchǎnjiějí gémìng shìyè fèndòu zhōngshēn!

2. 我们要把七小姐拉成我们的人，～此我们密送七小姐五百两黄金。（曲波《桥隆飙》）

   Wǒmen yào bǎ qīxiǎojie lāchéng wǒmen de rén, ～ cǐ wǒmen mì sòng qīxiǎojie wǔbǎi liǎng huángjīn.

3. 我们希望一切热爱社会主义祖国的人们……～建设我们的伟大国家贡献自己的力量。（报）

   Wǒmen xīwàng yíqiè rè·ài shèhuìzhǔyì zǔguó de rénmen ... ～ jiànshè wǒmen de wěidà guójiā gòngxiàn zìjǐ de lìliang.

4. ～免除她的痛苦，我们没有把那个消息告诉她。

   ～ miǎnchú tā de tòngkǔ, wǒmen méiyou bǎ nàge xiāoxi gàosu tā.

5. 你妈妈～我们穷人求翻身坐牢牺牲，我们跑点腿，那还有什么话说。（报）

   Nǐ māma ～ wǒmen qióngrén qiú fān shēn zuò láo xīshēng, wǒmen pǎo diǎnr tuǐr, nà hái yǒu shénme huà shuō.

指出目的的"为"还常与"起见"搭配：

为, when used to indicate a purpose, is often accompanied by 起见：

6. 董都尉他们远道回去，～安全起见，我请求你派兵护送。（郭沫若《蔡文姬》）

   Dǒng dūwèi tāmen yuǎn dào huí qu, ～ ānquán qǐjiàn, wǒ qǐngqiú nǐ pài bīng hùsòng.

C 指出原因；动词可以是否定的：

Indicates the cause；the verb can be negative：

1. ～这事，乡亲们总觉得对不起腊梅，对不起你。（谌容《永远是春天》）

   ～ zhè shì, xiāngqinmen zǒng juéde duì bu qǐ Làméi, duì bu qǐ nǐ.

2. 我正～此伤脑筋。（邓友梅《我们的军长》）

   Wǒ zhèng ～ cǐ shāng nǎojīn.

3. ～接见朋友，访问朋友，便忙了一天。（郭沫若《革命春秋》）

   ～ jiējiàn péngyou, fǎngwèn péngyou, biàn mángle yì tiān.

4. 他～自己说了一句俏皮话，得意地大笑起来。（李建纲《三个李》）

   Tā ～ zìjǐ shuōle yí jù qiàopi huà, déyì de dà xiào qilai.

5. 他～这件事不高兴了好几天。

Tā ~ zhèjiàn shì bù gāoxìng le hǎo jǐ tiān.

"为"常与"而"构成"为……而……",多见于书面语:

为 and 而 often form 为…而…, usually used in written language:

1. ~人民利益而死,就比泰山还重。(毛泽东《为人民服务》)

　　~ rénmín lìyì ér sǐ, jiù bǐ Tàishān hái zhòng.

2. 表面上他是~祥子而牺牲的。(老舍《骆驼祥子》)

　　Biǎomiànshang tā shì ~ Xiángzi ér xīshēng de.

3. ~教育而教育,只是毫无意义的玄语。(叶圣陶《倪焕之》)

　　~ jiàoyù ér jiàoyù, zhǐshì háo wú yìyì de xuányǔ.

在单音节动词前的"而"(例1)和连接前后同一词语的"而"(例3)不能省略。

When 而 precedes a monosyllabic verb (as in example 1) or is placed between the same word or phrase repeated (as in example 3), it cannot be omitted.

"为"后面常加"了""着":

为 is often followed by 了 or 着:

1. ~了祖国,~了人民,死了也是光荣的。(杨朔《英雄时代》)

　　~ le zǔguó, ~ le rénmín, sǐle yě shì guāngróng de.

2. 我~了好奇,曾出骑楼去望了望,受到街上防护团员的干涉。(郭沫若《洪波曲》)

　　Wǒ ~ le hàoqí, céng chū Qílóu qù wàng le wàng, shòudào jiē shang fánghùtuányuán de gānshè.

3. 我~了气气她,昂起头来,故意更加大声唱下去。(马忆湘《朝阳花》)

　　Wǒ ~ le qìqi tā, áng qǐ tóu lai, gùyì gèngjiā dà shēng chàng xiaqu.

4. ~了谨慎起见,我认为此刻我们见面这个地方,也不能再用了。(罗广斌、杨益言《红岩》)

　　~ le jǐnshèn qǐjiàn, wǒ rènwéi cǐkè wǒmen jiàn miàn zhège dìfang, yě bù néng zài yòng le.

5. ~着维护社会秩序的目的而发布的行政命令,也要伴之以说服教育。(毛泽东《关于正确处理人民内部矛盾的问题》)

　　~ zhe wéihù shèhuì zhìxù de mùdì ér fābù de xíngzhèng mìnglìng, yě yào bàn zhī yǐ shuōfú jiàoyù.

6. 她~着一个未来的小小的生命寝馈不安。(曹禺《北京人》)

　　Tā ~ zhe yí ge wèilái de xiǎoxiǎo de shēngmìng qǐn kuì bù·ān.

参看"给"。

Compare 给 gěi.

向 xiàng （介词）

A 同"朝"A,指出动作的方向;如宾语多于一个音节,"向"可以带"着":

Same as 朝 A (to, towards); indicates the direction of an action. When the object has more than one syllable, 向 can take 着:

1. 那浓郁的花粉青草气息,直~人心里钻。(冯德英《苦菜花》)

　　Nà nóngyù de huāfěn qīngcǎo qìxi, zhí ~ rén xīnli zuān.

2. 哪怕是再小的风吹来,它总要~山谷发出呼啸,总要放开喉咙给白杨树村的人歌唱。(李准《白杨树》)

Nǎpà shì zài xiǎo de fēng chuī lái, tā zǒng yào ～ shāngǔ fā chū hūxiào, zǒng yào fàngkāihóulóng gěi báiyángshùcūn de rén gēchàng.

3. 他们沿着护村堰～前走去。(马烽《刘胡兰传》)

Tāmen yánzhe hùcūnyàn ～ qián zǒu qù.

4. 他顺河岸的积雪～下爬了四、五米……(立高《永生的战士》)

Tā shùn hé àn de jīxuě ～ xià pále sì, wǔ mǐ...

5. 这辆坦克与众不同,不仅高大得出奇,而且凶神恶煞似地,一面走,一面～外喷火。(魏巍《东方》)

Zhèliàng tǎnkè yǔ zhòng bù tóng, bùjǐn gāodà de chūqí, érqiě xiōngshén·èshà shìde, yímiàn zǒu, yímiàn ～ wài pēn huǒ.

6. 我回头一看,老头子像箭似的～着堤下凫过来。(峻青《黎明的河边》)

Wǒ huí tóu yí kàn, lǎotóuzi xiàng jiàn shìde ～ zhe dī xià fú guolai.

7. 直到距离十几码远,他们才好像突然间从地底下钻出来,～着你的胸脯开火。(魏巍《东方》)

Zhídào jùlí shí jǐ mǎ yuǎn, tāmen cái hǎoxiàng túránjiān cóng dì dǐxia zuān chulai, ～ zhe nǐ de xiōngpú kāi huǒ.

B 表示动作行为的对象;"向"后不能加"着":

Indicates the target of an action and cannot take 着:

1. 这鬼天气! 简直是配合美帝～我们进攻。(魏巍《东方》)

Zhè guǐ tiānqì! Jiǎnzhí shì pèihé Měidì ～ wǒmen jìngōng.

2. 大姐,我是同情你的,我要～你说句实话,我从小时就敬重着你。(郭沫若《蔡文姬》)

Dàjiě, wǒ shì tóngqíng nǐ de, wǒ yào ～ nǐ shuō jù shíhuà, wǒ cóng xiǎo shí jiù jìngzhòngzhe nǐ.

3. 真饿得急了,等天黑,……～老百姓买一点干煎饼回来,大家分着吃吃。(知侠《铁道游击队》)

Zhēn è de jí le, děng tiān hēi, .., ～ lǎobǎixìng mǎi yìdiǎnr gān jiānbing huí lai, dàjiā fēnzhe chīchi.

4. 大家勇敢、坚韧,永远不～困难低头。(杨朔《英雄时代》)

Dàjiā yǒnggǎn, jiānrèn, yǒngyuǎn bú ～ kùnnan dī tóu.

C "向……"可以放在某些单音节动词后表示动作的方向;不能带"着":

向... can be placed after some monosyllabic verbs to indicate the direction of an action. 向 cannot take 着:

1. 侦察员从西边回来,说顽军都撤～湖西去了。(知侠《铁道游击队》)

Zhēncháyuán cóng xībianr huí lai, shuō wánjūn dōu chè ～ hú xī qù le.

2. 这数不尽的人群汇合成一条急流,……涌～天安门去。(杨朔《黄河之水天上来》)

Zhè shǔ bú jìn de rénqún huìhéchéng yì tiáo jíliú, ... yǒng ～ Tiān·ānmén qu.

3. 不远处有几辆被击毁的坦克……,长长的炮筒呆呆地指～北方。(魏巍《东方》)

Bù yuǎn chù yǒu jǐ liàng bèi jīhuǐ de tǎnkè ..., chángcháng de pàotǒng dāidāi de zhǐ ～ běifāng.

4. 过了一阵,她把眼光转～那躺在草上的伤员们身上。(杜鹏程《保卫延安》)

Guòle yízhèn, tā bǎo yǎnguāng zhuǎn ～ nà tǎng zài cǎo shang de shāngyuánmen shēnshang.

沿 yán （介词）

表示按某边沿或线路；宾语为体词，单音节宾语，"沿"一般不带"着"；双音节或多音节宾语，"沿"可带"着"，也可不带"着"：

Along（parallel with sth.）; takes a substantive as its object. When the object of 沿 is mono-syllabic, 着 cannot be added to it; when its object is more than one syllable, 着 is optional：

A 指出行动的方向：

Indicates the direction of an action：

1. 敌人的战斗机和轰炸机也接着一架一架出现，～江轰炸扫射。（魏巍《东方》）

 Dírén de zhàndòujī hé hōngzhàjī yě jiēzhe yí jià yí jià chūxiàn, ～ jiāng hōngzhà sǎoshè.

2. 就在这时，薛继超的自行车队，～大路，像射箭一样，急驰而去。（曲波《桥隆飙》）

 Jiù zài zhèshí, Xuē Jìchāo de zìxíngchēduì, ～ dàlù, xiàng shè jiàn yíyàng, jí chí ér qù.

3. 一九三七年八月红军终于再一次渡过黄河，～着东征的足迹开赴山西。（曹丹辉《抗日前奏》）

 Yījiǔsānqī nián bāyuè Hóngjūn zhōngyú zài yí cì dùguò Huánghé, ～ zhe dōng zhēng de zújì kāifù Shānxī.

4. 第二天，敌人出动了所有的人马，～着我们奔驰过的道路跟踪追击……（曲波《桥隆飙》）

 Dì·èr tiān, dírén chūdòngle suǒyǒu de rénmǎ, ～ zhe wǒmen bēnchíguo de dàolù gēnzōng zhuījī...

B 指出人或事物存在的处所：

Indicates the position of persons or things：

1. 湖里正开着紫色的凤眼兰；～着沙堤到处是成球的珍珠梅。（杨朔《京城漫记》）

 Hú li zhèng kāizhe zǐsè de fèngyǎnlán; ～ zhe shā dī dàochù shì chéng qiú de zhēnzhūméi.

2. ～路多半是弹药车，一台顶着一台，总有一二百辆。（魏巍《东方》）

 ～ lù duōbàn shì dànyàochē, yì tái dǐngzhe yì tái, zǒng yǒu yī èr bǎi liàng.

3. ～部队行列，每隔五六百公尺就有一个师政治部或团政治处的宣传员，……（杜鹏程《保卫延安》）

 ～ bùduì hángliè, měi gé wǔ liùbǎi gōngchǐ jiù yǒu yí ge shī zhèngzhìbù huò tuán zhèngzhìchù de xuānchuányuán, ...

"沿……"也可作定语：

沿... can also be used as an attributive：

4. 侵略军……到玉带河的上游停车，抢占了～河一个村镇，……（李英儒《女游击队队长》）

 Qīnlüèjūn ... dào Yùdàihé de shàngyóu tíng chē, qiǎngzhànle ～ hé yí ge cūnzhèn, ...

5. ～路的人都瞪大眼睛，无声地望着老陈。(叶蔚林《阿里在晚霞中死去》)

～ lù de rén dōu dèngdà yǎnjing, wúshēng de wàngzhe Lǎo Chén.

依 yī (介词)

指出做某事的依据；宾语是体词；宾语多于一个音节时，可带"着"：

According to, in the light of, on the basis of; takes a substantive as its object. When its object has more than one syllable, 依 can take 着:

1. 法院认为证人有意作伪证时，可以～法处理。(报)

Fǎyuàn rènwéi zhèngrén yǒuyì zuò wěizhèng shí, kěyǐ ～ fǎ chǔlǐ.

2. 所有这些阶级，它们对于中国革命的态度和立场如何，全～他们在社会经济中所占的地位来决定。(毛泽东《中国革命和中国共产党》)

Suǒyǒu zhèxiē jiējí, tāmen duìyú Zhōngguó gémìng de tàidu hé lìchǎng rúhé, quán ～ tāmen zài shèhuì jīngjì zhōng suǒ zhàn de dìwèi lái juédìng.

3. ～着这些决定，我去思索：……(老舍《〈龙须沟〉写作经过》)

～ zhe zhèxiē juédìng, wǒ qù sīsuǒ: ...

参看"依照"。

Compare 依照 yīzhào.

"依……看(说)"，表示根据某人的看法或意见，作插入语：

依...看(说), meaning "in sb's view, as sb. sees it", is used as a parenthesis:

4. 妈，～我看，念下几句书总有点好处。(马烽《刘胡兰传》)

Mā, ～ wǒ kàn, niàn xia jǐ jù shū zǒng yǒu diǎnr hǎochu.

5. ～我说不如这样，开个会，动员一下。和他们讲清楚，烟叶可以发给他们拿在家里整。(李准《冬天的故事》)

～ wǒ shuō bùrú zhèyàng, kāi ge huì, dòngyuán yíxià. Hé tāmen jiǎngqīngchu, yānyè kěyǐ fā gěi tāmen ná zài jiā li zhěng.

依照 yīzhào (介词)

同"依"，宾语必须多于一个音节：

Same as 依, its object must have more than one syllable:

1. 国家可以～法律规定的条件，对土地实行征购、征用或者收归国有。(《中华人民共和国宪法》)

Guójiā kěyǐ ～ fǎlǜ guīdìng de tiáojiàn, duì tǔdì shíxíng zhēnggòu, zhēngyòng huòzhě shōu guī guóyǒu.

2. 依我之见，不如～咱们大总统孙文的主张去做。(欧阳山《三家巷》)

Yī wǒ zhī jiàn, bùrú ～ zánmen dà zǒngtǒng Sūn Wén de zhǔzhāng qù zuò.

3. 彭总还让我们纵队和兄弟纵队，坚决～原来计划消灭沙家店的敌人。(杜鹏程《保卫延安》)

Péng zǒng hái ràng wǒmen zòngduì hé xiōngdì zòngduì, jiānjué ～ yuánlái jìhuà xiāomiè Shājiādiàn de dírén.

4. 一切战争指导规律，～历史的发展而发展，～战争的发展而发展，一成不变的东西是没有的。(毛泽东《中国革命战争的战略问题》)

Yíqiè zhànzhēng zhǐdǎo guīlǜ, ～ lìshǐ de fāzhǎn ér fāzhǎn, ～ zhànzhēng de fāzhǎn ér fāzhǎn, yìchéngbúbiàn de dōngxi shì méi yǒu de.

以 yǐ (介词)

A 宾语多是体词,尤其是抽象名词:

Takes a substantive, especially an abstract noun, as its object:

1)指出动作行为赖以进行的凭借,相当于口语里"拿"或"用":

With, use; equivalent to 拿 or 用 in colloquial speech, indicates the means by which an action is performed:

1. 今后我们要～更大的胜利,来回答上级对我们的希望。(知侠《铁道游击队》)

   Jīnhòu wǒmen yào ～ gèng dà de shènglì, lái huídá shàngjí duì wǒmen de xīwàng.

2. 战争的正义性,正～它无比深厚的力量激励着伟大的人民。(魏巍《东方》)

   Zhànzhēng de zhèngyìxìng, zhèng ～ tā wúbǐ shēnhòu de lìliang jīlìzhe wěidà de rénmín.

3. 我们的政治路线要～思想路线做基础,还要靠组织路线来保证。(报)

   Wǒmen de zhèngzhì lùxiàn yào ～ sīxiǎng lùxiàn zuò jīchǔ, hái yào kào zǔzhī lùxiàn lái bǎozhèng.

2)指出动作、行为进行的方式、程度或参加者的身份等:

Indicates the manner or degree of an action or the status of a participant, etc.:

4. 今天的世界的人民运动,正在～空前的大规模和空前的深刻性发展着。(毛泽东《论持久战》)

   Jīntiān de shìjiè de rénmín yùndòng, zhèngzài ～ kōngqián de dà guīmó hé kōngqián de shēnkèxìng fāzhǎnzhe.

5. 我国人民……增强了同～伪装出现的反革命分子作斗争的本领,……(报)

   Wǒ guó rénmín ... zēngqiángle tóng ～ wěizhuāng chūxiàn de fǎngémìng fènzǐ zuò dòuzhēng de běnlǐng, ...

6. 在没有阶级的社会中,每个人～社会一员的资格,同其他社会成员协力,结成一定的生产关系……(毛泽东《实践论》)

   Zài méi yǒu jiējí de shèhuì zhōng, měi ge rén ～ shèhuì yì yuán de zīge, tóng qítā shèhuì chéngyuán xiélì, jiéchéng yídìng de shēngchǎn guānxi...

7. 我们的民族将从此列入爱好和平的自由的世界各民族的大家庭,～勇敢而勤劳的姿态工作着,……(毛泽东《中国人民站起来了》)

   Wǒmen de mínzú jiāng cóngcǐ lièrù àihào hépíng de zìyóu de shìjiè gè mínzú de dàjiātíng, ～ yǒnggǎn ér qínláo de zītài gōngzuòzhe, ...

3)指出原因:

Indicates the cause of something:

8. 自从当连级干部起,他就～作战勇敢和战术思想积极著称。(魏巍《东方》)

   Zìcóng dāng liánjí gànbù qǐ, tā jiù ～ zuòzhàn yǒnggǎn hé zhànshù sīxiǎng jījí zhùchēng.

9. 我们～我们的祖国有这样的英雄而骄傲,我们～生活在这个英雄的国度而自豪。(魏巍《谁是最可爱的人》)

   Wǒmen ～ wǒmen de zǔguó yǒu zhèyàng de yīngxióng ér jiāo·ào, wǒmen ～ shēnghuó zài zhège yīngxióng de guódù ér zìháo.

B"以……来说"常作插入语,有时用以举例:

以...来说, often used as a parenthesis, is sometimes employed to cite examples:

1. 就～我这个生活、思想、技巧三穷的人来说,党始终关切我,帮助我,鼓励我,老

叫我心里热乎乎的。(老舍《〈老舍剧作选〉序言》)

Jiù ～ wǒ zhège shēnghuó, sīxiǎng, jìqiǎo sān qióng de rén láishuō, dǎng shǐzhōng guānqiè wǒ, bāngzhù wǒ, gǔlì wǒ, lǎo jiào wǒ xīnli rèhūhū de.

"以……话来说"表示引用某人的说法:

以...话来说 is used to cite sb's words:

2. ～营长的话来说,小武具有一个革命战士应有的气质和作风。(立高《永生的战士》)

～ yíngzhǎng de huà láishuō, Xiǎowǔ jùyǒu yí ge gémìng zhànshì yīng yǒu de qìzhì hé zuòfēng.

C 宾语是单音节方位词,指出处所界限:

Takes a monosyllabic localizer as its object to indicate a spatial limit:

1. 我人民解放军在黄河～南,长江～北,……将要全面地转入大反攻。(杜鹏程《保卫延安》)

Wǒ rénmín jiěfàngjūn zài Huánghé ～ nán, Chángjiāng ～ běi, ... jiāngyào quánmiàn de zhuǎnrù dà fǎngōng.

2. 现在还不能走动,因为东山梁～东的山上还有敌人南下,……(杜鹏程《保卫延安》)

Xiànzài hái bù néng zǒudòng, yīnwèi dōngshānliáng ～ dōng de shān shang hái yǒu dírén nánxià, ...

由 yóu (介词)

A 指出职责归属;宾语多为指人的体词,主语为述语的受事:

Denotes to whom a task is assigned and takes as its object a substantive denoting a person. The subject is the recipient of the verb:

1. 会议仍～她来主持。(李英儒《女游击队长》)

Huìyì réng ～ tā lái zhǔchí.

2. 绸子缎子～你挑着穿。(马烽、西戎《吕梁英雄传》)

Chóuzi duànzi ～ nǐ tiāozhe chuān.

3. 这些～我们对付! 你放心就是!(知侠《铁道游击队》)

Zhèxiē ～ wǒmen duìfu! Nǐ fàng xīn jiù shì!

4. 这是属于政治问题,主要的责任应～政治工作者来负。(曲波《桥隆飙》)

Zhè shì shǔyú zhèngzhì wèntí, zhǔyào de zérèn yīng ～ zhèngzhì gōngzuòzhě lái fù.

5. 她是啥样的人,不～你说,也不～我说。(魏巍《东方》)

Tā shì shá yàng de rén, bù ～ nǐ shuō, yě bù ～ wǒ shuō.

可以是无主语句,受事作为宾语处于述语后:

由 can form a sentence without a subject. The recipient instead of being the subject is the object of the verb:

6. 花正芳一挥手,～两个侦察员押着他们向沟口跑去。(魏巍《东方》)

Huā Zhèngfāng yì huī shǒu, ～ liǎng ge zhēncháyuán yāzhe tāmen xiàng gōukǒu pǎo qù.

B 表示原因、方式或构成事物的成分;宾语为体词、述词性短语。述语多是"组成""构成""决定""造成""产生""引起"等;前面可加"所":

Indicates the cause, manner or constituents of something. Its object is a substantive, verbal phrase, etc. In most cases the verbs are 组成，构成，决定，造成，产生 or 引起，etc. 所 can precede the verb：

1. 国家政权是～人来组成和行使的。(报)
   Guójiā zhèngquán shì ～ rén lái zǔchéng hé xíngshǐ de.

2. 填充法的练习题目，多半是～这种删除法构成的。(张世禄《小学词汇教学基本知识讲话》)
   Tiánchōngfǎ de liànxí tímù, duōbàn shì ～ zhèzhǒng shānchúfǎ gòuchéng de.

3. 这是～他们反动的立场决定的。(魏巍《东方》)
   Zhè shì ～ tāmen fǎndòng de lìchǎng juédìng de.

4. 他知道这个祸是～他造成的。(李英儒《女游击队长》)
   Tā zhīdao zhège huò shì ～ tā zàochéng de.

5. 这是～三个被敌人拆散和摧毁的家庭所组成的一个家庭。(魏巍《东方》)
   Zhè shì ～ sān ge bèi dírén chāisàn hé cuīhuǐ de jiātíng suǒ zǔchéng de yí ge jiātíng.

6. 人类的疾病，多是～生物的、物理的和化学的致病因素所引起，其中化学致病因素是主要的。(刊)
   Rénlèi de jíbìng, duō shì ～ shēngwù de, wùlǐ de hé huàxué de zhìbìng yīnsù suǒ yǐnqǐ, qízhōng huàxué zhìbìng yīnsù shì zhǔyào de.

"由"的宾语如为述词性短语，述语前可加"而"：
而 can precede the verb if the object of 由 is a verbal phrase：

7. ～轻敌而发生的对于准备的放松，和～被敌人进攻所吓倒而发生的惊惶失措，都是应该坚决反对的不良倾向。(毛泽东《中国革命战争的战略问题》)
   ～ qīngdí ér fāshēng de duìyú zhǔbèi de fàngsōng, hé ～ bèi dírén jìngōng suǒ xiàdǎo ér fāshēng de jīnghuáng shīcuò, dōu shì yīnggāi jiānjué fǎnduì de bùliáng qīngxiàng.

8. 李正听刘洪的语气里，虽然没有王强那种～胜利而带来的麻痹，但也缺乏应有的高度警惕。(知侠《铁道游击队》)
   Lǐ Zhèng tīng Liú Hóng de yǔqì li, suīrán méi yǒu Wáng Qiáng nàzhǒng ～ shènglì ér dài lái de mábì, dàn yě quēfá yīng yǒu de gāodù jǐngtì.

C 表示时间、空间或变化的起点，相当于"从"，宾语多为体词或形容词：
Equivalent to 从, indicates the starting point in time, space or change. It mainly takes a substantive or adjective as its object：

1. 三五九旅奉命～敌后开回陕甘宁边区保卫党中央。(陶承《我的一家》)
   Sānwǔjiǔ lǚ fèng mìng ～ dí hòu kāi huí Shǎn Gān Níng biānqū bǎowèi dǎng zhōngyāng.

2. 全纵队的人马渡过黄河，～东朝西，直向延安方向进军。(杜鹏程《保卫延安》)
   Quán zòngduì de rénmǎ dùguò Huánghé, ～ dōng cháo xī, zhí xiàng Yán·ān fāngxiàng jìnjūn.

3. 忽然一阵"嗡隆嗡隆"的马达声，～远而近，声音～小而大，响着过来。(马烽、西戎《吕梁英雄传》)
   Hūrán yí zhèn "wēnglōng wēnglōng" de mǎdá shēng, ～ yuǎn ér jìn, shēngyīn ～ xiǎo ér dà, xiǎngzhe guò lai.

4. ～现在到一九五六年十月秋收以前，还有十四个月。……(毛泽东《关于农业合作化问题》)

~ xiànzài dào yījiǔwǔliù nián shíyuè qiūshōu yǐqián, hái yǒu shísì ge yuè. ...

5. 一片片的白雪～大片变成小片,再～小片溶解成水,渗在黑色的泥土里。(李准《冰化雪消》)

Yí piànpiàn de bái xuě ~ dà piàn biànchéng xiǎo piàn, zài ~ xiǎo piàn róngjiěchéng shuǐ, shèn zài hēisè de nítǔ li.

6. 飞机～四架增到八架,再增到十二架,不停地投弹扫射。(克扬《夺刀》)

Fēijī ~ sì jià zēngdào bā jià, zài zēngdào shí·èr jià, bùtíng de tóu dàn sǎoshè.

D 表示来源,相当于"从",宾语为表示处所的词语:

Equivalent to 从, indicates the source of something. Its object is a word or phrase denoting location:

1. 现在,生产工具和土地,都～不劳动的地主手里,转到了劳动人民的手里,这就是翻身。(周立波《暴风骤雨》)

Xiànzài, shēngchǎn gōngjù hé tǔdì, dōu ~ bù láodòng de dìzhǔ shǒu li, zhuǎndàole láodòng rénmín de shǒu li, zhè jiù shì fān shēn.

2. ～我身上掉下来的肉,我能不心疼吗?(老舍《龙须沟》)

~ wǒ shēnshang diào xialai de ròu, wǒ néng bù xīnténg ma?

E "由此可见""由此可知"等为常见插入语,表示从前面论述的情况可以得出以下结论:

由此可见, 由此可知, etc. are commonly-used parenthetical phrases indicating that a conclusion can be drawn from what has been previously said:

1. ～此可见,在锤炼词语中,选好一个动词,……都能使语言准确有力地反映思想,收到良好的修辞效果。(潘嘉静《汉语修辞常识》)

~ cǐ kějiàn, zài chuíliàn cíyǔ zhōng, xuǎnhǎo yí ge dòngcí, ... dōu néng shǐ yǔyán zhǔnquè yǒulì de fǎnyìng sīxiǎng, shōudào liánghǎo de xiūcí xiàoguǒ.

2. ～此可知,不了解中国革命战争的特点,就不能指导中国革命战争,……(毛泽东《中国革命战争的战略问题》)

~ cǐ kě zhī, bù liǎojiě Zhōngguó gémìng zhànzhēng de tèdiǎn, jiù bù néng zhǐdǎo Zhōngguó gémìng zhànzhēng, ...

3. ～此看来,战争情况的不同,决定着不同的战争指导规律,……(毛泽东《中国革命战争的战略问题》)

~ cǐ kànlái, zhànzhēng qíngkuàng de bù tóng, juédìngzhe bù tóng de zhànzhēng zhǐdǎo guīlǜ, ...

由于 yóuyú （介词）

A 用在句子前一部分引出原因,宾语可以是主谓结构、动宾结构或体词:

Owing to, *due to*; is used in the first part of a sentence to introduce the cause. Its object can be a S-P, V-O construction or a substantive:

1. 他～作战英勇,当了战斗英雄。(杜鹏程《保卫延安》)

Tā ~ zuòzhàn yīngyǒng, dāngle zhàndòu yīngxióng.

2. 他～不了解凌雪晴的身分,含含糊糊地不知该朝谁说话。(李英儒《女游击队长》)

Tā ~ bù liǎojiě Líng Xuěqíng de shēnfen, hánhanhūhū de bù zhī gāi cháo shuí shuō huà.

3. ～他的正直，大家都推他作经济委员，管理伙食。(知侠《铁道游击队》)

～ tā de zhèngzhí, dàjiā dōu tuī tā zuò jīngjì wěiyuán, guǎnlǐ huǒshí.

有时有"所以""因而""就""才""而"等和"由于"呼应，使因果关系更清楚:

Sometimes 由于 is used in conjunction with 所以, 因而, 就, 才 or 而, etc. to clarify the causal relationship:

4. 周大勇～丰富的战斗经验，～坚定的决心，～意志的集中，～紧张的指挥，～想到保存自己的战士而杀死敌人，所以他丝毫没有感觉到有什么牺牲的可能。(杜鹏程《保卫延安》)

Zhōu Dàyǒng ～ fēngfù de zhàndòu jīngyàn, ～ jiāndìng de juéxīn, ～ yìzhì de jízhōng, ～ jǐnzhāng de zhǐhuī, ～ xiǎngdào bǎocún zìjǐ de zhànshì ér shāsǐ dírén, suǒyǐ tā sīháo méiyou gǎnjuédào yǒu shénmen xīshēng de kěnéng.

5. ～错误地否认小游击和小流动，就来了一个大游击、大流动。(毛泽东《中国革命战争的战略问题》)

～ cuòwù de fǒurèn xiǎo yóujī hé xiǎo liúdòng, jiù láile yí ge dà yóujī, dà liúdòng.

6. 事变以后，～毛主席的领导，闹了减租减息，合理负担，才扎住碗沿子了。(梁斌《翻身记事》)

Shìbiàn yǐhòu, ～ Máo zhǔxí de lǐngdǎo, nàole jiǎnzūjiǎnxī, hélǐ fùdān, cái bāzhù wǎn yánzi le.

7. 彭总能预见～艰难困苦而产生的那种新的力量。(杜鹏程《保卫延安》)

Péng zǒng néng yùjiàn ～ jiānnán kùnkǔ ér chǎnshēng de nàzhǒng xīn de lìliang.

8. 黄丽程的眼光是询问的，微笑的，～思索而带几分狡狯的。(王蒙《青春万岁》)

Huáng Lìchéng de yǎnguāng shì xúnwèn de, wēixiào de, ～ sīsuǒ ér dài jǐ fēn jiǎokuài de.

B 有时先说明结果，"由于"放在后一部分补述原因:

Sometimes the result is mentioned in the first part of a sentence, and the cause introduced by 由于 occurs in the second part:

1. 他想到他们的队长老洪、王强所以那么坚强，都是～在这里受了教育。(知侠《铁道游击队》)

Tā xiǎngdào tāmen de duìzhǎng Lǎo Hóng, Wáng Qiáng suǒyǐ nàme jiānqiáng, dōu shì ～ zài zhèlǐ shòule jiàoyù.

2. 人常常觉得自己遇到的困难是世界上最大的困难，这都是～缺乏锻炼。(杜鹏程《保卫延安》)

Rén chángcháng juéde zìjǐ yùdào de kùnnan shì shìjiè shang zuì dà de kùnnan, zhè dōu shì ～ quēfá duànliàn.

于 yú （介词）〈书〉

A 意思同"在"；但因书面语与口语有别，很多地方不一定能互代:

Same as 在, but since literary language is different from colloquial language, 于 and 在 may not in many instances replace each other:

1) 表示动作发生的时间:

Indicates the time when an action takes place:

1. 国务院～一九七八年十二月二十八日发出了关于发布修订《发明奖励条例》的通知。(报)

Guówùyuàn ～ yījiǔqībā nián shí·èryuè èrshí bā rì fā chū le guānyú fābù xiūdìng 《fāmíng jiǎnglì tiáolì》 de tōngzhī.

2. ……独～今天连演习都不准我看,所以我就偷着空儿跑到这儿来啦。(郭沫若 《屈原》)

　… Dú ～ jīntiān lián yǎnxí dōu bù zhǔn wǒ kàn, suǒyǐ wǒ jiù tōuzhe kòngr pǎodào zhèr lái la.

"于……"也可处于动词之后:

于… can also be placed after a verb:

3. 环龙桥堍下,就是内园,建～1709 年(清康熙四十八年)。(任微音、静观《上海 及近郊一日游》)

　Huánlóngqiáo tù xià, jiù shì nèiyuán, jiàn ～ yīqīlíngjiǔ nián (Qīng Kāngxī sìshí bā nián).

4. 他生～1901 年,死～1970 年。

　Tā shēng ～ yījiǔlíngyī nián, sǐ ～ yījiǔqīlíng nián.

5. 杭州纺织业开始～七世纪,素有"丝绸之府"之称,尤以织锦闻名中外。(刊)

　Hángzhōu fǎngzhīyè kāishǐ ～ qī shìjì, sù yǒu "sīchóu zhī fǔ" zhī chēng, yóu yǐ zhījǐn wénmíng Zhōng wài.

2)表示动作发生或事件存在的处所,"于……"可处于动词前也可处于动词后:

Indicates the place where an action takes place or something exists. 于… can be placed either before or after the verb:

6. ～无声处听惊雷。(鲁迅《无题》)

　～ wú shēng cù tīng jīng léi.

7. 久未通信,近才得知,他已～陕西老家病故。

　Jiǔ wèi tōng xìn, jìn cái dézhī, tā yǐ ～ Shǎnxī lǎojiā bìnggù.

8. 一个新中国还是一个老中国,两个前途仍然存在～中国人民的面前,存在～中 国共产党的面前,存在～我们这次代表大会的面前。

　Yí gè xīn Zhōngguó háishì yí ge lǎo Zhōngguó, liǎng gè qiántú réngrán cúnzài ～ Zhōngguó rénmín de miànqián, cúnzài ～ Zhōngguó gòngchǎndǎng de miànqián, cúnzài ～ wǒmen zhècì dàibiǎo dàhuì de miànqián.

9. 我们的伟大祖国昂首挺立～世界民族之林。

　Wǒmen de wěidà zǔguó ángshǒu tǐnglì ～ shìjiè mínzú zhī lín.

10. 周恩来同志并不以理论家著称～世,然而,事实上他是当之无愧的当代伟大的 马克思主义者之一。(报)

　Zhōu Ēnlái tóngzhì bìng bù yǐ lǐlùnjiā zhùchēng ～ shì, rán·ér, shìshí shang tā shì dāng zhī wúkuì de dāngdài wěidà de Mǎkèsīzhǔyìzhě zhī yī.

3)表示人或事物通过动作到达的处所,"于……"处于动词后:

Indicates the place at which a person or thing has arrived through an action. 于… is placed after the verb:

11. 他也想投身～那些奋战的人群,但是又时时处处发现自己受到无形而顽固的 束缚。(张扬《第二次握手》)

　Tā yě xiǎng tóushēn ～ nàxiē fènzhàn de rénqún, dànshì yòu shíshí chùchù fāxiàn zìjǐ shòudào wúxíng ér wángù de shùfù.

12. 每一个曾经在周总理身旁工作过的同志都有一个共同的感受,就是生活、战斗
在周总理的身旁,犹如置身～一个革命大家庭里。(报)

Měi yí ge céngjīng zài Zhōu zǒnglǐ shēn páng gōngzuòguo de tóngzhì dōu yǒu yí ge

gòngtóng de gǎnshòu, jiù shì shēnghuó, zhàndòu zài Zhōu zǒnglǐ de shēn páng, yóurú

zhìshēn ～ yí ge gémìng dà jiātíng li.

13. 置洞箫～墓栏上。(郭沫若《棠棣之花》)

Zhì dòngxiāo ～ mù lán shang.

4)"于……"在动词前表示进行某种动作时的境况,在动词后表示人或事物通过动
作进入某境况:

于... is placed before the verb to indicate the state of an action which is in progress and

is placed after the verb to indicate the state that a person or thing is brought to:

14. 如姬(～十分凄绝中向大梁城远景凝目,……)(郭沫若《虎符》)

Rújī (～ shífēn qījué zhōng xiàng Dàliángchéng yuǎnjǐng níngmù, ...)

15. 在工人阶级斗争史上,曾有过不少由于缺乏或排斥党的领导使斗争陷～失败
的痛苦经历。(报)

Zài gōngrén jiējí dòuzhēng shǐ shang, céng yǒuguo bùshǎo yóuyú quēfá huò páichì

dǎng de lǐngdǎo shǐ dòuzhēng xiàn ～ shībài de tòngkǔ jīnglì.

16. 大家都放眼前程似锦的未来,把心思和精力用～搞四个现代化。(报)

Dàjiā dōu fàngyǎn qiánchéng sì jǐn de wèilái, bǎ xīnsi hé jīnglì yòng ～ gǎo sì ge

xiàndàihuà.

17. ……适当揭露和批判其中的坏人坏事,着眼～"惩前毖后,治病救人",……
(报)

... shìdàng jiēlù hé pīpàn qízhōng de huài rén huài shì, zhuóyǎn ～ "

chéngqiánbìhòu, zhìbìngjiùrén", ...

B "对"的意思,指出与动作、行为有关联的对象,宾语多是体词或动宾结构等;"于
……"或在动词前,或在动词或动宾结构之后:

To; introduces the person or thing related to the action. It mostly takes a substantive or

V-O construction, etc. as its object. 于... can be placed either before the verb or after

the verb or V-O construction:

1. 讲和～他有利,他为什么不接受?(郭沫若《虎符》)

Jiǎng hé ～ tā yǒu lì, tā wèi shénme bù jiēshòu?

2. 如果你认为忧愁～你无损,就再等一个时候也好。(欧阳山《三家巷》)

Rúguǒ nǐ rènwéi yōuchóu ～ nǐ wú sǔn, jiù zài děng yí ge shíhou yě hǎo.

3. 将来是现在的将来,～现在有意义,才～将来会有意义。(鲁迅《论"第三种
人"》)

Jiānglái shì xiànzài de jiānglái, ～ xiànzài yǒu yìyì, cái ～ jiānglái huì yǒu yìyì.

4. 这样～改进工作有帮助。

Zhèyàng ～ gǎijìn gōngzuò yǒu bāngzhù.

5. 这样有助～改进工作。

Zhèyàng yǒuzhù ～ gǎijìn gōngzuò.

6. 我们这个时代,需要造就出千百万忠诚～社会主义事业的、多才多艺的各种各
样的人才。(报)

Wǒmen zhège shídài, xūyào zàojiù chū qiānbǎiwàn zhōngchéng ~ shèhuìzhǔyì shìyè de, duōcáiduōyì de gè zhǒng gè yàng de réncái.

7. 你的史论、史剧有大益～中国人民。(毛泽东《给郭沫若同志的信》)

Nǐ de shǐ lùn, shǐjù yǒu dào yì ~ Zhōngguó rénmín.

C "给"的意思，宾语为体词；"于……"一般在动词或动宾结构后：

Means 给, and takes a substantive as its object. 于... is usually placed after the verb or V-O construction：

1. 这世世子孙的盟约已经上告～天，你难道还想违背天意吗？(曹禺《王昭君》)

Zhè shìshì zǐsūn de méngyuē yǐjīng shànggào ~ tiān, nǐ nándào hái xiǎng wéibèi tiānyì ma?

2. 他是一个真正献身～革命事业的战士。(陈登科《风雷》)

Tā shì yí ge zhēnzhèng xiànshēn ~ gémìng shìyè de zhànshì.

3. 琼姐！你当时在气头上很可以理解，但为什么要无端地迁怒～一个不相识的人呢？(张扬《第二次握手》)

Qióngjiě! Nǐ dāngshí zài qìtóu shang hěn kěyǐ lǐjiě, dàn wèi shénme yào wúduān de qiànnù ~ yí ge bù xiāngshí de rén ne?

4. 周总理生前一再嘱咐我们这些曾在他身边工作过的同志，要把一切成绩归功～党，不要宣传他个人。(报)

Zhōu zǒnglǐ shēngqián yízài zhǔfù wǒmen zhèxiē céng zài tā shēnbiān gōngzuòguo de tóngzhì, yào bǎ yíqiè chéngjī guīgōng ~ dǎng, bú yào xuānchuán tā gèrén.

D "自"的意思，宾语为体词；"于……"在谓语动词后，表示动作的根源：

From; takes a substantive as its object. 于... placed after the verb, indicates the source of an action：

1. 他出～对战士亲切的感情，常说："那是些多么可爱的人呵！年轻、壮健、龙腾虎跃的。"(林林《忆杨朔》)

Tā chū ~ duì zhànshì qīnqiè de gǎnqíng, cháng shuō: " Nà shì xiē duōme kě·ài de rén a! Niánqīng, zhuàngjiàn, lóngténghǔyuè de."

2. 陛下，礼发～诚，声发～心，行出～义。(曹禺《王昭君》)

Bìxià, lǐ fā ~ chéng, shēng fā ~ xīn, xíng chū ~ yì.

E "比"的意思，但"于……"的位置和"比……"的位置不同：

Like 比, indicates comparison; but has a different position from 比 in a sentence：

1. 他治病的特点是热情多～科学。(孙犁《看护》)

Tā zhì bìng de tèdiǎn shì rèqíng duō ~ kēxué.

2. 正因为他把党的利益与个人利益的位置摆得不正，摆颠倒了，个人利益高～一切！(陈登科《风雷》)

Zhèng yīnwèi tā bǎ dǎng de lìyì yǔ gèrén lìyì de wèizhì bǎi de bú zhèng, bǎi diāndǎo le, gèrén lìyì gāo ~ yíqiè!

F "不同于……""相当于……"意思是"跟……不同""跟……相当"：

不同于... and 相当于... mean 跟...不同 and 跟...相当：

1. 现在过的日子，是一天不同～一天，一天一个样子。(茹志鹃《静静的产院》)

Xiànzài guò de rìzi, shì yì tiān bù tóng ~ yì tiān, yì tiān yí ge yàngzi.

2. 牛肉含蛋白质相当～瘦猪肉。(报)

Niúròu hán dànbáizhì xiāngdāng 〜 shòu zhūròu.

G 表示被动，引出施事者；"于……"处于动词后：

Indicates the passive voice and introduces the agent. 于... is placed after the verb:

1. 远在六十年前，便发生了火烧纪家楼的事情，当时还编成戏，可惜迫〜纪家的
   势力，不能演唱下去。(杨朔《"阅微草堂"的真面目》)
   Yuǎn zài liùshí nián qián, biàn fāshēngle huǒ shāo Jì jiā lóu de shìqing, dāngshí hái
   biānchéng xì, kěxī pò 〜 Jì jia de shìlì, bù néng yǎnchàng xiaqu.

2. 慑〜舆论的压力，走后门之风有所收敛。
   Shè 〜 yúlùn de yālì, zǒu hòumén zhī fēng yǒu suǒ shōuliǎn.

H "向"的意思；但"向……"用于动词前面"于……"多在动词后：

Means 向 (to); but 向... occurs before the verb, while 于... occurs after:

1. 最好的办法，把它公布〜众，让群众去鉴别。(韶华《沧海横流》)
   Zuì hǎo de bànfǎ, bǎ tā gōngbù 〜 zhòng, ràng qúnzhòng qù jiànbié.

2. 她自己已经下定了经受这场考验的决心，为什么还是要去乞求〜他呢？(吴强
   《灵魂的搏斗》)
   Tā zìjǐ yǐjīng xiàdìngle jīngshòu zhècháng kǎoyàn de juéxīn, wèi shénme háishi yào qù
   qǐqiú 〜 tā ne?

I 表示原因；"于……"用于动词后：

Indicates the cause and 于... occurs after the verb:

1. 秋瑾女士，就是死〜告密的。(鲁迅《论"费尔泼赖"应该缓行》)
   Qiūjǐn nǚshì, jiù shì sǐ 〜 gàomì de.

2. 他苦〜缺乏不被人注意的机会。(柳青《创业史》)
   Tā kǔ 〜 quēfá bú bèi rén zhùyì de jīhuì.

3. 但杨朔却感到深深的苦恼，说："苦恼〜我的笔太笨，表现不出我们人民的英雄
   性格。"(林林《忆杨朔》)
   Dàn Yáng Shuò què gǎndào shēnshēn de kǔnǎo, shuō: "Kǔnǎo 〜 wǒ de bǐ tài bèn,
   biǎoxiàn bu chū wǒmen rénmín de yīngxióng xìnggé."

J "于"用于动词或形容词后，有时具体意思很不明显，只是为了凑成四字音节：

When used after a verb or adjective the meaning of 于 is sometimes rather vague; it is
only used to make up a four-syllable phrase.

1. 那天你也有点失〜计算。(茅盾《子夜》)
   Nà tiān nǐ yě yǒudiǎnr shī 〜 jìsuàn.

2. 他曾近〜天真地想像：只要把党的方针政策向全体党员和全乡农民讲清楚，群
   众便可发动起来。(陈登科《风雷》)
   Tā céng jìn 〜 tiānzhēn de xiǎngxiàng: zhǐyào bǎ dǎng de fāngzhēn zhèngcè xiàng
   quántǐ dǎngyuán hé quán xiāng nóngmín jiǎngqīngchu, qúnzhòng biàn kě fādòng qi-
   lai.

3. 任何领域，任何工作，都是有规律可循的，只要勤〜实践和勇〜探索，青天可以
   上，蜀道更不难。(报)
   Rènhé lǐngyù, rènhé gōngzuò, dōu shì yǒu guīlǜ kě xún de, zhǐyào qín 〜 shíjiàn hé
   yǒng 〜 tànsuǒ, qīngtiān kěyǐ shàng, Shǔdào gèng bù nán.

在下列句中，"于"可有可无，因动词是双音节的：

In the following examples, 于 is optional because the verb is disyllabic:

4. 生活中各种各样的事物，包括形式上趋向~两个极端的事物，……在一定的条件下，往往是能够协调、统一的。(张扬《第二次握手》)

　Shēnghuó zhōng gè zhǒng gè yàng de shìwù, bāokuò xíngshì shang qūxiàng ~ liǎng ge jíduān de shìwù, ... zài yídìng de tiáojiàn xià, wǎngwǎng shì nénggòu xiétiáo, tǒngyī de.

5. 他沉默而谦虚地埋头~工作——时时感到自己不够。(刘白羽《记左权同志》)

　Tā chénmò ér qiānxū de mái tóu ~ gōngzuò — shíshí gǎndào zìjǐ bú gòu.

与 yǔ (介词)

意义与用法大体上和"跟"相同，但带书面语意味：

Largely similar to 跟, but with a literary flavour:

A 同"跟"A，动作由双方共同进行：

Same as 跟 A, indicates that the action is performed by both parties, the subject and the object of 与:

1. 我是一个共产党员、革命战士，有责任到最困难的地方来安家落户，~群众同甘共苦。(陈登科《风雷》)

　Wǒ shì yí ge gòngchǎndǎngyuán, gémìng zhànshì, yǒu zérèn dào zuì kùnnan de dìfang lái ānjiāluòhù, ~ qúnzhòng tónggāngòngkǔ.

2. 这一声似乎惊醒了正一天父交谈的"妈妈"。(茹志鹃《逝去的夜》)

　Zhè yì shēng sìhū jīngxǐngle zhèng ~ Tiānfù jiāotán de ″māma″.

3. 这个方旭东就是六年前在淮海战役中~永康同伏战壕，同生共死的方旭东。(陈登科《风雷》)

　Zhège Fāng Xùdōng jiù shì liù nián qián zài Huáihǎi zhànyì zhōng ~ Yǒngkāng tóng fú zhànháo, tóngshēnggòngsǐ de Fāng Xùdōng.

B 和"跟"B 的一部分相同，动作或态度只是单方面的；不能用于"说""谈"之类动词前：

Partly same as 跟 B, indicates that the action is performed or the attitude is taken by only one party, the subject. 与 cannot be used before verbs such as 说 or 谈:

1. ~旧的势力作斗争，不要向旧势力屈服。

　~ jiù de shìlì zuò dòuzhēng, búyào xiàng jiù shìlì qūfú.

2. 如果我认出了他，决不~他善罢甘休！(檀林《一个女囚的自述》)

　Rúguǒ wǒ rèn chū le tā, jué bù ~ tā shànbàgānxiū!

3. 油画《九级浪》上的人们，仍在驾着小舟，~铺天盖地的惊涛骇浪搏斗。(张扬《第二次握手》)

　Yóuhuà《Jiǔjílàng》shang de rénmen, réng zài jiàzhe xiǎozhōu, ~ pūtiāngàidì de jīngtāohàilàng bódòu.

C 同"跟"E，表示异同的比较：

Same as 跟 E, indicates a comparison:

1. 我们这里~别的地方不大一样。(陈登科《风雷》)

　Wǒmen zhèlǐ ~ biéde dìfang búdà yíyàng.

2. 屋舍虽然老朽，样式毕竟~别家不同！(梁斌《红旗谱》)

　Wūshè suīrán lǎoxiǔ, yàngshì bìjìng ~ bié jiā bù tóng!

3. 目前北京市一级大白菜……～去年同期完全相同。(报)

Mùqián Běijīng shì yī jí dàbáicài... ～ qùnián tóngqī wánquán xiāngtóng.

D 同"跟"D, 引进与一方有某种关系的另一方:

Same as 跟 D, introduces the other party of a certain relationship:

1. 他能坚持到今天,～你这坚定不移的信念是分不开的!(王亚平《神圣的使命》)

Tā néng jiānchídào jīntiān, ～ nǐ zhè jiāndìngbùyí de xìnniàn shì fēn bu kāi de!

2. 这里所讲的牛部长、赖处长～作者毫无瓜葛。(祖慰、敦德《电话选"官"记》)

Zhèlǐ suǒ jiǎng de Niú bùzhǎng, Lài chùzhǎng ～ zuòzhě háo wú guāgě.

3. 祝永康笑了,他的心,仿佛～何老九的心连到了一起,他太喜欢这个老汉了。(陈登科《风雷》)

Zhù Yǒngkāng xiào le, tā de xīn, fǎngfu ～ Hé Lǎojiǔ de xīn liándàole yìqǐ, tā tài xǐhuan zhège lǎohàn le.

4. 在这条路上每迈进一步,都～死神为邻。(张扬《第二次握手》)

Zài zhètiáo lù shang měi màijìn yí bù, dōu ～ sǐshén wéi lín.

在 zài (介词)

A 与表示时间地点的词语构成介宾结构,处于句首或述语前作状语:

Together with a word or phrase denoting time or place forms a P-O construction to be placed at the beginning of a sentence or before the verb of the sentence as an adverbial:

1)"在……"表示动作发生或状况存在的时间:

在... indicates the time when something takes place or exists:

1. 《黎明的河边》、《秋色赋》就～这样一个晴朗美好的日子里要和读者重新见面了。(峻青《秋色赋》重版前言)

《Límíng de hé biān》,《Qiūsè fù》jiù ～ zhèyàng yí ge qínglǎng měihǎo de rìzi li yào hé dúzhě chóngxīn jiàn miàn le.

2. 我们～目前还不能满足你们的要求。

Wǒmen ～ mùqián hái bù néng mǎnzú nǐmen de yāoqiú.

3. 这种坏毛病不～小时候纠正就来不及了。

Zhèzhǒng huài máobing bú ～ xiǎo shíhou jiūzhèng jiù lái bu jí le.

4. 他的女儿是～1960年生的。

Tā de nǚ·ér shì ～ yījiǔliùlíng nián shēng de.

5. 老王～去年冬天病死了。

Lǎo Wáng ～ qùnián dōngtiān bìngsǐ le.

6. ～满清的末几十年,旗人的生活好像……,整天整年的都消磨在生活艺术中。(老舍《四世同堂》)

～ Mǎnqīng de mò jǐ shí nián, Qírén de shēnghuó hǎoxiàng..., zhěng tiān zhěng nián de dōu xiāomó zài shēnghuó yìshù zhōng.

7. ～这战乱的年代,一个人的气节很要紧。(郭沫若《屈原》)

～ zhè zhànluàn de niándài, yí ge rén de qìjié hěn yàojǐn.

也常和"(以)前""(以)后""……同时""(的)时候"等配合:

在... often goes with (以)前, (以)后, ...同时 or ...(的)时候, etc.:

8. 我爹是～三十年前被地主逼死的。(马烽《太阳刚刚出山》)

Wǒ diē shì ～ sānshí nián qián bèi dìzhǔ bīsǐ de.

9. 去年,陶家夼～超额完成了国家的收购任务之后,把多余的一万多斤苹果分给了社员们。(峻青《秋色赋》)

Qùnián, Táojiākuǎng ～ chāo·é wánchéngle guójiā de shōugòu rènwu zhī hòu, bǎ duōyú de yíwàn duō jīn píngguǒ fēn gěi shèyuánmen.

10. 我们～进行思想教育工作的同时,应该提高商业、服务业人员的社会地位,逐步改变他们的物质生活和文化生活。(报)

Wǒmen ～ jìnxíng sīxiǎng jiàoyù gōngzuò de tóngshí, yīnggāi tígāo shāngyè、fúwùyè rényuán de shèhuì dìwèi, zhúbù gǎibiàn tāmen de wùzhì shēnghuó hé wénhuà shēnghuó.

11. ～发展轻纺工业的同时,素负盛名的杭州……传统工艺品,也都有新的发展。(刊)

～ fāzhǎn qīngfǎng gōngyè de tóngshí, sù fù shèngmíng de Hángzhōu ... chuántǒng gōngyìpǐn, yě dōu yǒu xīn de fāzhǎn.

12. ……吃早饭时候,双方都向自己的家庭说明。(赵树理《三里湾》)

... ～ chī zǎofàn shíhou, shuāngfāng dōu xiàng zìjǐ de jiātíng shuōmíng.

2)"在……"表示动作发生的处所或事物存在的位置:

在... indicates the place where an action takes place or where something exists:

13. 大姐娃～炕上捏饺子。(王汶石《春节前后》)

Dàjiěwá ～ kàng shang niē jiǎozi.

14. ～崔尔庄,农民真正欢乐的日子已经来了。(杨朔《〈阅微草堂〉的真面目》)

～ Cuī·ěrzhuāng, nóngmín zhēnzhèng huānlè de rìzi yǐjīng lái le.

15. 他们四个都是不当家的孩子,……有心到县里去告状去,～家里先请不准假。(赵树理《登记》)

Tāmen sì ge dōu shì bù dāng jiā de háizi, ... yǒu xīn dào xiàn li qù gào zhuàng qu, ～ jiā li xiān qǐng bu zhǔn jià.

16. 他是～北京生的。

Tā shì ～ Běijīng shēng de.

17. 禁止～湖中捕鱼。

Jìnzhǐ ～ hú zhōng bǔ yú.

18. ～山脚下盖了一片新房。

～ shānjiǎo xià gàile yí piàn xīn fáng.

19. ～轿岩山顶上,一丛天主花开的正艳。(杨朔《万古青春》)

～ Jiàoyánshān dǐng shang, yì cóng tiānzhǔhuā kāi de zhèng yàn.

20. ～炕铺一角上堆着十卷行李。(刘白羽《人民与战争》)

～ kàngpù yì jiǎo shang duīzhe shí juǎn xínglǐ.

有时"在……上""在……中""在……下"不指具体的地点:

Sometimes 在...上, 在...中 or 在...下 does not indicate a physical place:

(1)"在……上"嵌入体词或体词短语,表示在某方面:

在... 上 with a substantive or a substantive phrase inserted, means "in a certain aspect":

21. 他觉得大家～聪明上,胆量上,见解上,都远不及他。(老舍《四世同堂》)

Tā juéde dàjiā ～ cōngming shang, dǎnliàng shang, jiànjiě shang, dōu yuǎn bù jí tā.

22. 学生～五十年来的中国革命史上有过光荣的记录。(老舍《四世同堂》)
Xuésheng ～ wǔshí nián lái de Zhōngguó gémìng shǐ shang yǒuguo guāngróng de jìlù.

23. 他不仅～革命道路上引导我前进,而且～政治上、生活上对我严格要求,并给以无微不至的关怀。(报)
Tā bùjǐn ～ gémìng dàolù shang yǐndǎo wǒ qiánjìn, érqiě ～ zhèngzhì shang, shēnghuó shang duì wǒ yángé yāoqiú, bìng gěiyǐ wúwēibúzhì de guānhuái.

24. ～写作手法上,有的直截了当,有的比较含蓄曲折。(报)
～ xiězuò shǒufǎ shang, yǒude zhíjiéliǎodàng, yǒude bǐjiào hánxù qūzhé.

(2)"在……中"嵌入体词、动词短语或主谓、动宾结构等,表示某一过程,某一状态或某一范围等:
在... 中 with a substantive, verbal phrase, S-P or V-O construction inserted indicates "in the process of, in the course of, in the range, in a certain state":

25. 历史是曲折前进的,～它的发展过程中,不可避免地有一时的,局部的后退。(报)
Lìshǐ shì qūzhé qiánjìn de, ～ tā de fāzhǎn guòchéng zhōng, bù kě bìmiǎn de yǒu yìshí de, júbù de hòutuì.

26. 荀子……这种"制天"的主张,应该承认～春秋战国时代的百家争鸣中是一种杰出的思想。(马南邨《燕山夜话》)
Xúnzǐ ... zhèzhǒng "zhì tiān" de zhǔzhāng, yīnggāi chéngrèn ～ Chūnqiū Zhànguó shídài de bǎijiāzhēngmíng zhōng shì yì zhǒng jiéchū de sīxiǎng.

27. 只要……,就能够使我们的党……～领导人民进行四化建设中发挥出强大的战斗力。(报)
Zhǐyào ..., jiù nénggòu shǐ wǒmen de dǎng ... ～ lǐngdǎo rénmín jìnxíng sìhuà jiànshè zhōng fāhuī chū qiángdà de zhàndòulì.

(3)"在……下"嵌入体词、动词短语等,表示某种条件:
在... 下 with a substantive or verbal phrase etc. inserted means "under certain conditions":

28. 我国三十年代的左翼文学,……它是～我们党领导之下发展起来的。(报)
Wǒ guó sānshí niándài de zuǒyì wénxué, ... tā shì ～ wǒmen dǎng lǐngdǎo zhī xià fāzhǎn qilai de.

29. ～一种临时安排之下,我坐了山西军阀阎锡山的专车,从武汉到了著名的八路军总部。(报)
～ yì zhǒng línshí ānpái zhī xià, wǒ zuòle Shānxī jūnfá Yán Xīshān de zhuānchē, cóng Wǔhàn dàole zhùmíng de Bālùjūn zǒngbù.

30. 这个厂～计划任务不饱满的情况下,为扩大生产采取了不少办法。(报)
Zhège chǎng ～ jìhuà rènwu bù bǎomǎn de qíngkuàng xià, wèi kuòdà shēngchǎn cǎiqǔle bùshǎo bànfǎ.

3)"在……"有时相当于"对……",指出一判断是针对某人作出的:
在... sometimes indicates the person to whom a statement pertains:

31. 一只鸡虽然说不上珍贵,可是在农村,特别～江波来说,却并非小事。(王汶石《土屋里的生活》)
Yì zhǐ jī suīrán shuōbushàng zhēnguì, kěshì zài nóngcūn, tèbié ～ Jiāng Bō láishuō,

què bìng fēi xiǎoshì.

32. 大小长短不同,颜色不同的玻璃瓶,又光滑又有刺的仙人掌,～我都是珍奇的
物事,……(鲁迅《论照像之类》)

Dàxiǎo chángduǎn bù tóng, yánsè bù tóng de bōli píng, yòu guānghuá yòu yǒu cì de xiānrénzhǎng, ～ wǒ dōu shì zhēnqí de wùshì, ...

33. ～他,没啥思想问题儿。他光有个习惯问题儿。(柳青《创业史》)

～ tā, méi shá sīxiǎng wèntír. Tā guāng yǒu ge xíguàn wèntír.

4)"在"在个别句中相当于"从",指出动作经过的处所或动作的起点:

在, used in some sentences, is equivalent to 从, indicating the place through which an action passes or from which an action starts:

34. ……两道眼光～众人脸上滚过,探察自己的话起了什么作用。(茅盾《子夜》)

... liǎng dào yǎnguāng ～ zhòngrén liǎn shang gǔnguò, tànchá zìjǐ de huà qǐle shénme zuòyòng.

35. 这笑,现在看去是很有讽刺的意味了!……猛可地又是这样的思想～冯云卿神
经上掠过。(茅盾《子夜》)

Zhè xiào, xiànzài kàn qù shì hěn yǒu fěngcì de yìwèi le! ... měngkěde yòu shì zhèyàng de sīxiǎng ～ Féng Yúnqīng shénjīng shang lüèguò.

36. 反正"散"字不能先～咱嘴里蹦出。(谷峪《强扭的瓜不甜》)

Fǎnzhèng "sàn" zì bù néng xiān ～ zán zuǐ li bèng chū.

5)"在……看来"表示从某人角度看,作插入语:

在...看来, used as a parenthesis, means "in sb's view":

37. ～我看来,花木灿烂的春天固然可爱,然而,瓜果遍地的秋色却更加使人欣喜。
(峻青《秋色赋》)

～ wǒ kànlái, huāmù cànlàn de chūntiān gùrán kě·ài, rán·ér, guā guǒ biàndì de qiūsè què gèngjiā shǐ rén xīnxǐ.

38. 宫庭的生活～我看来只是牢狱。(郭沫若《虎符》)

Gōngtíng de shēnghuó ～ wǒ kànlái zhǐ shì láoyù.

39. ～他看来,素云本来是亲人,但是现在变了。(陈登科《风雷》)

～ tā kànlái, Sùyún běnlái shì qīnrén, dànshì xiànzài biàn le.

40. ～瑞宣看,金三爷的话简直说不说都没大关系。(老舍《四世同堂》)

～ Ruìxuān kàn, Jīn sānyé de huà jiǎnzhí shuō bu shuō dōu méi dà guānxi.

B "在"和表示时间、处所、方位等词语组成的介宾结构有时放在述语之后:

在 plus a phrase denoting time, place or direction forms a P-O construction which is placed after the verb:

1)指出动作发生的时间和地点,仅限于"发生""出生""死"等动词,和"在……"在动
词前一样:

在 used after a few verbs, e.g. 发生, 出生 or 死, indicates the time when or the place where an action takes place. So used, it is the same as 在... before the verb:

1. 这件事发生～秋庄稼快熟的时候。(李准《冰化雪消》)

Zhèjiàn shì fāshēng ～ qiūzhuāngjia kuài shú de shíhou.

2. 这个故事要是出～三十年前,"罗汉钱"这东西就不用解释。(赵树理《登记》)

Zhège gùshi yàoshi chū ～ sānshi nián qián, "luóhànqián" zhè dōngxi jiù búyòng jiěshì.

3. 假若他不生～民国元年,说不定他会成为穿宫过府的最漂亮的人物。(老舍《四世同堂》)

   Jiǎruò tā bù shēng ～ Mínguó yuánnián, shuōbudìng tā huì chéngwéi chuān gōng guò fǔ de zuì piàoliang de rénwù.

   (参看 A 1)例 4)

4. 父亲死～1934 年。

   Fùqin sǐ ～ yījiǔsānsì nián.

   (参看 A 1)例 5)

5. 他是生～北京的。

   Tā shì shēng ～ Běijīng de.

   (参看 A 2)例 16)

6. 那件事发生～我们公社。

   Nàjiàn shì fāshēng ～ wǒmen gōngshè.

   (参看 A 2)例 17)

2)指出人或事物通过动作达到的处所:

   在... indicates the place at which a person or thing has arrived through the action:

7. 报放～桌上。

   Bào fàng ～ zhuōr shang.

8. 鸡关～笼子里。

   Jī guān ～ lóngzi lǐ.

9. 他把通知写～黑板上了。

   Tā bǎ tōngzhī xiě ～ hēibǎn shang le.

10. 小李推门进来一下子就躺～床上。

    Xiǎo Lǐ tuīmén jìn lai yíxiàzi jiù tǎng ～ chuáng shang.

11. 大婶走后,芸芸坐～凉风习习的窗口,把住房打量一遍。(王汶石《夏夜》)

    Dàshěnr zǒu hòu, Yúnyun zuò ～ liáng fēng xíxí de chuāngkǒu, bǎ zhùfáng dǎliang yí biàn.

12. 衣服挂～门后钉子上。

    Yīfu guà ～ mén hòu dīngzi shang.

13. 晚上,月亮挂～天空,冰上闪着青幽幽的光。(孔厥、袁静《新儿女英雄传》)

    Wǎnshang, yuèliang guà ～ tiānkōng, bīng shang shǎnzhe qīngyōuyōu de guāng.

14. 蜜蜂是很懂事的,活到限数,自己就悄悄死～外边,再也不回了。(杨朔《荔技蜜》)

    Mìfēng shì hěn dǒng shì de, huódào xiànshu, zìjǐ jiù qiāoqiāo sǐ ～ wàibianr, zài yě bù huí le.

15. 太阳升起来了,黑暗留～后面。(曹禺《日出》)

    Tàiyáng shēng qilai le, hēi·àn liú ～ hòumiàn.

16. 渭河上游的平原、竹林、乡村和市镇,百里烟波,都笼罩～白茫茫的春雨中。(柳青《创业史》)

    Wèihé shàngyóu de píngyuán, zhúlín, xiāngcūn hé shìzhèn, bǎilǐyānbō, dōu lǒngzhào ～ báimāngmāng de chūn yǔ zhōng.

注意：一些可以表示动作也可以表示静止状态的动词如："站""坐""躺"等，"在……"放在动词前或后有时比较自由：

Note：With some verbs which can indicate an action or a static state (such as 站, 坐 or 躺), 在... can be placed freely either before or after the verb：

17. a. 他～床上躺着。b. 他躺～床上。

a. Tā ～ chuáng shang tǎngzhe. b. Tā tǎng ～ chuáng shang.

18. a. 她～椅子上坐着。b. 她坐～椅子上。

a. Tā ～ yǐzi shang zuòzhe. b. Tā zuò ～ yǐzi shang.

19. a. 孩子～门口站着。b. 孩子站～门口。

a. Háizi ～ ménkǒu zhànzhe. b. Háizi zhàn ～ ménkǒu.

20. a. 猫～火炉边卧着。b. 猫卧～火炉边。

a. Māo ～ huǒlú biān wòzhe. b. Māo wò ～ huǒlú biān.

以上所有 a 类句都是静止状态的，"在……"当然放在动词前。所有 b 类句都可有两种意思，一是表示由不是这种状态变成这种状态，而且人和物通过动作达到于一定的处所，所以"在……"应放在动词后。二是和 a 类句一样，表示静止状态，和 a 类句在意义上没有区别。

All the above examples in group (a) are static, 在... naturally should be placed before the verb. All the examples in group (b) have two possibilities, either, as mentioned above, 在... used after a verb indicates the place at which a person or thing has arrived through the action, or they mean the same as group (a).

"在"用在动词后面时可以带"了"：

在, when used after a verb, can take 了：

21. 他来到一看，大姑还没有死，就赶快把她抱进屋里，放～了炕上。(刘流《烈火金钢》)

Tā láidào yīkàn, dàgū hái méiyou sǐ, jiù gǎnkuài bǎ tā bào jìn wū li, fàng ～ le kàng shang.

22. 坐车的仿佛死～了车上，一声不出的任着车夫在水里拼命。(老舍《骆驼祥子》)

Zuò chē de fǎngfu sǐ ～ le chē shang, yì shēn bù chū de rènzhe chēfū zài shuǐ li pīn mìng.

23. 没想到自己的腿能会这样的不吃力，走到小店门口，他一软就坐～了地上。(老舍《骆驼祥子》)

Méi xiǎngdào zìjǐ de tuǐ néng huì zhèyàng de bù chīlì, zǒudào xiǎo diàn ménkǒur, tā yì ruǎn jiù zuò ～ le dì shang.

参看"于"A.

Compare 于 yū A.

照 zhào （介词）

宾语为体词：

Takes a substantive as its object：

A 指出动作的方向，有"朝""向"的意思：

In the direction of, towards; indicates the direction of an action：

1. 那匹骡子真是个蠢货，要是我的话，非～准他的后腰，美美地踢他几蹄子不可！(王汶石《春节前后》)

Nàpí luózi zhēn shì ge chǔnhuò, yàoshi wǒ dehuà, fēi ~ zhǔn tā de hòuyāo, měiměir de tī tā jǐ tízi bùkě!

2. 打吧,打吧,~我脑袋打! 打死了,看谁给你做鞋做饭,伺候老人? (梁斌《红旗谱》)

Dǎ ba, dǎ ba, ~ wǒ nǎodai dǎ! Dǎsǐ le, kàn shuí gěi nǐ zuò xié zuò fàn, cìhou lǎorén?

3. 好像~脑袋被抡了一棍,郭振山有一霎时麻木了。(柳青《创业史》)

Hǎoxiàng ~ nǎodai bèi lūnle yí gùn, Guō Zhènshān yǒu yíshàshí mámù le.

4. 江波……~着那个青年的胸脯打了一拳说:……(王汶石《土屋里的生活》)

Jiāng Bō … ~ zhe nàge qīngnián de xiōngpú dǎle yì quán shuō:…

B 同"按"指出动作依据的准则)

Same as 按 "according to, in accordance with":

1. ~这个办法干了六七天,还没有头一天挑的多,烟叶又急着卖,进才慢慢着起急来了。(李准《冬天的故事》)

~ zhège bànfǎ gànle liù qī tiān, hái méiyou tóu yì tiān tiāo de duō, yānyè yòu jízhe mài, Jìncái mànmānr zhǎo qǐ jí lai le.

2. 这几年奶奶也看开了些,她已觉察到完全~老规矩行不通。(马烽《刘胡兰传》)

Zhè jǐ nián nǎinai yě kànkāile xiē, tā yǐ juéchádào wánquán ~ lǎo guīju xíng bu tōng.

3. 请你把这个保存着,等以后局面打开了,我们再~价偿还你。(王愿坚《三张纸条》)

Qǐng nǐ bǎ zhège bǎocúnzhe, děng yǐhòu júmiàn dǎkāi le, wǒmen zài ~ jià chánghuán nǐ.

4. 五婶来叫小飞蛾往娘家去,张木匠~着二十多年来的老习惯自然要跟着去。(赵树理《登记》)

Wǔshěnr lái jiào Xiǎofēi'é wǎng niángjia qu, Zhāng mùjiang ~ zhe èrshí duō nián lái de lǎo xíguàn zìrán yào gēnzhe qù.

5. 我以后要~着你的指示去做。(郭沫若《虎符》)

Wǒ yǐhòu yào ~ zhe nǐ de zhǐshì qu zuò.

6. 他喜欢~前清老式的排场,大大的热闹一番。(茅盾《子夜》)

Tā xǐhuan ~ qián Qīng lǎoshì de páichang, dàdā de rènao yì fān.

A、B 中"照"可带"着",尤其当宾语多于一个音节时。

照 in A & B can take 着, especially when its object has more than one syllable:

C 跟"说""说来""看""看来"配合,表示根据某人的看法或根据某道理;作插入语:

Together with 说, 说来, 看 or 看来, used as a parenthesis, means "in sb's opinion, in sb's view":

1. 那么,~你说,该怎么办? (茅盾《子夜》)

Nàme ~ nǐ shuō, gāi zěnme bàn?

2. ~你说来,什么工作算热闹,什么工作算有光彩? (李准《三月里的春风》)

~ nǐ shuōlái, shénme gōngzuò suàn rènao, shénme gōngzuò suàn yǒu guāngcǎi?

3. ~凤娃这么说,我明天得赶快把我这一嘴毛剃啦。(王汶石《黑凤》)

~ Fèngwá zhème shuō, wǒ míngtiān děi gǎnkuài bǎ wǒ zhè yì zuǐ máo tì la.

4.　～我看，没主任我们就是主任，没工程师我们就是工程师，抽水站反正是要安，你等谁呀！(刘白羽《一个温暖的雪夜》)

　　～ wǒ kàn, méi zhǔrèn wǒmen jiù shì zhǔrèn, méi gōngchéngshī wǒmen jiù shì gōngchéngshī, chōushuǐzhàn fǎnzhèng shì yào ān, nǐ děng shuí ya!

5.　～他看来，有这几十棵树，连身带梢，也足够社里一冬作木工匠用的了。(李准《冬天的故事》)

　　～ tā kànlái, yǒu zhè jǐ shí kē shù, lián shēn dài shāo, yě zú gòu shè li yì dōng zuò mùgōngjiàng yòng de le.

至于　zhìyú　（介词）

表示提出另一话题；宾语可以是各种词、短语、结构；后面则对此加以评论：

As for, as to; is used to introduce another topic, on which comments or views are added in the following part. Its object can be any word, phrase or construction:

1.　小二黑发疟是真的，不是装病；～跟别人恋爱，不是犯法的事情，不能捆人家。(赵树理《小二黑结婚》)

　　Xiǎo·èrhēi fā nüè shì zhēn de, bú shì zhuāng bìng; ～ gēn biérén liàn·ài, bú shì fàn fǎ de shìqing, bù néng kǔn rénjia.

2.　工作这么紧张，我必须先把 903 的中试工作搞好，～同她改善关系的事情，等以后再说吧。(鲍昌《三月——四月》)

　　Gōngzuò zhème jǐnzhāng, wǒ bìxū xiān bǎ jiǔlíngsān de zhōngshì gōngzuò gǎohǎo, ～ tóng tā gǎishàn guānxi de shìqing, děng yǐhòu zài shuō ba.

3.　我们是视死如归的，～下级官兵，则是另外一回事。(吕铮《战斗在敌人心脏里》)

　　Wǒmen shì shìsǐrúguī de, ～ xiàjí guānbīng, zé shì lìngwài yì huí shì.

4.　早晚准会打仗；～谁和谁打，与怎么打，那就一个人一个说法了。(老舍《骆驼祥子》)

　　Zǎo wǎn zhǔn huì dǎ zhàng; ～ shuí hé shuí dǎ, yǔ zěnme dǎ, nà jiù yí ge rén yí ge shuōfǎ le.

5.　郭祥从小就听说，大妈原是谢家的使唤丫头，～怎么嫁给大伯的，却不知细情。(魏巍《东方》)

　　Guō Xiáng cóng xiǎo jiù tīngshuō, dàmā yuán shì xiè jia de shǐhuanyātou, ～ zěnme jià gěi dàbó de, què bù zhī xìqíng.

6.　从崖子一带来的人都说部队早在三天以前就转移了，～转移到什么地方或者是什么方向，他们就不知道了。(峻青《马石山上》)

　　Cóng Yázi yídài lái de rén dōu shuō bùduì zǎo zài sān tiān yǐqián jiù zhuǎnyí le, ～ zhuǎnyídào shénme dìfang huòzhě shì shénme fāngxiàng, tāmen jiù bù zhīdào le.

自　zì　（介词）

A 同"从"，表示时间或空间的起点；也表示来源、出发的处所或动作经过的处所或路线；多用于书面语；较少用于疑问句。

Same as 从, indicates a starting point in time or space, the source of origin or an action, or a place or route through which an action goes. It is mainly used in written language and rarely used in interrogative sentences.

1)表示时间的起点：

Indicates a starting point in time：

1. 我国～一九七三年开始这方面的研究。(报)

 Wǒ guó ～ yījiǔqīsān nián kāishǐ zhè fāngmiàn de yánjiū.

2. 他知道严志和～幼语迟。(梁斌《红旗谱》)

 Tā zhīdao Yán Zhìhé ～ yòu yǔ chí.

3. 你叔常说，～你回来，咱村的青年一下子都起来啦，生产也改变了。(王汶石《黑风》)

 Nǐ shū cháng shuō，～ nǐ huí lai，zán cūn de qīngnián yíxiàzi dōu qǐ lai la，shēngchǎn yě gǎibiàn le.

4. 她说大山里，～古没有种过园子。(林斤澜《新生》)

 Tā shuō dà shān li，～ gǔ méiyou zhòngguo yuánzi.

"自……"也可以和"以来""到""至""起"等配合：

自... can be accompanied by 以来，到，至 or 起, etc.：

5. 罗超说："～参加革命以来，一直坐办公室，简直快要发霉了。"(王汶石《土屋里的生活》)

 Luó Chāo shuō："～ cānjiā gémìng yǐlái，yìzhí zuò bàngōngshì，jiǎnzhí kuàiyào fā méi le."

6. ～隋朝(公元五八一年至六一八年)开凿运河以后，杭州逐渐兴盛。(刊)

 ～ Suícháo（gōngyuán wǔbāyī nián zhì liùyībā nián）kāizáo yùnhé yǐhòu，Hángzhōu zhújiàn xīngshèng.

7. ～一九七一年到一九七八年，青岛啤酒厂向国家上缴税利累计为四千三百八十六万元。(报)

 ～ yījiǔqīyī nián dào yījiǔqībā nián，Qīngdǎo píjiǔchǎng xiàng guójiā shàngjiǎo shuìlì lěijì wéi sìqiān sānbǎi bāshí liù wàn yuán.

8. 《中华人民共和国地方各级人民代表大会和各级人民政府组织法》现予公布，～一九八○年一月一日起施行。(报)

 《Zhōnghuá rénmín gònghéguó dìfāng gè jí rénmín dàibiǎo dàhuì hé gè jí rénmín zhèngfǔ zǔzhīfǎ》xiàn yǔ gōngbù，～ yījiǔbālíng nián yīyuè yī rì qǐ shīxíng.

2)表示空间的起点：

Indicates a starting point in space：

9. 花港观鱼位于西湖西南。过去有一小溪～花家山流经这里注入西湖，故名"花港"。(刊)

 Huāgǎngguānyú wèiyú Xīhú xīnán. Guòqù yǒu yì xiǎo xī ～ Huājiāshān liú jīng zhèlǐ zhùrù Xīhú，gù míng "Huāgǎng".

10. 老师告诉学生～课文的第二段起开始抄写。

 Lǎoshī gàosu xuésheng ～ kèwén de dì·èr duàn qǐ kāishǐ chāoxiě.

3)表示来源或出发的处所：

Indicates the source of something or the starting point of an action：

11. 魏太妃～小壁橱中取出坐褥二枚，敷于左右。(郭沫若《虎符》)

 Wèi Tàifēi ～ xiǎo bìchú zhōng qǔ chū zuòrù èr méi，fūyú zuǒyòu.

12. 坑北面是一道……小崖崄，崄上微微隆起，～西向东。(王汶石《黑风》)

 Kēng běimiàn shì yídào ... xiǎo yániǎn，niǎn shang wēiwēi lóng qǐ，～ xī xiàng dōng.

13. ……～同孚路家中,步行至威海卫路,预备乘电车赴新闻报馆。(郑逸梅《上海旧话》)

... ～ Tóngfúlù jiā zhōng, bùxíng zhì Wēihǎiwèilù, yùbèi chéng diànchē fù xīnwén bàoguǎn.

4)表示动作经过的路线或处所:

Indicates the route or place through which an action goes:

14. 二人说着话～左门下。(曹禺《日出》)

Èr rén shuōzhe huà ～ zuǒ mén xià.

15. 酒家母已～桥头退下,柱立台前,呈现十分哀痛的表情。(郭沫若《棠棣之花》)

Jiǔjiāmǔ yǐ ～ qiáotóu tuì xià, zhù lì tái qián, chéngxiàn shífēn āitòng de biǎoqíng.

5)与"至"呼应,表示范围:

In conjunction with 至, indicates a range:

16. 藤椅已不见,代以小凳与长凳。～房屋至家具都显着暗淡无光。(老舍《茶馆》)

Téngyǐ yǐ bú jiàn, dài yǐ xiǎo dèng yǔ cháng dèng. ～ fángwū zhì jiājù dōu xiǎnzhe àndàn wú guāng.

17. 在满清的末几十年,……上～王侯,下至旗兵,他们都会唱二簧,单弦,大鼓,与时调。(老舍《四世同堂》)

Zài Mǎnqīng de mò jǐ shí nián, ... shàng ～ wánghóu, xià zhì qíbīng, tāmen dōu huì chàng èrhuáng, dānxiánr, dàgǔ, yǔ shídiào.

18. 明代～朱棣(年号永乐)至朱由检(崇祯)止共十四个皇帝。(北京历史丛书《定陵》)

Míngdài ～ Zhū Dì (niánhào Yǒnglè) zhì Zhū Yóujiǎn (Chóngzhēn) zhǐ gòng shísì ge huángdì.

B "自……"放在动词后表示动作发出的处所或发生的原因,可用于疑问句:

自... used after a verb, indicates a place from which an action starts or the cause of an action. It can be used in an interrogative sentence:

1. 他们来～广州城的各个角落,有工人,有商人,更多的还是学生。(欧阳山《三家巷》)

Tāmen lái ～ Guǎngzhōu chéng de gè gè jiǎoluò, yǒu gōngrén, yǒu shāngrén, gèng duō de háishì xuésheng.

2. 《触詟说赵太后》选～《战国策·赵策》。

《Chùzhé Shuì Zhào tàihòu》 xuǎn ～ 《Zhànguócè · Zhàocè》.

3. 近一年来访问湘阴涌起了新的高潮,却是出～一个重大的政治原因。(秦牧《湘阴热浪记》)

Jìn yì nián lái fǎngwèn Xiāngyīn yǒng qǐ le xīn de gāocháo, què shì chū ～ yí ge zhòngdà de zhèngzhì yuányīn.

4. 在《不怕鬼的故事》中,不怕天的故事也有十分突出的。比如,有一篇采～唐代裴铏《传奇》的,题目是《陈鸾凤》。(马南邨《不怕天》)

Zài 《Bú pà guǐ de gùshi》 zhōng, bú pà tiān de gùshi yě yǒu shífēn tūchū de. Bǐrú, yǒu yì piān cǎi ～ Tángdài Péi Xíng 《Chuánqí》 de, tímù shì 《Chén Luánfèng》.

5. 这些人来～什么地方?

    Zhèxiē rén lái ～ shénme dìfang?

"自"往往用于四字短语中：

自 is often used in a four-character phrase：

1. 她那般镇静，那般自信，～始至终笑容可掬。（王汶石《黑凤》）

    Tā nàbān zhènjìng, nàbān zìxìn, ～ shǐ zhì zhōng xiàoróngkějū.

2. 全党～上而下地加强党的纪律检查工作，……（报）

    Quán dǎng ～ shàng ér xià de jiāqiáng dǎng de jìlǜ jiǎnchá gōngzuò, ...

自从   zìcóng   （介词）

同"从"，但仅仅表示时间的起点，必是过去的；宾语是表示时间的词、语、结构，必须多于一个音节；常与"就"呼应；述语可以是否定的：

Since；indicates a point of time in the past. Its object can be any word，phrase or construction denoting time but must have more than one syllable. It is often used in conjunction with 就 and the verb can be in the negative：

1. ～他做了乡团总支书记，就搬到乡政府住了。（陈登科《风雷》）

    ～ tā zuòle xiāng tuán zǒngzhī shūjì, jiù bāndào xiāng zhèngfǔ zhù le.

2. 他的车，几年的血汗挣出来的那辆车，没了！～一拉到营盘里就不见了！（老舍《骆驼祥子》）

    Tā de chē, jǐ nián de xuèhàn zhèng chulai de nà liàng chē, méi le!～ yì lādào yíngpán li jiù bú jiàn le!

3. 心想～选她当了蔬菜组长，就是栓上根绳子，也休想把她从菜园里拽走。（林斤澜《新生》）

    Xīn xiǎng ～ xuǎn tā dāngle shūcài zǔzhǎng, jiùshi shuān shang gēn shéngzi, yě xiūxiǎng bǎ tā cóng càiyuán li zhuāizǒu.

4. ～我那老头子去世，我就像开了窍似的，忽然地聪明起来，什么话都能讲了。（曹禺《日出》）

    ～ wǒ nà lǎotóuzi qùshì, wǒ jiù xiàng kāile qiào shìde, hūrán de cōngming qilai, shénme huà dōu néng jiǎng le.

5. ～吴正光正式向她表白了爱情，她的心情就十分烦乱。（王亚平《神圣的使命》）

    ～ Wú Zhèngguāng zhèngshì xiàng tā biǎobáile àiqíng, tā de xīnqíng jiù shífēn fánluàn.

"自从……"后也可以加"起"：

起 can follow 自从...：

6. 不过他却没放一枪，因为～去年起，乡长就说过，不准放闲枪浪费子弹。（李准《摸鱼》）

    Búguò tā què méi fàng yì qiāng, yīnwèi ～ qùnián qǐ, xiāngzhǎng jiù shuōguo, bù zhǔn fàng xián qiāng làngfèi zǐdàn.

7. 我们的郭祥，～光着小脚板背着小马枪的时候起，就没有断过同它打交道。（魏巍《东方》）

    Wǒmen de Guó Xiáng, ～ guāngzhe xiǎo jiǎobǎn bēizhe xiǎo mǎqiāng de shíhou qǐ, jiù méiyou duànguo tóng tā dǎ jiāodao.

"自从……"后也可以有"到……"，表示一段时间：

自从... may be followed by 到... to indicate a period of time：

8. ～他回家到现在,他那一肚子的暴躁就仿佛总得咬谁一口才能平伏似的。(茅盾《子夜》)

～ tā huí jiā dào xiànzài, tā nà yí dùzi de bàozào jiù fǎngfú zǒng děi yǎo shuí yì kǒu cái néng píngfú shìde.

9. 他～中学毕业离开家到大学毕业,都没有回过家。

Tā ～ zhōngxué bìyè líkāi jiā dào dàxué bìyè, dōu méiyou huíguo jiā.

"自从……"也可以和"以后"配合:

自从... can be accompanied by 以后:

10. 金旺～碰了小芹的钉子以后,每日怀恨,总想设法报一报仇。(赵树理《小二黑结婚》)

Jīn Wàng ～ pèngle Xiǎoqín de dīngzi yǐhòu, měirì huáihèn, zǒng xiǎng shèfǎ bào yi bào chóu.

11. ～这天以后,胡兰每天就又开始学习了。(马烽《刘胡兰传》)

～ zhè tiān yǐhòu, Húlán měitiān jiù yòu kāishǐ xuéxí le.

12. ……像南方所有老根据地一样,～红军长征北上之后,遭到了国民党反动军队、地主、恶霸疯狂的摧残。(王愿坚《三张纸条》)

... Xiàng nánfāng suǒyǒu lǎo gēnjùdì yíyàng, ～ Hóngjūn chángzhēng běi shàng zhī hòu, zāodàole guómíndǎng fǎndòng jūnduì, dìzhǔ, èbà fēngkuáng de cuīcán.

"自从……"也可以和"以来"配合:

自从... can be accompanied by 以来:

13. 吴老太爷～骑马跌伤了腿,终至成为半肢疯以来,就虔奉《太上感应篇》。(茅盾《子夜》)

Wú lǎotàiyé ～ qí mǎ diēshāngle tuǐ, zhōng zhì chéngwéi bànzhīfēng yǐlái, jiù qián fèng 《Tàishàng gǎnyìng piān》.

14. 今年冬天雨雪多,～入冬以来,伏牛山一直被厚厚的白雪封着。(李准《冰化雪消》)

Jīnnián dōngtiān yǔ xuě duō, ～ rù dōng yǐlái, Fúniúshān yìzhí bèi hòuhòu de báixuě fēngzhe.

15. ～沙基惨案以来,多少人流了血,多少人牺牲了!(欧阳山《三家巷》)

～ Shājī cǎn'àn yǐlái, duōshǎo rén liúle xiě, duōshǎo rén xīshēng le!

作为 zuòwéi (介词)

A 表示以某种身份、某种资格(作某事),或从某角度出发(作出判断);可居句首;宾语为体词;述语可以是否定的:

Indicates that one does something in a certain capacity or position, or judges something in a certain light. 作为 can occur at the beginning of a sentence, and takes a substantive as its object. The verb can be in the negative:

1. 知识分子～脑力劳动者是和体力劳动者并肩作战的战友。

Zhīshi fènzǐ ～ nǎolì láodòngzhě shì hé tǐlì láodòngzhě bìngjiān zuòzhàn de zhànyǒu.

2. 找他们谈,写他们的事迹。但我却～一个旁观者来谈来写。(杨朔《我的改造》)

Zhǎo tāmen tán, xiě tāmen de shìjì. Dàn wǒ què ～ yí ge pángguānzhě lái tán lái xiě.

3. 我们的各级机关,是为人民服务的,它～社会主义的上层建筑,必须为经济基础服务。(报)

Wǒmen de gè jǐ jīguān, shì wèi rénmín fúwù de, tā ～ shèhuìzhǔyì de shàngcéng jiànzhù, bìxū wèi jīngjìjīchǔ fúwù.

4. ～一个青年司机,小梁上路了。(张天民《路考》)

　　～ yí gè qīngnián sījī, Xiǎo Liáng shàng lù le.

5. ～一个执政党,如何永远保持批评与自我批评的优良作风,是一个至关重大的问题。(报)

　　～ yí ge zhízhèngdǎng, rúhé yǒngyuǎn bǎochí pīpíng yǔ zìwǒ pīpíng de yōuliáng zuòfēng, shì yí ge zhì guān zhòngdà de wèntí.

6. ～领导,不接近群众是做不好工作的。

　　～ lǐngdǎo, bù jiējìn qúnzhòng shì zuò bu hǎo gōngzuò de.

这种"作为……"后面可以加"来说":

作为... when so used, can be followed by 来说:

1. 特别是对静兰,～一个妻子来说,没有比这更满足的事情了。(茹志鹃《春暖时节》)

　　Tèbié shì duì Jìnglán, ～ yí ge qīzi láishuō, méiyou bǐ zhè gèng mǎnzú de shìqing le.

2. ～一篇论文来说,这种写法还是不错的。

　　～ yì piān lùnwén láishuō, zhèzhǒng xiěfǎ háishi búcuò de.

B 表示按某种事物(予以处理);常用于"把"字句中:

作为, often used in 把 sentences, means "treat as":

1. 现在,有的上访人员把几十年前受到的处分,甚至民事纠纷都～冤假错案提出来要求复查。(报)

　　Xiànzài, yǒude shàngfǎng rényuán bǎ jǐ shí nián qián shòudào de chǔfèn, shènzhì mínshì jiūfēn dōu ～ yuān jiǎ cuò àn tí chulai yāoqiú fùchá.

2. 苏冠兰始终不明白,……为什么那样热衷地把各式各样的小座钟～私人之间的礼品互相赠送。(张扬《第二次握手》)

　　Sū Guānlán shǐzhōng bù míngbai, ... wèi shénme nàyàng rèzhōng de bǎ gè shì gè yàng de xiǎo zuòzhōng ～ sīrén zhī jiān de lǐpǐn hùxiāng zèngsòng.

3. ……要求各级党委和政府把这项工作～一件大事来抓。(报)

　　... Yāoqiú gè jǐ dǎngwěi hé zhèngfǔ bǎ zhè xiàng gōngzuò ～ yí jiàn dà shì lái zhuā.

助　词

助词之所以叫助词,是因为它们是一些往往只起辅助作用的词,不能独立使用,而必须附着于其它词的后面,或附于句尾。

助词中最主要的三类是语气助词、时态助词和结构助词。语气助词是附于句尾的一些轻声音节,一般不影响句子主要意思,只表示一些疑问、惊讶、肯定、醒悟等语气或高兴、赞叹、轻蔑等感情色彩。时态助词指用于动词后的"了""着""过""来着"。结构助词指"的""地""得"三个,它们连接定语和中心语、状语和中心语,以及补语和前面的动词或形容词,"的"没有意义,读轻声"de",还有一个是古汉语遗留下来的"之"。

除此之外,则是一些用在句尾或某些词后的词,多为双音。其中有些有一定意义,有些只起辅助作用,和前面某词呼应,可以省略而不影响句子的本意。

Particles

The actual meaning of 助词 is "auxiliary words", so called because they may supplement other words or end a sentence, but cannot be used independently.

The three main kinds of particles are modal particles, aspect particles and structural particles. Modal particles are monosyllables pronounced in the neutral tone and attached to the end of a sentence; they do not affect the meaning of the sentence, but add a sense of interrogation, surprise, affirmation, realization, delight, approval, disdain, and so on. The four aspect particles are 了, 着, 过, and 来着; they are attached to verbs. The three structural particles 的, 地, 得, all pronounced "de", connect the attributive and its head, the adverbial and its head, and the verb or adjective and its complement respectively. Another particle 之, is a remnant from classical Chinese.

There are also some particles, usually disyllabic and used at the end of a sentence or with another word, which either are in conjunction with a preliminary word or add a tonal touch to the sentence. Such particles usually may be deleted without affecting the meaning of the sentence.

助词总表

List of Particles

啊 a （语气助词）

起舒缓语气的作用,不影响句子感情色彩的程度;如不用"啊",句子意思不变。

Used to soften the tone of the sentence while leaving the meaning and the emotional colouring unchanged.

A 用在表示赞叹、惋惜、轻蔑、憎恨、厌恶、焦虑等感叹句末:

Used at the end of an interjection to express admiration, regret, contempt, hatred, dislike or worry:

1. 这年月可怎么办～!（李晓明、韩安庆《平原枪声》）

    Zhè niányuè kě zěnme bàn ～!

2. 你这小子好聪明～。（草明《诞生》）

    Nǐ zhè xiǎozi hǎo cōngming ～.

3. 敌人,多么可笑,多么可耻,多么愚蠢～!（李晓明、韩安庆《平原枪声》）

    Dírén, duōme kěxiào, duōme kěchǐ, duōme yúchǔn ～!

4. 可惜～!我们这些年轻干部还都没有进过学校呢!（李玉林《难忘的会见》）

    Kěxī ～! Wǒmen zhèxiē niánqīng gànbù hái dōu méiyou jìnguo xuéxiào ne!

5. 跟他不但不感到苦,反倒高兴,因为他干的事业,正是我们伟大时代的需要～!
    （关庚寅《"不称心"的姐夫》）

    Gēn tā búdàn bù gǎndào kǔ, fǎndào gāoxìng, yīnwèi tā gàn de shìyè, zhèng shì wǒmen wěidà shídài de xūyào ～!

B 用在表示同意、肯定、提醒、嘱咐等句末:

Used at the end of a sentence to express agreement, affirmation, warning or exhortation:

1. 是～,常恩,青年人应该追求真理嘛!（孔厥《新儿女英雄续传》）

    Shì ～, Cháng·ēn, qīngnián rén yīnggāi zhuīqiú zhēnlǐ ma!

2. 行～!我就试试!（徐怀中《我们播种爱情》）

    Xíng ～! Wǒ jiù shìshi!

3. 国破,家就必亡～!（老舍《四世同堂》）

    Guó pò, jiā jiù bì wáng ～!

4. 要知道:人在世上炼,刀在石上磨;千锤成利器,百炼变纯钢～。（孔厥《新儿女英雄续传》）

    Yào zhīdao: rén zài shì shang liàn, dāo zài shí shang mó; qiān chuí chéng lìqì, bǎi liàn biàn chún gāng ～.

5. 你一定要来～!（巴金《李大海》）

    Nǐ yídìng yào lái ～!

6. 你也不小啦,要往好里学～。（草明《姑娘的心事》）

    Nǐ yě bù xiǎo la, yào wǎng hǎoli xué ～.

7. 在大是大非面前可不能糊涂～!（达理《失去了的爱情》）

    Zài dàshìdàfēi miànqián kě bù néng hútu ～!

C 用在疑问句末:

Used at the end of an interrogative sentence:

1. 赵大爷,王瑞生这个人怎么样～?（李晓明、韩安庆《平原枪声》）

    Zhào dàye, Wáng Ruìshēng zhège rén zěnmeyàng ～?

2. 这人什么毛病～？（侯宝林《卖布头》）
   Zhè rén shénme máobìng ～?

3. 你到哪儿去～？（草明《在祖国的土地上》）
   Nǐ dào nǎr qù ～?

4. 你们怎么会变得这么漂亮～？（张天翼《宝葫芦的秘密》）
   Nǐmen zěnme huì biànde zhème piàoliang ～?

5. 在哪个部门～——钻井？采油？井下？（侯宝林《没有开完的会》）
   Zài něige bùmén ～ —— zuān jǐng? Cǎi yóu? Jǐng xià?

D 用在句中可停顿处：
   Signals a pause in a sentence:

1. 璋～，是一种玉器，宝贵、难得，生个男孩子就如同获得一块宝玉。（侯宝林《婚姻与迷信》）
   Zhāng ～, shì yì zhǒng yùqì, bǎoguì, nándé, shēng ge nán háizi jiù rútóng huòdé yí kuài bǎoyù.

2. 他一找～，由初一到十五都没有。（侯宝林《不宜动土》）
   Tā yì zhǎo ～, yóu chūyī dào shíwǔ dōu méi yǒu.

3. 你们还是年轻～，对一切事情看不透，容易受骗。（李晓明、韩安庆《平原枪声》）
   Nǐmen háishi niánqīng ～, duì yíqiè shìqing kàn bu tòu, róngyì shòu piàn.

4. 这房全老了，下午一下大雨，一漏，这房～——"夸察"一下子——墙塌了。（侯宝林《不宜动土》）
   Zhè fáng quán lǎo le, xiàwǔ yí xià dà yǔ, yí lòu, zhè fáng ～ —— "kuāchā" yíxiàzi —— qiáng tā le.

E 用在列举的每一成分之后：
   Used after each item of a series:

1. 这两天信～、电报～，都挤得不得了，当然慢起来罗，……（巴金《第四病室》）
   Zhè liǎng tiān xìn ～, diànbào ～, dōu jide bùdéliǎo, dāngrán màn qilai lou, ...

2. 可是生命究竟比钱重要啊！有的人家连狗～、猫～生病都要医治，何况你是人啊！（巴金《寒夜》）
   Kěshì shēngmìng jiūjìng bǐ qián zhòngyào a! Yǒude rénjiā lián gǒu ～, māo ～ shēng bìng dōu yào yīzhì, hékuàng nǐ shì rén a!

3. 为了祈祷来年的丰收，也照样毫不吝惜地把整口袋的糍粑面撒到烈火中去，也照样地笑～，唱～，跳～。（徐怀中《我们播种爱情》）
   Wèile qídǎo láinián de fēngshōu, yě zhàoyàng háo bú lìnxī de bǎ zhěng kǒudài de zānba miàn sǎdào lièhuǒ zhōng qù, yě zhàoyàng de xiào ～, chàng ～, tiào ～.

F 用于招呼、称呼之后：
   Follows a greeting or form of address:

1. 再见～，乡亲们！（孔厥《新儿女英雄续传》）
   Zàijiàn ～, xiāngqinmen!

2. 小龙～，小龙～，你好糊涂呀！（孔厥《新儿女英雄续传》）
   Xiǎolóng ～, Xiǎolóng ～, nǐ hǎo hútu ya!

3. 花～，你要活，活着来证明我们的永久的爱情。（巴金《春天里的秋天》）
   Huā ～, nǐ yào huó, huózhe lái zhèngmíng wǒmen de yǒngjiǔ de àiqíng.

4. 不体谅人的祖父～,不体谅人的她的父母～,我们的青春完全给你们夺去了。
（巴金《春天里的秋天》）

Bù tǐliàng rén de zǔfù ～, bù tǐliàng rén de tā de fùmǔ ～, wǒmen de qīngchūn wánquán gěi nǐmen duó qu le.

把 bǎ （助词）

主要用于量词"个"后,"个把"是一两个,也偶尔用于其它量词后,表示一至二之间的意思:

Mainly used after the measure word 个. 个把 means "one or two" and is occasionally used after other measure words in the same way:

1. 你看,现在他又天天打摆子,正该添个～人。（艾芜《野牛寨》）

Nǐ kàn, xiànzài tā yòu tiāntiān dǎ bǎizi, zhèng gāi tiān gè ～ rén.

2. 这年头杀个～人还不如宰只鸡来得值钱。（王统照《刀柄》）

Zhè niántóur shā gè ～ rén hái bùrú zǎi zhǐ jī lái de zhíqián.

3. 只有个～白鬼子有气没力地喊两声,大概他们以为根据地的老百姓都被他们的"并村"制服了吧。（王愿坚《党费》）

Zhǐ yǒu gè ～ báiguǐzi yǒuqìméilì de hǎn liǎng shēng, dàgài tāmen yǐwéi gēnjùdì de lǎobǎixìng dōu bèi tāmen de "bìngcūn" zhìfúle ba.

4. 他让人来找一个小孩子玩的直径尺～大的彩色塑料球。（柏生《韧性的战斗》）

Tā ràng rén lái zhǎo yí ge xiǎoháizi wánr de zhíjìng chǐ ～dà de cǎisè sùliàoqiú.

在"百""千""万"数词后,表示略多于"一百""一千""一万":

Used after numerals 百, 千 or 万, 把 indicates an approximate number slightly over one hundred, one thousand or ten thousand respectively:

5. 不说全场百～人听得清楚,如果有人在远远的果树林深处坐着听,他也会完全听得清楚的。（韦君宜《月夜清歌》）

Bù shuō quán chǎng bǎi ～ rén tīng de qīngchu, rúguǒ yǒu rén zài yuǎnyuǎn de guǒshù lín shēnchù zuòzhe tīng, tā yě huì wánquán tīng de qīngchu de.

后面有了"把",量词及"百""千""万"之前不能再加数词。

When followed by 把, a measure word, as well as the numbers 百, 千 or 万, may never be preceded by a numeral.

罢了 bàle （助词）

用在陈述句的末尾,有"而已"的意思;常有"不过""只是""无非"等与之呼应,用来加强往小处说的语气,是可以省略的:

Occurs at the end of a declarative sentence, and means 而已 (that is all, nothing more). It is often used in conjuction with 不过, 只是 or 无非 (only, merely) to emphasize minimization. It may be omitted:

1. 据我们的揣测,那小偷不过希望拿一点东西去换换钱～。（草明《陈念慈》）

Jù wǒmen de chuǎicè, nà xiǎotōur búguò xīwàng ná yìdiǎnr dōngxi qù huànhuan qián ～.

2. 大家心中都非常不满,只不过没有人出头～!（黄伊《西北的一颗红星》）

Dàjiā xīnzhōng dōu fēicháng bùmǎn, zhǐ búguò méi yǒu rén chū tóu ～!

3. 其实大年和小顺也早有这想法,只是没有说出来～。（李晓明、韩安庆《平原枪声》）

Qíshí Dànián hé Xiǎoshùn yě zǎo yǒu zhè xiǎngfǎ, zhǐshì méiyou shuō chulai ~.

4. 我的决定是良心做出的，爱情只是强化了它～。（张庄林《爱情与良心》）

Wǒ de juédìng shì liángxin zuò chū de, àiqíng zhǐshì qiánghuàle tā ~.

5. 无非都是为了吃饭问题～。（草明《魅惑》）

Wúfēi dōu shì wèile chī fàn wèntí ~. .

辨认：

Note:

"罢了"（bàliǎo）是动词，表示可以容忍：

As a verb means "be tolerable":

1. 这也罢了，他还要这可怜的大奶奶亲自动手做点心款待她们，给他们倒茶，装烟哩。（草明《遗失的笑》）

Zhè yě bàliǎo, tā hái yào zhè kělián de dànǎinai qīnzì dòng shǒu zuò diǎnxin kuǎndài tāmen, gěi tāmen dào chá, zhuāng yān li.

2. 如果只提苏金荣倒还罢了，一提起刘中正、杨百顺就怒火万丈……（李晓明、韩安庆《平原枪声》）

Rúguǒ zhǐ tí Sū Jīnróng dào hái bàliǎo, yì tí qǐ Liú Zhōngzhèng, Yáng Bǎishùn jiù nùhuǒ wàn zhàng ...

吧 ba （语气助词）

A 用在祈使句末，表示商量的语气：

Used at the end of an imperative sentence to soften the imperative tone：

1. 领我去见杜政委～！（李晓明、韩安庆《平原枪声》）

Lǐng wǒ qù jiàn Dù zhèngwěi ~ !

2. 你们都比我年长，给我提意见～。（草明《诞生》）

Nǐmen dōu bǐ wǒ nián zhǎng, gěi wǒ títi yìjian ~.

3. 你还是早点回来～。（巴金《杨林同志》）

Nǐ háishi zǎo diǎnr huí lai ~.

4. 谈谈你们怎么打石家庄的，有什么经验～！（李玉林《难忘的会见》）

Tántan nǐmen zěnme dǎ Shíjiāzhuāng de, yǒu shénme jīngyàn ~!

5. 小龙，努力～，我在等你的好消息呀！（孔厥《新儿女英雄续传》）

Xiǎolóng, nǔlì ~, wǒ zài děng nǐ de hǎo xiāoxi ya!

6. 同志们，咱们行动起来～。（草明《诞生》）

Tóngzhìmen, zánmen xíngdòng qilai ~.

B "好吧"表示同意或认可：

好吧 indicates agreement or approval：

1. 好～，一言为定。（李晓明、韩安庆《平原枪声》）

Hǎo ~, yì yán wéi dìng.

2. 好～，我听你的话！（孔厥《新儿女英雄续传》）

Hǎo ~, wǒ tīng nǐ de huà!

3. 二虎想，好～，到哪里你也别想跑了。（李晓明、韩安庆《平原枪声》）

Èrhǔ xiǎng, hǎo ~, dào nǎli nǐ yě bié xiǎng pǎo le.

4. 好～，你不知道，当然不能勉强。（孔厥《新儿女英雄续传》）

Hǎo ~, nǐ bù zhīdào, dāngrán bù néng miǎnqiǎng.

C 把陈述句变为疑问句,表示对自己所想的不十分肯定:

Turns a declarative sentence into an interrogative one and indicates that the speaker is not certain about what he thinks:

1. 我不坊碍你~?(孔厥《新儿女英雄续传》)

   Wǒ bù fáng·ài nǐ ～ ?

2. 呵,总司令,你好~?(李树槐《跟随朱总司令》)

   Ā, Zǒngsīlìng, nǐ hǎo ～ ?

3. 你们今天没有放假~?人都哪去了?(履冰《夫妻之间》)

   Nǐmen jīntiān méiyou fàng jià ～ ? Rén dōu nǎr qù le ?

4. 他们快回来吃晌饭了~?(草明《在祖国的土地上》)

   Tāmen kuài huí lai chī shǎngfàn le ～ ?

5. 况且随着农业社的扩大,恐怕将来他的每一块地都要和农业社的地搭界~。(柳青《创业史》)

   Kuàngqiě suízhe nóngyèshè de kuòdà, kǒngpà jiānglái tā de měi yí kuài dì dōu yào hé nóngyèshè de dì dā jiè ～ .

6. 恩泰,什么事情都是农村跟城市走,这回我看……我看农村领了个先了~?(草明《迎春曲》)

   Ēntài, shénme shìqing dōu shì nóngcūn gēn chéngshì zǒu, zhèhuí wǒ kàn . . . wǒ kàn nóngcūn lǐngle ge xiān le ～ ?

D 表示停顿,带有假设的语气,有时对举,有两难的意味:

Indicates a pause; gives a hypothetical tone and sometimes indicates a dilemma by citing two alternatives:

1. 就是你心里不服~,看你嘴上怎么说得过去!(欧阳山《高干大》)

   Jiùshi nǐ xīnli bù fú ～ , kàn nǐ zuǐ shang zěnme shuō de guòqù!

2. 分~,不合政策;不分~,土地不得够!(孔厥《新儿女英雄续传》)

   Fēn ～ , bù hé zhèngcè; bù fēn ～ , tǔdì bù dé gòu!

3. 到了吃晌饭的时候,他踌躇了,拿现成饭票到食堂里去吃~,碰到熟人多难为情;到街上饭馆吃呢,得花现钱。(草明《爱情》)

   Dàole chī shǎngfàn de shíhou, tā chóuchú le, ná xiànchéng fànpiào dào shítáng li qù chī ～ , pèngdào shúrén duō nánwéiqíng; dào jiē shang fànguǎn chī ne, děi huā xiànqián.

E 表示举例:

Indicates an illustration or instance:

1. 就说龙虎岗~,我的"关系"是宋惟勤和毛四儿,都是地主富农,都是被打击户。(孔厥《新儿女英雄续传》)

   Jiù shuō Lónghǔgǎng ～ , wǒ de "guānxi" shì Sòng Wéiqín hé Máo Sìr, dōu shì dìzhǔ fùnóng, dōu shì bèi dǎjī hù.

2. 就拿刚才你的情形打个比方~,你不在家陪你老婆,谁去陪她?(草明《诞生》)

   Jiù ná gāngcái nǐ de qíngxing dǎ ge bǐfang ～ , nǐ bú zài jiā péi nǐ lǎopo, shuí qù péi tā?

3. 就拿三百个学生算~,每人扣下一斤粮,一月就是三百斤!(老舍《四世同堂》)

   Jiù ná sānbǎi ge xuésheng suàn ～ , měi rén kòuxia yì jīn liáng, yí yuè jiù shì sānbǎi jīn!

唉 bai （语气助词）

同“呗”：

Same as 呗 (see next entry):

1. 为了让你下学期塌下心念书～！(王蒙《青春万岁》)
   Wèile ràng nǐ xià xuéqī tā xia xīn niàn shū ～!

2. 反正努力听讲就成～，到底怎么集中注意力，她们也不知道。(王蒙《青春万岁》)
   Fǎnzhèng nǔlì tīng jiǎng jiù chéng ～, dàodǐ zěnme jízhōng zhùyìlì, tāmen yě bù zhīdào.

3. 其实他们何尝不知道我和他们是一样的心情，是故意气我～!(李玉林《难忘的会见》)
   Qíshí tāmen hécháng bù zhīdao wǒ hé tāmen shì yíyàng de xīnqíng, shì gùyì qì wǒ～!

呗 bei （语气助词）

表示事实或道理明显，不必多说；或问题简单，不难解决：

Indicates that a fact is so obvious as to need no explanation or that the matter is very simple and can easily be solved:

1. 还会找谁，找我们那位小祖宗～!(端木蕻良《曹雪芹》)
   Hái huì zhǎo shuí, zhǎo wǒmen nà wèi xiǎo zǔzōng ～!

2. 金凤，就是金凤凰～，你都不知道呀?(端木蕻良《曹雪芹》)
   Jīnfèng, jiù shì jīn fènghuáng ～, nǐ dōu bù zhīdào ya?

3. 代君并不真生气，诚恳朴实地说："有错就改，不会就练～。"(李英儒《女游击队长》)
   Dàijūn bìng bù zhēn shēng qì, chéngkěn pǔshí de shuō: "Yǒu cuò jiù gǎi, bú huì jiù liàn ～."

4. 人穷才闹离婚～! 都是女方提出来的多!(黄伊《西北的一颗红星》)
   Rén qióng cái nào lí hūn ～! Dōu shì nǚfāng tí chulai de duō!

5. 各人带着各人的经验干～!(梁斌《翻身记事》)
   Gè rén dàizhe gè rén de jīngyàn gàn ～!

6. "那末以后就根本取消轮休得了～。"陈祥沛不紧不慢地说。(草明《诞生》)
   "Nàmò yǐhòu jiù gēnběn qǔxiāo lúnxiū déle ～." Chén Xiángpèi bùjǐnbùmàn de shuō.

7. 好道就让人家自己走得了～!(蔡天心《初春的日子》)
   Hǎo dàor jiù ràng rénjia zìjǐ zǒu déle ～!

参看"唉"。

Compare 唉 bai.

不成 bùchéng （助词）

用于句尾，不改变句子意思，只加强反问的语气，前面多有"难道"等词相呼应；"不成"是可以省略的：

Used at the end of a sentence to reinforce the tone of a rhetorical question without affecting the meaning. It is usually used in conjunction with 难道, etc. and may be omitted:

1. 难道那一大队贼兵飞了～?(蒋和森《风萧萧》)
   Nándào nà yí dà duì zéibīng fēile ～?

2. 老头子有言在先，难道今天想赖掉～？（陶菊隐《袁世凯演义》）

　　Lǎotóuzi yǒu yán zài xiān, nándào jīntiān xiǎng làidiào ～?

3. 我害了自己不够，难道还要害我的子孙～？（陶菊隐《袁世凯演义》）

　　Wǒ hàile zìjǐ bú gòu, nándào hái yào hài wǒ de zǐsūn ～?

4. 这些声音至今还在耳朵里响，难道是虚幻的～？（叶圣陶《倪焕之》）

　　Zhèxiē shēngyīn zhì jīn hái zài ěrduo li xiǎng, nándào shì xūhuàn de ～?

5. 您莫非已经厌烦了～？（刊）

　　Nín mòfēi yǐjīng yànfánle ～?

辨认：

Note：

下面的"不成"都不是助词：

In all the following examples, 不成 is not a modal particle：

1. 急躁了不成，得有耐心。

　　Jízàole bù chéng, děi yǒu nàixīn.

"不成"是"成"的否定，有"不行"的意思。

不成 is the negative of 成 meaning "won·t do".

2. 没买到飞机票，今天走不成了。

　　Méi mǎidào fēijīpiào, jīntiān zǒu bu chéng le.

"不成功"的意思，作"走"的补语，肯定形式是"走得成"。

不成 meaning 不成功（fail to, unsuccessful in）, functions as the complement of 走；its affirmative form is 走得成.

3. 田英高兴得不成……（王安友《整顿基点村的一天》）

　　Tián Yīng gāoxìng de bùchéng ...

4. 他气得不成。

　　Tā qì de bùchéng.

以上两句中的"不成"，是特殊用法，永远作带"得"的补语，表示极高程度。

不成 in the above two examples is a special usage, which always serves as the complement after 得, indicating a very high degree.

地　　de　（结构助词）

"地"，结构助词，是用在状语后的书写标志，但状语后书面用"的"的仍很普遍。

A structural particle and the written marker of the adverbial；however, it is still very common to write 的 instead of 地.

A 少数名词或名词性短语作状语一般带"地"：

　　There are a few nouns and nominal phrases that can be used as adverbials and usually take 地：

1. 社会的发展到了今天的时代，正确地认识世界和改造世界的责任，已经历史～落在无产阶级及其政党的肩上。（毛泽东《实践论》）

　　Shèhuì de fāzhǎn dàole jīntiān de shídài, zhèngquè de rènshi shìjiè hé gǎizào shìjiè de zérèn, yǐjīng lìshǐ ～ luò zài wúchǎnjiējí jí qí zhèngdǎng de jiān shàng.

2. 这个问题已经部分～得到解决。

　　Zhège wèntí yǐjīng bùfen ～ dédào jiějué.

3. 我们要高速度～发展交通事业。

Wǒmen yào gāo sùdù ～ fāzhǎn jiāotōng shìyè.

但方位词语、时间词语，如"屋里""外边""今天""一个月前"作状语不能带"地"。

However, localizers and words or phrases of time cannot take 地 when used as adverbials, e.g. 屋里，外边，今天，一个月前.

B 形容词作状语：

Adjectives used as adverbials：

1)单音节形容词作状语一般不带"地"，如"快跑""多吃"；能带"地"的很少：

Monosyllabic adjectives as adverbials usually do not take 地, e.g. 快跑，多吃；those that do are very rare：

1. 我好像真～变成她的顺从的小弟弟了。(刘真《我和小荣》)

   Wǒ hǎoxiàng zhēn ～ biànchéng tā de shùncóng de xiǎo dìdi le.

2. 他猛～立起身来。(杨大群《小矿工》)

   Tā měng ～ lì qǐ shēn lai.

2)双音节或多音节形容词或形容词短语作状语一般带"地"，有些常用的四字组合除外，如"艰苦奋斗""热烈欢迎"：

With the exception of such four character set phrases as 艰苦奋斗，热烈欢迎，disyllabic or polysyllabic adjectives or adjectival phrases usually take 地 when used as adverbials：

3. 他的心痛苦～狂跳着。(李承先《在这个病房里》)

   Tā de xīn tòngkǔ ～ kuángtiàozhe.

4. 胡连长和一些战士，英勇～牺牲了。(柳杞《战争奇观》)

   Hú liánzhǎng hé yìxiē zhànshì，yīngyǒng ～ xīshēng le.

5. 我……一步一步，困难～走回村来。(刘真《我和小荣》)

   Wǒ . . . yí bù yí bù，kùnnan ～ zǒu huí cūn lái.

6. 马志秀四肢伸开，很舒服～打着鼾。(和谷岩《枫》)

   Mǎ Zhìxiù sì zhī shēnkāi，hěn shūfu ～ dǎzhe hān.

7. 一只小螃蟹露出来，两眼机灵灵～直竖着。(杨朔《蓬莱仙境》)

   Yì zhī xiǎo pángxiè lù chulai，liǎng yǎn jīlínglíng ～ zhíshùzhe.

8. 她的独根小辫子，挺神气～左右摇摆着。(刘真《我和小荣》)

   Tā de dú gēn xiǎobiànzi，tǐng shénqi ～ zuǒ yòu yáobǎizhe.

9. 她昨天高高兴兴～来说，她想起一个检验产品的办法……(南丁《检验工叶英》)

   Tā zuótiān gāogāoxìngxìng ～ lái shuō，tā xiǎng qǐ yí ge jiǎnyàn chǎnpǐn de bànfǎ . . .

C 副词作状语，单音节的一般不能带"地"，如"就去""才来"；带"地"的极少：

Among adverbs used as adverbials, the monosyllabic ones can not take 地, e.g. 就去，才来；those which take 地 are very rare：

1. 小周忽～翻身坐起来。

   Xiǎo Zhōu hū ～ fān shēn zuò qilai.

双音节副词一般可带可不带，下列例中的"地"都可省略：

地 is optional with disyllabic adverbs, and in the following examples may be deleted：

2. 周浩领她站起来，默默～向屋里走去。(肖平《三月雪》)

Zhōu Hào lǐng tā zhàn qǐlai, mòmò ~ xiàng wū li zǒu qù.

3. 他大大~表扬了赵大云。(任大霖《蟋蟀》)

   Tā dàdà ~ biǎoyángle Zhào Dàyún.

4. 我悄悄~溜到大门口。(刘真《我和小荣》)

   Wǒ qiāoqiāo ~ liūdào dàménkǒu.

5. 我的心分外~寂寞。(鲁迅《希望》)

   Wǒ de xīn fènwài ~ jìmò.

D 短语或结构作状语多带"地",介宾结构除外,如"在图书馆看书":

Most phrases or constructions take 地 when used as adverbials, with the exception of P-O phrases, e.g. 在图书馆看书:

1. 那男人像是……盲艺人……大口大口~喘着气。(杨佩瑾《霹雳》)

   Nà nánrén xiàng shì ... máng yìrén ... dà kǒu dà kǒu ~ chuǎnzhe qì.

2. "山路倒不怕,怕只怕你们不欢迎我们这些知识分子吧?"我也开玩笑~回答。(季康《蒙帕在幻想》)

   "Shānlù dào bú pà, pà zhǐ pà nǐmen bù huānyíng wǒmen zhèxiē zhīshi fènzǐ ba?" Wǒ yě kāi wánxiào ~ huídá.

3. 陈国根垂头丧气~回到家里……(沈雁冰《勇敢的人》)

   Chén Guógēn chuítóusàngqì ~ huídào jiā li ...

4. 那颗脆枣自己却蹦蹦跳跳~又滚了回来。(张天翼《罗文应的故事》)

   Nàkē cuìzǎo zìjǐ què bèngbengtiàotiào ~ yòu gǔnle huílai.

5. 小花一步不离~跟在姥姥背后……(肖平《海滨的孩子》)

   Xiǎohuā yí bù bù lí ~ gēn zài lǎolao bèihòu.

E 象声词作状语,"地"一般可有可无,下面例句中的"地"可省略:

When onomatopoeic words are used as adverbials, 地 is usually optional and, in the following examples, may be deleted:

1. 潮水呼呼~向岸上跑着。(肖平《海滨的孩子》)

   Cháoshuǐ hūhū ~ xiàng ànshang pǎozhe.

2. 机枪突突突~叫着。(报)

   Jīqiāng tūtūtū ~ jiàozhe.

3. 百岁骨碌~坐起来。(杨朔《雪花飘飘》)

   Bǎisuì gūlu ~ zuò qǐlai.

4. 电铃终于在我一按之下,"叮铃铃"~响了。(臧克家《往事忆来多》)

   Diànlíng zhōngyú zài wǒ yí àn zhī xià, "dīnglīnglīng" ~ xiǎng le.

的   de   (结构助词)

结构助词"的"用在定语和中心语之间:

As a structural particle, is inserted between the attributive and the head word:

A 代词+"的",表示领属关系:

   Pronoun + 的 indicates possession:

1. 八路军的胜利就是他们大家~胜利。(毛泽东《给文运昌的信》)

   Bālùjūn de shènglì jiù shì tāmen dàjiā ~ shènglì.

2. 他~话像谜一样神秘……(高缨《达吉和她的父亲》)

   Tā ~ huà xiàng mí yíyàng shénmì ...

3. 我～悲伤使我不能自持。(靳以《灰晕》)

Wǒ ～ bēishāng shǐ wǒ bù néng zìchí.

人称代词和亲属称谓以及某些人与人的关系之间的"的"一般省略:

Between a personal pronoun and a word indicating personal relation, 的 is usually deleted:

4. 我父亲出去了。

Wǒ fùqin chū qu le.

5. 他们院长非常能干。

Tāmen yuànzhǎng fēicháng nénggàn.

B 名词 + "的":

Noun + 的:

1)表示领属关系以有"的"为常:

To indicate possession, a noun usually takes 的:

1. 老头子～眼光……现出兴奋快乐的神气。(骆宾基《山区收购站》)

Lǎotóuzi ～ yǎnguāng ... xiàn chū xīngfèn kuàilè de shénqì.

2. 不久,我们一行到了平西根据地肖克同志～司令部。(海默《我的引路人》)

Bùjiǔ, wǒmen yìxíng dàole Píngxī gēnjùdì Xiāo Kè tóngzhì ～ sīlìngbù.

3. 那张方桌～一条腿坏了。

Nàzhāng fāngzhuō ～ yì tiáo tuǐr huài le.

2)表示修饰关系的,"的"一般省略:

As a rule, nouns do not take 的 to indicate modification:

4. 这是中国画,不是日本画。

Zhè shì Zhōngguó huàr, bú shì Rìběn huàr.

5. 那条桌子腿坏了。

Nàtiáo zhuōzituǐr huài le.

6. 你有英文杂志吗?

Nǐ yǒu Yīngwén zázhì ma?

C 动词 + "的"表示修饰关系:

Verb + 的 indicates modification:

1)中心语实际是动词的受事,"的"必不可少:

The head is the recipient of the verb and 的 is obligatory:

1. 新买～笔丢了。

Xīn mǎi ～ bǐ diū le.

2. 洗～衣服干了没有?

Xǐ ～ yīfu gānle méiyou?

2)一般修饰关系,一般有"的":

To indicate a general modification, a verb usually takes 的:

3. 刘云用爱抚～眼光看着自己的女儿说。(肖平《三月雪》)

Liú Yún yòng àifǔ ～ yǎnguāng kànzhe zìjǐ de nǚ·ér shuō.

4. 跑～人是谁?

Pǎo ～ rén shì shuí?

5. 一到旅游～季节,这里的旅馆就显得不够了。

Yí dào lǚyóu ～ jìjié, zhèlǐ de lǚguǎn jiù xiǎnde bú gòu le.

但有很多常用熟语,"的"被省略,如"学习计划""生产指标"。
However, in many commonly used phrases, 的 is deleted, e. g. 学习计划, 生产指标.

D 形容词 + "的"表示修饰关系:

　　Adjective + 的 indicates modification:

1. 啊! 多么紧张～时刻啊! (峻青《黎明的河边》)
　　À! Duōme jǐnzhāng ～ shíkè a!

2. 他……,想赶紧回府去喝一口热热～稠稠～冰糖燕窝羹。(蒋和森《风萧萧》)
　　Tā . . . , xiǎng gǎnjǐn huí fǔ qu hē yì kǒu rèrē ～ chóuchóu ～ bīngtáng yànwō gēng.

3. 由于强烈～风化,突出来的半圆形砾石,很容易脱落。(鲁光《踏上地球之巅》)
　　Yóuyú qiángliè ～ fēnghuà, tū chūlai de bànyuánxíng lìshí, hěn róngyì tuōluò.

有许多经常结合或结合较紧密的短语,尤其单音节形容词短语,"的"总省略,如"要紧事情""干净衣服""红花""大树""高楼""犟脾气"
There are many commonly used combinations in which 的 is always deleted, especially after monosyllabic adjectives, e. g. 要紧事情, 干净衣服, 红花, 大树, 高楼, 犟脾气.

E 数量短语 + "的":

　　Numeral + measure word + 的:

1)序数及量词修饰名词不要"的":

　　"An ordinal number + measure word" does not take 的 when modifying a noun:

1. 他住三号房间。
　　Tā zhù sān hào fángjiān.

2. 我要到五层楼去。
　　Wǒ yào dào wǔ céng lóu qu.

2)序数及量词代表集体或名词表示领属关系的,要"的":

　　"An ordinal number + measure word" standing for a collective or a noun needs 的 to show possession:

3. 一排～历史比较老一点,仗也打得多一点。(赛时礼《陆军海战队》)
　　Yī pái ～ lìshǐ bǐjiào lǎo yìdiǎnr, zhàng yě dǎde duō yìdiǎnr.

4. 二班～学生都来了。
　　Èr bān ～ xuéshēng dōu lái le.

5. 七号(房间)～暖瓶没水了。
　　Qī hào (fángjiān) ～ nuǎnpíng méi shuǐ le.

3)基数及量词在名词前表示数量,不能用"的",如"几所房子""十本书":

　　"A cardinal number + measure word" before a noun showing quantity must not take 的, e. g. 几所房子, 十本书:

4)基数及量词修饰名词必要"的":

　　"A cardinal number + measure word" must have 的 to modify a noun:

6. 我要一条二斤～鱼。
　　Wǒ yào yì tiáo èr jīn ～ yú.

7. 那个庙里有一口五百斤～大钟。
　　Nàge miào li yǒu yì kǒu wǔbǎi jīn ～ dà zhōng.

F 时间词、处所词作定语:

　　Time words and place words as attributives:

1) 时间词作修饰语，"的"可有可无：

When used as attributives time words may or may not take 的：

1. 我坐今天晚上九点钟（～）车走。

   Wǒ zuò jīntiān wǎnshang jiǔ diǎnzhōng （～） chē zǒu.

2. 从明天起我们放二十天（～）假。

   Cóng míngtiān qǐ wǒmen fàng èrshí tiān （～） jià.

2) 处所词作定语，"的"可有可无：

When a place word is used as an attributive, 的 is optional：

3. 院子里（～）花都开了。

   Yuànzi li （～） huār dōu kāi le.

4. 我们学校（～）图书馆晚上不开馆。

   Wǒmen xuéxiào （～） túshūguǎn wǎnshang bù kāi guǎn.

5. 东边（～）那个窗户开不开。

   Dōngbianr （～） nàge chuānghu kāi bu kāi.

6. 以上（～）三个问题都需要讨论。

   Yǐshàng （～） sān ge wèntí dōu xūyào tǎolùn.

G 动宾结构、介宾结构、主谓结构作定语，必须用"的"：

A V-O, P-O or S-P construction needs 的 to serve as an attributive：

1. 那个骑白马～陈玉喜叔叔呢？（周立波《翻古》）

   Nàge qí bái mǎ ～ Chén Yùxǐ shūshu ne?

2. 我哀悼着我所爱～人已经成为没有灵魂～躯壳。（靳以《灰晕》）

   Wǒ āidàozhe wǒ suǒ ài ～ rén yǐjīng chéngwéi méi yǒu línghún ～ qūqiào.

3. 这就是造物主开～玩笑。（唐宁《融雪》）

   Zhè jiù shì zàowùzhǔ kāi ～ wán xiào.

4. 他对汉语语法～研究很有成绩。

   Tā duì Hànyǔ yǔfǎ ～ yánjiū hěn yǒu chéngjī.

H 象声词作定语要有"的"：

An onomatopoeic word must be used with 的 to be an attributive：

1. 接着，只听得"嗖"～一声……（蒋和森《风萧萧》）

   Jiēzhe, zhǐ tīngde "sōu" ～ yì shēng ...

2. 屋子里是呼呼～鼾声。（刊）

   Wūzi li shì hūhū ～ hānshēng.

I 以"的"字构成的定语常常可以取代其所修饰的中心语：

An attributive with 的 very often can take the place of the head word：

1. 两个大～在人民公社里参加劳动。（杨朔《蓬莱仙境》）

   Liǎng ge dà ～ zài rénmín gōngshè li cānjiā láodòng.

2. 带着一串钥匙上班～也许不是银行～就是邮局～。（老舍《全家福》）

   Dàizhe yí chuàn yàoshi shàng bān ～ yěxǔ búshi yínháng ～ jiùshi yóujú ～.

3. 他的论文多，我～很少。

   Tā de lùnwén duō, wǒ ～ hěn shǎo.

4. 当时我们穿～是西装、大褂……（海默《我的引路人》）

   Dāngshí wǒmen chuān ～ shì xīzhuāng, dàguà...

5. 这时,锔锅～、卖耗子药～、卖苍蝇纸～……一个个掏出枪……(曲波《桥隆飙》)

    Zhèshí, jū guō ～, mài hàoziyào ～, mài cāngyingzhǐ ～... yí gè gè tāo chū qiāng...

6. 那些实在穷得还不了～,您就留着债券也没用。(林汉达《战国故事》)

    Nàxiē shízài qióngde huán bu liǎo ～, nín jiù liúzhe zhàiquàn yě méi yòng.

J 某些以定语形式出现但并非定语的"的"字结构:

    Some 的 structures seem to be attributives but are not:

1)叙述某人某种活动的状况,而这种状况是以动宾结构加补语来说明的,如:

    When employing a V-O and a complement to relate how sb. performs an action, such as:

    房子里太闹,我睡不成觉了。

    Fángzi li tài nào, wǒ shuì bu chéng jiào le.

    张老师教数学教得好。

    Zhāng lǎoshī jiāo shùxué jiāo de hǎo.

    小王当工人当了五年了。

    Xiǎo Wáng dāng gōngrén dāngle wǔ nián le.

这类句子都可以转变成以指人的名词或代词作定语的形式:

In this kind of sentence, the subject, which is a person, can always be turned into the attributive of the object of the verb and the sentence can be put in the following way:

1. 房子里太闹,我～觉睡不成了。

    Fángzi li tài nào, wǒ ～ jiào shuì bu chéng le.

2. 张老师～数学教得好。

    Zhāng lǎoshī ～ shùxué jiāo de hǎo.

3. 小王～工人当了五年了。

    Xiǎo Wáng ～ gōngrén dāngle wǔ nián le.

2)说明某一角色由谁扮演,或某一职务由谁承担,如:

    To explain who is to play a certain role, such as:

    这出戏里的李部长由小林扮演。

    Zhèchū xì li de Lǐ bùzhǎng yóu Xiǎo Lín bànyǎn.

    昨天开会是你作主席吧?

    Zuótiān kāi huì shì nǐ zuò zhǔxí ba?

    那个交响乐队谁拉第一小提琴?

    Nàge jiāoxiǎng yuèduì shuí lā dì-yī xiǎotíqín?

这种句式可以变为:

These sentences may also be expressed in the following way:

4. 这出戏里(是)小林～李部长。

    Zhèchū xì li (shì) Xiǎo Lín ～ Lǐ bùzhǎng.

5. 昨天开会(是)你～主席吧?

    Zuótiān kāi huì (shì) nǐ ～ zhǔxí ba?

6. 那个交响乐队(是)谁～第一小提琴?

    Nàge jiāoxiǎng yuèduì (shì) shuí ～ dì-yī xiǎotíqín?

3)某些动宾结构,当其需要意念上的受事时,因为结构上不能再带有宾语,就把这受事变为宾语的定语:

A recipient which structurally cannot become the object of a V-O construction, can become the attributive of the object of the V-O:

7. 今天晚上我请你～客,请你喝酒,好不好?

Jīntiān wǎnshang wǒ qǐng nǐ ～ kè, qǐng nǐ hē jiǔ, hǎo bu hǎo?

8. 你不要开老胡～玩笑。

Nǐ búyào kāi Lǎo Hú ～ wánxiào.

9. 我们都很愿意帮老赵～忙。

Wǒmen dōu hěn yuànyì bāng Lǎo Zhào ～ máng.

的   de   (语气助词)

语气助词"的":

As a modal particle:

A 用在句末,表示肯定、确认的语气:

Used at the end of a sentence, conveys a sense of affirmation and certainty:

1. 琼斯先生以一种带有权威性的口吻来下这个结论～,……(叶君健《小仆人》)

Qióngsī xiānsheng yǐ yì zhǒng dài yǒu quánwēixìng de kǒuwěn lái xià zhège jiélùn ～, ...

2. 李主任,你知道～,……(高尔品《市民》)

Lǐ zhǔrèn, nǐ zhīdào ～, ...

3. 哪有这种叫法～?(房子、文新、陆建华、米河《百花深处》)

Nǎ yǒu zhèzhǒng jiàofǎ ～ ?

B 用在并列成分之后,表示停顿和列举未尽:

Used after coordinate elements, indicates a pause and that the enumeration is not yet finished:

1. 你吃亏,我占便宜～,都不相当。(蔡天心《初春的日子》)

Nǐ chī kuī, wǒ zhàn piányi ～, dōu bù xiāngdāng.

2. 抽屉里杂乱无章,刀子、剪子～什么都有。

Chōuti li záluànwúzhāng, dāozi, jiǎnzi ～ shénme dōu yǒu.

3. 他也跟大家一样,又唱又嚷～。(康濯《小社员》)

Tā yě gēn dàjiā yíyàng, yòu chàng yòu rǎng ～.

C 语气助词"的"常与前面的"是"呼应,成为"是……的"句。

Often used in conjunction with a preceding 是 to form a 是...的 sentence.

1)用"是……的"强调说明动作发生的时间、地点、原因、方式、目的,以及动作的施事者等,一般是已然的,"是"往往可省(否定式"不是"不能省):

是...的 is used to emphasize the time, place, cause, manner, purpose, or agent of an action (usually completed). 是 can often be omitted (though the negative form 不是 cannot be omitted):

1. 你是什么时候毕业～

Nǐ shì shénme shíhou bì yè ～ ?

2. 长城是两千多年前战国时代开始修筑～。

Chángchéng shì liǎngqiān duō nián qián Zhànguó shídài kāishǐ xiūzhù ～.

3. 柜台外面则放着两张桌子，是供给过往客人吃水酒～。（杨佩瑾《霹雳》）
   Guìtái wàimiàn zé fàngzhe liǎng zhāng zhuōzi, shì gōngjǐ guòwǎng kènrén chī shuǐjiǔ ～.

4. 任何荣誉，都不是顺手拣来～。（马烽《韩梅梅》）
   Rènhé róngyù, dōu bú shì shùnshǒu jiǎn lai ～.

2）用"是……的"强调事实确实如此，否定式以述语的否定形式来表示的：
   是... 的 is used to stress the truth of a fact. Such a sentence is negated by changing the main element of the predicate into the negative form:

5. 矿里后来说，冒顶子的事情没有调查清楚，（钱）是不发给～。（杨大群《小矿工》）
   Kuàng li hòulái shuō, mào dǐngzi de shìqing méiyou diàochá qīngchu, (qián) shì bù fā gěi ～.

6. 病房里是不许吸烟～。（李承先《在这个病房里》）
   Bìngfáng li shì bù xǔ xī yān ～.

7. 他是不了解我～！
   Tā shì bù liǎojiě wǒ ～!

8. 他头脑是有～，不过不大喜欢用在正路上罢了。（叶君健《小仆人》）
   Tā tóunǎo shì yǒu ～, búguò búdà xǐhuan yòng zài zhènglù shang bàle.

3）动词带有助动词或可能补语，用"是……的"强调意愿、可能性、必要性等；"是"可省；否定形式是以否定助动词或否定可能补语来表示的：
   When the verb of a sentence takes an auxiliary verb or a potential complement, 是... 的 is used to emphasize a wish, a possibility, or necessity (是 may be omitted); such a sentence is negated by negating the auxiliary verb or the potential complement:

9. 乡下是怎么了，会弄得这么卖儿卖女～？（老舍《茶馆》）
   Xiāngxia shì zěnme le, huì nòng de zhème mài ér mài nǚ ～?

10. 在天亮以前，天会黑得更可怕一些，过去了就会好～。（茹志鹃《黎明前的故事》）
    Zài tiān liàng yǐqián, tiān huì hēide gèng kěpà yìxiē, guò qu le jiù huì hǎo ～.

11. 这个球队自称是任何球队也打不败～。
    Zhège qiúduì zìchēng shì rènhé qiúduì yě dǎ bu bài ～.

12. 命运是可以战胜～。（杨朔《蓬莱仙境》）
    Mìngyùn shì kěyǐ zhànshèng ～.

……的话 . . . dehuà （助词）
放在表示假设的短语或从句之后，与前面的"要是"等呼应，加强假设语气，一般可以省略：
Used after a phrase or clause of supposition in conjunction with a preceding 要是 or similar expression to sound more emphatic; usually it can be deleted:

1. 要是能行～，我跟你一块儿走！（老舍《四世同堂》）
   Yàoshi néng xíng ～, wǒ gēn nǐ yíkuàir zǒu!

2. 要是方便，顺路～，还劳你的驾，再买几张四分的邮票回来。（何其芳《无题》）
   Yàoshi fāngbiàn, shùnlù ～, hái láo nǐ de jià, zài mǎi jǐ zhāng sì fēn de yóupiào huílai.

3.　要打算白天也照样赶路～，他必须使人相信他是个"煤黑子"。（老舍《骆驼祥子》）

　　Yào dǎsuàn báitiān yě zhàoyàng gǎn lù ～，tā bìxū shǐ rén xiāngxìn tā shì ge "méihēizi".

有时也可以没有"要是"等词，只用"……的话"表示假设：

In some cases，要是 may be left out，and ...的话 alone will form the supposition with the phrase or clause：

4.　赶紧把公子无忌请回来，叫他去联合各国，共同抵抗秦国，也许还能挽回大局。不然～，魏国准保不住。（林汉达《东周列国故事新编》）

　　Gǎnjǐn bǎ gōngzǐ Wújì qǐng huilai，jiào tā qù liánhé gè guó，gòngtóng dǐkàng Qínguó，yěxǔ hái néng wǎnhuí dàjú. Bùrán ～，Wèiguó zhǔn bǎo bu zhù.

5.　我们回去还有活命～，……再过三年，我们理当亲自到贵国来道谢。（林汉达《东周列国故事新编》）

　　Wǒmen huí qu hái yǒu huómìng ～，... zài guò sān nián，wǒmen lǐdāng qīnzì dào guì guó lái dàoxiè.

6.　有时间～，请您来串门！

　　Yǒu shíjiān ～，qǐng nín lái chuàn ménr!

得　de　（结构助词）

A 用在动词或形容词与表示达到的程度、结果的补语之间，否定式是"……得不……"：

Used between a verb or adjective and its complement of result or degree; its negative form is ...得不...：

1.　自从买了车，祥子跑～更快了。（老舍《骆驼祥子》）

　　Zìcóng mǎile chē，Xiángzi pǎo ～ gèng kuài le.

2.　那战士……嗓音变～很柔和……（杨朔《平常的人》）

　　Nà zhànshì ... sǎngyīn biàn ～ hěn róuhe...

3.　鹰……飞～高，飞～稳……（张天民《路考》）

　　Yīng ... fēi ～ gāo，fēi ～ wěn ...

4.　玉米和豆子绿～发亮。（于敏《老杜和助手》）

　　Yùmǐ hé dòuzi lǜ ～ fā liàng.

5.　太阳热～烤人。（杨佩瑾《霹雳》）

　　Tàiyáng rè ～ kǎo rén.

6.　街上清静～真可怕。（老舍《骆驼祥子》）

　　Jiē shang qīngjìng ～ zhēn kěpà.

7.　这张画画～不好。（刊）

　　Zhè zhāng huà huà ～ bù hǎo.

8.　他跑～气咻咻的……（巴金《家》）

　　Tā pǎo ～ qìxiūxiū de...

9.　那小孩……穿～破破烂烂的……（杨朔《上尉同志》）

　　Nà xiǎoháir ... chuān ～ pòpolànlàn de...

10.　张振旺……生～眉眼细致，十分精干。（杨朔《龙马赞》）

　　Zhāng Zhènwàng ... shēng ～ méiyǎn xìzhì，shífēn jīnggàn.

11. 小红……声音低～像蚊子叫……（靳以《小红和阿蓝》）

    Xiǎohóng ... shēngyīn dī ～ xiàng wénzi jiào ...

一般的动宾结构中的动词，如要加带"得"的补语，要重复动词：

When the verb of a V-O construction takes a complement with 得, the verb should be repeated：

12. 他喝茶喝～太多了。

    Tā hē chá hē ～ tài duō le.

13. 儿子又爱她爱～发狂，老人又爱儿子爱～发呆。（李承先《在这个病房里》）

    Érzi yòu ài tā ài ～ fā kuáng, lǎorén yòu ài érzi ài ～fā dāi.

B 在动词之后，表示可能、可以：

Following a verb, expresses possibility or permission：

1)用在单音节动词之后，后面不再带补语。否定式是"不得"：

Used after a monosyllabic verb, 得 takes no complement, and its negative is 不得：

1. 这种蘑菇吃～。

    Zhèzhǒng mógu chī ～.

2. 害人的事做不～。

    Hài rén de shì zuò bu ～.

3. 这件衣服我穿太小，你穿～穿不～？

    Zhèjiàn yīfu wǒ chuān tài xiǎo, nǐ chuān ～ chuān bu ～?

有时动词和"得"或"不得"之后有宾语：

The verb plus 得 or 不得 sometimes can take an object：

4. 他这个人吃～苦，耐～劳。

    Tā zhège rén chī ～ kǔ, nài ～ láo.

5. 你病还没好，喝不～酒。

    Nǐ bìng hái méi hǎo, hē bù ～ jiǔ.

有的只有否定形式，没有肯定形式：

In certain cases, there is only a negative form and not a positive form：

6. 我知道这是要不～的，没有照办。（张勤《民兵营长》）

    Wǒ zhīdao zhè shì yào bù ～ de, méiyou zhào bàn.

    （要不～ means "very bad"）

7. 任何欺骗，任何威胁……都奈何他不～！（茅盾《我们这文坛》）

    Rènhé qīpiàn, rènhé wēixié ... dōu nàihé tā bù ～!

2)用在动词之后，后面还有结果或趋向补语，否定式是"不＋补语"：

Used after a verb and followed by a resultative or directional complement; its negative form is 不 ＋ complement：

8. 打两个碗算～了什么……（刘真《我和小荣》）

    Dǎ liǎng ge wǎn suàn ～ liǎo shénme ...

9. 我认识路，走～回去。（刊）

    Wǒ rènshi lù, zǒu ～ huíqù.

10. 我丢不起这份人！（马烽《韩梅梅》）

    Wǒ diū bu qǐ zhè fènr rén!

11. 大娘再也说不出什么话来了。（刘真《我和小荣》）

Dàniáng zài yě shuō bu chū shénme huà lai le.

12.　　想不到我们会碰头的。(任大霖《蟋蟀》)

Xiǎng bu dào wǒmen huì pèng tóu de.

在书面语中,"得"写作"的"仍很普遍。

In written language, it is still very common to write 的 instead of 得.

等　děng　(助词)

表示举例不尽,后面有时有总括性词语,或表示列举已完,作个结尾:

And so on, etc.; indicates unfinished enumeration. There may or may not be a superordinate after 等. Sometimes, however, it may also indicate the enumeration has come to an end:

1.　　只有对极少数最带危险的分子,才可以采用严峻手段,例如逮捕～。(毛泽东《中国革命战争的战略问题》)

Zhǐyǒu duì jǐ shǎoshù zuì dài wēixiǎn de fènzǐ, cái kěyǐ cǎiyòng yánjùn shǒuduàn, lìrú dǎibǔ ～.

2.　　《西游记》里面的孙猴子、猪八戒,和其他作品里面的诸葛亮、曹操、张飞、李逵、贾宝玉、林黛玉～同样是中国人民中广泛流传的典型人物。(何其芳《文学史讨论中的几个问题》)

《Xīyóujì》 lǐmiàn de Sūnhóuzi, Zhūbājiè, hé qítā zuòpǐn lǐmiàn de Zhūgé Liàng, Cáo Cāo, Zhāng Fēi, Lǐ Kuí, Jiǎ Bǎoyù, Lín Dàiyù ～ tóngyàng shì Zhōngguó rénmín zhōng guǎngfàn liúchuán de diǎnxíng rénwù.

3.　　独立营一连缴获"歪把"机枪一挺、战刀、钢盔～许多胜利品。(赛时礼《陆军海战队》)

Dúlì yíng yīlián jiǎohuò ″wāibà″ jīqiāng yì tǐng, zhàndāo, gāngkuī ～ xǔduō shènglìpǐn.

4.　　蝉、蝼蛄、檐头龟～昆虫,也都有人吃。(秦牧《吃动物》)

Chán, lóugū, yántóuguī ～ kūnchóng, yě dōu yǒu rén chī.

5.　　《淮南子》、《山海经》～书说共工是人面蛇身。(何其芳《少数民族文学史编写中的问题》)

《Huáinánzǐ》,《Shānhǎijīng》 ～ shū shuō Gònggōng shì rén miàn shé shēng.

参看"等等"。

Compare 等等 děngděng.

等等　děngděng　(助词)

同"等",但更具独立运用能力:

Same as 等, but more freely and independently used:

1.　　自然界存在着许多的运动形式,机械运动、发声、发光、发热、电流、化分、化合～都是。(毛泽东《矛盾论》)

Zìránjiè cúnzàizhe xǔduō de yùndòng xíngshì, jīxiè yùndòng, fā shēng, fā guāng, fā rè, diànliú, huàfēn, huàhé ～ dōu shì.

2.　　比较好的马戏团大抵都有狮子、老虎、大象、熊、骏马、猩猩～。(秦牧《看马戏》)

Bǐjiào hǎo de mǎxìtuán dàdǐ dōu yǒu shīzi, lǎohǔ, dàxiàng, xióng, jùnmǎ, xīngxing ～.

3.　　有些最早的中国文学史好像只作到了现象的叙述和罗列。建安七子,大历十

子,明代的前七子,后七子,~。(何其芳《文学史讨论中的几个问题》)

Yǒuxiē zuì zǎo de Zhōngguó wénxuéshǐ hǎoxiàng zhǐ zuòdàole xiànxiàng de xùshù hé luóliè. Jiàn·ān qī zǐ, Dàlì shí zǐ, Míngdài de qián qī zǐ, hòu qī zǐ ~.

4. 一般的上海市民似乎并不感到新鲜空气、绿草、树荫、鸟啼……~的自然景物的需要。(茅盾《秋的公园》)

Yìbān de Shànghǎi shìmín sìhū bìng bù gǎndào xīnxiān kōngqì, lǜcǎo, shùyīn, niǎo tí ... ~ de zìrán jǐngwù de xūyào.

而已　éryǐ　(助词)

用在陈述句句尾,配合前面的"只""只有""只是""仅仅"等,加强限定范围的作用;可以省略,多用于书面语:

That is all; used at the end of a declarative sentence in conjunction with 只 , 只有, 只是, 仅仅 or other such restrictive expressions. It may be deleted and is used mostly in written language:

1. 我不知道自己这是被关在这个市的哪一所监狱里,仰天直看,也只有满天的星斗~。(檀林《一个女囚的自述》)

Wǒ bù zhīdào zìjǐ zhè shì bèi guān zài zhège shì de nǎ yì suǒ jiānyù li, yǎng tiān zhí kàn, yě zhǐ yǒu mǎn tiān de xīngdǒu ~.

2. 史先生深信她能够解决自己将来的生活,听了她的话,便不再说什么,只略略把眉头皱了一下~。(许地山《缀网劳蛛》)

Shǐ xiānsheng shēn xìn tā nénggòu jiějué zìjǐ jiānglái de shēnghuó, tīngle tā de huà, biàn bú zài shuō shénme, zhǐ lüèlüè bǎ méitóu zhòule yíxià ~.

3. 不要把公司那些大头人物看得有什么了不起;只是他们的命好~。(杨青矗《低等人》)

Búyào bǎ gōngsī nàxiē dà tóu rénwù kàn de yǒu shénme liǎobuqǐ; zhǐshì tāmen de mìng hǎo ~.

4. 当然,小说里有真人真事的影子,但仅仅是影子~。(胡絜青《写在"正红旗下"前面》)

Dāngrán, xiǎoshuō li yǒu zhēn rén zhēn shì de yǐngzi, dàn jǐnjǐn shì yǐngzi ~.

给　gěi　(助词)

用于述语前,不起什么作用,可省略:

Used before the verb of a sentence, may be omitted without affecting the meaning:

A 用于"把"字句、"被"字句(包括和"被"的意思相同的"让、叫")的述语前:

Used before the verb of a 把 sentence or a 被 (让, 叫) sentence:

1. 他姓王,……只有一身破裤褂,逃走又不易,藏起来又怕连累人,而且怕被敌人~擒住,所以他想自尽。(老舍《四世同堂》)

Tā xìng Wáng, ... zhǐ yǒu yì shēn pò kùguà, táozǒu bú yì, cáng qilai yòu pà liánlèi rén, érqiě pà bèi dírén ~ qínzhù, suǒyǐ tā xiǎng zìjìn.

2. ……有时还冷不防把线~打断。(林漫《家庭》)

... yǒushí hái lěngbùfáng bǎ xiàn ~ dǎduàn.

3. 钱爷爷在哪儿哪?他叫日本鬼子~打流了血,是吗?(老舍《四世同堂》)

Qián yéye zài nǎr ne? Tā jiào Rìběn guǐzi ~ dǎ liúle xiě, shì ma?

B 用于致使某事物产生某种结果的(多为不如意的)动词前,受事者必须事先提到:

Used before a causative verb which usually brings about an undesirable result; the recipient of the action must have been mentioned previously:

1. 见别人家比她家多养了一只鸡,也恨不得让老雕~叼去一只。(韩文洲《长院爷爷》)

   Jiàn biérénjiā bǐ tā jiā duō yǎngle yì zhī jī, yě hènbude ràng lǎodiāo ~ diāo qu yì zhī.

2. 小李刚买了一支钢笔,第二天就 ~ 丢了。

   Xiǎo Lǐ gāng mǎile yì zhī gāngbǐ, dì-èr tiān jiù ~ diū le.

过   guò   (时态助词)

A 用在动词、动补结构或形容词后表示过去的经验;动词前可有"曾""曾经":

Used after a verb, a verb and its complement or an adjective to indicate a past experience. There may be a 曾 or 曾经 before the verb:

1. 王德才自己也曾被老船长这种纯朴深厚的感情感染~,而现在自己竟埋怨起来了。(周嘉俊《初航》)

   Wáng Décái zìjǐ yě céng bèi lǎo chuánzhǎng zhèzhǒng chúnpǔ shēnhòu de gǎnqíng gǎnrǎn ~, ér xiànzài zìjǐ jìng mányuàn qilai le.

2. 姑娘脸上焕发出我曾见~一次的表情。(徐光耀《望日莲》)

   Gūniang liǎn shang huànfā chū wǒ céng jiàn ~ yí cì de biǎoqíng.

3. 过去的那些年,他们的谈笑曾经为家庭带来~生气。(陆文夫《献身》)

   Guòqù de nàxiē nián, tāmen de tánxiào céngjīng wèi jiātíng dài lái ~ shēngqì.

4. 说真的,这八九年,你想起~我吗?(孙犁《嘱咐》)

   Shuō zhēn de, zhè bā jiǔ nián, nǐ xiǎng qǐ ~ wǒ ma?

5. 我爸爸是你爸爸的老战友,在一个战壕里战斗~,同~生死,共~患难。(吴强《灵魂的搏斗》)

   Wǒ bàba shì nǐ bàba de lǎo zhànyǒu, zài yí ge zhànháo li zhàndòu ~, tóng ~ shēngsǐ, gòng ~ huànnàn.

6. 想当年她可是漂亮~一阵。

   Xiǎng dāngnián tā kěshì piàoliang ~ yízhèn.

在否定句中"过"仍需保留:

过 must be kept in a negative sentence:

7. 她这会儿结婚了,这个家又是个什么样子,我还没有看见~。(韩统良《家》)

   Tā zhèhuìr jié hūn le, zhège jiā yòu shì ge shénme yàngzi, wǒ hái méiyou kànjian ~.

8. 我没有告诉~什么人!(吴强《灵魂的搏斗》)

   Wǒ méiyou gàosu ~ shénme rén!

9. 我从来不曾想~这次到塔里木还需要向导,可是帕东一定要给我们当向导。(邓普《老猎人的见证》)

   Wǒ cónglái bùcéng xiǎng ~ zhècì dào Tǎlǐmù hái xūyào xiàngdǎo, kěshì Pàdōng yídìng yào gěi wǒmen dāng xiàngdǎo.

10. 我们家里住过一些年轻的队伍,一天到晚仰着脖子出来唱,进去唱,我们一辈子也没那么乐~。(孙犁《荷花淀》)

    Wǒmen jiā li zhùguo yìxiē niánqīng de duìwu, yìtiān dào wǎn yǎngzhe bózi chū lai chàng, jìn qu chàng, wǒmen yíbèizi yě méi nàme lè ~.

"过"可以表示未来的过去经验:

过 may also indicate a past experience in the future：

11.　不论怎么说，我不爱听在上海打仗! 等我逛～一回再打不行吗？(老舍《四世同堂》)

　　Búlùn zěnme shuō, wǒ bú ài tīng zài Shànghǎi dǎ zhàng! Děng wǒ guàng ～ yì huí zài dǎ bù xíng ma?

12.　将来你和他打～交道就会知道这个人对工作极不负责任。

　　Jiānglái nǐ hé tā dǎ ～ jiāodao jiù huì zhīdao zhège rén duì gōngzuò jí bú fù zérèn.

B 用在动词后表示完成，和"了"相当，可以和表示完成的"了"同时并存。这种"过"可以不读轻声：

Indicates the completion of an action and is equivalent to 了. 过 and 了 may co-occur after the verb; such a 过 may not be pronounced in the neutral tone：

1.　她吃～了面，笑着问："我真是病得老了，……"(宗璞《红豆》)

　　Tā chī ～ le miàn, xiàozhe wèn: "Wǒ zhēn shì bìng de lǎo le, ..."

2.　这本小说他看～给我了，我看完再给你。

　　Zhèběn xiǎoshuō tā kàn ～ gěi wǒ le, wǒ kànwán zài gěi nǐ.

3.　长椅还在，而且是新近油漆～的，沾着夜来的露水。(陆文夫《献身》)

　　Chángyǐ hái zài, érqiě shì xīnjìn yóuqī ～ de, zhānzhe yè lái de lùshuǐ.

辨认：

Note：

下列例句中的"过"是动词作补语：

过 in the following sentences is a verb functioning as a complement：

1.　他在黎明中，连看也没看一眼，就大踏步从敌人的尸体上跨过去，向前走。(刘白羽《早晨六点钟》)

　　Tā zài límíng zhōng, lián kàn yě méi kàn yì yǎn, jiù dàtàbù cóng dírén de shītǐ shang kuà guoqu, xiàng qián zǒu.

2.　晚上我走过一家戏园，无意间遇见了他和他的太太。(巴金《沉落》)

　　Wǎnshang wǒ zǒu guò yì jiā xìyuán, wúyì jiān yùjiànle tā hé tā de tàitai.

3.　他抢不过我，我把馍馍统统放进去了以后，他来不及再拿，就把小筐重新放在桌上了。(柳青《土地的儿子》)

　　Tā qiǎng bú guò wǒ, wǒ bǎ mómo tǒngtǒng fàng jìnqule yǐhòu, tā lái bu jí zài ná, jiù bǎ xiǎo kuāng chóngxīn fàng zài zhuō shang le.

见 jiàn　(助词)〈书〉

用在动词前，表示"我"承受对方所发出的动作：

见 precedes the verb of a sentence to indicate that 我 is the recipient of the action performed by the other party：

1.　你到校后望即～告，那时再写较详细的情形罢，……(鲁迅《致许广平书简》)

　　Nǐ dào xiào hòu wàng jí ～ gào, nàshí zài xiě jiào xiángxì de qíngxing ba, ...

2.　我学疏才浅，你有何～教？

　　Wǒ xué shū cái qiǎn, nǐ yǒu hé ～ jiào?

3.　倘若苍天～怜，我母子或许可以得救。

　　Tǎngruò cāngtiān ～ lián, wǒ mǔ zǐ huòxǔ kěyǐ dé jiù.

啦 la　(时态助词、语气助词)

是时态助词"了"或语气助词"了"和"啊"的合音,一般用在句尾,至少后面必有停顿,不能用在宾语前;所有的"啦"都可以代以"了":

The fusion of the aspect particle 了 or the modal particle 了 and the modal particle 啊. It is generally used at the end of a sentence, or at least may be followed by a pause. Thus, 啦 can never precede the object. Any 啦 may be replaced by 了:

A 作时态助词,表示完成:

As an aspect particle indicates the completion of an action:

1. 到～! 那就是我们的部队! (李魂、欧琳《远方的星星》)
   Dào ～! Nà jiù shì wǒmen de bùduì!

2. 前边这是三十万亩棉田啊! 虽说现在还没开出来,可都已经规划好～! (李魂、欧琳《远方的星星》)
   Qiánbianr zhè shì sānshí wàn mǔ miántián a! Suīshuō xiànzài hái méi kāi chulai, kě dōu yǐjing guīhuàhǎo ～!

3. 他兄弟在红军时候打仗死～。(西虹《家》)
   Tā xiōngdi zài Hóngjūn shíhou dǎ zhàng sǐ ～.

B 作语气助词:

As a modal particle:

1)表示变化:

Indicates a change:

1. 哟,挺好的天儿怎么下雨～? (侯宝林《关公战秦琼》)
   Yō, tǐng hǎo de tiānr zěnme xià yǔ ～?

2. 当电压升到十万时,……发现师傅安然无恙地在笼子里站着,……我想:不要紧～。(刘安琪《巡线工》)
   Dāng diànyā shēngdào shíwàn shí, ... fāxiàn shīfu ānrán wúyàng de zài lóngzi li zhànzhe, ... wǒ xiǎng: bú yàojǐn ～.

3. 小华,乖乖,长得这么大～。(刘国华《六封信》)
   Xiǎohuá, guāiguāi, zhǎng de zhème dà ～.

4. 他自己忽然就笑～;……(刘白羽《早晨六点钟》)
   Tā zìjǐ hūrán jiù xiào ～; ...

5. 你也不想想这条船已经在海上奔了三十多年,老～! (周嘉俊《初航》)
   Nǐ yě bù xiǎngxiang zhètiáo chuán yǐjing zài hǎi shang bēnle sānshí duō nián, lǎo ～!

6. 如今这么一改,产量也提高～! 工分也提高～! 生活也提高～! 反正是高吧。(张志民《老朱和房东》)
   Rújīn zhème yì gǎi, chǎnliàng yě tígāo ～! Gōngfēn yě tígāo ～! Shēnghuó yě tígāo ～! Fǎnzhèng shì gāo ba.

2)表示过分:

Indicates excess:

7. 这双鞋你怎么买小～?
   Zhèshuāng xié nǐ zěnme mǎi xiǎo ～?

8. 现在就去吗? 怕早～,书店还没开门呢!
   Xiànzài jiù qù ma? Pà zǎo ～, shūdiàn hái méi kāi ménr ne!

3)表示说话人觉得时间长或数量大：

Indicates that the speaker thinks it is a long time or a great amount：

9.　走一个，收一个，老张，你这个"儿童团长"要当一辈子～。(张恒《"儿童团长"》)

　　Zǒu yí gè, shōu yí gè, Lǎo Zhāng, nǐ zhège "értóng tuánzhǎng" yào dāng yíbèizi ～.

10.　今年二十～，从前年就回村来参加劳动，……(张志民《老朱和房东》)

　　Jīnnián èrshí ～, cóng qiánnián jiù huí cūn lai cānjiā láodòng, ...

11.　请坐，你来了好半天～。(曹禺《雷雨》)

　　Qǐng zuò, nǐ láile hǎo bàntiān ～.

12.　大奶奶，这边姑老爷又闹了一早上～，……(曹禺《北京人》)

　　Dànǎinai, zhèbiànr gūlǎoye yòu nàole yì zǎoshang ～, ...

4)表示过去发生的某一件事：

Indicates a past event：

13.　嗯，是的，还给人～。(曹禺《雷雨》)

　　Ňg, shì de, huán gěi rén ～.

14.　出去买东西去～。(曹禺《雷雨》)

　　Chū qu mǎi dōngxi qu ～.

15.　文清，陈奶妈又给你带鸽子来～！(曹禺《北京人》)

　　Wénqīng, Chén nǎimā yòu gěi nǐ dài gēzi lái ～ !

5)用于否定的祈使句尾，表示要求中止正进行的行动：

Used in a negative imperative sentence, indicates a request to stop an action which is in progress：

16.　快去快来！别再出门～，钱家不定又出了什么事！(老舍《四世同堂》)

　　Kuài qù kuài lái! Bié zài chū ménr ～, Qián jia búdìng yòu chūle shénme shì!

17.　教员啊教员，你别糊弄我老汉～！(李魁、欧琳《远方的星星》)

　　Jiàoyuán a jiàoyuán, nǐ bié hùnong wǒ lǎohàn ～ !

18.　不要再计较这些事情～！(曹禺《北京人》)

　　Búyào zài jìjiào zhèxiē shìqing ～ !

6)与"要""快"等呼应，表示将要有变化：

Used in conjuction with 要 or 快 etc., indicates that some change is going to take place：

19.　橙子，我这条老牛快拉不动～，往后，靠你们了！(吴强《灵魂的搏斗》)

　　Chéngzi, wǒ zhètiáo lǎo niú kuài lā bu dòng ～, wǎnghòu, kào nǐmen le!

20.　瞧见了吧！来子快成家～，就是这头年的日子。(张志民《老朱和房东》)

　　Qiáojianle ba! Láizi kuài chéng jiā ～, jiù shì zhè tóuniánr de rìzi.

21.　两个人互相推着，看那毕士发的脊背，快贴到地面上～——贴到地面上就是仰面朝天，输啦。(普飞《摔跤》)

　　Liǎng ge rén hùxiāng tuīzhe, kàn nà Bì Shìfa de jǐbèi, kuài tiēdào dìmiàn shang ～ —— tiēdào dìmiàn shang jiù shì yǎng miàn cháo tiān, shū la.

7)用于祈使句及第一人称句尾，表示动作即将发生：

Used at the end of an imperative sentence or a sentence whose subject is in the first person, indicates an action which is just about to take place：

22.　吃饭～，等一下就要洗锅还老乡啦！(陆地《钱》)

　　Chī fàn ～, děng yíxià jiù yào xǐ guō huán lǎoxiāng la!

23. 啊，别耽误你们吃饭，我走～！（老舍《女店员》）

Ā, bié dānwu nǐmen chī fàn, wǒ zǒu ～!

8)肯定语气：

Conveys an affirmative sense：

24. 你忘了你自己是怎样一个人～！（曹禺《雷雨》）

Nǐ wàngle nǐ zìjǐ shì zěnyàng yí ge rén ～!

25. 这家里要没有你，老太爷不知道要对我这做儿媳妇的发多少次脾气～。（曹禺《北京人》）

Zhè jiā li yào méi yǒu nǐ, lǎotàiyé bù zhīdào yào duì wǒ zhè zuò érxífu de fā duōshao cì píqi ～.

26. 好好的，要罢工，现在又得靠我这老面子跟老爷求情～！（曹禺《雷雨》）

Hǎohāor de, yào bà gōng, xiànzài yòu děi kào wǒ zhè lǎo miànzi gēn lǎoye qiú qíng ～!

9)与表示极高程度的副词呼应或连用，多是感叹句：

Used in conjunction with an adverb denoting very high degree, to form an exclamatory sentence：

27. 队里给我们买了镰刀、铅笔……我还得了个小锄，可好～。（张恒《"儿童团长"》）

Duì li gěi wǒmen mǎile liándāo, qiānbǐ ... wǒ hái dé le ge xiǎo chú, kě hǎo ～.

28. 年年都用弯刀砍，那种刀太轻～。从今起我可要用斧头。（普飞《择跤》）

Niánnián dōu yòng wāndāo kǎn, nàzhǒng dāo tài qīng ～. Cóng jīn qǐ wǒ kě yào yòng fǔtou.

29. 队长跟队委会几个干部研究了研究，就批准了我。别提我当时有多兴头，多得意～。（马占俊《在任主任身边》）

Duìzhǎng gēn duìwěihuì jǐ ge gànbù yánjiu le yánjiu, jiù pīzhǔnle wǒ. Bié tí wǒ dāngshí yǒu duō xìngtou, duō déyì ～.

30. 老张，你可真的够个节约专家～。（张恒《"儿童团长"》）

Lǎo Zhāng, nǐ kě zhēn de gòu ge jiéyuē zhuānjiā ～.

31. 老头儿的身体硬棒极～。（邓普《老猎人的见证》）

Lǎotóur de shēntǐ yìngbang jí ～.

32. ……挑猪菜、割野草，捉虫虫……热了就到泉水里洗洗澡，可痛快～，往后放了假我还要去哩。（张恒《"儿童团长"》）

... Tiāo zhūcài, gē yěcǎo, zhuō chóngchong ... rèle jiù dào quánshuǐ li xǐxǐ zǎo, kě tòngkuai ～, wǎnghòu fàngle jià wǒ hái yào qù li.

10)以"了"结尾的特殊简短用语可代以"啦"：

In terse idiomatic expressions ending in 了, 了 may be replaced by 啦：

33. 是真的！怎么～？（老舍《女店员》）

Shì zhēn de! Zěnme ～ ?

34. 四大爷掏出钱来："得～，把式，今天多受屈啦！改天我请喝酒！"他并没在原价外多给一个钱。（老舍《四世同堂》）

Sìdàye tāo chū qián lai; "Dé ～, bǎshi, jīntiān duō shòu qū la! Gǎitiān wǒ qǐng hē jiǔ!" Tā bìng méi zài yuánjià wài duō gěi yí ge qiánr.

35. 苦瓜说:"算～! 算～! 长院奶奶那号人,咱斗不了!"(韩文洲《长院奶奶》)
    Kǔguā shuō:"Suàn ～! Suàn ～! Chángyuàn nǎinai nàhào rén, zán dòu bu liǎo !"

36. 噢,对～! 咱这地方就是显得僻静点。(李魂、欧琳《远方的星星》)
    Ō, duì ～ ! Zán zhè dìfang jiùshi xiǎnde pìjìng diǎnr.

37. 医院我陪大嫂去,反正今天我不干活。两个孩子就交给我媳妇看好～!(王祯
    和《小林来台北》)
    Yīyuàn wǒ péi dàsǎo qù, fǎnzhèng jīntiān wǒ bú gàn huór. Liǎng ge háizi jiù jiāo gěi
    wǒ xífu kān hǎo ～!

11)用于列举每一项之后:
    Employed after each item of a series:

38. "抬大筐咱是不够格儿了,"妹妹笑着说,"可是,砍个条子～,编个筐～……"
    (沙丙德《老姐妹俩》)
    "Tái dà kuāng zán shì bú gòu gér le," mèimei xiàozhe shuō, "kěshì, kǎn ge tiáozi
    ～, biān ge kuāng ～..."

39. 只见他每天正晌回来,往屋里一坐,米丘林学说～,小麦丰产经验～,翻来翻
    去,翻去翻来,苦苦钻研,片刻不闲。(范乃钟《小技术员战胜神仙手》)
    Zhǐ jiàn tā měitiān zhèngshǎng huí lai, wàng wū li yí zuò, Mǐqiūlín xuéshuō ～,
    xiǎomài fēngchǎn jīngyàn ～, fān lái fān qù, fān qù fān lái, kǔkǔ zuānyán, piànkè
    bù xián.

40. 过去,博士帮了我们这儿到日本去旅行或留学的人们很多的忙,例如邀请～,
    入境保证～等等。(林衡道《姊妹会》)
    Guòqù, bóshì bāngle wǒmen zhèr dào Rìběn qù lǚxíng huò liú xué de rénmen hěn duō
    de máng, lìrú yāoqǐng ～, rù jìng bǎozhèng ～ děngděng.

41. 银洋公家也不没收你的,以后去银行换上人民券,你买点纸笔～、书本～,往文
    化上、政治上、军事上学习吧。(西虹《家》)
    Yínyáng gōngjia yě bú mòshōu nǐ de, yǐhòu qù yínháng huàn shang rénmínquàn, nǐ
    mǎi diǎnr zhǐ bǐ ～, shū běnr ～, wàng wénhuà shang, zhèngzhì shang, jūnshì shang
    xuéxí ba.

42. 他总是不知不觉地要谈到——例如:他自己如何被选为居民小组长～,他儿子
    如何年轻轻的就当上了村干部～,他新买的牲口如何能吃能干～,他去年交公
    粮如何晒干簸净～……(秦兆阳《农村散记》)
    Tā zǒngshi bùzhībùjué de yào tándào —— lìrú: tā zìjǐ rúhé bèi xuǎnwéi jūmín
    xiǎozǔzhǎng ～, tā érzi rúhé niánqīngqīng de jiù dāng shang le cūn gànbù ～, tā xīn
    mǎi de shēngkou rúhé néng chī néng gàn ～, tā qùnián jiāo gōngliáng rúhé shàigān
    bǒjìng ～....

12)"啊"有时用于有疑问代词的疑问句尾以缓和语气,如句尾有语气助词"了",则与
    "啊"合为"啦":
    Sometimes used at the end of an interrogative sentence with an interrogative pronoun in
    order to soften the tone. If the modal particle 了 is at the end of the sentence, 了 and
    啊 are fused into 啦:

43. 奥书记干什么去～?(扎拉嘎胡《在起点上》)
    Ào shūjì gàn shénme qù ～?

44. 哎呀姐姐，你怎么也不来～？（沙丙德《老姐妹俩》）
　　Āiyā jiějie, nǐ zěnme yě bù lái ～?

45. 哟！我走到哪儿来～？（老舍《四世同堂》）
　　Yō! Wǒ zǒudào nǎr lái ～ ?

46. 橙子，你到哪里去～？（吴强《灵魂的搏斗》）
　　Chéngzi, nǐ dào nǎli qù ～?

47. 老同志，今年你多大年龄～？（李魂、欧琳《远方的星星》）
　　Lǎo tóngzhì, jīnnián nǐ duō dà niánlíng ～?

来　lái　（助词）

用在整数后表概数，一般指略少于前面的整数。

Used after a whole number to indicate an approximation, usually slightly less than the preceding whole number.

A 在"十""百""千"等后，"来"要在量词前：

When following the numerals 十, 百 or 千, 来 should precede the measure word：

1. 来台湾熬了这十～年，好不容易盼着他们水泥公司发达起来，他才出了头。（白先勇《永远的尹雪艳》）
　　Lái Táiwān áole zhè shí ～ nián, hǎo bù róngyì pànzhe tāmen shuǐní gōngsī fādá qi-lai, tā cái chūle tóu.

2. 我们的老家在离城市有二十～里地的翁家山上，你是晓得的。（郁达夫《迟桂花》）
　　Wǒmen de lǎojiā zài lí chéngshì yǒu èrshí ～ lǐ dì de Wēngjiāshān shang, nǐ shì xiǎode de.

3. 虽说只跟五婶差十～步远，可弄得五婶直赶了一路也没有赶上她。（赵树理《登记》）
　　Suīshuō zhǐ gēn wǔshěn chà shí ～ bù yuǎn, kě nòng de wǔshěn zhí gǎnle yílù yě méiyou gǎn shang tā.

4. 她把里屋外间，好好打扫了一番，才把这心爱的东西请进屋里去，把四条腿垫平，围着它转了有十～个遭儿。（孙犁《正月》）
　　Tā bǎ lǐwū wàijiān, hǎohao dǎsǎole yìfān, cái bǎ zhè xīn·ài de dōngxi qǐng jìn wū li qu, bǎ sì tiáo tuǐr diànpíng, wéizhe tā zhuànle yǒu shí ～ gè zāor.

5. 汉字虽然很多，但常用的只有三千～个。
　　Hànzì suīrán hěn duō, dàn cháng yòng de zhǐ yǒu sānqiān ～ gè.

6. 孩子们的这个小图书馆有八百～本书。
　　Háizimen de zhège xiǎo túshūguǎn yǒu bābǎi ～ běn shū.

B 在个位数后，"来"要在量词后：

Used after a numeral under ten, 来 should occur after the measure word：

1. 你也念了三年～的书了，如今只好送你到一个地方去学手艺。（利民《三天劳工底自述》）
　　Nǐ yě niànle sān nián ～ de shū le, rújīn zhǐhǎo sòng nǐ dào yí ge dìfang qù xué shǒuyì.

2. 他们完全以朋友对待他，虽然他既是个乡下人，又给他们种着地——尽管只是三亩～的坟地。（老舍《四世同堂》）

Tāmen wánquán yǐ péngyou duìdài tā, suīrán tā jǐ shì ge xiāngxià rén, yòu gěi tāmen zhòngzhe dì —— jǐnguǎn zhǐ shì sān mǔ ~ de féndì.

来着　　láizhe　　（时态助词）〈口〉

在陈述句或用疑问代词的疑问句句末,表示某一情况曾经发生(一般是在不久以前);句中动词不能带"了""过":

Used at the end of a declarative sentence, or an interrogative sentence with an interrogative pronoun, to indicate that something took place (usually not long before). The verb must not take 了 or 过:

1. 杨老疙瘩上韩老六家喝酒~。(周立波《暴风骤雨》)
   Yáng lǎogēda shàng Hán Lǎoliù jiā hē jiǔ ~.

2. 见鬼!擦黑天,高增福还看见姚士杰~。(柳青《创业史》)
   Jiàn guǐ! Cāhēi tiān, Gāo Zēngfú hái kànjian Yáo Shìjié ~.

3. 我怨上帝,他创造我的时候,冲盹儿~。(余平夫《汽车号码的过失》)
   Wǒ yuàn shàngdì, tā chuàngzào wǒ de shíhou, chòng dǔnr ~.

4. 你刚才说什么~? 你说谁可恶?(武兆堤、苏里、吴茵《钢铁战士》)
   Nǐ gāngcái shuō shénme ~ ? Nǐ shuō shuí kěwù?

5. 糟了,刚才她临走给我说什么~? 一定也误会我了!(季康、公浦《五朵金花》)
   Zāo le, gāngcái tā lín zǒu gěi wǒ shuō shénme ~ ? Yídìng yě wùhuì wǒ le!

有时疑问句句尾加"来着"是表示不久前提到的某项信息,说话人一时想不起来,要求对方提醒或重复:

Sometimes 来着 is added at the end of an interrogative sentence to indicate that a piece of information, which has just been mentioned, can not be recalled and the speaker hopes to be reminded:

6. 不是,我是说,那什么,新词儿叫什么~?(苏叔阳《左邻右舍》)
   Bù shì, wǒ shì shuō, nà shénme, xīn cír jiào shénme ~?

7. 一个她从来没说过的词儿,叫做什么主义~?(柳青《创业史》)
   Yí ge tā cónglái méi tīngshuōguo de cír, jiàozuò shénme zhǔyì ~ ?

8. 大家一起干,这叫什么~? ……这就叫组织起来嘛。(于敏《桥》)
   Dàjiā yìqǐ gàn, zhè jiào shénme ~ ? . . . Zhè jiù jiào zǔzhī qilai ma.

9. 你姓什么~?
   Nǐ xìng shénme ~ ?
   ("你"曾说过姓什么,说话人又忘了,第二次发问。)

有时询问很久以前的事,带有"来着"的疑问句引起对方的回忆:

Sometimes, 来着 can be used to inquire about sth. which took place long ago, as if to help the other party revive the memory:

10. 那年他临走在车站说什么~?
    Nà nián tā lín zǒu zài chēzhàn shuō shénme ~?

11. 去年春节都谁上咱们家~?
    Qùnián chūnjié dōu shuí shàng zánmen jiā ~ ?

回答有"来着"的疑问句,不必重复"来着"。

When answering a question phrased with 来着, 来着 must not be repeated.

了　　le　　（时态助词、语气助词）

A 时态助词：

As an aspect particle：

表示完成，用在动词后，如有宾语，在宾语前；如有结果补语，在补语后：

Indicates the completion of an action and is used after the verb. When the verb takes an object，了 precedes the object；when the verb takes a resultative complement，了 follows it：

1)到说话时为止已完成：

Indicates that an action has been completed：

1. 谁来~？（曹禺《雷雨》）

    Shuí lái ~?

2. 谁想到咱们门口会有~马路，会有~干干净净的厕所，会有~自来水？（老舍《龙须沟》）

    Shuí xiǎngdào zánmen ménkǒur huì yǒu ~ mǎlù, huì yǒu ~ gānganjīngjīng de cèsuǒ, huì yǒu ~ zìláishuǐr.

3. 可是近来他老人家也仿佛变~样子。（老舍《四世同堂》）

    Kěshì jìnlái tā lǎorénjia yě fǎngfú biàn ~ yàngzi.

4. 我等~您三四天，您可还没到我那儿去。（老舍《四世同堂》）

    Wǒ děng ~ nín sān sì tiān, nín kě hái méi dào wǒ nàr qù.

5. 严老汉"是"~一声，转身走了。（木斧、杨禾《一位女县长的 48 小时》）

    Yán lǎohàn "shì" ~ yì shēng, zhuǎn shēn zǒu le.

6. 窗台上已经上去~人。（陶钝《难忘的思想启蒙先生》）

    Chuāngtáir shang yǐjīng shàng qu ~ rén.

7. 春天，老汉兴高彩烈地盖起~准备囤放余粮的前楼；……（柳青《创业史》）

    Chūntiān, lǎohàn xìnggāocǎiliè de gài qi ~ zhǔnbèi túnfàng yúliáng de qiánlóu; ...

2)将来的完成：

Indicates a future completion：

8. 妈来~，您先告诉我一声。（曹禺《雷雨》）

    Mā lái ~, nín xiān gàosu wǒ yì shēngr.

9. 反正不是凌云统一~我，就是我统一~她！（老舍《女店员》）

    Fǎnzhèng búshi Líng Yún tǒngyī ~, jiùshì wǒ tǒngyī ~ tā!

3)假设的完成：

Indicates a hypothetical completion：

10. 累~就歇会儿，弯坏~腰可找不到好对象。（徐世访《布谷声声》）

    Lèi ~ jiù xiē huìr, wānhuài ~ yāo kě zhǎo bu dào hǎo duìxiàng.

11. 抓"嫩"~，小偷还没掏出钱包，容易落空；抓"老"~，小偷翻过钱包里的东西或另行转移，也容易造成被动。（理由《手眼神通》）

    Zhuā "nèn" ~, xiǎotōur hái méi tāo chū qiánbāor, róngyì luòkōng; zhuā "lǎo" ~, xiǎotōur fānguo qiánbāor lǐ de dōngxi huò lìngxíng zhuǎnyí, yě róngyì zàochéng bèidòng.

12. 常二爷受人之托，惟恐买~假药。（老舍《四世同堂》）

    Cháng èryé shòu rén zhī tuō, wéikǒng mǎi ~ jiǎ yào.

13. 爸爸喝多~不好，少来一点吧。（冰心《空巢》）

    Bàba hēduō ~ bù hǎo, shǎo lái yìdiǎnr ba.

4)祈使句中的完成。如是否定的,"别"或"不要"轻读,动词重读;如有宾语则动词轻读,宾语重读:

Indicates completion in an imperative sentence. If it is a negative sentence, 别 or 不要 should be in the neutral tone and the verb stressed; but if there is an object, the stress is on the object:

14.　倒～它。(曹禺《雷雨》)

Dào ～ tā.

("它"指药,"倒了"是倒掉,不要了。"了"是必不可少的。但如说"请把药倒在杯子里",必不能用"了"。)

15.　喝～它,不要任性,当着这么大的孩子。(曹禺《雷雨》)

Hē ～ tā, búyào rènxìng, dāngzhe zhème dà de háizi.

(意思是把药全喝下去。"了"是必不可少的。如说"请喝茶",重点在"喝",不一定全喝完。)

16.　别买～假药!(老舍《四世同堂》)

Bié mǎi ～ jiǎ yào!

("了"是必不可少的,因为"别买假药"意思是不要自己主动去买假药,而这里要说的是要注意结果不要"买了假药"。)

17.　好好养着哟,别教野猫吃～哟!(老舍《龙须沟》)

Hǎohāor yǎngzhe yo, bié jiào yěmāo chī ～ yo!

18.　……你出去叫一个电灯匠来。……叫他赶快收拾一下,不要电～人。(曹禺《雷雨》)

... Nǐ chū qu jiào yí ge diàndēngjiàng lai.... Jiào tā gǎnkuài shōushi yíxiàr, búyào diàn ～ rén.

5)条件句中的完成:

Indicates the completion of an action in a conditional clause:

19.　如果把他治服～,金厂长的脚跟就算站稳了。(蒋子龙《一个工厂秘书的日记》)

Rúguǒ bǎ tā zhìfú ～, Jīn chǎngzhǎng de jiǎogēn jiù suàn zhànwěn le.

20.　万一你判断错～,就在全科闹下话柄。(谌容《人到中年》)

Wànyī nǐ pànduàn cuò ～, jiù zài quán kē nào xia huàbǐng.

6)完成式的否定形式为"没有",动词后的"了"取消:

To show negation in a fulfillment 没有 is used instead of 了:

21.　……至于作者的名字,他却没有写出中文的原文,只用德文拼音,所以很难查对了。(马南邨《平龙认》)

... Zhìyú zuòzhě de míngzi, tā què méiyou xiě chū Zhōngwén de yuánwén, zhǐ yòng Déwén pīn yīn, suǒyǐ hěn nán chádùi le.

22.　首先可以断定,它不是中国古代儒家的什么正统著作,否则它决不至于长期没有付印和流传;……(马南邨《平龙认》)

Shǒuxiān kěyǐ duàndìng, tā bú shì Zhōngguó gǔdài Rújiā de shénme zhèngtǒng zhùzuò, fǒuzé tā jué búzhìyú chángqī méiyou fùyìn hé liúchuán; ...

23.　他既然说九月种晚菘,那末,现在阴历九月初的天气,即便在北方也还没有下霜,难道就不能种吗?(马南邨《种晚菘的季节》)

Tā jìrán shuō jiǔyuè zhòng wǎnsōng, nàme, xiànzài yīnlì jiǔyuè chū de tiānqì, jíbiàn zài běifāng yě hái méiyou xià shuāng, nándào jiù bù néng zhòng ma?

但在祈使句中，否定式为"别"或"不要"，"了"则保留，如上面 4)中例 16、17、18。

However, in an imperative sentence, the negative form is 别 or 不要, and 了 remains as shown in examples 16, 17 and 18 of 4) above.

B 语气助词，用于句尾：

As a modal particle, used at the end of the sentence：

1) 表示变化：

Indicates a change：

1. 不，妈，我不是孩子～。(曹禺《雷雨》)

   Bù, mā, wǒ bú shì háizi ～.

2. 如今不愁没事干～。(理由《手眼神通》)

   Rújīn bù chóu méi shì gàn ～.

3. 杨茂成坐不住～。(木斧、杨禾《一位女县长的 48 小时》)

   Yáng Màochéng zuò bu zhù ～.

4. 布谷声声里，眼见着麦黄～，榴花儿红～。(徐世访《布谷声声》)

   Bùgǔ shēngshēng lǐ, yǎnjiànzhe mài huáng ～, liúhuār hóng ～.

5. 说话嗓门也高～,脸色也好看～。(蒋子龙《一个工厂秘书的日记》)

   Shuō huà sǎngménr yě gāo ～, liǎnsè yě hǎokàn ～.

6. 交完车份儿，就没了钱～。(老舍《骆驼祥子》)

   Jiāowán chēfènr, jiù méile qián ～.

7. 你睡吧！姑姑不去～！(赵树理《三里湾》)

   Nǐ shuì ba! Gūgu bú qù ～!

2) 表示过分，有"太"的意思，多在形容词后：

Means 太 (too, excessively) and is most often used after an adjective：

8. "跟您讲生意还有我的赚头吗？赏个本儿,给五块吧。""多～!"(邓友梅《双猫图》)

   〞Gēn nín jiǎng shēngyi hái yǒu wǒ de zhuàntou ma? Shǎng ge běnr, gěi wǔ kuài ba.〞

   〞duō ～!〞

9. 这件衣服你穿，长～。他穿合适。

   Zhèjiàn yīfu nǐ chuān, cháng ～. Tā chuān héshì.

10. 小姐，您今天晚上喝多～。(曹禺《日出》)

    Xiǎojiě, nín jīntiān wǎnshang hēduō ～.

11. 今天可在这儿玩晚～。(曹禺《日出》)

    Jīntiān kě zài zhèr wánrwǎn ～.

3) 表示说话人觉得时间长或数量大：

Indicates that the speaker thinks it is a long time or a large amount：

12. 俩多月～,他给过我一分钱没有？(老舍《女店员》)

    Liǎ duō yuè ～, tā gěiguo wǒ yì fēn qián méiyou?

13. ……我找到了这座张公庙的遗址，然而，它却已毁坏多年～。(马南邨《两座庙的兴废》)

    ... wǒ zhǎodàole zhèzuò Zhānggōngmiào de yízhǐ, rán·ér, tā què yǐ huǐhuài duō nián ～.

14.　那是三十年前的事～。（邓友梅《双猫图》）
　　Nà shì sānshí nián qián de shì ～.

15.　我们见过。老朋友～。（曹禺《日出》）
　　Wǒmen jiànguo. Lǎo péngyou ～.

16.　我在村里转了好几个圈子～。（赵树理《三里湾》）
　　Wǒ zài cūn li zhuànle hǎo jǐ gè quānzi ～.

17.　过门来一年～，她给家里做过什么活？（赵树理《三里湾》）
　　Guò ménr lái yì nián ～, tā gěi jiā li zuòguo shénme huó?

18.　我是多少年没有人管的～。（冰心《空巢》）
　　Wǒ shì duōshao nián méi yǒu rén guǎn de ～.

19.　王厂长走了有半小时～。（蒋子龙《一个工厂秘书的日记》）
　　Wáng chǎngzhǎng zǒule yǒu bàn xiǎoshí ～.

20.　七十多～，只落得卖花生米！（老舍《茶馆》）
　　Qīshí duō ～, zhǐ luòde mài huāshēngmǐ!

21.　"你刚回来?"
　　"回来一会～，我听见有人，没进来。"（曹禺《日出》）
　　"Nǐ gāng huílai?"
　　"Huí lai yíhuìr ～, wǒ tīngjian yǒu rén, méi jìnlai."
　　（比较:"刚回来一会。"）

22.　听说你给派出所当军师，抓我们的人；前后已经抓去三十多个～！（老舍《龙须沟》）
　　Tīngshuō nǐ gěi pàichūsuǒ dāng jūnshī, zhuā wǒmen de rén; Qiánhòu yǐjīng zhuā qu sānshí duō gè ～!

4）表示过去发生的某一事件:
Indicates a past event:

23.　老头子给姑妈作寿去～。（老舍《骆驼祥子》）
　　Lǎotóuzi gěi gūmā zuò shòu qù～.

24.　姜亚芬的出国申请被批准～。（谌容《人到中年》）
　　Jiāng Yàfēn de chū guó shēnqǐng bèi pīzhǔn ～.

25.　他因为突然的眼病来住院～。（谌容《人到中年》）
　　Tā yīnwèi tūrán de yǎnbìng lái zhù yuàn ～.

26.　一定又是她在外边买了什么东西回来跟我二哥要钱来～。（赵树理《三里湾》）
　　Yídìng yòu shì tā zài wàibiānr mǎile shénmo dōngxi huílai gēn wǒ èrgē yào qián lai ～.

5）用于否定的祈使句尾，表示要求中止正在进行的行动，"别"要重读，动词轻读（与 A 4）比较:
Used in a negative imperative sentence to indicate a demand to stop an action which is in progress. 别 should be stressed and the verb in the neutral tone (cf. A 4):

27.　您别说～！（曹禺《雷雨》）
　　Nín bié shuō ～!

28.　客人都有茶了，别（再）倒（茶）～。
　　Kèrén dōu yǒu chá le, bié (zài) dào (chá) ～.

29. 你吃了不少了，别吃～。
     Nǐ chīle bùshǎo le，bié chī ～.

6)与"要""该""快""可以"等呼应，表示将要有变化：
   Used in conjunction with 要，该，快，可以 or similar expressions to indicate that a
   change is going to take place：

30. 堤埂快翻水～，……（木斧、杨禾《一位女县长的 48 小时》）
     Dīgěng kuài fān shuǐ ～，...

31. 说话秋凉～，大大小小都要换衣裳。（赵树理《三里湾》）
     Shuō huà qiū liáng ～，dàdà xiǎoxiǎo dōu yào huàn yīshang.

32. 我看您也该回旅馆～。（曹禺《日出》）
     Wǒ kàn nín yě gāi huí lǚguǎn ～.

33. 那么，他自己也该精神着点～。（老舍《骆驼祥子》）
     Nàme，tā zìjǐ yě gāi jīngshenzhe diǎnr ～.

34. 弟弟，我想回屋去～。（曹禺《雷雨》）
     Dìdi，wǒ xiǎng huí wū qu ～.

35. 快到清明～，他更忙了一些。（老舍《四世同堂》）
     Kuài dào Qīngmíng ～，tā gèng mángle yìxiē.

36. 我想，大概是大雨要来～。（曹禺《雷雨》）
     Wǒ xiǎng，dàgài shì dà yǔ yào lái ～.

7)用于祈使句及第一人称句尾，表示行动即将发生：
   Used at the end of an imperative sentence, or a sentence with the subject in first person，
   to indicate that an action is just about to take place：

37. 那，我先走～。（谌容《人到中年》）
     Nà，wǒ xiān zǒu ～.

38. ……您同四凤在屋子里坐一坐，我失陪～。（曹禺《雷雨》）
     ... Nín tóng Sìfèng zài wūzi li zuò yi zuò，wǒ shīpéi ～.

39. 起来～，起来～，都八点了。
     Qǐ lai ～，qǐ lai ～，dōu bā diǎn le.

40. 吃饭～！吃了饭好干活儿。
     Chī fàn ～！chīle fàn hǎo gàn huór.

41. 你既然同意，那我写信告诉他～，好吗？
     Nǐ jìrán tóngyì，nà wǒ xiě xìn gàosu tā ～，hǎo ma?

8)表示对结论有把握的肯定语气：
   Implies certainty about one's conclusion：

42. 与此相反，禹的治水方法就比鲧高明得多～。（马南邨《堵塞不如开导》）
     Yǔ cǐ xiāngfǎn，Yǔ de zhì shuǐ fāngfǎ jiù bǐ Gǔn gāomíng de duō ～.

43. 这下子妈妈可就放心～！（老舍《女店员》）
     Zhè xiàzi māma kě jiù fàng xīn ～！

44. 您的话说对～。（老舍《龙须沟》）
     Nín de huà shuō duì ～.

45. 这是姜亚芬跟自己一起做最后一次手术～。（谌容《人到中年》）
     Zhè shì Jiāng Yàfēn gēn zìjǐ yìqǐ zuò zuìhòu yí cì shǒushù ～.

46. 四十岁左右的大夫患冠心病的已经不是一个～。(谌容《人到中年》)
Sìshí suì zuǒyòu de dàifu huàn guānxīnbìng de yǐjīng bú shì yí gè ～.

47. 今天就要看你的真本事～。(徐世访《布谷声声》)
Jīntiān jiù yào kàn nǐ de zhēn běnshi ～.

48. 管保她顺顺当当就去替你问好～。(赵树理《三里湾》)
Guǎnbǎo tā shùnshundāngdāng jiù qù tì nǐ wènhǎo ～.

49. 对! 我们就这么决定～。(曹禺《日出》)
Duì! Wǒmen jiù zhème juédìng ～.

9)有些表示很高程度的副词常有"了"在句尾与之呼应,多为感叹句:
Often used at the end of a sentence which contains an adverb of high degree to form an exclamatory sentence:

50. 老韩,你说得太对～! (柳青《创业史》)
Lǎo Hán, nǐ shuō de tài duì ～!

51. 我认为你这次说话说得太多～。(曹禺《雷雨》)
Wǒ rènwéi nǐ zhècì shuō huà shuō de tài duō ～.

52. 连续作了十五小时飞机,难受极了。
Liánxù zuòle shíwǔ xiǎoshí fēijī, nánshòu jí le.

10)有些特殊简短用语是以"了"结尾的:
Some terse idiomatic expressions end in 了:

53. 对～,还是带回去好。(老舍《女店员》)
Duì ～, háishi dài huíqu hǎo.

54. 得～,就盼着默香这么一下放,也学会自己伸手干点什么吧! (老舍《女店员》)
Dé ～, jiù pànzhe Mòxiāng zhème yí xiàfàng, yě xuéhuì zìjǐ shēn shǒu gàn diǎnr shénme ba!

55. 你怕吵得慌,就老不开开好～。(老舍《四世同堂》)
Nǐ pà chǎo de huang, jiù lǎo bù kāikai hǎo ～.

56. 问问怎么～? (老舍《龙须沟》)
Wènwen zěnme ～?

57. 那时候我经常饥一顿饱一顿的……算～,不说了! (老舍《全家福》)
Nà shíhou wǒ jīngcháng jī yí dùn bǎo yí dùn de ... suàn ～, bù shuō le!

参看"啦"。
Compare 啦 la.

嘞 lei (语气助词)

多用在比较随便的场合。
Used on informal occasions.

A 表示提醒注意:
Expresses a warning or attempt to attract sb.'s attention:

1. 火着～! 做饭呗!
Huǒ zháo ～! zuò fàn bei!

2. 别吵～! 好好儿听。
Bié chǎo ～! Hǎohāor tīng.

B 用在少数简短熟语中表示同意,语气轻快:

Used in a few terse idiomatic expressions to show agreement with light-heartedness:

1. 朱老忠停下:"掌柜的,来两碗茶。"茶贩:"好～,您请坐。"(梁斌、胡苏、凌子风《红旗谱》)

   Zhū Lǎozhōng tíng xia:"Zhǎngguìde, lái liǎng wǎn chá." Cháfàn:"Hǎo ～, nín qǐng zuò".

2. "有些问题,你再认真想想吧!……""行～!"刘永祥大大咧咧地应了一声。(王新纪、田增翔、陶正《风乍起…》)

   "Yǒu xiē wèntí, nǐ zài rènzhēn xiǎngxiang ba! ..." "Xíng ～!" Liú Yǒngxiáng dàdàliēliē de yìngle yì shēng.

3. "你赶快去吧!""好～!"

   Nǐ gǎnkuài qù ba!" "Hǎo ～!"

哩   li   (语气助词)

除了表示疑问的两个用法外,"呢"的其他用法都可代以"哩",但因有方言色彩,"哩"用得远不如"呢"普遍。

In all usages but the two in which it closes an interrogative sentence, 哩 may replace 呢; however, used dialectally, it is far less popular than 呢.

A 同"呢"B,用于反问句:

Same as 呢 B (see p. 657), occurs in a rhetorical question:

老奶奶说:"谁知道是祸是福～。"(梁斌《红旗谱》)

Lǎo nǎinai shuo:"Shuí zhīdao shì huò shì fú ～."

B 同"呢"D,表示赞叹、夸耀各种语气感情色彩:

Same as 呢 D, intensifies a sense of admiration or boasting:

1. 不久,志刚当上了乡总支副书记,工作可积极～。(峻青《山鹰》)

   Bùjiǔ, Zhìgāng dāng shang le xiāng zǒngzhī fù shūjì, gōngzuò kě jíjí～.

2. 当成我梁三这一辈子就算完了吗? 我还要创家立业～!(柳青《创业史》)

   Dāngchéng wǒ Liáng Sān zhè yíbèizi jiù suàn wánle ma? Wǒ hái yào chuàng jiā lì yè ～!

3. 哪儿人多,记者和作家才往哪儿钻～。(草明《乘风破浪》)

   Nǎr rén duō, jìzhě hé zuòjiā cái wàng nǎr zuān ～.

4. 不,我很软弱～! 一点儿也不坚强。(谌容《人到中年》)

   Bù, wǒ hěn ruǎnruò ～! yìdiǎnr yě bù jiānqiáng.

C 同"呢"E,用于叙述句尾,表示动作和状态的持续:

Same as 呢 E, used at the end of a declarative sentence to indicate the continuation of an action or state:

1. 一只老牛,正咯吱吱吃着草～。(梁斌《红旗谱》)

   Yì zhī lǎo niú, zhèng gēzhīzhī chīzhe cǎo ～.

2. 他在家,正洗衣服～!

   Tā zài jiā, zhèng xǐ yīfu ～!

3. 光顾跟你说话,你还没吃饭～!(梁斌《红旗谱》)

   Guāng gù gēn nǐ shuō huà, nǐ hái méi chī fàn ～!

4. 礼堂里没开会,演电影～!

   Lǐtáng li méi kāi huì, yǎn diànyǐng ～!

D 同"呢" F,用在句中表示停顿:

Same as 呢 F, used within a sentence to mark a pause:

1. 伤是好了,身体～,还要养一阵子。

Shāng shì hǎo le, shēntǐ ～, hái yào yǎng yízhènzi.

2. 大半篇～,相当的段落～,都没有说着事情的实际。(叶圣陶《倪焕之》)

Dàbàn piān ～, xiāngdāng de duànluò ～, dōu méiyou shuōzháo shìqing de shíjì.

咯 lo (语气助词)

A 同"了"B,但语气较重;表示已经出现或将要出现某种情况或变化:

Same as 了 B (see p. 646), but more emphatic; indicates that a certain circumstance or change has taken place or is going to take place:

1. 下大雨～!

Xià dà yǔ ～!

2. 我走～,走～,明天我也走～!(曹禺《北京人》)

Wǒ zǒu ～, zǒu ～, míngtiān wǒ yě zǒu ～!

3. 哦,那是你的好朋友～!(颜开《诗人郁达夫》)

Ò, nà shì nǐ de hǎo péngyou ～!

B 同"啊" A,在感叹句中增强赞叹、不满等语气:

Same as 啊 A (see p. 617), may express admiration or discontent:

1. 这是哪家的规矩～!(蔡玉洗《买肉》)

Zhè shì nǎ jiā de guīju ～!

2. 捞个大使当当,倒是满惬意～!(曹大澄《寒凝大地》)

Lāo ge dàshǐ dāngdang, dào shì mǎn qièyì ～!

"咯"有方言色彩,用得很少。

Being a dialectism, 咯 is quite uncommon.

喽 lou (语气助词、时态助词)

"喽"有方言色彩。任何"喽"都可以代以"了",但有些"了"不能代以"喽"。

As dialect, can always be replaced by 了, however, in many situations, 了 can not be replaced by 喽:

A 语气助词:

Modal particle:

1. 以后我的性子放慢点,你的心眼摆正点,毛病多改点,疵漏就少出点～!(仲飞《赔鸭记》)

Yǐhòu wǒ de xìngzi fàngmàn diǎnr, nǐ de xīnyǎnr bǎizhèng diǎnr, máobing duō gǎi diǎnr, cīlòu jiù shǎo chū diǎnr ～!

2. 就住一夜,不能多～!(浩然《机灵鬼》)

Jiù zhù yí yè, bù néng duō ～!

3. 我要排第九个就好～!(侯宝林《夜行记》)

Wǒ yào pái dì-jiǔ ge jiù hǎo ～!

4. 当然高兴～!(老舍《女店员》)

Dāngrán gāoxìng ～!

5. 腰都直不起来～,妈!(老舍《女店员》)

Yāo dōu zhí bu qǐlái ～, mā!

6. 小蜜蜂妹妹，小蜜蜂妹妹，该起～！（高连起《不打鸣的小公鸡》）

　　Xiǎo mìfēng mèimei, Xiǎo mìfēng mèimei, gāi qǐ ～ !

7. 琳琳，我可警告你，在这个问题上我不允许你思想解放得没边～！（白峰溪《明月初照人》）

　　Línlin, wǒ kě jǐnggào nǐ, zài zhège wèntí shang wǒ bù yǔnxǔ nǐ sīxiǎng jiěfàng de méi biānr ～ !

8. 这可忒好～！（白峰溪《明月初照人》）

　　Zhè kě tuī hǎo ～ !

9. 哎哟！四爷，可想死我～！（老舍《茶馆》）

　　Āiyō! Sìye, kě xiǎngsǐ wǒ ～ !

10. 哎！对～！你明白就得了。（侯宝林《宽打窄用》）

　　Ài! Duì ～ ! Nǐ míngbai jiù déle.

B 时态助词：

Aspect particle：

1. 回来～，爷爷！（老舍《女店员》）

　　Huí lai ～, yéye !

2. 我要是真走～，谁来卖肉？（老舍《女店员》）

　　Wǒ yàoshi zhēn zǒu ～, shuí lái mài ròu?

3. 你别弄错～。（侯宝林《我是家长》）

　　Nǐ bié nòngcuò ～.

4. 同志，把烟卷掐～！（侯宝林《夜行记》）

　　Tóngzhì, bǎ yānjuǎnr qiā ～ !

么 ma （语气助词）

A 同"吗"A：

Same as 吗 A（see next entry）：

1. 他客气地问："请问这是渡口～?"（高缨《大河涨水》）

　　Tā kèqi de wèn: "Qǐngwèn zhè shì dùkǒu ～?"

2. 我招呼道："小朋友，张丙臣还没有来～?"（揭祥麟《牛车少年》）

　　Wǒ zhāohu dào: "Xiǎo péngyou, Zhāng Bǐngchén hái méiyou lái ～?"

3. "姑姑，你去的地方，是比前门还远～?"（冰心《〈寄小读者〉通讯一》）

　　"Gūgu, nǐ qù de dìfang, shì bǐ Qiánmén hái yuǎn ～?"

4. 社长……，一面责备她："你放下再说嘛，走这么多路，不累～?"（艾芜《野牛寨》）

　　Shèzhǎng . . . , yímiàn zébèi tā: "Nǐ fàng xia zài shuō ma, zǒu zhème duō lù, bú lèi ～?"

5. 门里人就朝后高声问道："嗳，我说，你知道谁拿着钥匙～?"（杨朔《月黑夜》）

　　Mén lǐ rén jiù cháo hòu gāo shēng wèn dào: "Ài, wǒ shuō, nǐ zhīdao shuí názhe yàoshi ～?"

B 同"吗" B：

Same as 吗 B：

1. 老者立起身，把手一划，爽声说道："这全队之人，不都是我一家子～?"（高缨《鱼鹰来归》）

Lǎozhě lì qi shēn, bǎ shǒu yí huà, shuǎngshēng shuō dào: "Zhè quán duì zhī rén, bù dōu shì wǒ yìjiāzi ~?"

2. —— 唉，天可真凉了——

—— 可不是~? 一层秋雨一层凉了! (郁达夫《故都的秋》)

—— Ài, tiān kě zhēn liáng le ——

—— Kě bu shì ~? yì céng qiū yǔ yì céng liáng le!

3. 难道还有比这更幸福的~? (张弦《初春》)

nándào hái yǒu bǐ zhè gèng xìngfú de ~?

4. 难道你们村子里没有~? (艾芜《夜归》)

Nándào nǐmen cūnzili méi yǒu ~?

5. 我这样大年纪的人，难道还不能料理自己~? (朱自清《背影》)

Wǒ zhèyàng dà niánjì de rén, nándào hái bù néng liàolǐ zìjǐ ~?

6. 莫非他造塔的时候，竟没有想到塔是终究要倒的~? (鲁迅《论雷峰塔的倒掉》)

Mòfēi tā zào tǎ de shíhou, jìng méiyou xiǎngdào tā shì zhōngjiū yào dǎo de ~?

C 同"吗"C:

Same as 吗 C:

你又笑了。这回~, 羞涩里又透出了几分严肃:"这个'边儿', 是沾不得的——她, 也理解我……" (韩少华《勇士: 历史的新时期需要你!》)

Nǐ yòu xiào le. Zhè huí ~, xiūsè li yòu tòu chu le jǐ fēn yánsù: "Zhège 'biānr', shì zhān bu dé de —— tā, yě lǐjiě wǒ…"

D 同"嘛"A, B:

Same as 嘛 A, B (see next page):

1. "党委总还要评评~!" 她接着又补充说。(沙汀《你追我赶》)

"Dǎngwěi zǒng hái yào píngping ~!" Tā jiēzhe yòu bǔchōng shuō.

2. "说~, 你到底见到三位大军老师没有?" 人们再也耐不住地催促着。(曾克《信》)

"Shuō ~, nǐ dàodǐ jiàndào sān wèi dàjūn lǎoshī méiyou?" Rénmen zài yě nài bu zhù de cuīcùzhe.

吗 ma (语气助词)

A 把陈述句变为是非疑问句:

Turns a declarative sentence into a yes-or-no question:

1. "同志，这是大刘庄~?" (吴伯箫《化装》)

"Tóngzhì, zhè shì Dàliúzhuāng ~?"

2. "你一个残废怎么行呢? 有把握~?" (王林《五月之夜》)

"Nǐ yí ge cánfèi zěnme xíng ne? Yǒu bǎwò ~?"

3. "你决定了~?" (李准《牧马人》)

"Nǐ juédìngle ~?"

4. 有事~? 我忙! (老舍《骆驼祥子》)

Yǒu shì ~? Wǒ máng!

B 用于反问句末尾，强调肯定或否定，常与"难道""不是""还"等词语呼应。

Used at the end of a rhetorical question to emphasize affirmation or negation, often in conjunction with 难道, 不是, 还 or other such terms.

用否定的形式,强调肯定:

The negative form emphasizes affirmation:

1. 这不是非常明显的例证～?(马南邨《欢迎"杂家"》)

    Zhè bú shì fēicháng míngxiǎn de lìzhèng ～?

2. 咱们看了电影,在美丽的首都街道上散步,还不够幸运的～?(张弦《初春》)

    Zánmen kànle diànyǐng, zài měilì de shǒudū jiēdào shang sàn bù, hái bú gòu xìngyùn de ～ ?

3. 那么小孩儿不好,老师没责任～?(侯宝林《我是家长》)

    Nàme xiǎohǎir bù hǎo, lǎoshī méi zérèn ～?

4. 这不废话～!(侯宝林《一贯道》)

    Zhè bú fèihuà ～ !

以肯定的形式,强调否定:

The affirmative form emphasizes negation:

5. 袁先生责备说:"毕业班,全校的老大姐了,闹得小同学都来看热闹,像话～?"(张弦《初春》)

    Yuán xiānsheng zébèi shuō: "Bì yè bān, quán xiào de lǎo dàjiě le, nào de xiǎo tóngxué dōu lái kàn rènao, xiàng huà ～?"

6. 简直莫名其妙! 难道他们那一代全是这个样子～?(张洁《沉重的翅膀》)

    Jiǎnzhí mòmíngqímiào! Nándào tāmen nà yí dài quán shì zhège yàngzi ～?

7. 首长这一指示,无疑应当坚决执行,解放军不关心群众还叫解放军～?(刘克《古碉堡》)

    shǒuzhǎng zhè yì zhǐshì, wúyí yīngdāng jiānjué zhíxíng, jiěfàngjūn bù guānxīn qúnzhòng hái jiào jiěfàngjūn ～?

8. 张副部长啊,你难道能够忘却如此圣洁的情怀～?(王春元《老干部的新形象》)

    Zhāng fùbùzhǎng a, nǐ nándào nénggòu wàngquè rúcǐ shèngjié de qínghuái ～ ?

C 用于句中,表示停顿,提起对方注意:

Used to indicate a pause within a sentence and draws the listener's attention:

妈妈,您说的那件事～,我目前的确还没告诉您,因为我觉得……(白峰溪《明月初照人》)

Māma, nín shuō de nàjiàn shì ～, wǒ mùqián díquè hái méi gàosu nín, yīnwèi wǒ juéde ...

这种用法,"吗"应该代以"嘛"。

In this usage, 吗 should be replaced by 嘛.

参看"么"。

Compare 么 ma.

嘛　ma　(语气助词)

A 用于陈述句末尾,加强肯定的语气,表示道理或理由是显而易见的:

Occurs at the end of a declarative sentence to emphasize affirmation and to show that the reason or cause is very obvious:

1. 那是这么说呀,台下人多,台上人少,应该少数服从多数～。(侯宝林《夜行记》)

    Nà shì zhème shuō ya, tái xià rén duō, tái shàng rén shǎo, yīnggāi shǎoshù fúcóng duōshù ～.

2. 有的社员从旁劝我:"年轻人脚板快,你就上街跑一趟～!"(沙汀《卢家秀》)

   Yǒude shèyuán cóng páng quàn wǒ: "Niánqīng rén jiǎobǎnr kuài, nǐ jiù shàng jiē pǎo
   yí tàngr ～!"

3. 我说:"当然给,公家有规定～。……"(马烽《结婚现场会》)

   Wǒ shuō: "Dāngrán gěi, gōngjiā yǒu guīdìng ～. ..."

4. 他笑着说:"可以～,在古热休息休息,大家都可以欣赏一下古碉堡,上一堂历
   史课～。"(刘克《古碉堡》)

   Tā xiàozhe shuō: "Kěyǐ ～, zài Gǔrè xiūxi xiūxi, dàjiā dōu kěyǐ xīnshǎng yíxià gǔ
   diāobǎo, shàng yì táng lìshǐ kè ～。"

5. 群众哪个不佩服你? 党也实在要培养你。就是因为你能为群众为党作事～!
   (邵子南《地雷阵》)

   Qúnzhòng nǎge bú pèifu nǐ? Dǎng yě shízài yào péiyǎng nǐ. Jiùshì yīnwèi nǐ néng wèi
   qúnzhòng wèi dǎng zuò shì ～!

B 表示请求、劝阻、催促的语气:

   Expresses request, dissuasion or urging, e.g.:

1. 董大娘:"你开开门～,我把饭端来了。"(李准《牧马人》)

   Dǒng dàniáng: "Nǐ kāikai mén ～, wǒ bǎ fàn duān lai le."

2. 温处长冷静地:"别急～,好好地回忆一下,你本来放在什么地方呢?"(叶丹、高
   型《飞向太平洋》)

   Wēn chùzhǎng lěngjìng de: "Bié jí ～, hǎohāor de huíyì yíxià, nǐ běnlái fàng zài
   shénme dìfang ne?"

3. 艾华怕露馅,磨蹭着不想拿出来,引起蒲干事的不满:"小伙子,快一点～!"
   (刊)

   Ài Huá pà lòu xiànr, mócengzhe bù xiǎng ná chulai, yǐnqǐ Pú gànshi de bùmǎn:
   "Xiǎohuǒzi, kuài yìdiǎnr ～!"

4. 大嫂,有事好说,不要打孩子～!(马同秀《陈毅打场》)

   Dàsǎo, yǒu shì hǎo shuō, búyào dǎ háizi ～!

参看"么"。

Compare 么 ma.

C 用于"不是……嘛"的反问句,加强肯定的语气:

   Used in the rhetorical question 不是...嘛 to enforce affirmation:

1. 小齐指了指前面说:"喏,那不是来了～!"(叶丹、高型《飞向太平洋》)

   Xiǎo Qí zhǐ le zhǐ qiánmiàn shuō: "Nuò, nà bú shi láile ～!"

2. 老郑过两天不是要去拜访那位教授～!(张洁《沉重的翅膀》)

   Lǎo Zhèng guò liǎng tiān bú shi yào qù bàifǎng nàwèi jiàoshòu ～!

3. 我不是早告诉你,我要转转～!(马同秀《陈毅打场》)

   Wǒ bú shi zǎo gàosu nǐ, wǒ yào zhuànzhuan ～!

D 用于句中,表示停顿,并引起对方注意下文:

   Used to indicate a pause within a sentence and draws the listener's attention to what fol-
   lows:

1. 首都～,南来北往的客人就是多。(报)

   Shǒudū ～, nán lái běi wǎng de kèren jiùshì duō.

2. 李勇～，是个模范共产党员，民兵里头的英雄，各级党都要培养他。(邵子南《地雷阵》)

   Lǐ Yǒng ～, shì ge mófàn gòngchǎndǎngyuán, mínbīng lǐtou de yīngxióng, gè jí dǎng dōu yào péiyǎng tā.

3. 至于冰～,不用说,肯定是不软不硬,踩在脚底下,一道白印儿……(张弦《初春》)

   Zhìyú bīng ～, búyòngshuō, kěndìng shì bù ruǎn bú yìng, cǎi zài jiǎo dǐxia, yí dào bái yìnr ...

4. 董主任说:"你……。二十年～,表现基本上还不错。"(李准《牧马人》)

   Dǒng zhǔrèn shuō:"Nǐ ... . Èrshí nián ～, biǎoxiàn jīběnshang hái búcuò. "

哪 na (语气助词)

同"啊",用于舒缓语气,不影响句子意思。当"啊"前一字的尾音是"n"或"ng"时,这尾音往往与"啊"合读成"哪":

Same as 啊; used to soften the tone of a sentence without affecting the meaning. When the syllable preceding 啊 ends in "n" or "ng", this ending and 啊 are fused into 哪:

1. 哎! 苹果怎么卖? 是论斤～,还是论个儿? (侯宝林《普通话与方言》)

   Ài! Píngguǒ zěnme mài ? shì lùn jīn ～, háishi lùn gèr?

2. 我开始学习写小说那会儿,……记了满满当当的一本子;有的被用上,真帮了不小的忙～! (浩然《机灵鬼》)

   Wǒ kāishǐ xuéxí xiě xiǎoshuōr nàhuìr, ... jìle mǎnmandāngdāng de yì běnzi; Yǒude bèi yòng shang, zhēn bāngle bù xiǎo de máng ～ !

3. 关键就在这儿,他没跟我详细谈～! (侯宝林《宽打窄用》)

   Guānjiàn jiù zài zhèr, tā méi gēn wǒ xiángxì tán ～ !

4. 我一嚷嚷:"来人～! 来人～!"大伙都出来啦! (侯宝林《宽打窄用》)

   Wǒ yì rāngrang:"Lái rén ～! Lái rén ～ !" dàhuǒ dōu chū lai la!

5. 若明,你坐下! 别忘喽,前车之鉴～! (白峰溪《明月初照人》)

   Ruòmíng, nǐ zuò xia! bié wàng lou, qiánchēzhījiàn ～ !

6. 敢情里边的水还挺深～! (侯宝林《宽打窄用》)

   Gǎnqíng lǐbianr de shuǐ hái tǐng shēn ～ !

7. 这多么惨～! 我可难受了。(新凤霞《苦涩的童年》)

   Zhè duōme cǎn ～ ! Wǒ kě nánshòu le.

8. 大伯母说:"为这几个钱～!什么味也要闻,多臭也得忍着。"(新凤霞《苦涩的童年》)

   Dàbómǔ shuō:"Wèi zhè jǐ ge qián ～ ! Shénme wèir yě yào wén, duō chòu yě děi rěnzhe. "

9. 妇女,妇女们～ 你们最大的本事也就如此了! (刘克《古碉堡》)

   Fùnǚ, fùnǚmen ～, nǐmen zuì dà de běnshi yě jiù rúcǐ le!

呢 ne (语气助词)

用在句尾,表示各种语气:

Used at the end of a sentence to show different shades of feeling:

A 用在本来就是疑问句的句尾,使语气舒缓。

   Used at the end of an interrogative sentence to soften the tone.

1)用疑问代词的疑问句：

Used in a question with an interrogative pronoun：

1.   你怎么没有去～？（莫应丰《将军吟》）

Nǐ zěnme méiyou qù ～ ?

2.   这是谁～？谁自杀了～？（张天民《"送瘟神"》）

Zhè shì shuí ～? shuí zìshā le ～ ?

3.   我为什么不能这样～？（魏巍《东方》）

Wǒ wèi shénme bù néng zhèyàng ～ ?

4.   她能给他一些什么帮助～？（孙健忠《乡愁》）

Tā néng gěi tā yìxiē shénme bāngzhù ～ ?

2)选择疑问句，可以用两个"呢"，也可以用一个：

Used singly or in pairs to end an alternative question：

5.   究竟她是一个傻姑娘～，还是装糊涂～？（魏巍《东方》）

Jiūjìng tā shì yí ge shǎ gūniang ～, háishi zhuāng hútu ～?

6.   "你觉得怎样?"江部长又问，"是前面那种温文尔雅的好些～，还是像这样连唬带骂的好?"（莫应丰《将军吟》）

"Nǐ juéde zěnyàng?" Jiāng bùzhǎng yòu wèn, "shì qiánmiàn nàzhǒng wēnwén·ěryǎ de hǎo xiē ～, háishi xiàng zhèyàng lián hǔ dài mà de hǎo?"

3)正反疑问句：

Used in an affirmative-negative question：

7.   "三里，你算了这个帐没有～?"（李德复《红心一号》）

"Sānlǐ, nǐ suànle zhège zhàng méiyou ～ ?"

8.   他会不会死在这里～？（孙健忠《乡愁》）

Tā huì bu huì sǐ zài zhèlǐ ～ ?

B 用于反问句，使语气舒缓：

Used to tone down a rhetorical question：

1.   现在我有机会又重返到久别而渴望会见的沂蒙山了，我怎不激动得心砰砰地跳动～？（知侠《沂蒙山的故事》）

Xiànzài wǒ yǒu jīhuì yòu chóng fǎndào jiǔ bié ér kěwàng huìjiàn de Yíméngshān le, wǒ zěn bù jīdòng de xīn pēngpēng de tiàodòng ～ ?

2.   我怎么会不晓得～？（孙健忠《乡愁》）

Wǒ zěnme huì bù xiǎode ～ ?

3.   当初何必搞这么个文工团～？自讨苦吃。（莫应丰《将军吟》）

Dāngchū hébì gǎo zhème ge wéngōngtuán ～ ? Zì tǎo kǔ chī.

4.   在我们连里，谁不想跟着连长～？（陆国柱《好孩子》）

Zài wǒmen lián li, shuí bù xiǎng gēnzhe liánzhǎng ～ ?

5.   既是她的婆婆要她回去，那有什么话可说～？（鲁迅《祝福》）

Jì shì tā de pópo yào tā huí qu, nà yǒu shénme huà kě shuō ～ ?

C 表示疑问，用于体词短语后：

Used after a substantive phrase to form a question：

1)当发现人或物不在时，用以问在哪儿：

Used to ask about the whereabouts of a missing person or thing：

1.　进车间，直听跳得高正在咋咋唬唬："许珍～？你们的许书记～？"（刘富道《眼镜》）

　　Jìn chējiān, zhí tīng Tiàodegāo zhèngzài zhàzhahūhū:"Xǔ Zhēn ～ ? nǐmen de Xǔ shūjì ～?"

2.　第一天，妈问他："你太太～？"（阮朗《染》）

　　Dì-yī tiān, mā wèn tā:"Nǐ tàitai ～ ?"

3.　这副手套怎么剩一只了，那只～？

　　Zhèfù shǒutàor zěnme shèng yì zhī le, nàzhī ～ ?

2）意思是"怎么样"，具体内容由上下文定定：

　　Means 怎么样 (how about); the specific meaning is determined by the context:

4.　人家是要打劫一位兄弟或是一位头领，我们～？（茅盾《虹》）

　　Rénjia shì yào dǎjié yí wèi xiōngdi huò shì yí wèi tóulǐng, wǒmen ～ ?

5.　你是大学毕业，肚子里有货，只等分配工作了。我～？（莫应丰《将军吟》）

　　Nǐ shì dàxué bì yè, dùzi li yǒu huò, zhǐ děng fēnpèi gōngzuò le. Wǒ ～ ?

6.　这两棵树种在窗前，那两棵～？

　　Zhè liǎng kē shù zhòng zài chuāng qián, nà liǎng kē ～ ?

7.　今天去香山看红叶，明天～？

　　Jīntiān qù Xiāngshān kàn hóngyè, míngtiān ～ ?

D 用在叙述句末，加强赞叹、嫌恶、夸耀等语气；常有"可、还、才"等与之呼应：

　　Used at the end of a declarative sentence to emphasize praise, admiration, dislike, or boasting. Often used in conjunction with 可、还、才 and so on:

1.　"说起参军，可逗人～！"她兴致勃勃地说。（魏巍《东方》）

　　"Shuō qǐ cān jūn, kě dòu rén ～!" tā xìngzhì bóbó de shuō.

2.　你还是个军人～，这也不懂！（莫应丰《将军吟》）

　　Nǐ hái shì ge jūnrén ～, zhè yě bù dǒng !

3.　我才不干这傻事～！（张天民《"送瘟神"》）

　　Wǒ cái bú gàn zhè shǎ shì ～ !

4.　真是跷蹊，还没见过菊花有这么香的～。（端木蕻良《曹雪芹》）

　　Zhēn shì qiāoqī, hái méi jiànguo júhuā yǒu zhème xiāng de ～.

5.　那才好～！社员听了才高兴～！（周克芹《许茂和他的女儿们》）

　　Nà cái hǎo ～! Shèyuán tīngle cái gāoxìng ～!

6.　姑娘整天用功，还准备考大学～！

　　Gūniang zhěngtiān yònggōng, hái zhǔnbèi kǎo dàxué ～ !

E 用在叙述句末，表示动作正进行，动词前的"正"或"正在"可有可无：

　　Used at the end of a declarative sentence to indicate that an action is in progress; 正 or 正在 preceding the verb is optional:

1.　她正在三病房给同志们拉小提琴。（魏巍《东方》）

　　Tā zhèng zài sān bìngfáng gěi tóngzhìmen lā xiǎotíqín.

2.　窗外的茑萝正挂着累累的花蕾～。（端木蕻良《写在蕉叶上的信》）

　　Chuāng wài de niǎoluó zhèng guàzhe lěilěi de huālěi ～.

3.　你别笑，我正着急～！（方之《在泉边》）

　　Nǐ bié xiào, wǒ zhèng zháo jí ～ !

4.　"先生，请快上楼，姑娘等着～！"(凌力《星星草》)

　　"Xiānsheng, qǐng kuài shàng lóu, gūniang děngzhe ～ !"

F 用在否定句末，表示动作至此尚未实现，但含有将要实现的意思，前面可有"还"：

　　Used at the end of a negative sentence to indicate that so far a certain state or action has not yet been realized, implying that it is to be realized later; may be used with 还：

1.　西红柿没红～，过两天再摘。

　　Xīhóngshì méi hóng ～, guò liǎng tiān zài zhāi.

2.　球还没赛完～！

　　Qiú hái méi sàiwán ～ !

3.　你是大学生吗？

　　——还不是～！明年考大学。

　　Nǐ shì dàxuéshēng ma?

　　--Hái bú shì ～ ! Míngnián kǎo dàxué.

4.　他还看不懂中文报～！

　　Tā hái kàn bu dǒng Zhōngwén bào ～ !

G 用在句中表示停顿：

　　Used within a sentence to mark a pause：

1)用在主语后，带有"至于"或"要说"的意思，多用于对举或列举：

　　When used after the subject of a sentence, means 至于 (as for, as to) or 要说 (as concerns) ... It is used mostly in making a contrast or an enumeration：

1.　你全心全意为人民服务。我～，当你的"后勤部长"，全心全意为你和孩子们服务。(谌容《永远是春天》)

　　Nǐ quánxīnquányì wèi rénmín fúwù. Wǒ ～, dāng nǐ de " hòuqín bùzhǎng", qúnxīnquányì wèi nǐ hé háizimen fúwù.

2.　我只管在前头走；他～，拿我没办法 只得跟随我进村。(张天民《"送瘟神"》)

　　Wǒ zhǐguǎn zài qiántou zǒu; tā ～, ná wǒ méi bànfǎ, zhǐdé gēnsuí wǒ jìn cūn.

3.　队长走了。可三妈～，却还坐在草坪上痴呆呆地发愣。(硝石《管饭》)

　　Duìzhǎng zǒu le. Kě sānmā ～, què hái zuò zài cǎo pī shang chīdāidāi de fā lèng.

4.　王老汉的三个孩子都在外边工作：老大～，在县里当干部；老二～，在城里教中学；老三～，在部队上当兵。

　　Wáng lǎohàn de sān ge háizi dōu zài wàibianr gōngzuò: Lǎodà ～, zài xiàn li dāng gànbù; Lǎo'èr ～, zài chéng lǐ jiāo zhōngxué; Lǎosān ～, zài bùduì shang dāng bīng.

2)用在表示假设或条件的成分后：

　　Used after a phrase of supposition or condition, e.g.：

5.　走吧，走，走到哪里算哪里，遇见什么说什么：活了～，赚几条牲口；死了～，认命！(老舍《骆驼祥子》)

　　Zǒu ba, zǒu, zǒudào nǎli suàn nǎli, yùjian shénme shuō shénme: Huóle ～, zhuàn jǐtiáo shēngkou; Sǐ le ～, rèn mìng !

6.　论工夫～，老谢是没有便宜给他们占的。(陈立德《前驱》)

　　Lùn gōngfu ～, Lǎo Xiè shì méi yǒu piányi gěi tāmen zhàn de.

7.　我的参军经过，要简单说～，就是这样。(魏巍《东方》)

Wǒ de cān jūn jīngguò, yào jiǎndān shuō ～, jiù shí zhèyàng.

前后　qiánhòu　（助词）

用在表示时点的词语后,表示该时间稍早或稍晚的一段时间;可重叠为"前前后后",意思不变:

Occurs after a word or phrase denoting a point of time to indicate that it is approximate. 前后 may be repeated as 前前后后 without affecting its meaning:

1. 李芸……不由从心里唤起儿时过大年～的许多往事来。(端木蕻良《曹雪芹》)
   Lǐ Yún ... bùyóu cóng xīli huànqǐ ér shí guò dànián ～ de xǔduō wǎngshì lai.

2. 大概在一八二二年～,雨果的誓言有了实践的机会。(黎央《外国文学艺术家轶话》)
   Dàgài zài yībā·èr·èr nián ～, Yǔguǒ de shìyán yǒule shíjiàn de jīhuì.

3. 小说、戏剧历来被正统的封建文人认为不登大雅之堂,但戊戌政变～却得到了重视。(唐弢《中国现代文学史》)
   Xiǎoshuōr, xìjù lìlái bèi zhèngtǒng de fēngjiàn wénrén rènwéi bù dēng dàyǎzhītáng, dàn Wùxū zhèngbiàn ～ què dédàole zhòngshì.

4. 当 "七七"芦沟桥事变爆发～ 他毅然跨出了家门。(朱靖华《略论郁达夫》)
   Dāng "Qī Qī" Lúgōuqiáo shìbiàn bàofā ～, tā yìrán kuà chū le jiā mén.

上下　shàngxià　（助词）

用在数词或数量短语之后,同"左右",表示概数:

Used after a numeral or a N-M phrase (same as 左右) to indicate that it is an approximation:

1. 加上两鞭,一径飞奔前去,一气就跑了六十里～。(鲁迅《奔月》)
   Jiā shang liǎng biān, yíjìng fēibēn qián qù, yíqì jiù pǎole liùshí lǐ ～.

2. 在油灯后面站起来一个二十～的小伙子,大家一看,原来是靳文轩的儿子靳健飞。(白桦《啊,古老的航道》)
   Zài yóudēng hòumiàn zhàn qilai yí ge èrshí ～ de xiǎohuǒzi, dàjiā yí kàn, yuánlái shì Jìn Wénxuān de érzi Jìn Jiànfēi.

3. 去关口还有半里路～,便见总稽核带了七、八个公人打扮的角色,站在路边等候。(张恨水《八十一梦》)
   Qù guānkǒu hái yǒu bàn lǐ lù ～, biàn jiàn zǒngjīhé dàile qī, bā gè gōngrén dǎban de juésè, zhàn zài lù biān děnghòu.

4. 许多地区依靠集体所有制企业就业的人数占安置人员的百分之五十～。(报)
   Xǔduō dìqū yīkào jítǐ suǒyǒuzhì qǐyè jiù yè de rénshù zhàn ānzhì rényuán de bǎi fēn zhī wǔshí ～.

和"左右"不同,在表示时点的时间词语后,一般不用"上下"表示概数。

Unlike 左右, after a word or phrase denoting a point in time, 上下 is not used to indicate an approximate number.

什么的　shénmede　（助词）

用在一个或并列的几个词语之后,表示"……之类"的意思:

Used after one or several coordinate words or phrases to mean "and the like":

1. 这次来到钱家,他准知道买棺材～将是他的责任。(老舍《四世同堂》)
   Zhècì láidào Qián jiā, tā zhǔn zhīdao mǎi guāncai ～ jiāng shì tā de zérèn.

2. 像纸呀～,可以多带一点。(徐怀中《西线轶事》)

   Xiàng zhǐ ya ～, kěyǐ duō dài yìdiǎnr.

3. 有些受伤的日本高级指挥官,如大佐、大尉～,都是抬到这两架救护机上运走的。(李延禄《过去的年代》)

   Yǒuxiē shòu shāng de Rìběn gāojí zhǐhuīguān, rú dàzuǒ, dàwèi ～, dōu shì táidào zhè liǎng jià jiùhùjī shang yùnzǒu de.

4. 上学之前,他已在兵团党委做秘书工作了,写个报告、总结～,很是得心应手。(王新纪、田增翔、陶正《风乍起……》)

   Shàng xué zhī qián, tā yǐ zài bīngtuán dǎngwěi zuò mìshū gōngzuò le, xiě ge bàogào, zǒngjié ～, hěn shì déxīnyìngshǒu.

辨认:

Note:

下列"什么的"是疑问代词"什么"+"的",是体词短语:

In the following examples, 什么的 is a substantive phrase consisting of the interrogative pronoun 什么 plus 的:

1. 你是做什么的? —— 我是教员。

   Nǐ shì zuò shénme de? —— Wǒ shì jiàoyuán.

2. 起义失败,街上风言风语,说什么的都有。(路一《赤夜》)

   Qǐyì shībài, jiē shang fēngyánfēngyǔ, shuō shénme de dōu yǒu.

似的　　shìde　(助词)

用在某些词语之后,和这些词语共同作句中定语、状语、补语、谓语。作状语时,"似的"也可写作"似地"。

Used together with a preceding word or phrase to form the attributive, adverbial, complement or predicate of a sentence; may also be written as 似地 when used adverbially.

A 表示和某人、某物在某方面相似,或形成明喻,前面多有"像""好像""和""跟"等与之呼应:

Used to indicate that one person or thing is similar to another, or to form a simile; and often used in conjunction with 像, 好像, 和, 跟 or similar expressions:

1. 人家连长还管着一百多号人哩,哪能像咱们～!(魏巍《东方》)

   Rénjia liánzhǎng hái guǎnzhe yìbǎi duō hào rén li, nǎ néng xiàng zánmen ～!

2. 整个大庙刹那间除了歌声像一个人也没有～静下来。(凌力《星星草》)

   Zhěnggè dà miào chànàjiān chúle gēshēng xiàng yí ge rén yě méi yǒu ～ jìng xialai.

3. 梅女士换了一个人～又活泼起来了。(茅盾《虹》)

   Méi nǚshì huànle yí ge rén ～ yòu huópo qilai le.

4. 小杜像傻了～站在那里,动也不动。(安危《在一个临时病院里》)

   Xiǎo Dù xiàng shǎle ～ zhàn zài nàli, dòng yě bú dòng.

5. 车夫从泥坑里爬出来,弄得和小鬼～,满脸泥污。(肖红《呼兰河传》)

   Chēfū cóng níkēng li pá chulai, nòng de hé xiǎoguǐr ～, mǎn liǎn níwū.

6. 他仿佛就是在地狱里也能作个好鬼～。(老舍《骆驼祥子》)

   Tā fǎngfú jiùshì zài dìyù li yě néng zuò ge hǎo guǐ ～.

7. 他跳上自行车,飞也～去了。(陈残云《异国乡情》)

   Tā tiào shang zìxíngchē, fēi yě ～ qù le.

8. 天色阴沉得可怕,蒙蒙细雨下个不停,好像它的泪水永远流不干～。(金涛《月光岛》)

Tiānsè yīnchén de kěpà, méngméng xì yǔ xià ge bù tíng, hǎoxiàng tā de lèishuǐ yǒngyuǎn liú bu gān ～.

9. 他们都话语不多、爱红脸,腼腆得像两个小姑娘～。(峻青《马石山上》)

Tāmen dōu huàyǔ bù duō, ài hóng liǎn, miǎntiǎn de xiàng liǎng ge xiǎo gūniang ～.

10. 街上流动着潮水～行人。

Jiē shang liúdòngzhe cháoshuǐ ～ xíngrén.

参看"一样"。

Compare 一样 yíyàng.

B 表示说话人或当事人不十分有把握的感觉或了解,前面也可有"像""似乎"等与之呼应:

Indicates that the speaker or the person concerned is not sure of something. 似的 may or may not occur with 像 or 似乎:

1. 那双又大又黑的眼睛里充满了惊奇,又有点害羞,又有点害怕～。(谌容《永远是春天》)

Nà shuāng yòu dà yòu hēi de yǎnjing li chōngmǎnle jīngqí, yòu yǒudiǎnr hài xiū, yòu yǒudiǎnr hàipà ～.

2. 梅女士也会意～一笑。(茅盾《虹》)

Méi nǚshì yě huìyì ～yí xiào.

3. 她反而强颜为笑,好像比往日更加安静愉快了～。(端木蕻良《曹雪芹》)

Tā fǎn·ér qiáng yán wéi xiào, hǎoxiàng bǐ wǎngrì gèngjiā ānjìng yúkuài le ～.

4. 他犹豫了一下,才万不得已～站起身子,作出决断。(古华《给你一朵玉兰花》)

Tā yóuyùle yíxià, cái wàn bùdéyǐ ～ zhàn qi shēnzi, zuò chū juéduàn.

5. 他觉得自己似乎还在往高里长～。

Tā juéde zìjǐ,sìhū hái zài wàng gāo li zhǎng ～.

6. 老李好久没提那件事了,仿佛忘了～。

Lǎo Lǐ hǎojiǔ méi tí nàjiàn shì le, fǎngfú wàngle ～.

C "什么似的"常用在"得"后作前面形容词或动词的补语,表示极高的程度:

什么似的 is often used after 得 as the complement of the preceding adjective or verb, indicating a very high degree:

1. 她说了马上又发觉这是一句傻话,后悔得什么～。(路一《赤夜》)

Tā shuōle mǎshàng yòu fājué zhè shì yí jù shǎ huà, hòuhuǐ de shénme ～.

2. 你爹老惦记着那条母牛,急得什么～。(魏巍《东方》)

Nǐ diē lǎo diànjizhe nàtiáo mǔniú, jí de shénme ～.

3. 小王听说自己考上了大学,乐得什么～!

Xiǎo Wáng tīngshuō zìjǐ kǎo shàng le dàxué, lè de shénme ～!

所 suǒ （助词）

A 用在动词前,跟"为、被"呼应,表示被动,多用于书面语:

Occurs before a verb and in conjuction with 为 or 被 to indicate the passive voice. It is used mostly in written langauge:

1. 人们都为八路军干部、战士对日本小姑娘的关怀、体贴～深深感动。(报)

Rénmen dōu wèi Bālùjūn gànbù, zhànshì duì Rìběn xiǎo gūniang de guānhuái, tǐtiē ~ shēnshēn gǎndòng.

2. 狼牙山五壮士的故事,虽然早为同志们~熟知,但此时此刻由连长讲出来,别有一番特殊的含义。(陆柱国《好孩子》)

Lángyáshān wǔ zhuàngshì de gùshi, suīrán zǎo wéi tóngzhìmen ~ shúzhī, dàn cǐshícǐkè yóu liánzhǎng jiǎng chulai, bié yǒu yì fān tèshū de hányì.

3. 有人坚强,是因为被自尊心~强制,乔光朴却是被肩上的担子~强制。(蒋子龙《乔厂长上任记》)

Yǒu rén jiānqíng, shì yīnwèi bèi zìzūnxīn ~ qiángzhì, Qiáo Guāngpǔ què shì bèi jiān shang de dànzi ~ qiángzhì.

4. 鲁迅的伟大,不仅被他一生为中国人民的解放建立了卓越的功勋的光辉业绩~证明,而且被他给中国人民的巨大的、长远的、深刻的思想影响~证明。(周扬《学习鲁迅》)

Lǔ Xùn de wěidà, bùjǐn bèi tā yìshēng wèi Zhōngguó rénmín de jiěfàng jiànlìle zhuóyuè de gōngxūn de guānghuī yèjì ~ zhèngmíng, érqiě bèi tā gěi Zhōngguó rénmín de jùdà de, chángyuǎn de, shēnkè de sīxiǎng yǐngxiǎng ~ zhèngmíng.

B 用在单音节的及物动词前,组成一个名词性的短语;多用于书面语:

Placed with a monosyllabic transitive verb to form a nominal phrase. It is usually used in written language:

1. 他不等仲昭回答,就继续讲她自己最近几天在舞场内的~见~闻。(茅盾《追求》)

Tā bù děng Zhòngzhāo huídá, jiù jìxù jiǎng tā zìjǐ zuìjìn jǐ tiān zài wǔchǎng nèi de ~ jiàn ~ wén.

2. 丽华的~作~为,使我的心里很感动。(谌容《永远是春天》)

Lìhuá de ~ zuò ~ wéi, shǐ wǒ de xīnli hěn gǎndòng.

3. 程玉香见他老在两人关系上纠缠,~答非~问,便撇开批评舅舅的事,照直说本意了。(阎俊杰《老实的考验》)

Chéng Yùxiāng jiàn tā lǎo zài liǎng rén guānxì shang jiūchán, ~ dá fēi ~ wèn, biàn piēkāi pīpíng jiùjiu de shì, zhàozhí shuō běnyì le.

4. 我茫然不知~对,下意识地说了个"不"字。(吕铮《战斗在敌人心脏里》)

Wǒ mángrán bù zhī ~ duì, xiàyìshì de shuōle ge "bù" zì.

5. 据我~知,有这种思想的,决不止我一个人。(陆柱国《好孩子》)

Jù wǒ ~ zhī, yǒu zhèzhǒng sīxiǎng de, jué bùzhǐ wǒ yí ge rén.

6. 积二十年之~见,搞文学和我过去搞的哲学有点像,……(李潮《春寒》)

Jī èrshí nián zhī ~ jiàn, gǎo wénxué hé wǒ guòqù gǎo de zhéxué yǒudiǎnr xiàng, ...

C 用于主谓结构中的动词前,后面带"的",使这结构成为名词性短语:

Used before the verb of a S-P construction ending in 的 to turn the S-P into a nominal phrase:

1. 对曹雪芹的历史时代的全面考察,当然不是我~能做到的。(端木蕻良《写在蕉叶上的信》)

Duì Cáo Xuěqín de lìshǐ shídài de quánmiàn kǎochá, dāngrán bú shì wǒ ~ néng zuòdào de.

2.　他～能做的，只是设法宽慰车间主任的心。(蒋子龙《乔厂长上任记》)

　　Tā ～ néng zuò de, zhǐshì shèfǎ kuān wèi chējiān zhǔrèn de xīn.

3.　从意境情调到思想语言，都是她～特有的，是别人～代替不了的。(刊)

　　Cóng yìjìng qíngdiào dào sīxiǎng yǔyán, dōu shì tā ～ tèyǒu de, shì biérén ～ dàitì bù liǎo de.

4.　他对中国社会现实和全部历史观察之深、解剖之透，是我们许多同时代人～望尘莫及的。(周扬《学习鲁迅》)

　　Tā duì Zhōngguó shèhuì xiànshí hé quánbù lìshǐ guānchá zhī shēn, jiěpōu zhī tòu, shì wǒmen xǔduō tóng shídài rén ～ wàngchénmòjí de.

D 用在主谓结构中的动词前，使这结构成为定语：

Used before the verb of a S-P to turn the phrase into an attributive：

1.　他对自己～崇敬的人，也不是盲目迷信。(周扬《学习鲁迅》)

　　Tā duì zìjǐ ～ chóngjìng de rén, yě bú shì mángmù míxìn.

2.　人～共知的典型人物形象，在不同的人的心目中，有其各异的神采。(黄宗英《红烛》)

　　Rén ～ gòng zhī de diǎnxíng rénwù xíngxiàng, zài bùtóng de rén de xīnmù zhōng, yǒu qí gè yì de shéncǎi.

3.　他们严肃的考虑了参加革命活动～冒的危险。(王蒙《布礼》)

　　Tāmen yánsù de kǎolǜle cānjiā gémìng huódòng ～ mào de wēixiǎn.

4.　我到公社～在的这个大队，召开了群众大会。(刘真《黑旗》)

　　Wǒ dào gōngshè ～ zài de zhège dàduì, zhàokāile qúnzhòng dàhuì.

5.　一种投入战斗之前～惯有的紧张而兴奋的情绪笼罩着他们。(峻青《马石山上》)

　　Yì zhǒng tóurù zhàndòu zhī qián ～ guànyǒu de jǐnzhāng ér xīngfèn de qíngxù lǒngzhàozhe tāmen.

E 用在动词前，使之成名词性短语，做"有"或"无"的宾语：

Used before a verb to turn it into a nominal phrase, which functions as the object of 有 or 无：

1.　彭湘湘重新把歌单看了一遍，略有～思。(莫应丰《将军吟》)

　　Péng Xiāngxiāng chóngxīn bǎ gēdān kànle yí biàn, luè yǒu ～ sī.

2.　他尽力地压抑着，不让他的伙伴有～察觉。(魏巍《东方》)

　　Tā jìn lì de yāyìzhe, bú ràng tā de huǒbàn yǒu ～ chájué.

3.　坐在车上，想起了这次见面，我的心情很复杂，似乎若有～得，又似乎若有～失。(谌容《永远是春天》)

　　Zuò zài chē shang, xiǎng qǐ le zhècì jiàn miàn, wǒ de xīnqíng hěn fùzá, sìhū ruò yǒu ～ dé, yòu sìhū ruò yǒu ～shī.

4.　这些人生长在不同的土壤上，还给土壤的影响也有～不同，相互影响也有～差异。(端木蕻良《写在蕉叶上的信》)

　　Zhèxiē rén shēngzhǎng zài bù tóng de tǔrǎng shàng, huán gěi tǔrǎng de yǐngxiǎng yě yǒu ～ bù tóng, xiānghù yǐngxiǎng yě yǒu ～ chāyì.

5.　由于秘密工作的特点，在一个单位要组成几个互相毫无～知的秘密支部。(王

蒙《布礼》)

Yóuyú mìmì gōngzuò de tèdiǎn, zài yí ge dānwèi yào zǔchéng jǐ ge hùxiāng háo wú ~ zhǐ de mìmì zhībù.

哇 wa (语气助词)

同"啊",用于舒缓语气,不影响句子意思。当"啊"前一字的尾音是"u""ao""ou"时,这尾音往往与"啊"合读成"哇":

Same as 啊 (see p. 617), used to soften the tone of a sentence without affecting its meaning. When the syllable preceding 啊 ends in "u", "ao" or "ou", this ending and 啊 are fused into 哇:

1. 快点走～,要不天黑前就赶不到春水河啦!(浩然《金光大道》)
   Kuài diǎnr zǒu ～, yàobu tiān hēi qián jiù gǎn bu dào Chūnshuǐhé la!
2. 你们连你们自己的来历都不知道～?(张天翼《宝葫芦的秘密》)
   Nǐmen lián nǐmen zìjǐ de láilì dōu bù zhīdào ～?
3. 太夫人听到这儿,不由得大悟了似地应声道:"着～!还是年轻人心眼儿机灵。"(端木蕻良《曹雪芹》)
   Tàifūren tīngdào zhèr, bùyóude dà wùle shìde yìng shēng dào: "Zhāo ～! Háishi niánqīng rén xīnyǎnr jīling."
4. 这个"护路公约"的内容简明扼要,容易记,很好～!(应泽民《A·P案件》)
   Zhège "Hùlù gōngyuē" de nèiróng jiǎnmíng èyào, róngyì jì, hěn hǎo ～!
5. 老刘～,一个多月没有见面了,什么风把你吹来的呀?(应泽民《A·P案件》)
   Lǎo Liú ～, yí ge duō yuè méiyou jiàn miàn le, shénme fēng bǎ nǐ chuī lai de ya?
6. 你试试这双鞋,看穿着小不小～?
   Nǐ shìshi zhèshuāng xié, kàn chuānzhe xiǎo bu xiǎo ～?
7. 书～,报～都整整齐齐的放在书架上了。
   Shū ～, bào ～ dōu zhěngzhěngqíqí de fàng zài shūjià shang le.

呀 ya (语气助词)

同"啊",用于舒缓语气,不影响句子意思。当"啊"前一字的尾音是"a""e""i""o"或"ü"时,这尾音往往与"啊"合读成"呀":

Same as 啊 (see p. 617); used to soften the tone of a sentence without affecting its meaning. When the syllable preceding 啊 ends in "a", "e", "i", "o" or "ü", this ending and 啊 are fused into 呀:

1. "是～",他的伙伴们附和着,"同山打鸟,见者都有份嘛!"(孔厥《新儿女英雄续传》)
   "Shì ～", tā de huǒbànrmen fùhézhe, "tóng shān dǎ niǎo, jiànzhě dōu yǒu fènr ma!"
2. "他爱上哪里,就上哪里,你告诉我做什么!""说的是～。"(曹禺《日出》)
   "Tā ài shàng nǎlǐ, jiù shàng nǎlǐ, nǐ gàosu wǒ zuò shénme!" "Shuō de shì ～."
3. 原来你要找的这位大姐爱唱歌～!(茹志鹃《高高的白杨树》)
   Yuánlái nǐ yào zhǎo de zhèwèi dàjiě ài chàng gē ～!
4. 我从前也并不小气～!(曹禺《日出》)
   Wǒ cóngqián yě bìng bù xiǎoqi ～!
5. 雨天路滑,你要注意～!

Yǔ tiān lù huá, nǐ yào zhùyì ～!

6. 彭总一直保持着艰苦的本色～。(王政柱《抗战时期彭总的几件事》)
   Péng zǒng yìzhí bǎochízhe jiānkǔ de běnsè ～.

7. 呵,尕斯库勒湖有多美～!(李若冰《在柴达木盆地》)
   Ā, Gǎsikùlèhú yǒu duō měi ～!

8. 生活～! 生活～! 你为什么总是给人出难题呢?(柳青《创业史》)
   Shēnghuó ～! Shēnghuó ～! Nǐ wèi shénme zǒngshì gěi rén chū nántí ne?

9. 小海～,你写信吧,我们替你转去!(陈模《奇花》)
   Xiǎohǎi ～, nǐ xiě xìn ba, wǒmen tìnǐ zhuǎn qu!

10. 这话是真的吗? 你听谁说的～?(浩然《金光大道》)
    Zhè huà shì zhēn de ma? Nǐ tīng shuí shuō de ～?

11. 继红友好地望着秦川,问他:"你们怎么才出来～?"(李娴娟·杨疑《血染的爱》)
    Jìhóng yǒuhǎo de wàngzhe Qín Chuān, wèn tā:"Nǐmen zěnme cái chū lai ～?"

12. 玉英,你跟谁生气～?(茅盾《子夜》)
    Yùyīng, nǐ gēn shuí shēng qì ～?

13. 你～? 歇着吧! 打惯了球的手,会包饺子?(老舍《四世同堂》)
    Nǐ ～? Xiēzhe ba! Dǎguànle qiú de shǒu, huì bāo jiǎozi?

也罢 yěbà (助词)
A 表示容忍或只得如此,有"算了"的意思:
Let it be, *let it pass*; conveys the notion of tolerance:
1)用在否定句的末尾:
Used at the end of a negative sentence:

1. 我想:"不去～,只怕他去了也赶不回来了"。(揭祥麟《牛车少年》)
   Wǒ xiǎng:"Bú qù ～, zhǐpà tā qùle yě gǎn bu huílái le."

2. 关于新村的事,两面都登也无聊,我想《新青年》上不登～。(鲁迅《致钱玄同》)
   Guānyú xīn cūn de shì, liǎng miàn dōu dēng yě wúliáo, wǒ xiǎng 《Xīn qīngnián》 shang bù dēng ～.

3. 这太惨,太可怕了! 不提～!(老舍《四世同堂》)
   Zhè tài cǎn, tài kěpà le! Bù tí ～!

4. 太太! 你就不操这份心～!(茅盾《子夜》)
   Tàitai! Nǐ jiù bù cāo zhèfènr xīn ～!

2)单用放在句首,后有停顿,必在争执或异议之后,表示现在勉强同意:
Used independently at the head of a sentence, followed by a pause, to show grudging agreement following an argument.

5. ～,你先说说,这次约爷们到这鬼地方来,有什么鸟事,快说明白了,爷们好做安排。(任光椿《戊戌喋血记》)
   ～, nǐ xiān shuōshuo, zhècì yuē yémen dào zhè guǐ dìfang lái, yǒu shéme diǎo shì, kuài shuō míngbai le, yémen hǎo zuò ānpái.

6. ～,你一定要去,我就陪你走一趟。
   ～, nǐ yídìng yào qù, wǒ jiù péi nǐ zǒu yí tàng.

B 连用两个或更多的"也罢",表示在所列举的情况下结果都不变。常跟上文中的

"不管""无论"等和下文中的"都""也"等呼应:

Two or more 也罢 are used in a sentence to indicate that whatever the circumstances, the result will not be changed. It is often used in conjunction with a preceding 不管 or 无论 and with a following 都 or 也:

1. 从设计到施工,刮风~,下雨~ 他们都和工人一起共同劳动……(吴晗《论学风》)

Cóng shèjì dào shīgōng, guā fēng ~, xià yǔ ~, tāmen dōu hé gōngrén yìqǐ gòngtóng láodòng . . .

2. 你谢我~,刺我~,反正我是铁了心了!(端木蕻良《曹雪芹》)

Nǐ xiè wǒ ~, cì wǒ ~, fǎnzhèng wǒ shì tiěle xīn le!

3. 不论父母儿女~,夫妻兄弟~,同事~,主仆~……,只要相处得特别久一些,便不免会产生出一种特殊的情感来。(秦瘦鸥《秋海棠》)

Búlùn fùmǔ érnǚ ~, fūqī xiōngdì ~, tóngshì ~, zhǔpú ~. . ., zhǐ yào xiāngchǔ de tèbié jiǔ yìxiē, biàn bùmiǎn huì chǎnshēng chū yì zhǒng tèshū de qínggǎn lai.

一样 yīyàng (助词)

同"似的"A,表示和某人、某物在某方面相似,或形成明喻,前面可有"像""好像""跟"等与之呼应,也可没有。"……一样"如作定语,必有"的":

Same as 似的 A, indicates a similarity between one person or thing and another, or forms a simile. Such terms as 像, 好像 and 跟 may or may not be used in conjunction with 一样. When used as an attributive, . . . 一样 must take 的:

1. 她有谜~的性格。(靳凡《公开的情书》)

Tā yǒu mí ~ de xìnggé.

2. 他们都为谭嗣同火~炽烈的热情,……所感动。(任光椿《戊戌喋血记》)

Tāmen dōu wéi Tán Sìtóng huǒ ~ chìliè de rèqíng, . . . suǒ gǎndòng.

3. 他浑身是汗,衣服透湿,像刚从河里跳出来~。(杜鹏程《保卫延安》)

Tā húnshēn shì hàn, yīfu tòushī, xiàng gāng cóng hé li tiào chulai ~.

4. 他过去可能当过多年的骑兵,走路的姿势好像刚从马背上下来~。(莫应丰《将军吟》)

Tā guòqù kěnéng dāngguo duō nián de qíbīng, zǒu lù de zīshì hǎoxiàng gāng cóng mǎ bèi shang xià lai ~.

5. 他太累了,到了夜晚,头一挨枕头就跟死了~。

Tā tài lèi le, dàole yèwǎn, tóu yì āi zhěntou jiù gēn sǐle~.

6. 玉琴睁大着一双眸子,尽看定了他六年来认作自己父亲~的师傅出神。(秦瘦鸥《秋海棠》)

Yùqín zhēngdàzhe yì shuāng móuzi, jìn kàndìngle tā liù nián lái rènzuò zìjǐ fùqin ~ de shīfu chū shén.

助词"一样"永远读轻声。

一样 as a particle is always pronounced in the neutral tone.

辨认:

Note:

"一样"有时是形容词,在句中做谓语、状语、定语等:

一样 is sometimes an adjective functioning as the predicate, adverbial, or attributive:

1. 这两张画一样。
   Zhè liǎng zhāng huà yíyàng.

2. 至于现在人们公认为滑稽的含义,显然与幽默和讽刺都不大一样。(马南邨《生活和幽默》)
   Zhìyú xiànzài rénmen gōngrèn wéi huájī de hányì, xiǎnrán yǔ yōumò hé fěngcì dōu búdà yíyàng.

3. 袭人和凤姐、平儿一样是文盲,但她和凤姐一样长于辞令。(王朝闻《论凤姐》)
   Xírén hé Fèngjiě, Píng'ér yíyàng shì wénmáng, dàn tā hé Fèngjiě yíyàng chángyú cílìng.

4. 这小姑娘的两只大眼睛跟她妈妈的眼睛一样漂亮。
   Zhè xiǎo gūniang de liǎng zhī dà yǎnjing gēn tā māma de yǎnjing yíyàng piàoliang.

5. 你看这两块布是不是一样的颜色?
   Nǐ kàn zhè liǎng kuài bù shì bu shì yíyàng de yánsè?

形容词"一样"一般重读。
一样 as an adjective is usually stressed.

以来   yǐlái   (助词)

A "以来"用于表示时点的词语之后,表示从过去某一时点,到说话时为止这一段时间,有时前面有"自""从""自从"等与"以来"呼应:

Occurs after a word or phrase indicating a fixed time in the past, to refer to the time elapsed from that time to the time of speaking. Sometimes, 以来 is used in conjunction with a preceding 自, 从, or 自从:

1. 建国～,戏剧改革工作取得了很大的成绩。(吴晗《论戏剧改革》)
   Jiàn guó ～, xìjù gǎigé gōngzuò qǔdéle hěn dà de chéngjì.

2. 但他筹措有方,出师～,未曾打过败仗。(端木蕻良《曹雪芹》)
   Dàn tā chóucuò yǒufāng, chū shī ～, wèicéng dǎguo bàizhàng.

3. 我从苏区认识彭德怀同志～,没见他搞过任何特殊化。(杨尚昆《我所知道的彭总》)
   Wǒ cóng Sūqū rènshi Péng Déhuái tóngzhì ～, méi jiàn tā gǎoguo rènhé tèshūhuà.

4. 入春～,这种虫子很多,常常撞进铁窗。(罗广斌、杨益言《红岩》)
   Rù chūn ～, zhèzhǒng chóngzi hěn duō, chángcháng zhuàng jìn tiě chuāng.

B "以来"用于表示时段的词语之后,表示到说话时为止,过去的这么长一段时间:

Occurs after a word or phrase specifying a period of time, to indicate the same amount of time preceding the time of speaking:

1. 三天～,围绕着装载 A·P 的列车在西郊车站临时停车时,有没有外人进车站来……的问题……进行了大量的调查工作。(应泽民《A·P案件》)
   Sān tiān ～, wéiràozhe zhuāngzài A·P de lièchē zài xījiāo chēzhàn línshí tíng chē shí, yǒu méi yǒu wàirén jìn chēzhàn lai ... de wèntí ... jìnxíngle dàliàng de diàochá gōngzuò.

2. 多年～,刘凯从侦察实践中摸索总结了一套经验。(应泽民《A·P案件》)
   Duō nián ～, Liú Kǎi cóng zhēnchá shíjiàn zhōng mōsuǒ zǒngjiéle yí tào jīngyàn.

3. 他很坦然的,述说他自己的缺点,好像他好久～就要寻找人说一样。(思基《我的师傅》)

Tā hěn tǎnrán de, shùshuō tā zìjǐ de quēdiǎn, hǎoxiàng tā hǎojiǔ ～ jiù yào xúnzhǎo rén shuō yíyàng.

"……以来"多作状语,如以上 A、B 各例,有时也可作定语:

... 以来 mostly functions as an adverbial, as shown in the above examples under A & B, but it may occasionally serve as an attributive:

1. 一照面,老人把孙子截住,把从日本人占领北平～的瑞丰的所作所为一股脑儿全提出来,一边说一边骂。(老舍《四世同堂》)

   Yí zhàomiànr, lǎorén bǎ sūnzi jiézhù, bǎ cóng Rìběnrén zhànlíng Běipíng ～ de Ruìfēng de suǒ zuò suǒ wéi yìgǔnǎor quán tí chulai, yìbiānr shuō yìbiānr mà.

2. 这一点,已经由两年～的事实,证明得十分明白。(鲁迅《黑暗中国的文艺界的现状》)

   Zhè yì diǎn, yǐjīng yóu liǎng nián ～ de shìshí, zhèngmíng de shífēn míngbai.

哟   yo   (语气助词)

表示感叹或祈使的语气,有时可用于疑问句尾:

Expresses an exclamatory or imperative sense, and sometimes may be used at the end of an interrogative sentence:

1. 惠施～!你是我唯一的知己!(郭沫若《漆园吏游梁》)

   Huìshī ～ ! Nǐ shì wǒ wéiyī de zhījǐ!

2. 小姑娘点头道:"是～,是～!"(杨佩瑾《霹雳》)

   Xiǎo gūniang diǎn tóu dào:"Shì ～, shì ～!"

3. 她噗嗤一声,笑了:"憨老汉～!……"(贾平凹《选不掉》)

   Tā pūchī yì shēng, xiàole:"Hān lǎohàn ～! ..."

4. 老马同志呵!你现在在哪里～?(海默《我的引路人》)

   Lǎo Mǎ tóngzhì a! Nǐ xiàn zài nǎli ～?

5. 你可不能这么糊涂～!

   Nǐ kě bù néng zhème hútu ～ !

6. 你们快来看～!水仙开花了!

   Nǐmen kuài lái kàn ～! Shuǐxiān kāi huā le!

云云   yúnyún   (助词)〈书〉

用于引文或转述的末尾,表示只引用了原话的大意或有关部分,其余省略不提:

Occurs at the end of a direct or indirect quote to indicate that one has given only a summary of, or excerpts from, the original speech:

1. 那复电只是平平淡淡的几句话,说是已令刻在邻县视察之巡行指导员李克就近来县调查～。(茅盾《动摇》)

   Nà fùdiàn zhǐshì píngpíngdàndàn de jǐ jù huà, shuō shì yǐ lìng kè zài lín xiàn shìchá zhī xúnxíng zhǐdǎoyuán Lǐ Kè jiùjìn lái xiàn diàochá ～.

2. 计划～无非借题发挥,……(叶圣陶《倪焕之》)

   Jìhuà ～ wúfēi jiè tí fāhuī, ...

3. ……赵昌……说他"身为组长,在组内搞业务挂帅、业务第一、白专道路"～,还举了一些例子。(冯骥才《啊》)

   ... Zhào Chāng... shuō tā "shēn wéi zǔzhǎng, zài zǔ nèi gǎo yèwù guà shuài, yèwù dìyī, báizhuān dàolù" ～, hái jǔle yìxiē lìzi.

4.　……无敌于天下～，讲的是矛盾方面，军民团结如一人～，讲的是军民之间没有矛盾。(周谷城《关于〈艺术创作的历史地位〉》)

... Wúdíyú tiānxià ～, jiǎng de shì máodùn fāngmiàn, jūn mín tuánjié rú yì rén ～, jiǎng de shì jūn mín zhī jiān méi yǒu máodùn.

者　　zhě　　(助词)

A 用在形容词、动词或形容词短语、动词短语后面，表示有这种属性、作此动作的人或事物：

Used after an adjective, verb, adjectival phrase or verbal phrase to indicate that a person or thing possesses that quality or performs that action:

1.　你们是怕～不来，来～不怕!（魏巍《东方》）

Nǐmen shì pà ～ bù lái, lái ～ bú pà!

2.　愿干～可以多劳，不愿干～也可少干，全无凭据。(蒋子龙《乔厂长上任记》)

Yuàn gàn ～ kěyǐ duō láo, bú yuàn gàn ～ yě kě shǎo gàn, quán wú píngjù.

3.　知我～莫如你，知你～莫如我，想不到我们竟是这样的分别了（谌容《人到中年》）

Zhī wǒ ～ mò rú nǐ, zhī nǐ ～ mò rú wǒ, xiǎng bu dào wǒmen jìng shì zhèyàng de fēnbié le.

4.　在自然界中，不论动物植物，都是强～存，弱～亡。

Zài zìránjiè zhōng, búlùn dòngwù zhíwù, dōu shì qiáng ～ cún, ruò ～ wáng.

5.　母子俩在葫芦坝上所有被人敬仰的正派人物中间是最受尊崇～。(周克芹《许茂和他的女儿们》)

Mǔ zǐ liǎ zài Húlubà shang suǒyǒu bèi rén jìngyǎng de zhèngpài rénwù zhōngjiān shì zuì shòu zūnchóng ～.

B 用在"前""后"和少数数词后，指上文所说的人或事物：

前者 (former), 后者 (latter), and some phrases formed with a numeral and 者 are used to refer to people or things just spoken of:

1.　……一切事物都分属这两～，前～在心中高高地耸立起来，它是温暖，是力量，是幸福的源泉；后～是脓疮，是蝎蛇，是眼中的钉子。(莫应丰《将军吟》)

... Yíqiè shìwù dōu fēn shǔ zhè liǎng ～, qián ～ zài xīnzhōng gāogāo de sǒnglì qǐlai, tā shì wēnnuǎn, shì lìliang, shì xìngfú de yuánquán; Hòu ～ shì nóngchuāng, shì xiēshé, shì yǎn zhōng de dīngzi.

2.　我们第三～，自有我们第三～的看法。(茅盾《虹》)

Wǒmen dì-sān ～, zì yǒu wǒmen dìsān ～ de kànfǎ.

3.　为了保证人体健康，既需要满足碳水化合物、脂肪等热量营养，也需要满足蛋白质营养，二～缺一不可。(杨挺秀《从我国的"秘密武器"说起》)

Wèile bǎozhèng réntǐ jiànkāng, jì xūyào mǎnzú tànshuǐhuàhéwù, zhīfáng děng rèliàng yíngyǎng, yě xūyào mǎnzú dànbáizhì yíngyǎng, èr ～ quē yī bù kě.

C 用在某某主义后，表示信仰某个主义的人：

... 主义(-ism) plus 者 refers to one who believes in a certain doctrine or principle:

特别是她……不断前进，从伟大的革命民主主义～成为伟大的共产主义～，尤其难能可贵。(报)

Tèbié shì tā ... búduàn qiánjìn, cóng wěidà de gémìng mínzhǔzhǔyì ～ chéngwéi wěidà de gòngchǎnzhǔyì ～, yóuqí nánnéng kěguì.

着 zhe　（时态助词）

A 用在动词后，表示动作正在进行。前面常有"正、在"等呼应：
Used after a verb to indicate that an action is in progress. Often in conjunction with 正，在 or similar adverbs：

1. "再见，顺风顺水！"冯小澄……向我喊叫～。（秦牧《回国》）
"Zàijiàn, shùn fēng shùn shuǐ!" Féng Xiǎochéng ... xiàng wǒ hǎnjiào ～.

2. 你们在挡～我的路，挡～我的路！（刊）
Nǐmen zài dǎng ～ wǒ de lù, dǎng ～ wǒ de lù!

3. 他拍～摸～一棵棵的树干……（茹志鹃《出山》）
Tā pāi ～mō ～ yì kēkē de shùgàn ...

4. 大家正看～小文——曹家的小男孩——洗澡呢。（老舍《骆驼祥子》）
Dàjiā zhèng kàn ～ Xiǎowén -- Cáo jia de xiǎo nánháir --xǐ zǎo ne.

B 用在动词或形容词后，表示状态的持续，前面一般不加"正""在"等：
Used after a verb or adjective to indicate the continuation of a state, usually without 正 or 在：

1. 他现在是不是还活～？（鄂华《自由神的命运》）
Tā xiànzài shì bu shì hái huó ～?

2. 在我开始回想整个的故事经过时，我的心长久地震动～。（鄂华《自由神的命运》）
Zài wǒ kāishǐ huíxiǎng zhěnggèr de gùshi jīngguò shí, wǒ de xīn chángjiǔ de zhèndòng ～.

3. 桌边墙上，挂～一叠《湖南日报》。（张勤《民兵营长》）
Zhuō biān qiáng shang, guà ～ yì dié 《Húnán rìbào》.

4. 金牛仍然在乡下当佃户，过～独身的生活。（欧阳山《金牛和笑女》）
Jīnniú réngrán zài xiāngxia dāng diànhù, guò ～ dúshēn de shēnghuó.

5. 林雨泉像个没过门的闺女见了婆婆，低～头，红～脸。（浩然《喜鹊登枝》）
Lín Yǔquán xiàng ge méi guò ménr de guīnü jiànle pópo, dī ～ tóu, hóng ～ liǎn.

6. 高妈的嘴可不会闲～……（老舍《骆驼祥子》）
Gāomā de zuǐ kě bú huì xián ～ ...

C 用于连动式的第一个动词之后：
Used after the first verb in a series of verbal expressions：

1）表示在第一个动作进行时出现了第二个动作，使第一个动作受到影响；第一个动词和"着"必须重复：
Indicates that while the first action is in progress, the second action takes place which affects the first. The first verb plus 着 must be repeated.

1. 他们两个人说～说～吵起来了。
Tāmen liǎng ge rén shuō ～ shuō ～ chǎo qilai le.

2. 他吃～吃～饭就睡着了。
Tā chī ～ chī ～ fàn jiù shuìzháo le.

3. 走～走～，姑娘……回过头来说："他挺坚强的。"（张天民《路考》）
Zǒu ～ zǒu ～, gūniang ... huíguò tóu lai shuō:"Tā tǐng jiānqiáng de."

2)表示第一个动作是进行第二个动作的方式或手段:

Indicates that the first action is a means of accomplishing the second:

4. 她歪～头问:"你从哪儿来?"(高缨《达吉和她的父亲》)

Tā wāi ～ tóu wèn:"Nǐ cóng nǎr lái?"

5. 她……仰～脸摆了摆头发……(康濯《春种秋收》)

Tā ... yǎng ～ liǎn bǎi le bǎi tóufa...

6. 志刚……亲自带～人……去迎接民工和解放军。(峻青《山鹰》)

Zhìgāng ... qīnzì dài ～ rén ... qù yíngjiē míngōng hé jiěfàngjūn.

7. 祥子唯恐怕高妈在门里偷一听话儿。(老舍《骆驼祥子》)

Xiángzi wéikǒng pà Gāomā zài mén lǐ tōu ～ tīng huàr.

8. 他弯～身子干活儿。

Tā wān ～ shēnzi gàn huór.

着呢 zhe·ne （助词）〈口〉

多用在形容词或描写性短语后,表示程度深;"……着呢"只能作谓语后或"得"后的补语:

Mostly used after an adjective or a descriptive phrase to express a high degree. ...着呢 can only function as a predicate or a complement after 得:

1. 此后同在一起,要请教的地方多。(叶圣陶《倪焕之》)

Cǐhòu tóng zài yìqǐ, yào qǐngjiào de dìfang duō ～.

2. 王藼这家伙厉害～。(刊)

Wáng Jiǎn zhè jiāhuo lìhai ～.

3. 大街上热闹～。

Dàjiē shang rènao ～.

4. 那孩子招人疼～。

Nà háizi zhāo rén téng ～.

5. 金连长的中国话说得熟练～!

Jīn liánzhǎng de Zhōngguó huà shuō de shúliàn ～!

辨认:

Note:

在下列例句中,"着呢"不是一个而是两个助词,"着"用在动词后表示持续,"呢"是用在句尾的语气助词:

着呢 in the following examples is not one particle but two: 着 used after a verb to indicate continuation and 呢 as a modal particle at the end of the sentence:

1. 我一进门就看见他在床上躺着呢!

Wǒ yí jìn mén jiù kànjian tā zài chuáng shang tǎngzhe ne!

2. 西瓜在冰箱里冰着呢!

Xīguā zài bīngxiāng li bīngzhe ne!

之 zhī （结构助词）

"之"是古代汉语遗留成分,有书面语意味。

A relic of classical Chinese with a literary flavour.

A 用于定语和中心语之间:

Inserted between the attributive and the head word:

1)中心语是名词,但这种结构常常是固定的,以四个字的居多:

The head word may be a noun, such a structure is usually a set phrase consisting of 4 characters:

1. 走历史必由~路。(毛泽东《五四运动》)

   Zǒu lìshǐ bì yóu ~ lù.

2. 这茫茫一片水乡,正是水栖和两栖动物孳生~地。(秦牧《江湖捉鳖人》)

   Zhè mángmáng yí piàn shuǐxiāng, zhèng shì shuǐ qī hé liǎngqī dòngwù zīshēng ~ dì.

3. 我们扎扎实实,认认真真在业余学习中踏上成功~路。(忻才良《应当珍惜这笔"学费"》)

   Wǒmen zhāzhashíshí, rènrenzhēnzhēn zài yèyú xuéxí zhōng tà shang chénggōng ~ lù.

4. 山野~人,值不得留名字。(杨朔《雪浪花》)

   Shānyě ~ rén, zhí bu de liú míngzi.

5. 政府……给他们送了个大匾:"光荣~家"。(菡子《万妞》)

   Zhèngfǔ ... gěi tāmen sòngle ge dà biǎn:"Guāngróng ~ jiā".

6. 纠正不正~风,必须进行斗争。(报)

   Jiūzhèng bú zhèng ~ fēng, bìxū jìnxíng dòuzhēng.

2)中心语是"际""间""余"等(方位词、时间词等):

The head word may be a localizer or time-word such as 际,间 or 余:

7. 周宏溟工作~余撰写了百余万字教学研究文章。(报)

   Zhōu Hóngmíng gōngzuò ~ yú zhuànxiěle bǎi yú wàn zì jiàoxué yánjiū wénzhāng.

8. 学识渊博的人……往往在在博览群籍~际,着意抓住一、二部得力著作,熟读精思,终身受用。(周稼骏《"破万卷"与"攻一书"》)

   Xuéshí yuānbó de rén ... wǎngwǎng zài bólǎn qún jí ~ jì, zhuóyì zhuāzhù yī, èr bù délì zhùzuò, shú dú jīng sī, zhōngshēn shòuyòng.

9. 这两具古猿头骨……还保存了右第一前臼齿至第二前臼齿~间的四颗牙齿。(报)

   Zhè liǎng jù gǔ yuán tóugǔ ... hái bǎocúnle yòu dì-yī qián jiùchǐ zhì dì-èr qián jiùchǐ ~ jiān de sì kē yáchǐ.

3)中心语是"类""流"等:

The head word may be 类, 流, or others meaning "and such-like":

10. 行李不能多带,以自己力量能负荷为度,因为挑夫~类大概是找不到的。

    Xíngli bù néng duō dài, yǐ zìjǐ lìliàng néng fùhè wéi dù, yīnwèi tiāofū ~ lèi dàgài shì zhǎo bu dào de.

11. 在旧社会,这位作者曾受到"学者"~流的人身攻击。

    Zài jiù shèhuì, zhèwèi zuòzhě céng shòudào "xuézhě" ~ liú de rénshēn gōngjī.

4)中心语一般是单音节动词,表示从属关系:

The head word is a monosyllabic verb and 之 indicates the possessive case:

12. 一九三八年春,梅兰芳应香港"利舞台"~请,从上海抵港演出。(李卓敏《梅兰芳与《大独裁者》》)

    Yījiǔsānbā nián chūn, Méi Lánfāng yìng Xiānggǎng "Lìwǔtái" ~ qǐng, cóng Shànghǎi dǐ Gǎng yǎnchū.

13. 伟大而光明的祖国啊,愿你永远"如日～升"!(杨朔《泰山极顶》)

Wěidà ér guāngmíng de zǔguó a, yuàn nǐ yǒngyuǎn "rú rì ～ shēng"!

B 用于"……分之……"和"……之……"中表示部分和全体的关系:

Used in expressions of ...分之... and ...之... to indicate the relationship between the part and the whole:

1. 它是利用地面七十分～一的坡度,引来雪水。(报)

Tā shì lìyòng dìmiàn qīshí fēn ～ yī de pōdù, yǐn lai xuě shuǐ.

2. 一九七五年被列入全国最贫困的十个地区～一的山东聊城地区,近两年大步赶上来了。(报)

Yījiǔqīwǔ nián bèi lièrù quán guó zuì pínkùn de shí ge dìqū ～ yī de Shāndōng Liáochéng dìqū, jìn liǎng nián dà bù gǎn shanglai le.

3. 短短的一排铁丝网,完整无恙,百分～百保持了二十多天前匆促地建立起来时的姿态。(茅盾《生活的一页》)

Duǎnduǎn de yì pái tiěsīwǎng, wánzhěng wúyàng, bǎi fēn ～ bǎi bǎochíle èrshí duō tiān qián cōngcù de jiànlì qilai shí de zītài.

4. 有两三个朋友先在这里了,其中～一就是韬奋。(茅盾《生活的一页》)

Yǒu liǎng sān ge péngyou xiān zài zhèlǐ le, qízhōng ～ yī jiù shì Tāofèn.

C 用于"之所以……":

之 is used in the phrase 之所以..., meaning "the reason why":

1. 自来水笔～所以不肯丢掉,无非因为内地不易买到。(茅盾《生活的一页》)

Zìláishuǐbǐ ～ suǒyǐ bù kěn diūdiào, wúfēi yīnwèi nèidì bú yì mǎidào.

2. "知识里手"～所以可笑,原因就是在这个地方。(毛泽东《实践论》)

"Zhīshi líshǒu" ～ suǒyǐ kěxiào, yuányīn jiù shì zài zhège dìfang.

3. 我们是由"大中华"的茶房介绍给这里的茶房的,我们～所以被接受,也由茶房作主……(茅盾《生活的一页》)

Wǒmen shì yóu "Dàzhōnghuá" de cháfang jièshào gěi zhèlǐ de cháfang de, wǒmen ～ suǒyǐ bèi jiēshòu, yě yóu cháfang zuò zhǔ...

4. 他～所以遭受失败,是由于太骄傲了。

Tā ～ suǒyǐ zāoshòu shībài, shì yóuyú tài jiāo·ào le.

左右　　zuǒyòu　　(助词)

常用于数词数量短语或数词加上不需要量词的名词之后,表示概数:

Usually used after a numeral, a N-M phrase, or a numeral plus a noun which doesn't need a measure word to show that the number is approximate:

1. 晨七时～,王仲昭从怪梦中跳醒来。(茅盾《追求》)

Chén qī shí ～, Wáng Zhòngzhāo cóng guài mèng zhōng tiào xǐng lái.

2. "左联"成立时的发起人不过五十人～。(夏衍《"左联"成立前后》)

"Zuǒlián" chénglì shí de fāqǐrén búguò wǔshí rén ～.

3. 房主人是个三十岁～的媳妇。(杨朔《三千里江山》)

Fáng zhǔrén shì ge sānshí suì ～de xífu.

4. 我望了望这几个残废了的荣誉军人,大都在三十～的壮龄……(艾芜《火车上》)

Wǒ wàngle wàng zhè jǐ ge cánfèile de róngyù jūnrén, dàdū zài sānshí ～ de zhuànglíng . . .

5. 一个二十～的年轻人……迅速走了进来。（艾芜《暮夜行》）

Yí ge èrshí ～ de niánqīng rén . . . xùnsù zǒule jinlai.

6. 他……把那个小瓶找到了，还剩着一茶匙～的无色透明的液体在瓶里动荡。
（茅盾《追求》）

Tā . . . bǎ nàge xiǎo píng zhǎodào le，hái shèngzhe yì cháchí ～ de wú sè tòumíng de
yètǐ zài píng li dòngdàng.

7. 从那边山区寄来的信一般需要六天～。

Cóng nàbiānr shānqū jì lai de xìn yìbān xūyào liù tiān ～.

参看"上下"。

Compare 上下 shàngxià.

叹　词

指的是一些重读的、有语调的单音节词，偶尔也有双音的；本身没有意义，但表示惊喜、悔恨、不满、惊疑等等感情。多数可单独成句，或居于句首。少数紧跟疑问句或祈使句后。由于叹词只代表一种由于某种感情引起的呼声，在写法上不易规范化，同一声音往往有几种不同的写法。

Interjection

Interjections are stressed intonated words, usually monosyllabic but sometimes disyllabic, which have no inherent meaning but are used in the context of a sentence to express various sudden feelings: astonishment, regret, resentment, discontent, surprise, and so on. Most interjections may either stand alone to form a sentence or occur at the head of a sentence, or directly follow a question, command or request. Since they are just exclamations, they are not easily written in a standard way; often the same sound is represented by several different characters.

叹 词 总 表

List of Interjections

啊　ā　(叹词)

表示恳切的请求：

Indicates an earnest request：

1. 思量好了你说话！～！早去早回……（柳青《创业史》）
　　Sīlianghǎole nǐ shuō huà！～！Zǎo qù zǎo huí . . .

2. 明天你可一定来呀！～！听见了吗？
　　Míngtiān nǐ kě yídìng lái ya！～！Tīngjiànle ma？

3. 千万别忘了！～！
　　Qiānwàn bié wàng le！～！

啊　á　(叹词)

表示追问；用于疑问句后：

Used after an interrogative sentence to demand an answer：

1. 人是过一年，长一岁……你明白这个意思吗？～？（柳青《创业史》）
　　Rén shì guò yì nián, zhǎng yí suì . . . nǐ míngbai zhège yìsi ma？～？

2. 你随身带大笔款子做啥嘛？～？（柳青《创业史》）
　　Nǐ suíshēn dài dà bǐ kuǎnzi zuò shá ma？～？

3. 你看行不？～？（康濯《春种秋收》）
　　Nǐ kàn xíng bù？～？

4. 可是，咱们是不是也应该结婚呀？～？你们是不是也应该帮咱们解决这问题儿呀？～？（康濯《春种秋收》）
　　Kěshì, zánmen shì bu shì yě yīnggāi jiē hūn ya？～？Nǐmen shì bu shì yě yīnggāi bāng zánmen jiějué zhè wèntír ya？～？

啊　ǎ　(叹词)

表示惊疑：

Expresses bewilderment：

1. "～？"梁大吃了一惊，张大嘴巴，瞪起眼睛，退了一步。（柳青《创业史》）
　　"～？" Liáng Dà chīle yì jīng, zhāngdà zuǐba, dèng qi yǎnjing, tuìle yí bù.

2. "～？"郭振山张大了嘴。（柳青《创业史》）
　　"～？" Guō Zhènshān zhāngdàle zuǐ.

3. "～？"我像头顶被人砸了一石头，两腿软了下来，……（邓友梅《在悬崖上》）
　　"～？" Wǒ xiàng tóudǐng bèi rén zále yì shítou, liǎng tuǐ ruǎnle xialai, . . .

4. "～？"她疑问的看看我，随即笑起来，"那就掏出来看看。"（邓友梅《在悬崖上》）
　　"～？" Tā yíwèn de kànkan wǒ, suíjí xiào qilai, "Nà jiù tāo chulai kànkan."

啊　à　(叹词)

A 表示醒悟、明白(音较重较长)：

When stressed, expresses realization or understanding：

1. ～！原来是这样！（柳青《创业史》）
　　～！Yuánlái shì zhèyàng！

2. ～！那么你已经知道了！（陈学昭《工作着是美丽的》）
　　～！Nàme nǐ yǐjing zhīdào le！

3. ～！生宝明白了！一定是刘淑良从前的男人范洪信和牛刚同学！（柳青《创业

史》）

~！Shēngbǎo míngbai le! Yídìng shì Liú Shūliáng cóngqián de nánren Fàn Hóngxìn hé Niú Gāng tóngxué!

4. ~，正是昨夜那个姑娘的声音。（秦兆阳《一封拾到的信》）

~，zhèng shì zuó yè nàge gūniang de shēngyīn.

B 表示同意（音较轻短）：

When pronounced lightly and quickly, expresses consent：

1. ~！是呀！（耿简《爬在旗杆上的人》）

~！Shì ya!

2. ~，好吧。

~，hǎo ba.

3. ~，可以，可以。

~，kěyǐ, kěyǐ.

C 表示惊异或赞叹，音较长：

Prolonged pronunciation (aaaah) expresses amazement or admiration：

1. ~，多可怕啊。（草明《新夫妇》）

~，duō kěpà a.

2. ~！苏宁，你这么早就来了？（王蒙《青春万岁》）

~！Sū Níng, nǐ zhème zǎo jiù lái le?

3. ~，我怎么办呢，所有的人都欺侮我！（邓友梅《在悬崖上》）

~，wǒ zěnme bàn ne, suǒyǒu de rén dōu qīwǔ wǒ!

4. ~，那太好了！（耿简《爬在旗杆上的人》）

~，nà tài hǎo le!

5. ~，他的心比金子还亮。（草明《爱情》）

~，tā de xīn bǐ jīnzi hái liàng.

6. ~！生活是用这样大的热情来欢迎一个热爱生活的年轻人！（李威伦《爱情》）

~！Shēnghuó shì yòng zhèyàng dà de rèqíng lái huānyíng yí ge rè·ài shēnghuó de niánqīng rén!

哎 āi （叹词）

A 表示引起注意或打招呼：

Used to greet someone or attract his or her attention：

1. ~，小牛，快下来！（陈翔鹤《陶渊明写"挽歌"》）

~，Xiǎoniú, kuài xià lai!

2. "~，三嫂子。"欢喜她妈妈听到这里，插进来笑说，……（柳青《创业史》）

"~，Sānsǎozi." Huānxǐ tā mā tīngdào zhèlǐ, chā jìnlai xiào shuō, . . .

3. ~！找到啦！找到啦！还活着哩！~！快都起来。（汪曾祺《羊舍一夕》）

~！Zhǎodào la! Zhǎodào la! Hái huózhe li! ~！Kuài dōu qǐ lai.

4. 这房子么……，~，老伙计，反正你已经有了房子，用不着再在房子问题上伤脑筋了。（龙凤伟《关系户》）

Zhè fángzi me . . . , ~，lǎo huǒji, fǎnzhèng nǐ yǐjīng yǒule fángzi, yòng bu zháo zài zài fángzi wèntí shang shāng nǎojīn le.

B 表示惊讶或不满：

Expresses astonishment or dissatisfaction：

1. ～！想不到他病得这么重！

  ～！Xiǎng bu dào tā bìng de zhème zhòng!

2. ～，雨怎么下起来没个完！

  ～, yǔ zěnme xià qilai méi ge wán!

哎呀　āiyā　（叹词）

A 表示惊讶：

Expresses surprise：

1. ～，你这个女同志怎么跟男的打架！（龙世辉《小柳》）

  ～, nǐ zhège nǚ tóngzhì zěnme gēn nánde dǎ jià!

2. ～，那不是张健吗！（孔厥《新儿女英雄续传》）

  ～, nà bú shì Zhāng Jiàn ma!

3. ～，我得赶紧走了。（蒋子龙《乔厂长上任记》）

  ～, wǒ děi gǎnjǐn zǒu le.

4. ～，太好啦！（孔厥《新儿女英雄续传》）

  ～, tài hǎo la!

5. ～，好多的人哪！（耿简《爬在旗杆上的人》）

  ～, hǎo duō de rén na!

6. ～！真该死！（耿简《爬在旗杆上的人》）

  ～! Zhēn gāisǐ!

B 表示厌烦、痛苦、不快等：

Expresses disgust, pain or displeasure：

1. ～！就是这，我受不了！（端木蕻良《曹雪芹》）

  ～! Jiù shì zhè, wǒ shòu buliǎo!

2. ～，我真害怕，害怕得心都在发抖，……（公刘《太阳的家乡》）

  ～, wǒ zhēn hàipà, hàipà de xīn dōu zài fādǒu, ...

3. ～，我工作一天累了，你又不是小孩，要人回来哄你！（邓友梅《在悬崖上》）

  ～, wǒ gōngzuò yì tiān lèi le, nǐ yòu bú shì xiǎoháir, yào rén huí lai hǒng nǐ!

4. ～！你扳开指头算一下，不要说你有十垧地，你再有二十垧，三十垧，把地卖了，也不够你十年的吃穿花费。（束为《红契》）

  ～! Nǐ bānkāi zhítou suàn yíxià, búyàoshuō nǐ yǒu shí shǎng dì, nǐ zài yǒu èrshí shǎng, sānshí shǎng, bǎ dì mài le, yě bú gòu nǐ shí nián de chī chuān huāfèi.

哎哟　āiyō　（叹词）

表示惊讶、痛苦等：

Expresses astonishment or pain：

1. ～！秦二爷，您怎么这样闲在，会想起下茶馆来了！（老舍《茶馆》）

  ～! Qín èryé, nín zěnme zhèyàng xiánzài, huì xiǎng qǐ xià cháguǎnr lai le!

2. 锅蒸干了吧？

  ～！忘了！（老舍《全家福》）

  Guō zhēnggān le ba?

  ～! Wàng le!

3. ～，疼死我了。

～, téngsǐ wǒ le.

4. "～!"他跌在那里,老胳膊老腿麻酥酥疼。(贾平凹《乍角牛》)

　　"～!" Tā diē zài nàli, lǎo gēbo lǎo tuǐ másūsū téng.

嗳 ǎi （叹词）

表示不以为然或不耐烦:

Indicates disapproval or impatience:

1. ～? 你这人怎么这么死心眼?

　　～? Nǐ zhè rén zěnme zhème sǐxīnyǎnr?

2. 金枝……说:"……怎么媒人还不见来?"

　　男人回答:"～,李大叔不是来过吗?……"(萧红《生死场》)

　　Jīnzhī ... shuō: "... zěnme méiren hái bú jiàn lái?"

　　Nánren huídá: "～, Lǐ dàshū bú shì láiguo ma?..."

3. 小韩说:～,你为什么老误解我的意思呀?

　　Xiǎohán shuō: ～, nǐ wèi shénme lǎo wùjiě wǒ de yìsi ya?

4. "把钳子递给我! ——～,拿错了,不是那把。"

　　"Bǎ qiánzi dì gěi wǒ! — ～, nácuò le, bú shì nàbǎ."

唉 ài （叹词）

表示感伤、叹息、为难等(发音较重较长):

Indicates grief, depression or awkwardness; pronunciation is stressed:

1. 盲艺人摇摇头说:"～,不要提起。"(杨佩瑾《霹雳》)

　　Máng yìrén yáoyao tóu shuō: "～, búyào tí qǐ."

2. ～! 没想到年过半百,还要去担惊受怕、颠簸沉浮……(尹平《不听老人言》)

　　～! Méi xiǎngdào nián guò bàn bǎi, hái yào qù dānjīngshòupà, diānbǒ chénfú ...

3. 松巴兰错……嘟嘟自语道:"要叫我说嘛,这个姑娘……,～,～!"(赵燕翼《桑金兰错》)

　　Sōngbāláncuò ... dūdū zìyǔ dào: "Yào jiào wǒ shuō ma, zhège gūniang..., ～, ～!"

4. ～～! 简直把你没有法子!(赵燕翼《桑金兰错》)

　　～～! Jiǎnzhí bǎ nǐ méi yǒu fǎzi!

5. ～,老万,老万,叫我从哪里写起呢?(茹志鹃《出山》)

　　～, Lǎo Wàn, Lǎo Wàn, jiào wǒ cóng nǎli xiě qǐ ne?

6. ～! 她多么偏疼儿子、媳妇啊!(老舍《女店员》)

　　～! Tā duōme piānténg érzi, xífu a!

嗳 ài （叹词）

表示遗憾、不满意或提示等(发音较短较轻):

Indicates regret or dissatisfaction, or is used as a hint; pronounced lightly and quickly:

1. ～! 说也怪,他背后好像长了眼睛似的,倒自动在路边站下了。(茹志鹃《百合花》)

　　～! Shuō yě guài, tā bèihòu hǎoxiàng zhǎngle yǎnjing shìde, dào zìdòng zài lù biānr zhàn xia le.

2. ～! 明明是那么回事,别人说说就不行!(萧军《军中》)

　　～! Míngmíng shì nàme huí shì, biérén shuōshuo jiù bù xíng!

3. ～！拿出来吧！先喝点再说！(萧军《军中》)
   ～! Ná chulai ba! Xiān hē diǎnr zài shuō!

4. "～～～!"爸爸把自己的眼睛抬一抬,对着姐姐那面说。(三郎《樱花》)
   "～～～!" Bàba bǎ zìjǐ de yǎnjing tái yi tái, duìzhe jiějie nàmiàn shuō.

5. ～,你怎么忘了买票了?
   ～, nǐ zěnme wàngle mǎi piào le?

哈　hā　(叹词)

表示得意、满意、不在乎等,常叠用:

Indicates delight or satisfaction and is often repeated:

1. ～～,要考考我!好吧——!(郭澄清《黑掌柜》)
   ～～, yào kǎokao wǒ! Hǎo ba —!

2. 人们眉开眼笑地说出半句话:"二虎哥,～……"(柳洲《风雨桃花洲》)
   Rénmen méikāiyǎnxiào de shuō chū bàn jù huà: "Èrhǔ gē, ～..."

3. ～～,你看咱们谈得多投机……(徐慎《四书记》)
   ～～, nǐ kàn zánmen tán de duō tóujī...

4. 啊～,那我们是同路了。(峻青《山鹰》)
   Ā ～, nà wǒmen shì tóng lù le.

5. "～,我算什么诗人!"王书记笑了,……(徐迟《搜尽奇峰打草稿》)
   "～, wǒ suàn shénme shīren!" Wáng shūji xiào le, ...

6. ～! 那身子骨硬啊!(贾平凹《成荫柳》)
   ～! Nà shēnzigǔ yìng a!

咳　hāi　(叹词)

A 表示不客气的非正式的招呼:

An impolite greeting:

1. ～,这位女同志,你知道这道儿全是咱自己打开的吗?(杨沫《苇塘纪事》)
   ～, zhèwèi nǚ tóngzhì, nǐ zhīdào zhè dàor quán shì zán zìjǐ dǎkāi de ma?

2. ～,你走不走?
   ～, nǐ zǒu bu zǒu?

B 表示惊喜、赞美:

Indicates pleasant surprise or admiration:

1. 这小子,这么看下去,真有指望!～,出了这么大的名,要是别的小伙子,早烧死啦!(邵子南《地雷阵》)
   Zhè xiǎozi, zhème kàn xiaqu, zhēn yǒu zhǐwàng! ～, chūle zhème dà de míng, yàoshi biéde xiǎohuǒzi, zǎo shāosǐ la!

2. 苇林子里又是流水,又是荷花,又是小船,又是飞鸟,～,真好像画上的仙境儿!(杨沫《苇塘纪事》)
   Wěilínzi li yòu shì liúshuǐ, yòu shì héhuā, yòu shì xiǎo chuán, yòu shì fēi niǎo, ～, zhēn hǎoxiàng huà shang de xiānjìngr!

3. 现在把银针扎进镇痛的穴位……使身体和伤口很快就能恢复。
   ～,这就好啦。(侯宝林《麻醉新篇》)
   Xiànzài bǎ yínzhēn zhā jìn zhèn tòng de xuéwèi... shǐ shēntǐ hé shāngkǒu hěn kuài jiù néng huīfù.

～, zhè jiù hǎo la.

C 表示伤感、惋惜、怜悯、没必要、无可奈何等感情(这时也可读 hài)：
Indicates grief, sympathy, pity, or resignation; may also be pronounced "hài"：

1. ～，又是打仗，又不知道要离散多少人家的夫妻父女。(田汉《苏州夜话》)
   ～, yòu shì dǎ zhàng, yòu bù zhīdào yào lísàn duōshǎo rénjiā de fūqī fùnǚ.

2. ～，没有爹娘的孩子真是可怜啊。(田汉《获虎之夜》)
   ～, méi yǒu diē niáng de háizi zhēn shì kělián a.

3. 张培新把手一拍："～，你呀，就知道对着镜子看，里里外外只是个自己!"(张恒《儿童团长》)
   Zhāng Péixīn bǎ shǒu yì pāi：" ～, nǐ ya, jiù zhīdào duìzhe jìngzi kàn, lǐlǐ wàiwài zhǐ shì ge zìjǐ!"

4. 给家里的信刚写了一封。～！谁知道那一封信就是决定我的一生命运的供词！(田汉《咖啡店之夜》)
   Gěi jiāli de xìn gāng xiěle yì fēng. ～! Shuí zhīdào nà yì fēng xìn jiù shì juédìng wǒ de yìshēng mìngyùn de gòngcí!

5. 跟外地学的。～，不过瞎凑乎罢了。(沙丙德《老姐妹俩》)
   Gēn wàidì xué de. ～, búguò xiā còuhu bàle.

6. ～，您换钱干什么呀？我这儿有两块零的，您拿走！够不够？(侯宝林《菜单子》)
   ～, nín huàn qián gàn shénme ya? Wǒ zhèr yǒu liǎng kuài líng de, nín názǒu! Gòu bu gòu?

嗨哟 hāiyō (叹词)

集体重体力劳动时发出的呼喊声：
A call often repeated in work songs sung by labourers：

1. 石板仓又热闹得车水马龙了,叮叮当当的打钎声、轰轰隆隆的炸石声、～嘿哟的号子声终日不绝。(报)
   Shíbǎncāng yòu rènao de chēshuǐmǎlóng le, dīngdingdāngdāng de dǎ qiān shēng, hōnghonglōnglōng de zhà shí shēng, ～ hēiyō de hàozi shēng zhōngrì bù jué.

2. 加油干呐,～! 流大汗呐,～!
   Jiā yóu gàn na, ～! Liú dà hàn na, ～!

嗐 hài (叹词)

表示惋惜、伤感或叹息：
Indicates regret or grief：

1. "～! 你怎么撕烂了?"(马识途《找红军》)
   "～! Nǐ zěnme sīlàn le?"

2. 想到这里, 由忧愁改为颓废,～,干它的去, 起不来就躺着, 反正是那么回事!(老舍《骆驼祥子》)
   Xiǎngdào zhèlǐ, yóu yōuchóu gǎiwéi tuífèi, ～, gàn tā de qù, qǐ bu lái jiù tǎngzhe, fǎnzhèng shì nàme huí shìr!

3. ～,有这样说话的吗?(侯宝林《全家福》)
   ～, yǒu zhèyàng shuō huà de ma?

4. ～! 妇女工作嘛,说起来千斤重,提起来二两轻,重视不够哇!(白峰溪《明月初

照人》）

~! Fùnǚ gōngzuò ma, shuō qilai qiān jīn zhòng, tí qilai èr liǎng qīng, zhòngshì bú gòu wa!

呵 hē （叹词）

同"嗬"A、B、C：

Same as 嗬 A，B，and C（see next page）：

1. 他激动地想着这双鞋子未来的女主人，~，总算没有辜负她的愿望和情意！（陆北威《角落》）

Tā jīdòng de xiǎngzhe zhèshuāng xiézi wèilái de nǚ zhǔrén, ~, zǒngsuàn méiyou gūfù tā de yuànwàng hé qíngyì!

2. ~，这可是小美人儿呀！长得这么好看！（新凤霞《苦涩的童年》）

~, zhè kě shì xiǎo měirénr ya! Zhǎng de zhème hǎokàn!

3. ~，已经睡着了啊……（欧阳山《七年忌》）

~, yǐjīng shuìzháole a . . .

4. ~，创造，生活，这才是他最需要的！（陆北威《角落》）

~, chuàngzào, shēnghuó, zhè cái shì tā zuì xūyào de!

5. 她的记性真好，十多年前的事全记得。

~, tā de jìxìng zhēn hǎo, shí duō nián qián de shì quán jìde.

喝 hē （叹词）

同"嗬"：

Same as 嗬（see next entry）：

A 同"嗬"A：

Same as 嗬 A：

1. 海娃歪起耳朵听，——听不清楚；海娃眯缝起眼睛一看，——~，原来山梁那头，正晃着一面小白旗哩！（华山《鸡毛信》）

Hǎiwá wāiqi ěrduo tīng, —tīng bu qīngchu; Hǎiwá mīfeng qi yǎnjing yí kàn, — —~, yuánlái shānliáng nà tóu, zhèng huàngzhe yí miàn xiǎo bái qí li!

2. 是八路军吧？不像。眯缝起眼睛瞅瞅：~，都是些空驮子牲口。（华山《鸡毛信》）

Shì Bālùjūn ba? Bú xiàng. Mīfeng qi yǎnjing chǒuchou: ~, dōu shì xiē kōng tuózi shēngkou.

3. ~！这真是句好话！我永远记住！（老舍《女店员》）

~! Zhè zhēn shì jù hǎo huà! Wǒ yǒngyuǎn jìzhu!

B 同"嗬"B：

Same as 嗬 B：

1. ~！好漂亮的鞋子！快给我瞧瞧！（陆北威《角落》）

~~! Hǎo pàoliang de xiézi! Kuài gěi wǒ qiáoqiao!

2. ~~！你晓得上天的路程有多远吗？（报）

~~! Nǐ xiǎode shàng tiān de lùchéng yǒu duō yuǎn ma?

C 同"嗬"C：

Same as 嗬 C：

~，成了劳动模范，还是乡人民代表！（老舍《女店员》）

～, chéngle láodòng mófàn, hái shì xiāng rénmín dàibiǎo!

嗬 hē (叹词)

A 表示惊喜：

Indicates pleasant surprise：

1. ～, 上千件大飞轮, 都是他车的。（费礼文《一年》）

～, shàng qiān jiàn dà fēilún, dōu shì tā chē de.

2. ～, 山里也有电灯。（峻青《山鹰》）

～, shān li yě yǒu diàndēng.

3. ～, 这小孩跑得真快。

～, zhè xiǎoháir pǎo de zhēn kuài.

B 带玩笑、讥讽口气：

Indicates mockery or ridicule：

1. ～, 你已经把尖岛顶风事迹的报道酝酿、思索、提炼过了。（金为华《尖岛行》）

～, nǐ yǐjīng bǎ Jiāndǎo dǐng fēng shìjì de bàodào yùnniàng, sīsuǒ, tíliàngguo le.

2. "爹, 我不知道是您……"

"还以为是老农民呢, 是吧? ～, 检讨深刻!"（张天民《路考》）

"Diē, wǒ bù zhīdào shì nín..."

"Hái yǐwéi shì lǎo nóngmín ne, shì ba? ～, jiǎntǎo shēnkè!"

C 表示夸奖：

Indicates commendation：

1. ～! 他记性真好!

～! Tā jìxìng zhēn hǎo!

2. 申申就翘起大拇指叫着："真棒! ～!"（白桦《一束信札》）

Shēnshen jiù qiào qǐ dàmǔzhǐ jiàozhe: "Zhēn bàng! ～!"

3. ～, 挺精神的个小伙子嘛!（白峰溪《明月初照人》）

～, tǐng jīngshen de ge xiǎohuǒzi ma!

参看"喝""呵"。

Compare 喝 hē, 呵 hē.

吓(嗬) hè (叹词)

表示不满：

Indicates discontent：

1. ～, 什么学堂, 造就了些什么? 我简直说: 应该统统关掉!（鲁迅《肥皂》）

～, shénme xuétáng, zàojiùle xiē shénme? Wǒ jiǎnzhí shuō: Yīnggāi tǒngtǒng guāndiào!

2. ～, 你怎么任着性子胡闹呢!

～, nǐ zěnme rènzhe xìngzi húnào ne!

3. ～, 你怎么不动动脑子呢, 这有什么难的。

～, nǐ zěnme bú dòngdong nǎozi ne, zhè yǒu shénme nán de.

4. 假洋鬼子的老婆会和没有辫子的男人睡觉, ～, 不是好东西!（鲁迅《阿Q正传》）

Jiǎ yángguǐzi de lǎopo huì hé méi yǒu biànzi de nánren shuì jiào, ～, bú shì hǎo dōngxi!

嗨 hēi （叹词）

同"嘿" A、B、C、D：

Same as 嘿 A, B, C, D (see next entry)：

1. "～!"她……声音不高的说："别楞着! 去,把车放下,赶紧回来,有话跟你说。"（老舍《骆驼祥子》）

   "～!" Tā ... shēngyīn bù gāo de shuō:"Bié lèngzhe! qù, bǎ chē fàng xia, gǎnjǐn huí lai, yǒu huà gēn nǐ shuō."

2. ～,～,别睡啦,醒醒喝点水,该磨车往回翻啦……（和谷岩《枫》）

   ～, ～, bié shuì la, xǐngxing hē diǎnr shuǐ, gāi mò chē wǎng huí fān la ...

3. ～! 这个女子才怪,这是支部大会呀!（沙汀《卢家秀》）

   ～! Zhège nǚzǐ cái guài, zhè shì zhībù dàhuì ya!

4. ～,玉翠又练出了这么一套好本领,了不得哇!（康濯《春种秋收》）

   ～, Yùcuì yòu liàn chū le zhème yí tào hǎo běnlǐng, liǎobude wa!

5. ～,下起雨来了!

   ～, xià qǐ yǔ lai le!

嘿 hēi （叹词）

A 表示不很客气的招呼：

A casual and informal greeting：

1. ～,有个玩意儿你要不要?（杨沫《房客》）

   ～, yǒu ge wányìr nǐ yào bu yào?

2. ～,晚上怎么去呀,你。（王祯和《小林来台北》）

   ～, wǎnshang zěnme qù ya, nǐ.

3. ～,什么时候当上油漆匠了!（小蕾《"丰足"牌火柴》）

   ～, shénme shíhou dāng shang yóuqījiàng le!

4. 他说着说着,忽然像想起什么重要事来,一把拉起我说："～,大姐,你来看……"（杨沫《红红的山丹花》）

   Tā shuōzhe shuōzhe, hūrán xiàng xiǎng qǐ shénme zhòngyào shì lai, yì bǎ lā qǐ wǒ shuō:"～, dàjiě, nǐ lái kàn..."

B 表示引起注意：

Used to attract attention：

1. ～,哪至于这样汉子迷呀! 这一屋子人都有说有笑,唯独你哭丧着脸。（杨沫《红红的山丹花》）

   ～, nǎ zhìyú zhèyàng hànzi mí ya! Zhè yì wūzi rén dōu yǒu shuō yǒu xiào, wéidú nǐ kūsāngzhe liǎn.

2. 我怪他明知我开会,还缠我。他说："～,那是考验你!"（陈桂珍《钟声》）

   Wǒ guài tā míng zhī wǒ kāi huì, hái chán wǒ. Tā shuō:"～, nà shì kǎoyàn nǐ!"

3. 技术员同志,……当然,你不拿来,我们的"闯将"也要去"闯"来的,～,这是个大"骨头"啦。（火笛《淬火的人》）

   Jìshùyuán tóngzhì, ... dāngrán, nǐ bù ná lai, wǒmen de "chǎngjiàng" yě yào qù "chuǎng" lai de, ～, zhè shì ge dà "gútou" la.

C 表示赞叹或得意：

Expresses admiration or contentment：

1. 今年这水库修好了，～，咱们社里，就全成水浇地了！（西戎《女婿》）

   Jīnnián zhè shuǐkù xiūhǎo le，～，zánmen shè li，jiù quán chéng shuǐjiāodì le！

2. ～，一箱子尽是红头子子弹，过江那天的信号联络不成问题了。（曾克《战地婚筵》）

   ～，yì xiāngzi jìn shì hóng tóu zǐdàn，guò jiāng nà tiān de xìnhào liánluò bù chéng wèntí le。

3. ～，说到俺这儿媳妇，可真是个勤俭孩子呢！（秦兆阳《农村散记》）

   ～，shuōdào ǎn zhè érxífu，kě zhēn shì ge qínjiǎn háizi ne！

4. ～，这才叫穷人翻身哩！（杨沫《穷光棍结婚》）

   ～，zhè cái jiào qióngrén fān shēn li！

D 表示惊奇,和"嚄"(huō)差不多：

Similar to 嚄 huō; expresses wonderment：

1. 最后，渡过一条小河，上岸不远，～，真是豁然开朗！（杨沫《苇塘纪事》）

   Zuìhòu，dù guò yì tiáo xiǎo hé，shàng àn bù yuǎn，～，zhēn shì huòrán kāilǎng！

2. 我扭头往北一望，～！……大队鬼子黄旋风一样铺天盖地拥在堤上呢。（杨沫《苇塘纪事》）

   Wǒ niǔ tóu wǎng běi yí wàng，～！… dà duì guǐzi huáng xuànfēng yíyàng pūtiāngàidì yōng zài dī shang ne。

哼 hng （叹词）

不但可用于句前，也有时用于句后：

May be used both at the head of a sentence and at the end：

A 表示不满或气愤：

Expresses discontent or indignation：

1. ～，我才不和这种人交朋友呢！（张洁《沉重的翅膀》）

   ～，wǒ cái bù hé zhèzhǒng rén jiāo péngyou ne！

2. ～，你看，也没有学问，也不懂道理，单知道吃！（鲁迅《肥皂》）

   ～，nǐ kàn，yě méi yǒu xuéwèn，yě bù dǒng dàolǐ，dān zhīdào chī！

3. ～！不来人才好呢！我就讨厌那群连牙也不刷的老婆子老头子们！（老舍《四世同堂》）

   ～！Bù lái rén cái hǎo ne！Wǒ jiù tǎoyàn nàqún lián yá yě bù shuā de lǎopózi lǎotóuzimen！

4. 杨香武哼着鼻孔道："～，不知哪个王八蛋的牛跑了，老乡在捉牛。"（杨朔《月黑夜》）

   Yáng Xiāngwǔ hēngzhe bíkǒng dào："～，bù zhī nǎge wángbādàn de niú pǎo le，lǎoxiāng zài zhuō niú。"

5. 任大维轻蔑地："有什么了不起，不过是个中学生罢了，居然被捧为电子计算机专家，～！"（刊）

   Rén Dàwéi qīngmiè de："Yǒu shénme liǎobuqǐ，búguò shì ge zhōngxuéshēng bàle，jūrán bèi pěngwéi diànzǐ jìsuànjī zhuānjiā，～！"

6. 她从车把上取下皮包，心里说："老头子，你说的要是实话，这些就都犒劳你，要做假，～！"（报）

   Tā cóng chēbǎ shang qǔ xia píbāo，xīnli shuō："Lǎotóuzi，nǐ shuō de yàoshi shíhuà， zhèxiē jiù dōu kàoláo nǐ, yào zuò jiǎ, ~!"

B 表示怀疑或不相信：

Expresses doubt or disbelief：

1. ~！我就不明白他们要那些狮子干吗？（老舍《四世同堂》）

~! Wǒ jiù bù míngbai tāmen yào nàxiē shīzi gàn má?

2. ~！有那种事儿？别说三个月，就是三百年，他也打不回来。（欧阳山《金牛和笑女》）

~! Yǒu nàzhǒng shìr? Biéshuō sān ge yuè, jiùshì sānbǎi nián, tā yě dǎ bu huílái.

辨认：

Note：

"哼"读 hēng 时是动词，是低声唱的意思：

When pronounced "hēng", 哼 is a verb, meaning "hum"：

1. 妻在屋里拍着闰儿，迷迷糊糊地哼着眠歌。（朱自清《荷塘月色》）

Qī zài wū li pāizhe rùn'er, mímihūhū de hēngzhe miángē.

2. 瑞宣自己也不知道哼了一句什么，便转身进来。（老舍《四世同堂》）

Ruìxuān zìjǐ yě bù zhīdào hēngle yí jù shénme, biàn zhuǎn shēn jìn lai.

有时表示鼻子发出的一种痛苦的声音：

哼 may also indicate a painful groan：

3. 他痛得死去活来，但却忍着不哼一声。（雁翼《老梦大叔》）

Tā tòng de sǐqùhuólái, dàn què rěnzhe bù hēng yì shēng.

4. 没有回音，沉默两分钟后，小沟里又有女性的苦痛的哼哼声。（孙谦《我们是这样回到队伍里的》）

Méi yǒu huíyīn, chénmò liǎng fēnzhōng hòu, xiǎo gōu li yòu yǒu nǚxìng de kǔtòng de hēngheng shēng.

嚄 huō （叹词）

表示惊讶：

Expresses astonishment：

1. 我们工地上，……~！木材成垛，杉篙成林，水泥成堆，砂石成山，……（侯宝林《宽打窄用》）

Wǒmengōngdì shang, ...~! Mùcái chéng duò, shāgāo chéng lín, shuǐní chéng duī, shāshí chéng shān, ...

2. ——马谡这个人，虽然有一定的军事才能，可是他骄傲自满，……爱表现自己，……

——~！这一说马谡得停职反省啊！（侯宝林《杂谈〈空城计〉》）

——Mǎ Sù zhège rén, suīrán yǒu yídìng de jūnshì cáinéng, kěshì tā jiāo'ào zìmǎn, ... ài biǎoxiàn zìjǐ, ...

——~! Zhè yì shuō Mǎ Sù děi tíng zhí fǎnxǐng a!

3. 赵司晨脑后空荡荡的走来，看见的人大嚄说："~，革命党来了！"（鲁迅《阿Q正传》）

Zhào Sīchén nǎo hòu kōngdàngdàng de zǒu lái, kànjiàn de rén dà rǎng shuō: "~, gémìngdǎng lái le!"

嚄 huò （叹词）

同"嚄"(huō):

Same as 嚄 huō (see above entry).

嗯 m̄ (叹词)

表示疑问:

Indicates a question:

1. "～,你实说吧,你犯了什么罪?"那军官又问。(孔厥、袁静《新儿女英雄传》)

"～, nǐ shíshuō ba, nǐ fànle shénme zuì?" Nà jūnguān yòu wèn.

2. "小王,你听,外边儿什么响?"

"～,什么也听不见啊!"

"Xiǎowáng, nǐ tīng, wàibianr shénme xiǎng?"

"～, shénme yě tīng bu jiàn a!"

嗯 m̀ (叹词)

表示应诺或同意:

Indicates agreement:

1. "～!"那审问者似乎考虑着,"你说得倒很像;不过,看得出来,你仍然在狡辩!"(孔厥、袁静《新儿女英雄传》)

"～!" Nà shěnwènzhě sìhū kǎolǜzhe, "nǐ shuō de dào hěn xiàng; búguò, kàn de chūlái, nǐ réngrán zài jiǎobiàn!"

2. "喂,有点事儿,请你替我请个假!""～,知道了。"

"Wèi, yǒu diǎnr shìr, qǐng nǐ tì wǒ qǐng ge jià!""～, zhīdào le."

嗯 ńg (叹词)

表示追问,用在疑问句后:

Used after an interrogative sentence indicates a probing inquiry:

1. "嫌不够甜吗? 我给你加点糖,～?"(杨纤如《伞》)

"Xián bú gòu tián ma? Wǒ gěi nǐ jiā diǎnr táng, ～?"

2. 他问我:"怎么? 这兵营和大头兵们把你给吓住了? 我们就这么吓人? ～?"(白桦《一束信札》)

Tā wèn wǒ: "Zěnme? Zhè bīngyíng hé dàtóubīngmen bǎ nǐ gěi xiàzhu le? Wǒmen jiù zhème xià rén? ～?"

3. "你们有没有说谎? ～?"(吕铮《战斗在敌人心脏里》)

"Nǐmen yǒu méiyou shuō huǎng? ～?"

4. "有了地没人种能自己长出庄稼吗? ～?"(魏巍《东方》)

"Yǒule dì méi rén zhòng néng zìjǐ zhǎng chū zhuāngjia ma? ～?"

5. "你们俩是怎么学习安全条例的,～?"(鲍昌《三月——四月》)

"Nǐmen liǎ shì zěnme xuéxí ānquán tiáolì de, ～?"

嗯 ňg (叹词)

表示出乎意外或不以为然:

Expresses surprise or disapproval:

1. ～? 他倒批评我啦! (侯宝林《侯大胆》)

～? Tā dào pīpíng wǒ lā!

2. ～,车怎么不见了?

～, chē zěnme bú jiàn le?

嗯 ǹg （叹词）

A 表示同意对方的话：

Expresses agreement：

1. "～，你先回去，我个人接受你的请求，不过还需要跟别的首长商量一下。"（邓友梅《座标 1221》）

   "～, nǐ xiān huí qu, wǒ gèrén jiēshòu nǐ de qǐngqiú, búguò hái xūyào gēn biéde shǒuzhǎng shāngliang yíxià."

2. 博南征……问："哪位是公司的顾书记?"顾书记答应说："～，我就是。"（鲍昌《三月——四月》）

   Fù Nánzhēng ... wèn："Nǎwèi shì gōngsī de Gù shūjì?" Gù shūjì dāying shuō："～, wǒ jiù shì."

3. "大妈在这儿住吗?"

   "～。"那小孩头也不抬地说。（魏巍《东方》）

   "Dàmā zài zhèr zhù ma?"

   "～." Nà xiǎoháir tóu yě bù tái de shuō.

4. "～，这样还可以。"（陈立德《前驱》）

   "～, zhèyàng hái kěyǐ."

B 表示赞许，或肯定自己的想法：

Expresses affirmation of one's own views：

1. "玫瑰红、翡翠绿、孔雀蓝，～，不错，这些名字就很美。"（蒋子龙《乔厂长上任记》）

   "Méiguìhóng, fěicuìlǜ, kǒngquèlán, ～, búcuò, zhèxiē míngzi jiù hěn měi."

2. ～，表姐真够过细的，清理得这么有条有理，想找什么书伸手就可以拿到。（杨纤如《伞》）

   ～, biǎojiě zhēn gòu guòxì de, qīnglǐ de zhème yǒutiáoyǒulǐ, xiǎng zhǎo shénme shū shēn shǒu jiù kěyǐ nádào.

3. 她猜想：～，昨夜晚爹妈都没睡消停，这会儿两位老人准是睡下了。（刘亚舟《男婚女嫁》）

   Tā cāixiǎng：～, zuó yèwǎn diē mā dōu méi shuìxiāoting, zhèhuìr liǎng wèi lǎorén zhǔn shì shuì xià le.

唔 ǹg （叹词）

同"嗯（ǹg）A"：

Same as 嗯 (ǹg) A (see above entry)：

1. 太夫人点头道："～! 知道了。"（端木蕻良《曹雪芹》）

   Tàifūren diǎn tóu dào："～! Zhīdao le."

2. "老雷，你看是不是从南朝鲜撤下来的人民军哪?"

   "～，很有可能。"（魏巍《东方》）

   "Lǎo Léi, nǐ kàn shì bu shì cóng Nán Cháoxiǎn chè xialai de rénmín jūn na?"

   "～, hěn yǒu kěnéng."

3. "你好像有什么心事。"

   "～，是有心事。"（周克芹《许茂和他的女儿们》）

   "Nǐ hǎoxiàng yǒu shénme xīnshì."

"～, shì yǒu xīnshì."

4. "词儿也是你写的?"

"～。"(莫应丰《将军吟》)

"Cír yě shì nǐ xiě de?"

"～."

喏 nuò （叹词）

表示这就是所说的事物或人：

Here you are：

1. "我家就在前面。"我指指不远处，"～,楼下有家汽车行。"(阮朗《染》)

"Wǒ jiā jiù zài qiánmiàn." Wǒ zhǐzhi bù yuǎn chù, "～, lóu xià yǒu jiā qìchēháng."

2. "～,清单交给你。"(孔厥《新儿女英雄续传》)

"～, qīngdān jiāo gěi nǐ."

3. "新徒工?"那人笑了,伸出指头点着自己鼻尖说:"～! 这不是早来了么!"

"Xīn túgōng?" Nà rén xiào le, shēn chū zhǐtou diǎnzhe zìjǐ bíjiān shuō: "～! Zhè bú shì zǎo láile ma!"

4. "后来建华大了,她给我写了一封信,～,为了准备你来,我今天把这封信也翻出来了。"(张晓林《遗言》)

"Hòulái Jiànhuá dà le, tā gěi wǒ xiěle yì fēng xìn, ～, wèile zhǔnbèi nǐ lái, wǒ jīntiān bǎ zhèfēng xìn yě fān chulai le."

5. 赵妈掏出一叠乱七八糟的钱票:"～,都在这儿。"(黄宗英《红烛》)

Zhàomā tāo chū yì dié luànqībāzāo de qiánpiào: "～, dōu zài zhèr."

喔 ō （叹词）

同"噢"：

Same as 噢 （see next entry）：

1. "那时候,梅小姐,为什么你不来参加? ～,你是省长的秘书,你是红人,你已经做了官。"(茅盾《虹》)

"Nà shíhou, Méi xiǎojiě, wèi shénme nǐ bù lái cānjiā? ～, nǐ shì shěngzhǎng de mìshū, nǐ shì hóngrénr, nǐ yǐjīng zuòle guān."

2. "～!"林真和恍然说,"怪不得,怪不得。"(高晓声《陈奂生转业》)

"～!" Lín Zhēnhé huǎngrán shuō, "guàibude, guàibude."

3. "～!"阿陈狡猾地瞥了我一眼,嘴里应着。(吕铮《战斗在敌人心脏里》)

"～!" Āchén jiǎohuá de piēle wǒ yì yǎn, zuǐ li yīngzhe.

噢 ō （叹词）

表示了解、明白了,或恍然大悟：

Indicates understanding or sudden realization：

1. ～,是这么回事!(蒋子龙《乔厂长后传》)

～, shì zhème huí shì!

2. ～! 你找韩大姐呀!(谌容《永远是春天》)

～! Nǐ zhǎo Hán dàjiě ya!

3. ～,是他呀!(凌力《星星草》)

～, shì tā ya!

4. 忽然有个熟悉的面孔在我面前晃了一下,定睛一看,～,原来是鲁迅先生。(白

曙《回忆导师鲁迅二三事》)

Hūrán yǒu ge shúxī de miànkǒng zài wǒ miànqián huàngle yíxià, dìngjīng yí kàn,

~, yuánlái shì Lǔ Xùn xiānsheng.

5. ~, 怪不得这两天林亮对我带搭不理的。(刘亚舟《男婚女嫁》)

~, guàibude zhè liǎng tiān Lín Liàng duì wǒ dàidābùlǐ de.

哦 ó （叹词）

表示半信半疑：

Indicates dubiousness：

1. ~, 这样说来, 你的功劳倒不小啊！(孔厥、袁静《新儿女英雄传》)

~, zhèyàng shuōlái, nǐ de gōngláo dào bù xiǎo a!

2. "来是没有来过, 可是, 爸爸, 你一定看见过她, 也许还认识她呢！"

"~——"(茅盾《子夜》)

"Lái shì méiyou láiguo, kěshì, bàba, nǐ yídìng kànjianguo tā, yěxǔ hái rènshi tā ne!"

"~——"

3. "我倒认识一个年轻的姑娘姓梅的。""~? 你说说看。"(曹禺《雷雨》)

"Wǒ dào rènshi yí ge niánqīng de gūniang xìng Méi de.""~? Nǐ shuōshuō kàn."

4. 太夫人听了, 不觉生气道："~? 你倒还有理呢, 你不知道上上下下, 为找你, 都闹得天翻地覆了吗? ……"(端木蕻良《曹雪芹》)

Tàifūren tīng le, bùjué shēng qì dào:"~? Nǐ dào hái yǒu lǐ ne, nǐ bù zhīdào shàngshàng xiàxià, wèi zhǎo nǐ, dōu nào de tiānfāndìfù le ma?..."

哦(喔) ò （叹词）

表示醒悟或回忆起来：

Indicates realization or recollection：

1. 工作组开会时说的话, 怎么让阿龙听见了? ~! 那天是在苏仁家开会。(唐代凌《零》)

Gōngzuò zǔ kāi huì shí shuō de huà, zěnme ràng Ālóng tīngjian le? ~! Nà tiān shì zài Sū Rén jiā kāi huì.

2. "~, 原来是你第一个碰上了, 多么不幸！"(吕铮《战斗在敌人心脏里》)

"~, yuánlái shì nǐ dì-yī ge pèng shang le, duōme búxìng!"

3. 赵大明张着口, 听得出神了, 不断地"~! ~!" 表示恍然大悟。(莫应丰《将军吟》)

Zhào Dàmíng zhāngzhe kǒu, tīng de chū shén le, búduàn de "~! ~!" Biǎoshì huǎngrándàwù.

4. "~, 你回来啦? 这些年你混得怎么样?"(杨纤如《伞》)

"~, nǐ huí lai la? Zhèxiē nián nǐ hùn de zěnmeyàng?"

呸 pēi （叹词）

表示斥责或唾弃：

Pooh; expresses a very strong contempt or spite：

1. 他打了自己个嘴巴。"~! 好不要脸！"(老舍《骆驼祥子》)

Tā dǎle zìjǐ ge zuǐba. "~! Hǎo bú yào liǎn!"

2. ~, ~, 你又叫我和他比。(孙犁《丈夫》)

~, ~, nǐ yòu jiào wǒ hé tā bǐ.

3. ~,你不知道,那么为什么就哭起来?你真疯了!(巴金《月夜》)

~, nǐ bù zhīdào, nàme wèi shénme jiù kū qilai? Nǐ zhēn fēng le!

4. "~,想等人家来冲,就是走狗!"(茅盾《子夜》)

~, xiǎng děng rénjia lái chōng, jiù shì zǒugǒu!"

5. "~!我倒沾了你的光!"李老三这才胆壮起来,敢朝胡秃子的背影唾他一口。(柳青《土地的儿子》)

"~! Wǒ dào zhānle nǐ de guāng!" Lǐ lǎosān zhè cái dǎn zhuàng qilai, gǎn cháo Hú tūzi de bèiyǐng tuò tā yì kǒu.

嘘 shī (叹词)

表示制止人说话:

Hush:

1. "陈侍卫官,你怎么会跑到这里来了?"

"~!"他用右手的食指掩住他的嘴唇,"我不再做什么唠什子侍卫官了。……"(宋乔《侍卫官杂记〈楔子〉》)

"Chén shìwèiguān, nǐ zěnme huì pǎodào zhèlǐ lai le?"

"~!" Tā yòng yòushǒu de shízhǐ yǎnzhù tā de zuǐchún, "Wǒ bú zài zuò shénme láoshízi shìwèiguān le. ..."

2. ~!注意听,别说话!

~! Zhùyì tīng, bié shuō huà!

3. "~——"这是童翻译的声音,他伸出手来,指着老张,制止他说。(周而复《白求恩大夫》)

"~—" Zhè shì Tóng fānyì de shēngyīn, tā shēn chū shǒu lai, zhǐzhe Lǎo Zhāng, zhìzhǐ tā shuō.

4. "~!"有人嘴里发出一声响,大家各管各走开了。(叶辛《高高的苗岭》)

"~!" Yǒu rén zuǐ li fā chū yì shēng xiǎng, dàjiā gè guǎn gè zǒukāi le.

哇 wāi (叹词)

多用于打电话:

Hello; usually used in making telephone calls:

1. ~,你是哪里呀?

~, nǐ shì nǎli ya?

2. ~,请你大点声,我听不清啊。

~, qǐng nǐ dà diǎnr shēng, wǒ tīng bu qīng a.

喂 wèi (叹词)

表示不客气的招呼:

A casual, and not very polite form of greeting:

1. ~,你是送豆腐干子的吗?(应泽民《A·P案件》)

~, nǐ shì sòng dòufugānzi de ma?

2. ~,你是怎么一回事呀!小姐!(张扬《第二次握手》)

~, nǐ shì zěnme yì huí shì ya? Xiǎojie!

3. ~,阿李,什么时候了?还不开船?(巴金《月夜》)

~, Ālǐ, shénme shíhou le? Hái bù kāi chuán?

4. ～，好消息：方老师带着两位客人，看我们来啦！（陈模《奇花》）

　　～，hǎo xiāoxi：Fāng lǎoshī dàizhe liǎng wèi kèrén，kàn wǒmen lái la!

5. ～! 老太婆，看见有人朝这里跑没有？（茹志鹃《关大妈》）

　　～! Lǎo tàipó，kànjian yǒu rén cháo zhèlǐ pǎo méiyou?

嘻 xī （叹词）〈书〉

表示蔑视：

Expresses disdain：

　　"～! 谁要你的臭钱!"农民这样回答。（毛泽东《湖南农民运动考察报告》）

　　"～! Shuí yào nǐ de chòu qián!" nóngmín zhèyàng huídá.

呀 yā （叹词）

表示惊异：

Expresses astonishment：

1. 战士们……走近仔细一看，～! 原来是一个吊死的老人。（峻青《马石山上》）

　　Zhànshìmen... zǒujìn zǐxì yí kàn，～! Yuánlái shì yí ge diàosǐ de lǎorén.

2. 刚进堂屋，大家便觉得一股腊肉香味扑鼻而来，抬起头看，～，是排成四路纵队的烟熏肉。（化石《诞生中的"神话世界"》）

　　Gāng jìn tángwū，dàjiā biàn juéde yì gǔ làròu xiāngwèir pū bí ér lái，tái qǐ tóu kàn，～，shì páichéng sì lù zòngduì de yānxūnròu.

3. ～，这个买卖干得过！（刘亚舟《男婚女嫁》）

　　～，zhège mǎimài gàn de guòr!

咦 yí （叹词）

表示惊疑：

Expresses slight bewilderment：

1. ～? 不是二虎子吗？（柳洲《风雨桃花洲》）

　　～? Bú shì Èrhǔzi ma?

2. 他的脸渐渐地扭歪了，嘴里不禁发出一声："～?"（柳洲《风雨桃花洲》）

　　Tā de liǎn jiànjiàn de niǔwāi le，zuǐ li bùjīn fā chū yì shēng："～?"

3. "～!"小陈轻轻地惊叫了一声。（峻青《黎明的河边》）

　　"～!" Xiǎo Chén qīngqīng de jīngjiàole yì shēng.

4. ～! 这是什么地方？（峻青《黎明的河边》）

　　～! Zhè shì shénme dìfang?

哟 yō （叹词）

表示轻微的惊异：

Indicates slight surprise：

1. ～，那太便宜了。（老舍《龙须沟》）

　　～，nà tài piányi le.

2. ～! 你这是什么话呀？（老舍《龙须沟》）

　　～! Nǐ zhè shì shénme huà ya?

3. ～，四爷，您干什么哪？（老舍《茶馆》）

　　～，sìye，nín gàn shénme na?

4. ～! 你看，我刚才还批评她不内行呢！（老舍《女店员》）

　　～! Nǐ kàn，wǒ gāngcái hái pīpíng tā bú nèiháng ne!

5. ～,两人一般高矮,都是一身半新的淡蓝色的衣裳。(吴晨笳《姐妹》)

  ～, liǎng rén yìbān gāo·ǎi, dōu shì yì shēn bàn xīn de dànlánsè de yīshang.

哟 yōu (叹词)

表示惊异:

Expresses surprise:

1. ～,屋里怎么没人?(报)

  ～, wū li zěnme méi rén?

2. ～,三嫂这么晚还上街?(刊)

  ～, sānsǎo zhème wǎn hái shàng jiē?

3. ～,买票的人这么多呀!

  ～, mǎi piào de rén zhème duō a!

4. ～,是你!吓了我一跳!

  ～, shì nǐ! Xiàle wǒ yí tiào!

组　合

　　指一些习惯用语,多为三个字。意义一般不能从字面上看出来,也很难确定是词还是短语。其中大多数具状语功能,也有一部分是常作插入语的。

Compounds

Compounds are set combinations, mostly made up of 3 characters. The meaning of the combination is independent of the literal meaning of each of the 3 characters; it is difficult to decide whether compounds are words or phrases. Most compounds function as adverbials while some are used as parentheses.

组 合 总 表

List of Compounds

不得不   bùdébù   （组合）

表示不得已；作状语：

Have no choice but to, have to; used as an adverbial：

1. 他对妇人说，他明天就要下船，因为许多事还要办，～把行李寄在客栈里。（许地山《铁鱼底腮》）

   Tā duì fùrén shuō, tā míngtiān jiù yào xià chuán, yīnwèi xǔduō shì hái yào bàn, ～ bǎ xíngli jì zài kèzhàn li.

2. 眼看这庄严的手续被大娘搅和了，他～说："大娘，你先一边坐会儿，这是手续，该问的就得问。……"（谌容《光明与黑暗》）

   Yǎnkàn zhè zhuāngyán de shǒuxù bèi dàniáng jiǎohuo le, tā ～ shuō:"Dàniáng, nǐ xiān yìbiānr zuò huìr, zhè shì shǒuxù, gāi wèn de jiù děi wèn. ..."

3. 她～违背丈夫的叮咛，离开母牛跑到农业站来求助。（徐怀中《我们播种爱情》）

   Tā ～ wéibèi zhàngfu de dīngníng, líkāi mǔniú pǎodào nóngyèzhàn lái qiúzhù.

4. 只是因为到校学生太少，～把开学典礼推迟举行，但总算开学了。（徐怀中《我们播种爱情》）

   Zhǐshì yīnwèi dào xiào xuéshēng tài shǎo, ～ bǎ kāi xué diǎnlǐ tuīchí jǔxíng, dàn zǒngsuàn kāi xué le.

不用说   bùyòngshuō   （组合）

表示不言而喻，常作插入语，可提到句首，也可以独立作述语：

It goes without saying, it is self-evident. As a parenthesis, it can be placed at the head of a sentence; it may also stand alone as the predicate of a sentence：

1. 最先被提出的一些人物，～，都是全场有威望的干家……（赵燕翼《桑金兰错》）

   Zuì xiān bèi tí chū de yìxiē rénwù, ～, dōu shì quán chǎng yǒu wēiwàng de gànjiā...

2. 两只冻得发抖的鹌鹑，大胆地钻进温暖的教室里来了。～，课堂秩序立即混乱了。（严振国《鹌鹑》）

   Liǎng zhī dòng de fādǒu de ānbó, dàdǎn de zuānjìn wēnnuǎn de jiàoshì li lai le. ～, kètáng zhìxù lìjí hǔnluàn le.

3. ～，这个从来未失事的老侦察兵，一定有他的把握……。（曲波《桥隆飙》）

   ～, zhège cónglái wèi shīshì de lǎo zhēnchábīng, yídìng yǒu tā de bǎwò. ...

4. 假若他真收藏着几件好东西，她一定不敢去动一动，更～拿去卖钱了！（老舍《四世同堂》）

   Jiǎruò tā zhēn shōucángzhe jǐ jiàn hǎo dōngxi, tā yídìng bù gǎn qù dòng yí dòng, gèng ～ ná qu mài qián le!

5. 她连呢子衣服都做得这么好，布衣服就～了！

   Tā lián nízi yīfu dōu zuò de zhème hǎo, bù yīfu jiù ～ le!

不由得   bùyóude   （组合）

表示不禁、自然而然地，常作状语；有时作"不由"：

Can't help, involuntarily; most often used as an adverbial; may sometimes be replaced by 不由：

1. 本来不想再喝水，可是见了井～又过去灌了一气……（老舍《骆驼祥子》）

Běnlái bù xiǎng zài hē shuǐ, kěshì jiànle jǐng ～ yòu guò qu guànle yí qì ...

2. 读到……短篇小说《喜事盈门》，～满心高兴！(冰心《〈喜事盈门〉给我的喜悦》)

Dúdào ... duǎnpiān xiǎoshuō《Xǐshì yíng mén》, ～ mǎnxīn gāoxìng!

3. 雨，依旧顺着瓦沟流着。她～焦急起来。(王汶石《新结识的伙伴》)

Yǔ, yījiù shùnzhe wǎgōu liúzhe. Tā ～ jiāojí qilai.

4. 我听着他这些话又感动又有些心酸，～流下两滴眼泪来！(海默《我的引路人》)

Wǒ tīngzhe tā zhèxiē huà yòu gǎndòng yòu yǒuxiē xīnsuān, ～ liú xià liǎng dī yǎnlèi lai!

5. 想到这儿，我～笑出声来。(胡景芳《苦牛》)

Xiǎngdào zhèr, wǒ ～ xiào chū shēng lai.

6. 这话噎的我直抻脖，我不由红了脸……(刃雷《窝心脚》)

Zhè huà yē de wǒ zhí chēn bór, wǒ bùyóu hóngle liǎn...

"不由得"有时有"不"与之呼应，构成双重否定，表示在事理上自然使人(相信或信服)：

不由得 may be used in conjunction with 不 to form a double negative, indicating that a given fact naturally makes one believe or makes one convinced of something:

7. 大家都这么说，～我不信！

Dàjiā dōu zhème shuō, ～ wǒ bú xìn!

8. 看着孩子们热烈恳求的眼光，～他不同意。

Kànzhe háizimen rèliè kěnqiú de yǎnguāng, ～ tā bù tóngyì.

不至于 búzhìyú （组合）

表示不会达到(某种不利的、不希望的情况)，常作状语：

Cannot go so far, be unlikely (to be in an unfavourable or undesirable state); often used as an adverbial:

1. 家中多添两口人，还～教他吃累。(老舍《四世同堂》)

Jiā zhōng duō tiān liǎng kǒu rén, hái ～ jiào tā chī lei.

2. 在应当买脸面的时候，他会狠心的拿出钱来，好～教他的红鼻子减少了光彩。(老舍《四世同堂》)

Zài yīngdāng mǎi liǎnmiàn de shíhou, tā huì hěnxīn de ná chū qián lai, hǎo ～ jiào tā de hóng bízi jiǎnshǎole guāngcǎi.

3. 这三个男人总在街面上，～难找。(老舍《骆驼祥子》)

Zhè sān ge nánrén zǒng zài jiēmiàn shang, ～ nán zhǎo.

4. 我这眼再不济，也～分不出男女呀……(张志民《老朱和房东》)

Wǒ zhè yǎn zài bújì, yě ～ fēn bu chū nán nǚ ya...

有时不利的结果可以在上文提到，而"不至于"可以独立成句：

When a disadvantageous result is mentioned in the foregoing statement, 不至于 may stand alone as a sentence:

5. 不要紧！不要紧！哪能可巧就轮到咱们身上呢！～！～！(老舍《四世同堂》)

Bú yàojǐn! Bú yàojǐn! Nǎ néng kěqiǎo jiù lúndào zánmen shēnshang ne! ～! ～!

大不了 dàbuliǎo （组合）

A 有"非常严重"的意思；常以"有什么大不了的"这种形式作谓语或定语；多用于否定句中：

Very serious；often used in phrases such as 有什么大不了的，which function as predicates or attributives；used mostly in negative sentences：

1. 谁也说不出来他有什么～的毛病。(张洁《沉重的翅膀》)

   Shuí yě shuō bu chūlái tā yǒu shénme ～ de máobing.

2. 盗符不成，也没有什么～的。(刊)

   Dào fú bù chéng, yě méiyou shénme ～ de.

B 有时有"至多"的意思，表示估计到最高程度：

May also mean 至多 (at the worst, if worse comes to worst)：

1. 实在没有车，～我们步行回去。

   Shízài méi yǒu chē, ～ wǒmen bùxíng huí qu.

2. ～多流点汗水，工程是可以按期完成的。

   ～ duō liú diǎnr hànshuǐ, gōngchéng shì kěyǐ ànqī wánchéng de.

3. 戏票买不到，～明天看不成戏，以后再看嘛。

   Xìpiào mǎi bu dào, ～ míngtiān kàn bu chéng xì, yǐhòu zài kàn ma.

到头来　　dàotóulái　　(组合)

表示最后、最终，结果如何，常引出不如意的结局；作状语：

In the end, finally; used adverbially to introduce an undesirable conclusion：

1. 她说："只觉得一股冤气堵在心里出不来，没人干的活，咱干，没人管的事，咱管，～没说好的，反倒成了坏人！"(报)

   Tā shuō: "Zhǐ juéde yì gǔ yuānqì dǔ zài xīnlǐ chū bu lái, méi rén gàn de huór, zán gàn, méi rén guǎn de shì, zán guǎn, ～ méi shuō hǎo de, fǎndào chéngle huàirén!"

2. 张仪这个凭着一张嘴混了半世的政客，没想到～死在刺客的手里。(刊)

   Zhāng Yí zhège píngzhe yì zhāng zuǐ hùnle bàn shì de zhèngkè, méi xiǎngdào ～ sǐ zài cìkè de shǒu li.

3. 哎呀，住不得，拆不得，进不得，退不得……～，只有我们这一层作难啦！(李树喜《空屋主》)

   Āiyā, zhù bu de, chāi bu de, jìn bu de, tuì bu de ... ～, zhǐyǒu wǒmen zhè yì céng zuònán la!

4. 金宝这傻小子，满指望能发一笔财……～猫咬猪尿泡，一场空欢喜。(孙华炳《重赏之下》)

   Jīn Bǎo zhè shǎ xiǎozi, mǎn zhǐwàng néng fā yì bǐ cái ... ～ māo yǎo zhū niào pāo, yì chǎng kōng huānxǐ.

动不动　　dòngbudòng　　(组合)

表示理由或原因并不充足而轻易(有所行动或表现)，它修饰的成分多属于不愉快的行为，或是说话的人所不希望的；后面多带"就"；可以修饰否定形式：

(*To act or be in a certain state*) *at every turn, easily, apt*; modifies an action or state, which is usually disagreeable or undesirable to the speaker. 动不动 is often followed by 就 and may modify negative forms：

1. 有什么事好好地说，干吗～地就讲打？(老舍《茶馆》)

   Yǒu shénme shì hǎohāo de shuō, gàn má ～ de jiù jiǎng dǎ?

2. 到了婆家可不能像在自己家里，～地就要小孩儿脾气！(老舍《神拳》)

   Dàole pójia kě bù néng xiàng zài zìjǐ jiā li, ～ de jiù shuǎ xiǎoháir píqi!

3. 你～就掉眼泪,我看见多少次了! (老舍《女店员》)

   Nǐ ～ jiù diào yǎnlèi, wǒ kànjian duōshao cì le!

4. 那赵大伯……～就吹胡子瞪眼……(张有德《五分》)

   Nà Zhào dàbó ... ～ jiù chuī húzi dèng yǎn...

5. ～想自杀也未免太懦弱了! (报)

   ～ xiǎng zìshā, yě wèimiǎn tài nuòruò le!

6. 她～就不上班。

   Tā ～ jiù bú shàng bān.

怪不得　guàibude　　(组合)

表示由于说话人了解到原因,因而悟到后面的情况是不足怪的。表示原因的分句可以在前,也可以在后。"怪不得"多修饰主谓结构、动词短语等:

No wonder, so that's why; most often modifies S-P or verbal phrases. The reason may either precede or follow 怪不得...:

1. ～慢了,好重呵,你还提了两只。(靳以《生存》)

   ～ màn le, hǎo zhòng a, nǐ hái tíle liǎng zhī.

2. ～他的病会好得起来了,原来翁家山是在这样的一个好地方。(郁达夫《迟桂花》)

   ～ tā de bìng huì hǎo de qǐlái le, yuánlái Wēngjiāshān shì zài zhèyàng de yí ge hǎo dìfang.

3. 姑娘用指头点着他说,"～人叫你嘎子,你真嘎呀!"(魏巍《东方》)

   Gūniang yòng zhǐtou diǎnzhe tā shuō,"～ rén jiào nǐ gǎzi, nǐ zhēn gǎ ya!"

4. 原来在对面高房上,清清楚楚地,一个伪军端着大枪正在放哨。原来如此! ～他和老太太谁也不和我多讲话呢。(杨沫《永久的忆念》)

   Yuánlái zài duìmiàn gāo fáng shang, qīngqīngchǔchu de, yí ge wěijūn duānzhe dàqiāng zhèngzài fàngshào. Yuánlái rúcǐ! ～ tā hé lǎotàitai shuí yě bù hé wǒ duō jiǎng huà ne.

5. 想不到孩子去年十一月就不在了! ～我一进腊月,天天心神不定,晚上胡思乱想。(于黑丁《母子》)

   Xiǎng bu dào háizi qùnián shíyīyuè jiù bú zài le! ～ wǒ yí jìn làyuè, tiāntiān xīnshénbúdìng, wǎnshang húsīluànxiǎng.

6. 我们社里大大小小总共有四十六口猪,都关在一个大猪圈里,～谁也不愿意做这工作,看了都叫人恶心。(马烽《韩梅梅》)

   Wǒmen shè li dàdà xiǎoxiǎo zǒnggòng yǒu sìshí liù kǒu zhū, dōu guān zài yí ge dà zhūjuàn li, ～ shuí yě bú yuànyi zuò zhè gōngzuò, kànle dōu jiào rén ěxin.

参看"怨不得"。

Compare 怨不得 yuànbude.

好容易　hǎoróngyì　　(组合)

有"很不容易"的意思。只用于叙述已经实现了的事情;可以修饰否定形式;后边常带"才":

With great difficulty, have a hard time (doing something); *applies only to a completed event. It may modify a negative form and is often followed by* 才:

1. 他很想寻一两个大的,然而竟没有,～才捉到一个中的。(鲁迅《阿Q正传》)

   Tā hěn xiǎng xún yì liǎng ge dà de, rán·ér jìng méi yǒu, ～ cái zhuōdào yí ge zhōng de.

2. 车上人很多,～才找着座位。(莫伸《窗口》)

   Chē shang rén hěn duō, ～ cái zhǎozháo zuòwèi.

3. 我的排长、队长都替我求情,担保我不是坏人,～不枪毙我了,⋯⋯(许地山《春桃》)

   Wǒ de páizhǎng, duìzhǎng dōu tì wǒ qiú qíng, dānbǎo wǒ bú shì huàirén, ～ bù qiāngbì wǒ le, ...

4. 我又说,不对,～请来的,你可别走呀,我就把灯又打开了。(刘白羽《扬着灰尘的路上》)

   Wǒ yòu shuō, bú duì, ～ qǐng lai de, nǐ kě bié zǒu ya, wǒ jiù bǎ dēng yòu dǎkāi le.

"好容易"也可用于主语前:

好容易 can precede the subject of a sentence:

5. ～痢疾止住了,他的腿连蹲下再起来都费劲,不用说想去跑一阵了。(老舍《骆驼祥子》)

   ～ lìjí zhǐzhù le, tā de tuǐ lián dūn xia zài qǐ lai dōu fèi jìn, búyòngshuō xiǎng qù pǎo yízhèn le.

6. 她⋯⋯慢慢的用脚试探着往前挪动,⋯⋯～,她挪移到北屋外,屋里有两个人轻轻地谈话。(老舍《四世同堂》)

   Tā... mànmānr de yòng jiǎo shìtànzhe wàng qián nuódòng, ... ～, tā nuóyídào běi wū wài, wū li yǒu liǎng ge rén qīngqīng de tán huà.

"好容易"也可说成"好不容易",意思不变:

Instead of 好容易 one can also say 好不容易 without affecting the meaning:

7. 我仔仔细细地找,找到可以插足的地方就走一步,好不容易才这样地走到了楼梯口。(杨逵《送报夫》)

   Wǒ zǐzǐxìxì de zhǎo, zhǎodào kěyǐ chā zú de dìfang jiù zǒu yí bù, hǎoburóngyì cái zhèyàng de zǒudàole lóutī kǒu.

8. 好奇的人们涌上来,把总司令围住。警卫员和参谋们好不容易挤开一条路,让总司令出了市镇。(刊)

   Hàoqí de rénmen yǒng shanglai, bǎ zǒngsīlìng wéizhù. Jǐngwèiyuán hé cānmómen hǎoburóngyì jǐkāi yì tiáo lù, ràng zǒngsīlìng chūle shìzhèn.

9. 他一手夹住昭王,一手划着水往岸边游,好不容易才把昭王弄到了岸上。(朱仲玉《中国历史故事》)

   Tā yì shǒu jiāzhù Zhāowáng, yì shǒu huázhe shuǐ wàng àn biān yóu, hǎoburóngyì cái bǎ Zhāowáng nòngdàole àn shang.

恨不得   hènbude   (组合)

表示一种极迫切的心情(要有所行动),但事实上是不可能实现的:

How one wishes one could, *to itch to*; expresses a very strong or urgent desire which cannot be realized:

1. 他～试一试,看这些小刀究竟有没有赵家林的那一把快。(张天翼《罗天应的故事》)

Tā ~ shì yi shì, kàn zhèxiē xiǎo dāo jiūjìng yǒu méi yǒu Zhào Jiālín de nà yì bǎ kuài.

2. 尹青春把久已想好的话, ~一下子都吐出来。(寒风《尹青春》)

Yín Qīngchūn bǎ jiǔ yǐ xiǎnghǎo de huà, ~ yíxiàzi dōu tǔ chulai.

3. "他能当什么工人啊!还没有三尺高, 又不懂事。"我又急又气地说, ~马上见到他。(陶承《我的一家》)

"Tā néng dāng shénme gōngrén a! Hái méiyou sān chǐ gāo, yòu bù dǒng shì." Wǒ yòu jí yòu qì de shuō, ~ mǎshàng jiàndào tā.

4. 他~马上就能再买上辆新车, 越着急便越想着原来那辆。(老舍《骆驼祥子》)

Tā ~ mǎshàng jiù néng zài mǎishang liàng xīn chē, yuè zháo jí biàn yuè xiǎngzhe yuánlái nà liàng.

5. 现在她把姐姐看穿了。也~立刻离开她。(於梨华《姐姐的心》)

Xiànzài tā bǎ jiějie kànchuān le. Yě ~ lìkè líkāi tā.

有时并不表示真实愿望, 只是用一种夸张说法表示急切的心情:

Sometimes 恨不得 is used as an exaggeration to indicate eagerness rather than real desire:

6. 我~把自己化作十个人, 化成一滴水, 去滋润那无边的土地……(陆文夫《献身》)

Wǒ ~ bǎ zìjǐ huàzuò shí ge rén, huàchéng yì dī shuǐ, qù zīrùn nà wúbiān de tǔdì. . .

7. 时间实在过得太快, 天就要黑了, ~想个什么办法把太阳拉住不让它动。

Shíjiān shízài guò de tài kuài, tiān jiù yào hēi le, ~ xiǎng ge shénme bànfǎ bǎ tàiyáng lāzhu bú ràng tā dòng.

参看"恨不能"。

Compare 恨不能 hènbunéng.

恨不能   hènbunéng   (组合)

同"恨不得", 用得较少:

Same as 恨不得 (see above entry), but not often used:

1. 我~插上翅膀, 一下子飞到乡政府里。(葛洛《卫生组长》)

Wǒ ~ chāshang chìbǎng, yíxiàzi fēidào xiāng zhèngfǔ li.

2. 升级拿着一卷图纸, ……连蹦带跳, 噌噌噌, ~一下子找到支书, 批准这个计划。(范乃钟《小技术员战服神仙手》)

Shēngjí názhe yì juǎn túzhǐ, . . . lián bèng dài tiào, cēngcēngcēng, ~ yíxiàzi zhǎodào zhīshū, pīzhǔn zhège jìhuà.

3. 高金锁的脸孔变成猪肝色, 瞪大两眼, 恶狠狠地盯着我, ~把我吞到肚里去。(葛洛《卫生组长》)

Gāo Jīnsuǒ de liǎnkǒng biànchéng zhūgānsè, dèngdà liǎng yǎn, èhěnhěn de dīngzhe wǒ, ~ bǎ wǒ tūndào dù li qu.

4. 百岁立在门外黑地里, 听到这儿, 心里火烧火燎的, ~把齐善人和那军官砸成烂泥。(杨朔《雪花飘飘》)

Bǎisuì lì zài mén wài hēi dì li, tīngdào zhèr, xīnli huǒshāohuǒliǎo de, ~ bǎ Qí Shànrén hé nà jūnguān záchéng lànní.

架不住   jiàbuzhù   (组合)

表示所说的情况能消除前面或后面提到的不利之点:

Indicates that what follows 架不住 can offset the disadvantage mentioned in the foregoing or following statement：

1. ……日本人厉害呀！～咱们能忍啊！(老舍《四世同堂》)

   ... Rìběn rén lìhai ya！～ zánmen néng rěn a！

2. 莫若遇上个和气的主儿，～干日子多了，零钱就是少点，可是靠常儿混下去也能剩两钱。(老舍《骆驼祥子》)

   Mòruò yùshang ge héqi de zhǔr，～ gàn rìzi duō le，língqián jiùshi shǎo diǎnr，kěshì kàochángr hùn xiaqu yě néng shèng liǎ qiánr.

3. 让她闹去，～大家都不理她，看她还能怎么样。

   Ràng tā nào qu，～ dàjiā dōu bù lǐ tā，kàn tā hái néng zěnmeyàng.

见不得　　jiànbude　　(组合)

A 不能遇见、不能接触，表示一遇见或接触就有问题：

Not to be exposed to, cannot bear to see；indicates that sth. (or sb.) cannot be exposed to some other thing (or person) without arousing trouble：

1. 你不知道啊，我俩是反贴门神，我哥死～我！(田芬《她》)

   Nǐ bù zhīdào a，wǒ liǎ shì fǎn tiē ménshen，wǒ gē sǐ ～ wǒ！

2. 他是个刚强的人，最～眼泪，也不善于表达自己内心温柔慈蔼的感情。(王新纪、田增翔、陶正《风乍起……》)

   Tā shì ge gāngqiáng de rén，zuì ～ yǎnlèi，yě bú shànyú biǎodá zìjǐ nèixīn wēnróu cí'ǎi de gǎnqíng.

3. 雪人～太阳。

   Xuěrén ～ tàiyang.

有时是不能容忍的意思：

Sometimes means "unable to stand, cannot put up with"：

4. 给我换上，我～这个埋汰样！(海默《母亲》)

   Gěi wǒ huàn shang，wǒ ～ zhège máitai yàng！

5. 他简直～这种拖拖拉拉的作风。

   Tā jiǎnzhí ～ zhèzhǒng tuōtuōlālā de zuòfēng.

B "见不得人"表示卑鄙、丑恶或质量不高：

见不得人 means "shameful or scandalous", or "very poor in quality"：

1. 孩子，咱可不能干那～人的事！(武兆堤、苏里、吴茵《钢铁战士》)

   Háizi，zán kě bù néng gàn nà ～ rén de shì！

2. 我这是高粱棵里的戏，～人。(李准《李双双》)

   Wǒ zhè shì gāoliangkē lǐ de xì，～ rén.

3. 倒是你们自己鬼迷心窍，心怀鬼胎，干尽了～人的勾当。(曹大澄《寒凝大地》)

   Dào shi nǐmen zìjǐ guǐmíxīnqiào，xīnhuáiguǐtāi，gànjìnle ～ rén de gòudàng.

4. 我懂了，你一定办过什么～人的事！(苏叔阳《天鹅》)

   Wǒ dǒng le，nǐ yídìng bànguo shénme ～ rén de shì！

禁不住　　jīnbuzhù　　(组合)

不由得，抑制不住，表示某种感情不由自主地流露出来；作状语：

Can't help (doing something), can't refrain from；used as an adverbial：

1. 苍黄的天底下，远近横着几个萧索的荒村，没有一些活气。我的心～悲凉起来

了。(鲁迅《故乡》)

Cāng huáng de tiān dǐxia, yuǎn jìn héngzhe jǐ ge xiāosuǒ de huāngcūn, méi yǒu yìxiē huó qì. Wǒ de xīn ～ bēiliáng qilai le.

2. "怎么？你也来考工厂吗？""唔。"改霞不安地承认，～脸红了。(柳青《创业史》)

"Zěnme? Nǐ yě lái kǎo gōngchǎng ma?" "ńg." Gǎixiá bù·ān de chéngrèn, ～ liǎn hóng le.

3. 现在对着这朴素而新鲜的自然景色，一种亲切欣慕的感情～涌了上来。(叶圣陶《倪焕之》)

Xiànzài duìzhe zhè pǔsù ér xīnxiān de zìrán jǐngsè, yì zhǒng qīnqiè xīnmù de gǎnqíng ～ yǒngle shanglai.

4. 两个女儿看着妈妈的遗像，又～放声痛哭起来。

Liǎng ge nǚ·ér kànzhe māma de yíxiàng, yòu ～ fàngshēng tòngkū qilai.

5. 他听着老伴越来越微弱的呻吟，～掉下两滴泪水。(母国政《家庭纪事》)

Tā tīngzhe lǎobànr yuèláiyuè wēiruò de shēnyín, ～ diào xia liǎng dī lèishuǐ.

6. 在场的许多学生～拍手叫好。(叶圣陶《倪焕之》)

Zài chǎng de xǔduō xuéshēng ～ pāi shǒu jiào hǎo.

辨认：

Note：

"禁不住"有时是动词短语,意思是"承受不住",且有相对应的肯定形式:"禁得住",如：

禁不住 may be a verbal phrase, meaning "cannot withstand, be unable to bear or endure"; its corresponding affirmative form is 禁得住, e.g.：

1. 他禁不住这样的打击。

Tā jīn bu zhù zhèyàng de dǎjī.

2. 这座桥禁得住禁不住这三辆大卡车？

Zhèzuò qiáo jīn de zhù jīn bu zhù zhè sān liàng dà kǎchē?

3. 什么鞋也禁不住你那样穿啊！

Shénme xié yě jīn bu zhù nǐ nàyàng chuān na!

就是了   jiùshìle   (组合)

用在陈述句末尾,肯定前面所说的;有时也可说"就是":

Used at the end of a declarative sentence to affirm what has just been mentioned. Sometimes it may be replaced by 就是:

A 表示勉强同意按照前面所说的去作:

Indicates that the speaker agrees reluctantly to act as he has been told:

1. 他终于带着不满意的口气说:"我去对剑云说～。"(巴金《春》)

Tā zhōngyú dàizhe bù mǎnyì de kǒuqì shuō: "Wǒ qù duì Jiànyún shuō ～."

2. 她并没有辩解,只是低声说:"从今以后,我不到窗口去～。"(叶蔚林《蓝蓝的木兰溪》)

Tā bìng méiyou biànjiě, zhǐshì dī shēng shuō: "Cóng jīn yǐhòu, wǒ bú dào chuāngkǒu qù ～."

3. "是,我去～,"觉新懒洋洋地说。(巴金《秋》)

"Shì, wǒ qù ～," Juéxīn lǎnyāngyāng de shuō.

4.　别说了，你要的川归，我尽快从香港给你寄来就是。(李栋、王云高《彩云归》)

　　Bié shuō le, nǐ yào de Chuānguī, wǒ jǐnkuài cóng Xiānggǎng gěi nǐ jì lai jiùshì.

B 表示不必犹豫，怀疑：

Indicates that there is no need to be indecisive or doubtful about what is to be done：

1.　母亲的钱，你拿来用～，还不就是你的么？(鲁迅《琐事》)

　　Mǔqin de qián, nǐ ná lai yòng ～, hái bu jiù shì nǐ de ma?

2.　你不愿意听我们说话，把耳朵堵上～！(老舍《四世同堂》)

　　Nǐ bú yuànyi tīng wǒmen shuō huà, bǎ ěrduo dǔ shang ～!

3.　有什么满意不满意？并在一块儿～。(叶圣陶《倪焕之》)

　　Yǒu shénme mǎnyì bù mǎnyì? Bìng zài yíkuàir ～.

4.　移！自然，这是简单不过的事，只消把它搬到别处去～。(徐怀中《我们播种爱情》)

　　Yí! Zìrán, zhè shì jiǎndān búguò de shì, zhǐxiāo bǎ tā bāndào biéchù qu ～.

5.　要八个人？十个人都可以，你招呼去就是，工分照记。(茹志鹃《剪辑错了的故事》)

　　Yào bā ge rén? Shí ge rén dōu kěyǐ, nǐ zhāohu qu jiùshì, gōngfēnr zhào jì.

6.　钱葆生有什么话，让他来和我面谈就是！(茅盾《子夜》)

　　Qián Bǎoshēng yǒu shénme huà, ràng tā lái hé wǒ miàntán jiùshì!

7.　他敢打击你？……好吧，我不把你说出去就是。(韦君宜《告状》)

　　Tā gǎn dǎjī nǐ? ... hǎo ba, wǒ bù bǎ nǐ shuō chuqu jiùshì.

C 表示不过如此而已，有"罢了"的意思：

That's all：

1.　江涛说："漂亮什么，活泼点儿～。"(梁斌《红旗谱》)

　　Jiāngtāo shuō: "Piàoliang shénme, huópo diǎnr ～."

2.　他就是能说会道，别人的舌头没有他的巧～。(草明《乘风破浪》)

　　Tā jiùshì néng shuō huì dào, biéren de shétou méiyou tā de qiǎo ～.

3.　主任和改霞的关系深远着哩，只是人们平时嘴里不说～。(柳青《创业史》)

　　Zhǔrèn hé Gǎixiá de guānxi shēngyuǎnzhe li, zhǐshì rénmen píngshí zuǐ li bù shuō ～.

4.　这种人够多么可怜，等于一个有血有肉有毛孔的机器人～。(徐怀中《西线轶事》)

　　Zhèzhǒng rén gòu duōme kělián, děngyú yí ge yǒu xiě yǒu ròu yǒu máokǒng de jīqì rén～.

D 表示要求不高，这样便足以解决问题：

That will do：

1.　我实在不愿意去送她。——但是我也就送她了，对母亲只要说阿顺见了喜欢的了不得就是。(鲁迅《在酒楼上》)

　　Wǒ shízài bú yuànyì qù sòng tā. — Dànshì wǒ yě jiù sòng tā le, duì mǔqin zhǐyào shuō Āshùn jiànle xǐhuan de liǎobudé jiùshì.

2.　林先生叹了一口气，过了一会，方才有声没气地说道："让我死在那边～，又花钱弄出来！没有钱，大家还是死路一条！"(茅盾《林家铺子》)

　　Lín xiānsheng tànle yì kǒu qì, guòle yíhuìr, fāngcái yǒushēngméiqì de shuō dào:

"Ràng wǒ sǐ zài nàbiānr ～, yòu huā qián nòng chulai! Méi yǒu qián, dàjiā hái shì sǐlù yì tiáo!"

3. 年轻人在游泳中喝了两口水,讲清了,总结经验教训就是啦。(崔德志《报春花》)

Niánqīng rén zài yóuyǒng zhōng hēle liǎng kǒu shuǐ, jiǎngqīng le, zǒngjié jīngyàn jiàoxùn jiùshì la.

4. 房子还好好的呢,粉刷一下～。

Fángzi hái hǎohāo de ne, fěnshuā yíxià ～.

就是说　jiùshìshuō　(组合)

A 用来连接前后两部分,后一部分解释或补充说明前一部分;常作为插入语:

That is to say, namely, in other words; used as a parenthesis connecting two parts of a sentence, where the later part is an explanation of, or complementary to, the former:

1. 我应该站在共产党这一边,也～,应该站在你这边! (欧阳山《三家巷》)

Wǒ yīnggāi zhàn zài gòngchǎndǎng zhè yì biān, yě ～, yīnggāi zhàn zài nǐ zhèbiānr!

2. 他担任第六小学的校长有四五年了,这～,他享受这份产业已历四五年。(叶圣陶《倪焕之》)

Tā dānrèn dì-liù xiǎoxué de xiàozhǎng yǒu sì wǔ nián le, zhè ～, tā xiǎngshòu zhèfèn chǎnyè yǐ lì sì wǔ nián.

3. 祥子,在与"骆驼"这个外号发生关系以前,是个较比有自由的洋车夫,这～,他是属于年轻力壮,而且自己有车的那一类。(老舍《骆驼祥子》)

Xiángzi, zài yǔ "luòtuo" zhège wàihào fāshēng guānxì yǐqián, shì ge jiàobǐ yǒu zìyóu de yángchēfū, zhè ～, tā shì shǔyú niánqīnglìzhuàng, érqiě zìjǐ yǒu chē de nà yí lèi.

B 表示前面那部分的情况必然促成后面的情况:

Indicates that what has been stated in the first part will lead to the outcome stated in the second part:

1. 日本人准备在12月8号发动太平洋战争。那～,上海的环境马上就要起一个根本的变化。(李强、林平、杜印《永不消逝的电波》)

Rìběn rén zhǔnbèi zài shí'èryuè bā hào fādòng Tàipíngyáng zhànzhēng. Nà ～, Shànghǎi de huánjìng mǎshàng jiù yào qǐ yí ge gēnběn de biànhu

2. 呷萨活佛要到政府去出席会议,那～,他要骑了马走过整个的更达坝。(徐怀中《我们播种爱情》)

Xiāsà huófó yào dào zhèngfu qù chūxí huìyì, nà ～, tā yào qíle mǎ zǒu guò zhěnggè de Gēngdábà.

看起来　kànqǐlái　(组合)

根据情况,对事物进行推测;作插入语:

It seems, it looks as if; used as a parenthesis:

1. ～,无论女人男人,眼神都显得那么急切,好像是在期着着什么——他们究竟期待什么呢? (杨朔《印度情思》)

～, wúlùn nǚrén nánrén, yǎnshén dōu xiǎnde nàme jíqiè, hǎoxiàng shì zài qīdàizhe shénme —— tāmen jiūjìng qīdài shénme ne?

2. 各组成员阵容,～确是旗鼓相当,不相上下。(赵燕翼《桑金兰错》)

Gè zǔ chéngyuán zhènróng, ～ què shì qígǔxiāngdāng, bùxiāngshàngxià.

3. ～，个体量词的前途是不可限量的。(黎锦熙《论现代汉语中的量词》)

　　～, gètǐ liàngcí de qiántú shì bù kě xiànliàng de.

4. 白巡长已有四十多岁，脸上剃得光光的，～还很精神。(老舍《四世同堂》)

　　Bái xúnzhǎng yǐ yǒu sìshí duō suì, liǎn shang tì de guāngguāng de, ～ hái hěn jīngshen.

5. 这个女大学生～真像一个小姑娘。(刊)

　　Zhège nǚ dàxuéshēng ～ zhēn xiàng yí ge xiǎo gūniang.

参看"看样子"。

Compare 看样子 kànyàngzi.

看样子　　kànyàngzi　(组合)

同"看起来"：

Same as 看起来 (see above entry):

1. 天阴得象水盆一样，乌沉沉地不见一颗星星，～大雨很快就要来了。(峻青《黎明的河边》)

　　Tiān yīn de xiàng shuǐpén yíyàng, wūchénchén de bú jiàn yì kē xīngxing, ～ dà yǔ hěn kuài jiù yào lái le.

2. 指导员大笑起来，说："～，你对他还很不了解。"(林雨《刀尖》)

　　Zhǐdǎoyuán dà xiào qilai, shuō:"～, nǐ duì tā hái hěn bù liǎojiě."

3. 同志们都拉上山了，刚才还在擦枪，没一个说话，一声号令，很急的跑步走了，～战事一定很紧。(知侠《铺草》)

　　Tóngzhìmen dōu lā shàng shān le, gāngcái hái zài cā qiāng, méi yí ge shuō huà, yì shēng hàolìng, hěn jí de pǎobù zǒu le, ～ zhànshì yídìng hěn jǐn.

4. ～一半时修不好，雪又这样大，不如趁早宿营明天再说。(杨朔《上尉同志》)

　　～ yíbànshí xiū bu hǎo, xuě yòu zhèyàng dà, bùrú chènzǎo sùyíng míngtiān zài shuō.

5. 是呀，他们说你是！蒋老虎也在里头呢，～他还是头脑！(叶圣陶《倪焕之》)

　　Shì ya, tāmen shuō nǐ shì! Jiǎng Lǎohǔ yě zài lǐtou ne, ～ tā hái shì tóunǎo!

老实说　　lǎoshishuō　(组合)

表示个人的真实意见、看法或态度；常居句首，也可在句中作插入语：

To be frank; may be placed either at the head of a sentence or within a sentence as a parenthesis:

1. ～，对这种景象，我很久没有看到了。(李准《初春农话》)

　　～, duì zhèzhǒng jǐngxiàng, wǒ hěn jiǔ méiyou kàndào le.

2. 假如光想种种田做做工，～，就用不到进什么学校。(叶圣陶《倪焕之》)

　　Jiǎrú guāng xiǎng zhòngzhong tián zuòzuo gōng, ～, jiù yòng bu dào jìn shénme xuéxiào.

3. 这些好处都是自行车无法比拟的。～，就是真正的经济学家，也未必能盘算得这样精细！(刊)

　　Zhèxiē hǎochù dōu shì zìxíngchē wú fǎ bǐnǐ de. ～, jiùshì zhēnzhèng de jīngjìxuéjiā, yě wèibì néng pánsuàn de zhèyàng jīngxì!

4. ～，张光奎比我有才干，可惜的是他的品质不好，……(西戎《在住招待所的日子里》)

　　～, Zhāng Guāngkuí bǐ wǒ yǒu cáigàn, kěxī de shì tā de pǐnzhì bù hǎo, ...

有时,也说"老实讲",意思与"老实说"一样:

Sometimes 老实讲 can replace 老实说:

5. "老实讲也没有多远!"卢家秀接着道,……(沙汀《卢家秀》)

　　"Lǎoshíjiǎng yě méiyou duō yuǎn!" Lú Jiāxiù jiēzhe dào, ...

参看"说实在的"。

Compare 说实在的 shuōshízàide.

冷不防　　lěngbufáng　　(组合)

表示动作突然,出人意外;可用于主语前,有语音停顿:

Unawares , suddenly , by surprise; may occur at the head of a sentence and is followed by a pause:

1. 小鬼王兴发~打了一个喷嚏。(沙汀《归来》)

　　Xiǎoguǐ Wáng Xīngfā ～ dǎle yí ge pēntì.

2. ～,水旺突然回答说:"我来啦!"(柯岗《他们还没死》)

　　～, Shuǐwàng tūrán huídá shuō:"Wǒ lái la!"

3. 是他在背后~给了那排长一枪,把他打死了。(马识途《找红军》)

　　Shì tā zài bèihòu ～ gěile nà páizhǎng yì qiāng, bǎ tā dǎsǐ le.

4. 女冲锋队员……心里暗暗打定了主意,抓起一把土,~向陶坷脸上撒过去。(徐怀中《西线轶事》)

　　Nǚ chōngfēngduìyuán ... xīnli àn·àn dǎdìngle zhǔyi, zhuā qǐ yì bǎ tǔ, ～ xiàng Táo Kē liǎn shang sǎ guoqu.

有时,"冷不防"也作"猛不防",可带"地(的)":

冷不防 can also be replaced by 猛不防 which may be followed by 地(的):

5. 本来打算趁夜晚猛不防的扑进村来,摸几个壮丁的,万想不到正碰上了这场大火。(茹志鹃《关大妈》)

　　Běnlái dǎsuàn chèn yèwǎn měngbufáng de pū jìn cūn lai, mō jǐ ge zhuàngdīng de, wàn xiǎng bu dào zhèng pèng shang le zhèchǎng dà huǒ.

霎时间　　shàshíjiān　　(组合)

表示在极短时间内;作状语,也作"刹(chà)时间""刹那间":

In an instant; serves as an adverbial. It may be replaced by 刹 (chà)时间 or 刹那间:

1. 敌寇治田大佐的前锋部队,顿时动摇,~仓惶撤退。(李延禄《过去的年代》)

　　Díkòu Zhìtián dàzuǒ de qiánfēng bùduì, dùnshí dòngyáo, ～ cānghuāng chètuì.

2. 看着老贺的这一举动,~,我滔滔的心潮,也像大海的波涛一样翻滚着。(张昆华《炊烟》)

　　Kànzhe Lǎohè de zhè yì jǔdòng, ～, wǒ tāotāo de xīncháo, yě xiàng dà hǎi de bōtāo yíyàng fāngǔnzhe.

3. ～,灯光照亮全屋,我朝书案前一看,一件完全不可思议的事情出现了,我感到惊讶之极了。(吕铮《战斗在敌人心脏里》)

　　～, dēngguāng zhàoliàng quán wū, wǒ cháo shū·àn qián yí kàn, yí jiàn wánquán bùkěsīyì de shìqíng chūxiàn le, wǒ gǎndào jīngyà zhī jǐ le.

4. "轰!轰!"响起了震破耳膜的爆炸声,刹时间浓烟和尘土笼罩了一切。(陈残云《异国乡情》)

　　"Hōng! Hōng!" Xiǎng qǐ le zhènpò ěrmó de bàozhà shēng, chàshíjiān nóng yān hé chéntǔ lǒngzhàole yíqiè.

5. 这时,那个人赶着牛拐了弯,吉普刹那间就开到了大队部门口。(马烽《结婚现场会》)

Zhèshí, nàge rén gǎnzhe niú guǎile wānr, jípǔ chànàjiān jiù kāidàole dàduìbù ménkǒu.

殊不知　shūbuzhī　(组合)

意思是没想到,用来引进某种真实情况以证明先前所说的并不正确或不完全正确:

Little imagine, hardly realize; introduces a fact which demonstrates that what has been said is not completely correct:

1. 政治家认定文学家是社会扰乱的煽动者,心想杀掉他,社会就可平安。～杀了文学家社会还是要革命。(鲁迅《文艺和政治的歧路》)

Zhèngzhìjiā rèndìng wénxuéjiā shì shèhuì rǎoluàn de shāndòngzhě, xīn xiǎng shādiào tā, shèhuì jiù kě píng'ān. ～ shāle wénxuéjiā shèhuì háishi yào gémìng.

2. 现在的教育太偏重书本了,教着,学着,无非是文字,文字!～儿童是到学校里来生活的。(叶圣陶《倪焕之》)

Xiànzài de jiàoyù tài piānzhòng shūběn le, jiāozhe, xuézhe, wúfēi shì wénzì, wénzì! ～ értóng shì dào xuéxiào li lai shēnghuó de.

3. 这些同志满以为这就是"爱护"了,～这既非爱,也非护。(报)

Zhèxiē tóngzhì mǎn yǐwéi zhè jiù shì "àihù" le, ～ zhè jì fēi ài, yě fēi hù.

说实在的　shuōshízàide　(组合)

同"老实说",表示后边的话是说话人的真心话;作插入语,有时在句首:

Same as 老实说 (to be frank, tell sb. the truth); as a parenthesis may be placed either in the middle or at the head of a sentence:

1. ～,这样简单的新房是不用怎么布置的。(陈建功、随丽君《萱草的眼睛》)

～, zhèyàng jiǎndān de xīnfáng shì búyòng zěnme bùzhì de.

2. ～,我也就很少再想到这位不相识的艺术家了。(鄂华《自由神的命运》)

～, wǒ yě jiù hěn shǎo zài xiǎngdào zhèwèi bù xiāngshí de yìshùjiā le.

3. ～,不是因为大叔是你爹,我可用不着这样耐着性子对待他。(刘亚舟《男婚女嫁》)

～, bú shì yīnwèi dàshū shì nǐ diē, wǒ kě yòng bu zháo zhèyàng nàizhe xìngzi duìdài tā.

4. 你讲的这件事,～,我真是一点儿也不知道。

Nǐ jiǎng de zhèjiàn shì, ～, wǒ zhēn shì yìdiǎnr yě bù zhīdào.

无形中　wúxíngzhōng　(组合)

不具备名义而具有实质的情况下;不知不觉的情况下;作状语:

Imperceptibly, without one's being aware of it; used as an adverbial:

1. 越想我越心疑,～,我快步往回走了。(檀林《一个女囚的自述》)

Yuè xiǎng wǒ yuè xīnyí, ～, wǒ kuàibù wàng huí zǒu le.

2. 这种现象虽然只是发生在少数人身上,可是影响却很不小,～造成了一股歪风。(邓拓《多用心》)

Zhèzhǒng xiànxiàng suīrán zhǐshì fāshēng zài shǎoshù rén shēnshang, kěshì yǐngxiǎng què hěn bù xiǎo, ～ zàochéngle yì gǔ wāifēng.

3. 他们俩是同班同学，经常在一起复习和预习功课，～成了最要好的朋友。
Tāmen liǎ shì tóngbān tóngxué, jīngcháng zài yìqǐ fùxí hé yùxí gōngkè, ～ chéngle zuì yàohǎo de péngyou.

4. 这一重大的胜利，～提高了民族的威望。
Zhè yí zhòngdà de shènglì, ～ tígāole mínzú de wēiwàng.

"无形中"也说"无形之中"：
无形中 may be replaced by 无形之中：

5. 这样无形之中，又起到了掩护的作用。(欣笑言等《李宗仁归来》)
Zhèyàng wúxíng zhī zhōng, yòu qǐdàole yǎnhù de zuòyòng.

无须乎 wúxūhū (组合)

不用，不必的意思：
Need not, not have to; used as an adverbial：

1. 夜黑天里，没人看见他；他本来～立刻这样办；可是他等不得。(老舍《骆驼祥子》)
Yèhēitiān li, méi rén kànjian tā; Tā běnlái ～ lìkè zhèyàng bàn; Kěshì tā děng bu de.

2. 假若家中没有老的和小的，她自然～过节，而活着仿佛也就没有任何意义了。(老舍《四世同堂》)
Jiǎruò jiā zhōng méi yǒu lǎo de hé xiǎo de, tā zìrán ～ guò jié, ér huózhe fǎngfú yě jiù méi yǒu rènhé yìyì le.

3. 这事他肯定会办成的，你～担心。
Zhè shì tā kěndìng huì bànchéng de, nǐ ～ dān xīn.

4. 白开水之有益于人身，实际上～与别的饮料做比较。(马南邨《白开水最好喝》)
Báikāishuǐ zhī yǒuyìyú rénshēn, shíjìshang ～ yǔ biéde yǐnliào zuò bǐjiào.

5. 他吃，喝，玩，笑，像一位太子那么舒适，而～受太子所必须受的拘束。(老舍《四世同堂》)
Tā chī, hē, wánr, xiào, xiàng yí wèi tàizǐ nàme shūshì, ér ～ shòu tàizǐ suǒ bìxū shòu de jūshù.

无意中 wúyìzhōng (组合)

表示不是故意的；作状语：
Unintentionally, accidentally; used as an adverbial：

1. 她像小孩子一样憨笑了，因为～说出了孩子气的话。(叶圣陶《倪焕之》)
Tā xiàng xiǎoháizi yíyàng hānxiào le, yīnwèi ～ shuō chū le háiziqì de huà.

2. 但宁肯自己吃亏而不愿"女儿"们不高兴的宝玉，却不免～用闲话伤害了为他所同情的尤三姐。(王朝闻《论凤姐》)
Dàn nìngkěn zìjǐ chī kuī ér bú yuàn "nǚ'ér" men bù gāoxìng de Bǎoyù, què bùmiǎn ～ yòng xiánhuà shānghàile wéi tā suǒ tóngqíng de Yóu sānjiě.

3. 他还～习惯地伸出两根食指，在桌边轻轻敲着他家乡的上党梆子的戏曲鼓点。(康濯《根深土厚》)
Tā hái ～ xíguàn de shēn chū liǎng gēn shízhǐ, zài zhuō biān qīngqīng qiāozhe tā jiāxiāng de Shàngdǎng bāngzi de xìqǔ gǔdiǎnr.

4. 高第说不上来话，而一直的扑奔过去，又要笑，又要哭，像～遇到多年未见的亲人似的。(老舍《四世同堂》)

Gāodì shuō bu shànglái huà, ér yìzhí de pūbēn guoqu, yòu yào xiào, yòu yào kū, xiàng～ yùdào duō nián wèi jiàn de qīnrén shìde.

想不到　xiǎngbudào　（组合）

A 没有料到,作述语；

Had not expected；functions as the verbal phrase of a sentence：

1. 就连钟么爸也对他赞赏过："～你涵养这样好！"（沙汀《煎饼》）

   Jiù lián Zhōngyāo bà yě duì tā zànshǎngguò；" ～ nǐ hányǎng zhèyàng hǎo！"

2. 她自己就像做梦一样,再也～竟会遇到这样的事儿。（端木蕻良《曹雪芹》）

   Tā zìjǐ jiù xiàng zuò mèng yíyàng, zài yě ～ jìng huì yùdào zhèyàng de shìr.

3. 一向把凤姐当成知己的鸳鸯,～她的命运竟被凤姐用来缓和她与邢夫人之间的矛盾。（王朝闻《论凤姐》）

   Yíxiàng bǎ Fèngjiě dàngchéng zhījǐ de Yuānyang, ～ tā de mìngyùn jìng bèi Fèngjiě yòng lái huǎnhé tā yǔ Xíng fūren zhī jiān de máodùn.

B 出乎意外地；作状语；

Unexpectedly, functions as an adverbial：

1. 我们原来想象,您既然叫那么多的敌人害怕,一定是个很威严的人,～这样和蔼可亲。（彭梅魁等《泪水沾湿的回忆》）

   Wǒmen yuánlái xiǎngxiàng, nín jìrán jiào nàme duō de dírén hàipà, yídìng shì ge hěn wēiyán de rén, ～ zhèyàng hé·ǎi kěqīn.

2. 她～原来是个中年妇女；在台上简直是个十七八岁的姑娘！

   Tā ～ yuánlái shì ge zhōngnián fùnǚ；Zài tái shang jiǎnzhí shì ge shíqī bā suì de gūniang！

一个劲儿　yígejìnr　（组合）

不停地连续下去或不断重复；作状语；有时也说"一劲儿"；

Continuously, persistently；used as an adverbial；sometimes may be replaced by 一劲儿：

1. 他神魂颠倒、坐立不安,～捉摸自己的"终身大事",搜干枯肠想主意。（浩然《艳阳天》）

   Tā shénhúndiāndǎo, zuòlìbù·ān, ～ zhuōmō zìjǐ de " zhōngshēn dà shì", sōugān kūcháng xiǎng zhǔyi.

2. 这样,你哥哥同你妈还是～地不赞成我。（曹禺《雷雨》）

   Zhèyàng, nǐ gēge tóng nǐ mā háishi ～ de bú zànchéng wǒ.

3. 妈妈没表示什么,只是～看着我。（檀林《一个女囚的自述》）

   Māma méi biǎoshì shénme, zhǐshì ～ kànzhe wǒ.

4. 小顺儿与妞子也都要去,而韵梅～说老人招呼不了两个淘气精。（老舍《四世同堂》）

   Xiǎoshùnr yǔ Niūzi yě dōu yào qù, ér Yùnméi ～ shuō lǎorén zhāohu bu liǎo liǎng ge táoqìjīng.

一股脑儿　yīgǔnǎor　（组合）

有"全部"的意思；作状语；"股"也写作"古"；

Completely, the whole lot；used as an adverbial. The word 股 may be replaced by 古：

1. 朱洪武曾经把南京的贫民～迁到云南,再把江南高门富户,都移居到南京来。（端木蕻良《曹雪芹》）

Zhū Hóngwǔ céngjīng bǎ Nánjīng de pínmín ～ qiāndào Yúnnán, zài bǎ Jiāngnán gāoménfùhù, dōu yíjūdào Nánjīng lái.

2. 我以为，……东一拳，西一掌，是没有什么意思的，认定了本镇腐败势力的中心，～把它铲除，才是合理的办法（叶圣陶《倪焕之》）

Wǒ yǐwéi, ... dōng yì quán, xī yì zhǎng, shì méi yǒu shénme yìsi de, rèndìngle běn zhèn fǔbài shìlì de zhōngxīn, ～ bǎ tā chǎnchú, cái shì hélǐ de bànfǎ.

3. 小羊圈的人一致以为这是混蛋到底的"革命"，要把他们的历史，伦理，道德，责任，～推翻。（老舍《四世同堂》）

Xiǎo yángjuàn de rén yízhì yǐwéi zhè shì húndàn dào dǐ de "gémìng", yào bǎ tāmen de lìshǐ, lúnlǐ, dàodé, zérèn, ～ tuīfān.

4. 她……起身走近碗橱，从里面拿出两个鸡蛋；又走到金鱼缸前，打破蛋壳，把蛋清、蛋黄～倒进缸里。（应泽民《A·P案件》）

Tā ... qǐ shēn zǒujìn wǎnchú, cóng lǐmiàn ná chū liǎng ge jīdàn; yòu zǒudào jīnyú gāng qián, dǎpò dànké, bǎ dànqīng, dànhuáng ～ dào jìn gāng li.

一口气　　yìkǒuqì　　（组合）

表示不断，没有间歇；作状语：

In one breath, at one go, without a break; used adverbially：

1. 他们～跑了二、三十里路，才放松缰绳让牲口喘一喘气儿。（任光椿《戊戌喋血记》）

Tāmen ～ pǎole èr, sānshí lǐ lù, cái fàngsōng jiāngshéng ràng shēngkou chuǎn yi chuǎn qìr.

2. 和战斗部队失掉联络之后，我有些着急，～爬了三个山头。（孙谦《我们是这样回到队伍里的》）

Hé zhàngdòu bùduì shīdiào liánluò zhī hòu, wǒ yǒuxiē zháo jí, ～ pále sān ge shāngtóu.

3. 瞧，情波激荡、文思泉涌的翠枝，……唰唰唰～就写了好几篇子。（刘亚舟《男婚女嫁》）

Qiáo, qíng bō jīdàng, wénsī quányǒng de Cuìzhī, ... shuāshuāshuā ～ jiù xiěle hǎo jǐ piānzi.

4. 随着又斟满了一杯，高高一举，好像与别人同饮祝杯似的，然后咕嘟咕嘟～喝干了。（叶圣陶《倪焕之》）

Suízhe yòu zhēnmǎnle yì bēi, gāogāo yì jǔ, hǎoxiàng yǔ biérén tóng yǐn zhù bēi shìde, ránhòu gūdū gūdū ～ hēgān le.

一下子　　yīxiàzi　　（组合）

表示很快又很突然；作状语：

All at once, all of a sudden; used as an adverbial：

1. 走到家门口，她的腿反倒软起来，～坐在了阶石上。（老舍《四世同堂》）

Zǒudào jiā ménkǒu, tā de tuǐ fǎndào ruǎn qilai, ～ zuò zài le jiēshí shang.

2. 可是，这句话像块磁铁石一样，～把战士们的情绪、眼光和注意力都紧紧地吸住了。（杜鹏程《保卫延安》）

Kěshì, zhèjù huà xiàng kuài xītiěshí yíyàng, ～ bǎ zhànshìmen de qíngxù, yǎnguāng hé zhùyìlì dōu jǐnjǐn de xīzhù le.

3. 他一路担心赶不上队伍,这会～给大伙围着,那高兴劲还能提吗?(刘白羽《无敌三勇士》)

Tā yìlù dān xīn gǎn bu shàng duìwu, zhè huìr ～ gěi dàhuǒr wéizhe, nà gāoxìng jìnr hái néng tí ma?

4. 刘凯拼命登翻小船以后,～就改变了敌我双方的力量对比。(应泽民《A·P案件》)

Liú Kǎi pīn mìng dēngfān xiǎo chuán yǐhòu, ～ jiù gǎibiànle dí wǒ shuāngfāng de lìliang duìbǐ.

5. "人也真奇怪。怎么你们～就对五婶好起来了?"觉新感叹地说。(巴金《秋》)

"Rén yě zhēn qíguài. Zěnme nǐmen ～ jiù duì wǔshěn hǎo qilai le?" Juéxīn gǎntàn de shuō.

由不得　　yóubude　　(组合)

A 不能由……作主:

Not to be up to sb. to decide, be beyond one's control:

1. "老汉! 如今是婚姻自主,～你了。"(赵树理《小二黑结婚》)

"Lǎohàn! Rújīn shì hūnyīn zìzhǔ, ～ nǐ le."

2. 李匡时的本意是要给她点处分,煞煞游墨染的傲气,哪料到,这张画一交上去,就～他了。"

Lǐ Kuāngshí de běnyì shì yào gěi tā diǎn chǔfèn, shāsha Yóu Mòrǎn de àoqì, nǎ liàodào, zhèzhāng huà yì jiāo shangqu, jiù ～ tā le."

3. 我又何尝不愿意走出这围墙呢? 可是,这～我啊! (谌容《永远是春天》)

Wǒ yòu hécháng bú yuànyì zǒu chū zhè wéiqiáng ne? Kěshì, zhè ～ wǒ a!

4. "老子说一,就是一;老子说二,就是二;你乖乖地听着。信不信是～你的。"(徐朝夫《请客》)

"Lǎozi shuō yī, jiù shì yī; Lǎozi shuō èr, jiù shì èr; Nǐ guāiguāir de tīngzhe. Xìn bu xìn shì ～ nǐ de."

B 不由自主地;作状语:

Cannot help (doing something); is used as an adverbial:

1. 他立刻推车子要走,我这心里就～又咕容了一下子。(魏巍《东方》)

Tā lìkè tuī chēzi yào zǒu, wǒ zhè xīnli jiù ～ yòu gūrongle yíxiàzi.

2. 他思忖着,～打了一个冷战。(路一《赤夜》)

Tā sīcúnzhe, ～ dǎle yí ge lěngzhan.

3. 天喜老汉在闸门前蹲下来,撩了把水洗洗脸,～用他那粗糙的大手摸弄着那方向盘一般的螺旋形提水闸。(王西兰《闸门》)

Tiānxǐ lǎohàn zài zhámén qián dūn xialai, liāole bǎ shuǐ xǐxǐ liǎn, ～ yòng tā nà cūcāo de dà shǒu mōnòngzhe nà fāngxiàngpán yìbān de luóxuánxíng tíshuǐzhá.

愈来愈　　yùláiyù　　(组合)

同"越来越",有书面语意味:

Same as 越来越 (more and more), but with a literary flavour:

1. 我们～清楚地看到,鲁迅确实是一个伟大的历史人物。(周扬《学习鲁迅》)

Wǒmen ～ qīngchu de kàndào, Lǔ Xùn quèshí shì yí ge wěidàde lìshǐ rénwù.

2. 一列冒着烟的火车疾驰而来,～大,～近。(陈立德《前驱》)

Yí liè màozhe yān de huǒchē jíchí ér lái, ～ dà, ～ jìn.

3. 我～觉得寂寞、无趣。（王蒙《悠悠寸草心》）

Wǒ ～ juéde jìmò, wú qù.

4. 当他乘坐的这辆长途汽车,～接近他要去的目的地,他的后悔也越来越强烈。（李国文《月食》）

Dāng tā chéngzuò de zhèliàng chángtú qìchē, ～ jiējìn tā yào qù de mùdìdì, tā de hòuhuǐ yě yuèláiyuè qiángliè.

5. 随着雕像完成的期限～近,报纸上也出现了～多的推测,更加重了这事的神秘气味。（鄂华《自由神的命运》）

Suízhe diāoxiàng wánchéng de qīxiàn ～ jìn, bàozhǐ shang yě chūxiànle ～ duō de tuīcè, gèng jiāzhòngle zhè shì de shénmì qìwèi.

怨不得　　yuànbude　　（组合）

有不能理怨的意思:

Sometimes means "cannot blame":

1. 这事～饭店服务员,也～饭店经理。问题是"网点少"。店少客多,只能如此。（陈允豪《吃饭像化子》）

Zhè shì ～ fàndiàn fúwùyuán, yě ～ fàndiàn jīnglǐ. Wèntí shì "wǎngdiǎnr shǎo". Diàn shǎo kè duō, zhǐ néng rúcǐ.

但更多的是同"怪不得",表示忽然了解到某种情况何以如此:

But 怨不得 more often is the same as 怪不得（no wonder）, indicating a sudden realization of the cause of something:

2. 想到这里,他也恍然大悟,呕!～钱先生那么又臭又硬呢,人家心里有数儿呀!（老舍《四世同堂》）

Xiǎngdào zhèlǐ, tā yě huǎngrándàwù, ōu! ～ Qián xiānsheng nàme yòu chòu yòu yìng ne, rénjia xīnli yǒu shùr ya!

3. ～工人给他起了个不光彩的外号,大概你还不知道吧!（鲍昌《三月——四月》）

～ gōngrén gěi nǐ qǐle ge bù guāngcǎi de wàihào, dàgài nǐ hái bù zhīdào ba!

4. 她细细地打量了梁晓茵一番,又欢快地叫起来:"～我看你面熟呢,你有点象谢芳。嘿,真有点象!"（王新纪、田增翔、陶正《风乍起……》）

Tā xìxì de dāliangle Liáng Xiǎoyīn yì fān, yòu huānkuài de jiào qilai." ～ wǒ kàn nǐ miànshú ne, nǐ yǒudiǎnr xiàng Xiè Fāng. Hēi, zhēn yǒudiǎnr xiàng!"

越来越　　yuèláiyuè　　（组合）

表示程度随着时间的推移逐步加深;作状语:

More and more; functions as an adverbial:

1. 公路上一个人影也没有,～静得可怕。（魏巍《东方》）

Gōnglù shang lián yí ge rényǐngr yě méi yǒu, ～ jìng de kěpà.

2. 敌人的队伍～多了,火力也～猛了。（峻青《马石山上》）

Dírén de duìwu ～ duō le, huǒlì yě ～ měng le.

3. 说话的声音～响,也～陌生了。（茹志鹃《儿女情》）

Shuō huà de shēngyīn ～ xiǎng, yě ～ mòshēng le.

4. 他的思想和作品的影响,往往随着时间的推移和现实的发展而～显露,～看得清楚。（周扬《学习鲁迅》）

Tā de sīxiǎng hé zuòpǐn de yǐngxiǎng, wǎngwǎng suízhe shíjiān de tuīyí hé xiànshí de fāzhǎn ér ～ xiǎnlù, ～ kàn de qīngchu.

参看"愈来愈"。

Compare 愈来愈 yùláiyù.

左不过　　　zuǒbuguò　　（组合）〈口〉

有"只不过"的意思, 含有没有什么新东西, 没有什么了不起的感情色彩:

Only, merely, it's nothing but…; expresses slightness:

1. 我说:"暑期生活, ～是作暑假作业, 找同学玩……"(冰心《陶奇的暑期日记》)
   Wǒ shuō:"Shǔqī shēnghuó, ～ shì zuò shǔjià zuòyè, zhǎo tóngxué wánr…"

2. 庞涓～是那两下子, 好对付!（刊）
   Páng Juān ～ shì nà liǎng xiàzi, hǎo duìfu!

3. 说来说去, 他～是爱面子。
   Shuō lái shuō qù, tā ～ shì ài miànzi.

4. 在敌人面前, ～是个死, 她想到这里横下了一条心。
   Zài dírén miànqián, ～ shì ge sǐ, tā xiǎngdào zhèlǐ héng xià le yì tiáo xīn.

格　式

指的是前后两个互相呼应的词,按一定规律嵌入不同的词语,成为一些短语,分别作句子的各种成分。这些短语大多数是固定的,也就是说并不能按照所给规律任意选词嵌入,有些甚至就是成语。但也有一种格式则是可以嵌入分句的。这种格式比较自由,只要意义允许,任何分句都可嵌入。

Structures

A structure is usually made up of two words with a certain word or phrase inserted between them, or after either of them. Most of the structures are set expressions, that is, only a limited number of elements can be inserted. Some are really idiomatic expressions. There is another class of structures in which any clause may be inserted as long as it makes sense.

格 式 总 表

List of Structures

爱……不……   ài...bù...   （格式）

A 常嵌入"理"字，成为描写性短语，表示一种傲然的态度；多作状语或谓语：

理 is often inserted in the structure 爱...不... to form the descriptive phrase 爱理不理, indicating disdain or supercilious indifference. It is mainly used as an adverbial or predicate:

1. 两个人对看了一眼，尚仲礼～理～理似的摸着胡子笑。（茅盾《子夜》）

   Liǎng ge rén duì kànle yì yǎn, Shàng Zhònglǐ ～lǐ ～lǐ shìde mōzhe húzi xiào.

2. 你看他们那个横样子，见了我们～搭理～搭理的！（孙犁《河花淀》）

   Nǐ kàn tāmen nàge hèng yàngzi, jiànle wǒmen ～dālǐ ～dālǐ de!

3. 杜见春～理～理地斜了哥哥一眼，嘴巴一撇，转过了半个身子。（叶辛《蹉跎岁月》）

   Dù Jiànchūn ～lǐ ～lǐ de xiéle gēge yì yǎn, zuǐba yì piě, zhuǎn guo le bàn ge shēnzi.

B 嵌入某些动词或形容词作谓语，有"听其便"的意思：

With a verb or adjective, serves as the predicate of a sentence, meaning "do just as you please":

1. 我这会儿说下话放着，你～听～听，也许将来我能把你改造过来，成了朋友。（梁斌《翻身记事》）

   Wǒ zhèhuìr shuō xia huà fàngzhe, nǐ ～ tīng ～ tīng, yěxǔ jiānglái wǒ néng bǎ nǐ gǎizào guolai, chéngle péngyou.

2. 头发上白丝儿不碍，又没娶媳妇的事儿啦，～白～白。（林斤澜《酒言》）

   Tóufa shang bái sīr bú ài, yòu méi qǔ xífu de shìr la, ～bái ～ bái.

3. 我说你也不能听我的，～听～听。（李惠文《三人下棋》）

   Wǒ shuō nǐ yě bù néng tīng wǒ de, ～ tīng ～ tīng.

4. 反正我已经把开会时间告诉你了，你～去～去。

   Fǎnzhèng wǒ yǐjīng bǎ kāi huì shíjiān gàosu nǐ le, nǐ ～ qù ～qù.

半……半……   bàn...bàn...   （格式）

分别用在意义相对的两个词或短语之间，表示相对的两种性质或状态同时存在；常作定语、状语等：

With two words or phrases of contrasting meanings indicates the coexistence of two opposite qualities or states. 半...半... is often used as an attributive or adverbial:

1. 说得女人～真～假地哭了起来。（方之《杨妇道》）

   Shuō de nǚrén ～ zhēn ～ jiǎ de kūle qilai.

2. 他们围着野火，……啃着～生～熟的烧牛腿时，便尽量地往肚里灌着这种"仙酒"。（徐怀中《我们播种爱情》）

   Tāmen wéizhe yěhuǒ, ... kěnzhe ～ shēng ～ shóu de shāo niútuǐ shí, biàn jǐnliàng de wàng dù lǐ guànzhe zhèzhǒng "xiānjiǔ".

3. 这里，毛主席号召大家同"不生动，不形象""～文～白""使人看了头痛"的党八股进行斗争。（张弓《现代汉语修辞学》）

   Zhèlǐ, Máo zhǔxí hàozhào dàjiā tóng "bù shēngdòng, bù xíngxiàng""～ wén ～ bái" "shǐ rén kànle tóutòng" de dǎngbāgǔ jìnxíng dòuzhēng.

4. 同时，新近在各庄上又传播着一种为人们～信～疑的流言，……（徐怀中《我们播种爱情》）

Tóngshí, xīnjìn zài gè zhuāng shang yòu chuánbōzhe yì zhǒng wéi rénmen ～ xìn ～ yí de liúyán, ...

5. 陈立栋可能又要～开玩笑～指责地说:"怎么,信心不足么?"

　　Chén Lìdòng kěnéng yòu yào ～ kāi wánxiào ～ zhǐzé de shuō: "Zěnme, xìnxin bù zú ma?"

半……不……　　bàn...bù...　　(格式)

分别嵌入性质相对的形容词或动词,有"既不……也不……"的意思,表示一种中间状态,有时含厌恶意;多作定语、状语等:

When two adjectives or verbs with contrasting meanings are inserted, it conveys the idea "neither...nor...". It is mostly used as an attributive or adverbial:

1. 他是一个～……老头,中等身材,穿着一身～新～旧的黑夹裤夹袄。(耿简《爬在旗杆上的人》)

　　Tā shì yí ge ... lǎotóu, zhōngděng shēncái, chuānzhe yì shēn ～xīn ～ jiù de hēi jiākù jiá·ǎo.

2. 那个男子死了老婆,家境又还不错,只有一个～大～小的孩子,急待讨一个女人。(周克芹《许茂和他的女儿们》)

　　Nàge nánzǐ sǐle lǎopo, jiājìng yòu hái búcuò, zhǐ yǒu yí ge ～ dà ～ xiǎo de háizi, jídài tǎo yí ge nǚrén.

3. 你未必安心这样～死～活地过一辈子。(周克芹《许茂和他的女儿们》)

　　Nǐ wèibì ānxin zhèyàng ～ sǐ ～ huó de guò yí bèizi.

4. 他极不高兴她这种～土～洋的说话方式。(周克芹《许茂和他的女儿们》)

　　Tā jí bù gāoxìng tā zhèzhong ～ tǔ ～ yáng de shuō huà fāngshì.

边……边……　　biān...biān...　　(格式)

嵌入两个动词、动词短语或结构,表示两个动作同时进行;多用于同一主语:

With two verbs or verbal phrases, indicates that two actions are carried on simultaneously and by one person:

1. 他一直站在田大新身旁,～走～谈。(谌容《光明与黑暗》)

　　Tā yìzhí zhàn zài Tián Dàxin shēnpáng, ～zǒu ～ tán.

2. 乔云广忽然想起来了,脸上也笑开了,～想～说……(谌容《光明与黑暗》)

　　Qiáo Yúnguǎng hūrán xiǎng qilai le, liǎn shang yě xiàokāi le, ～ xiǎng ～ shuō...

3. 陶渊明～说～立起身来,打算出去。(陈翔鹤《陶渊明写"挽歌"》)

　　Táo Yuānmíng ～shuō ～lì qǐ shēn lai, dǎsuàn chū qu.

4. 他～说～扑到陶渊明的怀里来,用手去摸摸陶渊明的灰白胡子。(陈翔鹤《陶渊明写"挽歌"》)

　　Tā ～shuō ～pūdào Táo Yuānmíng de huái li lái, yòng shǒu qù mōmo Táo Yuānmíng de huībái húzi.

5. 他～说,～用力吸吮着一块牛脊椎中的骨髓。(徐怀中《我们播种爱情》)

　　Tā ～' shuō, ～ yòng lì xīshǔnzhe yí kuài niú jízhuī zhōng de gǔsuǐ.

6. 我们谁也没有专门知识,都是～干～学。

　　Wǒmen shuí yě méi yǒu zhuānmén zhīshi, dōu shì ～ gàn ～xué.

有时"边……"可叠用两次以上:

Sometimes 边... can be used more than twice in a sentence:

7. ～收割,～运输,～抢种,别误农时。

　　～shōugē, ～yùnshū, ～qiǎngzhòng, bié wù nóngshí.

不……不……　bù...bù...　（格式）

多作定语、谓语、状语：

Mostly used as an attributive, a predicate or an adverbial：

A 嵌入意思相对或相近的词或词素,表示比较强调：

With two words or morphemes of similar meaning, indicates an emphatic negation：

1. 但是,他却～知～觉地选择了最简单的一种工作办法。

　　Dànshì, tā què ～zhī ～jué de xuǎnzéle zuì jiǎndān de yì zhǒng gōngzuò bànfǎ.

2. 这一句话,好像那生翅膀的顽皮孩子的一箭,～偏～倚正射中金小姐的心窝。（叶圣陶《倪焕之》）

　　Zhè yí jù huà, hǎoxiàng nà shēng chìbǎng de wánpí háizi de yi jiàn, ～ piān ～ yǐ zhèng shèzhòng Jīn xiǎojie de xīnwō.

3. 那为什么我问你座位时,你脸朝窗外,～理～睬,问了几遍,才从鼻孔里哼了一声?（张扬《第二次握手》）

　　Nà wèi shénme wǒ wèn nǐ zuòwèi shí, nǐ liǎn cháo chuāng wài, ～ lǐ ～cǎi, wènle jǐ biàn, cái cóng bíkǒng lǐ hēngle yì shēng?

4. 而自己呢,和晓平拖着～痛～痒的日子。（陈学昭《工作着是美丽的》）

　　Ér zìjǐ ne, hé Xiǎopíng tuōzhe ～tòng ～yǎng de rìzi.

5. 他觉得这个像说相声的医生是个～折～扣的骗子。（老舍《四世同堂》）

　　Tā juéde zhège xiàng shuō xiàngsheng de yīshēng shì ge ～ zhé ～ kòu de piànzi.

B 嵌入意思相对的形容词,有"既不……也不……"的意思,表示适中：

With two adjectives opposite in meaning to mean "neither...nor...", indicating an in-between state：

1. 是好? 是坏? 是～好～坏? 很难下断语。（周克芹《许茂和他的女儿们》）

　　Shì hǎo? Shì huài? Shì ～ hǎo ～ huài? Hěn nán xià duànyǔ.

2. 我像办完了一件～大～小的事情,心里有点满足,回到屋里拿起本书看了一阵,却不大看得进去。（秦兆阳《一封拾到的信》）

　　Wǒ xiàng bànwánle yí jiàn ～ dà ～ xiǎo de shìqing, xīnli yǒudiǎnr mǎnzú, huídào wūli ná qi běn shū kànle yízhèn, què búdà kàn de jìnqù.

3. 六七月间,到处热得象蒸笼,昆明的天气却象三四月,～冷～热。（杨朔《滇池边上的报春花》）

　　Liù qīyuè jiān, dàochù rè de xiàng zhēnglóng, Kūnmíng de tiānqì què xiàng sān sìyuè, ～lěng ～rè.

4. 为什么～迟～早恰在这个时间里他要回国呢?（陈学昭《工作着是美丽的》）

　　Wèi shénme ～chí ～zǎo qià zài zhège shíjiān li tā yào huíguó ne?

C 嵌入意思相对的动词,"如果不……就不……"的意思：

With two verbs opposite in meaning to mean "if not... then not..."：

　　～破～立,～塞～流,～止～行,它们之间的斗争是生死斗争。（毛泽东《新民主主义文化》）

　　～pò～lì, ～sè～liú, ～zhǐ～xíng, tāmen zhī jiān de dòuzhēng shì shēng sǐ dòuzhēng.

不……而……　bù...ér...　（格式）

表示虽无某条件却产生了某种结果,一般是固定成语;多作谓语、状语、定语等:
Indicates that even though there is no such condition as to bring about a certain result, it is still produced. 不. . . 而. . . is often a set phrase used mostly as a predicate, adverbial, etc. :

1. ……可是他处理事情的动机与方法,还暗中与父亲～谋～合。(老舍《四世同堂》)
. . . kěshì tā chǔlǐ shìqing de dòngjī yǔ fāngfǎ, hái ànzhōng yǔ fùqin ～móu ～hé.

2. 父女俩～约～同地齐声问:"什么味道?"(陈残云《沙田水秀》)
Fùnǚ liǎ ～yuē ～tóng de qí shēng wèn:"Shénme wèidao?"

3. 这目光里没有爱,甚至没有恨,只有一股浸人的冷淡,令人～寒～栗的冷淡!(谌容《玫瑰色的晚餐》)
Zhè mùguāng li méi yǒu ài, shènzhì méi yǒu hèn, zhǐ yǒu yì gǔ jìn rén de lěngdàn, lìng rén ～hán ～lì de lěngdàn!

4. 首饰箱里依然堆满了各种珠宝,光彩夺目,可那份"蓝色档案"却～翼～飞。(华永正《蓝色的档案》)
Shǒushì xiāng li yīrán duīmǎnle gè zhǒng zhūbǎo, guāngcǎiduómù, kě nà fèn "lánsè dàng·àn" què ～yì ～fēi.

不是……便是……　bùshì. . . biànshì. . .　(格式)
同"不是……就是……",有书面语意味:
Same as 不是. . . 就是. . . (either . . . or . . .), but with a literary flavour:

1. 一天到晚他～耍弄汽车上的机件,……～拆开再安好一个破表……(老舍《四世同堂》)
Yì tiān dào wǎn tā ～shuǎnòng qìchē shang de jījiàn, ～chāikāi zài ānhǎo yí ge pò biǎo. . .

2. 厂子里靠常总住着二十来个车夫;收了车,大家～坐着闲谈,～蒙头大睡。(老舍《骆驼祥子》)
Chǎngzi li kàocháng zǒng zhùzhe èrshí lái ge chēfū; shōule chē, dàjiā ～ zuòzhe xiántán, ～méng tóu dà shuì.

3. 他太贪玩,每天～跳舞～打牌。
Tā tài tān wánr, měitiān ～tiào wǔ ～ dǎ pái.

4. 这里的天气经常变化,～暴风～暴雨。
Zhèlǐ de tiānqi jīngcháng biànhuà, ～bào fēng ～bào yǔ.

不是……而是……　bùshì. . . érshì. . .　(格式)
嵌入词语或分句,表示是此不是彼,含有对比的意味;"不是"前可有"并""再"等:
With two words, phrases or clauses means "not. . . but. . .", implying a contrast. 并 or 再 often occurs before 不是.

1. 她精神愉快,步履轻捷,好像～走向一个紧张的战场,～走向一个可以安憩的地方。(谌容《人到中年》)
Tā jīngshén yúkuài, bùlǚ qīngjié, hǎoxiàng ～zǒu xiàng yí ge jǐnzhāng de zhànchǎng, ～ zǒu xiàng yí ge kěyǐ ānqì de dìfang.

2. 我并～要脱离合作社,～要离开阿斯哈尔。(郝斯力汗《起点》)
Wǒ bìng ～yào tuōlí hézuòshè, ～ yào líkāi Āsīhā·ěr.

3. 由这种经验,她学来这种方法,并～想报复,～拿它当作合理的,几乎是救急的
慈善事。(老舍《骆驼祥子》)

Yóu zhèzhǒng jīngyàn, tā xué lái zhèzhǒng fāngfǎ, bìng ～ xiǎng bàofù, ～ ná tā
dàngzuò hélǐ de, jīhū shì jiù jí de císhàn shì.

4. 她听到这种声音之后,登时觉着手脚都添了力量,觉着她～一个人,～一个"十
万人"。(欧阳山《三家巷》)

Tā tīngdào zhèzhǒng shēngyīn zhīhòu, dēngshí juézhe shǒu jiǎo dōu tiānle lìliang,
juézhe tā ～ yí ge rén, ～ yí ge "shí wàn rén".

5. 它本人如今再～什么摊贩小商,～堂堂的万利进出口公司总经理。(欧阳山《三
家巷》)

Tā běnrén rújīn zài ～shénme tānfàn xiǎo shāng, ～ tángtáng de Wànlì jìnchūkǒu
gōngsī zǒngjīnglǐ.

6. ～我不愿意告诉你,～他不让我告诉你。

～ wǒ bú yuànyì gàosu nǐ, ～ tā bú ràng wǒ gàosu nǐ.

不是……就是……　bùshì... jiùshì...　(格式)

嵌入名词、动词、短语或分句;表示二者必居其一:

With nouns, verbs, phrases or clauses, means "either... or...":

1. 早年在军队里,不管行军多远,武震多会也不骑马。马呢,～让给病号骑,～替
大家驮干粮。(杨朔《三千里江山》)

Zǎonián zài jūnduì li, bùguǎn xíngjūn duō yuǎn, Wǔ Zhèn duōhuìr yě bù qí mǎ. Mǎ
ne, ～ ràng gěi bìnghào qí, ～ tì dàjiā tuó gānliang.

2. 大家～坐着闲谈,～去串门。

Dàjiā ～zuòzhe xiántán, ～qù chuàn ménr.

3. 医学上有成就的人,～晚婚～独身,这样的范例还少吗?(谌容《人到中年》)

Yīxué shang yǒu chéngjiù de rén, ～ wǎnhūn ～dúshēn, zhèyàng de fànlì hái shǎo
ma?

4. 天天落雨,～大雨,～小雨,走到哪里去呢?(艾芜《野牛寨》)

Tiāntiān luò yǔ, ～ dà yǔ, ～ xiǎo yǔ, zǒudào nǎli qù ne?

5. 他们过去～地主的雇工～牧夫……(郝斯力汗《起点》)

Tāmen guòqù ～dìzhǔ de gùgōng ～mùfū……

6. 我到街道上去工作,……你大哥～嫌茶凉了,～说饭开晚了!(老舍《女店员》)

Wǒ dào jiēdào shang qù gōngzuò, ... nǐ dàge ～ xián chá liáng le, ～ shuō fàn
kāiwǎn le!

参看"不是……便是……""非……即……"。

Compare 不是...便是... bùshì...biànshì..., 非...即... fēi...jí...

……不算,还……　...bùsuàn, hái...　(格式)

表示除了一般的、当然的之外,还有更进一步的,侧重点在后面:

Indicates that besides what goes before 不算, which is nothing unusual, there is also what
occurs after 还, which is sth. special:

1. 他摔跤之后,腿骨错位～,～发了高烧。(刊)

Tā shuāijiāo zhī hòu, tuǐgǔ cuòwèi ～, ～fāle gāoshāo.

2. 会场上坐无虚席,正式代表～,～有不少旁听和列席的。

Huìchǎng shang zuòwúxūxí, zhèngshì dàibiǎo ～, ～yǒu bùshǎo pángtīng hé lièxí de.

3. 老李按时到达～,～带来了宝贵的资料。

　　Lǎolǐ ànshí dàodá ～, ～dài lai le bǎoguì de zīliào.

4. 今天是老人的生日,他吃了长寿面 ～, ～ 喝了两杯白兰地。(刊)

　　Jīntiān shì lǎorén de shēngri, tā chīle chángshòumiàn ～, ～ hēle liǎng bēi báilándì.

从……出发　cóng. . . chūfā　(格式)

表示动作、行为的依据或出发点:

Proceed from. . . , from a certain point of view:

1. 我们根本上不是～爱～,而是～客观实践～。(毛泽东《在延安文艺座谈会上的讲话》)

　　Wǒmen gēnběnshang búshì ～ài～,érshì ～kèguān shíjiàn ～.

2. 我们大家要学习他毫无自私自利之心的精神。～这点～,就可以变为大有利于人民的人。(毛泽东《纪念白求恩》)

　　Wǒmen dàjiā yào xuéxí tā háo wú zìsīzìlì zhī xīn de jīngshén. ～zhè diǎn ～, jiù kěyǐ biànwéi dà yǒulìyú rénmín de rén.

3. ～实际～,是我们历来的工作作风。(报)

　　～shíjì ～, shì wǒmen lìlái de gōngzuò zuòfēng.

4. 我们讨论问题,应当～实际～,不是～定义～。(毛泽东《在延安文艺座谈会上的讲话》)

　　Wǒmen tǎolùn wèntí, yīngdāng ～shíjì～, bú shì ～dìngyì～.

大……大……　dà. . . dà. . .　(格式)

分别嵌入意义相关的两个单音节名词、动词、形容词或词素,表示程度深或规模大;使用范围有一定限度,不能随便嵌入任何单音节词;常作谓语、状语等:

Used with two monosyllabic nouns, verbs, adjectives or morphemes related in meaning to indicate high degree or large scale. Only a limited number of words can be employed. It often serves as a predicate or adverbial:

1. 宋义在那里召集宾客,～吃～喝。(宋云彬《项羽》)

　　Sòng Yì zài nàli zhào jí bīnkè, ～chī～hē.

2. 瑞宣真愿意～吵～闹一顿,好出出心中的恶气。(老舍《四世同堂》)

　　Ruìxuān zhēn yuànyì ～chǎo ～nào yí dùn, hǎo chūchu xīnzhōng de èqì.

3. 哟,～红～绿的,太鲜艳了!

　　Yō, ～hóng ～lǜ de, tài xiānyàn le!

4. 他也不迎接,也不躲避,～模～样地照旧走他的道儿。(林汉达《战国故事》)

　　Tā yě bù yíngjiē, yě bù duǒbì, ～mó ～yàng de zhàojiù zǒu tāde dàor.

5. 她花起钱来～手～脚的,不太细致。

　　Tā huā qǐ qián lai ～shǒu～jiǎo de, bú tài xìzhì.

大……特……　dà. . . tè. . .　(格式)

前后嵌入相同的单音节动词(这种动词是有限的),表示规模大或程度深,有时中间可以用"而";常作谓语:

The same monosyllabic verb occurs twice to indicate a large scale or high degree. Only a few verbs may be employed. Sometimes 而 can occur before 特. This structure often acts as a predicate:

1. 这真是我们中国人民的一件大喜事,值得～书～书。(廖沫沙《石油颂》)
   Zhè zhēnshì wǒmen Zhōngguó rénmín de yí jiàn dà xǐshì, zhíde ～shū～shū.

2. 他几乎哭出声来,连连跺脚道:"我们错了！我们错了！我们～错而～错了！"(刊)
   Tā jīhū kū chū shēng lai, liánlián duò jiǎo dào:"Wǒmen cuò le! Wǒmen cuò le! Wǒmen ～ cuò ér ～ cuò le!"

3. 对于这本书,他在书评里～吹～吹,实在太不实事求是了。
   Duìyú zhèběn shū, tā zài shūpín li ～chuī～chuī, shízài tài bù shíshìqiúshì le.

4. 在文章中他对于西湖的风景～写～写了一番。
   Zài wénzhāng zhōng tā duìyú Xīhú de fēngjǐng ～xiě～xiěle yìfān.

到(为)止 dào. . .(wéi)zhǐ **(格式)**

表示时间、进度从过去某一点起到另一点截止,"为"有时可以省略,也可做状语,也可做补语或谓语:

From. . . until. . . (of time or course of progress); can serve either as an adverbial or a complement or a predicate. 为 sometimes can be omitted:

1. 自从得病之日起,一直～旧历端午节的午时绝命的时候～,中间经过有一个多月的光景。(郁达夫《一个人在途上》)
   Zìcóng dé bìng zhī rì qǐ, yìzhí dào jiùlì duānwǔjié de wǔshí jué mìng de shíhou ～, zhōngjiān jīngguò yǒu yí ge duō yuè de guāngjǐng.

2. ……一直～午后四点钟,我的眼睛四周的红圈,还没有褪尽。(郁达夫《给一位文学青年的公开状》)
   . . . yìzhí ～ wǔhòu sì diǎnzhōng ～, wǒ de yǎnjing sìzhōu de hóng quān, hái méiyou tuìjìn.

3. ～目前为～,筹备会已收到学术论文五十篇。(报)
   ～mùqián wéi～, chóubèi huì yǐ shōudào xuéshù lùnwén wǔshí piān.

4. 赵家林讲故事就讲～这里为～。(张天翼《不动脑筋的故事》)
   Zhào Jiālín jiǎng gùshi jiù jiǎngdào zhèlǐ wéi～.

5. ……像访远亲一样,从码头第一号船上问起,一直～认出自己女人所在的船上为～。(沈从文《丈夫》)
   . . . xiàng fǎng yuǎnqīn yíyàng, cóng mǎtóu dì-yī hào chuán shang wèn qǐ, yìzhí ～ rèn chū zìjǐ nǚrén suǒzài de chuán shang wéi～.

东……西…… dōng. . . xī. . . **(格式)**

A 嵌入某些两个意义相近的动词,形成固定的短语,表示杂乱无章的状态或无规律的重复的动作:

Certain pairs of verbs similar in meaning can be employed in this structure to form a set phrase indicating a disorderly state or irregular repetition of an action:

1. 一阵枪打得日本鬼子～倒～歪,又奔又窜。(邵子南《地雷阵》)
   Yí zhèn qiāng dǎ de Rìběn guǐzi ～dǎo ～wāi, yòu bēn yòu cuàn.

2. 近几年来,父亲和我都是～奔～走,家中光景是一日不如一日。(朱自清《背影》)
   Jìn jǐ nián lái, fùqin hé wǒ dōu shì ～bēn ～ zǒu, jiā zhōng guāngjǐng shì yí rì bùrú yí rì.

3. 他们无论读书背书时，总要把身体～摇～摆，摇动得像一个自鸣钟的摆。(郁达夫《书塾与学堂》)

　　Tāmen wúlùn dú shū bèi shū shí, zǒng yào bǎ shēntǐ ～yáo～ bǎi, yáodòng de xiàng yí ge zìmíngzhōng de bǎi.

B "东""西"之后是数量短语，表示"这里……那里……"；数词以"一"最普遍：

东 and 西 are separately followed by a N-M phrase (mostly 一), meaning "here... there...":

1. 隐在水田里的田鸡，～一声～一声地叫着，……叫的没有晚上那样起劲。(艾芜《夏天》)

　　Yǐn zài shuǐtián li de tiánjī, ～yì shēng ～yì shēng de jiàozhe, ... jiào de méiyou wǎnshang nàyàng qǐjìnr.

2. ～一亩～一丘的菜花，招来无数的蜂蝶，好不逗人心爱！(高缨《鱼鹰来归》)

　　～yì mǔ ～yì qiū de càihuā, zhāo lái wúshù de fēng dié, hǎobù dòu rén xīn·ài.

3. 铁锁跑来跑去，直跑到晌午，～一块，～五毛，好容易才凑了四五块钱。(赵树理《李家庄的变迁》)

　　Tiěsuǒ pǎo lái pǎo qù, zhí pǎodào shǎngwu, ～yí kuài, ～wǔ máo, hǎo róngyì cái còule sì wǔ kuài qián.

放着……不……　fàngzhe...bù...　(格式)

用于复句中前一分句；全句表示好的、有利的不取，而取坏的、无利的，带有指责的口吻：

Used in the first clause of a complex sentence to indicate that one gives up something advantageous (and does sth. disadvantageous); convey a note of censure:

1. ～这许多事情都～做，拿着我们这样造孽的钱陪他们打牌，百儿八十地应酬，你……你叫我怎么打得下去？(曹禺《雷雨》)

　　～zhè xǔduō shìqing dōu ～ zuò, názhe wǒmen zhèyàng zàoniè de qián péi tāmen dǎ pái, bǎir bāshí de yìngchou, nǐ ... nǐ jiào wǒ zěnme dǎ de xiàqu?

2. 你是～敬酒～吃，非要吃罚酒。

　　Nǐ shì ～jìng jiǔ ～chī, fēi yào chī fá jiǔ.

3. 这孩子就是爱瞎跑，～大道～走，偏要走小道。

　　Zhè háizi jiùshì ài xiā pǎo, ～dà dào ～zǒu, piān yào zǒu xiǎo dào.

4. 有人不解地问："你家六口人有四口挣钱，～福～享，图个啥呢？"(报)

　　Yǒu rén bùjiě de wèn:"Nǐ jiā liù kǒu rén yǒu sì kǒu zhèng qián, ～fú～xiǎng, tú ge shá ne?

非……非……　fēi...fēi...　(格式)

分别嵌入两个意义相关的单音节体词(这种单音节词是有限的)，表示"既不是……又不是……"的意思；常作谓语：

With two monosyllabic substantives related in meaning (only a limited number may be so used), means "neither... nor...". This expression often acts as a predicate:

1. 黄科长……瞎天咒地要整治他。可是关麻子～党～团，无从下手。(刘忠立《觉醒》)

　　Huáng kēzhǎng... shì tiān zhòu dì yào zhěngzhì tā. Kěshì Guān mázi ～dǎng ～tuán, wúcóng xià shǒu.

2. ……但是她现在表示的态度，～此又～彼，不接受也不拒绝，到底是怎么一回事呢？（叶圣陶《倪焕之》）

... dànshì tā xiànzài biǎoshì de tàidu, ～cǐ yòu ～bǐ, bù jiēshòu yě bú jùjué, dàodǐ shì zěnme yì huí shì ne?

3. 作为一个初学者，即便受人嘲笑"忽驴忽马"也顾不得了，只要不学得"～驴～马"。（张石山《为'小人物'立传》）

Zuòwéi yí ge chūxuézhě, jíbiàn shòu rén cháoxiào ″hū lǘ hū mǎ″ yě gù bu de le, zhǐyào bù xué de ″～lǘ～mǎ″.

非……即…… fēi...jǐ... （格式）

同"不是……就是……"；嵌入两个意义相对或相关的单音节词（这种单音节词是有限的），常作谓语，多用于书面语：

Same as 不是……就是... (either ... or ...), used with certain pairs of monosyllabic words related or opposite in meaning. 非... 即... often functions as the predicate of a sentence in written language：

1. 形而上学大约有几种现象：……～好～坏，绝对化，不从整体着眼。（张洁《沉重的翅膀》）

Xíng·érshàngxué dàyuē yǒu jǐ zhǒng xiànxiàng:... ～hǎo ～huài, juéduìhuà, bù cóng zhěngtǐ zhuóyǎn.

2. 在学术上刻苦钻研就能见到成效，否则就将一事无成，～此～彼，没有第三条道路。

Zài xuéshù shang kèkǔ zuānyán jiù néng jiàndào chéngxiào, fǒuzé jiù jiāng yíshìwúchéng, ～cǐ～bǐ, méi yǒu dìsān tiáo dàolù.

3. 必须制止招工中的不正之风，如若发现所招收的工人～亲～友，立即除名。

Bìxū zhìzhǐ zhāo gōng zhōng de bú zhèng zhī fēng, rúruò fāxiàn suǒ zhāoshōu de gōngrén ～qīn～yǒu, lìjí chú míng.

4. 孔姬的父亲一死，继母对她～打～骂，百般虐待。（裴永镇《孔姬和葩姬》）

Kǒng Jī de fùqīn yì sǐ, jìmǔ duì tā ～dǎ～mà, bǎibān nüèdài.

给……以…… gěi...yǐ... （格式）

用于双宾语句，"给"后是表人的间接宾语，"以"后是代表抽象事物的直接宾语；多用于书面语：

Used in a sentence with two objects, mostly in written language. 给 is followed by the indirect object denoting a person or persons, and 以 by the direct object which stands for an abstract thing：

1. 他好像觉得变节了的妻是应该～她～磨折，应该～她～教训，才能够挽回自己的颜面般的。（叶紫《星》）

Tā hǎoxiàng juéde biànjiéle de qī shì yīnggāi ～tā～mózhé, yīnggāi ～tā～jiàoxun, cái nénggòu wǎnhuí zìjǐ de yánmiàn bān de.

2. 我不能～她～帮助，至少应该从精神上～她～宽慰。（檀林《一个女囚的自述》）

Wǒ bù néng ～tā～bāngzhù, zhìshǎo yīnggāi cóng jīngshen shang ～tā～kuānwèi.

3. ……到处是树，满目是花，且都在竞相生长，欣欣向荣，似有无限的生命力，～人～蓬勃向上之感。（路夫、尊党《陶然亭公园琐记》）

... dàochù shì shù, mǎnmù shì huā, qiě dōu zài jìng xiāng shēngzhǎng, xīnxīnxiàngróng, sì yǒu wúxiàn de shēngmìnglì, ～rén～péngbó xiàng shàng zhī gǎn.

4. 戏闪烁着理想的光辉,～人～希望和力量。(朱以中《以理想之光点燃人们的心》)

Xì shǎnshuòzhe lǐxiǎng de guānhuī, ～rén～xīwàng hé lìliang.

管……叫…… guǎn...jiào...　　(格式)〈口〉

有"把……叫做……"的意思:

Address sb. as...:

1. 我是想,假若妈妈的娘家姓王,我该～您～舅舅,不是吗?(老舍《全家福》)

Wǒ shì xiǎng, jiǎruò māma de niángjia xìng Wáng, wǒ gāi ～nín ～jiùjiu, bú shì ma?

2. 这样一个人,恐怕你也不愿意～他～伯伯吧。(田汉《咖啡店之一夜》)

Zhèyàng yí ge rén, kǒngpà nǐ yě bú yuànyi ～tā～bóbo ba.

3. 他两手空空而来,没有官衔,没有权力,没有负担,也没有企求,农民～他～"老张头"。(王春元《老干部的新形象》)

Tā liǎng shǒu kōngkōng ér lái, méi yǒu guānxián, méi yǒu quánlì, méi yǒu fùdān, yě méi yǒu qǐqiú, nóngmín ～tā～"Lǎozhāngtou".

还是……好 háishì...hǎo　　(格式)

在比较几种情况、做法之后,认为某一种比较好,后边多有分句说明原因:

Indicates that after comparing several states or methods whichever is preferable is chosen. The reason for the choice is often explained in the second clause:

1. 当然,这样的假设～不出的为～。(宋山《应当允许假设》)

Dāngrán, zhèyàng de jiǎshè ～bù chū de wéi～.

2. 这件事～让大家讨论讨论～,可以集思广益。

Zhèjiàn shì ～ràng dàjiā tǎolùn tǎolùn ～, kěyǐ jísīguǎngyì.

3. 那张桌子～放在窗户前边～,比放在门那儿亮。

Nàzhāng zhuōzi ～fàng zài chuānghu qiánbianr ～, bǐ fàng zài mén nàr liàng.

4. 依我看～昆明～,那里四季如春。

Yī wǒ kàn ～Kūnmíng～, nàlǐ sìjì rú chūn.

忽而……忽而…… hū·ér...hū·ér...　　(格式)

嵌入两个意义相对或相近的词语或分句,表示动作、状态变化不定:

Used with two words, phrases or clauses opposite or similar in meaning, indicates constant change of a state or action:

1. 我问你,你的意思,～软,～硬,究竟是怎么回事?(曹禺《雷雨》)

Wǒ wèn nǐ, nǐ de yìsi, ～ruǎn, ～yìng, jiūjìng shì zěnme huí shì?

2. 如果决策人都是这样来制定方针政策:既要这样,又要那样;既不是这样,又不是那样;～这样,～那样,下边怎么办?(张洁《沉重的翅膀》)

Rúguǒ juécè rén dōu shì zhèyàng lái zhìdìng fāngzhēn zhèngcè: jì yào zhèyàng, yòu yào nàyàng; jì bú shì zhèyàng, yòu bú shì nàyàng; ～zhèyàng, ～nàyàng, xiàbianr zěnme bàn?

3. 河水哗啦哗啦地顺山沟流去,～在左,～在右。(杜鹏程《保卫延安》)

Héshuǐ huālāhuālā de shùn shāngōu liú qù, ～zài zuǒ, ～zài yòu.

4. 她～朝这个看看,～朝那个看看。(茹志鹃《阿舒》)

Tā ～cháo zhège kànkan, ～cháo nàge kànkan.

5. 因为我在行里觉得很奇怪,～又是盖大楼,～又是买公债的。(曹禺《日出》)

Yīnwèi wǒ zài háng li juéde hěn qíguài, ～yòu shì gài dà lóu, ～yòu shì mǎi gōngzhài de.

有时可用两个以上的"忽而……":

Sometimes more than two 忽而... can be used in a sentence:

6. 于是,这辆轻巧的小车子像滑行似的顺着公路～在江边驶驰,～升到半山腰,～绕过山脚,～经过已经熟睡的村庄。(杜鹏程《工地之夜》)

Yúshì, zhèliàng qīngqiǎo de xiǎo chēzi xiàng huáxíng shìde shùnzhe gōnglù ～ zài jiāngbiān shǐchí, ～ shēngdào bàn shānyāo, ～ rào guò shānjiǎo, ～ jīngguò yǐjīng shúshuì de cūnzhuāng.

继……之后 jì...zhīhòu (格式)

嵌入词语或结构,意思是"在……后面";常作定语、状语,不能单独作谓语:

With a word, phrase or construction means "after...", "following...". It can be used as an attributive or adverbial, but never as a predicate by itself:

1. 这次学部大会是～一九六〇年四月第三次学部委员会议二十一年～召开的。(报)

Zhècì xuébù dàhuì shì ～ yījiǔliùlíng nián sìyuè dì-sān cì xuébù wěiyuán huìyì èrshí yī nián ～ zhàokāi de.

2. 天气渐暖,～北海公园游船下水～,紫竹院公园、劳动人民文化宫和中山公园的游船,也已经陆续下水,供游人租用。(报)

Tiānqì jiàn nuǎn, ～ Běihǎi gōngyuán yóuchuán xià shuǐ ～, Zǐzhú yuàn gōngyuán, Láodòng Rénmín Wénhuàgōng hé Zhōngshān gōngyuán de yóuchuán, yě yǐjīng lùxù xià shuǐ, gōng yóurén zūyòng.

3. 你们～获得男、女团体冠军～,一鼓作气,顽强奋战,又获得了……五个单项冠军和五个单项亚军。(报)

Nǐmen ～ huòdé nán, nǚ tuántǐ guànjūn ～, yìgǔzuòqì, wánqiáng fènzhàn, yòu huòdéle ... wǔ ge dānxiàng guànjūn hé wǔ ge dānxiàng yàjūn.

……来……去 ...lái...qù (格式)

A 分别嵌入表示具体行动的同一个动词,表示来回行动或各处活动,或表示在同一地点前后左右反复移动:

A verb denoting some concrete action is placed before both 来 and 去 to mean "back and forth" or "moving repeatedly on the spot":

1. 前两天我在俱乐部又看见他拉着他那条狗,一块走～走～。(曹禺《日出》)

Qián liǎng tiān wǒ zài jùlèbù yòu kànjian tā lāzhe tā nàtiáo gǒu, yíkuàir zǒu ～ zǒu ～.

2. 我又不是小鸟,怎么会飞～飞～。(巴金《春》)

Wǒ yòu bú shì xiǎoniǎo, zěnme huì fēi ～fēi～.

3. 我的东西总是带～带～的。(巴金《秋》)

Wǒ de dōngxi zǒngshì dài ～dài～de.

4. 直到下半天,寻～寻～寻到山坳里,看见刺柴上挂着一只他的小鞋。(鲁迅《祝

福》)
Zhídào xià bàn tiān, xún ～xún ～xúndào shān·ào li, kànjian cìchái shang guàzhe yī zhī tā de xiǎo xié.

5. 小妹低下头,一声不吱。两只小脚,不老实地在地上磋～磋～。(母国政《中年人》)
Xiǎomèi dī xia tóu, yì shēng bù zhī. Liǎng zhī xiǎo jiǎo, bù lǎoshi de zài dì shang cuō ～cuō～.

B 分别嵌入非具体行动的同一个动词,表示多次重复:
A verb denoting some non-concrete action is placed before 来 and 去 to mean "(do sth.) over and over again":

1. 他闭着眼,皱着眉头想～想～。(于黑丁《区委书记》)
Tā bìzhe yǎn, zhòuzhe méitóu xiǎng ～xiǎng～.

2. 说～说～,苦了祥保这个人。(康濯《灾难的明天》)
Shuō ～shuō～, kǔle Xiángbǎo zhège rén.

3. 我嘀咕～,嘀咕～,仿佛进入了梦乡。(黄宗英《大雁情》)
Wǒ dígu～, dígu～, fǎngfu jìnrùle mèngxiāng.

4. 他也快四十岁的人了,忙～忙～也该有个着落。(菡子《纠纷》)
Tā yě kuài sìshí suì de rén le, máng ～máng ～ yě gāi yǒu ge zhuóluò.

C 还有许多以"……来……去"构成的固定短语,各有各的意思,但都有一个多次重复的共同点:
There are many set phrases formed with ...来...去. Each of them has its own meaning, but all of them convey a sense of "over and over again":

1)翻来覆去:可以是躺在床上反复翻身不能入睡:
翻来覆去 sometimes means "toss and turn in bed, unable to sleep":

1. 他翻～覆～,夜难成寐。(从维熙《第十个弹孔》)
Tā fān ～fù～, yè nán chéng mèi.

也可以作状语,表示这样那样多次重复:
Sometimes used as an adverbial, meaning "again and again, repeatedly":

2. 我翻～复～的考虑,交呢?还是不交?始终拿不定主意。(谌容《永远是春天》)
Wǒ fān ～fù～de kǎolǜ, jiāo ne? háishi bù jiāo? shǐzhōng ná bu dìng zhǔyi.

2)一来二去:表示多次与人接触:
一来二去 means "in the course of constant contact":

3. 对钱太太与钱大少爷的死,老人一～二～的都知道了。(老舍《四世同堂》)
Duì Qián tàitai yǔ Qián dà shàoye de sǐ, lǎorén yī ～èr～de dōu zhīdào le.

3)怎么来怎么去:表示一件事情的复杂经过:
怎么来怎么去 indicates the complicated process of an event:

4. 他把刘二和来顺妈的事,以及楼志清告状的事,怎么～怎么～说了一遍。(菡子《纠纷》)
Tā bǎ Liú Èr hé Láishùn mā de shì, yǐjí Lóu Zhìqīng gào zhuàng de shì, zěnme ～zěnme～shuōle yí biàn.

4)风里来雨里去:表示常常在外奔波:
风里来雨里去 means "be busy running about in all kinds of weather":

5. 我老梁六十多年风里～雨里～,白了头,折了腰,从没享受到这样的照顾。(权宽浮《牧场雪莲花》)

Wǒ Lǎoliáng liùshí duō nián fēng lǐ ～ yǔ lǐ ～, báile tóu, shéle yāo, cóng méi xiǎngshòudào zhèyàng de zhàogu.

5)直来直去:与重复无关,表示直截了当,简单从事:

直来直去 has nothing to do with repetition but means "straight forward, (speak) without reservation":

6. 丁不直的怪脾气,三言两语,直～直～是掏不出他心里的话的。(杨润身《奇案不奇》)

Dīng Bùzhí de guài píqi, sānyánliǎngyǔ, zhí ～zhí ～shì tāo bu chū tā xīnli de huà de.

辨认:

Note:

下面例句中的"来""去"是这两个动词的原意,句中"哪来哪去"意思是"从哪里来的还回到哪里去",两个"哪"表示同一地点:

In the following example 来 and 去 keep their original meanings. 哪来哪去 means "return to where you came from". 哪 in both instances refer to the same place:

按照柳正言的意思,凡是"吃'四人帮'狼奶长大的"火箭干部一刀切——全部哪～哪～。(张笑天《春之烦恼》)

Ànzhào Liǔ Zhèngyán de yìsi, fánshi "chī 'sì rén bāng' lángnǎi zhǎngdà de" huǒjiàn gànbù yì dāo qiē — quánbù nǎr ～nǎr ～.

连……带…… lián. . .dài. . . (格式)

A 嵌入两个体词、体词性短语或形容词,表示前后两项都包括在内,作用相当于连词"和":

With two substantives, substantive phrases or adjectives, means "both. . .and. . .":

1. 这一家子,～人口～产业,都是他创造出来的。(老舍《四世同堂》)

Zhè yìjiāzi, ～rénkǒu ～chǎnyè, dōu shì tā chuàngzào chūlai de.

2. 到土改那一年,他欠孙大头的债,～本～利已经滚成十一石二斗谷子了。(马烽《孙老大单干》)

Dào tǔgǎi nà yì nián, tā qiàn Sūn Dàtóu de zhài, ～běn ～lì yǐjīng gǔnchéng shíyī dàn èr dǒu gǔzi le.

3. 祥子由那些衣服中拣出几件好的来,放在一边,其余的～衣服～器具全卖。(老舍《骆驼祥子》)

Xiángzi yóu nàxiē yīfu zhōng jiǎn chū jǐ jiàn hǎo de lai, fàng zài yì biānr, qíyú de ～yīfu ～ qìjù quán mài.

4. 甚至,他把田主任如何当上所长等等废话,都～汤～水倒了出来。(方之《内奸》)

Shènzhì, tā bǎ Tián zhǔrèn rúhé dāng shang suǒzhǎng děngděng fèihuà, dōu ～ tāng ～shuǐr dàole chūlai.

5. 这五斤苹果,～大～小,一共十五个。

Zhè wǔ jīn píngguǒ, ～ dà ～ xiǎo, yígòng shíwǔ ge.

6. ～屋里这些～院里那些,都是要卖的。

~ wūli zhèxiē ~ yuànli nàxiē, dōu shi yào mài de.

B 嵌入两个动词或动词性短语,表示两种动作同时发生,意近"又……又……":

With two verbs or verbal phrases, indicates two concomitant actions. It is similar to 又... 又... in meaning:

1. 他飘飘然走出来,……自由自在地~吃~喝地,享受了一顿。(老舍《正红旗下》)

Tā piāopiāorán zǒu chulai, ... zìyóuzìzài de ~ chī ~ hē de, xiǎngshòule yí dùn.

2. 桥隆飙的卤劲又上来了,向四个青年~吼~叫:……(曲波《桥隆飙》)

Qiáo Lóngbiāo de lǔ jìnr yòu shànglai le, xiàng sì ge qīngnián ~ hǒu ~ jiào:...

3. 林雨泉回家吃饭,听妹妹一学说,害臊得要往外跑,娘两个~拉~推地把他弄到屋里。(浩然《喜鹊登枝》)

Lín Yǔquán huí jiā chī fàn, tīng mèimei yì xuéshuō, hàisào de yào wàng wài pǎo, niángr liǎng ge ~ lā ~ tuī de bǎ tā nòngdào wū li.

4. 我~说~比划的,那老头子直是不作声。(艾明之《无言歌》)

Wǒ ~ shuō ~ bǐhuà de, nà lǎotóuzi zhí shì bú zuòshēng.

5. ~外出作工~在家种地,他一年挣了三千多元。

~ wàichū zuògōng ~ zài jiā zhòng dì, tā yì nián zhèng le sānqiān duō yuán.

连……都   lián...dōu...   (格式)

引出一个最不应如此的事例,而竟然如此,用以表示强调:

Even...; used as an intensifier serving to indicate an extreme, hypothetical, or unlikely case:

A 引出施事者:

Introduces the agent:

1. 你自然想不到,侍萍的相貌有一天也会老得~你~不认识了。(曹禺《雷雨》)

Nǐ zìrán xiǎng bu dào, Shìpíng de xiàngmào yǒu yì tiān yě huì lǎo de ~ nǐ ~ bú rènshi le.

2. ~三岁的孩子~懂得这个道理。

~ sān suì de háizi ~ dǒngde zhège dàolǐ.

B 引出受事者:

Introduces the recipient:

1. 这老者! 你~我~不相信吗? (邹志安《赔情》)

Zhè lǎozhě! Nǐ ~ wǒ ~ bù xiāngxìn ma?

2. 我~他的模样~记不清楚了,但听母亲说,是一个很可爱念的孩子。(鲁迅《在酒楼上》)

Wǒ ~ tā de múyàng ~ jì bu qīngchu le, dàn tīng mǔqin shuō, shì yí ge hěn kě àiniàn de háizi.

3. 工程师~工人家属打架~管了起来,这还是头一遭儿听说。

Gōngchéngshī ~ gōngrén jiāshǔ dǎ jià ~ guǎnle qilai, zhè hái shì tóu yì zāor tīng shuō.

4. 当了十几年兵,~半个媳妇~娶不上! (老舍《茶馆》)

Dāngle shí jǐ nián bīng, ~ bàn ge xífù ~ qǔ bu shàng!

5. 同志们似乎~呼吸~停止了。(王愿坚《妈妈》)

Tóngzhìmen sìhū ～hūxī～tíngzhǐ le.

6. 天地如此之大,难道竟～一个十八岁的女孩子的立锥之地～没有?(杨沫《青春之歌》)

Tiāndì rúcǐ zhī dà, nándào jìng ～yí ge shíbā suì de nǚháizi de lì zhuī zhī dì ～méi yǒu?

C "连"后只嵌入一个动词,"都"后是该动词的否定形式,表示这动作是最低限度可以作的,竟然不作:

A single verb occurs after 连 and the negative form of that verb follows 都 to indicate that the action represented by the verb is the least which can be done, yet even that is not done:

1. 到城里来了几年,这是他努力的结果,就是这样,就是这样!他～哭～哭不出声来!(老舍《骆驼祥子》)

Dào chéng lǐ láile jǐ nián, zhè shì tā nǔlì de jiéguǒ, jiù shi zhèyàng, jiù shi zhèyàng! Tā ～kū～kū bu chū shēng lai!

2. 小鬼膀子上受了点伤,左手半个月举不起来,他～哼～不哼一声。(巴金《杨林同志》)

Xiǎoguǐ bǎngzi shang shòule diǎnr shāng, zuǒshǒu bàn ge yuè jǔ bu qǐlái, tā ～hēng ～bù hēng yì shēng.

(极为坚强)

3. 谁知道,袜底上完之后,他～看～没看一眼,又"嗤啦"一声撕掉了。(任斌武《开顶风船的角色》)

Shuí zhīdào, wàdǐ shàngwán zhī hòu, tā ～kàn～méi kàn yìyǎn, yòu "chīlā" yì shēng sīdiào le.

(极为坚决)

4. 我不识几个字还念了三遍"森林法"呢,你怎～知道～不知道。(郑万隆《酸果》)

Wǒ bù shí jǐ ge zì hái niànle sān biàn "Sēnlínfǎ" ne, nǐ zěn ～zhīdào～bù zhīdào.

(极不关心)

这种格式有时以夸张的方式描写一种极端的状态,如A例2,B例4、5、6,C例1。

Sometimes this structure, through exaggeration, becomes an emphatic expression as in example A 2, examples B 4, 5 and 6 and example C 1:

参看"连……也……"。

Compare 连...也... lián...yě...

连……也……　lián...yě...　(格式)

同"连……都……"A:

Same as 连...都...A (even):

1. 他在想什么呢? ～他自己～说不上来。(和谷岩《枫》)

Tā zài xiǎng shénme ne? ～tā zìjǐ ～shuō bu shànglái.

2. 哼,～小孩子～来教训人了。(南丁《检验工叶英》)

Hng, ～xiǎo háizi～lái jiàoxun rén le.

3. 我们醉后常谈些愚不可及的疯话,～母亲偶然听到了～发笑。(鲁迅《范爱农》)

Wǒmen zuì hòu cháng tán xiē yú bù kě jí de fēnghuà, ～ mǔqin ǒurán tīngdàole ～ fā xiào.

4. 桥上没人，～岗警～不知躲在哪里去了,有几盏电灯被雪花打的仿佛不住的眨眼。(老舍《骆驼祥子》)

Qiáo shang méi rén，～gǎng jǐng～bù zhī duǒ zài nǎli qù le，yǒu jǐ zǎn diàndēng bèi xuěhuār dǎ de fǎngfú búzhù de zhǎ yǎn.

B 同"连……都……"B:

Same as 连. . .都. . .B (see above entry)：

1. 我不及细看，就冒叫了一声,那人却一头～没抬。(李满天《力原》)

Wǒ bù jí xì kàn，jiù mào jiàole yì shēng，nà rén què ～ tóu ～ méi tái.

2. 她不但说话柔声细气,笑起来竟～声音～没有。(张捷生《因为有了她》)

Tā búdàn shuō huà róu shēng xì qì，xiào qǐlai jìng ～ shēngyīn ～ méi yǒu.

3. 我和云山爷都忙得不可开交,有时～饭～顾不上吃。(马烽《韩梅梅》)

Wǒ hé Yúnshān yé dōu mángde bù kě kāijiāo，yǒushí ～fàn～ gù bu shàng chī.

4. 她打开日记本,想记下些什么来,但她长久地坐在那里,竟～一个字～没写下来。(南丁《检验工叶英》)

Tā dǎkāi rìjìběnr，xiǎng jì xià xiē shénme lai，dàn tā chángjiǔ de zuò zài nàli，jìng ～ yí ge zì～méi xiě xialai.

5. 我现在什么也不知道,～明天怎样～不知道。(鲁迅《在酒楼上》)

Wǒ xiànzài shénme yě bù zhīdào，～míngtiān zěnyàng ～ bù zhīdào.

6. 我心里也责怪自己:"哭什么? ～这点委屈～受不起?"(马烽《韩梅梅》)

Wǒ xīnli yě zéguài zìjǐ："Kū shénme? ～zhè diǎnr wěiqu～shòu bu qǐ?"

C 同"连……都……"C:

Same as 连. . .都. . .C：

1. 他仰卧在潮湿的地上,浑身痛得～动～不敢动地直直地躺着。(杨沫《青春之歌》)

Tā yǎngwò zài cháoshī de dì shang，húnshēn tòng de ～dòng～bù gǎn dòng de zhízhí de tǎngzhe.

2. 二强子歪歪拧拧的想挺起胸脯,可是～立～立不稳。(老舍《骆驼祥子》)

Èrqiángzi wāiwainǐngnǐng de xiǎng tǐng qǐ xiōngpú，kěshì～lì～lì bu wěn.

3. 他几乎不愿回家去了,～想～不愿想到它。(张抗抗《淡淡的晨雾》)

Tā jīhū bú yuàn huí jiā qu le，～ xiǎng ～ bú yuàn xiǎngdào tā.

4. 大群的学生与她擦肩而过,他们沉浸在热烈的争论中,简直～看～没看她一眼。(王新纪、田增翔、陶正《风乍起……》)

Dà qún de xuésheng yǔ tā cā jiān ér guò，tāmen chénjìn zài rèliè de zhēnglùn zhōng，jiǎnzhí ～kàn～méi kàn tā yì yǎn.

5. 怪不得我去了你家几回,你爹～理～不理我,原来是恨了我啦! (马烽《一架弹花机》)

Guàibude wǒ qùle nǐ jiā jǐ huí，nǐ diē ～lǐ～bù lǐ wǒ，yuánlai shì hènle wǒ la!

6. 裤子上那道破绽,甚至～补～不补一下,只用橡皮膏粘住算数。(岑桑《如果雨下个不停》)

Kùzi shang nà dào pòzhàn，shènzhì ～bǔ～bù bǔ yíxià，zhǐ yòng xiàngpígāo zhānzhu suàn shù.

没……没　　　　méi. . .méi. . .　　(格式)

A 常作谓语、定语、状语等。分别嵌入两个意义相关的名词,表示两个都没有:
   Often functions as the predicate, attributive or adverbial. Two nouns related in mean-
   ing are employed to indicate that neither of the two exists:

1. 小红怪可怜,~爷~娘的。(丁玲、孟波、郑君里《聂耳》)
   Xiǎohóng guài kělián, ~yé~niáng de.

2. 自己~儿~女,这两个孩子多么叫人喜爱?(孙犁《芦花荡》)
   Zìjǐ ~ér~nǚ, zhè liǎng ge háizi duōme jiào rén xǐ·ài?

B 分别嵌入两个意义相关的名词、动词、形容词或词素,多成固定短语,表示强调:
   Two related nouns, verbs, adjectives or morphemes are employed to form a set phrase
   which expresses an emphatic negation:

1. 我活了小三十岁了,就没见过这么~心~肺的人!(老舍《四世同堂》)
   Wǒ huóle xiǎo sānshí suì le, jiù méi jiànguo zhème ~xīn~fèi de rén!

2. "醉翁之意不在酒"。萍萍忽然~头~脑地冒出那么一句。(张长《空谷兰》)
   "Zuì wēng zhī yì bú zài jiǔ". Píngping hūrán ~tóu~nǎo de mào chu nàme yí jù.

3. 冠先生虽然~皮~脸,也不能不觉得发僵。他又想告辞。(老舍《四世同堂》)
   Guàn xiānsheng suīrán ~pí~liǎn, yě bù néng bù juéde fā jiāng. Tā yòu xiǎng
   gàocí.

4. 你成个什么样子?~情~理的,真不像个革命军人。(曲波《桥隆飙》)
   Nǐ chéng ge shénme yàngzi? ~qíng ~lǐ de, zhēn bú xiàng ge gémìng jūnrén.

5. 以后你别跟那个袁小姐玩,野姑娘,~规~矩的。(曹禺《北京人》)
   Yǐhòu nǐ bié gēn nàge Yuán xiǎojie wánr, yě gūniang, ~guī~jǔ de.

6. 后来当了汽车司机,长年在外边跑,长了些见识,嘴也学得野了,说话~遮~
   拦。(王新纪、田增祥、陶正《风乍起…》)
   Hòulái dāngle qìchē sījī, chángnián zài wàibianr pǎo, zhǎngle xiē jiànshi, zuǐ yě xué
   de yě le, shuō huà ~zhē~lán.

7. 这个人说起话来~完~了,我早就睏了,明天还要起早上班呢!(白景晟《夕
   阳》)
   Zhège rén shuō qǐ huà lai ~wán~liǎo, wǒ zǎo jiù kùn le, míngtiān hái yào qǐ zǎo
   shàng bān ne!

C 分别放在两个反义的形容词前,表示应区别而未区别,有不以为然或不该如此的
   感情色彩;多是固定短语:
   Two antonymous adjectives are employed to indicate that a distinction ought to be made
   between the two but is not made; conveys a note of disapproval. They are mostly set
   phrases:

1. 他在车上自言自语:"管秀芬这丫头,打断我们的谈话,~轻~重的,这丫头。"
   (周而复《上海的早晨》)
   Tā zài chē shang zìyánzìyǔ:" Guǎn Xiùfēn zhè yātou, dǎduàn wǒmen de tán huà, ~
   qīng~zhòng de, zhè yātou. "

2. 我可说话~轻~重的,一个大姑娘在姨父家里混一辈子成怎么回事啊。(曹禺
   《北京人》)
   Wǒ kě shuōhuà ~qīng~zhòng de, yí ge dàgūniang zài yífu jiā li hùn yíbèizi chéng
   zěnme huí shì a.

3. 别这么～老～少的乱开玩笑！

    Bié zhème ～lǎo～shào de luàn kāi wánxiào!

4. 这个人，～大～小的一点礼貌也没有。

    Zhège rén, ～dà～xiǎo de yìdiǎnr lǐmào yě méi yǒu.

七……八……　　qī…bā…　　（格式）

分别嵌入某些名词、动词或形容词以至某些词素，表示多或者多而杂乱；常作状语、谓语、定语、补语：

With certain nouns, verbs, adjectives or even morphemes, indicates large numbers, even chaotically large numbers of things. 七…八.. is often used as an adverbial, predicate, attributive or as a complement：

1. 人们～嘴～舌地向他说："干！生宝，你给俺领头，干！"（柳青《创业史》）

    Rénmen ～zuǐ～shé de xiàng tā shuō:"Gàn! Shēngbǎo, nǐ gěi ǎn lǐngtóu, gàn!"

2. 咱俩先不对家里说，等干得有了点眉目，再揭开盖儿，省得马上～嘴～舌地乱吵！（老舍《女店员》）

    Zán liǎ xiān bú duì jiā li shuō, děng gàn de yǒule diǎnr méimù, zài jiēkāi gàir, shěngde mǎshàng ～zuǐ～shé de luàn chǎo!

3. 人多好办事，大家～手～脚，一下子就把路上的石块清理干净了。（福庚《新安江上》）

    Rén duō hǎo bàn shì, dàjiā ～shǒu～jiǎo, yíxiàzi jiù bǎ lù shang de shíkuàir qīnglǐ gānjìng le.

4. 在昏暗的油灯光下，人们～歪～倒地如同一座座的塑像。（林彬、曹欣、沙蒙、肖茅《上甘岭》）

    Zài hūn'àn de yóudēng guāng xià, rénmen ～wāi～dǎo de rútóng yí zuòzuò de sùxiàng.

5. 这路也有趣，在水田里～扭～扭的，常常让水稻挤没了去向。（贾平凹《竹子和含羞草》）

    Zhè lù yě yǒu qù, zài shuǐtián li ～niǔ～niǔ de, chángcháng ràng shuǐdào jǐméile qùxiàng.

6. 孙玉亮抡起大红旗把军警揍得～零～落。（金山《风暴》）

    Sūn Yùliàng lūn qi dà hóngqí bǎ jūnjǐng zòu de ～líng～luò.

7. 他呀，……，心里～上～下。（郑万隆《酸果》）

    Tā ya, …, xīnli ～shàng～xià de.

千……万……　　qiān…wàn…　　（格式）

常嵌入词（多为单音节的）或词素，形成固定的短语；多作谓语、定语、状语：

With words (mostly monosyllabic) or morphemes to form set phrases which are used either as predicates, attributives or adverbials：

A 表示很多：

    Indicates large numbers：

1. 这叫～变～化，不离其宗。（鲁迅《家庭为中国之基本》）

    Zhè jiào ～biàn～huà, bù lí qí zōng.

2. ……他俩默默望了一下，～言～语，都在这一望之下弄清楚了，……（刘白羽《无敌三勇士》）

qián...hòu...　　　　　前且　　　　qiě...qiě...

... Tāliǎ mòmò wàngle yíxià, ~yán~yǔ, dōu zài zhè yí wàng zhī xià nòngqīngchu le, ...

3. 带买办性的大资产阶级，……它们和农村中的封建势力有着～丝～缕的联系。（毛泽东《中国革命和中国共产党》）

Dài mǎibànxìng de dà zīchǎnjiējí, ... tāmen hé nóngcūn zhōng de fēngjiàn shìlì yǒuzhe ~sī~lǚ de liánxì.

4. 他在他们起身以前给他们～叮咛～叮咛，叫他们兄弟两个人时时刻刻在一块互相照顾着，……（柳青《地雷》）

Tā zài tāmen qǐshēn yǐqián gěi tāmen ~dīngníng~dīngníng, jiào tāmen xiōngdì liǎng ge rén shíshíkèkè zài yíkuàir hùxiāng zhàoguzhe, ...

B 表示程度高：

Indicates a high degree：

1. 由此启发，仔细一想，他的话实在～真～确……（鲁迅《"京派"和"海派"》）

Yóu cǐ qǐfā, zìxì yì xiǎng, tā de huà shízài ~zhēn~què...

2. 虽然二诸葛说是～合适～合适，小二黑却不认账。（赵树理《小二黑结婚》）

Suīrán Èrzhūgé shuō shì ~héshì~héshì, Xiǎo·èrhēi què bú rèn zhàng.

前……后……　qián...hòu...　（格式）

嵌入词素、词或短语，构成固定短语：

Used with morphemes, words or phrases to form set phrases：

A 表示地点或时间的前后：

Indicates front and back in space or the former and the latter in time：

1. 这件事很快就在～街～巷传开了。

Zhè jiàn shì hěn kuài jiù zài ~jiē~xiàng chuánkāi le.

2. 他坐在一条小船上，左右的人～呼～拥。（新凤霞《苦涩的童年》）

Tā zuò zài yì tiáo xiǎo chuán shang, zuǒyòu de rén ~hū~yōng.

3. 要大胆指导运动，不要～怕龙，～怕虎。（毛泽东《关于农业合作化问题》）

Yào dàdǎn zhǐdǎo yùndòng, búyào ~pà lóng, ~pà hǔ.

4. 他们有确信，不自欺；他们在～仆～继的战斗，……（鲁迅《中国人失掉自信力了吗？》）

Tāmen yǒu quèxìn, bú zìqī; Tāmen zài ~pū~jì de zhàndòu, ...

B 常嵌入单音节动词，表示身体向前向后的动作：

With monosyllabic verbs to indicate forward and backward movements of the body：

1. 朱总司令的笑话讲得趣味横生，乐得大家～仰～合。（报）

Zhū zǒngsīlìng de xiàohua jiǎng de qùwèi héngshēng, lè de dàjiā ~yǎng~hé.

2. 每天清早，这位老人就在这小树林里～俯～仰地活动腰腿。

Měitiān qīngzǎo, zhèwèi lǎorén jiù zài zhè xiǎo shùlín li ~fù~yǎng de huódòng yāo tuǐ.

3. 有时候，我们站在门坎上玩儿，要是站不稳，身子就会～栽～仰的。（严文井《蚯蚓和蜜蜂的故事》）

Yǒu shíhou, wǒmen zhàn zài ménkǎnr shang wánr, yàoshi zhàn bu wěn, shēnzi jiù huì ~zāi~yǎng de.

且……且……　qiě...qiě...　（格式）

嵌入两个意思有关的动词,以单音节为多,表示两个动作同时或交替进行。有"边……边……"的意思:

With two verbs, usually monosyllabic, related in meaning, indicates that two actions take place simultaneously or alternately:

1. "我什么时候跳进你的园里来偷萝卜?"阿Q～看～走的说。(鲁迅《阿Q正传》)
   "Wǒ shénme shíhou tiào jìn nǐ de yuán li lái tōu luóbu?" Ā Q ～kàn～zǒu de shuō.

2. 祖大弼看着不能取胜,官军的步兵死伤惨重,随即用骑兵作掩护,～战～退。(刊)
   Zǔ Dàbì kànzhe bù néng qǔshèng, guānjūn de bùbīng sǐ shāng cǎnzhòng, suíjí yòng qíbīng zuò yǎnhù, ～zhàn～tuì.

3. 北京人除夕～做～吃,听说几乎要吃一夜的饺子。(孙福熙《画饼充饥的新年多吉庆》)
   Běijīng rén Chúxī ～zuò～chī, tīngshuō jīhū yào chī yí yè de jiǎozi.

有时"且……"可以出现两次以上:

Sometimes 且... can occur more than twice in a sentence:

4. 可是～碰杯,～吃,～言笑,时间在欢乐中飞逝,不觉过了三个钟头。(臧克家《往事忆来多》)
   Kěshì ～pèng bēi, ～chī,～yánxiào, shíjiān zài huānlè zhōng fēishì, bùjué guòle sān ge zhōngtóu.

若……若……　ruò...ruò...　(格式)

嵌入两个意思相反的单音节动词、形容词或词素,有"又像……又像……"的意思,常作谓语、定语等,多是固定短语:

With two monosyllabic verbs or adjectives or morphemes with contrasting meanings, indicates that although something seems to be the case, in fact the opposite may be so. This structure is a set phrase functioning as a predicate or attributive:

1. 遥望东方,德胜门城楼在晚霞辉映下,～隐～现。(朱丹赤《二环路巡礼》)
   Yáowàng dōngfāng, Déshèngmén chénglóu zài wǎnxiá huīyìng xià, ～yǐn～xiàn.

2. 半山腰上,迷茫的雪雾中,一个人影～隐～现。(柏峰《深山风雪路》)
   Bàn shānyāo shang, mímáng de xuěwù zhōng, yí ge rényǐng ～yǐn ～xiàn.

3. 菩提和韩仪认识两年了,始终没有超越这种～即～离的关系。(宗璞《三生石》)
   Pútí hé Hán Yí rènshi liǎng nián le, shǐzhōng méiyou chāoyuè zhèzhǒng ～jí～lí de guānxi.

4. 案件很复杂,情况～明～暗,还需要进一步调查。
   Anjiàn hěn fùzá, qíngkuàng ～míng～àn de, hái xūyào jìn yí bù diàochá.

……三……四　...sān...sì　(格式)

常嵌入两个意义相近的单音节动词,构成固定短语,可作谓语、定语、状语、补语:

With two monosyllabic verbs similar in meaning, forms a set phrase which is generally used as a predicate, attributive, adverbial or complement:

A 表示杂乱无序:

Indicates disorder:

1. 他……说罢又望了一眼横～倒～的版样,晃着阔背脊走出窑洞。(周洁夫《师徒》)

Tā... shuōbà yòu wàngle yì yǎn héng ～dǎo～de bǎnyàng, huàngzhe kuò bèijǐ zǒu chū yáodòng.

2. 他将喝五成酒，好教脸上红扑扑的，而不至于说话颠～倒～。(老舍《四世同堂》)

Tā jiāng hē wǔ chéng jiǔ, hǎo jiào liǎn shang hóngpūpū de, ér búzhìyu shuō huà diān ～dǎo～.

3. 本子我记得丢～落～，您能帮我补充补充？(侯宝林《技术比赛》)

Běnzi wǒ jìde diū ～là～, nín néng bāng wǒ bǔchōng bǔchōng?

B 表示反复：

Indicates repetition：

1. 他再～再～的嘱咐"干员"们，务必把这句话照原样说清楚。(老舍《四世同堂》)

Tā zài`～zài～de zhǔfu "gànyuán" men, wùbì bǎ zhè jù huà zhào yuányàng shuō qīngchu.

2. 抚顺银行二位信贷员来京上访，而某些领导部门居然推～挡～；不屑一顾。(报)

Fǔshùn yínháng èr wèi xìndàiyuán lái Jīng shàngfǎng, ér mǒuxiē lǐngdǎo bùmén jūrán tuī ～dǎng～; Búxiè yígù.

三……五……　sān...wǔ...　(格式)

分别嵌入意思相近的单音节词，形成固定的短语，表示次数多；多作状语：

With two monosyllabic words of similar meaning, forms a set phrase, which means "many times" and is mostly used as an adverbial：

1. 他和母亲曾～番～次到人武部请求，表明姚成坚决要服兵役的决心和志愿。(曾克《接班人》)

Tā hé mǔqin céng ～fān～cì dào rénwǔbù qǐngqiú, biǎomíng Yáo Chéng jiānjué yào fú bīngyì de juéxīn hé zhìyuàn.

2. 现在，春耕已经结束了，离麦收还有半月二十天的工夫，老两口又～番～次催儿子。(马烽《结婚》)

Xiànzài, chūngēng yǐjīng jiéshù le, lí màishōu hái yǒu bàn yuè èrshí tiān de gōngfu, lǎoliǎngkǒur yòu ～fān～cì cuī érzi.

3. ～令～申讲了，偏偏还要违反，这是什么性质的问题？(徐怀中《西线轶事》)

～lìng～shēn jiǎng le, piānpiān hái yào wéifǎn, zhè shì shénme xìngzhì de wèntí?

有时表示概数：

Sometimes indicates an approximate number：

4. 在里面干它～年～载，放出来起码是个少将保安处长。(宋乔《侍卫官杂记》)

Zài lǐmiàn gàn tā ～nián ～zǎi, fàng chulai qǐmǎ shì ge shàojiàng bǎo·ān chùzhǎng.

时而……时而……　shí·ér... shí·ér...　(格式)

多嵌入两个意义相对、相关的双音节形容词、动词或短语，表示不同的动作或现象在一定时间内交替发生：

Sometimes... sometimes...；is employed with two disyllabic adjectives or phrases which are opposite or related in meaing, to indicate that two different actions or phenomena occur alternately within a certain period of time：

1. 窗外雷声隆隆地响着，闪电的白光，～闪亮，～熄灭。(管桦《葛梅》)

Chuāng wài léishēng lónglóng de xiǎngzhe, shǎndiàn de báiguāng, ～shǎnliàng, ～xīmiè.

2. 他～沉思,～点头,有时一抹阳光在总理眼中闪烁,那是总理在微笑了。(鲁彦周《总理的教诲永世铭记》)

Tā ～chénsī, ～diǎn tóu, yǒushí yì mǒ yángguāng zài zǒnglǐ yǎn zhōng shǎnshuò, nà shì zǒnglǐ zài wēixiào le.

3. 梦境,～虚无缥缈,～若有其事,但往往是日有所思,夜有所梦。(报)

Mèngjìng, ～xūwúpiāomiǎo, ～ruò yǒu qí shì, dàn wǎngwǎng shì rì yǒu suǒ sī, yè yǒu suǒ mèng.

4. 画在地上的影子渐渐短了,又渐渐长了,～在前了,又～在后了,刻刻在那里变幻。(叶圣陶《倪焕之》)

Huà zài dì shang de yǐngzi jiànjiàn duǎn le, yòu jiànjiàn cháng le, ～zài qián le, yòu ～ zài hòu le, kèkè zài nàli biànhuàn.

有时,有两个以上不同动作或现象,则可连用几个"时而":

Sometimes 时而 is used several times in a sentence to describe more than two different actions or phenomena:

5. 在乱石间,～湍急,～缓慢,～只是窄窄的浅浅的细流,似乎一个巴掌就可以把它隔断。(关鸿《长白山传奇》)

Zài luàn shí jiān, ～tuānjí, ～huǎnmàn, ～zhǐ shì zhǎizhǎi de qiánqiǎn de xìliú, sìhū yí ge bāzhang jiù kěyǐ bǎ tā géduàn.

6. 促膝谈心,随兴趣之所至。～上天,～入地,～论书,～评画;～纵谈时局,品鉴人伦,～剖析玄理,密诉衷曲……(叶绍钧《与佩弦》)

Cùxī tán xīn, suí xìngqù zhī suǒ zhì. ～shàng tiān, ～rù dì, ～lùn shū, ～píng huà; ～zòngtán shíjú, pǐnjiàn rénlún, ～pōuxī xuánlǐ, mì sù zhōngqǔ…

时……时……　shí…shí…　(格式)

嵌入意义相对的单音节形容词或动词,形成四字短语,作谓语、状语或定语,表示不同的状态或现象在一定时间内交替发生:

With two monosyllabic adjectives or verbs opposite in meaning, forms a four-character phrase meaning "sometimes... sometimes...". The expression can function as a predicate, adverbial or attributive to indicate that different states or phenomena take place alternately within a certain period of time:

1. 那声音……一阵阵在晚风里起伏,～强～弱。那是一个人在吹唢呐。(白榕《唢呐曲》)

Nà shēngyīn… yí zhènzhèn zài wǎnfēng li qǐfú, ～qiáng ～ruò. Nà shì yí ge rén zài chuī suǒnà.

2. 路上的灯光与黑影,～明～暗。(老舍《骆驼祥子》)

Lù shang de dēngguāng yǔ hēiyǐng, ～míng～àn.

3. 这源头水像根橡皮筋,～长～短,一年一度一伸一缩。(刊)

Zhè yuántóu shuǐ xiàng gēn xiàngpíjīnr, ～chǎng ～duǎn, yì nián yí dù yì shēn yì suō.

4. 它(歌声)是那么遥远,又是那么亲切,在秋风中～断～续地飘来。(报)

Tā (gēshēng) shì nàme yáoyuǎn, yòu shì nàme qīnqiè, zài qiūfēng zhōng ～duàn～

xù de piāo lái.

5.　一堆火距离一堆火,也就是十几丈远,每堆火前总有三四个人影～隐～现,出没无常。(王林《五月之夜》)

　　Yì duī huǒ jùlí yì duī huǒ, yě jiùshi shí jǐ zhàng yuǎn, měi duī huǒ qián zǒng yǒu sān sì gè rényǐng ～yǐn～xiàn, chūmò wúcháng.

说……道……　shuō...dào...　(格式)

分别嵌入一定的相对或相似的单音节词,构成固定短语;表示各种谈论;常作谓语:
Used with certain pairs of monosyllabic words to form set phrases meaning "all sorts of talk". They usually function as predicates:

1.　尽管是邻里乡亲,可他觉得以一个队长身份来～长～短,浑身还是有点不自在。(李雄高《三拜月亮婶》)

　　Jǐnguǎn shì línlǐ xiāngqīn, kě tā juéde yǐ yí ge duìzhǎng shēnfèn lái ～cháng～duǎn, húnshēn háishi yǒudiǎnr bú zìzai.

2.　我们穿过这条"大街"的时候,男女老幼,村的俏的,都向S招呼,～长～短。(冰心《我的学生》)

　　Wǒmen chuān guò zhètiáo "dàjiē" de shíhou, nán nǚ lǎo yòu, cūn de qiào de, dōu xiàng S zhāohu, ～cháng～duǎn.

3.　老朋友聚会到一起,谈天论地,～东～西,简直太开心了。

　　Lǎo péngyou jùhuì dào yìqǐ, tán tiān lùn dì, ～dōng～xī, jiǎnzhí tài kāixīn le.

4.　平时,罗海涛对郭宏才意见大极了,总是在何婷面前～三～四,会上却一言不发。(张洁《沉重的翅膀》)

　　Píngshí, Luó Hǎitāo duì Guō Hóngcái yìjiàn dà jí le, zǒngshi zài Hé Tíng miànqián ～sān～sì, huì shang què yìyánbùfā.

有时也说"谈……道……":
Sometimes 谈...道... is used instead:

5.　只因几家不安分的殷实户,常在她眼前显钱夸富,谈买道卖,她那双眼睛便花了起来,……(高缨《鱼鹰来归》)

　　Zhǐ yīn jǐ jiā bù ānfèn de yīnshí hù, cháng zài tā yǎnqián xiǎn qián kuā fù, tán mǎi dào mài, tā nàshuāng yǎnjing biàn huāle qilai,...

似……非……　sì...fēi...　(格式)

常常分别嵌入相同的词(以单音节的为多),构成比较固定的短语,作谓语、定语或状语,表示既像又不像的意思:
With the same word repeated (usually monosyllabic) to form a set phrase which functions as a predicate, attributive or an adverbial, indicating a dubious state:

1.　一些～云～云,～雾～雾的灰气低低的浮在空中,使人觉得憋气。(老舍《骆驼祥子》)

　　Yìxiē ～yún～yún,～wù～wù de huīqì dīdī de fú zài kōngzhōng, shǐ rén juéde biēqì.

2.　我～信～信。当然,盛情难却,便欣然接受了这份高贵的礼物。(丁宁《仙女花开》)

　　Wǒ ～xìn～xìn. Dāngrán, shèngqíngnánquè, biàn xīnrán jiēshòule zhèfèn gāoguì de lǐwù.

3.　他含着一根纸烟,站在送来的材料面前,～笑～笑地对押运材料来的人说:

……（马识途《最有办法的人》）

Tā hánzhe yì gēn zhǐyǎn，zhàn zài sòng lai de cáiliào miànqián，～xiào ～xiào de duì yǎyùn cáiliào lái de rén shuō，……

4. 喝完，他钻了被窝，什么也不知道了，～睡～睡的，耳中刷刷的一片雨声。（老舍《骆驼祥子》）

Hēwán，tā zuānle bèiwō，shénme yě bù zhīdào le，～ shuì ～ shuì de，ěr zhōng shuāshuā de yí piàn yǔ shēng.

5. 班里好的同学～懂～懂，差的则一窍不通。（报）

Bān li hǎo de tóngxué ～dǒng～dǒng，chà de zé yíqiàobùtōng.

有时也说"似……不……"：

Sometimes 似...不... is used instead：

6. 你的脸上应该皮肉松弛，似笑不笑，嘴不要张的太大，……（郭启儒《相声表演心得》）

Nǐ de liǎn shang yīnggāi pí ròu sōngchí，sì xiào bú xiào，zuǐ búyào zhāng de tài dà，...

7. 一个似懂事不懂事的孩子，……她天真地向外祖母提出了一个相当尖锐的问题。（徐怀中《西线轶事》）

Yí ge sì dǒng shì bù dǒng shì de háizi，... tā tiānzhēn de xiàng wàizǔmǔ tí chū le yí ge xiāngdāng jiānruì de wèntí.

……头……脑　　...tóu...nǎo　（格式）

嵌入单音节词或词素，形成少数固定短语，作状语、定语或谓语：

With monosyllabic words or morphemes，forms a few set phrases functioning as adverbials，attributives or predicates：

A 描写人的头和脸的样子：

Describes the human head and face：

1. "可不兴讽刺人！"有一个圆～圆～的胖孩子大声说，满脸通红。（张天翼《不动脑筋的故事》）

"Kě bù xīng fěngcì rén！" yǒu yí ge yuán ～yuán～de pàng háizi dà shēng shuō，mǎn liǎn tōnghóng.

2. 这个两岁的小男孩，长得胖～胖～的，真让人喜爱。

Zhège liǎng suì de xiǎo nánháir，zhǎngde pàng ～pàng～de，zhēn ràng rén xǐ'ài.

B 描写人的精神状态：

Describes a person's mental state：

1. 群众非常恐慌，腿打哆嗦，昏～昏～，找不着道儿走。（邵子南《地雷阵》）

Qúnzhòng fēicháng kǒnghuāng，tuǐ dǎ duōsuo，hūn～hūn～，zhǎo bu zháo dàor zǒu.

2. 汽车来了，祥子楞～磕～的坐进去。（老舍《骆驼祥子》）

Qìchē lái le，Xiángzi lèng ～kē～de zuò jìnqu.

C 描写说话很突然的样子：

Describes an abrupt manner of speaking：

1. "我们的纸张消耗很大，"王勤没～没～地说了一句。（周洁夫《师徒》）

"Wǒmen de zhǐzhāng xiāohào hěn dà，" Wáng Qín méi ～méi～de shuō le yí jù.

2. "你是天天回家的吗？"赶车的姑娘不答复他的问话，反而突～突～地这么问

他。(艾芜《夜归》)

"Nǐ shì tiāntiān huí jiā de ma?" gǎn chē de gūniang bù dáfu tā de wèn huà, fǎn·ér tū ~tū~de zhème wèn tā.

无……无……　　wú...wú...　　(格式)

多嵌入两个意义相似或相关的单音节词或词素,着重表示"没有"的意思;多是固定短语;作定语、状语、谓语、补语:

With two monosyllabic words or morphemes, related or similar in meaning, forms a set phrase used either as an attributive, adverbial, predicate or complement to emphasize the absence of something:

1.　山前是一层层的大山地,爽阔空旷,~边~限的满地朝阳。

　　Shān qián shì yì céngcéng de dà shāndì, shuǎngkuò kōngkuàng, ~ biān ~ xiàn de mǎn dì zhāoyáng.

2.　叶知秋已经没有了胃口,饭前那阵美妙的情绪不知为什么已经消散得~影~踪,她摇摇头。(张洁《沉重的翅膀》)

　　Yè Zhīqiū yǐjing méi yǒule wèikǒu, fàn qián nàzhèn měimiào de qíngxù bù zhī wèi shénme yǐjing xiāosàn de ~ yǐng ~ zōng, tā yáoyao tóu.

3.　驼背老头并不神秘,原来是东湾船修厂的守门老人。~依~靠子然一身。(李树喜《空屋主》)

　　Tuóbèi lǎotóur bìng bù shénmì, yuánlái shì Dōngwān chuánxiūchǎng de shǒu mén lǎorén. ~yī~kào jiérán yì shēn.

4.　人,如果永远是童年,像溪水,像山雀,像红花绿草,~忧~虑,~拘~束,自由自在,该多么爽神!(聂震宁《绣球里有一颗槟榔》)

　　Rén, rúguǒ yǒngyuǎn shì tóngnián, xiàng xīshuǐ, xiàng shānquè, xiàng hóng huā lǜ cǎo, ~yōu~lǜ, ~jū~shù, zìyóu zìzài, gāi duōme shuǎngshén!

有时是"不管"的意思:

Sometimes the phrase means "irrespective of":

5.　正是你,~冬~夏,没黑没白,劳动着,劳动着,主动地,无酬地,捧献出多少把滚烫的汗珠子啊!(报)

　　zhèng shì nǐ, ~dōng~xià, méi hēi méi bái, láodòngzhe, láodòngzhe, zhǔdòng de, wú chóu de, pěngxiàn chū duōshǎo bǎ gǔntàng de hànzhūzi a!

现……现……　　xiàn...xiàn...　　(格式)

多嵌入两个意义相关的单音节动词,表示临时采取行动,前一个动作的行为是后一个动作的行为的需要,而且二者紧紧相连;常作谓语:

With two monosyllabic verbs related in meaning, indicates that the first action is done in order to meet the immediate need of the second one. 现...现... mostly serves as a predicate:

1.　下酒的菜是一盘油炸花生米,一盘松花;馅饼~烙~吃,又热又香。(张洁《沉重的翅膀》)

　　Xià jiǔ de cài shì yì pán yóu zhá huāshēngmǐ, yì pán sōnghuā;Xiànrbǐng ~lào~chī, yòu rè yòu xiāng.

2.　"后来",大梨~编~说,"后来大象病了,自己不能走,就派猴子去管教老虎,猴子是老虎的舅舅呀。"(徐朝夫《请客》)

"Hòulái", Dàlǐ ～biān～shuō," hòulái dà xiāng bìng le, zìjǐ bù néng zǒu, jiù pài hóuziqù guǎnjiào lǎohǔ, hóuzi shì lǎohǔ de jiùjiu ya."

3.　《追求》连构思带写作,共化了两个月。那时候,我是～写～卖,以此来解决每日的面包问题。(茅盾《写在〈蚀〉的新版的后面》)

《Zhuīqiú》lián gòusī dài xiězuò, gòng huàle liǎng ge yuè. Nà shíhou, wǒ shì ～xiě～mài, yǐ cǐ lái jiějué měi rì de miànbāo wèntí.

有时前后两个动作实际是一个:

Sometimes the two actions are really one and the same thing:

4.　蕾蕾说慌的本事真可以,一点没有～编～想的痕迹。(张笑天、张天民《追花人》)

Léilei shuō huǎng de běnshi zhēn kěyǐ, yìdiǎnr méi yǒu ～ biān ～xiǎng de hénjì.

要么……要么……　yàome...yàome...　（格式）

分别嵌入两个谓语或分句,表示对举两种(相排斥的)事情或情况,任择其一:

With two predicates or clauses, means "either... or...":

1.　今天,～把鞋送出去,～,过清江河。(王振武《最后一篓春茶》)

Jīntiān, ～bǎ xié sòng chūqu, ～, guò Qīngjiānghé.

2.　她已经说过多少次,～赶快拿出去修理,～就丢掉它,不然,早晚有一天会摔坏人的。(张洁《沉重的翅膀》)

Tā yǐjīng shuōguo duōshǎo cì, ～gǎnkuài ná chūqu xiūlǐ, ～ jiù diūdiào tā, bùrán, zǎowǎn yǒu yì tiān huì shuāihuài rén de.

3.　俗话说得好:入境问俗嘛!你问过没有?一瞅你还没穿棉裤,～,你就是南方人,不知道寒腿厉害。～,你就是没有棉裤。(巴波《走上大道》)

Súhuà shuō de hǎo: rù jìng wèn sú ma! Nǐ wènguo méiyou? Yìchǒu nǐ hái méi chuān miánkù, ～, nǐ jiù shì nánfāng rén, bù zhīdào hántuǐ lìhai. ～, nǐ jiùshì méi yǒu miánkù.

有时可以用一个"要么",意思是"要不然":

Sometimes a single 要么 is used to mean "otherwise":

4.　天色太晚了,咱们快回去吧,～就住在这里。

Tiānsè tài wǎn le, zánmen kuài huíqu ba, ～jiù zhù zài zhèlǐ.

……也罢……也罢　...yěbà...yěbà　（格式）

多嵌入两个意义相对或相关的词语,有时多组连用,表示所列举的各种情况并不改变后面的结论:

With two or more words or phrases which are opposite or related in meaning, shows by examples that whatever the circumstances may be, the outcome remains unchanged:

1.　今天谁也没空着手来吃饭,一角～,四十子儿～,大小都有份礼金。(老舍《骆驼祥子》)

Jīntiān shuí yě méi kōngzhe shǒu lái chī fàn, yì jiǎo ～, sìshí zǐr ～, dà xiǎo dōu yǒu fèn lǐjīn.

2.　中国是我们的祖国,党的事业是我们每个人的事业,所有这一切,光明～、黑暗～、顺利～、受挫～、好～、赖～、赔～、赚～,都有我们的份。(王蒙《生活、倾向、辩证法和文学》)

Zhōngguó shì wǒmen de zǔguó, dǎng de shìyè shì wǒmen měi ge rén de shìyè, suǒyǒu zhè yíqiè, guāngmíng～, hēi·àn～, shùnlì～, shòu cuò～, hǎo～, lài～, péi～, zhuàn ～, dōu yǒu wǒmen de fènr.

3. "我应该给她写一封信。"他忽然闪过一个念头,"她爱我～,不爱,我这颗心应该让她知道。"(魏巍《东方》)

"Wǒ yīnggāi gěi tā xiě yì fēng xìn." tā hūrán shǎn guò yí ge niàntou, "tā ài wǒ ～, bú ài ～, wǒ zhèkē xīn yīnggāi ràng tā zhīdào."

4. 你在大学教书,教授、讲师～,每月总可以挣三五百元,为什么要去当一个公司里的运输员呢?(张恨水《八十一梦》)

Nǐ zài dàxué jiāo shū, jiàoshòu ～, jiǎngshī ～, měi yuè zǒng kěyǐ zhèng sān wǔbǎi yuán, wèi shénme yào qù dāng yí ge gōngsī li de yùnshūyuán ne?

参看"……也好……也好"。

Compare . . . 也好. . . 也好 . . . yěhǎo. . . yěhǎo.

……也不是……也不是 . . . yěbushì. . . yěbushì （格式）

嵌入的多是两个意思相对的动词或动词短语,形容人们处于左右为难、无所适从时的情况;有时多组连用:

With two verbs or verbal phrases opposite in meaning, describes an awkward predicament:

1. 她正侧睡着喂小娣吃奶,明知曼如来了,却仍歪着身,装着不知道,弄得曼如叫她～,不叫她～。(於梨华《姐姐的心》)

Tā zhèng cè shuìzhe wèi xiǎodì chī nǎi, míng zhī Mànrú láile, què réng wāizhe shēn, zhuāngzhe bù zhīdào, nòng de Mànrú jiào tā ～, bú jiào tā ～.

2. 小进给梅梅的信,好像一把锥子刺得他心痛疼,心麻缭乱的坐～,站～。(潘保安《老二黑离婚》)

Xiǎojìn gěi Méimei de xìn, hǎoxiàng yì bǎ zhuīzi cì de tā xīn tòngténg, xīn má liáoluàn de zuò ～, zhàn～.

3. 她觉得每日站～,坐～,看书～,不看书～,究竟自己要的是什么,还是一个不知。(茅盾《幻灭》)

Tā juéde měirì zhàn ～, zuò ～, kàn shū ～, bú kàn shū ～, jiūjìng zìjǐ yào de shì shénme, háishi yí ge bù zhī.

"也不是"有时说成"又不是",意思不变:

Sometimes 也不是 is replaced by 又不是 without changing the meaning:

4. 钟馗听了这话,闹得气不是,笑又不是,手扶了腰间的剑柄,只是坐了发呆。(张恨水《八十一梦》)

Zhōng Kuí tīngle zhè huà, nào de qì bùshì, xiào yòubúshì, shǒu fúle yāojiān de jiànbǐng, zhǐshì zuòle fā dāi.

5. 陆希荣走又不是,回又不是,犹豫片刻,只好尴尬地回到原来的位子坐下来。(魏巍《东方》)

Lù Xīróng zǒu yòubúshì, huí yòubúshì, yóuyù piànkè, zhǐhǎo gāngà de huídào yuánlái de wèizi zuò xialai.

……也好……也好 . . . yěhǎo. . . yěhǎo （格式）

同"……也罢……也罢":

Same as . . . 也罢. . . 也罢 (see p. 746):

1. 是～,非～,他不分辩,也不计较。(硝石《管饭》)

Shì～, fēi～, tā bù fēnbiàn, yě bú jìjiào.

2. 我还是回园艺场去，牛棚～，单身宿舍～，闭眼伸腿时图个舒心。(古华《给你一朵玉兰花》)

Wǒ háishi huí yuányìchǎng qu, niúpéng ～, dānshēn sùshè ～, bì yǎn shēn tuǐr shí tú ge shūxīn.

3. 那林子里叫～，闹～，全不理他。(张恨水《八十一梦》)

Nà línzi li jiào ～, nào ～, quán bù lǐ tā.

4. 古人的诗～，文～，大都很短，听说因为写在竹简上，写多了，拿不了，背不动。(刊)

Gǔrén de shī～, wén ～, dàdōu hěn duǎn, tīngshuō yīnwèi xiě zài zhújiǎn shang, xiěduōle, ná bu liǎo, bēi bu dòng.

———……半……　yī...bàn...　(格式)

嵌入两个意义相似的单音节词或词素，形成固定短语，表示量不多或时间不久：

With two monosyllabic words or morphemes similar in meaning, forms a set phrase indicating a small amount or a short time:

1. 我信任丁尽忠，犹豫了一下，还是把我那～星～点的知识说了出来。(刘真《黑旗》)

Wǒ xìnrèn Dīng jìnzhōng, yóuyùle yíxià, háishi bǎ wǒ nà ～xīng～diǎnr de zhīshi shuōle chulai.

2. 杨英停下来，期待王小龙的回答，哪怕是～言～语也好。(孔厥《新儿女英雄续传》)

Yáng Yīng tíng xialai, qīdài Wáng Xiǎolóng de huídá, nǎpà shì ～yán～yǔ yě hǎo.

3. 焕先的三叔期望他念完了洋学堂，将来混上～官～职，自己也能沾点光，主动上门儿送学费。(报)

Huànxiān de sānshū qīwàng tā niànwánle yángxuétáng, jiānglái hùn shang ～guān～zhí, zìjǐ yě néng zhān diǎnr guāng, zhǔdòng shàng ménr sòng xuéfèi.

4. 世上最可笑的是那些"知识里手"，有了道听途说的～知～解，便自封为"天下第一"，适足见其不自量而已。(毛泽东《实践论》)

Shì shang zuì kěxiào de shì nàxiē "zhīshi líshǒu", yǒule dàotīngtúshuō de ～zhī～jiě, biàn zìfēngwéi "tiānxià dì-yī", shì zú jiàn qí bú zìliàng éryǐ.

5. 他刚出去不久，～时～刻回不来，我们等会儿再来找他吧。

Tā gāng chū qu bùjiǔ, ～shí～kè huí bu lái, wǒmen děng huìr zài lái zhǎo tā ba.

———……不……　yī...bù...　(格式)

嵌入单音节词，形成固定短语，作谓语、定语、状语：

With monosyllabic words, forms a set phrase functioning as the predicate, attributive or adverbial:

A 分别嵌入两个单音节动词，表示动作一经发生就不改变：

With two monosyllabic verbs, indicates that once an action has taken place, it will remain so to the end:

1. 航运业～蹶～振，香港许许多多油船都被迫停航。(张士敏《爱的波折》)

Hángyùnyè ～jué～zhèn, Xiānggǎng xǔxǔduōduō yóuchuán dōu bèi pò tíng háng.

2. 可怜的大姑娘又气又急，～病～起，给金东水丢下了两个娃。(周克芹《许茂和

他的女儿们》）

Kělián de dà gūniang yòu qì yòu jí, ～bìng～qì, gěi Jīn Dōngshuǐ diūxiale liǎng ge wá.

3. 我们不仅不能透露去延安的动机，也不能流露出～去～返的企图。(张仲实《难忘的往事》）

Wǒmen bùjǐn bù néng tòulù qù Yán·ān de dòngjī, yě bù néng liúlù chū ～qù～fǎn de qìtú.

B 分别嵌入两个同一动词，表示强烈的否定：

The same verb is used twice to indicate a strong negation:

1. 李梦雨同志坐在炉前，两眼凝视着火光，～动～动。(谌容《永远是春天》）

Lǐ Mèngyǔ tóngzhì zuò zài lú qián, liǎng yǎn níngshìzhe huǒguāng, ～dòng～dòng.

2. 他～眨～眨地瞪着双眼，目光几乎狂乱，死死地盯着轿子窗口。(凌力《星星草》）

Tā ～zhǎ～zhǎ de dèngzhe shuāng yǎn, mùguāng jīhū kuángluàn, sǐsǐ de dīngzhe jiàozi chuāng kǒu.

C 分别嵌入一个单音节名词及一个单音节动词（该名词在意念上是动词的受事），表示强烈的否定：

A monosyllabic noun and a monosyllabic verb are employed to indicate a strong negation, the noun being the recipient of the verb:

1. 我爹自知理亏，～声～吭，低着头走回来。(鲁彦周《呼唤》）

Wǒ diē zì zhī lǐ kuī, ～shēng～kēng, dīzhe tóu zǒu huílai.

2. 我们这里每个人都～言～发。(王若望《饥饿三部曲》）

Wǒmen zhèlǐ měi ge rén dōu ～yán～fā.

3. 我又摸摸我的头发，头发让奶奶用水抿得溜光，～丝～乱。(张洁《我不是好孩子》）

Wǒ yòu mōmo wǒ de tóufa, tóufa ràng nǎinai yòng shuǐ mǐn de liūguāng, ～sī～luàn.

4. 不知是因为距离远怕射程够不着或是其他什么原因，手持洋枪的清兵竟然～枪也～放。(凌力《星星草》）

Bù zhī shì yīnwèi jùlí yuǎn pà shèchéng gòu bu zháo huò shì qítā shénme yuányīn, shǒu chí yángqiāng de Qīng bīng jìngrán ～qiāng yě～fàng.

5. 他听得非常过细，几乎是～个字～漏。(杨纤如《伞》）

Tā tīng de fēicháng guòxì, jīhū shì ～ge zì～lòu.

6. 我对音乐～窍～通。(郑万隆《年轻的朋友们》）

Wǒ duì yīnyuè ～qiào～tōng.

一……而…… yī...ér... （格式）

分别嵌入两个单音节动词形成书面语意味的固定短语，表示前一个动作很快产生了后面的结果；常作谓语：

With two monosyllabic verbs, a literary set phrase is formed to indicate that the first action immediately brings about the result expressed by the second verb. 一...ér... usually functions as the predicate:

1. 奉劝作家同志们，你们不要企图～挥～就。(周恩来《在文艺工作座谈会和故事

片创作会议上的讲话》)

Fèngquàn zuòjiā tóngzhìmen, nǐmen búyào qǐtú ～huī～jiù.

2. 那些伪自卫队员都变了脸色,～拥～上,田佐民和李德胜被他们用绳子捆上了。(李延禄《过去的年代》)

Nàxiē wěi zìwèiduìyuán dōu biànle liǎnsè, ～yōng～shàng, Tián Zuǒmín hé Lǐ Déshèng bèi tāmen yòng shéngzi kǔn shang le.

3. 裁判员一声喊,朱政～跃～起,奔向四届全运会体操赛的行列。(陈祖芬《美》)

Cáipànyuán yì shēng hǎn, Zhū Zhèng ～yuè～qǐ, bēn xiàng sì jiè quányùnhuì tícāosài de hángliè.

4. 刚才的闷气～扫～光,两个人说说笑笑地走出了院子。(魏巍《东方》)

Gāngcái de mènqì ～sǎo～guāng, liǎng ge rén shuōshuōxiàoxiào de zǒu chū le yuànzi.

5. 七八个战士～哄～上,轻而易举地把赵大明扭住了。(莫应丰《将军吟》)

Qī bā gè zhànshì ～hōng～shàng, qīng·éryìjǔ de bǎ Zhào Dàmíng niǔzhu le.

6. 郝三斟上一杯酒,端起来～饮～尽。(张恨水《八十一梦》)

Hǎosān zhēnshang yì bēi jiǔ, duān qilai ～yǐn～jìn.

7. 这想头只在我脑子里～闪～过。(王若望《饥饿三部曲》)

Zhè xiǎngtou zhǐ zài wǒ nǎozi li ～shǎn～guò.

──……二……　yī...èr...　(格式)

常分别嵌入某些双音节形容词的两个词素,把这形容词变为描写性很强的固定短语;多作补语、谓语:

With some disyllabic adjectives, the adjective which is split into its two component morphemes turns into an intensive descriptive set phrase, serving as a complement or predicate:

1. 皎皎月色,把来人的脸相照得～清～楚。(傅长公《夜闯凤凰滩》)

Jiǎojiǎo yuèsè, bǎ láirén de liǎnxiàng zhào de ～qīng ～chǔ.

2. 当她冷静下来,思索着刚才的行动时,占据着她整个心灵的悲哀情绪又浮了上来,把她那一点勇气都驱赶得～干～净了。(周克芹《许茂和他的女儿们》)

Dāng tā lěngjìng xiàlai, sīsuǒzhe gāngcái de xíngdòng shí, zhànjùzhe tā zhěnggè xīnlíng de bēi·āi qíngxù yòu fúle shanglai, bǎ tā nà yìdiǎnr yǒngqì dōu qūgǎn de ～gān～jìng le.

3. 第三次,种上乔麦,你猜怎么样? 只落个拾粪筐里筛白面:～光～净。(李季《老阴阳怒打"虫郎爷"》)

Dì-sān cì, zhòng shang qiáomài, nǐ cāi zěnmeyàng? Zhǐ luò ge shífènkuāng li shāi báimiàn: ～guāng～jìng.

──……就……　yī...jiù...　(格式)

A 表示两件事发生的时间前后紧连,两个述语可以是同一主语,也可以不是同一主语:

No sooner...than...; indicates the close succession of two actions or events. The two verbs may share the same subject or may each have its own subject:

1. 母亲～知道～很着急,几乎几夜睡不着。(鲁迅《在酒楼上》)

Mǔqin ～zhīdào～hěn zháo jí, jīhū jǐ yè shuì bu zháo.

2. 有一个年轻工人，～上车～靠近车窗，专心地看书。（艾芜《雨》）

Yǒu yí ge niánqīng gōngrén, ～shàng chē ～kàojìn chēchuāng, zhuānxīn de kàn shū.

3. 我～进校门，～碰上了语文教员吕萍。（马烽《韩梅梅》）

Wǒ ～jìn xiàomén, ～pèng shang le yǔwén jiàoyuán Lǚ Píng.

4. 打仗跟吃饭一样，吃饭，哨子～响，拿起筷子～吃。打仗，哨子～响，拿起枪来～走。（吴强《红日》）

Dǎ zhàng gēn chī fàn yíyàng, chī fàn, shàozi ～xiǎng, ná qi kuàizi ～ chī. Dǎ zhàng, shàozi ～xiǎng, ná qi qiāng lai ～zǒu.

5. 杨植林……从饭盒里抓了两个馒头，用纸一卷，往袋里～塞，～朝车库跑去。（陈续光《目标》）

Yáng Zhílín. . .cóng fànhé li zhuāle liǎng ge mántou, yòng zhǐ yì juǎn, wǎng dài li～sāi, ～cháo chēkù pǎo qù.

6. 他～说，我～懂了。

Tā ～shuō, wǒ～dǒng le.

B 表示具备了某种条件时，就会产生某种结果：

Indicates that once a certain condition is fulfilled, a certain result is bound to follow：

1. 你知道，我这人～激动，～不停地流汗的。（贾平凹《第一堂课》）

Nǐ zhīdào, wǒ zhè rén ～jīdòng, ～bùtíng de liú hàn de.

2. ～提到畜牧，陈老三的谈话～热烈起来了。（骆宾基《山区收购站》）

～tídào xùmù, Chén Lǎosān de tán huà ～ rèliè qilai le.

3. 山东的河道就是这样，～下雨，～流大水深，晴上几天，就干得河底朝天。（吴强《红日》）

Shāndōng de hédào jiù shì zhèyàng, ～xià yǔ, ～liú dà shuǐ shēn, qíngshang jǐ tiān, jiù gān de hé dǐ cháo tiān.

4. ～看见它呀，我～舍不得死啦！（老舍《茶馆》）

～kànjian tā ya, wǒ～shě bu de sǐ la!

5. 姑娘投入了全部的热忱，～有空～拿起本子默记默写。（刊）

Gūniang tóurùle quánbù de rèchén, ～yǒu kòng ～ná qi běnzi mò jì mò xiě.

C 表示动作一旦发生，就达到某种程度。"就"后常有数量短语：

Indicates that once an action takes place it reaches a certain degree. 就 is usually followed by a N-M phrase：

1. ～吃～吃多了，那是很自然的，豆腐加上点辣椒油，再拌上点大酱，那是多么可口的东西。（肖红《呼兰河传》）

～chī ～chīduō le, nà shì hěn zìrán de, dòufu jiā shang diǎnr làjiāo yóu, zài bàn shang diǎnr dàjiàng, nà shì duōme kěkǒu de dōngxi.

有时"就"后动词可以用"是"代替，或省略：

Sometimes the verb after 就 is replaced by 是 or omitted：

2. 她家，我不止一次地去过，～去～是一群人。（刊）

Tā jiā, wǒ bùzhǐ yí cì de qùguo, ～qù ～shì yì qún rén.

3. 许愿就得还愿，若是还愿的戏就更非唱不可了。～唱～是三天。（肖红《呼兰河传》）

Xǔ yuàn jiù děi huán yuàn, ruòshì huán yuàn de xì jiù gèng fēi chàng bùkě le. ～

chàng～shì sān tiān.

4. 他～写信，～三张纸。

　　Tā ～xiě xìn, ～sān zhāng zhǐ.

—……—　　yī...yī...　　（格式）

A 分别嵌入意义相对的单音节动词或形容词，表示两个动作或两种状态协调配合或交替出现：

With two monosyllabic verbs opposite in meaning, indicates that two actions are going on simultaneously or alternately：

1. 周大钟听着小李～起～落轻轻的鼾呼声，他越是……不能入睡。(梁斌《翻身记事》)

　　Zhōu Dàzhōng tīngzhe Xiǎolǐ ～qǐ～luò qīngqīng de hānhū shēng, tā yuè shì... bù néng rùshuì.

2. 海湾远处，有一座灯塔上的灯光已经亮了。～明～灭的灯光正好和俞沧洲使劲吸着的烟斗的火光相映照。(刊)

　　Hǎiwān yuǎn chù, yǒu yí zuò dēngtǎ shang de dēngguāng yǐjīng liàng le. ～míng～miè de dēngguāng zhènghǎo hé Yú Cāngzhōu shǐjìn xīzhe de yāndǒu de huǒguāng xiāng yìngzhào.

3. 两个人正在林中空地上赤手空拳地对打……～进～退，胜负难分。(刊)

　　Liǎng ge rén zhèng zài lín zhōng kòngdì shang chìshǒukōngquán de duìdǎ... ～jìn～tuì, shèng fù nán fēn.

4. 一望无际的海面上，雪白的浪花～起～伏地翻滚着。(程树榛《大学时代》)

　　Yíwàngwújì de hǎimiàn shang, xuěbái de lànghuā ～qǐ～fú de fāngǔnzhe.

B 分别嵌入相似的或同一的单音节动词，表示一种持续动作的扭曲或间歇状态：

With two identical monosyllabic verbs, or two verbs similar in meaning, indicates a crooked or spasmodic manner of a continuous action：

1. 渐渐儿那些树影又在水面上显现，～弯～曲地蠕动，像是醉汉，……(茅盾《春蚕》)

　　jiànjiānr nàxiē shù yǐng yòu zài shuǐmiàn shang xiǎnxiàn, ～wān～qū de rúdòng, xiàng shì zuìhàn, ...

2. 他的眼睛瞪着。眼珠子好像要凸出来，鼻孔～睁～睁的。(刊)

　　Tā de yǎnjing dèngzhe. Yǎnzhūzi hǎoxiàng yào tū chulai, bíkǒng ～ zhēng ～ zhēng de.

3. 一直等老先生下楼吃饭去了，他才～瘸～跛地走到后台，坐到大衣箱上去喘口粗气。(吴因易《梨园谱》)

　　Yìzhí děng lǎo xiānsheng xià lóu chī fàn qù le, tā cái ～qué ～bǒ de zǒu dào hòutái, zuòdào dà yīxiāng shang qu chuǎn kǒu cū qì.

4. 四个小伙子，～拥～推，～拉～扯，把袁二胡扯送上大路。(杨纤如《伞》)

　　Sì ge xiǎohuǒzi, ～yōng～tuī, ～lā～chě, bǎ Yuán Èrhú chěsòng shang dàlù.

5. 爬山的时候，……～摇～晃的颠得人骨头都痛。(杨朔《印度情思》)

　　Pá shān de shíhou, ... ～yáo～huàng de diān de rén gútou dōu tòng.

C 分别嵌入意义相对的单音节方位词、形容词等，分别指出两个人、物的不同方位：

With two monosyllabic localizers or adjectives opposite in meaning, indicates the different positions of two persons or things：

1. 从室外～前～后走进两个人来。(程树榛《大学时代》)
   Cóng shì wài ～qián ～hòu zǒu jìn liǎng ge rén lai.

2. 两个床铺，～横～竖摆着，便占去了全面积的三分之一。(叶圣陶《倪焕之》)
   Liǎng ge chuángpù, ～héng～shù bǎizhe, biàn zhàn qu le quán miànjī de sān fēn zhī yī.

3. 两张油画～左～右,并排挂在墙上。
   Liǎng zhāng yóuhuà ～zuǒ～yòu, bìngpái guà zài qiáng shang.

D 分别嵌入两个相似的单音名词，有时表示全部：
 With two monosyllabic nouns similar in meaning, sometimes indicates entirety：

1. 只要～心～意为集体，啥事都能干好。(段荃法《"状元"搬妻》)
   Zhǐyào ～xīn～yì wèi jítǐ, shá shì dōu néng gànhǎo.

2. 这话，我～生～世不会忘记。(肖木《锤与狮》)
   Zhè huà, wǒ ～shēng～shì bú huì wàngjì.

有时表示极小的数量：
And sometimes indicates a very small amount：

3. 他们对于周围的～山～水,～草～木,都赋予了极其光明美丽的幻想。(方纪《到金沙江去》)
   Tāmen duìyú zhōuwéi de ～shān～shuǐ, ～cǎo～mù, dōu fùyǔle jíqí guāngmíng měilì de huànxiǎng.

4. 为人民打仗流血,～举～动都从人民的利益着想,才是一个人民的好战士。(知侠《铺草》)
   Wèi rénmín dǎ zhàng liú xiě, ～jǔ～dòng dōu cóng rénmín de lìyì zhuóxiǎng, cái shì yí ge rénmín de hǎo zhànshì.

5. 一连串的难题都被儿子应付过来了,可是老头子没有流露出～丝～毫的欣慰和赞赏的神情。(张天民《路考》)
   Yìliánchuàn de nántí dōu bèi érzi yìngfu guolai le, kěshì lǎotóuzi méiyou liúlù chū ～sī～háo de xīnwèi hé zànshǎng de shénqíng.

6. 这些问题不是～朝一夕可以解决的。(报)
   Zhèxiē wèntí bú shì ～zhāo～xī kěyǐ jiějué de.

"一……一……"在 A、B、C、D 中多作状语、定语、谓语，也有作宾语、主语的，如 D 中 3、4；多是固定的短语。
A, B, C and D mostly comprise set phrases and serve as adverbials, attributives, or predicates. They may also serve as objects or subjects as in examples 3 and 4 under D.

E 分别嵌入量词，表示逐一的，多作状语：
 With a measure word, means "one by one"; usually serves as an adverbial：

1. (他)把第二天要烧的秫秸先用脚～根～根的都踩扁了,然后用小刀子～根～根的劈成两半,……(秦兆阳《炊事员熊老铁》)
   (Tā) bǎ dì-èr tiān yào shāo de shújiē xiān yòng jiǎo, ～gēn～gēn de dōu cǎibiǎn le, ránhòu yòng xiǎo dāozi ～gēn～gēn de pīchéng liǎng bàn, …

2. 您什么事都要往宽处想,～步～步地来,什么难题儿都可以解决。(苏叔阳《左邻右舍》)

Nín shénme shì dōu yào wǎng kuān chù xiǎng, ～bù～bù de lái, shénme nántír dōu kěyǐ jiějué.

有时在逐一之外还含有"大量"的意思:

Sometimes also implies "a large amount":

3. 卡车～辆～辆地从宿舍外边的马路哗哗地驶过。(周立波《李大贵观礼》)

Kǎchē ～liàng～liàng de cóng sùshè wàibiānr de mǎlù huāhuā de shǐ guò.

4. 许琴～次～次地把这申请书取出来,又～次～次地放回去。(周克芹《许茂和他的女儿们》)

Xǔ qín ～cì～cì de bǎ zhè shēnqǐngshū qǔ chulai, yòu ～cì～cì de fàng huiqu.

5. 果子～篮～篮的堆成了小山…… (丁玲《太阳照在桑干河上》)

Guǒzi ～lán～lán de duīchéngle xiǎo shān.

6. 房子晒不着太阳,墙上满是窟窿,耗子～群～群的,不过到底是间房子。(老舍《鼓书艺人》)

Fángzi shài bu zháo tàiyáng, qiáng shang mǎn shì kūlong, hàozi ～qún～qún de, búguò dàodǐ shì jiān fángzi.

F 有时前边嵌入量词,后边嵌入动词,表示每作前一动作必伴随后一动作:

Sometimes a measure word is inserted in the first gap and a verb in the second to indicate that every time the first action is performed, it must be accompanied by the second:

1. 给她开门的居然是一个陌生女人,……浑身的肥膘～步～颤,活像一块刚从水里捞出来的大海蜇。(刊)

Gěi tā kāi mén de jūrán shì yí ge mòshēng nǚrén,... húnshēn de féibiāo ～bù～chàn, huóxiàng yí kuài gāng cóng shuǐ lǐ lāo chulai de dà hǎizhé.

2. 老梁就这样一步一步地走四十里,像是～步～磕头的朝山拜佛的人那样。(张天民《路考》)

Lǎoliáng jiù zhèyàng yí bù yí bù de zǒu sìshí lǐ, xiàng shì ～bù～kē tóu de cháo shān bài fó de rén nàyàng.

3. 像你这样～句～停地念,太慢了。

Xiàng nǐ zhèyàng ～jù～tíng de niàn, tài màn le.

一边……一边…… yībiǎn. . . yībiǎn. . . (格式)

嵌入两个动词或动词短语,表示同时进行两种动作:

With two verbs or verbal phrases, indicates that two actions occur at the same time:

1. 马国本～吃饭,～思量,不时地看看范金生。(吴强《堡垒》)

Mǎ Guóběn ～chīfàn,～sīliang, bùshí de kànkan Fàn Jīnshēng.

2. 他缓缓地说,像是～说～思索着如何造句。(王蒙《组织部新来的青年人》)

Tā huǎnhuǎn de shuō, xiàng shì ～shuō～sīsuǒzhe rúhé zào jù.

3. 他笑着,～戴着帽子,～点头鞠躬地退出去了。(耿简《爬在旗杆上的人》)

Tā xiàozhe, ～dàizhe màozi, ～diǎn tóu jūgōng de tuì chuqu le.

4. 我两只脚机械的走啊,走啊,……～走着,～觉着自己脚下的雪地往下陷……(邓友梅《在悬崖上》)

Wǒ liǎng zhī jiǎo jīxiè de zǒu a, zǒu a,... ～zǒuzhe,～juézhe zìjǐ jiǎo xià de xuědì wǎng xià xiàn...

5. 我和牛子～欣赏着这海上的景色,～沿着崎曲的海边小道慢慢走着。(任斌武《开顶风船的角色》)

Wǒ hé Niúzi ～xīnshǎngzhe zhè hǎi shàng de jǐngsè, ～yánzhe qíqū de hǎi biānr xiǎo dào mànmānr zǒuzhe.

"一边……"可叠用两次以上:

一边... can be used more than twice in a sentence:

6. 她们～匆匆赶路,～热烈地讨论如何赶过东乡,～又不住地向天顶和四周张望。(王汶石《新结识的伙伴》)

Tāmen ～cōngcōng gǎn lù, ～rèliè de tǎolùn rúhé gǎnguò Dōngxiāng, ～yòu bú zhù de xiàng tiān dǐng hé sìzhōu zhāngwàng.

有时前面的"一边"可省略:

The first 一边 is occasionally omitted:

7. 他笑着,(一边)戴着帽子,～点头鞠躬地退出去了。

Tā xiàozhe, (yìbiānr) dàizhe màozi, ～ diǎn tóu jūgōng de tuì chuqu le.

参看"一面……一面……"。

Compare 一面...一面... yīmiàn...yīmiàn....

辨认:

Note:

下例的"一边"是方位词:

一边 in the following example is a localizer:

这里一边是山,一边是水,山势陡峻,路径窄小。(魏巍《东方》)

Zhèlǐ yìbiānr shì shān, yìbiānr shì shuǐ, shānshì dǒujùn, lùjìng zhǎixiǎo.

一方面……一方面…… yīfāngmiàn. . .yīfāngmiàn. . . (格式)

嵌入词语或分句;表示两种情况同时存在。后一个"一方面"前面可加"另",后常有副词"又""也""还"等:

With two words, phrases or clauses, means "on the one hand... on the other...". 另 may occur before the second 一方面 which is often followed by 又,也 or 还 etc.:

1. 他这时的心情,～感到义不容辞,～又不知为什么,有些怕担当这个任务。(陈立德《前驱》)

Tā zhèshí de xīnqíng, ～gǎndào yìbùróngcí, ～yòu bù zhī wèi shénme, yǒuxiē pà dāndāng zhège rènwù.

2. 这次到三连去,～,使他受到强烈的感动,对自己的部队增强了高度的自信;～,也使他对陆希荣的可耻行为愈加愤慨。(魏巍《东方》)

Zhècì dào sānlián qù, ～, shǐ tā shòudào qiángliè de gǎndòng, duì zìjǐ de bùduì zēngqiángle gāodù de zìxìn; ～, yě shǐ tā duì Lù Xīróng de kěchǐ xíngwéi yùjiā fènkǎi.

3. 我～有充分时间从事写作,另～又得做只身"逃难"的准备。(巴金《关于〈激流〉》)

Wǒ ～yǒu chōngfèn shíjiān cóngshì xiězuò, lìng～yòu děi zuò zhīshēn "táo nàn" de zhǔnbèi.

一会儿……一会儿…… yīhuìr. . .yīhuìr. . . (格式)

嵌入词语或分句,表示两种行为、动作交替进行:

— 755 —

With two words, phrases or clauses, means " now... now... ; one moment... the next... " :

1.　他～哭，～笑，是怎么了？

Tā ～kū, ～xiào, shì zěnme le?

2.　李昌在这里也不知忙些什么，～跑出，～跑进，又叫这个，又叫那个。（丁玲《太阳照在桑干河上》）

Lǐ Chāng zài zhèlǐ yě bù zhī máng xiē shénme, ～pǎo chū, ～pǎo jìn, yòu jiào zhège, yòu jiào nàge.

3.　这么～关城，～净街的，到底都是怎么回事呀？（老舍《四世同堂》）

Zhème ～guān chéng, ～jìng jiē de, dào dǐ dōu shì zěnme huí shì ya?

4.　她收不住奔驰起来的思想，～充满了幸福，……～充满了恐惧，……（陆文夫《小巷深处》）

Tā shōu bu zhù bēnchí qilai de sīxiǎng, ～chōngmǎnle xìngfú, ... ～chōngmǎnle kǒngjù, ...

有时"一会儿……"可以叠用两次以上：

一会儿... is sometimes repeated more than twice：

5.　他老是觉得好多声音在烦扰着他，～是蟋蟀叫，～是洗碗的叮叮当当声，～又从厨房传出来秀兰和婆婆说笑的声音。（李准《不能走那条路》）

Tā lǎoshì juéde hǎo duō shēngyīn zài fánrǎozhe tā, ～shì xīshuài jiào, ～shì xǐ wǎn de dīngdīngdāngdāng shēng, ～ yòu cóng chúfáng chuán chulai Xiùlán hé pópo shuō xiào de shēngyīn.

6.　林震不安地坐在一旁，～看看这，～看看那，～搓搓手，～晃一晃身体。（王蒙《组织部新来的青年人》）

Lín Zhèn bù'ān de zuò zài yìpáng, ～kànkan zhè, ～kànkan nà, ～cuōcuō shǒ, ～huàng yi huàng shēntǐ.

参看"一时……一时……"。

Compare 一时…一时… yīshí... yīshí... .

一来……二来……　　　yīlái... èrlái...　　（格式）

嵌入分句用来列举原因、目的、理由等：

With phrases or clauses, enumerates causes, purposes or reasons：

1.　……可是～，路不远，～，刘局长想乘此散散步。于是，他们就散步而来，又散步回去。（南丁《科长》）

... kěshì ～, lù bù yuǎn, ～, Liú júzhǎng xiǎng chéng cǐ sànsan bù. Yúshì, tāmen jiù sàn bù ér lái, yòu sàn bù huí qu.

2.　这一夜，～睡得太早了，～他的脑子里，不知为什么，忽然挤拥好多的事情，……（周立波《李大贵观礼》）

Zhè yí yè, ～shuì de tài zǎo le, ～ tā de nǎozi li, bù zhī wèi shénme, hūrán jǐyōng hǎo duō de shìqing, ...

3.　台上的人，～忙着准备节目表演，～也不愿理他，没人答话。（吴强《堡垒》）

Tái shàng de rén, ～mángzhe zhǔnbèi jiémù biǎoyǎn, ～yě bú yuàn lǐ tā, méi rén dá huà.

4.　他已有点讨厌拉散座了，～是因为抢买卖而被大家看不起，～是因为每天的收

入没有定数。(老舍《骆驼祥子》)

Tā yǐ yǒudiǎnr tǎoyàn lā sǎnzuò le, ～shì yīnwèi qiǎng mǎimai ér bèi dàjiā kàn bu qǐ, ～shì yīnwèi měitiān de shōurù méi yǒu dìngshù.

参看"一则……二则……"。

Compare 一则 yīzé. . . 二则 èrzé. . .

一面………一面………　　yīmiàn. . . yīmiàn. . .　　(格式)

同"一边……一边……":

Same as 一边. . . 一边. . . (see p. 754):

1. 瘦长子～说,～就拉过一把椅子来放在三老爷的背后。(茅盾《子夜》)

   Shòu chángzi ～shuō, ～ jiù lā guò yì bǎ yǐzi lai fàng zai sānlǎoye de bèihòu.

2. 忽然有人带着笑声,～说话,～走进篱门。(艾芜《野牛寨》)

   Hūrán yǒurén dàizhe xiào shēng, ～shuō huà, ～ zǒu jìn límén.

3. 梅春姐～和她们招呼着,～尽量地想把那颗跳动的心儿慢慢地平下来。(叶紫《星》)

   Méichūn jiě ～ hé tāmen zhāohuzhe, ～ jìnliàng de xiǎng bǎ nàkē tiàodòng de xīnr mànmànr de píng xialai.

4. 当时,我们～瞅空子打击敌人,～通过一条条看不见的交通线,和各地地下党组织保持着联系……(王愿坚《党费》)

   Dāngshí, wǒmen ～ chǒu kòngzi dǎjī dírén, ～ tōngguò yì tiáotiáo kàn bu jiàn de jiāotōngxiàn, hé gè dì dìxià dǎng zǔzhī bǎochízhe liánxì. . .

有时,前边的"一面"可以省略:

Sometimes the first 一面 can be omitted:

5. 队长仍然慢条斯理地说着话,～把手探进马搭子里掏着。(公刘《太阳的家乡》)

   Duìzhǎng réngrán màntiáosīlǐ de shuōzhe huà, ～ bǎ shǒu tàn jìn mǎdāzi li tāozhe.

6. 罗队长对我指点着、解释着几十丈高的钢塔,……～不住地说:"从前连想也不敢想啊!"

   Luó duìzhǎng duì wǒ zhǐdiǎnzhe, jiěshìzhe jǐ shí zhàng gāo de gāngtǎ, . . . ～ búzhù de shuō:"Cóngqián lián xiǎng yě bù gǎn xiǎng a!"

一时………一时………　　yīshí. . . yīshí. . .　　(格式)

同"一会儿……一会儿……",但有书面语意味:

Same as 一会儿. . . 一会儿. . . (now. . . now. . .), but with a literary flavour:

1. 她翻身坐起,……轻轻摸摸走到门背后,只听老姑嫂们的谈吐,～低,～又高点。(周立波《卜春秀》)

   Tā fān shēn zuò qǐ, . . . qīngqīngmōmō zǒu dào mén bèihòu, zhǐ tīng lǎo gūsǎomen de tántǔ, ～dī, ～yòu gāo diǎnr.

2. 他～走到我床边,～又坐下去。(张勤《民兵营长》)

   Tā ～zǒudào wǒ chuáng biān, ～yòu zuò xiaqu.

3. 袁第光正在赶写一篇宣言,～被她从书桌上赶走,～又被她从方桌上赶走。(杨纤如《伞》)

   Yuán Dìguāng zhèngzài gǎnxiě yì piān xuānyán, ～ bèi tā cóng shūzhuō shang gǎnzǒu, ～ yòu bèi tā cóng fāng zhuō shang gǎnzǒu.

一则………二则………　　yīzé. . . èrzé. . .　　(格式)

同"一来……二来……",多用于书面语：

Same as 一来. . . 二来. . . (see p. 756), but is mainly used in written language：

1. 他并没有伤害她的心思,他这样说,无非～试探她的心,～报复她的冷淡。(巴金《家》)

   Tā bìng méi yǒu shānghài tā de xīnsi, tā zhèyàng shuō, wúfēi ～shìtàn tā de xīn, ～bàofu tā de lěngdàn.

2. 我～想等他回来一起聊聊,～有点发烧,怎么也睡不着。(张勤《民兵营长》)

   Wǒ ～xiǎng děng tā huí lai yìqǐ liáoliao, ～yǒudiǎnr fā shāo, zěnme yě shuì bu zháo.

3. 依照向例,不逢规定的较长的假期他是不回家的。～家里没有母亲的抚爱足以使她依恋;～毕业就在年底了,功课更见得有关重要。(叶圣陶《倪焕之》)

   Yīzhào xiàng lì, bù féng guīdìng de jiào cháng de jiàqī tā shì bù huí jiā de. ～jiā li méi yǒu mǔqīn de fǔ·ài zúyǐ shǐ tā yīliàn; ～bì yè jiù zài niándǐ le, gōngkè gèng jiàndé yǒu guān zhòngyào.

"一则……二则……"有时也可以说成"一则……再则……"：

一则. . . 二则. . . is sometimes replaced by 一则. . . 再则. . .：

4. 我这回探家,一则是省亲,再则还想看看故乡究竟变做什么样子。(柳青《在故乡》)

   Wǒ zhèhuí tàn jiā, yìzé shì xǐng qīn, zàizé hái xiǎng kànkan gùxiāng jiūjìng biànzuò shénme yàngzi.

以……为 . . . yǐ . . . wéi . . . (格式)

A 有"把……作为(当作)……"的意思。"以"和"为"的宾语多为体词;常作谓语、定语：

Take. . . as. . . , regard. . . as. . . . 以 and 为 usually take substantives as their objects. Such phrases mostly function as predicates or attributives：

1. 那时,他打算～一个发电厂～基础,建筑起"双桥王国"来。(茅盾《子夜》)

   Nàshí, tā dǎsuàn ～yí ge fādiànchǎng ～jīchǔ, jiànzhù qǐ "shuāngqiáo wángguó" lai.

2. 谁要想同我们联合,可以,但是凡事要听从我们的主张,～我们的宗旨～主。(姚雪垠《李自成》)

   Shuí yào xiǎng tóng wǒmen liánhé, kěyǐ, dànshì fán shì yào tīngcóng wǒmen de zhǔzhāng, ～wǒmen de zōngzhǐ ～zhǔ.

3. 梁阿虎……,～厂～家,使林姐独自守着一双儿女,仍旧十分单调。(刊)

   Liáng Āhǔ. . . , ～chǎng～jiā, shǐ Línjiě dúzì shǒuzhe yì shuāng érnǔ, réngjiù shífēn dāndiào.

4. 过去,在～王明～首的教条主义者当权的时候,我们党在这个问题上犯了错误,…… (毛泽东《论十大关系》)

   Guòqù, zài ～Wáng Míng ～shǒu de jiàotiáozhǔyìzhě dāng quán de shíhou, wǒmen dǎng zài zhège wèntí shang fànle cuòwù, . . .

B 指出在前面提到的总体事物中,哪一部分在某方面居首位;多作谓语：

Indicates which of the whole group mentioned in the foregoing statement is the most outstanding：

1. 娘娘庙里比较的清静，泥像也有一些个，～女子～多。(肖红《呼兰河传》)
   Niángniangmiào li bǐjiào de qīngjìng, níxiàng yě yǒu yìxiē gè, ～nǚzǐ～duō.

2. 这些新战士全国各地都有，而独～四川省～多。(魏巍《东方》)
   Zhèxiē xīn zhànshì quán guó gè dì dōu yǒu, ér dú ～Sìchuānshěng ～duō.

3. 中国的河流～长江～最长。
   Zhōngguó de héliú ～Chángjiāng ～ zuì cháng.

C 有"认为……是……"的意思；多作谓语：

Consider . . . as . . . ; mainly serves as a predicate：

1. 他不～坐前排～耻，但是倒怕老二夫妇心里不舒服。(老舍《四世同堂》)
   Tā bù ～zuò qiánpái～chǐ, dànshì dào pà Lǎo·èr fūfù xīnli bù shūfu.

2. 他不～已经取得的成绩～满足，还要继续努力。
   Tā bù ～yǐjing qǔdé de chéngjì ～ mǎnzú, hái yào jìxù nǔlì.

3. 我的母亲是素来很不～我的虐待猫～然的。(鲁迅《兔和猫》)
   Wǒ de mǔqin shì sùlái hěn bù ～wǒ de nüèdài māo ～ rán de.

D 有"按照……来(转移)"的意思：

(Change) according to . . . :

客观规律是不～人们的意志～转移的。
Kèguān guīlǜ shì bù ～rénmen de yìzhì ～zhuǎnyí de.

有……无……　　yǒu...wú...　　(格式)

A 嵌入两个意义相关的单音节名词，多形成固定短语，表示只有前者而没有后者；多作谓语、状语：

Usually forms set phrases. Used with two monosyllabic nouns related in meaning, it indicates a case in which there is only the former, and not the latter; often serves as a predicate or adverbial：

1. ……有时候，他爬在枕头上～泪～声的哭。(老舍《骆驼祥子》)
   ...Yǒu shíhou, tā pá zài zhěntou shang ～lèi～shēng de kū.

2. 大乱在车下～气～力地走着，哭丧着脸。(魏巍《东方》)
   Dàluàn zài chē xià ～qì～lì de zǒuzhe, kūsangzhe liǎn.

3. 你不知道，我是～职～权。(王新纪、田增翔、陶正《风乍起……》)
   Nǐ bù zhīdào, wǒ shì ～zhí～quán.

4. 你这位少爷怎么～眼～珠呀！(孔厥《新儿女英雄续传》)
   Nǐ zhèwèi shàoye zěnme ～yǎn～zhū ya!

下一例句略有不同，表示无处诉苦：

The following example is slightly different. 有苦无告 means "can find no one to listen to one·s complaints"：

5. 他此刻更感到身边没有亲人多么孤单，～苦～告，无依无靠。(冯骥才《啊》)
   Tā cǐkè gèng gǎndào shēnbiān méi yǒu qīnrén duōme gūdān, ～kǔ～gào, wú yī wú kào.

B 嵌入两个意义相对的单音节动词、形容词，比单说一个更有力：

Two monosyllabic verbs or adjectives opposite in meaning are employed to form an emphatic expression：

1. 她们同志兼姐妹的感情～增～减。(菡子《焚》)

Tāmen tóngzhì jiān jiěmèi de gǎnqíng ～zēng～jiǎn.

2. ……这对电影工作者和电影观众都是～害～益的。（夏衍《希望有更多独特风格的好电影》）

... Zhè duì diànyǐng gōngzuòzhě hé diànyǐng guānzhòng dōu shì ～hài～yì de.

3. 厂里的混乱～增～已，孟秋丰更加肆意妄为。（报）

Chǎng li de hùnluàn ～zēng～yǐ, Mèng Qiūfēng gèngjiā sìyì wàngwéi.

C 嵌入单音节动词，表示有了前者就可以没有后者：

Two monosyllabic verbs are employed to indicate a case where the existence of the former can prevent the occurrence of the latter:

1. 冀申所以～恃～恐，他手里有两张牌。（蒋子龙《乔厂长后传》）

Jì Shēn suǒyǐ ～shì～kǒng, tā shǒu li yǒu liǎng zhāng pái.

2. 不管天下雨不下雨，你还是把雨伞带上吧。～备～患么。

Bùguǎn tiān xià yǔ bú xià yǔ, nǐ háishi bǎ yǔsǎn dài shang ba. ～bèi～huàn ma.

D 嵌入两个同一名词，表示似有似无：

With the same noun used twice to indicate an uncertain, half-and-half state:

1. 程济仁……～心～心，东张西望地干了一阵子活以后，也不知他是真头疼还是假头疼，请病假回家了。（刘亚舟《男婚女嫁》）

Chéng Jìrén. . .～xīn～xīn, dōngzhāngxīwàng de gànle yízhènzi huór yǐhòu, yě bù zhī tā shì zhēn tóu téng háishi jiǎ tóu téng, qǐng bìngjià huí jiā le.

2. 弟弟的话是有煽动性的，～意～意触到了他的心病上。（张抗抗《淡淡的晨雾》）

Dìdi de huà shì yǒu shāndòngxìng de, ～yì～yì chùdàole tā de xīnbìng shang.

有……有…… 　　　　yǒu. . .yǒu. . .　　（格式）

A 分别嵌入两个意思相对的名词或动词，表示两方面兼而有之；常作谓语：

Two nouns or verbs of contrasting meaning are employed to mean "have both . . . and . . ."; often serves as a predicate:

1. 当地农民对"五七战士"的评议……～褒～贬，～讽～赞，～羡慕又～同情。（刊）

Dāngdì nóngmín duì "Wǔqī zhànshì" de píngyì. . . ～bāo ～biǎn, ～fěng ～zàn, ～xiànmù yòu ～ tóngqíng.

2. 我想叫自己的一辈子～始～终，虎头豹尾更好，至少要虎头虎尾。（蒋子龙《乔厂长上任记》）

Wǒ xiǎng jiào zìjǐ de yíbèizi ～shǐ～zhōng, hǔ tóu bào wěi gèng hǎo, zhìshǎo yào hǔ tóu hǔ wěi.

3. 在僧王手下的大将中，要论～智～勇，除了恒龄，就数巴杨阿了。（凌力《星星草》）

Zài Sēngwáng shǒuxià de dàjiàng zhōng, yào lùn ～zhì ～ yǒng, chúle Hénglíng, jiù shǔ Bāyáng·ā le.

B 分别嵌入意思相近的两个名词或动词（或一个双音节词的两个词素），表示强调；常作谓语、补语：

Two nouns or verbs (or two morphemes of a disyllabic word) similar in meaning are employed for emphasis; often functions as a predicate or complement:

1. 越是两口子感情好的，媳妇越是爱在妇女堆里骂丈夫：骂得～声～色，～板～

眼，～滋～味。(刘亚舟《男婚女嫁》)

Yuè shì liǎngkǒuzi gǎnqíng hǎo de, xífu yuè shì ài zài fùnǚ duī li mà zhàngfu: mà de ～shēng～sè，～bǎn～yǎn，～zī～wèir.

2. 胖老人叹了一口气，随说："是呀，～灾～难，就得靠同乡互相照应。"(陈残云《异国乡情》)

Pàng lǎorén tànle yì kǒu qì, suí shuō:"Shì ya, ～zāi～nàn, jiù děi kào tóngxiāng hùxiāng zhàoyìng."

3. 一切规整得一条～理。(冯骥才《啊》)

Yíqiè guīzhěng de ～tiáo～lǐ.

4. "金家～田～地，你看彼此相配么?"(叶圣陶《倪焕之》)

"Jīn jia ～tián～dì, nǐ kàn bǐcǐ xiāngpèi ma?"

又……又……　yòu...yòu...　(格式)

嵌入动词、形容词或短语，表示几种动作、性质或状况同时存在：

With verbs, adjectives, or phrases, indicates that two or more actions, states or qualities coexist：

1. 她披头散发，～哭～闹。(古华《给你一朵玉兰花》)

Tā pī tóu sàn fà, ～kū～nào.

2. 童贞～惊～气地望着丈夫。(蒋子龙《乔厂长后传》)

Tóng Zhēn ～jīng～qì de wàngzhe zhàngfu.

3. 小罗见班长当着上级表扬他，～感动～不好意思。(魏巍《东方》)

Xiǎoluó jiàn bānzhǎng dāngzhe shàngjí biǎoyáng tā, ～gǎndòng ～bù hǎoyìsi.

4. 他骑在小冯脖子上，～揪耳朵，～捏鼻子。(耿龙祥《杨柳依依》)

Tā qí zài Xiǎoféng bózi shang, ～jiū ěrduo, ～niē bízi.

5. 他～高～大，简直像一尊丈二金刚。(峻青《马石山上》)

Tā ～gāo～dà, jiǎnzhí xiàng yì zūn zhàng èr jīngāng.

6. 园园～委屈～着急，眼圈儿一红，眼泪儿就在眼眶里打起转来。(谌容《人到中年》)

Yuányuan ～wěiqu～zháo jí, yǎnquānr yì hóng, yǎnlèir jiù zài yǎnkuàng li dǎ qǐ zhuàn lai.

7. 他对集体举行结婚典礼也很赞成，说这办法～排场～省钱。(马烽《结婚现场会》)

Tā duì jítǐ jǔxíng jié hūn diǎnlǐ yě hěn zànchéng, shuō zhè bànfǎ ～páichang ～shěng qián.

8. 老头儿笑了，笑声～尖，～细，～长。(白桦《啊，古老的航道》)

Lǎotóur xiào le, xiào shēng ～ jiān, ～xì, ～cháng.

愈……愈……　yù...yù...　(格式)

同"越……越……"，不如"越……越……"口语化：

Same as 越...越... (the more, the more), but not as colloquial：

1. 梅女士～想～生气了。(茅盾《虹》)

Méi mǔshì ～xiǎng～shēng qì le.

2. 人离亲人～远，心离亲人～近。(张笑天《底色》)

Rén lí qīnrén ～yuǎn, xīn lí qīnrén ～jìn.

3. 人们～走～快,～走～快,到最后就跑起来了。(魏巍《东方》)

   Rénmen ～zǒu～kuài, ～zǒu～kuài, dào zuìhòu jiù pǎo qilai le.

4. "阿呀阿呀,真是～有钱,便～是一毫不肯放松,～是一毫不肯放松,便～有钱。"(鲁迅《故乡》)

   "Āya āya, zhēn shì ～yǒu qián, biàn～shì yì háo bù kěn fàngsōng, ～shì yì háo bù kěn fàngsōng, biàn ～ yǒu qián."

5. 逆着一条河流,～往里走,水声～大,月亮～小。(贾平凹《牧羊人》)

   Nìzhe yì tiáo héliú, ～ wǎng lǐ zǒu, shuǐ shēng ～dà, yuèliang～xiǎo.

6. ～年轻的人～勇敢,～热烈,～革命。(茅盾《追求》)

   ～niánqīng de rén ～yǒnggǎn, ～rèliè, ～gémìng.

但有时句子结构说明前两者处于同等地位,而后一个是随着前两个发展的:

But sometimes the structure of the sentence shows that the first two things or states are on an equal footing, and the last one develops along with the first two:

7. 感情～深,意义～大的事物,就～不容易表现,这似乎是搞艺术的人都会有的痛苦。(柯岩《美的追求者》)

   Gǎnqíng ～shēn, yìyì～dà de shìwù, jiù～bù róngyì biǎoxiàn, zhè sìhū shì gǎo yìshù de rén dōu huì yǒu de tòngkǔ.

越……越　yuè...yuè...　(格式)

嵌入词语或分句,表示递进,后一情况随着前一情况的加深而加深:

The more... the more...; is employed with words, phrases or clauses to indicate that the second state of affairs advances in step with the preceding state:

1. 客人～称赞他硬朗有造化,他～觉得没什么意思。(老舍《骆驼祥子》)

   Kèren ～chēngzàn tā yìnglang yǒu zàohua, tā ～ juéde méi shénme yìsi.

2. 从古至今,都是一个样儿,～是大得人心,～有人进谗。(端木蕻良《曹雪芹》)

   Cóng gǔ zhì jīn, dōu shì yí ge yàngr, ～shì dà dé rén xīn, ～yǒu rén jìn chán.

3. 这天可巧没有月亮,路～走～难走……(刘肖元《小鬼》)

   Zhè tiān kěqiǎo méi yǒu yuèliang, lù ～zǒu～nán zǒu. . . .

4. 小河沟结了冰,拉车的牲口不敢往前走,～赶～往后退。(杨啸《小山子的故事》)

   Xiǎo hégōu jiéle bīng, lā chē de shēngkou bù gǎn wǎng qián zǒu, ～gǎn ～wǎng hòu tuì.

5. 这事要马不停蹄,～早弄个水落石出～好!(端木蕻良《曹雪芹》)

   Zhè shì yào mǎbùtíngtí, ～zǎo nòng ge shuǐluòshíchū～hǎo!

6. 我的脑子里～想～多,步子也～跨～大。(费礼文《一年》)

   Wǒ de nǎozi li ～xiǎng ～duō, bùzi yě ～kuà ～dà.

如有带"得"的补语,"越"多放在"得"和补语之间:

If there is a 得 followed by a complement, 越 should be inserted between 得 and the complement:

7. 要是写得～快,就错得～多。

   Yàoshi xiě de ～ kuài, jiù cuò de ～duō.

8. 学习得～深入,问题发现得～多。

   Xuéxí de ～shēnrù, wèntí fāixàn de ～duō.